KB193389

베드로전후서
유다서

토마스 슈라이너 지음 | 김명일 옮김

깃드는숲 ◉ LOGOS

목   차

베 드 로 전 서

베드로후서

유 다 서

크리스천 스탠다드 주석(CSC) 시리즈의 각 주석은 "옛-현대" 접근 방식을 구현하려는 목표가 있다. 주석들의 설명은 옛것과 새것을 함께 가져오는 겉보기에는 역설적인 방식을 풀어내는 데 도움이 될 것이다.

현대 주석 전통은 종교개혁 이후에 생겨나 확산되었다. 성경 주석 전통은 다음 세 가지 요인으로 성장했다. (1) 15-16세기 **고전학 연구의 회복**. 이 회복으로 성경 언어(헬라어와 히브리어)에 대한 관심이 부활했다. 성경 해석가, 설교자, 성경 교사가 라틴어 성경(The Latin Vulgate)보다 원어를 기초로 성경을 해석했다. 마르틴 루터와 장 칼뱅의 주석은 원전으로 돌아가기 때문에('ad fontes', 근원으로 돌아가자) 모범이 된다. (2) **종교개혁운동의 발흥**과 로마 가톨릭, 독일 종교개혁(마르틴 루터), 스위스 종교개혁(장 칼뱅), 영국 종교개혁(성공회), 다른 그룹(예. 재세례파) 등의 분열은 주석들을 만드는 계기를 마련했다. 이 주석들은 종종 주석에 나타나는 각 운동의 신학적 교의와 함께 이 새로운 교회와 그 지도자들이 성경을 명확하고 적절하게 설교하는 데 도움을 주었다. (3) **17세기와 18세기 성경 해석의 역사적인 전환**. 이 터닝 포인트는 성경적인 책들을 만들어 내고 그 책들의 상황화를 이룬 역사적 상황을 강조했다.

이러한 요소들과 함께 크리스천 스탠다드 주석 시리즈(CSC)는 **현대 주석**들이 보여 주는 분명한 특징들을 가지고 있다.

- 저자는 구약과 신약 각 권을 원어로 분석한다.
- 저자는 중요한 본문 비평 문제들을 적절하게 제시하고 설명한다.
- 저자는 성경 본문 형성의 역사적 상황(저작 시기, 저자, 청중, 사회적인 위치, 지리적 및 역사적 맥락 등)을 성경 각 권에 따라 적절하게 언급하고 정의한다.
- 저자는 각 권을 현재 그대로 이해하기 위해 가능한 성경 본문 발전을 파악한다(예. 어떻게 시편이 최종형태로 되었는가 또는 소선지서가 어떻게 한 권의 "책"으로 이해될 수 있는가).

크리스천 스탠다드 주석(CSC)은 또한 지난 50년 동안 성경 해석이 어떻게 변화했는지 보여 준다. 첫 번째는 문학적인 성경 해석이다. 문학적 분석은 1970년대와 1980년대 성경 해석에서 태어났으며 이 운동은 현대 성경 주석에 큰 영향을 미쳤다. 문학적 분석은 성경 각 단락이 보여 주는 구조와 스타일, 각 권의 전체 형태에 관심을 기울인다. 이러한 영향으로 현대 주석은 각 권의 스타일과 구조, 주요한 주제와 모티프, 그리고 그 스타일이 의미에 어떻게 영향을 미치는가를 평가한다. 문학적 해석은 성경을 수사적인 구조와 목적으로 배열되고 만들어진 예술 작품으로 인식한다. 문학적인 해석은 각 권의 독특한 문체와 수사적인 전략을 발견한다. 마찬가지로 크리스천 스탠다드 주석(CSC)은 성경의 문학적 차원을 탐구한다.

- 저자는 성경 각 권을 스타일과 구조, 형식 및 의미가 결합된 예술 작품으로 연구한다.
- 저자는 전체 책의 구조와 그 전달하고자 하는 의도를 평가한다.
- 저자는 성경 각 권의 문학적인 스타일, 시, 수사학적인 장치를 적절하게 이해하고 설명한다.
- 저자는 성경 각 권의 의사소통 전략을 발전시키는 문학적인 주제와 모티프를 설명한다.

옛 주석으로 크리스천 스탠다드 주석(CSC)은 신학적으로 성경을 해석하는 특징을 가진다. CSC가 추구하는 신학적인 경향은 성경을 역사적인 또는 문학적인 문서일 뿐만 아니라 근본적으로 하나님의 말씀으로 인정하는 것이다. 즉, 성경을 근본적으로, 역사적으로, **그리고** 신학적으로 인식한다. 하나님은 성경에서 첫째 화자이며, 수신자들은 하나님을 첫째 화자로 인식해야 한다. 신학적인 해석은 비록 하나님께서 많은 저자들로 성경을 쓰게 하셨지만(히 1:1), 그분이 신적 저자이자 성경의 주제이며 하나님의 백성인 교회에 구약과 신약을 주시는 분이심을 확인한다. 이것은 교회가 선을 위해서 성장을 촉진하기 위함이다(딤후 3:16-17). 신학적 해석은 하나님께서 성경을 듣고 또 살아가게 하려고 자기 백성에게 주셨기에 그것을 하나님의 말씀으로 읽게 한다. 신학적인 강조를 약화시키는 역사적, 문학적, 또는 다른 어떤 접근들도 본문 자체의 요구 보다는 부족하다.

성경에 대한 거룩한 이해는 지난 2천 년 동안 (교부, 중세, 종교개혁, 또는 현대) 기독교 성경해석의 공통점이다. 그것은 하나님의 백성에 대한 하나님의 일하심, 진리, 관련성에 주의를 기울여서 읽게 만든다. **옛 주석** 전통은 성경을 다양하며 풍성한 하나님의 일하심의 산물로 해석한다. 하나님께서는 자기 백성들에게 말씀을 주셔서 그분을 알고 사랑하며 영화롭게 하며 모든 피조물에게 하나님에 대한 찬양을 선포할 수 있게 한다. 성경은 영적이며 실제적인 변화로 이끄는 하나님의 지식과 능력을 제공한다.

성경의 변화시키는 힘은 예수 그리스도의 중심성에 주의를 기울이는 **옛 주석** 전통에서 나타난다. 하나님께서 때가 이르러 예수님을 세상에 보내셨다. 그분은 구약이 기대하고 확증하고 증언하는 분이시다. 더욱이 신약은 그분을 구약에서 하나님께서 약속하셨던 분으로 제시하며, 그분 안에서 교회는 살아있고 움직이고 존재한다. 구약과 신약이 증거하는 그분은 산 자와 죽은 자를 심판하기 위해 다시 오실 것이며 만물을 새롭게 하실 것이다.

옛 주석 전통은 그리스도를 성경의 중심으로 하는 성경신학을 드러낸다. 구약과 신약이 함께 그리스도를 계시한다. 따라서 옛 전통은 구약과 신약을 변증법적인 관계로 읽는 전체적인 성경신학 내에서 작동한다.

마지막으로, **옛 주석** 전통은 영적인 변화에 집중한다. 하나님의 영은 읽는 자의 마음을 조명해서 하나님의 음성을 듣고, 그분의 영광 가운데 있는 그리스도를 보고, 그분의 능력으로 살 수 있도록 한다. 성경이 변화시키는 차원은 **옛 주석**에 등장한다. 모든 세대는 하나님의 음성을 새롭게 들을 수 있다. 하나님의 말씀은 세상을 위해서 하나님의 백성에게 구체화 될 수 있다.

크리스천 스탠다드 주석(CSC)에서는 **옛 주석** 전통을 다음과 같은 방식으로 구현한다.

- 저자는 성경 각 권에서 하나님이 누구신가 하는 주제를 설명한다. 더 나아가 저자는 하나님께서 창조하신 세상에 어떻게 자기를 계시하시는지 연구한다.
- 저자들은 전체 성경 신학에 비추어서 성경 각 권에 적합한 예수님의 중심성을 설명한다.
- 저자들은 성경 본문을 영적으로 해석하여 하나님의 말씀의 변화시키는 힘이 교회를 위해 나타나도록 한다.

크리스천 스탠다드 주석(CSC)은 삼위일체적 성경 읽기가 지배적이다. 하나님 아버지는 말씀을 다양한 시대에 다양한 방법으로 자기 백성에게 주셨다(히 1:1). 이것은 이스라엘 역사와 초대 교회의 여러 저자들에게서 나온 성경 각 권의 역사적, 철학적, 사회적, 지리적, 언어적, 문법적 측면에 지속적으로 관심이 필요하다. 성경 전체는 다양하지만 그리스도를 계시한다. 그는 구약과 신약에서 하나님의 말씀으로 계시된 분(히 1:1; 요 1:1)이시며, 만물이 그분 안에 함께 서 있고(골 1:15-20), 만물이 그분을 통해서 새롭게 될 것이다(고전 15장; 계 21:5). 하나님께서는 성령을 교회에 주셨다. 따라서 교회는 성경을 영적으로 읽을 수 있다. 교회는 하나님의 음성을 듣고, 성경으로부터 나오는 생명을 주는 말씀을 받는다(딤후 3:15-17; 히 4:12). 이런 방식으로, 크리스천 스탠다드 주석(CSC)은 그리스도의 교회를 세우는 일과 모든 사람이 부르심을 받은 지상명령에 기여한다.

이 주석은 성경을 더 깊이 연구하는 데 관심이 있는 목회자들과 평신도들을 위한 주석이다. 이 주석이 학자들의 흥미를 끌기 바라지만, 바쁜 목회자들이 읽을 수 있도록 짧게 쓰려고 노력했다. 주석은 점점 더 길어지고 있으며, 학자들만이 그 거대한 작품을 읽고 있는 것은 아닌지 두렵다. 나는 베드로전후서 및 유다서에 관한 대표적인 주석, 단행본 및 학술지를 읽었다. 앞선 자료들에서 많이 배웠다. 이 주석의 또 다른 특징은 신학적인 경향이다. 나는 성경을 정경으로 이해한다. 그러므로 나는 다양한 관점에서 베드로전후서, 유다서의 메시지가 신약의 나머지 부분과 어떻게 일치하는지 탐구하려고 한다. 신약은 다양성이 있지만, 궁극적으로 일관된 메시지를 만든다는 개념을 변호하려고 않았다. 이와 같은 변호가 가능하다고 믿지만 이 책에서는 하지 않을 것이다.

나를 NAC(New American Commentary) 시리즈에 참여하도록 초대하고, 격려와 우정을 보인 레이 클렌데넨(Ray Clendenen)에게 감사한다. 예리한 편집자의 눈으로 원고를 개선할 수 있는 방법을 제안해줘서 감사하다. 베드로전후서와 유다서를 여러 수업에서 가르칠 수 있어서 기뻤다. 각 수업은 이 주석을 더 훌륭하게 만들었다. 학생들은 개정판 원고의 많은 오류를 발견했다. 서던 뱁티스트 신학교(The Southern Baptist Theological Seminary)의 존 폴마(John Folmar), 마이클 하디(Michael Hardy), 랜달 탠(Randall Tan), 브라이언 비커스(Brian Vickers), 네 명의 학생은 원고를 주의 깊게 읽고 오류를 수정해 주었다. 그들 모두에게 감사한다. 필레몬 용(Philemon Yong)과 제이슨 메이어(Jason Meyer)는 소논문을 복사하고 참고 문헌을 찾아가면서 나를 수없이 도왔다. 제이슨 메이어는 교정하면서 참고 문헌을 확인하고 최종적으로 원고를 읽어 주었다. 나는 그들의 우정과 도움을 소중히 여겼다. 존 글린(John Glynn)은 주석의 많은 부분을 자원해서 읽었고, 작업을 마무리할 때 정말 도움이 되는 수많은 제안을 했다. 그 사랑의 수

고가 너무 커서 감사하기 불가능할 정도이다. 마지막으로, 나는 나의 사랑이며, 나에게 은혜의 복음을 소개했고, 생명의 은혜를 함께 이어 받을 다이앤에게 이 책을 헌정한다(벧전 3:7).

베드로전후서와 유다서 주석 초판을 수정하는 일은 나의 특권이자 기쁨이다. 나는 개정판을 위해서 최근의 연구를 광범위하게 (물론 모든 것을 다 읽지는 않았지만) 읽었다. 이전에 썼던 모든 글을 다시 생각했고 꽤 많은 부분을 수정했다. 주요한 해석적인 질문에는 크게 마음을 바꾸지 않았지만, 새로운 자료를 추가하고 초판에서 말한 내용을 조정했다. 예를 들어, 페미니스트적인 사고와의 상호작용은 베드로전서 3장 1-6절의 아내들에 대한 베드로의 말을 더욱 명확하게 생각하는 데 도움이 되었고, 이와 같은 논의와 연관된 삼위일체적인 함의도 고려해 보았다.

나는 공동 서신의 세계적인 전문가 중의 한 사람인 대리언 라켓(Darian Lockett)이 원고를 주의 깊게 읽어 준 데 감사한다 대리언의 의견, 제안과 관찰은 개정에 큰 도움이 되었다. 브랜던 스미스(Brandon Smith)의 편집에 감사하고, 레이 클렌데넨의 작업에 감사한다. 브랜던은 특히 베드로전후서와 유다서에 나타나는 다양한 구절의 삼위일체적인 의미를 생각하도록 도움을 주었다. 도움이 되는 그의 많은 제안을 받아들였다. 러셀 믹(Russell Meek)은 원고를 주의 깊게 읽고 편집했다. 그의 세심한 작업에 감사드린다. 박사과정 학생 코예 스틸(Coye Still)에게도 감사한다. 그는 도서관에서 책을 대출하고 수정에 필요한 소논문을 보내 주었고, 다른 세부 사항을 찾는 데 도움을 주었다. 그의 도움으로 귀중한 시간을 절약해서 연구와 글쓰기에 집중할 수 있었다. 마지막으로 나는 이 위대한 서신들을 통해서 그리스도에 대한 흔들리지 않는 소망, 자기 백성에게 부어 주신 은혜, 그리고 그 이름의 영광을 위해서 거룩하고 아름다운 삶을 위한 부르심을 일깨워 주신 하나님께 감사드린다.

켄터키 주, 루이빌
토마스 슈라이너, 서던 뱁티스트 신학교

| 약어표 |

AB	Anchor Bible
ABD	D. N. Freedman (ed.), Anchor Bible Dictionary
ABR	*Australian Biblical Review*
ACCS	Ancient Christian Commentary on Scripture
ACNT	Augsburg Commentary on the New Testament
AGJU	Arbeiten zur Geschichte des antiken Judentums und des Urchristentums
AJBI	*Annual of the Japanese Biblical Institute*
AJPS	*Asian Journal of Pentecostal Studies*
AJT	*American Journal of Theology*
AJTh	*Asia Journal of Theology*
AnBib	Analecta Biblica
ANF	Ante-Nicene Fathers
ANQ	*Andover Newton Quarterly*
ANTC	Abingdon New Testament Commentaries
ASNU	Acta seminarii neotestamentici upsaliensis
ATANT	Abhandlungen zur Theologie des Alten and Neuen Testaments
ATR	*Anglican Theological Review*
ATRSup	*Anglican Theological Review Supplemental Series AusBR Australian Biblical Review*
AUSS	*Andrews University Seminary Studies*
BAGD	W. Bauer, W. F. Arndt, F. W. Gingrich, and F. Danker, Greek-English *Lexicon of the New Testament and Other Early Christian Literature*, 2nd ed.
BARev	*Biblical Archaeology Review*
BBR	*Bulletin for Biblical Research*
BDAG	W. Bauer, F. W. Danker, W. F. Arndt, and F. W. Gingrich Greek-English *Lexicon of the New Testament and Other Early Christian Literature*, 3d ed.

BDF	F. Blass, A. Debrunner, R. W. Funk, *A Greek Grammar of the New Testament*
BECNT	Baker Exegetical Commentary on the New Testament
BETL	Bibliotheca ephemeridum theologicarum lovaniensium
BETS	*Bulletin of the Evangelical Theological Society*
BHGNT	*Baylor Handbook of the Greek New Testament*
Bib	*Biblica*
BibInt	*Biblical Interpretation*
BIS	Biblical Interpretation Series
BJRL	*Bulletin of the John Rylands Library*
BK	*Bibel und Kirche*
BLG	Biblical Languages: Greek
BLit	*Bibel und Liturgie*
BR	*Biblical Research*
BRT/RBT	*Biblical Review of Theology*
BSac	*Bibliotheca Sacra*
BT	*The Bible Translator*
BTB	*Biblical Theology Bulletin*
BTCB	Brazos Theological Commentary on the Bible
BVC	*Bible et vie chrétienne*
BZ	Biblische Zeitschrift
BZAW	Biehefte zur Zeitschrift fiir die die alttestamentliche Wissenschaft
BZNW	Beihefte zur *ZAW*
CBC	Cambridge Bible Commentary
CBQ	*Catholic Biblical Quarterly*
CCWJCW	Cambridge Commentaries on Writings of the Jewish and Christian World
CJT	*Canadian Journal of Theology*
CTJ	*Calvin Theological Journal*
CNT	Commentaire du Nouveau Testament
CNTC	Calvins New Testament Commentaries
CO	W. Baum, E. Cuntiz, and E. Reuss eds., *Ioannis Calvini opera quae supereunt omnia*
ConBNT	Coniectanea Biblica: New Testament
Conybeare	W. J. Conybeare and J. S. Howson, *The Life and Epistles of St. Paul*

CSR	*Christian Scholars' Review*
CTM	*Concordia Theological Monthly*
CTQ	*Concordia Theological Quarterly*
CTR	*Criswell Theological Review*
CurBR	*Currents in Biblical Research*
DJD	Discoveries in the Judaean Desert
DNTT	*Dictionary of New Testament Theology*
DownRev	*Downside Review*
DSB	Daily Study Bible
EBC	Expositors Bible Commentary
EC	Epworth Commentary
EDNT	*Exegetical Dictionary of the New Testament*
EEC	Evangelical Exegetical Commentary
EGGNT	Exegetical Guide to the Greek New Testament
EGNT	*Exegetical Greek New Testament*
EGT	*The Expositors Greek Testament*
EJT	*European Journal of Theology*
EKKNT	Evangelisch-katholischer Kommentar zum Neuen Testament
ESV	English Standard Version
ETC	English Translation and Commentary
ETL	*Epbemerides theologicae lovanienses*
ETR	*Etudes théologiques et religieuses*
ETS	Evangelical Theological Society
EvQ	*Evangelical Quarterly*
EvT	*Evangelische Theologie*
Exp	*Expositor*
ExpTim	*Expository Times*
FNT	*Filologia Neotestamentaria*
FRLANT	Forschungen zur Religion und Literatur des Alten und Neuen Testaments
GAGNT	M. Zerwick and M. Grosvenor, *A Grammatical Analysis of the Greek New Testament*
GNBC	Good News Bible Commentary
GSC	Griechischen christlichen Schriftsteller
GTJ	*Grace Theological Journal*
HBD	*Holman Bible Dictionary*
HDB	*J. Hastings, Dictionary of the Bible*

Her	Hermeneia
HeyJ	*Heythrop Journal*
HNT	Handbuch zum Neuen Testament
HNTC	Harpers New Testament Commentaries
HTKNT	Herders theologischer Kommentar zum Neuen Testament
HTR	*Harvard Theological Review*
HUCA	*Hebrew Union College Annual*
IB	*The Interpreter's Bible*
IBS	*Irish Biblical Studies*
ICC	International Critical Commentary
IDB	*Interpreter's Dictionary of the Bible*
IDBSup	*Supplementary Volume to IDB*
Int	*Interpretation*
INT	Interpretation: A Bible Commentary for Preaching and Teaching
ISBE	*International Standard Bible Encyclopedia*
JAAR	*Journal of the American Academy of Religion*
JANES	*Journal of Ancient Near Eastern Studies*
JAOS	*Journal of the American Oriental Society*
JBL	*Journal of Biblical Literature*
JES	*Journal of Ecumenical Studies*
JETS	*Journal of the Evangelical Theological Society*
JIS	*Journal of Jewish Studies*
JOTT	*Journal of Translation and Textlinguistics*
JR	*Journal of Religion*
JRE	*Journal of Religious Ethics*
JRH	*Journal of Religious History*
JRC	*Journal of Theological Interpretation*
JRS	*Journal of Roman Studies*
JSNT	*Journal for the Study of the New Testament*
JSOT	*Journal for the Study of the Old Testament*
JSS	*Journal of Semitic Studies*
JTS	*Journal of Theological Studies*
JTT	*Journal of Translation and Textlinguistics*
KEK	Kritisch-exegetischer Kommentar tiber das Neue Testament

LB	Linguistica Biblica
LD	Lectio Divina
LEC	Library of Early Christianity
LNTS	Library of New Testament Studies
LouvSt	*Louvain Studies*
LSJ	Liddell, Scott, Jones, *A Greek-English Lexicon*
LTJ	*Lutheran Theological Journal*
LTP	*Laval théologique et philosophique*
LTQ	*Lexington Theological Quarterly*
LW	*Luther's Works*
LXX	Septuagint
MCNT	Meyer's Commentary on the New Testament
MDB	*Mercer Dictionary of the Bible*
MM	J. H. Moulton and G. Milligan, The Vocabulary of the Greek Testament
MNTC	Moffatt New Testament Commentary
MQR	*Mennonite Quarterly Review*
MT	Masoretic Text
Mus	*Muséon: Revue détudes orientales*
NA²⁸	*Novum Testamentum Graece*, Nestle-Aland, 28th ed.
NAB	New American Bible
NAC	New American Commentary
NASB	New American Standard Bible
NBD	*New Bible Dictionary*
NCB	New Century Bible
NCBC	New Century Bible Commentary
NEB	New English Bible
Neot	*Neotestamentica*
NHS	Nag Hamadi Studies
NIBC	New International Biblical Commentary
NICNT	New International Commentary on the New Testament
NIDNTT	*New International Dictionary of New Testament Theology*
NIGTC	New International Greek Testament Commentary
NIV	New International Version
NIVAC	NIV Application Commentary
NTL	The New Testament Library
NorTT	*Norsk Teologisk Tidsskrift*

NovT	*Novum Testamentum*
NovTSup	Novum Testamentum, Supplements
NPNF	Nicene and Post-Nicene Fathers
NRSV	New Revised Standard Version
NRT	*La nouvelle revue théologique*
NTD	Das Neue Testament Deutsch
NTI	D. Guthrie, *New Testament Introduction*
NTM	*The New Testament Message*
NTS	*New Testament Studies*
OTP	J. H. Charlesworth, ed., *The Old Testament Pseudepigrapha*
PC	Proclamation Commentaries
PCNT	Paideia Commentaries on the New Testament
PEQ	*Palestine Exploration Quarterly*
PNTC	Pelican New Testament Commentaries
PRS	*Perspectives in Religious Studies*
PSB	*Princeton Seminary Bulletin*
RB	*Revue biblique*
RefTR	*Reformed Theological Review*
RelSRev	*Religious Studies Review*
ResQ	*Restoration Quarterly*
RevExp	*Review and Expositor*
RevQ	*Revue de Qumran*
RevThom	*Revue thomiste*
RHPR	*Revue d'histoire et de philosophie religieuses*
RNT	Reading the New Testament
RSPT	*Revue des sciences philosopbiques et théologiques*
RSR	*Recherches de science religieuse*
RSV	Revised Standard Version
RTP	*Revue de théologie et de philosophie*
RTR	*Reformed Theological Review*
SAB	*Sitzungsbericht der Preussischen Akademie der Wissenschaft zu Berlin*
SB	Sources Bibliques
SBJT	*Southern Baptist Journal of Theology*
SBL	Studies in Biblical Literature
SBLAB	Society of Biblical Literature Academia Biblica
SBLDS	SBL Dissertation Series
SBLMS	SBL Monograph Series

SBLRBS	Society of Biblical Literature Resources for Biblical Study
SBLSP	SBL Seminar Papers
SBT	*Studia Biblica et Theologica*
Scr	*Scripture*
ScrB	*Scripture Bulletin*
SE	*Studia Evangelica*
SEA	*Svensk exegetisk arsbok*
SEAJT	*Southeast Asia Journal of Theology*
SecCent	*Second Century*
Sem	*Semitica*
SJLA	Studies in Judaism in Late Antiquity
SJT	*Scottish Journal of Theology*
SNT	Studiem zum Neuen Testament
SNTSMS	Society for New Testament Studies Monograph Series
SNTU	*Studien zum Neuen Testament und seiner Umwelt*
SP	Sacra Pagina
SPB	Studia postbiblica
SPCK	Society for the Promotion of Christian Knowledge
ST	*Studia theologica*
Str-B	H. Strack and P. Billerbeck, Kommentar zum Neuen Testament
StudBib	Studia Biblica
SwJT	Southwestern Journal of Theology
TB	Tyndale Bulletin
TBC	Torch Bible Commentaries
TBN	Themes in Biblical Narrative
TBT	*The Bible Today*
TCGNT	B. M. Metzger, *A Textual Commentary on the Greek New Testament*
TDNT	G. Kittel and G, Friedrich, eds., *Theological Dictionary of the New Testament*
TEV	Todays English Version
Them	*Themelios*
THKNT	Theologischer Handkommentar zum Neuen Testament

THNTC	Two Horizons New Testament Commentary
Theol	*Theology*
ThT	*Theology Today*
TLZ	*Theologische Literaturzeitung*
TNTC	Tyndale New Testament Commentaries
TRE	*Theologische Realenzyklopdadie*
TrinJ	*Trinity Journal*
TRu	*Theologische Rundschau*
TS	*Theological Studies*
TSK	*Theologische Studien und Kritiken*
TTZ	*Trierer theologische Zeitschrift*
TU	Texte und Untersuchungen
TynBul	*Tyndale Bulletin*
TZ	*Theologische Zeitschrift*
UBS	United Bible Societies
UBSGNT	*United Bible Societies Greek New Testament*
USQR	*Union Seminary Quarterly Review*
VC	*Vigiliae Christianae*
VD	*Verbum domini*
VE	*Vox evangelica*
VR	*Vox reformata*
VT	*Vetus Testamentum*
WBC	Word Biblical Commentary
WC	Wesrminster Commentary
WEC	Wycliffe Exegetical Commentary
WP	*Word Pictures in the New Testament*, A. T. Robertson
WTJ	Westminster Theological Journal
WUNT	Wissenschaftliche Untersuchungen zum Neuen Testament
ZDPV	*Zeitschrift des deutschen Palastina-Vereins*
ZECNT	Zondervan Exegetical Commentary on the New Testament
ZNW	*Zeitschrift für die neutestamentliche Wissenschaft*
ZRGG	*Zeitschrift für Religionsund Geistesgeschichte*
ZST	*Zeitschrift für systematische Theologie*
ZIK	*Zeitschrift für Theologie und Kirche*

Abraham	Philo, *On the Life of Abraham*
Ag. Ap.	Josephus, *Agaiest Apion*
Agric.	Tacitus, *Agricols*
Am.	Ovid, *Amores*
Ann.	Tacitus, *Annales*
Ant.	Josephus, *Jewish Antiquities*
Apoc. Adam	Apocalypse of Adam
Apos, Con.	Apostolic Constitions and Canons
b. Sanh.	Babylonian Talmud Sanhedrin
Bapt.	Tertullian, *De baptism*
Bar	Baruch
2 Bar.	2 Baruch (Syriac Apocalypse)
Barn.	Barnabas
Ben.	Seneca, *De Beneficiis*
Bib. Ant.	Pseudo-Philo, *Biblical Antiquities*
Cat.	Cyril of Jerusalem, *Catechetical Lectures*
CD	Cairo Genizah copt of the Darnascus Document
1 Clem.	1 Clement
2 Clem.	2 Clement
Comm. Matt.	Origen, *Commentarium in evangelium Matthew*
Gonj. praec	Plutarch, *Conjugalia Praecepta*
Cult. fem.	Tertullian, *De cultu feminarum*
Dial.	Justin Martyr, *Dialogue cum Tryphone*
Did.	Disdache
Drunkenness	Philo, On *Dremkenness*
Ecl.	Clement of Alexandria, *Eclogae propheticae*
Embassy	PhilApcolatseo, *On the Embassy to Gaius*
1 En.	1 Enoch (Ethiopic Apocalypse)
Ench.	Epictetus, *Enchiridion*
Ep.	Pliny the Younger, *Epistulae*
Ep.	Seneca, *Epistulae moralies*

Ep. Epict.	Athanasius, *Epistula ad Epictetum*
Epig.	Martial, *Epigrams*
Epist.	Jerome, *Epistulae*
1 Esd	1 Esdras
4 Eara	4 Ezra
Haer.	Irenaeus, *Adversus haereses (Elenchos)*
Heir	Philo, *Who Is the Heir?*
Helv.	Seneca, *Ad Helviam*
Herm. *Mand.*	Shepherd of Herman, *Mandate(s)*
Herm. *Sim.*	Shepherd of Herman, *Similitude(s)*
Hist. eccl.	Eusebius, *Historia ecclesiastica*
Ign. *Eph.*	Inatius, *To the Ephesians*
Ign. *Magn.*	Ignatius, *To the Magnesians*
Ign. *Phld.*	Ignatius, *To the Philadelphians*
Ign. *Pol.*	Ignatius, *To Polycarp*
Ign. *Rom.*	Ignatius, *To the Romans*
Ign. *Smyrn.*	Ignatius, *To the Smyrnaeans*
Ign. *Trall.*	Ignatius, *To the Trallians*
In Jer.	Origen, *Homiliae in Jeremiam*
Ira	Seneca, *De ira*
Jdt	Judith
Joseph	Philo, *On the Life of Joseph*
Jub.	Jubilees
J. W.	Josephus, *Jewish War*
Life	Josephus, *The Life*
m. Sotah	mishna Sotah
1, 2, 3, 4 Macc	1, 2, 3, 4 Maccabees
Mek.	Mekilta
Migration	Philo, *On the Migration of Abraham*
Mor.	Plutarch, *Moralia*
Moses	Philo, *On the Life of Moses*
Nat.	Pliny the Elder, *Naturalis historia*
Nat. d.	Cicero, *De natura deorum*
Or.	Tertullian, *De oratione*
Paed.	Clement of Alexandria, *Paedegogus*
Paenit.	John Chrysostom, *De paenitentia*

Phil.	Polycarp, *To the Philippians*
Poly.	Polybius, The Histories
Ps.-Phoc.	Pseudo-Phocylides
Pss. Sol.	Psalms of Solomon
1QapGen	Genesis Apocryphon [Dead Sea Scroll]
1QH[a]	Hodayot[a] or Thanksgiving Hymns[a] [Dead Sea Scroll]
1QM	Milḥamah
1QpHab	Pesher Habakuk [Dead Sea Scroll]
1QpNah	Pesher Nahum
1QS	Serek Hayahad *or* Rule of the Community
Rewards	Philo, *On Rewards and Punishments*
Scorp.	Tertullian, *Scorpiace*
Sib. Or.	Sibylline Oracles
Sir	Sirach/Ecclesiasticus
Spec. Laws	Philo, *On the Special Laws*
Strom.	Clement of Alexandria, *Stromateis*
T. Ab.	Testament of Abraham
T. Benj.	Testament of Benjamin
T. Jud.	Testament of Judah
T. Levi	Testament of Levi
T. Moses	Testament of Moses
T. Naph.	Testament of Naphtali
T. Reu.	Testament of Reuben
Tob	Tobit
Ven.	Dio Chrysostom, *Venator* (*Or.* 7)
Vir. ill.	Jerome, *De viris illustribus*
Virt.	Dio Chrysostom, *De virtute* (*Or.* 7)
Vit.	Suetonius, *Vitellius*
Wis	Wisdom of Solomon
Worse	Philo, *That the Worse Attacks the Better*

베드로전서

깃드는숲 LOGOS

서론 개요

| 서 론 |

베드로의 첫 편지는 아름답고, 강력한 편지로, 그리스도인들이 신앙으로 핍박을 받는 세상, 그들에게 적대적인 세상에서 그리스도인 됨이 어떤 의미인지 설명한다. 이 편지의 수신자들은 영적인 나그네였지만 동시에 미래를 보장하는 소망과 유업이 주어진 위대한 구원을 받은 자들이었다. 고난 받는 종인 예수님은 그들이 마땅히 받아야 할 심판을 받으시고 그들을 무익하고 경건하지 않은 삶의 방식에서 구속하셨다. 그들은 영적으로 집이 없는 자들이었지만 결코 쫓겨나지 않을 가족과 유업에 묶여 있었다.

그들 대부분은 신자로서 사회의 아래층에서, 로마의 권위 아래에서, 믿지 않는 잔인한 주인 아래에서, 믿지 않는 남편 아래에서 살았다. 일상생활과 제국의 권력으로부터 고난을 받았다.

그러나 그들은 여전히 하나님의 백성, 참되고 회복된 이스라엘이었다. 예수 그리스도를 통해서 아브라함, 모세, 다윗, 그리고 선지자들에게 약속하신 하나님의 위대한 약속을 받은 자들이었다. 그들은 주님의 새로운 성전이었고, 하나님을 찬양하고, 세상에 대한 하나님의 복을 중재하는 제사장이었다. 사람을 두려워하지 말고 주님을 두려워하며 살도록 권면을 받았으며, 두려움은 역설적으로 그들에게 확신과 희망을 주었을 것이다. 그들은 주 예수 그리스도께서 고난을 받으신 것처럼 고난을 받도록 부르심을 받았다. 그러나 이와 같은 고난은 소망을 특징으로 한다. 하나님의 백성과 순종하는 자녀로서 하나님 앞에 거룩한 자들로 살아야 했다. 삶을 통해서 다른 왕과 다른 왕국에 속해 있음을 증명하기 때문에, 그 삶을 살펴본 불신자들은 그들을 비판할 근거를 찾지 못했을 것이다. 그들이 보여 주는 삶의 아름다움은 믿지 않는 자들이 하나님의 택하신 족속, 왕 같은 제사장, 거룩한 나라에 들어오도록 마음을 끌어당겼을 것이다.

1. 저 자

1.1. 내적 증거

베드로전서는 "예수 그리스도의 사도 베드로"(벧전 1:1)가 썼다고 주장한다.[1] 편지에는 베드로에 대한 다른 직접적인 언급은 없다. 어떤 학자들은 수신자가 그리스도를 보지 못했다는 말(1:8)이 베드로는 그리스도를 보았다는 의

---

1 다음은 베드로에 관한 관심이 다시 일어난 것을 추적한다. J. H. Elliott, "The Rehabilitation of an Exegetical Step-Child: 1 Peter in Recent Research," *JBL* 95 (1976): 243-54. 1980년까지 베드로전서를 명쾌하고 간략하게 조사한 내용은 다음을 참조하라. D. Sylva, "1 Peter Studies: The State of the Discipline," *BTB* 10 (1980): 155-63. 1990년대 후반까지 연구 역사에 관한 훌륭한 요약은 다음을 참조하라. S. R. Bechtler, *Following in His Steps: Suffering, Community, and Christology in 1 Peter*, SBLDS 162 (Atlanta: Scholars Press, 1998), 1-22. 2000년대 초반까지 연구 조사는 다음을 참조하라. M. Dubis, "Research on 1 Peter: A Survey of Scholarly Literature Since 1985," *CurBR* 4 (2006): 199-239.

미를 담고 있기 때문에, 수신자와 베드로가 대조된다고 주장한다. 대조는 가능하지만, 저자가 누구인지에 결정적인 영향을 미치지는 않는다. 더 강한 증거는 "그리스도의 고난의 증인"(5:1)이라는 저자의 주장이다. 이 사람을 사도들 외에 다른 사람이라고 말하기 어렵다. 이 표현에 대한 다른 해석은 5장 1절의 주해를 참조하라. 실라, 마가, 바벨론(5:13)은 베드로 저작을 반영할 수 있지만 분명하지 않다. 신약은 실라와 마가를 베드로보다 바울과 더 가깝게 연결하기 때문이다(5:12와 13에 대한 주해를 참조하라). 베드로가 수신자들에게 두 번째 편지를 쓴다고 말하기 때문에 베드로후서 3장 1절도 중요하다. 베드로후서가 위명 저자라고 할지라도(나는 이의를 제기한다), 베드로가 첫 편지 베드로전서를 썼다. 결론적으로 편지 자체의 내용은 사도 베드로 저작을 주장한다. 반대를 지지하는 명확한 증거가 없다면 편지의 자기-주장은 받아들여져야 한다.

1.2. 외적 증거

일부 학자들은 클레멘트 1서(1 Clement)가 베드로전서를 의존했다는 사실을 발견했지만(참조. 1 Clem. 서론; 7:6; 9:3-4; 21:7; 22:2-6; 49:5; 57:1), 두 서신 사이의 유사점은 베드로전서에 대한 의존을 분명하게 보여 주지 못한다. 클레멘트 1서가 베드로전서를 알고 사용했다는 결론을 내리기에는 증거가 부족하다. 일부 학자들의 주장에도 불구하고 바나바 서신(Epistle of Barnabas)이나 순교자 유스티누스(Justin Martyr)의 "트리포와의 대화"(Dialogue with Trypho)가 베드로전서를 의존했음을 보여 주지 않는다. 아마도 AD 112-114년에 쓴 폴리카르포스(Polycarp)의 '빌립보 교인들에게 보낸 편지'는 베드로전서에 의존하는 첫 번째 증거일 것이다. 네 개의 표현은 베드로전서와 매우 유사하며, 베드로전서를 자료로 사용했음을 보여 준다(참조. *Phil.* 8:2과 벧전 2:21; *Phil.* 1:3과 벧전 1:8; *Phil.* 8:1과 벧전 2:22, 24; *Phil.* 2:1과 벧전 1:13, 22). 디다케(The Didache)는 베드로전서를 사용했을 수 있지만(참조. Did. 1:4와 벧전 2:11), 확실하지 않다. 만약 디다케의 베드로전서 사용이 확실하다면 베드로의 저작을 더 지지할 수 있다.

2세기 말과 3세기 초 자료들은 이 서신을 베드로의 편지로 확인한다. 테르

툴리아누스(Tertullian)은 베드로전서의 구절을 인용하고 베드로를 저자로 말한다(*Scorp.* 12; 참조. *Scorp.* 14; *Or.* 20). 알렉산드리아의 클레멘트(Clement of Alexandria)와 이레나이우스(Ireaeus) 또한 베드로전서를 인용하고 이 편지를 베드로 저작으로 돌린다(예. *Paed.* 1.6.44; *Strom.* 3.11.75; 4.7.33–47; *Haer.* 4.9.2; 4.16.5). 베드로전서는 무라토리안 정경(The Muratorian Canon)에 없다. 아마도 문서 일부가 손실되어 빠졌을 것이다. 여기에서는 많은 것을 얻지 못한다.[2] 베드로 저작의 외적 증거는 매우 초기부터 있었고, 아무도 베드로의 저작에 의문을 제기하지 않았다.

1.3. 베드로 저작을 반대하는 주장

베드로가 이 서신의 저자라는 내적 증거와 초기 전통에도 불구하고 많은 학자들은 베드로 저작을 의심한다. 다양한 이유가 제시되지만, 설득력 있다고 주장하는 내용은 각각 차이가 나며, 그 다른 주장 어디에 무게를 두어야 할지도 일치하지 않는다.[3]

첫째, 수준 높은 헬라어 때문에 많은 학자들은 갈릴리 어부가 베드로전서를 쓸 수 없다고 확신한다.[4] 사도행전 4장 13절에서 베드로는 "학문 없

---

2 공동 서신에 관한 흥미롭고 유익한 정경 읽기는 다음을 참조하라. D. R. Lockett, *Letters from the Pillar Apostles: The Formation of the Catholic Epistles as a Canonical Collection* (Eugene, OR: Pickwick, 2016). 또한, 다음을 참조하라. D. R. Nienhuis and R. W. Wall, *Reading the Epistles of James, Peter, John & Jude as Scripture: The Shaping and Shape of a Canonical Collection* (Grand Rapids: Eerdmans, 2013).

3 베드로 저작에 반대하는 주장에 대한 간략한 요약은 다음을 참조하라. W. G. Kümmel, *Introduction to the New Testament*, rev. ed. (Nashville: Abingdon, 1975), 423-24; 또한, 다음을 참조하라. N. Brox, *Der erste Petrusbrief,* EKKNT, 2nd ed. (Zürich: Benziger/Neukirchen-Vluyn: Neukirchener Verlag, 1986), 43-47. 퀌멜(Kümmel)은 베드로전서가 "의심할 것 없이 위명 저작"이라고 말한다(424 페이지). 베드로 저작을 거부하는 최근의 주장들은 다음을 참조하라. J. H. Elliott, *1 Peter: A New Translation with Introduction and Commentary,* AB (New York: Doubleday, 2000), 120-30; L. R. Donelson, *I and II Peter and Jude*, NTL (Louisville: Westminster John Knox, 2010), 7-8; R. Feldmeier, *The First Letter of Peter: A Commentary on the Greek Text*, trans. P. H. Davids (Waco: Baylor University Press, 2008), 32-39; T. B. Williams, *Persecution in 1 Peter: Differentiating and Contextualizing Early Christian Suffering*, NovTsup 145 (Leiden: Brill, 2012), 22-32.

4 F. W. Beare, *The First Epistle of Peter: The Greek Text with Introduction and Notes* (Oxford: Blackwell, 1947), 27-28; L. Goppelt, *A Commentary on I Peter* (Grand Rapids: Eerdmans, 1993), 50; P. J. Achtemeier, *1 Peter: A Commentary on First Peter*, Her (Minneapolis: Fortress, 1996), 4-5. 비어(F. B. Beare)는 행 4:1에서 베드로가 글을 몰랐다고 주장한다.

는"(ἀγράμματος, 아그람마토스)으로 묘사되어 있다. 따라서 많은 학자들은 베드로가 세련된 헬라어 문법을 구사할 수 없다고 여긴다. 일반적으로 학자들은 신약에서 베드로전서의 헬라어가 최고 수준이라는 사실에 동의한다. 더욱이 베드로가 베드로전서와 베드로후서를 모두 썼다면, 베드로전서가 베드로후서의 헬라어와 다른 수준이라는 사실을 어떻게 설명할 수 있을까?

둘째, 첫 번째 편지의 구약 인용은 주로 70인역이다. 이것은 헬라어가 모국어가 아닌 베드로와 맞지 않는 것 같다.[5] 셋째, 학자들은 베드로전서가 신학적인 측면에서 눈에 띄게 바울의 특징을 보인다고 자주 언급한다.[6] 베드로는 그리스도의 죽음, 그와 함께 고난을 받을 필요성, 권세자들에 대한 순종, 남편에게 순종해야 할 아내의 책임, 또 다른 바울의 주제라고 주장할 수 있는 주제들에 초점을 맞춘다. 바울에 대한 명백한 의존은 베드로와 바울이 이방인과의 관계에 동의하지 않았기 때문에 특히 이상해 보인다(갈 2:11-14).[7]

넷째, 보수적인 학자들은 종종 실루아노가 베드로의 서기였다고 주장한다(벧전 5:12). 그러므로 베드로전서는 실루아노의 헬라어 수준일 가능성이 있다. 그러나 베드로 저작을 거부하는 학자들은 베드로전서 5장 12절의 형식을 근거로 실루아노가 서기가 아니라고 주장한다. 많은 학자들은 "~로 말미암아 쓰고"(γράφειν διά τινος, 그라페인 디아 티노스)라는 문구가 편지의 서기가 아

---

5 예. Achtemeier, *1 Peter*, 6-7.

6 Beare, *First Peter*, 25-26.

7 에베소서와 베드로전서를 비교하는 연구에서 미튼(C. L. Mitton)는 베드로전서의 저자가 에베소서를 알고 의존했다고 결론을 내린다("The Relationship between 1 Peter and Ephesians," *JTS* 1 [1950]: 67-73). 시마다(K. Shimada)는 미튼이 제시한 증거를 분석하면서 그 주장을 입증하지 못했다고 결론을 내린다("Is I Peter Dependent on Ephesians? A Critique of C. L. Mitton," *AJBI* 17 [1991]: 77-106). 시마다는 베드로전서가 로마서를 의존하는지 연구하면서 의존성이 없다고 주장한다(87-137 페이지). 또한, 다음을 참조하라. Achtemeier, *1 Peter*, 15-19; Brox, *Der erste Petrusbrief*, 47-51; Elliott, *1 Peter*, 37-41. 공통점은 공유된 전통의 관점에서 설명할 수 있다. 시마다(Shimada)의 베드로전서 에세이는 다음을 참조하라. Shimada, *Studies on First Peter* (Tokyo: Kyo Bun Kwan, 1998). 베드로전서의 독립성은 다음을 참조하라. J. Herzer, *Petrus oder Paulus? Studien über das Verhältnis des ersten Petrusbriefes zur paulinischen Tradition*, WUNT 103 (Tübingen: Mohr Siebeck, 1998). 윌리암스(T. B. Williams)는 다른 자료와의 상호 관계를 설정하는 데 사용된 기준이 정의상 다른 자료에 대한 베드로의 의존 가능성을 배제했다고 주장한다. 그는 전체 질문을 분석하기 위한 기준을 제시하는 데, 이것은 학자들이 베드로전서와 다른 글과의 관계를 계속 추구할 때 고려해야 할 사항이다("Intertextuality and Methodological Bias: Prolegomena to the Evaluation of Source Materials in 1 Peter," *JSNT* 39 [2016]: 167-87).

닌 **전달자**를 의미한다고 말한다. 또한 실루아노가 서기라면 공동 저자로 언급했어야 한다. 다섯째, 어떤 학자들은 저자가 예수님과 함께 걷고 이야기를 나누었던 베드로가 아니라고 주장한다. 베드로전서는 예수님에 대해서 거의 말하고 있지 않기 때문이다.

여섯째, 일부 학자들은 편지에 묘사된 박해가 로마 제국에서 비롯된 것이며 제국 전체에 퍼져 있다고 주장한다(벧전 5:9).[8] 이 박해는 도미티아누스(Domitian)의 통치(AD 81-96년)에 가능하다고 결론을 내린다. 도미티아누스 통치 시기는 베드로의 저작과 거리가 멀다. 마찬가지로 일부 학자들은 베드로전서에 두드러진 신자들에 대한 박해가 소(小)플리니우스(Pliny the Younger)와 트라야누스(Trajan, AD 98-117년)와의 서신과 어울린다고 생각한다.[9] 플리니우스는 소아시아 비두니아의 총독이었으며 자신의 지역에서 그리스도인을 어떻게 대응해야 할지 고민했다. 한편으로 황제 숭배와 그리스도를 저주하기 거부하는 신자들을 처형해야 한다고 확신했다. 그러나 그리스도를 저주했다면 그리스도인으로 파악된 그 사람들을 처벌해야 할지 질문했다. 게다가 플리니우스는 그리스도인을 적극적으로 찾아내고 익명의 고소를 받아들여야 하는지, 아니면 신앙을 고백한 그리스도인만 기소해야 하는지 궁금해 했다. 황제 트라야누스는 보수적인 방법을 추천했다.[10] 그는 마녀사냥이 안전을 위협할 수 있기 때문에 그것을 원하지 않았다. 그리스도를 저주하고 황제를 숭배한 그리스도인들은 처벌을 면했지만, 그리스도를 고집스럽고 완고하게 믿었던 사람들은 처형되었다. 저작 시기가 황제 트라야누스의 통치 시기(AD 98-117년)라면 베드로 저작은 불가능하다. 같은 맥락에서 베드로는 로마를 바벨론으로 언급했으며, 아마도 베드로가 처음으로 그렇게 했을 것이

---

8 베드로전서의 박해와 관련된 훌륭한 연구는 다음을 참조하라. T. B. Williams, "Suffering from a Critical Oversight: The Persecutions of 1 Peter within Modern Scholarship," *CurBR* 10 (2012): 275-92.

9 특별히 *Ep.* 10.96-97. 참조. J. Knox, "Pliny and 1 Peter: A Note on 1 Pet. iv.14-16 and iii.15," *JBL* 72 (1953): 187-89; F. G. Downing, "Pliny's Prosecutions of Christians: Revelation and 1 Peter," *JSNT* 34 (1988): 105-23.

10 이 논의에 따르면 그리스도인에 대한 공식적인 정책이 없었지만 플리니우스가 기독교인이라고 자백한 사람들을 처형했기 때문에, 우리는 그가 그리스도인을 사형시켰던 선례를 따랐음을 알 수 있다. 참조. T. B. Williams, *Persecution in 1 Peter: Differentiating and Contextualizing Early Christian Suffering*, NovT Sup 145 (Leiden: Brill, 2012): 203-7.

다. 만약 네로 박해 이전에 썼다면 왜 그렇게 했는지 알기 어렵다.

그러므로 많은 학자들은 저자가 다른 이름을 사용했다고 선택한다.[11] 이 편지는 베드로가 썼다고 기록되어 있지만, 사실 다른 사람이 저술했다는 주장이다. 악트마이어(P. Achtemeier)의 주석은 그 이론의 예시를 보여 준다.[12] 악트마이어는 초대 교회가 위명의 글을 거부했다는 점에 주목한다. 그러나, 위명이 아닌 **내용** 때문에 거부했다고 주장한다. 제자들이 스승의 이름으로 쓰는 전통 때문에, 위명 저자는 베드로의 이름으로 글을 쓰는 것을 정당하게 느꼈다. 이 전통은 랍비 문학, 피타고라스, 그리고 테르툴리아누스에서 발견된다. 더욱이 악트마이어는 그리스-로마 세계와 초대 교부들의 글에서 "치료의 거짓말" 개념을 지지하는 증거에 호소한다.[13] 도넬슨(Donelson)은 이와 같은 이론이 어떤 거짓말을 "고귀하다"라고 옹호했다고 주장한다.[14] 다른 학자들은 악트마이어와 도넬슨과 다르게 베드로가 편지를 쓰지 않았지만 속이려는 시도가 없었다고 주장한다. 이 수단은 (누구나 알 수 있는) "명백한 허구"라는 방법이었다.[15] 어떤 학자들은 베드로를 추종하는 공동체 또는 베드로 학파가 썼다고 주장한다.[16] 마지막 이론은 가능하지만 지지하기 힘들다.[17] 초기 전통은

---

11 예. 비어는 "'베드로'가 위명임에는 의심의 여지가 없다"라고 말한다(*First Peter*, 25). 참조. E. J. Richard, *Reading 1 Peter, Jude, and 2 Peter: A Literary and Theological Commentary*, RNT (Macon: Smith & Helwys, 2000), 9-10; D. P. Senior, *1 Peter*, SP (Collegeville: Michael Glazier, 2003), 5.

12 Achtemeier, *1 Peter*, 39-42.

13 Plato, *Republic* 389b-c; Cicero, *Brutus* 11.42; Clement of Alexandria, *Strom.* 7.9.53.2; Chrysostom, *Paenit.* 49.331; Origen, *In Jer.* 19.15. 이 참고 문헌은 악트마이어를 따랐다.

14 L. R. Donelson, *Pseudepigraphy and Ethical Argument in the Pastoral Epistles* (Tübingen: Mohr Siebeck, 1986), 11.

15 참조. Beare, *First Peter*, 29.

16 예. E. Best, *1 Peter*, NCB (Grand Rapids: Eerdmans, 1971), 32-36, 64-65; Goppelt, *I Peter*, 48-53, 368-71; J. H. Elliott, "Peter, Silvanus and Mark in 1 Peter and Acts: Sociological-Exegetical Perspectives on a Petrine Group in Rome," in *Wort in der Zeit: Neutestamentlichen Studien: Festgabe für Karl Heinrich Rengstorf zum 75. Geburtstag*, ed. W. Haubeck and M. Bachmann (Leiden: Brill, 1980), 250-67; R. P. Martin, "1 Peter," in *The Theology of the Letters of James, Peter, and Jude* (Cambridge: Cambridge University Press, 1994), 92.

17 다음의 비판을 참조하라. D. G. Horrell, "The Product of a Petrine Circle? A Reassessment of the Origin and Character of 1 Peter," *JSNT* 86 (2002): 29-60. 호렐(Horrell)은 베드로전서가 로마의 기독교 초기 전통을 통합한다고 주장한다. D. G. Horrell, *Becoming Christian: Essays on 1 Peter and the Making of Christian Identity*, LNTS 394 (London: Bloomsbury T&T Clark, 2013), 7-44.

베드로전서가 저자 공동체에서 나왔다는 사실을 보여 주지 않는다. 이와 같은 아름다운 문학 작품을 베드로를 추종하는 공동체가 썼다고 믿기 어렵다. 공동으로 보고서를 작성하는 사람은 누구나 그 이점을 잘 알고 있다. 베드로전서를 공동체가 썼다는 주장은 베드로 그룹이 편지를 썼다고 하면서 베드로 저작을 지지하는 공격을 피해 간다.[18] 이 모호한 이론은 반박하기 어렵지만, 동시에 입증하기도 어렵다. 엘리엇(J. H. Elliott)은 (베드로가 이 편지를 쓰지 않았기 때문에) 가상의 베드로에게 돌리면서, 마가와 실루아노가 썼다고 주장한다. 베드로가 쓰지 않았다고 무시하면서 마가와 실루아노가 썼다는 주장은 어떻게 역사적으로 받아들여졌는지 이해하기 힘들다. 세 명 모두를 역사적으로 또는 허구로 이해하는 것이 더 일관성 있는 접근이다.[19]

1.4. 베드로 저작을 지지하는 주장

반대에도 불구하고 베드로 저작에 관한 타당하고 실제적인 이유가 있다.[20] 반대에 답하면서 우리는 마지막부터 거꾸로 논의를 진행할 것이다.[21] 베드로

---

18 예. J. H. Elliott, *A Home for the Homeless: A Sociological Exegesis of 1 Peter. Its Situation and Strategy* (Philadelphia: Fortress, 1981), 270-80; Elliott, *1 Peter*, 127-30.

19 엘리엇은 세 사람이 모두 허구일지라도 그 중요성은 여전하다고 생각한다(*Home for the Homeless*, 279-80). 그러나 개인에 대한 언급이 역사의 닻에서 풀려나기 때문에, 이것이 어떻게 사실일 수 있는지 알기 어렵다. 따라서 이 세 인물의 언급이 역사에서 분리된다면, 수신자들이 이들의 역사적 저작이라고 생각할 이유가 없다.

20 참조. K. H. Jobes, *1 Peter*, BECNT (Grand Rapids: Baker, 2005), 5-19; C. L. Winbery, "Introduction to the First Letter of Peter," *SWJT* 25 (1982): 8-14; W. J. Dalton, "'So That Your Faith May Also Be Your Hope in God' (1 Peter 1:21)," in *Reconciliation and Hope: New Testament Essays on Atonement and Eschatology Presented to L. L. Morris on His Sixtieth Birthday*, ed. R. Banks (Exeter: Paternoster, 1974), 262-66; D. F. Watson, *First Peter*, PCNT (Grand Rapids: Baker, 2012), 3-5.

21 건드리(R. H. Gundry)는 이 편지가 종종 복음 전승에서 그리스도의 말씀에 의존하고 있음을 입증하며 특별히 베드로가 이야기의 주요 인물인 본문에 호소함으로 베드로 저작을 지지한다(참조. "'Verba Christi' in 1 Peter: Their Implications concerning the Authorship of Peter and the Authenticity of the Gospel Tradition," *NTS* 13 [1967]: 336-50; 그리고 "Further Verba on Verba Christi in First Peter," *Bib* 55 [1974]: 211-32). 베스트(E. Best)는 건드리의 증거에 심각하게 의문을 제기했는데, 대부분의 경우 베드로전서에서 복음 전승에 대한 의존이 분명하게 확립되어 있지 않다고 주장한다(참조. "1 Peter and the Gospel Tradition," *NTS* 16 [1970]: 95-113). 건드리와 비슷한 견해는 다음을 참조하라. G. Maier, "Jesustradition im 1. Petrusbrief," in *Gospel Perspectives: The Jesus Tradition outside the Gospels*, vol. 5, ed. D. Wenham (Sheffield: JSOT Press, 1984), 85-128. 나는 건드리와 베스트 사이 어딘가에 위치한다. 왜냐하면 베드로는 베스트의 이해보다 더 많이 복음 전승을 사용하기 때문이다. 그러나 건드리의 주장만큼은 아니다.

전서는 사도 베드로가 썼다고 기록한다. 이 점은 분명히 강조되어야 한다. 가장 이른 증거, 베드로전서가 베드로 저작을 지지하기 때문이다. 초대 교회 전통 또한 베드로 저작을 지지한다. 초대 교회 전통에 베드로전서를 다른 사람이 썼다고 믿었다는 증거는 없다. 그러므로 우리는 "명백한 허구" 개념을 거부해야 한다. 고대 문헌의 증거는 위명을 인정하거나 베드로의 제자 중 한 사람이 썼다고 이해하지 않는다. "명백한 허구"라는 주장을 지지하는 역사적 증거는 없다.

"명백한 허구" 이론보다 "치료의 거짓말" 또는 "고귀한 거짓말"이 더 믿을 만하다는 주장이 있다. 그러나 이 이론은 심각한 문제가 있다. 편지의 내용 자체가 거짓(2:1, 22; 3:10)을 비판하는 데 작가가 거짓을 행한다면 일관성이 없다. 초기 기독교에서 진리는 귀하게 여겨졌고 이것은 이와 같은 거짓 행위와 어울리지 않는다.[22] 초대 교회에서 "베드로 복음"(The Gospel of Peter)과 "바울과 테클라의 행전"(The Acts of Paul and Thecla)은 위명이었기 때문에 거부되었다.[23] 유세비우스와 테르툴리아누스 모두 그 책들이 내용과 저작을 거짓으로 주장했기 때문에 거부되었다고 전한다. 따라서, 그 책들이 내용만으로 저작의 진위가 거부되었다는 말은 환원주의적이다. 예루살렘의 키릴로스는 네 복음서를 제외한 모든 복음서를 거부한다. 나머지는 "거짓으로 기록되었고 해를 끼치기" 때문이다.[24] 고대 관습에 호소하여 위명을 합법화하는 악트마이어의 시도는 실패로 돌아간다. 도넬슨은 다음과 같이 올바르게 주장한다. "위조로 알려진 문서를 종교적, 철학적 규범으로 받아들이는 사람은 아무도 없을 것 같다. 나는 그 예를 하나도 알지 못한다.[25]

"고귀한 거짓말" 이론의 또 다른 문제는 베드로가 60년대에 죽고 편지가 70-80년대(또는 그 이후)에 쓰였다면, 이 편지를 고귀한 거짓말로 전하려는 시도가 성공할 수 있는가 하는 점이다.[26] 소아시아의 신자들은 베드로가 죽은

복음 전승이 베드로 저작에 관한 추가적인 논거로 충분하다고 확신하지 않는다.

22 특별히 다음을 보라. T. L. Wilder, *Pseudonymity, the New Testament, and Deception: An Inquiry into Intention and Reception* (Lanham, MD: University Press of America, 2004).

23 Eusebius, *Hist. eccl.* 6.12.3; Tertullian, *Bapt.* 17.

24 Cyril, *Cat.* 4.36.

25 Donelson, *Pseudepigraphy and Ethical Argument*, 11.

26 나의 학생, 맷 퍼먼(Matt Perman)이 이 본문을 논의할 때 이 반대 의견을 제안했다.

지 10년에서 30년이 지났기 때문에 그가 살아 있다고 생각할 수 없었다. 그가 죽은 사실은 잘 알려졌을 것이다. 따라서 수신자들이 베드로가 썼다고 주장하는 편지에 속았을 것 같지 않다. 속일 의도로 베드로의 이름을 쓰는 사람이 성공할 가능성은 미미하다.

피타고라스학파의 관행도 이 문제를 해결해 주지 않는다. 문제는 이와 같은 관행이 유대교와 기독교 공동체에 받아들여졌는지 여부이다.[27] 랍비 관습에 대한 호소는 논의를 진전시키지 못한다. 랍비 관습은 신약처럼 같은 개인을 암시하지 않기 때문이다. 더욱이 위명(pseudepigraphy)이라는 범주가 랍비 문헌에 어울리는지 의문이다, 놀랍게도 악트마이어는 초대 교회가 거짓말이나 속임수를 옹호한 예를 지적한다(예. 라합). 그러나 이러한 예는 베드로 저작에 적용될 수 없다. 오늘날에도 그리스도인들은 누군가의 생명을 보존하기 위해서 진리를 숨겨야 하는 경우를 말한다. 이와 같은 예외적인 상황이 치료적인 거짓말을 받아들였다는 사실을 의미하지 않는다. 또한 문학 작품, 특히 서신서에 동일한 기준을 적용할 수 없다. 결론적으로 위명 이론은 명백한 속임수이다. 또는 이 이론은 초대 교회에서 받아들여지지 않았다. 고대 문헌의 증거는 후자가 더 설득력이 있다는 점을 보여 준다. 같은 문제가 베드로후서에서 더 의견이 분분하기 때문에, 더 자세한 논의는 베드로후서 서론에서 참조하라.[28]

박해의 성격은 아래 "목적과 수신자들의 상황" 항목에서 설명하려고 한다. 베드로전서가 보여 주는 박해의 성격이 편지의 늦은 시기, 즉 베드로가 편지를 쓰기에 너무 늦은 시기에 썼다는 것을 증명하지 않는다. 그리스-로마 세계의 박해와 베드로전서가 보여 주는 증거를 비교하면, 베드로가 이 편지를 쓸 수 없었다는 주장은 잘못이다.

다른 학자들은 역사적인 예수님에 대한 언급과 예수님의 말씀에 대한 암시가 거의 없기 때문에 베드로 저작을 믿지 않는다. 그러면서도 학자들은

---

27 참조. D. Guthrie, *New Testament Introduction*, 4th ed. (Downers Grove: InterVarsity, 1990), 777-79; T. L. Wilder, "Pseudonymity and the New Testament," in *Interpreting the New Testament: Essays on Methods and Issues*, ed. D. A. Black and D. S. Dockery (Nashville: B&H, 2001), 301.

28 참조. D. A. Carson, "Pseudonymity and Pseudepigraphy," in *Dictionary of New Testament Background* (Downers Grove: InterVarsity, 2000), 857-64.

베드로가 예수님의 말씀을 얼마나 자주 암시하고 있는지 토론한다. 건드리 (Gundry)는 꽤 많은 암시를 발견하지만, 베스트(Best)는 건드리를 반대한 다.[29] 이 문제를 다룰 지면이 부족하다. 일부 구절은 역사적인 예수님의 말씀을 암시하는 것처럼 보이지만, 그 구절은 많지 않다고 말하는 것으로 충분하다. 어쨌든 베드로 저작에 관한 이의 제기는 설득력이 없어 보인다. 반대하는 주장은 심리적인 문제를 다룬다. 역사적인 예수님을 아는 사람이 실제로 베드로전서를 쓴다면 무엇을 쓸 것인지에 대해서 가정하기 때문이다. 이러한 논증은 설득력이 없다. 왜냐하면 우리는 예수 그리스도의 사도로서 베드로가 어떤 점을 분명히 했을 것이라는 주장에 주의를 기울여야 하기 때문이다.[30] 우리는 그가 예수님의 생애에서 일어난 사건이나 예수님의 가르침에 자주 호소할 것이라고 생각할 수 있지만, 그것은 추측에 불과하다. 베드로전서는 그가 알고 있는 모든 것을 전하는 편지가 아닌 짧은 편지라는 사실을 기억해야 한다. 그는 실제 상황을 다루기 위해서 제한적이지만 구체적으로 편지를 쓴다. 그러므로 베드로전서에서 나온 내용만으로 베드로 저작의 결론을 내릴 수 없다.

베드로 저작을 반대하는 가장 중요한 이유는 헬라어 수준일 것이다. 일부 학자들은 베드로전서 5장 12절에 근거하여 실루아노가 베드로의 서기였다고 제안하면서, 이 문제에 답한다.[31] 앞서 말한 내용과 5장 12절 주해처럼 이 구절의 형식 "실루아노를 통하여 ... 내가 이 짧은 편지를 썼다"(NRSV)는 베드로전서를 쓴 서기가 아니라 **전달하는 사람**을 언급할 수 있다. 반면에 베드로는 실루아노를 통해서 **썼다**고 말했기 때문에, 서기를 말할 수도 있다. 실누아노를 단지 편지를 전달하는 사람으로 묘사하더라도 서기일 가능성은 있다. 바울의 편지에서 서기는 공통적인 성격이다(예. 롬 16:22; 참조. 고전 16:21;

---

29 각주 21번 참조.

30 참조. Guthrie, *New Testament Introduction*, 765.

31 예. E. G. Selwyn, *The First Epistle of St. Peter*, 2nd ed. (Grand Rapids: Baker, 1981), 10-11, 27; C. E. B. Cranfield, *I & II Peter and Jude: Introduction and Commentary*, TBC (London: SCM, 1960), 13-16, 18; B. Reicke, *The Epistles of James, Peter, and Jude*, AB (Garden City: Doubleday, 1964), 69-71; Torrey Seland, *Strangers in the Light: Philonic Perspectives on Christian Identity in 1 Peter*, BIS 76 (Leiden: Brill, 2005), 22-28. 켈리(J. N. D. Kelly)는 베드로 저작에 가까워졌지만 불확실하다고 밝힌다. J. N. D. Kelly, *A Commentary on the Epistles of Peter and Jude*, Thornapple Commentaries (Grand Rapids: Baker, 1981), 32-33.

갈 6:11; 골 4:18; 살후 3:17; 몬 19).[32] 베드로가 말하지 않지만, 베드로와 함께 있는 누군가가 그의 서기로 일했을 가능성이 있다. 헬라어를 잘 아는 서기는 베드로가 편지를 쓰는 데 도움을 주었을 것이다. 이것은 베드로전서의 수준 높은 헬라어를 설명할 수 있다. 이 이론은 완전히 배제할 수 없지만, 증명할 수도 없다. 어쨌든 훌륭한 헬라어를 설명할 수 있는 서기가 있었을 것이다.[33]

베드로전서의 구약 인용과 암시는 마소라 본문이 아니라 70인역(LXX)이다. 히브리어 대신 헬라어를 선호하는 특징은 이상해 보인다. 일부 학자들은 갈릴리 유대인 베드로가 헬라어 구약을 인용하지 않았다고 확신한다. 이 주장은 설득력이 없다. 70인역(LXX)이 소아시아에서 베드로의 독자들이 사용하는 성경이기 때문에 매우 자연스러운 일이다.[34] 베드로는 수신자들에게 편지를 쓸 때, 그들이 사용하는 관용어로 메시지를 전하는 것은 놀라운 일이 아니다.

수준 높은 헬라어가 갈릴리 어부 베드로와 맞지 않다는 반대 의견으로 돌아가 보자. 이것은 베드로 저작에 심각한 질문을 제기한다. 앞에서 말했듯이 베드로가 서기 또는 실루아노를 통해서 편지를 썼을 가능성이 있다. 높은 헬라어 수준은 서기에게서 나올 수 있다. 베드로는 메시지를 구두로 말하고 서기가 썼을 것이다. 아마도 베드로 자신이 첫 번째 초안 또는 둘 이상의 초안을

---

32 서기의 역할에 관한 도움이 되는 토론은 다음을 참조하라. E. R. Richards, *The Secretary in the Letters of Paul*, WUNT 24/2 (Tübingen: Mohr, 1991); Richards, *Paul and First-Century Letter Writing: Secretaries, Composition and Collection* (Downers Grove, IL: InterVarsity, 2004).

33 마이클스(J. R. Michaels)는 "베드로가 이 편지를 쓰는 데 전문가의 도움을 받았다는 가정이 서기의 이름을 알려야 한다고 요구하지 않는다"라고 말했다(*1 Peter*, WBC [Waco: Word, 1998], lxii). 데이비즈(P. H. Davids)는 비슷하게 "이 가설은 서기가 실바누스라는 사실에 의존하지 않는다"라고 말한다(P. H. Davids, *The First Epistle of Peter*, NICNT [Grand Rapids: Eerdmans, 1990], 6n4). 그루뎀(W. Grudem)은 실바누스가 서기가 아니라 전달자라고 주장하면서 실수한다. W. Grudem, *The First Epistle of Peter*, TNTC [Grand Rapids: Eerdmans, 1988], 23-24). 실바누스가 서기로 알려지지 않았기 때문에, 베드로가 직접 편지를 썼음이 틀림없다고 결론을 내린다. 그러나 현재의 증거로는 증명할 수 없다. 그는 실바누스 또는 다른 누군가가 서기 역할을 했을 가능성은 남아 있다. 월리스(D. B. Wallace)는 두 편지들 사이에 스타일의 차이가 서기를 필요로 한다고 주장하면서 같은 점을 지적한다. 실바누스나 다른 누군가가 그 역할을 했을 것이라고 제안한다("First Peter: Introduction, Argument, and Outline," at https://bible.org/seriespage/21-first-peter-introduction-argument-and-outline). 발전된 헬라어가 다른 작가가 있었음을 보여 준다는 월리스(Wallace)의 주장은 증거가 없다. 베드로가 헬라어를 구사하는 능력을 확실히 알지 못하기 때문이다.

34 Guthrie, *New Testament Introduction*, 767-68.

검토하고, 편지를 보내기 전에 변경해야 할 내용을 제안했을 것이다. 이렇게 주의 깊게 쓴 편지는 이 편지의 구성과 아름다움에 잘 어울린다. 이 견해는 확실하게 증명할 수 없다는 단점이 있다. 반면에 우리는 이러한 역사적인 문제를 논의할 때, 이 견해가 가능한 가설임을 인정해야 한다.

또한 갈릴리 어부였던 베드로 자신이 베드로전서를 썼을 가능성도 있다.[35] 무엇보다도 헬라어는 상업 언어였으며 갈릴리에 이미 퍼져 있었다.[36] 헹엘(M. Hengel)이 보여 준 것처럼 헬레니즘은 신약성경을 쓸 당시 팔레스타인에게 영향을 미치고 있었다.[37] 더욱이 갈릴리는 이방 지역 데가볼리와 가까웠다. 두 지역의 언어적 접촉과 언어가 겹치는 현상은 불가피했다. 실제로 갈릴리 세포리스는 아람어와 헬라어가 모두 사용되는 헬레니즘 도시였다. 사업가 베드로는 아마도 헬라어를 알고 있었을 것이다. 사업 이익을 늘리기 위해서 헬라어는 필요했을 것이다. 포터(S. E. Porter)는 다음과 같이 바르게 말한다.

> 헬라어는 팔레스타인의 고급 언어였으며, 헬라화된 갈릴리 지역에서 온 성공한 어부와 아마도 로마의 고객들과 접촉하기를 원하는 기술자와 장인들을 포함하여 확장된 규모로 사업을 하려는 누구든지 헬라어를 알 필요가 있었을 것이다. 아니 정말 알고 싶었을 것이다.[38]

세븐스터(J. N. Sevenster)는 이스라엘의 평범한 사람들, 특히 갈릴리 사람이 헬라어를 알고 있었을 것이라고 주장한다.[39] 예루살렘과 벧 셰아림의 많

---

35 이와 관련하여 다음을 참조하라. F. Neugebauer, "Zur Deutung und Bedeutung des 1. Petrusbriefes," *NTS* 26 (1980): 72.

36 Kelly, *Peter and Jude*, 31.

37 M. Hengel, *Judaism and Hellenism: Studies in Their Encounter in Palestine during the Early Hellenistic Period* (London: SCM Press, 1974).

38 S. E. Porter, "Greek of the New Testament," *DNTB*, 430-31.

39 J. N. Sevenster, *Do You Know Greek? How Much Greek Could the First Jewish Christians Have known?*, NovTSup 19 (Leiden: Brill, 1968). 다음도 비슷하게 주장한다. J. M. Fitzmyer, "The Languages of Palestine in the First Century AD," *CBQ* 32 (1970): 507-18. 대부분은 2-4세기 사이의 증거이지만, 언어 사용에 문화적 연속성이 존재할 가능성이 있다. 따라서 늦은 시기는 여기에서 주장하는 논의에 결정적이지 않다.

은 납골당(죽은 사람들의 뼈를 담고 있는 돌관)에는 히브리어나 아람어가 아닌 헬라어 비문이 있다.[40] 시몬 바 코크바(Simon bar Cochba, AD 132-135년) 또는 그를 돕는 사람은 편지 가운데 하나를 헬라어로 썼는데, 이는 민족주의적 메시아 운동에서 매우 놀라운 일이다. 이것은 헬라어가 매우 잘 알려져 있었음을 시사한다. 아람어와 히브리어가 지배적이지만, 쿰란에서 헬라어도 발견되었다. 요세푸스(Josephus)는 유대인들이 동기를 가지면 헬라어를 잘 쓸 수 있었음을 보여 주는 것 같다(Ant. 20.262-65). 이 비문은 나사렛에서 발견되었다. 아마도 일부 갈릴리 사람들은 헬라어를 읽을 수 있었을 것이다. 헬라어 비문은 여러 유대인 회당에서도 발견되었다.

따라서 헬라어는 팔레스타인과 갈릴리에 알려지고 사용된 것 같다. 더 예리하게 질문해야 한다. 베드로가 헬라어를 알고 사용했는가? 그는 분명히 헬라어를 알고 사용했을 것이다. 문제는 갈릴리 사람인 베드로가 그렇게 아름다운 헬라어를 썼는가 하는 점이다. 어떤 학자들은 베드로가 사업을 하는 계층으로 가능하다고 말한다. 사도행전 4장 13절의 산헤드린은 그가 "학문 없는"(ἀγράμματος, 아그람마토스) 사람이라고 말하지만, "학문 없는"이라는 별칭은 베드로가 문맹이라는 뜻이 아니다.[41] 산헤드린은 베드로를 그렇게 잘 알지 못했다. 베드로가 랍비적인 훈련을 받지 않았음을 알았을 뿐이다. 그는 신학교 교육과 동등한 교육을 받지 못했는데 어떻게 신학 문제를 가르칠 수 있었는가? 우리는 열두 제자의 지도자 베드로가 틀림없이 비범한 사람이었고, 놀라운 말의 은사를 가지고 있었음을 기억해야 한다. 고린도에서 지도자들을 둘러싼 싸움은 그들의 수사학적 능력에 집중되었기 때문에 고린도전서 1장 12절에서 베드로의 수사학적인 능력에 관한 힌트를 찾을 수 있다.[42] 우리는 사업에 종사하는 사람들의 지적인 그리고 문학적인 은사를 인정하지 않는 교육을 잘 받은 속물일 수 있다.

---

40 다음은 세븐스터의 주장에 의문을 제기한다. A. Gerdmar, *Rethinking the Judaism-Hellenism Dichotomy: A Historiographical Case Study of Second Peter and Jude*, ConBNT 36 (Stockholm: Almqvist & Wiksell, 2001), 265-69. 세븐스터가 주장의 일부를 과장하더라도, 헬라어에 관한 지식은 널리 퍼져 있었던 것 같다.

41 Dalton, "Your Hope in God," 263; Grudem, *1 Peter*, 26; Guthrie, *New Testament Introduction*, 764.

42 참조. J. W. C. Wand, "The Lessons of First Peter: A Survey of Interpretation," *Int* 9 (1955): 391.

나는 베드로가 반드시 편지를 직접 썼다고 주장하지 않는다. 서기가 있었을지 모르지만, 베드로 자신도 헬라어에 재능이 있었을 것이다. 이 주장은 다른 입장보다 역사적으로 더 가능성이 있다. 베드로전서를 베드로가 쓸 수 없다고 주장하는 사람들은 더 타당한 근거를 주장할 수 없다. 우리가 가지고 있는 역사적인 증거(서신 자체)는 베드로가 편지를 썼다고 주장한다. 받아들일 만한 근거가 있다면, 이 역사적인 주장은 받아들여져야 한다.

좁스(K. H. Jobes)는 베드로전서 구문론이 "헬라어가 제2언어인 셈족 저자라면 나타나는 이중 언어 간섭"에 반대된다고 주장한다. 좁스는 이렇게 주장하면서 베드로의 저작을 지지한다.[43] 그녀는 전치사의 사용, 속격 인칭 대명사, "한정적인 형용사의 위치", "전치사 ἐν(엔)과 사용되는" 여격에 숙달되지 않은 저자에 주목한다.[44] 아마도 좁스는 옳을 것이다. 더 많은 연구는 그녀의 주장을 지지할 것이다. 그 이론을 무시하더라도, 서기나 베드로가 이와 같은 헬라어 스타일을 사용할 수 있다. 우리는 누가 편지를 썼는지 정확히 알지 못하고, 또한 알 수 없으며, 다양한 가설에 만족해야 한다.

다른 학자들은 신학이 바울과 너무 유사하기 때문에 베드로가 이 편지를 썼을 가능성이 없다고 주장한다.[45] 베드로와 바울의 관계는 복잡하기 때문에, 더 분석해야 한다. 베드로전서의 여러 주제는 바울과 비슷하다. (1) 구원은 종말론적인 선물이다(벧전 1:3-9; 롬 5:9-10). (2) 신자들은 자기들의 믿음 때문에 고난을 받을 것이다(벧전 1:6-7; 3:13-17; 4:12-19; 딤후 3:12). (3) 신자들은 거룩한 삶을 살아야 한다(벧전 1:13-2:3; 롬 6:123; 엡 4:1-6:9; 골 3:5-4:6). (4) 예수님은 하나님의 모퉁잇돌이다(벧전 2:6; 롬 9:33). (5) 신자들은 통치 권력에 복종해야 한다(벧전 2:13-17; 롬 13:1-7). (6) 아내는 남편에게 복종해야 한다(벧전 3:1-6; 엡 5:22-24). (7) 남편은 아내를 선하게 대해야 한다(벧전 3:7; 엡 5:25-29). (8) 그리스도는 천사들의 존재보다 높으신

---

43 Jobes, *1 Peter*, 7.

44 Jobes, *1 Peter*, 7. 자세한 논증은 325-28을 참조하라.

45 다른 학자들은 베드로가 바울의 교회들에 편지를 쓰지 않았을 것이라고 반대했지만, 거스리(D. Guthrie)는 편지를 쓴 교회들을 바울이 개인적으로 설립했다는 것이 분명하지 않다고 바르게 지적한다. 더욱이, (의심스럽지만) 바울이 설립했다고 하더라도, 베드로는 바울이 죽은 후에 이 교회들에 편지했을 것이다(참조. Guthrie, *New Testament Introduction*, 773-74). 더욱이 한 명 이상의 사도들이 같은 교회들을 섬겼을 수도 있다.

주(Lord)로서 높임을 받았다(벧전 3:18-19, 22; 엡 1:20-23; 골 1:16; 2:10, 15). (9) 끝이 가까웠다(벧전 4:7; 롬 13:11-14). 공통된 주제가 두드러지지만, 베드로의 편지가 바울 서신을 사용했다는 명확한 증거가 없다.[46] 베드로의 표현들은 먼저 있던 바울 서신들을 사용했음을 입증하기에 충분하지 않다. 더욱이 베드로전서에는 칭의, 율법의 역할, 바울의 기독론과 같은 중요한 바울의 주제들이 부족하다. 어떤 학자들은 이러한 문제에 대해서 공통된 기독교 전통을 공유했다고 주장했지만,[47] 확실하지 않다. 어쨌든 어떤 문제에 관한 공통된 주제가 베드로의 저작을 배제하지 못한다. 베드로와 바울이 중심적인 신학적인 신념을 공유했을 가능성이 있기 때문이다. 어쨌든 베드로와 바울은 서로 베껴 쓰지 않았다. 베드로전서는 이 사실을 분명히 한다.

주의해야 할 점은 베드로와 바울의 신학적 공유를 없애 버리는 튀빙겐 학파의 과장된 주장이다(참조. 고전 15:11).[48] 안디옥 사건(갈 2:11-14)은 베드로와 바울의 근본적이고 오랜 불일치를 보여 주지 않는다. 본문을 신중하게 이해한다면, 베드로는 확신이 아니라 위선과 두려움에서 오는 행동을 했다. 물론 많은 학자들이 바울의 설명을 무시하고 베드로가 신학적으로 바울과 다르다고 주장한다. 본문은 확실히 베드로가 바울보다 유대인의 반대를 더 염려하고 그것에 민감했음을 보여 준다. 하지만 그가 바울의 신학과 다르다는 증거는 없다. 나는 베드로와 바울이 자기 신학에서 서로 다른 강조점을 가지고 있었음을 부정하지 않는다. 또한 신약 증인들의 다양성을 없애 버리면 안 된다. 그럼에도 불구하고 베드로전서의 바울적인 성격은 베드로의 저작을 배제하지 않는다. 베드로와 다른 저자들 사이의 공통적인 전통을 고려하는 것은 이 주석의 목적이 아니다. 베드로 신학의 역사에서 일부 학자들은 공통적인 세례 전통에 호소했으며, 이제는 공유된 전통(찬양, 교리, 예전, 권면)을 가정하는 것이 일반적이다.[49] 전체 질문은 매력적이지만 쉽지 않고, 이 주석이

---

46 Jobes, *1 Peter*, 11-13. 나는 베드로가 바울의 편지 중 일부를 알고 있었음을 부정하지 않는다. 왜냐하면 벧후 3:15-16에서 분명하기 때문이다.

47 엘리엇은 "베드로의 바울 의존 이론은 광범위하고 다양한 (예전, 권면, 교리) 전통을 베드로와 바울이 공유했다는 점을 고려해서 거부해야 한다"라고 말한다("Rehabilitation of 1 Peter," 247).

48 Guthrie, *New Testament Introduction*, 775-76.

49 다음 연구를 참조하라. Dubis, "Research in 1 Peter," 209-10.

의 범위를 벗어난다.

어떤 학자들은 로마를 바벨론으로 이해하는 사실이 베드로 저작을 반대하는 강력한 논거라고 주장한다. AD 70년 이후까지 이와 같은 연관성을 찾을 수 없기 때문이다. 그러나 AD 70년 이전에 로마를 바벨론이라고 분류하는 것은 놀라운 일이 아니다. 좁스가 지적했듯이, 바벨론처럼 로마가 이스라엘의 독립을 빼앗았기 때문에 기원전 63년 이후부터 로마를 바벨론으로 이해했다는 것은 합리적이다.[50]

베드로 저작을 거절할 결정적인 근거는 없다. 내부 증거 그리고 외부 증거 모두 이 견해를 뒷받침한다. 초대 교회에서 베드로가 이 편지를 썼는지는 논쟁의 주제가 아니었다. 베드로전서가 "명백한 허구"였다는 것은 이 당시부터 증거가 없다. 베드로 저작의 반대는 설득력이 없으며 각 반대 의견에 신뢰할 만한 대답을 할 수 있다. 수준 높은 헬라어 스타일은 베드로 저작을 가장 중요하게 반대하지만, 서기가 있었거나 베드로가 헬라어를 잘 알고 베드로전서를 썼다는 많은 증거가 있다. 베드로가 교회들을 개인적으로 방문했다고 말할 필요는 없다.[51] 물론 우리가 이와 같은 방문을 배제할 수 없다. 바벨론의 언급(5:13 주석 참조)은 확실히 로마를 의미하기 때문에 베드로가 로마에 있는 동안 편지를 썼다는 결론을 내릴 수 있다.[52]

2. 저 작 시 기

저작 시기는 베드로가 이 편지를 썼느냐에 달려 있다.[53] 베드로 저작을

---

50 Jobes, *1 Peter*, 14.

51 Davids, *1 Peter*, 9.

52 다음의 훌륭한 논의를 참조하라. Guthrie, *New Testament Introduction*, 793-95. 또한 다음을 참조하라. Elliott, *1 Peter*, 131-34.

53 마이클스는 램지(Ramsey)를 따라 베드로 저작의 늦은 저작 시기를 제시하고, 그것이 가능하다고 제안한다(네로 박해 이후이지만 도미티아누스 통치 이전 [*1 Peter*, lxii-lxv]). 늦은 저작 시기는 설득력이 없다(참조. Davids, *First Peter*, 10n12). 그는 국가에 대한 순종적인 태도가 네로 박해 시기와 도미티아누스가 신자들을 학대했던 시대와 맞지 않는다고 주장한다(lxiii). 이 주장은 설득력이 없다. 박해와 학대가 항상 교회 위에 폭풍우처럼 맴돌고 있었다. 이 학대는 통치 권력에 순종하라는 권면을 바꾸지 않는다. 악트마이어는 "심각한 박해가 실제로 발생한 후에

거부하는 사람들은 일반적으로 트라야누스(AD 98-117년),[54] 도미티아누스
(AD 81-96년), 베스파시아누스(Vespasian) 또는 티투스(Titus, AD 69-81
년)[55] 시대로 이해한다. 베드로가 로마에서 베드로전서를 썼다면, 5장 13절
의 바벨론에 관한 언급은 그의 생애가 끝날 무렵 로마에서 기록되었을 것이
다(5:13의 주해를 보라).[56] 구체적인 시기는 추측이지만 60년대에 썼을 것이
다.[57] 편지가 저작 시기를 침묵하고 있기 때문에 파악하기 힘들지만, 오히려
다음 주장의 근거가 된다. 만약 네로의 박해가 시작되었고 로마의 그리스도인
들이 경험한 고통을 예시로 소아시아의 신자들을 격려했다면, 그 박해를 언
급했을 것이다. 따라서 나는 네로의 박해가 시작되기 전 AD 62-63년경을 저
작 시기로 정하려고 한다.[58]

도 그리스도인들은 황제에 대한 충성을 표현하고 로마의 존속을 위해 계속 기도했다"라고 올
바르게 말한다(*1 Peter*, 46).

54 A. T. Hanson, "Salvation Proclaimed: I. 1 Peter 3.18-22," *ExpTim* 93 (1982): 101; Beare, *First Peter*, 9-19(AD 111-12년).

55 퀌멜, AD 90-95년(*Introduction to the New Testament*, 425); 엘리엇, AD 75-92년("Peter, Silvanus and Mark," 254; *Home for the Homeless*, 87; 참조. Senior, *1 Peter*, 7-8) 엘리엇은 현재 AD 73-92년으로 주장한다(Elliott, *1 Peter*, 134-38); 볼치(D. L. Balch, *Let Wives Be Submissive: The Domestic Code in 1 Peter*, SBLMS 26 [Chico: Scholars Press, 1981], 133-34)는 고펠트를 따른다. 고펠트(*1 Peter*, 45-47)는 AD 65-80년으로 좁힌다. 악트마이어, AD 80-100년(*1 Peter*, 50); 마틴(R. Martin), AD 75-85년("1 Peter," 94); 도넬슨, AD 80년대 또는 90년대(*I and II Peter and Jude*, 14); 벡틀러(Bechtler), AD 75-105년(*Following in His Steps*, 52); 펠트마이어 (Feldmeier), AD 81-90년(*First Peter*, 39-40); 호렐(D. G. Horrell), AD 75-95년(*The Epistles of Peter and Jude*, EC [Peterborough: Epworth, 1998], 10).

56 엘리엇은 로마에서 썼다는 10가지 주장을 제시하지만, 모두 똑같이 설득력이 있는 것은 아니라고 인정한다("Peter, Silvanus and Mark," 253n9).

57 5:13의 바벨론 언급은 마이클스가 주장하는 AD 70년 이후를 강력하게 지지하지 않는다(*1 Peter*, lxiii; Davids, *First Peter*, 11n13). 이 단어는 구약에 익숙한 사람들에게 자연스러웠다. 또한 마이클스와 반대로 바벨론에 있는 공동체는 가정 교회 대신 통일된 기독교 공동체가 있었던 다른 시기를 암시하지 않는다. 바벨론에 있는 교회는 로마에 얼마나 많은 회중이 있었는지 아무것도 말하지 않으며 많은 가정 교회를 배제하지 않는다.

58 셀르윈(E. G. Selwyn), AD 63 또는 이른 64년(*First Peter*, 56-63); 힐리어(N. Hillyer), 박해가 일어나기 전 AD 63년(*1 and 2 Peter, Jude*, NIBC [Peabody: Hendrickson, 1992], 3); 켈리(Kelly, *Peter and Jude*, 30)와 크랜필드(Cranfield, *I & II Peter and Jude*, 17), AD 63년 또는 64년; 거스리, AD 62-64년(*New Testament Introduction*, 786-88); 월리스(Wallace), AD 64년("First Peter: Introduction, Argument, and Outline"); 그루뎀(*1 Peter*, 37)와 레이케(Reicke, *The Epistles of James, Peter, and Jude*, 71-72)는 베드로의 죽음 이전 AD 64년을 제안한다. 왓슨(Watson), AD 64-68년(*First Peter*, 5-6). 박해 이후; 로빈슨(J. A. T. Robinson), AD 65년(*Redating the New Testament* [Philadelphia: Westminster, 1976], 161).

3. 수신자와 그들의 상황

베드로전서 5장 13절에서 바벨론은 분명히 로마이다. 이는 베드로가 로마에서 소아시아에 있는 교회들에게 편지를 썼음을 나타낸다.[59] 베드로전서를 썼을 무렵 마가(5:13)가 로마에 있었다(골 4:10; 몬 24)는 확실한 증거가 있다. 이 편지를 "본도, 갈라디아, 갑바도기아, 아시아와 비두니아"에 흩어져 있는 신자들에게 보낸다(벧전 1:1).[60] 베드로가 편지를 썼을 때 비두니아와 본도는 단일한 주(province)였고(1:1 주해를 보라), 따라서 아마도 수신지는 토로스 산맥 북쪽(오늘날 터키)이었을 것이다. 어떤 학자들은 베드로가 지역을 지리를 따르지 않고 주(province)별로 정했다고 생각한다. 만약 지리를 따랐다면, 아마도 파플라고니아, 브루기아, 비시디아, 루가오니아를 포함시켰을 것이기 때문이다.[61] 다른 학자들은 지역의 나열된 순서가 편지의 전달자(5:12의 실루아노)가 편지를 전하는 순서라고 제안한다.[62] 이 지역들은 대체로 원을 그리고 있다. 바다에서 온 사람은 먼저 비두니아에 도착한 다음 본도로 이동할 것이다. 대신 셀란(T. Seland)는 해당 지역이 단일한 전달자로는 지역이 너무 커서 여러 전달자가 편지를 전했을 가능성이 더 높다고 하는 데, 이는 편지

---

59 Michaels, *1 Peter*, xlvii; Achtemeier, *1 Peter*, 63-64. 비어(Beare)는 베드로전서를 소아시아에서 썼고 바벨론에 관한 언급이 편지의 위명을 보여 준다고 생각한다(바벨론이 로마를 의미하는 데 동의하지 않지만[*First Peter*, 31], 악트마이어는 비어가 나중에 견해를 바꾸었다고 주장한다[*1 Peter*, 64n657]). 로마라는 견해는 다음을 참조하라 Kelly, *Peter and Jude*, 33-34. 고펠트(*1 Peter*, 48) 와 펠트마이어(*First Peter*, 40-42)는 베드로 저작을 인정하지 않지만, 로마에서 왔다고 이해한다.

60 타이트(P. L. Tite)는 편지를 5개 주의 수신자들에게 쓰지 않았을 가능성이 있으므로 5개 주가 은유일 수 있다고 제시한다(*Compositional Transitions in 1 Peter: An Analysis of the Letter-Opening* [San Francisco: International Scholars Publications, 1997], 30). 나는 5개의 지역 수신자들에게 편지를 썼다는 사실을 의심할 이유가 없다고 판단한다. 베드로가 5개의 다른 주를 나열하는 은유적인 의미가 분명하지 않기 때문이다.

61 Goppelt, *1 Peter*, 3-4; Elliott, *Home for the Homeless*, 60; Kelly, *Peter and Jude*, 3.

62 F. J. A. Hort, *The First Epistle of St Peter: 1.1-11.17* (New York: Macmillan, 1898), 167-84; C. Hemer, "The Address of 1 Peter," *ExpTim* 89 (1978): 239-43; Grudem, *1 Peter*, 37-38; Guthrie, *New Testament Introduction*, 784; R. Martin, "1 Peter," 87. 비어는 대안으로 본도와 비두니아가 특히 핍박이 심했기 때문에 목록의 시작과 끝이며, 특히 이 지역 교회에 대해 염려했다고 제안한다(*First Peter*, 22-24).

의 여러 사본이 만들어졌음을 의미할 수 있다.[63]

우리는 편지의 수신자들이 신앙 때문에 고난과 박해를 받았음을 알고 있다(1:6-7; 2:18-20; 3:1, 13-17; 4:1-4, 12-19; 5:10). 박해는 시험을 나타내며 불에 비교된다(1:6-7; 4:12). 그들의 고난은 나머지 그리스-로마 세계에서 신자들이 직면한 것과 비교된다(5:9). 노예와 아내는 박해를 받았고, 아마도 구타와 성폭행이 포함되었을 것이다(2:18-20; 3:16). 신자들은 우상 숭배와 온갖 종류의 죄에 참여하지 않았기 때문에 불신자들에게 비방을 받았다(4:14). 따라서 그들은 사회에서 소외되었다. 베드로는 악행으로 고난을 받지 말고 그리스도인으로 기꺼이 고난에 참여하라고 권면한다(4:13-16).

이전의 베드로서신의 학자들은 이 편지가 로마 제국 전역의 박해를 반영한다고 주장했다. 그들은 도미티아누스(AD 81-96년) 또는 트라야누스(AD 98-117년)의 통치 중에 발생했다고 가정한다. 그러나 최근 수십 년에 새롭게 합의했다. 공식적인 교회 박해 정책은 네로(AD 54-68년), 도미티아누스 또는 트라야누스 시대에 시행되지 않았다는 주장이다.[64] 윌리암스(T. Williams)와 호렐(Horrell)은 이 합의에 도전한다.[65] 역사적인 질문은 부분적인 자료로 확실한 결론을 내리기 정말 어렵다.

네로 황제는 자신이 의도적으로 불을 질렀다는 소문을 막기 위해서 그리스도인들에게 로마 화재의 책임을 돌렸다.[66] 분명히 네로 치하 로마에서는 박해가 매우 심했다. 로마 밖에서 그리스도인에 대한 법적인 파급력이 빨랐을지 모르지만 그 박해가 이후 로마 제국 전역에서 공식적인 정책이었다는 명확한 증거는 없다.[67] 과거의 학자들은 도미티아누스가 그리스도인에 대한 공식적인 박해 정책을 시작했다고 주장했다. 그는 귀족들과 추방된 철학자들 가운데 반

---

63 Seland, *Strangers in the Light,* 28-37.

64 참조. 예. Achtemeier, *1 Peter*, 28-36; Kelly, *Peter and Jude*, 5-10; Elliott, *Home for the Homeless*, 80-81; Davids, *First Peter*, 10; Elliott, *1 Peter*, 98-101; Brox, *Der erste Petrusbrief*, 24-33; Jobes, *1 Peter, 8-11*; Donelson, *I and II Peter and Jude*, 11-13. 그러나 셔터(W. L. Schutter)는 법적 절차가 아직 진행 중이라고 생각한다(*Hermeneutic and Composition in 1 Peter*, WUNT 2/30 [Tübingen: Mohr Siebeck, 1989], 14-17).

65 그들의 기여는 아래를 참조하라.

66 Tacitus, *Ann.* 15.44. 참조. Suetonius, *Vit.* 6.16.

67 참조. Feldmeier, *First Peter*, 4.

45

대자들을 처형하며 불의하게 통치했다.[68] 도미티아누스는 자신을 반대하는 모든 사람을 학대하는 일환으로 교회를 차별했다. 신실한 그리스도인들은 그를 "우리 하나님, 우리 주"(deus et dominus noster)라고 부르는 일에 저항했을 것이다.[69] 오늘날은 그리스도인에 대한 조직적이고 체계적인 탄압이 그의 치하에서 일어나지 않았다는 결론이 더 일반적이다.[70] 반면에 그의 통치 기간 동안 신자들에 대한 지역적이고 간헐적인 박해가 있었으며 심지어 생명을 잃게 만들었다(예. 계 2:12; 6:9; 16:6; 17:6; 18:24; 19:2; 20:4).[71] 이에 대해서 제국의 권력과 통치는 분명한 역할을 했다.

트라야누스를 마지막으로 생각해보자. 앞에서 소(小)플리니우스와 트라야누스 사이의 서신을 간략하게 요약했다. 플리니우스가 그리스도인을 처형했기 때문에 그 서신에서 제국의 정책을 확인할 수 있다. 그렇지만 로마가 그리스도인에 대한 입장을 철저하고 명확하게 했다면 플리니우스는 트라야누스에게 조언을 구하지 않았을 것이다. 트라야누스는 그리스도인을 찾아서 죽이지 말아야 한다고 조언했다. 그럼에도 불구하고 그리스도를 저주하고 황제에 대한 헌신을 표현하기 거부하는 그리스도인들은 처형되었다.

베드로전서에서 도미티아누스(AD 81-96년) 또는 트라야누스(98-117년) 통치 기간에 어떤 종류의 박해가 있었는지는 분명하지 않다.[72] 해석 역사에서 일부 학자들은 공식적으로 로마 제국에 널리 퍼진 박해를 찾았다. 믿음에 관해서 물었을 때 변호해야 할 필요(3:15), 그리스도인들에 반대하는 비

---

68 참조. Suetonius, *Vit.* 8.3.2; 10.2-3; 11-12; Tacitus, *Ann.* 6.29; *Agric.* 3.44. 그리스도인에 대한 적대감은 다음을 참조하라. Eusebius, *Hist. eccl.* 3.18.4-19.1; 4.26.9; 1 Clem. 1:1.

69 참조. Suetonius, *Vit.* 8.13.2.

70 참조. D. Warden, "Imperial Persecution and the Dating of 1 Peter and Revelation," *JETS* 34 (1991): 203-12; W. C. van Unnik, "The Teaching of Good Works in i Peter," *NTS* 2 (1954): 102; Selwyn. *The First Epistle of St. Peter*, 52-56; Goppelt, *I Peter*, 29; Grudem, *First Peter*, 31.

71 나는 요한계시록이 도미티아누스 통치 기간에 기록되었다고 가정하지만, 네로 시대에 기록되었을 가능성도 있다.

72 필슨(F. V. Filson)은 플리니우스 통치 시기에 일부 순교자가 있었기 때문에 베드로를 트라야누스 통치에 두는 것은 불가능하다고 주장한다. 그러나 베드로전서에 순교의 증거가 없다고 말한다("Partakers with Christ: Suffering in First Peter," *Int* 9 [1955]: 404). 같은 관찰이 도미티아누스의 통치에도 적용되며, 특히 요한계시록을 도미티아누스 통치 시대로 거슬러 올라간다면 더욱 그렇다. 낙스(J. Knox)는 플리니우스와 트라야누스의 서신과 연결시키려고 하지만 성공하지 못했다("Pliny and i Peter: A Note on 1 Pet 4:14-16 and 3:15," *JBL* 72 [1953]: 187-89). Elliott, *1 Peter*, 792-93.

난들(4:14-16), 세상에 퍼져 있는 고통을 받는 신자들에 대한 언급(5:9)이 그 이유이다. 그렇지만 다른 학자들은 이 본문 중 어느 것도 공식적이고 국가가 추진하는 박해 정책을 가리키지 않는다고 답했다. 그들은 3장 15절과 4장 14-16절에서 신자들에 반대하는 질문과 비난은 신앙 때문에 만날 수 있는 전형적이고 일상적인 질문이라고 주장한다.[73] 어떤 경우에는 저항이 공식적인 행동으로 이어질 수도 있다. 그러나 그때에도 그리스도인에 대한 반응은 지역적이고 제한적이었다. 예를 들어, 바울은 여행 중에서 지방 권력자들에게 종종 처벌을 받았다. 이와 같은 반대를 제국 전반에 걸친 기독교 신앙에 대한 규정과 동일시하면 안 된다.[74] 새로운 합의는 세상에서 고난을 받는 신자들을 로마 제국이 기독교 신앙에 반대하는 법령을 공포했다는 신호로 볼 필요가 없다는 것이다(5:9). 이 구절은 그리스-로마 세계 전체에서 신자들의 신앙이 위협을 받고 있음을 간단히 보여 준다. 위협, 차별, 때때로 목숨을 잃는 그리스도인들이 도처에 있었다. 따라서 베드로는 소아시아의 신자들에게 그들의 상황이 독특하지 않다고 일깨운다. 기독교 신앙에 관한 차별과 학대는 언제든지 발생할 수 있지만, 그리스도인이 되는 것은 공식적으로 불법은 아니었다.[75]

일부 학자들이 비슷하게 재구성했지만, 최근에 호렐과 윌리암스는 좀 더 미묘한 견해를 제안했다. 호렐은 일반 시민의 개인적인 불만도 정부의 공식적인 조치로 이어질 수 있다고 지적한다.[76] 윌리암스는 기독교가 엄밀하게는 불법이 아니지만 네로가 신자들을 반대하기 시작했을 때부터 "실질적으로 불법"이었다고 주장한다.[77] 박해는 산발적이며 제한적이지만 합법적이기도 했다. 특히 신들을 숭배하는 지역에서 자발적으로 (기독교와 같은) 사회 조직에 참여하는 일은 또 다른 개종으로 이해될 수 있기 때문에, 그리스도인들은 의

---

73 예. Feldmeier, *First Peter*, 2.

74 Filson, "Partakers," 403.

75 레이케는 베드로가 수신자들에게 정부를 전복하는 어떤 활동에도 참여하지 않도록 정부에 저항하지 말라고 조언하기 위해 편지를 썼다고 주장한다(*Epistles of James, Peter, and Jude*, 72-73). 이 해석은 불가능하다. 다음 비판을 참조하라. C. F. Sleeper, "Political Responsibility according to I Peter," *Nov* 10 (1968): 270-86.

76 Horrell, *Becoming Christian*, 183-209. 호렐의 재구성은 자신이 설정한 저작 시기(AD 75-95년)에 따라 다루지만, 공식적인 박해로 이어지는 비공식적인 불만은 60년대 초반에도 있었을 가능성이 있다.

77 T. Williams, *Persecution in 1 Peter*, 179-236.

심을 받았을 것이다. 또한 그리스도인들은 소아시아에서 인기 있었던 황제 숭배에 참여하지 않았을 것이다.[78] 호렐과 윌리암스는 베드로전서가 공식적인 박해와 비공식적인 박해를 모두 반영한다고 주장한다. 초기 학자들은 전자를 강조했다면 최근 학자들은 후자로 제한한다. 둘 다 가능하다고 생각할 만한 이유가 있다. 시민들은 그리스도인을 정부에 신고했을 가능성이 있고, 그 결과 일부 신자들은 처형당했을 가능성이 있다.[79]

호렐의 주장은 저작 시기(AD 75-95년)에 부분적으로 연결된다. 그럼에도 불구하고 윌리암스의 지적처럼 그러한 상황은 더 일찍 일어날 수 있었다(60년대). 그 결과 박해가 공식적일 수도 있고 비공식적일 수도 있다. 편지 내용은 공식적인 제국 정책이 있었지만 박해가 여전히 산발적으로 있었다는 주장과 다르다. 베드로는 누군가가 죽임을 당했다고 언급하지 않았다. 어떤 사람들은 자기 목숨을 희생했을 가능성이 있지만, 그 일이 일어났다면 베드로가 언급했을 것이다.[80] 차별, 학대, 그리고 육체적인 형벌은 그 경계가 분명하지 않아서 전자가 후자로 쉽게 이어질 수 있다.

윌리암스는 그리스도인이라는 신분은 황제 거부를 의미할 수 있으며, 따라서 "그리스도인"이라는 이름을 받아들이는 일은 제국의 권위에 반역하는 의미일 수 있다고 말한다.[81] 신자들의 고통은 언어적인 학대(비방, 2:12, 15; 3:9, 16; 4:4, 14), 육체적인 학대(2:18), 그리스도인이 행악자로 처벌을 받을 수 있는 법적인 환경(참조. 2:12, 14)을 포함한다.[82] 3장 14-16절에서 그리스도인들은 사법 당국에 끌려온 상황을 포함하여 모든 상황에서 자신을 방어할 준비가 되어 있어야 한다. 마찬가지로 4장 12-19절에서 그리스도인이라는 고소는 법적인 상황이 포함되었을 것이다.

베드로전서는 아마도 네로 박해 전에 쓰였을 것이다. 그럼에도 불구하고

---

78 T. Williams, *Persecution in 1 Peter*, 240-58.

79 Horrell, *Becoming Christian*, 183-209; T. Williams, *Persecution in 1 Peter*, 179-297. 참조. Watson, *First Peter*, 9.

80 참조. Achtemeier, *1 Peter*, 49. 이 점은 플리니우스와 트라야누스(AD 약 112-114)시대가 편지 저작 시기로 불가능함을 확인해 준다.

81 T. B. Williams, *Good Works in 1 Peter: Negotiating Social Conflict and Christian Identity in the Greco-Roman World*, WUNT 337 (Tübingen: Mohr Siebeck, 2014), 235-37.

82 T. Williams, *Persecution in 1 Peter*, 300-316.

교회의 신자들은 어려운 시기에 직면했다. 기독교 신앙은 "참된 고대 유산이 아닌 열등하면서 갑자기 성장한 것이기 때문에" 못마땅하게 여겨졌을 것이다. "더욱이 기독교가 진리라는 주장은 고펠트(Goppelt)가 '순응하는 관용, 즉 상호 수용'이라고 부르는 로마 사회의 중요한 신조를 위반했다."[83] 다시 말해서, 그리스도인들은 그 배타성 때문에 놀랍게 여겨졌다. 펠트마이어(Feldmeier)가 말하듯이 그리스도인들은 "고대인들이 이해할 수 없었던 배타성으로 자신들이 원래 속했던 공동체를 희생시키면서 그 독특한 종교에 함께 참여했다."[84] 1세기 이후에도 문제는 크게 변하지 않았던 듯하다. 실제로 기독교인들은 굿맨(Goodman)이 "고대 세계에서 충격적일 정도로 새로웠다"라고 말한 개종에 참여했기 때문에 의심의 눈초리 아래 있었다.[85] 그리스도인들은 (무역 길드와 같은) 사회 활동에 참여하지 않았으며 우상에 바쳐진 음식에 관한 견해로 "이교도들과 함께 식사를 나누는 것을 어려워"했다.[86]

베드로전서의 배경은 베드로가 살아 있는 시기를 배제하지 않는다. 이 편지는 네로의 통치 기간에 쓰였다. 기독교에 대한 반대가 증가하고, 그리스도인에 대한 차별과 학대가 증가하고 있었다. 윌리엄스는 네로 이후 박해에서 기독교 신앙이 "실질적으로 불법"이었다는 점에서 옳을 수 있다. 그럼에도 불구하고 베드로전서는 아마도 네로 박해 이전에 쓰였을 것이다. 신자들이 죽임을 당하고 있었다는 확실한 증거는 없다. 그들은 아마도 어떤 상황에서 신체적으로 학대를 당하고 사회적으로 차별을 받았을 것이다. 박해는 사회에서 매를 맞거나 다른 종류의 박해를 당하게 하는 여러 법적 소송을 포함했을 것이다.

독자들은 유대인이었는가 아니면 이방인이었는가? 베드로는 구약을 인용하거나 자주 암시하기 때문에 수신자들이 구약을 알고 있었다고 가정한다(예. 1:16, 24-25; 2:3, 6-10, 22; 3:10-12; 4:18; 5:5). 구약의 많은 인물이 나타난다. 선지자(1:10-12), 사라와 아브라함(3:6), 노아(3:20) 등이다. 구약을

---

83 Bechtler, *Following in His Steps*, 84-85.

84 Feldmeier, *First Peter*, 6.

85 M. Goodman, *Mission and Conversion: Proselytizing in the Religious History of the Roman Empire* (Oxford: Clarendon, 1994), 105.

86 Feldmeier, *First Peter*, 7.

강조하기 때문에 어떤 학자들은 독자가 유대인이었다고 결론을 내린다.[87] 위더링턴(B. Witherington)도 유대인이라고 주장한다. 그는 거류민(πάροικοι, 파로이코이)이 베드로전서의 유대적인 성격을 뒷받침하고, 독자들은 "이방인 중에서"(벧전 2:12) 살았다고 주장한다. 또한 소아시아에는 유대인 인구가 많았다.[88] 반대로 대부분의 학자들은 독자가 주로 이방인이라는 데 동의한다.[89] 이 결론을 뒷받침하는 증거는 설득력이 있다.[90] 독자들이 "무지"(ἄγνοια, 아그노이아, 알지 못할 때에, 1:14) 속에서 살았다는 말은 그들의 우상 숭배와 이교도의 과거를 암시한다.[91] 그들은 "너희 조상이 물려 준 헛된 행실에서 대속

---

87 예. Andreas in *James, 1-2 Peter, 1-3 John, Jude*, ACCS (Downers Grove: InterVarsity, 2000), 66; J. Calvin, *Commentaries on the Catholic Epistles* (Grand Rapids: Eerdmans, 1948), 25. 오늘날 이 점에 대한 변호는 다음을 참조하라. A. S. Sykes, "The Function of 'Peter' in 1 Peter," *ScrB* 27 (1997): 8-21; Elliott, *1 Peter*, 94-97, 721.

88 B. Witherington III, *Letters and Homilies for Hellenized Christians*, vol. II: *A Socio-Rhetorical Commentary on 1-2 Peter* (Downers Grove: InterVarsity, 2007), 22-37.

89 Kelly, *Peter and Jude*, 4; Best, *1 Peter*, 19; Davids, *First Peter*, 8-9; Achtemeier, *1 Peter*, 50-51; Winbery, "Introduction to First Peter," 6; Michaels, *1 Peter*, xlv-xlvi; Donelson, *I and II Peter and Jude*, 9; Joel B. Green, *1 Peter*, THNTC (Grand Rapids: Eerdmans, 2007), 5-6. 셀르윈은 독자들이 섞여있었다고 말한다(*First Peter*, 42-44). 벡틀러는 베드로전서가 이방인에게만 적용된다고 주장한다(*Following in His Steps*, 61-63). 맥나이트(S. McKnight)는 수신자들이 하나님을 경외하는 자였을 가능성이 있다고 지적한다(*1 Peter*, NIVAC [Grand Rapids: Zondervan, 1996], 24). 호렐은 독자들이 주로 이방인이었지만 아마도 유대인과 하나님을 경외하는 자들도 있었을 것이라고 제안한다(*Becoming Christian*, 120-22). 이건(P. T. Egan)은 유대인들을 포함한 교회에 편지했다고 말한다(*Ecclesiology and the Scriptural Narrative of 1 Peter* [Eugene, OR: Pickwick, 2016], 32-34).

90 반 운니크(W. C. van Unnik)는 수신자들이 이전에 하나님을 경외하는 자들과 기독교 신앙으로 회심한 개종자들이었다고 주장한다("Christianity according to I Peter"와 "The Redemption in I Peter 1.18-19 and the Problem of the First Epistle of Peter," in *Sparsa Collecta: The Collected Essays of W. C. van Unnik. Part Two: Peter, Canon, Corpus Hellenisticum, Generalia*, NovTSup 30 [Leiden: Brill, 1980], 114-16; 30-82). 다양한 지역의 모든 수신자가 적합하다고 생각하기는 어렵다. 더욱이 베드로가 하나님을 경외하는 자들에게만 독점적으로 편지를 썼다는 명확한 증거는 부족하다. 반 운니크는 베드로전서를 개종자들과 연결하기 위해 불투명한 단어에 의존한다. 큄멜은 수신자를 하나님을 경외하는 자로 "자의적으로 가정"해서 파악한다고 바르게 말하지만(*Introduction to the New Testament*, 418), 일부 독자들이 하나님을 경외하는 자라는 개념을 배제하면 안 된다. 셀란(T. Seland)은 수신자들이 실제로 이전에 개종자들이었던 사람들이 아니지만, 베드로는 수신자들과 소통하기 위해 개종자들의 사회적인 세계에서 가져온 은유를 사용했다고 주장한다("πάροικος καί παρεπίδημος: Proselyte Characterizations in 1 Peter?" *BBR* 11 [2001]: 239-68).

91 마이클스는 베드로전서가 갈라디아서 2:7-10을 반영할 수 있다고 제시한다. 갈라디아서에서 베드로의 사역은 유대인에게 복음을 전해야 하는 일이다. 비록 베드로전서를 이방인에게 보냈지만, "그 장르는 이스라엘에게 보내는 디아스포라 편지이다"(*1 Peter*, xlvii; 또한 xlviii). 마이클스의 이론은 가능하지 않다. 베드로가 갈 2:7-10을 반영한다는 증거는 없다. 갈 2:7-10의 합의

함"을 받았다(1:18).[92] 베드로는 유대인이 하나님의 택한 백성이었기 때문에
그 조상들이 헛된 삶을 살았다고 말하지 않았을 것이다(참조. 2:10, 25). 독자
들이 이방인이라는 사실은 4장 3-4절에서 분명해 보인다.

> 너희가 음란과 정욕과 술취함과 방탕과 향락과 무법한 우상 숭배
> 를 하여 이방인의 뜻을 따라 행한 것은 지나간 때로 족하도다 이
> 러므로 너희가 그들과 함께 그런 극한 방탕에 달음질하지 아니하
> 는 것을 그들이 이상히 여겨 비방하나(벧전 4:3-4)

이와 같은 악들은 유대인이 이방인을 생각하는 전형적인 개념이었다. 베드
로가 유대인이 이러한 노골적인 죄에 빠졌다고 특징짓는 것은 믿기 어렵다.[93]
　구약의 인용, 암시와 특정 언어는 반드시 유대인 독자를 가리키지 않는다.
다른 편지(예, 로마서와 고린도전서)로 구약의 인용과 암시가 이방인들에게
쓴 편지에 나타난다. 이방인들이 복음화되었을 때, 분명히 그들은 구약의 중
요한 가르침을 받았다. 아마도 유대인 일부가 교회 구성원이었을 것이다. 따
라서 소아시아 북부교회들은 전반적으로 이방인이었다. 1장 18절과 4장 3-4
절과 같은 본문은 주로 이방인이었음을 나타낸다.
　독자가 유대인이었다는 위더링턴의 주장은 설득력이 없다. 수신자가 그

는 베드로가 이방인 선교에 참여하는 것을 금지하기 위함이 아니었을 가능성이 훨씬 더 높다(
참조. Wallace, "First Peter: Introduction, Argument, and Outline"). 또한 데이비즈는 "이스라엘
에 보낸 디아스포라 편지가 별개의 장르를 형성했는지"에 대해 올바르게 질문한다(*First Peter*,
14). 데이비즈가 아마도 맞겠지만, 베드로전서를 디아스포라 편지로 보는 견해는 다음을 참조
하라. L. Doering, "First Peter as Early Christian Diaspora Letter," in *The Catholic Epistles and
Apostolic Tradition*, ed. K.-W. Niebuhr and R. W. Wall (Waco: Baylor University Press, 2009),
215-36; Feldmeier, *First Peter*, 31-32.

92 카슨(D. A. Carson)은 이 설명이 유대인 수신자를 배제하지 않는다고 주장한다("1 Peter," in
Commentary on the New Testament Use of the Old Testament, ed. G. K. Beale and D. A. Carson
[Grand Rapids: Baker, 2007], 1019).

93 독자가 유대인이라는 사이크스(A. S. Sykes)의 주장은 벧전 4:3-4 분석에서 무너진다. 그는
베드로가 수신자의 이전 생활 방식이 아니라 박해자의 행동으로 이해한다고 주장한다("The
Function of 'Peter' in 1 Peter," 13). 그러나 본문은 박해자들의 행동과 수신자들의 이전 생활
방식을 모두 고려하고 있음을 알려 준다. 사이크스의 견해는 박해자들을 이방인으로 묘사하는
것이 수사학적 전략이라고 주장하는 점에서도 실패한다(15 페이지). 그러나 편지에 있는 다른
증거들은 수신자들이 이방인이라는 사실을 나타낸다. 따라서 수사학적 상황을 실제 상황과 대
조시킬 필요가 없다.

곳에 체류하는 외국인, 즉 유대인이라는 이해는 설득력이 없다. 문제는 구약이 이스라엘에 대해 말하는 내용을 독자들에게 적용하는지 여부이다. 예를 들어, 우리는 이방인 독자들을 더 이상 이방인으로 여기지 않는다는 사실을 다른 곳에서 볼 수 있다(참조. 고전 5:1).[94] 윌리암스(T. Williams)는 유대인 회심자들을 설명하는 곳에서 결코 그들의 과거 생활을 부정적으로 말하지 않기 때문에, 베드로전서 1장 18절은 위더링턴의 해석과 일치하지 않음을 보여 준다.[95] 또한 윌리암스는 유대인 회심자들이 회심 전에 이방인과 같은 삶에 참여할 가능성이 거의 없음을 올바르게 살핀다.[96]

놀랍게도 독자들은 "나그네"(1:1, παρεπιδήμοις, 파레피데모이스), "거류민과 나그네"(2:11, παροίκους καὶ παρεπιδήμους, 파로이쿠스 카이 파레피데무스)와 동일시되고, "나그네"(1:17, NRSV. "exile", παροικία, 파로이키아)로 불린다.[97] 엘리엇은 획기적인 사회학 연구로 이 단어들은 신자가 되기 전 독자들의 정치적 지위를 의미한다고 주장한다. 이 두 단어는 베드로전서에 언급된 지역에서 계속 거주하는 이방인과 일시적으로 살고 있는 사람들을 가리킨다.[98] 따라서 엘리엇은 독자들이 **그들의 믿음을 고려할 때** 이방인이 아니었다고 생각한다. 그들은 베드로가 언급한 지역에서 문자적으로 거주하는 이방인이며 방문자였으며 주로 시골 지역에서 온 사람들이었다.[99] 이 가설

---

94 T. Williams, *Persecution in 1 Peter*, 92-93.

95 T. Williams, *Persecution in 1 Peter*, 94-95.

96 T. Williams, *Persecution in 1 Peter*, 95.

97 또한 다음을 참조하라. F. Schröger, *Gemeinde im 1. Petrusbrief: Untersuchungen zum Selbstverständnis einer christlichen Gemeinde an der Wende vom 1. zum 2. Jahrhundert* (Katholische Theologie 1: Passau: Passavia Universitätsverlag, 1981). 음부비(Mbuvi)는 포로생활을 베드로전서에서 통제하는 은유로 이해한다. A. M. Mbuvi, *Temple, Exile and Identity in 1 Peter*, LNTS 345 (London: T&T Clark, 2007), 특별히 22-46페이지. 그러나 반대 의견은 다음을 참조하라. Egan, *Ecclesiology and the Scriptural Narrative of 1 Peter*, 12.

98 Elliott, *Home for the Homeless*, 37-49, 129-32; *1 Peter*, 100-102. 또한, B. L. Campbell, *Honor, Shame, and the Rhetoric of 1 Peter*, SBLDS 160 (Atlanta: Scholars Press, 1998), 21-22; McKnight, *1 Peter*, 25, 48-51.

99 벡틀러는 엘리엇이 증거를 잘못 읽고, πάροικοι가 지리적으로 추방된 비시민권자라는 견해로 왜곡했다고 주장한다. 70인역에서 πάροικοι는 지리적으로 이방인이었지만, 헬레니즘 문헌에서는 비시민권자를 의미한다. 따라서 벡틀러는 πάροικοι 중 많은 사람들이 해당 지역 원주민이었지만, 정치적 과정의 일부가 아니라고 말한다. 그러나 벡틀러는 이 단어가 항상 엄밀하게 사용되지 않기 때문에 문제가 어렵다는 점을 인정한다(*Following in His Steps*, 70-74).

은 창의적이지만 설득력이 없다.[100] 베드로전서 2장 11절의 이 단어들은 창세기 23장 4절과 시편 38편 13절로 돌아간다. 예수 그리스도의 교회는 역사상 하나님의 백성의 지위를 차지하고 있음을 보여 준다.[101] 친(M. Chin)의 철저한 연구는, 70인역, 필론(Philo), 신약, 초대 교부 문헌에서 이 단어들을 서로 뚜렷하게 구분할 수 없음을 보여 준다.[102] 따라서 두 단어 모두 영적인 의미이다. 문자 그대로 이해하면 안 된다. 두 단어는 중언법이다.[103] 프라이어(J. W. Pryor)는 다음과 같이 올바르게 관찰한다. "그 당시에 소아시아에 있던 교회들이 하나의 사회적인 계급인 '거류민'(체류하는 이방인)으로만 구성된다는 것은 상상할 수 없는 일이다."[104] 어떤 학자들은 베드로전서 2장 11절에서 "같은"(ὡς, 호스)을 사용하면서 "거류민과 나그네"로 독자들의 사회적 지위를 문자 그대로 설명하는 대신 비유를 나타낸다고 이해한다. 그러나 윌리엄스는 "같은"이라는 단어 자체로는 그 문제를 해결하지 못한다고 바르게 지

---

100 벡틀러는 엘리엇(Elliott)도 문제에 직면한다고 지적한다. 헬라어 παρεπίδημοί가 πάροικοι와 연결되었을 때, 2:11에서 문자적으로 후자를 취하지만, 1:1에서는 비유적으로 이해되는 것처럼 보인다는 문제에 직면한다고 지적한다(Following in His Steps, 75). 엘리엇(Elliott)은 저자가 독자들 중 일부를 문자적으로 나그네로 말하며 시작해서 개념을 "확대"하여 모든 독자들에게 은유적으로 적용한다고 주장하는 불가능한 단계를 밟았다(1 Peter, 102). 이러한 해석은 매우 복잡해서 왜 단어를 문자적인 언급으로 이해해야 하는지 의문을 갖게 만든다.

101 Bechtler, Following in His Steps, 78-81.

102 M. Chin, "A Heavenly Home for the Homeless: Aliens and Strangers in 1 Peter," TynBul 42 (1991): 96-112. 엘리엇에 대한 비판은 다음을 참조하라. R. Feldmeier, Die Christen als Fremde: Die Metapher der Fremde in der antiken Welt, im Urchristentum und im 1. Petrusbrief, WUNT 64 (Tübingen: Mohr Siebeck, 1992), 203-10. 펠트마이어는 구약 배경이 엘리엇(Elliott)의 관점에 어색하게 자리 잡고 있다고 언급한다(참조. 특별히 208페이지). 펠트마이어는 MT, 70인역, 외경, 위경, 쿰란, 필론에서 παρεπίδημοί와 πάροικοι 사용을 포함하여 헬레니즘 및 유대 문헌을 조사한다. 그는 또한 다른 신약성경에서 이 단어들을 논의한다. 펠트마이어는 παρεπίδημοί에 특별한 주의를 기울이고, 편지 서두와 2:11에서의 위치가 중요성을 알린다고 주장한다. 그는 베드로가 그들이 살았던 세상에서 아무 존재도 아님을 강조했다고 생각한다. 우리는 여기에서 펠트마이어의 결론을 받아들일 수 있다. 비록 그가 하늘 본향에 대한 개념을 거부하는 데 너무 지나치지만, 종말론적 유업을 강조하는 점에서는 개념적으로 같은 의미를 말하면서 마무리한다(Feldmeier, First Peter, 15). 미래의 유업이라는 주제는 1:3-9, 그리고 실제로 베드로전서 전체에서 근본적이다. 펠트마이어는 그들의 나그네 됨이 세상을 부정하는 의미가 아니라 하나님과의 관계에서 비롯된다고 바르게 말한다(First Peter, 14).

103 Horrell, Becoming Christian, 117.

104 J. W. Pryor, "First Peter and the New Covenant (11)," RTR 45 (1986): 45; 또한 다음을 참조하라. T. W. Martin, Metaphor and Composition in 1 Peter, SBLDS 131 (Atlanta: Scholars Press, 1992), 142.

적한다.[105] "거류민과 나그네"는 나그네로서 그들이 경험하는 사회학적 특징을 부인하지 않는다. 어쨌든 독자들은 신학적인 이유로 "거류민과 나그네"와 같이 여겨진다.[106]

벡틀러는 베드로전서 1장 1절에서 "흩어진"(διασπορά, 디아스포라)은 헬레니즘적인 배경이 아니라 유대적인 배경이라고 지적한다.[107] 이 단어는 문자적으로 **유대인** 디아스포라를 의미하지만 베드로는 은유적으로 이방인에게 사용한다. 베드로가 독자를 은유적으로 "이방인"과 "나그네"로 이해할 때, 헬레니즘 전문 용어를 사용한다는 엘리엇의 견해는 의문을 불러 일으킨다. 베드로전서 신자들은 하나님의 백성이지만 하나님의 백성으로서의 권리를 박탈당하고, 차별을 당하고, 학대를 받고 있다. 그들의 본향은 땅이 아니라 하늘이다.[108] 윌리암스는 독자들이 겪었던 문제들이 회심하기 전 법적 지위까지 추적해 갈 필요가 없다고 지적한다. 사실 모든 문제는 회심 이후 일어나며, "기독교 공동체에 들어가기 전에 법적 권리를 박탈당했다"라는 주장은 의문스럽다.[109] 또한 농촌에서 살아가는 사람들은 가난했고, 시민권이 없는 사람들은 토지 소유권을 가지지 못했다는 엘리엇의 주장은 의문의 여지가 있다.[110]

좁스는 엘리엇의 견해를 바꾼다. 편지를 받는 사람이 40년대에 로마에서 베드로의 설교로 개종한 유대인들, 즉 글라우디오의 명령에 따라 로마에서 추

105 T. Williams, *Persecution in 1 Peter*, 100n22.

106 벡틀러는 사회학적 연구에서 편지의 근본적인 문제는 일상생활에서 독자들이 직면한 명예의 문제라고 주장한다(*Following in His Steps*, 20; 또한 103 페이지 참조). "본질적인 문제는 명예의 축적과 상실에 몰두하는 사회에서 베드로의 편지를 받는 사람들의 명예가 외부인들과 상호작용에서 끊임없이 위험에 처한다는 사실이다. 외부인들이 독자들에게 미치는 영향은 '고난'으로 특징지어진다"(39 페이지). 나는 명예가 본질적인 문제라고 확신하지 않지만 확실히 중요한 역할을 한다고 여긴다.

107 Bechtler, *Following in His Steps*, 75-77. 베드로의 ἐκλεκτοί(에클레크토이) 사용과 관련해서 동일한 요점이 제시된다. 원래는 하나님이 택한 유대인을 지칭했지만, 베드로는 이 단어를 사용하여 믿는 이방인을 지칭하는 데 사용한다(77-78 페이지). 또한 다음을 참조하라. T. Williams, *Persecution in 1 Peter*, 100-101.

108 악트마이어는 증거가 독자를 특정 사회 계층, 특히 가난한 사람들과의 동일시를 허용하지 않는다고 바르게 주장한다. 오히려 우리의 증거는 독자들이 광범위하고 다양한 사회적 배경에서 왔음을 나타낸다(*1 Peter*, 55-57).

109 T. Williams, *Persecution in 1 Peter*, 102.

110 참조. T. Williams, *Persecution in 1 Peter*, 102-3. 다음과 반대된다. Donelson, *I and II Peter and Jude*, 9.

방되어 베드로전서에 언급된 장소로 이주하여 그곳을 식민지로 만들었던 유
대인이라는 주장이다.[111] 좁스의 이론은 엘리엇보다 더 설득력이 없다.[112] 40년
대에 베드로가 로마에서 설교해야 하는 데, 추측이며 가능성이 없다. 로마에
서 추방된 유대인들이 이 시점에 소아시아에 정착했다는 증거도 없고, 글라우
디오 시대의 새로운 식민지에 관한 증거는 미미하다. 아마도 수신자들은 주
로 도시 출신이었을 것이다. 왜냐하면 베드로전서 헬라어는 시골보다 도시에
살던 그들에게 더 잘 다가갔을 것이기 때문이다. 사실 기독교 신앙은 처음에
도시에 뿌리를 내리고 있었다.[113] 게다가 좁스는 추방과 식민지화를 혼동한다.
추방된 사람들은 로마가 식민지로 파견한 사람들과 같은 범주가 아니었다.[114]
또한 베드로전서 2장 18절에서 사환은 독자들이 주로 도시 사람이라는 사실
을 암시한다.[115] 호렐은 아마도 독자들 일부는 부유한 사람들, 다른 일부는 중
간 계층, 그리고 대부분은 최저 생계의 사람일 것이며, 이들은 다양한 계층이
함께하는 사회의 단면을 대표한다고 말한다.[116]

편지의 목적도 격렬한 논쟁거리이다. 특히 볼치(D. L. Balch)와 엘리엇은
일치하지 않는다. 볼치는 편지의 변증적 성격을 강조한다. 베드로는 믿는 자
들이 사회가 기대하는 역할에 순응하여 불신자들이 그들의 행동을 비판하지
않도록 권면했다고 주장했다.[117] 반면에, 엘리엇은 베드로전서가 불신자들의
반대 때문이 아니라 교회 내의 사회적인 결속을 촉진하기 위해서 썼다고 제
안한다.[118] 신자들은 나그네로 살아야 하기 때문에 다른 사람들이 아니라 하나

---

111 참조. Jobes, *1 Peter*, 24-41. 또한 D. A. Carson, "1 Peter," 1015-16.

112 이 주장은 다음에서 나온다. Horrell, *Becoming Christian*, 115-16.

113 Horrell, *Becoming Christian*, 118-20; T. Williams, *Persecution in 1 Peter*, 67-74.

114 참조. T. Williams, *Persecution in 1 Peter*, 27n62.

115 Horrell, *Becoming Christian*, 123.

116 Horrell, *Becoming Christian*, 100-32. 또한 다음의 주의 깊은 연구를 참조하라. T. Williams, *Persecution in 1 Peter*. 104-27. 나는 장로들이 반드시 부유한 사람이라고 정의하는 그의 견해에 반대한다.

117 D. L. Balch, *Let Wives Be Submissive: The Domestic Code in 1 Peter*, SBLMS 26 (Chico: Scholars Press, 1981).

118 J. H. Elliott. *A Home for the Homeless: A Sociological Exegesis of 1 Peter, Its Situation and Strategy* (Philadelphia: Fortress, 1981). 볼치와 엘리엇은 "*Perspectives on 1 Peter*"에서 서로 대화에 참여한다. 참조. J. H. Elliott, "1 Peter, Its Situation and Strategy: A Discussion with David Balch," *Perspectives on 1 Peter* (Macon: Mercer University Press, 1986), 61-78; D. L.

님을 기쁘시게 하기 위해 살아야 한다. 프라이어는 그들이 하나님의 뜻을 대표하기 때문에 권면한다는 세 번째 해석을 발전시킨다.[119] 그의 견해는 옳지만 특정 문제에 대답하지 않는다.

벡틀러(Bechtler)는 볼치의 견해를 몇 가지로 반대한다. 신자들과 반대자들의 긴장을 표현하는 언어가 너무 일반적이기 때문에 이 언어들은 노예와 여성의 역할에만 초점을 맞추지 않는다. 노예에게 하는 말은 모든 신자에게 본보기가 된다. 아내들에게 하는 "전형적인" 말은 구체적인 비판에 반대하는 일에만 초점을 맞추지 않는다. 이와 같은 이론은 단지 몇 구절에만 등장하는 베드로전서의 가정 규범에 너무 많은 중요성을 부여한다.[120] 호렐과 윌리엄스는 이전 연구들이 문제를 해결하지 못했다고 주장한다.[121] 그들은 제국의 권위에 품위 있고 신중한 저항의 내용을 담은 탈식민지적 베드로전서 읽기를 제안한다. 이 편지는 우리가 요한계시록에서 볼 수 있는 부정적인 그림으로 로마 제국을 그리지 않는다. 반면에 신중한 저항의 단서가 존재한다. 제국을 하나님의 백성을 반대하는 바벨론(5:13)으로 정의한다. 황제는 신이 아니라 피조물이며 인간이다(2:13). 존경을 받아야 하지만 숭배하면 안 된다(2:17). 독

Balch, "Hellenization/Acculturation in 1 Peter," Elliott, 79-101. 탈버트(C. H. Talbert)는 엘리엇과 볼치의 견해에서 일부 진실을 보면서 차이를 구분한다("Once Again: The Plan of 1 Peter," *Perspective on 1 Peter*, 146-48). 엘리엇은 세속적 가치에 동화했다고 알려 주는 내용이 편지에 없다고 계속 주장하는 반면, 볼치는 이 주제를 계속 주장한다. 악트마이어는 엘리엇의 편이지만, 독자가 정치적인 망명자라는 엘리엇의 견해를 거부한다("Newborn Babes and Living Stones: Literal and Figurative in 1 Peter," in *To Touch the Text: Biblical and Related Studies: J. A. Fitzmyer Festschrift*, ed. M. P. Horgan and P. J. Kobelsk [New York: Crossroad, 1988], 218-22). 캠벨(B. L. Campbell)은 "문화적 적응"이라는 용어가 "문화적 동화" 또는 "문화 변용"보다 더 낫다고 제안한다(*Honor, Shame, and the Rhetoric of 1 Peter*, SBLDS 160 [Atlanta: Scholars Press, 1998], 126n91). 윌리엄스(*Good Works in 1 Peter*, 18-19)는 문화 변용이 두 개의 다른 문화의 상호 작용과 관련이 있지만, 베드로전서의 수신자는 믿지 않는 사람들과 같은 문화에서 왔다고 지적한다. 할러웨이(P. A. Holloway)는 사회 심리학을 사용하여, 저자가 탈동일시(1:13-2:10), 행동 보상(2:11-3:12), 귀인 모호성(3:13-4:11)을 통해 독자들을 위로한다고 주장한다(*Coping with Prejudice: 1 Peter in Social Psychological Perspective*, WUNT 244 [Tübingen: Mohr Siebeck, 2009]). 다시 말해서, 할러웨이는 볼치-엘리엇 논쟁이 양자택일이 아니라고 주장한다. 편견 대처 전략이 사용되기 때문이다.

119 J. W. Pryor, "First Peter and the New Covenant (11)," *RTR* 45 (1986): 47.

120 Bechtler, *Following in His Steps*, 104n196. 벡틀러는 베드로전서 저자가 신자들이 "사회에 완전히 속해 있지 않고 사회에서 완전히 분리되어 있지 않다"라고 주장한다고 제시한다(118 페이지).

121 Horrell, *Becoming Christian*, 211-38; T. Williams, *Good Works in 1 Peter*.

자들은 나그네, 거류민, 흩어진 자들이다(1:1; 2:11). 따라서 그들은 궁극적으로 로마에 충성하지 않는다. 더욱이 아내는 남편이 아닌 그리스도께 충성해야 한다(3:1-6). 이는 그리스-로마 세계 패턴에 어긋난다. 베드로전서의 증거에 비추어보면, 호렐과 윌리엄스가 제시하는 것처럼, 엘리엇의 논제가 볼치보다 상황에 더 가까워 보인다. 그럼에도 불구하고 (노예와 아내를 포함하는) 볼치의 견해가 장점이 있다. 신자들의 선한 행동은 선교적, 변증적으로 기능하기 때문이다.

4. 편지의 성격

베드로전서의 구조는 가장 이른 교회 역사에서부터 논의되었다. 마틴(T. W. Martin)은 위 위탈리우스(Pseudo-Euthalius)부터 현재까지 제안된 다양한 구조를 유용하게 조사했다.[122] 제시된 다양한 개요는 주해 작업이 단순하게 과학적이 아니라 예술적임을 밝힌다. 우리는 주해 역사에서 특히 중요한 기여에 주목할 것이다. 드라이든(J. de Waal Dryden)은 베드로전서가 독자들에게 도덕적인 우월성, 성숙함, 그리스도인의 성품으로 성장하라고 권고하는 권면의 편지라고 올바르게 말한다.[123]

일부 학자들은 편지에서 찬송 또는 신조의 내용을 본다(예. 1:3-12, 18-21; 2:21-25; 3:18-22). 보아마르(M. -E. Boismard)는 베드로전서에 4개의 세례 찬송이 있다고 주장한다.[124] 아마도 베드로가 이전에 만들어진 자료를

---

122 T. W. Martin, *Metaphor and Composition in 1 Peter*, 3-39. 마틴(Martin)의 학생 타이트(P. L. Tite)의 요약도 참조하라. 그는 현재까지 마틴의 작업이 최고라고 주장한다(*Compositional Transitions in 1 Peter*, 3-18). 타이트의 수정도 참조하라(91-94 페이지). 슬로터(J. R. Slaughter)는 베드로전서의 구조를 충분하게 연구하지 않았다고 한탄한다("The Importance of Literary Argument for Understanding 1 Peter," *BSac* 152 [1995]: 72). 슬로터가 쓴 이후 추가적으로 작업했다. 자신의 편지 이해를 자세하게 변호하지 않는다(72-91 페이지).

123 J. de Waal Dryden, *Theology and Ethics in 1 Peter: Paraenetic Strategies for Christian Character Formation*, WUNT 2/209 (Tübingen: Mohr Siebeck, 2006), 5-8, 15-53, 그리고 다른 여러 페이지에서.

124 M.-E. Boismard, *Quatre hymnes baptismales dans la première Épître de Pierre*, LD 30 (Paris: Cerf, 1961).

사용했을 수 있지만, 그 기준은 본문에서 확실하지 않다.[125] 이와 같은 찬송이 "세례적"이라는 증거는 변호하기 훨씬 더 어렵다. 찬송이라는 설정은 그것이 존재한다고 추측하지 않는다면, 전통적인 자료인지가 해석에 영향을 주지 않는다. 왜냐하면 어쨌든 이 본문들은 전체적으로 편지의 구조에 통합되어 있기 때문이다. 주해는 본문들이 베드로전서의 맥락과 주장에 어떻게 부합하는지 설명해야 하는 책임이 있다. 이 본문들이 신조라면, 초기 기독교 역사를 확립하는 역할을 할 것이다.

셀르윈은 베드로가 공통 교리문답 전통을 사용한다는 개념을 변호한다.[126] 그는 베드로가 구약 본문과 다른 서신들, 특별히 바울 서신과 공통 주제와 단어를 공유하고 있음을 보여 준다. 그러나 우리는 그가 제시한 결론이 입증될 수 없다는 로제(E. Lohse)의 주장에 동의할 수 있다. 이와 같은 재구성은 항상 중요한 반대를 일으킬 것이다. 왜냐하면 입증할 수 없는 가설로 너무 쉽게 모험을 하기 때문이다.[127] 벡틀러가 말하는 것처럼 "교리문답의 고정된 틀은 본문에서 또는 본문의 배후에서 식별될 수 없다."[128] 베드로의 편지는 초기 기독교인들이 공통된 전통을 공유했음을 보여 준다. 그러나 어떤 종류의 공유된 교리문답 전통을 가정하는 증거를 넘어선다.

많은 학자들은 베드로전서를 세례 문서로 이해했다.[129] 프라이스커는 편지를 썼을 때, 세례식이 진행되기 시작한 상황이라고 이해한다. 베드로전서는 1장 21-22절에 세례를 배치하고 있다. 이 이론은 가능하지 않다. 베드로가 소아시아 교회들에 세례식의 순서를 보낸 이유를 설명할 수 있는 설득력 있는

---

125 T. W. Martin, *Metaphor and Composition in 1 Peter*, 83; Davids, *First Peter*, 12; Elliott, *1 Peter*, 32.

126 Selwyn, *First Peter*, 365-466.

127 E. Lohse, "Parenesis and Kerygma in 1 Peter," in *Perspectives on 1 Peter* (Macon: Mercer University Press, 1986), 41.

128 Bechtler, *Following in His Steps*, 4; 또한, Elliott, *1 Peter*, 29.

129 보르만(W. Bornemann)은 편지에서 세례 설교를 보고 시편 34편을 강론의 본문으로 본다 ("Der erste Petrusbrief-eine Taufrede des Silvanus?" *ZNW* 19 [1919]: 143-65). 브룩스(O. S. Brooks)는 베드로전서를 회심자들에게 그리스도인으로 살아가는 방법을 가르치는 세례 설교로 이해한다("1 Peter 3:21-the Clue to the Literary Structure of the Epistle." *NovT* 16 [1974]: 290-305).

근거가 부족하다.[130] 크로스는 이 편지를 부활절 세례식을 위한 세례 예전으로 이해하지만, 증거가 부족하다.[131] 베드로전서에서 세례가 근본적이라는 주장은 이 표현이 3장 21절에만 나오기 때문에 거절해야 한다.[132] 세례를 찾기 위해서 베드로전서를 읽는 학자들은 결국 그것을 찾을 수 있겠지만, 더 냉정하고 비판적으로 읽으면 이 가설의 약점이 드러난다.[133] 이 이론은 한때 비평학계에서 인기가 있었지만, 이제 대부분 학자들이 거부한다.[134] 한때 많은 사람이 받아들였던 이론이 거부되는 것은 설득력이 부족하면서도 일정 기간 매력적으로 보일 수 있음을 상기시킨다.

일부 학자들은 베드로전서가 첫 번째 편지(1:3-4:11)와 두 번째 편지(4:12-5:14)로 구성되어 있다고 제안했다.[135] 나누어진 편지라는 이론을 옹호하는 학자들은 4장 12절의 고통이 실재하지만, 3장 17절의 고통은 가정에 불과하다고 주장한다. 마찬가지로 1장 6, 8절에서는 기쁨이 지금 있는 반면, 4장 12-13절에서는 기쁨이 미래에만 있다고 주장한다. 4장 11절의 "아멘"

130 H. Windisch, *Die katholischen Briefe*, HNT (Tübingen: Mohr Siebeck, 1951), 156-62; 참조. Jobes, *1 Peter*, 54.

131 F. L. Cross, *Peter: A Paschal Liturgy* (London: Mowbray, 1954). 크로스의 파괴적이고 설득력 있는 비판은 다음을 참조하라. T. C. G. Thornton. "I Peter, a Paschal Liturgy?" *JTS* 12 (1961): 14-26. 또한 다음을 참조하라. R. P. Martin, "The Composition of Peter in Recent Study," *VE* 1 (1962): 36-40. 마틴(T. W. Martin)은 "사실 상상의 역사적 시나리오를 구성하는 일은 이러한 분석 전통에서 좋아하는 방법이다. 그러나 이 방법은 시나리오의 주관적 성격 때문에 만족스럽지 못하다. 본문을 진지하게 다루고 이러한 상상의 재구성을 피하는 것이 가장 좋다"라고 단호하게 말한다(*Metaphor and Composition in 1 Peter*, 33). 마틴은 프라이스커와 크로스의 견해를 "단순한 상상"으로 분류한다(36 페이지).

132 D. Hill, "On Suffering and Baptism in 1 Peter," *Nov* 18 (1976): 186. 그는 또한 "세례 주제는 베드로전서의 주요 목적과 의미에 매우 부차적이며 거의 부수적[이다]"(185 페이지). 그는 계속해서 다음과 같이 말한다. "서신의 세례 어조는 실질적으로 세례 설교나 완성된 예식 예전이기 때문이 아니라 그리스도인의 세례가 고대의 물려받은 종교 관습 체계(1:18)로부터 새로운 도덕적 태도와 자세로 특징지어지는 새로운 신앙과 그에 따른 삶의 방식으로 전환하는 지점이라는 사실 때문이다." 또한 189페이지에서 그의 언급을 참조하라. 참조. Lohse, "Parenesis and Kerygma in 1 Peter," 39-40.

133 참조. C. F. D. Moule, "The Nature and Purpose of Peter," *NTS* 3 (1956-57): 1-11. 나의 판단으로는 모울(Moule)조차도 이 편지에서 세례에 대한 암시로 보는 경향이 있다.

134 예. Kelly, *Peter and Jude*, 15-20; Goppelt, *1 Peter*, 15-18; Michaels, *1 Peter*, xxxix; Davids, *First Peter*, 12; Achtemeier, *1 Peter*, 58-62.

135 예. Windisch-Preisker, *Die katholischen Briefe*, 76-77; Cranfield, *I & II Peter and Jude*, 11-13; Beare, *First Peter*, 6-9. 이 문제의 해석 역사는 다음을 참조하라. T. Williams, *Persecution in 1 Peter*, 339-49.

은 송영으로 첫편지의 끝을 알린다. 4장 12절-5장 14절이 다른 편지라면 "짧은 편지"(5:12, NRSV)를 쓴다는(개역개정. 간단히 써서) 주장이 지지를 받는다.[136] 이 이론은 한때 인기가 있었지만 학자들이 편지의 통일성을 점점 더 확신하면서 지지를 잃는 것처럼 보인다.[137] 이 주장에 관해 설득력 있는 대답이 있다.[138] 첫째, 신자들의 고통은 편지 첫 부분(1:3-4:11)에서 잠재적이 아니라 실재적이다(1:6-7). 따라서 1장 3절-4장 11절과 4장 12절-5장 14절이 차이가 난다는 주장은 틀렸다.[139] 둘째, 1장 6-8절에만 기쁨의 주제가 있고 4장 12-13절에서 이 기쁨이 미래적이라는 주장은 실수이다. 4장 12-13절에서 베드로는 독자들에게 미래의 기쁨에 비추어 "현재의" 기쁨을 불러 일으킨다. 명령형 "기뻐하라"(개역개정. 즐거워하라, χαίρετε, 카이레테)는 현재 시제이다. 사실 1장 6-8절과 4장 12-13절의 주제는 매우 비슷하다. 신자들이 현재를 기뻐해야 하는 이유는 약속된 종말론적 기쁨 때문이다. 셋째, 4장 11절에서 영광송과 "아멘"이 반드시 편지의 끝을 나타내지 않는다. 우리는 편지의 한 부분은 끝나지만 편지 전체의 마지막이 아닌 로마서 11장 36절에서 비슷한 어구를 볼 수 있다(예. 갈 5:1; 엡 3:21). 영광송과 "아멘"은 4장 11절에서 한 단락의 결론을 내린다. 넷째, 편지의 마지막에서 간략하게 수신자를 부르는 것은 형식적이므로(참조. 히 13:22), 이와 같은 서술에서 편지 길이는 아무 말도 하지 않는다. 결론적으로 편지의 통일성을 의심할 이유가 없다. 이 주석에서는 편지를 하나로 해석할 것이다.

---

136 모울은 베드로전서가 실제로 고난을 겪고 공동체와 잠재적인 고난에 직면한 다른 공동체에 편지를 보냈기 때문에, 원래 1:1-4:11와 5:12-14 두 부분으로 구성되어 있다고 주장한다("Purpose of i Peter," 7). 그는 이 편지가 나중에 하나로 되었다고 생각한다. 완드(J. W. C. Wand)는 4:12-5:11이 임박한 박해에 대한 새로운 소식이 베드로에게 전해졌을 때 기록했을 가능성을 제안한다(The General Epistles of St. Peter and St. Jude, WC [London: Methuen, 1934], 3). 그러나 편지의 구조는 처음부터 더욱 통일된 구성과 의도를 제시한다.

137 시마다는 나누어진 편지에 관한 스타일이 문제가 없다고 결론을 내리는 혼합 문서 스타일을 주의 깊게 비교한다("Is i Peter a Composite Writing? A Stylistic Approach to the Two-Document Hypothesis," AJBI 11 [1985]: 95-114).

138 나누어진 편지에 반대하는 주장과 편지 내용의 주의 깊은 분석과 개요는 다음을 참조하라. W. J. Dalton, Christ's Proclamation to the Spirits: A Study of 1 Peter 3:18-4:6, AnBib 23 (Rome: Pontifical Biblical Institute, 1965), 72-86.

139 Brox, Der erste Petrusbrief, 35-38; Winbery, "Introduction to First Peter," 7; Jobes, 1 Peter, 53-54; Feldmeier, First Peter, 29-30.

셔터는 편지 본문이 유대주의 해석에 뿌리를 둔 "설교적인 미드라쉬" (homiletic midrash)를 반영한다고 주장한다.[140] 그는 페셔(pesher) 해석학을 사용하는 유대주의 종말론적 종파 중에서 가장 유사한 내용을 본다.[141] 셔터는 연결 단어, 인클루지오, 중요한 주제 및 전환 장치의 사용을 주의 깊게 관찰한다. 셔터의 분석은 많은 도움이 되지만, 베드로전서는 구약 본문에 관한 지속적인 설명이나 주해에 관심이 없다. 미드라쉬와 페셔라는 단어는 매우 애매하고 다양한 학자들이 다양한 방식으로 사용한다. 따라서 베드로전서를 미드라쉬적으로 설명하면 안 된다.[142]

마틴은 베드로전서가 서신 형식이며 이 편지의 지배적인 은유가 디아스포라라고 주장하면서 권면의 편지로 분석해야 한다고 주장한다.[143] 서문은 1장 1-2절이다. 그리고 축복(1:3-12)이 이어진다. 마틴은 1장 13절에서 본문이 시작되며 1장 14절-5장 11절이 본문 가운데 포함된다고 주장한다. 그는 가운데 부분을 세 개로 나눈다. (1) 하나님의 택하신 집(1:14-2:10), (2) 이 세상의 나그네 (2:11-3:12), (3) 흩어진 고난 받는 자들(3:13-5:12)이다. 편지 본문은 5장 12절에서 끝나고 인사말(5:13-14a)과 작별 인사(5:14b)로 마친다. 베드로전서가 권면의 편지라는 마틴의 논문은 도움이 되고 정확하지만, 디아스포라가 편지의 지배적인 은유라는 개념은 설득력이 없다.[144] 좁스는 "디아스포라 편지가 특정하고 고유한 문학 장르를 형성했다고 믿을 만한 이유는

---

140 Schutter, *Hermeneutic and Composition in 1 Peter*, 85-100.

141 베드로전서에 묵시적 담화가 있다는 개념을 뒷받침하는 주장은 다음을 참조하라. R. L. Webb, "Intertexture and Rhetorical Strategy in First Peter's Apocalyptic Discourse: A Study in Sociorhetorical Interpretation," in *Reading First Peter with New Eyes: Methodological Reassessments of the Letter of First Peter*, ed. R. L. Webb and B. Bauman-Martin, LNTS 364 (London: T&T Clark, 2007), 72-110.

142 예를 들어, 다음의 논의를 참조하라. Egan, *Ecclesiology and the Scriptural Narrative of 1 Peter*, 24-25.

143 T. W. Martin, *Metaphor and Composition in 1 Peter*, 68-134, 144-60. 또한 그의 에세이를 참조하라. "The Rehabilitation of a Rhetorical Step-Child: First Peter and Classical Rhetorical Criticism," in *Reading First Peter with New Eyes: Methodological Reassessments of the Letter of First Peter*, ed. R. L. Webb and B. Bauman-Martin, LNTS 364 (London: T&T Clark, 2007), 41-71.

144 마틴의 연구를 통찰력 있게 검토한 내용은 다음을 참조하라. J. R. Michaels, *JBL* 112 (1993): 358-60.

없다"라고 바르게 말한다.[145]

캠벨은 베드로전서를 그리스 수사학으로 이해해야 한다고 주장한다.[146] 그는 서론(exordium, 1:3-12)과 결론(concluding peroratio, 4:12-5:14)으로 나눈다. 가운데 부분(1:13-4:11)은 제시(propositio), 진술(ratio), 입증(confirmatio), 수식(exornatio), 가정(conplexio)을 포함하는 여러 수사학적인 체계이다. 그러나 베드로전서가 그리스-로마 수사학을 따랐는지 의심스럽다. 캠벨의 체계에서 결론(peroratio)은 지나치게 길고, 그가 정한 범주가 베드로전서에 적합한지 설득력 있게 보여 주지 못한다.[147] 더욱이 신약 서신이 그리스-로마 수사학을 따르는지에 심각한 질문을 던질 수 있다.[148] 그러므로 베드로전서는 고난을 겪는 신자들을 격려하고 세우기 위한 권면의 편지로 이해하는 것이 가장 좋다. 그들은 하나님께 영광을 돌리고, 그들을 향한 반대가 근거 없음을 세상에 보여 주기 위해서 경건하게 살도록 부르심을 받았다.

5. 목 적

편지의 목적은 신자들이 현재의 악한 시대에 고난과 환난을 견디는 동안 굳게 서도록 격려하는 것이다.[149] 악트마이어는 베드로전서를 "현재 상황이 과

---

145 Jobes, *1 Peter*, 55. 그린(J. Green)는 지배적 은유가 디아스포라가 아니라 그리스도 안에 있는 삶이라고 말한다("Living as Exiles: The Church in the Diaspora in 1 Peter," in *Holiness and Ecclesiology in the New Testament*, ed. K. E. Brower and A. Johnson (Grand Rapids: Eerdmans, 2007), 316-17).

146 Campbell, *Honor, Shame, and the Rhetoric of 1 Peter*, 26.

147 참조. D. G. Horrell, *1 Peter, New Testament Guides* (London: T&T Clark, 2008), 18.

148 예. S. E. Porter, "Saul of Tarsus and His Letters," in *Handbook of Classical Rhetoric in the Hellenistic Period, 330 B.C.-A.D. 400*, ed. S. E. Porter (Leiden: Brill, 1997), 562-67; D. Stamps, "Rethinking the Rhetorical Situation," in *Rhetoric and the New Testament: Essays from the 1992 Heidelberg Conference*, ed. S. E. Porter and T. H. Olbricht (Sheffield: Academic Press, 1993), 193-210; J. A. D. Weima, "What Does Aristotle Have to Do with Paul? An Evaluation of Rhetorical Criticism," *CTJ* 32 (1997): 458-68.

149 월리스(Wallace)는 베드로가 바울이 죽은 후에 편지를 썼다고 주장한다. 바울의 반대자였던 베드로가 편지를 썼다는 사실은 독자들에게 격려가 되어 바울의 복음이 정말 합법적임을 확인시켜 준다("First Peter: Introduction, Argument, and Outline"). 이 제안은 자극적이지만 이 특정

거에서부터 그들을 변화시킨 것처럼, 영광의 미래가 현재 상황을 분명히 변화시킬 것을 확신시킴으로 고통과 박해 가운데 있는 '지금' 독자들을 격려하기 위해서" 썼다고 말한다.[150] 독자들은 구원의 날에 큰 상이 자기들의 소유임을 알고 인내하도록 격려를 받는다.[151] 이와 같은 인내는 좋은 시민, 모범적인 노예, 온화한 아내, 인내심 많은 남편으로 거룩한 삶을 사는 것으로 드러난다. 따라서 신자들은 그들이 이 세상의 기쁨과 위로가 아닌 하나님께 소망을 두고 있음을 보여 줄 것이다. 또 다른 설명은 하나님과 미래의 상을 소망하고 믿는 사람들은 어떤 일이든 인내할 수 있는 힘을 얻게 될 것이라고 말한다. 신자의 새 생명은 그들의 죄를 짊어지신 그리스도의 십자가를 기초로 한다(2:24; 3:18). 고난을 당하신 그리스도는 또한 지금 높아지신 그리스도이시다(3:19-22). 하나님의 백성을 핍박하는 자는 마지막 날에 심판을 받게 될 것이다(4:16). 마지막이 올 것이기 때문에 신자들은 예수 그리스도를 본받아 고난의 모범을 따라야 한다. 고난을 받는 모든 사람은 큰 상을 받게 될 것이기 때문이다.

그리스도의 십자가와 부활로 죄 사함을 받은 자, 산 소망을 위해서 태어난 자(개역개정. 거듭난 자, 1:3), 구속 받고(1:18), 그리스도의 죽음으로 용서받은 자(2:21, 24, 3:18)는 그리스도와 종말론적 유업에 소망을 두어야 한다. 베드로의 메시지는 은혜 안에 서라는 부르심으로 요약될 수 있다(5:12). 그들의 새 생명은 하나님께서 그들을 자기 백성으로 부르셨을 때 받은 은혜에서 흘러나온다(2:9; 5:10).

베드로의 독자는 하나님의 백성이다. 그들은 예수 그리스도를 믿음으로 주님의 새 성전인 회복된 이스라엘의 일부가 되었다. 따라서 하나님의 거룩한 나라이자 특별한 백성이 되었다(2:9-10). 그들은 이 땅의 여행에서 외국인과

한 재구성을 뒷받침할 증거가 부족하다. 바울의 죽음에 대해서는 아무 말이 없고, 베드로가 바울 복음의 합법성을 독자들에게 재확인시키기 위해 썼다는 내용도 없다.

150 P. J. Achtemeier, "Newborn Babes and Living Stones," 235. 악트마이어는 편지를 지배하는 은유가 하나님의 새 백성이라고 주장한다(222-31 페이지). 이 주제는 중요하지만, 서신을 지배하는 하나의 은유로 보기는 어렵다.

151 여기에서 다음의 통찰력 있는 연구를 참조하라. Holloway, *Coping with Prejudice*. 할러웨이 (Holloway)는 베드로전서에서 편견의 본질과 그 편견에 대처하고 대응하기 위한 전략을 탐구한다.

나그네이다. 나그네로서 살아가고 하나님께 소망을 두라는 격려는 또한 복음에서 돌아서면 심판을 받을 것이라는 경고와 일치한다. 약속과 경고는 편지의 당연한 결론이다. 최종 심판의 경고는 독자로 하여금 최종 구원의 약속을 전적으로 소망하도록 자극하기 때문이다.

6. 구 조

아래의 개요는 새롭지 않다.[152] 베드로는 전통적인 서문(1:1-2)을 쓴다. 축복(1:3)과 함께 다음 주요 부분으로 시작한다(1:3-2:10).[153] 이어지는 두 부분은 "사랑하는 자들아"(Ἀγαπητοί, 2:11; 4:12)로 표시된다. 앞에서 언급했듯이 2장 1절-4장 11절 부분은 영광송과 "아멘"(5:11)으로 끝난다.[154] 네 번째 부분도 영광송과 "아멘"으로 끝난다(5:11). 주해 부분에서 각 구절을 분석하기 전에 본문의 논증 흐름을 설명하기 때문에 구조를 더 논의하지 않았다.[155]

---

152 베드로전서 담화 분석은 다음을 참조하라. H. J. B. Combrink, "The Structure of I Peter," *Neot* 9 (1975): 34-63. 콤브링크(H. J. B. Combrink)의 분석은 많은 점을 제안하고 있으며 통찰력이 있다. 그러나 편지의 세 번째 부분과 네 번째 부분이 3:13-4:19와 5:1-11로 구성되어 있지 않을 것 같다. 내용과 단락을 나누는 표시인 "사랑하는 자들아"(ἀγαπητοί οὖν)가 5:1이 새로운 단락의 시작을 나타낸다는 것은 충분하지 않다.

153 반 렌스버그(J. J. J. van Rensburg)는 베드로전서를 다음과 같이 분석한다. 1:1-2는 표제 역할을 한다. 편지 시작은 1:3-12이다. 편지 본문은 1:3-12에서 가져온 네 가지 추론으로 구성한다. 네 개의 세부 구조는 1:13-25; 2:1-10; 2:11-4:19; 5:1-11이다. 5:12-14은 결론이다(참조. "The Use of Intersentence Relational Particles and Asyndeton in 1 Peter," *Neot* 24 [1990]: 298).

154 톰슨(J. W. Thompson)은 베드로전서를 "설득력 있는 설교"로 이해한다("The Rhetoric of 1 Peter," *ResQ* 36 [1994]: 237-50). 확실히 베드로전서는 설득을 목적으로 하고, 분명히 권면하는 편지이지만, 설교적인 성격은 덜 분명하다.

155 나와 비슷한 베드로전서 구조 이해는 다음을 참조하라. L. Thurén, *The Rhetorical Strategy of 1 Peter with Special Regard to Ambiquous Expressions* (Åbo: Åbo Academy Press, 1990), 92. 투렌(L. Thurén)은 베드로전서를 제의적으로 이해하지만(73, 96-98 페이지), 분명하지 않다. 투렌은 베드로가 두 가지 다른 암시된 청중, 즉 세속 사회에 동화하려는 유혹을 받은 사람들("수동적 반응")과 그 사회에서 자신을 제외하려는 유혹을 받은 사람들("능동적 반응")을 언급한다고 주장한다. 투렌은 베드로전서의 모호한 분사를 설명하고, 분사가 어떤 독자들에게는 직설법으로 어떤 독자들에게는 명령법으로 의도되었다고 결론을 내린다. 이후의 작업에서 그는 베드로전서 전체를 포함하는 자료를 확장했지만, 자신의 견해를 바꾸지 않았다(참조. *Argument and Theology in 1 Peter: The Origins of Christian Paraenesis*, LNTS 114 Sheffield: Academic Press, 1995]). 투렌의 논제는 엘리엇과 볼치의 논쟁을 연결하려고 창의적으로 시도한다. 불행하게, 그 이론은 베드로전서가 지지하지 않는 거울읽기에 달려 있다. 우리는 두 가지 다른 유

켄들(Kendall)은 편지의 모든 명령(1:13-5:11)이 1장 3-12절의 서문에서 나온다고 주장한다.[156] 다음 본문은 다음과 같이 나눈다. (1) 1장 13절-2장 10절은 하나님의 백성 됨이 무엇을 의미하는지 설명한다. 거룩함(1:14-21), 사랑(1:22-2:3), 그리스도 안에서의 선택(2:4-10)에 초점을 맞추는 세 부분이다. (2) 다음 부분(2:11-4:11)은 첫 부분 보다 더 구체적이다. 저자는 일상에서의 거룩함, 사랑, 택하심이 어떠해야 하는지 설명한다. (3) 마지막으로 4장 12절-5장11절은 편지 내용의 "클라이맥스적인 요약"이다. 저자는 적대적인 불신자와의 관계(4:12-19), 공동체의 관계(5:1-7), 갈등에서 신자들에 대한 하나님의 목적(5:8-11)을 다룬다. 켄들은 베드로전서의 메시지를 "현재의 고통에서 미래의 영광과 사랑의 교제로의 이동"으로 요약한다.[157]

반면에, 탈버트(C. H. Talbert)는 베드로전서가 크게 두 부분(1:13-2:10과 2:11-5:11)으로 나누어진다고 생각한다.[158] 첫 번째 부분은 "그리스도인의 존재의 근거(새 생명, 대속, 맛봄, 선택)와 그 결과를 설명하고, 2장 11절-5장 11절은 그리스도인의 행동 규범과 그 보증을 다루는" 베드로전서의 형식을 살핀다.[159] 두 번째 부분에서 베드로는 모든 그리스도인에게 이야기하지만, 특정한 그룹에게도 이야기한다. 탈버트는 다음 형식을 제시한다.

형의 청중에게 편지를 쓴다는 명확한 증거가 없다. 타이트는 배경을 근거 없이 해석했다고 투렌을 바르게 비판한다(*Compositional Transitions in 1 Peter*, 22-23n41; 또한 다음을 참조하라. Bechtler, *Following in His Steps*, 116). 타이트는 또한 투렌이 고대 수사학 대신 현대 수사학 이론에 의존하고 있다고 비판하며, 고대 수사학은 고대 문헌의 수사학적 도식에 적합한 전체 본문에 관한 주의 깊은 수사학적 분석에 기반을 두어야 한다고 주장한다. 투렌에 대한 비슷한 비판에 대해서는 다음을 참조하라. Campbell, *Honor, Shame, and the Rhetoric of 1 Peter*, 23-24. 스나이더(S. Snyder)는 분사가 명령형인지에 대한 학자들 사이의 불일치는 분사가 모호하다는 관점을 입증하지 못한다고 주장한다("Participles and Imperatives in 1 Peter," 189n10). 투렌의 수사학적 분석과 현대 수사학과 논증에 관한 연구는 그의 전체적인 논제를 약화시키는 결함을 포함하고 있음에도 불구하고 베드로전서의 주장을 이해하는 데 도움이 된다. 61-85 페이지에서 그의 논의를 참조하라.

156 D. W. Kendall, "The Literary and Theological Function of 1 Peter 1:3-12," in *Perspectives on 1 Peter* (Macon: Mercer University Press, 1986), 103-20; 또한, van Rensburg, "The Use of Intersentence Relational Particles and Asyndeton in 1 Peter," 294-96.

157 Kendall, "The Literary and Theological Function of 1 Peter 1:3-12," 115.

158 C. H. Talbert, "Once Again: The Plan of 1 Peter," in *Perspectives on 1 Peter* (Macon: Mercer University Press, 1986), 141-51.

159 Talbert, "The Plan of 1 Peter," 142-43.

A 2:11-17
　　B 2:18-3:7
A´ 3:8-4:6
　　B´ 5:1-5b
A´ 5:5b-11

탈버트는 이 형식이 4장 11-12절 사이에 단절이 없음을 보여 준다고 주장한다. 5장 12절의 단어는 전체 편지를 요약하며 전체 편지가 선언과 권면으로 구성되어 있음을 보여 준다. 선언은 그리스도인의 존재 근거와 보증을 나타내는 반면, 권면은 그리스도인이 보여 주어야 하는 행동을 의미한다고 주장한다. 탈버트는 근거와 보증을 구별하며, 전자는 (새 생명, 회심과 같은) 경건한 생활의 궁극적인 이유이며, 후자는 권면을 위한 구체적인 이유(예. 부당한 주인에게 노예로 순종해야 하는 기독론적 보증)를 제공한다고 이해한다. 탈버트는 저자가 사회적인 결합과 적응에 관한 문제 모두를 확보하기를 원했고, 따라서 이 문제에 대해서 그릇되지 않도록 경고했다. 전자가 없으면 그리스도인은 독특함을 잃을 것이고, 후자가 없으면 복음 전파의 길을 가지 못할 것이다. 탈버트의 교차 대구는 분명하지 않고 주관적이지만 근거와 권면을 구분하는 데 도움이 된다. 다음 페이지는 내가 정리한 개요이다.

베드로전서 개요

1. 서문(1:1-2)
2. 나그네, 구원으로 부르심을 받은 자들(1:3-2:10)
   2.1. 구원에 대한 찬송(1:3-12)
   2.2. 거룩함을 격려, 미래의 유업(1:13-21)
   2.3. 새로운 하나님의 백성으로서의 삶(1:22-2:10)
3. 적대적인 세상에서 하나님께 영광을 돌리는
   나그네로서 살라(2:11-4:11)
   3.1. 전투하며 증언하는 그리스도인의 삶(2:11-12)
   3.2. 사회 질서에서 복음을 증거하는 일(2:13-3:12)
   3.3. 고난에 대해서 경건하게 응답하라(3:13-4:11)
4. 고난 중에 나그네로 인내함(4:12-5:11)
   4.1. 하나님의 뜻에 따라 기쁨으로 고난을 당하라(4:12-19)
   4.2. 장로와 공동체를 위한 권면(5:1-11)
5. 결론(5:12-14)

단락 개요

1. 서문(1:1-2)

1. 서문(1:1-2)

> **¹ 예수 그리스도의 사도 베드로는 본도, 갈라디아, 갑바도기아, 아시아와 비두니아에 흩어진 나그네 ² 곧 하나님 아버지의 미리 아심을 따라 성령이 거룩하게 하심으로 순종함과 예수 그리스도의 피 뿌림을 얻기 위하여 택하심을 받은 자들에게 편지하노니 은혜와 평강이 너희에게 더욱 많을지어다**

베드로전서의 첫인사는 전형적이지 않다. 신학적으로 풍부하고 주제가 두텁다. 저자인 베드로는 자신을 예수 그리스도의 사도로 소개한다. 이것은 그가 단지 그리스도의 전달자라는 의미가 아니다. "사도"는 엄밀한 의미이다. 예수 그리스도는 베드로를 권위 있는 복음을 전하는 자이자 해석하는 자로 임명했다. 베드로전서는 좋은 조언이 아니라 교회를 위한 구속력 있는 사도적 언어를 전달한다. 이 세상에서 나그네이며 하나님의 거류민인 백성들에게 기록되었다. 그들은 하나님께서 선택한, 택하심을 받은 백성이기 때문에 거류민이다. 베드로의 편지는 현대 터키에 포함된 소아시아 지역 교회들에 보내는 회람 편지이다. 아마도 지역이 나열되는 순서는 편지를 전달하는 순서를 반영할 것이다. 택하심을 받은 나그네들은 하나님 아버지께서 미리 아신다. 미리 아심은 그들이 하나님의 선택한 거류민이 될 것을 하나님이 미리 보셨다는 것만을 의미하지 않는다. 미리 아심은 언약적 용어로 이해해야 하며, 미리 아신 자들은 하나님께서 언약적인 은혜와 사랑을 주신 사람들이다. 선택된 거류민으로서 신자들은 또한 성령에 의해 구별되거나 성화된다. 거룩함의 영역, 즉 그들의 회심은 성령의 사역의 결과이다. 마지막으로 그들의 회심은 하나님께 순종하고 그리스도의 피로 깨끗해지고 죄를 용서받았음을 의미한다. 베드로가 아버지와 아들과 성령의 사역이 함축하는 의미를 분명히 드러내지 않더라도 우리는 여기에서 아버지와 성령과 아들의 삼위일체적인 사역에 주목한다. 그 사역은 이후 수 세기 동안 교회에 맡겨졌다. 서문은 신자들의 삶에 은혜와 평화가 더욱 많아지기를 기도하는 것으로 마무리된다.

1:1. 베드로전서는 베드로가 자신을 저자라고 밝히며 시작한다. 독자들에게 편지를 보내는 곳을 나열하면서 그들을 택하심을 받은 나그네라고 말한다. "베드로"라는 이름은 예수 그리스도의 사역 초기에 시몬에게 주어졌다(요 1:42; 참조. 마 10:2; 16:18; 막 3:16; 눅 6:14). 베드로는 자신을 사도라고 정의한다. "사도"는 단순히 "소식을 전하는 자"를 의미할 수 있다. 그러나 여기에서는 예수님께서 직접 이 직분을 위해서 특별히 택하신 열두 사도 중 한 명이라는 개념이다(막 3:13-19). 열두 사도의 특별한 기능과 권위는 사도행전 1장 15-26절에서 맛디아를 선택하는 내용에서 전달된다. 그루뎀은 "사도"는 "예수 그리스도"가 덧붙여진 유일한 직분이라는 사실에 주목한다. 아마도 사도직의 고유한 권위를 나타내는 것으로 보인다.[1] 그러므로 베드로가 쓴 내용은 단지 자신의 개인적인 견해가 아니다. 사도로서 그는 그리스도께 위임 받아 교회들에게 하나님의 말씀을 쓰고 있다(참조. 고전 2:13; 14:37; 갈 1:8-9; 살전 2:13; 4:8, 15; 살후 3:6, 14; 벧후 3:2, 16).

이 편지는 "택하심을 받은 자들"(ἐκλεκτοῖς, 에클레크토이스. 개역개정은 2절)에게 보내진다. 이것은 아마도 "나그네"(παρεπιδήμοις, 파레피데모이스)를 수식할 것이다. 따라서 우리는 "택하심을 받은 나그네" 또는 "택하심을 받은 거류민"[2]으로 번역할 수 있다. 이 두 단어는 동격으로 보는 것이 더 나을 것이다. 그러므로 나그네이면서도 택하심을 받은 자들이다.[3] 어쨌든 수신자

---

1 W. Grudem, *The First Epistle of Peter*, TNTC (Grand Rapids: Eerdmans, 1988), 47.

2 M. Dubis, *1 Peter: A Handbook on the Greek Text*, BHGNT (Waco: Baylor University Press, 2010), 2.

3 P. J. Achtemeier, *1 Peter: A Commentary on First Peter*, Her (Minneapolis: Fortress, 1996), 81; K. H. Jobes, *1 Peter*, BECNT (Grand Rapids: Eerdmans, 2005), 67, 75; M. Williams, *The Doctrine of Salvation in the First Letter of Peter*, SNTSMS 149 (Cambridge: Cambridge University Press, 2011), 47, G. W. Forbes, *1 Peter*, EGGNT (Nashville: B&H, 2014), 12.

들을 택하심을 받은 자들이라고 말하면서 그들이 하나님께 택하심을 받았음을 의미한다. 이것은 독자들이 주로 이방인들이기 때문에 놀라운 일이다(서론 참조). 구약성경은 종종 이스라엘을 하나님이 택하신 백성으로 지칭한다(신 4:37; 7:6-8; 10:15; 14:2; 시 106:5; 사 14:1; 41:8-9; 43:20; 45:4; 51:2; 65:9, 15, 23; 참조. Wis 4:15; Sir 46:1). 그러므로 베드로는 편지의 시작에서 예수 그리스도의 교회가 하나님의 택하신 백성인 회복된 이스라엘임을 보여 준다.[4] 그는 여기에서 교회를 "택하신 족속"이라고 부르는 베드로전서 2:9의 주제를 미리 말하고 있다.[5]

"나그네"(παρεπιδήμοις, 파레피데모이스)는 이 편지에서 결정적인 개념, 즉 하나님의 백성이 땅에서 거류민이며 잠시 거주하는 자라는 개념을 소개한다. 다시, 베드로전서의 핵심적인 주제가 예상된다(참조. 2:11). 나그네는 일반적으로 짧은 기간 동안 자기 나라 바깥에 거주하는 사람들을 나타낸다.[6] 교회는 이 세상에서 안식할 곳이 없는 하나님의 고난 받는 백성이다. 파레피데모스(παρεπίδημος)는 신약에서 여기와 베드로전서 2장 11절, 히브리서 11장 13절에서만 사용된다. 70인역에서는 창세기 23장 4절과 시편 38편 13절에 나타난다. 구약성경에서 유배는 죄의 형벌이었다. 이스라엘이 앗수르(BC 722년)와 바벨론(BC 586년)에 의해 자기 땅에서 쫓겨났을 때를 말한다. 베드로의 독자들이 나그네로 심판을 받고 있다는 개념은 베드로전서에서 생소하다. 서론에서 언급했듯이 엘리엇은 독자들의 정치적인 지위라는 관점에서 유배를 이해한다. 그는 처음부터 베드로의 신학적인 요점을 놓치고 있다. 신자들은 나그네이지만, 자기 나라에서 추방되지 않았다. 그리스-로마 세계의 많은 사람들은 더 이상 자신의 원래 땅에서 살지 않았다.[7] 신자들은 자신들의 신앙이 반감을 일으키고 이상하다고 여겨지는 세상에서 신앙으로 고통을 받

---

4 T. Lea, "I Peter-Outline and Exposition," *SWJT* 25 (1982): 20.

5 프라이어는 출애굽 신학이 베드로전서 독자들이 유월절 어린양(1:18-19)인 그리스도로 말미암아 구원을 경험한 자들이며 이제 약속의 땅에서 유업을 기다리며 광야에 있는 거류민으로 시련을 당하고 있음을 시사한다고 제안한다("First Peter and the New Covenant (11)," *RTR* 45 [1986]: 46).

6 R. Feldmeier, *The First Letter of Peter: A Commentary on the Greek Text*, trans. P. H. Davids (Waco: Baylor University Press, 2008), 53.

7 참조. Achtemeier, *1 Peter*, 82.

기 때문에 나그네이다.

고펠트(Goppelt)는 하나님의 택하심이 나그네가 된 이유를 설명한다고 바르게 이해한다.[8] 이 해석은 "나그네"와 동격인 "택하심을 받은"으로 입증된다. 그들은 문자적으로 나그네가 아니다. 그들은 거류민이다. 하나님께 택하심을 받았기 때문이며, 그들의 시민권은 땅이 아니라 하늘에 있기 때문이다.[9] 엘리엇이 제시한 사회학적 해석은 설득력이 없지만, 독자들이 택하심을 받은 지위에서 사회학적 의미를 발견하는 것은 옳다. 자신을 하나님의 택하심을 받은 자로 이해하는 사람들은 그들이 살고 있는 사회의 규범과 문화에 저항할 수 있는 무기를 가진다.[10] 결국 그린(J. Green)이 말했듯이 "우리는 거절을 쉽게 받아들이지 않는다. 우리는 소속되기 원한다. 우리는 택하심을 받기 원한다. 우리는 신분을 원한다. 우리는 낯선 사람, 이방인이 되기 원하지 않는다.

---

8 L. Goppelt, *A Commentary on I Peter* (Grand Rapids: Eerdmans, 1993), 64, 66. 쿰란 공동체의 자기 인식을 포함한 그의 자세한 논의를 참조하라(68-70 페이지). 벡틀러는 독자들이 하나님의 택하심을 받았기 때문에 나그네라고 확인한다(*Following in His Steps: Suffering, Community, and Christology in 1 Peter*, SBLDS 162 [Atlanta: Scholars Press, 1998], 137).

9 J. R. Michaels, *1 Peter*, WBC (Waco: Word, 1998), 7-8. 이방인 됨이 전적으로 믿지 않는 사람들과 관계와 관련이 있다고 생각하는 좁스(*1 Peter*, 62)에 반대한다.

10 J. H. Elliott. *A Home for the Homeless: A Sociological Exegesis of 1 Peter, Its Situation and Strategy* (Philadelphia: Fortress, 1981), 122-23, 127. 바우만-마틴(B. Bauman-Martin)은 탈식민주의 이론을 이용하여 베드로전서는 교회가 이스라엘(유대인 정체성 수용)을 대체하는 개념을 가지고 있으며, 교회의 주변화를 지위와 우월성의 표시로 이해한다고 주장한다("Speaking Jewish: Postcolonial Aliens and Strangers in First Peter," in *Reading First Peter with New Eyes: Methodological Reassessments of the Letter of First Peter*, ed. R. L. Webb and B. Bauman-Martin, LNTS 364 [London: T&T Clark, 2007], 143-77). 바우만-마틴은 이스라엘이라는 표현이 "위험한 선례"(163 페이지)를 만들고 제국주의적으로 끝난다고 생각한다. 그녀는 만약 이스라엘이 전체주의적이지 않고 민족적 이스라엘도 하나님의 백성에 속함을 인정한다면 베드로전서는 식민지적이지 않다고 말한다. 베드로전서에서 이스라엘이 "더 이상 존재하지 않는다"(175 페이지)는 바우만(Bauman)의 주장은 의심스럽다. 왜냐하면, 편지의 목적은 교회와 이스라엘의 관계를 자세히 설명하는 것이 아니기 때문이다. 아마도 우리는 편지에 포괄적인 신학이 없다고 가정할 수 없을 것이다. 베드로전서가 침묵하고 있는 결론에 다다르는 데 주의해야 한다. 반면에 바우만-마틴은 교회가 새로운 이스라엘로, 그리고 믿지 않는 유대인과 이방인을 대적하는 하나님의 백성으로 이해되는 사실을 바르게 보고 있다. 우리는 여기에서 성경 본문을 읽는 데 궁극적으로 중립적인 입장이 없음을 알 수 있다. 바우만-마틴은 베드로가 가르치는 것을 그녀 자신의 탈식민적이고 포괄적인 해석으로 이해한다. 아마도 그녀는 그 해석이 우리가 베드로전서에서 발견한 것보다 더 정의롭고 사랑스럽다고 생각하기 때문일 것이다. 그렇게 함으로써 탈식민주의 이론을 사용한 그녀 자신의 메타 내러티브가 베드로전서의 평가의 기초가 되지만, 그녀 자신의 세계관이 목표에 부합하는지는 논란의 여지가 있다. 베드로전서가 권위 있고 참된 하나님의 말씀이라고 생각하는 사람들에게 바우만-마틴의 해석은 설득력이 없을 것이다. 어쨌든 어떤 관점이 더 우월하다고 생각하고 있는지 결정해야 한다.

즉 '집'이 결코 실제 '집'이 될 수 없는 사람이 되기를 원치 않는다."[11] 하나님의 택하심은 독자들에게 그들이 적합하거나 고귀하기 때문이 아니라 그들에게 은혜로 주셨기 때문에 그 지위를 가진다는 사실을 떠오르게 한다.[12] 그러므로 그들은 일반적으로 받아들여지는 문화적 규범에 저항하고 하나님의 목적에 따라 살아가는 힘을 소유한다.[13]

독자들은 "본도, 갈라디아, 갑바도기아, 아시아와 비두니아에 흩어[져]" 있다. "흩어진"(διασπορᾶς, 디아스포라스)은 문자적으로 "흩어짐의"(NRSV)로 번역될 수 있다. "흩어진"이라는 단어는 신약 시대에 흩어진 사람들이 죄 가운데 있었다는 의미는 아니다. 이 용어는 자기 죄로 인해 고국에서 흩어져, 팔레스타인 밖에 사는 유대인들에게 종종 사용되었다(신 28:25; 30:4; 느 1:9; 시 147:2; 사 49:6; 렘 15:7; 41:17; 참조. Jdt 5:19; 2 Macc 1:27; Pss Sol 8:28; 9:2).[14] 신약에서 이 단어는 두 곳에서만 사용되는데, 아마도 그 땅 밖에 있던 유대인을 가리키는 것 같다(요 7:35; 약 1:1). 그러나 이 경우 은유적으로 사용된다. 베드로는 유대인에게 편지를 쓴 것이 아니라 주로 이방인에게 편지를 썼기 때문에, 그들이 문자적인 의미에서 이스라엘에서 흩어졌다는 의미가 아니다. 베드로는 독자들이 하나님의 백성임을 알린다. 아브라함, 이삭, 야곱에게 주신 약속을 믿는 유대인들과 함께 참여한다.

흩어짐은 신자가 세상과 구별된다는 의미에서 "나그네"에 잘 어울린다.[15]

---

11 J. Green, "Living as Exiles: The Church in the Diaspora in 1 Peter," in *Holiness and Ecclesiology in the New Testament, ed. K. E. Brower and A. Johnson* (Grand Rapids: Eerdmans, 2007), 317.

12 베드로전서의 택하심에 대한 더 깊은 논의는 A. P. Joseph, *A Narratological Reading of 1 Peter*, LNTS 440 (London: T&T Clark, 2012), 69-93을 보라.

13 셀란은 "나그네"와 "거류민"이 은유적이며 독자들이 개종자였다는 것처럼 묘사된다고 주장한다. 참조. "πάροικος καί παρεπίδημος: Proselyte Characterizations in 1 Peter?," *BBR* 11 (2001): 239-68. 그러나 셀란은 "나그네"와 "이방인"이 개종자를 의미하는지 명확하게 하지 않는다. 가능성을 보여 주지만 자신의 논제와 다르다. 실제로 연결이 너무 느슨하고 약하다. 베드로가 편지 어디에도 개종자들(proselytes)을 분명히 언급하지 않기 때문에 해석을 뒷받침하기 위해 셀란이 필론(Philo)을 너무 많이 의존한다고 말하는 좁스도 참조하라(*1 Peter*, 65).

14 스미스(S. T. J. Smith)는 신약에서 흩어짐이 구약과 같이 죄의 형벌을 의미하지 않는다고 바르게 지적한다(*Strangers to Family: Diaspora and 1 Peter's Invention of God's Household* [Waco: Baylor University Press, 2016], 20-26).

15 어떤 학자들은 흩어짐이 편지의 중심 은유라고 생각한다. 참조. T. W. Martin, *Metaphor and Composition in 1 Peter* (SBLDS; Atlanta: Scholars Press, 1992); S. T. J. Smith, *Strangers to Family: Diaspora and 1 Peter's Invention of God's Household* (Waco: Baylor University Press, 2016). 리벤굿(K. D. Liebengood)은 흩어짐이 독자의 현재 상태를 설명하지 않는다고 오해

독자의 흩어짐은 시간적 의미이기도 하다. 이는 신자들이 비록 하나님의 택하심을 받은 자들이지만 하나님의 약속이 성취되기 전, 그 간격 속에 살면서 마지막 유업을 기다리고 있음을 의미한다.

베드로는 현대 터키 지역 소아시아 여러 곳의 신자들에게 편지를 쓴다. 대략 334,000km²로 거의 터키 전체에 해당한다.[16] 베드로가 로마의 속주를 언급한 것인지 아니면 일반적으로 특정 지역을 언급한 것인지 확실하지 않다.[17] 편지를 쓸 당시에 비두니아와 본도는 하나의 속주였다.[18] 따라서 아마도 수신지에 포함된 지역을 일반적으로 언급한다고 보는 것이 가장 좋을 것이다. 지역의 순서는 어떤 이유인가? 본도와 비두니아를 나누는 것이 가장 놀랍다. 서로 인접하여 하나의 속주를 구성했기 때문이다. 더 나아가 소식을 전하는 자가 로마에서 왔다면 본도보다 비두니아가 가깝기 때문에 먼저 비두니아로 여행할 것이 예상된다.[19] 어떤 학자들은 편지를 전달하는 사람이 대략 원을 그리며 각 지역의 교회에 차례로 전달했다고 생각한다.[20] 실바(Sylva)는 본도에서 특별히 박해가 심했기 때문에 편지가 먼저 전달되었다고 제안하지만,[21] 이 이론은 확인할 수 없다. 헤머(C. J. Hemer)는 편지를 전달하는 사람이 비두니아에 도착하면, 편지는 다른 목적지로 항해할 수 있다고 말한다.[22] 좁스는

한다 (*Eschatology in 1 Peter: Considering the Influence of Zechariah 9-14*, SNTSMS 157 [Cambridge: Cambridge University Press, 2012], 156-60). 그러나 흩어짐이 편지의 중심 은유인지는 의심스럽다.

16 따라서, Michaels, *1 Peter*, 4; Achtemeier, *1 Peter*, 85.

17 엘리엇은 주(province)를 가리킨다고 믿는다(*1 Peter: A New Translation with Introduction and Commentary*, AB [New York: Doubleday, 2000], 84). 편지가 특정 농촌 지역 공동체에 쓰였다는 그의 견해는 입증할 수 없다(90 페이지).

18 Achtemeier, *1 Peter*, 85.

19 Achtemeier, *1 Peter*, 85.

20 F. J. A. Hort, *The First Epistle of St Peter: 1.1-11.17* (New York: Macmillan, 1898), 167-84; C. Hemer, "The Address of 1 Peter," *ExpTim* 89 (1978): 239-43; 또한 다음을 참조하라. Michaels, *1 Peter*, 9; P. H. Davids, *The First Epistle of Peter*, NICNT (Grand Rapids: Eerdmans, 1990), 47; J. N. D. Kelly. *A Commentary on the Epistles of Peter and Jude, Thornapple Commentaries* (Grand Rapids: Baker, 1981), 42; Elliott, *1 Peter*, 91.

21 D. Sylva, "1 Peter Studies: The State of the Discipline," *BTB* 10 (1980): 159.

22 헤머는 비두니아로 돌아가는 것을 "가을이 흑해를 막아 버리기 전에 보스포루스 해협에서 로마로 바로 돌아가는 배를 가장 잘 탈 수 있었다"("The Address of 1 Peter," *ExpTim* 89 [1978]: 241)라고 말한다.

경로가 소아시아 도로에 관한 우리 지식과 일치하지 않고,[23] 따라서 순서의 이유를 확신할 수 없다고 말한다. 편지를 전달하는 사람이 두 명 이상일 수도 있으며 이 경우 편지가 전해지는 순서가 아닐 수 있다.

1:2. 삼위 하나님의 일하심이 2절에 나타난다. 독자들은 하나님의 언약적인 미리 아심을 따라 택하심을 받았고 회심할 때 성령으로 구별되었다. 그리고 회심할 때 순종함으로 하나님께 온전히 자신을 드리고 죄에서 깨끗함을 받았다. 그들은 하나님의 언약 백성에 속해 있다. 구약의 약속은 그들의 것이다! 베드로는 그들에게 은혜와 평강이 계속해서 있기를 기도한다.

"하나님 아버지의 미리 아심을 따라"는 "택하심을 받아"(1절)를 수식한다. 반대로 어떤 학자들은 하나님의 미리 아심이 1절 전체와 연결된다고 주장한다.[24] 그러나 1절의 모든 개념이 2절 전치사구의 수식을 받을 가능성은 거의 없다. "하나님 아버지의 미리 아심을 따라"는 "택하심을 받아"를 수식하는 것이 더 자연스럽다.[25] "택하심을 받아"는 하나님의 백성인 이스라엘에게 공통적인 단어이다.

"미리 아심"(πρόγνωσις, 프로그노시스)이라는 용어는 단순하게 하나님이 누가 자신의 택하심을 받을 것인지 미리 아셨다는 의미일 수 있다.[26] 물론 이 개념이 포함되어 있다는 사실을 의심할 사람은 없다. 문제는 이 단어가 그 이상을 의미하는지 또는 하나님의 택하심을 받을 자를 정하신다는 개념도 포함하는지 여부이다. 우리는 이 단어의 언약적인 차원을 살펴보면서 시작해야 한다.[27] 히브리어로 "알다"는 하나님께서 자기 백성에게 베푸신 언약적인 사랑을

---

23 Jobes, *1 Peter*, 66.

24 Hort, *The First Epistle of St Peter*, 18-19; E. G. Selwyn, *The First Epistle of St. Peter*, 2nd ed. (Grand Rapids: Baker, 1981), 119; F. W. Beare, *The First Epistle of Peter: The Greek Text with Introduction and Notes* (Oxford: Blackwell, 1947), 49-50; Grudem, *1 Peter*, 50.

25 따라서, N. Brox. *Der erste Petrusbrief*, EKKNT, 2nd ed. (Zürich: Benziger/Neukirchen-Vluyn: Neukirchener Verlag, 1986), 57; Goppelt, *I Peter*, 70; Michaels, *1 Peter*, 7; S. Mcknight, *1 Peter*, NIVAC (Grand Rapids: Zondervan, 1996), 53; Dubis, *1 Peter Handbook*, 3; Forbes, *1 Peter*, 12. 스켈케(K. H. Schelke)는 ἐκλεκτοῖς παρεπιδήμοις(택하심을 받은 나그네)를 수식한다고 말한다 (*Der Petrusbriefe-Der Judasbrief*, HTKNT [Freiburg: Herder, 1980], 20).

26 이 견해는 옛 주석이 지지한다. 참조. Origen in *James, 1-2 Peter, 1-3 John, Jude*, ACCS (Downers Grove: InterVarsity, 2000), 69.

27 여기에서 제안하는 견해를 위한 확장된 변호는 다음을 참조하라. S. M. Baugh, "The Meaning

가리킨다(참조. 창 18:19; 암 3:2). 이 용어의 풍부한 관계성은 신약에서 계속된다. 미리 아심이 예정과 짝을 이루는(참조. 렘 1:5) 사도행전 2장 23절에서 미리 정하심이 분명히 포함된다.[28] 로마서 11장 2절은 우리를 같은 방향으로 이끈다. 바울은 하나님이 "그가 미리 아신 자기 백성을 버리셨는지"(NRSV) 질문한다. "버리셨다"(ἀπώσατο, 아포사토)와 "미리 아심"(προέγνω, 프로에그노)은 반의어 역할을 한다. 우리는 "하나님이 택하신 백성을 버리셨는가?"라고 이 구절을 바꿀 수 있다. 동일한 개념이 로마서 8장 29절에 등장한다. 여기에서 우리는 하나님께서 미리 정하신 자들을 미리 아셨다는 것을 알 수 있다. 하나님은 자신의 사랑을 그들에게 두심으로 사물이나 물건이 아니라 "사람"을 미리 아셨다(참조. 고전 8:3; 갈 4:9).

아마도 가장 가까운 병행은 베드로전서 1장 20절일 것이다. 베드로는 그리스도가 "창세 전부터 미리 알린 바 되신(προεγνωσμένου, 프로에그노스메누)이"라고 선언한다. 미리 아심은 하나님의 뜻하심의 일부이지만, 베드로는 단지 하나님께서 그리스도가 오실 때를 미리 아셨다고 말하지 않는다. 베드로는 하나님께서 그리스도가 오실 때를 미리 정하셨다고 말하고 있다.[29] 사실 그리스도는 하나님께서 보내셨기 때문에, 하나님은 그가 언제 오실지 계획하셔야 했다. 그리스도의 오심은 인간의 선택에 달려 있지 않다. 하나님의 택하심과 미리 아심은 베드로전서에서 기독론과 연결되며(1:20; 2:4-10), 아들의 사명은 하나님 아버지의 뜻에 따른 것임을 보여 준다. 베드로가 신자들이 "하나님 아버지의 미리 아심을 따라" 택하심

of Foreknowledge," in *Still Sovereign: Contemporary Perspectives on Election, Foreknowledge, and Grace*, ed. T. R. Schreiner and B. A. Ware (Grand Rapids: Baker, 2000), 183-200. 또한 Michaels, *1 Peter*, 10-11; M. Williams, *The Doctrine of Salvation in the First Letter of Peter*, 52-54; 참조. Hort, *The First Epistle of St Peter*, 19-20; D. F. Watson, *First Peter*, PCNT (Grand Rapids: Baker, 2012), 21; Jobes, *1 Peter*, 68. 베드로전서의 새 언약에 관한 설명은 다음을 참조하라. J. W. Pryor, "First Peter and the New Covenant (1)," *RefTR* 45 (1986): 1-4; Pryor, "First Peter and the New Covenant (11)," *RefTR* 45 (1986): 44-50.

28 다음의 통찰력 있는 논의를 참조하라. Goppelt, *I Peter*, 73n46; 또한 다음을 참조하라. Lea, "I Peter-Outline and Exposition," 20; Feldmeier, *First Peter*, 55-57. 고펠트는 CD 2:7와 1QH 9:26-36의 중요한 병행에 주의를 기울인다. 행 26:5과 벤후 3:17에 "미리 알다"는 "먼저 알다"를 의미한다. 이 두 구절은 하나님의 예지 대신 인간의 미리 앎을 언급하기 때문에 여기에서 검토한 본문과 구별된다.

29 C. Spicq, *Les Épîtres de Saint Pierre*, SB (Paris: Gabalda, 1966), 69.

을 받았다고 말할 때 강조점은 하나님의 주권과 구원에서의 그분의 주도
권에 있다.[30] 신자들은 하나님 아버지께서 그들을 언약적으로 사랑하셨기 때
문에 택하심을 받았다.[31] "~을 따라"($\kappa\alpha\tau\acute{\alpha}$, 카타)는 "결과" 또는 "원인"을 나
타낼 수 있다.[32] 그러므로 위더링턴이 하나님께서 인간이 무엇을 선택할지에
대한 그의 미리 아심에 기초하여 택하신다고 말하는 것은 설득력이 없다.[33]

두 번째 전치사구인 "성령이 거룩하게 하심으로"($\acute{\epsilon}\nu\ \acute{\alpha}\gamma\iota\alpha\sigma\mu\hat{\omega}\ \pi\nu\epsilon\acute{\upsilon}\mu\alpha\tau\sigma\varsigma$,
엔 하기아스모 프뉴마토스)[34] 또한 "택하심을 받은"을 수식한다. 성부 하나
님은 택하심을 받은 자들을 미리 아신다. 또한 성령은 그들의 성화의 근거이
다.[35] "성화"는 종종 그리스도인의 삶에서 거룩함이 점진적으로 성장하는 것
을 말한다(참조. 살전 4:3). 그러나 본문의 맥락에서는 회심에 초점을 맞춘
다.[36] 베드로는 신자들이 어떻게 하나님의 택하심을 받은 백성이 되었는지 설
명한다. 신자가 회심할 때, 그들은 하나님의 거룩하고 구별된 백성이 된다(예.
고전 1:2). 그러므로 마이클스는 아마도 이 하나님의 일하심이 복음 전파를
수반한다는 점에서 옳을 것이다(1:12).[37] 복음이 선포될 때 성령께서 어떤 사
람은 믿음으로, 즉 거룩한 영역으로 이끌어 거룩하게 하신다.

해석하기 가장 어려운 어구는 마지막 부분이다. 우리는 CSB 성경이 "to
be"로 번역한 전치사 $\epsilon\acute{\iota}\varsigma$(에이스, 개역개정. "위하여")부터 시작하려고 한다.

30 Schelke, *Der Petrusbriefe-Der Judasbrief*, 20.

31 마이클스는 과거의 택하심을 제외하고 현재 상태와 미래의 신원을 나타낸다고 선택의 의미를
   잘못 제한시키고 있다(*1 Peter*, 7). "선택"과 "미리 아심"의 연결은 과거도 관련되어 있음을 보
   여 준다. 엘리엇은 미리 아심과 인간의 선택 사이의 신인협력이 전해지도록 자발적 선택을 강
   조하면서 실수한다(*1 Peter*, 318).

32 참조. L. Thurén, *Argument and Theology in 1 Peter: The Origins of Christian Paraenesis*,
   JSNTSup 114 (Sheffield: Academic Press, 1995), 92.

33 B. Witherington III, *Letters and Homilies for Hellenized Christians*, vol. II: *A Socio-Rhetorical
   Commentary on 1-2 Peter* (Downers Grove: InterVarsity, 2007), 68-69.

34 수단의 여격이지만(Jobes, *1 Peter*, 69; Dubis, *1 Peter Handbook*, 3; Forbes, *1 Peter*, 13), 그린
   은 장소나 영역으로 이해한다(*1 Peter*, THNTC [Grand Rapids: Eerdmans, 2007], 19-20).

35 "성령"은 주격적 속격이다(Selwyn, *First Peter*, 119; Michaels, *1 Peter*, 11; Goppelt, *1 Peter*,
   73; Feldmeier, *First Peter*, 58). 베드로가 여기에서 회심을 말하지만, 고펠트는 세례에 잘못 초
   점을 맞추고 있다(*1 Peter*, 74). 물론 세례는 회심의 과정 중 일부이지만 특별히 베드로가 고려
   했다는 증거는 없다.

36 Jobes, *1 Peter*, 70.

37 Michaels, *1 Peter*, 11.

어떤 학자들은 이 구절을 인과 관계로 이해한다. 신자는 그리스도의 순종과 그의 피뿌림 때문에 택하심을 받은 순례자이다.[38] 이 견해에 따르면 "예수 그리스도의"는 주격적 속격이다. 즉 그의 순종을 나타낸다. 이 해석은 몇 가지 문제점이 있다.[39] 첫째, 여기에서 묘사하는 순종은 그리스도의 순종일 가능성이 적다. 베드로는 신자들의 삶에서 하나님의 역사를 반영한다. 그들은 미리 아신 바 된 자들이며, 성화된 자들이며, **순종하는** 자들이다.[40] 실제로 베드로는 신자의 순종이라는 주제를 제시하며, 이 주제는 베드로전서에서 중요한 역할을 한다(1:14, 22). 둘째, "예수 그리스도의"가 나타내는 소유격은 다음 단어 "피"에 대한 소유의 의미로 이해하는 것이 자연스럽다.[41] 셋째, 훨씬 결정적으로 전치사 "εἰς"(에이스)는 이어지는 구절에서 세 번 나타나며(3-5절), 모두 결과를 나타낸다.[42] 그러나 이 경우 하나님의 구원 계획의 완성을 말하기 때문에 결과에 목적이 포함된다. 인과적인 전치사 해석은 어색하며, 결과/목적의 관점에서 자연스럽게 이해할 수 있다. NRSV 성경은 "예수 그리스도께 순종하고 그의 피 뿌림을 얻는 것"(참조. RSV)으로 다르게 해석한다. 이 경우 예수 그리스도는 명사 "순종함"의 대상이며 "그의 피 뿌림"의 주어이다. 이 해석은 어색하고 "문법적으로 괴상"하기 때문에 피해야 한다.[43] 같은 구절에서 이 속격이 주격적이면서 목적격적이라는 생각은 혼란스럽다.

베드로는 하나님의 미리 아심과 성령의 거룩하게 하는 역사가 인간의 순종과 그리스도의 피 뿌림을 일으킨다고 가리킨다. 명사 "순종함"과 "예수 그리스도의 피 뿌림"을 구분해서 인간의 순종과 그리스도의 속죄를 언급한다고 보는 것이 가장 만족스럽다. 첫째는 인간의 순종을 말하며, 둘째는 그리스도의 정결하게 하시는 그리고 용서하시는 사역이다. 그루뎀은 여기에서 순

---

38 따라서, F. H. Agnew, "1 Peter 1:2-an Alternative," *CBQ* 45 (1983): 68-73; E. J. Richard, *Reading 1 Peter, Jude, and 2 Peter: A Literary and Theological Commentary*, RNT (Macon: Smith & Helwys, 2000), 32; Elliott, *1 Peter*, 319; J. Green, *1 Peter*, 20; D. Harink, *1 & 2 Peter*, BTCB (Grand Rapids: Baker, 2009), 41-42.

39 특별히 다음을 참조하라. S. H. T. Page, "Obedience and Blood-Sprinkling in 1 Peter 1:2," *WTJ* 72 (2010): 291-98. 참조. Feldmeier, *First Peter*, 59n46.

40 또한 다음을 참조하라. Page, "Obedience and Blood-Sprinkling in 1 Peter 1:2," 294.

41 Page, "Obedience and Blood-Sprinkling in 1 Peter 1:2," 293-94.

42 Page, "Obedience and Blood-Sprinkling in 1 Peter 1:2," 294–95. 참조. Forbes, *1 Peter*, 13.

43 Achtemeier, *1 Peter*, 87

종은 복음을 받아들일 때, 처음 순종이 아니라 그리스도인의 삶에서 계속되는 순종을 의미한다고 주장한다.[44] 그는 베드로전서에서 순종이 결코 회심을 의미하지 않고, 회심을 말하는 순종의 명확한 예를 찾을 수 없다고 생각한다. 그루뎀은 "순종"이 그리스도인의 삶의 지속적인 과정을 의미할 수 있다고 바르게 주장하지만(예, 롬 6:16; 몬 21; 벧전 1:14), 이 단어가 결코 회심을 의미하지 않는다는 주장은 잘못되었다. 사실 이 구절에서는 회심이 가장 가능성이 크다.[45] 첫째, 베드로전서 1장 22절("너희가 진리를 순종함으로 너희 영혼을 깨끗하게 하여")을 해석하는 가장 자연스러운 방법은 회심과 관련이 있다.[46] 그리고 베드로는 다른 곳에서 순종을 회심과 연결한다. 불신자는 "말씀을 순종하지 않고"(2:8), 믿지 않는 남편은 "말씀을 순종하지 않는다"(3:1). 둘째, 로마서 1장 5절과 16장 26절에 나오는 "믿음의 순종"(NRSV. 개역개정. "믿어 순종하게")은 가장 자연스럽게 회심을 의미한다. 셋째, 로마서 15장 18절의 "이방인들의 순종"(NRSV. 개역개정. "이방인들을 순종하게")은 바울이 그들을 구원에 이르게 하는 선교 사역을 의미한다. 넷째, 로마서 10장 14-17절의 문맥에서 "그들이 다 복음을 순종하지 않았다"(롬 10:16, NRSV; 참조. 행 6:7)라는 말은 분명히 회심을 의미한다. 다섯째, 그리스도의 피 뿌림에 대한 병행은 회심을 의도했음을 확인시킨다. 회심의 두 가지 측면, 즉 복음에 대한 신자의 순종과 그리스도의 정결하게 함과 용서가 고려된다. 회심은 단순히 복음을 지적으로 받아들이지 않는다. 백지상태의 신앙이 아니다. 회심은 바울이 "믿음의 순종"(개역개정. '믿어 순종하게', 롬 1:5, 16:26)이라고 부르는 복음에 대한 순종과 복종을 포함한다.

피 뿌림은 베드로전서의 중요한 주제, 즉 그리스도의 고난과 죽음으로 신자들이 얻은 구속을 기대한다. 피 뿌림의 전제는 무엇인가? 구약에서 피뿌림은 문둥병자의 정결(레 14:6-7), 제사장 안수(출 29:21), 모세와 언약(출 24:3-8)에 사용한다. 본문의 문맥이 안수를 말하지 않기 때문에, 제사장 안수의 피 뿌림을 의미할 수 없다. 그루뎀은 이 배경이 문둥병자를 정결하게 하

---

44 Grudem, *1 Peter*, 52.

45 이 견해는 특별히 다음을 참조하라. Michaels, *1 Peter*, 11-12. 또한 다음을 참조하라. M. Williams, *The Doctrine of Salvation in the First Letter of Peter*, 58-59.

46 이 구절의 주해를 참조하라.

는 데 있다고 생각하며 회심 후 하나님과의 교제를 방해하는 죄에서 정결하게 함과 용서의 필요성에 관한 적절한 그림이라고 주장한다.[47] 또한 회심할 때 피 뿌림은 성화와 순종 **이후에** 오기 때문에 설득력이 없다고 생각한다.[48] 그의 견해는 가능하지만 결정적이지 않다.[49] 성화와 순종의 순서에 대한 반대는 두 단어 모두 회심 **후의** 삶을 의미할 때에만 가능하지만, 두 용어 모두 회심을 의미한다. 성화, 순종, 피 뿌림은 문맥에서 신자들의 새로운 삶을 세 가지 다른 방법으로 설명한다. 더욱이 출애굽기 24장 3-8절은 이 단락에 가장 어울리는 배경이다.[50] 언약은 피를 흘리고 그 피를 제단에 뿌림으로 시작된다(출 24:5-6). 백성은 언약의 여호와께 순종을 서약한다(출 24:3, 7). 순종하겠다는 약속은 베드로가 εἰς(에이스)절의 첫 부분에서 언급한 순종과 일치한다. 모세는 백성들에게 피를 뿌리며 "이는 여호와께서 너희와 세우신 언약의 피니라"(출 24:8)라고 말했다. 언약의 피는 하나님과 올바른 관계로 서기 위해서 그 백성들에게 필요한 용서와 정결하게 하심을 의미한다. 그러므로 우리는 언약으로 들어가는 두 가지 차원을 본다. 복음에 대한 순종과 피 뿌림이다. 마찬가지로 하나님의 미리 아심과 성령의 정결하게 하심은 독자들을 새 언약으로 인도한다.[51] 신자들은 복음에 순종하고 그리스도의 뿌린 피, 즉 그의 정결하게 하시는 희생을 통해서 언약에 들어간다. 일부 학자들은 피 뿌림에서 세례를 보았지만, 다른 곳에서 세례를 피 뿌림으로 묘사하지 않기 때문에 명확하지 않다.[52]

편지의 서문은 기원으로 끝난다. 이 표현은 베드로후서 1장 1-2절의 기원과 비슷하다. 베드로후서는 기도를 확장한다. "은혜"(χάρις, 카리스)는 전형적인 인사를 표현하는 헬라어 단어 "카이레인"(χαίρειν, 카이레인)을 대체하고 있다. 베드로는 은혜의 소식을 선포한다. 이 은혜가 독자들의 몫이 되기를 기

---

47 Grudem, *1 Peter*, 52-5.

48 Grudem, *1 Peter*, 52-54.

49 나와 비슷한 견해는 다음을 참조하라. Michaels, *1 Peter*, 12-13; Achtemeier, *1 Peter*, 86-88.

50 참조. Page, "Obedience and Blood-Sprinkling in 1 Peter 1:2," 296-97. 마이클스는 민수기 19장에서 붉은 암송아지의 재를 뿌리는 것에 대해서도 주의를 기울이지만(*1 Peter*, 12), 출애굽기 24:3-8이 새 생명의 시작과 이스라엘과 맺은 하나님의 언약의 시작이 더 직접적으로 말하기 때문에 이것이 가장 자연스러운 배경일 가능성은 없어 보인다.

51 따라서, Achtemeier, *1 Peter*, 89.

52 따라서, Goppelt, *1 Peter*, 71-72, 74-75.

도한다. 기도는 하나님의 은혜를 나누어 주기 위해서가 아니라 그분의 평강을 주기 위한 것이다. 평강을 위한 기도는 유대인들에게 흔한 일이었다(2 Mac 1:1; 2 Bar 78:3). 하나님의 평강은 그분의 은혜의 결과이며 하나님과 올바른 관계에 있는 사람들이 누리는 전인격적인 복됨을 의미한다. 베드로는 독자들의 삶에 은혜와 평강이 더욱 넘치도록 기도하고 하나님께서 그들에게 은혜와 평강으로 채우시기를 간구한다.

우리는 또한 성부와 성령과 성자에 대한 언급에 주목해야 한다. 아버지는 미리 아시고, 성령은 거룩하게 하시고, 아들은 정결하게 하신다. 이 개념은 창조주이신 성부, 구주이신 성자, 거룩하게 하시는 분이신 성령의 전통적인 신학적 체계화에 가깝다. 유사한 삼위 하나님의 체계가 신약 다른 곳에서도 발견된다(마 3:16-17; 28:19; 고전 12:4-6; 고후 13:14; 엡 4:6; 살후 2:13-14; 유 20-21; 계 1:4-5). 물론 베드로는 완전히 발전된 삼위일체 교리를 분명하게 표현하지 않지만, 이 구절들에서 삼위일체 교리는 확고해진다. 성부는 택하시고 예정하시고, 아들은 이 땅에 오셔서 자신의 희생으로 구속을 보장하시고, 성령은 구속 사역을 믿는 이들의 마음에 적용하신다. 베드로는 여기에서 그들이 경험하는 삼위 하나님에 초점을 맞추고 있다. 왜냐하면 그들은 성부의 택하심, 성자의 구속 사역, 성령의 거룩하게 하시는 사역을 통해서 하나님을 알게 되기 때문이다.

단락 개요

2. 나그네, 구원으로 부르심을 받은 자들(1:3-2:10)
  2.1. 구원에 대한 찬송(1:3-12)
    2.1.1. 약속된 유업(1:3-5)
    2.1.2. 결과: 고난 가운데 기쁨(1:6-9)
    2.1.3. 계시의 특권(1:10-12)
  2.2. 거룩함을 격려, 미래의 유업(1:13-21)
    2.2.1. 유업에 소망을 두라(1:13-16)
    2.2.2. 두려움으로 지내라(1:17-21)
  2.3. 새로운 하나님의 백성으로서의 삶(1:22-2:10)
    2.3.1. 서로 사랑하라(1:22-25)
    2.3.2. 신령한 젖을 사모하라(2:1-3)
    2.3.3. 산 돌이신 예수와 산 돌인 너희(2:4-10)

2. 나그네, 구원으로 부르심을 받은 자들(1:3-2:10)

베드로전서의 첫 번째 주요 부분은 샌드위치 구조이다. 베드로는 1장 3-12절과 2장 4-10절 사이에 신자들의 복을 설명하고 명령을 가운데 위치시킨다 (1:13-2:3). 신자들은 거듭났고 썩지 아니할 기업을 가지고 있기 때문에 복되다. 그 유업은 고난 중에서도 그들을 지탱해 준다(1:3-12). 다른 말로 하면, 그들은 신령한 제사를 드리는 새 성전, 새 제사장, 하나님의 새 백성이다 (2:4-10). 이 큰 복의 결과로 그들은 소망과 거룩함과 사랑과 선함으로 부르심을 받았다(1:13-2:3).

2.1. 구원에 대한 찬송(1:3-12)

서문은 신자들의 삶에 대한 하나님의 주도권과 은혜를 강조한다. 3-12절은 그 주제를 계속한다. 3-12절은 길고 복잡한 하나의 헬라어 문장이다. 주요 주제는 3절에 바로 소개된다. 하나님은 그분의 구원 사역으로 찬송과 찬양을 받으셔야 한다. 하나님께서 베푸시는 긍휼의 대상이 된다는 사실은 측량할 수 없는 특권이자 기쁨이다.

우리는 또한 이 단락의 본문을 세 부분으로 나눌 수 있다. 1장 3-5절, 6-9절, 10-12절이다. 흥미롭게도 이 구절들은 성부, 성자, 성령의 사역에 초점을 맞추면서 1-2절의 삼위일체적인 주제를 이어간다. 아버지는 새 생명을 주시고 믿는 자들에게 마지막 유업을 약속하신다(3-5절). 신자들은 아들을 사랑하고 마지막 날에 그의 나타나심을 간절히 기다린다(6-9절). 성령은 이 위대한 구원을 선지자들에게 계시하셨다. 그분은 지금 복음 선포의 궁극적인 실행자이시다(10-12절). 2-5절은 마지막 때 신자들에게 속하는 유업에 초점을 맞춘다. 미래의 구원이 확실하기 때문에 하나님을 찬송해야 한다. 따라서 그들의 삶은 흔들림 없는 소망이 특징이어야 한다. 둘째, 현재의 어려움과 고난을 경험할 때 미래의 유업으로 기뻐할 수 있다(6-9절). 지금 겪는 시험은 무의미하지 않고, 믿음을 연단하고 순결하게 하는 데 도움이 된다. 따라서 그들은 예수 그리스도께서 자신을 나타내실 때 하나님께 영광과 찬양을 돌릴 것이다(6-7절). 그러므로 종말론적 구원이 자신들에게 놓여 있음을 알기 때문에, 그들의 삶은 이제 기쁨과 예수 그리스도에 대한 사랑으로 특징지어진다(8-9절). 마지막으로 그들은 그리스도의 오심, 즉 그의 고난과 영광과 관련한 구약의 약속이 성취되는 시대에 살고 있기 때문에 하나님을 찬양해야 한다(10-12절). 선지자들은 그의 오심을 기대하고 바랐었다. 천사들은 멀리서 바라보지만 그것을 직접 경험하지는 못한다. 그러나 베드로의 독자들은 성취의 날을 살고 있다. 선지자들의 말씀이 **그들을 위해서** 기록되었다! 하나님은 역사를 주관하시고 구약성경은 예수 그리스도의 오심을 가리킨다. 신자들은 구원 역사에서 자신의 특권을 깨달을 때 하나님을 찬양할 것이다.[1]

---

1 또한, J. Calvin, *Commentaries on the Catholic Epistles* (Grand Rapids: Eerdmans, 1948), 38.

2.1.1. 약속된 유업(1:3-5)

³ 우리 주 예수 그리스도의 아버지 하나님을 찬송하리로다 그의 많으
신 긍휼대로 예수 그리스도를 죽은 자 가운데서 부활하게 하심으로 말미
암아 우리를 거듭나게 하사 산 소망이 있게 하시며 ⁴ 썩지 않고 더럽지 않
고 쇠하지 아니하는 유업을 잇게 하시나니 곧 너희를 위하여 하늘에 간
직하신 것이라 ⁵ 너희는 말세에 나타내기로 예비하신 구원을 얻기 위하여
믿음으로 말미암아 하나님의 능력으로 보호하심을 받았느니라

1:3. 베드로는 3절을 전체 단락의 주제로 시작한다. 하나님께서는 신자들
에게 베푸신 구원에 대해 찬송(εὐλογητός, 율로게토스)과 찬양을 받으셔야 한
다.² 신자들은 거듭났기 때문에 그리스도의 부활로 말미암아 큰 소망을 가
진다. 많은 신약의 서신서들이 감사로 시작하지만 찬송 양식(베라카 양식)은
고린도후서 1장 3절과 에베소서 1장 3절에서도 볼 수 있다. 하나님을 찬송하
는 것은 구약에 뿌리를 두고 있으며 구약의 경건에 퍼져 있는 특징이다.³ 이
찬송은 장황하게 소개하지 않고, 기쁨으로 이 단락을 시작한다. 기쁨은 나머
지 부분도 채운다. 찬송은 "더욱"(καί, 카이, CSB는 "그리고"로 번역한다. 개
역개정은 생략) "우리 주 예수 그리스도의 아버지"께 돌려진다. 아버지는 모
든 선함이 흘러나오는 샘이시다. 우리는 요한복음에서 아버지께서 명령하시
면 아들이 순종하시고(요 5:19), 아버지께서 보내시면 아들이 가심을 안다.
우리는 요한일서 4장 9, 14절에서도 같은 주제를 본다. 아버지께서 아들을
세상의 구주로 보내어 생명을 주신다. 역할의 차이가 아들의 존엄성을 약화
하지 않고 아들은 피조물이 아니며 아버지의 신적 특성이 부족하지 않다(참
조. 요 1:1, 18; 20:28).
　하나님이 찬양을 받으셔야 하는 이유가 "우리를 거듭나게 하사"라고 이

2　일부 학자들은 3-12절에서 찬송을 제시한다(H. Windisch, *Die katholischen Briefe*, HNT
[Tübingen: Mohr Siebeck, 1951], 52; D. Hill, "'To Offer Spiritual Sacrifices ...'[1 Peter 2:5]:
Liturgical Formulations and Christian Paraenesis in 1 Peter," *JSNT* 16 [1982]: 45-63), 그러나 본
문에서 찬송의 성격은 확립되지 않았다(L. Goppelt, *A Commentary on I Peter* [Grand Rapids:
Eerdmans, 1993], 79).

3　예를 들어, 창 14:20; 24:27; 출 18:10; 수 22:33; 삼상 25:32; 삼하 18:28; 22:47; 왕상 1:48; 5:7;
대상 16:36; 스 7:27; 느 9:5; 시 28:6; 31:21; 41:13; 72:18-19; 단 2:20.

제 설명한다. "거듭나게 하사"(ἀναγεννήσας, 아나겐네사스)는 새롭게 태어난 다는 의미도 있지만, "새롭게 태어나는 것보다 다시 낳는 것 또는 새롭게 낳는 것"을 강조한다.[4] 이것은 1장 23절의 "거듭난 것"이다. 이 구절에서 신자들은 썩지 아니할 하나님의 말씀이라는 씨로 거듭난다(ἀναγεγεννημένοι, 아나게겐네메노이)고 말한다.[5] "씨"로 낳는 것은 자녀를 낳는 아버지의 역할에 주의를 기울인다. 하나님의 말씀이 그 수단이다(1:23). 강조점은 새 생명을 낳으시는 하나님의 주도권에 있다. 그 누구도 태어남을 위한 공로가 없다.[6] 그것은 우리에게 일어난 중요한 일이며 하나님의 낳으심의 결과까지 포함한다. 신자들은 거듭나고(참조. 요 3:3, 7) 그 생명을 누린다.[7] 신자의 거듭남은 "그의 많으신 긍휼대로"이다.[8] "대로"(κατά, 카타)로 번역된 전치사는 아마도 우리의 새로운 생명에 대한 원인이나 이유를 나타낼 것이다. 신자들은 심판과 진노를 받아야 마땅하지만 하나님은 자비와 은혜의 하나님이시며 자기를 반대하는 자들에게 생명을 주시는 분이다(참조. 엡 2:4-5).

하나님의 낳으심의 목적과 결과를 이제 전치사 εἰς(에이스)로 시작하는 세

---

4 P. J. Achtemeier, *1 Peter: A Commentary on First Peter*, Her (Minneapolis: Fortress, 1996), 94.

5 초점은 세례가 아니라 회심에 있다(다음과 반대된다. Goppelt, *I Peter*, 84; N. Brox, *Der erste Petrusbrief*, EKKNT, 2nd ed. [Zürich: Benziger/Neukirchen-Vluyn: Neukirchener Verlag, 1986], 61; 다음은 바르게 지적한다. W. J. Dalton, "'So That Your Faith May Also Be Your Hope in God' (1 Peter 1:21)," in *Reconciliation and Hope: New Testament Essays on Atonement and Eschatology Presented to L. L. Morris on His Sixtieth Birthday*, ed. R. Banks [Exeter: Paternoster, 1974], 266).

6 고펠트는 "인간론적 관점에서도 그리스도인이 되는 근거는 결정이나 계명의 적용이 아니라 하나님의 긍휼 안에서 세워진 두 번째 탄생, 곧 새로운 존재의 나타남"이라고 말한다(*1 Peter*, 81). 또한 종교 역사에서 병행에 관한 그의 논의를 참조하라(81-83 페이지). 또한 다음을 참조하라. K. H. Schelke, *Der Petrusbriefe-Der Judasbrief*, HTKNT (Freiburg: Herder, 1980), 27; M. Williams, *The Doctrine of Salvation in the First Letter of Peter*, SNTSSM 149 (Cambridge: Cambridge University Press, 2011), 128-35; B. Witherington III, *Letters and Homilies for Hellenized Christians*, vol. II: *A Socio-Rhetorical Commentary on 1-2 Peter* (Downers Grove: InterVarsity, 2007), 79.

7 건드리(R. H. Gundry)는 여기에서 그리고 벧전 1:23; 2:2에서 요 3:3,7의 의존을 반영한다고 주장한다. 참조. "'Verba Christi' in 1 Peter: Their Implications concerning the Authorship of I Peter and the Authenticity of the Gospel Tradition," *NTS* 13 (1967): 338-39; "Further Verba on Verba Christi in First Peter," *Bib* 55 (1974): 218-19. 건드리의 반대 의견은 다음을 참조하라. E. Best, "1 Peter and the Gospel Tradition," *NTS* 16 (1970): 98. 요한복음 3장의 암시가 가능하지만 확신하기 어렵다.

8 BDAG, 512-13.

개의 절 중 첫 번째 절로 설명한다.[9] 3절에서 베드로는 신자의 산 소망을, 4절에서 그들의 유업을, 5절에서 그들의 구원에 대해서 언급한다.[10] 그는 3중 방식을 좋아하는 것 같다. 우리는 이미 2절에서 성부, 성령, 성자의 3중 사역을 보았다. "산 소망"은 텅 비어 있고 헛된 소망과는 반대로 참되고 생명이 있는 소망이다.[11] 물론 초점은 "소망"이라는 단어 자체에 있다.[12] 소아시아에서 박해를 받는 자들은 고난으로 인해 땅에 쓰러지지 않는다. 그들은 측량할 수 없는 복이 그들을 기다린다는 분명한 확신을 가지고 미래를 바라본다. 그들의 자신감은 근거 없는 미신이 아니다. 그것은 예수 그리스도의 부활에 근거하고 그 부활로 보장된다. 다시 말해서, 그들의 소망은 죽음을 이기고 부활하는 소망이다. 그러므로 이 세상에서 그들에게 일어나는 일은 미래의 부활이라는 복에 비하면 하찮은 것이다. 일부 학자들은 부활을 살아 있는 희망이 아니라 아버지의 낳으심으로 연결한다.[13] 이 견해는 여러 가지 이유로 가능성이 작다.[14] 첫째, 어순은 그리스도의 부활이 산 소망과 연결되어야 함을 나타낸다. 둘째, 베드로는 예수 그리스도가 "죽은 자 가운데" 부활하셨다고 강조한다. 만일 새 생명을 강조한다면 "죽은 자 가운데"는 추가되지 않았을 것이다. 여기에 추가

9 참조. M. Dubis, *1 Peter: A Handbook on the Greek Text*, BHGNT (Waco: Baylor University Press, 2010), 6.

10 그러므로 소망은 하나님의 낳으심의 결과이지 그 원인은 아니다(J. Piper, "Hope as the Motivation of Love: Peter 3:9-12," *NTS* 26 [1980]: 215).

11 참조. J. R. Michaels, *1 Peter*, WBC (Waco: Word, 1998), 23; Achtemeier, *1 Peter*, 95. 또한, M. Luther, *Commentary on Peter & Jude* (Grand Rapids: Kregel, 1990), 31.

12 셀르윈(E. G. Selwyn)은 베드로전서의 종말론에 관한 에세이에서 이 단어를 사용하지 않지만, 이미 편지에서 이미와 아직의 긴장이 유지되고 있음을 보여 준다. 그는 미래의 소망이 메시아 예수의 죽음과 부활로 말미암아 신자들이 참여하지 않은 종말의 시작에 근거한다고 강조한다("Eschatology in 1 Peter," in *The Background of the New Testament and Its Eschatology in Honour of Charles Harold Dodd* [Cambridge: Cambridge University Press, 1956], 394-401). 셀르윈의 견해에 동의하는 내용은 다음을 참조하라. P. L. Tite, *Compositional Transitions in 1 Peter: An Analysis of the Letter-Opening* (San Francisco: International Scholars Publications, 1997), 77. 편지에서 실현된 종말론을 지나치게 강조하는 파커(D. C. Parker)에 반대한다. ("The Eschatology of 1 Peter," *BTB* 24 [1994]: 27-32).

13 예. D. E. Hiebert, "Peter's Thanksgiving for Our Salvation," *Studia Missionalia* 29 (1980): 19; Michaels, *1 Peter*, 19; Dubis, *1 Peter Handbook*, 7.

14 참조. M. Williams, *The Doctrine of Salvation in the First Letter of Peter*, 154; 참조. Watson, *First Peter*, 24.

된 내용은 죽은 후 신자들의 소망에 초점을 맞추고 있음을 나타낸다.[15] 셋째, "산"이라는 단어는 소망을 부활과 연결한다. 그리고 우리는 베드로전서 1장 21절에서 비슷한 주제를 본다. 이 구절에서 그리스도는 부활하셔서 "너희 믿음과 소망이 하나님께 있게 하셨다."

1:4. 믿는 자들의 장래 소망은 이제 확실한 "유업"(χληρονομία, 클레로노미아)으로 더욱 풍성하게 묘사된다. 구약에서 유업은 하나님께서 이스라엘에게 약속하신 땅이었다(민 32:19; 신 2:12; 12:9; 25:19; 26:1; 수 11:23; 시 105:11; 행 7:5). 이 단어는 특히 여호수아에서 각 지파나 족속을 위한 땅의 분배에 사용된다.[16] 그러나 베드로는 유업을 더 이상 약속된 땅이 아니라 믿는 자들 앞에 놓여 있는 마지막 때의 소망으로 이해한다.[17] 이 소망은 여전히 물질적이다. 왜냐하면 우리는 베드로후서에서 그것이 새 하늘과 새 땅에서 실현될 것임을 배우기 때문이다(벧후 3:13; 참조. 계 21:1-22:5). 그럼에도 불구하고 유업은 초월적이며 팔레스타인 땅을 의미하지 않는다. 유업에 관한 바울의 견해는 베드로와 비슷하다. 그 이유는 유업이 믿는 이들의 종말론적인 소망이기 때문이다(갈 3:18; 4:30; 엡 1:11, 14; 5:5; 골 1:12; 3:24). 히브리서 기자도 족장들이 궁극적으로 하늘에 있는 나라와 성을 바랐다고 말하면서 비슷한 개념을 전한다(히 11:13-16). 또한 신약에서 그 나라를 유업으로 받는다는 언어는 신자들이 영생을 얻게 될 것이라는 다른 표현이다(참조. 마 19:29; 25:34; 막 10:17; 눅 10:25; 18:18; 고전 6:9-10; 갈 5:21). 그루뎀은 전치사 "εἰς"(에이스, 개역개정. "잇게 하시나니")를 과도하게 읽고 신자들이 부분적으로는 지금 유업에 들어갈 수 있다고 제안한다.[18] 그러나 베드로의 요점은 그들이 현재 나그네와 거류민이며 지금 고통 받는 자들로서 그들의 소망이 미래의 유업을 향한다는 것이다. 유업은 "썩지 않는다"(ἄφθαρτον, 아

---

15 또한, Achtemeier, *1 Peter*, 95n27.

16 여호수아 11:23; 13:6, 7, 8, 14, 15, 23, 24, 28, 29, 33; 14:2, 3, 9, 13, 14; 15:20; 16:4, 5, 8, 9; 17:4, 6, 14; 18:2, 7, 20, 28; 19:1, 2, 8, 9, 10, 16, 23, 31, 39, 41, 48, 49; 21:3; 23:4; 24:30, 32.

17 참조. J. H. Elliott, *1 Peter: A New Translation with Introduction and Commentary*, AB (New York: Doubleday, 2000), 336; R. Feldmeier, *The First Letter of Peter: A Commentary on the Greek Text*, trans. P. H. Davids (Waco: Baylor University Press, 2008), 71.

18 W. Grudem, *The First Epistle of Peter*, TNTC (Grand Rapids: Eerdmans, 1988), 57.

프다르톤). 따라서 더러워질 수 없다. 하나님은 썩지 않으시며(롬 1:23; 딤전 1:17), 우리의 부활한 몸은 썩지 않는다(고전 15:22).[19] 유업 또한 "더럽지 않다"(ἀμίαντον, 아미안톤). 이는 그것이 결코 그 광택과 아름다움을 잃지 않고 얼룩이 지거나 더러워지지 않는다는 의미이다. 같은 단어가 예수님의 죄 없으심(히 7:26), 결혼의 순결(히 13:4), 더러움이 없는 경건(약 1:27)을 나타낸다. 마지막으로 유업은 "쇠하지 않는다"(ἀμάραντον, 아마란톤). 그것은 장로들이 받는 상인 면류관이 결코 시들지 아니함과 같이 영원할 것이다(벧전 5:4). 이 구절은 그 유업이 "너희를 위하여 하늘에 간직한 것"이라는 약속으로 끝맺는다. "간직하다"(τετηρημένην, 테테레메넨)는 신적 수동태로, 신자들을 위해서 유업을 예비하신 하나님을 가리킨다. 베드로는 신자들이 기다리고 있는 상의 아름다움과 확실성을 가능한 한 가장 강력한 말로 강조한다.

마르크스는 종교가 억압받는 사람들의 아편이라고 불평했다. 베드로는 고난을 받는 자들에게 영생을 일깨워줌으로써 그 잘못을 범한 것인가?[20] 결코 그렇지 않다. 베드로는 고난에서 면제되지 않았음을 주장한다. 그는 어려움을 겪는 사람들을 부유하고 편안한 사람으로 말하지 않았다. 영원한 유업에 대한 약속을 가난한 사람들을 억압하기 위해 사용하면, 그것은 남용이다. 그러나 이 세상에서 고난을 받는 많은 사람들은 위안과 정의를 찾지 못한다. 마르크스의 유일한 낙원은 세상의 낙원인데 대부분 사람들이 결코 경험하지 못한 낙원이며, 그 결과 마르크스는 그들에게 아무것도 제공하지 못한다. 근본적인 문제는 마르크스가 하늘의 유업을 믿지 않았다는 것이다. 베드로는 그것을 믿었고 고난을 받는 사람들에게 큰 동기를 부여하며 눈물의 골짜기가 오래 가지 않을 것이며, 신실한 자들을 위해서 큰 상이 예비되어 있음을 일깨운다. 더욱이 베드로는 독자들에게 미래의 유산을 떠올리게 하여 하나님을 기쁘시게 하는 방식으로 삶을 살아갈 것을 상기시킨다. 유업은 이 세상을 버리라는 부르심이 아니며 유업이 이루어질 때까지 신실한 제자로 살라는 부르심이다.

---

19 인간의 불멸성은 신의 영역이 인간에게 영향을 미쳤음을 의미한다. 다음 논의를 보라. Feldmeier, *First Peter*, 72-76.

20 신자들이 그것에 어떻게 반응해야 하는지를 포함하는 베드로전서의 고난에 관한 연구는 다음을 참조하라. A. P. Joseph, *A Narratological Reading of 1 Peter*, LNTS 440 (London: T&T Clark, 2012), 94-147.

1:5. 4절에 따르면 믿는 자들의 산 소망은 그들의 유업이다. 4절은 그 기업이 썩지 아니하고 아름답고, 믿는 자들을 위해 예비되었다고 강조한다. 이제 5절에서 베드로는 독자들이 과연 그 유업을 받을지 숙고한다.[21] 이 주제를 고려하기 전에, 우리는 베드로가 "구원"(σωτηρία, 소테리아)의 관점에서 유업을 설명한다는 점에 유의해야 한다(벧전 4:17; 참조. 롬 5:9; 살전 5:9). 구원은 일반적으로 과거 또는 현재의 소유로 생각되며, 이 두 개념은 모두 신약에서 발견된다(참조. 엡 2:8-9; 고전 1:18). 그러나 대부분 구원은 신자들이 누릴 **미래의** 구원을 의미한다.[22] 여기에서 베드로는 분명히 미래의 관점에서 구원을 이해한다.[23] 두 가지 증거가 이 결정을 뒷받침한다. 첫째, 문맥에서 "구원"은 신자의 약속을 설명하는 또 다른 방법이며 확실히 미래이다. 둘째, 구원은 "말세에 나타낼 것이다." 동사 "나타내기로"(ἀποκαλυφθῆναι, 아포칼립쎄나이)는 신적 수동태로서 하나님께서 마지막 날에 이 구원을 계시할 것임을 나타낸다. 물론 결정적인 것은, 구원이 마지막 날까지 나타나지 않을 것임을 베드로가 독자들에게 구체적으로 알린다는 사실이다. 즉, 그것은 미래의 사건이며 장차 올 구원의 온전한 본질은 지금 우리에게 감추어져 있다.[24] 베드로전서에서 "계시"와 관련된 단어들을 그리스도를 믿는 자들과 관련해서 사용할 때, 변함없이 미래의 실재를 말한다(1:7, 13; 4:13; 5:1을 보라).

베드로는 독자들에게 이 유업을 확실히 받을 것이며, 미래의 구원이 그들의 것이 될 것이라고 확신시킨다. 이렇게 확신하는 이유는 그들이 "하나님의 능력으로 보호하심을 받고" 있기 때문이다. 이 단어(φρουρουμένους, 프루루메누스)는 "보호를 받다"로 번역할 수 있다. 적들로부터 도시를 보호하기 위해서 도시에 수비대를 세우는 데 사용된다(참조. Jdt 3:6; 1 Esd 4:56; Wis

---

21 여기에서 베드로가 그리스도를 부인한 후 자신의 보존을 생각한다는 것은 가능하지 않다. 다음과 반대된다. M. C. Tenney, "Some Possible Parallels between 1 Peter and John," in *New Dimensions in New Testament Study* (Grand Rapids: Zondervan, 1974), 372-73.

22 C. Bigg, *The Epistles of St. Peter and St. Jude*, ICC (Edinburgh: T&T Clark, 1901), 102; Michaels, *1 Peter*, 23; Achtemeier, *1 Peter*, 97.

23 다음과 반대된다. Parker, "Eschatology of 1 Peter," 28. 다음은 옳은 주장을 한다. M. Williams, *The Doctrine of Salvation in the First Letter of Peter*, 160-62.

24 마지막 날 계시는 여기에서 그려진 종말이 전적으로 미래임을 제안한다. 다음과 반대된다. J. de Waal Dryden, *Theology and Ethics in 1 Peter: Paraenetic Strategies for Christian Character Formation*, WUNT 2/209 (Tübingen: Mohr Siebeck, 2006), 73-75.

17:16; 고후 11:22; 또한 빌 4:7을 보라). 하나님은 성도들을 어떻게 보호하시는가?[25] 우리는 그들이 박해와 고난에서 면제되지 않았음을 이어지는 구절들에서 알 수 있다. 신자들은 신앙 때문에 육체적, 정신적인 고통을 겪을 수 있다. 하나님은 신자들이 최후의 유업을 받고 종말론적인 구원의 기쁨을 누릴 수 있도록 보호하신다. 베드로는 신자들이 "믿음으로 말미암아"(διὰ πίστεως, 디아 피스테오스) 보호하심을 받는다고 덧붙인다. 최후에 소유하게 될 유업은 자동으로 이루어지지 않는다. 신자는 최종 구원을 받기 위해 믿음을 실행해야 한다. 믿음은 "지속적인 신뢰 또는 신실함"이다.[26] 베드로는 믿음을 하나의 고립된 행위로 생각하지 않는다. 참된 믿음은 구속의 날까지 지속된다.[27] 그러나 유업을 받는 것이 믿음에 달려 있다면, 구원에 미치지 못하고 멸망할 사람이 있다는 의미인가?

지속적인 믿음이 없이는 최종 구원이 없다. 따라서 믿음은 종말론적 유업을 얻기 위한 **조건**이다.[28] 그러나 하나님의 보호하심을 우리의 믿음과 분리된 곳에 둘 수 없음을 이해해야 한다. 우리는 "우리는 어떻게 하나님의 능력으로 보호를 받습니까?"라는 질문으로 문제를 해결할 수 있다. 베드로전서 전체는 교회가 핍박을 받을 때, 우리가 고난이나 죽음에서 면제되지 않음을 분명히 한다. 하나님의 능력은 신자들을 시험과 고난을 겪게 하지만, 우리를 넘어지게 하는 것들로부터 보호한다. 끝까지 그리스도에 대한 충성을 유지하지 못하게 만드는 것은 무엇인가? 그것은 죄이며, 우리는 죄가 불신앙에서 비롯된다는 것을 안다. 이 땅에 머무는 동안 하나님에 대한 소망을 가지는 데 실패하는 불신앙이다. 하나님의 능력이 효력이 있기 위해서는 죄와 불신앙으로부터 우리를 지켜야 한다. 만일 그분의 능력이 우리의 믿음에 아무런 역할을 하

---

25 여기에서 분사는 중간태가 아니라 수동태이다. 다음과 반대된다. Brox, *Der erste Petrusbrief*, 63.

26 Michaels, *1 Peter*, 23.

27 호렐은 비록 신자들의 믿음이 문맥상 더 가능성이 있다고 (내 견해로는 올바르게) 결론을 내리지만 여기에서 하나님의 신실하심일 가능성이 있다고 지적한다(참조. 1:7-9; 다음을 보라. "Whose Faith[fulness] Is It in 1 Peter 1:5?," *JTS* 48 [1997]: 110-15). 그린은 하나님의 신실하심이라고 주장한다(*1 Peter*, THNTC [Grand Rapids: Eerdmans, 2007], 21). 반대 견해는 다음을 보라. Dubis, *1 Peter Handbook*, 8.

28 나의 논의는 다음에서 왔다. T. R. Schreiner and A. B. Caneday, *The Race Set before Us: A Biblical Theology of Perseverance and Assurance* (Downers Grove: InterVarsity, 2001), 246-47.

지 못한다면, 우리가 마지막에 이르는 데 아무 역할을 하지 못하는 것과 같다. 왜냐하면 하나님에 대한 소망을 잃어버리고 그분을 믿지 않는 것은 우리를 하나님에게서 멀어지게 하기 때문이다. 하나님의 능력이 불신앙으로부터 우리를 보호하지 않는다면 그 능력이 무엇을 하는지 알기 어렵다. 하나님의 보호하심이 우리의 지속적인 믿음에 아무런 역할도 하지 못한다면 그분은 어떻게 우리를 끝까지 보호하시는가? 베드로전서 1장 5절은 놀라운 약속을 담고 있다. 하나님의 능력은 우리의 믿음을 지탱하는 수단이기 때문에 그 능력은 우리를 보호한다.[29] 베스트는 우리의 보존에 대한 궁극적인 이유가 우리의 믿음이 아니라 하나님의 선물이어야 한다는 것을 바르게 분별한다. 그렇지 않으면 "하나님의 능력에 관한 언급"이 "불필요하고 신자가 의심하는 것은 시험에서 하나님께 매달릴 수 있는 자신의 능력이므로 확신을 주지 못한다."[30] 우리는 신자가 끝까지 믿음을 유지해야 한다는 사실을 부인하면 안 된다.[31] 이 구절은 하나님께서 고난과 삶의 우여곡절을 통해서 그들의 믿음을 보존하실 것이라는 진리로 신자들을 격려한다. 믿음과 소망은 궁극적으로 하나님의 선물이며, 하나님은 종말론적 유업을 얻는 그날까지 믿음과 소망을 굳게 지키도록 신자들을 굳세게 하신다.

---

29 더 많은 신학적 관찰이 이루어질 수 있었다. 이것은 나의 베드로전서 수업에서 퍼만(M. Perman)이 쓴 소논문 덕분이다. 퍼만은 5절의 주해에서 다음과 같이 말한다. "어떤 외부 환경이 특정한 신자를 배도하게 만들 것인지 하나님이 아신다는 사실을 인정해야 한다. 따라서 '보호하심'이 단순히 하나님께서 우리를 공격으로부터 보호하신다는 의미일지라도 그것이 반드시 그가 우리의 삶에서 배도에 이르게 할 어떤 상황이나 공격이 현실화됨을 결코 허용하지 않는다는 의미가 아닌가?" 그럼에도 불구하고 퍼만은 본문이 이보다 더 많은 것을 말하고 있으며, 베드로는 하나님이 우리의 믿음을 유지하는 분이라고 가르친다는 데 동의한다.

30 Best, *1 Peter*, 77.

31 "신앙은 신성한 강화를 작동시키는 인간의 조건"이라는 호트(F. J. A. Hort)의 주장에 반대한다 (*The First Epistle of St Peter: 1.1-11.17* [New York: Macmillan, 1898], 38). 이러한 견해는 하나님의 보존보다 인간의 믿음을 궁극적인 것으로 본다.

2.1.2. 결과: 고난 가운데 기쁨(1:6-9)

⁶ 그러므로 너희가 이제 여러 가지 시험으로 말미암아 잠깐 근심하게 되지 않을 수 없으나 오히려 크게 기뻐하는도다 ⁷ 너희 믿음의 확실함은 불로 연단하여도 없어질 금보다 더 귀하여 예수 그리스도께서 나타나실 때에 칭찬과 영광과 존귀를 얻게 할 것이니라 ⁸ 예수를 너희가 보지 못하였으나 사랑하는도다 이제도 보지 못하나 믿고 말할 수 없는 영광스러운 즐거움으로 기뻐하니 ⁹ 믿음의 결국 곧 영혼의 구원을 받음이라

1:6. 종말론적 소망의 확실성으로 말미암아 신자들이 하나님을 찬양해야 한다는 것이 3-5절의 주요 주제이다. 이 개념은 6-9절에서 약간 전환된다. 이제 베드로는 신자들이 고난을 당하지만 그들의 삶을 채우는 기쁨(6, 8절)과 사랑(8절)에 초점을 맞춘다. 그들은 고난이 마지막 날에 시험을 통과하는 경건에 이르는 길이며(7절), 종말론적인 구원을 가져오기 때문에(9절), 기뻐한다.

6절은 고난 가운데 있는 신자들의 기쁨을 강조한다. "그 안에"(개역개정, "그러므로", ἐν ᾧ, 엔 호)는 선행사가 분명하지 않기 때문에 논쟁의 여지가 있다. "하나님" 또는 "그리스도"(3절)는 이 어구와 너무 멀리 떨어져 있기 때문에 후보가 아니다.[32] "그 안에"는 "말세"(καιρῷ ἐσχάτῳ, 카이로 에스카토)에 더 적합하지만,[33] 기쁨은 현재의 경험이기 때문에(아래 참조), 마지막 때로 제한하면 안 된다. "그 안에"는 "어떤 상황에서"[34] 또는 "그러므로"(개역개정)[35]로 번역될 수 있다. 이 어구는 신자들의 종말론적 소망에 초점을 맞추는 3-5절의 전체 내용일 가능성이 가장 높다.[36] 그들은 가장 확실히 기다리는 유업 때

32 다음과 반대된다. Hort, *The First Epistle of St Peter*, 40.

33 따라서 Dubis, *1 Peter Handbook*, 9-10. 그러나 그는 3-5절의 모든 내용을 포함하는 마지막 때로 이해한다. 따라서 마지막 때라는 그의 해석은 여기에서 제안되는 것과 다르지 않다.

34 C. F. D. Moule, "The Nature and Purpose of Peter," *NTS* 3 (1956-57): 131-32; Elliott, *1 Peter*, 338-39; 듀 토잇(A. B. du Toit)은 "이 속에"를 제안한다("1 Peter 1:3-13," 68); Senior, *1 Peter*, 32. 또한 이미 칼뱅이 주장했다(*Catholic Epistles*, 31).

35 B. Reicke, *The Disobedient Spirits and Christian Baptism: A Study of 1 Pet. III.19 and Its Context*, ASNU 13 (Copenhagen: Munksgaard, 1946), 111; Achtemeier, *1 Peter*, 100; Grudem, *1 Peter*, 60; P. R. Fink "The Use and Significance of en hō in 1 Peter," *GTJ* 8 (1967): 34; Brox, *Der erste Petrusbrief*, 63.

36 따라서 Jobes, *1 Peter*, 92.

문에 지금 기뻐한다.

어떤 학자들은 "기뻐하다"(ἀγαλλιᾶσθε, 아갈리아스데)를 미래의 의미인 현재 시제로 이해한다.[37] 그러나 마지막 날이 아니라 현재의 기쁨을 표현하는 현재 시제 의미를 유지하는 것이 더 좋다. 8절에서도 같은 동사를 이해하는 자연스러운 방법을 볼 수 있다. 이 견해의 가장 강력한 근거는 현재 시제 동사 "사랑하는도다"(ἀγαπᾶτε, 아가파테)가 미래가 아니라 현재 직설법이라는 점이다.[38]

CSB 성경은 분사 λυπηθέντες(뤼페덴테스)를 부사적인 양보의 의미로 잘 이해하고 있다("너희가 근심으로 고통을 받지만...", 개역개정. "너희가 근심하지 않을 수 없으나").[39] 셀르윈은 이유를 나타내는 부사로 잘못 이해했다.[40] 그러나 이것은 고난이 가져오는 유익으로 고난이 가치 있다고 보는 대신 고난이 본질적으로 즐거움을 의미한다. 고난은 여전히 고통스럽지만 고난이 아닐

---

37 따라서 Goppelt, *1 Peter*, 88–89; Michaels, *1 Peter*, 27-28; Horrell, *The Epistles of Peter and Jude*, 25; G. W. Forbes, *1 Peter*, EGGNT (Nashville: B&H, 2014), 23; T. W. Martin, "The Present Indicative in the Eschatological Statements of 1 Peter 1:6, 8," *JBL* 111 (1992): 307-14. 마틴은 부정과거 분사 λυπηθέντας의 시간이 주동사의 시간보다 앞서야 한다고 말하면서 이 견해를 변호한다(*Metaphor and Composition in 1 Peter*, 62-63). 그러나 부정과거 분사가 반드시 시간적으로 주동사에 선행한다는 주장은 옳지 않다. 이 경우 분사와 동사는 같은 시간으로 해석되어야 한다. 마틴은 또한 고대 작가의 관점에서 사람은 기쁨과 슬픔을 동시에 경험할 수 없으므로 동사가 미래를 나타내야 한다고 주장한다. 참조. T. W. Martin, "Emotional Physiology and Consolatory Etiquette: Reading the Present indicative with Future Reference in the Eschatological Statement in 1 Peter 1:6," *JBL* 135 (2016): 649-60. 고린도후서 6:10에 있는 바울의 말("근심하는 자 같으나 항상 기뻐하고")은 마틴과는 반대로 이 주장이 중심에서 벗어났음을 보여 준다. 기쁨과 슬픔이 섞여 있다는 견해는 또한 다음을 보라. P. A. Holloway, *Coping with Prejudice: 1 Peter in Social Psychological Perspective*, WUNT 244 (Tübingen: Mohr Siebeck, 2009), 148-49.

38 Dubis, *1 Peter Handbook*, 10. 엘리엇은 4:13이 현재에 관한 언급을 선호한다고 관찰한다(*1 Peter*, 339). 동사를 명령으로 이해하는 듀 토잇과 반대된다("The Significance of Discourse Analysis for New Testament Interpretation and Translation: Introductory Remarks with Special Reference to 1 Peter 1:3-13," *Neot* 8 [1974]: 70-71). 듀 토잇에 동의하는 견해는 다음을 보라. E. J. Richard, *Reading 1 Peter, Jude, and 2 Peter: A Literary and Theological Commentary*, RNT [Macon: Smith & Helwys, 2000], 45-46). 동사 ἀγαπᾶτε도 명령형이 아니라 직설법으로 해석될 가능성이 가장 높다. 마틴은 명령형이 1:13까지 나오지 않는다고 바르게 관찰한다("1 Peter 1:6," 307-8). 벧전 1:3-12은 직설법이 명령법의 기초라는 사실을 강조하는 이 편지의 직설법 부분이다.

39 NA[28]는 λυπηθέντες 대신 λυπηθέντας로 읽는다. 이것은 분사가 내포된 ὑμᾶς에 동의함을 의미한다. 다음의 논의를 보라. Forbes, *1 Peter*, 24.

40 Selwyn, *First Peter*, 126. 다음 주장은 적절하다. Dubis, *1 Peter Handbook*, 11.

수 있다. 신자들은 고난이 영원히 지속되지 않을 것을 알기 때문에 고난에도 기뻐한다. 고난은 "이제"(ἄρτι, 아르티), "잠깐"(ὀλίγον, 올리곤) 공격하지만, 종말에 의해 삼켜질 것이다.[41] 그러므로 베드로가 "잠깐"이라고 말할 때 그는 이 땅에서 고난이 짧다는 것을 약속하지 않는다(참조. 5:10).[42] 곧 다가올 유업에 비해서 그 어려움은 짧다는 의미이다. 그동안 신자들은 "여러 가지 시험"을 겪는다.

베드로는 "필요하다면"(개역개정. "않을 수 없으나", εἰ δέον, 에이 데온)을 덧붙인다. 이는 신자들이 경험하는 고난들이 운명이나 자연의 비인격적인 힘의 결과가 아님을 의미한다. 그것은 신자들에 대한 하나님의 뜻이다(참조. 벧전 4:19).[43] 신약은 고난을 신자들이 하나님의 나라에 들어가기 위해서 거쳐야 하는 길로 이해한다(참조. 행 14:22; 롬 5:3-5; 약 1:2-4).[44] 고난은 즐길 만하며, 각 고난에 특별한 의미가 있다고 이해할 필요는 없다. 또는 고난을 가하는 다른 이들의 악한 행동의 의미를 축소해서는 안 된다(행 2:23). 그러나 베드로는 하나님께서 그들의 괴로움 속에서도 자신의 계획을 이루고 계신다고 확신시켜 준다.

1:7. 고난의 인내는 믿음의 확실함을 나타내고 큰 상을 얻게 한다. 고난은 믿음의 확실함을 시험하고 그 믿음이 참된지 드러낸다. 여기에 힌트가 있다. 솔로몬의 지혜서(the Wisdom of Solomon)는 더 명확하게 표현한다. 하나

---

41 칼뱅은 베드로가 전하는 내용을 아름답게 포착해서 "신자들은 경험을 통해 이것들(기쁨과 슬픔)이 어떻게 함께 존재할 수 있는지, 말로 표현할 수 있는 것보다 훨씬 더 잘 안다"라고 말했다. 그는 신자들은 "장작"이 아니므로 고난의 영향을 받지만, 이 고난은 "믿음으로 말미암아 완화되어 기뻐하기를 그치지 않는다"라고 말한다(Catholic Epistles, 32).

42 베드로전서에 있는 고난의 묵시적이고 복음적인 성격은 다음을 참조하라. J. Holdsworth, "The Sufferings in 1 Peter and Missionary Apocalyptic," Studia Biblica 1978: III. Papers on Paul and Other New Testament Authors, JSNTSup 3 (Sheffield: Academic Press, 1980), 225-32.

43 Goppelt, I Peter, 89-90n29; Best, 1 Peter, 78; J. N. D. Kelly, A Commentary on the Epistles of Peter and Jude, Thornapple Commentaries (Grand Rapids: Baker, 1981), 54; Achtemeier, 1 Peter, 101; Schelke, Der Petrusbriefe-Der Judasbrief, 35.

44 듀비스(M. Dubis)는 종말에 앞서 있는 메시아적 재앙으로 본다(Messianic Woes in 1 Peter: Suffering and Eschatology in 1 Peter 4:12-19, SBL 33 [New York: Peter Lang, 2002], 68-70). 리벤굿(K. D. Liebengood)은 이 논제에 대해 여러 가지 주의 사항을 제기한다(Eschatology in 1 Peter: Considering the Influence of Zechariah 9-14, SNTSMS 157 [Cambridge: Cambridge University Press, 2012], 116-27).

님은 섭리와 지혜로 신자들의 믿음을 시험하신다. 만약 믿음이 사실임이 증명되면, 예수 그리스도께서 나타나실 때 신자는 "칭찬과 영광과 존귀"를 얻을 것이다. 이 개념은 솔로몬의 지혜서 3장 5-6절과 비슷하다. "그들이 약간의 징계를 받은 즉, 큰 복을 받을 것이니 이는 하나님이 저희를 시험하사 자신에게 합당함을 밝히셨다. 풀무의 금과 같이 그들을 시험하시고 번제의 제물처럼 그들을 받으셨다"(NRSV) "금은 불에서 연단되고 겸손의 풀무에서 그들이 합당한지 확인된다"(Sir 2:5, RSV). 참된 믿음은 신실함으로 이끈다. 참되게 믿는 사람은 믿음을 굳건히 하고, 어려움이 닥쳐도 하나님을 계속 신뢰할 것이다. 진정한 믿음은 금과 대조되고 비교된다. "없어질 금보다 더 귀한"이라는 언어는 "믿음의 증명된 성품" 또는 "믿음의 확실함"(NRSV. τὸ δοκίμιον ὑμῶν τῆς πίστεως, 토 도키미온 휘몬 테스 피스테오스)과 동격이다.[45] 야고보서는 "너희 믿음의 시련(δοκίμιον, 도키미온)이 인내를 만들어 낸다"(약 1:3)라고 비슷하게 말한다. 증명된 믿음은 금보다 더 귀하다. 금은 없어지기 때문이다. 그러나 믿음은 금과 비교될 수 있다. 믿음은 금과 같이 불로 연단되고 증명된다. 베드로는 신자들에게 시험이 강렬하고 가혹할 수 있음을 다시 상기시킨다. 나그네로 사는 삶은 결코 쉽지 않지만 하나님의 은혜로 신자들의 삶은 우울한 신음이 아니라 기쁨으로 가득 차 있다.

심판의 날에 하나님 보시기에 참된 믿음의 가치가 강조점이다.[46] "결과가 있을 것이다" 또는 "발견될 것이다"(NRSV. 개역개정. "얻게 할 것이다." εὑρεθῇ, 휴레세)는 하나님께서 각 사람의 삶을 심문하시는 최종 심판을 가리킨다(참조. 고후 5:3; 빌 3:9; 딤후 1:18; 벧후 3:10, 14; 계 14:5). 그날에 "칭찬과 영광과 존귀"가 믿음이 시험을 받고 불로 증명된 자에게 주어진다(참조. 롬 2:7, 10, 29; 고전 4:5). 그들은 참된 믿음으로 종말론적 상을 받을 것이다. 그 믿음은 그들이 인내한 고난으로 증명된다. 하나님은 신자들의 믿음

---

45 몇몇 사본과 𝔓[72]는 일반적인 단어 δόκιμον을 넣지만, 어색한 단어 δοκίμιον(본질적으로 동일한 의미이다. 참조. 약 1:3)이 원문이다. 베드로의 요점은 하나님께서 우리의 고난의 결과로 우리 믿음을 금보다 더 귀하게 여기신다는 것 같지 않다(Michaels, *1 Peter*, 30; Achtemeier, *1 Peter*, 102n40; 다음과 반대된다 Selwyn, *First Peter*, 129; Kelly, *Peter and Jude*, 54). 전치사 εἰς와 함께하는 전치사구는 동사 εὑρεθῇ와 함께 서술적으로 기능한다(Michaels, *1 Peter*, 31; BDF 145.1).

46 Michaels, *1 Peter*, 30.

을 정결하게 하시고 믿음의 참됨을 나타내 보이시기 위해서 그들의 삶에 고난을 주신다. 종말론적인 상은 신자들이 은혜로 변화되었음을 드러낸다. 그들은 고난 속에서도 하나님 안에서 기쁨을 발견한다. 마이클스는 신자들이 받는 상에 강조점을 두고 있음을 정확하게 지적한다. 그러나 이차적인 의미에서 칭찬과 영광과 존귀는 하나님께 돌려 드린다. 그분께서 인내할 수 있는 능력을 주셨기 때문이다(1:5).[47] 그 상은 "예수 그리스도께서 나타내실 때에", 즉 재림 때 주어질 것이다.[48] 마이클스는 "나타나심"의 사용이 예수님이 자기 백성과 함께 계시지만, "보이지 않는" 분임을 보여 주는 것이라고 올바르게 관찰한다. 그러므로 그가 와서 그들에게 "나타내셔야" 한다.[49]

1:8. 7절은 예수 그리스도의 나타나심, 곧 재림하실 때 나타나심으로 신자들을 격려하는 소망으로 끝맺는다. 8절은 나그네로 살아가는 신자들의 사랑과 믿음과 기쁨이 특징이다. 모든 사람은 장래에 그리스도를 볼 것이지만, 편지의 독자들은 그분을 본 적이 없다. 첫 번째 어구('예수를 너희가 보지 못하였으나')는 과거와 관련이 있는데 이는 베드로의 독자들이 역사적인 예수를 결코 보지 못했다는 것을 의미한다.[50] 그럼에도 불구하고 그들은 예수님을 "사랑한다." 동사 "사랑하다"(ἀγαπᾶτε, 아가파테)는 명령이 아니라 직설법으로 해석해야 한다.[51] 베드로는 권면이 아니라 칭찬하고 있다. 고난이 그들을 우울하고 비참하게 만들지 않았다. 그들은 예수 그리스도에 대한 사랑으로 가

---

47 마이클스는 "존귀히 여김으로 존귀를 받으시고, 영광을 돌림으로 영광을 받으시고, 찬송함으로 찬송을 받으시며 ... 그러나 우선 순위는 분명하다. 베드로는 하나님께서 자신의 종에게 수여하시는 찬양과 영광과 존귀를 분명히 염두에 둔다. 그리고 수여하시는 행위에 있어서 찬양과 영광과 존귀가 그의 것이라는 의미를 내포한다"(*1 Peter*, 31)라고 말한다. 또한 다음을 참조하라. Hort, *The First Epistle of St Peter*, 43; Goppelt, *1 Peter*, 92; P. H. Davids, *The First Epistle of Peter*, NICNT (Grand Rapids: Eerdmans, 1990), 58; L. Thurén, *Argument and Theology in 1 Peter: The Origins of Christian Paraenesis*, JSNTSup 114 (Sheffield: Academic Press, 1995), 99.

48 파커와 반대로 여기에서는 예수 그리스도가 신자들의 행동에 의해서 지금 계시되었다는 암시가 없다("The Eschatology of 1 Peter," 29). 베드로는 오직 그리스도의 재림만을 생각한다.

49 Michaels, *1 Peter*, 32.

50 몇몇 사본 (A, K, P, Ψ, 33, 81, 614 등)은 εἰδότες를 지지하고, 알렉산드리아 사본과 서방 사본은 ἰδόντες를 지지한다(참조. B. M. Metzger, *A Textual Commentary of the Greek New Testament*, 2nd ed. [New York: United Bible Societies, 1994], 616). 이후는 *TCGNT*.

51 Forbes, *1 Peter*, 25.

득 차 있다. 예수님은 그들에게 소중하고 사랑스럽다.

신자들은 주 예수님을 본 적이 없고 지금도 보지 못한다. 그럼에도 불구하고 그들은 그분을 믿는다.[52] 믿는 것은 보는 것에 근거하지 않는다(참조. 요 20:29).[53] 보는 것은 예수 그리스도가 나타나실 때에 실재가 될 것이다. 그리스도인의 삶은 믿음으로 특징지어진다. 5, 7, 9절의 "믿음"은 신실함으로 제한할 수 없음을 가리킨다. 참되게 믿는 사람은 신실하지만, 신실함은 반드시 믿음의 결과이다. 주요 개념이 6절에서부터 반복되는 "기뻐하다"와 함께 등장한다. 신자들은 비록 지금 예수 그리스도를 보지 못하지만 예수 그리스도를 기뻐하고 즐거워한다.[54] "믿음과 사랑으로 (아직) 계시지 않는 그분이 (이미) 그들에게 존재하므로 그들의 현재는 기쁨으로 가득 차 있다."[55] 신자들이 경험하는 기쁨은 천국을 맛보는 것, 즉 종말에 관한 기대이다. 그것은 "말할 수 없고 영광스럽기" 때문이다.[56] "영광스러운"(δεδοξασμένη, 데독사스메네)은 7절의 "영광"(δόξαν, 독산)과 연결되어 종말론적 영광이 의도되었음을 제시한다.[57] 기쁨은 하나님으로부터 오며 저절로 생기지 않음을 보여 준다.[58]

---

52 베드로는 이 구절에서 독자들에게 자신이 사도로서 주님을 보았다는 것을 상기시키면서 자신을 독자들과 대조하지 않는다(Michaels, *1 Peter*, 32; 반대 개념은 다음을 참조하라. Selwyn, *First Peter*, 131; Kelly, *Peter and Jude*, 56).

53 베드로가 여기에서 요 20:29에 반영된 예수님의 전통을 인용했는지 여부는 불분명하다. 어떤 학자들은 암시가 있다고 생각한다. 예. Gundry, "Verba Christi," 338; "Further Verba," 218; Tenney, "Parallels between 1 Peter and John," 373; G. Maier, "Jesustradition im 1. Petrusbrief," in *Gospel Perspectives: The Jesus Tradition outside the Gospels*, vol. 5, ed. D. Wenham (Sheffield: JSOT Press, 1984), 87. 이 개념의 반대는 다음을 참조하라. Best, "Gospel Tradition," 98.

54 동사 ἀγαλλιᾶσθε는 명령법이 아니라 직설법으로 이해해야 한다고 주장하는 듀 토잇에 반대된다("1 Peter 1:3-13," 70-71). 다음은 바른 견해를 제시한다. Dubis, *1 Peter Handbook*, 16. 문맥에서 ὃν ἄρτι와 분사 πιστεύοντες가 직설법을 고려하고 있음을 나타낸다. 나는 ἰδόντες가 동사 ἀγαπᾶτε를 수식한다고 이해하고 불변화사 δέ는 ὁρῶντες와 πιστεύοντες를 대조한다(Achtemeier, *1 Peter*, 103). 나는 또한 ἀγαλλιᾶσθε가 미래 대신 현재 경험을 의미한다고 이해한다. 다음과 반대된다. Forbes, *1 Peter*, 26.

55 Feldmeier, *First Peter*, 86.

56 "철갑옷을 입은 천 개의 혀도 천상의 복의 감미로움을 소리낼 수 없다." Hilary of Arles in *James, 1-2 Peter, 1-3 John, Jude*, ACCS (Downers Grove: InterVarsity, 2000), 72.

57 도넬슨이 말했듯이 기쁨은 "이미 영광에 참여하기 때문에" 종말론적이다(*I and II Peter and Jude*, NTL [Louisville: Westminster John Knox, 2010], 35). 또한 다음을 참조하라. Feldmeier, *First Peter*, 86-87; Dryden, *Theology and Ethics in 1 Peter*, 77.

58 Watson, *First Peter*, 27.

    베드로의 요점은 분명하다. 고난을 겪는 신자는 고난으로 땅에 처박히지 않는다. 그들은 예수 그리스도를 본 적이 없고 지금도 보지 못하지만 예수 그리스도를 사랑하고 기뻐한다. 그들의 삶은 현재를 사랑과 기쁨으로 채우는 소망으로 특징지어진다.

    1:9. 믿는 자들의 사랑과 기쁨, 곧 최종 구원의 소망에 관한 이유가 있다. 9절의 분사 "받음이라"(κομιζόμενοι, 코미조메노이)는 부수적인 상황으로 이해될 수 있다. 그러므로 이 구절은 "믿음의 결국 곧 영혼의 구원을 받음이라"라고 번역된다.[59] 또는 "믿음의 결과, 곧 최종 구원을 받을 때"라고 시간적으로 번역할 수 있다.[60] 그러나 CSB 성경이 제시하는 번역이 가장 만족스럽다. "네 믿음의 목표, 곧 네 영혼의 구원을 받기 때문이다"라고 분사를 이유로 번역하는 방법이다.[61] 베드로는 신자들이 왜 예수 그리스도에 대한 사랑과 기쁨으로 가득 차 있는지 설명한다(8절의 중요한 두 동사). 그들은 장래의 구원에 대한 기대 때문에 사랑하고 기뻐한다. 분사가 시간적이라는 개념은 8절의 "기뻐하다" 동사가 미래일 수 있기 때문에 제외해야 한다. 그러나 동사 "기뻐하다"의 현재형과 8절 "사랑하는도다"와의 병행은 "기뻐하다"를 현재 신자들의 경험으로 설명한다.[62] 5절과 같이 구원은 종말론적이며 마지막 날에 완성된다.[63] 그러나 기쁨은 지금 경험된다. 현재 분사(κομιζόμενοι, 코미조메노이)는 구원이 여기에 있음을 말하지 않는다. 실제로 "결국"(τέλος, 텔로스)이라는 단어는 미래의 선물로 고려해야 한다고 제안한다.[64] 아마도 여기에서 우리는 신약에서 공통적으로 나타나는 "지금"과 "아직"의 긴장을 찾을 수 있다. 신자들은 지금 구원을 누리고 예수 그리스도께서 나타나실 때, 완전히 경험할 것

59 Grudem, *1 Peter*, 67.

60 이것은 마이클스의 번역과 해석이다(*1 Peter*, 25, 35).

61 또한 Thurén, *Argument and Theology in 1 Peter*, 100; Donelson, *I and II Peter and Jude*, 30; Dubis, *1 Peter Handbook*, 16. 대명사 ὑμῶν은 사본 B에서 완전히 빠져 있으며, 몇몇 사본은 ἡμῶν을 지지한다. 그러나 문맥과 대부분의 사본은 ὑμῶν이 원문으로 제시한다.

62 마이클스는 여기에서도 기쁨을 미래로 잘못 이해한다(*1 Peter*, 34). 또한, Luther, *Commentary on Peter & Jude*, 50.

63 M. Williams, *The Doctrine of Salvation in the First Letter of Peter*, 172-73.

64 다음과 반대된다. Dryden, *Theology and Ethics in 1 Peter*, 83.

이다.⁶⁵ 그러나 문맥에서 강조점은 미래에 있다. 신자들은 구원의 소망으로 인해 지금도 사랑과 기쁨이 넘친다.

"영혼"은 우리의 영적인(비물질적인) 실체를 가리킨다. 대부분 학자들은 "영혼"이라는 용어가 전체 사람을 의미한다고 주장한다. 이 언어는 "한 사람의 전 생애 또는 자기 정체성에 관한 것이다."⁶⁶ 펠트마이어는 영혼이 전인격을 의미한다는 합의에 대해서 심각한 의문을 던진다. 그는 영혼의 구원이 인간의 영적인(비물질적인) 부분에 초점을 맞춘 디아스포라 유대교와 헬레니즘 사상에 빚을 지고 있음을 보여 준다.⁶⁷ 그는 특별히 베드로전서가 헬레니즘 유대교 전통에 정통하다고 주장하면서 필론과의 유사점에 주목한다. 펠트마이어의 강한 주장에도 불구하고 이 단어는 베드로전서에서 전인격을 가리키는 것 같다. 예를 들어, 고난을 받는 성도들은 자신의 "영혼", 즉 자신의 모든 것을 창조주께 맡겨야 한다(벧전 4:19). 고난을 받기 때문에 육체가 배제되는 것은 의심스럽다. 홍수에서 구원을 받은 영혼들(개역개정. "여덟 명", 벧전 3:20)은 전인격을 의미한다. 악인들이 홍수에서 육체적으로 익사했고 의인들은 죽음에서 살아남았기 때문이다. 그러므로 펠트마이어의 주장은 인상적이지만 전인격을 고려해야 한다.

이와 같은 구원은 "믿음의 결국"이다. "결국"(τέλος, 텔로스)은 여기에서 결과를 나타낸다. 악트마이어는 믿음이 "믿음"이 아니라 "신실함"을 의미한다고 잘못 말한다.⁶⁸ 우리는 이미 이 결정이 잘못되었음을 여러 번 살펴보았다. 여기에서 "믿음"이라는 단어는 8절의 분사 "믿고"(NIV는 동사 "믿다" 번역한다)와 밀접하게 연결된다. 여기에서 "믿음"으로 번역해야 하지만, 편지 전체에서 신실함은 신자들의 삶을 구분 짓는 것이며 따라서 믿음과 신실함은 궁극

65 그루뎀은 이 단어의 종말론적 초점을 이해하는 대신에 여기에서 구원에서 성장을 잘못 강조한다 (*1 Peter*, 67). 엘리엇은 베드로가 신약 저자의 전형적인 종말론의 시작과 완성 사이의 종말론적 긴장을 공유한다고 지적한다(*1 Peter*, 337-38).

66 P. G. Dautzenberg, "σωτηρίαν ψυχῶν," *BZ* 8 (1964): 273-75; Michaels, *1 Peter*, 35; J. B. Green, *1 Peter*, THNTC (Grand Rapids: Eerdmans, 2007), 27. 드라이든은 초점이 속사람에 있다고 말한다(*Theology and Ethics in 1 Peter*, 78).

67 R. Feldmeier, "Salvation and Anthropology in First Peter," in *The Catholic Epistles and Apostolic Tradition*, ed. K.-W. Niebuhr and R. W. Wall (Waco: Baylor University Press, 2009), 203-6; Feldmeier, *First Peter*, 87-92.

68 Achtemeier, *1 Peter*, 104n69.

적으로 베드로에게 불가분의 관계라는 것이 분명하다. 우리는 이 구절의 중요한 개념을 요약할 수 있다. 신자들의 사랑과 기쁨은 종말론적 구원의 소망에 뿌리를 둔다. 그러므로 그들은 현재의 고난에도 불구하고 예수 그리스도께서 나타나실 때 그분을 보고 영원히 그분을 즐길 것을 안다.

2.1.3. 계시의 특권(1:10-12)

[10] 이 구원에 대하여는 너희에게 임할 은혜를 예언하던 선지자들이 연구하고 부지런히 살펴서 [11] 자기 속에 계신 그리스도의 영이 그 받으실 고난과 후에 받으실 영광을 미리 증언하여 누구를 또는 어떠한 때를 지시하시는지 상고하니라 [12] 이 섬긴 바가 자기를 위한 것이 아니요 너희를 위한 것임이 계시로 알게 되었으니 이것은 하늘로부터 보내신 성령을 힘입어 복음을 전하는 자들로 이제 너희에게 알린 것이요 천사들도 살펴보기를 원하는 것이니라

1:10. "구원"($\sigma\omega\tau\eta\rho\acute{\iota}\alpha$, 소테리아)은 9절과 10절을 연결한다.[69] 신자들이 지금 경험하는 구원은 미래에 완성될 것이며 과거에 예언되었다. 그리스도를 믿는 사람들은 구원의 역사가 성취되는 시대에 사는 큰 특권을 누린다. 구약의 선지자들은 "너희에게 임할 은혜를 예언했다."[70] 과거의 예언은 베드로의 독자들을 위한 것이었다. 그들의 구원은 "은혜"로 묘사되며 그 은혜가 독자들을 위한 것이라는 사실을 강조한다. 하나님의 은혜와 능력은 "너희를 위한 것"이었다.[71] 구약의 선지자들도 이와 동일한 방식으로는 경험하지 못했다. 이 구원을 "연구하고 부지런히 살펴야"($\dot{\epsilon}\xi\epsilon\zeta\acute{\eta}\tau\eta\sigma\alpha\nu$ $\kappa\alpha\grave{\iota}$ $\dot{\epsilon}\xi\eta\rho\alpha\acute{\upsilon}\nu\eta\sigma\alpha\nu$, 엑세제테산 카이 엑세라우네산) 했다. 이 두 동사는 함께 해석해야 하며 구약의 선지자들이 행했던 깊은 연구를 나타낸다.

---

69 사전트(B. Sargent)는 베드로전서 1:10-12(그리고 서신에 있는 다른 본문들)가 구약의 독자들이 그리스도 안에서의 성취를 경험하지 않았더라도 구약 독자들에게 의미를 가지는 대신, 베드로의 독자들에게만 지시되었다고 주장하는 점에서 너무 환원주의적이다(*Written to Serve: The Use of Scripture in 1 Peter*, LNTS 547 [London: Bloomsbury T&T Clark, 2015]).

70 "은혜"는 사실 구원과 동일하다(S. R. Bechtler, *Following in His Steps: Suffering, Community, and Christology in 1 Peter*, SBLDS 162 [Atlanta: Scholars Press, 1998], 183-84).

71 BDAG, 290.

어떤 학자들은 여기에서 언급된 선지자들이 신약의 선지자라고 주장한다.[72] 성경을 기록한 구약 선지자보다 성경을 연구하는 신약 선지자로 생각하는 것이 더 합리적이라고 말한다. 그러나 대부분 주석가들은 구약 선지자라는 데 동의한다. 이 견해가 더 옳다.[73] 첫째, 연구가 성경에만 제한될 필요는 없다. 그것은 주님을 찾는 것을 가리킬 수 있다(시편 119:2, 70인역). 이 경우 그들의 예언이 성취될 때를 분별하려는 시도를 가리킬 수 있다.[74] 둘째, 선지자 중 일부가 그들의 예언을 이해하려고 노력했다는 증거가 있다(단 8:15; 12:8). 셋째, 구약의 일부 선지자들은 이전 선지자의 글을 숙고하고 그것이 언제 성취될지 파악하려고 했다(예. 단 9:1-27). 넷째, 신약의 선지자들은 구원의 때를 알고 경험했다. 따라서 그들이 어떻게 베드로전서의 그리스도인과 대조되는 불리한 상황에 놓이게 될지 이해하기 어렵다.

셀르윈은 "그리스도의 받으실 고난과 후에 받으실 영광"(11절)이 그리스도인의 고난을 의미한다고 생각한다.[75] 이 해석은 설득력이 없다. 10절 "너희에게 임할 은혜"(εἰς ὑμᾶς χάριτος, 에이스 휘마스 카리토스)에서 유사한 구조가 사용된다. 그것은 그리스도인**에게 속한** 은혜를 가리킨다. 비슷하게 여기에서 그 개념은 그리스도께 속한 고난과 영광에 관한 것이다.[76] 여기에서 "그리스도께 예정된 고난"에 관한 언급이 있다.[77] 신약의 설교에서 그리스도께서 고난을 받고 영광에 들어가실 것이라는 개념은 흔하다(참조. 행 2:14-36; 3:11-26; 13:16-41).[78] 예를 들어, "그리스도가 이런 고난을 받고 자기의 영광에 들어가야 할 것이 아니냐?"(눅 24:26) "이같이 그리스도가 고난을 받고 제삼일에

---

72 Selwyn, *First Peter*, 134; D. Warden, "The Prophets of 1 Peter 1:10-12," *ResQ* 31 (1989):1-12.

73 따라서, Michaels, *1 Peter*, 41; D. G. McCartney, "The Use of the Old Testament in the First Epistle of Peter" (Ph.D. diss., Westminster Theological Seminary, 1989), 27-31; Dubis, *1 Peter 4:12-19*, 108-10; P. T. Egan, *Ecclesiology and the Scriptural Narrative of 1 Peter* (Eugene, OR: Pickwick, 2016), 46-49.

74 Michaels, *1 Peter*, 40.

75 Selwyn, *First Peter*, 136–37, 263-65; Liebengood, *Eschatology in 1 Peter*, 179-81.

76 Achtemeier, *1 Peter*, 110.

77 Forbes, *1 Peter*, 31.

78 일부 학자들은 그리스도와 신자 모두의 고통과 영광으로 이해한다(Dubis, *1 Peter 4:12-19*, 113-17; W. L. Schutter, *Hermeneutic and Composition in 1 Peter*, WUNT 2/30 [Tübingen: Mohr Siebeck, 1989], 107-8). 그러나 베드로는 다른 곳에서 신자들이 그리스도 안에서 고난을 당하기 때문에 영광을 경험할 것이라고 가르쳤음에도 불구하고 여기에서는 그리스도께만 제한한다.

죽은 자 가운데서 살아날 것"(눅 24:46)이다. 바울은 "선지자들과 모세가 반드시 되리라고 말한 것밖에 없으니 곧 그리스도가 고난을 받으실 것과 죽은 자 가운데서 먼저 다시 살아나사 이스라엘과 이방인들에게 빛을 전하시리라 함이니이다"라고 말했다(행 26:22-23). 다섯째, 베드로전서 1장 12절의 "이제 너희에게 알린 것이요"라는 구절은 선지자들이 이전 시대에 속했고 "이제" 신자들에게 계시된 것을 완전히 파악하지 못했음을 알려 준다.

1:11. 베드로는 구약의 선지자들이 예언적인 사역을 했으며 성취의 날에는 살지 않았다고 계속 강조한다. 그들의 예언은 "그리스도의 영"으로 영감을 받아 권위 있고 정확함을 보여 준다. 예언은 선지자들의 발명이나 이상적인 "추측"이 아니었다. 그들은 그리스도의 영에 의해 "지시를 받았다"(ἐδήλου, 에델루).[79] "그리스도의 영"은 인간의 영이 아니라 예수님께서 보내신 성령을 의미한다(참조. 행 16:7; 갈 4:6; 빌 1:19).[80] 선지자들에게 영감을 준 동일한 성령께서 복음을 통해서 권위 있게 말씀하신다(12절). 베드로는 그리스도의 죽음과 부활을 예언하는 성령의 사역을 알려 주며, 성령의 사역이 예수 그리스도를 중심으로 하고 있음을 보여 준다. 이것은 우리가 신약의 다른 곳에서 보는 것과 일치한다. 성령은 그리스도를 영화롭게 하시고 그리스도께 관심을 기울이게 한다(요 16:14). 그리스도의 죽음과 부활은 신약 설교의 중요한 요소이다. 물론 베드로의 요점은 선지자들이 이러한 점들을 예언했지만 언제 성취될지는 알지 못했다는 것이다. 그들은 자기 시대에 예언이 이루어질 소망을 가졌다.

그리스도의 선재는 이 구절과 1장 20절의 내용으로 추론할 수 있다.[81] 성령이 그리스도께 속하고 성령이 그리스도에 대해 미리 증거하였기 때문에 우리는 그리스도의 선재에 관한 힌트를 얻지만, 이 본문에서 그분의 선재는 결정적으로 확립될 수 없다. 선지자들이 알기를 원했고 그들이 열렬히 "상고했던"(ἐραυνῶντες, 에라우논테스 10절의 ἐξηραύνησαν, 엑세라우네산과의 연결

---

79 많은 사본은 미완료 능동태 ἐδήλου 대신 ἐδηλοῦτο로 읽지만, ἐδηλοῦτο는 정관사 τό를 동사와 잘못 결합해서 나왔다.

80 따라서, McCartney, "The Use of the Old Testament in the First Epistle of Peter," 37; 대조적으로 Richard, *Reading 1 Peter, Jude, and 2 Peter*, 54.

81 Achtemeier, *1 Peter*, 109-10. 이와 반대되는 견해는 다음을 참조하라. W. D. Kirkpatrick, "The Theology of First Peter," *SWJT* 25 (1982): 75.

성을 주목하라) 것은 "그들 안에 계신 그리스도의 영이 누구를 또는 어떠한 때를 지시하는지"(NRSV)이다. NRSV 성경은 헬라어 "εἰς τίνα ἢ ποῖον καιρὸν" (에이스 티나 에 포이온 카이론, 개역개정. '누구를 또는 어떠한 때를')을 메시아가 누구인지 언제 오실지 모두를 찾았다고 해석한다. CSB 성경은 다음과 같이 해석한다. 선지자들은 "그들 안에 계신 그리스도의 영이 어떤 때 또는 어떤 상황을 지시하는지" 분별하려 했다. NRSV 성경(개역개정)은 예언이 메시아의 정체와 그분이 나타나시는 때 모두에 관한 것이라는 견해를 지지한다.[82] 반면에 CSB 성경은 두 대명사의 의미가 겹치는 것으로 이해하며 시간에 관한 언급으로 이해한다. 두 해석 모두 합리적이고 어휘적으로 변호할 수 있기 때문에 결정하기 쉽지 않다.[83] 대명사 τίς(티스)는 의문 대명사(예. 벧전 3:13; 4:17; 5:8; 참조. 행 8:34)와 의문 형용사(마 5:46; 눅 14:31; 요 2:18; 행 10:21; 롬 3:1) 모두로 사용된다.[84] 독단적인 주장은 피해야 하지만 CSB 성경의 해석이 더 나은 듯하다.[85]

CSB 성경의 해석은 세 가지 근거가 있다. 첫째, 예언자들은 그들이 메시아에 대해서 예언하고 있다는 것을 알았으므로 그 사실에 대해서 의문을 던지지 않았을 것이다.[86] 누가 그 역할을 이루어 낼지 생각하지 않았을 것이다. 둘째, 본문의 전체 초점이 구약의 선지자와 베드로전서의 그리스도인 사이의 시간적 차이에 있다. 선지자들은 그 시대에 성취되지 않은 일에 대해 예언했다. 그들은 그리스도의 고난과 영광에 대해서 "미리 증언했다"(11절). 그분의 "영광"(δόξας, 독사스)은 그분의 부활이며 악한 권세에 대한 승리이다(1:3; 3:19-22).[87] 선지자들은 그들 자신이 아니라 베드로전서의 그리스도인들을

82 비슷하게, G. D. Kilpatrick, "1 Peter 1:11: TINA ʼH ΠΟΙΟΝ ΚΑΙΡΟΝ," *Nov* 28 (1986): 91-92; N. Hillyer, *1 and 2 Peter, Jude*, NIBC (Peabody: Hendrickson, 1992), 41-42; J. Green, *1 Peter*, 21-22; Dubis, *1 Peter Handbook*, 19.

83 그루뎀은 τίς가 시간적 단어와 함께 의문 형용사가 아니라고 반대한다(*1 Peter*, 75). 문제는 이 용법이 사전적으로 옹호할 수 있는가 하는 점이다.

84 이 언급은 다음에서 왔다. Achtemeier, *1 Peter*, 109.

85 참조. Achtemeier, *1 Peter*, 109; Richard, *Reading 1 Peter, Jude, and 2 Peter*, 51; Schelke, *Der Petrusbriefe-Der Judasbrief*, 39.

86 Michaels, *1 Peter*, 41.

87 그리스도의 고난과 그에 따른 영광은 고난 후에 영광을 경험하게 될 신자들의 길을 밝혀 준다 (Bechtler, *Following in His Steps*, 179-80).

섬기고 있었고 그 성취는 "이제 너희에게 알린 것이다"(12절). 셋째, 선지자
들의 큰 갈망은 예언이 자기들의 시대에 성취되어 그들의 약속이 성취되는 것
을 보는 것이었다(참조. 단 12:5-13; 합 2:1-4).[88] 그러므로 나는 선지자들은
예언이 언제 성취될지 몰랐지만, 베드로전서의 신자들이 성취의 시대에 살고
있음을 "누구를 또는 어떠한 때를"이 강조한다고 제안한다.

1:12. 구약의 선지자들은 예언의 성취를 보고 체험하기를 갈망했다. 그
러나 하나님은 예언 사역이 그들의 시대에 실현되지 않을 것을 "계시로 알
게"(ἀπεκαλύφθη, 아페칼륍세, 신적 수동태) 하셨다. 그들의 사역은 궁극적으
로 그들 자신이나 자기 세대를 향한 것이 아니라 베드로전서의 독자들과 그
리스도의 죽음과 부활의 다른 편에서 사는 모든 사람을 향한 것이었다. 다시
말해서, 구약의 예언은 베드로의 독자들에게 **적용될 뿐만 아니라** 그들을 위
해 **의도된 것이었다**.[89] 더 나아가 베드로는 "구약의 선지자들이 궁극적으로
종말에 있는 신자들을 섬기고 있었다고 주장할 뿐만 아니라 선지자들이 계시
를 통해서 그것을 알았다고 주장한다."[90] 선지자들이 예언한 것은 복음을 선
포한 자들을 통하여 신자들에게 "이제 알린 것"이다. 복음의 도래를 예견하
고 예언한 선지자들과 이제 소아시아 신자들에게 복음의 성취를 실제로 선포
한 사람들 사이에 구분이 있다. 둘 다 성령의 영감을 받았다. "하늘로부터 보
내신" 성령을 말하는 것은 성령이 초월적인 선물, 즉 하나님 자신으로부터 오
시는 분임을 의미한다.

우리는 11절에서 선지자들이 그리스도의 영으로 예언하였음을 주목하였
다. 여기에서 우리는 복음을 선포하는 사람들이 성령의 능력으로 행함을 배운
다.[91] 복음의 선포가 구약의 예언과 같은 수준이기 때문에 여기에서 신약 메

---

88 여기에서 선지자들이 그들의 예언이 성취될 때를 고대했다고 지적한 좁스(Jobes, *1 Peter*, 102)
  를 참조하라(참조. 단 12:6-13; 합 2:1-4).
89 나는 이 견해를 베드로전서를 가르친 수업에서 저스틴 테일러(Justin Taylor)가 쓴 주해 보고
  서에 빚지고 있다.
90 McCartney, "The Use of the Old Testament in the First Epistle of Peter," 41.
91 일부 중요한 사본(𝔓72, A, B, Ψ, 33 등)은 전치사 ἐν를 생략하지만, 대다수 증거는 전치사를 포
  함시킨다. 메쯔거(Metzger)의 위원회는 분열된 답을 제시한다(*TCGNT*, 616-17). 어쨌든 어구
  의 의미는 변하지 않는다. 여격은 수단의 의미보다는 상황과 태도를 나타내는 결합일 수 있다
  (Michaels, *1 Peter*, 47).

시지의 권위에 관한 초기의 암시를 볼 수 있다. 참으로 복음은 구약에서 발견된 것을 성취하며, 그런 의미에서 구약 예언의 성격은 이제 예수 그리스도 안에서 실현된 성취에 비추어서만 파악될 수 있다. 여기 베드로의 말에서 예수 그리스도 안에 있는 구약의 성취는 "인간 저자들이 의도했던 것과 **연관되지만 그 이상**"이라는 결론이 타당해 보인다.[92] 맥카트니(McCartney)는 이 본문이 베드로가 구약을 사용하는 전형이라고 바르게 주장한다. 구약성경은 그리스도와 그분에게 속한 자들에게 말하고 있다. 신자들은 그리스도와 연합되어 있기 때문에, 구약의 예언은 그리스도와 그분을 믿는 자들과 관련하여 성취된다.[93] 이건(Egan)은 베드로전서 1장 10-12절을 베드로가 구약을 읽는 방법에 관한 "해석학적 열쇠"로 보고 그리스도께 참된 것은 교회에 참된 것이라고 결론짓는다. 교회는 이사야서에 약속된 예수 그리스도를 통한 위대한 회복에 참여한다.[94]

베드로의 요점은 예수 그리스도를 믿는 신자들이 선지자들의 예언이 이루어진 시대에 사는 복을 받았다는 것이다.[95] 예수님은 사도들에게 비슷한 교훈을 전했다. "그러나 너희 눈은 봄으로 너희 귀는 들음으로 복이 있도다 내가 진실로 너희에게 이르노니 많은 선지자와 의인이 너희가 보는 것들을 보고자 하여도 보지 못하였고 너희가 듣는 것들을 듣고자 하여도 듣지 못하였느니라"(마 13:16-17).[96] 천사들은 하나님의 구속 행위를 보고 숙고하기를 갈망하기 때문에 신자들과 대조적이다. 더 구체적으로 말하면, 천사는 구원의 수혜자가 아니기 때문에 인간과 같은 방식으로 복음을 경험하지 않는다. 다시 말하면, 구원을 누리고 기대하는 특권이 전면에 나온다. 구약의 선지자들은 그것을 멀리서 보았고, 천사들은 하나님께서 그리스도 안에서 행하신 일을 바라보며 놀라워하지만 베드로의 독자들은 실제로 그것을 경험한다.[97]

---

92 D. J. Moo, "The Problem of Sensus Plenior," in *Hermeneutics, Authority, and Canon* (Grand Rapids: Zondervan, 1986), 204.

93 다음 연구를 참조하라. McCartney, "The Use of the Old Testament in the First Epistle of Peter."

94 Egan, *Ecclesiology and the Scriptural Narrative of 1 Peter*, 44-75.

95 "전체적인 더 큰 단위인 1:1-12의 목적은 수신자가 그리스도인으로서의 지위를 인식하도록 하는 것이다" (Thurén, *Argument and Theology in 1 Peter*, 102).

96 마이어(Maier)는 눅 24:25-27; 마 13:17; 요 8:56의 암시로 이해한다("1. Petrusbrief," 88-89).

97 투렌은 선지자와 천사 모두 베드로의 독자들의 특권을 강조한다고 바르게 주장한다(*The

2.2. 거룩함을 격려, 미래의 유업(1:13-21)

1-12절은 아버지와 아들과 성령의 구속 사역을 특징으로 하는, 예수 그리스도를 믿는 사람들을 위해서 하나님께서 행하신 일을 기념한다(2절). 예수 그리스도 안의 사랑과 기쁨에 초점을 맞추고(6-9절) 성령을 통해 예언된 하나님의 약속이 성취되는 시대에 살아가는 특권을 강조한다(10-12절). 전형적인 신약의 형식으로 베드로는 하나님께서 그리스도 안에서 그들을 위해서 행하신 일에 기초하여 신자들을 거룩한 삶으로 초청하고 있다.[98] 따라서 13절은 "그러므로"로 시작한다. 세 가지 명령이 이 단락에 등장한다(13, 15, 17절). 첫째, 하나님이 예수 그리스도 안에서 그들에게 흔들리지 않는 소망을 주셨으므로 그리스도께서 행하신 일에 온전히 소망을 두어야 한다(13절). 소망을 그리스도께 두는 것은 그들이 생각의 방향을 바꾸고 깨어있고 근신하며 살 것을 의미한다. 둘째, 베드로는 또한 독자들을 거룩함으로 초청한다(14-16절). 이것은 그들이 이전에 그들에게 생기를 불어넣었던 욕망에 굴복하지 않을 것을 의미한다. 그들은 하나님의 성품을 본받아 삶을 거기에 일치시키며 하나님의 순례자로서 경건하게 살아야 한다. 셋째, 신자는 두려움으로 살아야 한다(17절). 이것은 마비시키는 두려움이 아니라 경외와 숭배를 의미한다. 그들이 아버지라고 부르는 이는 그들의 행동을 따라 생명과 영원한 운명을 평가할 재판관이기도 하다. 그들이 그리스도의 보배로운 피로 구속을 받았고(18-19절) 역사가 시작되기 전에 그들의 유익을 위해서 속죄의 사역을 예정하셨기 때문에(20절), 두려움도 합당하다. 그동안 그들은 현시대에서 고난을 견디며 하나님의 약속을 신뢰하며 믿음과 소망으로 특징지어지는 삶을 살아야 한다.

2.2.1 유업에 소망을 두라(1:13-16)

¹³ 그러므로 너희 마음의 허리를 동이고 근신하여 예수 그리스도께서 나타나실 때에 너희에게 가져다 주실 은혜를 온전히 바랄지어다 ¹⁴ 너희가

Rhetorical Strategy of 1 Peter, 114).

98 엘리엇이 지적하듯이, 직설법은 명령법의 기초이다(*A Home for the Homeless: A Sociological Exegesis of 1 Peter, Its Situation and Strategy* [Philadelphia: Fortress, 1981], 139). 베드로전서의 그리스도와의 연합에 관한 도움이 되는 연구는 다음을 참조하라. Sean Christensen, "Reborn Participants in Christ: Recovering the Importance of Union with Christ in 1 Peter," *JETS* 61 (2018): 339-54.

순종하는 자식처럼 전에 알지 못할 때에 따르던 너희 사욕을 본받지 말고
¹⁵ 오직 너희를 부르신 거룩한 이처럼 너희도 모든 행실에 거룩한 자가 되라
¹⁶ 기록되었으되 내가 거룩하니 너희도 거룩할지어다 하셨느니라

1:13. "그러므로"(διό, 디오)는 1-12절 전체로 거슬러 올라간다.[99] 이어지는 구절들은 독자들에게 경건한 삶을 살도록 권면한다. 그러나 모든 권면은 1-12절에서 설명한 하나님의 구원 사역에 근거를 둔다. 신자들은 하나님이 택하신 나그네이기 때문에, 성부께서 낳으셨기 때문에, 썩지 않을 유업을 가지고 있기 때문에, 그리고 그들의 구원의 위대함 때문에 순종해야 한다. 하나님의 명령은 그의 은혜에 뿌리를 둔다. 이것을 표현하는 다른 방법은 직설법(하나님께서 그리스도 안에서 우리를 위해서 행하신 일)이 항상 명령법(우리가 어떻게 삶을 살아야 하는지)의 기초라는 것이다.[100] 직설법과 명령법의 구분에서 다른 하나 없이 하나만 가질 수 있다는 생각은 잘못이다. 직설법과 명령법은 밀접하게 관련되어 있으며 뗄 수 없는 관계이다. 그러나 이 둘을 구별할 수 없다는 의미는 아니다. 순서의 혼동은 비참하게 만들 것이다. 그 결과는 거룩함을 하나님의 은혜와 능력의 결과, 즉 그리스도 안에 있는 하나님의 사랑에 대한 응답으로 보는 대신, 도덕주의가 될 것이다. 직설법이 삶을 형성하고 변화시키지 않는다면 직설법을 진정으로 이해하고 있지 못한 것이기 때문에, 직설법과 명령법은 항상 서로 연결된다.

13절에서 신자들은 그리스도께서 나타나실 때 받을 은혜에 소망을 두고('바랄지어다'), 행할 마음을 준비하고('너희 마음의 허리를 동이고') 영적인 졸음을 피함으로('근신하여') 그 은혜에 소망을 둘 것이다. 학자들은 베드로전서에 있는 많은 분사들이 명령의 역할을 한다고 주장해왔으며, 이것은 NRSV 성경의 13절 번역에 반영되어 있다.[101] 그럼에도 불구하고 13절에

99 J. J. J. van Rensburg, "The Use of Intersentence Relational Particles and Asyndeton in 1 Peter," *Neot* 24 (1990): 294.

100 Goppelt, *I Peter*, 102-5.

101 특별히 다음을 참조하라. D. Daube, "Participle and Imperative in I Peter.," in E. G. Selwyn, *The First Epistle of St. Peter*, 2nd ed. (Grand Rapids: Baker, 1981), 467-88. 도브는 신약 저자들이 분사가 명령형으로 타낙 문헌의 패턴을 따른다고 주장한다. 다른 학자들은 도브의 이론이 유지되지 않고 그리스어, 히브리어 및 아람어 분사에서 명령의 발전을 "각 언어의 독립적

서 동사 하나만 실제로 명령법이고, 다른 동사들은 분사이다. 13절에서 명령법 동사는 "예수 그리스도께서 나타나실 때에 너희에게 가져다 주실 은혜를 온전히 바랄지어다(ἐλπίσατε, 엘피사테)"이다.[102] 베드로전서의 소망은 바울의 믿음과 거의 동일하다. 파이퍼(Piper)는 "소망"이 독자들에게 미래에 대해 하나님을 신뢰함을 상기시킨다고 말한다.[103]

이 구절의 두 분사("마음을 동이고"와 "근신하여")는 주동사에 종속된 도구의 의미이다.[104] 따라서 이 구절은 "은혜를 온전히 바랄지어다 ... 너희 마음의 허리를 동이고 근신함으로"라고 번역해야 한다. 이 점은 앞 단락과 13-16절 사이의 연결성을 더욱 명확하게 이해할 수 있기 때문에 중요하다. 베드로는 3-9절에서 신자들의 구원은 종말론적이며 마지막 때의 소망임을 강조한다. 이제 그는 그들에게 "예수 그리스도께서 나타나실 때에"(ἐν ἀποκαλύψει Ἰησοῦ Χριστοῦ, 엔 아포칼립세이 이에수 크리스투) 그들에게 있을 은혜를 온전히 소망하라고 강조한다.[105] 이 어구는 7절의 결론을 정확하게 반복한다. 이 구절들에서 베드로는 예수 그리스도의 오심, 즉 지금은 보이지 않는 분의 나타나심을 숙고한다. 이 권면은 또한 어떤 의미에서 하나님의 구원 사역이 믿

인 발전"으로 설명해야 한다고 주장한다. S. Snyder, "Participles and Imperatives in 1 Peter: A Reexamination in the Light of Recent Scholarly Trends," *Filotogia Neotestamentaria* (1995): 188. 또한 다음을 참조하라. T. B. Williams, "Reconsidering the Imperatival Participle in 1 Peter," *WTJ* 73 (2011): 67-69. 윌리암스의 전체 에세이가 도움이 된다(59-78 페이지를 참조하라). 엘리엇은 스나이더의 연구를 칭찬하지만, 그가 "기독교 권면의 전통이 미치는 영향"을 포함하지 않는다고 논의한다(*I Peter*, 358).

102 CSB 성경은 부사 τελείως를 ἐλπίσατε에 연결한다. Selwyn, *First Peter*, 140; Achtemeier, *I Peter*, 119; Tite, *Compositional Transitions in 1 Peter*, 67-68. 어떤 주석가들은 νήφοντες와 연결하는 데(예. Hort, *The First Epistle of St Peter*, 65; Michaels, *1 Peter*, 55), 부사가 다른 단어를 수식할 수 있기 때문에 이 읽기가 가능하다. 그러나 부사가 주동사를 수식할 가능성이 더 높아 보인다.

103 Piper, "Hope as the Motivation of Love," 214; 또한 다음을 참조하라. Goppelt, *I Peter*, 108.

104 참조. Snyder, "Participles and Imperatives in 1 Peter," 190; M. Dubis, *1 Peter: A Handbook on the Greek Text*, BHGNT (Waco: Baylor University Press, 2010), 23. 분사를 명령형으로 이해하는 데 주목하는 것은 다음을 참조하라. Achtemeier, *I Peter*, 118, 그러나 그는 분사를 수단으로 보는 대신 부수적인 상황이나 인과로 잘못 파악한다(118n11). 위더링턴은 분사가 주동사의 "전제 조건"이라고 말하므로 잘못된 방향으로 이끈다. 주동사는 독자들로 하여금 그들의 소망을 도래하는 은혜에 완전히 두도록 촉구한다(*Letters and Homilies for Hellenized Christians*, vol. II: *A Socio-Rhetorical Commentary on 1-2 Peter* [Downers Grove: InterVarsity, 2007], 94).

105 파이퍼(Piper)는 명령이 "소망을 보여 주다"가 아니라 "소망을 가진다"를 의미한다고 올바르게 관찰한다("Hope as the Motivation of Love," 216).

는 자 안에서 끝나지 않았음을 우리에게 일깨운다. 우리는 그리스도께서 재림하실 때에 우리의 것이 될 은혜를 기다린다. 아마도 그 은혜는 성도들이 더 이상 죄를 짓지 않도록 성화를 완성할 것이다(참조. 요일 3:1-3).[106] 그러나 그 동안 죄를 지을 수 있다는 허락은 아니다. 신자들에게 자신 안에서 시작된 사역이 온전히 이루어지기를 바라는 것이 가장 큰 소망이다. 그들은 지금도 그 소망 가운데 살아야 한다.

두 개의 분사는 신자들이 어떻게 소망을 예수 그리스도께 온전히 둘 수 있는지 설명한다. 첫째, 행동할 마음의 준비가 되어 있어야 한다. 더 문자적으로 "마음의 허리를 동이라"이다. "허리를 동이다"(ἀναζωσάμενοι τὰς ὀσφύας, 아나조사메노이 타스 오스퓌아스)는 달리거나 중요한 일을 할 때 길어서 흘러내리는 옷을 집어넣는 것을 의미한다(참조. 왕상 18:46; 참조. 출 12:11; 왕하 4:29; 9:1; 욥 40:7; 렘 1:17; 나 2:1; 눅 12:35).[107] 아마도 여기에서는 이스라엘이 애굽을 떠날 준비를 하는 출애굽 전통에 관한 언급일 것이다.[108] 어떤 경우이든, 훈련된 생각이 있어야 소망이 현실이 될 것이다. 새로운 방식의 생각은 자동으로 생기지 않는다. 노력, 집중, 의도가 필요하다. 둘째, 성도는 근신하여 끝까지 소망한다. 베드로는 단순히 성도들이 술 취하지 말라고 말하지 않는다. 그것은 하나님의 실재에 둔감한, 이 세상의 매력에 취한 삶의 방식이다. 사람들이 이와 같은 졸음에 빠지면 예수 그리스도께서 장래에 자신을 나타내실 때에 그분을 보지 못하고 세상의 욕망을 채우는 데에만 집중할 것이다.

1:14. 다가오는 은혜에 소망을 둔 사람들은 순종하는 삶을 쓸 것이며 회심 전에 그들을 지배했던 욕망에 지배되지 않을 것이다. 14-15절의 주동

---

106 현재 분사 φερομένην는 미래로 이해해야 한다(참조. Michaels, *1 Peter*, 56; Achtemeier, *1 Peter*, 119; 다음과 반대된다. Parker, "The Eschatology of 1 Peter," 29; Hillyer, *1 and 2 Peter, Jude*, 46).

107 베드로는 아마도 여기에서 예수님의 전통(눅 12:35)을 암시할 것이다(Gundry, "Verba Christi," 339: "Further Verba," 224; Best, "Gospel Tradition," 104-5; Michaels, *1 Peter*, 54). 다음은 더 신중하다. Maier, "1. Petrusbrief," 89-90.

108 McCartney, "The Use of the Old Testament in the First Epistle of Peter," 106; Hillyer, *2 Peter, Jude*, 44.

사는 15절에 나오는데, 베드로는 신자들에게 거룩함을 요구한다. 예수 그리스도의 나타나심(13절)에 온전히 소망을 두는 것은 지금 거룩한 삶을 사는 것을 의미한다(15절). 14절에 있는 분사는 문자적으로 "본받지 말고"(μὴ συσχηματιζόμενοι, 메 쉬스케마티조메노이)로 번역된다. CSB 성경은 명령형으로 번역한다. "본받지 말라!" 아마도 이 분사는 "거룩하라"라는 동사구를 수식하는 수단의 의미일 것이다.[109] 이 경우 성도는 이전의 욕망(개역개정. "사욕")을 본받지 않으므로 거룩해야 한다. 그러나 15절의 "그러나"(ἀλλά, 알라, 개역개정. "오직")는 이전의 욕망을 따르지 말라는 명령이 거룩하라는 명령과 대조되기 때문에 여기에서 분사는 그 자체로 명령형이다.[110] 악한 욕망은 회심하기 전, 베드로 독자들의 특징이었다(참조. 벧전 4:3-4).[111] "무지"(개역개정. '알지 못할 때에')는 독자들이 기독교인이 되기 이전의 과거를 연상시킨다(참조. 살전 4:5; 참조. 행 3:17; 17:30; 엡 4:18). 이것은 그들이 이방인임을 암시한다.[112] 그린은 무지가 '정보가 부족한' 상태가 아니라 하나님의 성품과 목적을 파악하는 데 심각하게 실패한 것이라고 말한다.[113]

베드로는 그리스도인의 삶이 수동적이지 않음을 알고 있다. 경건하지 않은 욕망은 여전히 신자들이 하나님을 떠나도록 유혹한다. 그들은 이와 같은 욕망을 거부하고 선한 것을 선택해야 한다. "순종하는 자식"이 부모에게 순종하듯이 그들은 하나님의 뜻을 행해야 한다.[114] 이 구절은 신자들이 하나님에 의해 태어나는 것을 우리에게 상기시켜 준다(1:3, 23; 참조. 2:2). 그러므로 베드로는 신자들에게 자기 힘으로 하나님의 뜻을 행하도록 요청하지 않는다. 그들은 하나님의 자녀이며, 자녀로서 순종해야 한다. 우리는 이미 1장 2절(참

109 다음을 참조하라. Achtemeier, *1 Peter*, 120; T. W. Martin, *Metaphor and Composition in 1 Peter*, 91-92; Snyder, "Participles and Imperatives in 1 Peter," 191.

110 다음 논의를 참조하라. E. Lohse ("Parenesis and Kerygma in 1 Peter," in *Perspectives on 1 Peter* [Macon: Mercer University Press, 1986], 45-46). 그리고 듀비스(Dubis, *1 Peter Handbook*, 25-26)는 여기에서 명령의 분사를 변호한다. 포브스(Forbes, *1 Peter*, 38)는 그것이 15절의 긍정적인 명령과 대조된다는 점에서 수단이라고 생각한다.

111 베드로의 종교적-역사적인 배경에서 정욕에 관한 훌륭한 논의는 다음을 참조하라. Feldmeier, *First Peter*, 102-5.

112 Michaels, *1 Peter*, 58.

113 J. Green, *1 Peter*, 37-38.

114 다음 어구 τέκνα υπακοῆς에서 속격 υπακοῆς는 셈어를 나타내지만, 동시에 속성의 속격이다.

조. 1:22)에서 회심은 순종이 필요하며 궁극적으로 믿음에서 분리될 수 없음을 살펴보았다. 그리스도인의 삶에서 신자들이 교리에 단순히 마음으로만 동의한다는 개념은 없다(참조. 2:13, 18; 3:1, 5, 6; 5:5).

1:15. 신자들은 악한 욕망에 굴복하지 않고 거룩한 삶을 살아야 한다. 거룩함의 본보기는 하나님 자신이며, 그분은 한없이 선한 분이시다.[115] 선으로의 부르심은 베드로전서(2:12-5, 20, 24; 3:6, 11, 13, 17; 4:2, 19)에서 두드러지게 강조된다. 삶의 거룩함은 그들을 자신에게 "부르신"($\kappa\alpha\lambda\acute{\epsilon}\sigma\alpha\nu\tau\alpha$, 칼레산타) 하나님의 거룩함과 일치해야 한다. "부르심"은 하나님이 사람들을 틀림없이 자신에게 인도하시는 효력 있는 부르심을 말한다(벧전 2:9, 21; 3:9; 5:10). 이 정의는 하나님께서 사람들을 "어두운 데서 불러내어 그의 기이한 빛"으로 부르신다는 2장 9절로 뒷받침된다. 부르심은 단순한 "초청"이 아니라 사람들을 어두움에서 빛으로 인도하시는 하나님의 능력이다. 하나님의 부르심은 어두움에서 빛을 창조하신 것처럼 사망에서 생명을 창조하신다(창 1:3). "부르심"은 중요하다. 왜냐하면 은혜가 요구되는 것보다 앞서기 때문이다. 그렇지 않으면 베드로의 권면을 인간이 스스로 도덕적으로 고귀한 삶을 사는 것으로 혼동할 수 있다. 모든 거룩함은 그들을 거룩함의 영역으로 부르신 하나님으로부터 나온다.[116] 거룩하라는 명령은 나그네인 하나님의 백성(1:2; 2:11)이 다르게 살아야 함을 나타낸다. 세상의 악한 욕망에서 분리되어 하나님을 기쁘시게 하는 삶을 살아야 한다. 어떤 학자들은 이스라엘이 애굽과 가나안의 악행과 구별되어야 한다고 가르치는 레위기 18장 2-4절을 올바르게 가리킨다.[117] 거룩함은 악에서 분리되어 선에 헌신하는 것이다. '거룩하라'라는 명령은 삶 전체를 포괄한다 ("모든 행실에"). 삶의 어떤 영역도 하나님의 통치 밖에 있지 않다.

---

115 참조. Achtemeier, *1 Peter*, 120-21.

116 여기서 우리는 $\kappa\alpha\lambda\acute{\epsilon}\sigma\alpha\nu\tau\alpha$를 한정적 분사로 $\H{\alpha}\gamma\iota\iota\nu$을 명사적 용법으로 이해해야 한다(Bigg, *Epistles of Peter and Jude*, 114; Best, *1 Peter*, 86; Michaels, *1 Peter*, 51). 악트마이어는 반대로 $\kappa\alpha\lambda\acute{\epsilon}\sigma\alpha\nu\tau\alpha$을 명사적으로 이해한다(*1 Peter*, 121).

117 따라서, Kelly, *Peter and Jude*, 68; Achtemeier, *1 Peter*, 121.

1:16. 거룩함으로 부르심은 하나님의 거룩한 성품을 언급하는 성경에 근거한다('왜냐하면', διότι, 디오티). 맥카트니는 베드로가 일반적으로 성경 구절로 새로운 단락을 시작하는 대신 성경 구절로 단락을 마무리한다고 말한다.[118] 레위기의 많은 구절이 가능하기 때문에 이 인용이 어디에서 왔는지 확인하기가 어렵다(레 11:44-45; 19:2; 20:7, 26).[119] 가장 좋은 후보는 레위기 19장 2절이다. 베드로전서 1장 16절과 언어가 정확히 일치하기 때문이다.[120] 그러나 같은 원칙을 20장 7절과 20장 26절에도 적용할 수 있다. 베드로가 특별히 이 구절들 중 어느 하나가 아니라 레위기 전체에 걸쳐 있는 주제를 의도적으로 인용했을 가능성이 크다.[121] 하나님이 거룩하고 선하신 분이기 때문에 거룩하고 기쁜 삶을 살아야 한다. 16절은 하나님의 백성이 하나님 그분을 모델로 삼아 살아야 한다고 반복한다. 프라이어는 거룩함에 관한 베드로의 강조가 가지는 신학적인 영향을 잘 전해 준다.

> 구약의 언약적인 사고에서 열방에 대한 축복은 중요하지만 출발점은 아니다. 이스라엘은 먼저 거룩해야 한다. 그리고 이것은 베드로의 강조점이기도 하다. 복음 전파(그리고 담화)를 최소한으로 언급하는 이유는 베드로의 주요 관심사가 박해 속에서 교회의 생존 때문이 아니라 (물론 한 요인이지만) 언약 백성의 거룩함으로부터 시작된다고 보았기 때문이다(1:16).[122]

교회의 첫 번째 부르심은 거룩하고, 헌신하며, 경건하게 사는 것이다.

---

118 McCartney, "The Use of the Old Testament in the First Epistle of Peter," 99.

119 레위기 11:44-45에 동화되어 있기 때문에 원문인지 파악하기 어렵다.

120 Jobes, *1 Peter*, 114; Achtemeier, *1 Peter*, 122; J. Green, *1 Peter*, 44; 참조. Michaels, *1 Peter*, 59; Elliott, *1 Peter*, 36

121 다음은 올바르게 주장한다. Egan, *Ecclesiology and the Scriptural Narrative of 1 Peter*, 77-78.

122 J. W. Pryor, "First Peter and the New Covenant (11)," *RTR* 45 (1986): 50.

2.2.2. 두려움으로 지내라(1:17-21)

[17] 외모로 보시지 않고 각 사람의 행위대로 심판하시는 이를 너희가 아버지라 부른즉 너희가 나그네로 있을 때를 두려움으로 지내라 [18] 너희가 알거니와 너희 조상이 물려 준 헛된 행실에서 대속함을 받은 것은 은이나 금 같이 없어질 것으로 된 것이 아니요 [19] 오직 흠 없고 점 없는 어린 양 같은 그리스도의 보배로운 피로 된 것이니라 [20] 그는 창세 전부터 미리 알린 바 되신 이나 이 말세에 너희를 위하여 나타내신 바 되었으니 [21] 너희는 그를 죽은 자 가운데서 살리시고 영광을 주신 하나님을 그리스도로 말미암아 믿는 자니 너희 믿음과 소망이 하나님께 있게 하셨느니라

1:17. 이 단락의 주제는 "두려움으로" 살라는 명령에 나타난다.[123] 신자들은 그들이 기대하는 유업과 구원 때문에(1-12절), 그리스도의 나타나심을 온전히 바라고(13절) 거룩함에 힘쓰고(15절) 두려움으로 살아야 한다(17절). 나머지 구절(18-21절)은 신자들이 왜 두려움으로 살아야 하는지 설명한다.[124] 신자들은 비참한 공포심이 아니라 두려운 경건함으로 살아야 한다. 확실히 공포심은 그리스도인의 삶이 보여 주는 특징인 기쁨과 담대함에 어울리지 않는다.[125] 그러나, 경외함은 희석되어 다소 무미건조해질 수 있다. 베드로는 최후의 심판을 숙고한다. 신자들은 그 행위로 평가받을 것이며, 천국과 지옥이 이에 달려 있다(아래 참조). 확신과 반대되지 않는 두려움이 존재한다. 자신감 있는 운전자는 사고에 대한 건강한 두려움을 가지고 있어서 어리석은 행동을 하지 않는다. 심판에 대한 참된 두려움은 신자들이 방종에 굴복하지 않도록 한다. 이 두려움의 배경은 신명기(신 4:10; 8:6)와 지혜 전통(잠 1:29, 3:7; 9:10; 욥 28:28; 전 12:13)으로 거슬러 올라갈 수 있다. 주를 경외함이 모든 삶에 영향을 미친다는 구절들이다.[126]

이 땅에서 이방인(개역개정. '거류민', παροικία, 파로이키아)인 동안, 신자들은 이러한 두려움으로 살아야 한다(참조. 1:1; 2:11). 어떤 학자들은 "이방

---

123 Thurén, *Argument and Theology in 1 Peter*, 114.
124 15절의 명사 ἀναστροφῆ와 17절의 동사 ἀναστράφητε의 연결에 주목하라.
125 예. Achtemeier, *1 Peter*, 125.
126 Pryor, "New Covenant." 46.

인"이 세상에서 신자들의 사회적 이탈을 의미한다고 주장한다.[127] 분명히 신자
들은 사회 질서에 맞지 않는다. 왜냐하면 그들의 가치와 행동은 불신자들의
관습과 모순되기 때문이다. 베드로의 신자들은 주류 사회에서 이방인화하면
서 문화의 본질을 잘라낸다(레 25:23; 대상 29:15; 시 39:12). 그러나 그들
의 사회적 이탈은 종말론적 유업과 새로운 탄생에 뿌리를 둔다(참조. 1:3-5).
하늘의 운명은 지금 여기에서 불신자와 사회적인 장벽을 만든다. 그러므로 우
리는 현재의 지위 또는 미래의 운명, 둘 중 하나를 강조하는 선택을 할 필요
가 없다.[128] 문화에서 이방인화되는 경험은 가치관의 변화와 그들이 누리는 새
로운 삶에서 이유를 찾을 수 있다. 수평적인 삶에서의 불편함은 수직적인 헌
신과 그들을 기다리는 마지막 때의 약속에서 비롯된다. 애굽에서 이방인이었
던 이스라엘과의 병행은 적절하다(참조. 시 105:12; Wis 19:10; 행 13:17).

베드로는 자기 독자들에게 이 땅에 머무는 동안 두려움으로 지내라고 요
청하지만, 이제 우리는 이 구절을 소개하는 조건절을 생각해 보려고 한다.
NIV 성경은 "만약"(εἰ, 에이)이라는 단어를 "때문에"로 번역한다(개역개정.
"너희가 아버지라 부른즉").[129] 어떤 의미에서 이 해석은 옳다. 왜냐하면 베드
로는 하나님의 아버지이심에 대해 독자들에게 어떤 의심도 불러일으키고 싶
지 않기 때문이다. 그럼에도 불구하고 "때문에"라는 번역은 틀렸다. 여기에
서는 CSB 성경의 해석("만약")이 더 적절하다. 베드로는 독자들이 하나님을
아버지로 부를지 생각하게 하고, 긍정적으로 대답하기를 바라며 의도적으로
이 문장을 썼다. "때문에"는 같은 효과를 일으키지 않기 때문에 "만약"으로
번역해야 한다. "아버지"는 구약에서 하나님께 사용된다(삼하 7:14; 시 2:7;
렘 3:19; 말 1:6; 2:10; 참조. Wis 2:16; 3 Macc 5:7). 마카비 3서(3 Macc)
5:7은 베드로전서 1장 17절과 같이 "아버지"와 동사 "부르다"(ἐπικαλεῖσθε, 에
피칼레이스데)를 모두 사용한다.[130] 그러나 베드로가 하나님의 아버지 되심을
강조하는 예수님의 가르침에서 "아버지"를 가져왔을 가능성이 있다(참조. 마

127 Elliott, *Home for the Homeless*, 41-49; Richard, *Reading 1 Peter, Jude, and 2 Peter*, 63.

128 Michaels, *1 Peter*, 62.

129 Best, *1 Peter*, 87; Kelly, *Peter and Jude*, 71; Achtemeier, *1 Peter*, 124.

130 캠벨의 동사가 "명예/신원에 대한 호소"를 말하는 법적 의미가 있다는 견해는 근거가 없다
(*Honor, Shame, and the Rhetoric of 1 Peter*, SBLDS 160 [Atlanta Scholars Press, 1998], 67).

6:1, 4, 8-9; 7:11; 10:32; 11:25-27; 18:35; 23:9; 요 5:19-20; 20:17). 특별하게 주기도문에서 나온 것인지(마 6:9) 파악하기 어렵다. 두려움은 세상의 모든 그리스도인의 특징이어야 하기 때문에, 여기에서는 권위를 강조하지만 아버지 하나님은 사랑과 권위를 모두 보이신다.[131]

두려움으로 살아야 하는 동기가 조건절에 설명되어 있다. 신자들은 마지막 날을 두려워해야 한다. 왜냐하면 "공정한" 재판관으로서 아버지는 외모로 사람을 취하지 않으실 것이기 때문이다(참조. 행 10:34; 롬 2:11; 엡 6:9; 골 3:25). 그루뎀은 현재 분사 "심판하시는"(κρίνοντα, 크리논타)에서 베드로가 이생에서의 심판과 징계를 언급한다고 결론을 내린다.[132] 그는 신자들이 마지막 심판에서 정죄를 두려워 할 이유가 없다고 덧붙인다. 이 해석은 여러 가지 이유로 거부된다.[133] 첫째, 분사 시제는 결정적이지 않다. 분사의 현재 시제는 현재 시간을 분명하게 하지 않는다. 문맥이 시제를 결정하는 데 가장 중요하다. 둘째, 행위에 따른 심판은 유대 문헌에서 널리 퍼져 있는 주제이다(참조. 시 28:4; 62:12; 잠 24:12; 렘 17:10; 25:14; 32:19; 51:24; 겔 33:20; 1QS 10:16-18; Pss. Sol. 2:15-17,33-35; 9:4-5; 2 Bar. 13:8; 44,4; 54:21). 이 주제는 신약에서도 흔히 볼 수 있는데, 이 구절들은 마지막 심판에서 신자와 불신자 모두에 대한 하나님의 평가를 말한다(마 16:27; 롬 2:6, 11, 28-29, 14:12; 고전 3:13; 고후 5:10; 딤전 4:14; 계 2:23; 20:12-13; 22:14). 베드로가 이 구절에서 다른 것을 말했는지 의심스럽다. 특별히 이 단락은 기독교 전통에서 흔히 볼 수 있는 다른 많은 주제를 언급하기 때문이다. 셋째, 행위에 따른 심판과 하나님의 은혜는 이분법적이지 않다.[134] 선한 행위는 하나

---

131 맥카트니는 족장들이 고대 사회에서 재판관 역할도 했다고 올바르게 강조한다("The Use of the Old Testament in the First Epistle of Peter," 130); 또한 다음을 보라. Watson, *First Peter*, 34. 리처드는 자기 부모를 두려워하라는 명령(레 19:3)이 벧전 1:16에 인용되었다고 지적한다(*Reading 1 Peter, Jude, and 2 Peter*, 63). 그린은 하나님을 은혜로우신 분으로 일반적으로 묘사하면서 아버지의 법적인 역할을 이해하지 못했다(*1 Peter*, 45-46). 반면에 일부 학자들은 *abba*를 아빠로 잘못 이해해서 부주의한 방식으로 적용한다. 바(J. Barr)는 두 가지 중요한 아티클에서 이 견해에 결함이 있음을 보여 주었다. "'Abba, Father and the Familiarity of Jesus' Speech," *Theology* 91 (1988): 173-79, Barr "'Abba Isn't 'Daddy,'" *JTS* 39 (1988): 28-47.

132 Grudem, *1 Peter*, 81.

133 다음은 그 심판이 최종 심판임을 올바르게 주장한다. Dalton, "Your Hope in God," 271.

134 다음 도움이 되는 주해를 참조하라. Schelke. *Der Petrusbrief-Der Judasbrief*, 47.

님이 그 사람을 참으로 낳았다(벧전 1:3)는 증거이다.[135] 아마도 베드로는 신자들의 삶 전체를 요약하기 위해서 "행위"를 단수로 사용했을 것이다. 넷째, 심판에 대한 두려움은 여전히 그리스도인의 삶에서 중요한 역할을 한다. 바울 자신은 다른 사람들에게 선포한 메시지대로 살지 않으면 최후의 심판에서 자격을 상실하게 될 것을 깨달았다(고전 9:24-27). 두려움은 그로 하여금 신실한 삶을 살게 했고 그를 마비시키지 않았다.

1:18. 18-19절은 함께 부정/긍정을 만든다. 베드로는 신자들을 구원하지 못하는 것(은과 금)과 그들이 어떻게 구속을 받았는지(그리스도의 피)를 대조한다. CSB 성경은 분사 "알거니와"(εἰδότες, 에이도테스)를 인과 관계("왜냐하면 알기 때문에")로 해석하여 신자들이 "경건한 두려움 속에서 살아야 하는"(NIV) 이유를 설명한다.[136] 18-21절은 "하나님과의 새로운 관계와 그리스도인으로서 새로운 지위에 관한 수신자의 이해를 높이기 위해서" 썼다.[137] 어떤 학자들은 이 구절들에서 신앙 고백적 진술이나 찬송으로 재구성하려고 하지만 증거가 불충분하다. 여기에서는 명확한 찬송이나 시적 구조를 찾을 수 없기 때문에 베드로가 전형적인 신앙 고백 언어를 사용했다고 결론을 내리는 게 더 좋다. "대속하다"(λυτρόω, 뤼트로오)와 이 단어 그룹은 애굽에서 이스라엘의 해방을 생각나게 한다(신 7:8; 9:26; 15:15; 24:18). 이 단어는 개인의 해방에도 적용된다(시 25:22; 26:11; 31:5; 32:7). 이사야서는 유배에서 돌아옴을 두 번째 출애굽 또는 두 번째 구속으로 묘사한다(사 41:14; 43:1, 14; 44:22-24; 51:11; 52:3; 62:12; 63:9). 이 단어는 또한 그리스-로마 세계에서 노예들이 종종 해방될 때, 그들의 자유를 사는 것을 의미한다. 문맥이 보여 주는 구약과의 분명한 연결성을 고려할 때, 그리스-로마 문화보다 구약과의 연결 가능성이 더 크다.[138]

---

135 루터는 "행함은 믿음의 열매일 뿐이며, 믿음이 있는 곳과 불신앙이 있는 곳을 본다"(*Commentary on Peter and Jude*, 69-70)라고 말했다.

136 Michaels, *2 Peter*, 63; Achtemeier, *1 Peter*, 126.

137 Thurén, *Argument and Theology in 1 Peter*, 115-16.

138 Achtereier, *1 Peter*, 127. 마이클스는 두 가지 개념이 모두 포함되어 있다고 생각하며, 그것은 확실히 가능하다(*1 Peter*, 65).

　　"**대속함**"은 해방을 의미하며, 여기에서는 "조상으로부터 물려받은 헛된 삶의 방식에서" 구속을 의미한다.[139] 삶의 헛됨(ματαίας, 마타이아스)은 전도서에서 자주 언급되는 주제이다(예. 전 1.2, 14; 2:1, 11, 15, 17, 19, 21, 23, 26). 구약에서 헛됨은 종종 이방인들의 우상 숭배와 관련이 있었다.[140] 비슷하게 신약에서 이 단어 그룹은 기독교 이전의 실존을 묘사한다(행 14:15; 롬 1:21; 엡 4:17). 회개하기 전 불신자들의 삶은 헛되고 공허하며 거짓 신들을 섬긴다. 이러한 생활 방식은 조상들로부터 대대로 전해 내려왔다. 그리스 문헌에서 "조상이 물려 준"(πατροπαραδότου, 파트로파라도투)은 마모와 쇠퇴함을 의미하지 않는다.[141] 다른 종교에서 대대로 전해지는 강렬한 전통을 의미하며, 특히 조상으로부터 물려받은 종교적인 전통과 관련이 있다. 여기에서 우리는 수신자들이 이방인이었다는 증거를 찾을 수 있다(참조. 벧전 4:1-4). 유대인들은 유일하신 참 하나님을 숭배해야 하기 때문이다.[142] 이 구절은 또한 이교도에 대한 베드로의 견해에 관해서 흥미로운 창을 열어 준다. 그는 그것을 고귀하게 생각하지 않는다. 마지막 분석에서 다른 전통들은 참 하나님에 대한 믿음과 신뢰로 이어지지 않기 때문에 헛되고 무익하다.[143] 은과 금은 우상 숭배와 관련이 있기 때문에 언급될 가능성이 있다(신 29:17; 단 5:23;

---

139 호렐과 완(W. H. Wan)은 그리스도의 오심이 새로운 시대의 도래를 의미한다고 옳게 주장하지만, 마치 우리가 로마의 자부심에 대해 교묘하게 비판하는 것처럼 이러한 이해를 로마의 시간 개념과 대조하려는 의도가 있었는지 의심스럽다("Christology, Eschatology and the Politics of Time in 1 Peter," *JSNT* 38 [2016]: 263-76).

140 예. 70인역(LXX). 레 17:7; 왕상 16:2, 13, 26; 왕하 17:15; 대하 11:15; 시 23:4; 호 5:11; 암 2:4; 욘 2:9; 사 2:20; 44:9; 렘 8:19; 10:15.

141 이 주해는 다음 연구에 의존한다. 참조. W. C. van Unnik, "The Critique of Paganism in I Peter 1:18," in *Neotestamentica et Semitica: Studies in Honour of Matthew Black*, ed. E. E. Ellis and M. Wilcox (Edinburgh: T&T Clark, 1969), 129-42. 리니(A. R. C. Leaney)는 이 구절이 유대인 조상과 그리스도 안에서의 유월절 성취를 잘못 연결시킨다("I Peter and the Passover: An Interpretation," *NTS* 10 [1963-64]: 238-251). 그의 견해와 반대로 유월절 주제가 베드로 신학에서 중요한 역할을 한다는 것은 분명하지 않다. 베드로는 드러나게 언급하지 않는다. 다음은 바르게 주장한다. T. C. G. Thornton, "I Peter, a Paschal Liturgy?," *JTS* 12 (1961): 20.

142 유대인을 가리킨다는 위더링턴(*1-2 Peter*. 105-6)과 유대인을 포함한 모든 문화에 해당된다고 생각하는 좁스(*1 Peter*, 119)에 반대한다.

143 베드로가 여기에서 말하는 급진적인 성격은 다음을 참조하라. J. Green, *2 Peter*, 38. 신학적으로 탁월한 연구는 다음을 참조하라. D. Strange. *Their Rock Is Not like Our Rock: A Theology of Religions* (Grand Rapids: Zondervan, 2014).

Wis 13:10; 계 9:20).[144] 그것들은 "없어질 것"이고 시간이 지나면 파괴되기 때문에 지속적이지 않다(참조. 벧전 1:4). 비록 인간은 그것들을 매우 가치 있게 여기지만, 결국 이 땅의 삶을 만족하지 못하게 만들고 헛되고 무익하다(전도서 2:1-11).

1:19. 19절은 이제 신자들이 구속을 받은 수단을 적극적으로 알려 준다. 우리는 18절에서 이사야 52장 3절("너희가 값 없이 팔렸으니 돈 없이 속량되리라")을 따라 돈이 그 수단이 아니었음을 살펴보았다.[145] 대신 신자들은 그리스도의 피로 사서 대속함을 받고 자유를 누린다. 베드로는 돈이 없어질 수 있다는 것과 그리스도의 피가 보배롭다는 사실을 대조한다.[146] 대조가 정확하지 않지만 이해가 어렵지 않다.[147] 돈은 없어지지만, 그리스도인은 메시아와 주님이신 그분의 피로 구속을 받았다. 피 흘림은 죽음, 즉 생명을 버림을 의미한다. 피 없이는 아무도 살 수 없기 때문에 그 피는 보배롭다(레 17:11). 모리스(L. Morris)는 마치 피를 흘림으로 생명이 신비롭게 전달되는 것과 같이 피가 생명의 자유를 의미하지 않는다고 올바르게 주장한다.[148] 대신에, 피 흘림은 그리스도께서 죄인들을 위해 자기 생명을 쏟으셨음을 나타낸다. 일부 학자들은 성경에서 구속은 항상 대가를 지불한다는 개념과 연관된다고 주장했다.[149] 그러나 마샬(I. H. Marshall)은 비록 대속과 관련된 비용이나 노력에 관한 개념은 항상 존재하지만, 값에 관한 개념은 항상 존재하지 않는다고 제시한다.[150] 어떤 본문은 구원에 중점을 두고 있으며, 값에 대해서는 구체적으

---

144 Michaels, *1 Peter*, 65; Achtemeier, *1 Peter*, 128

145 Egan, *Ecclesiology and the Scriptural Narrative of 1 Peter*, 80-81.

146 그리스도의 피의 귀중함은 2:4, 6을 기대할 수 있다. 여기에서 그리스도는 하나님의 택하심을 받고, 존귀한 모퉁잇돌이 되신다(Michaels, *1 Peter*, 65).

147 벡틀러는 명예의 개념을 넣어서 τιμίῳ를 과도하게 해석한다(*Following in His Steps*, 184-85).

148 L. Morris, *The Apostolic Preaching of the Cross*, 3rd ed. (1965, repr., Grand Rapids Eerdmans, 2000), 114-18. 또한 다음을 참조하라. M. Williams, *The Doctrine of Salvation in the First Letter of Peter*, 89-90.

149 예. B. B. Warfield, *The Person and work of Christ* (Grand Rapids: Baker, 1950), 429-75; Morris, *The Apostolic Preaching of the Cross*, 16-55.

150 I. H. Marshall, "The Development of the Concept of Redemption in the New Testament," in *Reconciliation and Hope: New Testament Essays on Atonement and Eschatology Presented to L. L. Morris on His Sixtieth Birthday*, ed. R. Banks (Grand Rapids: Eerdmans, 1974), 153-54. 또한,

로 언급하지 않는다(눅 21:28; 롬 8:23; 엡 1:14; 4:30). 반면에 어떤 학자들은 값에 관한 개념을 아예 없애 버리려는 데 매우 열심이다.[151] 많은 본문은 신자들이 그리스도의 피로 구속되었음을 보여 주며(롬 3:24; 엡 1:7; 참조. 마 20:28; 막 10:45), 베드로도 이 구절에서 분명히 가르친다. 악트마이어는 대속이 "그리스도를 통한 하나님 그분 자신의 행동으로" 왔다는 사실이 유일한 강조점이라고 말하면서 신자들이 그리스도의 피로 대속되었음을 부인한다.[152] 악트마이어의 주장은 사실이지만 본문의 특정한 표현을 건너뛰고 있기 때문에 완전하지 못하다. 본문은 하나님께서 그리스도의 피로 신자들을 대속하셨음을 알려 준다. 이 결론은 그리스도의 피가 값을 분명히 나타내는 은과 금에 반대되기 때문에 적절하다.[153]

"피"는 구약의 제사를 떠올리게 한다. 구약의 이미지는 그리스도가 "흠 없고 점 없는" 어린양에 비유되면서 계속되고 있다. 제물은 흠이 없어야 한다 (ἄμωμος, 아모모스)는 조건은 구약에서 자주 언급된다(예. 70인역 출 29:1, 38; 레 1:3, 10; 3:1, 6, 9; 4:3, 14, 23, 28, 32; 5:15, 18; 12:6; 민 15:24; 겔 43:22).[154] "점 없는"(ἄσπιλος, 아스필로스)은 구약에 없지만, 그리스도가 완전한 제물이라는 생각을 더 강하게 만든다. 사실 그분의 성취는 예표를 능가한다. 동물은 물리적으로 흠이 없지만, 베드로는 예수님이 죄가 없으심을 강조한다(참조. 2:22). 예수님은 죄 없으신 삶 때문에 온전한 제물이셨다. 일부 학자들은 배경이 되는 이미지를 출애굽 전통으로 제한하려고 하지만, 위의 언급들은 베드로가 제사 언어를 더 일반적으로 말했음을 나타낸다.[155]

베드로가 그리스도를 어린양으로 말할 때, 구약에서 무엇을 인용했을까? 어떤 학자들은 그가 유월절 어린양(출 12:21-23)을 언급한다고 주장한다. 그

M. Williams, *The Doctrine of Salvation in the First Letter of Peter*, 83-87.

151 F. Büchsel, "λύτρωσις," *TDNT* 4:354-55.

152 Achtemeier, *1 Peter*, 128.

153 참조. M. Williams, *The Doctrine of Salvation in the First Letter of Peter*, 88-89.

154 반 운니크(Van Unnik)은 두 구절을 해석하는 열쇠가 그 배경이 구약의 제사가 아니라 개종자의 제물에 있음을 이해하는 것이라고 생각한다("The Redemption in I Peter 1.18-19," 3-82). 반 운니크와는 반대로, 구약 배경이 분명해 보이기 때문에, 이 본문에서 개종자의 제물이 암시되었는지 분명하지 않다.

155 따라서, Achtemeier, *I Peter*, 128-29.

피가 심판하는 천사들의 진노에서 이스라엘을 구했다.[156] 출애굽기 12장 5절은 완전한 양(개역개정. "흠 없고", πρόβατον τέλειον, 프로바톤 텔레이온)을 요구한다.[157] 어떤 학자들은 주의 종이 어린양처럼 도살장으로 끌려가는 이사야 53장 7절을 언급한다고 이해한다(참조. 2:21-25).[158] 다른 학자들은 동물이 흠이 없어야 한다고 요구하는 제사를 언급한다고 생각한다.[159] 일부 학자들은 이스라엘이 유월절 어린양의 피가 아니라 하나님의 능력으로 구속을 받았기 때문에 유월절에 대한 언급인지 의심한다. 더욱이 유월절 피는 구속을 위한 것이 아니라 하나님의 진노를 막는 것이었다.[160] 그러나 반대 견해들은 결정적이지 않다. 피와 하나님의 능력 사이의 잘못된 이분법을 제시한다. 집에 피를 바르는 사람들에게 구원하시는 하나님의 능력이 주어지기 때문이다. 이스라엘 사람들은 문에 바른 피를 자신을 대속하는 피로 여겼을 것이다. 이사야 53장 7절의 어린양을 언급한다는 데 반대해서, 이 본문에 관한 언급으로 보이는 다른 단어가 없다고 이의를 제기하기도 한다.[161] 예를 들어, 이사야 53장은 희생의 피를 말하지 않는다. 그러나 이사야 53장은 그 종은 죽을 것이며 그의 죽음이 속죄 제물이라고 가르친다(사 53:12). 우리는 이미 죽음에 이르기까지 쏟은 피가 생명을 의미한다는 점을 살펴보았다. 따라서 같은 영역의 개념이 포함되어 있음에도 본문들의 개념 차이를 과도하게 강조할 수 있다. 레위기가 설명하는 제사를 고려하면, 많은 경우 "흠 없는" 어린양을 바쳐야 하지만 양이 필요하지 않은 경우도 분명히 많이 있다. 결론적으로 이 본문은 일반적이기 때문에 유월절, 고난 받는 종, 희생 제사 등 어느 한 가지 배경으로 제한할 필요는 없다. 베드로는 그리스도의 죽음이 이 세 가지 개념을 모두 포함

---

156 예. Calvin, *Catholic Epistles*, 51 (그는 희생 제의를 포함시키지만); F. W. Beare, *The First Epistle of Peter: The Greek Text with Introduction and Notes* (Oxford: Blackwell 1947). 80; Davids, *First Peter*, 73; Goppelt, *1 Peter*, 116. 따라서 그 죽음은 대속적이다. 다음 견해에 반대된다. B. Howe. *Because You Bear This Name: Conceptual Metaphor and the Moral Meaning of I Peter*, BIS 81 (Leiden: Brill, 2006), 207-8.

157 손튼(Thornton)은 "어린양이 유월절 희생양이 될 수 있는 것은 아니었다"라고 지적한다("1 Peter, a Paschal Liturgy?," 19).

158 Kelly, *Peter and Jude*, 75.

159 예. Achtemeier. *1 Peter*, 129.

160 Achtemeler, *1 Peter*, 128.

161 Goppelt, *I Peter*. 116; Achtemeier, *1 Peter*, 129.

한다고 이해한다. 초기 그리스도인들은 하나님의 죄 없는 어린양이신 그리스
도의 희생 제사에서 유월절, 고난 받는 종, 제사 제도가 성취되었다고 보았다.

1:20. 베드로는 두 개의 분사 구문으로 역사가 시작되기 이전에 미리 알
려지신 그리스도와 구원 역사의 절정에 나타나신 그리스도를 대조한다.[162] 19
절의 헬라어 본문에서 "그리스도"는 마지막에 나타나며 "그리스도"와 "피" 사
이에 다섯 단어가 있다. 아마도 그리스도가 20절에서 시작하는 분사의 주어
라는 사실을 분명히 하기 위해서 이런 방식으로 본문을 기록했을 것이다. 그
리스도는 "창세 전부터 미리 알린(προεγνωσμένου, 프로에그노스메누) 바 되셨
다." "미리 알린"은 이미 1장 2절에서 논의했다(주해 참조). 하나님의 미리 아
심이 또한 예정되었다고 말한다.[163] 어떤 것 또는 어떤 사람이 미리 알려졌다
고 말하는 것은 반드시 선재를 의미하지 않는다. 하나님께서 역사에서 일어날
모든 일을 미리 알고 미리 정하셨기 때문이다. 그럼에도 불구하고 "그리스도
가 미리 알려졌다"라는 어구는 그분의 선재를 의미한다.[164]

162 불트만(R. Bultmann)은 분사가 벧전 3:18-19, 22와 함께 묶인 예전적인 서술을 나타낸다고 제
  안한다("Bekenntnis und Liedfragmente im ersten Petrusbrief," ConBNT 11 [1947]: 10-12). 그
  러나 여기에서 이러한 주장에 대한 증거는 대조되는 분사 자체가 전통의 사용을 의미하지 않
  기 때문에 의문의 여지가 있다. 여기에 사용된 단어가 벧전 3:18-19, 22에 달려 있다는 개념은
  추측일 뿐이다.
163 위더링턴은 그리스도의 오심을 예정했다는 것은 삼위일체(그리스도) 중 한 위격이 자유롭지
  못하고 다른 위격의 뜻에 종속된다는, 즉 이것은 하나님의 위격에는 불가능하다는 의미라고
  잘못 결론을 내린다(1-2 Peter. 108n129). 그러나 우리는 삼위일체에 관한 가르침을 공식화할
  때 환원주의적으로 하지 않도록 주의해야 한다. 왜냐하면 요한복음에서는 아버지께서 아들을
  보내셨고 아들은 자유로운 의지로 오시는 것을 보기 때문이다. 예정론은 영원하신 아들에게 의
  지나 선택이 없다는 결론으로 이어지지 않는다. 분명히 이 문제는 여기에서 해결할 수 없지만
  예정과 참된 선택은 서로 반대되지 않음에 주의해야 한다(참조. 행 2:23; 4:27-28).
164 참조. Michaels, 1 Peter, 67; Davids, First Peter, 74: Schelke, Der Petrusbriefe-Der Judasbrief,
  50. 따라서 데이비스(P. E. Davies)가 베드로전서에서 그리스도의 선재에 관한 어떤 개념도 "부
  재"하다고 말하는 것은 놀라운 일이다("Primitive Christology in 1 Peter" in Festschrift to Honor
  F. Wilbur Gingrich: Lexicographer, Scholar, Teacher, and Committed Christian Layman, ed. E.
  H. Barth and R. E. Cocroft [Leiden: Brill, 1972], 117; 따라서 J. O. Tuñi, "Jesus of Nazareth in
  the Christology of 1 Peter," HeyJ 28 [1987]: 295: Elliott, 1 Peter, 377). 어떤 학자들은 이 개념
  이 단지 그리스도와 구원을 위한 하나님의 계획이 이미 존재했고, 그리스도 자신의 위격이 아
  니었다고 주장한다. 따라서, J. D. G. Dunn, Christology in the Making: A New Testament Inquiry
  into the Origins of the Doctrine of the Incarnation (Philadelphia: Westminster, 1980), 238: E
  Richard, "The Functional Christology of First Peter" in Perspectives on 1 Peter (Macon: Mercer
  University Press, 1986), 131. 그러나 본문은 미리 아신 계획을 언급하지 않고 그 위격을 언급한
  다. 왜냐하면, 20절의 분사가 분명히 19절의 "그리스도"를 수식하기 때문이다. 그리스도를 미

베드로가 '그리스도가 미리 알린 바 되었다'고 말하는 이유는 무엇인가? 이것은 그의 주장에 어떻게 어울리는가? 이 단락의 주요 주제는 "신자가 두려움으로 살아야 한다"이다. 그들은 그리스도의 보배로운 피로 대속함을 받았기 때문이다(18-19절). 독자들에게 이것이 나중의 결정이 아님이 알려졌다. 하나님은 역사가 시작되기 전에("창세 전에", 참조. 엡 1:4), 그리스도께서 역사의 이 특정한 시기에 구속자로 나타나실 것을 결정하셨다.[165] 이 해석은 구절의 마지막 부분으로 확인된다. 그리스도는 "이 말세에 너희를 위하여 나타내신 바 되었다." 그리스도의 나타나심은 그의 성육신을 말하며, 베드로는 신자들이 하나님께서 구원하시겠다는 자신의 약속을 성취하실 때 생명의 복을 누린다고 강조했다. "마지막 때"(개역개정. 말세, ἐπ' ἐσχάτου τῶν χρόνων, 에프 에스카투 톤 크로논)는 예수 그리스도의 사역, 죽음, 부활로 시작된 구원 역사의 완성을 의미한다. 마이클스는 이 구절이 5절의 "마지막 때"(개역개정. "말세", ἐν καιρῷ ἐσχάτῳ, 엔 카이로 에스카토)와 구별되어야 한다고 바르게 지적했다.[166] 후자는 신자들을 기다리고 있는 미래의 유업을 가리키지만, 이 구절은 마지막 때가 그리스도의 오심과 함께 시작되었음을 보여 준다.[167] 이 모든 일이 그들을 위해서 일어난 일이기 때문에, 신자들의 놀라운 특권을 다시 한 번 전한다(참조. 10-12절). 하나님을 두려워하는 삶을 그만둠으로 이 모든 특권을 던져 버리는 것은 얼마나 비극적인가?

1:21. 21절은 20절을 잇고 있다. 하나님의 약속이 성취되는 시대에 사는 독자들은 그리스도로 "말미암아"(διά, 디아) 하나님을 믿는 "신자들"(πιστούς, 피스투스)[168]이다. 그들은 예수 그리스도의 사역으로 말미암아 하나님을 믿게

리 아신 위격으로 언급하는 것은 선재를 암시한다.

165 마이클스는 "영원으로부터 결정된 것은 단순히 예수 그리스도께서 세상에 오실 것이 아니라 19절에 이미 암시된 어떤 역할, 즉 그가 맡은 역할을 성취해야 한다는 것이다"(*1 Peter*, 66-67). 참조. Gruderm, *1 Peter*, 85-86.

166 Michaels, *1 Peter*, 68.

167 여기에서 시작되었지만 아직 완성되지 않은 종말론을 의미한다(다음을 보라. Bechtler, *Following in His Steps*, 131-32).

168 대부분 실제로 πιστεύοντας를 지지한다. 아마도 πιστούς (A, B, 398, Vg)가 드물기 때문일 것이다. 후자가 더 어려운 읽기이기 때문에 유지되어야 한다(참조. *TCGNT*, 617).

되었다. 그의 사역은 18-19절에 특징적으로 나타난다. 베드로는 이미 강조했던 주제를 반복하면서 이 부분을 마무리한다. 그들은 그리스도를 "죽은 자 가운데서 살리시고 영광을 주신" 하나님을 믿었다. 그리스도의 사역의 결과로 그를 믿고 소망하게 하는 하나님이 목적을 이루셨는데, 이 구절은 그 의도한 결과를 말하는 내용으로 이해해야 할 것이다.[169] 그리스도의 죽은 자 가운데서 부활은 1장 3절에서 믿는 자들의 "산 소망"의 기초이며, 이 구절에서도 믿는 자들의 소망은 그리스도의 부활에 뿌리를 둔다.

고난 이후 그리스도의 영광은 1장 12절에서도 언급된다.[170] 고난 이후 그리스도의 신원과 영광(사 52:13을 보라)은 신자들을 위한 전형적인 예이다. 신자들은 하나님의 순례자로 현재 고난을 당하지만, 그들의 장래 소망은 부활과 영광이다. 그들은 더 이상 고난이 없고 종말론적 구원을 경험할 날을 고대한다. 여기에서 "믿음과 소망"은 사실 동의어일 가능성이 크다. 이 구절 첫 부분에서 베드로는 그들이 그리스도로 말미암아 하나님을 믿는 자들임을 강조한다. "소망"은 이 부분에서 포괄적인 역할을 하며, 3절에서 논의를 시작했고 21절에서 마무리한다. 또한 13-21절의 내용을 결정한다. 13절은 미래의 구원에 완전한 소망을 두라는 부르심으로 시작하기 때문이다. "믿음과 소망"의 긴밀한 연관성은 또한 앞 구절의 "믿음"(πίστις, 피스티스)이 "신실함"으로 제한되지 않음을 보여 준다(1:5, 7, 9).[171] 그 대신 베드로는 믿음에서 신실함이 흘러나오도록 두 개념을 통일시킨다.[172] 여기에서 베드로의 언급은 다른 이유로 중요하다. 세 개의 명령이 이 구절들을 지배한다. "바랄지어다"(13절), "거룩한 자가 되라"(15절), "두려움으로 지내라"(17절). 21절은 독자들에게 그들이 부르심을 받은 거룩한 삶은 하나님의 약속을 믿는 삶임을 다시 상기시킨다. 베드로는 그들을 위해서 덕목을 내세우는 도덕주의자가 아니었다. 거룩한 삶은 하나님을 다른 모든 것보다 가치 있게 여기는 삶이며 하나님의 선하심을

---

169 Michaels, *1 Peter*, 70.

170 마이클스는 "그러므로 '그에게 영광을 주었다'라는 문구는 독자들에게 그를 죽은 자 가운데서 살리심의 중요성을 정의한다"(*1 Peter*, 69).

171 또한 다음을 참조하라. Michaels, *1 Peter*, 68.

172 댈턴(Dalton)과 대조적으로 "소망"이 서술적인 형용사일 가능성은 낮다("Your Hope in God," 272-74), 따라서 우리는 "네 믿음이 또한 하나님을 소망함이 될 수 있도록이라는 번역을 거부해야 한다"라고 악트마이어는 바르게 주장한다. Achtemeier, *1 Peter*, 133.

믿고 소망하는 삶이다.

2.3. 새로운 하나님의 백성으로서의 삶(1:22-2:10)

거룩한 삶을 살라는 부르심에서 교회 지체들 사이의 합당한 관계로 초점이 공동체적으로 옮겨가지만, 편지에서 큰 단절은 없다. 이 단락을 세 부분으로 나누면 1장 22-25절; 2장 1-3절; 2장 4-10절이다. 처음 두 단락은 명령형으로 나머지 단락은 확언으로 특징지어진다. 첫째, 베드로는 신자들에게 서로 사랑하라고 권면한다(1:22). 그 사랑에 대한 요청의 근거는 그들의 회심이다(1:22a). 즉, 하나님께서 말씀을 통해서 낳으셨다는 사실(1:23)에 근거한다. 베드로는 말씀이 불가항력적임을 강조하며, 이 말씀은 독자들에게 선포된 복음과 동일하다(1:24-25). 두 번째 부분도 명령형으로 시작한다. 신자들은 갓난아기와 같이 순전한 젖인 하나님의 말씀을 사모해야 한다(2:2). 하나님의 말씀을 사모하라는 명령도 23절에 근거를 둔다. 하나님께서 말씀을 통해서 새로운 생명으로 낳으셨기 때문이다. 2장 1-3절에 따르면 말씀은 새 생명이 시작되는 수단일 뿐만 아니라(1:23) 마지막 날 구원에 이르게 하는, 생명이 계속되는 수단이기도 하다. 이와 같은 영적 성장은 또한 공동체 내에서 사랑의 샘에 독을 타는 태도와 행동을 버리는 것을 포함한다(2:1). 베드로는 수신자들이 주님의 인자하심을 맛보았으면(2:3) 복음의 메시지를 사모하기를 기대한다. 왜냐하면 주님의 아름다움과 선하심을 처음 맛보면, 더 경험하고 싶은 열망이 일어나기 때문이다.

다음 단락으로의 전환은 명확하지 않지만(2:4-10), 1장 3-12절에서처럼 그리스도를 믿는 신자들을 위해서 하나님께서 하신 일로 돌아가는 것처럼 보인다. 따라서전체 본문은 샌드위치 구조이다. 1장 3-12절과 2장 4-10절에서는 하나님의 은혜로운 일하심을 표현하는 직설법 문장이 두드러지지만, 1장 13절-2장 3절에서는 명령형이 샌드위치 구조로 끼어 있다. 이 구조는 베드로전서의 모든 명령이 하나님의 은혜에 뿌리를 두고 있고 그것에 의존함을 강조한다. 베드로전서 2장 4-10절은 특히 소아시아에 있는 교회들이 하나님의 성전이요, 그의 택하신 백성이며, 세상에서 새 공동체임을 강조한다. 예수 그리스도가 하나님의 택하심을 받으신 자인 것처럼, 그리스도를 믿는 자도 하나님의 새 성전과 택하신 제사장이다.

3-4절 사이의 전환에서, 믿음은 2장 3절에서 주의 인자하심을 맛보고, 그리고 2장 4절에서 예수님께 나아오는 것으로 묘사된다. 여기에서 주는 다름 아니라 예수 그리스도이시다. 그분은 자기 시대 사람들에게 버림을 받았지만 죽은 자 가운데서 부활하심으로 분명히 알 수 있듯이 하나님께 택하심을 받고 존귀하게 된 분이시다. 베드로는 다음과 같이 강조한다. 산 돌 같이, 신령한 집으로, 하나님께서는 신자들을 신령한 제사장으로 세우신다(2:5). 성령의 감동을 받은 하나님의 제사장들은 예수 그리스도를 통해서 하나님이 기쁘게 받으실 만한 제사를 드린다. 6-10절 대부분은 구약의 인용과 암시이다. 이사야 28장 16절에서 우리는 하나님께서 예수 그리스도를 새 집의 모퉁잇돌로 거룩하게 세우셨음을 배운다(2:6).[173] 그러므로 그 집은 그분으로부터 세워지며, 그분을 믿는 자들(즉, 그분에게 나아오는 자)은 마지막 날에 부끄러움을 당하지 않을 것이다. 그러므로 7a절은 산 돌이신 그리스도가 귀하다는 사실만을 의미하지 않는다. 오히려 하나님께서 예수님을 영화롭게 하시고 신원하신 것처럼 마지막 날에 신자들을 영화롭게 하시고 신원하실 것을 의미한다.[174] 반대로 시편 118편 22절의 성취로 불신자들은 예수님이 건물의 모퉁잇돌이시지만 그분을 거절했다(2:7b). 그러므로 그들이 그 돌에 걸려 넘어져 마지막 날에 심판을 받을 것은 놀라운 일이 아니다(사 8:14; 벧전 2:8a).

여기에서 베드로는 예수님이 인간에게 버림을 받았다는 주제를 되풀이하지만(2:4), 하나님의 높으심이라는 주제가 내포되어 있다. 믿지 않는 자들이 예수님을 거부했기 때문에 걸려 넘어지고 멸망을 당할 것이기 때문이다. 그들의 넘어짐과 불순종도 하나님께서 정하셨다(2:8b). 베드로는 이 주제를 덧붙여 독자들이 하나님께서 장차 올 모든 것을 다스리시며 원수들도 그의 통치 아래 있음을 떠올리게 한다. 대조적으로 예수 그리스도의 교회는 회복된

173 윌리엄스는 여기에서 베드로의 기독론이 교회론의 가르침과 권면을 뒷받침한다고 주장한다 ("A Case Study in Intertextuality: The Place of Isaiah in the 'Stone' Sayings of 1 Peter 2," *RefTR* 66 [2007]:37-55).

174 베드로전서의 명예와 수치의 주제는 다음을 참조하라. J. H. Elliott, "Disgraced Yet Graced: The Gospel according to 1 Peter in the key of Honor and Shame," *BTB* 25 (1995): 166-78.

이스라엘이다(2:9-10). 교회는 하나님의 택하신 백성이요, 왕 같은 제사장이요, 거룩한 나라요, 그의 특별한 소유이다. 민족적인 유대인들을 배제하지 않지만 하나님의 백성이 되기 위해서 예수님을 메시아로 믿어야 한다. 이 새로운 하나님 백성의 목적은 그의 찬양과 기사를 선포하는 것이다. 이것은 아마도 5절에서 신령한 제사를 드리라는 부르심을 다시 언급하는 것이다. 베드로전서의 독자들은 참된 복을 받은 자들이다. 그들은 이전에 하나님의 백성이 아니었고 또 이방인과 같이 그의 긍휼의 대상이 아니었지만(2:10), 이제는 하나님의 백성에 속하고 그의 크신 긍휼을 체험한다(호 2:23).

2.3.1. 서로 사랑하라(1:22-25)

²² 너희가 진리를 순종함으로 너희 영혼을 깨끗하게 하여 거짓이 없이 형제를 사랑하기에 이르렀으니 마음으로 뜨겁게 서로 사랑하라 ²³ 너희가 거듭난 것은 썩어질 씨로 된 것이 아니요 썩지 아니할 씨로 된 것이니 살아 있고 항상 있는 하나님의 말씀으로 되었느니라 ²⁴ 그러므로 모든 육체는 풀과 같고 그 모든 영광은 풀의 꽃과 같으니 풀은 마르고 꽃은 떨어지되 ²⁵ 오직 주의 말씀은 세세토록 있도다 하였으니 너희에게 전한 복음이 곧 이 말씀이니라

1:22. 이 단락의 주제는 사랑하라는 권면에서 찾을 수 있다. 사랑하라는 명령은 그 이유 또는 근거를 제공하는 두 개의 완료 분사와 묶여 있다. 첫번째 분사는 제의와 정결의 언어를 사용하지만(22절), 두 번째 분사는 낳음과 아버지의 이미지를 사용한다(23절).[175] CSB 성경은 첫 번째 절을 "진리를 순종함으로 스스로를 정결하게 하였기 때문에"라고 번역한다. NRSV 성경은 "이제 너희는 진리를 순종함으로 너희 영혼을 정결하게 하였다"라고 번역한다. 이 두 번역은 완료 분사 "정결하게 한"(ἡγνικότες, 헤그니코테스)을 회심으로 이해한다(개역

---

175 분사에 관한, 나와 비슷한 이해는 다음을 보라. Richard, *Reading 1 Peter, Jude, and 2 Peter*, 69-70; Dubis, *1 Peter Handbook*, 36-38. 포브스(*1 Peter*, 49)는 분사를 이유로 생각한다. 에방(M. Evang)은 ἀναγεγεννημένοι ἐκτενῶς에 대해서만 근거로 기능하고 분사 ἡγνικότες는 ἐκ καρδίας만 수식한다고 주장하면서 텍스트가 허용하는 것보다 더 자세하게 연구한다("Ex καρδίας ἀλλήλους ἀγαπήσατε ἐκτενῶς: Zum Verständnis der Aufforderung und ihrer Begründungen in 1 Petr 1,22f," *ZNW* 80 [1989]: 117).

개정. "너희가 진리를 순종함으로 너희 영혼을 깨끗하게 하여").[176] 분사의 완료
시제는 이 견해를 뒷받침하며, 행동의 결과가 진행하고 있는 과거를 나타낸다.
더욱이 "진리를 순종함으로"(ἐν τῇ ὑπακοῇ τῆς ἀληθείας, 엔 테 휘파케 테스 알레
데이아스)는 아마도 복음의 진리를 말하는 것 같다. 신약에서 종종 복음은 진리
로 정의된다.[177] 우리는 이 구절을 "참된 순종"(형용사적 속격)이 아니라 "진리
에 대한 순종"(목적격적 속격)으로 이해해야 한다.[178] "순종"은 다른 신약 본문에
서 회심을 묘사하며, 복음에 대한 복종을 의미한다(롬 1:5; 15:18; 16:19; 26).
이미 베드로가 1장 2절에서 순종을 말할 때 회심을 염두에 둔다(참조. 1:14).

반면에 그루뎀은 이것이 성화의 진행 과정을 가리킨다고 강력하게 주장
한다.[179] 첫째, 그는 신약에서 순종이 회심 이후라고 생각한다. 둘째, 그는 1장
2절과 1장 14절의 순종이 새 생명의 결과라고 주장한다. 셋째, "정결하게 하
다"는 야고보서 4장 8절과 요한 1서 3장 3절에서 제자도의 일상을 묘사한다.
넷째, 문맥은 거룩함이 주제이다. 다섯째, 그리스도인은 회심을 행하는 자가
아니라 성화를 행하는 자이다. 그러나 이 주장은 모두 설득력이 없다. 첫 두 논
증은 2절에 나타난 증거로 반박할 수 있다.[180] 우리는 순종이 회심과 연결되어
있음을 살펴보았다. 세 번째 주장은 결정적이지 않다. 왜냐하면 문제는 다른
저자들이 거룩함 가운데 살아가는 삶을 언급하기 위해서 다른 문맥에서 정결
의 언어를 사용하는지 여부에 있지 않기 때문이다. 23절은 신자들의 회심을
분명히 언급한다. 베드로의 문맥은 분명히 회심을 염두에 둔다. 사랑하라는
부르심은 또한 23절에서 그들의 회심에 근거한다. 아마도 마지막 주장이 가장
중요할 것이다. 신자들은 회개하고 믿고 세례를 받도록 그리고 구원을 받기 위

176 따라서 Piper, "Hope as a Motivation of Love," 214. 이 단어는 특히 구약에서 제의적 맥락에
자주 사용되지만(예. 출 19:10 민 6:3; 8:21:19:12), 신약에서도 사용된다(요 11:55; 행 21:24, 26;
24:18). 그러나 세례에 관한 언급이 있는지 분명하지 않다(다음과 반대된다. J. W. C. Wand, *The
General Epistles of St. Peter and St. Jude WC* [London: Methuen, 1934], 59).

177 참조. 고후 5:7; 갈 2-5, 14; 5:7; 엡 1:13; 골 1:5; 살후 2-10, 12, 13; 딤전 2:4; 3:15; 4:3; 6:5; 딤
후 2:15, 18, 25; 3:7, 8; 4:4; 딛 1:1, 14; 히 10:26, 약 1:18; 5:19; 벧후 1:12; 2:2.

178 Selwyn, *First Peter*, 149, Achtemeier, *1 Peter*, 136-37; Beare, *First Peter*, 83-84; Kelly, *Peter
and Jude*, 78.

179 Grudem, *1 Peter*, 87-88.

180 악트마이어는 "너희가 기독교 신앙을 받아들이고 살아감으로써 정결하게 된다"라고 두 가지
모두 고려한다(*1 Peter*, 137). 완료 분사는 과거의 사건을 가리킨다.

해 그리스도를 고백하도록 요청을 받는다(예. 행 2:38; 3:19; 13:39; 16:31; 롬 10:9). 그러므로 순종의 개념이 함께 사용되는 것은 놀랍지 않다. 물론 신약의 다른 본문에서는 믿음, 순종, 회개가 하나님의 은사임을 분명히 한다(엡 2:8; 딤후 2:25; 특별히 1:2의 주해를 참조하라). 따라서 신인 협력의 개념이 아니다. 베드로는 신자들이 구원을 궁극적으로 실행하는 자라고 제시하지도 않는다.[181]

그들의 회심의 목표나 목적은 동료 신자들에 대한 진실한 사랑이다. "이는 너희가 서로에게 진실한 형제 사랑을 나타내기 위해서이다."[182] RSV 성경은 "진실한 형제 사랑을 위하여 너희가 진리에 순종함으로 너희 영혼을 깨끗하게 하고"(ESV, HCSB, NASB도 비슷하다)라고 분명하게 번역한다. "형제 사랑"(φιλαδελφίαν, 필라델피안)이라는 말은 동료 신자들이 눈앞에 있음을 나타낸다(참조. 3:8; 5:9).[183] 사랑이 회심의 목적이기 때문에 마음으로부터 우러나오는 사랑의 명령이 자연스럽게 따라온다.[184] 동사 "사랑하라"와 "형제 사랑"은 의미상 중복되기 때문에 여기에서 구분할 필요는 없다. "사랑하라"는 명령은 그들의 회심 즉, 사랑을 가능하게 하는 마음을 깨끗하게 함에 뿌리를 둔다. 그리스도인 공동체의 특징은 서로를 지속적으로 사랑하는 것이다.[185] 베

---

181 NKJV 성경은 "너희가 진실한 형제 사랑안에서 성령으로 진리를 순종함으로 너희 영혼을 정결하게 하였으니"로 번역한다. 현저한 차이점은 "성령을 통하여"에서 발견되며, 다수 본문은 "διὰ πνεύματος"을 추가한다. 이것은 분명히 2차적이며 행위의 의에 관한 모든 개념을 막기 위해 삽입되었을 것이다(참조. Achtemeier, *1 Peter*, 135).

182 전치사 εἰς는 목적을 나타낸다(참조. Best, *1 Peter*, 93; Achtemeier, *1 Peter*, 137), 그러나 데이비스는 결과로 이해한다(*First Peter*, 76)

183 건드리와 대조적으로 베드로가 벧전 1:22와 4:8에서 요 13:34-35; 15:12의 전통을 반영했는지 분명하지 않다("*Verba Christi*," 340; "Further *Verba*," 215-16; cf. also Maier, "1 Petrusbrief," 90). 다음은 올바르게 주장한다. Best, "Gospel Tradition," 96-97. 요 13:34-35와 15:12을 가리키기에는 너무 모호하다.

184 헬라어 καθαρᾶς가 원문인지 알기 어렵다. 이 단어는 A, B, Vg에 없다. 그러나 𝔓72, ℵ, C, 86, 614에 나타난다. 이것은 딤전 1:5와 딤후 2:22의 동화를 나타낼 수 있다. 의미는 어느 쪽이든 영향을 많이 받지 않는다.

185 학자들은 ἐκτενῶς가 "뜨겁게"를 의미하는지 또는 "지속적으로"를 의미하는지 서로 의견이 다르다. 후자는 다음을 참조하라. C. E. B. Cranfield, *I & II Peter and Jude: Introduction and Commentary*, TBC (London: SCM, 1960), 57; Michaels, *1 Peter*, 75-76, Achtemeier, *1 Peter*, 137, Evang, "Zum Verständnis der Aufforderung und ihrer Begründungen in 1 Petr 1.22f," 116, 118; Elliott, *1 Peter*, 387; Dubis, *1 Peter Handbook*, 37; Feldmeier, *First Peter*, 121. 리처드는 "마음으로"가 이미 열심에 관한 강조가 있고, 따라서 여기에서 지속성으로 볼 수 있다고 주장한다(*Reading I Peter, Jude, and 2 Peter*, 71).

드로는 가까운 문맥에서 영원성, 인내, 썩지 않음을 강조한다. 우리는 21-22절에서 베드로가 믿음, 소망, 그리고 사랑을 말한다는 것에 주목해야 한다. 그는 고난 받는 교회에 다른 것이 아닌 '서로 사랑하라'라는, 그리스도인의 삶에서 가장 중요한 것을 요청한다. 이와 같은 사랑의 불꽃은 박해의 홍수에서도 꺼지지 않을 것이다.

1:23. "사랑하라"는 명령은 하나님의 구원 사역에 뿌리를 둔다. 그리스도인들은 하나님의 말씀이라는 씨로 태어났다(ἀναγεγεννημένοι, 아나게겐네메노이). 대부분 번역은 "거듭난"으로 번역한다. 우리는 1장 3절에서 "거듭나다"보다 "새롭게 낳다"가 더 정확하다는 것을 살펴보았다.[186] 이 단어는 그들에게 새 생명을 주셨던 하나님께 강조점이 있다. 그리고 하나님이 그들을 낳았던 수단인 말씀이라는 씨에 있다. 하나님이 말씀이라는 씨로 자녀를 낳으심은 아버지의 씨(정자)로 자녀를 낳는 것과 같다. 불행하게도 RSV와 NRSV 성경은 연결을 생략하기 때문에 22절에 관한 23절의 관계를 모호하게 만든다. 이 분사는 이유로 이해해야 한다.[187] 베드로는 하나님이 그들을 낳으셨기 때문에 서로 사랑해야 한다고 주장한다. CSB 성경은 "때문에"(참조. NIV 성경)로 23절을 시작하면서 그 뉘앙스를 포착한다. 22-23절에서 회심은 인간이 자기 삶을 정결하게 하는 행위와 새 생명을 낳는 하나님의 행위라는 두 가지 관점으로 묘사된다.[188] 그러나 하나님의 행하심이 근본적이다.

하나님은 자기 백성을 "썩어질 씨"가 아니라 "썩지 아니할 씨"로 낳으셨다. 여기에서 사용된 단어들은 베드로가 좋아하는 단어들이다. 신자들의 하늘의 유업은 "썩지 아니할" 것이다(ἄφθαρτος, 아프다르투, 벧전 1:4). 아내들의 "온유하고 안정한 심령"이 "썩지 아니하는"(ἄφθαρτος, 아프다르토스) 성격일 때 하나님은 기뻐하신다. 반면에 신자들은 은이나 금같이 없어질 것(φθαρτός, 프다르토스)이 아니라 그리스도의 보배로운 피로 구속을 받는다(1:18). 사람의 정자는 썩어질 것이며 땅의 것이다. 자식을 낳는다고 하더라도 결국은 죽

---

186 참조. Achtemeier, *1 Peter*, 139.

187 Donelson, *I and II Peter and Jude*, 51: Forbes, *1 Peter*, 50.

188 Goppelt, *I Peter*, 126: Piper, "Hope as a Motivation of Love," 214.

는다. 반면에, 자기 백성을 낳기 위해 하나님께서 사용하는 씨는 지지 않고 썩지 않는다. 헬라어 σπορά(스포라)는 "씨뿌림" 또는 "근원"으로 번역할 수 있으며 일부 학자들은 여기서 근원으로 이해한다.[189] 그러나 문맥에서 뿌려지는 씨가 더 나은 의미이다. 일반적인 의미인 "씨"(σπέρμα, 스페르마)와 구별할 필요는 없다.

이 씨는 무엇인가? 어떤 학자들은 성령을 말하지만, 성령은 이 문맥에서 언급되지 않는다. 대부분 학자들은 그 씨가 바로 하나님의 말씀(λόγος, 로고스)이라는 데 동의한다. 전치사 "~에서"(ἐκ, 에크)와 "~으로"(διά, 디아)를 날카롭게 구별할 필요가 없다(개역개정. "씨로"[ἐκ σπορᾶς, 에크 스포라스]와 "하나님의 말씀으로"[διὰ λόγου θεοῦ, 디아 로구 떼우]). 둘 다 하나님이 그의 자녀를 낳는 도구라는 의미이다. 몇몇 학자들은 "말씀"(λόγος, 로고스)이 요한복음에서 분명히 하나님의 말씀으로서 그리스도를 가리킨다고 생각한다. 그러나 베드로는 "말씀"(λόγος, 로고스)으로 복음을 의미했다. 신약에서 종종 이 의미를 가진다(예, 엡 1:13; 빌 2:16; 골 1:5, 4:3; 살전 1:8; 2:13; 살후 3:1; 딤후 2:9; 4:2; 딛 1:3; 2:5; 히 13:7; 약 1:21). 베드로전서에서도 같은 의미이다(2:8; 3:1).

문법적으로 우리는 마지막 어구를 "살아계시고 항상 있는 하나님의 말씀"으로 번역할 수 있다.[190] 그러나 문맥을 고려할 때 "하나님의 살아 있고 항상 있는 말씀"(참조. 히 4:12)이 정확하다.[191] 25절에 "있도다"(μένω, 메노)가 다시 나타나기 때문에 이 점을 확인할 수 있다. "오직 주의 말씀은 세세토록 있도다"(25절). 그러므로 23절과 25절 모두에서 하나님의 말씀이라는 지속적인 특징이 나타난다.[192] "있다"(μένω, 메노)는 "썩지 아니한다"라고 말하는 또 다른 방식이다. 25절의 마지막 부분은 (성령이 아니라) 하나님의 말씀에 주목한다. 말씀은 "너희에게 선포된" 복음과 동일시된다. 하

---

189 Selwyn, *First Peter*, 150-51; Beare, *First Peter*, 36: Michaels, *1 Peter*, 76, E. A. Laverdiere, "A Grammatical Ambiguity in 1 Pet 1:23," *CBQ* 36 (1974):92.

190 Laverdiere, "A Grammatical Ambiguity," 89-94; Michaels, *1 Peter*, 76-77; Richard, *Reading 1 Peter, Jude, and 2 Peter*, 72.

191 구약의 선례는 다음을 참조하라. Schelke, *Der Petrusbriefe-Der Judasbrief*, 53.

192 참조. Brox, *Der erste Petrusbrief*, 87-88.

나님이 자기 백성을 낳으시는 수단은 하나님의 말씀이라는 씨, 곧 복음 전파이다. 베드로의 신학은 바울의 가르침, "믿음은 소식을 들음에서 온다"(롬 10:17 NIV. 개역개정. "믿음은 들음에서 나느니라")와 일치한다. 갈라디아서 3장에서 성령을 받음은 전파된 메시지를 믿음으로 이루어진다(갈 3:2, 5). 아마도 베드로는 말씀이 생명을 낳기 때문에 "살아 있다"를 사용하고, 한 번 생명을 얻은 생명은 결코 멈추지 않기 때문에 "항상 있는"을 사용할 것이다.[193]

1:24. 24-25절은 이사야서를 인용하면서 주님의 말씀이 항상 있다는 사실을 지지한다. 24절 "왜냐하면"(개역개정. 그러므로, διότι, 디오티)은 구약 인용을 소개한다(사 40:6-8). 베드로는 "기록되었으되"와 같은 소개의 공식을 사용하지 않고 바로 구약 본문으로 뛰어든다. 일반적으로 "왜냐하면"(διότι, 디오티)은 원인을 의미하지만, 구약 인용이 어떻게 앞 내용의 근거가 되는지 알기 어렵다. 문맥상, 이 인용은 구약에서 하나님의 말씀이 영원히 있음을 보여 주는 23절을 설명하거나 다시 언급한다고 이해해야 한다.[194] 구약 인용은 25절 첫 부분까지 계속된다. 베드로는 아마도 여기에서 70인역(LXX)을 인용했을 것이다. 70인역은 마소라 본문(MT) 이사야 40장 7절의 일부분이 생략되어 있으며, 베드로도 동일하게 생략한다.

이 인용문은 이스라엘에게 위로가 선포되는 이사야 40장의 인용일 것이다. 이 본문에서 여호와께서 다시 한번 역사하시고 자기 백성을 바벨론 포로 상태에서 회복시키실 것이기 때문이다.[195] 이스라엘을 위한 "아름다운 소식"(사 40:9)은 하나님께서 약속을 성취하시고 이스라엘을 포로에서 구원하시겠다는 약속의 말씀을 강력해 보이는 세상 나라들이 거역할 수 없다는 것이다(사 40:6-8). 이 나라들은 풀과 꽃 같다. 여호와의 기운이 그 위에 불면 없어질 것이다. 아마도 베드로는 자기 시대의 박해자들을 생각했을 것이다. 그들은 꺾이지 않을 것 같지만, 그 영광은 잠시였다. 풀과 꽃은 봄에는 아름답지만,

---

193 일부 사본에 나타나는 εἰς τὸν αἰῶνα와 εἰς τοὺς αἰῶνας의 추가는 분명히 이차적이다.

194 참조. Michaels, *1 Peter*, 77; Achtemeier, *1 Peter*, 141.

195 다음을 보라. Egan, *Ecclesiology and the Scriptural Narrative of 1 Peter*, 92.

가을이 되면 그 무성함을 아무도 알지 못할 것이다(참조. 약 1:11).

1:25. 이제 구약 인용의 중요한 점이 "오직 주의 말씀은 세세토록 있도다"라고 등장한다. 그러므로 23절에서 하나님의 말씀이 "살아 있고 항상 있다"라는 베드로의 주장을 이사야서는 지지한다. 말씀은 23절에 따르면 썩지 아니할 씨이다. 이사야 40장은 어떤 나라도, 심지어 강한 바벨론도 주의 약속을 좌절시킬 수 없다고 강조한다. 베드로가 사용한 "주"(κυρίου)는 예수 그리스도를 가리키는가? 이사야서에서 본문은 "주"와 "하나님"을 바꾸어 사용한다. 이 단어들은 확실히 여호와를 언급한다(예. 주는 2, 3, 5[2번]절, 하나님은 1, 3, 5, 8, 9절). 아마도 베드로는 이사야 40장을 인용하면서 다른 신약 저자들처럼 이 본문을 예수 그리스도께 적용했을 것이다(예. 마 3:3; 막 1:3; 눅 1:76; 요 1:23; 고전 2:16; 그러나 롬 11:34도 참조하라).[196] 그렇다면 주격적 소유격(주께서 하신 말씀)[197]인가 아니면 목적격적 소유격(주께 대한 말씀)[198]인가? 둘 다 의미가 가능하지만 다음 절은 목적격적 소유격이다. 세세토록 있는 주의 말씀이 그들에게 선포되었다. 예수님께서 직접 소아시아 신자들에게 복음을 전하지 않았으므로 주의 말씀은 주 예수님에 대한 말씀, 곧 이 교회들이 믿었을 때 전파된 복음이다.

25절은 베드로의 구약 인용 주해로 결론을 내린다. 이사야의 주의 말씀은 하나님께서 자기 백성을 포로에서 회복하시고 아브라함에게 주신 약속(창 12:1-3)을 성취하시는 약속을 나타내며, 소아시아 교회들에 선포된 복음(εὐαγγελισθὲν, 유앙겔리스덴)으로 성취된다. 선지자들의 말씀이 예수 그리스도를 믿는 자들을 위한다는 사실을 보여 주는 1장 10-12절을 연상시킨다. 예수 그리스도를 믿는 사람들은 성취의 시대를 살고 있기 때문에 이사야의 말씀을 온전히 이해한다. 새로운 출애굽, 포로에서의 귀환, 하나님께서 이스라엘에게 하신 모든 약속의 성취가 복음을 통해서 실재가 되었다. 베드로가 사용한 단어(εὐαγγελίζω, 유앙겔리조)는 분명히 이사야에서 왔다. 이사야 40장

---

196 다음과 반대된다. Richard, *Reading 1 Peter, Jude, and 2 Peter*, 74: Egan, *Ecclesiology and the Scriptural Narrative of 1 Peter*, 90-91.

197 Michaels, *1 Peter*, 79.

198 Achtemeier, *1 Peter*, 141.

9절(베드로가 인용한 부분의 다음 구절)에서 시온과 예루살렘을 위한 "아름다운 소식"은 하나님이 오셔서 약속을 성취하실 내용이기 때문이다(참조. 사 52:7). 이사야서의 약속은 복음 선포로 성취된다. 이것이 베드로의 독자들이 가진 특권이다.

하나님의 말씀은 23절에서 λόγος(로고스)로 25절에서는 ῥῆμα(레마)로 나타난다. 말씀(ῥῆμα, 레마)는 이사야 40장 8절의 인용에 나오기 때문에 25절에서 사용되었을 것이다. 그러므로 두 용어는 같은 의미이며,[199] 동의어이다. 하나님은 이 복음으로 그들을 새생명을 가진 자들로 낳으셨다. 그들은 그 생명을 바탕으로 끊임없이 서로 사랑해야 한다.

2.3.2. 신령한 젖을 사모하라(2:1-3)

¹ 그러므로 모든 악독과 모든 기만과 외식과 시기와 모든 비방하는 말을 버리고 ² 갓난 아기들 같이 순전하고 신령한 젖을 사모하라 이는 그로 말미암아 너희로 구원에 이르도록 자라게 하려 함이라 ³ 너희가 주의 인자하심을 맛보았으면 그리하라

2:1. 어떤 학자들은 "그러므로"(οὖν, 운)가 1장 13-25절의 내용까지 담고 있다고 이해한다. 그러나 "그러므로"는 바로 앞에 있는 내용, 즉 신자들이 하나님의 은혜로 누리는 새 생명을 말할 가능성이 더 크다. 따라서 그들은 서로의 사랑을 없애 버리는 삶의 모든 것을 버리라는 권면을 받는다.[200] 분사 "버리고"(ἀποθέμενοι, 아포데네모이)는 사실 명령형이 아니지만, 대부분 영어 성경은 명령으로 번역한다. 명령형이 가능한 이유는 2절에 나오는 주동사 "사모하라"(ἐπιποθήσατε, 에피포데사테)에서 명령의 의미를 찾을 수 있기 때문이

---

199 Achtemeier, *1 Peter*, 142; Forbes, *1 Peter*, 52.

200 참조. Egan, *Ecclesiology and the Scriptural Narrative of 1 Peter*, 93. 슈바이쳐(E. Schweizer)는 부정과거 분사에서 단번의 행동이 고려된다는 잘못된 결론을 내린다("The Priesthood of All Believers: 1 Peter 2.1-10," in *Worship, Theology and Ministry in the Early Church: Essays in Honor of Ralph P. Martin*, ed. M. J. Wilkins and T. Paige, JSNTSup 87 [Sheffield: JSOT, 1992], 286). 최근 연구는 분사와 부정과거에 관한 이러한 이해를 뒤집는다.

다.[201] 그러나 이 단락의 중심 명령이 "순전하고 신령한 젖"(2절)을 사모하라는 것을 주목해야 한다.

왜 베드로는 악한 태도와 행동을 버리라는 요청으로 시작하는가? 아마도 이와 같은 것들이 사랑을 파괴하고 22-25절의 중요한 개념이 사랑의 책임이기 때문일 것이다.[202] 22절에서 형제 사랑에 대한 요청에 주목했다. 또한 그리스도인들은 "서로(ἀλλήλους, 알레루스) 사랑해야 한다"(ESV, 22절). 편지의 다음 부분(2:11-4:11)에서 베드로는 신자가 불신자와 어떻게 관계해야 하는지 설명하지만, 여기에서는 공동체의 관계에 초점을 맞춘다. 신약은 자주 죄나 그리스도인의 성장을 방해하는 것을 벗어 버린다는 의미에서 "버리다"(ἀποτίθημι, 아포티데미)를 사용한다(롬 13:12; 엡 4:22, 25; 골 3:8; 히 12:1; 약 1:21). 어떤 학자들은 신자들이 헌 옷을 벗고 새 옷을 입는 세례라고 이해한다.[203] 그러나 신약에서 명확하게 증명되지 않고 오히려 이후 교회 역사에 나타난다.[204] 이러한 악덕의 제거를 신자의 삶에서 지속해야 하기 때문에 세례로 제한될 수 없다는 점이 더욱 중요하다. 부정과거가 앞의 주장을 지지할 수 있지만, 한번의 행동으로 제한되지 않는다. 사실 신자들은 이러한 죄를 날마다 버려야 한다.

열거된 죄들은 교회의 사회 구조를 찢어 버리고 그들을 하나로 묶는 사랑의 실을 끊어버린다. 베드로는 공동체에서 어떤 죄도 용납하면 안 되고 죄는 포괄적으로 거부해야 한다고 알린다. 첫 번째 죄는 일반적인 악을 언급할 수 있지만, "악독"(CSB, 개역개정은 "악의"로 번역, κακίαν, 카키안)으로 바르게 번역한다. 이것은 이 구절들에 나타나는 사회적인 경향에 더 적합하기 때문이다. 서로에 대한 "악독"은 신자들의 공동체에 합당한 조화를 파괴한다. 기만과 외식은 서로 밀접하다. 두 가지 모두 속임수와 거짓이 공동체에 들어왔기 때문이다. "거짓이 없이 형제를 사랑"(22절)하는 것은 신자의 목표이며,

---

201 Michaels, *1 Peter*, 84; Forbes, *1 Peter*, 55; 회심에 관한 언급으로 본 리처드에 반대된다 (*Reading 1 Peter, Jude, and 2 Peter*, 77). 다른 학자들은 분사를 수반되는 상황으로 이해한다. Achtemeier, *1 Peter*, 144; Snyder, "Participles and Imperatives in 1 Peter," 193.

202 Achtemeier, *1 Peter*, 145.

203 예. Kelly, *Peter and Jude*, 83-84.

204 Grudem, *1 Peter*, 93n1; Achtemeier, *1 Peter*, 144n14.

기만과 외식은 거짓을 낳고 사랑에 필요한 신뢰를 잃게 만든다. 또한 시기는 사랑에 반대된다. 다른 이들의 최고를 바라기보다는 남의 몰락을 바라거나 다른 이들로 기뻐하는 것보다 자신의 발전을 더 좋아하기 때문이다. 비방하는 말은 다른 사람들에 대한 거짓 이야기를 퍼뜨리는 일뿐만 아니라 다른 사람을 헐뜯는 것도 포함한다.[205] 다른 이들에 대해서 완곡하게 말하는 시의적절한 말만 필요할 때가 종종 있다. 사랑은 다른 이들의 좋은 점을 찾고 부정적인 말을 하지 않는다.

2:2. 이 단락의 중심적인 가르침이 여기에서 전달된다. 신자들은 "순전한 말씀이라는 젖"을 사모하고 구원에 이르도록 자라게 될 것이다. 젖을 사모하는 일을 "갓난아기"(ὡς ἀρτιγέννητα, 호스 아르티겐네타)가 젖을 사모하는 일에 비유한다. "새로 태어난 아기"(NIV)는 하나님께서 그리스도인을 "낳았다"(ἀναγεννήσας, 아나겐네사스)는 개념을 떠오르게 하여(1:3, 23), 낳음의 결과(즉, 새 생명)이다. 일부 학자들은 수신자들이 갓난아기에 비유되어 새로운 그리스도인이었다고 결론을 짓는다.[206] 수신자들은 믿음에 갓난아기로 여겨지지 않기 때문에 이 생각은 틀렸다.[207] 그들은 젖을 사모하는 갓난아기들 같지만 새로운 회심자는 아니다. 베드로는 모든 그리스도인이 갓난아이와 같아야 한다는 비유를 사용한다. 악트마이어는 "소아시아 북부의 넓은 지역에서 편지를 받는 모든 독자들이 최근에 회심했다는 가정은 불가능하다"라고 올바르게 주해한다.[208] 이 비유는 신자들이 자기 삶을 하나님의 능력에 의존함을 전달한다.[209] 도넬슨이 말한 것처럼, 신자들의 아기로서의 신분은 "계속되며" 신자들 모두 생명 유지가 "필요한 무력한 아기"이다.[210]

베드로는 모든 신자가 이러한 의미에서 갓난아기와 같아야 한다고 말한

---

205 참조. Selwyn, *First Peter*, 153; Achtemeier, *1 Peter*, 144.

206 예. Kelly, *Peter and Jude*, 84; Cranfield, *I & II Peter and Jude*, 61; Beare, *First Peter*, 88.

207 Selwyn, *First Peter*, 154; Grudem, *1 Peter*, 94.

208 Achtemeier, *1 Peter*, 145.

209 Bechtler, *Following in His Steps*, 150.

210 Donelson, *I and II Peter and Jude*, 57

다. 그들은 "순전한 젖"을 "사모"(ἐπιποθήσατε, 에피포데사테)해야 한다.[211] "사모하다"는 구약에서 신자들이 하나님을 향해서 가져야 하는 열렬한 갈망을 의미한다(70인역 시편 41:2; 83:3). 아기들은 몸을 자라게 하는 젖을 사모한다. 마찬가지로 신자들은 구원에 이르도록 자라게 하는 젖을 갈망해야 한다. 고린도전서 3장 1-3절과 히브리서 5장 11-14절에서 "젖"(γάλα, 갈라)은 신자들이 영적 미성숙으로 비난을 받는 문맥에서 나오지만, 이 문맥을 베드로전서에 적용하는 데 주의해야 한다. 베드로는 새로 태어난 자들을 예로 들고 젖의 이미지를 사용하여 신자들이 어떻게 성장하는지 전한다.[212] 젖은 그 이후에 모든 그리스도인이 영적 삶에서 성장하는 데 필요한 것을 포함하는 생명의 재료가 된다. 그러므로 젖의 이미지는 소아시아 신자들이 초보적이고 기초적인 가르침이 필요하다는 의미가 아니다.[213] 이 권면은 모든 신자들의 일생에 걸쳐서 적용된다는 결론을 내릴 수 있다. 소아시아의 어떤 신자도 영적 어른이 되었다고 주장함으로 이 권면에서 제외될 수 없다.

신자들이 사모하는 신령한 젖은 무엇인가? "순전한"(ἄδολον, 아돌론)과 "영적인"(λογικὸν, 로기콘)으로 번역된(NIV, 개역개정 "순전한"과 "신령한") 두 형용사가 설명한다. "순전한"은 신자들이 버려야 할 기만(δόλος, 돌로스)과 반대이다(1절). 이 단어는 더럽혀지지 않고 오염되지 않음을 의미한다. 오염된 젖은 병과 죽음에까지 이르게 하지만, 순전한 젖은 깨끗하며 건강하게 만든다. 헬라어 λογικός(로기코스)는 "영적인"(NIV)으로 많이 이해된다.[214] 그러나 일반적으로 그리스 문헌에서 이성적이거나 또는 합리적인 것을 말한다.[215] 의미가 겹

---

211 다시 슈바이처는 동사의 부정과거 시제를 과도하게 읽는다("The Priesthood of All Believers," 287).

212 칼뱅은 여기에서 "젖"이 미성숙한 자들을 위한 단순한 가르침을 의미하지 않는다고 바르게 주장한다(*Catholic Epistles*, 63).

213 또한 약속의 땅에 들어가는 것과 관련해서 젖과 꿀에 대한 명확한 암시도 없다(Hillyer, *1 and 2 Peter, Jude*, 57의 견해와는 대조).

214 Best, *1 Peter*, 98; Goppelt, *1 Peter*, 131; J. Francis, "'Like Newborn Babes'—the Image of the Child in 1 Peter 2:2-3," in *Studia Biblica 1978: Sixth International Congress on Biblical Studies, Oxford, 3-7 April 1978*, vol. 3: *Papers on Paul and Other New Testament Authors*, ed. E. A. Livingstone, JSNTSup 3 (Sheffield: JSOT Press), 115; C. F. D. Moule, "Sanctuary and Sacrifice in the Church of the New Testament," *JTS* 1 (1950): 34.

215 Kittel, "λογικός," *TDNT* 4.142; 다음은 옳게 주장한다. Wand, *Epistles of Peter and Jude*, 64-65. 참조. D. Harink, *1 & 2 Peter*, BTCB (Grand Rapids: Baker, 2009), 65.

칠 수 있지만, "신령한"과 일치하지 않는다(참조. T. Levi 3:6; Philo, *Spec. Laws* 1.16; Epictetus, Discourses 1.16). 베드로는 아마도 자신이 생각한 젖이 하나님의 말씀임을 명확히 하기 위해 이 단어를 선택했을 것이다. 결국 "말씀"(λόγος, 로고스)은 하나님께서 믿는 자들에게 생명을 주시는 수단이다. 하나님의 "말씀"(ῥῆμα, 레마)은 영원하며 그 말씀은 베드로전서의 신자들에게 선포된 복음과 동일시된다(1:25). 우리는 λόγος(로고스)와 λογικός(로기코스)의 언어유희를 본다. 그러므로 베드로는 λογικός(로기코스)를 사용해서 독자들을 성장시키는 젖이 다름 아닌 하나님의 말씀이라는 사실을 이해시킨다.[216] 하나님이 신자를 거룩하게 하시는 수단은 지성을 통한 지속적인 말씀 선포이다. 영적 성장은 신비적이지 않고 합리적이며 이성적이다. 그것은 하나님의 말씀으로 알리고 유지한다는 의미에서 합리적이다.

이제 말씀이라는 젖을 사모해야 하는 목적(ἵνα, 히나)을 말한다. 그 말씀으로(개역개정. "그로 말미암아", ἐν αὐτῷ, 엔 아우토) 말미암아 자란다. 헬라어 αὐτῷ (아우토)의 선행사는 중성 명사 "젖"(γάλα, 갈라)이며, 입으로 선포되든지 글로 선포되든지 "젖"은 신자들의 성장 수단인 말씀을 가리킨다는 것이 가장 자연스럽다. 이와 같은 성장은 구원에 "이르도록" 한다. NIV는 전치사 εἰς(에이스)를 "~에"(in)로 번역한다 그러나 이 전치사는 결과를 나타낼 가능

---

216 Elliott, *1 Peter*, 400에 반대된다. 유사한 견해는 특별히 다음을 보라. D. G. McCartney, "λογικός in 1 Pet 2,2," *ZNW* 82 (1991): 128–32; Bigg, *Epistles of Peter and Jude*, 126; Kelly, *Peter and Jude*, 85; Grudem, *1 Peter*, 95; Achtemeier, *1 Peter*, 147; Davids, *First Peter*, 83; Brox, *Der erste Petrusbrief*, 92; Egan, *Ecclesiology and the Scriptural Narrative of 1 Peter*, 93-94. 마이클스는 젖을 하나님께서 자신의 자녀들에게 주시는 생명을 유지시켜 주시는 것이라고 밝힌다(*1 Peter*, 87-89). 다른 학자들은 젖을 그리스도로 이해한다(Wand, *Epistles of Peter and Jude*, 65; Beare, *First Peter*, 90). 리처드는 하나님의 사랑과 선하심으로 이해한다(*Reading 1 Peter, Jude, and 2 Peter*, 79-80). 루터는 젖이 복음이고, 복음은 분명히 말씀이라는 내용이라고 주장한다(*Commentary on Peter & Jude*, 87). 좁스는 예수님을 통한 하나님의 지속적인 은혜로 묘사한다(참조. "Got Milk? Septuagint Psalm 33 and the Interpretation of 1 Peter 2:1-3," *WTJ* 63 [2002]: 1-14; 참조. Jobes, *1 Peter*, 131-40; Watson, *First Peter*, 45; D. A. Carson, "1 Peter," in *Commentary on the New Testament Use of the Old Testament*, ed. G. K. Beale and D. A Carson (Grand Rapids: Baker, 2007), 1022-23. 좁스는 젖이 1:23-25에서 은유적으로 씨로 묘사되어 있기 때문에 하나님의 말씀으로 볼 수 없다고 주장한다(3 페이지). 그러나 은유의 전환은 성경 기자들이 어느 정도 일정하게 은유를 섞고 있기 때문에 문제가 되지 않는다. 그녀는 또한 베드로가 젖을 말씀으로 이해한다면 단순히 "말씀이라는 젖"이라고 썼을 수 있다고 말한다(6 페이지). 그러나 위에서 내가 주장한 것처럼, λογικός와 λόγος 사이에 연결고리가 있고 λογικός가 "합리적인"으로 번역된다면 그녀의 주장은 설득력이 없다.

성이 가장 높다.[217] 1장 5절, 9절의 주해에서 주장한 대로 "구원"을 종말론적인 실재로 이해하는 것이 여기에서 잘 어울린다.[218] 일부 주석가들은 베드로가 영적 성숙보다 말세의 구원을 말한다고 잘못 이해한다.[219] 이것은 잘못된 이분법이다. 베드로는 종말론적 구원을 위해 영적 성장이 필요함을 강조한다. 신자들이 계속 하나님의 말씀을 사모하고 점점 더 성숙해지는 것은 아버지께서 말씀으로 생명을 주신다는 증거이다.

2:3. 신자들은 하나님의 말씀이라는 젖을 사모해야 한다. 말씀이라는 젖은 마지막 날 구원을 얻는 데 필수적이기 때문이다. 이 사모함은 "너희가 주의 인자하심을 맛보았으면"에 적합하다. NIV 성경은 조건절을 "이제 너희가 여호와의 선하심을 맛보았기 때문에"라고 성취된 조건절로 바꾼다.[220] 베드로는 독자들이 의심하도록 "만약"을 쓰지 않았다. 그러나 "만약"을 "왜냐하면" 또는 "이제"와 혼동하면 안 된다.[221] 베드로는 독자들이 실제로 주의 인자하심을 맛보았는지 묵상하기를 원했고, 긍정적인 대답을 확신했다. 그러나 "만약"을 "왜냐하면" 또는 "이제"로 번역하면 저자가 독자들이 묵상하기 원하는 만약의 경우(경험하기)를 없애 버려 그 과정을 생략해 버린다.

여기에서 시편 34편에 관한 암시가 포함되어 있다. 이 시편은 베드로에게 중요하다. 왜냐하면 3장 10-12절에서 시편 34편 13-16절을 인용하기 때문이다(70인역 시편 33편).[222] 여기에서 베드로는 70인역 시편 33편 9절을 암시한

217 참조. Achtemeier, *1 Peter*, 147. 다수 사본은 빠뜨렸거나 구원에 이르도록 자란다는 개념을 거부하기 때문에 전치사를 생략한다(*TCGNT*, 618).

218 참조. Davids, *First Peter*, 83. 219.

219 다음 주석이 올바르게 제시한다. Michaels, *1 Peter*, 89; 참조. Achtemeier, *1 Peter*, 147.

220 비슷한 견해로는 다음을 보라. Goppelt, *1 Peter*, 132n50; Michaels, *1 Peter*, 82, 90; Achtemeier, *1 Peter*, 143, 148; Richard, *Reading 1 Peter, Jude, and 2 Peter*, 80; Elliott, *1 Peter*, 402. 성찬에 관한 언급으로 이해하는 마틴에 반대된다("Tasting the Eucharistic Lord as Usable [1 Peter 2:3]," *CBQ* 78 [2016]: 515-25; 또한 Kelly, *Peter and Jude*, 87; Davids, *First Peter*, 83n12).

221 이후의 사본들은 εἰ 대신 εἴπερ를 넣지만 알렉산드리아 사본은 εἰ를 지지한다.

222 켈리는 다음과 같이 올바르게 말한다. "우리 저자가 시편 34:8을 인용한 것은 우연이 아니다. 그가 편지를 쓸 때 시편 전체가 그의 마음속에 있었다. ... 그 주제는 대체로 편지의 주제와 같다"(*Peter and Jude*, 87). 시편 34편의 영향에 관한 비슷한 견해는 다음을 보라. G. L. Green, "The Use of the Old Testament for Christian Ethics in 1 Peter," *TynBul* 41 (1990): 280–81; 또한 다음을 참조하라. Jobes, "Got Milk?," 9–13. 그러나, 우리는 세례 설교가 시편을 기초해서 구성되었다는 보르만의 견해를 거절해야 한다("Der erste Petrusbrief," 143–65). F. W. Danker, "I

다. 이 시편 선택은 의도적이며, 그 메아리가 베드로전서 전체에 울려 퍼진다. 우리는 서두에서 이 시편의 주제에 주목해야 한다. 의인이 고난을 당하고 고통을 당할 때, 하나님께서 그들을 모든 환난에서 구원하실 것을 확신할 수 있다. 시편의 메시지는 베드로의 고통을 받는 독자들을 크게 격려할 수 있다. 더 나아가 시편은 독자들에게 베드로전서 중심 주제 중 하나인 고난 중에도 하나님을 소망하기를 요청한다(70인역 시편 33:9, 23).[223] 시편의 표제는 아마도 베드로의 독자들에게 알려져 있었을 것이며, 그 표제는 다윗이 미친 척한 후에 아비멜렉에게서 도망쳤을 때 이 시편을 썼음을 알려 준다. 표제가 정확한지 여부는 중요하지 않다. 이 시편이 어떻게 독자들에게 전해졌느냐가 중요하기 때문이다. 사실 70인역(33:5)에서 다윗은 자신을 모든 "자신의 체류"(이방인으로 거주함, παροικιῶν)에서 구원하신 하나님을 찬양한다.[224] 이것은 독자들이 "나그네"(πάροικοι, 1:17; 2:11; 참조. 1:1)라는 베드로전서의 주제는 유배와 아름답게 일치한다. 베드로전서 1장 3절의 하나님에 대한 찬송(개역개정, "하나님을 찬송하리로다". εὐλογητός)은 시편 33:2의 하나님에 대한 찬송과 어울린다(개역개정, "여호와를 찬송할지어다", εὐλογήσω).

베드로는 또한 "주를 두려워함"을 강조한다(1:17; 2:17-18; 3:2, 14). 시편 기자는 자주 같은 내용을 강조한다(시 33:10, 12). 다음 구절(벧전 2:14)에서 베드로는 "나아가"(προσέρχομαι)라고 말하면서 시편 기자와 같은 단어를 사용한다(시 33:6). 마지막으로 베드로와 시편 기자 모두 주를 믿고, 주께 소망을 가지는 자들을 말한다. 불신자들과 다르게 그들은 부끄러움에 처하지 않을 것이다(벧전 2:6; 3:16; 4:16. 참조. 33:6). 이런 사실은 베드로가 시편 34편을 우연히 암시한 것이 아니라 시편의 주제가 그에게 강력하게 영향을 미쳤다는 것을 보여 준다. 베드로가 이 구절에서 시편을 암시할 때, 우리는 시편의 언어가 그대로 복제되는 것을 기대하지 않는다. 사실 시편에서 명

Peter 1:24-2:17—a Consolotary Pericope," *ZNW* 68 (1967): 94는 이 점에 대해서 옳게 말한다.

223 다음을 보라. Piper, "Hope as the Motivation of Love," 212-31; F. Neugebauer, "Zur Deutung und Bedeutung des 1. Petrusbriefes," *NTS* 26 (1980): 73-74.

224 스노드그래스(K. R. Snodgrass)는 베드로전서가 시편 34편에 기초한 세례 설교라는 개념을 올바르게 거부하지만, 계속해서 시편이 "베드로전서, 특히 2:1-10의 구성을 형성하는 역할"을 했다고 말한다. 스노드그래스는 베드로전서에 반향된 시편 34편의 주제를 확인한다("I Peter 11.1-10: Its Formation and Literary Affinities," *NTS* 24 [1977]: 102).

령형은 베드로전서에서 조건으로 서술한다. 시편의 "보라"(καὶ ἴδετε)는 포함되어 있지 않다.[225]

이제 이 구절의 중심 개념에 도달한다. 신자들은 참으로 주의 인자하심을 맛보았거나 체험했다면 주를 사모해야 한다. 영적 성장의 갈망은 주님의 아름다움을 맛보는 것, 그분의 인자하심과 선하심을 체험하는 데서 온다. 하나님을 열렬히 추구하는 사람들은 그분의 달콤함을 맛보았다. 베드로에게 그리스도인의 성장은 단순히 요청하는 의무나 이질적인 도덕주의가 아니다. 성장하고자 하는 열망은 주님의 인자하심을 경험하는 데서 비롯되며 신자들을 더 갈망하게 만드는 경험이다.[226]

2.3.3. 산 돌이신 예수와 산 돌인 너희(2:4-10)

⁴ 사람에게는 버린 바가 되었으나 하나님께는 택하심을 입은 보배로운 산 돌이신 예수님께 나아가 ⁵ 너희도 산 돌 같이 신령한 집으로 세워지고 예수 그리스도로 말미암아 하나님이 기쁘게 받으실 신령한 제사를 드릴 거룩한 제사장이 될지니라 ⁶ 성경에 기록되었으되 보라 내가 택한 보배로운 모퉁잇돌을 시온에 두노니 그를 믿는 자는 부끄러움을 당하지 아니하리라 하였으니 ⁷ 그러므로 믿는 너희에게는 보배이나 믿지 아니하는 자에게는 건축자들이 버린 그 돌이 모퉁이의 머릿돌이 되고 ⁸ 또한 부딪치는 돌과 걸려 넘어지게 하는 바위가 되었다 하였느니라 그들이 말씀을 순종하지 아니하므로 넘어지나니 이는 그들을 이렇게 정하신 것이라 ⁹ 그러나 너희는 택하신 족속이요 왕 같은 제사장들이요 거룩한 나라요 그의 소유가 된 백성이니 이는 너희를 어두운 데서 불러내어 그의 기이한 빛에 들어가게 하신 이의 아름다운 덕을 선포하게 하려 하심이라 ¹⁰ 너희가 전에는 백성이 아니더니 이제는 하나님의 백성이요 전에는 긍휼을 얻지 못하였더니 이제는 긍휼을 얻은 자니라

---

225 몇몇 사본은 동화의 분명한 예라고 할 수 있는 καὶ ἴδετε를 추가한다(시 33:9).

226 일부 필사자들은 실수로 χρηστός 대신 χριστός를 넣었는데, 이것은 두 단어가 같은 소리로 들리기 때문에 자연스러운 실수이다. 우리는 χρηστός가 원본이라는 것을 확신할 수 있다. 여기서 언어유희는 설득력이 없다. 베드로는 구약 인용으로 이 단어를 선택했다.

2:4. 신자들은 산 돌로서 새 성전의 기초인 그리스도께 나아간다. 사람들은 그를 버렸지만, 하나님은 그를 귀하게 여기시고 신원하셨다. "너희가 나아갈 때"(προσέρχομαι, 프로세르코마이)로 번역된 분사는 명령을 의미하는 분사일 수 있지만(개역개정. "나아가"),[227] 아마도 CSB 성경처럼 시간의 의미일 것이다.[228] 믿음은 생명을 위해서 그리스도께 나아가는 데서 나타난다. 시편 34편의 구약 문맥에서 분명하게 여호와인 3절의 "주"는 이 구절에서는 다름 아닌 예수 그리스도이시다.[229] 구약의 사용은 기독론적으로 중요하다. 여호와의 참됨은 그리스도의 참됨을 보여 주기 때문이다. 여기에서 예수 그리스도는 한 분 하나님의 존재 안에 포함된다.

이 단락은 구약의 암시와 인용으로 가득 차 있기 때문에 해석하기 쉽지 않다. 첫 암시는 "산 돌"이신 예수님이시다. 6-8절의 구약 인용문은 돌이신 예수님을 확인시킨다(주해 참조).[230] 예수님은 분명히 그의 부활로 "산" 돌이라고 불리신다.[231] 베드로는 아마도 건축자들이 버린 돌이 모퉁잇돌이 되는 시편 118편 22절을 가져왔을 것이다. 사도행전 4장 11절에서 베드로는 그리스도의 죽음과 부활/높아지심을 시편 118편의 같은 구절에 호소한다. 사도행전 4장 10-11절의 논증과 연결된다. 종교 지도자들은 예수님을 십자가에 못 박아 멸시했지만, 하나님은 그를 일으키심으로 모퉁잇돌로 세우셨다. 시편 118장 22절의 이 해석을 예수님께서 포도원 농부 비유에서 말씀하신다

---

227 따라서, D. P. Senior, *1 Peter*, SP (Collegeville: Michael Glazier, 2003), 53; Feldmeier, *First Peter*, 133-34.

228 다음을 보라. L. R. Donelson, *I and II Peter and Jude*, NTL (Louisville: Westminster John Knox, 2010), 59-60; Forbes, *1 Peter*, 61.

229 따라서, Michaels, *1 Peter*, 90, 98; McCartney, "The Use of the Old Testament in the First Epistle of Peter," 73; Elliott, *1 Peter*, 403; Brox, *Der erste Petrusbrief*, 93.

230 악트마이어는 여기에서 하나님이 우리의 "반석"이라고 말한 본문을 배경으로 지목한다(예, 신 32:4; 삼하 23:3; 사 26:4; 시 62:3, 7; *1 Peter*, 154n56). 그러나 이 본문들에서 여호와는 λίθος라고 불리지 않으며 흥미롭게도 70인역에서 이 본문들은 "바위"라는 단어조차 사용하지 않는다. 그러므로 불가능한 것은 아니지만, 이스라엘의 반석이신 하나님이라는 언어가 여기에 사용되었는지는 분명하지 않다.

231 참조. J. H. Elliott, *The Elect and the Holy: An Exegetical Examination of 1 Peter 2:4-10 and the Phrase* Βασίλειον Ἱεράτευμα, NovTSup 12 (Leiden: Brill, 1966), 34; Elliott, *1 Peter*, 410. 힐리어(N. Hillyer)는 유대 전통의 초막절에 관한 도움이 되는 요약을 제공한다. 그러나 베드로전서가 초막절에 관한 언급을 입증한다는 그의 견해는 추측이며 증거가 부족하다("First Peter and the Feast of Tabernacles," *TynBul* 21 [1970]: 39-70).

(마 21:33-46).[232] 농부들이 유산을 얻기 위해 아들을 죽이는 것(그리스도의 십자가에 못 박히심에 관한 분명한 언급)은 건축자들이 모퉁잇돌을 버릴 것이라는 예언을 성취한다(마 21:42).[233] 그러나 마태는 예수님을 죽이는 것이 마지막이 아님을 암시한다. 왜냐하면 그분이 모퉁잇돌이 되시기 때문이며, 분명히 부활을 가리킨다.

시편 118편이 계속 암시된다. 왜냐하면 건축가들이 건물의 모퉁잇돌을 버린 것처럼(아래 7절을 보라) 예수님도 사람들에게 버려졌기 때문이다. 일부 학자들은 베드로가 구체적으로 십자가에 못 박힘보다 사람들의 일반적인 거부를 말한다고 주장한다.[234] 아마도 예수님의 거부는 십자가 처형에서 절정에 이르렀을 것이다. 베드로가 시편 118편을 인용한 사도행전 4장 10-11절에서 예수님을 모퉁잇돌로 거절한 것은 그의 죽음으로 성취됐지만 하나님이 그를 신원하심과 높이심은 부활 때에 일어난 것으로 보인다. 그리스도의 십자가에 못 박히심과 부활에 관한 동일한 강조가 여기에서도 나타나는 것 같다. 완료 시제 "버린"(ἀποδεδοκιμασμένον, 아포데도키마스메논)은 진행 중인 결과를 나타내는 과거 행위를 지지한다.[235] 하나님이 보시기에 예수님은 "버려진" 것이 아니라 "택하심을 입은"(ἐκλεκτὸν, 에클렉톤) "보배로운"(ἔντιμον, 엔티몬)분이시다. 그는 하나님의 택하심을 입은 보배로운 돌이며, 이것은 인간의 거절과 대조되기 때문에 그리스도의 부활과 높아지심을 암시하는 듯하다. 그리스도의 생애는 베드로전서 그리스도인들의 본보기이다. 왜냐하면 그들도 많은 사람에게 멸시를 받지만 하나님 보시기에 택하심을 받고 보배로운 자들이다. 그들은 고난 후 신원을 받도록 정해져 있다.

2:5. 베드로는 이제 "산 돌"이신 그리스도와 "산 돌"인 신자를 비교한다. 신자는 주의 새 성전의 지체이며 그리스도를 통하여 하나님이 기뻐하시는 제사를

232 여기에서 복음의 전통에 의존하고 있다는 것을 지지하는 내용은 다음을 보라. Gundry, "Verba Christi," 340; "Further Verba," 221-22; Maier, "1. Petrusbrief," 90-91. 베스트의 의심은 설득력이 없다("Gospel Tradition," 101).
233 힐리어는 "돌"이 유대인들 사이에서 메시아적 칭호였다고 주장한다("'Rock-Stone' Imagery in 1 Peter," *TynBul* 22 (1971): 59, 69).
234 따라서, Michaels, *1 Peter*, 98; Achtemeier, *1 Peter*, 154.
235 Achtemeier, *1 Peter*, 154와는 반대이다.

드린다. 신자들은 부활하신 그리스도를 믿음 때문에 "산 돌"이다. 예수님의 부활의 생명도 그들의 소유이다. 그들은 마지막 부활을 기다리지만 지금 그리스도께 나아왔기 때문에 새 생명을 얻는다(4절). 신자들은 하나님의 성전 또는 집으로 묘사되지만(고전 3:16; 6:19; 엡 2:19-22; 히 3:6) 신약 어디에서도 신자들은 산 돌이라 불리지 않는다. 다른 곳에서는 하나님의 성전이나 집으로 묘사된다. "집"(οἶκος, 오이코스)은 구약에서 일반적으로 "집"이라고 불리는 성전을 암시하며(예. 삼하 7:13, 왕상 3:2, 6, 8 등) 신약에서도 집을 의미한다(마 21:13; 23:38; 요 2:16-17; 행 7:47, 49). 특별히 "세워지고"(οἰκοδομέω, 오이코도메오)는 70인역에서 "집"(οἶκος, 오이코스)과 결합될 때, 성전으로 자주 나타난다.[236] 그 집은 "신령하다"(πνευματικός, 프뉴마티코스). 왜냐하면 그 집은 성령으로 살아 움직이고 성령께서 내주하시기 때문이다.[237] 일부 학자들의 망설임에도 베드로는 교회를 하나님의 새 성전으로 분명히 밝힌다.[238] 옛 성전은 하나님의 새 성전을 가리키고 기대했다.[239] 새 성전이 도래하였으니 옛 성전은 필요하지 않다.

"신령한 집"은 아마도 동격일 것이다. 본문의 요점은 신자들이 "신령한 집으로 세워진다는 것"이 아니라 산 돌인, 즉 영적인 집인 그들이 세워진다는 것

236 예. 삼하 7:5, 13; 왕상 5:3, 5, 18; 6:1; 8:16, 18-19; 9:1; 11:38; 역대하 36:23; 시 69:9; 사 56:7). 바로 Achtemeier, *1 Peter*, 156; E. Best, "I Peter 11.4-10—a Reconsideration," *NovT* 11 (1969): 280; Bechtler, *Following in His Steps*, 140-41.

237 따라서 Best, "I Peter 11.4-10," 292-93; D. E. Johnson, "Fire in God's House: Imagery from Malachi 3 in Peter's Theology of Suffering (1 Peter 4:12-19)," *JETS* 29 (1986): 290; Elliott, *The Elect and the Holy*, 153-54.

238 다음과 반대된다. Elliott, *The Elect and the Holy*, 149, 152-53, 157-59; Elliott, *Home for the Homeless*, 165-266; Elliott, *1 Peter*, 414-18; Dryden, *Theology and Ethics in 1 Peter*, 122-23. 엘리엇은 모티프를 제의라기보다는 가정으로 이해하지만, 구약에서 하나님의 집으로서 성전의 중요성을 과소평가한다. 드라이든과 반대로 여기에서 베드로는 독자가 제사장이자 성전으로 제시하기 때문에 더욱 다양하다. 좁스는 문맥에서 "건축하는 돌과 모퉁이 돌"에 관한 언급은 그 구조가 의도되었음을 보여 준다(*1 Peter*, 150). 또한 다음을 보라. Goppelt, *1 Peter*, 141; Michaels, *1 Peter*, 100; Achtemeier, *1 Peter*, 158-59; Best, "I Peter 11.4-10," 280; T. Seland, "The 'Common Priesthood' of Philo and 1 Peter: A Philonic Reading of 1 Peter 2:5, 9," *JSNT* 57 (1995): 111.

239 참조. Andrew M. Mbuvi, *Temple, Exile and Identity in 1 Peter*, LNTS 345 (London: T&T Clark, 2007), 109.

이다.[240] 세워짐의 목적은 "거룩한 제사장" 역할이다.[241] 우리는 이 구절을 다음과 같이 요약할 수 있다. 신령한 집인 너희는 "거룩한 제사장이 되도록" 세워지고 있다.[242] 어떤 학자들은 신자들이 성전과 성전에서 섬기는 제사장 모두가될 수는 없다고 반대할지 모른다. 은유가 겹치는 것은 이해하기 어렵다. 그러나 그리스도 안에 있는 성취는 기대하는 예표를 초월한다. 그러므로 우리는 신자들이 제사장이면서 동시에 성전이라는 사실에 놀라지 말아야 한다.[243] 그들은 하나님께서 성령을 통해 거하시는 처소이며 그분의 제사장이다. 베드로는 신자들을 성전에서 섬기는 제사장이라고 문자 그대로 말하지 않기 때문에 내적 모순은 없다. 집의 영적인 특징은 비물질적이라는 점이 아니라 성령이 거하시는 성전에 주의를 기울이게 한다.[244]

제사장 문제로 돌아가기 전에 οἰκοδομεῖσθε(오이코도메이스데)를 명령형으로 이해하는 점(NRSV 성경, '산 돌과 같이 너희 자신을 신령한 집으로 세우라')에 주목해야 한다.[245] 그러나 이 동사의 수동태는 신약에서 명령형으로 번역되지 않는다(7번). 70인역에 48번 나타나지만 두 번만 명령형으로 사용된다(스 6:3; 시 50:20). 이것은 이 동사가 직설법임을 보여 준다.[246] 직설법은 또

---

240 마이클스의 견해와는 반대로 οἶκος πνευματικός는 술어 주격이 아니다(*1 Peter*, 100). 오히려 οἰκοδομεῖσθε의 주어인 "너희"의 동격이다(Achtemeier, *1 Peter*, 154; Donelson, *I and II Peter and Jude*, 60; Jobes, *1 Peter*, 150). 포브스(*1 Peter*, 62)는 "산 돌"과 동격으로 이해한다. 듀비스 (*1 Peter Handbook*, 48)는 "이중 주격 주어-보어 구조"에서 보어로 이해한다.

241 이 부분은 신적인 수동태이며, 목적을 나타낸다(Elliott, *The Elect and the Holy*, 160; Elliott, *1 Peter*, 412-13). 악트마이어는 εἰς가 οἰκοδομέω가 연결될 때 목적을 나타낸다고 지적한다(역 대상 22:5; 28:10; Tob 14:5). Achtemeier, *1 Peter*, 156n91. 그러나, Tobit 14:5에서는 목적이 아니라 시간적이다.

242 다수 사본은 εἰς를 생략하지만 이것이 원본이다(𝔓⁷², ℵ, A, B, C, 5, 88, 307, 322 등).

243 마카르(Katie Marcar)는 베드로전서에서 신자를 설명하는 데 사용된 용어가 어떻게 그들의 정체성을 재형성하는지 보여줍니다("Building a Holy House: Identity Formation in the Community Rule, 4QFlorilegium and 1 Peter 2.4-10," in *Muted Voices of the New Testament: Readings in the Catholic Epistles and Hebrews*, ed. K. M. Hockey, M. N. Pierce, and F. Watson, LNTS 565 [London: Bloomsbury T&T Clark, 2017], 41-54).

244 참조. Goppelt, *1 Peter*, 140n29.

245 따라서, Goppelt, *1 Peter*, 139-40; T. W. Martin, *Metaphor and Composition in 1 Peter*, 181; Richard, *Reading 1 Peter, Jude, and 2 Peter*, 85; Senior, *1 Peter*, 53; Feldmeier, *First Peter*, 135.

246 Selwyn, *First Peter*, 159; Elliott, *The Elect and the Holy*, 16; Michaels, *1 Peter*, 100; Achtemeier, *1 Peter*, 155; Davids, *First Peter*, 87; Forbes, *1 Peter*, 62.

한 신자들의 축복에 초점을 맞추기 때문에 가능성이 더 있다.[247] 더 나아가 9 절과의 병행은 명령보다 확언이나 선언이라는 생각을 뒷받침한다. 수동태는 하나님께서 교회를 세우셔서(참조. 마 16:18) "거룩한 제사장"이 되도록 세우시는 분이심을 의미한다. 제사장으로서의 교회 개념은 9절의 내용을 기대한다. 베드로는 개인이 하나님 앞에서 제사장의 역할을 한다고 생각하지 않는다.[248] 교회는 공동체적으로 하나님의 제사장이다. 서구 신자들은 공동체의 강조점을 보기보다 제사장 개념을 개인화하는 경향이 있다.[249] 구약에서 제사장 계급은 레위 지파에 제한되었고, 그 의미에서 이스라엘의 일부만이 제사장 역할을 수행할 수 있었다(9절의 주해를 보라). 하나님의 모든 백성은 이제 하나님의 제사장이다. 공동체적 제사장직에 관한 강조에도 불구하고 베드로의 말은 암시적으로 개인에게도 적용된다.[250] 즉 모든 신자는 예수 그리스도의 십자가와 부활로 말미암아 하나님께 직접 나아간다. 그러나 개인에 초점을 맞추지 말아야 한다. 왜냐하면 우리는 그리스도인들이 본문의 공동체적 강조를 무디게 하거나 심지어 부정하며 개인주의적으로 만드는 경향이 있고, 본문이 교회 지도자나 교육을 받은 사역자가 필요 없다고 가르친다고 잘못 이해하기 때문이다.

거룩한 제사장직의 목적은 "신령한 제사를 드리는 것"이다. NIV 성경은 부정사를 분사로 번역하기 때문에 목적절을 명확히 나타내지 못한다. "드리다"(ἀνενέγκαι, 아네넨카이, 부정사)는 구약에서 제사를 드리는 것을 의미한다.[251] "신령한 제사"(πνευματικὰς θυσίας, 프뉴마티카스 두시아스)가 요구되며,

---

247 참조. Jobes, *1 Peter*, 156; Dubis, *1 Peter Handbook*, 47-48.

248 다음은 올바른 견해를 제시한다. Elliott, *The Elect and the Holy*, 167; Achtemeier, *1 Peter*, 156.

249 Elliott, *The Elect and the Holy*, 68-69, 74, 167-68; Elliott, *1 Peter*, 420, 451-54; A. T. M. Cheung, "The Priest as the Redeemed Man: A Biblical-Theological Study of the Priesthood," *JETS* 29 (1986): 274; Seland, "A Philonic Reading of 1 Peter 2:5, 9," 102-9; Brox, *Der erste Petrusbrief*, 104; J. Green, *1 Peter*, 61.

250 참조. E. Best, "Spiritual Sacrifice: General Priesthood in the New Testament," *Int* 14 (1960): 279, 296-97. 루터는 여기에서 모든 신자가 특별한 사역을 위해서 따로 구별된 사람들이 아니라 제사장으로 정해졌다고 바르게 보았다(*Commentary on Peter & Jude*, 93).

251 예. 창 8:20; 22:2; 출 24:5; 29:18, 25; 레 3:5, 11, 14, 16; 민 5:26; 신 12:13-14; 참조. 히 7:27; 9:28; 13:15; 벧전 2:24.

이는 성령의 역사로 드려지는 제사를 의미한다.[252] 베드로는 또한 동물 제사가 옛 시대의 것이라고 암시하지만 명백한 논의는 없다.[253] 동물 제사는 잠정적이고 일시적이며 베드로가 편지를 전하는 교회에서는 해결된 문제였다. 베드로는 어떤 제사를 생각하고 있었는가?[254] 왕 같은 제사장이 하나님의 기이한 일을 선포하는 2장 9절과의 병행은 이것이 제사장 직분의 주기능이라는 것을 보여 준다(더 자세한 논의는 2:9의 주해를 보라). 교회의 제사장적인 부르심을 2장 9절에서 이해할 수 있다. 그 부르심은 복음 선포로 즉, 모든 세상의 사람들이 함께 하나님을 예배하도록 하나님의 이름을 찬양하게 하는 일이다.[255] 그럼에도 불구하고 제사를 한 가지로 제한하면 안 된다. 왜냐하면 제사는 아마도 하나님을 기쁘시게 하는 모든 일을 포함할 것이기 때문이다(참조. 롬 12:1; 히 13:15-16).[256] 베드로는 신자들이 성령의 능력으로 행하는 모든 일에 대해 일반적이고 포괄적으로 말한다.[257] 사실 모든 제사가 하나님을 기쁘시게 하는 것이 아니다. 오직 "예수 그리스도로 말미암아" 드리는 제사만이 하나님을 기쁘시게 한다.

2:6. 베드로는 이사야 28장 16절을 인용해서 주께서 예수님을 성전의 택하심을 받고 신원 받은 모퉁잇돌로 선택하셨음을 보여 준다. 동시에 예수님

---

252 Kelly, *Peter and Jude*, 91.

253 Elliott, *The Elect and the Holy*, 220이 바르게 접근한다. 참조. Luther, *Commentary on Peter & Jude*, 94.

254 성찬을 제사로 언급하는 것은 가능성이 희박하며 신약 시대가 아닌 초대 교회 역사의 관점을 반영한다(Kelly, *Peter and Jude*, 92; Best, "Spiritual Sacrifice," 279; Hill, "Spiritual Sacrifices," 61와 반대 견해이다). Elliott, *The Elect and the Holy*, 186-88는 올바르게 지적한다.

255 Selwyn, *First Peter*, 292-93; Elliott, *The Elect and the Holy*, 185, 195; Achtemeier, *1 Peter*, 156. 베스트는 9절에서 새로운 방향으로 움직인다고 주장하면서 이 주장을 거부한다. 따라서 그는 5절의 제사를 일반적인 성격으로 이해한다("1 Peter 11.4-10," 287).

256 Jobes, *1 Peter*, 150-51; Watson, *First Peter*, 49. 벡틀러는 편지의 나머지 부분에서 설명한 윤리에 관한 언급으로 본다(*Following in His Steps*, 168).

257 엘리엇은 이와 같은 제사를 "하나님을 영화롭게 하기 위해서 성령의 능력을 통한 거룩한 생명의 삶과 선행의 지속"이라고 정의한다(*The Elect and the Holy*, 183). 벡틀러는 여기에서 어떠한 복음 선포에 관한 언급도 적합하지 않다고 주장한다(*Following in His Steps*, 159). 악트마이어는 베드로의 생각에서 신령한 제사에서 복음 선포를 배제할 수 없다고 바르게 주장한다(*1 Peter*, 150, 156). 맥나이트는 "초기 기독교 교회의 전형적인 행위 목록과 같은 것"이라고 제안한다(예. 4:7-11; *1 Peter*, NIVAC [Grand Rapids: Zondervan, 1996], 107). 마이클스는 예배와 행위에 관한 언급으로 이해한다(*1 Peter*, 101-2).

을 믿는 사람들도 보배롭게 될 것이며 종말론적 부끄러움을 경험하지 않을 것이다. 6절은 "왜냐하면"(διότι, 디오티)으로 시작하는 데 앞의 내용에 대한 이유나 근거를 제공한다. 뒤이어 나오는 구약 인용은 앞의 내용을 설명하거나 재진술하기 때문에 CSB 성경이 번역한 "왜냐하면"이 적합하다.[258] 베드로는 "성경에 기록되었으되"를 사용하여 이사야서 28장 16절을 소개한다.[259] 이사야 28장의 문맥은 에브라임과 예루살렘의 지도자들의 불순종과 불신앙에 대한 심판의 메시지이다.[260] 이사야서 전체의 강조가 맨 앞에 나온다. 여호와를 의지하는 자는 심판을 당하지 않을 것이다. 이사야는 이스라엘 백성들에게 외국의 동맹이나 군사력을 신뢰하지 말고(참조. 사 30-31장) 여호와만 신뢰하라고 권고한다. 그를 신뢰하지 않는 자는 멸망하지만, 그를 믿는 자는 승리할 것이다. 이사야서의 돌은 "예루살렘의 통치자들이 세운 피난처와 도피처"와 대조를 이룬다.[261] 이사야서의 독자들은 여호와의 구원의 약속을 신뢰해야 한다.[262] 원래 문맥에서 그 돌은 다윗적인 왕, 자기 백성에 대한 하나님의 언약적인 헌신을 가리킬 수 있다. 그러므로 베드로는 그 돌을 메시아 예수님으로 이해한다.[263]

흥미롭게도 이 인용은 마소라 텍스트(MT)나 70인역과 일치하지 않는다.[264] 어떤 학자들은 베드로가 인용한 자료가 바울에게서 온 것이라고 주장한

---

258 참조. Michaels, *1 Peter*, 102. 베드로가 구약이 아니라 일반 문서를 언급했다는 셀르윈의 견해는 근거가 없다. 그는 γραφῇ 앞의 관사가 생략되었다는 것을 지적하면서 자신의 해석을 변호하지만(*First Peter*, 163), 충분한 근거가 없다. 특정한 이사야 본문이 인용되기 때문이다. 또한 마틴(R. Martin)이 찬가를 언급한다는 제안도 개연성이 낮다("I Peter in Recent Study," 31). Michaels, *1 Peter*, 102-3가 바르게 지적한다.

259 일부 사본은 ἡ γραφή를 주어로 삽입하지만, 외적 증거는 γραφῇ를 선호한다(𝔓72, ℵ, A, B, Ψ 등).

260 구약 문맥에 대해서 도움이 되는 묘사는 다음을 보라. Carson, "1 Peter," 1024.

261 Egan, *Ecclesiology and the Scriptural Narrative of 1 Peter*, 102.

262 Egan, *Ecclesiology and the Scriptural Narrative of 1 Peter*, 102.

263 McCartney, "Use of the Old Testament in the First Epistle of Peter," 80, 209; 참조. Elliott, *1 Peter*, 424. 오스(D. A. Oss)는 이사야의 돌이 남은 자 또는 여호와를 언급할 수 있다고 제안한다("The Interpretation of the 'Stone' Passages by Peter and Paul: A Comparative Study," *JETS* 32 [1989]): 188). 그러나 그는 메시아적인 본문은 이사야 9:1-7에 가깝고, 따라서 이 본문이 구체적으로 메시아적이지 않더라도 메시아적 읽기가 적절하다고 지적한다(187-88 페이지). 보다 포괄적이고 모호한 언급이라는 관점은 다음을 보라 Carson, "1 Peter," 1025(차일즈를 따른다).

264 다음의 분석을 보라. Oss, "The Interpretation of the 'Stone' Passages," 186-87.

다. 바울은 로마서 9장 33절에서 이사야 본문을 인용한다.[265] 그러나 바울의 인용은 베드로와 상당히 다르기 때문에 직접적으로 의존한 것 같지 않다.[266] 이 본문은 쿰란 문헌 1QS 8:7-8을 암시하는 데, 여기에서 공동체의 회집이 하나님의 "보배로운 모퉁잇돌"이며 하나님의 참된 성전으로 기능한다. 그럼에도 불구하고 베드로 인용과의 차이점은 다른 문헌의 의존을 제외시킬 만하다. 그러나 흥미롭게도 베드로는 그리스도의 참된 것이 공동체에 참된 것이라고 주장한다. 그리스도가 "산 돌"인 것처럼 교회도 "산 돌"로 구성되어 있다. 이사야 탈굼은 본문을 메시아적으로 이해한다. "보라, 내가 시온에 한 왕, 강하고 두려운 왕을 세우리라."[267] 이사야 28장 16절은 많은 자료가 종말론적 성취로 보았고 (이사야 28:16이 공통된 자료로) 베드로와 바울 모두 그리스도 안에서 성취된 것으로 본다. 어떤 학자들은 이 자료를 메시아에 관한 예언의 모음이 포함된 증언의 책으로 본다.[268] 그러나 대부분의 학자들은 이 주장이 설득력이 없다고 본다.[269]

인용의 의미는 결정적이다. 하나님은 그리스도를 시온의 돌로 "정하셨다"(τίθημι, 티데미, 8절을 보라). 70인역은 "두다"(ἐμβάλλω, 엠발로)를 "정하다"(τίθημι, 티데미)로 바꾸어 하나님의 주도권에 초점을 맞춘다.[270] 베드로가 사용한 "정하다"는 하나님의 선택을 강조하고 8절로 향한다.[271] 그는 하나님의 택하심을 받은 보배로운 모퉁잇돌이다.[272] 전체 건물(즉, 교회)은 모퉁

265 Hort, *The First Epistle of St. Peter*, 116; Beare, *First Peter*, 95.

266 특별히 다음을 보라. K. R. Snodgrass, "I Peter II.1-10: Its Formation and Literary Affinities," *NTS* 24 (1977): 97-106; Hillyer, "Rock-Stone," 60-61.

267 J. F. Stenning, *The Targum of Isaiah* (Oxford: Clarendon, 1949).

268 E. E. Ellis, *Paul's Use of the Old Testament* (Grand Rapids: Eerdmans, 1957), 89-90.

269 다음을 보라. C. H. Dodd, *According to the Scriptures* (New York: Scribners, 1952), 41-43; Elliott, *The Elect and the Holy*, 130-33. 스노드그래스는 증언의 책이라는 개념을 거부하지만 "예배, 선포, 가르침 및 신앙의 변호를 돕기 위해 주제별로 모은 본문들이 있었다"라고 믿는다 ("I Peter II.1-10," 105; 참조. Best, "I Peter 11.4-10," 270). 엘리엇은 여기에서 구약의 사용을 "공통적인 기독교 전통"을 반영한다고 본다(*The Elect and the Holy*, 32-33). 브룩스는 베드로전서의 저자가 공식화시켰다고 주장한다(*Der erste Petrusbrief*, 95).

270 히메스(P. A. Himes)는 τίθημι가 70인역을 베드로가 고쳐서 하나님의 선택을 강조한다고 주장한다("Why Did Peter Change the Septuagint? A Reexamination of the Significance of the Use of tionui in 1 Peter 2:6," *BBR* 26 [2016]: 227-44).

271 Bauckham, "James, 1 Peter and 2 Peter, Jude," 311.

272 엘리엇은 선택을 6-10절을 "묶는 주제"로 이해한다(*The Elect and the Holy*, 145).

이 돌로 모양을 잡는다. 구약 인용은 4절에서 "택한"(ἐκλεκτὸν, 에클레크톤), "보배로운"(ἔντιμον, 엔티몬)을 반복한다. 4절에서도 이사야 28장 16절의 인용을 보여 준다.

나는 또한 4절에서 그리스도의 부활을 암시한다고 주장했다. 하나님이 그를 죽은 자 가운데서 일으키셨을 때, 건물의 모퉁잇돌로 삼으셨고 따라서 그 정하심은 그리스도의 부활에 초점을 맞춘다. 그분이 하나님이 택하신 보배로운 자이심을 드러낸다. 어떤 학자들은 "모퉁잇돌"(ἀκρογωνιαῖον, 아크로고니아이온)이 건물의 맨 위에 있는 돌이나 아치의 쐐기돌(관석)을 가리킨다고 이해한다.[273] 이 해석은 8절의 넘어짐이 땅에 있는 돌을 의도하므로 틀렸다.[274] 더 나아가 70인역은 기초(θεμέλια, 데멜리아)임을 분명히 한다. 이 구절 첫 부분이 4절의 개념을 다시 진술하고 있다는 점에 주목하면서 그리스도께서 하나님이 택하신 보배로운 돌이라는 결론을 내린다.

"그를 믿는"(πιστεύων, 피스튜온)은 "나아가"(προσερχόμενοι, 프로스에르코메노이)를 묘사하는 다른 방법이다(4절 주해를 보라). 베드로는 그리스도를 믿는 사람은 "결코 부끄러움을 당하지 아니함"을 강조한다. 그리스도는 하나님이 택하셨고 존귀하게(명예롭게) 되신다. 후자는 부활로 증명된다. 신자들도 마지막 날에 신원 받을 것이다. 그리스도께 참된 것은 그 백성에게도 참되다.[275] 그들은 심판의 부끄러움을 경험하지 않고 인정받는 영광을 경험할 것이다.[276] "결코 부끄러움을 당하지 아니하리라"는 그들이 명예로울 것이라는 또 다른 표현이다(7절. 개역개정. "보배", τιμή, 티메).[277]

---

273 B. Witherington III, *Letters and Homilies for Hellenized Christians*, vol. II: *A Socio-Rhetorical Commentary on 1-2 Peter* (Downers Grove: InterVarsity, 2007), 117. J. Jeremias, "γωνία, κτλ.," *TDNT* 1:791-93. 힐리어의 모퉁잇돌과 관석이 모두 의도된 것이라는 견해는 가능성이 낮다 ("Rock-Stone," 70-72).

274 특별히 다음을 보라. R. J. McKelvey, "Christ the Cornerstone," *NTS* 8 (1961-62): 352-59; 또한, Michaels, *1 Peter*, 103; Elliott, *1 Peter*, 425.

275 McCartney, "The Use of the Old Testament in the First Epistle of Peter," 81.

276 오스(Oss)는 마소라 텍스트(MT)의 "서두르지 않는다" 대신 "부끄러움"을 넣음으로 심판에 초점을 맞춘다고 언급한다("The Interpretation of the 'Stone' Passages," 186-87).

277 다음을 보라. Dubis, *1 Peter Handbook*, 51-52. 캠벨은 여기에서 비록 종말론적인 요소를 배제하지 않고 현재의 명예를 강조하지만(*Honor, Shame, and the Rhetoric of 1 Peter*, 86, 93, 95) 귀함보다 명예에 관한 언급으로 바르게 이해한다(다음과는 반대된다. Watson, *First Peter*, 47). 참조. I. H. Marshall, *1 Peter*, The IVP New Testament Commentary Series (Downers Grove:

2:7. 베드로는 6-8절에서 믿는 자와 믿지 않는 자에 관한 추론(οὖν, 운, NIV. "이제", NRSV. "그래서")을 이끌어 낸다. 존귀가 믿는 자를 기다리고 있고, 심판이 믿지 않는 자를 기다린다. 불행하게도 많은 영어 성경은 τιμή(티메)를 "귀중한"으로 번역하여 이 구절의 의미를 모호하게 만든다. CSB 성경은 이 구절을 다음과 같이 잘 번역하고 있다. "그러므로 믿는 자들에게는 명예롭게 될 것이다"(참조. ESV). 앞 구절에서 살펴보았듯이 "명예"(개역개정. 보배)라는 단어로 베드로는 심판의 날에 최종적인 신원(의롭다 함)을 의미한다. 이 구절에서 이 개념이 확증된다. 여기에서 베드로는 그리스도를 믿는 자들에게 속한 종말론적 영광을 언급한다. 그리스도께서 부활하실 때, 아버지에 의해 "명예롭게"(개역개정. 보배롭게. ἔντιμον, 에티몬) 되신 것처럼, 그를 믿는 자들도 비록 현재에 고난을 받고 있을지라도 명예롭게 될 것이다. 우리는 또한 베드로가 마지막 두 구절에서 믿는다는 동사를 두 번 사용했다는 점에 주목해야 한다. 1장의 "믿음"은 신실함이 아니라 하나님을 믿음으로 해석해야 한다. 물론 신실함의 개념이 존재하지만, 신실함은 믿음에서 나오기 때문에 두 가지가 바뀌면 안 된다.

반대로 믿지 않는 자들은 마지막 날에 "부끄러움"(6절)과 "수치"(7a절)를 당하게 될 것이다. 그 이유는 건축자들이 버린 돌이 건물의 모퉁잇돌이 되었기 때문이다. 모퉁잇돌이 세워짐은 예수 그리스도의 부활을 의미하는 것처럼 보인다(참조. 행 4:11).[278] 그는 하나님의 신원을 받았으며 성전은 그로 말미암아 모양을 잡아간다. 베드로는 시편 118편 22절을 다시 인용한다(6절 참조). 이 시편은 신약에서 자주 인용되며(참조. 마 21:42; 막 12:10-11; 눅 20:17; 행 4:11), 왕이 적들에게 승리한 후에 감사를 위해 성전으로 돌아오는 장면을 묘사한다. 시편의 역사적 맥락에서 버림받은 돌은 다윗 계열의 왕이었고 건축자는 기름 부음 받은 이스라엘 왕의 통치를 거부한 이방 나라들이었다. 다윗 계열의 왕은 여호와께서 세상에서 자신의 계획을 실행하는 돌이기 때문에, 이스라엘의 원수들은 자기들의 멸망을 확신할 수밖에 없다(시 118:10-14).

InterVarsity, 1991), 72. 베드로전서에 나타나는 명예와 수치의 중요성에 대해서는 다음을 보라. Elliott, "Disgraced Yet Graced," 166-78.

278 Michaels, *1 Peter*, 105. 279.

예수님과 베드로(마 21:42; 행 4:11)는 시편을 놀라운 방식으로 적용한다. 기름부음 받은 왕을 거부하는 건축자들은 이방인들만이 아니라 이스라엘의 종교 지도자들이다. 종교 지도자들은 자신들이 하나님의 건물을 세운다고 믿었지만, 전체 건물의 모퉁잇돌을 거부했다. 그렇게 함으로써 다윗 시대 이방 나라들처럼 행동하고 자신에게 임할 심판을 확인시켰다. 왜냐하면 하나님께서 부활로 예수님을 모퉁잇돌로 세우셨고 그를 신원하셨기 때문이다. 1984년 판 NIV 성경(2011년 판과 달리)은 여기에서 그 돌을 "모퉁잇돌"이 아니라 "관석"으로 이해한다. 헬라어 표현은 문자적으로 "모퉁이의 머리"(κεφαλὴν γωνίας, 케팔레 고니아스)이다. 그러나 "머리"는 "꼭대기"가 아니라 "끝점, 가장 바깥쪽"을 의미한다(참조. 왕상 8:8; 대하 5:9).[279] 더욱이 우리는 다음 구절이 사람들이 걸려 넘어지는 내용을 말하고 있다는 점에 주목한다. 관석 대신에 넘어지게 하는 모퉁잇돌이다(6절 주해 참조). 어쨌든 요점은 분명하다. 사람들이 그를 버렸지만(4, 7절), 하나님께서 예수님을 신원하고 영화롭게 하셨다(4, 6절). 그를 믿지 않는 사람들은 심판을 받게 될 것이다.

2:8. 8절은 7절의 개념을 계속 이어간다. 다음과 같이 이 구절을 요약할 수 있다. 그들은 그리스도를 믿지 않고 순종을 거부하기 때문에 그리스도께 걸려 넘어진다. 걸려 넘어지고 순종하지 않는 사람들은 그리스도를 신뢰하기를 거부하는 데 책임이 있다. 하나님께서는 그들이 불순종하고 걸려 넘어지게 정하셨다. 그러나 불신자들의 죄에 대한 도덕적인 책임은 없으시다.

모퉁이 가장자리에 있는 돌은 믿지 않는 사람들이 걸려 넘어지는 돌이다.[280] 베드로는 여기에서 이사야 8장 14절을 직접 인용하기보다 암시한다. 이사야서 8장의 문맥에서 이스라엘과 유다는 다른 나라들이 아니라 여호와를 두려워하고 신뢰하도록 부르심을 받았다. 분명하게 이사야서 본문은 베드로가 3장 14절에서 이사야 8장 12절을 암시하기 때문에 중요하다. 베드로는 소아시아 교회들이 자신을 핍박하고 박해하는 사람들을 두려워하도록 부추

---

279 Grudem, *1 Peter*, 105이 올바르게 지적한다. 참조. Selwyn, *First Peter*, 163.

280 엘리엇은 여기에서 돌은 사람들이 걸려 넘어질 수 있는 개활지의 돌이나 바위를 가리키고 여기에서 돌은 하나님을 의미한다고 주장한다(*1 Peter*, 430). 그러나 문맥상 이 언급은 분명히 그리스도에 관한 것이다.

김을 받았기 때문에 독자들과 관련이 있다고 생각했을 것이다. 이 구절의 암시는 마소라 텍스트(MT)의 문자적인 번역이며 70인역과 일치하지 않는다. 로마서 9장 33절에서 바울의 표현과 비슷하지만, 바울은 이사야 28장 16절과 8장 14절을 합친 혼합된 인용을 한다. 베드로와 바울이 이사야 28장 16절과 8장 14절을 함께 사용했기 때문에 베드로가 바울의 편지를 사용했는지 또는 공통적인 자료에서 가져왔는지 의문이 생긴다. 베드로가 바울을 편지의 자료로 썼는지 의심스럽지만, 이 두 본문은 초기 기독교 설교에서 자주 사용되었을 것이다.

베드로는 왜 사람들이 모퉁잇돌에 걸려 넘어지는지 설명한다. 그들은 "말씀에 순종하지 아니함"으로 넘어진다. "말씀"(λόγῳ, 로고)은 복음이다. 하나님께서 새 생명을 낳기 위한 씨로서 말씀을 사용하신다(참조. 1:23-25; 참조. 3:1). CSB 성경은 분사 "순종하지 아니함으로"(ἀπειθοῦντες, 아페이둔테스)를 인과 관계로 바르게 번역해서 그들이 걸려 넘어지는 이유를 설명한다.[281] "순종하지 아니함"은 7절의 "믿지 아니하는"을 보충한다. 모든 불순종은 하나님을 신뢰하지 않는 데서 비롯되기 때문에 "믿지 아니하는"이 "불순종"의 뿌리이지만, 이 둘은 결국 분리되지 않는다. 사람이 모퉁잇돌에 걸려 넘어지는 것은 의도치 않았지만 걸려 넘어지는 것은 우연이 아니다. 오히려 이 경우에 인간은 반역으로 걸려 넘어진다. 왜냐하면 그들은 산 돌에게 나아가기를 원치 않기 때문이다.

베드로는 불순종하는 자들을 "그들을 이렇게 정하신 것이라"라는 어구로 결론을 내린다. 이 표현은 자세히 설명하지 않지만 도발적이다. "정하신"(τίθημι, 티데미)은 종종 하나님께서 일어나도록 정하신 일을 나타낸다(행 1:7; 13:47; 20:28; 고전 12:18, 28; 살전 5:9; 딤전 2:7). 6절은 하나님께서 예수님을 모퉁잇돌로 정하신다는 내용이지만, 이 구절은 순종하지 않은

---

281 이 구절의 개념은 "그들이 말씀에 걸려 넘어지기 때문에 순종하지 않는다"가 아니라 "그들이 말씀을 순종하지 않기 때문에 넘어진다"는 것이다. 따라서 οἵ는 ἀπειθοῦντες를 수식하기보다는 관계 대명사와 προσκόπτουσιν의 주어로 해석되어야 하며(Achtemeier, *1 Peter*, 162), 여격 τῷ λόγῳ은 동사 προσκόπτουσιν보다 분사 ἀπειθοῦντες의 목적어로 해석해야 한다. 이를 뒷받침하기 위해서 ἀπειθέω는 3:1에서 τῷ λόγῳ를 목적어로 4:17에서 τῷ τοῦ θεοῦ εὐαγγελίῳ를 목적어로 취한다(Achtemeier, *1 Peter*, 162). 여격 τῷ λόγῳ가 두 동사의 목적어가 아니라는 마이클스의 견해에 반대된다(*1 Peter*, 106).

자들을 정하신다는 내용이다. 어떤 학자들은 베드로가 하나님께서 복음 메시지에 자발적으로 순종하지 않는 자들을 넘어지게 정하셨다고 말하려는 의도가 있다고 주장한다.[282] 이 해석은 인간이 자신의 운명을 결정한다는 의미이며, 성경이 분명하게 강조하는 내용이다.[283] 반면에 제안된 해석은 너무 단순하고 분명해서 온전한 의미를 파악할 가능성이 낮다.[284] 오히려 "이는"(ὅ, 호)은 선행하는 생각 전체를 나타낸다.[285] 하나님은 말씀을 순종하지 않는 자들을 넘어지게 정하셨을 뿐만 아니라 그들이 믿지 않고 넘어지도록 정하셨다.[286] 재앙도 하나님께로부터 온다는 개념을 구약성경은 자주 가르친다. 현대인에게 이 생각은 충격적이기 때문에 세 가지 대표적인 예를 말하려고 한다. "화와 복이 지존자의 입으로부터 나오지 아니하느냐"(애 3:38). "성읍에서 나팔이 울리는데 백성이 어찌 두려워하지 아니하겠으며 여호와의 행하심이 없는데 재앙이 어찌 성읍에 임하겠느냐"(암 3:6). "나는 빛도 짓고 어둠도 창조하며 나는 평안도 짓고 환난도 창조하나니 나는 여호와라 이 모든 일을 행하는 자니라 하였노라"(사 45:7). 세 구절이다. 성경은 왕의 결정(잠 21:1)에서

282 Bigg, *Epistles of Peter and Jude*, 133; Michaels, *1 Peter*, 107; Campbell, *Honor, Shame, and the Rhetoric of 1 Peter*, 93; A. J. Panning, "Exegetical Brief: What Has Been Determined (ἐτέθησαν) in 1 Peter 2:8?," *Wisconsin Lutheran Quarterly* 98 (2001): 48-52; Elliott, *1 Peter*, 433-34; Marshall, *1 Peter*, 73. 힐리어는 아마도 요점이 "개인이 걸려 넘어지도록 예정되어 있다는 것이 아니라 많은 사람이 모퉁잇돌에 걸려 넘어지는 것이 성경에 예언되어 있다는 것"이라고 제안한다("RockStone," 63). 이 해석은 본문이 성경의 성취가 아니라 사람에게 주어진 운명을 강조하기 때문에 가능하지 않은 해석이다.

283 Didymus the Blind and Oecumenius in *James, 1-2 Peter, 1-3 John, Jude*, ACCS (Downers Grove: InterVarsity, 2000), 86-87.

284 Feldmeier, *First Peter*, 138-39.

285 다음은 올바르게 지적한다. Hort, *The First Epistle of St Peter*, 123; Best, *1 Peter*, 106; Beare, *First Peter*, 100; Grudem, *1 Peter*, 107; Achtemeier, *1 Peter*, 162; Jobes, *1 Peter*, 156; Donelson, *I and II Peter and Jude*, 65-66; M. Williams, *The Doctrine of Salvation in the First Letter of Peter*, 68-72. 호트는 "예를 들어, 자신의 행동이 가져오는 정당하고 자연스러운 결과로서 이렇게 정해졌다는 의미인 것처럼 설명하는 모든 시도는 헛되다"라고 말한다. 우리는 호트가 특히 동사 "넘어지다"에서 선행사를 이해한다는 점에 주목해야 한다.

286 Andreas in *James, 1-2 Peter, 1-3 John, Jude*, ACCS (Downers Grove: InterVarsity, 2000), 86. 데이비스는 여기에서 강조점이 공동체적이라고 올바르게 지적했지만(*First Peter*, 90), 공동체를 개인과 반대된다고 잘못 설정한다. 이 문제에 관한 논의는 다음을 보라. T. R. Schreiner, "Does Romans 9 Teach Individual Election unto Salvation?," in *Still Sovereign: Contemporary Perspectives on Election, Foreknowledge, and Grace* (Grand Rapids: Baker, 2000), 98-105; T. R. Schreiner, "Corporate and Individual Election in Romans 9: A Response to Brian Abasciano," *JETS* 49 (2006): 373-86.

제비뽑기(잠 16:33, 참조. 사 46:9-11)에 이르기까지 모든 것을 하나님이 통제하신다는 세계관을 가진다. 역사상 가장 잔인하고 악한 행위인 나사렛 예수의 처형은 하나님께서 예정하신 사건이다(행 2:23; 4:27-28).[287]

그러나 우리는 곧바로 성경적 세계관의 또 다른 요소를 추가해야 한다. 성경 기자들은 결코 인간의 책임을 없애 버리지 않는다. 그들은 하나님께서 만물을 예정하셨다고 믿지만 그들의 선택은 참이다(참조. 롬 9:14-23). 베드로는 하나님이 십자가 처형을 미리 정하셨지만 그리스도를 십자가에 못 박은 자들을 고발한다(행 2:23). 그리스도를 죽임으로 자신의 욕망을 행했기 때문에 그들을 고발하는 결론은 타당해 보인다. 그들은 자기 뜻에 반하여 예수님을 십자가에 못 박도록 강요당하지 않았다. 그들은 예수님을 죽음에 이르게 할 때 자신들이 원했던 일을 했다. 비슷하게 베드로는 자기들의 불신과 불순종으로 모퉁잇돌이신 그리스도께 걸려 넘어지는 자들을 비판한다. 그들의 믿지 않음이 예정되었기 때문에 죄가 없다고 주장하지 않는다. 그들이 스스로 그분께 순종하지 않기로 선택했고 그분을 믿기 거부했다고 베드로는 강조한다. 베드로는 인간이 자신의 죄에 대해서 책임이 있고 자기 의지로 죄를 짓고 있지만, 하나님께서 역사의 모든 사건을 통제한다는 성경의 공통적인 주제를 강조한다. 오늘날 우리는 이것을 "양립 가능론"(compatibilist) 세계관이라고 부르지만 성경은 어떻게 두 주제가 철학적으로 서로 가능한지 설명하지 않는다. 우리는 어떻게 조화를 이루는지 설명하기 어려움을 인정해야 한다. 따라서 신학자들은 종종 어느 한 진리를 부정하려는 유혹에 빠지곤 한다. 베드로가 여기에서 하나님의 주권이라는 주제를 강조하는 이유는 무엇인가? 그는 독자들을 위로하기 위해서 세상의 악이 하나님의 통제에서 떠날 수 없음을 확신시킨다.[288] 하나님은 여전히 자신을 반대하는 자들과 베드로전서의 신자들까지 다스리고 계신다.[289]

---

287 맥카트니는 "만약 일어나는 모든 일에서 하나님이 절대적으로 주권적이라면, 고난을 보내시는 분은 하나님이셔야 한다. 베드로는 심판이나 고난을 하나님 외에 다른 어떤 사람에게서 온다고 결코 말하지 않는다"라고 올바르게 말한다("The Use of the Old Testament in the First Epistle of Peter," 136).

288 Schutter, *Hermeneutic and Composition in 1 Peter*, 134–35.

289 호렐은 이 문제에 대해서 성경이 가르치는 것을 더 이상 받아들일 수 없다고 제안하면서 자신의 전제를 제시한다(*The Epistles of Peter and Jude*, 43).

2:9. 믿지 않는 자는 하나님의 심판을 받지만, 믿는 자, 즉 믿음으로 말미암아 고난을 받는 자는 하나님의 택하신 족속이요, 왕 같은 제사장이다. 그의 특별한 백성이며 자기들의 구원으로 하나님을 찬양하도록 부르심을 받은 자들이다. 9절의 시작 "그러나"(δέ, 데)는 바로 앞의 내용과 대조됨을 보여 준다.[290] 투렌이 말하는 것처럼 "부정적인 예는 긍정적인 일에 대한 감사를 더한다."[291] 하나님은 불순종하는 자들을 멸망에 이르게 하셨지만, 신자들은 "택하신 족속"(ἐκλεκτόν γένος, 에클레크톤 게노스)이다. 그들은 하나님의 선택을 받았기 때문에 하나님의 백성에 속한다. 호렐이 언급한 것처럼, 이 구절은 신약에서 γένος(게노스), ἔθνος(에드노스), λαός(라오스)가 함께 나타나는 유일한 곳이며 ἔθνος(에드노스), γένος(게노스)가 교회에 적용되는 유일한 곳이다.[292] "저자는 여기에서 이스라엘의 중요한 정체성을 적절하게 정의하면서 편지를 받는 대부분 그리스도를 믿는 이방인 공동체의 정체성을 설명한다."[293] 우리는 베드로가 선택이라는 주제를 소개하면서 하나님의 나그네들에게 힘을 돋우는 첫 구절을 보았다. 이제 다시 그 주제로 돌아온다. 여기에서 베드로가 말하는 가장 유사한 병행은 이사야 43장 20절이다. 이사야서 문맥에서 여호와는 자기 백성을 바벨론에서 인도하여 두 번째 출애굽을 이루겠다고 약속하신다.[294] 헬라어 "γένος(게노스)는 같은 혈통에서 나온 민족을 의미하며"[295] "조상과 관습을 공유하는 민족 그룹"을 의미한다.[296] 70인역에서 γένος(게노스)는 일반적으로 유대 민족을 나타내지만 베드로는 이제 예수 그리스도의 교회에 적용한다.[297] 베드로에 따르면, 하나님의 택하심을 받은 백성은 더 이상 이스라엘과

---

290 Elliott, *The Elect and the Holy*, 143의 견해와 반대이다.

291 Thurén, *Argument and Theology in 1 Peter*, 127.

292 Horrell, *Becoming Christian*, 144. 고전 헬라어, 유대 문헌, 신약에서 γένος, ἔθνος, λαός 단어의 추가 연구는 다음을 보라. Horrell, *Becoming Christian*, 133-63.

293 D. G. Horrell, "Tradition and Innovation: Reassessing 1 Peter's Contributions to the Making of Christian Identity," in *Muted Voices of the New Testament: Readings in the Catholic Epistles and Hebrews*, ed. K. M. Hockey, M. N. Pierce, and F. Watson, LNTS 565 (London: Bloomsbury T&T Clark, 2017), 19.

294 엘리엇은 "이사야 구절이 출애굽기 구절에 삽입되었다"라고 주장한다(*The Elect and the Holy*, 142).

295 Jobes, *1 Peter*, 158; 참조. Donelson, *I and II Peter and Jude*, 66.

296 J. Green, *1 Peter*, 61.

297 Horrell, *Becoming Christian*, 137-38.

같지 않고, 예수 그리스도를 믿는 자이며, 따라서 이 새 백성은 유대인과 이 방인 모두로 구성된다. 이와 같은 관계에서 그리스도인들은 자신들을 새로운 인류로 생각하기 시작했다.[298]

믿는 자들은 또한 "왕 같은 제사장"이다. 베드로는 출애굽기 19장 6절을 인용하여 교회를 "왕 같은 제사장"($\beta\alpha\sigma\iota\lambda\epsilon\iota\upsilon\nu$ $\iota\epsilon\rho\acute{\alpha}\tau\epsilon\upsilon\mu\alpha$, 바실레이온 히에라튜마)으로 이해하는 데, 정확히 같은 단어를 사용한다.[299] 출애굽기에서 이 명칭은 하나님께서 시내산에서 언약을 맺은 이스라엘에 적용된다. 이스라엘의 제사장 직분은 열방에 여호와의 영광을 비추어 모든 열방이 여호와와 대적하는 신이 없음을 알게 하는 것이었다(참조. 사 61:6). 불행하게도 이스라엘은 앗수르(BC 722년)와 바벨론(BC 586년) 유배가 보여 주듯이 이 부르심에 실패했다. 이스라엘은 하나님의 율법을 지키지 않았기 때문에 포로가 되었다. 이제 하나님의 제사장 나라는 예수 그리스도의 교회로 구성된다. 교회는 복음을 선포할 때 열방에 하나님의 복을 중재하도록 부르심을 받았다. 여기에서 우리는 비교와 대조에 주의해야 한다. 이스라엘 전체와 그리스도의 교회는 "왕 같은 제사장"으로 이해된다. 출애굽기 19장에서는 이스라엘의 일부만이 제사장으로 섬겼다는 내용은 없다. 차이점은 제사장직의 범위가 아니라 그 정체성이다. 지금은 예수 그리스도의 교회가 왕 같은 제사장이기 때문이다(참조. 계 1:6).[300] 앞에서 언급했듯이 여기에서 제사장직은 공동체적이지만 개인이 제사장적인 기능을 수행한다는 사실을 없애 버리지 않는다. 베스트는 여기에서

---

298 다음을 보라. Jobes, *1 Peter*, 159.

299 헬라어 $\beta\alpha\sigma\iota\lambda\epsilon\iota\upsilon\nu$는 $\iota\epsilon\rho\acute{\alpha}\tau\epsilon\upsilon\mu\alpha$를 수식하는 형용사이다(다음 견해들과는 반대이다. Selwyn, *First Peter*, 165-66; Elliott, *The Elect and the Holy*, 149–54; Kelly, *Peter and Jude*, 97; Best, "I Peter 11.4-10," 288-89). 엘리엇은 베드로가 교회를 왕이신 하나님의 집이라고 말하고 있다고 이해한다(*The Elect and the Holy*, 196; *1 Peter*, 436-37; 참조. 또한 Brox, *Der erste Petrusbrief*, 103). 2 Macc 2:17에서 이 두 단어는 모두 명사이지만 각 단어 앞에 $\tau\acute{o}\nu$이 있고 $\kappa\alpha\acute{\iota}$가 두 단어를 구분하고 있기 때문에 모두 명사라는 것은 분명하다. 형용사를 지지하는 이유는 이 구절의 다른 두 어구에서 형용사가 나타나며 5절의 $\iota\epsilon\rho\acute{\alpha}\tau\epsilon\upsilon\mu\alpha$ $\acute{\alpha}\gamma\iota\omicron\nu$에서 형용사가 있다는 것이다(참조. Beare, *First Peter*, 104; Goppelt, *1 Peter*, 149n65; Michaels, *1 Peter*, 108–9; Achtemeier, *1 Peter*, 164; Davids, *First Peter*, 91-92n30; Schweizer, "The Priesthood of All Believers." 291–92).

300 베스트는 출 19:6에서 레위적인 제사장직 개념이 레위기적이지 않은 제사장직 성격과 병합된다고 주장하는 점에서 옳다("I Peter 11.4-10," 283-86; 다음 주장과 반대이다. Elliott, *The Elect and the Holy*, 173, 210, 219-20). 루터의 모든 신자가 제사장이라는 이해에 대해서는 다음을 보라. *Commentary on Peter & Jude*, 103-4.

올바른 균형을 찾는 것 같다. "그리스도인은 제사장의 기능을 수행하지만 항상 동일한 기능을 수행하는 공동체의 구성원이다."[301]

베드로는 또한 교회를 "거룩한 나라"(ἔθνος ἅγιον, 에드노스 하기온, 참조. 70인역 출 23:22)로 이해하면서 출애굽기 19장 6절의 정확한 표현을 반복한다. 70인역에서 ἔθνος(에드노스)는 종종 이스라엘 밖 이방 나라들을 지칭하기도 하지만, 주로 이스라엘을 지칭한다(출 19:6).[302] 예수님의 교회는 이제 주를 위해 구별된 백성이며 그의 특별한 임재와 은혜를 누리고 있다. 다음 어구 "그의 소유가 된 백성"(εἰς περιποίησιν, 에이스 페리포이에신)은 구약 본문에서 분명하지는 않다. 이 언어는 말라기 3장 17절에서 여호와의 책망에 응답하고 의롭게 살아가는 신자들에게 사용된다. 그들은 악인과 대조적으로 그의 소유, 그의 특별한 백성을 이룬다. 또한 이사야 43장 21절의 암시일 수도 있다. 우리는 앞에서 "택하신 족속"이 이사야 43장 20절에서 왔음을 살펴보았다. 21절의 동사 "내가 나를 위하여 지었다"(περιεποιησάμην, 페리에포이에사멘)는 명사 "소유"(περιποίησιν, 페리포이에신)의 동사 형태이다.[303] 다시 이스라엘의 특권은 이제 예수 그리스도의 교회에 속한다. 교회는 이스라엘을 대체하지는 않지만 이스라엘에 주어진 약속을 성취한다. 그리고 회복된 이스라엘에 속한 유대인과 이방인 모두 하나님의 새 백성의 일부이다.[304]

이제 하나님의 백성이 이루어야 할 목적을 설명한다. 하나님이 그들을 자기 백성으로 택하시고 왕 같은 제사장으로 삼으시고 거룩한 나라로 세우셔서 그의 특별한 기업으로 삼아 그들로 하여금 "너희를 어두운 데서 불러내어 그의 기이한 빛에 들어가게 하신 이의 아름다운 덕을 선포하게 하려" 하신다. 베드로는 아마도 이사야 43장 21절을 다시 암시할 것이다. 왜냐하면 그 구절에서 하나님께서 이스라엘을 당신 자신을 위해 지어서 "그들은 나의 찬송을 부를 것이다"(NIV; τὰς ἀρετάς μου διηγεῖσθαι, 타스 아레타스 무

---

301 Best, "I Peter 11.4-10," 287.

302 다음을 보라. Horrell, *Becoming Christian*, 138-39.

303 따라서 여기에서 언급된 것은 최종적인 구원과 보존에 관한 언급일 가능성은 적다(Michaels, *1 Peter*, 109-10의 반대이다).

304 엘리엇은 "이 분파는 하나님의 택하신 백성이라는 배타적인 대표자, 이스라엘의 예언적인 소망이 이루어지는 유일한 공동체가 아니라는 것이 함축되어 있다"(*Home for the Homeless*, 127).

디에게이스다이)라고 말한다.305 베드로는 70인역과 마찬가지로 복수형 "찬양들"(개역개정. "덕", ἀρετάς, 아레타스)을 사용한다. 하나님께서 이스라엘을 지어서 자신을 찬양하게 한 것처럼 이제 교회도 그의 기사를 찬양하기 위해서 세워졌다. 하나님이 하시는 모든 일의 궁극적인 목적은 그분께 찬양을 돌리는 것이다(사 43:7). 하나님을 찬송하라는 선언은 예배와 전도를 포함하는, 모든 민족에게 하나님의 구원의 기이한 일을 전하는 복음을 전파하는 것이다.306 "너희를 어두운 데서 불러내어 그의 기이한 빛에 들어가게" 부르신 하나님의 아름다운 덕을 선포한다. 하나님께서 말씀을 선포하셔서 빛이 존재하게 되고(창 1:3-5) 어두움을 물리치는 창세기 1장의 언어를 사용하여 그들의 회심을 설명한다. 바울은 고린도후서 4장 6절에서 회심을 동일하게 그린다. 하나님은 예수 그리스도를 통해서 그의 영광을 알도록 자기 백성의 마음을 비추신다. 회심은 종종 신약에서 어둠에서 빛으로 옮겨지는 것을 묘사된다(행 26:18; 고후 4:6; 엡 5:8; 살전 5:4, 5, 8).307 이 구절에서 설명하는 부르심은 효과적인 부르심이다(1:15의 주해). 하나님의 말씀이 빛을 창조하듯이 하나님의 부르심은 믿음을 만든다. 부르심은 단순한 초청이 아니라 하나님의 말씀이 실재가 되도록 한다. 새 생명의 아름다움과 영광은 어두움과 대조되는 빛의 이미지로 전해진다. 따라서 베드로는 그 빛을 "기이한"(참조. 시 118:23) 빛으로 이해한다.

2:10. 10절은 베드로전서를 받는 교회가 하나님의 백성이라는 지위를 가진다는 주제로 돌아간다. 교회가 하나님의 백성이라는 큰 특권을 축하한

305 Achtemeier, *1 Peter*, 165-66.

306 참조. Elliott, *The Elect and the Holy*, 197; *1 Peter*, 439-40; R. Feldmeier, *Die Christen als Fremde: Die Metapher der Fremde in der antiken Welt, im Urchristentum und im 1. Petrusbrief*, WUNT 64 (Tübingen: Mohr Siebeck, 1992), 167, 181, 186. 그러므로 예배가 확실히 포함되어 있지만, 여기에서 본문을 예배로 제한하는 것은 잘못되었다(T. Seland, "Resident Aliens in Mission: Missonal Practices in the Emerging Church of 1 Peter," *BBR* 19 [2009]ss: 583-85은 올바르게 제시한다.). 본문을 예배로만 제한하는 주장은 다음을 보라. Michaels, *1 Peter*, 110; Balch, *Let Wives Be Submissive*, 133; Bechtler, *Following in His Steps*, 158-59. 성찬의 개념은 설득력이 없다(다음과 반대된다. Kelly, *Peter and Jude*, 100-101).

307 이 언어는 일반적으로 신자의 현재 상태를 나타내기 위해서 사용되기 때문에 여기에서 어두움과 빛은 미래로 이해되어서는 안 된다(Michaels, *1 Peter*, 111와 반대이다.).

다. 베드로는 호세아 2장 23절의 말을 암시한다. 흥미롭게도 바울은 롬 9장 25-26절에서 호세아의 동일한 개념을 인용한다. 그러나 바울과 베드로의 표현은 다르다. 두 인용 사이에 문학적인 관계는 없다. 호세아서에서 이스라엘은 죄 때문에 하나님의 백성으로서 버림을 받았지만 하나님께서 그들을 긍휼히 여기셔서 다시 자기 백성으로 세우겠다고 약속하신다. 예수 그리스도의 교회가 이 예언을 경험한다. 이 편지를 받는 교회는 주로 이방인으로 구성되어 흑암 가운데 살았지만(2:9),[308] 이제는 놀랍게도 하나님의 백성이다. 그들은 하나님의 백성에 포함될 자격이 없었지만, 하나님의 자비를 받고 그의 백성에 포함된 것을 기뻐한다. 베드로는 어떻게 이방인들의 포함에 유대인의 회복을 예언하는 본문을 인용할 수 있는가? 카슨(D. A. Carson)은 호세아서가 모형론적으로 사용되었다고 말한다.[309] 배교한 유대인들은 이방인이 되어 하나님의 언약에서 단절되었다. 이방인들도 같은 지위였다. 베드로는 호세아 본문을 사용하여 주께서 당신의 크신 자비로 이방인들을 당신의 백성으로 감싸셨다고 선포한다. 호세아서의 회복에 관한 약속은 유대인들에게만 제한되지 않고 모든 민족에게 적용된다. 1장 3절에서 편지를 열었던 긍휼의 메시지는 이제 2장 10절에서 편지의 주요 단락을 마무리한다.[310] 베드로는 독자들에게 그들이 하나님의 은혜를 받은 자이며, 명령에 순종하는 근거는 그리스도 안에 있는 하나님의 긍휼임을 다시 상기시킨다.

---

308 참조. Michaels, *1 Peter*, 112.

309 Carson, "1 Peter," 1032.

310 참조. Schutter, *Hermeneutic and Composition in 1 Peter*, 29.

단락 개요

3. 적대적인 세상에서 하나님께 영광을 돌리는 나그네로 살라(2:11-4:11)

   3.1. 전투하며 증언하는 그리스도인의 삶(2:11-12)

   3.2. 사회 질서에서 복음을 증거하는 일(2:13-3:12)

      3.2.1. 정부에 순종하라(2:13-17)

      3.2.2. 종들이여, 주인에게 순종하라(2:18-25)

         3.2.2.1. 상을 받기 위해서(2:18-20)

         3.2.2.2. 그리스도를 본받기 위해서(2:21-25)

      3.2.3. 아내들이여 남편에게 순종하라(3:1-6)

      3.2.4. 남편들이여 아내와 함께 하나님의 뜻을 따르라(3:7)

      3.2.5. 결론: 경건한 삶을 살라(3:8-12)

   3.3. 고난에 대해서 경건하게 응답하라(3:13-4:11)

      3.3.1. 그리스도를 위한 고난에 대한 축복(3:13-17)

      3.3.2. 그리스도의 고난: 승귀에 이르는 길(3:18-22)

      3.3.3. 그리스도처럼 고난을 준비함(4:1-6)

      3.3.4. 마지막 때를 빛 안에서 살기(4:7-11)

3. 적대적인 세상에서 하나님께 영광을 돌리는 나그네로서 살라(2:11-4:11)
새로운 단락의 시작에서 "사랑하는 자들아"(Ἀγαπητοί, 아가페토이)와 "권하
노니"(παρακαλῶ, 파라칼로)가 특징적이다.[1] 신자들이 서로 맺는 관계(1:13-
2:10)에서 믿지 않는 세상, 즉 신자들을 의심하고 적대적인 믿지 않는 세상과
의 관계로 초점이 이동한다. 어떤 의미에서 새로운 단락은 부자연스럽게 시
작한다. 2장 11절-4장 11절에서 호소하는 내용의 기초는 신자들에게 새 생

---

1 따라서 J. H. Elliott, *The Elect and the Holy: An Exegetical Examination of 1 Peter 2:4-10 and the Phrase* Βασίλειον Ἱεράτευμα, NovTSup 12 (Leiden: Brill, 1966), 16.

명을 주시고 종말론적인 유업을 약속하신 하나님의 은혜로운 역사이기 때문이다(1:3-12). 하나님의 은혜와 구원을 설명하는 직설법은 2장 11절-4장 11절을 지배하는 명령법을 뒷받침한다. 그러나 베드로는 1장 13절-2장 10절에서 했던 것처럼 신자들이 서로 어떻게 사랑해야 하는지 강조하지 않고 외부 사람들과 어떻게 관계해야 하는지를 강조하기 때문에 2:11-4:11에서 새로운 강조점이 분명하다.

인클루지오는 본문이 하나님의 영광이라는 주제로 시작하고(2:12) 끝맺기(4:11) 때문에 2장 11절-4장 11절의 테두리이다. 이 단어들의 반복은 주요 단락이 4장 12절에서 시작함을 암시한다. 4장 11절은 단락의 마지막이다. "사랑하는 자들아"('Αγαπητοί, 아가페토이)가 2장 11절에서 새로운 단락을 시작하고 4:12에서도 다시 단락을 시작한다. 2장 11절-4장 11절의 주제를 2장 11-12절에서 설명한다. 신자들은 나그네로서 경건한 삶을 살아야 하고 불신자들이 비난하는 이유들을 없애야 한다. 첫 번째 주요 단락은 신자들이 사회 구조와 질서에서 복음에 합당한 방식으로 살아감으로 하나님을 기쁘시게 한다는 내용이다(2:13-3:12). 그리스도인들이 정부 권력에 순종할 때(2:13-17), 종들이 주인에게 순종할 때(2:18-25), 아내들이 남편에게 순종할 때(3:1-6), 그리스도인은 권위 있는 자들에게 순종함으로써 경건한 삶의 본보기가 된다(2:13, 17; 3:1). 그 목적은 불신자들이 하나님께 영광을 돌리는 것이다. 그리스도의 고난은 본받아야 할 최고의 모범이다(2:21-25). 그분의 고난은 인간이 하나님께 돌아가게 하는 수단이다. 경건한 삶이 영원한 상을 받는 데 필요하다는 또 다른 주제가 제시된다. 결론적으로(3:8-12) 베드로는 독자들에게 하나님을 기쁘시게 하는 삶으로 마지막 날에 생명을 얻기를 요청한다.

이어지는 주요한 세부 단락은 3장 13절-4장 11절이다. 이 부분은 일관성 있게 나누기 더 어렵다. 고난의 주제가 앞에 나오고 이어서 신자의 영원한 상에 초점을 맞춘다. 고난을 견디는 자는 하나님의 종말론적인 복을 받을 것이다. 베드로전서 3장 8-12절은 이전 세부 단락의 전환 역할을 한다. 이 단락에서는 상이라는 주제가 두드러지기 때문이다. 새로운 단락(3:13-17)은 신자들이 의를 행함으로 고난을 받으면 복 있다고 강조한다. 신자들의 고난은 2장 18-25절처럼 그리스도의 고난이라는 주제로 이끌어 간다. 그리스도의 고난은 영광에 이르는 길이었고 악한 세력을 이기게 하는 수단이었다(3:18-22). 베드로는 신자들의 삶에서도 동일한 패턴이 적용된다고 암시한다. 그들의 고난은 종말론적인 영광의 서곡이다. 그러나 고난과 영광의 사이에서 신자들은 고난을 준비하고 죄를 깨끗하게 끊어야 한다(4:1-6). 그렇게 하면 마지막 날에 상을 받을 것이다. 마지막으로 종말에 비추어 날마다 살아야 한다 (4:7-11). 이것은 그들이 기도하고 깨어 있으며 다른 사람들을 섬기는 데 헌신해야 함을 의미한다.

3.1. 전투하며 증언하는 그리스도인의 삶(2:11-12)

¹¹ 사랑하는 자들아 거류민과 나그네 같은 너희를 권하노니 영혼을 거슬러 싸우는 육체의 정욕을 제어하라 ¹² 너희가 이방인 중에서 행실을 선하게 가져 너희를 악행한다고 비방하는 자들로 하여금 너희 선한 일을 보고 오시는 날에 하나님께 영광을 돌리게 하려 함이라

베드로는 이제 신자들을 이 세상의 나그네라고 부르며, 적대적인 문화에서 그들의 삶과 행동에 주의를 기울인다. 그들이 악한 정욕을 정복하도록 요청한다. 그리스도인은 불신자들이 주목하도록 선행으로 모범적인 삶을 살아야 한다. 그 결과 신자들이 악을 행한다는 그 어떤 말도 물리칠 것이다. 선행으로 모범적인 삶을 살아가는 것은 더욱 중요하게 불신자들로 주께서 오시는 날에 하나님께 영광을 돌리게 하는 목적이 있다. 베드로는 불신자들이 믿는 자들의 삶의 방식이 도덕적으로 아름다움을 알고 인정해서 심판의 날에 하나님께 영광을 돌리기를 소망한다. 신자들의 두드러지는 선행은 베드로전서 2장 9절에 묘사된 믿는 자들을 부르신 목적을 성취한다. 그들을 "어두운 데서 ... 불러내어 그의 기이한 빛에 들어가게 하신다"(벧전 2:9). 베드로는 불신자들이 신자들의 삶을 보겠지만 모든 이들이 구원 받지 않을 것이라는 사실을 깨닫는다(참조 3:16). 그럼에도 불구하고 어떤 불신자들은 신자들의 변화된 삶을 보고 믿기를 소망하면서 거룩함을 요청하고 있다.

2:11. 앞에서 언급한 것처럼 새로운 단락은 "사랑하는 자들아"(Ἀγαπητοί, 아가페토이)와 "권하노니"(παρακαλῶ, 파라칼로)로 시작한다. "사랑하는 자들아"(Ἀγαπητοί, 아가페토이)는 그들이 "하나님의 사랑을 받고" 하나님의 백성으로 택하심을 받았음을 나타내기 때문에, 영어 성경의 "친구들아"(dear friends)는 오해의 소지가 있다.[2] 따라서 그들은 "거류민과 나그네"로서 악한 욕망을 정복하도록 부르심을 받았다. 왓슨(D. F. Watson)은 거류민이 "태어난 나라 밖에서 체류하면서 시민과 완전히 동일한 권리와 특권을 누리는 사람"이며, 나그네는 "영주권을 가질 의도 없이 나라를 지나가는 사람"이라고 말한다.[3] 여기에서 베드로는 아브라함의 지위가 거류민이었다는 것을 기억하기 때문에 두 단어(참조. 1:1, 17; 참조. 엡 2:19; 히 11:13)를 날카롭게 구분하려고 하지 않는다. 아브라함은 70인역 창세기 23장 4절에서 자신이 "거류민과 나그네"(πάροικος καὶ παρεπίδημος, 파로이코스 카이 파레피데모스)라고 말한다. 사라가 죽은 후에 이 말을 한다. 그는 아내를 묻을 땅이 없었다. 마찬가지로 베드로전서의 독자들은 이 세상에서 영원한 집이 없었다. 우리는 70인역 시편 38편 13절에서 동일한 두 단어를 본다. 여기에서 시편 기자들은 생명이 짧음을 강조한다. 이것은 신자들이 이 세상을 자기 집으로 여기지 않는다는 베드로의 주장과 잘 맞는 주제이다.

"거류민과 나그네"가 마치 독자들의 실제 정치적인 지위를 묘사하는 것처럼 문자 그대로 이해하면 안 된다.[4] "거류민과 나그네"는 신학적이며, 독자들

---

2 J. R. Michaels, *1 Peter*, WBC (Waco: Word, 1998), 115; R. Feldmeier, *The First Letter of Peter: A Commentary on the Greek Text*, trans. P. H. Davids (Waco: Baylor University Press, 2008), 146-47.

3 D. F. Watson, *First Peter*, PCNT (Grand Rapids: Baker, 2012), 57-58.

4 J. H. Elliott, *1 Peter: A New Translation with Introduction and Commentary*, AB (New York: Doubleday, 2000), 458-62, 476-83; J. H. Elliott, "Peter, Silvanus and Mark in 1 Peter and Acts: Sociological-Exegetical Perspectives on a Petrine Group in Rome." in *Wort in der Zeit: Neutestamentlichen Studien: Festgabe für Karl Heinrich Rengstorf zum 75. Geburtstag*, ed. W. Haubeck and M. Bachmann (Leiden: Brill, 1980), 254의 견해와 반대된다. 엘리엇은 이제 이 용어가 실제 거류민과 외국인 거주자 모두에게 사용되었으며 은유적으로 전체 공동체에 적용되었다고 말한다. 이와 같은 결론은 문자적으로 이 용어들을 읽는 것이 적절한지 의문을 제기한다. 리처드는 두 용어를 구별하므로 이 구절에서 두 개념 모두를 본다(*Reading 1 Peter, Jude, and 2 Peter: A Literary and Theological Commentary*, RNT [Macon: Smith & Helwys, 2000], 103). 그러나 베드로가 이 설명 중 하나는 사회적으로 다른 하나는 영적으로 읽으려는 의도였는지 분명하지 않기 때문에 가능성이 낮다.

이 예수 그리스도에 대한 충성 때문에 이방인과 같다는 의미이다. 악트마이어는 "그리스도인들이 살았던 적대적인 문화에서 기대할 수 있는 대우에 가장 가까운 비유는 정확히 불안정한 외국인의 법적 지위였다"라고 올바르게 관찰한다.[5] 그러나 악트마이어는 그리스도인이 나그네로서 하늘의 본향을 갈망했다는 개념을 거부하고 대신 그리스도의 재림을 기다렸다고 잘못 말한다.[6] 그는 잘못된 이분법을 소개하고 있다. 그리스도께서 나타나실 때 믿는 자들은 하늘의 기업을 소유할 것이기 때문이다. 또한 유업을 초월적으로 그리고 비물질적으로 생각하면 안 된다. 미래의 유업은 베드로후서 3장 13절이 우리에게 알려주듯이 새 하늘과 새 땅(참조. 계 21:1-22:5), 곧 하나님의 능력으로 변화된 새로운 우주이다. 히브리서 기자는 족장들도 새로운 세상(히 11:13-16), 하늘에 있는 성, 새 나라를 고대했던 나그네였다고 알려 준다.

베드로는 이제 신자들에게 거류민과 나그네로서 특정한 방식으로 살라고 권면한다(개역개정. "권하노니", παρακαλῶ, 파라칼로). 경건한 삶에 대한 권면은 종종 "내가 권하노니"라는 표현으로 신약에 나타난다(참조. 롬 12:1; 엡 4:1; 빌 4:2; 빌 10). 이와 같은 권면은 신자들을 위해서 이미 성취된 그리스도의 구속 사역을 기초로 한다. "내가 권하노니" 뒤에 오는 부정사 "제어하다"(ἀπέχεσθαι, 아페케스다이)는 명령의 의미이다(참조. 행 15:20, 29; 살전 4:3; 딤전 4:3).[7] 문자적으로 "육체의 정욕"(τῶν σαρκικῶν ἐπιθυμιῶν, 톤 사르키콘 에피두미온)을 제어하라고 권면하고 있다. 이것은 성령의 역사와 관련 없는 자연적인 인간의 정욕이다.[8]

---

5 P. J. Achtemeier, *1 Peter: A Commentary on First Peter*, Her (Minneapolis: Fortress, 1996), 174; cf. Michaels, *1 Peter*, 116; J. de Waal Dryden, *Theology and Ethics in 1 Peter: Paraenetic Strategies for Christian Character Formation*, WUNT 2/209 (Tübingen: Mohr Siebeck, 2006), 127-30.

6 Achtemeier, *1 Peter*, 175.

7 사본은 명령법 ἀπέχεσθε($\mathfrak{P}^{72}$, A, C, L, P, 33, 81 등)과 부정사 ἀπέχεσθαι(ℵ, B, Ψ, 049, 1739, MT) 두 가지로 나뉜다. 그러나 의미에서는 동일하다. 외적인 증거는 부정사를 좀 더 선호한다. 그러나 다음을 보라. Michaels, *1 Peter*, 114.

8 리처드는 "자연적인 충동"이 고려되고 있다고 주장하면서 신자들은 "그들이 영혼을 거슬러 [지나치게] 싸우는 것과 마찬가지로 자연적인 충동을 삼가야 한다"라는 명령으로 해석해야 한다고 주장한다(*Reading 1 Peter, Jude, and 2 Peter*, 105). 리처드의 견해와는 반대로 육체의 정욕을 과도하게 대적하는 것에 대해서 본문은 아무 말도 하지 않는다. 리처드가 본문에 "과도"라는 개념을 소개한 반면, 본문은 신자들이 우리와 전쟁을 벌이는 육체의 정욕을 제어해야 한

베드로전서에서 "육체"($\sigma\acute{\alpha}\rho\xi$, 사륵스)는 이 시대 인간의 연약함을 나타낸다(참조. 1:24; 3:18; 4:1-2). 이 구절은 성령을 소유한 사람들이 이기적인 욕망에서 제외되지 않음을 알려 주기 때문에 유익하다. 이러한 욕망은 성적인 죄나 술 취함과 같은 육신의 죄에 제한될 수 없다. 우리는 이미 2장 1절에서 신자들이 기만과 시기와 같은 "사회적인" 죄에 대해 경고를 받는 것을 보았다. 신자들이 참여하는 싸움의 깊이를 "영혼을 거슬러 싸우는"이라는 말로 설명한다. 분명히 신자들에게 일어나는 육체의 정욕은 전쟁에서 신자들을 정복하려고 하는 원수로 표현하는 것을 볼 때 강력하다. 이와 같은 정욕은 저항해야 하고 정복해야 한다. 여기에서 사용된 이미지는 쉬운 문제가 아님을 암시한다.[9] 그리스도인의 삶은 확실히 신자들이 단순히 "let go let God"(본인의 고집을 놓아 버리고 신이 처리하도록 맡기라)라는 수동적인 방식으로 묘사하지 않는다. 여기서 "영혼"은 인간의 비물질적인 부분을 말하지 않는다.[10] 죄의 정욕이 승리하도록 허용한다면 궁극적으로 인간 전체를 파멸시킬 수 있음을 보여 주는 전인격적인 관점이다.[11]

2:12. 믿는 사람들은 이방인들 가운데서 경건하게 살아야 한다. 그것은 믿는 사람들의 선행으로 이방인들의 비방이 사실이 아니며, 이것으로 심판의 날에 하나님께 영광을 돌리게 하기 위해서이다. 12절은 CSB, NRSV 성경이 명령으로 번역("바르게 행하라", 개역개정. "행실을 선하게 가지라")하

다고 간단하게 말한다.

9 마르틴 루터의 말은 통찰력이 있다. "성령과 믿음이 우리 마음에 들어오자마자 우리는 너무 약해져서 아무리 작은 상상과 유혹의 불꽃도 이길 수 없다고 생각한다. 우리는 머리에서 발끝까지 우리 자신 안에 있는 죄 외에는 아무것도 보지 않는다. 우리가 믿기 전에는 자기 욕심을 좇아 행하였지만 이제는 성령이 오셔서 우리를 깨끗하게 하셨다. 마귀와 육신과 세상이 믿음을 대적할 때, 분쟁이 일어난다. ... 만일 당신이 사악한 생각을 하고 있다면 이 때문에 절망해서는 안 된다. 그들에게 포로가 되지 않도록 조심하라"(*Commentary on Peter & Jude* [Grand Rapids: Kregel, 1990], 112-13).

10 참조. W. Grudem, *The First Epistle of Peter*, TNTC (Grand Rapids: Eerdmans, 1988), 115.

11 다음의 견해는 올바르다. J. N. D. Kelly, *A Commentary on the Epistles of Peter and Jude*, Thornapple Commentaries (Grand Rapids: Baker, 1981), 105-6; C. E. B. Cranfield, *I & II Peter and Jude: Introduction and Commentary*, TBC (London: SCM, 1960), 72; Michaels, *1 Peter*, 115-16.

는 분사로 11절과 연결된다.[12] 이 분사는 수단으로 번역하는 것이 더 어울
린다("이방인 중에서 선하게 행함으로," τὴν ἀναστροφὴν ὑμῶν ἐν τοῖς ἔθνεσιν
ἔχοντες καλήν, 텐 아나스트로펜 휘몬 엔 토이스 에드네신 에콘테스 칼렌).[13]
수단의 뜻이라도 주동사와의 관계로 명령의 의미이다. 베드로가 신자의 새
삶을 표현할 때 가장 좋아하는 말 중 하나는 "행위"(ἀναστροφή, 아나스트로
페)이다.[14] 1장 15절에서 그리스도인에게 요구되는 삶은 거룩함이며 1장 18
절에서는 그리스도의 죽으심으로 말미암아 구원을 받게 된 악한 삶의 방식
을 가리킨다. 3장 1-2절에서는 아내의 경건한 행실을, 3장 16절에서는 믿
는 자로서 고난 받는 자의 경건한 삶을 묘사한다. 이 단어는 베드로의 편지
에서 그리스도인들에게 요구되는 새로운 삶의 방식을 나타내기 위해서 광범
위하게 사용되었다. 이와 같은 "선한 행실"(RSV)은 "이방인"(ἔθνεσιν)에게 아
름답게 보일 것이다. 이교들에 관한 "이방인"이라는 단어의 사용은 독자들이
유대인이 아니라 주로 이방인이기 때문에 이스라엘이라는 단어가 이제 예수
그리스도의 교회에 적용되고 있음을 알려 준다.[15] 따라서 비록 불신자들이 그
리스도인들을 악을 행하는 자들이라고 비난하는 경향이 있다고 할지라도 신
자들의 경건한 생활 방식을 다시 고려할 수밖에 없을 것이다.[16] 그리고 셀란

---

12 먼로(W. Munro)는 벧전 2:12-3:12가 이후에 써서 넣은 것이라고 주장한다(*Authority in Paul and Peter: The Identification of a Pastoral Stratum in the Pauline Corpus and I Peter*, SNTSMS 45 [Cambridge: Cambridge University Press, 1983]). 그녀의 견해는 설득력이 없다. 다음을 보라. J. H. L. Dijkman, "1 Peter: A Later Pastoral Stratum?," *NTS* 33 (1987): 265-71.

13 따라서, Achtemeier, *1 Peter*, 177.

14 단어 ἀναστροφή와 ἀγαθοποιός의 논의는 다음을 보라. Elliott, *The Elect and the Holy*, 179-82.

15 다음을 보라. Elliott, *1 Peter*, 466; 참조. Joel B. Green, *1 Peter*, THNTC (Grand Rapids: Eerdmans, 2007), 67.

16 듀비스는 ἐν ᾧ가 시간적이지 않다고 말한다. 두 개의 다른 시간 틀을 나타내는 두 동사 καταλαλοῦσιν와 δοξάσωσιν에 적합하지 않기 때문이다(*1 Peter: A Handbook on the Greek Text*, BHGNT [Waco: Baylor University Press, 2010], 62). 헬라어 어구 ἐν ᾧ의 시간적인 이해에 대해서는 다음을 보라. B. Reicke, *The Disobedient Spirits and Christian Baptism: A Study of 1 Pet. III.19 and Its Context*, ASNU 13 (Copenhagen: Munksgaard, 1946), 110-11; P. R. 핑크, "The Use and Significance of ἐν ᾧ in 1 Peter," *GTJ* 8 (1967): 34. 엘리엇은 시간적이거나 상황적이라고 생각한다(*1 Peter*, 467). 다음의 견해와는 반대된다. 윌리암스(*Good Works in 1 Peter: Negotiating Social Conflict and Christian Identity in the Greco-Roman World*, WUNT 337 [Tübingen: Mohr Siebeck])는 인과 관계로 받아들이지만, 인과적인 읽기는 문법적으로 이상하고 어색할 것이다. 윌리암스의 또 다른 약점은 벧전 2:12와 마 5:16 사이의 이분법을 너무 예리하게 가정한다는 것이다(168-74페이지).

이 지적한 것처럼 신자들의 행동에는 다른 사람들을 믿음으로 인도하는 선교적인 의도가 있었다.[17]

일부 학자들은 기독교인들이 악을 행한다고 불신자들이 주장할 때 공식적이며 법적 고소까지 있었다고 생각한다.[18] 따라서 그들은 이 구절에서 그리스도인에 대한 제국 전역의 공식적인 박해에 관한 증거를 찾는다. 그러나 여기에서 사용된 언어는 일반적일 가능성이 더 크다. 베드로가 그리스도인의 생활 방식에 대한 문화적인 반대가 퍼져 있었음을 고려한다. 여기에서 고소는 법적 소송에만 제한되지 않는다.[19] 하지만 앞에서도 언급했듯이 어떤 경우에는 신자들에 대한 고소가 아마도 합법적이었을 것이다. 불신자들은 그리스도인들이 자기들의 생활 방식을 따르지 않았기 때문에 의심과 적개심으로 바라보았다(4:3-4). 신자들은 자신들이 살고 있는 사회의 전형적인 신들을 높이지 않았기 때문에 사회적인 맥락에서 자연스럽게 사회를 전복하는 자들이며 악하다고 간주되었다.

베드로는 신자들을 자기방어를 위해서 말로만 하는 캠페인을 하지 않았다. 그는 신자들의 선함이 드러나도록 덕과 선을 추구하라고 명령한다. 신자들의 행동 변화는 사회에서 돌고 있는 거짓된 주장과 모순될 것이다. 결과적으로 불신자들이 "너희 선한 일"을 보기 때문에 하나님께 영광을 돌릴 것이다.[20] "보고"는 분사(ἐποπτεύοντες, 에포프튜온테스)로 인과 관계로 이해해야한다("그들이 당신의 선행을 보기 때문에").[21] 이 동사는 신비 종교에서 사용되었지만, 이 구절에서 그 의미로 이해한다면, 학자들이 단어의 의미를 한 영역에서 다른 영역으로 부과하는 "병행구절 집착증"의 희생양이 된다.[22] 일부

---

17 T. Seland, "Resident Aliens in Mission: Missonal Practices in the Emerging Church of 1 Peter," *BBR* 19 (2009): 565-89.

18 예. J. Moffatt, *The General Epistles: James, Peter, and Jude* (New York: Harper & Brothers, 1928), 120-21.

19 다음은 올바르게 주장한다. Michaels, *1 Peter*, 117; Achtemeier, *1 Peter*, 177.

20 악트마이어는 ἐκ τῶν καλῶν ἔργων가 요 16:17과 눅 21:16에서와 같이 부분의 의미가 있기 때문에 이 구절은 "네 선행의 일부"로 번역될 수 있다고 주장한다(*1 Peter*, 178, 또한 각주 78). 그러나 베드로는 자신의 생각을 그들의 행위 "일부"로만 제한했을 것 같지 않다.

21 따라서, Michaels, *1 Peter*, 118; Achtemeier, *1 Peter*, 178.

22 예. F. W. Beare, *The First Epistle of Peter: The Greek Text with Introduction and Notes* (Oxford: Blackwell, 1947), 112. 다음은 올바르게 지적한다. Kelly, *Peter and Jude*, 106. 샌드멜(S.

학자들은 여기에서 선행을 모범적인 행동에 대해서 공적인 기관이 부여하는 명예와 대중적인 인정을 의미한다고 생각하지만, 그렇게 구체적이지 않고 삶의 모든 면에 스며들어 있는 신자들의 선행을 의미한다.[23]

베드로는 마태복음 5장 16절에 기록된 예수님의 말씀을 분명하게 암시한다. "이같이 너희 빛이 사람 앞에 비치게 하여 그들로 너희 착한 행실을 보고 하늘에 계신 너희 아버지께 영광을 돌리게 하라."[24] 베드로와 마태는 모든 선행을 "보고" 그 결과 하나님께 드리는 찬양과 연결시킨다.[25] 그러면 베드로가 "오시는 날에 하나님께 영광을 돌리게 하려 함이라"라고 말하는 의미는 무엇인가? RSV 성경은 문자적으로 "(그분이) 오시는 날에 하나님께 영광을 돌리라"라고 번역한다. "오시는 날"(ἐν ἡμέρᾳ ἐπισκοπῆς, 엔 헤메라 아피스코페스)은 하나님의 심판 또는 그의 구원을 가리킬 수 있다.[26] 이 문제는 어렵고 둘 다 좋은 주장이 있다. 아마도 베드로는 심판을 언급했을 것이다. 그러나 먼저 우리는 이방인의 구원이라는 개념을 지지하는 증거를 고려해야 한다.

구원이 의도되었다는 개념을 변호하는 많은 이유가 제시된다.[27] 하나님의

Sandmel)의 유명한 소논문 "Parallelomania," *JBL* 81 (1962): 2-13을 보라.

23 예. W. C. van Unnik, "The Teaching of Good Works in I Peter," *NTS* 2 (1954): 99.

24 따라서 R. H. Gundry, "'Verba Christi' in 1 Peter: Their Implications concerning the Authorship of I Peter and the Authenticity of the Gospel Tradition," *NTS* 13 (1967): 340; R. H. Gundry, "Further Verba on Verba Christi in First Peter," *Bib* 55 (1974): 224; E. Best, "1 Peter and the Gospel Tradition," *NTS* 16 (1970): 109-10; L. Goppelt, *A Commentary on I Peter* (Grand Rapids: Eerdmans, 1993), 160-61.

25 윌리암스는 베드로후서에서 사회적 계급 구조에 대한 신중한 저항을 올바르게 보고 있다 (*Good Works in 1 Peter*, 254-57). 그러나 선행이 박해의 원인이 되었다는 것은 텍스트에서 분명하지 않다. 선한 일과 갈등과 박해를 말하는 모든 본문(2:15, 20; 3:6, 11, 13, 17; 4:21)은 신자들이 선한 일을 하는 데도 박해를 받을 수 있다고 말하는 것처럼 해석할 수 있다. 우리는 '선행 자체가 박해를 불러 일으킨다'라는 직접적인 암시를 볼 수 없다. 불신자들은 신자들의 행동을 비판했지만(벧전 3:16), 이차적인 합리화일 수 있다. 어떤 경우에는 신자들이 행한 일 때문에 불신자들이 그리스도인들을 박해할 수도 있지만, 베드로는 분명하게 주장하지 않는다.

26 두 경우 모두 마지막 날을 언급한다. 다음과 반대된다. D. C. Parker, "The Eschatology of 1 Peter," *BTB* 24 (1994): 30. 종말론적인 성격에 대해서는 다음을 보라. T. B. Williams, *Good Works in 1 Peter*, 169. 그린은 심판과 구원이 모두 마지막 날에 있을 것이며 그 여부는 인간의 반응에 달려 있다고 말한다(*1 Peter*, THNTC [Grand Rapids: Eerdmans, 2007], 69-70).

27 참조. 예. T. Seland, "Resident Aliens in Mission: Missonal Practices in the Emerging Church of 1 Peter," *BBR* 19 (2009): 576-77. 따라서, C. Spicq, *Les Épîtres de Saint Pierre*, SB (Paris: Gabalda, 1966), 99; Kelly, *Peter and Jude*, 106; Michaels, *1 Peter*, 118-20; S. McKnight, *1 Peter*, NIVAC (Grand Rapids: Zondervan, 1996), 128; I. H. Marshall, *1 Peter*, The IVP New Testament Commentary Series (Downers Grove: InterVarsity, 1991), 82; Grudem, *1 Peter*,

오심은 시간적인 개념으로 구원을 포함할 수 있다(참조. 출 13:19; 사 23:17). 하나님의 오심이 시간적으로 구원의 의미라는 점은 시락서 18:20에서 분명하다. "심판 전에 네 자신을 살피라. 오시는 시간(ἐν ὥρᾳ καιρῷ ἐπισκοπῆς, 엔 호라 카이로 에피스코페스)에 우리는 용서를 발견할 것이다." 솔로몬의 지혜서 3:7은 의인의 구원을 비슷하게 말한다. "그들이 방문할 때, 그들은 빛날 것이며 그루터기 사이로 불꽃을 일으킬 것이다." 지혜서 3:13도 마찬가지로 "더럽지 아니하고 죄악에 연합하지 않은, 잉태하지 않은 여자는 복이 있나니 하나님이 영혼을 살피실 때 열매를 맺을 것이다"(문자적으로. "영혼들에게 오실 때에", ἐν ἐπισκοπῇς ψυχῶν, 엔 에피스코페스 프쉬콘).[28] 이 예들은 오시는 시간이 구원일 수 있지만, 앞에 인용된 모든 예에서 구원은 분명히 오시기 이전 편지를 받는 사람들에게 속해 있었다. 오심은 구원을 가져오는 것이 아니라 그들이 이미 누렸던 구원을 드러냈다. 베드로전서 2장 12절은 믿는 자의 선한 행위로 말미암아 하나님이 오시기 전에 불신자들이 구원 받았음을 암시하지 않는다.

또한 '하나님께 영광을 돌린다'는 많은 사람에게 이방인의 구원이 고려되고 있음을 알려 준다. 신약의 백성들은 하나님께 영화롭게 하거나 믿음으로 그분께 영광을 돌린다(참조. 행 13:48; 롬 4:20; 15:7, 9; 고전 2:7; 엡 1:6, 12, 14; 살후 3:1; 계 5:12-13). 반대로 믿지 않는 사람은 하나님께 영광을 돌리지 않는다(행 12:23; 롬 1:21). 계시록은 하나님을 믿고 영광을 돌리는 자들(계11:13)과 회개를 거부하고 영광을 돌리지 않는 자들(계16:9)을 똑같이 대조한다. 베드로는 신자들이 고귀한 삶을 살도록 권면한다. 왜냐하면 그렇게 함으로써 불신자들이 그들의 선행을 볼 것이기 때문이다. 이 해석에 따르면 불신자들이 이와 같은 행위를 관찰하기 때문에, 회개하고 믿고 하나님께 영광

117; Richard, *Reading 1 Peter, Jude, and 2 Peter*, 108; Elliott, *1 Peter*, 471; Bede, *James, 1-2 Peter, 1-3 John, Jude*, ACCS (Downers Grove: InterVarsity, 2000), 91); D. P. Senior, *1 Peter*, SP (Collegeville: Michael Glazier, 2003), 67. 칼뱅(J. Calvin)은 불신자들이 그리스도의 재림 전에 신자들의 행위로 회심할 것이라고 주장한다(*Commentaries on the Catholic Epistles* [Grand Rapids: Eerdmans, 1948], 79).

28 하나님의 오심(방문)의 구원적인 성격에 대해서는 다음을 참조하라. 창 50:24, 25; 출 3:16; Pss. Sol(솔로몬의 시편). 10:4; 11:1, 6.

을 돌릴 것이다.[29] 분사 "보고"(RSV. 동사는 ἐποπτεύω)는 같은 단어가 베드로 전서 3장 2절에서 사용되기 때문에 구원이 고려되고 있음을 알려 줄 수 있다. 여기에서 아내의 순종은 믿지 않는 남편의 구원을 이끈다. 불신자들은 그리스 도인을 비방할 수 있지만, 그리스도인의 삶에서 선을 깨달으면, 어떤 이들은 회개하여 구원을 받고, 그 구원의 결과로 하나님께 영광을 돌리게 될 것이다.

앞에서 언급한 대로 베드로는 여기에서 반대자들의 구원을 그릴지 모르 지만, 그들의 최종 심판은 의도된 것처럼 보인다. 구원이라는 개념의 약점 중 하나는 구원을 **일부**에게만 제한한다는 점이다. 그러나 여기에서 하나님께 드 리는 영광은 어떤 사람에게만 제한된 것으로 보이지 않는다. 모든 불신자들은 심판 날에 신자들의 선행을 인정하고, 신자들을 구원하시고 불신자들을 심판 하시는 하나님의 정의를 인정할 것이다. NRSV 성경은 이 해석을 채택한다. "그들이 당신의 존귀한 행위를 보고 하나님께서 심판하러 오실 때 하나님께 영광을 돌릴 것이다." 시간적인 개념과 결합될 때 "오심"이라는 단어 그룹은 많은 본문에서 볼 수 있듯이 종종 주님의 심판을 나타낸다(사 10:3; 24:22; 29:26; 렘 6:15, 10:15; 참조. Wis 14:11; 19:15; Sir 16:18; 23:24).[30] 이 건(Egan)은 70인역 이사야 10장 3절("그리고 당신이 오시는 날에 무엇을 하 십니까?", καὶ τί ποιήσουσιν ἐν τῇ ἡμέρᾳ τῆς ἐπισκοπῆς, 카이 티 포이에수신 엔 테 헤메라 테스 에피스코페스)과 매우 유사한 언어로 아마도 베드로가 기억에 의존해서 이 본문을 사용했을 것이라고 주장한다. 구약의 문맥은 (구원 대신 에) 최후 심판의 관점이다.[31]

반 운니크는 정죄의 관점이라고 확신한다.[32] 오시는 날은 종말론적 심판의

---

29 Goppelt, *I Peter*, 160; J. R. Michaels, "Eschatology in 1 Peter iii.17," *NTS* 13 (1967): 397.

30 Achtemeier, *1 Peter*, 178; D. A. Carson, "1 Peter," in *Commentary on the New Testament Use of the Old Testament*, ed. G. K. Beale and D. A. Carson (Grand Rapids: Baker, 2007), 1033; 참조. D. G. McCartney, "The Use of the Old Testament in the First Epistle of Peter" (Ph.D. diss., Westminster Theological Seminary, 1989), 140-41; T. Williams, *Good Works in 1 Peter*, 170.

31 P. T. Egan, *Ecclesiology and the Scriptural Narrative of 1 Peter* (Eugene, OR: Pickwick, 2016), 121-25. 따라서, Feldmeier, *First Peter*, 150.

32 van Unnik, "Good Works in I Peter," 104-5; 참조. D. L. Balch, *Let Wives Be Submissive: The Domestic Code in 1 Peter*, SBLMS 26 (Chico: Scholars Press, 1981), 87-88; K. H. Jobes, *1 Peter*, BECNT (Grand Rapids: Eerdmans, 2005), 172. 벡틀러는 이 구절이 불신자들의 전도와 회심에 대해서 말하지 않는다고 주장하지만, 그는 δοξάσωσιν이 종말론적인 구원이 가능하다고 생각한다(*Following in His Steps: Suffering, Community, and Christology in 1 Peter*, SBLDS

날을 가리키며 마지막 날 이전에 이생에서 경험되는 구원에 관한 언급으로 이해될 수 없다고 주장한다. 그는 하나님을 "영화롭게 하는 것"은 구원에만 제한되지 않는다고 지적한다. 정죄 받은 이방인들은 마지막 날에 하나님께 영광을 돌릴 것이다(시 86:9). 하나님의 영광은 구원에만 제한되지 않고 심판에서도 나타난다(예. 출 15:6; 민 14:21-22; 16:19; 사 24:14-15; 33:10). 사실 여호와께서 자기 백성을 구원하시고 악인을 심판하실 때 두 사건 모두 하나님께 영광이 된다. 두 선택 사이의 결정은 어렵지만, 구원보다는 심판에 증거가 치우친다.

3.2. 사회 질서에서 복음을 증거하는 일(2:13-3:12)[33]

가정 규범 또는 신분 규범은 사회적인 척도에서 최하층에 있는 사람들, 소외되고 학대받는 사람들에게 초점을 맞춘다. 그린의 구조는 도움이 된다. 나는 정확하게 그 구조를 다시 구성했다.[34]

2:13-17	모든 사람을 위한 가르침
2:18-20	종들을 위한 가르침
2:21-25	그리스도의 모범
3:1-7	아내들(과 남편들)에 대한 가르침
3:8-12	모든 사람을 위한 가르침

그린(Joel B. Green)은 그리스도의 모범이 논쟁의 핵심임을 보여 준다.

학자들은 가정 규범을 다양하게 해석한다. 과거 이 규범의 배경은 스토아학파에 기인했다. 많은 학자들은 그 규범이 상호 관계에서 요구되는 책임

---

162 [Atlanta: Scholars Press, 1998], 159-60).

33 고펠트는 2:13-3:7의 가르침을 가정 규범 대신 "신분 규범"으로 확인하고 연구에 관한 유익한 조사를 제공한다(*1 Peter*, 162-79; 참조. Jobes, *1 Peter*, 183). 특히 최근 학자들은 고펠트가 강조하지 않는 아리스토텔레스적인 가르침에서 이와 같은 규범의 기원을 찾아낸다.

34 Joel B. Green, *1 Peter*, THNTC (Grand Rapids: Eerdmans, 2007), 72.

을 설명하는 아리스토텔레스로 거슬러 올라갈 수 있다고 주장한다.[35] 가장 유사한 것은 헬레니즘 유대교에서 찾을 수 있다(Philo, *Decalogue* 165-67; *Hypothetica* 7.14; *Spec. Laws* 2.226-27; Josephus, *Ag. Ap.* 2.190-219; Ps.-Phoc. 175-227).[36] 그러나 베드로의 편지 형식은 특정한 자료에 의존하지 않는다.[37] 바우만-마틴은 신약의 가정 규범이 스토아학파 또는 아리스토텔레스와 매우 다르다는 것을 보여 준다. 이 출처는 헬레니즘 유대교에 더 가깝지만, 이 경우에도 수정이 필요하다.[38] "대신 신약의 가정 규범은 기독교 가정 내의 올바른 행위에 초점을 맞춘 기독교 권면의 독립적인 변형으로 보인다.[39] 가정 규범은 문맥상 불신자들과의 관계에 초점을 맞추고 있기 때문에 두드러진다.[40]

학자들은 또한 베드로전서에서 가정 규범을 어떻게 해석해야 하는지 토론한다.[41] 볼치는 베드로가 신자들이 사회에서 기대되는 사회적인 역할에 순응하여 불신자들이 그들의 행동을 비판하지 않도록 권면한다고 주장하면서 이 규범을 변증적으로 본다.[42] 반면에 엘리엇은 가정 규범이 불신자들의 반대에 대답하려는 목적이 아니라 교회 내에서 사회적 결속을 높이는 목적이라고 제안한다.[43] 신자들은 나그네로서 살아야 하므로 다른 사람을 기쁘게 하지 않고 하나님을 기쁘시게 하는 삶을 살아야 한다. 벡틀러는 두 가지 관점 모두가 어느 정도 옳다고 주장한다.[44] 아마도 벡틀러의 주장이 맞을 것이다.

---

35 특별히 다음을 보라. Balch, *Let Wives Be Submissive*. 참조. Elliott, *1 Peter*, 504-7.

36 이 언급은 Michaels, *1 Peter*, 122에서 왔다.

37 따라서, Michaels, *1 Peter*, 122.

38 B. J. Bauman-Martin, "Women on the Edge: New Perspectives on Women in the Petrine Haustafel," *JBL* 123 (2004): 259–63.

39 Bauman-Martin, "Women on the Edge," 263.

40 Bauman-Martin, "Women on the Edge," 264-65.

41 폰립스(H.vonLips)는베드로전서의가정규범이여러측면에서디도서와유사하다고보고베드로전서와 디도서의 규범이 골로새서와 에베소서에서 발견되는 것과 유사한 전통을 나타낸다고 주장한다("Die Haustafel als 'Topos' im Rahmen der urchristlichen Paränese: Beobachtungen anhand des 1. Petrusbriefes und des Titusbriefes," *NTS* 40 (1994): 261-80).

42 Balch, *Let Wives Be Submissive*.

43 J. H. Elliott, *A Home for the Homeless: A Sociological Exegesis of 1 Peter, Its Situation and Strategy* (Philadelphia: Fortress, 1981), 110-12, 208–20.

44 Bechtler, *Following in His Steps*, 118.

동시에 호렐과 윌리암스는 제국의 권위에 대해 공손하고 신중한 저항을 하는 탈식민적인 해석을 제안한다.[45] 베드로전서는 계시록처럼 제국을 부정적으로 그리지 않는다. 반면에 베드로전서에는 조심스러운 저항의 단서가 있다. 예를 들어, 아내의 궁극적인 신실함은 남편이 아니라 그리스도를 향한다 (3:1-6). 이것은 그리스-로마 세계의 패턴과 반대이다. 호렐과 윌리암스의 관점이 더해져야 하며, 이것은 복잡하고 다양한 측면이 있음을 상기시킨다.

3.2.1. 정부에 순종하라(2:13-17)

[13] 인간의 모든 제도를 주를 위하여 순종하되 혹은 위에 있는 왕이나 [14] 혹은 그가 악행하는 자를 징벌하고 선행하는 자를 포상하기 위하여 보낸 총독에게 하라 [15] 곧 선행으로 어리석은 사람들의 무식한 말을 막으시는 것이라 [16] 너희는 자유가 있으나 그 자유로 악을 가리는 데 쓰지 말고 오직 하나님의 종과 같이 하라 [17] 뭇 사람을 공경하며 형제를 사랑하며 하나님을 두려워하며 왕을 존대하라

신자들은 자기 시대의 사회 구조에 어떻게 반응해야 하는가? 하나님이 주(Lord)이시므로 인간과 정부 기관을 무시해야 하는가? 베드로는 신자들이 황제와 그가 임명한 정부 권력에 순종해야 한다고 주장하며, 이를 통해 그리스도인들이 "정치적으로 그리고 사회적으로 체제 전복적"이지 않음을 보여 준다.[46] 그들은 하나님과의 관계 때문에 정부 권력에 순종해야 한다. 정부에 순종함으로 하나님의 뜻을 행하기 때문이다. 더 나아가 공적인 위치에서 선을 행함으로 신자들이 악을 행한다고 주장하는 사람들의 견해를 반대할 것이다. 베드로는 인간의 권위를 궁극적으로 보지 않았다. 그리스도인의 정부 권력에 대한 순종은 하나님의 뜻이기 때문이다. 베드로에게 최고 권위는 황제가 아니라 하나님 그분이시다. 더 나아가 16절에서 신자들은 복종하는 영이 아니

---

45 Horrell, *Becoming Christian*, 211-38; T. Williams, *Good Works in 1 Peter*. 그러나 윌리암스는 신자들이 아마도 자기들의 선행을 이차적인 합리화로 비판했을지라도 선행을 갈등의 원인으로 보는 것은 설득력이 없다고 한다.

46 P. A. Holloway, *Coping with Prejudice: 1 Peter in Social-Psychological Perspective*, WUNT 244 (Tübingen: Mohr Siebeck, 2009), 179.

라 그리스도 안에서 자유하고 하나님의 종이 된 자로서 권위에 순종해야 한다. 독자들은 그들의 자유가 악의 구실이 되면 안 된다고 경고한다. 이 단락은 17절의 네 가지 명령으로 결론을 맺는다. 신자는 모든 사람을 존경하고, 동료 신자들에게 특별한 애정을 보이고, 황제를 존경하지만, 하나님을 경외해야 한다.

2:13. 신자들은 주님을 위해 정부 권력에 복종하도록 요청을 받는다. 이 단락의 중심 주제는 첫 단어 "순종하라"(NIV, Ὑποτάγητε)에서 찾을 수 있다. 듀비스는 이 동사가 중간태로 가장 잘 이해된다고 바르게 말한다. 따라서 신자들은 자발적으로 순종하도록 요청을 받는다.[47] 신자가 정부 권력에 순종해야 한다는 개념은 신약의 윤리적인 권면에서 표준적이다(참조. 롬 13:1, 5; 딛 3:1). 로마서 13장 1-7절과 비슷하기 때문에, 일부 학자들은 문헌의 의존성을 찾았지만, 차이점은 비슷한 점 못지않게 크다. 예를 들어, 베드로는 하나님이 권위를 정하셨다고 명확하게 말하지 않고 세금 납부도 말하지 않는다. 이 둘은 로마서 13장의 중요한 주제이다. 비슷한 점은 아마도 일반적인 기독교적 가르침으로 더 잘 설명될 것이다.

어떤 학자들은 "순종하다"가 순종이 아니라 "존중"이나 "존경"을 나타낸다고 주장한다.[48] 그러나 어휘적으로 동사 "순종하다"에서 순종의 의미를 없애기 어렵다.[49] 사실 베드로전서 3장 5-6절에서 베드로는 5절의 같은 동사에서 6절의 "순종했다"로 아무런 위화감 없이 자연스럽게 이동한다. 기꺼이 순종한다는 개념은 많은 본문이 분명히 보여 준다. 예수님께서 부모에게 순종

47 Dubis, *1 Peter Handbook*, 64.

48 참조. Michaels, *1 Peter*, 124; Achtemeier, *1 Peter*, 182; Campbell, *Honor, Shame, and the Rhetoric of 1 Peter*, 110.

49 Grudem, *1 Peter*, 135-37은 바르게 지적한다. 다음도 참조하라. E. Kamlah, "ΥΠΟΤΑΣΣΕΣΘΑΙ in den neutestamentlichen 'Haustafeln,'" in *Verborum Veritas: Festschrift für Gustav Stählin zum 70. Geburtstag*, ed. O. Böcher and K. Haacker (Wuppertal: Brockhaus, 1970), 240-41. 또한 도움이 되는 논의를 위해서 다음을 살펴보라. Elliott, *1 Peter*, 487. 리처드의 번역 "자신의 관계, 또는 해야 할 의무를 인식하다"는 이 단어에 포함된 복종의 요청을 파악하지 못한다(*Reading 1 Peter, Jude, and 2 Peter*, 111). 스펜서(A. B. Spencer)는 복종을 "다른 사람들과의 존중하는 협력"으로 설명하면서 상호성을 잘못 암시한다("Peter's Pedagogical Method in 1 Peter 3:6," *BBR* 10 [2000]: 110).

하신 것(눅 2:51), 하나님의 율법에 순종하기를 거부함(롬 8:7), 하나님의 의에 순종하기를 거부함(롬 10:3), 그리스도에 대한 교회의 순종(엡 5:24), 하나님께 복종해야 할 필요(약 4:7), 젊은이들의 장로에 대한 복종(벧전 5:5) 등이다. 다른 예를 들 수 있지만, 요점은 분명하다. 마이클스와 악트마이어는 "순종"을 "전적인 복종",[50] "정부 권력을 포함하여 누구든지 명령할 수 있는 모든 것에 대해서 의문을 던지지 않는 복종"[51]을 포함하는 의미로 번역하는 것을 비판한다. 그들의 해석은 문맥을 사전적인 의미와 혼동한다. 순종이 "의문을 가지지 않는 순종"을 포함하는지 여부는 단어가 아니라 문맥으로 결정할 수 있다. 하나님이 궁극적인 권위이기 때문에 순종하라는 명령은 예외가 아니다.[52] 악트마이어와 마이클스의 경고는 생각 없이 수동적으로 복종해야 하고 복종을 자동으로 해야 하는 것처럼 이 명령이 과하게 읽힐 수 있다는 점을 일깨운다. 베드로는 일반적인 진리를 나타내는 명령을 한다. 그는 그리스도인이 정부 권력과 관계할 때, 대부분 상황에서 어떻게 해야 하는지 가르친다. 신자들은 정부 권력의 명령을 행하려고 해야 한다. 그러나 우리는 통치자의 권위가 절대적이지 않음을 알게 될 것이다. 그들은 하나님의 주권을 침해할 수 없다. 따라서 그들이 그리스도인들에게 하나님의 뜻을 거스르라고 명령하면 불순종해야 한다. 스미스(S. Smith)는 베드로가 "그리스도인이 순교로 이어질 수 있는 지나치게 이목을 끄는 일을 금지한다"라고 올바르게 말한다.[53]

순종하라는 명령은 "모든 인간의 권위"(CSB, NIV)나 "인간의 모든 제도"(RSV, NRSV, NASB, 개역개정)이 아니라 "모든 인간 피조물"(πάσῃ ἀνθρωπίνῃ κτίσει, 파세 안드로피네 크티세이)에 대한 것이다. "피조물"은 인간 또는 피조물을 가리킨다(막 16:15; 롬 1:25; 골 1:23; 참조. Jdt 16:14; Tob 8:5, 15). "인간의 제도"로 정의할 수 있는 근거가 없다.[54] 어떤 주석가들은 베

50 Michaels, *1 Peter*, 124.

51 Achtemeier, *1 Peter*, 182.

52 예외가 있음은 일찍 인식되었다. 다음을 보라. Andreas, *James, 1-2 Peter, 1-3 John, Jude*, ACCS (Downers Grove: InterVarsity, 2000), 92.

53 S. T. J. Smith, *Strangers to Family: Diaspora and 1 Peter's Invention of God's Household* (Waco: Baylor University Press, 2016), 66.

54 시니어(Senior)는 "창조된 구조"로 번역한다(*1 Peter*, 68).

드로가 신자들에게 모든 인간에게 순종하라는 권면을 했다고 결론을 내린다.[55] 이 해석은 명령이 주어진 문맥을 설명하지 못한다. 베드로는 즉시 "모든 인간 피조물"을 "황제나 최고 권위를 가진 자 또는 총독에게"(13-14절)라는 어구로 정의한다. 베드로는 모든 사람이 아니라 정부 권력만 생각한다.[56] 그러나 우리는 이러한 권위를 "인간 피조물"이라고 부르는 이유를 설명해야 한다. 이유는 어렵지 않다. 황제 숭배는 소아시아에서 인기가 있었고, 그리스도인들도 황제 숭배에 참여해야 하는 사회적인 압력을 분명히 느꼈을 것이다. 베드로는 시작에서 독자들에게 통치자들이 하나님이 창조하시고 그의 주권 아래 존재하는 피조물일 뿐임을 상기시킨다.[57] 그러나 신자들이 여전히 이와 같은 권위에 순종할 책임이 있다는 점에서 균형이 유지된다. 그러나 그들의 순종이 비굴하거나 생각이 없는 것이 아니다. 신자들은 "주를 위하여"(διὰ τὸν κύριον, 디아 톤 퀴리온) 순종해야 하며 이는 아마도 예수 그리스도를 가리키는 것 같다.[58] 그들은 궁극적으로 주님을 경외하고 그분께 순종하기 때문에 정부 권력의 명령을 행한다. 여기에서 주의 뜻을 어기는 명령이 내려진다면 통치 권력에 저항해야 한다는 암시가 담겨 있다.

권세를 가진(ὑπερέχοντι, 휘페레콘티) 왕(βασιλεύς, 바실류스)이 황제라는 점이 거의 분명하기 때문에 황제에 관한 암시로 보는 것이 정당하다(참조. 요 19:15; 행 17:7).[59] NRSV 성경은 이 해석을 반영해서 "왜냐하면 인간의 모든 제도–최고의 권위로 황제이든지–를 주를 위하여 받아들여야 하기 때문이다"라고 번역한다. 다윗, 헤롯, 또는 다른 사람이든 다른 왕이 의도되었다면, 일

---

55 Kamlah, "ΥΠΟΤΑΣΣΕΣΘΑΙ," 237; Richard, *Reading 1 Peter, Jude, and 2 Peter*, 111; Cranfield, *I & II Peter and Jude*, 74; Michaels, *1 Peter*, 124; Achtemeier, *1 Peter*, 182.

56 참조. N. Brox, *Der erste Petrusbrief*, EKKNT, 2nd ed. (Zürich: Benziger/ Neukirchen-Vluyn: Neukirchener Verlag, 1986), 119.

57 다음을 보라. T. Williams, *Good Works in 1 Peter*, 224-28; T. B. Williams, "The Divinity and Humanity of Caesar in 1 Peter 2.13," *ZNW* 105 (2014): 131-47; J. Green, *1 Peter*, 75; Watson, *First Peter*, 64; D. Harink, *1 & 2 Peter*, BTCB (Grand Rapids: Baker, 2009), 76-77. 다음도 보라. Horrell, *Becoming Christian*, 231. 호렐은 황제가 신이 아니라 피조물로 이해된다는 점을 살핀다. 그는 또한 다른 에세이에서 하나님을 예배하는 것과 황제를 숭배하는 것의 차이가 초대 교회사의 작가들에 의해 채택되었음을 보여 준다.

58 Michaels, *1 Peter*, 124. 다음과는 반대된다. Kelly, *Peter and Jude*, 109; Richard, *Reading 1 Peter, Jude, and 2 Peter*, 111-12.

59 Michaels, *1 Peter*, 125.

반적으로 이름을 말했을 것이다. 또는 문맥이 유대인의 왕이나 메시아를 염두에 두고 있음을 구체화시켰을 것이다.[60]

2:14. 순종하라는 요청은 계속된다. 악을 억제하고 덕을 포상하는 정부의 역할이 강조된다. 베드로가 "모든 인간 피조물"(13절)이라고 말할 때 그는 황제와 황제 아래 있는 통치권을 모두 언급한다. "총독"(ἡγεμόσιν, 헤게모신)은 구체적인 누구를 의도하지 않는다. 여기에서는 행정 장관, 지방 총독, 또는 세입을 징수하는 공무원을 포함할 수 있다.[61] 신자들은 가장 높은 권위(황제)에게만 아니라 권위를 가진 모든 사람에게 순종해야 한다. 베드로가 총독을 "그가보낸"이라고 말할 때 로마서 13장 1-7절에 비추어 읽고 싶은 유혹이 생긴다. 여기에서 하나님은 통치하는 권위를 정하신다는 사실은 분명하다.[62] 앞에서가장 가깝게 나타나는 단어가 "황제"이기 때문에 이와 같은 해석은 맞지 않을것이다.[63] 즉, 총독은 황제의 위임을 받고 황제의 권위 아래 있으며, 그의 대리인이기 때문에 순종해야 한다.

이어서 통치 권력의 목적이 설명된다. 악을 행하는 자를 징벌하고 선을행하는 자를 포상한다.[64] 선과 악에 관한 언급은 3장 10-12절에서 시편 34편의 인용을 기대한다(참조. 시 34:13-14, 16).[65] 여기에서 선행은 그리스도인이 선한 시민으로 행동하는 것, 즉 그들이 세상의 눈에 존귀한 것을 행함을 의미한다.[66] 베드로는 통치자들이 항상 이 목적을 행한다고 말하지 않는다. 그는구약으로부터 통치자들이 하나님과 그의 뜻을 거역할 수 있음을 알고 있었다

60 참조. 마 1:6; 2:1, 2-3; 14:9; 27:11, 29, 37, 42; 눅 1:5; 요 1:49; 12:13; 18:33, 37, 39; 19:14, 19, 21; 행 7:10, 18; 12:1; 13:22; 25:13; 고후 11:32.

61 Goppelt, *I Peter*, 185n31; Achtemeier, *1 Peter*, 183n53.

62 E. Best, *1 Peter*, NCB (1971; repr., Grand Rapids: Eerdmans, 1982), 114; F. V. Filson, "Partakers with Christ: Suffering in First Peter," *Int* 9 (1955): 407.

63 다음은 올바르게 주장한다. Kelly, *Peter and Jude*, 109; Michaels, *1 Peter*, 125–26; Achtemeier, *1 Peter*, 183

64 루터는 기독교인들이 복수하지 않아야 하고 정부 권력은 악한 행동을 처벌해야 할 책임이 있다고 말한다(*Commentary on Peter & Jude*, 118).

65 Egan, *Ecclesiology and the Scriptural Narrative of 1 Peter*, 125–27.

66 S. Légasse, "La Soumission aux Autorités d'après 1 Pierre 2.13-17: Version Spécifique d'une Parénèse Traditionelle," *NTS* 34 (1988): 388.

(예. 바로와 느부갓네살). 신자에 대한 박해는 통치자들이 불의하게 신자들을 억압하는 일에 연루될 수 있음을 보여 준다(참조. 3:14,16; 4:14, 16). 그리스도께서 본디오 빌라도에게 불의하게 정죄를 받았다. 또는 야고보는 헤롯 아그립바에게 죽임을 당했다(행12:2). 베드로도 그때 생명이 위태로웠다. 이러한 일들을 베드로와 초기 그리스도인들은 잊을 수 없었을 것이다. 그러나 가장 억압하는 정부조차도 어느 정도 악을 억제해서 사회가 완전히 무정부 상태로 붕괴되지 않도록 막는다.[67] 베드로는 통치 권력을 하나님의 종으로 이해하지는 않지만 여기에서 개념은 로마서 13장 3-4절과 비슷하다.

어떤 학자들은 정부가 옳은 일을 하는 사람들에게 주는 상이 로마인들이 동상을 세우거나 특권을 부여하거나 공동체를 도운 사람을 칭찬하는 경우를 가리킨다고 생각한다.[68] 그러나 베드로가 부유한 독자들에게 공적인 선행에 참여하도록 격려했다는 증거가 없기 때문에 설득력이 없다. 그는 모든 신자에게 말하며 잘 사는 이들에게 특별히 초점을 맞추지 않는다.[69] 윌리엄스는 사회적인 기부를 행하는 신자들이라는 개념을 강하게 반대한다.[70] 그는 교회가 이러한 선물을 제공하는 데 필요한 재정이 있을 가능성이 낮고 재정이 있다고 하더라도 그리스도인이 상류 계층이 되어서 이와 같은 기부에 참여할 수 있는지 의심스럽다고 지적한다. 더 나아가 이와 같은 기부는 경제적인 어려움으로 이어질 수 있으며 그리스도인들이 (극장과 검투사 경기와 같은 공적인 일에) 돈을 쓰는 일을 승인할지 의문스럽다. 요점은 모든 신자들은 옳은 일을 하고 사회 구조를 강화해야 하며 통치자들은 선한 시민을 칭찬함으로 사회 질서를 유지한다는 사실이다.

---

67 칼뱅은 억압하는 정부조차도 사회에 어느 정도 질서를 제공하는 점을 찾는다(*Catholic Epistles*, 83).

68 참조. B. W. Winter, "The Public Honouring of Christian Benefactors: Romans 13.3-4 and 1 Peter 2.14-15," *JSNT* 34 (1988): 87-103; Goppelt, *I Peter*, 185-86; Achtemeier, *1 Peter*, 184; Campbell, *Honor, Shame, and the Rhetoric of 1 Peter*, 112; B. Witherington III, *Letters and Homilies for Hellenized Christians,* vol. II: *A Socio-Rhetorical Commentary on 1-2 Peter* (Downers Grove: InterVarsity, 2007), 129-30.

69 Bechtler, *Following in His Steps*, 89n153; Jobes, *1 Peter*, 175; J. Green, *1 Peter*, 75; Seland, "Resident Aliens in Mission," 578–79. 참조. 맥나이트는 베드로전서에서 "시민의 이익을 위해" 일을 하는 것에 대해서 아무것도 말하지 않는 것을 발견한다(*1 Peter*, 147n15).

70 T. Williams, *Good Works in 1 Peter*, 84-104.

2:15. 이제 베드로는 신자들이 순종해야 하는 이유를 설명하면서, 그는 "왜냐하면"(ὅτι, 호티, CSB 성경. 개역개정은 생략) "그것이 하나님의 뜻이 기"(CSB 성경. 개역개정은 생략) 때문에 그렇게 해야 하며, 어리석고 무지한 자들은 신자들의 선행으로 인해 잠잠하게 될 것이라고 주장한다. CSB 성경이 "~하는 것"(that)으로 번역한 οὕτως("이와 같이", 개역개정. "곧")는 이 구절 의 의미를 푸는 데 결정적이다. 헬라어를 직역하면, "이와 같이 하나님의 뜻 이다"이다. 대답해야 할 질문은 "이와 같이"가 무엇을 말하는가 하는 점이다. 대부분의 영어 성경은 CSB 성경의 "왜냐하면 선을 행함으로 어리석은 사람들 의 무지를 잠잠하게 하는 것이 하나님의 뜻이기 때문이다"와 비슷하게 번역한 다. "이와 같이"가 앞 구절에 관한 내용이라면, 13절의 주동사를 포함해서 이 구절을 "순종하라 왜냐하면 이와 같이 (순종하라는 명령이) 하나님의 뜻이기 때문에 선을 행하여 어리석은 사람들의 무지를 잠잠하게 할 것이다"라고 번 역해야 한다. 악트마이어는 이 후자의 번역이 맞다고 주장한다.[71] 그리스도인 은 정부의 명령을 행함으로 자신이 무정부주의자가 아니라 훌륭한 시민임을 입증한다. 이렇게 신자들은 무지하여 자신들을 헐뜯는 자들의 비판을 없앤다.

그러나 헬라어 οὕτως(후토스)는 다음과 같이 번역해야 할 가능성이 더 높다. "왜냐하면 하나님의 뜻은 이와 같기 때문이다. 곧 너희가 선을 행하여 어리석 은 자들의 무지를 잠잠하게 하는 것이다."[72] 분사 "선을 행함"(ἀγαθοποιοῦντας, 아가도포이운타스, 개역개정. "선행으로")은 불신자들이 어떻게 잠잠하게 되 는지를 강조하는 수단이다.[73] 잠잠하게 하는 것(개역개정. "막으시는")은 지금 또는 종말론적으로 일어날 수 있다. 어떤 번역을 선택할지 쉽지 않다. 앞 구절 은 통치자들이 선을 행하는 자들에게 포상을 내리기 때문에 현재의 잠잠하게 함을 지지하는 것처럼 보인다(벧전 2:14). 반면에 베드로전서에 따르면 신자 의 선행이 지금 반드시 선하다고 인정을 받지는 못한다. 신자들은 선을 행하 고 고난을 받을 수 있다(벧전 2:20; 3:6, 13, 17; 4:19). 그러므로 잠잠하게

71 Achtemeier, *1 Peter*, 185; Elliott, *1 Peter*, 494.

72 이렇게 문법적으로 읽는 것은 다음을 보라. Michaels, *1 Peter*, 127; T. Williams, *Good Works in 1 Peter*, 177-79; Dubis, *1 Peter Handbook*, 67-68; G. W. Forbes, *1 Peter*, EGGNT (Nashville: B&H Publishing, 2014), 80.

73 Forbes, *1 Peter*, 80.

하는 것(개역개정. "막으시는 것")은 아마도 종말론적일 것이다.[74] 불신자들의
무지(개역개정. "무식한 말")는 무죄가 아니라 유죄이다. 이것은 자기들의 어
리석음에 뿌리를 둔다. 불신자들의 어리석음은 그들의 지적 능력을 무시하는
것이 아니다. 베드로는 어리석은 자가 도덕적으로 타락했다는 잠언을 떠올린
다. 그들은 여호와를 경외하지 않고 자신의 방식으로 살아간다(잠 1:7). 따라
서 자기들의 어리석음을 변명할 수 없다.[75]

　　여기에서 정부가 명령하는 것은 무엇이든지 신자들이 행해야 한다는 개
념이 없다는 점에 다시 주목해야 한다. 사실 베드로는 신자들이 옳은 일을
행하는 동안 고난 받을 수 있음을 인정하면서 동일한 동사 "선을 행하다"
(ἀγαθοποιέω, 아가도포이에오)를 사용한다(벧전 3:17). 그는 사회와 정부구조
가 항상 신자들의 선한 행위로 그들의 편에 서거나 필연적으로 그들을 칭찬
한다고 생각하지 않는다. 그리스도인의 선한 행위는 신자들을 비방하는 공격
을 최소화하고 도덕적인 허약함에 관한 고발이 근거가 없음을 드러낸다. 반
대자들이 증오심에 사로잡혀 신자들을 비판할 객관적인 근거가 없음이 드러
날 것이다.

　　2:16. 믿는 자는 종으로서가 아니라 자유한 자로서 순종해야 한다. 자유를
악의 구실로 사용해서는 안 된다. 베드로는 신자의 외적인 행위뿐만 아니라
그의 순종이 어떠한지 알려 주는 동기에도 관심이 있다. 세 어구는 그리스도
인들이 정부 권력에 순종할 때 어떤 관점에서 행동해야 하는지 설명한다. 이
구절에 암시된 동사는 많은 성경이 번역하는 "살다"(ESV, NIV, NRSV, NET)
보다 "순종하다"를 의미한다(개역개정. "같이 하라").[76] 헬라어 성경은 동사가
없기 때문에, 이를 보충해야 한다. 첫째 그들은 스스로 "자유한 자"(ἐλεύθεροι,
엘류데로이, 개역개정. "너희가 자유가 있으나")로 순종해야 한다.[77] 믿는 자

---

74 T. Williams, *Good Works in 1 Peter*, 179-80.

75 참조. E. G. Selwyn, *The First Epistle of St. Peter*, 2nd ed. (Grand Rapids: Baker, 1981), 173; Beare, *First Peter*, 117; Kelly, *Peter and Jude*, 111.

76 Dubis, *1 Peter Handbook*, 68. 마이클스는 16절을 17절과 잘못 연결하고 있다(*1 Peter*, 128). 16절의 ὡς는 따라오는 구절보다 선행하는 내용으로 이해하는 것이 더 자연스럽다.

77 건드리는 마 17:26-27에서 발견되는 예수 전통에 대한 의존성을 잘못 가정한다("Verba Christi," 340-41; "Further Verba," 230; 또한 G. Maier, "Jesustradition im 1. Petrusbrief," in

는 그리스도의 피로 구속 받았고(1:18-19) 더 이상 세상의 헛된 삶의 방식에 복종하지 않는다.[78] 따라서 믿는 자의 순종은 결코 그가 노예이거나 약하기 때문이 아니다. 그린은 "순종은 강제가 아니라 자유의 표현"이라고 올바르게 말한다.[79]

둘째, 자유한 자로서 악에 빠지기 위한 구실로 자유를 사용해서는 안 된다. 진정한 자유는 신자들이 선을 행하도록 자유롭게 만든다. 악을 행하는 핑계로 자유를 이용하는 사람들은 참으로 자유롭지 않음을 드러낸다. 악한 삶은 노예라는 것을 정의하기 때문이다. 그리스도인들은 결코 정부의 명령에 맹목적으로 반응해서는 안 되며, 의지를 가지고 자신들의 자유로 순종해야 한다(참조. 마 17:24-27).

셋째, 신자는 "하나님의 종"(δοῦλοι, 둘로이)으로 순종해야 한다.[80] 신자들은 무제한적 자유를 누리지 않는다. 그들의 자유는 하나님의 권위 아래 행해진다. 사실 참된 자유는 하나님의 종만이 경험할 수 있다. 인간은 죄의 종이거나 하나님의 종이다(참조. 롬 6:15-23). 신약에 따르면 참된 자유는 옳은 일을 할 자유를 의미한다. 따라서 하나님의 종만이 참으로 자유하다. 신자들은 하나님의 종으로서 정부에 순종하고 하나님의 주권 아래 살도록 부르심을 받았다.

신자의 자유와 그들의 순종, 이것은 하나님께만 속한다. 정부가 전적으로 권세를 위임받지 않았다. 통치 권력이 악을 명령하면 그리스도인들은 무조건적으로 정부에 복종해야 한다고 묘사하지 않는다.[81] 그리스도인은 궁극적으로 카이사르가 아니라 하나님께 충성해야 한다. 그들은 카이사르를 두려워하는 것에서 해방되었으며, 따라서 카이사르가 하는 말은 무엇이든 행해야 한다고

Gospel Perspectives: The Jesus Tradition outside the Gospels, vol. 5, ed. D. Wenham [Sheffield: JSOT Press, 1984], 91-92). 베스트가 더 설득력이 있다("Gospel Tradition," 110-11). 마이어 (Maier) 또한 마 22:15-22의 암시로 본다(92 페이지).

78 엘리엇의 견해에 반대된다. 헬라어 ἐλεύθεροι는 편지를 받는 사람들의 사회적인, 법적인 지위를 언급하지 않는다(*1 Peter*, 496).

79 J. Green, *1 Peter*, 75.

80 여기에서 베드로가 이사야 53-54장에서 가져왔다는 것은 정확하지 않다. 다음과 반대된다. Egan, *Ecclesiology and the Scriptural Narrative of 1 Peter*, 128-29.

81 루터는 오래 전에 이것을 인식했다(*Commentary on Peter & Jude*, 123). 또한 다음을 보라. Holloway, *Coping with Prejudice*, 181-82.

느끼지 않는다. 신자는 먼저 하나님의 종이므로 정부의 명령을 평가하는 기준이 있다. 일반적으로 신자들은 통치 권력의 명령을 지킬 것이다. 왜냐하면 정상적인 삶의 과정에서 정부는 악한 행위를 처벌하고 선한 행위에 상을 주기 때문이다, 그러므로 신자들의 성향과 본능은 통치 권력에 순종한다. 도덕적으로 칭찬받을 만한 삶을 살아감으로 그들은 궁극적인 권위가 황제가 아니라 하나님께 있음을 보여 준다. 동시에 그들은 사람이 만든 조직을 거부하는 무정부 상태와 일종의 광신에 참여하지 않는다. 그럼에도 불구하고 정부가 악을 명령하거나 예배를 드리지 못하도록 요구한다면 하나님의 종인 신자들은 순종을 거부해야 한다.

2:17. 이 단락은 네 가지 명령으로 마무리된다. 비록 "두려워하라"는 하나님을 대상으로 하지만, 두 명령은 잠언 24장 21절, "여호와와 왕을 경외하라"를 생각나게 한다.[82] "공경하라"(마지막 '존대하라'와 같은 동사, τιμάω, 티마오)는 이 명령들을 시작하고 마무리한다. 흥미롭게도 첫 번째 명령은 부정과 거 시제이고 나머지 세 명령은 현재 시제이다. 어떤 학자들은 첫 번째 명령이 나머지 세 명령을 요약한다고 설명하지만,[83] 하나님을 두려워하라는 명령이 "모든 사람을 공경하라"에서 "모든 사람"(πάντας, 판타스)에 해당한다는 설명은 만족스럽지 않다.[84] 베드로는 하나님을 이 구절에서 언급된 사람과 같은 수준으로 놓지 않는다. 왜냐하면 하나님을 두려워함이 근본이고 최우선이며 따라서 모든 사람에게 돌려야 할 존경과 동일시할 수 없기 때문이다. 베드로는 하나님에 대한 태도("두려움")와 왕에 대한 태도("존대")를 구체적으로 구분한다. "공경하다", "두려워하다", "사랑하다"를 동일시하면 안 된다. 그러므로 명령은 따로 이해하는 것이 바람직하다. 따라서 우리는 이 구절을 4개의 다

82 베스트는 베드로가 다른 "동사를 가져와서 문장의 리듬을 유지하고 있다"라고 잘못 제안한다 ("I Peter 11.4-10-a Reconsideration," *NovT* 11 [1969]: 274). 베드로전서의 하나님만을 두려워해야 한다는 내용을 간과하고 있다.

83 Campbell, *Honor, Shame, and the Rhetoric of 1 Peter*, 121-23; T. W. Martin, *Metaphor and Composition in 1 Peter*, SBLDS 131 (Atlanta: Scholars Press, 1992), 204-5; S. E. Porter, *Idioms of the Greek New Testament*, BLG 2 (Sheffield: JSOT Press, 1992), 54, 227; S. Snyder, "1 Peter 2:17: A Reconsideration," *FNT* 4 (1991): 211-15.

84 E. Bammel, "The Commands in 1 Peter 11.17," *NTS* 11 (1964–65): 280; Elliott, *1 Peter*, 498; Légasse, "1 Pierre 2.13-17," 384; Feldmeier, *First Peter*, 164n44.

른 명령으로 이해한다.[85]

첫 명령에서 현재가 아닌 부정과거 시제 "공경하며"(τιμήσατε, 티메사테)는 어떤 의미가 있는가? 언뜻 보기에 다음 동사 "사랑하라"(ἀγαπᾶτε, 아가파테)와 "두려워하라"(φοβεῖσθε, 포베이스데)는 동사의 특성 때문에 다른 시제를 사용했다는 결론을 내리고 싶은 유혹이 생긴다.[86] "사랑하다"와 "두려워하다"는 지속적인 태도이다. 물론 "공경하다"도 마찬가지라고 대답할 수 있지만, 가장 중요한 점은 이 구절이 현재 시제 명령형 "공경하다"(τιμᾶτε, 티마테, 개역개정. "존대하다")로 끝맺는다는 사실이다. 따라서 시제 변화로 동사의 의미를 파악할 수 없다. 베드로가 같은 동사를 두 번 사용하면서 다른 시제를 사용하기 때문이다.[87] 사실 베드로가 모든 사람과 다르게 왕을 지속적으로 공경해야 한다고 강조한 이유(현재 시제 사용)가 분명하지 않기 때문에 이 차이를 만족스럽게 설명하기 어렵다. 나는 시제의 차이가 해석에 있어 중요하지 않으며 네 가지 명령 모두가 한 사람의 전체 삶에 사용되는 일반적인 의미라고 결론을 내린다.[88]

첫 번째 명령은 "모든 사람을 공경하라"이다. 모든 인간은 하나님의 형상대로 창조되었기 때문에 신자는 모든 사람을 존귀과 존경으로 대해야 한다(창 1:26-27). 죄인이라도 인간으로서 존귀와 존경을 받아야 한다. 흥미롭게도 황제가 받아야 하는 존경과 공경이 모든 인간에게 주어져야 한다. 더 많은 힘과 위엄을 가진 사람들이라도 "보통" 인간 보다 더 높임을 받지 않는다. 마이클스는 동사 "공경하다"와 "순종하다"와 잘못 동일시하지만, 동사 "순종하다"는 계급 구조의 관계에 사용되기 때문에 의미가 다르다.[89]

모든 인간은 존중받아야 하지만, 동료 신자들 사이에는 특별한 유대가 있다. 사실 동료 그리스도인들 사이의 연합은 가족이라는 용어로 가장 잘 설명된다. 우리는 "형제를 사랑하라"라는 명령을 받는다(ἀγαπᾶτε ἀδελφότητα, 아

---

85 밤멜(E. Bammel)은 교차 대구로 제안한다("I Peter 11.17," 280). 처음과 마지막 명령이 전체 구절을 구성한다면 교차 대구를 받아들일 수 있지만(Elliott, *1 Peter*, 499) 엄격하게 말하면, 교차 대구가 아니다(T. Williams, *Good Works in 1 Peter*, 229-30).

86 N. Hillyer, *1 and 2 Peter, Jude*, NIBC (Peabody: Hendrickson, 1992), 80.

87 다음과 반대된다. Achtemeier, *1 Peter*, 187-88.

88 P. H. Davids, *The First Epistle of Peter*, NICNT (Grand Rapids: Eerdmans, 1990), 103n14.

89 Michaels, *1 Peter*, 130.

가파테 아델포테타). "형제 사랑"(ἀδελφότητα, 아델포테타)라는 단어는 신약에서 베드로에서만 나타난다(벧전 5:9). 헬라어 구약성경에 나타나지 않고 마카비서에서 일곱 번 나타난다(1 Macc 12:10, 17; 4 Macc 9:23; 10:3, 15; 13:19, 27). 삶의 스트레스와 어려움, 그리고 육체의 정욕과의 싸움이라는 상황에서(벧전 2:12), 신자들은 사랑이 우선이며 가족을 사랑해야 함을 상기할 필요가 있다.

"하나님을 두려워하라"라는 명령은 "황제"를 공경하는 것과 대조된다. 신자는 황제를 공경하고 그의 직분 때문에 존경해야 하지만 그를 두려워해서는 안 된다. 오직 하나님만 두려워해야 한다(참조. 1:17). 이스라엘의 거룩하신 분 앞에서는 두려움과 경외함이 적합하다.[90] 황제가 아니라 하나님만이 경배를 받으셔야 한다.[91] 베드로는 여기에서 황제 숭배를 비난할 수 있다. 따라서 항상 통치 권력에 복종해야 한다고 주장하지 않는다.[92] 실제로 베드로는 독자들에게 다른 사람을 두려워해서는 안 되며(벧전 3:6; 14) 분명하게 오직 하나님을 주권자이신 주님으로 경외해야 한다고 말한다. 고펠트는 "하나님만이 존재와 비존재를 결정하기 때문에" 두려움은 오직 하나님께만 돌려져야 한다고 말한다.[93] 궁극적인 충성이 황제에게나 남편에게 있지 않고 하나님께 속해야 함을 다시 상기시킨다(벧전 3:6). 명령은 황제를 공경하라는 요청으로 끝난다. 헬라어는 "황제"가 아니라 "왕"(βασιλέα, 바실레아)이다. 그러나 2장 13절에서 말했듯이 "왕"이라는 단어는 베드로의 독자들에게 분명히 황제를 생각나게 했을 것이다. 신자들은 비록 그들이 주님 안에서 자유롭다고 할지라도 계속해서 황제를 존경하고 공경해야 한다. 그들의 자유가 마치 황제에게 그 지위에 합당하게 존경하지 않는 것처럼 죄의 구실이 되어서는 안 된다. 그러

90 L. R. Donelson, *I and II Peter and Jude*, NTL (Louisville: Westminster John Knox, 2010), 76.

91 Horrell, *Becoming Christian*, 231-34.

92 다음 견해에 반대된다. Warren Carter, "Going All the Way? Honoring the Emperor and Sacrificing Wives and Slaves in 1 Peter 2:13-3:6," in *A Feminist Companion to the Catholic Epistles and Hebrews*, ed. A.-J. Levine with M. M. Robbins, *Feminist Companion to the New Testament and Early Christian Writings 8* (London: T&T Clark, 2004), 14–33. 카터는 독자들이 여기에서 제국 숭배에 참여하도록 격려를 받고 정부에 복종할 것을 요청 받았고 저자는 다른 예외를 생각하지 않았다고 주장한다. 이 견해에 관한 반대는 다음을 보라. T. Williams, *Good Works in 1 Peter*, 206-9.

93 Goppelt, *1 Peter*, 190.

나 베드로는 또한 모든 사람을 존경해야 한다고 말하는 데, 이는 황제가 다른 어떤 사람보다 더 위대하지 않다는 것을 나타낸다.[94]

3.2.2. 종들이여, 주인에게 순종하라(2:18-25)

[18] 사환들아 범사에 두려워함으로 주인들에게 순종하되 선하고 관용하는 자들에게만 아니라 또한 까다로운 자들에게도 그리하라 [19] 부당하게 고난을 받아도 하나님을 생각함으로 슬픔을 참으면 이는 아름다우나 [20] 죄가 있어 매를 맞고 참으면 무슨 칭찬이 있으리요 그러나 선을 행함으로 고난을 받고 참으면 이는 하나님 앞에 아름다우니라 [21] 이를 위하여 너희가 부르심을 받았으니 그리스도도 너희를 위하여 고난을 받으사 너희에게 본을 끼쳐 그 자취를 따라오게 하려 하셨느니라 [22] 그는 죄를 범하지 아니하시고 그 입에 거짓도 없으시며 [23] 욕을 당하시되 맞대어 욕하지 아니하시고 고난을 당하시되 위협하지 아니하시고 오직 공의로 심판하시는 이에게 부탁하시며 [24] 친히 나무에 달려 그 몸으로 우리 죄를 담당하셨으니 이는 우리로 죄에 대하여 죽고 의에 대하여 살게 하려 하심이라 그가 채찍에 맞음으로 너희는 나음을 얻었나니 [25] 너희가 전에는 양과 같이 길을 잃었더니 이제는 너희 영혼의 목자와 감독 되신 이에게 돌아왔느니라

베드로는 종들에게 비록 주인이 악한 사람일지라도 순종하라고 명령하는 가정 규범을 이어간다. 그는 종들에게 직접 편지하면서 당시 문화에서 벗어난다. 이것은 노예의 존엄성을 분명히 보여 준다. "신약성경 저자들은 비교할 수 없는 존귀함으로 종들과 아내들을 높임으로써 사실 문화적인 기대를 전복시켰음을 보여 준다."[95] 그러나 그리스도인들은 가정의 사회적 질서를 어지럽히면 안 된다.[96] 아게슨(Aageson)은 여기에서 그리스도인들이 문화에 대한 영향력이 미칠 수 없었다는 상황을 고려할 필요가 있다고 바르게 말한다. "박해받는 소수자들과 마찬가지로 그들이 직접 통제할 수 있는 영역은 대

---

94 T. Williams, *Good Works in 1 Peter*, 228.

95 Jobes, *1 Peter*, 185; 참조. J. Green, *1 Peter*, 80.

96 Holloway, *Coping with Prejudice*, 183.

체로 사회적으로 내부적인 영역이었다."[97] 종들에게 권면하지만, 그들은 베드로전서를 받는 모든 그리스도인에게 예가 되기 때문에, 원칙은 모든 신자에게 적용된다.[98]

권면의 동기는 19절에 나타난다. 선을 행하면서 주인에게 고난을 받는 자는 하나님의 상을 받을 것이다, 베드로의 종말론적인 상을 생각할 때, 여기에서 고려되는 "은혜"는 아마도 구원이라는 마지막 때의 선물일 것이다. 20절은 19절을 더 자세하게 설명한다. 죄를 지었기 때문에 심판을 받는 종은 하나님이 인정하지 않을 것이다. 선을 행하고 고난을 겪는 자만이 하나님의 상을 받을 것이다. 베드로는 신자들에게 그들이 고난을 받도록 부르심을 받았으며 본받아야 할 모범이신 그리스도께 돌아가면서 21절을 시작한다. 신자들의 고난은 일부 불신자들을 회개와 회심으로 이끈다는 점에서 그리스도의 고난과 비슷할 수 있다. 이어지는 구절들(22-25절)은 이사야 53장의 종의 노래에서 풍성한 정보를 얻는다. 21절은 또한 그리스도의 고난의 독특한 성격에 주의를 기울인다. 왜냐하면 십자가의 대속적인 사역을 암시하면서 그가 "너희를 위하여" 고난을 당하셨다고 말하기 때문이다. 그리스도 고난의 모범적인 특성은 22-23절에 강조된 것 같다. 죄인들을 위한 그의 대속은 24-25절의 특징이다. 22-23절에 따르면 그리스도는 죄가 없었기 때문에 악한 행동으로 고난을 받지 않으셨다. 비난과 위협에도 보복하지 않고 자신의 모든 상황을 하나님의 손에 맡기셨다. 24-25절은 그리스도의 고난의 독특한 성격에 초점을 맞추면서 논증을 발전시킨다. 그의 죽음은 자기 백성들을 위해서였고 그는 십자가에서 그들의 죄를 짊어지셨다. 그 목적은 사람들을 죄에서 해방시켜 의롭게 살도록 하는 것이었다. 25절에서 베드로는 독자들에게 이전에는 길을 잃은 양처럼 하나님을 떠나 방황했지만 지금은 고난 받는 종이신 그리스도의 죽음으로 말미암아 목자와 감독되신 그분께 돌아왔음을 상기시킨다.

---

97 J. W. Aageson, "1 Peter 2.11-3.7: Slaves, Wives, and the Complexities of Interpretation," in *A Feminist Companion to the Catholic Epistles and Hebrews*, ed. A.-J. Levine with M. M. Robbins, Feminist Companion to the New Testament and Early Christian Writings 8 (London: T&T Clark, 2004), 43.

98 Thurén, *Argument and Theology in 1 Peter: The Origins of Christian Paraenesis*, JSNTSup 114 (Sheffield: Academic Press, 1995), 140; Brox, *Der erste Petrusbrief*, 128. 그러나, 그린(*1 Peter*, 78)은 베드로가 종을 언급할 때 모든 신자들을 "말한다"라고 지나치게 이해한다.

3.2.2.1. 상을 받기 위해서

2:18. 베드로는 신자들에게 정부에 순종하라고 권면했다(2:13-17). 이제 그는 잔인하고 불합리한 주인이라도 그 주인에게 순종해야 하는 종의 책임으로 주제를 바꾼다.[99] 사람들은 전쟁에서 포로가 되거나 납치되거나 종으로 태어나서 종이 되었다. 경제적인 어려움에 직면한 사람들은 생존을 위해서 자신을 종으로 팔았을 것이다. 많은 종들, 특별히 광산에서 일하는 종들은 비참하게 살았다. 그러나 어떤 종들은 의사, 교사, 관리자, 음악가, 기술자로 일했으며 다른 종들을 소유할 수도 있었다. 종들이 주인보다 교육을 더 잘 받은 것은 놀라운 일이 아니다. 그리스-로마 세계의 노예 제도가 인종에 기반을 두지 않았다. 미국의 노예 소유주들은 노예를 교육하지 않았기 때문에 차이가 있다. 미국 노예 제도에 익숙한 사람들은 자기들의 역사적인 경험을 신약성경 시대에 집어넣는 일에 조심해야 한다. 그럼에도 불구하고 그리스-로마 세계의 종들은 주인의 통제 아래에 있었기 때문에 독립적인 존재는 아니었다.[100] 주인은 그들을 잔인하게 학대할 수 있었다. 종으로 태어난 아이들은 부모가 아니라 주인이 소유했다. 노예는 법적인 권리가 없었고 주인들은 그들을 구타하고 낙인을 찍고 신체적, 육체적으로 학대할 수 있었다. 하릴(Harrill)은 다음과 같이 말한다. "신약 학자들의 주장에도 불구하고 고대 노예 제도는 현대 노예 제도보다 더 인도주의적이지 않았다."[101] 종들은 주인의 도움을 받아 그리스-로마 세계에서 자유를 살 수 있었다. 이것을 노예 해방(manumission)이라고 부른다. 그러나 노예 해방은 주로 도시에 있는 노예들에게 가능했으며 대부분 노예들은 이 희망이 없었다.[102]

베드로는 가정의 노예(οἰκέται, 오이케타이)들에게 편지한다. "그는 가정 단위에 특별히 관심이 있기 때문이다"[103] 가정의 노예가 다른 노예보다 더 나은

---

99 베드로전서의 비보복 주제에 대해서는 다음을 참조하라. M. H. Schertz, "Nonretaliation and the Haustafeln in 1 Peter," in *The Love of Enemy and Nonretaliation in the New Testament*, ed. W. M. Swartley (Louisville: Westminster/John Knox, 1992), 258–86.

100 S. S. Bartchy, "Slavery: NT," *ABD* 6.66.

101 J. A. Harrill, "Slavery," *DNTB*, 1125.

102 Harrill, "Slavery," 1126.

103 Jobes, *1 Peter*, 188.

상황이라고 하더라도 가혹한 학대를 당하기 일쑤였다.[104] 시민이 정부에 순종해야 하는 것처럼 종들도 주인에게 순종하라는 명령을 받는다.[105] 순종하라는 명령은 본질적으로 자발적이다. 순종은 종이 주인에게 복종해야 한다는 일반적인 신약성경의 권면이다(참조. 엡 6:5-9; 골 3:22-25; 딤전 6:1-2; 딛 2:9-10; 빌레몬서). 현대인들은 종종 신약성경 저자들이 노예 제도를 비판하거나 전복을 옹호하지 않는 이유를 묻는다. 후자는 로마 제국에서 새롭게 생긴 신약의 교회에 완전히 비현실적이었다. 그렇게 한다면 어린 교회들은 그리스-로마 세계에서 합의된 것과 맞서 싸우게 되고 그 결과는 헛될 것이다. 펠트마이어(Feldmeier)는 "그리스도인들은 미움을 받는 소수자로서 확실히 이교도 사회에서 이 문제에 대해서 어떤 제안을 하거나 무엇인가 바꿀 수 있는 위치가 아니었다."[106] 왜 관습에 관한 비판이 없는가? 다시 말하지만, 신약성경은 독자가 살고 있던 상황에서 그들에게 말하고 있음을 기억해야 한다. 노예 제도를 비난하는 일은 그리스도인들에게 아무런 도움이 되지 않았을 것이다. 살펴본 것처럼, 노예 제도 폐지가 문제가 아니었기 때문이다. 더 나아가 신약성경 저자들은 사회 혁명가가 아니었고(참조. 고전 7:17-24), 사회 구조의 전복을 옹호했다면 더 많은 박해를 받았을 것이다.[107] 노예 제도의 악이 언급되지 않았지만 사회적인 관심이 없었던 것은 아니다. 신약의 저자들은 학대에 대한 신자들의 경건한 반응에 집중한다. 베드로는 그의 독자들에게 박해와 압제에 대해서 경건한 방법으로 대응하라고 권면했기 때문에 이 패러다임에 잘 맞는다.

물론 개인이 충분히 변화되면, 사회 전체가 그 유익을 얻고 기독교 신앙이 영향을 미치기 시작한다. 우리는 그리스도인이 의로운 삶에 실패한 경우가 너무 많다는 사실을 역사를 통해서 잘 알고 있지만, 서구 문명에서 기독교 신앙이 선한 일을 이루는 데 힘이 된 경우도 잘 알고 있다. 역사는 사회 구조에 대한 기독교 신앙의 영향력을 보여 준다. 그 결과 중 하나는 기독교의 영향으

---

104 Jobes, *1 Peter*, 188.

105 헬라어 δεσπότης는 다른 곳에서 노예 소유자로 사용된다(참조. 딤전 6:1-2; 딛 2:9). 벡틀러는 비그리스도인 주인들이라고 생각한다(*Following in His Steps*, 165). 대다수가 그리스도인이 아니었을 것이다. 그러나 몇몇 주인이 신자였을 가능성을 배제할 수 없다.

106 Feldmeier, *First Peter*, 189.

107 Feldmeier, *First Peter*, 189.

로 노예 제도가 근절된 것이다. 물론 기독교인들은 수 세기 동안 다른 사람들에게 악을 행하기도 했다. 죄인으로서 우리는 또한 실망스러운 유산을 남기기도 했다. 그러나 역사에 관한 현실적인 평가는 그리스도인들이 성취한 악과 선 모두를 포함한다.

신약 어느 곳에서도 노예 제도를 사회 구조로 추천하지 않는다는 것을 주목해야 한다. 노예 제도는 창조 질서에 뿌리를 두고 있지 않다. 하나님이 제정하신 제도가 아니다. 펠트마이어는 말한다. "베드로전서는 어떤 방법으로든지 합법적인 노예 제도를 보증하지 않는다."[108] 특정한 역사적 맥락에서의 가르침(예. 노예 제도)은 명령이 주어진 상황과 우리의 문화적 상황에 명령을 어떻게 적용해야 할지 고려하지 않고 똑같이 복제할 수 없다.[109] 이 점에서 결혼과 현저하게 대조된다. 하나님은 결혼 제도를 제정하셨지만 노예 제도는 인간이 만들어 낸 것이다. 신약성경은 사회에 존재하는 노예 제도를 **조절하지만**, 그 자체를 **추천하지는 않는다**. 그러므로 노예 제도를 비난하지 않는다고 할지라도 지지하는 것으로 해석되어서는 안 된다.

대부분의 학자들은 분사 "순종하되"(ὑποτασσόμενοι, 휘포타소메노이)가 여기에서 명령이라고 생각한다.[110] 다른 학자들은 이 분사가 17절의 명령에 의존하고 수단의 의미로 해석해야 한다고 제안한다.[111] 수단은 분사가 17절의 네 가지 명령 모두와 어떻게 연관될 수 있는지 알기 어렵다는 문제점이 있다. 특히 주인의 일부, 아마도 거의 대부분이 이교도라면 "주인에게 순종함으로 형제들을 사랑하라"라고 말하는 것은 의미가 통하지 않는다. 따라서 종이 주인

108 Feldmeier, *First Peter*, 171.

109 Feldmeier, *First Peter*, 151-52.

110 예. Kelly, *Peter and Jude*, 116; Michaels, *1 Peter*, 138; Forbes, *1 Peter*, 86; D. Daube, "Participle and Imperative in I Peter," in E. G. Selwyn, *The First Epistle of St. Peter*, 2nd ed. (Grand Rapids: Baker, 1981), 482-83; S. Snyder, "Participles and Imperatives in 1 Peter: A Re-examination in the Light of Recent Scholarly Trends," *FNT* 8 (1995): 197.

111 참조. C. Bigg, *The Epistles of St. Peter and St. Jude*, ICC (Edinburgh: T&T Clark, 1901), 142; Achtemeier, *1 Peter*, 194. 캠벨은 이어지는 분사들이 수사학적으로 2:11-17의 모든 분사들에 의존하고 문법적으로는 2:11의 ἀπέχεσθαι에 의존한다고 주장한다(*Honor, Shame, and the Rhetoric of 1 Peter*, 124). 좁스는 εἰμί의 명령형과 함께 완곡어법이라고 제안한다(*1 Peter*, 200-201). 그러나 이 견해의 문제는 εἰμί의 명령형과 함께 명령형을 사용한다는 것이 충분한 근거가 없다는 사실이다(다음을 보라. T. B. Williams, "Reconsidering the Imperatival Participle in 1 Peter," *WTJ* 73 [2011]: 64–65).

에게 순종하도록 명령하는 독립적인 명령으로 분사를 해석하는 것이 좋다. 순종은 "모든 존경으로" 해야 한다. 헬라어는 문자적으로 "모든 두려움으로" (개역개정. '범사에 두려워함으로', ἐν παντὶ φόβῳ, 엔 판티 포보)라고 말한다. ESV 성경의 "모든 존경으로"와 NRSV의 "모든 존중으로"는 주인에 대한 합당한 태도를 고려한다.[112] 그러나 베드로전서에서 두려움은 인간이 아니라 하나님을 향하기 때문에 이 해석은 불가능하다(벧전 1:17; 3:2, 6, 14, 16).[113] 사실 3장 6절과 3장 14절은 사람을 두려워하는 것을 반대해서 말한다. 2장 19절의 "하나님을 생각함"은 여기에서 변호되는 해석에 관한 증거를 제공한다. 종이 주인에게 순종하는 이유는 하나님과의 관계 때문이다. 그러므로 우리에게는 주인이 종에게 절대적인 권위를 행사해서는 안 된다는 증거가 있다. 하나님의 뜻을 어기라고 종들에게 명령했다면 종들은 고난을 당하더라도 불순종해야 할 의무가 있다.[114]

그러나 일반적으로 믿음을 가진 종은 주인의 지시대로 할 것이다. 베드로는 선하고 친절한 주인과 "잔인한"(σκολιοῖς, 스콜리오이스 개역개정. "까다로운") 주인 모두에게 순종하라는 명령을 적용한다. "잔인한"은 일부 주인의 도덕적인 파탄을 강조한다(참조. 행 2:40; 빌 2:15).[115] 노예 제도의 악은 가혹한 주인에 관한 세네카의 비판에 반영되어 있다. "당신은 (종을) 사슬에 묶고 당신이 원하는 대로 그의 모든 인내를 시험할 수 있다. 그러나 너무 큰 폭력으로 때리면 관절이 탈구되거나 부러진 이빨에 힘줄이 붙어버리는 경우가 많다. 분노는 희생자의 순종을 발견했음에도 불구하고 한 사람을 불구로 만들고 많은 사람을 장애인으로 만든다"(Ira 3.27.3).[116] 그러나 하릴은 "노예에 대한 친

112 J. W. C. Wand, The General Epistles of St. Peter and St. Jude, WC (London: Methuen, 1934), 79-80; Grudem, 1 Peter, 125; Holloway, Coping with Prejudice, 183–84.

113 K. H. Schelke, Der Petrusbriefe—Der Judasbrief, HTKNT (Freiburg: Herder, 1980), 80; Bigg, Epistles of Peter and Jude, 142; Beare, First Peter, 121; Kelly, Peter and Jude, 116; Michaels, 1 Peter, 138; Achtemeier, 1 Peter, 195; Davids, First Peter, 106; Feldmeier, First Peter, 170. 다음과 반대된다. Brox, Der erste Petrusbrief, 131.

114 칼뱅은 종이 주인에게 순종해야 한다는 명령에 예외가 없다는 것을 올바르게 보았다(Catholic Epistles, 86).

115 구약성경에서 σκολιοῖς는 악하고 도덕적인 파탄을 보이는 자들을 가리킨다(신 32:5; 시 77:8; 잠 2:15; 4:24; 8:8; 16:26, 28; 21:8; 22:5, 14; 23:3; 28:18; 욥 9:20; 참조. Wis 1:3).

116 이 인용은 다음에서 왔다. Elliott, 1 Peter, 521.

절은 제도의 비판이 아니라 스토아학파의 이상을 따르지 않는 오만한 주인의 학대에 관한 비판이었다. 동물 학대에 반대하는 현대적인 요구와 비슷하게 노예에 대해서 인도적인 대우를 요구하는 이 진술은 제도의 폐지를 위해서가 아니라 강화하기 위해 표현되었다."[117] 종은 고된 노동과 함께, 언어적 그리고 신체적 학대를 당하고 성적인 즐거움의 대상이 되었다.[118] 신자들은 악하고 평판이 좋지 않은 주인에게 순종하는 일을 거부할 수 없었다. 베드로는 그리스도인 종들이 악에 가담하거나 부패한 주인을 따라 악한 행동을 해야 한다고 말하지 않는다. 주인이 악한 사람이라고 할지라도 종은 주인이 시키는 대로 하지 않을 수 없었다. 바우만-마틴은 나의 견해와 같이 그리스도인 종은 주인과의 성관계에 동의하지 않을 것이며 그 저항에 대한 처벌을 받을 것이라고 제안한다.[119] 물론 어떤 경우에는 주인이 종을 강간했을 것이고, 이 경우 종은 주인의 악으로 고난을 당한다.

2:19. 18절에서 종은 순종하도록 요청받는다. 이제 베드로는 이와 같은 순종을 해야 하는 이유('왜냐하면', γάρ, 가르)를 설명하고 그들에게 미래의 상을 약속한다. 이와 같은 순종이 "은혜"를 가져오기 때문에 신자들은 순종해야 한다. 그러나 문제는 이 단어가 의미하는 것이다. 헬라어 단어는 문자적으로 "은혜"(χάρις, 카리스)이다. "은혜"의 의미가 무엇인지 답하기 전에 문맥에서 이 구절의 의미가 무엇인지 살펴볼 필요가 있다. 19절은 일반적인 원리를 말하고 20절은 그 원리를 더 자세하게 설명하고 있는 것처럼 보인다. 19절에 명시된 원칙은 하나님께서 부당하게 고난을 받는 자들에게 상을 주신다는 것이다. 20절에서 베드로는 더 자세하게 설명하면서 악을 행함으로 벌을

---

117 Harrill, "Slavery," 1125.

118 다음을 보라. B. Bauman-Martin, "Feminist Theologies of Suffering and Current Interpretations of 1 Peter 2.18-3:9," in *A Feminist Companion to the Catholic Epistles and Hebrews*, ed. A.-J. Levine with M. M. Robbins, Feminist Companion to the New Testament and Early Christian Writings 8 (London: T&T Clark, 2004), 69–70.

119 Bauman-Martin, "Feminist Theologies of Suffering and Current Interpretations of 1 Peter 2:18–3:9," 70-72. 이 경우에 선을 행하면 더 많은 갈등을 일으키게 된다. 콜레이(Kathleen E. Corley)는 남자와 여자 노예는 강간에 순종해야 한다고 해석한다("1 Peter," in *Searching the Scriptures*, vol. 2: A Feminist Commentary, ed. E. S. Fiorenza with the assistance of A. Brock and S. Matthews [New York: Crossroad, 1994], 353).

받는 사람들은 그들이 마땅히 받아야 할 것을 받기 때문에 스스로 기뻐할 이유가 없다고 지적한다. 반면에 선을 행하다가 고난을 받고 그 학대를 참는 사람은 하나님께 상을 받을 것이다. 19-20절은 19절이 문자적으로 "이것은 은혜다"(개역개정. "이는 아름다우나")로 시작하고 20절은 문자적으로 "이것은 하나님 보시기에 은혜다"(개역개정. "이는 하나님 앞에 아름다우나")로 끝나기 때문에 인클루지오이다.[120] 인클루지오는 우리에게 두 구절을 함께 해석하도록 알려 준다.

종에게 주어진 명령은 신자들이 불의에 대응하는 본보기가 되므로 여기에서 말해진 내용은 종들에게만 적용되지 않는다.[121] 베드로의 권면은 모든 신자에게 본보기가 된다. 베드로는 그리스도인은 자기가 살고 있는 나라의 법체계 안에서 행함으로 사회에서 정의를 추구해야 한다는 것을 부정하지 않는다. 실제로 바울은 빌립보 권력자들이 실라와 자신을 부당하게 때렸을 때 그들에게 사과를 요구했다(행 16:35-40). 우리는 그리스도인이 불만을 시정할 법적 수단이 있으면서도 불의를 받아들여야 한다고 결론을 내리면 안 된다. 종들에 대한 권면은 신자들이 불의한 고난을 당하고 공권력이 불의의 편에 설 때 본보기가 된다. 법적 결정에 호소할 수 있는 사법 제도에 의존하는 그리스도인은 법원이 판결을 내릴 때 비통함과 분노에 빠지지 않도록 조심해야 한다. 불의는 사법 제도로 자행될 수 있다. 결국 베드로전서 2장 18-25절이 밝히는 것과 같이, 이는 예수님 자신의 경험이다.

우리는 위에서 제기한 질문으로 돌아간다. 신자의 삶에서 "은혜"(χάρις, 카리스)는 무엇인가? 부당한 고통을 겪으면서 고난을 참는 것이 "은혜"(χάρις, 카리스)이다. 이러한 고난이 자기들의 기독교 신앙 때문에 온다는 것은 "하나님을 생각함으로"로 분명히 알 수 있다. "생각함"(συνείδησις, 쉬네이데시스)은 일반적으로 신약에서 "양심"을 가리킨다(예. 행 23:1; 24:6; 롬 13:5; 고전 8:7, 10, 12; 10:25, 27-29; 딤전 1:5, 19; 3:9). 그리고 베드로전서 3

---

120 Michaels, *1 Peter*, 142; Achtemeier, *1 Peter*, 196.

121 Michaels, *1 Peter*, 135; Achtemeier, *1 Peter*, 196-97; D. W. Kendall, "The Literary and Theological Function of 1 Peter 1:3-12," in *Perspectives on 1 Peter* (Macon: Mercer University Press, 1986), 119; E. J. Richard, "The Functional Christology of First Peter," in *Perspectives on 1 Peter* (Macon: Mercer University Press, 1986), 137; Campbell, *Honor, Shame, and the Rhetoric of 1 Peter*, 143; Elliott, "Reception of 1 Peter 2:18–25," 188.

장 16, 21절은 이 의미이다.[122] 베드로전서 3장 16절과 21절의 경우 형용사 "좋은"이 양심을 고려하고 있음을 보여 준다. 그러나 헬라어 문장에서 "하나님의"(θεοῦ, 데우)가 "양심" 뒤에 나온다. "하나님의"는 목적격적 소유격으로 "하나님을 생각함"이라고 이해해야 한다.[123] 그러므로 종들은 때때로 하나님과의 관계, 즉 주인이 바라는 것과 어긋나게 만드는 관계 때문에 고난 당하는 것을 요청 받는다.[124] 그렇다면 베드로가 전하려 하는 요점은 무엇인가? 하나님과의 관계 때문에 부당한 고난을 견디는 종들은 하나님의 상을 받을 것이다. 그가 염두에 둔 상은 무엇인가? 아마도 1장 3-5절에 묘사된 미래의 유업을 받는 것을 말하고 있을 것이다.

　어떤 학자들은 베드로가 이와 같은 고난이 인생에서 "하나님의 은혜의 증거"라고 단순히 말했다고 생각할 수 있을 것이다. 헬라어 χάρις(카리스)는 일반적으로 신약에서 "은혜"로 번역되기 때문이다. 그러나 은혜의 증거보다 상으로 생각할 수 있는 두 가지 증거가 있다.[125] 첫째로 "칭찬"(κλέος, 클레오스)은 여기에서 "카리스"(χάρις, 카리스)와 병행을 이루며 "칭찬"(κλέος, 클레오스)은 "신용", "명성", "영광"으로 번역될 수 있다(참조. Josephus, *Ant.* 4.105, 115; 19.223; 1 Clem. 5:6; 54:3).[126] 이것은 신자들이 상속받을 상을 가리키

---

122 일부 주석가들은 이 구절에서도 이 의미로 본다(예. Goppelt, *1 Peter*, 197-98; Davids, *First Peter*, 107)

123 이 단어(συνείδησις)의 특이한 의미로 일부 필사자가 다양하게 기록했지만, 속격 "하나님의"(θεοῦ)가 강하게 지지된다(참조. *TCGNT* 619).

124 이 해석이 대다수의 견해이다. 참조. J. Moffatt, *The General Epistles: James, Peter, and Jude*, MNTC (New York: Harper & Brothers, 1928), 126; Best, *1 Peter*, 119; Wand, *Epistles of Peter and Jude*, 80; Kelly, *Peter and Jude*, 116–17; Cranfield, *I & II Peter and Jude*, 83; Michaels, *1 Peter*, 140; Achtemeier, *1 Peter*, 196. 다음과 반대된다. Selwyn, *First Peter*, 177.

125 참조. Elliott, "Reception of 1 Peter 2:18-25," 189–90; *1 Peter*, 518, 520; Selwyn, *First Peter*, 176; Kelly, *Peter and Jude*, 116; Michaels, *1 Peter*, 139–41; Campbell, *Honor, Shame, and the Rhetoric of 1 Peter*, 61; Bechtler, *Following in His Steps*, 191-92. 다음과 반대된다. Goppelt, *1 Peter*, 195–96, 199; Martin, *Metaphor and Composition in 1 Peter*, 59; Watson, *First Peter*, 68–69. 벡틀러는 하나님의 승인이 고려되고 있다고 바르게 보지만 현재의 승인에 관한 언급이라고 잘못 생각하고 있다. 초점은 미래의 상이다.

126 윌리암스는 은혜가 그리스-로마 세계에서 선물 주기와 상호주의의 맥락에서 이해되어야 한다고 주장한다. 그러므로 여기에서 은혜는 하나님의 은혜의 선물과 신자들의 상호 응답을 의미한다고 말한다("Reciprocity and Suffering in 1 Peter 2, 19-20: Reading χάρις in Its Ancient Social Context," *Bib* 97 [2016]: 421-39). 윌리암스의 해석은 가능성이 있고 매력적이다. 그러나 나는 그의 견해와 반대로 κλέος는 "상"의 의미 범위에 적합하기 때문에 확신할 수 없다. "평판", "명성", "찬양"(ἔπαινος)과 같은 단어는 최종적인 상을 의미할 수 있다(참조. 롬 2:29; 13:3;

며(참조. 1 Clem. 5:6), 여기에서 "은혜"는 "은혜의 증거"가 아니라 하나님의 은혜와 축복, 그리고 마지막 날에 신자들에게 주어지는 상을 나타낸다.[127] 둘째, 19절의 논증은 누가복음 6장 32-35절과 유사하며 베드로는 그 전통을 여기에서 적용한다.[128] 누가복음에서 예수님은 친구에게만 사랑을 베풀면 믿지 않는 사람과 다를 바 없다고 말씀하신다. 신자들을 다른 사람과 구별하는 것은 원수와 죄인에 대한 사랑이다. 이와 비슷하게 베드로는 악을 행함으로 고난을 받으면 가치가 없지만, 옳은 일을 행함으로 고난을 받으면 그에 합당한 상을 받는다고 주장한다. 흥미롭게도 누가복음은 세 번이나 신자의 사랑에 대해 받는 상을 "칭찬"($\chi\acute{\alpha}\rho\iota\varsigma$, 카리스)으로 표현한다. 일반적으로 신약에서 "은혜"($\chi\acute{\alpha}\rho\iota\varsigma$, 카리스)가 "상"을 나타낼 수도 있음을 알 수 있다. 실제로, 단락의 결론(누가복음 6:35)에서 누가는 "칭찬"($\chi\acute{\alpha}\rho\iota\varsigma$, 카리스)을 "상"($\mu\iota\sigma\theta\acute{o}\varsigma$, 미스도스)으로 바꾼다. 이 두 단어는 이 논의에서 거의 동의어임을 보여 준다. 실제로 누가복음 6장 32절과 병행되는 마태복음 5장 46절의 "상"($\mu\iota\sigma\theta\acute{o}\varsigma$, 미스도스)은 누가복음 6장 32절의 $\chi\acute{\alpha}\rho\iota\varsigma$(카리스)가 상이라는 의미임을 보여 준다. 요약하자면, 베드로가 하나님과의 관계 때문에 받는 고난을 $\chi\acute{\alpha}\rho\iota\varsigma$(카리스)라고 할 때, 그의 요점은 고난을 겪는 사람이 하나님께 상을 받으며 그 상은 문맥에서 종말론적 유업, 즉 미래의 구원이라는 것이다.

2:20. 20절은 신자들이 어떤 상황에서 상을 받을지, 어떤 상황에서 상을 받지 못할지 설명하면서, 19절을 자세하게 설명한다('왜냐하면', $\gamma\acute{\alpha}\rho$[가르]로 설명. 개역개정은 생략). 베드로는 신자들이 고난을 참는 경우로 시작한다.[129] 그러나 그들은 죄를 지었고($\acute{\alpha}\mu\alpha\rho\tau\acute{\alpha}\nu o\nu\tau\epsilon\varsigma$, 하마르타논테스) 그 결과 매를 맞는

고전 4:5; 벧전 1:7; 2:14).

127 Witherington, *1-2 Peter*, 152.

128 베드로가 여기에서 예수님의 전통을 사용했다는 생각을 뒷받침하기 위해서 다음을 보라. Gundry, "Verba Christi," 341; "Further Verba," 226; Best "Gospel Tradition," 106; Michaels, *1 Peter*, 135-36, 139.

129 동사 $\acute{\upsilon}\pi o\mu\epsilon\nu\epsilon\tilde{\iota}\tau\epsilon$는 모두 미래형이다. 일부 사본에는 현재 시제가 나타나지만(예. $\mathfrak{P}^{72}$, 82, 4, 69, 323, 614, 945, 1241, 1739), 외적 증거($\aleph$, A, B, C, P, 049 등)로 볼 때 그리고 어려운 독법을 따라 미래형이 적절하다(참조. Michaels, *1 Peter*, 134). 두 경우 모두 기본적인 의미는 차이가 나지 않는다.

다.[130] 이 경우 그들은 마땅히 받아야 할 것을 받기 때문에 하나님으로부터 어떤 상도 받지 못할 것이다. 반면에 베드로가 가장 좋아하는 단어(2:15; 3:6, 17; 참조. 2:14; 3:11, 16; 4:19)인 선을 행함으로(ἀγαθοποιοῦντες, 아가도포이운테스) 고난을 받고 그 고난을 참으면 하나님으로부터 상(χάρις, 카리스)을 받게 될 것이다.

3.2.2.2. 그리스도를 본받기 위해서(2:21-25)

2:21. 그리스도께서 고난을 받으심으로 믿는 자들에게 본보기가 되셨기 때문에 믿는 자도 고난을 받도록 부르심을 받았다. 이 구절의 의미를 더 자세히 살펴보기 전에 우리는 18-20절과 21절의 논리적인 관계를 물어볼 필요가 있다. 21절은 "이를 위하여 너희가 부르심을 받았으니"로 시작한다. "이를 위하여"(εἰς τοῦτο, 에이스 투토)는 신자들이 옳은 일을 할 때 받는 고난[131]으로 돌아간다. "부르심을 받았으니"(ἐκλήθητε, 에클레데테)는 다른 곳에서 보았듯이(1:15; 2:9 주해 참조) 신자들의 믿음으로 귀결되는 하나님의 효과적인 부르심을 의미한다.[132] 신자들은 마지막 상을 상속받기 위해서 고난을 받도록 부르심을 받았다(19-20절).[133] 다시 말해서, 고난은 신자들이 부르심을 받은 유업과 관련 없이 돌아가는 길이 아니다. 그것은 유업을 받기 위해 하나님이 정하신 수단이다.[134]

---

130 "매를 맞고"(κολαφιζόμενοι)는 더 일반적인 "처벌"(κολαζομενοι)로 대체되기도 하지만 "매를 맞고"가 원래의 것이다. 운니크는 헬라어 병행에서 "죄를 짓고"(ἁμαρτάνοντες)는 세속적인 의미로 "잘못을 행하는 것"을 의미하며 하나님께 죄를 짓지 않는 것을 의미한다고 주장한다("1 Classical Parallel to I Peter II.14 and 20," in *Sparsa Collecta: The Collected Essays of W. C. van Unnik. Part Two: 1 Peter, Canon, Corpus Hellenisticum, Generalia*, NovTSup 30 [Leiden: Brill, 1980], 106-10). 아마도 베드로는 이 두 개념을 구분하지 않았을 것이다.

131 "이를 위하여"(εἰς τοῦτο)가 앞의 내용을 가리킨다는 개념을 지지하는 견해는 다음을 보라. Wand, *Epistles of Peter and Jude*, 81; Michaels, *1 Peter*, 142; Achtemeier, *1 Peter*, 198; Elliott, *1 Peter*, 523. 다른 한편 그루뎀은 τοῦτο가 하나님을 신뢰하는 것을 언급한다고 생각한다(*1 Peter*, 128).

132 예. D. E. Hiebert, "Following Christ's Example: An Exposition of 1 Peter 2:21-25," *BSac* 139 (1982): 33. 그러나 세례에 관한 암시는 없다(다음과 반대된다. Kelly, *Peter and Jude*, 118).

133 오즈번(T. P. Osborne)은 베드로가 신자들에게 고난을 요청할 뿐만 아니라 "이와 같은 행위에 부당한 고난이 동반될 때에도 선한 행위로 인내하도록" 요청한다고 올바르게 관찰한다 ("Guide Lines for Christian Suffering: A Source-Critical and Theological Study of 1 Peter 2, 21-25," *Bib* 64 [1983]: 390).

134 일부 학자들은 21-25절에서 초기 기독교 찬송 또는 신앙 고백 형식을 발견했다(K. Wengst,

왜 신자들이 마지막 상을 받기 위해서 고난으로 부르심을 받는가? 베드
로는 또한 이것이 또한 메시아이신 예수님을 위해 정해진 길이라고 대답한다
("그리스도도 너희를 위하여 고난을 받으사").¹³⁵ 그리스도께서 "너희를 위하
여 고난을 받으사"(ἔπαθεν ὑπὲρ ὑμῶν, 에파덴 휘페르 휘몬)는 그리스도의 대속
적인 희생을 가리키는 것 같다. 특히 24절과 3장 18절에 명백히 가르치기 때
문이다.¹³⁶ 의미상 베드로는 그리스도의 죽음이 가져오는 유일한 유익을 제안
했을 수 있다. 그러나 악트마이어는 이 개념을 의도했는지 의심한다. 왜냐하
면 "또한"(개역개정. "~도", καί, 카이)이 이 구절의 논리를 다음과 같이 보여
주기 때문이다. 여러분이 지금 그분을 위해 고난을 받은 것처럼 그리스도 또
한(개역개정. "그리스도도") 여러분을 위해 고난을 받으셨다.¹³⁷

바로 뒤이어 나오는 단어들이 이 해석을 뒷받침한다. 그리스도의 고난은
신자들에게 본보기가 된다.¹³⁸ 그들은 그리스도의 본을 따라 이 시대의 고난을
견뎌야 한다. "본"(ὑπογραμμόν, 휘포그람몬)은 글자를 올바르게 쓰는 법을 배
우기 위해 알파벳을 따라 쓰는 아이들에게 사용된다. 그리스도의 고난은 이
목적(ἵνα, 히나)을 위한 본보기가 되어 신자들이 "그 자취를 따라오게" 한다.
그리스도의 제자로서 신자들은 주께 대한 충성으로 받는 고통과 모욕을 견디

Christologische Formeln und Lieder des Urchristentums [Gütersloh, Germany: Gerd Mohn,
1972]; Goppelt, *1 Peter*, 204-7; R. Bultmann, "Bekenntnis und Liedfragmente im ersten
Petrusbrief," *ConBNT* 11 [1947]: 12-13; D. Hill, "'To Offer Spiritual Sacrifices ...' [1 Peter 2:5]:
Liturgical Formulations and Christian Paraenesis in 1 Peter," *JSNT* 16 [1982]: 53–56). 그러나
이에 대한 지지는 설득력이 없다(다음을 보라 Michaels, *1 Peter*, 136-37). 오즈번은 베드로
가 자신의 독자들에게 이사야 53장의 메시지를 적용했다는 견해가 본문의 특징을 더 잘 설명
한다고 올바르게 주장한다("Guide Lines for Christian Suffering," 381-408; 참조. Feldmeier,
First Peter, 167-68). 여기에서 찬송으로 보는 것에 반대하는 설득력 있는 주장은 다음을 보라.
Elliott, *1 Peter*, 548–50.

135 이 구절에서 ὅτι는 인과 관계를 의미한다.

136 다양한 사본들이 ἀπέθανεν을 삽입한다(𝔓⁸¹, ℵ, Ψ, 623, 2484와 다른 사본들), 내적 증거(베드
로전서의 고난 주제)와 외적 증거(𝔓⁷², A, B, C, 33, 81, 614, 1739와 다른 사본들)는 ἔπαθεν을
지지한다. 이어서 나오는 단어 ὑμῶν, ὑμῖν가 원본인지 ἡμῶν, ἡμῖν가 원본인지는 구별하기 힘들
다. 2인칭 복수 동사가 따라오고 외적 증거도 NA²⁸의 읽기에 기울어지므로 2인칭이 더 낫다.

137 Achtemeier, *1 Peter*, 198–99.

138 분사 "끼쳐"(ὑπολιμπάνων)는 결과 또는 목적을 나타낸다(다음을 보라. Forbes, *1 Peter*, 90). 아게슨
(J.W.Aageson)은 그리스도의 모범이 학대를 정당화할 수 있기 때문에 문제가 될 수 있다고 제안한다
("1 Peter 2.11-3.7," 46). 그러나 베드로는 그리스도의 고난과 마찬가지로 선택지가 제한되고 고
통을 당한 노예와 여성에게 선택의 여지가 없었던 상황을 고려한다.

며 그분이 당하신 것과 같이 고난을 받아야 한다.

악트마이어는 고난 가운데 그리스도를 따르라는 강조를 올바르게 발견한다. 이것은 특별히 22-23절에서 강조된다. 그러나 그의 해석과 달리 "~도"의 의미가 유지된다. 신자들은 그리스도께서 고난을 받으신 것 같이 고난을 받아야 하지만, 베드로는 그리스도의 대속의 죽음이 신자와 하나님의 관계의 유일한 기초이기 때문에, 그리스도와 신자의 고난이 모든 면에서 비교할 수 없음을 인정한다(1:18-19; 2:24; 3:18).[139] 더 나아가 그는 그리스도께서 죄가 없으시며(1:20; 2:22-23) 어떤 신자와도 비할 수 없는 분이심을 강조한다. 참으로 그리스도의 죄 없으심은 그의 죽음이 신자들을 위한 대속적인 희생의 역할을 할 수 있는 기초가 된다. 신자의 경건한 삶은 믿지 않는 자들을 믿음으로 인도할 수 있지만, 예수님의 고난과 죽으심은 오직 그의 죽음을 통해서 죄를 대속하셨기 때문에 유일하다.

2:22. 베드로는 이제 이사야 53장에 많이 의존해서 예수님의 고난의 본을 자세히 설명하기 시작한다.[140] 이 구절에서 예수님의 죄 없음이 강조된다. 이사야 52장 13절-53장 12절에서 여호와의 종의 고난이 초점이기 때문에 53장의 선택은 우연이 아니다. 이사야서 53장은 기독교 전통에서 메시아 예수의 고난과 승귀를 가리키는 본문으로 견고하게 자리잡아왔다(참조. 마 20:28; 눅 22:37; 행 3:13; 롬 4:25; 고전 15:3; 빌 2:7). 베드로는 여기에서 이사야 53장 9절을 인용한다. 인용에서 "불법"(개역개정. "강포", ἀνομίαν, 아노미안)을 "죄"(ἁμαρτίαν, 하마르티안)로 바꾸고 있다. 아마도 "죄"는 이사야 53장이 다시 인용된 24절의 암시와 조화시키려고 사용했을 것이다.[141] 어쨌든 의미에 영향을 주지 않는다. 베드로는 단지 예수님이 고난 중에서 죄 짓는 일을 저항했다고만 말하지 않기 때문에 예수님의 유일성이 두드러진다. 그는 예수님이 평생 죄가 없었다고 가르친다. 예수님의 죄없음은 신약에서 폭넓게 증언된다

---

139 드라이든은 비록 그리스도의 고난이 신자들의 고난과 구별될 수 있지만, 그리스도의 고난과 죽음 전체가 모범적임을 강조한다(*Theology and Ethics in 1 Peter*, 178-91).

140 쿨만(O. Cullmann)은 여호와의 종이 베드로 신학에서 기본이 된다고 생각한다(*Christology of the New Testament* [Philadelphia: Westminster, 1963], 75).

141 전체 질문에 관한 좋은 논의는 다음을 보라. Egan, *Ecclesiology and the Scriptural Narrative of 1 Peter*, 133-34.

(마 27:4; 요 7:48; 8:29, 46; 18:38; 고후 5:21; 히 4:15; 요일 3:5). 어쨌든 예수님의 모범이 베드로의 주된 목적이다. 여호와의 종인 예수님이 의인으로서 심한 고난에도 불구하고 죄를 범하지 아니하시고 거짓도 없으셨다면, 신자들은 그리스도의 제자로서 학대를 받을 때 그의 모범을 따라 죄를 짓거나 기만하지 않아야 한다.

2:23. 23절은 예수님의 무죄가 쉽게 얻어질 수 없음을 강조한다. 그는 아무런 반대도 없는 고립된 공간에서 세상의 적개심과 증오와 단절되어 살지 않았다. 오히려 그는 모욕과 심한 고통에 직면했다. 아마도 베드로는 여기에서 예수님의 전체 사역, 특별히 그의 고난을 생각했을 것이다. 종을 어린양처럼 말없이 고난 받는 자로 묘사하는 이사야 53장 7절의 암시일 것이다. 고난 가운데 침묵하신 예수님의 보복하지 않는 정신은 가장 놀라운 증거이다. 학대를 받으면 복수하려는 충동을 참을 수 없기 때문이다.[142] 더욱이 고대 세계에서 사람들은 고발자에 대해서 격렬하게 논쟁함으로써 자기들의 결백을 보여 주었다. 그러므로 예수님의 침묵은 하나님의 신원에 대한 그의 확신을 드러낸다.[143] 예수님의 삶의 방식은 그의 가르침과 일치했다. 그것은 원수에 대한 사랑과 보복하지 않는 정신을 중심으로 한다(참조. 마 5:38-48).[144]

CSB 성경은 첫 진술의 언어유희를 찾아 낸다. "그분은 모욕을 당하셨을 때, 되갚아 모욕하지 않으셨다"(개역개정. "욕을 당하시되 맞대어 욕하지 아니하시고"). NRSV 성경은 이 구절을 놀랍게 번역한다. "그분은 학대를 당하셨을 때, 학대를 돌려주지 않으셨다"라고 번역한다. 동일한 어근의 단어를 사용하면서(λοιδορούμενος, 로이도루메노스; ἀντελοιδόρει, 안텔로이도레이), 예수님이 보복에 빠지지 않았음을 보여 준다. 둘째, 예수님은 고난 중에 위협하지 않으셨다. 괴롭히는 자들에게 물리적인 해를 끼칠 수 없을 때 미래의 심판으로 위협하고 싶은 유혹이 있어도 예수님은 그렇게 하지 않으셨다. 두 개의 주동사는 모두 미완료 동사로 과거에 진행 중인 행동을 나타내

---

142 악트마이어는 이사야 53:7의 요점이 보복이 아니라 침묵이라고 말하면서 이 두 가지를 구분하려고 시도하지만(*1 Peter*, 200), 두 주제는 서로 속하고 분리되어서는 안 된다.

143 Hill, "Spiritual Sacrifices," 55.

144 특별히 다음을 보라. J. Piper, *Love Your Enemies* (Grand Rapids: Baker, 1991).

며 보복하지 않는 정신이 예수님의 삶 전체에 영향을 미쳤음을 보여 준다. 무엇이 예수님이 자신을 학대하는 사람들을 위협하고 다시 학대하지 않도록 하는 하였을까? 그는 "공의로 심판하시는 이에게 부탁하셨다." 동사 "부탁하다" (παρεδίδου, 파레디두)는 다시 미완료형을 사용해서 예수님의 생애와 사역, 특히 그의 수난을 특징짓는 지속적인 행동을 나타낸다. CSB 성경은 예수님이 "자신"을 맡기셨다고 번역한다. 헬라어 본문에는 목적어가 없기 때문에 학자들은 예수님이 자신을, 자신의 뜻, 자신의 수난, 또는 자신의 적을 맡겼는지에 대해서 논쟁한다.[145] 목적어가 구체적이지 않기 때문에 목적어를 제한할 필요는 없다. 예수님은 적들의 운명을 포함하여 자기 삶의 모든 측면을 하나님께 계속 "부탁하다"(παρεδίδου, 파레디두).[146] 특히 그는 하나님께서 마지막 날에 공의롭게 심판하실 것을 알았고 원수들이 회개하지 않으면 그를 신원하시고 그들을 벌하실 것을 알았다. 성경 어디에도 용감한 얼굴로 고난을 태연하게 견디면서 보복을 삼가라는 가르침이 없다. 오히려 신자들은 악에 대해 승리한다. 왜냐하면 하나님께서 자신들을 신원하시고 원수들을 심판하시며 결국 모든 것을 바로잡으실 것이라고 믿기 때문이다(참조. 롬 12:19-20).[147] 예수님은 제자들에게 본보기가 되신다. 하나님이 궁극적으로 자신들에게 상을 주시고(참조. 2:19-20) 원수들을 벌하실 것이라고 신뢰해야 하기 때문이다.

또한 베드로는 예레미야 11장 18-23절에서 예레미야의 적들에 관한 정의와 하나님의 심판에 대한 탄원을 암시했을 것이다. 예레미야가 이 구절에서 가르치는 보복하지 않는 정신과 모순되지 않는다. 예레미야가 개인적으로 보복하지 않는 것은 바로 하나님의 손에 정의를 맡겼기 때문이다. 그러므로 예

---

145 다음은 "자신"을 주장한다. Bigg, *Epistles of Peter and Jude*, 146; Wand, *Epistles of Peter and Jude*, 82; Selwyn, *First Peter*, 179-80; 자신의 뜻은 다음을 보라. Kelly, *Peter and Jude*, 121, 자신의 적은 다음을 보라. Michaels, *1 Peter*, 147.

146 듀비스는 2:23과 4:19를 연결한다. 왜냐하면 많은 유사한 용어와 개념이 두 구절에서 사용되기 때문이다(*Messianic Woes in 1 Peter: Suffering and Eschatology in 1 Peter 4:12-19*, SBL 33 [New York: Peter Lang, 2002], 178–82). 그는 이것으로 2:23이 자신을 하나님께 맡기는 예수님을 언급할 뿐만 아니라 십자가에서 예수님에 대한 하나님의 심판을 언급한다고 결론지었다(참조. 2:24–25). 듀비스에 반대하여 23절에는 예수님을 심판하시는 하나님에 관한 개념이 전혀 없다. 예수님의 죽으심이 가지는 대속적인 성격은 24-25절에서 전달된다.

147 Harink, *1 & 2 Peter*, 84. 미래의 심판에 관한 언급을 부인하는 고펠트의 견해와는 반대이다 (*I Peter*, 212). 우리는 로마서 12:19-20에서 같은 주제를 만난다. 다음을 보라. T. R. Schreiner, *Romans*, 2nd ed., BECNT (Grand Rapids: Baker, 2018), 654-57.

수님은 예레미야처럼 하나님의 "순한 어린양"이셨다(렘 11:19). 예레미야 본문은 베드로전서 2장 23절과 일치하며 하나님께서 공의로 심판하심을 강조한다(κρίνων δίκαια, 크리논 디카이아, 렘 11:20). 하나님의 공의는 자신의 종에 대한 신원과 원수에 대한 징벌이 모두 포함되어 있다(참조. 렘 11:21-23).

2:24. 이제 예수님의 고난과 죽음의 차별성이 등장한다. 신자들은 고난 가운데 그리스도를 따라야 하지만 그의 고난은 유일하며 대속의 특징이 있다. 따라서 그를 따르는 자들을 위한 구원의 기초이다. 첫 번째 어절에서 베드로는 이사야 53장을 암시한다. 그는 실제로 이사야 53장에 있는 세 개의 다른 구절을 암시하고 있는데 70인역을 다음과 같이 번역할 수 있다. "그는 우리의 죄를 진다"(개역개정. "그는 우리의 질고를 지고", οὗτος τὰς ἁμαρτίας ἡμῶν φέρει, 후토스 타스 하마르티아스 헤몬 페레이, 사 53:4). "그는 우리의 죄를 질 것이다"(개역개정. "그들의 죄악을 친히 담당하리로다", τὰς ἁμαρτίας αὐτῶν αὐτὸς ἀνοίσει, 타스 하마르티아스 아우톤 아우토스 아노이세스, 사 53:11). "그가 많은 사람의 죄를 졌다"(개역개정. "그가 많은 사람의 죄를 담당하며", αὐτὸς ἁμαρτίας πολλῶν ἀνήνεγκεν, 아우토스 하마르티아스 폴론 아네넹켄, 사 53:12). 이것을 베드로전서 2장 24절, "그가 친히 우리 죄를 담당하셨으니"(ὃς τὰς ἁμαρτίας ἡμῶν αὐτὸς ἀνήνεγκεν, 호스 타스 하마르티아스 헤몬 아우토스 아네넹켄)와 비교해보라. 베드로전서의 "우리의"와 이사야 53장 4절과 "친히"는 이사야 53장 11절과[148] 과거 시제 "담당하셨으니"는 53장 12절과 일치한다. 이 암시들로부터 예수님의 죽음이 죄 사함의 수단이라는 점이 분명해진다. "담당하셨다"(ἀναφέρω, 아나페로)는 제사를 "드리다"에 사용된다(히 7:27; 13:15; 약 2:21; 벧전 2:5; 참조. 창 8:20; 22:2; 출 24:5, 29:18). 여기에서 우리는 십자가를 예수님께서 우리의 죄를 담당하신 제단이라는 표현으로 가져오면 안 된다.[149] 광야에 보낼 염소의 이미지도 분

---

148 베드로가 이사야서를 의존하는 점은 아마도 여기 2인칭에서 1인칭으로의 전환을 설명할 것이다. 몇몇 사본은 놀랍지 않게 복수형을 집어넣지만, 본문의 증거는 1인칭 복수를 압도적으로 지지하며, 더 어려운 읽기를 보여 준다.

149 다음과 반대된다. Schelke, *Der Petrusbriefe-Der Judasbrief*, 85.

명하지 않다(레 16장).[150] 이 경우에 "죄"가 목적어이기 때문에 "드리다"보다 "담당하다"를 의미해야 한다. 본문은 "하나님께서 예수님을 드리셨다"라고 말하지 않고 "예수님께서 우리 죄를 담당하셨다"라고 말한다. 베드로는 "나무에서" 그 몸에 우리의 죄를 담당하셨다고 덧붙인다. "십자가" 대신에 "나무"(ξύλον, 크쉴론, 참조. 행 5:30; 10:39; 갈 3:13)의 사용은 신명기 21장 23절의 암시이다. 예수님께서 자기 백성의 구원을 위해 저주를 받으셨다는 개념이 아마도 내포되어 있을 것이다. 그리스도께서 자기 백성의 죄를 위하여 죽으셨기 때문에 그의 죽음이 대속적이라는 추론이 타당하다(참조. 3:18).[151]

그리스도의 죽음의 목적(ἵνα, 히나)은 단순한 용서를 제공하는 것이 아니라 그의 백성을 "의에 대하여 살도록" 능력을 부여하는 것이었다. 의(δικαιοσύνη, 디카이오쉬네)는 여기에서 법정적인 의미가 아니다. 이것은 동사 "살다"(ζήσωμεν, 제소멘)와 연결되기 때문에 분명하다.[152] 의에 대하여 사는 것은 "죄에 대하여" 죽음으로 현실이 된다. 분사 "떠남"(개역개정. '죽고', ἀπογενόμενοι, 아포게노메노이)은 신자들이 어떻게 의롭게 살 수 있는지 나타낸다. 베드로는 죄에서 떠남(참조. 4:1), 그리스도의 죽음으로 산 자유(유사한 논증을 위해 다음 구절을 참조하라. 1:17-19)를 그린다.[153] 그러므로 이 구절은 신자들이 용서받는 근거인 그리스도의 대속적인 죽음으로 시작한다. 그다음 베드로는 그 죽음의 목적을 강조한다. 신자들이 새로운 삶을 살도록 하기 위함이다.

이 구절은 이사야 53장 5절의 암시로 결론짓는다. 그 표현은 70인역에 가깝다. 1인칭 복수 동사가 2인칭 복수로 바뀌고 "그의"(αὐτοῦ, 아우투)가 관계

---

150 이 문제에 관한 켈리의 도움이 되는 설명을 참조하라(*Peter and Jude*, 122-23), 참조. Elliott, *1 Peter*, 532.

151 더 자세하고 도움이 되는 토론은 다음에서 볼 수 있다. M. Williams, *The Doctrine of Salvation in the First Letter of Peter*, SNTSSM 149 (Cambridge: Cambridge University Press, 2011), 103-9; 참조. Witherington, *1-2 Peter*, 157.

152 Michaels, *1 Peter*, 149; Achtemeier, *1 Peter*, 202–3.

153 마이클스는 ἀπογενόμενοι를 사용할 때 베드로가 로마서 6장에서 바울이 사용한 죽음의 비유를 사용하지 않는다고 올바르게 주장한다. 여기서 분사는 "떠남"을 의미한다(*1 Peter*, 148-49). 참조. Selwyn, *First Peter*, 181; Kelly, *Peter and Jude*, 123; Elliott, *1 Peter*, 535; M. Williams, *The Doctrine of Salvation in the First Letter of Peter*, 109-13. 오즈번은 문맥에서 "죽음"을 의미한다고 생각하지만("Guide Lines for Christian Suffering," 400-401), 베드로는 죄에 대해서 죽는 것이 아니라 죄에서 분리되는 것을 말하기 때문에 설득력이 없다.

대명사(개역개정. "그가", οὗ, 후)로 바뀌었다.[154] 신자들은 그리스도의 상함으로 나음을 얻는다. 그리스도의 상함은 아마도 그의 죽으심에 대한 환유일 것이다. 그러나 채찍질을 포함하여 죽음에 이르는 모든 고통이 포함될 가능성이 있다. 상함은 신체적 학대로 위협받는 노예 상황을 말할 것이다.[155] 어쨌든 그리스도의 채찍질에만 제한될 수 없다. 여기에서 베드로는 죄의 용서를 말하는가 아니면 육체적인 치유를 말하는가? 이사야 53장 5절이 마태복음 8장 17절에서 예수님의 치유 사역과 관련해서 사용되지만, 여기에서 우리는 죄의 용서가 주제임을 확신할 수 있다. 문맥에서도 육체적인 치유를 가리키지 않는다.[156] 예수님이 우리 죄를 담당하셨다는 24절의 첫 부분은 분명히 용서를 가리키며 25절의 내용(아래 참조)도 목자와 감독자에게 돌아간 자들을 말하면서 용서를 의미한다.[157]

2:25. 24절과 25절을 "왜냐하면"으로 연결하면서 24절의 고침이 25절의 길을 잃음에 대한 징벌에서 왔음을 나타낸다. 병 고침이 죄의 용서를 포함한다.[158] "양과 같이 길을 잃었더니"는 이사야 53장 6절로 거슬러 올라간다. 중요한 차이는 1인칭 복수 동사에서 2인칭 복수 동사로 바뀐다는 점이다. 독자의 회심이 "너희가 … 돌아왔느니라"(ἐπεστράφητε, 에페스트라페테)로 나타난다. 아마도 이사야서의 다른 암시일 것이다. 이사야는 6장 10절은 "그들이 돌아와서 내가 그들을 고칠 것이라"(70인역 번역. ἐπιστρέψωσιν καὶ ἰάσομαι

---

154 많은 사본들이 "그의"(αὐτοῦ)를 지지하는 것은 53:5에 동화된 예이다. 이건(Egan)은 비록 자신이 제안한 해결방법에 독단적이지 않는다. 베드로가 본문을 암기했기 때문에 변화가 있을 수 있다고 제안한다(Ecclesiology and the Scriptural Narrative of 1 Peter, 136-38).

155 McCartney, "The Use of the Old Testament in the First Epistle of Peter," 93.

156 리벤굿(K. D. Liebengood)은 여기에서 스가랴 9-14장의 목자 주제를 암시한다고 생각한다. 그런데 특별히 70인역 스가랴 10:2는 죄를 지은 자에 대한 치유가 나타나지 않는다고 말한다(Eschatology in 1 Peter: Considering the Influence of Zechariah 9-14, SNTSMS 157 [Cambridge: Cambridge University Press, 2012], 100-2). 리벤굿은 스가랴 9-14장이 베드로의 종말론적 이해에 대한 하부 구조라는 개념에 관한 매력적인 예를 제시한다.

157 Michaels, 1 Peter, 149–50; Goppelt, 1 Peter, 214–15; Kelly, Peter and Jude, 124.

158 마소라 텍스트(MT)와 중요한 다른 몇몇 사본들(𝔓72, C, P, Ψ, 1739)은 πλανώμενα을 지지한다. 중성복수 πλανώμενα는 πρόβατα에 맞게 수정되었을 가능성이 높기 때문에 남성복수형 πλανώμενοι이 선호된다(ℵ, B, 1505와 다른 사본들).

αὐτούς, 에피스트렙소신 카이 이아소마이 아우투스)라고 말한다.[159] 또한 에스겔 34장 16절에 관한 암시가 있다. 목자이신 여호와께서 "그 잃어버린 자를 내가 찾으며 길 잃은 자들을 내가 돌아오게 할 것이다"(Τὸ ἀπολωλὸς ζητήσω καὶ τὸ πλανώμενον ἐπιστρέψω, 호 아폴롤로스 제테소 카이 토 플라노메논 에피스트렙소). 우리는 또한 "나의 종 다윗"이 하나님의 백성에게 목자가 될 것을 말하는 에스겔 34장 23-24절에서 연결성을 찾을 수 있다.

"돌아오다"와 "치유하다"의 결합은 치유가 회심 때 받은 용서를 포함한다는 또 다른 증거이다. 신자들은 더 이상 잃어버린 양이 아니다. 베드로는 "너희 영혼의 목자와 감독 되신 이에게 돌아왔다"라고 말한다. 예수님의 생애와 고난의 독특성을 다시 상기시킨다. 신자들의 삶에서 도덕적인 선함은 불신자들에게 본보기가 되어야 한다(참조. 2:18-21). 그들은 하나님의 구원하시는 지식으로 인도될 것이다. 그러나 지금 신자들은 모두 한 때 하나님 앞에서 정죄를 받았다. 오직 그리스도만이 대속의 죽음으로 죄를 속죄하시고 죄 없는 삶을 사셨다. "목자와 감독"으로 베드로는 독자들에게 그들의 통치자는 황제나 노예 주인이 아니라 그리스도 그분이심을 상기시킨다. 신약에서는 그리스도만이 목자로 불리기 때문에 아버지가 아니라 그리스도가 목자일 가능성이 높다.[160]

"목자"는 교회 안에 있는 사람들의 영혼(즉, 온전한 사람들)을 다스리는 지도자와 통치자를 가리킨다. "목자"는 그리스도의 부드러움이 아니라 그의 권위를 나타낸다. 이것은 "감독"(ἐπίσκοπος, 에피스코포스)으로 확인된다. 다른 신약성경 본문에서 "감독"은 교회에서 권위를 가진 자들을 가리킨다(행 20:28; 빌 1:1; 딤전 3:2; 딛 1:7). 이 본문은 그리스도를 교회를 다스리시는 궁극적인 "감독"이심을 언급한다. 회심은 통치자와 주님이신 예수 그리스도께 돌아가는 것을 포함한다.

159 다음은 이 암시를 주목한다. Michaels, *1 Peter*, 150; 참조. Achtemeier, *1 Peter*, 204. 듀비스는 에스겔 34장에서 목자, 유리, 귀환 주제에 관한 암시를 찾는다(*1 Peter 4:12-19*, 57-58).

160 마 26:31; 막 14:27; 요 10:2, 11-12, 14, 16; 히 13:20; 참조. 요 21:15-17; 계 7:17. 그러나 오즈번은 아버지에 대한 가능성을 고려한다("Guide Lines for Christian Suffering," 403-5).

3.2.3. 아내들이여 남편에게 순종하라(3:1-6)

¹ 아내들아 이와 같이 자기 남편에게 순종하라 이는 혹 말씀을 순종하지 않는 자라도 말로 말미암지 않고 그 아내의 행실로 말미암아 구원을 받게 하려 함이니 ² 너희의 두려워하며 정결한 행실을 봄이라 ³ 너희의 단장은 머리를 꾸미고 금을 차고 아름다운 옷을 입는 외모로 하지 말고 ⁴ 오직 마음에 숨은 사람을 온유하고 안정한 심령의 썩지 아니할 것으로 하라 이는 하나님 앞에 값진 것이니라 ⁵ 전에 하나님께 소망을 두었던 거룩한 부녀들도 이와 같이 자기 남편에게 순종함으로 자기를 단장하였나니 ⁶ 사라가 아브라함을 주라 칭하여 순종한 것 같이 너희는 선을 행하고 아무 두려운 일에도 놀라지 아니하면 그의 딸이 된 것이니라

베드로는 가정 규범으로 힘이 약한 사람들, 고통 받기 쉬운 사람들에게 집중한다. 주인은 언급하지 않고, 여섯 구절에서 아내에게 권면하며, 남편은 한 구절에서만 언급된다. "약한" 사람은 아마도 그들의 약한 위치가 교회 전체를 대표하기 때문에 언급되었을 것이다. 노예와 아내가 주인과 남편의 다스림 아래 살았던 것처럼, 편지를 받는 신자들도 그 문화에서 다른 구성원들과 함께 통치 권력의 박해를 받았다.[161]

아내들은 순종하라는 명령을 받는다. 1절에서 특별히 불신자의 아내들을 주목하고 있음이 분명하지만, 모든 아내들이 포함될 가능성이 있다.[162] 베드로는 순종과 경건한 행실이 믿지 않는 남편을 기독교로 회심하는 수단이 되기를 희망한다. 3-4절에서 베드로는 그리스-로마의 전형적인 도덕주의적인 조언을 한다. 아내들은 값비싼 옷차림과 화려하고 값비싼 헤어스타일과 장신구를 삼가야 한다. 하나님은 온유하고 조용한(개역개정. "안정한") 심령으로 이루어진 내면의 아름다움을 원하신다. 아내에 대한 권면은 5-6절에서 구약의 경건한 여자들을 예로 호소하면서 뒷받침된다. 이 여자들은 남편에게 순종하고 그들을 존경하며 내면의 단장에 치중했다. 베드로는 편지를 받는 공동체

---

161 Achtemeier, *1 Peter*, 54-55; Elliott, *1 Peter*, 559. 노예와 여자가 많기 때문에 언급되는 것은 아니다. 다음과 반대된다. Michaels, *1 Peter*, 122.

162 Richard, *Reading 1 Peter, Jude, and 2 Peter*, 126.

의 여자들이 선한 삶을 추구하고 두려움을 극복했다면 진정한 사라의 딸이라고 말하면서 결론을 맺는다.

3:1. 베드로는 아내들에게 남편이 아내의 경건한 행실을 통해 회심하기를 바라는 마음으로 믿지 않는 남편에게 순종하라고 가르친다. 베드로는 계속해서 교회의 다양한 그룹에게 말하면서 약한 자들에게 집중한 다음 이제 아내에게 다시 돌아와서 "이와 같이"(ὁμοίως, 호모이오스)로 논의를 시작한다.[163] "이와 같이"는 아내와 남편의 관계가 종과 주인의 관계와 같다는 것을 의미하지 않는다. 그 대신 "그리고"를 의미하는 "연결"로 이해해야 한다.[164] 베드로의 말은 일반적인 여자에게 하는 말이 아니라 "자기 남편"(CSB, NASB. τοῖς ἰδίοις ἀνδράσιν, 토이스 이디오이스 안드라신)이라는 단어가 보여 주듯이 아내에게 하는 말이다. 마치 시민이 통치 권력에 순종해야 하는 것처럼(2:13), 그리고 종이 주인에게 순종해야 하는 것처럼(2:18), 아내는 자기 남편에게 순종하라고(ὑποτασσόμεναι, 휘포타소메나이) 권면한다.[165] 여기에서는 자발적인 순종을 고려하고 있다.[166] 남편은 아내가 자신에게 순종하도록 할 책임이 없다. 남편의 강압도 고려하지 않는다. 분사로 표현된 "순종하라"는 명령의 기능을 한다.[167] 악트마이어의 견해와는 다르게 어떻게 이 분사가 2장 17절의 명령형을 수식하는지 알기 어렵다. 2장 17절이 이 구절과 멀리 있기 때문이다.[168] 그러나 베드로는 2장 13-25절의 가르침을 이어간다.[169]

베드로의 말은 특히 믿지 않는 남편을 둔 아내들("그들 중 어떤 사람이 말씀을 순종하지 않을지라도", NRSV)에게 한 것이다. 하지만 불순종하는 남편

---

163 몇몇 사본은 이 단어가 없다. 그러나 이 단어가 원본이며 대부분의 사본 전통이 지지한다.

164 Michaels, *1 Peter*, 156; Witherington, *1-2 Peter*, 161. 슬로터는 이 단어가 더 넓은 의미라고 생각한다. 이것은 아내가 종과 마찬가지로 주님을 위해서 순종해야 함을 의미한다("Submission of Wives [1 Pet. 3:1a] in the Context of 1 Peter," *BSac* 153 [1996]: 68); 또한 Elliott, *1 Peter*, 553.

165 앞의 두 본문과 비교는 ὁμοίως가 아니라 동사 "순종하라"의 반복에 의해서 성립된다.

166 Slaughter, "1 Pet. 3:1a," 70; Witherington, *1-2 Peter*, 162; Spencer, "Peter's Pedagogical Method in 1 Peter 3:6," 109.

167 많은 주석가들이 주장한다. 예를 들어, Brox, *Der erste Petrusbrief*, 142.

168 Achtemeier, *1 Peter*, 209. 스펜서는 악트마이어와 비슷한 견해를 가지고 있다("Peter's Pedagogical Method in 1 Peter 3:6," 111).

169 그리스-로마 세계의 여성의 지위에 대해서는 다음을 보라. Achtemeier, *1 Peter*, 206-7

을 가진 아내뿐 아니라 모든 아내에게 말한다. "~라도"(καὶ εἰ, 카이 에이)는 남편의 대다수가 신자임을 나타낼 수 있기 때문이다.[170] NIV 성경은 "순종하지 않는"(NRSV) 대신 "믿지 않는"으로 잘못 번역한다. 이 단어(ἀπειθέω, 아페이데오)는 불신보다는 불순종에 초점을 맞춘다.[171] 사실 이 단어는 베드로가 가장 좋아하는 단어이다. 베드로전서 2장 8절에서 말씀에 대한 불순종을, 4장 17절에서 복음에 불순종하는 자들, 3장 20절에서 노아 시대에 불순종하는 자들을 언급한다. "말씀"(λόγος, 로고스)은 복음을 가리킨다. 물론 모든 불순종은 불신앙에서 비롯되지만, 강조점은 복음을 믿는 것을 계속 거부하는 남편에게 있다. 다시 말하지만, 종에 대해 언급한 내용과의 병행을 주목해야 한다. 왜냐하면 종이 도덕적인 문제가 있는 주인에게도 순종해야 하는 것처럼(2:18), 그리스도인 아내는 믿지 않는 남편에게 순종하도록 요청받기 때문이다.

많은 주석가들은 베드로의 아내에 대한 권면을 노예에 대한 권면과 동일한 틀 안에서 이해해야 한다고 주장한다.[172] 두 경우 모두 베드로는 순종을 칭찬하지만, 어느 경우에도 순종을 강요하는 가부장 제도를 지지하지 않는다.[173] 아내들은 믿지 않는 남편에게 순종해야 한다. 이것이 믿음에 관해서 그들을 "얻을"(κερδηθήσονται, 케르데데손타이) 수 있는 수단이기 때문이다.[174] 이 견해

---

170 J. R. Slaughter, "Winning Unbelieving Husbands to Christ (1 Pet 3:1b-4)," *BSac* 153 (1996): 199; 다음을 참조하라. Richard, *Reading 1 Peter, Jude, and 2 Peter*, 127. 벡틀러는 이러한 권면이 특히 믿지 않는 남편을 둔 아내들에게 주어진 것이라고 주장한다(*Following in His Steps*, 166).

171 이 단어가 복음에 대한 적극적이고 노골적인 반대를 의미하는지 분명하지 않다(다음과 반대된다. Balch, *Let Wives Be Submissive*, 99)

172 예. Cranfield, *I & II Peter and Jude*, 88–89; Achtemeier, *1 Peter*, 208–11. 고펠트는 순종이 창조 질서의 일부가 아니며 여성의 근본적인 평등과 모순된다고 주장한다(*1 Peter*, 218-19). 관습 때문에 필요하다고 주장한다. 반면에 켈리는 창조 질서에서 나왔다고 생각한다(*Peter and Jude*, 127).

173 베드로 시대의 문화에서 아내와 여성의 견해에 관한 도움이 되는 토론은 다음을 보라. Elliott, *1 Peter*, 553-58, 585–99. 엘리엇과 반대로 나는 베드로의 말이 오늘날을 위한 규범이라고 믿는다.

174 이 용어에 관한 유대교적인 선례에 대해서는 다음을 보라. D. Daube, "Kepdaivw as a Missionary Term," *HTR* 40 (1947): 109–20. 접속사 ἵνα 뒤에 미래형 κερδηθήσονται 대신에 가정법을 기대된다. 그러나 보이어는 미래와 가정법이 겹친다고 제시한다. 더 나아가 그는 미래가 믿지 않는 남편의 회심이 보장된다는 것을 제시하지 않는다고 올바르게 주장한다(참조. 막 14:2; 눅 20:10; 갈 2:4-5; 4:17. 여기에서 ἵνα 뒤에는 직설법이 가정법과 동일하다). 다음을 보라. J. L. Boyer, "The Classification of Subjunctives: A Statistical Study," *GTJ* 7 (1986): 3-19.

에 따르면 베드로는 그 시대의 사회 구조를 뒤집으려는 시도가 헛된 일임을 알았고 그의 주된 관심은 여성 권리의 추구가 아니라 믿지 않는 남편의 회심에 있었다.[175] 베드로는 교회의 사명을 위해서 순종을 권한다. 그러나 이 학자들은 베드로가 남편에 대한 아내의 순종을 승인하지 않았다고 주장한다. 베드로는 아내가 믿지 않는 남편과 어떤 관계를 맺어야 하는지 설명해야 하는 특별한 상황을 편지로 전한다.

이 구절에서 믿지 않는 남편의 아내에게 편지를 쓰고 있다는 것은 분명하다. 중요한 목적은 남편이 기독교 신앙을 얻도록 하는 것이다. 우리는 또한 아내와 종 둘 다 권위 아래 있었고, 이 권위 있는 사람들이 아래에 있는 사람들을 억압하기 쉽다는 점에서 종에게 주어진 권면과 관련이 있음을 알 수 있다. 베드로는 "말씀"(λόγος, 로고스)에 불순종하는 사람들은 "말로 말미암지 않고"(ἄνευ λόγου, 아뉴 로구) 아내들의 행실로 회심할 수 있다고 말하면서 언어유희를 사용한다. "말로 말미암지 않고"는 아내가 그 남편에게 회심의 필요성을 잔소리로 말하지 않아야 함을 의미한다. 베드로는 남편이 아내가 전하는 복음을 거부하고 아내가 남편에게 그의 불신앙 때문에 괴롭히는 상황을 상상한다. 베드로는 남편에게 주는 중요한 영향이 아내의 말이 아니라 경건한 행실이라는 전략의 변화를 권한다. "행위"(ἀναστροφή, 아나스트로페)는 베드로가 좋아하는 단어로 신자들에게 요구되는 경건한 행실을 요약한다(참조. 1:15; 2:12; 3:2, 16 그리고 대조적으로 1:18).

우리의 질문은 오늘날 세상에서 아내가 남편에게 순종해야 하는지이다. 베드로의 권면이 선교 상황과 우리와 다른 문화에만 제한되는가? 실제로 어떤 사람들은 우리 문화에서 이와 같은 조언은 교회 사역을 강화하기보다 방

---

175 이 본문의 다른 해석은 다음을 보라. J. G. Bird, *Abuse, Power and Fearful Obedience: Reconsidering 1 Peter's Commands to Wives*, LNTS 442 (London: T&T Clark, 2011). 버드는 페미니스트, 탈식민주의, 유물론의 관점에서 글을 쓰며 여기에서 베드로의 가르침이 여성을 해방시키는 대신 그들을 복종하게 한다고 주장한다. 독자들은 저자가 자신의 권면에 영향을 미친 남성 지배적 문화의 일부임을 깨닫고 비판적인 눈으로 베드로전서를 읽을 필요가 있다. 버드는 이와 같은 본문이 어떻게 여성을 학대하는 데 사용되었는지에 관한 중요한 질문을 제기한다. 그녀는 우리 모두가 각자의 특별한 사회적 위치를 가지고 있다고 이해한다. 따라서 본문을 객관적으로 읽는 것을 거부한다. 나는 어느 누구도 중립적으로 본문에 접근하지 않는다는 점에 동의한다. 그리고 베드로의 말을 권위 있는 하나님의 말씀으로 접근하기 때문에 버드와 다른 관점으로 본문에 접근한다. 그럼에도 불구하고 그녀는 중요하고 고려해야 할 질문을 제기한다. 비록 이 주해가 이와 같은 문제를 간략하게만 다룰 수 있지만 말이다.

해할 것이라고 주장할 것이다. 악트마이어는 그리스-로마 세계에서 교육받은 여성에 관한 관점을 다음과 같이 잘 요약한다.

> 엘리트 계층에서 여자가 본질적으로 남자보다 열등하다는 생각이 지배적이었다. 여자는 남자의 이성적인 능력이 부족했기 때문에 감정의 지배를 받고 결과적으로 나쁜 판단, 부도덕, 무절제, 악함, 탐욕에 빠진다. 여자는 신뢰할 수 없고 논쟁적이고 결과적으로 그것이 여자가 순종해야 할 자리에 있음을 보여 준다.[176]

여기에서 주목할 점은 베드로나 다른 신약에서 여자가 남자보다 열등하고 지적으로 수준이 낮거나 악하기 쉽다고 가르치지 않는다는 사실이다. 베드로는 아내가 남편과 함께 영생의 상속자임을 강조하며(벧전 3:7) 이것은 남녀 사이의 근본적인 평등을 의미한다. 바울은 갈라디아서 3장 28절에서 남녀 사이의 평등을 선언한다. 따라서 신약은 여자의 평등을 촉구하는 측면에서 반문화적이었다. 실제로 예수님은 혁명적으로 여성을 존귀과 존경으로 대하셨고, 따라서 여자에 대한 예수님의 입장은 초대 교회에 본보기가 된다.

그러므로 문제는 여자가 남자와 동등한가 하는 점이 아니다 왜냐하면 신약은 이 문제에 대해서 분명하기 때문이다. 문제는 이와 같은 평등이 아내가 남편에게 순종하라는 요구와 양립할 수 있는지 여부이다. 우리가 살펴보았듯이 한 가지 대답은 이와 같은 순종이 전도를 위해 고대 문화를 수용한 모습을 보여 준다고 주장하는 것이다. 이 해석은 물론 가능하다. 그리고 이 문제에 대해서 우리가 가지고 있는 유일한 본문이 베드로전서라면 더 좋을 것이다. 그러나 정경인 성경에 고대 문화의 수용이 허락될 수 있는지 의문이다. 에베소서 5장 22-33절을 보면 남편에 대한 아내의 순종은 신학, 즉 그리스도와 교회에 관계에 근거한다. 문화를 수용하는 것이 아니다. 남편에 대한 아내의 순종은 그리스도께 대한 교회의 순종을 반영하므로 1세기 문화를 초월하는 규범으로 받아들여야 한다.[177]

---

176 Achtemeier, *1 Peter*, 206.

177 스켈케(Schelke)는 결혼을 창조 질서로 올바르게 보고 있다(*Der Petrusbriefe-Der Judasbrief*,

동시에 우리는 베드로의 독자들과 다른 문화에 살고 있기 때문에 우리 시대에 본문을 지혜롭게 적용해야 한다. 그리고 노예 제도와 남편과 아내에게 주는 권면 사이에 결정적인 차이가 있음을 주목해야 한다. 앞에서 논의한 것처럼 노예 제도는 인간이 발전시킨 악한 제도인 반면, 결혼은 창조 때에 하나님이 정하신 제도이다. 그러므로 아내의 순종을 믿는 사람들이 노예 제도를 지지한다는 결론을 내릴 수 없다. 우리는 인간의 노예 제도와 하나님이 제정하신 결혼 제도를 혼동하지 않도록 차이점을 주의 깊게 살펴야 한다. 앞에서 살펴보았듯이 베드로는 여자가 남자와 동등하지 않다는 개념을 거부한다. 또한 그가 순종과 불평등을 동일시한다는 암시는 전혀없다.[178] 갈라디아서 3장 28절에서 여자의 평등을 주장한 바울은 또한 에베소서 5장 22-33절에서 남편에게 순종하라고 명령했다(참조. 골 3:18; 딛 2:4-5).

베드로도 마찬가지로 여자의 동등함을 가르치고(7절)과 순종을 권면하는(1절) 점에서 매우 비슷하다. 역할이나 기능 차이가 평등을 없애 버리지 않는다는 결론을 내려야 한다. 남자와 여자는 하나님의 형상대로 동등하게 지음을 받았고(창 1:26-17), 동등하게 구원을 받았으며(갈 3:28), 같은 운명을 공유하고 있다(벧전 3:7). 그러므로 아내의 순종은 열등함을 의미하지 않는다. 다른 역할이 존재론적 열등을 암시하지 않는다.

3:2. 2절은 믿지 않는 남편을 믿음으로 인도하는 일을 자세히 설명한다. 아내는 남편이 믿도록 설득하기 위해 말에만 집중해서는 안 된다. 남편들은 "너희의 정결한 행실을 보고" 그리스도인의 신앙에 깊은 인상을 받을 수 있다. 베드로는 아내가 남편에게 영향을 미치는 수단으로 "말하는"이 아니라 "보고"(개역개정. '봄이라', ἐποπτεύσαντες, 에포프튜산테스)를 권한다.[179] "보

---

88). 현재의 논쟁을 비추어보면, 칼뱅은 남편이 아내의 머리라고 믿었지만 동시에 상호 복종을 주장했다는 사실을 살피는 것은 흥미롭다(*Catholic Epistles*, 147). 그는 남편이 관계에서 권위를 가진다고 분명히 믿었지만, 이와 같은 권위는 남편이 아내의 바람이 합당할 때, 그 바람을 인정해 주지 않는다는 의미가 아니다. 칼뱅이 현대의 평등주의자와 같은 언어로 상호 복종을 생각하지 않았다는 것은 그의 바로 이어지는 말에서 분명하다. 여기에서 그는 때때로 부모가 자녀들에게 순종해야 한다고 주장했다. 분명히 칼뱅은 때때로 자녀의 바람에 굴복하는 것이 부모의 권위를 전복시킨다고 생각하지 않았다.

178 Slaughter, "1 Pet. 3:1a," 70.

179 사본의 증거는 분사의 현재형과 부정과거형이 다소 비슷하게 나타나지만, 의미는 어떤 경우

고"와 동일한 단어가 2장 12절에도 나타나며, 두 구절에서 베드로는 "행동" 또는 "행실"을 사용했다(ἀναστροφή, 아나스트로페. CSB 성경은 "행하다"로 동사로 바꾸고 있다). 믿지 않는 남편은 그리스도인이 되라고 끊임없이 간청하는 아내 때문에 소외될 수 있다. 신실한 그리스도인의 삶이 더 나은 길이며, 아내의 변화를 볼수록 아내의 믿음을 받아들이는 경향이 있다.

베드로가 아내의 "경건한 삶"(개역개정. "정결한 행실")을 말할 때, "경건한"으로 번역된 단어는 형용사가 아니라는 점에 주의해야 한다. 헬라어는 "두려움으로"(ἐν φόβῳ, 엔 포보)라는 전치사구이기 때문에 문자적으로 "그들이 너희의 두려움 가운데 행하는 경건한 삶(정결한 행실)을 볼 때"로 번역할 수 있다. 여기에서 강조점은 두려움이 남편을 향하지 않는다는 것이다. 2장 18절에서 보았듯이(주해를 보라) 베드로전서의 두려움은 항상 하나님을 향한다.[180] 따라서 베드로는 아내가 남편을 두려워해야 한다고 제안하지 않는다(참조. 3:6). 아내가 남편을 존경해야 한다고 제안하지도 않는다(물론 바울은 에베소서 5장 33절에서 그렇게 권한다). 오히려 베드로의 요점은 아내의 선한 행실은 하나님과의 관계에서 비롯되어야 한다는 것이다. 슬로터는 아내가 남편의 허영심을 만족시키거나 그의 평판을 높이려고 순종하지 않는다고 바르게 말한다. 그들은 자신이 얼마나 경건한지 보여 주기 위해서 또는 갈등을 피하거나 이웃에게 감동을 주기 위해서 순종하지 않는다. 남편이 지혜롭다고 생각하기 때문에 순종하는 것도 아니다. 그녀는 하나님과의 관계와 하나님을 신뢰하기 때문에 순종한다.[181]

우리는 또한 이것으로부터 아내의 순종은 절대적이지 않음을 추론할 수 있다. 남편이 아내에게 도덕적인 규범에 불순종하거나 다른 종교를 따르도록 요구한다면 아내는 순종하면 안 된다.[182] 그리스-로마 세계에서 아내가 남편의 종교를 받아들일 것으로 기대했기 때문에 독자들에게 매우 중요한 문제였을

든지 크게 영향을 받지 않는다. 아마도 현재 분사는 2:12에서 왔을 것이다. 이 분사는 인과 관계, 시간, 또는 수단으로 해석할 수 있다. 세 가지 모두 가능성이 있다(Forbes, *1 Peter*, 99).

180 Beare, *First Peter*, 128; Best, *1 Peter*, 125; Michaels, *1 Peter*, 158; Achtemeier, *1 Peter*, 210; Schelke, *Der Petrusbriefe—Der Judasbrief*, 88; 다음과 반대된다. Slaughter, "1 Pet 3:1b-4," 207; Brox, *Der erste Petrusbrief*, 143.

181 Slaughter, "1 Pet 3:1a," 72-73.

182 Slaughter, "1 Pet 3:1b-4," 203.

것이다. 플루타르크(Plutarch)는 이렇게 말했다. "아내는 자신의 친구를 사귀지 말고 남편의 친구를 자기 친구로 삼아야 한다. 신들은 첫째이며 가장 중요한 친구이다. 이런 이유로 아내는 남편이 숭배하는 신들만 인정하고 미신적인 종교와 이상한 미신의 문을 닫는 것이 합당하다."[183] 분명히 기독교 신앙은 베드로 시대에 미신적인 종교로 여겨졌을 것이다. 그러므로 베드로의 편지를 받는 아내들은 남편과 다른 종교를 받아들였기 때문에 사회적으로 급진적인 사람으로 여겨졌을 것이다.[184] 가능하면 남편에게 순종하도록 권면하지만 다른 신들의 숭배에 참여하지 않고 남편의 친구가 아닌 다른 그리스도인과 함께하기 때문에 그 순종은 제한적이다.[185] "놀랍게도 베드로는 사회 질서를 유지하면서도 전복시킨다."[186] "아내들은 독립적으로 회심하고, 기독교 모임에 참석하며, 종교 의무를 소홀히 하여 가장의 권위를 전복시켰다."[187] 그리스-로마 세계에서 여성이 이시스를 숭배한다면 남편의 신도 숭배할 수 있었다. 기독교는 다른 신들의 숭배를 허용하는 당시 문화와 비슷하지 않다. 예수 그리스도 안에 있는 한 분 참 하나님을 섬기는 여자는 "더 이상 중요한 가족의 종교에 참여하지 않을 것이다."[188] 베드로의 지시를 따랐던 아내는 로마 가정에서 행하는 많은 종교 의식에 참여하기를 거부하기 때문에 두드러졌을 것이다.[189] 그것이 남편을 불쾌하게 할지라도 그들은 계속해서 예수 그리스도의 교회에 속해야 했다.

---

183 *Conj. praec.* 19, *Mor.* 140D (번역은 다음에서 왔다. Elliott, *1 Peter*, 557-58). 로마에서 사회적 결속을 위한 신의 중요성에 대해서는 Feldmeier, *First Peter*, 5n14에서 인용된 Polybius (*Poly* 6.56.6–8); Cicero (*Nat. d.* 2.8)을 보라, 또한 다음을 참조하라. Michaels, *1 Peter*, 157; Achtemeier, *1 Peter*, 211; Balch, *Let Wives Be Submissive*, 84-85; B. Winter, "'Seek the Welfare of the City': Social Ethics according to 1 Peter," *Them* 13 (1988): 93.

184 참조. Jobes, *1 Peter*, 186; J. Green, *1 Peter*, 93; T. Williams, *Good Works in 1 Peter*, 205-6. 물론 윌리암스는 여기에서 전복의 수준을 과장하고 있다.

185 Jobes, *1 Peter*, 203.

186 Jobes, *1 Peter*, 204.

187 Bauman-Martin, "Feminist Theologies of Suffering and Current Interpretations of 1 Peter 2.18-3:9," 73.

188 Bauman-Martin, "Women on the Edge," 266; Jeannine K. Brown, "Silent Wives, Verbal Believers: Ethical and Hermeneutical Considerations in 1 Peter 3:1-6 and Its Context," *Word and World* 24 (2004): 400.

189 C. E. J. Hodge, "'Holy Wives' in Romans Households: 1 Peter 3:1-6," *Journal of Interdisciplinary Feminist Thought* 4 (2010): 1-24, 특별히 3-14페이지를 보라.

3:3. NASB 성경은 "너희의 단장은 단순히 [분명히 하기 위해 추가] 머리를 꾸미고 금 장식을 하고 아름다운 옷을 입어 외적으로 하지 말고"라고 문자적으로 번역한다. 여기에서 베드로의 권면은 디모데전서 2장 9-10절과 유사하다. 이것은 이사야가 다가오는 심판을 경고할 때 사치스러운 여성들을 고발하는 이사야 3장 18절을 암시한다.[190] 베드로가 편지를 보내는 교회의 여자들은 부자들이 가난한 사람들을 학대하는 것처럼 화려하고 과시하는 옷을 입어서는 안 된다. 공동체 내 일부 사람들은 이 가르침을 받아야 할 만큼 부유했었다.[191] 우리는 또한 그리스-로마 세계에서 여성들에게 과시하거나 유혹하려는 목적이 아닌 단정하게 옷을 입으라는 권면이 일반적이었다는 점에 주목해야 한다.[192] 세네카, 디온 크리소스토무스, 유베날리스, 플루타르크, 에픽테투스, 플리니우스, 타키투스 같은 저자들도 이 문제에 관하여 썼다(참조. 1 En. 8:1-2; T. Reu. 5:1-5).[193] 예를 들어, 유베날리스는 "여자가 녹색 에메랄드로 목을 감싸고 늘어뜨린 귀에 진주를 고정하면서도 부끄럽게 생각하지 않는다. 부유한 여자보다 더 참을 수 없는 것은 없다"(Satires, 6.457-60)라고 말했다. 그는 여자의 헤어스타일에 대해서 계속 말한다. "미용 사업은 매우 중요하다. 너무 많은 머리 띠와 층이 그녀의 머리에 겹겹이 쌓여 있다"(Satires, 4. 501-3). 플루타르크는 겉으로 꾸미는 장식을 부정적으로 평가하고 이렇게 말한다. "그녀를 이와 같이[즉, 단정하게] 만드는 것은 금이나, 보석이나, 진홍색 옷이 아니라 품위, 선한 행실, 겸손으로 자신을 투자하는 것이다"(Mor., Conj. praec. 141E). 세네카는 다음과 같이 쓴다.

---

190 Egan, *Ecclesiology and the Scriptural Narrative of 1 Peter*, 155-58의 탁월한 논의를 참조하라.

191 Jobes, *1 Peter*, 204.

192 D. Scholer, "Women's Adornment: Some Historical and Hermeneutical Observations on the New Testament Passages," *Daughters of Sarah* 6 (1980): 4-5; Balch, *Let Wives Be Submissive*, 101-2. 캠벨은 베드로의 공동체에 있는 여성들은 과시하거나 유혹하기 위해 옷을 입는 경향이 있었고 따라서 베드로는 이와 같은 상황에 반응한다고 주장한다(*Honor, Shame, and the Rhetoric of 1 Peter*, 154).

193 Seneca, *Ep.*; *Helv.* 16.3-4; *Ben.* 1.10.2; 7.9.4-5; Dio Chrysostom, *Ven.* 7.117; Juvenal, *Satire* 6.457-63; 490-511; Plutarch, *Mor., Conj. praec.* 141E; Epictetus, *Ench.* 40; Tacitus, *Ann.* 3.53; Ovid, *Am.* 3.130-49.

다른 대부분 여자들처럼 우리 시대 가장 큰 악인 나쁜 행실(음란)로 당신을 분류하지 않는다. 보석이나 진주가 당신의 마음을 움직이지 않는다. 당신의 눈에는 반짝이는 부가 인류의 가장 큰 혜택으로 여겨지지 않는다. 고풍스럽고 엄격한 가정에서 철저하게 훈련을 받은 당신은 덕이 있는 사람도 함정에 빠뜨리는 나쁜 여자를 모방하는 일로도 왜곡되지 않는다. ... 당신은 염색과 화장품으로 얼굴을 더럽히지 않는다. 노출하면서 더 많이 벌거벗는 드레스를 상상한 적이 없다. 당신은 비길 데 없는 장식, 시간이 지나도 변하지 않는 최고의 아름다움, 가장 큰 영광인 겸손이 있다(*Helv.* 16:3–5).

그러므로 베드로가 쓴 단장이라는 말은 독자들에게 충격이 아니었을 것이다. 사회적으로 어울리지 않는 모습도 아니었을 것이다. 그의 권면은 그리스-로마 세계의 많은 사람들이 가졌던 관점과 일치했다. 베드로는 여자들이 머리를 멋지게 꾸미거나 보석을 착용하는 것을 전혀 금하지 않았다.[194] 그는 여성들이 겉으로 꾸미는 일에 돈을 과도하게 사용하거나 유혹하는 옷을 금한다.[195] 문자적으로 헬라어는 옷을 입는 것을 금지한다(ἢ ἐνδύσεως ἱματίων, 에엔듀세오스 히마티온). 베드로는 분명하게 여자들에게 입지 말라고 권면하지 않는다. 그의 요점은 지나치게 비싸거나 천박한 옷을 입지 말라는 것이다. 에베소의 이시스와 아르테미스 제의에서 땋는 머리가 특징이었고, 이 장식은 우상 숭배와 관련되어 있기 때문에 이와 같은 장식을 금지했다는 개념도 문맥이 지지하지 않는다.[196]

---

194 아를의 힐러리(Hilary of Hrles) "장신구 자체에는 아무 문제가 없지만 신자들에게는 불필요한 것이므로 피해야 한다"(*James, 1-2 Peter, 1-3 John, Jude*, ACCS [Downers Grove: InterVarsity, 2000], 98)라고 말했다.

195 이 문제에 관한 다음의 지혜로운 언급을 살펴보라. Calvin, *Catholic Epistles*, 96. 부유한 여자들이 교회에 많이 있었다는 견해를 따를 필요는 없다(Goppelt, *1 Peter*, 221; 다음과 반대된다. Kelly, *Peter and Jude*, 129; Beare, *First Peter*, 129). 그럼에도 불구하고 이 권면은 여자들 중 적어도 일부는 상류층이었다는 것을 암시한다(Davids, *First Peter*, 117-18; Batten, "Neither God nor Braided Hair," 497; T. B Williams, *Persecution in 1 Peter: Differentiating and Contextualizing Early Christian Suffering*, NovTSup 145 [Leiden: Brill, 2012], 119-20 [그러나 그는 이와 같은 장식을 한 여자 중 일부는 가장 부유한 계층이 아니라고 언급한다]).

196 Balch, *Let Wives Be Submissive*, 101-2; Michaels, *1 Peter*, 160; Achtemeier, *1 Peter*, 212.

3:4. 하나님께서는 외적이 아니라 내적인 단장을 원하신다. 아내는 헤어 스타일, 보석, 옷이 아니라 하나님과의 관계, 즉 그들의 "내면의 자아"(ESV. "마음의 숨겨진 인격", 개역개정. "마음의 숨은 사람", ὁ κρυπτὸς τῆς καρδίας ἄνθρωπος, 호 크륍토스 테스 카르디아스 안드로포스)에 초점을 맞추어야 한다. 사람들의 겉모습이 아니라 그들의 경건한 성품이 하나님께 중요하다. 사무엘상 16장 7절의 반향을 여기에서 찾을 수 있다. "내가 보는 것은 사람과 같지 아니하니 사람은 외모를 보거니와 나 여호와는 중심을 보느니라 하시더라." 고펠트는 다음과 같이 말한다. "'숨은 사람'은 그 사람의 내면이 아니라 내면으로 결정되는 전인격을 말한다."[197] 다시 말하면, 사람의 내면은 숨겨져 있지 않고 (베드로가 세상으로부터 숨겨져 있는 개인적이고 내면적인 그리스도인의 삶을 생각하는 것처럼) 아내가 일상생활에서 행하는 방식으로 나타난다.

특별히 아내들은 "온유하고 안정한 심령"을 위해서 노력해야 한다. 이러한 특징은 "썩지 아니할" 것이다(ἄφθαρτος, 아프다르토스, 참조. 1:4, 23). 그러나 옷, 보석, 그리고 꾸민 머리는 일시적이며 쇠퇴할 것이다. "온유한"(πραΰς, 프라우스) 정신은 여자뿐만 아니라 모든 신자에게 적용된다(참조. 마 5:5; 11:29; 특히 벧전 3:16을 보라). "안정한"(ἡσύχιος, 헤슈키오스)은 디모데전서 2장 11절에서도 여자에게 요구되며 순종과 연결된다. 온유함과 "안정한" 심령은 남편을 믿음으로 이끄는 경건한 행동을 보여 준다. 이것은 믿지 않는 남편을 거스르는 말과 대조된다. "이는"은 아마도 "심령"이라는 단어일 수도 있지만,[198] 4절의 전체 생각을 포함하는 것으로 보인다.[199] 베드로는 내적 단장에 초점을 맞추는 것이 남편에게 매력적일 뿐만 아니라 "하나님이 보시기에도 매우 가치 있는 일"이라고 강조한다. "값진 것"은 재정적인 의미(πολυτελές, 폴뤼텔레스)에서 왔다. 이와 같은 경건함이 "값진" 것임을 나타낸다(참조. 막 14:3; 딤전 2:9; Josephus, *Ag. Ap.* 2.191; *J. W.* 1.605). 베드로는 이 단어를 그리스-로마 세계의 여자들이 원하는 값비싼 옷과 보석류와 대조하기 위해서

197 Goppelt, *1 Peter*, 221.

198 Kelly, *Peter and Jude*, 130.

199 Beare, *First Peter*, 129–30; Best, *1 Peter*, 126; Achtemeier, *1 Peter*, 214.

사용했을 것이다. 이 단어는 그가 화려한 옷, 헤어스타일, 보석류를 금지하지는 않았지만 반대했음을 나타낸다.

3:5. 5-6절은 베드로의 편지를 받는 교회의 여자들이 온유하고 안정한 심령으로 남편에게 순종하도록 격려하기 위해서 과거의 거룩한 여인들을 본보기로 제시한다. 이 여인들은 하나님을 기쁘시게 하면서 살았기 때문에 "거룩한"(ἅγιαι, 하기아이)이라고 불린다. 그들은 하나님의 목적을 위해서 구별되었다(참조. 마 27:52; 막 8:38; 엡 3:5; 벧후 3:2).[200] 사라는 족장 아브라함, 이삭, 야곱처럼 사라, 리브가, 라헬, 레아를 염두에 두고 있음을 보여 준다.[201] 이 구절에서 이 여인들이 "하나님께 소망을 두었다"(αἱ ἐλπίζουσαι εἰς θεόν, 하이 엘피주사이 에이스 데온)라는 점이 가장 중요한 특징이다. 남편이 지적으로나 영적으로 그들보다 우월하다고 믿어서 남편에게 순종하지 않았음을 알려 준다. 그들은 하나님께서 믿는 자들에게 상을 주실 것으로 확신했기 때문에 순종했다. 베드로전서의 중요한 주제가 여기에서 울려 퍼진다. 종말론적 소망은 박해 중에 위안을 가져다준다(1:3-9). 신자들은 예수 그리스도께서 나타나실 때를 온전히 소망해야 하기 때문이다(1:13; 참조. 1:21; 3:15). 이와 같은 소망은 인간 존재가 부딪히는 파란만장한 일생 동안 계속해서 하나님께 소망을 두었던 옛 여인들의 삶의 특징이었다.[202] 이 거룩한 여인들은 "온유하고 안정한 심령"(4절)이라는 덕으로 "자기를 단장"(ἐκόσμουν ἑαυτάς, 에크 오스문 헤아우타스)하여 외적인 "단장"(3절. NASB, κόσμος, 코스모스)에 초점을 두지 않았음을 보여 준다. NIV 성경은 다음 어구를 "그들이 자기 남편에게 순종하였다"라는 독립절로 잘못 번역했다. NRSV 성경은 여인들이 "남편의 권위를 받아들임으로써" 자기를 단장한 방법을 설명하면서 분사가 도구적임을 올바르게 보고 있다.[203] 우리는 "자기 남편에게 순종함으로써(ὑποτασσόμεναι, 휘

---

200 악트마이어는 그들의 거룩함을 하나님의 구성원이라는 관점에서만 이해하고 그들의 행동이 아니라고 잘못 이해하고 있다(1 Peter, 214). 베드로가 여기에서 믿음으로 말미암는 의가 아니라 그들의 성품에 초점을 맞추기 때문에 이와 같은 읽기는 이 구절의 강조점을 놓치고 있다.

201 Best, 1 Peter, 126; Michaels, 1 Peter, 164; Achtemeier, 1 Peter, 214.

202 Beare, First Peter, 130; Achtemeier, 1 Peter, 215.

203 분사의 수단적인 용법을 지지하는 것은 다음을 보라. Achtemeier, 1 Peter, 215.

포타소메나이)"라고 번역할 수 있다. 그들은 4절에서 칭찬하는 온유하고 안
정한 심령으로 남편에게 순종했다.

3:6. 6절은 훨씬 더 구체적이다. 아브라함의 아내 사라가 베드로 시대 여
자들을 위한 본보기로 소개되고 있다. 우리는 5절과 6절 사이의 논리적인 연
결을 주목해야 한다. 옛 거룩한 여인들은 사라가 아브라함에게 "순종했던"
(ὑπήκουσεν, 휘페쿠센) 것과 "같이"(ὡς, 호스) 남편에게 순종한다. 이 비교는
"순종하다"가 복종의 개념을 포함한다는 것을 보여 준다(참조. 눅 2:51; 롬
8:7; 10:3; 13:1; 고전 14:34 등).[204] 어떤 학자들은 복종이 본보기일 뿐 순종
의 의미가 아니라고 반대한다.[205] 4절에서도 올바른 심령과 태도를 권하기 때
문에, 순종에는 복종 이상의 것이 포함된다. 그러나 복종은 순종의 영역에 포
함된다. 순종은 남편에게 사려 깊거나 적응하는 것으로 의미가 축소될 수 없
다.[206]

복종과 순종이 다양한 측면에서 다르다는 점에 주목해야 한다. 베드로는
이 관계가 두 성인 사이의 관계이기 때문에 아내가 어린아이와 같이 복종하고
순종한다고 말하지 않는다. 우리는 바울에게서 상호성이 결혼 관계의 특징이
라는 점을 찾을 수 있다(고전 7:3-5). 순종의 렌즈로만 결혼 관계 전체를 해석
하면 성경에 나오는 남편과 아내의 관계를 왜곡할 수 있다. 그럼에도 불구하
고 남편의 리더십을 따라야 하는 아내의 책임은 사라지지 않는다.

사라의 복종이 예로 인용되고 있다. 이것은 그녀가 아브라함을 "주"(κύριος,
퀴리오스)라고 불렀을 때이다. 흥미로운 점은 언급된 본문이 창세기 18장 12
절이라는 점이며 사라가 아브라함으로 임신하게 될 것과 관련해서 직접 언급
한 내용을 반영하는 것이다.[207] 어떤 학자들은 사라의 말이 아브라함을 비꼬고

---

204 다이크만(Dijkman)은 논의에서 이 점을 언급하지 않는다("1 Peter," 267-68).

205 Achtemeier, *1 Peter*, 215n138. 리처드는 단순히 단어의 의미에서 벗어나 "존경을 표하다"라
는 의미라고 한다(*Reading 1 Peter, Jude, and 2 Peter*, 133). 그는 자신의 해석에 어휘적인 증거
를 제공하지 않기 때문에 그의 해석은 신뢰할 수 없다.

206 고펠트는 이 연결성을 인식한다(*1 Peter*, 224n44).

207 이것은 이사야 54:1, 4에 관한 암시로 본다(*Ecclesiology and the Scriptural Narrative of 1
Peter*, 158–64), 그러나 두 본문 사이의 연관성은 분명하지 않다. "어린아이"와 "두려움"이라는
단어는 연결성을 말하기에는 너무 일반적이다.

찌르는 말이라고 생각하지만, 베드로가 사라를 본보기로 추천하기 때문에 그녀의 말을 이렇게 읽었는지는 의심스럽다. 사라는 아브라함을 단순히 노인으로 부르는 대신 존경과 존귀로 부른다(비록 그의 나이를 언급했지만!). 이것으로부터 우리는 일반적인 상황에서도 사라가 아브라함의 리더십을 존경했으며 아브라함에 대한 높임이 날실과 씨실처럼 그녀의 삶에 일부임을 드러냈다는 것을 알 수 있다.[208] 베드로는 창세기 본문에서 사라의 참된 성품이 반영되었다고 이해한다.[209]

킬리(M. Kiley)와 스펜서(A. B. Spencer)는 여기에서 베드로의 말은 아브라함의 말이 그녀를 불리한 상황에 놓이게 할 때에도 사라가 그를 따랐던 창세기 12장과 20장에 비추어 해석되어야 한다고 주장한다.[210] 카터(Warren

---

[208] 맥카트니는 같은 점을 지적한다. "창 18:12가 사라의 복종에 관한 직접적인 예를 제시하지 않지만, 이처럼 부정적인 경우에도 그녀가 아브라함을 '나의 주'라고 불렀다는 사실은 베드로에게, 그리고 베드로의 동시대 사람들에게, 사람의 삶에서 순종은 아브라함에 대한 습관적인 태도였다"("The Use of the Old Testament in the First Epistle of Peter," 146–47; 참조. J. R. Slaughter, "Sarah as a Model for Christian Wives [1 Pet. 3:5–6]," *BSac* 153 [1996]: 360).

[209] 비록 당시 해석의 기준을 범하더라도 이 주제가 베드로의 독자들을 만족시킬 것이라고 말한 데이비스의 견해에 반대된다. 캠벨은 더 나아가 베드로가 "그 이야기를 잘못 적용한 것으로 보인다"라고 말한다(*Honor, Shame, and the Rhetoric of 1 Peter*, 159). 사라는 이와 같은 고령에 자녀를 낳을 수 있다는 기대에 기뻐했을지 모르지만, 웃으면서도 아브라함을 정중하게 언급했다.

[210] M. Kiley, "Like Sara: The Tale of Terror behind 1 Peter 3:6," *JBL* 106 (1987): 689–92. 필론과 요세푸스의 주해에 비추어 베드로전서를 읽는 슬라이(D. I. Sly)의 시도는 설득력이 없다("1 Peter 3:6b in the Light of Philo and Josephus," *JBL* 110 [1991]: 126-29); 참조. Watson, *First Peter*, 75. 마틴은 슬라이의 견해에 대해서 "그녀는 베드로전서의 저자는 이와 같은 전통에 의존했다는 증거를 제시하지 않는다"("The TestAbr and the Background of 1 Pet 3, 6," *JBL* 90 [1999]: 141). 스펜서의 해석은 킬리의 해석과 유사하다. 창 12:11-20이 가능한 배경이라고 생각하기 때문이다. ("Peter's Pedagogical Method in 1 Peter 3:6," 113–18). 그녀는 베드로전서와 창세기 12장 사이의 여러 유사점에 주목한다. 아브라함과 사라는 애굽에서 나그네였다. 사라의 미모, 애굽으로 가는 아브라함의 불순종, 사라의 복종과 같은 것이다. 그러나 아브라함은 베드로전서에서 의도한 것과 같은 의미로 불순종하지 않았다. 3장에서 남편들은 분명하게 불신자들이기 때문에 이 병행은 이 점에 주의해야 한다. 사라가 상속자라는 암시가 가능하지만 사라의 고통이 간접적인지 바로를 위한 아브라함의 기도가 벧전 3:7에 암시된 것인지 분명하지 않다. 스펜서와는 대조적으로 유일하게 분명한 암시는 창세기 18:12이다. 킬리의 견해를 논의하면서 마틴은 그와 스펜서가 공유한 견해의 문제점을 지적한다. 창세기 12장(그리고 20장)에 호소하면서 그들은 본문의 증거에서 벗어나 사라가 명확하지 않은 배경을 제공한다. 이 본문에서 아브라함을 "주"라고 부르지 않기 때문이다("The TestAbr and the Background of 1 Pet 3, 6," 140). 베드로가 아브라함의 유언(T. Ab)을 근거로 한다는 마틴의 해결책은 분명하지 않다(141-46 페이지에 나타나는 견해에 관한 그의 변호를 보라). 참조. Senior, *1 Peter*, 83; Jobes, *1 Peter*, 205-6. 이건(Egan)은 아브라함의 유언(T. Ab)에 관한 언급으로 보는 문제와 관련해서는 아브라함의 유언이 더 이후에 쓰였다는 점에 주목한다(*Ecclesiology and the Scriptural Narrative of 1 Peter*, 158n22).

Carter)는 또한 아내가 다른 선택을 할 수 없는 상황에 대해 베드로가 권면한다고 주장하면서 이 본문을 이해한다.[211] 좁스는 이 언급이 창세기 12장이라고 생각한다. 12장에서 사라는 바로의 아내들 중 하나가 되는 것으로 아브라함의 생명을 구하기 위해서 행동한다.[212] 우리는 창세기 12장과 20장에 나타나는 사라의 행동이 베드로의 칭찬과 일치한다는 데 동의할 수 있다. 그러나 본문은 창세기 18장 12절을 암시하지만 창세기 12장과 20장은 확실하지 않다.[213] 좁스는 여기에서 그리스-로마 법에서 허가되지 않는 신체적인 학대에 관한 언급이 없고 베드로가 언어적인 학대와 사회적인 배척을 그리고 있다고 말한다.[214] 반면에 리더의 신체적인 학대가 사실 일반적이었고 때로는 그리스-로마 세계에서 추천을 받았다고 지적한다.[215] 많은 여자들이 선택의 여지가 없었던 사회적인 맥락을 베드로가 다루고 있음을 깨달아야 한다. 따라서 우리는 오늘날 학대를 견디면서도 순종해야 한다는 결론을 내리면 안 된다.[216] 바우만-마틴은 또한 저자가 학대를 정당화하지 않는다고 바르게 지적한다.[217]

베드로의 편지를 받는 아내들은 사라의 경건한 행동을 본받아 사라의 딸이 되었다. 과거 동사 "되었다"(ἐγενήθητε, 에게네떼테)는 아내들이 회심한 시기를 가리키지만 일부 학자들은 단순히 아내들에게 요구되는 성품을 말한다고 생각한다.[218] 그렇다면 이어서 나오는 분사 두 개를 어떻게 이해해야 하는

---

211 Carter, "Going All the Way?," 29, 31-32. C. C. Kroeger, "Toward a Pastoral Understanding of 1 Peter 3:1-6 and Related Texts," in *A Feminist Companion to the Catholic Epistles and Hebrews*, ed. A.-J. Levine with M. M. Robbins, Feminist Companion to the New Testament and Early Christian Writings 8 (London: T&T Clark, 2004), 85.

212 Jobes, *1 Peter*, 205.

213 Carson, "1 Peter," 1036.

214 Jobes, *1 Peter*, 206.

215 C. Reeder, "1 Peter 3:1-6: Biblical Authority and Battered Wives," *BBR* 25 (2014): 527–28.

216 Reeder, "1 Peter 3:1-6: Biblical Authority and Battered Wives," 533–34.

217 Bauman-Martin, "Feminist Theologies of Suffering and Current Interpretations of 1 Peter 2.18-3:9," 73. 그녀는 노예 여성이 주인으로부터 성관계를 요구받지만 저항하고 폭력을 당하고 강간을 당하는 상황을 그린다(75페이지). 그 인내는 당시 시대의 문화에 대한 저항을 보여 준다. 그녀의 기독교 신앙은 그 고난이 부당함을 가르쳤다. 고난 가운데서 교회의 위안과 그리스도의 힘을 찾았다. 반면에 콜레이는 사라가 바로에게서 그러한 학대에 노출된 것처럼 아내들도 성적인 학대를 견디라고 권면을 받았다고 생각한다("1 Peter," 353). 나는 바우만-마틴의 견해가 더 설득력 있다고 생각한다. 그녀는 2:11에 나타나는 육체적인 정욕을 멀리하라는 권면이 자신의 읽기를 뒷받침한다고 지적한다("Women on the Edge," 270).

218 Slaughter, "1 Pet. 3:5-6," 361; Elliott, *1 Peter*, 573. 켈리는 세례에 관한 "구체적인 언급"이라

가? NIV 성경(ESV 성경)은 "만일 옳은 일을 하고 두려워하지 않는다면"이라고 조건으로 이해한다(CSB, 개역개정 성경도 조건으로 이해한다. 개역개정. '선을 행하고 아무 두려운 일에도 놀라지 아니하면').[219] NRSV 성경은 "선을 행하고 두려움이 당신을 놀라게 하지 않는 한에서"라고 은연중에 조건적이면서도 시간적인 개념을 가져온다.[220] 일부 학자들은 과거의 회심 개념과 맞지 않고 회심은 하나님께서 일하신다는 가르침에 어긋난다고 주장하면서 조건 개념을 거부한다.[221] 분사는 "두려워하지 않고 선을 행함으로써 그의 딸이 되었다"라고 수단으로 해석될 수 있다.[222] 그러나 조건적인 개념이 문맥상 가장 가능성이 높다.[223] 조건적인 이해는 과거의 회심과 어색하지 않다. 사실, 신약의 많은 구절이 과거의 회심에 주목하고 조건적인 진술이 나타난다(예. 롬 11:21-22; 고전 6:9-11; 골 1:21-23; 히 3:14). 베드로는 영생을 얻기 위해 인내가 필요하다는 표준적인 신약의 개념을 따르고 있다(참조. 벧후 1:5-11).

사라의 자녀들은 "선을 행한다"(ἀγαθοποιέω, 아가도포이에오).[224] "선을 행하다"는 베드로가 좋아하는 단어이며(2:15, 20; 3:17; 참조. 2:14; 3:11, 16; 4:19), 신자들의 기독교적 성격을 표현한다. 신자들은 선을 행해야 할 뿐 아니라 "두려워하지 말아야" 한다(NIV 성경). 잠언 3장 25절의 반향이다.[225] "너는 갑작스러운 두려움도 악인에게 닥치는 멸망도 두려워하지 말라." 믿지 않는 남편을 가진 아내는 남편을 두려워하고 남편은 아내의 믿음 때문에 그들을 다소 가혹하고 어쩌면 폭력적으로 대할 수도 있다.[226] 신자들은 하나님을 두려

고 잘못 이해하고 있다(*Peter and Jude*, 131).

219 비어는 조건절을 제시하지만 수단이나 방법으로 이해하는 경향이 있다(*First Peter*, 130-31).

220 Achtemeier, *1 Peter*, 216. 마이클스은 이 분사들을 명령으로 이해한다(*1 Peter*, 166–67). 마틴은 분사가 목적을 나타낸다고 생각한다("The TestAbr and the Background of 1 Pet 3, 6," 144). 명령과 목적이라는 제안은 가능성이 낮다.

221 Michaels, *1 Peter*, 166–67; Achtemeier, *1 Peter*, 216; van Unnik, "Good Works in I Peter," 100.

222 Bigg, *Epistles of Peter and Jude*, 153–54; Goppelt, *I Peter*, 224.

223 Dubis, *1 Peter Handbook*, 91–92. 포브스는 결과로 이해한다(*1 Peter*, 102–3).

224 마이클스는 모든 신자가 사라의 자녀라고 말한다(*1 Peter*, 166). 물론 모든 신자가 선을 행해야 하지만 마이클스는 베드로가 모든 신자들을 사라의 자녀로 본다고 말함으로 본문의 의도를 뛰어넘는다.

225 Michaels, *1 Peter*, 167.

226 T. Williams, *Persecution in 1 Peter*, 317-22의 논의를 참조하라. 따라서 믿지 않는 남편들에게

워하라고 권면을 받는다(참조. 1:17; 2:17-28; 3:2). 그들은 박해 속에서도 (3:16) 사람을 두려워하지 말아야 한다.

이것은 믿는 아내가 항상 남편을 기쁘게 하는 방식으로 행동하지는 않을 것이라는 의미이다. 왜냐하면 하나님을 향한 그녀들의 충성은 남편을 순종하는 의무를 넘어서기 때문이다. 남편의 분노는 빠르게 불타오를 수 있다.[227] 베드로는 여자(와 종들)은 학대, 구타, 심지어 강간을 당하는 선택의 여지가 없는 상황을 설명한다. 이와 같은 끔찍한 상황에서 그들은 예수님께서 하셨던 것처럼 보복을 거부해야 한다(벧전 2:21-25).[228] 아내들(과 종들)은 고난에 대한 그리스도의 반응을 보여 주도록 부르심을 받았다. 학대를 당할 때, 그들은 두려워하지 말고 하나님께서 마지막 날에 그들을 신원하실 것을 믿으며 하나님을 바라본다. 믿지 않는 남편의 억압에 대한 여성의 반응은 모든 신자들에게 모범이 된다. 마치 노예의 행동이 모든 신자가 박해에 반응해야 하는 방식을 가리키는 것과 같다. 그리스-로마 시대의 아내는 학대를 당할 때, 선택의 여지가 없는 경우가 많았기 때문에 오늘날, 베드로의 말을 적용할 때 우리의 지평과 본문의 지평 간의 차이를 인식해야 한다. 좁스(Jobes)는 "사회적인 기대가 시간과 장소에 따라 다르기 때문에 오늘날 순종이라고 간주되는 것은 1세기에 순종으로 간주되는 것과 상당히 다를 수 있다"라고 말한다.[229] 그녀는 계속해서 "예를 들어, 배우자에 대한 학대, 신실하지 않음, 또는 악의적인 무시는 성경적 기준과 사회적 기대가 보여 주는 더 높은 이상을 모두 위반한다"라고 말한다.[230] 스미스(Claire Smith)는 이렇게 말한다.

초점을 맞춘 것으로 보인다(Bechtler, *Following in His Steps*, 165).

227 Donelson, *I and II Peter and Jude*, 93.

228 참조. Bauman-Martin, "Women on the Edge," 271-72.

229 Jobes, *1 Peter*, 211.

230 Jobes, *1 Peter*, 212. 좁스는 적어도 부분적으로 우리 문화에서 보이는 것을 "문화적으로" 정의한다. 집 밖에서 활동하는 여성이나 남편이나 다른 남자 친척의 호위 없이 공적으로 나타나는 결혼한 여성은 1세기처럼 우리 사회를 수치스럽게 하지 않는다. 그리스도인 아내가 남편에게 순종하는 것이나 그리스도인 남편이 아내와 사려 깊게 살아가는 것이 무엇을 의미하는지 현명하게도 구체적인 언어로 설명하지 않는다. 사도는 원칙을 정하고 세부 사항은 배우자 사이에 해결하도록 남겨 둔다. 오늘날 교회는 그리스도와 그의 교회의 관계를 반영하는 성경적인 혼인 질서를 유지하는 것이 옳지만, 또한 베드로의 지혜를 따라야 하며 모든 경우에 그것이 어떠해야 하는지 구체화하려는 것을 삼가야 한다(212페이지).

결혼 생활에서 복종하는 모습은 결혼 생활마다 다르다고 생각한
다. 우리는 모두 다르고, 결혼은 다른 단계를 거치고, 성숙해지고,
다른 어려움들을 겪는다. 그러나 넓은 의미에서 아내는 남편을 존
경하고 자신과 가족을 이끌고 돌보아야 하는 남편의 독특한 책임
을 받아들이고 그를 존중함으로 순종을 표현한다.[231]

3.2.4. 남편들이여 아내와 함께 하나님의 뜻을 따르라(3:7)

**7 남편들아 이와 같이 지식을 따라 너희 아내와 동거하고 그를 더 연
약한 그릇이요 또 생명의 은혜를 함께 이어받을 자로 알아 귀히 여기라
이는 너희 기도가 막히지 아니하게 하려 함이라**

베드로는 남편들이 하나님의 뜻으로 지식을 따라 아내를 대하도록 권면한
다. 여자는 육체적으로 약하다. 남편은 아내가 자신과 어떻게 다른지 고려해
야 한다. 남편들은 아내가 종말론적 생명의 선물을 공동으로 상속하기 때문에
존경해야 한다. 남편과 아내 모두 하늘의 운명을 기대할 수 있다. 아내를 귀하
게 여기는 일의 중요성은 그렇게 하기를 거부하는 남편들이 기도가 막히게 된
다는 것을 발견한다는 점에서 분명하다.

3:7. 남편에게는 한 구절만 언급되는데, 이는 베드로가 실제로 권위를 행
사하는 사람보다 권위가 있는 사람(통치자, 주인, 또는 남편 등)으로부터 압제
를 당하기 쉬운 사람들에게 초점을 맞추기 때문일 것이다.[232] 앞에서 언급했듯
이, 억압받는 사람들의 행동은 박해에 직면한 베드로가 편지를 쓰는 모든 교
회에 모범이 된다. 그들은 자신의 고난 속에서 그리스도의 고난을 반영한다.

---

231 스미스의 이 말은 "Books at a Glance"와의 인터뷰에서 가져왔다. 다음 온라인 주소에서 볼 수
있다.https://www.booksataglance.com/author-interviews/interview-with-claire-smith-author-
ofgods-good-design-what-the-bible-really-ways-about-men-and-women.

232 벡틀러는 남편에 대한 훈계가 가정법이 변증적인 목적을 제공했다는 볼치의 견해를 약화시
키는 점을 발견한다(*Following in His Steps*, 167-68). 베드로는 남편에게 문화적인 규범에 동화
되라고 요구하지 않는다. 또한 여기에서 평등주의적인 의제를 채택한 아내들에 관한 논쟁이라
는 것도 분명하지 않다(Elliott, *1 Peter*, 584).

그러나 또한 고대 세계에서 더 큰 사회적 지위를 가진 남편에게 말한다. "이와 같이"(ὁμοίως, 호모이오스)는 사람들이 통치자에게(2:13), 종이 주인에게(2:18), 아내가 남편에게(3:1) 순종하는 것처럼 남편이 아내에게 순종해야 한다는 말이다. 이 연결은 느슨하며 새로운 그룹에게 언급하고 있음을 보여 준다.[233] 신약은 어디에도 남편이 아내에게 순종하라고 권면하지 않으며, 여기에서도 이 의미가 아니다. 대신 남편은 (문자 그대로) "아내와 함께 지식을 따라 살아야"(συνοικοῦντες κατὰ γνῶσιν, 쉬노이쿤테스 카타 그노신) 한다.[234]

분사 συνοικοῦντες("동거하고")는 명령으로 이해해야 한다.[235] 대부분의 영어 성경은 이 구절을 남편이 아내와의 관계에서 사려 깊고 친절하도록 권면하는 것으로 번역한다.[236] 이와 같은 읽기는 정확하지만 본문의 의미에서 초점을 약간 멀어지게 한다. 나는 3장 2절의 "두려움으로"와 2장 19절의 "하나님을 생각함으로"와 같이 "지식을 따라"(κατὰ γνῶσιν, 카타 그노신)라는 문구를 남편과 하나님의 관계를 나타내는 것으로 이해한다.[237] 그러므로 남편들은 하나님의 뜻과 요구가 무엇인지 아는 지식을 가진 아내와 함께 살아야 한다.[238]

---

233 레아(Lea)는 남편이 아내에게 순종해야 한다고 주장하지는 않지만 여기에서 연결사를 과도하게 읽는다("I Peter-Outline and Exposition," 34). 엘리엇은 연결사가 느슨하고 베드로가 남편이 아내에게 복종할 것을 생각하지 않을 것이라고 바르게 관찰한다(1 Peter, 574).

234 켈리는 συνοικοῦντες가 성관계를 말하는 것으로 이해한다(Peter and Jude, 132. 또한 McKnight, 1 Peter, 186). 그러나 문맥상 그럴 가능성은 없어 보인다(참조. B. Reicke, "Die Gnosis der Männer nach I. Ptr 3:7," in Neutestamentliche Studien für Rudolf Bultmann zu seinem siebzigsten Geburtstag, 2nd ed., BZNW 21 [Berlin: Töplemann, 1957], 299). 이 단어는 성관계를 의미할 수 있다(신 22:13; 24:1; 25:5). 또는 성적인 연합을 강조하지 않고 결혼 관계로 살아가는 것을 의미할 수 있다(예. 출 20:3; 삿 14:20; 2 Mac 1:14; Sir 25:8, 16; 42:9-10; 사 62:5).

235 다음과 반대된다. Achtemeier, 1 Peter, 217, 아트마이어는 사실상 명령으로 바꾼다. Selwyn, 1 Peter, 483; Goppelt, 1 Peter, 226; Michaels, 1 Peter, 167; Dubis, 1 Peter Handbook, 93; Forbes, 1 Peter, 103.

236 벵틀러는 남편이 아내가 약한 그릇이라는 것을 알아야 한다고 생각한다(Following in His Steps, 174–75; 참조. Dubis, 1 Peter Handbook, 93-94). 다음과 반대된다. Jobes, 1 Peter, 207–8. 믿지 않는 아내들도 고려되는지는 분명하지 않다.

237 Spicq, Les Épîtres de Saint Pierre, 123; D. Senior, "The Conduct of Christians in the World (2:11–3:12)," RevExp 79 (1982): 435-36; Achtemeier, 1 Peter, 218. 지식이 아내에 비해서 우월한 남편의 지적 능력이라고 생각하는 리처드에 반대된다(Reading 1 Peter, Jude, and 2 Peter, 136-37). 성경은 어디에도 남자가 여자보다 지적으로 우월하다고 가르치지 않는다. 그러므로 리처드의 해석은 거부해야 한다.

238 켈리는 남편이 아내에게 순종하도록 부름받은 것이 아니라 그들의 권위를 적절하게 행사하라는 부름을 받았다는 것을 올바르게 살핀다(Peter and Jude, 132).

아내는 여기에서 "더 약한 그릇"(1977년 판 NASB, ἀσθενεστέρῳ σκεύει, 아스데네스테로 스큐에이)으로 묘사된다.[239] "그릇"은 남자를 가리킬 수 있다.[240] 비교형은 여자가 남자보다 약하다는 것을 의미한다.[241] 여자가 "약하다"는 어떤 의미인가? 신약은 여자가 지적으로 열등하다고 제안하지 않는다.[242] 여자가 감정과 느낌을 공유하는 데 취약하다고 생각할 수 있지만, 어떤 면에서 남자보다 감정적으로 더 용감하고 강하다는 것을 보여 주기 때문에 여성이 감정적으로 약하다는 것은 분명하지 않다. 또한 베드로는 여자가 남자보다 도덕적으로나 영적으로 약하다고 주장하지 않는다.[243] 이와 같은 견해는 남자가 더 나은 기독교인임을 나타낸다. 그러나 성경의 다른 곳에서 이런 관점을 가르치지 않는다. 역사적으로도 마찬가지다. 따라서 가장 분명한 의미는 여자가 남자보다 순전히 힘의 측면에서 약하다는 것이다.[244] 우리는 "여자의 신체적인 약점이 남자를 두려운 대상으로 만들며 남자들은 단순히 육체적인 힘 때문에 자기 여자들에게 두려움을 불러일으켰다"라는 점을 상기해야 한다.[245] 베드로는 "아내"가 아니라 "여성" 또는 "여자"(γυναικεῖος, 귀나이케이오

---

239 여기에서 ὡς의 사용은 양보가 아니다(다음과 반대된다. Reicke, "Gnosis," 302)

240 살전 4:4에 있는 이 단어의 의미는 논쟁의 여지가 있지만, 아내들도 언급되어 있다는 견해에 동의한다.

241 Bigg, *Epistles of Peter and Jude*, 155; Wand, *Epistles of Peter and Jude*, 93; Grudem, *1 Peter*, 144; Achtemeier, *1 Peter*, 217.

242 콜레이(Corley, "1 Peter," 353)에 반대하여 이 정의가 "여자는 남자보다 인간의 질서에서 낮은 위치"라는 개념을 반영한다고 생각하는 캠벨은 틀린 견해를 제시한다(Campbell, *Honor, Shame, and the Rhetoric of 1 Peter*, 164.). 콜레이는 그리스도의 고난과 여성의 고난 사이에 유사성은 학대와 폭력을 정당화하고 수동성을 권장한다고 결론을 짓는다(354페이지). 그녀는 다음과 같이 말한다. "모든 기독교 본문에서 베드로전서의 메시지가 여자의 삶의 맥락에서 가장 해롭다"(355페이지). 왜냐하면 고난은 그 자체로 칭찬을 받고 가부장적인 구조를 지지하기 때문이다. 더 나은 대안을 위해서 3:1-6의 나의 논의를 살펴보라.

243 또한 그루뎀과 대조적으로 그는 위임된 권위의 측면에서 더 약한 것을 언급하지 않는다(*1 Peter*, 144).

244 이 견해는 옛 전통을 가지고 있다. 다음을 보라. Hilary of Arles in *James, 1-2 Peter, 1-3 John, Jude*, ACCS (Downers Grove: InterVarsity, 2000), 100. 또한 Kelly, *Peter and Jude*, 133; Cranfield, *I & II Peter and Jude*, 91; Michaels, *1 Peter*, 169; Achtemeier, *1 Peter*, 217; Davids, *First Peter*, 122-23; Hillyer, *1 and 2 Peter, Jude*, 98. 엘리엇은 이에 동의하지만 현대과학이 베드로의 주장을 반증했다고 이해한다(*1 Peter*, 577-78). 엘리엇의 견해와는 반대로 베드로는 여기에서 무자비한 힘을 언급한다. 그의 의도는 생각할 수 있는 모든 면에서 남자가 여자보다 강하다고 말하지 않는다. 루터는 여성이 육체적으로나 감정적으로 더 약하다고 제시한다(*Commentary on Peter & Jude*, 140).

245 Donelson, *I and II Peter and Jude*, 94. 봇(N. T. Bott)은 또한 너무 구체적으로 출산할 수

스)를 사용한다.[246] 그는 하나님께서 여성을 이해하도록 요구하는 지식을 남편에게 보여 주면서 여자들이 가지는 여성의 고유한 특징에 주의를 기울인다. 따라서 남편에게 아내를 학대하는 일이 암묵적으로 금지된다.[247]

하나님의 요구를 따라서 살아가는 남편은 자신의 아내(그리고 모든 여성에게까지)를 "귀히 여긴다"(τιμήν, 티멘).[248] 베드로가 이렇게 하는 이유는 여자가 "생명의 은혜를 함께 이어 받을 자"이기 때문이다. 여자들은 근본적으로 남자와 동등하다.[249] 벡틀러는 아내를 귀히 여기라는 권면을 받는 것은 그리스-로마 문헌에서 독특하다고 말한다.[250] 함께 상속받는 자라는 언어는 믿는 남자와 여자 모두가 마지막 날에 받게 될 종말론적 선물(참조. 1:4; 3:9)을 가리킨다.[251] 남자는 여자를 귀하게 여겨야 한다. 그들은 동일한 운명, 즉 하나님 나라의 영원한 유업을 공유하기 때문이다.[252] 여자가 더 적은 상을 받을 것이라는 어떤 제안도 거부된다.[253] "생명의 은혜"에서 "생명"은 종말론적으로 이해

없는 약한 그릇으로 제한한다("Sarah as the 'Weaker Vessel': Genesis 18 and 20 in Peter's Instructions to Husbands in 1 Pet 3:7," *TrinJ* 36 [2015], 243-59).

246 그러나 이 문맥에서 그는 가족의 다른 여자가 아닌 아내만을 생각한다(다음과 반대된다. Reicke, "Gnosis," 302; Achtemeier, *1 Peter*, 216). Dubis, *1 Peter Handbook*, 94–95은 올바르게 이해한다.

247 Jobes, *1 Peter*, 209.

248 분사 ἀπονέμοντες는 태도를 의미하는 분사로 해석해야 한다(Forbes, *1 Peter*, 104). 크랜필드는 귀히 여기는 것은 순종하는 것과 같다고 잘못 결론을 내린다(*1 & II Peter and Jude*, 91). 남편들은 아내를 동등하게 귀히 여겨야 한다. 그러나 신약에서 이것을 남편에게 명령하지 않기 때문에 남편이 아내에게 순종해야 한다고 말하는 것과 같지 않다.

249 몇몇 사본은 대격 συγκληρονόμοις(𝔓[72], 𝔓[81], ℵ[2], B, 33, 69, 232, 141, 1739) 대신 주격 συγκληρονόμοι(A, C, P, Ψ, MT)를 제시한다. 외적 증거는 대격을 지지하며 문맥상 남편을 함께 상속받는 자로 강조하기보다는 아내가 함께 상속받는 자라고 말하는 것이 더 합리적이다.

250 Bechtler, *Following in His Steps*, 175.

251 Reicke, "Gnosis," 303. 레이케는 또한 대격 συγκληρονόμοις 대신 주격 συγκληρονόμοι를 옹호한다(297–98페이지).

252 그러나 그로스(C. D. Gross)는 여기에서 고려되는 아내들이 아마도 불신자일 것이라고 주장한다. 베드로전서(2:18-3:6)의 문법과 나머지 가정 규범 모두가 이러한 결론을 가리킨다고 주장한다("Are the Wives of 1 Peter 3.7 Christians?," *JSNT* 35 [1989]: 89-96). 아내가 "함께 상속받는 자"로 확실히 고려되기 때문에 이 해석은 가능하지 않다. 그로스는 단수에서 복수로 전환이 이 견해를 "매우 어색"하게 만든다고 생각한다. 그러나 단수에서 복수로 이동은 다른 곳에 나타나는 남자와 여자에 대한 권고에서 발견된다(예. 엡 5:22-24, 28; 딤전 2:8-15).

253 그러나 사 54:3, 17에 관한 암시는 분명하지 않다(다음과 반대된다. Egan, *Ecclesiology and the Scriptural Narrative of 1 Peter*, 165-66).

해야 하며(참조. 3:10), 다가오는 시대에 우리의 것이 될 생명을 의미한다.[254] 이러한 명령을 무시하는 남편은 그들의 기도가 막힘을 알게 될 것이다. 이것은 하나님이 그들의 기도에 응답하지 않으실 것을 의미한다. 하나님은 권위 있는 자라고 은혜로 축복하지 않으시고 어떤 이들이 그들 아래에 있다고 학대하지 않으신다.[255] 아마도 이 구절은 12절을 기대하는 데, 주님은 의인의 기도를 들으시고 악을 행하는 자들을 외면하신다.

3.2.5. 결론: 경건한 삶을 살라(3:8-12)[256]

⁸ 마지막으로 말하노니 너희가 다 마음을 같이하여 동정하며 형제를 사랑하며 불쌍히 여기며 겸손하며 ⁹ 악을 악으로 욕을 욕으로 갚지 말고 도리어 복을 빌라 이를 위하여 너희가 부르심을 받았으니 이는 복을 이어 받게 하려 하심이라 ¹⁰ 그러므로 생명을 사랑하고 좋은 날 보기를 원하는 자는 혀를 금하여 악한 말을 그치며 그 입술로 거짓을 말하지 말고 ¹¹ 악에서 떠나 선을 행하고 화평을 구하며 그것을 따르라 ¹² 주의 눈은 의인을 향하시고 그의 귀는 의인의 간구에 기울이시되 주의 얼굴은 악행하는 자들을 대하시느니라 하였느니라

2장 11절-3장 7절 단락 부분 전체의 결론이 여기에서 나타난다.[257] 8절은 특히 형제와 자매의 사랑이 필요하다고 강조하면서 공동체 안의 적절한 관계

---

254 이 속격은 "생명에 있는 은혜"로 동격으로 해석해야 한다(Michaels, *1 Peter*, 169; Achtemeier, *1 Peter*, 21; Beare, *First Peter*, 132; Kelly, *Peter and Jude*, 134; Elliott, *1 Peter*, 580). 엘리엇은 베드로가 남자와 여자가 모든 면에서 평등하다는 결론을 내리지 않았으며 따라서 베드로의 말에서 현대의 평등주의적인 의제가 읽힐 수 없다고 바르게 말한다.

255 베드로가 남녀 모두의 기도가 막힌다고 말할 가능성은 없다. 다음과 반대된다. Calvin, *Catholic Epistles*, 100; Beare, *First Peter*, 132; Goppelt, *1 Peter*, 228; Michaels, *1 Peter*, 171; Elliott, *1 Peter*, 581; Davids, *First Peter*, 123n20[아마도]; Schelke, *Der Petrusbriefe-Der Judasbrief*, 92; Feldmeier, *First Peter*, 183–84.

256 여기서는 앞의 내용에 관한 요약이 아니라 2:11-17의 결론이다(Michaels, 1 Peter, 174. 그러나 마이클스는 또한 2:18-3:7의 결론으로 본다).

257 렌스버그는 δὲ와 τὸ τέλος가 2:11-3:7에 관한 결론을 나타낸다고 주장한다("The Use of Intersentence Relational Particles and Asyndeton in 1 Peter," *Neot* 24 [1990]: 288).

를 요약하는 교차 대구 구조를 보여 준다.[258] 9절은 신자들이 자신들에게 악을
행하는 자들에게 어떻게 반응해야 할지 설명한다. 그들은 보복으로 악에 답하
지 말아야 한다. 하나님께서 그들을 괴롭히는 자들을 축복해 주시기를 기도함
으로 응답해야 한다. 신자들은 영생이라는 종말론적 복을 상속받을 것이기 때
문이다. 10절에서 시작되는 구약 인용은 "그러므로"(γάρ, 가르)로 9절과 연결
되어 영생을 얻기 위해서 다른 이들을 축복하는 일이 필요함을 확인시켜준다.
10절의 생명과 좋은 날은 다름 아닌 영생과 장래의 유업이다. 이를 누리고자
하는 사람은 악한 말을 삼가고 그들의 삶에서 악과 깨끗하게 단절하고 선의
영역에서 산다. 평화를 구하고 평화롭게 사는 사람이어야 한다. 12절은 제안
된 해석을 확인한다. 여호와의 은혜는 의로운 자에게 있으나 그분은 악을 행
하는 자에게는 영원히 얼굴을 돌리신다.

3:8. 2장 11절-3장 7절 전체에 관한 결론은 "마지막으로"(τέλος, 텔로스)
로 도입된다.[259] 이제 전체 공동체는 "너희가 다"(πάντες, 판테스)로 언급된다.
확실하지 않지만, 베드로는 8절에서 교회 내의 관계와 9절에서 불신자들과
의 관계를 말하고 있는 것으로 보인다. 교회는 화합, 사랑, 겸손으로 그 특징
을 보인다.

8절은 헬라어 동사가 없고 형용사가 다섯 개 있다.[260] 아마도 내포되어 있
는 명령은 CSB 성경(NIV, NET 성경도 마찬가지로)처럼 "~이다"(εἰμί, 에이
미)에서 왔을 것이다.[261] 다섯 단어를 다 함께 살펴보면 이 권면을 순종하면 교
회에서 (그리고 대부분의 경우 외부 사람과의) 원활한 관계로 이어질 것을 알

---

258 벡틀러는 이 구절에서 베드로가 당대의 계급 구조적인 윤리를 수정하고 완화시킨다고 주장
한다(Following in His Steps, 171-76). 남편과 아내의 관계는 사랑으로 부풀어 오르는 것이며,
이런 의미에서 고대 세계의 계급 구조가 수정되었다고 보는 것이 옳다.
259 어떤 학자들은 로마서 12:9-17과 베드로전서 3:8-12와 같은 본문을 비교할 때, 바울과 베드로
의 권면 사이의 비슷한 점을 근거로 베드로의 바울에 대한 문학적 의존성을 시사한다고 생각
한다. 그러나 이와 같은 의존에 관한 증거는 설득력이 없다(참조. Selwyn, First Peter, 407-13;
Piper, "Hope as the Motivation of Love," 218–19).
260 악트마이어의 견해와 반대이다. 형용사가 2:17로 돌아가 이 구절의 명령과 연관된다고 믿기
어렵다(1 Peter, 222). 따라서 형용사는 명령으로 해석될 수 있다(Davids, First Peter, 124). 또
는 명령형 ἔστε가 암시되어 있을 가능성이 더 크다.
261 Forbes, 1 Peter, 107-8.

수 있다. "화합"(개역개정. '마음을 같이하여', ὁμόφρονες, 호모프로네스)은 베드로전서에서 유일하지만 신약에서는 일반적인 단어이다(참조. 롬 15:5; 고전 1:10; 고후 13:11; 빌 2:1-2; 4:2). 아마도 교회가 분열과 불일치로 고통받지 않는다면, 이 권면과 다른 권면들은 불필요했을 것이다. 신자들은 다른이들의 필요, 기쁨, 슬픔에 깊이 관심을 가지고 공감(개역개정. '동정하며', συμπαθεῖς, 쉼파데이스)해야 한다(참조. 롬 12:15; 고전 12:26). 형제자매에 대한 사랑(φιλάδελφοι, 필라델포이)의 권면은 신자들에게 편지를 썼음을 보여 준다. 가족으로서 보이는 서로에 대한 신자들의 사랑은 이 편지에서 중요한 역할을 한다(참조. 1:22; 2:17; 5:9 및 2:11; 4:12). 그리스도와의 공통관계는 그들을 한 가족으로 인도하며, 형제자매로서 서로에 대한 따뜻한 사랑은 참된 기독교 신앙의 증거이다(참조. 또한 롬 12:10; 살전 4:9; 히 13:1; 벧후 1:7).

신자들은 또한 고통을 겪고 있는 이들에 대한 불쌍히 여김(εὔσπλαγχνοι, 유스플랑크노이)으로 가득 차 있어야 한다. 에베소서 4장 32절은 이와 같은 불쌍히 여김은 죄의 용서에서 경험한 긍휼에 뿌리를 두고 있으며, 다른 구절들은 그것이 그리스도인의 삶의 표지 중 하나임을 보여 준다(참조. 고후 6:12; 7:15; 빌 1:8, 2:1; 골 3:12; 몬 7, 12, 20; 요일 3:17). 마지막으로 신자들은 또한 "겸손"(ταπεινόφρονες, 타페이노프로네스)하도록 부르심을 받는다.[262] 겸손이란 자기보다 남을 더 중요하게 여기며(빌 2:3-4) 자만심과 거만이 공동체에서 설 자리를 찾지 못한다는 뜻이다(참조. 행 20:19; 롬 12:16; 고후 10:1; 엡 4:2, 골 3:12, 약 1:9, 4:6, 벧전 5:5). 겸손은 그리스-로마 세계에서 멸시를 받았으므로 도덕적 삶에 대한 기독교적 비전의 독특성을 드러낸다.[263] 이 구절은 A B C B′ A′의 패턴으로 교차 대구로 기능하는 것처럼 보인다.[264]

A 화합

   B 공감

      C 형제자매 사랑

---

262 다수 사본은 ταπεινόφρονες라고 읽지만 분명히 부차적이다.

263 Elliott, *1 Peter*, 605; Jobes, *1 Peter*, 215.

264 보컴은 8절이 11b절과 9절이 11b절과 9a절이 11a절과 9b절이 10b절과 9c절이 10a절과 일치하는 교차 대구를 본다("James, 1 Peter and 2 Peter, Jude," 312).

B′ 연민
　A′ 겸손

교만과 자기주장이 화합을 방해하는 중요한 수단이라는 점에서 겸손과 화합은 서로 속한다. 공감과 불쌍히 여김은 밀접하게 관련되어 있으며 서로 구별하기 어렵다. 형제자매의 사랑은 가운데 위치하며 모든 덕 중에서 가장 중요한 덕목이다. 이것은 가족처럼 서로 사랑하라는 부르심에 다른 덕목들이 포함되어 있음을 보여 준다.

3:9. 8절이 동료 신자들 사이의 관계에 초점을 맞춘다면 9절은 베드로전서의 중심 주제 중 하나인 신자들을 학대하는 불신자들에게 어떻게 반응해야 하는지에 대해서 주의를 기울이는 것 같다.[265] 권면은 신자와 불신자 모두 고려하고 있으며, 어떤 경우에도 권면은 동일하게 유지된다. 신자에게 악을 행하거나 모욕하는 자들에게 되갚아 주고 싶은 유혹으로 그들과 같이 행해서는 안 된다. 다른 이들을 저주하는 대신 축복해야 한다. "욕"(λοιδορία, 로이도리아)은 같은 단어의 동사 어근이 사용된 베드로전서 2장 23절을 연상시킨다. 예수님께서 "모욕"을 당하셨을 때 그에 상응하는 반응을 보이지 않으셨다. 베드로가 신자들에게 합당한 행실을 정리한 대로 그리스도는 최고의 모범으로 신자들이 그리스도께서 사셨던 것처럼 살도록 부르심을 받았음을 보여 준다. 그는 그들의 모범이자 영감이 된다.

이 구절의 첫 부분은 "아무에게도 악을 악으로 갚지 말고"라는 로마서 12장 17절의 바울의 명령과 비슷하다. 비슷한 표현이 데살로니가전서 5장 15절에서 발견된다. "삼가 누가 누구에게든지 악으로 악을 갚지 말게 하라." 고린도전서 4장 12절에 있는 바울의 표현, "모욕을 당한즉 축복하고"(λοιδορούμενοι εὐλογοῦμεν, 로이도루메노이 유로구멘)는 베드로의 표현과 비슷하다. 이 권면들은 예수님의 가르침에 뿌리를 둔다.[266] 예를 들어, 누가복음 6장 28-29절은 다음과 같이 권면한다. "너희를 저주하는 자를 위하여 축복하며 너희를 모욕

265 McKnight, *1 Peter*, 201.
266 따라서, Piper, "Hope as the Motivation of Love," 220-22; Achtemeier, *1 Peter*, 224.

하는 자를 위하여 기도하라 너의 이 뺨을 치는 자에게 저 뺨도 돌려대며 네 겉
옷을 빼앗는 자에게 속옷도 거절하지 말라"(참조. 마 5:38-42). 베드로의 표
현은 바울이나 예수님의 전통과 정확히 일치하지 않는다. 마태나 누가의 전통
보다 바울의 그것에 더 가깝다. 아마도 바울과 베드로는 여기에서 동일한 예
수님의 전통을 따랐을 것이다.[267] 그리스-로마 세계에서 사람들은 자신의 명
예를 지키기 위해서 말로 보복했을 것이다. 좁스가 지적한 것처럼 이것은 "인
간 본성"에도 잘 맞는다. 따라서 그리스도인들의 방어하지 않는 태도가 두드
러질 것이다.[268] 보복하지 않는 점에서 그리스도인들은 예수님이 사셨던 방식
대로 살아간다.

　다른 사람들을 모욕하거나 받은 대로 갚아주는 대신 신자들은 다른 사람
들을 축복해야 한다.[269] "복을 비는 것"으로 신자들은 자신들에게 해를 입힌
사람들에게 하나님의 은혜를 보여 달라고 하나님께 간구해야 한다.[270] 좁스는
"바로 우리가 모욕을 당하고 악의적 의도로 대우를 받을 때, 우리는 잘못을
과장하고 노골적으로 중상하며 험담으로 받은 그대로 대응하고 싶은 유혹을
크게 받는다"라고 언급한다.[271] 신자들이 복을 빌어야 하는 이유를 이제 설명
한다('왜냐하면', ὅτι, 호티). 그들은 다른 사람들의 복을 빌기 위해 "부르심을
받았다." "이를 위하여"(εἰς τοῦτο, 에이스 투토)는 앞으로 나올 내용을 가리킬
수 있고 이전 내용을 가리킬 수도 있다.[272] 앞으로 나올 내용을 가리킨다면 하
나님께서 신자들을 부르셔서 영생의 복을 상속받았다는 의미이다. 그러나 2
장 21절에서처럼 "이것"이 "부르심을 받은" 동사에 붙으면 앞의 내용을 가리

267 참조. Gundry, "Verba Christi," 342; Gundry, "Further Verba," 226; Goppelt, "Jesus," 100; Piper, "Hope as the Motivation of Love," 220-22; Achtemeier, *1 Peter*, 224; 다음과 반대된다. Best, "Gospel Tradition," 105.

268 Jobes, *1 Peter*, 217.

269 분사 ἀποδιδόντες와 εὐλογοῦντες는 둘 다 명령형으로 설명해야 한다. Daube, "Participle," 483; Kelly, *Peter and Jude*, 136; Michaels, *1 Peter*, 223; Snyder, "Participles and Imperatives in 1 Peter," 195; Dubis, *1 Peter Handbook*, 98, 108-9. 다른 주요 동사와의 거리는 그 동사들에 대한 의존성을 배제한다. 그러므로 2:17의 명령형에 의존한다는 악트마이어의 견해(*1 Peter*, 223)는 지지할 수 없다.

270 Achtemeier, *1 Peter*, 224; Jobes, *1 Peter*, 218.

271 Jobes, *1 Peter*, 218.

272 앞으로 나올 내용이라는 점은 다음을 보라. Kelly, *Peter and Jude*, 137; Davids, *First Peter*, 126-27.

킬 가능성이 더 크다.[273] 신자들은 다른 사람들이 영생의 복을 상속받을 수 있
도록 다른 사람을 축복하기 위해 하나님의 부르심을 받았다(참조. 갈 5:13;
엡 4:1; 골 3:15).

베드로의 논리는 언뜻 보기에 이상해 보일 수 있다. 그리스도인들은 영생
의 복을 상속받기 위한(ἵνα, 히나) 복을 빌기 위해 부르심을 받았다.[274] 여기에
서 행위의 의라는 위험 즉, 축복이 신자의 공로로 얻어진다고 암시하는 위험
이 있는가?[275] 베드로는 이미 하나님께서 신자들을 새로운 생명으로 거듭나게
하셨으며(1:3, 23), 그들을 끝까지 보존하실 것이라고 분명히 가르쳤다(1:5).
이제 그는 자신을 그리스도인이라고 밝히는 사람들에게 필요한 행동을 강조
한다. 이어지는 구절(3:10-12)에서 같은 맥락으로 계속된다. 이 구절들에서
영생을 얻기 위해서는 선행이 필요하다고 주장한다. 이와 같은 행위가 구원
의 근거가 아니라 증거이지만, 이러한 가르침은 신약의 나머지 부분과 이질적
이지 않다. 선행은 종종 최종적인 구원에 필요한 것으로 소개되기 때문이다
(롬 2:6-10, 27-29; 고전 6:9-11; 고후 5:10; 갈 5:19-21; 벧후 1:5-11, 요
일 2:3-6, 계 20:11-15).

3:10. 종말론적인 상을 바라는 사람은 악에서 돌이켜 선을 추구해야 한다.
베드로는 10-12절에서 시편 34편 12-16절(70인역 33:13-17)을 인용한다.
서론의 공식을 찾기 힘들지만 이 표현은 분명히 70인역에 의존하고 있다. 중
요한 차이점은 베드로가 동사를 2인칭 단수에서 3인칭 단수로 바꾸고 있다는
점이다. 의도적으로 바꾸었는지 단지 기억을 따라 인용했는지 알기 어렵다.[276]

273 Piper, "Hope as the Motivation of Love," 224-28; Michaels, *1 Peter*, 178; Achtemeier, *1 Peter*, 224; Elliott, *1 Peter*, 609-10; Dubis, *1 Peter Handbook*, 99; Forbes, *1 Peter*, 109.

274 Michaels, *1 Peter*, 179; Spicq, *Les Épîtres de Saint Pierre*, 127.

275 참조. Goppelt, *1 Peter*, 237-38; Best, *1 Peter*, 130; T. Williams, *Good Works in 1 Peter*, 250-54.

276 셸르윈은 베드로전서에서 나타나는 구약의 변화를 기억에 의한 인용으로 설명할 수 있다고
생각하는 반면(*First Peter*, 25), 파이퍼는 여기에 있는 변화가 의도적이라고 생각한다("Hope,"
226). 그러나 헬라어 시편의 본문 전통도 고려해야 하기 때문에 문제는 복잡하다. 이건(Egan)
은 시편의 헬라어 본문 전통에서 다양한 사본에 호소한다. 따라서 변화는 베드로 자신에게서
온 것이 아니라고 결론을 내린다(*Ecclesiology and the Scriptural Narrative of 1 Peter*, 167-69;
P. T. Egan, "Did Peter Change Scripture? The Manuscript Tradition of Greek Psalms 33-34
and 1 Peter 3:10-12," in *Die Septuaginta-Entstehung, Sprache, Geschichte: 3. Internationale
Fachtagung veranstaltet von Seputagints Deutsch (LXX.D), Wuppertal 22-25. Juli 2010*, ed. S.

또한 시편 34편이 고난과 '주님의 고난을 당하는 자들을 구원하심'에 초점을 맞추고 있음을 주목해야 한다. 베드로는 2장 3절에서 같은 시편을 암시했는데 이제 다시 돌아간다. 베드로는 시편을 임의로 선택하지 않았다. 그것은 베드로의 독자들이 직면한 문제를 다룬다.[277] 시편 기자는 여호와께서 자기 백성이 고난을 당할 때 구원하시고 악인을 심판하실 것이라고 선포한다. 의인은 악을 버리고 선을 추구함으로 주님에 대한 신뢰와 소망을 나타낸다. 베드로전서의 중심 주제, 즉 하나님의 백성의 고난, 그들의 궁극적인 구원, 악인의 심판, 경건한 삶이 하나님을 소망하는 증거라는 개념이 시편에서 분명한 주제라는 사실을 이해하기 어렵지 않다.

본문 구조의 가장 중요한 특징은 10-12절과 9절을 연결하는 "왜냐하면"(개역개정. '그러므로', γάρ, 가르)이다. 나는 본문의 논리를 다음과 같이 요약한다.

여러분은 영생의 복을 상속받기 위해 축복하기 위해 부르심을 받았다(9절).

누구든지 내세의 생명을 경험하고자 하는 자는 그 복을 받기 위해 악한 말을 멀리하고 모든 사람에게 선을 행해야 한다(10-11절).

악인은 심판 받을 것이기 때문이다(12절)

시편의 역사적 맥락에서 "생명"(ζωὴν, 조엔)과 "좋은 날"(ἡμέρας ἀγαθὰς, 헤메라스 아가다스)은 이 세상의 생명과 복을 나타낸다. 그러나 이 언어는 베드

Kreuzer, M. Meiser, and M. Sigismund [Tübingen: Mohr Siebeck, 2012], 505-28).

277 보컴은 다음과 같이 말한다. "베드로전서는 전통에서 전해 내려온 고립된 성경 구절을 전하는 데 결코 만족하지 않았다. 그러나 기독론적-예언적 해석과 권면의 적용을 결합한 방식으로 성경 전체 구절을 연구한다"("James, 1 Peter and 2 Peter, Jude," 313). McCartney, "The Use of the Old Testament in the First Epistle of Peter," 102-3. 다음의 계획적인 연구를 보라. C. H. Dodd, *According to the Scriptures* (New York: Scribners, 1952), 78–82. 보르만은 시편 34편의 역할을 지나치게 강조하지만, 그것이 편지를 쓰는 데 중요한 역할을 한다는 것을 올바르게 본다("Der erste Petrusbrief-eine Taufrede des Silvanus?," *ZNW* 19 [1919]: esp. 147-51. 다음을 보라. E. Gréaux, "The Lord Deliver Us: An Examination of the Function of Psalm 34 in 1 Peter," *RevExp* 106 [2009]: 603-13. 참조. W. L. Schutter, *Hermeneutic and Composition in 1 Peter*, WUNT 2/30 (Tübingen: Mohr Siebeck, 1989), 44-49. 그러나 나의 판단에 셔터는 시편 34편의 중요성을 과소평가한다. 진실은 보르만과 셔터 사이의 어딘가에 있다.

로전서에서 **종말론적** 구원을 가리키는 것이 거의 확실하다.[278] 우리는 이미 1장 4절에서 "유업"이 종말론적 구원을 의미한다는 것을 보았다. 그러므로 시편의 언어는 이 땅의 생명과 좋은 날에 대한 약속이 다가올 세상의 생명을 가리키고 예표한다는 점에서 모형론적으로 이해된다. 이와 비슷하게 3장 7절의 언어는 "생명의 은혜를 함께 이어받을 자"가 미래의 생명을 의미하기 때문에 베드로가 앞으로 올 상에 대해서 생각했음을 보여 준다. 아마도 **현세와 내세**에 관한 언급은 신자들이 현재의 고난 속에서도 생명과 산 소망을 누린다는 의미일 것이다.[279] 그럼에도 불구하고 강조점은 미래의 상에 있다.

베드로는 신자들에게 그들을 핍박하는 자를 축복하고 평화를 추구하는 삶을 살도록 하는 동기를 부여한다. 그들은 종말론적 상인 영생 자체를 얻기 위해서 악한 말과 이중성을 삼가야 한다. 우리는 이와 같은 신학이 행위의 의가 아니며 구원이 은혜에 의한 것이라는 주제와 타협하지 않는다는 사실에 다시 주목한다. 베드로는 하나님께로부터 새 생명을 받은 자들이 변화된 삶을 살게 될 것이며 이와 같은 삶이 그들이 회심했다는 증거(필요한 증거!)를 제공한다고 믿는다. 마이클스는 복이 "선한 일을 행함으로 얻는 것이 아니라 오히려 선한 일을 행하는 자에게 속한다"라고 바르게 말한다.[280] 결론적으로 2장 11절-3장 7절에서 명령하는 선한 행위는 1장 3-9절의 종말론적 유업을 경험하는 데 결정적이다. 혀로 악한 말을 그친다는 것은 "악을 악으로 갚지 않는다"라는 3장 9절의 말씀을 상기시킨다. "거짓"을 피하라는 권면은 "모든 기만"(πάντα δόλον, 판타 돌론)을 버리라는 2장 1절을 상기시킨다.

---

278 거의 대부분의 주석가들이 이렇게 주장한다. Cranfield, *I & II Peter and Jude*, 96; Kelly, *Peter and Jude*, 138; Reicke, *The Epistles of James, Peter, and Jude*, 105; Piper, "Hope as the Motivation of Love," 226-27; Michaels, *1 Peter*, 180; Achtemeier, *1 Peter*, 226; Lea, "I Peter-Outline and Exposition," 35; Brox, *Der erste Petrusbrief*, 155; Schelke, *Der Petrusbriefe—Der Judasbrief*, 95; Watson, *First Peter*, 81. 그루뎀은 이생의 축복이라고 잘못 이해한다(*1 Peter*, 148-49; 또한, Richard, *Reading 1 Peter, Jude, and 2 Peter*, 141; Calvin, *Catholic Epistles*, 104).

279 Goppelt, *I Peter*, 236–37; Achtemeier, *1 Peter*, 226; Jobes, *1 Peter*, 223-24; S. M. Christensen, "Solidarity in Suffering and Glory: The Unifying Role of Psalm 34 in 1 Peter 3:10-12," *JETS* 58 (2015): 343–44.

280 Michaels, *1 Peter*, 182.

3:11. 그리스도인의 삶은 수동적이지 않다. 신자는 악을 버리고 선을 추구해야 한다. 우리는 베드로가 그리스도인이 영유하는 새 삶의 모든 것을 하나님께 돌리는 것을 살펴보았다(1:3, 23). 아버지가 그들을 낳았으며 새롭게 태어남은 아무도 공로를 주장할 수 없다. 그러나 하나님의 은혜가 가지는 우선순위를 행할 필요가 없다고 부정하는 데 사용할 수 없다. 선한 삶은 신자들이 방에서 조용히 묵상한다고 생기지 않는다. 신자들은 "악에서 떠나기"(ἐκκλινάτω, 에크클리나토) 위해서 의식적으로 노력해야 한다.[281] 그들은 "선한 것"에 자신을 바쳐야 하며 우리는 베드로전서에서 베드로가 선을 특별히 높이 평가했음을 자주 보았다(2:18의 주해 참조). 평화는 특히 다른 사람들이 우리를 학대할 때 쉽게 무너질 수 있다. 그러므로 신자들은 평화를 "구하고"(ζητησάτω, 제테사토) "따라야 한다"(διωξάτω, 디옥사토). 이 평화는 신자들이 다른 사람들을 모욕하거나 비방하지 않고 그들에게 해를 끼친 사람들에게 용서를 베풀 때만 유지될 것이다.

3:12. 여호와께서 의인에게 상을 주시고 악인을 벌하실 것이다. 12절은 본문에 "왜냐하면"(ὅτι)이 추가되었다는 점만 구약의 인용과 다르다.[282] 베드로는 왜 선한 행동이 필수적인지 설명한다. 그 이유는 우리가 이미 9절에서 그리고 9절과 10-11절 사이의 관계에서 이미 본 것과 같다.[283] 악트마이어는 놀랍게도 본문의 논리에 관한 그의 이해를 따라 신자들이 악을 행하는 자들에 포함될 수 있다고 잘못 말한다.[284] 그러나 본문의 요점은 주의 은혜가 의롭게 사는 자들에게 있다는 점이다.[285] 그리스도의 생애와 그의 경험은 본문을 하나

---

281 사본의 증거는 δὲ를 포함해야 하는지에 대해 비슷하게 나누어진다. 아마도 원본이고 70인역에서 δὲ가 없기 때문에 생략되었을 것이다.

282 일부 사본은 시편 34:16의 "그들의 기념을 땅에서 끊으려 하신다"라는 나머지 단어가 추가된다. 다른 사본들은 "그들을 땅에서 멸망시킨다"를 추가한다. 이러한 추가는 부차적이지만 베드로의 관점에서 볼 때 심판은 영원하고 결정적이라는 점을 상기시켜 준다.

283 Achtemeier, 1 Peter, 226.

284 Achtemeier, 1 Peter, 227.

285 어떤 학자들은 구약의 문맥에서와 마찬가지로 여기에서 "주"가 아마도 그리스도가 아니라 하나님을 가리킬 것이라고 생각한다(Achtemeier, 1 Peter, 227). 보컴은 베드로가 2:3에서 시편 34편을 인용할 때 여호와를 그리스도로 보았다고 주장한다("James, 1 Peter and 2 Peter, Jude," 313). 보컴의 주장은 그가 시편의 베드로 사용을 고려하기 때문에 설득력이 있다.

로 묶는다(2:21-25). 베드로는 시편 34편을 사용할 때, 그리스도께서 주님이
시라는 점을 내포했다. 다시 말해서, 그는 7, 9절의 약속된 유업으로, 그리고
10절에서 언급된 내세의 삶으로 그들에게 복 주실 것이다. 그들의 간구를 들
으신다는 것은(참조. 7절)은 그들이 참으로 하나님의 백성의 구성원임을 드러
낸다. 반대로 주 예수님은 악을 행하는 자들에게서 얼굴을 돌이키시므로 그
들은 영원한 유업을 얻지 못하고 최후의 심판을 받게 될 것이다. 실제로 베드
로가 여기에서 인용하지 않은 시편 34편의 다음 행에서 '하나님은 악인을 멸
하실 것이다'라고 말한다. 베드로가 이 행을 생략했다고 해서 그가 시편의 의
미에서 벗어났다는 것은 아니다. 베드로가 포함시킨 내용은 이미 그 점을 분
명히 했다. 우리는 경건한 삶을 사는 것이 영원한 상을 위해 필요함을 여러 번
살펴보았다. 베드로는 신자들이 온전하게 살 것이며 이 온전함이 유업을 얻
기 위해 필요하다고 제시하지 않는다. 그러나 그는 변화된 삶이 유업을 얻기
위해 필요하다고 주장한다.

3.3 고난에 대해서 경건하게 응답하라(3:13-4:11)

12절과 13절이 밀접한 관련이 있지만(아래 참조), 본문의 새로운 작은 단락
이 여기에서 시작한다. 2장 13절-3장 12절은 삶의 다양한 위치와 영역에서
필요한 경건한 행동을 설명한다. 베드로는 이제 고난이 실제로 축복에 이르
는 길이기 때문에(3:13-17) 고난을 두려워 할 필요가 없다고 주장하면서 고
통에 대한 부르심에 더 직접적으로 시선을 돌린다. 이것은 고난이 그리스도
를 위한 축복과 승리의 길이었던 것과 마찬가지이다(3:18-22). 따라서 그는
독자들에게 고난에 대해서 준비할 것을 요구한다(4:1-6). 고난을 받기로 동
의한 사람들은 죄와 완전히 단절되기 때문이다. 신자들은 이생에서 불신자들
에게 비판을 받을지 모르지만 불신자들은 하나님께 심판을 받을 것인 반면,
신자들은 마지막 날에 신원을 받을 것이다. 참으로 마지막 날이 곧 올 것이다
(4:7-11). 그러므로 성도는 자신의 은사를 사용하여 기도와 사랑, 그리고 상
호 봉사에 자신을 드려야 한다. 이로써 그들은 하나님께 영광을 돌릴 것이다.

3.3.1 그리스도를 위한 고난에 대한 축복(3:13-17)

¹³ 또 너희가 열심으로 선을 행하면 누가 너희를 해하리요 ¹⁴ 그러나 의를 위하여 고난을 받으면 복 있는 자니 그들이 두려워하는 것을 두려워하지 말며 근심하지 말고 ¹⁵ 너희 마음에 그리스도를 주로 삼아 거룩하게 하고 너희 속에 있는 소망에 대한 이유를 묻는 자에게는 대답할 것을 항상 준비하되 온유와 두려움으로 하고 ¹⁶ 선한 양심을 가지라 이는 그리스도 안에 있는 너희의 선행을 욕하는 자들로 그 비방하는 일에 부끄러움을 당하게 하려 함이라 ¹⁷ 선을 행함으로 고난 받는 것이 하나님의 뜻일진대 악을 행함으로 고난 받는 것보다 나으니라

베드로는 의인에게는 주의 은혜가 있지만, 행악자들은 벌하실 것을 약속함으로 12절을 마무리한다. 13절은 12절의 추론의 내용이다. 그러므로 누구도 선을 행하는 데 열심인 자들을 궁극적으로 해할 수 없다. 하늘의 유업에 대한 약속은 이생의 고난은 마지막 말이 아님을 보여 준다. 14절은 13절의 주장을 다시 설명한다. 신자들은 지금 박해로 괴로움을 당할 수 있지만, 실제로는 복을 받고 있으며 종말론적인 상을 누릴 것이다. 궁극적으로 믿는 자들을 해할 수 있는 사람은 아무도 없기 때문에 15절에서 두려워하지 말라고 권면한다. 복을 누리는 사람은 이생의 고통이 잠시임을 안다. 신자들은 불신자들이 자신에게 행할 수 있는 일을 두려워하는 대신 마음에 그리스도를 주로 삼고 마지막 때의 소망을 묻는 자들에게 겸손과 주를 두려워하는 마음으로 대답해야 한다. 그들의 선한 행실은 자신들을 반대하는 자들이 회개 하지 않는다면 종말론적인 수치의 근거가 될 것이다. 그 단서(17절)는 신자들이 악행으로 책망을 받을 만하게 하는 대신 선을 행함으로 고난을 받는다고 설명한다.

3:13. 비록 내가 여기에서 새로운 단락을 시작하지만, 이 구절은 앞의 구절과 밀접하게 연결된다. 이 연결은 καί(카이)로 이루어지며 일반적으로 "그리고" 또는 "그러나"로 번역된다. 그러나 이 경우는 "그러므로"에 가깝다.²⁸⁶

---

286 Kelly, *Peter and Jude*, 139-40; Achtemeier, *1 Peter*, 229; van Rensburg, "Intersentence

베드로는 12절에서 주께서 의인에게 은혜를 베푸시지만 오직 악을 행하는 자들에게는 반대로 그 얼굴을 보이신다고 확언했다. 이것은 마지막 심판에 관한 언급이다. 마지막 심판에서 의롭게 사는 자는 상을 받고 악인들은 심판을 받을 것이다.[287] 수사학적인 질문은 베드로의 독자들의 생각을 자극한다. 신자들이 선을 추구한다면 누가 해하겠는가? CSB 성경("누가 당신을 해칠 것인가?")은 미래를 분명히 고려하며 NIV 성경("누가 당신을 해하는가?", 개역개정. "누가 너희를 해하리요")보다 더 도움이 된다. 어떤 주석가들은 베드로가 이생을 말한다고 이해한다. 신자들이 의를 행하면 사람들이 일반적으로 신자들을 잘 대해 준다는 의미이다.[288] 12절과 13절의 논리적인 연결은 이것이 정확한 해석이 아님을 보여 준다. 또한, 분사의 미래 시제(ὁ κακώσων, 호 카코손)는 아마도 심판의 날을 가리킬 것이다. 수사학적인 질문의 요점은 하나님께서(3:10-12이 가르치는 것처럼) 그들의 신실함에 대해서 상을 주실 것이기 때문에 심판의 날에 아무도 신자들을 해하지 못할 것이라는 의미이다.[289]

이 구절은 아마도 이사야 50장 9절의 암시일 것이다. 이사야 50장 9절에서 종은 "보라 주 여호와께서 나를 도우시리니 나를 정죄할 자 누구냐?"라고 말한다.[290] 앞 구절들과의 연관성은 마지막 부분인 "너희가 열심히 선을 행하면"에도 나타난다. 경건한 행동은 3장 8-12절에서 요구되는 모든 것을 요약한 "선"을 행함으로 묘사된다. "열심으로"(ζηλωταί, 젤로타이)는 박해에도 불구하고 덕을 열렬히 추구함을 보여 준다.[291] 그러므로 베드로는 신자들이 이 세상에서 거부당하지 않고 해를 입지 않는다고 약속하지 않는다. 어떤 학자

Relational Particles and Asyndeton in 1 Peter," 289. 마이클스는 "그리고 나서" 또는 "그러므로"로 번역한다(*1 Peter*, 185; 참조. Tite, *Compositional Transitions in 1 Peter*, 95-97).

287 두 구절 사이의 연결은 헬라어에서 더 분명하다. 헬라어 κακά와 κακώσων의 근접에 주목하라.

288 예. Davids, *First Peter*, 129–30; McKnight, *1 Peter*, 212–13; Marshall, *1 Peter*, 114; Dubis, *1 Peter Handbook*, 106.

289 Cranfield, *I & II Peter and Jude*, 97-98; Kelly, *Peter and Jude*, 139–40; Michaels, *1 Peter*, 183–84; Achtemeier, *1 Peter*, 229; T. W. Martin, *Metaphor and Composition in 1 Peter*, 214; Bechtler, *Following in His Steps*, 164; Elliott, *1 Peter*, 620; Schelke, *Der Petrusbrief-Der Judasbrief*, 100; Feldmeier, *First Peter*, 193.

290 Jobes, *1 Peter*, 226. 이 논의를 위해서 다음을 보라. Egan, *Ecclesiology and the Scriptural Narrative of 1 Peter*, 172-74.

291 여기에서 ἀγαθοῦ 단어는 목적격적 속격이다.

들은 베드로의 말을 '일반적으로 의인은 해를 피하지만 때때로 고난을 당한다'고 이해한다.[292] 베드로가 고난이 드물다고 제시하지 않기 때문에 이 견해는 옳지 않다. 이 악한 시대가 끝날 때까지 고난은 신자들을 괴롭힌다. 오히려 신자들이 하나님의 길을 계속 걷는다면, 궁극적으로 어떤 것도 그들을 해칠 수 없다. 지금 그들에게 주어지는 고통은 일시적이며, 마지막 날에 하나님께서 그들을 신원하실 것을 확신한다.[293] 이 생각은 로마서 8장 31절과 비슷하다.[294] "그런즉 이 일에 대하여 우리가 무슨 말 하리요 만일 하나님이 우리를 위하시면 누가 우리를 대적하리요?" 바울은 신자들이 반대에 직면하지 않는다고 말하지 않는다. 베드로의 요점은 하나님께서 마지막 날에 그들을 신원하실 것이기 때문에 궁극적으로 그리고 마지막으로 아무도 믿는 자들을 이길 수 없다는 것이다.

3:14. 고난 받는 사람들은 번영할 것이므로 두려워 할 이유가 없다. 14절을 시작하는 접속사 "그러나"(ἀλλά, 알라)는 대조가 아니라 13절을 명확하게 한다. 따라서 "사실"로 번역해야 한다.[295] 그리스도인의 고난은 13절의 주장이 거짓임을 의미할지 모른다. 신자는 반대자들에게 해를 입거나 심지어 죽임을 당할 수 있다. 그러나 베드로는 신자들의 고난이 13절의 주장과 모순된다고 생각하지 않는다. 의를 위해서 고난을 받고, 선한 일에 대한 열심 때문에 반대를 당할 때 참는 자는 "복이 있다"(μακάριοι, 마카리오이, 참조 4:14).[296] 복은 하나님 그분으로부터 오며, 이것은 신자들이 고난을 당할 때 오히려 그들이 복을 받는 자임을 보여 준다. 그들은 어떤 의미에서 복을 받는가? 고난 자체가 즐겁다는 의미는 아니다. 그렇다면 그것은 분명 고난이

---

292 예. Lea, "I Peter-Outline and Exposition," 35.

293 노이게바우어(F. Neugebauer)는 여기에서 현재의 상에 관한 강조가 있다고 생각한다("Zur Deutung und Bedeutung des 1. Petrusbriefes," *NTS* 26 [1980]: 78-79).

294 아우구스티누스는 "너희가 선을 사랑하면, 해를 입지 않을 것이다. 이 세상에서 당신이 무엇을 박탈당하든지, 참 선이신 하나님을 결코 잃지 않을 것이기 때문이다"라고 말한다(*James, 1-2 Peter, 1-3 John, Jude*, ACCS [Downers Grove: InterVarsity, 2000], 103).

295 마이클스는 14절의 시작을 다음과 같이 바꾸어 표현한다. "더군다나 (고난을 당할지라도 ...) 복이 있다"(*1 Peter*, 185).

296 Kelly, *Peter and Jude*, 140; Achtemeier, *1 Peter*, 231.

아닐 것이기 때문이다. 베드로는 분명하게 여기에서 예수님의 전통을 사용
한다. 예수님께서 마가복음 5장 10-12절(참조. 눅6:22-23)에서 고난받는 사람
들은 그들이 받게 될 종말론적 상으로 행복하다고 가르치셨기 때문이다.[297]
"그러나"를 "사실"로 번역해야 하는 이유를 알 수 있다. 사고의 흐름은 다음
과 같다. "신자들이 열심으로 선을 행하면 그 미래의 날에 신자들을 해할 사
람이 없을 것이다"(13절). 사실 현재 고난도 형벌의 표시가 아니다. 현재와 특
별히 하나님께서 자기 백성에게 영생으로 상을 주시는 날인 미래의 복이다.

베드로는 동사 "고난을 받다"(πάσχοιτε, 파스코이테)에 희구법 동사를 사
용한다. 이 동사의 사용으로 일부 학자들은 그리스도인들에게 고난은 일반적
이지 않고 희박할 가능성이 있다고 결론을 내린다.[298] 동사형에 관한 이와 같은
이해는 베드로전서의 나머지 문맥과 어울리지 않는다. 소아시아의 그리스도
인은 분명히 고난에 직면했다(참조. 1:6-7; 2:12, 19-21; 4:12-19; 5:9-10).
더 나아가 이 견해는 고난이 신자의 삶의 일부라고 여기는 기독교 전통과 일
치하기 어렵다.[299] 그러므로 동사 희구법의 목적은 고난이 없을 가능성을 제시
하지 않는다. 오히려 고난은 그리스도인의 삶에서 끊임없이 경험되지는 않지
만 항상 위협이 되며 언제든지 분출될 수 있기 때문에 희구법이 사용된다.[300]
베드로는 고난이 드물다고 가르치지 않고 영구적이지 않다고 가르친다. 여기
에서 그려지는 고난은 "의를 위한"(διὰ δικαιοσύνην, 디아 디카이오쉬넨)것이므
로 무지나 죄로부터 오는 문제는 배제한다(참조. 2:20; 4:15). 의는 3장 13절
에서 신자들이 열심을 내는 "선"을 설명하는 또 다른 방법이다.

베드로는 이제 고난 받는 사람들이 번영하게 될 것이라는 사실에서 두
가지 의미(이 구절과 다음 구절에서)를 이끌어 낸다.[301] 이 두 가지 의미는 본

297 Goppelt, *I Peter*, 241.

298 Cranfield, *I & II Peter and Jude*, 98; Beare, *First Peter*, 137; Richard, *Reading 1 Peter, Jude, and 2 Peter*, 147.

299 행 4:1-22; 5:17-42; 7:54-8:3; 9:29-30; 12:1-24; 13:45; 14:1-6, 19, 22; 16:19-40; 17:5-9, 13-15; 18:12-17; 19:23~41; 살전 3:1-5; 살후 1:4; 딤후 3:11-12.

300 Kelly, *Peter and Jude*, 141; Selwyn, *First Peter*, 191; R. Omanson, "Suffering for Righteousness' Sake (1 Pet 3:13-4:11)," *RevExp* (1982): 439; Achtemeier, *1 Peter*, 231; F. W. Danker, "I Peter 1:24–2:17–a Consolatory Pericope," *ZNW* 68 (1967): 100n38. 마이클스는 희구법이 강조로 신자들이 고난을 당하더라도 그들의 미래가 불신자보다 낮다는 점을 제시한다(*1 Peter*, 186).

301 연결 단어는 δέ이지만, 문맥상 여기에서 추론을 읽어야 한다.

문의 요점이며 명령형으로 표현된다. 신자는 고난을 당할 때 복을 받기 때문에 불신자들이 그들에게 할 수 있는 일을 두려워하면 안 된다. CSB 성경은 첫 문구를 다르게 해석하여 "그들이 두려워하는 것을 두려워하지 말라"(개역개정)라고 번역한다.[302] 이 번역은 아래에서 주목해 볼 이사야서의 암시와 일치한다. 그러나 베드로의 문맥에서 아마도 불신자들이 그리스도인의 마음을 공격할 수 있다는 두려움을 말할 것이다.[303] 이 해석은 NASB 성경에 "그들의 협박을 두려워하지 말라" 또는 NIV 성경에 "그들의 위협을 두려워하지 말라"로 반영된다. 두 번째 명령인 "두려워 말라"는 동일한 뜻이며 첫 번째 명령을 단순하게 다시 설명한다.[304] 이 가르침은 오직 하나님만을 두려워하라는 베드로의 강조와 일치한다. 인간을 두려워하는 것, 심지어 박해하는 자들을 두려워하는 것도 금지된다. 두려움을 금지하는 이유는 13-14절로 돌아간다. 궁극적으로 신자를 해할 수 있는 자는 아무도 없고 고난도 복의 표시이기 때문에 다른 이들이 자신들에게 할 수 있는 일을 두려워하면 안 된다.

베드로는 이 구절과 다음 구절에서 이사야 8장 12-13절을 암시한다. 본문은 베드로의 주제에 맞게 재구성되지만, 본문을 의도적으로 바꾸었는지 또는 단지 기억으로 인용했는지 알 수 없다.[305] 분명히 이사야 본문은 베드로에게 중요했다. 베드로는 2장 8절에서 그 돌에 관한 본문들을 이사야 8장 14절에 호소했다. 이사야 7-8장의 문맥이 중요하다. 남유다는 북이스라엘과 아람 왕국의 위협을 받았다(아람은 대략 현대의 시리아이다). 이 두 나라는 유다 왕 아하스를 제거하고 다브엘을 왕으로 세우겠다고 위협하고 있었다. 그 위협으로 아하스와 유다는 공포가 가득했지만(사 7:2), 이사야는 여호와께서 유다를 보호할 것이며, 이스라엘과 아람이 앗수르에게 패할 것이며, 여호와께서 신실함을 보여 주시는 말씀의 표징을 베푸실 것이라고 약속했다. 유다와 아하스

---

302 이 해석을 위해서 다음을 보라. Hillyer, *1 and 2 Peter, Jude*, 110; Dubis, *1 Peter Handbook*, 108.

303 그러면 대명사 αὐτῶν은 근원의 속격이 될 것이다(Achtemeier, *1 Peter*, 232n45). 또는 비슷하게 목적격적 속격일 수 있다(Kelly, *Peter and Jude*, 142; Michaels, *1 Peter*, 186-87; Forbes, *1 Peter*, 114-15). 칼뱅은 베드로가 이사야서의 원래 의도에서 의미를 약간 옮겼다고 주장하지만 의미 차이는 어떤 경우이든 중요하지 않다고 주장한다(*Catholic Epistles*, 106-7).

304 몇몇 사본(𝔓72, B, L)에서 μηδὲ ταραχθῆτε는 생략되어 있지만, 분명히 원본이다. 마이클스는 φοβηθῆτε와 비슷한 어미를 가지고 있기 때문에 생략되어 있다고 주장하는 것은 옳을 것이다.

305 다음의 논의를 보라. Egan, *Ecclesiology and the Scriptural Narrative of 1 Peter*, 175–77.

는 여호와의 말씀을 신뢰함으로 응답해야 했다. 이사야 8장 11-15절에서 여호와께서는 자기 백성들에게 이스라엘과 아람이 만들어낸 음모를 두려워하지 말라고 명령하신다. 그들은 오직 이스라엘의 하나님 여호와를 경외하고 오직 그분만을 의지해야 한다. 그를 신뢰하는 자는 그를 성소로 삼을 것이지만, 그를 신뢰하지 않는 자는 넘어지고 깨어질 것이다. 좁스는 베드로의 다른 적용에 주목한다. 이사야는 하나님의 백성들은 다른 이들이 굴복하고 있는 두려움에 굴복하지 말아야 한다고 권면한다. 그러나 베드로의 독자들은 반대자들의 위협에 두려워하면 안 된다.[306] 중요한 유사점도 있다. 아하스 시대의 적들처럼 베드로의 독자들도 당시에 반대자들과 맞섰다. 유다가 그들의 원수를 두려워하는 유혹을 받은 것처럼 베드로의 독자들도 박해자들이 행할 수 있는 일들을 두려워하기 쉬웠다. 그러므로 이사야의 말씀은 베드로 시대에도 여전히 말하고 있다. 신자들은 불신자들이 가할 고난을 두려워해서는 안 된다. 그들은 주님께서 자기 사람들을 신원하실 것을 믿고 신뢰해야 한다.[307]

3:15. 베드로는 여기에서 이사야 8장을 계속해서 암시하면서 13-14절의 두 번째 의미를 언급한다. 신자들은 두려움을 삼가야 한다. 긍정적으로 그들은 "마음"에 "그리스도를 주로 삼아 거룩하게"(NRSV) 해야 한다. 70인역과 차이점은 14절에서보다 더 본질적이다. 이사야 8장 13절에서 "주"(κύριος, 퀴리오스)는 분명히 여호와이지만, 여기서 베드로는 "그리스도"(Χριστὸν, 크리스톤)를 추가한다.[308] "너희 마음에"도 이사야에 나타나지 않는다. 여호와에서 그리스도로 바뀌는 것은 신약에서 흔히 볼 수 있는데, 이는 메시아 예수가 여호와와 같은 영광을 받을 자격이 있다는 확신을 반영한다. 우리는 1장 24-25절(이사야 40장)과 3장 10-12절(시 34편)에서 구약의 주님을 예

---

306 Jobes, *1 Peter*, 229.

307 맥카트니는 구약과 베드로전서 사이의 사소한 차이에도 불구하고 "결과는 실제로 매우 유사하다. 두 상황 모두 다른 사람을 두려워하지 말고 오직 주님만을 두려워하라고 권면한다"라고 말한다("The Use of the Old Testament in the First Epistle of Peter," 95-96).

308 다수 사본은 Χριστόν 대신에 θεόν를 넣는다. 외적 증거는 Χριστόν를 지지한다($\mathfrak{P}^{72}$, ℵ, A, B, C, Ψ, 33, 614, 1739). 아마도 그리스도가 이사야 8:13의 70인역에 없었기 때문에 필사자들이 넣었을 것이다. 다음을 보라. *TCGNT* 622-23. 이것은 "저자가 그리스도를 주와 동일하게 하는 급진적인 성경 읽기에 그리스도를 넣었다"라고 말한다(*Ecclesiology and the Scriptural Narrative of 1 Peter*, 177).

수님으로 이해하는 것을 보았다. 또한 베드로전서의 변화는 독자들이 예수 그리스도를 주로 믿었기 때문에 박해를 받은 상황에 직면한 것을 반영한다. 베드로는 독자들에게 그리스도를 계속해서 거룩하신 분으로 대하고 그들을 해하는 사람들보다 그를 두려워하라고 권면한다. 어떤 상황에서도 그리스도 는 이미 주님이시지만 신자들은 그 이름을 영화롭게 함으로써 삶에서 그리스 도의 주되심을 증명하고 인정해야 한다(참조. 마 6:9).

일부 학자들은 이 구조를 "주, 곧 그리스도를 구별하라"라고 번역해야 한 다고 주장한다.[309] 베드로는 그리스도를 주와 동일시함으로 더 강조해서 구약 의 여호와에 대해 말한 내용도 예수 그리스도께 돌린다. 이 해석이 맞더라도 의미는 극적으로 변하지 않는다.[310] 그러나 문맥은 우리가 이 구조를 NRSV 성 경 처럼, "그리스도를 주로 거룩하게 하다"(개역개정, "그리스도를 주로 삼아 거룩하게 하고")로 해석해야 한다고 제안한다. 베드로는 그리스도**께서 주님 이심**을 강조하는 것이 아닌 신자들이 그를 구별하고 **주님으로** 대해야 한다고 강조하고 싶어 한다.[311] 그리스도께서 주님으로 구별되신 곳은 "너희 마음"이 다. 우리는 마음을 다른 사람이 근접할 수 없는 우리의 내적이고 개인적인 삶 으로 이해해서는 안 된다. 마음은 인간 행동의 근원이며(참조 1:22; 3:4), 사 람이 하는 모든 행동은 마음에서 나온다. 따라서 마음에 그리스도를 주로 삼 아 거룩하게 하는 것은 개인적인 실재일 뿐만 아니라 신자들이 믿음으로 고난 을 받을 때 모든 사람에게 분명하게 드러날 것이다. 내적 생명과 외적 생명은 뗄 수 없다. 특별히 고난을 받을 때 내면에서 일어나는 일은 필연적으로 외적 으로 드러날 것이기 때문이다.

다음 문장이 앞의 문장과 어떻게 연결되는지 알기 어렵다. NIV 성경은 "준비된"(형용사, ἕτοιμοι, 헤토이모이)를 "준비하라"라는 명령형으로 바꾸고 있다(개역개정. "준비하되"). 왜냐하면 헬라어 구조를 이해할 수 있게 만들기 위해서는 무엇인가 보충되어야 하기 때문이다. 엄밀하게 말하면, 분사(ὄντες, 온테스)는 아마도 이 어구를 주동사 "거룩하게 하다"(ἁγιάσατε, 하기아사테)

309 Kelly, *Peter and Jude*, 142; Michaels, *1 Peter*, 187; Jobes, *1 Peter*, 229; Dubis, *1 Peter Handbook*, 110; Carson, "1 Peter," 1038.

310 Forbes, *1 Peter*, 115.

311 T. Williams, *Persecution in 1 Peter*, 313-14.

와 연결할 것이다.³¹² 어쨌든 형용사는 명령형처럼 기능하게 되기 때문에 NIV 성경 번역과 가깝다. 신자는 자신의 믿음에 대해 묻는 사람들에게 끊임없이 응답할 준비가 되어 있어야 한다. 베드로는 기독교 신앙에 대해 묻는 사람들에게 "변호"(ἀπολογία, 아폴로기아, 개역개정. "응답")할 준비를 해야 한다고 강조한다. "변호"는 신자들이 법적 고발에 응하는 공식적인 법정 사건을 보여준다(참조. 눅 12:11; 21:14; 행 19:33; 22:1; 24:10; 25:8, 16; 6:1-2, 24; 빌 1:7, 16; 딤후 4:16).³¹³ 우리는 서문에서 베드로전서의 박해가 산발적이고 비공식적이며 플리니우스와 트라야누스 시대 국가의 박해를 나타내지 않는다고 살펴보았다. 따라서 상황을 법적인 면으로만 국한해서는 안 된다.³¹⁴ "너에게 묻는 모든 사람에게"(NIV, παντὶ τῷ αἰτοῦντι ὑμᾶς, 판티 토 아이툰티 휘마스, 개역개정. "묻는 자에게") 고발의 범위를 뒷받침한다. 이는 법적인 상황에만 제한되지 않고 다양한 사람들에게 대답해야 함을 의미한다.³¹⁵ 즉흥적으로 자신의 신앙에 대해서 질문을 받는 공식적이지 않은 상황도 포함된다.³¹⁶ 다른 한편 법적인 상황도 고려될 것이다. 비공식적인 비난은 공식적인 박해로 이어질 수 있기 때문이다.³¹⁷ 따라서 여기에서 베드로의 가르침은 법정적인 환경에도 적용되며 신자들이 법적 고발을 당할 가능성을 배제하지 않는다.³¹⁸

신자들은 복음이 믿을 확고한 지적 근거가 있다고 가정하기 때문에 베드로의 권면은 유익하다. 복음의 진리는 공적 영역에서 변호될 수 있는 공적 진리이다. 물론 이것은 모든 그리스도인이 고도로 숙련된 신앙의 변증가가 되어

---

312 Achtemeier, *1 Peter*, 233n54. 비어는 형용사를 명령적으로 설명한다(*First Peter*, 138).

313 예. Beare, *First Peter*, 138-39; P. A. Holloway, *Coping with Prejudice: 1 Peter in SocialPsychological Perspective*, WUNT 244 (Tübingen: Mohr Siebeck, 2009), 202-3.

314 예. Omanson, "Suffering," 439; Selwyn, *First Peter*, 193; Kelly, *Peter and Jude*, 14243; Michaels, *1 Peter*, 188; Achtemeier, *1 Peter*, 233; Goppelt, *1 Peter*, 244.

315 몇몇 사본은 (ℵ², A, Ψ)은 αἰτοῦντι대신 ἀπαιτοῦντι를 넣는다. 신자들이 도전받는 강력함을 강조하기 위해서 ἀπαιτοῦντι을 넣었을 가능성이 높다. 원본은 αἰτοῦντι일 것이다(참조. Achtemeier, *1 Peter*, 228).

316 헬라어 ἀπολογία와 ἀπολογέομαι는 개인적인 논쟁에도 사용된다(참조. 고전 9:3; 고후 7:11; 12:19).

317 Horrell, *Becoming Christian*, 183–209.

318 따라서, Kelly, *Peter and Jude*, 143; Achtemeier, *1 Peter*, 233; Bechtler, *Following in His Steps*, 90-91.

야 함을 의미하지 않는다.[319] 모든 신자는 신앙의 본질을 파악해야 하며 다른
사람들에게 기독교 신앙이 참된 이유를 설명할 수 있는 능력을 가져야 한다.
악트마이어는 이러한 점에서 기독교 신앙과 신비주의 종교의 차이가 흥미롭
다고 말한다. 신비주의 종교는 그 신봉자들에게 비밀을 요구하기 때문이다.[320]

흥미롭게도 베드로는 여기서 "믿음"이 아니라 "소망"(ἐλπίς, 엘피스)을 사
용한다. 우리는 이미 1장 21절(주해 참조)에서 두 단어가 밀접하게 연결되어
있음을 보았다. "소망"은 베드로의 중심적인 단어로 신자들이 기다리고 있는
종말론적 유업에 초점을 맞춘다(1:3; 참조. 1:13).[321] 불신자들은 신자들이 어
려움에 대처하는 방식을 통해서 그들의 소망이 이 땅의 상황보다 하나님께 있
음을 인식할 것이다. 우리는 "너희 안에 있는 소망"(CSB) 또는 "너희 가운데
소망"(τῆς ἐν ὑμῖν ἐλπίδος, 테스 엔 휘민 엘피도스)으로 번역할 수 있다. 몇몇
학자들은 초점이 개인에 있지 않고 공동체 전체가 공유하는 소망이라고 주장
하면서 후자("너희 가운데 소망")를 선호한다.[322] 신약 시대에 관한 사회 과학
의 연구는 고대 세계의 공동체를 바르게 강조한다. 현대 서구 문화는 매우 개
인적이며, 개인의 자유에 대한 강조는 조상들과 구별된다. 그럼에도 불구하
고 초기 기독교인들은 개인이 회개하고 믿어야 하며 자기 결정에 책임이 있다
고 가르치기 때문에 과도한 반응에 주의해야 한다(참조. 행 2:37-38; 3:19;
롬 10:9 등). CSB 성경 번역 "너희 안에 있는 소망"이 여기에서 선호된다.[323]
이 구절은 "너희 마음 안에"와 병행을 이루며 외적 행위가 흘러나오는 내적인
삶에 주의를 기울인다. 신약은 내부와 외부, 개인적인 것과 외부적인 것을 분
리하지 않는다. 왜냐하면 내면에 있는 것은 무엇이든지 겉으로 드러나기 때문
이다. 믿는 자에게 생명을 불어넣는 소망이 너무나 분명해져서 믿지 않는 자
들은 설명을 요구할 것이다.

---

319 루터는 이 본문에서 모든 신자가 하나님의 말씀을 개인적으로 알아야 한다고 주장한다
(*Commentary on Peter & Jude*, 158-59).

320 Achtemeier, *1 Peter*, 234.

321 Brox, *Der erste Petrusbrief*, 17.

322 Selwyn, *First Peter*, 194; Michaels, *1 Peter*, 189; Achtemeier, *1 Peter*, 233-34.

323 Goppelt, *1 Peter*, 244; Kelly, *Peter and Jude*, 143.

3:16. 신자들은 적대적인 세상을 만나 믿음에 대한 도전을 받을 때 거칠게 반응하고 싶은 유혹을 크게 받는다. 자신의 위치에 대한 변호는 상대방의 공격으로 쉽게 변질될 수 있다. 따라서 베드로는 변호가 "온유와 두려움으로"(NRSV. μετὰ πραΰτητος καὶ φόβου, 멜, 프라우테토스 카이 포부)이루어져야 한다고 덧붙인다. NRSV 성경의 번역 "온유와 두려움으로"가 CSB 성경의 "온유와 존경으로"보다 더 선호된다. "존경"은 그리스도인들이 질문을 받을 때 불신자들을 적합하게 대해야 한다는 의미이다. 그러나 베드로는 이 의미에 분명히 동의하지 않았을 것이다. 그러나 주해 전반에서 베드로전서의 "두려움"은 항상 하나님을 향하고 있음을 살펴보았다(2:18 주해 참조). 더욱이 "온유" 또는 "겸손"은 피조물이 자신을 하나님과 관련하여 생각할 때 현실이 된다.[324] 베드로는 아마도 다른 사람에 대한 온유함과 하나님 앞에서 두려움을 염두에 두고 있었을 것이다.[325] 이와 같은 두려움과 겸손은 아내들에게도 요구된다(3:2, 4). 아내를 위한 가르침이 억압받는 모든 신자들의 본보기가 됨을 다시 한번 암시한다. 하나님을 경외하고 겸손하게 사는 자는 적들을 존귀하게 대하고 공격하지 않을 것이다. 신자들은 하나님과의 관계를 통해 불신자들을 올바르게 대할 수 있다.

또한 초점이 하나님과의 관계에 있음을 보여 주는 또 다른 증거가 있다. "선한 양심을 가지라"는 수단의 의미이지만 명령의 분사로 기능한다. 베드로는 다시 신자들이 믿음의 변호를 구체화한다. "선한 양심"(συνείδησιν ἀγαθήν, 쉬네이데신 아가덴)이라는 단어는 신자와 하나님의 관계를 말한다. 고펠트가 말하는 것처럼 "그들은 분명히 믿음으로 살지만 완전하지는 않다."[326] 그들은 모든 일에서 하나님의 임재 안에 살고 있으므로 소망을 변호하라는 요청을 받았을 때 복수, 분노, 또는 죄에 의지하면 안 된다.

신자들은 왜 하나님 앞에서 두려움과 겸손으로 살아가야 하고 선한 양심을 유지해야 하는가? 목적절(ἵνα, 히나, 개역개정. "하게 하려")에는 '신자의 선한 행실을 나쁘게 이용하는 사람들이 마지막 날에는 욕을 당하게 된다'라

---

324 Michaels, *1 Peter*, 189.

325 Elliott, *1 Peter*, 627. 참조. Bechtler, *Following in His Steps*, 164.

326 Goppelt, *I Peter*, 245.

는 의도가 설명되어 있다. 여기에서 우리는 베드로전서에 나오는 핍박의 중요한 형태가 육체적이 아니라 사회적임을 알 수 있다. 언급된 상황은 "너희가 비방을 당할 때"(NRSV, ἐν ᾧ καταλαλεῖσθε, 엔 호 카타랄레이스데, 개역개정. "비방하는" 일에) 또는 CSB와 같이 "폄하할 때" 이다.[327] 믿지 않는 자들은 기독교인들을 "욕하는 자들이다"(οἱ ἐπηρεάζοντες, 호이 에페레아존테스). 이러한 학대는 일상생활에서 일어날 수 있지만, 신자에 대한 비판은 공식적인 법정 소송으로 이어질 수 있다. 더욱이 언어적인 반대가 거세진다면 신체적인 폭력이 그리 멀지 않을 것이다. 불신자들은 놀랍게도 신자들의 "선한 행실"을 비판하지만, 불신자들은 선한 행실을 그렇게 묘사하지 않을 것이다. "행위"(ἀναστροφή, 아나스트로페)는 베드로가 좋아하는 단어로 종종 하나님을 기쁘시게 하는 행위를 말한다(1:15; 3:1-2; 반대로 1:18, 동사형은 1:17을 보라). 이 행위는 분명히 그리스도인의 행위이다. 이것은 전치사구 "그리스도 안에 있는"(ἐν Χριστῷ, 엔 크리스토)으로 분명해진다. "그리스도 안에 있는"이라는 표현은 바울 서신에 73회 나타나며 바울 서신 밖에서는 베드로전서에서만 사용된다(참조 5:10, 14). 그러나 베드로는 바울과 같은 방식으로 이 어구를 발전시키지 않으며 여기에서는 사실 "그리스도인"과 동등한 의미이다.[328]

베드로의 관심은 그리스도인들이 불신자들로부터 비판받을 만한 근거가 없도록 의로운 삶을 사는 것이다. 신자들이 의롭게 살아야 선행을 욕하는 사람들이 "부끄러움을 당하게" 될 것이다(καταισχυνθῶσιν, 카타이스쿤도신). 불신자들이 이 땅의 삶에서 자기들의 행실을 깨닫고 부끄러움을 느끼는 것인지, 심판 날에 치욕을 언급하는 종말론적 의미인지 주석가들의 견해가 상이하다.[329] 현재의 부끄러움을 깨닫는 것을 지지하는 학자들은 믿지 않는 사람들이 지금 신자의 선행을 인정할 것으로 기대한다고 말한다.[330] 그리스도인이 책망

---

327 대부분 번역은 이 절을 시간으로 번역하지만(Reicke, *The Disobedient Spirits and Christian Baptism*, 110-11; 핑크, "Use of en hōin 1 Peter," 34; Brox, *Der erste Petrusbrief*, 161), 듀비스(*1 Peter Handbook*, 113)는 아마도 2:12에 언급된 동사가 두 개의 다른 시간적인 틀을 가지고 있기 때문에 참조의 관점으로 이해하는 점에서 옳을 것이다. 많은 증거들이 καταλαλοῦσιν ὑμῶν ὡς κακοποιῶν를 καταλαλεῖσθε로 대체하지만, καταλαλεῖσθε이 벧전 2:12의 동화가 거의 확실하다.

328 Michaels, *1 Peter*, 190.

329 벡틀러는 믿지 않는 사람들의 수치가 믿는 공동체에 의해 인식되지만(*Following in His Steps*, 195), 이것은 곤경에 처한 교회에 격려가 되지 않을 것이라고 말한다.

330 참조. Achtemeier, *1 Peter*, 236; Richard, *Reading 1 Peter, Jude, and 2 Peter*, 151-52.

을 받아도 선을 행하고 원수를 갚지 않을 때, 불신자들은 자신이 그리스도의 것이라고 주장하는 사람들의 선을 깨닫지 않을 수 없다.

첫 번째는 분명한 가능성이 있다. 베드로는 사람들이 신자들의 선한 행실을 주목하게 될 것을 부인하지 않는다. 그러나 여기에서 초점은 마지막 때인 심판의 날에 있다.[331] 세 가지 증거가 이 해석을 뒷받침한다. 첫째, 베드로전서 2장 6절의 "부끄러움을 당하다"는 분명히 심판의 날을 가리킨다. 이 단어가 항상 미래를 가리키지 않지만 종종 이런 의미를 내포하고 있다(롬 5:5; 9:33, 10:11; 고전 1:27). 둘째, 가장 중요한 점은 신자들이 그리스도 안에서 행한 선행 때문에 이미 학대와 비판을 받고 있다는 점이다. "더 선한 행동"이 어떻게 갑자기 불신자들을 부끄럽게 만드는지 알기 어렵다. 기독교인이 아닌 사람들은 그리스도인의 경건한 행실에도 불구하고 그들이 문제를 일으키는 사람이라고 확신한다. 베드로는 신자들에게 위협을 받을 때 계속 의롭게 살 것을 요청한다. 베드로는 아마도 신자들에게 완고한 불신자들을 염두에 두고 있을 것이며, 그들은 어떤 일이든지 그리스도인은 사회적으로 위험하다고 마음을 먹고 있었다. 그래서 베드로는 독자들에게 심판의 날에 불신자들이 틀렸다는 사실을 깨닫도록 계속해서 하나님을 기쁘시게 하고 경건한 생활을 하라고 권면한다. 셋째, 베드로전서 2장 12절의 언어는 여러 면에서 3장 16절과 병행을 이룬다. 선한 행실로 부르심, 불신자들의 비방, 억압받을 때 계속 의롭게 살아야 할 필요성 등이다. 우리는 베드로전서 2장 12절에서 마지막 날에 믿지 않는 자들이 심판을 받을 때, 믿는 자의 의로운 행실이 하나님께 영광을 돌리게 될 것이라고 생각하는 데 합당한 이유가 있음을 살펴보았다. 어떤 불신자들은 신자들의 삶의 선함을 인정하기를 거부한다. 마지막 날에는 하나님께서 그들이 수치를 당하게 하시고 성도들이 의롭게 살았음을 인정하지 않을 수 없게 된다.

3:17. "왜냐하면"(개역개정은 생략, γάρ, 가르)은 17절을 앞의 내용과 연결시킨다. 학자들이 이 구절의 의미에 대해 논쟁하기 때문에 우리는 이 구절이

---

331 Michaels, *1 Peter*, 190–91; Elliott, *1 Peter*, 623-33; T. Williams, *Persecution in 1 Peter*, 311-12.

앞의 구절과 어떻게 연결되는지 설명하기 전에 이 문제를 고려해 보아야 한다. 그리스도인들은 악을 행함으로 고난을 받는 것보다 선을 행함으로 고난을 받는 것이 낫다고 말하는가? 많은 주석가들이 이 견해를 지지한다.[332] 다른 학자들은 이와 같은 해석이 너무 평범하고 분명해서 말할 필요가 없다고 반대한다. 그러므로 그들은 이 구절을 종말론적으로 이해한다. 악을 행함으로 심판의 날에 고난을 받는 것보다 선을 행함으로 지금 고난을 받는 것이 낫다.[333]

두 번째 견해를 지지하는 이유는 3장 10-12절과 3장 16절에 있는 논증의 종말론적 초점 때문이다. 더 나아가 이 표현은 어떤 면에서 마가복음 9장 43, 45, 47절과 병행을 이룬다. 이 견해를 지지하는 도발적인 주장에도 불구하고, 또한 나도 3장 10-12절과 3정 16절의 종말론적인 성격에 동의하지만 이와 같은 종말론적인 초점은 여기에서 분명하지 않다.[334] 마가복음의 구절들이 마지막 때의 심판과 구원을 분명히 언급하지만, 마가복음과의 병행은 결정적이지 않다. 베드로의 편지에는 이와 같은 종말론적인 언어가 없다. 더 나아가 이 구절에서 표현된 개념은 4장 15-16절에서도 나타난다(참조. 2:20). 이와 같은 정서는 평범해 보이지만, 베드로가 인간 본성을 알고 대답했다고 말할 수 있다. 그는 고난이 그리스도인들의 죄 때문에 당연해지고 그들에게 다가올 때, 그리스도인들도 모든 고난을 자신의 의의 표시로 설명하는 경향이 있음을 깨닫고 있었다. 베드로가 상상하는 고난은 하나님과의 관계 때문에 행하는 선과 관련되어 있기 때문에 이 구절은 단순히 세속적인 정서가 아니다. 더욱이 베드로는 다른 곳에서 종말론적 심판을 "고난을 받다"(πάσχω, 파스코)라고 표현하지 않고, 현재의 악한 시대에 직면한 어려움을 이 단어로 표현한다. 우리는 앞에서 신자들의 선한 행실이 하나님과의 관계에 뿌리를 두고 있음을 주목했다. 그러므로 17절은 그리스도인들이 받는 반대가 그들의 결점이 아니라 선한 행실 때문이어야 한다고 설명한다.

17절의 또 다른 특징에 주목해야 한다. 신자들의 고난은 하나님의 뜻에 기

---

332 예. Brox, *Der erste Petrusbrief*, 163; Omanson, "Suffering," 440; Beare, *First Peter*, 140; Achtemeier, *1 Peter*, 237–38.

333 Michaels, *1 Peter*, 191; 참조. Michaels, "Eschatology in 1 Peter iii.17," 394-401; T. W. Martin, *Metaphor and Composition in 1 Peter*, 223.

334 Brox, *Der erste Petrusbrief*, 162–63; Horrell, *The Epistles of Peter and Jude*, 68–69. 호렐은 저자가 고난의 이유를 심판으로 말하지 않을 것이라고 주목한다.

인한다(참조. 1:6).[335] "고난을 받는 것이 하나님의 뜻일진대"(θέλοι, 델로이)에
서 헬라어 희구법이 사용된 이유는 베드로가 하나님께서 각 신자들의 고통을
얼마나 원하시는지 알지 못하기 때문이다. 그는 어떤 사람들은 다른 사람들보
다 더 많은 비방과 심지어 신체적인 해를 겪을 것을 알고 있다. 그러나 이와
같은 반대는 하나님의 통제 영역 밖이 아니다.[336] 각 신자들이 겪는 고난은 그
들을 향한 하나님의 뜻을 나타낸다. 베드로는 교회를 핍박하는 사탄의 실재와
그가 악하게 날뛰는 것을 부인하지 않으며(5:8), 또한 교회를 핍박하는 사람
들의 책임도 면제되지 않는다(2:12; 3:16). 그럼에도 불구하고 하나님의 허락
없이는 궁극적으로 아무도 하나님의 자녀를 만질 수 없다.[337] 이것은 욥의 메시
지이기도 하다. 사탄은 하나님의 묵인이 없으면 욥에게 피해를 끼칠 수 없다.
물론 하나님께서 고난을 허락하신 의도와 동기는 사탄과 전혀 다르기 때문에
이 과정에서 사탄은 돌이킬 수 없는 악이지만 하나님은 변함없이 선하시다.

3.3.2 그리스도의 고난: 승귀에 이르는 길(3:18-22)

[18] 그리스도께서도 단번에 죄를 위하여 죽으사 의인으로서 불의
한 자를 대신하셨으니 이는 우리를 하나님 앞으로 인도하려 하심이라
육체로는 죽임을 당하시고 영으로는 살리심을 받으셨으니 [19] 그가 또
한 영으로 가서 옥에 있는 영들에게 선포하시니라 [20] 그들은 전에 노
아의 날 방주를 준비할 동안 하나님이 오래 참고 기다리실 때에 복종
하지 아니하던 자들이라 방주에서 물로 말미암아 구원을 얻은 자가
몇 명뿐이니 겨우 여덟 명이라 [21] 물은 예수 그리스도께서 부활하심으
로 말미암아 이제 너희를 구원하는 표니 곧 세례라 이는 육체의 더러
운 것을 제하여 버림이 아니요 하나님을 향한 선한 양심의 간구니라
[22] 그는 하늘에 오르사 하나님 우편에 계시니 천사들과 권세들과 능력들
이 그에게 복종하느니라

---

335 참조. Goppelt, *I Peter*, 246.
336 칼뱅은 우리의 고통이 우연이 아니라 하나님의 뜻에 기인한다고 올바르게 말한다(*Catholic Epistles*, 111).
337 Jobes, *1 Peter*, 233.

13-17절에서 신자들은 종말론적 유업의 약속으로 확신에 차고 두려움에서 벗어나야 한다. 이제 18-22절에서 베드로는 그리스도께서도 고난에서 영광의 길을 가셨다고 제시한다. 그러므로 고난은 하나님이 싫어하시는 것이 아니다. 오히려 그 반대이다. 그리스도를 위해서 고난을 받는 사람들은 그와 같이 영화롭게 될 것이다.[338] 이 단락은 어렵지만 세 가지 요점을 가진다. 첫째, 그리스도는 신자들을 하나님께 인도하기 위해서 불의한 자들을 위해 고난을 받으셨다(18절). 둘째, 성령의 권능으로 죽은 자 가운데서 다시 살아나셔서 악한 영들에게 승리를 선포하셨다(18-19절). 마침내 그는 이제 부활하시고 승천하신 주님으로 높임을 받으셨고 모든 악한 영들의 권세를 자신에게 복종시키셨다(22절). 그러므로 요점은 신자들은 악이 그들을 정복할 것을 두려워할 필요가 없다는 것이다. 왜냐하면 그들은 고난을 통해서 모든 적대적인 세력에 대한 승리를 확보하신 주님과 같은 운명을 공유하기 때문이다. 그러므로 신자들은 노아와 비슷하다. 그들은 적대적인 세상에서 궁지에 몰린 소수이지만, 노아처럼 심판이 올 때 그들의 미래가 안전하다는 것을 확신할 수 있다. 확신의 근거는 세례이다. 세례에서 십자가에 못 박히시고(18절) 부활하신(21절) 주 예수 그리스도의 사역을 근거로 그들에게 선한 양심을 주시기를 하나님께 간구했기 때문이다.

3:18. 앞 단락의 주요 개념은 믿지 않는 사람들이 고통을 가할지라도 믿는 사람들은 두려워하면 안 된다는 점이다(3:14). 대신 그들은 마음에 그리스도를 주로 삼아 거룩하게 하고 불신자들이 제기하는 질문에 대답할 준비를 해야 한다(3:15). 신자들이 두려워하지 말아야 하는 이유는 고난으로 하나님의 상과 복을 받기 때문이다(3:13-14). 그러므로 고난은 영광의 길이다. 18절을 시작하는 "왜냐하면"(개역개정은 생략, ὅτι, 호티)은 이전 단락에서 살폈던 개념으로 돌아가서 말한다. 신자들은 고난을 두려워하지 말고 그리스도의 고난이 그가 높임을 받는 수단이 되었기 때문에 그리스도를 주님으로서 계속 거룩하게 해야 한다. 고난이 그리스도의 높아짐을 위한 길이었던 것처럼 고난

---

338 캠벨은 "베드로의 요점은 죄 없이 고난을 받으신 그리스도께서 높임을 받으신 것과 같이 그를 신실하게 따르는 자들은 하나님이 주시는 영광을 기대할 수 있다"라고 말한다(*Honor, Shame, and the Rhetoric of 1 Peter*, 179).

도 믿는 자들에게 영광의 서곡이다. 따라서 이단락은 해석상의 어려움은 있지만, 독자의 상황에서 벗어나지 않는다. 오히려 그리스도의 승리에 대한 강조는 신자들에게 현시대의 고난이 일시적이며 그리스도께서 악의 세력을 이기셨기 때문에 승리가 확실하다는 사실을 상기시킨다.[339] 그러므로 본문의 주제는 일부 학자들의 견해와는 달리 그리스도를 본 받는 것이 아니라,[340] 악에 대한 그의 승리, 신자들이 그에게 속해 있기 때문에 얻는 승리를 나누는 것이다.

베드로는 이 특별한 구절에서 독자들에게 그리스도를 따르라고 요청하지 않는다. 그는 악의 세력에 대한 그리스도의 승리를 일깨움으로 그들을 격려한다. 어떤 학자들은 베드로가 이 구절에서 전통적인 자료를 사용했다고 가정한다.[341] 전통적인 주제의 인용은 의심의 여지가 없지만, 전통적이라고 간주하기에는 본문이 너무 많은 독특한 특징을 가지고 있다.[342] 그리고 구문이 너무 복잡해서 이 표현들에서 찬송이나 신앙 고백 형식을 읽어내기 쉽지 않다.

18절의 주제는 사람들을 하나님께 인도하는 그리스도의 고난으로 향한다. 그리스도께서 죽은 자 가운데서 다시 살아나셨기 때문에 죽음이 그리스도를 이기지 못했다. 많은 사본은 그리스도께서 "고난을 당하셨다"($\xi\pi\alpha\theta\epsilon\nu$, 에파덴)가 아니라 "죽으셨다"($\dot{\alpha}\pi\epsilon\theta\alpha\nu\epsilon\nu$, 아페다넨)라고 읽는다(개역개정. '죽으사').[343] "고난을 당하셨다"는 원래 그리스도께서 죄인을 위해 "죽으셨다"라

---

339 참조. R. T. France, "Exegesis in Practice: Two Examples," in *New Testament Interpretation: Essays on Principles and Methods*, ed. I. H. Marshall (Grand Rapids: Eerdmans, 1977), 266; Achtemeier, *1 Peter*, 243; W. J. Dalton, *Christ's Proclamation to the Spirits: A Study of 1 Peter 3:18-4:6*, AnBib 23 (Rome: Pontifical Biblical Institute, 1965), 111-12.

340 Reicke, *The Disobedient Spirits and Christian Baptism*, 130-31은 신자들은 예수님처럼 복음을 선포해야한다고 주장한다. Selwyn, *First Peter*, 195; Thurén, *Argument and Theology in 1 Peter*, 164. 다음 학자들도 바르게 주장한다. Best, *1 Peter*, 139; W. J. Dalton, "1 Peter 3:19 Reconsidered," in *The New Testament Age: Essays in Honor of Bo Reicke*, 2 vols. (Macon: Mercer University Press, 1984), 1:97.

341 예. Wand, *Epistles of Peter and Jude*, 99-100; Selwyn, *First Peter*, 325-26; K. Shimada, "Formula," 158–59; R. Bultmann, "Bekenntnis und Liedfragmente im ersten Petrusbrief," *ConBNT* 11 (1947): 1-14; K. Wengst, *Christologische Formeln und Lieder des Urchristentums*, SNT 7, 2nd ed. (Gütersloh: Gütersloher/Mohn, 1974); Dalton, *Proclamation to Spirits*, 96-100. 켈리는 18절과 22절에 대해 예전적인 요소로 제한한다(*Peter and Jude*, 147). 더 자세한 논의는 다음을 보라. Achtemeier, *1 Peter*, 241-43; Elliott, *1 Peter*, 694-97.

342 Feldmeier, *First Peter*, 198–99.

343 다음 사본들이 $\dot{\alpha}\pi\epsilon\theta\alpha\nu\epsilon\nu$를 지지한다. $\mathfrak{P}^{72}$, ℵ, A, C, Ψ, 33, 1739 등(Kelly, *Peter and Jude*, 147-48). 다수 사본과 B, K, P는 $\xi\pi\alpha\theta\epsilon\nu$를 지지한다.

는 진술이 일반적인 기독교 신앙 고백의 일부였기 때문에 원본인 것 같다(참
조. 롬 5:8; 고전 15:3; 고후 5:14; 살전 5:10). "고난을 당하다"는 비교적으
로 드물다.[344] 더 나아가 베드로는 다른 곳에서 "죽었다" 동사를 사용하지 않
고 "고난을 받다" 동사를 11번 사용한다. 실제로 "고난"이 발견되는 앞 구절
과 연결이 더 강해진다. 베드로는 여기에서 그리스도의 죽음을 숙고하지만 "
고난"은 독자들의 경험과 관련이 있다. "또한"(개역개정. "~께서도")은 아시
아의 신자들이 고난을 받은 것처럼 그리스도께서도 고난을 당하셨다는 것
을 다시 한번 떠오르게 한다(2:21 주해 참조). 그럼에도 불구하고 그리스도
의 고난의 유일성은 2장 21절과 같이 전달된다. 그리스도의 죽음은 "죄를 위
하여"(περὶ ἁμαρτιῶν, 페리 하마르티온) 죽으심이다. 이 구절은 아마도 70인
역에 뿌리를 두고 있을 것이다. 70인역에서 단수 명사 "죄"는 전치사 "위하
여"(περί, 페리)와 함께 종종 속죄 제물(περὶ ἁμαρτίας)을 가리킨다. 톰 라이트
는 70인역에서 54번 중 44번이 이 의미로 사용되었음을 보여 준다(참조. 히
10:6, 8;13:11).[345]

여기에서 제시하는 해석은 "단번에"(ἅπαξ, 하팍스)로 지지받는다. 그리스
도의 고난은 단번에 자신을 속죄 제물로 드리셨다는 점에서 유일하고 결정
적이다. 여기에서 그리스도의 희생의 유일성이 특징이다. 왜냐하면 신자들은
고난 당하더라도 다른 이들의 죄를 위한 고난이 아니고, 다른 이들의 죄를 위
한 희생이 아니기 때문이다. 또한 베드로는 믿는 자들의 고난이 믿지 않는 자
들을 하나님께 가까이 나아가게 하는 수단이라고 주장하지 않기 때문이다.

그리스도의 죽으심의 유일성은 계속 강조된다. "의인으로서 불의한 자들
을 대신하여" 십자가에서 고난을 받으셨기 때문이다. 그리스도의 의는 그에
게 죄가 없음을 암시한다(참조. 2:22). 그러므로 그리스도의 고난은 그가 받
아야 할 것이 아니다. 우리는 2장 21-23절에서 불의한 고난에 대한 예수님
의 반응이 믿는 자들의 본보기가 됨을 보았다. 이전 단락에서 신자들도 고난

---

344 Achtemeier, *1 Peter*, 239; Dalton, *Proclamation to Spirits*, 119-21; Jobes, *1 Peter*, 258–59.

345 N. T. Wright, "The Meaning of περὶ Ἁμαρτίας in Romans 8.3" in *Studia Biblica 1978: Sixth International Congress on Biblical Studies, Oxford, 3-7 April 1978*, vol. 3: *Papers on Paul and Other New Testament Authors*, ed. E. A. Livingstone, JSNTSup 3 (Sheffield: JSOT Press, 1980), 453–59; 또한 France, "Exegesis in Practice," 267.

을 당하더라도 옳은 일을 하도록 권면을 받았기 때문에 본보기가 되는 그리스도의 역할이 또한 이 본문에서 암시되어 있다. 그럼에도 불구하고 그리스도의 고난의 유일성이 전면에 나온다. 그리스도께서 "의인"(δίκαιος, 디카이오스)이셨음은 신약의 다른 곳에서도 강조된다(마 27:19; 눅 23:47; 행 3:14; 7:52; 요일 2:1, 29; 3:7; 참조. 사 53:11). 그리스도께서 죄 없는 분으로 고난을 받으셨기 때문에(요일 3:1; 고후 5:21), 그의 고난은 유일하다. 실제로 오직 그리스도만이 "불의한 자를 위하여"(ὑπὲρ ἀδίκων, 휘페르 아디콘) 고난을 당하셨다. 그의 죽음은 대리적이고 대속적이었으며 사람들이 하나님께 의롭게 되는 기초였다.[346]

그리스도의 죽음이 충족이 되는 이유는 그에게 죄가 없었기 때문이다. 죄로 물들었다면 자기 백성을 위해서 죽을 수 없었을 것이다. 그러므로 그의 완전한 순종은 죽음의 충족성에 대한 기초이다. 베드로는 불의한 자들을 위해 죽으신 그리스도에 대해서 말할 때 일반적인 기독교 전통을 공유한다. 바울은 이것을 그리스도께서 죄인을 위하여 죽으심으로 묘사하고(롬 5:8), 다른 곳에서는 그가 우리 죄를 위하여 죽으셨다고 덧붙였다(고전 15:3). 요한은 하나님의 아들이 죄를 위한 대속이었다고 말한다(요일 4:10). 2장 24절에서 베드로는 이사야서 53장을 인용하여 그리스도께서 "우리 죄를 담당하셨다"라고 가르친다.[347] 그리스도의 죽음의 유일성은 그의 희생의 목적에서도 나타난다. 그분은 "너희를 하나님 앞으로 인도하기 위해" 죽으셨다.[348]

"인도하다"(προσαγάγη, 프로사가게)는 하나님께 다가갈 수 있다는 개념을 전달한다(참조. 롬 5:2; 엡 2:18; 3:12의 명사와 70인역의 배경. 예: 출 19:4; 29:4, 40:12, 레 8:24; 16:1; 민 8:9). 그리스도는 고난을 통해서 불의한 자를 **위하여** 죽으셨다. 그러나 신자의 고난은 다른 사람들을 하나님께 인

346 Davids, *First Peter*, 135–36; Witherington, *1-2 Peter*, 181; M. Williams, *The Doctrine of Salvation in the First Letter of Peter*, 123–25; 다음과 반대된다. Dalton, *Proclamation to Spirits*, 122.

347 사본 전통은 다양하다. 대부분의 사본은 "우리 죄" 또는 "너희 죄"를 위해 그리스도께서 고난을 당하거나 죽으셨다고 제시한다. 이와 같은 다양성은 놀라운 것이 아니다. 간결한 "죄를 위하여"가 더 선호된다.

348 사본 전통은 "너희"가 아닌 "우리"로 많이 읽기 때문에 나누어진다. 아마도 필사자들은 발음이 같기 때문에 혼동하기 쉬웠을 것이다. 그리고 필사자들은 모든 신자들을 포함하기 위해서 1인칭 복수를 사용하는 경향이 있다. 따라서 2인칭 복수가 더 원문에 가깝다.

도할 수 없다. 사실 그리스도의 고난은 베드로의 편지를 받는 그리스도인들이 이전에는 불의하고 죄인이었던 것을 보여 주며 그들 자신을 하나님께 인도하는 수단이었다.

본문에 관한 격렬한 논쟁은 다음 어구에서 시작하여 21절까지 계속된다. 우리는 본문을 한 어구씩 취하고 의미를 분류할 것이다. "육체로는 죽임을 당하시고 영으로는 살리심을 받으셨으니"라는 표현은 대조가 포함되어 있다. 신약에서 몸과 성령/영 사이의 대조는 일반적이다.[349] ESV 성경은 대조를 다르게 해석하고, 두 여격 명사를 영역의 여격으로 "육체에서는 죽임을 당하고 영에서는 살리심을 받은 자"(참조. 또한 NIV, RSV, NRSV, NASB)로 이해한다.[350]

육체-영의 대조는 예수님이 육체로는 죽임을 당하셨으나 영으로 사셨다고 읽을수 있다. 다른 학자들은 예수님이 육신의 영역에서 죽임을 당하셨으나 영적인 영역에서는 살아나셨다는 것이 요점이라고 주장한다(참조. HCSB).[351] 다른 가능성은 명사 "육체"와 "영"($\sigma\alpha\rho\xi\acute{\iota}$[사르키]와 $\pi\nu\epsilon\acute{\upsilon}\mu\alpha\tau\iota$[프뉴마티])이 모두 작인의 여격일 것이다. 이 견해에 따르면 예수님은 인간(육체)**에 의해** 죽임을 당하고 성령**에 의해** 다시 살아나셨다. 이 문제를 해결하기 전에 본문에서 명확한 내용을 확인하면 좀 더 나아갈 수 있다. "죽임을 당하다"(ESV. $\theta\alpha\nu\alpha\tau\omega\theta\epsilon\acute{\iota}\varsigma$, 다나토데이스)라는 분사는 분명히 그리스도의 죽음을 가리키며 그가 **어떻게** 고난을 당하셨는지 구체적으로 보여 준다(참조. 이 구절 앞부분의 $\acute{\epsilon}\pi\alpha\theta\epsilon\nu$, 에파덴). 반면에 "살리심을 받았으니"($\zeta\omega\sigma\pi\sigma\iota\eta\theta\epsilon\acute{\iota}\varsigma$, 조오포이에데이스)라는 분사는 그리스도의 부활을 나타낸다. 신약의 많은 본문에서 이 동사는 부활을 의미한다(요 5:21; 롬 4:17; 8:11; 고전 15:22, 36, 45; 참조. 또한 엡 2:5; 골 2:13).[352] 신약의 다른 곳에서 죽으심과 부활은 같

---

349 마 26:41; 막 14:38; 눅 24:39; 요 3:6; 6:63; 롬 1:3-4; 2:28-29; 7:5-6; 8:4-9, 12-13; 고전 5:5; 고후 7:1; 갈 3:3; 4:29; 5:16-19; 6:8; 빌 3:3; 골 2:5; 딤전 3:16; 히 9:13-14; 12:9.

350 참조의 여격이라는 견해(Selwyn, *First Peter*, 196; Kelly, *Peter and Jude*, 151)는 영역의 여격이라는 개념과 크게 다르지 않다.

351 France, "Exegesis in Practice," 267; 참조. Dalton, *Proclamation to Spirits*, 134; Elliott, *1 Peter*, 645-46.

352 이 동사는 신약에서 11번 사용되고 8번은 부활을 언급하지만, 여기에서는 그리스도의 부활만을 가리킨다. 한슨(A. T. Hanson)은 본문이 언급한다면 부활은 육체적인 것이 아니라는 잘못 결론을 내린다("Salvation Proclaimed: I. 1 Peter 3.18-22," *ExpTim* 93 [1982]: 101).

이 나타난다(참조. 롬 4:25; 8:34; 14:9; 살전 4:14). 그러므로 우리는 베드로가 인간의 영이라는 관점에서 단순히 예수님이 죽음과 부활 사이에 사셨음을 그리지 않았음을 확신할 수 있다. 그는 여기에서 그리스도의 죽음에서 부활을 언급한다.[353]

대부분 학자들은 여격 "육체"와 "영"을 같은 방식으로 이해하면서 이 구절을 설명하려고 한다. 두 명사 모두 그리스도의 인격, 즉 그의 몸과 영, 또는 육체와 영 두 영역을 언급하는 것으로 이해되며 육체의 영역과 영의 영역으로 고려된다. 또는 두 명사 모두 작인의 여격(dative of agency)으로 해석해서 그리스도가 "육체"(즉, 인간)에 의해 죽임을 당하고 성령에 의해 다시 살아났다고 이해할 수 있다. 본문은 인간의 영이 아니라 그리스도의 부활에 대해서 말하고 있기 때문에 첫 번째는 제외할 수 있다. 19절을 이해하면 두 번째 해석은 제외될 수 있다. 왜냐하면 예수님이 부활하신 분으로 옥에 갇혀 있는 영들에게 "가서"(πορευθείς, 포류데이스) 선포하셨다는 것은 말이 되지 않는다. 단수 "육체"가 예수님을 죽인 사람들을 가리킨다는 점은 의심스럽다. 그리스도의 몸을 가리킨다는 NIV의 해석은 더 나을 것이다. 두 개의 여격 명사가 같은 방식으로 사용되지 않았다는 것을 이해하면 해결할 수 있다. 첫 번째는 참조의 여격이고 두 번째는 작인의 여격이다. 그리스도는 몸의 영역과 관련해서 죽임을 당했고, 다른 한편으로 성령에 의해 살리심을 받았다. 흥미롭게도 디모데전서 3장 16절의 병행과 유사하게 해석해야 한다. 예수님은 "육신으로 나타난 바 되었고"(ἐν σαρκί, 엔 사르키) "영으로 의롭다 하심을 받으셨다"(ἐν πνεύματι, 엔 프뉴마티, 참조. 또한 롬 1:3-4).[354] 독자들을 위한 메시지는 명확하다. 예수님은 육체의 영역에서 죽음을 당하셨지만 성령께서 그를 죽은 자 가운데서 살리셨다(참조. 롬 8:11). 비슷하게 그리스도에게 속한 사람들은 비록 고난을 당하더라도 궁극적으로 그리스도의 부활에 참여하게 될 것이다.

3:19. 여기에서 우리는 예수님께서 옥에 갇힌 영들에게 선포하셨다는 비밀스러운 본문을 만난다. 이 구절의 세부 사항을 검토하기 전에 주요 해석을

353 France, "Exegesis in Practice," 267–68; Davids, *First Peter*, 136-37.
354 참조. Dubis, *1 Peter Handbook*, 117–18.

요약하려고 한다.[355] 루터는 "이것은 멋진 본문이다. 그러나 신약의 다른 어떤 본문보다 더 애매하다. 따라서 나는 베드로가 의미하는 바를 확실히 알지 못한다"라고 말했다.[356] 명확하게 하기 위해 다양한 관점의 주요 특징은 간략하게 다루었지만, 동일한 관점을 공유하는 학자들 사이의 다른 뉘앙스는 설명하지 않을 것이다. 첫째, 아우구스티누스와 그 이후 많은 학자들은 노아가 방주를 만들었던 당시에 살았던 사람들에게 노아를 통해서 그리스도께서 선포하셨다고 이해했다.[357] 이 견해를 따르면 그리스도는 실제로 존재하지 않았지만, 노아를 통해서 성령으로 말씀하셨다. 영들은 문자적으로 감옥에 없었지만 노아 당시 죄의 유혹에 빠진 사람들을 언급한다. 이 견해가 맞다면 그리스도가 지옥으로 내려간다는 개념은 제외된다. 둘째, 어떤 학자들은 베드로가 사망한 구약의 성도들이며 죽음과 부활 사이에 그리스도께서 자유롭게 하신 성도들을 언급한다고 이해한다.[358] 셋째, 다른 학자들은 옥에 갇힌 영들이 4장 6절처럼 노아의 홍수 때 죽은 죄인을 언급한다고 이해한다.[359] 그의 죽음과 부활 사이에 그리스도는 지옥에 내려갔고 그들에게 선포하셨으며 회개하고 구원받을 수 있는 기회를 주셨다.[360] 이 해석을 채택한 대부분 학자들은 하나님이 모

---

355 더 자세한 해석의 역사는 다음을 보라. Reicke, *The Disobedient Spirits and Christian Baptism*, 7-51; Dalton, *Proclamation to Spirits*, 15–41.

356 Luther, *Commentary on Peter & Jude*, 166.

357 Augustine, *Letter*, 164. 다음을 보라. J. S. Feinberg, "1 Peter 3:18-20, Ancient Mythology, and the Intermediate State," *WTJ* 48 (1986): 303–36; J. H. Skilton, "A Glance at Some Old Problems in First Peter," *WTJ* 58 (1996): 1–9; Wayne Grudem, "Christ Preaching through Noah; 1 Peter 3:19-20 in the Light of Dominant Themes in Jewish Literature," *TrinJ* 7 (1986): 3-31.

358 알렉산드리아의 클레멘트(Clement of Alexandria)는 그리스도보다 앞선 의로운 남자들과 여자들을 언급한다고 생각했다(*Strom.* 6.6.46–47; 참조. Ign. *Magn.* 9:2; Justin, *Dial.* 72:4). Calvin, *Catholic Epistles*, 114. 알렉산드리아의 키릴로스은 이 땅에서 죄를 짓지 않는 사람들에게 두 번째 기회를 주신다고 가르친다 *James, 1-2 Peter, 1-3 John, Jude*, ACCS (Downers Grove: InterVarsity, 2000), 107–8. 안디옥의 세베루스의 견해는 모호하다. 그것은 그리스도를 이미 믿었던 사람들을 지옥에서 해방시키는 것으로 해석할 수 있다. 또는 베드로가 지옥에 있는 사람들을 위한 두 번째 기회를 가르칠 수 있다(James, *1-2 Peter, 1-3 John, Jude*, ACCS [Downers Grove: InterVarsity, 2000], 108).

359 일부 학자들은 영들을 홍수로 죽은 사람들을 언급한다고 이해한다(Cranfield, *I & II Peter and Jude*, 102; Cranfield, "I Peter iii.19 and iv.6," 370). 또는 그리스도께서 오시기 전에 죽은 자들을 말한다고 이해한다(참조. Kelly, *Peter and Jude*, 153; E. Schweizer, "1. Petrus 4,6," *TZ* 8 [1952]: 78).

360 Cranfield, *I & II Peter and Jude*, 104; Cranfield, "The Interpretation of Peter iii.19 and iv.6," *ExpTim* 69 (1957–58): 369-72; Goppelt, *1 Peter*, 258-60; Feldmeier, *First Peter*, 203-6. 참조. 완

든 사람, 특히 복음을 결코 들어본 적 없는 사람에게 두 번째 기회를 제공하신다고 추론한다. 구원이 노아의 악한 세대에 제공된다면, 그것은 하나님으로부터 소외된 모든 죄인들에게도 제공될 것이다. 넷째, 오늘날 대부분 학자들은 본문이 그리스도의 악한 천사들에 대한 승리의 선포를 묘사한다는 견해를 가지고 있다.[361] 창세기 6장 1-4절에 따르면 악한 천사들은 여자와 성관계를 가졌고 자기들의 죄 때문에 옥에 갇혔다. 이 단락의 초점은 그리스도께서 구약의 성도들을 구원하시거나 이 세상에서 살아갈 동안 회개하기를 거부한 사람들에게 구원을 제공한다는 것이 아니라, 3장 22절처럼 악한 천사와 같은 세력들에 대한 그의 승리이다.[362]

나는 마지막이 맞고, 다음에서 그 이유를 설명하려고 한다.[363] 이어지는 논의에서 두 번째와 세 번째 견해는 그리스도께서 죽음과 부활 사이에 갇힌 사

드는 이와 같은 자비가 살아 있는 모든 사람에게도 전해질 가능성이 있다고 제안한다(*Epistles of Peter and Jude*, 111-12). 한슨은 죽음과 부활 사이에 인간과 악한 천사들 모두에게 자비가 전해졌다고 덧붙인다("1 Peter 3.18-22," 102–3). 핑크는 예수님의 영이 십자가에 못 박힌 3시간 동안 옥에 있는 영들에게 승리를 선포했다는 일반적이지 않은 견해를 제시한다("Use of en hō in I Peter," 37-38). 예수님의 지옥 강하에 관한 초대 교회의 견해는 다음을 보라. Elliott, *1 Peter*, 706-10.

361 참조. Witherington, *1-2 Peter*, 183–89.

362 맥카트니는 본질적으로 이 견해를 받아들이지만, 베드로가 그리스도를 가리키기 위해 전설에 호소했다고 주장한다("The Use of the Old Testament in the First Epistle of Peter," 175-76).

363 이것은 여전히 대부분 주석가들의 견해이다. 예. Selwyn, *First Peter*, 198-200; Achtemeier, *1 Peter*, 245-46; Kelly, *Peter and Jude*, 152–56; Elliott, *1 Peter*, 648-50; Davids, *First Peter*, 138-41; D. E. Hiebert, "The Suffering and Triumphant Christ: An Exposition of 1 Peter 3:18-22," *BSac* 139 (1982): 146-58; A. J. Bandstra, "'Making Proclamation to the Spirits in Prison': Another Look at 1 Peter 3:19," *CTJ* 38 (2003): 120–21. 마이클스는 "영들"이 악한 천사들의 자손이라고 주장한다(즉, 복음서에 자주 언급되는 악한 영들). 그는 "옥"을 피난처로서 예수님이 그의 죽음과 부활의 결과로서 자신의 주권 아래로 선언하는 것으로 이해한다. 요점은 권세들이 이제 길들여진다는 의미이다(*1 Peter*, 206-10). 그러나 악한 영들의 자손이 특별하게 고려되고 있다는 점은 불분명하다. 또한 φυλακῆ는 문헌에서 피난처로 사용되고 있는지 확실하지 않다(그러므로, Davids, *First Peter*, 141n39). 이 용어가 어떤 경우에 이 의미를 가지더라도, 베드로후서 2:4와 유다서 6절의 유사점은 그 의미가 "피난처"가 아니라는 것을 보여 준다(McCartney, "The Use of the Old Testament in the First Epistle of Peter," 170). 만약 갇힌 영들이 모든 귀신을 의미하고 갇힌 것이 은유라면, 그리스도께서 어떤 천사들에게만 승리를 선포했을 것이라는 이상하게 보인다고 하는 파인버그의 반대를 다루는 것이다. 만약 베드로가 문자적인 용어 대신 비유적으로 예수님의 승리를 묘사한다면 우리는 옥이 땅 아래, 하늘과 땅의 끝, 그리고 일곱 하늘 중에 두 번째 하늘이라는 전통 때문에 영들이 갇힌 곳이 어떤 곳인지 구분해야 하는 필요가 없을 것이다(Feinberg, "1 Peter 3:18-20," 270-71). 프란스는 "그리스도께서 죽은 자들의 거처가 아니라 타락한 천사들의 감옥에 내려갔다. 이 둘은 결코 동일시 된 적이 없다"라고 말한다("Exegesis in Practice," 271).

람들을 풀어 주기 때문에 결합될 것이다. 그리스도께서 노아를 통해 성령으로 말씀하셨다는 개념은 설득력이 없다. 이 견해는 19절의 "가서"와 22절의 "오르사"로 번역된 분사(πορευθεὶς, 포류데이스)를 적절하게 설명하지 못한다. 같은 단어의 사용은 이 구절의 해석에 관한 주요 단서를 제공한다. 22절에서 "오르사"는 부활 이후 사건을 의미하며, 부활과 하나님 우편으로 승천하심을 의미한다.[364] "가서"라는 단어는 아우구스티누스 견해를 변호하는 사람들에게는 적절하지 않고 이상하게 여겨진다. 왜냐하면 그리스도께서 노아를 "통해서" 설교하러 가셨다면 실제로 아무 곳에도 가지 않으셨기 때문이다. 신약에서 "가서"(πορεύομαι, 포류오마이)라는 단어는 그리스도의 승천을 가리키는 경우가 있지만(행 1:10-11; 요 14:2, 3, 28; 16:7, 28), 어디에도 지하 세계로 내려간다는 언급은 없다. 이것은 베드로가 죽은 자의 영역을 언급한다고 생각하는 학자들에게도 문제가 된다. 우리는 또한 18절에서 그리스도의 부활에 관한 분명한 언급을 보았다. 그러므로 19절의 그리스도께서 "가신다"라는 언급은 노아의 관점과는 개연성이 없음을 보여 준다. 왜냐하면 베드로가 '성령을 통해서만'이라고 말한다면 그리스도께서 "어디로 가실" 필요에 대해서 이해하기 어렵기 때문이다. 이 증거만으로도 노아와 관련한 해석이 타당하지 않음을 알 수 있다.

둘째, "영들"(πνεύμασιν, 프뉴마신)이라는 단어는 인간보다는 천사를 언급하는 것이 훨씬 더 그럴듯하다.[365] "영들"(πνεύματα, 프뉴마타)은 복수로 신약에서 거의 예외 없이 천사를 언급하기 때문이다.[366] 이 단어가 분명하게 인간을 가리키는 유일한 곳은 히브리서 12장 23절이며, 이 경우에 "의로운"(δικαίων,

---

364 참조. Kelly, *Peter and Jude*, 155-56; Dalton, *Proclamation to Spirits*, 159-61; France, "Exegesis in Practice," 271; Achtemeier, *1 Peter*, 257–58; Richard, *Reading 1 Peter, Jude, and 2 Peter*, 158–59.

365 예. Dalton, *Proclamation to Spirits*, 145–50; Selwyn, *First Peter*, 198; Best, *1 Peter*, 142; Kelly, *Peter and Jude*, 154; Michaels, *1 Peter*, 207; Achtemeier, *1 Peter*, 255; "1 Peter 3:18-20," 269–70; Elliott, *1 Peter*, 657; Jobes, *1 Peter*, 250-51. 레이케는 인간이 포함되지만 주된 언급은 천사라고 생각한다(*The Disobedient Spirits and Christian Baptism*, 52–70).

366 참조. 마 8:16; 10:1; 12:15; 막 1:27; 3:11; 5:13; 6:7; 눅 4:36; 6:18; 7:21; 8:2; 10:20; 11:26; 행 5:16; 8:7; 19:12-13; 딤전 4:1; 히 1:14; 12:9; 요일 4:1; 계 16:13-14; 참조. 히 1:7. 이 단어 πνεύματα는 영적 은사를 나타낸다(고전 12:10; 14:12, 32; 계 22:6, 4회), 계시록에서 네 번은 성령을 나타낸다(1:4; 3:1; 4:5, 5:6).

디카이온)이 추가된 점은 인간을 고려할 수 있다는 의심을 없애버린다. 복수형 "영들"은 일반적으로 인간이 아니라 천사를 가리킨다.[367] 더 나아가 "옥"($\phi \upsilon \lambda \alpha \kappa \acute{\eta}$, 퓔라케)이라는 단어는 인간이 지상에서 갇힌 장소를 나타낼 때 자주 사용되지만(예. 행 5:19; 8:3; 고후 6:5; 11:23) 인간이 죽은 후 형벌을 받는 곳을 가리키는 데 결코 사용되지 않는다.[368] 이 단어는 요한계시록 20장 7절에서 사탄이 천 년 동안 감금되어 있는 곳에 사용되었다(참조. 계 18:2). 유대 전통은 악한 천사들이 갇혀 있다고 분명히 가르친다(1 En. 10:4; 15:8, 10; 18:12-14; 21:1-10; 67:7; 2 En. 7:1-3; 18:3; Jub. 5:6).[369] 마지막으로 노아를 통한 설교가 현재 상황과 어떤 관계가 있는지 알기 어렵다. 이 구절들의 어떤 부분도 편지의 독자들이 동시대인들에게 설교해야 한다는 것을 의미하지 않는다.

그리스도께서 홍수로 죽은 자들에게 구원을 베푸셨다는 견해는 첫 번째와 같은 약점을 가지고 있다. 이 견해는 또한 "영들"을 인간으로 읽지만, 불가능하다. "가서"는 예수님의 선포가 그가 죽었을 때가 아니라 부활하신 주님을 나타낸다.[370] 만약 아래로의 여행이 부활 이후에 이루어진다면 적어도 그리스

---

367 마이클스는 비록 **지금은** 육체가 없지만, 영들이 그리스도가 노아를 통해서 설교하는 것을 들었을 때 영들이 육체가 되었다는 파인버그의 견해에 올바르게 반대한다(Feinberg, "1 Peter 3:18-20," 320-21, 330). 그러나 이것은 본문이 시간을 거슬러 올라가는 것을 요구하며 본문에는 이러한 내용이 제시되지 않는다(Michaels, *1 Peter*, 210–11). 다음은 같은 점을 잘 지적한다. Reicke, *Disobedient Spirits and Christian Baptism*, 96-97.

368 Reicke, *Disobedient Spirits and Christian Baptism*, 53, 66-67; Dalton, *Proclamation to Spirits*, 157–59; Achtemeier, *1 Peter*, 256; Elliott, *1 Peter*, 657–58.

369 이 전통에 대해서 조사한 내용은 다음을 보라. Elliott, *1 Peter*, 697-705. 베드로전서에 영향을 준 전통에 관한 철저한 조사는 다음을 보라. Chad T. Pierce, *Spirits and the Proclamation of Christ: 1 Peter 3:18-22 in Light of Sin and Punishment Traditions in Early Jewish and Christian Literature*, WUNT 2/305 (Tübingen: Mohr Siebeck, 2011). 피어스는 전통의 융합이 베드로전서에 영향을 미쳤기 때문에 그 영향이 한 가지 전통에만 제한될 수 없다고 주장한다. 그는 또한 영들이 타락한 천사에 국한되지 않고 우주적인 세력과 인간의 악도 포함한다고 주장한다. 피어스의 연구는 전통을 조심스럽게 조사한다. 그의 연구는 이 본문을 해석할 때 독단주의를 피해야 함을 상기시킨다. 나는 천사에 관한 언급이 가장 설득력 있다고 제안한다. 유다서(6절)와 베드로후서(2:4) 모두 천사들을 고려하고 있었음이 분명하다.

370 그리스도께서 지옥에 내려가셨다는 견해는 오랜 역사를 지닌다. 그러나 이와 같은 견해를 지지하는 사람들은 전체 본문의 이해를 다양하게 한다. 다음을 보라. Justin, *Dial.* 72:4; Clement of Alexandria, *Strom.* 6.6.45–46; Athanasius, *Ep. Epict.* 5:26-27. 또한 Beare, *First Peter*, 145-47; S. E. Johnson, "The Preaching to the Dead," *JBL* (1960): 48–51. 그리스도의 지옥 강하를 단순히 그가 죽은 자들 가운데 있었다는 의미로 이해한다면, 본문은 분명히 그가 부활 전에 죽었다고 가르친다. 그러나 "가다"($\pi o \rho \epsilon \upsilon \theta \epsilon \acute{\iota} \varsigma$)라고 번역된 단어는 그가 죽었을 때 그리스도께서 하

도께서 여행을 위한 몸을 가지고 계실 것이다. 두 번째 해석은 또 다른 치명적인 문제가 있다. 베드로가 의인에게 고난을 인내하고 견디라고 권면하면서 악인에게는 두 번째 기회가 있다고 가르치는 것은 문맥상 말이 되지 않는다.[371] 사실 우리는 주해 전체에서 영생이 이와 같은 인내에 달려 있음을 여러 곳에서 보았다. 베드로가 사후에도 두 번째 기회를 제공한다면 인내의 모든 동기가 사라질 것이다. 용감하게 고난을 받는 유익이 죽음에 또 다른 기회의 제공하는 것과 어떻게 연결되는지 파악하기 어렵다.

그러므로 가장 좋은 해결책은 그리스도의 죽음과 부활 후에 악한 영들에 대한 승리의 선포로 보는 것이다.[372] 이 견해를 뒷받침하는 증거는 인상적이다. 첫째, 우리가 보았듯이 "영들"이라는 단어는 거의 분명하게 천사들(이 문맥에서는 악한 천사들)을 가리킨다. 둘째, 영들이 감옥에 갇혔다는 개념은 다른 맥락에서 천사들에게 일어나는 일과 일치한다(예. 계 20:7). 셋째, 창세기 6장 1-4절은 아마도 영들이 벌을 받는 이유를 제시하고 있을 것이다. 창세기 6장 1-4절에 관한 이와 같은 해석은 물론 논쟁의 여지가 있지만, 베드로 시대의 유대 문헌에서는 표준적이었다(다음을 보라. En. 6-19, 21, 86-88; 106:13-17; Jub. 4:15, 22; 5:1; CD 2:17-19; 1QapGen 2:1; T. Reu. 5:6-7; T. Naph. 3:5; Bar 56:10-14; 참조. Josephus, Ant. 1.73).[373] 이 전통의 영향은 유다서 6절과 베드로후서 2장 4절의 주해에서 더 자세히 설명할 것이다.[374] 일부 학자들은 베드로가 이와 같은 전통의 영향을 받았는지 의심한다. 지면이 제한되어 있기 때문에 몇 가지만 할 수 있다. 유다서와 베드로후서 2장의 문헌적인 관계에 관한 이해가 어떠하든지 본문의 유사성은 분명하다. 우리는 유다서가 에녹 1서의 영향

셨던 일에 초점을 맞추지 않는다는 것을 보여 준다. 왜냐하면 부활하시고 승천하신 주님으로서 그의 승리를 기념하는 단어이기 때문이다.

371 엘리엇은 이와 같은 견해가 "사람의 행위에 따른 하나님의 심판(1:17; 4:17-18)과 불순종하는 자들의 정죄(2:7-8)를 그리고 있는 베드로전서의 관점과 일치하지 않을 것이다... 그리고 죽음 이후의 회심이나 구원의 가능성에 관한 개념은 지금 여기에서 의로운 행동의 필요성에 관한 편지의 일관성 있는 강조를 심각하게 약화시킬 것이다"라고 바르게 말한다(1 Peter, 661-62).

372 참조. Dalton, Proclamation to Spirits, 184-86.

373 이 전통에 관한 간략한 개요는 다음을 보라. Brox, Der erste Petrusbrief, 171-75.

374 댈턴은 베드로후서의 증거는 베드로후서의 저자가 베드로전서 3:19, 4:6가 천사에 대한 승리의 선포와 이미 죽은 인간에 대한 복음의 선포를 각각 언급한다고 이해했음을 나타낸다고 주장한다("Light from 2 Peter," 551-55). 이것은 여기에서 제공된 해석을 뒷받침하는 초기 증거를 구성한다. 유대 전통의 영향에 관한 그의 주해를 보라(Proclamation to Spirits, 163-71).

을 받았다는 점을 안다(참조. 유다서 14-15절). 따라서 비록 유다서가 에녹 1서의 모든 세부적인 견해를 다 승인하지는 않았지만 6절은 에녹 1서의 기본적인 이해와 일치하는 해석을 전달한다고 예상된다. 본문이 같은 전통을 공유하고 있기 때문에 베드로후서 2장 4절과 유다서 6절의 다른 해석은 적절하지 않다. 더 나아가 나와 같이 베드로전후서의 베드로 저작을 믿는 학자들에게는 베드로전서 3장 19절이 같은 전통을 따른다고 생각할 수 있는 더 많은 이유가 있다.

마지막으로 이미 주장한 것처럼 본문에 관한 이와 같은 견해는 문맥 자체를 고려할 때 베드로전서 3장 19절을 가장 잘 이해하게 만든다. 19절의 분사 "가서"와 22절의 분사 "오르사"는 가장 자연스럽게 예수님의 승귀를 가리킨다. 그의 높아지심은 구체적으로 하나님 우편에 앉아 계심이다(22절). 더욱이 이 해석은 19절의 "영들"이 22절의 "천사들과 권세들과 능력들"이라고 이해한다. 두 경우 모두 악한 천사들로 보인다. 사실 두 경우 모두 그들에 대한 그리스도의 승리가 특징이다. 19절에서 그는 십자가에 못 박히시고 부활하신 주님으로서 그들에 대한 자신의 승리를 선포하시고 22절에서 하나님의 대리통치자로서 그들을 자신에게 복종시키신다. 만일 이 견해가 옳다면 우리는 그리스도께서 죽음과 부활 사이에 선포하셨다는 해석을 제외할 수 있다.[375] 다시 우리는 "영들"과 "옥"이라는 단어가 그리스도께서 부활하신 후에 악한 세력들에게 승리를 전파하셨다는 것과 가장 자연스럽게 어울린다는 점에 주목한다. 이 견해의 가장 어려운 점은 "선포하시니라"(ἐκήρυξεν, 에케뤽센)이다. 일반적으로 이 단어는 복음 전파를 가리키며, 이와 같은 정의는 이것보다 처음 두 가지 해석에 더 잘 맞는다.[376] 그러나 이 단어는 중립적인 의미로 사용될 수 있다(참조. 롬 2:21; 갈 5:11; 계 5:2).[377] 문맥은 단어의 의미를 결정적으로 정

---

375 그리스도께서 자신의 죽음과 부활 사이에 선포하셨다는 개념은 널리 받아들여져 왔다. Beare, *First Peter*, 145; 리아케, *The Disobedient Spirits and Christian Baptism*, 116-18; Best, *1 Peter*, 140; Cranfield, *I & II Peter and Jude*, 103-4.

376 많은 학자들은 복음이 그리스도에 의해 개인적으로 또는 노아를 통해 성령으로 선포되었다고 믿는다. 예. Best, *1 Peter*, 144; Grudem, *1 Peter*, 160. 어떤 사람들은 그리스도께서 오직 노아의 세대, 구약의 성도들, 또는 모든 의인에게만 선포하셨다고 주장한다(참조. Spicq, *Les Épîtres de Saint Pierre*, 138). 레이케는 설득력 있는 논증을 제시하며 에녹(Enoch)이 아니라 그리스도께서 선포하셨다는 견해를 변호한다(*The Disobedient Spirits and Christian Baptism*, 98-100).

377 Dalton, *Proclamation to Spirits*, 150–57; Selwyn, *First Peter*, 200; Achtemeier, *1 Peter*, 260, 262; France, "Exegesis in Practice," 271; Elliott, *1 Peter*, 659-62.

의한다. 일반적으로 신약에서 "전하는" 것은 복음이지만 이 경우에는 마귀의 권세에 대한 승리가 전해진다.[378] 이러한 이해는 단어에 이질적인 의미를 부과하지 않으며, 이 본문에서 승리에 대한 강조와 조화를 이룬다(참조. 골 2:15). 더 나아가 이것은 에녹 1서 12:4의 에녹의 역할과도 어울린다. 여기에서 그는 파숫꾼들(the Watchers)에게 그들이 심판을 받을 것이라고 가서 말한다(πορεύου καὶ εἰπέ, 포류우 카이 에이페).[379] 제기될 수 있는 또 다른 반론은, 왜 그리스도께서 여자와 성관계를 맺어 죄를 지은 천사들에 대해서만 자신의 승리를 선포하셨는가? 우리는 어려운 본문에서 일어나는 모든 질문에 답할 수 없다는 것을 인식해야 하지만 그 질문은 훌륭하다. 그러나 창세기 6장 1-4절에 기록된 죄를 지은 천사들이 모든 악한 천사들을 대표할 가능성이 있다. 그러나 이 본문은 이 문제에 대해 명확하게 답하지 않는다. 따라서 질문이 남아 있다.

헬라어 어구 ἐν ᾧ(엔 호, "영", 개역개정은 생략)외에 이 구절의 거의 모든 요소가 논의되었다(개역개정은 정확한 의미를 전달하지 않는다).[380] 이 어구는 시간적으로 해석될 수 있다[381](참조. 2:12; 3:16;[382] 1:6, 4:4를 보라. 이 어구에 관한 주해를 보라).[383] 또는 일반적인 선행사로 해석해서 "그 점에서", "그로 인해", 또는 "따라서"로 번역할 수 있다.[384] 어떤 학자들은 선행사를 중성 명사 "영"(πνεύματι, 프뉴마티)으로 이해한다.[385] 마지막 견해가 가장 가능

---

378 Dalton, *Proclamation to Spirits*, 186-91.

379 Reicke, *The Disobedient Spirits and Christian Baptism*, 64; Dalton, *Proclamation to Spirits*, 166; France, "Exegesis in Practice," 270. 그러나 레이케는 πορευθείς에 대해서 댈턴 및 프랑스와 같은 결론을 내리지 않는다(Reicke, 65페이지 참조). 그리스도께서 이 승리를 선포하신 곳이 논쟁이 되고 있다. 이 논의는 다음을 보라. Dalton, *Proclamation to Spirits*, 177-84.

380 일부 학자들은 원문을 Ἑνώχ으로 보고 필사자들이 중자탈락(haplography)으로 잘못 썼다고 이해한다. 예. E. J. Goodspeed, "Some Greek Notes: IV; Enoch in 1 Peter 3:19," *JBL* 73 (1954): 91-92. 이러한 읽기는 사본이 지지하지 않으며 에녹에 관한 언급은 나머지 문맥과 일치하지 않는다(다음을 보라. Reicke, *The Disobedient Spirits and Christian Baptism*, 94; Dalton, *Proclamation to Spirits*, 134-36; Achtemeier, *1 Peter*, 253-54).

381 Reicke, *The Disobedient Spirits and Christian Baptism*, 103-15; 핑크, "Use of en ho in I Peter," 36-37; Elliott, *1 Peter*, 652; Brox, *Der erste Petrusbrief*, 170; Jobes, *1 Peter*, 242-43.

382 3:16에서 시간 대신 참조일 것이다. 3:16의 주해를 보라.

383 인과적인 해석은 다음을 참조하라. Skilton, "Some Old Problems in First Peter," 4.

384 Goppelt, *I Peter*, 255-56.

385 Dalton, *Proclamation to Spirits*, 137–39; Forbes, *1 Peter*, 123–24. 프랑스는 이것이 부활하

성이 높다. "영"이 영역을 의미한다면 그리스도는 영적인 영역으로 가는데 이 것은 부활 이전에 일어날 수 있지만,[386] 악트마이어의 연구처럼, 이와 같은 이 해는 그리스도께서 부활의 몸으로 가시는 것과 어떻게 일하는지 이해하기 어 렵다. 선행사를 "영"으로 이해하고 여격을 수단으로 이해하는 것이 적합하 다.[387] 이 견해에 따르면 그리스도는 성령을 통해서 갇힌 영들에게 승리를 선 포하셨다.[388] 이 해석은 "또한"을 설명한다. 왜냐하면 성령께서 그리스도를 일 으키셨을 뿐만 아니라 승리를 선포하도록 능력을 주셨기 때문이다.[389]

3:20. 20절은 노아 시대 영들의 불순종을 강조하고 방주가 지어지기 전 의 하나님의 인내를 특징으로 한다. 심판이 올 때, 8명만 구원을 받았다. 물 론 20절의 해석은 19절을 어떻게 이해하느냐에 달려 있다. 이미 19절에서 옥 에 갇힌 영들이 창세기 6장 1-4절에서 여자들과 성관계를 하여 죄를 지은 천 사라고 주장한 바 있다. 그 천사들은 "과거에 불순종하였다"(개역개정. "전에 ... 복종하지 아니하던"). 분사 "불순종한"(ἀπειθήσασίν, 아페이데사신, CSB. "불순종했다")는 영들이 옥에 갇힌 이유를 설명하는 인과적인 용법으로 이해 해야 한다.[390] 불순종은 유다서 1장 6절과 베드로후서 2장 4절에서 설명하듯 이, 여자들과 성관계를 맺은 결과로 하나님께서 정하신 경계를 어긴 것이다. 제시된 해석에 관한 또 다른 확증은 노아에 관한 언급이다. 왜냐하면 "하나님 의 아들들"과 "사람의 딸들"(창 6:1-4, NASB) 사이의 사건이 홍수 내러티브 바로 전에 있기 때문이다. 실제로 창세기 6장 1-4절의 죄를 죄의 절정으로 이

신 그리스도의 사역을 가리킨다고 분별력 있게 주장한다("Exegesis in Practice," 268–69). 파인 버그는 그리스도가 몸이 없는 영으로 노아를 통해서 선포했다고 생각한다("1 Peter 3:18-20," 318). 또는 그의 죽음 이후 그리고 부활 이전으로 주장한다(참조. Beare, First Peter, 144-45). 켈 리는 비슷하게 이해하지만, 그리스도께서 부활하신 후에 악한 영들에 대해 승리를 선포하셨다 는 견해를 채택한다(Peter and Jude, 152–56).

386 O. S. Brooks, "I Peter 3:21-the Clue to the Literary Structure of the Epistle," NovT 16 (1974): 303.

387 Achtemeier, 1 Peter, 252; Dubis, 1 Peter Handbook, 119. 마이클스는 ἐν ᾧ의 해석에 제안된 거 의 모든 해석에서 18절과 19절 사이의 시간적인 간격이 있는 것으로 이해한다고 살피고 있다.

388 여기에서 그리스도의 인간의 영으로 이해하면 안 된다.

389 Achtemeier, 1 Peter, 253.

390 Achtemeier, 1 Peter, 262. 스킬턴(J. H. Skilton)은 시간적으로 이해한다("Some Old Problems in First Peter," 2). 그러나 듀비스는 한정적인 용법으로 이해한다(1 Peter Handbook, 122).

해하는 것이 그럴듯하며, 죄의 극악함은 너무 커서 이제 모든 인류의 멸망을 정당화하기에 충분하다.

하나님의 참으심은 노아와 방주 준비와 일치한다. 주께서는 즉시 인류를 멸망시키고 노아와 함께 자신의 계획을 다시 시작하실 수 있었다. 그 대신 하나님은 노아가 방주를 만드는 동안 인내를 보이셨으며 아마도 이 기간에 회개할 기회를 주셨을 것이다(참조. 롬 2:4; 3:25; 행 14:16; 17:30). 어떤 학자들은 인간에 대한 하나님의 인내가 천사에 관한 언급은 아니라고 반대할 수 있다. 그러나 우리는 천사들이 인간과 함께 죄를 지었기 때문에 인간과 천사의 운명이 그 한 사건에 얽혀 있음을 기억해야 한다. 또한 하나님께서 천사들을 그들의 죄로 즉시 심판하셨다는 증거가 없기 때문에 베드로가 천사들에 대한 인내를 생각했을 가능성이 있다(창 6:3). 하나님은 천사들이 여자들과 죄를 짓도록 허락하셨고, 그분이 심판으로 응답하시기까지 시간이 좀 지난 것처럼 보인다.[391]

모든 것을 멸한 홍수의 심판이 본문에 두드러지지만, 적은 숫자의 구원도 두드러진다. 베드로는 "몇 명"(ὀλίγοι, 올리고이)만 홍수에서 구원을 받았다고 강조한다(참조. 마 7:14). 사실 실제로 구원을 받은 사람의 숫자는 "여덟 명"에 불과했다. 본문은 문자적으로 "여덟 영혼"(개역개정. "여덟 명")이라고 읽지만, 베드로전서의 다른 곳에서처럼 "영혼"(ψυχαί, 프쉬카이)이 인간을 비물질적인 존재가 아니라 전인격적인 존재로 말한다(1:9, 22; 2:11, 25; 4:19).[392] 사실 영혼이 비물질적인 존재라는 견해는 적합하지 않다. 이야기의 요점은 그들이 홍수로 멸망하지 않았다는 것이고 그들의 "영혼"만 보존되었다는 생각을 거의 떠올리게 하지 않기 때문이다. 해석 역사에서 어떤 학자들은 "여덟"이라는 단어를 상징적으로 이해하려는 유혹을 받기도 했다.[393] 베드로가 홍수에서 살아남은 여덟 사람, 즉 노아와 그의 아내와 그의 세 아들과 세 며느리를 언급하기 때문에 어떤 상징적인 해석도 맞지 않다(창 7:13; 또한

---

391 다음의 논의를 참조하라. Dalton, *Proclamation to Spirits*, 204-5.

392 Michaels, *1 Peter*, 213.

393 켈리는, 예를 들어, 여덟 번째 날을 그리스도의 부활과 부활절에 신자들의 세례로 언급한다고 이해한다(*Peter and Jude*, 159). 그는 이 지점에서 후기 교회 역사의 내용으로 베드로전서를 읽는 잘못을 범한다. 본문을 상징적으로 읽으려는 비슷한 시도는 다음을 보라. Reicke, *The Disobedient Spirits and Christian Baptism*, 140-41.

6:18; 7:7 참조). 물론 베드로의 독자들에게는 적용이 의도되어 있다. 그들도 지상에서 나그네와 거류민이었으며 그들을 학대하는 적대자들에 둘러싸여 있는 작은 공동체였다.[394] 그들은 자신의 숫자가 작다고 낙심해서는 안 되며 하나님께서 이제 모든 사람에게 인내하시지만, 그들의 적대자들이 부끄럽게 되고 그들이 신원을 받을 심판의 날이 오고 있음을 기억해야 한다. 따라서 노아와 하나님의 인내에 대한 호소는 그들로 인내하도록 일깨운다. 온 세상이 노아와 적대적인 관계에 있을 때, 하나님께서 보호하셨다면 지금 핍박을 받고 있는 자기 백성들도 구원하실 것이다.[395]

노아 시대와 베드로의 독자가 가지는 경험 사이의 양식과 예표는 구원과 관련해서 확립된다. 방주에서 구원을 받은 여덟 사람은 육체적으로 구원을 받았다. 그들의 육체적인 보존은 이제 예수 그리스도 안에서 시작되고 있는 종말론적 구원을 가리킨다(참조. 벧전 1:10-12). 실제로 창세기에서도 홍수로 멸망한 사람들은 그들의 죄 때문에 멸망했고 노아는 하나님의 은혜를 받아 보존되었기 때문에 육체적인 것은 영적인 것과 결부되어 있다(참조. 창 6:8, 12-13, 18). 동사 "구원을 얻다"(διεσώθησαν, 디에소데산)와 함께 사용된 헬라어는 일반적으로 "~로 (들어가서, εἰς)"라는 의미이다. 그들이 "방주로 (들어가서)" 구원을 받았다는 언어는 그다지 의미가 있지 않기 때문에 이 전치사의 의미를 어떻게 유지할 수 있는지 이해하기 어렵다. CSB 성경의 번역처럼 방주"에서" 구원을 얻는다고 이 전치사를 이해해야 한다.[396]

---

394 France, "Exegesis in Practice," 272; Michaels, *1 Peter*, 213; Dalton, *Proclamation to Spirits*, 190; Achtemeier, *1 Peter*, 265.

395 마카르(K. Marcar)는 노아와 홍수와 관련된 전통들이 예수 그리스도 안에서 시작된 마지막 때의 예표이자 대응으로 기능한다고 주장한다. 그녀는 네 가지 유사점으로 이해한다. (1) 노아의 의는 그리스도의 더 큰 의를 가리킨다. (2) 홍수 세대의 악은 이교도 사회의 악과 최후 심판을 가리킨다. (3) 노아와 베드로 시대의 신자들은 모두 동시대의 사람들에게 선포한다. (4) 노아와 소아시아의 신자들은 사람들에게 회개를 촉구한다("In the Days of Noah: Urzeit/Endzeit Correspondence and the Flood Tradition in 1 Peter 3-4," *NTS* 63 [2017]: 550-66). 그러나 베드로가 노아의 의와 그리스도의 의를 병행하고 있는지는 분명하지 않으며, 노아의 설교는 베드로전서에서 분명하지 않다. 그러나 베드로후서 2:5에 나타나며 아마도 베드로전서에서 내포되어 있는 것 같다.

396 따라서 Dalton, *Proclamation to Spirits*, 207; Michaels, *1 Peter*, 212; Achtemeier, *1 Peter*, 264; Elliott, *1 Peter*, 665. 엘리엇은 εἰς가 신약 시대에 ἐν으로 사용되었다는 사실을 바르게 다루고 있다. 다음과 반대된다. D. Cook, "I Peter iii.20: An Unnecessary Problem," *JTS* 31 (1980): 73, 75. 쿡(Cook)은 베드로가 창세기 7:6-7을 반영하고 있다고 생각하고 이미 땅에 범람하기 시작한 홍

또 다른 전치사가 해석의 문제를 일으킨다. 베드로가 노아와 여덟 명이
"물로 말미암아 구원을 얻었다"(δι’ ὕδατος, 디 휘다토스)라고 말했을 때 무엇
을 의미하는가? 전치사를 수단의 의미로 생각하면 물은 노아와 그의 가족을
구원한 수단이다.[397] 이 해석에 대한 반대는 물이 노아와 그의 가족을 구원하
는 수단이지만 세상을 멸망시키는 데 사용된 방법이었다는 것이다. 다른 학자
들은 일반적인 장소의 의미로 이 전치사를 이해한다.[398] 이 견해에 따르면 노
아와 그의 가족은 물에 잠기고 멸망할 위협을 받는 물을 통해서 안전하게 보
존된다. 구약에서 물은 종종 멸망시키는 재앙으로 그려진다(시 18:4; 42:7;
69:1-2, 14-15; 88:7; 144:7).[399] 홍수의 물은 하나님의 심판과 죄에 대한 분
노를 나타내며, 노아와 그의 시대 사람들은 죄의 심판에서 구원 받았다. 그러
므로 다음 의미로 이해한다면 노아는 실제로 물을 통해서 구원을 받았다고 말
할 수 있다. "노아의 '구원'은 악인을 멸망시킨 동일한 심판의 행위로 이루어
졌다. ... 하나님이 의인을 구원하는 방식은 원수를 멸망시키는 것이다."[400] 물
은 또한 노아와 그의 가족을 홍수로 멸망한 그 시대의 악한 사람들과 분리시
켰고 따라서 그들은 자신들이 살고 있는 사회의 부패에서 구원을 받았다.[401] 물
이 줄어들자 그들은 죄에서 깨끗해지고 준비된 새로운 세계, 즉 죄로부터 깨
끗해지고 생명을 위해 새롭게 준비된 곳으로 들어갔다.

3:21. 베드로는 물에서 그리스도의 부활을 통해 믿는 자들을 구원하는 세

수의 물에서부터 노아와 그의 가족이 방주에 들어가는 것을 생각한다. 그루뎀도 "~로 (들어가
서)"의 번역을 선택한다(*1 Peter*, 161).

397 Best, *1 Peter*, 147; Kelly, *Peter and Jude*, 159; Michaels, *1 Peter*, 213; France, "Exegesis in
Practice," 273; Dubis, *1 Peter Handbook*, 124; Forbes, *1 Peter*, 127.

398 Goppelt, *1 Peter*, 265; Cook, "I Peter iii.20," 75-76; Selwyn, *First Peter*, 202-3; Achtemeier, *1
Peter*, 265–66; Elliott, *1 Peter*, 667. 데이비스는 자신의 견해를 제시하는 데 혼란을 겪는다. 물
은 "구원의 수단"아니라고 말하면서 이후에는 "베드로는 물을 구원의 수단으로 생각하는 것
같다"라고 말한다(*First Peter*, 142n44).

399 McCartney, "The Use of the Old Testament in the First Epistle of Peter," 177.

400 McCartney, "The Use of the Old Testament in the First Epistle of Peter," 178.

401 L. Thurén, *The Rhetorical Strategy of 1 Peter with Special Regard to Ambiguous Expressions*
(Åbo: Academy Press, 1990), 114. 레이케는 노아와 그의 가족이 "그의 위험한 환경, 그의 시대
의 불순종하는 존재들로부터" 구원을 받았다고 말한다(*The Disobedient Spirits and Christian
Baptism*, 143).

례로 전환한다. 세례는 단순히 몸을 씻는 육체적인 행위가 아니라 선한 양심
에 호소하는 것이다. 이 단어는 형용사로서 "예표" 또는 "양식"(ἀντίτυπον, 안
티튀폰, 참조. 히 9:24)으로 번역할 수 있지만, "대응하다"(NIV. "상징하다")
로 표현해서 본문의 모형론적인 성격을 서술한다.[402] 노아 시대에 세상에 범람
한 물, 또 그것을 통해서 노아가 구원을 받은 그 물은 그리스도인에게 본보기
또는 형식이 된다.[403] 새 언약에서 물은 무엇과 관련이 있는가? 답은 세례이다.
사실 우리는 "세례가 ... 너희를 구원한다"라는 놀라운 말을 듣는다. 이 어구
를 검토하기 전에 어떻게 홍수가 세례를 예표하는지 또는 그에 상응하는지 고
려해야 한다.[404] 홍수의 물은 옛 세계를 물로 덮어 버렸으며 죽음의 대리인이
었다.[405] 비슷하게 세례는 신약 시대에서 사람이 물에 빠질 때 잠기면서 일어
난다. 물속에 빠진 사람은 누구나 죽는다. 로마서 6장 3-5절처럼 물에 잠기
는 일은 죽음을 상징한다. 예수님은 자신의 다가오는 죽음을 세례로 묘사하
셨다(막 10:38-39; 눅 12:50). 물에 잠김은 죽음을 적절하게 묘사한다.[406] 홍

---

402 엘리엇은 비슷한 모양과 소리로 ὃ 대신 여격 ᾧ를 선택한다(*1 Peter*, 668–70). 그러나 외적 증
거는 압도적으로 ὃ를 지지한다. 엘리엇의 견해는 제외해야 한다.

403 21절에 나타나는 헬라어 대명사 ὃ는 가장 자연스럽게 "물"(ὕδατος)로 향한다. "물"은 이 관
계대명사 바로 앞에 위치한다(Brox, *Der erste Petrusbrief*, 176; Michaels, *1 Peter*, 213-14;
Achtemeier, *1 Peter*, 266-67; Dubis, *1 Peter Handbook*, 124; Forbes, *1 Peter*, 128). 다른 학자들
은 앞의 어구를 언급하는 일반적인 의미로 이해한다(see Cook, "I Peter iii.20," 77; Goppelt, *1
Peter*, 266; Donelson, *I and II Peter and Jude*, 111; Beare, *First Peter*, 148, 비어는 ὃ 보다 ᾧ를
선호한다. 싱(F. C. Synge)의 견해는 훨씬 개연성이 없다. 그는 20절을 삽입 어구로 이해하고 ὃ
를 그리스도의 죽음과 부활에 연결한다("1 Peter 3:18-21," *ExpTim* 88 (1971): 311).

404 어떤 학자들은 ἀντίτυπον 을 형용사로 이해한다("이 유비적인 세례는 이제 너희를 구원한
다," Reicke, *James, Peter, and Jude*, 106; Elliott, *1 Peter*, 671; Dalton, *Proclamation to Spirits*,
212 [그러나 댈턴은 레이케의 전반적인 해석과 일치하지 않는다, 213-14 페이지]; Forbes, *1
Peter*, 128). 이것이 가장 가능성이 높다. 다음을 보라. Dubis, *1 Peter Handbook*, 125. 자신의
책에 쓴 내용과 달리 듀비스는 이 단어를 ὑμᾶς와 동격으로 이해하고 "주격"이 틀렸다고 나에게
이메일을 보냈다("그리고 물은 이제 당신들을 구원한다. 당신들은 노아와 그의 사람들의 원형
입니다" [*First Peter*, 203]). 브룩스는 ἀντίτυπον 뒤에 놓이도록 마침표를 옮긴다. 그는 "몇 명,
즉 여덟 명이 물로 말미암아 구원을 얻었다. 이것은 너희와 관련해서도 예표이다. 세례는 이제
구원한다"라고 번역한다("1 Peter 3:21," 291). 브룩스의 견해는 ὑμᾶς를 두 가지 다른 방식으로
이해하기 때문에 제외되어야 한다.

405 닉슨(R. E. Nixon)은 세례가 물세례보다는 주로 고난을 의미한다고 설득력이 없는 주장을 한
다("The Meaning of 'Baptism' in 1 Peter 3,21," in *Texte und Untersuchungen zur Geschichte
der altchristlichen Literatur*, vol. 102, *SE*, vol. IV [Berlin: Akademie-Verlag, 1968], 437-41).

406 죽음의 이미지가 신자들에게 적용된다는 점을 보지 못한 댈턴에 반대된다(*Proclamation to
Spirits*, 203).

수가 혼돈의 멸망을 실행하는 것처럼 세례의 물도 멸망의 물이다. 그러나 신약에서 신자들은 그리스도와 함께 세례를 받았기 때문에 죽음을 다루는 세례의 물에서 살아남는다(참조. 마 3:16; 막 10:38-39; 롬 6:3-5). 믿음으로 그와 연합하였기 때문이다. 그들은 그분의 부활을 통해서 죽음에서 구원을 받았다(롬 6:3-5; 골 2:12). 그러므로 이 구절에서 세례가 "예수 그리스도의 부활로"(NIV) 구원한다는 해석은 놀랍지 않다. 홍수의 물과 같은 세례의 물은 멸망과 심판이 가까움을 나타내지만 신자들은 그리스도와 함께 세례를 받는다는 점에서 이 물에서 구원을 받는다. 그리스도는 또한 그의 부활을 통해서 죽음의 물에서 나오셨다. 노아가 폭풍우 치는 홍수의 물을 통해 구원을 받은 것처럼, 신자들은 죽음을 이기신 그리스도의 승리로 말미암아 폭풍우 치는 세례의 물을 통해 구원을 받았다. "지금"이라는 말은 현재가 종말론적 성취의 시대임을 가리킨다. 예수 그리스도의 오심으로 구원의 시대가 도래했다.[407]

그러므로 이미 말한 것처럼 베드로는 마치 의식 자체가 고유한 구원의 능력이 있다고 세례를 기계적으로 해석하지 않는다. 성례에 관한 이 견해는 바울의 개념과 멀지 않다. 세례의 구원하는 능력은 예수 그리스도의 부활에 뿌리를 둔다.[408] 그러나 베드로는 오해를 피하기 위해 다른 설명을 덧붙인다.[409] 그는 세례에서 일어나는 일을 묘사한다. 세례는 "육체의 더러운 것을 제하여 버리는 것"이 아니다. NASB 성경은 헬라어에 더 가깝게 "육체의 더러운 것을 제하여 버리는 것이 아니다"라고 번역한다. 여기에서 사용된 단어는 "몸"(σῶμα, 소마)이 아니라 "육체"(σάρξ, 사륵스)이다. 이 구분은 중요하다. 어떤 주석가들은 베드로가 육체적인 의미보다는 도덕적인 의미로 말하는 "육체"의 사용으로 결론을 내리기 때문이다.[410] 이 견해에 따르면 세례는 도덕적인 더러움이나 부정의 제거를 포함하지 않는다(참조. 약 1:21).[411] 이 해석은 거절된다. 다른 곳

407 Elliott, *1 Peter*, 674; Brox, *Der erste Petrusbrief*, 177.

408 Goppelt, *1 Peter*, 267 (그럼에도 고펠트는 성례적인 견해를 고수한다. 266페이지를 보라.); Achtemeier, *1 Peter*, 267–68.

409 대조되는 두 명사절(οὐ σαρκὸς ἀπόθεσις ῥύπου ἀλλὰ συνειδήσεως ἀγαθῆς ἐπερώτημα εἰς θεόν)은 δ가 주어 역할을 하는 절과 동격이다. 따라서 France, "Exegesis in Practice." 273; Achtemeier, *1 Peter*, 266.

410 예. Michaels, *1 Peter*, 215-16.

411 Richard, *Reading 1 Peter, Jude, and 2 Peter*, 162.

에서 세례는 죄를 깨끗하게 하고 제거한다(참조. 막 1:4; 눅 3:3; 행 2:38; 엡 5:26; 딛 3:5). 만일 세례가 도덕적인 더러움에서부터 깨끗함을 나타내지 않는다면 이상할 것이다.

다른 학자들은 육체의 더러움을 제거하는 것이 할례를 의미한다고 생각해서 이 구절을 훨씬 더 상징적으로 이해한다. 무할례는 부정을 의미할 수 있기 때문이다(참조. 레 19:23; 렘 4:4; 삼상 17:26, 36; 렘 9: 26).[412] 세례는 육체적인 할례와 동일하지 않으며 단순히 육체적이고 외적인 행위로 이해하면 안 된다. 이 해석의 의미는 가능하지만, 할례와 연결하려는 시도는 실패한다. 여기 사용된 단어는 할례에 관한 암시를 파악하기에는 너무 힘들다. 소아시아의 이방인들이 할례에 관한 언급으로 이해했다는 점과 이 편지의 다른 곳에서 베드로가 유대 의식에 관한 관심을 보였다는 점은 믿기 어렵다.[413] 가장 간단한 해석을 선택해야 한다. 물 자체가 마술처럼 깨끗하게 하지 않기 때문에 세례가 본질적으로 구원한다는 개념은 배제된다.[414] 물은 피부의 더러움을 제거하지만, 세례는 단순히 누군가가 물속에 잠겼다고 해서 구원하지 않는다.[415] 더러움을 없앤다는 의미는 신자들이 세례를 기계적으로 또는 피상적으로 이해하지 못하도록 하기 위함이다. 그들은 세례에서 실제로 일어나는 일에 주의를 기울여야 한다.

그러므로 세례의 의미는 대조되는 어절에서 설명된다. CSB 성경은 세례가 육체의 더러움을 제거하는 것이 아니라 "선한 양심의 서약"(개역개정. "선한 양심의 간구")이라는 공통적인 견해를 가지고 있다. "서약"(ἐπερώτημα, 에페로테마)은 파피루스에서 계약을 준수하겠다는 서약이다.[416] 이 단어는 신약

412 Dalton, *Proclamation to Spirits*, 215-24; Kelly, *Peter and Jude*, 161–62; Achtemeier, *1 Peter*, 269; 레이케에 관한 보다 일반적인 견해는 다음을 참조하라. Reicke, *The Disobedient Spirits and Christian Baptism*, 188; Witherington, *1-2 Peter*, 191.

413 참조. Goppelt, *1 Peter*, 268; Michaels, *1 Peter*, 215; Davids, *First Peter*, 144n49; D. Hill, "On Suffering and Baptism in I Peter," *NovT* 18 (1976): 186–87; France, "Exegesis in Practice," 281n59; Elliott, *1 Peter*, 678–79; Senior, *1 Peter*, 105.

414 Selwyn, *First Peter*, 204; Grudem, *1 Peter*, 163; Davids, *First Peter*, 144; France, "Exegesis in Practice," 274; Elliott, *1 Peter*, 679.

415 칼뱅은 세례만이 구원을 준다는 어떤 개념도 단호하게 거부한다(*Catholic Epistles*, 118-19).

416 France, "Exegesis in Practice," 275; Jobes, *1 Peter*, 255; Donelson, *I and II Peter and Jude*, 110; J. Green, *1 Peter*, 137.

에서는 여기에서, 그리고 70인역에서 한번만 나온다(단 4:17). 다니엘서는 이 단락과 어울리지 않는 "명령"과 비슷한 의미가 있다. 그러나 명사의 의미는 동사(ἐπερωτάω, 에페로타오)에서 파생될 수 있다. 이 단어는 신약에서 종종 "묻다" 또는 "요구하다"라는 의미이다(예: 마 12:10; 16:1; 17:10; 22:23, 35, 41, 46; 27:11; 막 7:5; 9:21; 눅 2:46; 3:10; 요 18:7; 고전 14:35).[417] 만약 동사에서 나왔다면, (NRSV와 같이) "묻다", "요구하다", "간청하다"가 적합하다(참조. 또한 ESV, RSV). CSB 성경에 반영된 해석("서약")은 파피루스에 있는 사용으로 지지받을 수 있다. 이 경우 계약에서 발견되는 조항으로 사용될 수 있다. 계약과 그 안에 있는 조항과 관련하여 준수해야 하는 서약이나 약속이다. 마찬가지로 세례 때 맺은 약속이나 서약을 언급하는 본문으로 이해할 수 있다.[418] 이 견해를 받아들인다면 속격 "양심의"는 주격적이거나 목적격적으로 이해될 수 있다. 주격적인 경우, 이 어구는 세례 서약을 준수하겠다는 약속이나 서약이 선한 양심에서 나온다는 의미이다.[419] 서약으로 이해하는 대부분의 학자들은 "양심"이라는 단어를 목적격적 속격으로 이해한다. 만일 그렇다면 세례를 받는 사람은 세례를 받을 때 선한 양심을 유지하겠다고 약속한다.[420] 세례를 받은 사람은 하나님의 영광을 위해 살기로 서약한다. 이 해석은 가능하지만 분명하지는 않다.

   그러나 나는 의미가 동사에서 파생되었을 가능성이 더 높다고 생각한다. 문맥을 고려해서 이렇게 결정할 수 있다. ἐπερώτημα(에페로테마)는 사전적으로 두

---

417 Senior, "The Conduct of Christians in the World," 72; Grudem, *1 Peter*, 163–64; Beare, *First Peter*, 149; Michaels, *1 Peter*, 217; Schweizer, "1. Petrus 4,6," 82; H. Greeven, "ἐρωτάω, κτλ.," *TDNT* 2:688–89; Schelke, *Der Petrusbriefe—Der Judasbrief*, 109; Witherington, *1-2 Peter*, 192-93.

418 Fitzmyer, "First Peter," 367; Dalton, *Proclamation to Spirits*, 224-29; G. C. Richards, "I Pet. iii.21," *JTS* 32 (1930): 77; Kelly, *Peter and Jude*, 162–63; Achtemeier, *1 Peter*, 270–72; G. T. D. Angel, *NIDNTT* 2:880-81; Best, *1 Peter*, 148; Selwyn, *First Peter*, 205-6; Davids, *First Peter*, 145; D. H. Tripp, "Eperātēma (1 Peter 3:21): A Liturgist's Note," *ExpTim* 92 (1981): 267-70; Hill, "Spiritual Sacrifices," 59; France, "Exegesis in Practice," 275; Elliott, *1 Peter*, 679-80; Brox, *Der erste Petrusbrief*, 178.

419 초기 수용 역사에서 이 견해를 옹호하기 위해서 다음을 보라. M. R. Crawford, "'Confessing God from a Good Conscience': 1 Peter 3:21 and Early Christian Baptismal Theology," *JTS* 67 (2016): 23-37.

420 또는 브룩스는 이 구절을 "하나님과 관련한 개인의 적절한 의식적인 인식의 선언"으로 이해한다("I Peter 3:21," 294).

가지 해석이 가능하지만 계약의 의미는 2세기까지 나타나지 않는다.[421] 문맥상 세례는 하나님께 선한 양심을 호소하거나 요청하는 내용과 관련이 있을 가능성이 더 높아 보인다.[422] 다시 한번 "양심"은 주격적인 소유격, 즉 선한 양심에서 나오는 하나님께 호소하는 것으로 이해될 수 있다. 그러나 주격적인 소유격은 잘 어울리지 않는다. 왜냐하면 신자가 이미 선한 양심을 가지고 있기 때문에 신자가 무엇을 위해 기도하는지 구체화할 수 없기 때문이다.[423] 그러나 만약 속격이 목적격이라면 세례를 받는 신자들은 그리스도의 죽음과 부활을 근거로 하나님께 자기들의 양심을 깨끗이 하고 죄를 용서해 달라고 간구한다.[424] 그리고 이 개념은 히브리서 10장 22절과 비슷하다. 신자들은 "죄악의 양심에서 우리를 깨끗하게 하기 위해 마음에 뿌림"을 받았기 때문에(NIV. 참조. 히 10:2), 신자들에게 확신을 가지고 하나님께 나아가라고 권면한다.[425] 이 해석을 채택한다면 베드로가 신자들을 하나님의 임재 앞에 인도하는 수단으로써 그리스도의 죽음을 강조한 3장 18-22절의 문맥과 일치한다. 그리스도께서 믿는 자들을 위하여 죽으시고, 의인으로서 불의한 자를 위해서 죽으셨다. 따라서 믿는 자는 하나님의 은혜로 말미암아 하나님의 임재로 들어간다. 마찬가지로 베드로는 신자들이 세례를 받을 때 하는 약속에 초점을 맞추지 않고 그리스도의 구원 사역과 악한 권세를 이기신 그의 승리에 초점을 맞춘다. 세례에서 신자들은 십자가에 못 박히시고 부활하신 주님의 사역

421 Feldmeier, *First Peter*, 207. 그의 추가적인 반대는 207-8페이지를 보라.

422 Feldmeier, *First Peter*, 207-8. 마이클스는 ἐπερώτημα 다음에 오는 εἰς가 "호소하다"를 지지할 수 있다고 제안한다(*1 Peter*, 217).

423 헬라어 ἐπερώτημα의 의미에 동의하지 않아도 주격적 속격을 지지하는 학자는 다음과 같다. Cranfield, *I & II Peter and Jude*, 106-7; Best, *1 Peter*, 148; Selwyn, *First Peter*, 205; Michaels, *1 Peter*, 216; Richards, "I Pet iii.21," 77.

424 목적격적 속격을 지지하는 학자들은 다음과 같다. Dalton, *Proclamation to Spirits*, 230–33; Grudem, *1 Peter*, 163; Beare, *First Peter*, 149; Moffatt, *James, Peter, and Jude*, 143; Schweizer, "1. Petrus 4,6," 82; Achtemeier, *1 Peter*, 271–72; Goppelt, *1 Peter*, 268-69; Schelke, *Der Petrusbriefe-Der Judasbrief*, 109; Senior, *1 Peter*, 105-6; Dubis, *1 Peter Handbook*, 126. 물론 "서약"이라는 해석을 선호하면서 목적격적 속격을 주장할 수 있다(Kelly, *Peter and Jude*, 163). 캠벨의 의견과 반대로 신자들은 영광을 받거나 신원되기를 요구하지 않는다(*Honor, Shame, and the Rhetoric of 1 Peter*, 183). 왜냐하면 본문은 탄원을 선한 양심을 갖는 것과 연결하기 때문이다.

425 어떤 학자들은 신자들이 세례 전에 이미 용서받고 깨끗해지기 때문에 세례를 받을 때 양심을 깨끗하게 하고 죄를 용서해 달라고 하나님께 구하지 않는다고 반대할 수도 있다. 이와 같은 견해는 보증되기 위해서는 더 많은 것을 요구한다. 왜냐하면 베드로는 죄가 용서받은 정확한 순간을 묘사하지 않기 때문이다.

을 근거로 선한 양심을 위한 간구가 응답될 것을 확신할 수 있다.

3:22. 예수 그리스도의 부활은 우리를 이 구절의 중심, 즉 원수에 대한 그리스도의 승리로 돌아가게 한다. 베드로는 부활하신 후 예수님의 승천을 강조하면서 "오르사"(πορευθεὶς, 포류데이스)를 다시 선택한다. 19절에서 같은 단어가 예수님의 죽음과 부활 후에 악한 영들의 권세를 이기신 예수님을 가리킨다고 주장했다. 이 구절에서 강조점은 예수님이 하늘에 오르셔서 하나님 오른편에서 다스리신다는 점이다. 오른편은 주님이 여호와 우편에 앉아 다스리시는 다윗의 시편 110편 1절을 떠오르게 한다. 예수님은 그 가르침에서 시편을 자신에게 적용하셨다(참조. 마 22:44; 26:64; 막 12:36; 14:62; 눅 20:42-43; 22:69). 신약의 나머지 부분에서 그 영향은 넓게 퍼져 있다(행 2:34-35; 롬 8:34; 고전 15:25; 엡 1:20; 골 3:1; 히 1:3, 13; 8:1; 10:12). 베드로는 천사들과 권세들과 능력들이 그분께 복종함을 강조하면서 19절로 돌아간다. 세 단어 모두 천사들을 가리킨다("권세"[ἐξουσία, 엑수시아]는 고전 15:24; 엡 1:21; 3:10; 6:12; 골 1:16; 2:15, "능력"[δύναμις, 듀나미스]는 롬 8:38; 고전 15:24; 엡 1:21). 이 단어들에서 천사의 계급 구조를 파악하려고 하면 증명할 수 없는 추측에 빠지게 된다. 요점은 예수님께서 모든 적대적인 천사의 권세를 다스리신다는 점이다. 문맥상 예수님의 선한 천사들을 다스리신다는 의미는 아니다.[426] 독자들은 위한 메시지는 분명하다. 그들의 고통 가운데에서도 예수님은 여전히 통치하고 다스리신다. 그분은 성도들이 죽기까지 고난을 당한다고 할지라도 악한 세력의 권세에 신자를 내버려 두지 않으신다. 예수님은 죽음과 부활로 모든 악한 세력들을 이기셨고, 따라서 신자들은 그와 함께 통치할 것이다.

---

426 Achtemeier, *1 Peter*, 274; Selwyn, *1 Peter*, 208; Kelly, *Peter and Jude*, 164.

3.3.3 그리스도처럼 고난을 준비함(4:1-6)

¹ 그리스도께서 이미 육체의 고난을 받으셨으니 너희도 같은 마음으로 갑옷을 삼으라 이는 육체의 고난을 받은 자는 죄를 그쳤음이니 ² 그 후로는 다시 사람의 정욕을 따르지 않고 하나님의 뜻을 따라 육체의 남은 때를 살게 하려 함이라 ³ 너희가 음란과 정욕과 술취함과 방탕과 향락과 무법한 우상 숭배를 하여 이방인의 뜻을 따라 행한 것은 지나간 때로 족하도다 ⁴ 이러므로 너희가 그들과 함께 그런 극한 방탕에 달음질하지 아니하는 것을 그들이 이상히 여겨 비방하나 ⁵ 그들이 산 자와 죽은 자를 심판하기로 예비하신 이에게 사실대로 고하리라 ⁶ 이를 위하여 죽은 자들에게도 복음이 전파되었으니 이는 육체로는 사람으로 심판을 받으나 영으로는 하나님을 따라 살게 하려 함이라

베드로는 4장 1절에서 "그러므로"로 앞 단락의 결론을 이끌어 낸다(개역개정은 생략). 그는 3장 18-22절에서 그리스도의 고난이 그의 승리와 높아짐에 이르는 길이라고 주장했다. 따라서 그리스도께서 육체에 있을 때에 고난을 받으신 것처럼(3:18에서 알 수 있듯이 죽으심으로), 신자들도 고난 받기를 결심해야 한다. 고난을 받기로 한 결정은 죄가 그들을 지배하지 못하도록 그들이 죄를 그만두기 때문이다. 2절은 1절에 나타나는 권면의 목적을 제공한다. 신자는 남은 삶 동안 하나님의 뜻을 따라 살기 위해서 고난을 각오해야 한다. 베드로는 3절에서 그들은 이미 이방인처럼 충분한 시간 동안 거리낌 없이 방탕한 생활을 했었다고 말한다. 베드로의 편지를 받는 신자들은 이교도로서의 과거와 단절하고(4절) 더 이상 방탕한 생활을 하지 않았기 때문에 옛 친구들은 놀라면서 신자와 하나님을 비난했다. 5절에서 독자들은 믿지 않는 자들의 학대가 마지막이 아님을 상기시킨다. 하나님은 역사의 마지막에 산 자와 죽은 자를 심판하실 것이다. 궁극적으로 악인들은 그들의 악한 삶과 신자들을 학대한 일에 대한 보응을 받을 것이다. 신자들은 비록 지금 적대적인 태도와 비난을 받고 있지만 이교도의 생활 방식으로 돌아가는 일은 이성적이지 않다. 마지막 날에 그들은 신원을 받고 악인들은 심판을 받을 것이므로 배교하려는 모든 유혹을 물리치고 지금 심판을 당하는 사람들과 함께 해야 한다. 6절에

서 베드로는 그가 전한 복음에 또 다른 반대를 직면한다. 이교도들은 신자들이 불신자와 같이 죽었다는 점을 지적하면서 기독교 신앙을 무시했을 것이다. 베드로는 신자들 가운데 일부가 육체적인 죽음을 경험했지만, 그들이 살아 있을 때에 복음이 선포되어 그 영으로 하나님의 임재 안에서 살아 있을 것이라고 설명한다. 다시 말해서, 육체의 죽음은 신자들에게 궁극적인 현실이 아니다. 복음은 그들이 마지막 날에 죽은 자 가운데서 다시 살아남을 약속한다.

4:1. "그러므로"(개역개정은 생략)는 이전 구절들(3:18-22)의 결론을 이끌어 낸다. 이 구절은 그리스도의 죽음과 부활을 통한 적대적인 세력에 대한 승리를 특징으로 한다.[427] 두 단락 사이의 연결은 다음과 같다. 그리스도의 고난은 영광에 이르는 길이기 때문에, 신자들은 고난이 종말론적 상의 서곡이라는 점을 알고 고난을 준비해야 한다.[428] 이 구절의 요점은 신자들이 고난을 받을 마음으로 무장(ὁπλίσασθε, 호플리사스데, 개역개정. "갑옷을 삼으라")해야 한다는 것이다. "무장하라"는 군사적인 의미이다. 다른 본문들에서 그리스도인의 삶은 전쟁에 비유된다(롬 6:13; 13:12; 고후 6:7; 10:4; 엡 6:11-17; 살전 5:8). 전쟁 용어는 특히 신자들이 직면하는 고난을 고려할 때 그리스도인의 삶을 살기 위해 훈련과 용기가 필요함을 나타낸다. 실제로 신자들은 고난이 불가피하다는 "마음"으로 갑옷을 입어야 한다. "마음"(ἔννοια, 엔노이아)은 "의도"(NRSV), "생각"(RSV)으로 번역할 수 있다. 대부분은 "통찰력", "생각", "지식"(참조. ESV)과 같은 번역이다.[429] 군인이 "갑옷"으로 무장을 하듯이 신자들도 고난을 준비해야 한다. 그러나 "무장하라"와의 연결은 통찰력이 "의도"가 됨을 나타내기 때문에 통찰력과 생각이 아마도 가장 좋은 번역일 것이다. 전투를 준비하는 군인처럼 신자도 고난에 대비해야 한다.

이 구절의 첫 어절은 베드로의 독자들이 고난을 예상해야 하는 이유를 설

---

427 Van Rensburg, "The Use of Intersentence Relational Particles and Asyndeton in 1 Peter," 297.

428 마이클스는 논의가 1절에서 다시 시작될 때 19-22절을 건너뛰었다고 잘못 이해한다(*1 Peter*, 225).

429 BDAG, 337; I. T. Blazen, "Suffering and Cessation from Sin according to 1 Peter 4:1," *AUSS* 21 (1983): 30–32.

명한다. 그리스도께서도 "육체의 고난을 받으셨다." 이 표현은 "고난을 당하다"와 "육체"가 나타난 3장 18절로 돌아간다.[430] 이 구절에서 그리스도의 "육체"가 그의 육체적인 고난을 언급하기 때문에 18절의 해석을 확인하는 추가 증거가 된다(참조. NIV). 18절의 "고난을 당하다"는 베드로가 좋아하는 단어이다. 두 본문 모두 그리스도의 고난을 독자들의 고난과 연결시키면서 동시에 그리스도의 고난의 유일성을 확인했다. 그러므로 그리스도의 고난은 3장 18절과 2장 21-24절에서와 같이 그의 죽음에 초점을 맞추고 있다. 더 나아가 2장 21-23절에서와 마찬가지로 그리스도의 고난은 믿는 이들에게 본보기가 되어 그들이 본받아야 할 본보기를 제공한다.

이 구절에서 가장 어려운 부분은 "육체의 고난을 받은 자는 죄를 그쳤음이니"이다. 어떤 학자들은 "왜냐하면"(CSB, ὅτι, 호티. 개역개정. "~이니")로 번역한 단어는 인과가 아니라 "의도"(NRSV)를 설명한다고 이해한다.[431] 그러나 인과가 구문론적으로 가능성이 더 높아 보인다.[432] 어느 쪽이든 신자들이 고난을 준비해야 하는 이유가 주어졌기 때문에 의미에 영향을 미치지 않는다. 학자들은 어떤 이유인지 논쟁한다. 세 가지 해석이 가능하다.[433] 첫째, 고난을 당하신 분은 예수 그리스도로 확인될 수 있다.[434] 이 견해에는 예수님이 결코 죄를 지은 적이 없다는 반대가 있다(참조. 2:22; 3:18). 따라서 어떻게 그가 죄를 그쳤다고 말할 수 있는가?[435] 죄가 로마서 6장 8-10절과 비슷한 용어로 이해된다면 이 해석은 변호될 수 있다. 그의 죽으심과 부활로 말미암아 죄의 권세가 무너졌으며 그리스도는 더 이상 죄와 어떠한 관련성도 멈추셨다. 십자가

430 명사 σάρξ가 θανατωθείς와 연결된다는 사실은 이 구절의 요점을 해치지 않는다.

431 예. Calvin, *Catholic Epistles*, 121; Kelly, *Peter and Jude*, 166; Achtemeier, *1 Peter*, 278; Davids, *First Peter*, 148, n. 2; Dalton, *Proclamation to Spirits*, 241; Jobes, *1 Peter*, 263.

432 Michaels, *1 Peter*, 225-26; Goppelt, *1 Peter*, 280; Elliott, *1 Peter*, 714; Donelson, *I and II Peter and Jude*, 118, 20; Dubis, *1 Peter Handbook*, 130; Forbes, *1 Peter*, 136. 엘리엇은 행동에 초점을 맞추는 것, 즉 죄를 그치는 것이 이 선택을 지지한다고 주장한다.

433 악트마이어는 사람의 고난이 죄를 속죄할 수 있다는 개념을 언급하지만, 이것은 베드로 신학과 양립할 수 없기 때문에 거절한다(*1 Peter*, 279).

434 Michaels, *1 Peter*, 226-29; Hillyer, *1 and 2 Peter, Jude*, 120; 참조. Richard, *Reading 1 Peter, Jude, and 2 Peter*, 167–68.

435 벡틀러는 이 구절이 모호하고 그리스도와 신자 모두를 고려하고 있다고 말한다(*Following in His Steps*, 196–98).

에서 죄 없는 분이 스스로 죄를 짊어지셨으나 이제 고난을 받으셨으므로 더
이상 죄를 대하지 않으신다. 죄에 대한 승리는 완전하다. 이 해석은 그리스도
께서 십자가에서 단번에 죄와 관계를 단절하셨다는 개념과 일치한다. 그럼에
도 불구하고 이 해석을 제외해야 한다. "육체의 고난을 받은 자"는 그리스도
를 가리키는지 분명하지 않다. 주어는 신자들일 가능성이 더 높다. 왜냐하면
본문의 구문은 갑옷을 삼는 자가 고난 받는 자와 동일시되어야 함을 나타내기
때문이다. 좁스는 이 담화가 그리스도께서 행하신 일(3:18-22)에서 신자들에
대한 권면으로 옮겨간다고 지적한다.[436] 여기에서 단수형은 포괄적인 총칭이
며 혼자인 개인을 가리킬 필요는 없다. 신자들이 죄가 없다는 개념이 없고, 그
리스도인들이 죄를 그쳐야 한다는 점을 보여 준다면 그리스도를 주어로 이해
해야 할 이유는 없어진다. 다음 두 해석 모두 조건을 만족시킨다.

둘째, 육체의 고난을 받는 사람은 그리스도인을 말하며 "죽은 자가 죄에
서 벗어나"(롬 6:7)와 비슷한 의미로 이해해야 한다. 로마서 6장에서 신자들
은 세례를 통해서 죄의 권세에 대하여 그리스도와 함께 죽었다. 비슷하게 여
기에서 그리스도와 함께 죽은 자들의 삶에서 죄의 지배가 무너졌다고 말한
다.[437] 바울과 일치하고 신자들이 어떻게 죄를 그치는지 현명하게 설명한다는
점이 이 해석의 장점이다. 그럼에도 불구하고 이 해석도 제외해야 한다.[438] 우
리는 바울의 글을 베드로전서에 집어넣는 일을 경계해야 하며, 두 본문은 문
맥이 다르다. 신자가 그리스도와 함께 죽는다는 개념이 로마서 6장에서 분명
하지만, 베드로전서에서는 이와 같은 표현을 사용하지 않는다. 베드로가 세
례에 대해서만 언급하지만(3:21), 그는 바울처럼 세례 안에서 그리스도의 죽
음과 부활과의 연합을 강조하지 않는다. 사실 1절의 마지막 어구에서 나오는
"고난을 받다"는 죽음과 동일시될 수 없다. 엘리엇의 주장처럼, 바울은 그리
스도와 함께 죽음을 비유로 말하고 베드로는 실제 고난을 고려한다.[439] 우리는
동사가 "죽다"($\dot{\alpha}\pi o\theta\nu\dot{\eta}\sigma\kappa\omega$, 아포드네스코)가 아니라 "고난을 받다"($\pi\dot{\alpha}\sigma\chi\omega$, 파

436 Jobes, *1 Peter*, 263–64.
437 Calvin, *Catholic Epistles*, 121; Beare, *First Peter*, 153; Dalton, *Proclamation to Spirits*, 244-48; Kelly, *Peter and Jude*, 168–69; Cranfield, *I & II Peter and Jude*, 108.
438 Achtemeier, *1 Peter*, 279-80.
439 Elliott, *1 Peter*, 716.

스코)라는 점에 주목해야 한다. 신자들은 그리스도와 같이 죽었다는 진리를 바울이 분명히 가르쳤지만, 이 구절에서는 그런 의미가 아니다. 신자들은 고 난에 동의하면서 일상에서 그리스도를 따라야 한다. 더 나아가 베드로는 바 울에게서 흔히 볼 수 있는 권세를 가리키는 데 "죄"(ἁμαρτία, 하마르티아)라 는 단어를 사용하지 않는다. 베드로전서에서 "죄"는 죄의 행위에 사용된다(참 조. 2:22, 24; 4:1, 8).[440]

세 번째 해석이 가장 설득력이 있다.[441] "육체의 고난을 받은 자"는 신자를 가리키며 불의한 고난을 준비하라는 명령으로 돌아간다.[442] 베드로는 왜 고난 을 받으려는 준비를 해야 하는지 설명한다. 고난을 받겠다는 결심은 죄의 삶 을 깨뜨렸다는 증거로 본다.[443] 요점은 고난을 받은 신자들이 고난 이후에 죄 를 짓지 않는 증거로 죄 없는 온전함을 얻었다는 의미는 아니다. 고난을 당하 는 자, 믿음을 위하여 비난과 조롱을 기꺼이 견디는 자들이 죄를 이겼음을 나 타낸다. 그들은 불신자들의 불법 행위에 참여하지 않고 그 결정에서 오는 비 난을 견디기 때문에 죄를 깨뜨린 것이다. 고난을 받고자 하는 일은 아직 완전 하지 않지만, 그리스-로마 세계의 불신자들의 삶과는 확연히 다른 새로운 삶 을 살겠다는 의지를 드러낸다.[444]

4:2. CSB 성경은 이 구절을 목적("~하기 위해". 개역개정, "하려 함이라") 으로, 반대로 NIV는 결과("그 결과로")로 제시한다. 이 구절은 목적의 의미일 가능성이 크다.[445] 그리스도인들은 회심 이전에 그들의 삶을 지배했던 인간의

---

440 Blazen, "1 Peter 4:1," 39-41.

441 Grudem, *1 Peter*, 167; Schweizer, "1. Petrus 4,6," 84; Omanson, "Suffering," 445-46; Achtemeier, *1 Peter*, 280; Bigg, *Epistles of Peter and Jude*, 167; Jobes, *1 Peter*, 264–65; Dryden, *Theology and Ethics in 1 Peter*, 183.

442 여기서 언급은 육체적 고난 자체가 아니라 부당한 고난이다. Jobes, *1 Peter*, 264.

443 또한 여기에서 "고난을 받다"는 죽음을 가리키는 것 같지 않다. 그렇다면 신자들을 죽음에 이 르러서 죄를 그친다는 의미가 된다(Blazen, "1 Peter 4:1," 27-50). 블라젠(Blazen)은 그리스도 의 특별한 고난의 관점에서 "고난"의 의미를 잘못 이해하고 신자들의 삶에 동일한 의미를 투 영해 읽고 있다.

444 여기에서 지지되는 견해는 사람들이 고난에 부정적으로 반응할 수 있기 때문에 고난 자체가 그 사람의 삶에서 죄의 경향을 깨뜨린다는 생각과 구별되어야 한다. 고난이 죄를 속죄한다는 유대인 순교 전통에 관한 언급은 여기에 없다(Elliott, *1 Peter*, 715).

445 Achtemeier, *1 Peter*, 280; Bigg, *Epistles of Peter and Jude*, 167.

정욕을 채우지 않고 남은 인생을 하나님의 뜻을 행하며 살기 위해서 고난을 받을 각오로 무장해야 한다. 목적절은 1절의 마지막 어절에 제시된 해석을 확인한다. 신자들은 하나님의 뜻을 행하고 죄의 삶에서 돌아서도록 부르심을 받았다는 의미에서 고난을 받도록 부르심을 받았다. 어떤 학자들은 이 땅에 남은 시간을 죽음 이전에 남은 삶이라기보다는 그리스도의 재림 이전의 짧은 시간이라고 생각한다.[446] 본문이 보증하지 않기 때문에 이 두 가지에서 선택할 필요가 없다.[447] 베드로는 이 문맥에서 6절이 보여 주는 것처럼, 그리스도의 재림을 여전히 기대하지만, 몇몇 그리스도인들은 그리스도께서 재림하시기 전에 죽을 것을 깨달았다. 하나님이 허락하신 생명의 기간이 얼마나 되든지 성도는 그 생명이 있는 한 하나님을 위해서 열심히 살아야 한다.

4:3. 3절의 "왜냐하면"(γὰρ, 가르, 개역개정 생략)은 신자들이 남은 생애를 하나님의 뜻을 위해 살아야 하는 이유를 설명한다. 그들은 이미 과거에 "이방인들이 하려고 한 것"(ESV, NIV는 "이교도"로 번역한다. 개역개정. "이방인의 뜻을 따라 행한 것")을 행하는 데 충분한 시간(ἀρκετὸς, 아르케토스)을 보냈다.[448] CSB 성경이 "(그들이) 하기로 선택한"으로 번역한, "뜻"(βούλημα, 불레마)은 2절과 3절을 대조시킨다. 신자들은 하나님의 "뜻"(θέλημα, 델레마)을 위해 살아야 한다(2절). 그러나 회심 이전에 그들은 이방인의 "뜻"(βούλημα, 불레마)을 따라 살았다. 믿지 않는 자들은 "이방인"(ἔθνη, 에드네)이다. 이방인을 다른 언급 없이 사용한 것은 베드로가 예수 그리스도를 믿는 사람들을 하나님의 새 백성의 지체인 회복된 이스라엘의 구성원으로 이해하고 있음을 나타낸다(참조. 2:9-10). 불신자로 살았던 지나간 때는 "족하다"라고 말하면서 불신자의 생활 방식으로 시간을 낭비해야 할 여지가 없음을 말한다.

---

446 Kelly, *Peter and Jude*, 169; Achtemeier, *1 Peter*, 281.

447 여기에서 σαρχὶ는 사람의 죄악 된 성향으로 이해할 근거는 없다. 본문은 몸 안에 있는 생명을 언급한다(Davids, *First Peter*, 150; Selwyn, *First Peter*, 210; Achtemeier, *1 Peter*, 281). 그럼에도 불구하고 데이비스가 말했듯이, "육체는 연약하고 타락했으므로 그것은 인간의 악한 충동이 작용하는 존재 양식이다"(150페이지).

448 독자들의 이전의 삶에 관한 언급은 그들이 주로 이방인이었음을 보여 준다. 베드로전서에 있는 구약의 암시와 인용은 다른 제안을 하지 않는다(반대. Hillyer, *1 and 2 Peter, Jude*, 121). 구약에 관한 빈번한 언급은 주로 이방인으로 구성된 베드로전서에서도 찾아볼 수 있다.

이어서 불신자들의 생활 방식이 악의 목록과 함께 그려진다. 이 악의 목록은 신약에서 흔히 볼 수 있다(참조. 막 7:22; 롬 13:13; 고전 5:10-11; 6:9-10; 고후 12:20; 갈 5:19-21; 엡 4:31; 5:3-5; 골 3:5, 8; 디도서 3:3). "음란"(ἀσελγείαις, 아셀게이아이스)과 "정욕"(ἐπιθυμίαις, 에피듀미아이스)은 성적인 죄에 관한 언급일 것이다(음란은 롬 13:13; 고후 12:21; 갈 5:19; 엡 4:19을 참조. 정욕은 롬 1:24; 살전 4:5; 벧후 2:18을 참조). 이 단어들은 또한 죄에 관한 일반적인 용어일 수 있다.[449] 오늘날과 같이 그리스-로마 세계에서 성적인 죄, 음주, 파티의 결합은 흔한 일이었다. 다음 세 단어는 모두 술 취함과 방탕에 초점을 맞춘다. "술 취함"(οἰνοφλυγία, 오이노플뤼기아)은 신약에서 여기에만 나타난다(참조. 롬 13:13; 갈 5:21; 엡 5:18). 신명기 21:20은 술주정뱅이('술에 잠긴 자')를 묘사하기 위해서 동사 형태(οἰνοφλυγεῖ, 오이노플뤼게이)를 사용한다. "방탕"(κῶμος, 코모스)은 또한 로마서 13장 13절과 갈 5장 21절에서 정죄된다. 두 경우 모두 술 취함과 연결된다. 악트마이어는 "개인적이든, 가정이든, 공적이든, 종교적이든 축제의 모임"을 언급한다고 말한다.[450] "향락"(πότος, 포토스)도 신약에서 여기에만 나타난다(다음을 보라. 잠 23:30; Josephus, Ant. 5.289). 아마도 "사교적인 음주 파티"를 말할 것이다.[451] 독자들이 회심하기 전에 방탕한 삶을 살았음은 분명하다. 마지막은 "무법한 우상숭배"이다. 우상 숭배는 독자들이 유대인이 아니라 이방인임을 나타낸다. 뚜렷한 우상 숭배는 유대인 공동체의 특징이 아니다. "무법한"은 율법에 대한 순응이 부족함에 초점을 맞추지 않고, 거룩하지 않고 신성 모독적인 생활 방식에 초점을 맞춘다(참조. 행 10:28; 2 Mac 6:5-6; 7:1; 10:34).[452] 또한, 3절에 열거된 죄들은 비록 유대인에게 없지 않지만, 종교적으로 독실한 유대인들에게는 전형적이지 않았다.[453]

---

449 마이클스는 성적인 죄를 지지한다(*1 Peter*, 231).

450 Achtemeier, *1 Peter*, 282n84. 엘리엇은 디오니소스 축제에 대한 가능성을 제시한다(*1 Peter*, 724).

451 Achtemeier, *1 Peter*, 282n84.

452 Elliott, *1 Peter*, 724.

453 좁스의 견해와 반대된다(*1 Peter*, 268). 분명히 유대인들은 추악한 죄를 지었지만, 이와 같은 것은 전형적이 아니라 예외적이었을 것이다.

4:4. 4절의 첫 단어 "이러므로"(CSB 성경은 생략, NASB, "이 모든 것에", ἐν ᾧ, 엔 호)는 추론을 의미하며 "이와 관련하여"를 의미할 수 있다.[454] 베드로의 독자들은 3절에 열거된 행위에 더 이상 참여하지 않기 때문에 그들의 이웃은 그리스도인들이 과거의 생활 방식을 버림을 "놀라거나"(ξενίζονται, 크세니존타이) "이상히 여긴다." 이 구절에서 우리는 그리스도인들이 어떤 의미에서 나그네나 거류민임을 상기하게 된다. 그들은 주변 사회의 가치와 열망을 공유하지 않고 사회 구조에 맞추지 않는다. 그리스도인들이 부도덕한 삶의 방식, 즉 "극한 방탕"('방탕한 삶의 홍수', τῆς ἀσωτίας ἀνάχυσιν, 테스 아소티아스 아나퀴신)에 달음질 하거나(συντρεχόντων, 쉰트레콘톤)[455] 참여하지 않는다는 점이 불신자들을 놀라게 한다. 어떤 주석가들은 분사 '비방하나'(βλασφημοῦντες, 블라스페문테스)가 5절과 연결되어 선언된 판결의 이유를 제공한다고 이해한다.[456] 이 분사는 4절에서 첫 번째 어절의 결과를 결정한다고 이해해야 한다.[457] 이교도들은 신자들이 자신들이 정상적인 문화라고 여기는 일에 참여하지 않는 것에 놀라서 그 대응으로 신자들과 그들이 경배하는 하나님을 비난하고, 명예를 훼손하고, 언어로 비방한다.[458]

이 구절은 베드로전서에 나오는 박해의 본질을 이해하는 데 중요하다. 베드로는 신자들이 목숨을 잃는 것을 전혀 말하지 않는다. 대신에 불신자들은 처음에 어리둥절했고 신자들이 그리스-로마 문화에서 정상적으로 여겼던 활동들에 참여하지 않아서 분노했다. 우리는 타키투스가 그리스도인들이 "인류를 증오한다"라고 말할 때 이와 같은 반응을 본다(*Ann.* 15.44). 이교도들은 우상 숭배가 가정생활에서부터 공공 축제, 종교 의식, 심지어 사교 행사에 이

---

454 Michaels, *1 Peter*, 232-33; 핑크, "Use of en hō in 1 Peter," 35. 레이케는 인과 관계로 이해한다 (*The Disobedient Spirits and Christian Baptism*, 111). 엘리엇은 상황이라고 생각한다(*1 Peter*, 725). 참조로 보는 견해는 다음을 보라. Dubis, *1 Peter Handbook*, 134.

455 이 분사는 아마도 인과 관계일 것이다. Dubis, *1 Peter Handbook*, 135.

456 따라서, Michaels, *1 Peter*, 233; Achtemeier, *1 Peter*, 284.

457 엘리엇은 다른 해석은 베드로가 다른 곳에서 분사를 사용하는 방법에 어울리지 않는다고 바르게 말한다(*1 Peter*, 727). 또한 다음을 참조하라. Dubis, *1 Peter Handbook*, 136; Forbes, *1 Peter*, 140.

458 하나님 자신이 그의 백성이 비판을 받을 때 비방을 받지만 초점은 하나님이 아니라 신자들을 욕하는 데 있다(그러므로 Kelly, *Peter and Jude*, 170-71).

르기까지 삶의 거의 모든 측면에 얽혀 있기 때문에 그렇게 느꼈을 것이다.[459] 서구 세계에서 우리는 사적 영역과 공적 영역의 분리를 당연하게 여긴다. 그러나 신을 숭배했던 공공 축제는 그리스-로마 세계에서 시민의 의무로 여겨졌다. 특히 황제 숭배는 훌륭한 시민의 표시였으며, 특히 소아시아에서는 황제 숭배가 두드러졌다.[460] 오늘날 많은 미국 시민들이 국기에 대한 충성의 맹세를 거부하는 사람들을 의심하는 것처럼, 황제 숭배에 참여하지 않는 사람들은 사회적으로 버림받은 사람들이 되었을 것이다. 사회의 풍습에 적합하지 않은 사람들은 일상에서 차별을 받고 학대의 대상이 되었다는 것을 상상할 수 있다.

서구 사회에서 현대적인 박해를 투옥, 신체적인 박탈, 고문, 처형으로 제한하려고 하기 때문에 베드로전서가 보여 주는 박해의 구체적인 특징을 파악하는 일은 중요하다. 앞에서 언급한 것처럼 베드로전서는 이에 대한 증거가 거의 없다. 독자들은 사회의 따돌림을 당하면서 부당한 대우를 받았고 아마도 재판정과 로마 제국으로부터 약간의 차별을 받았을 것이다. 우리는 비판과 사회적인 배척이 더 자주 가혹한 행동으로 이어진다는 점, 날카로운 말은 쉽게 날카로운 칼로 변할 수 있다는 점을 간과해서는 안 된다. 요한계시록이 90년대 중반 정도에 기록되었다면 소아시아에서 분명히 어떤 신자들은 그리스도에 대한 헌신 때문에 목숨을 잃었을 것이다. 그러나 베드로는 독자들에게 닥칠 일을 대비하게 하기 위해서 편지를 썼지만 형벌은 아직 그렇게 가혹하지 않았다.

4:5. 베드로전서에서 자주 나타나듯이, 베드로는 **종말**을 향해서 독자들의 관심을 돌린다. 불신자들은 그리스-로마 사회의 호의와 특권을 누렸다. 그들은 사회적 출세와 동료들의 칭찬을 경험했을 것이다. 베드로의 독자들은 외부인이었지만, 그들은 완전히 "내부인"이었을 것이다. 그러나 현재 상황은 마지막 현실이 아니다. 지금 "사람의 정욕을 따라"(2절) 사는 사람들, 방탕하게 생활하고 "방탕의 삶의 홍수"(개역개정. '극한 방탕', 3-4절)에 빠져 사는 사람들, 신자들을 비방하는 사람들(4절)은 마지막 날에 하나님의 심판을 받을 것이다. 그

---

459 다음의 훌륭한 논의를 살펴보라. Achtemeier, *1 Peter*, 284–85

460 S. R. F. Price, *Rituals and Power* (New York: Cambridge University Press, 1986), 78.

들은 하나님께 "사실대로 고해야"할 것이다. "사실대로 고하다"($ἀποδώσουσιν$ $λόγον$, 아포도수신 로곤)라는 문구는 법정 언어이며(참조. 마 12:36; 눅 16:2; 행 19:40; 히 13:17; 참조. 롬 2:6; 딤후 4:8, 14; 계 22:12), 최후 심판을 의미한다.[461] 이것은 "산 자와 죽은 자"(참조. 살전 4:16-17; 고전 15:52)라는 말에서 분명히 알 수 있다. 여기에서 "죽은 자"가 영적으로 죽은 자라는 이해는 거의 신빙성이 없다. 왜냐하면 "산"과 결합할 때 지금까지 살았던 모든 사람을 의미하기 때문이다. 심판하는 자는 그리스도일 수 있다(참조. 마 25:31-46; 막 8:38; 행 10:42; 17:31; 롬 14:9; 딤후 4:1).[462] 또는 심판하는 자는 아마도 하나님 자신일 것이다(참조. 롬 2:6; 3:6; 14:10). 왜냐하면 베드로전서 1장 17절과 2장 23절에서 하나님은 심판하는 분이시기 때문이다.[463] 아마도 그리스도는 산 자와 죽은 자를 심판하는 분으로 정의되기 때문에 약간 더 나은 선택일 것이다.[464] 이 구절의 요점은 두 경우 모두를 확인시킨다. 신자들은 사회의 인정을 받기 위해 신앙을 포기하고 싶은 유혹에 넘어가서는 안 된다. 이러한 인정은 잠시이며 지금 신자들을 학대하는 사람들은 미래에 심판을 받게 될 것이다. 믿지 않는 자들에 대한 최후 심판은 보복이나 복수를 조장하는 방식으로 언급하지 않는다(참조. 벧전 2:21-23). 우리는 이 말씀이 믿지 않는 자들이 아니라 믿는 자들에게 하는 말씀이라는 사실을 기억해야 한다. 베드로는 신자들에게 최후 심판을 상기시키면서 믿음의 인내가 중요하며 악을 행하는 자들은 최후의 날에 심판을 받고 정죄 받을 것을 확신시켜 준다. 따라서 그들은 차별을 피하기 위해서 핍박하는 자와 동조해서는 안 된다. 곧 상황이 역전될 것이기 때문이다.

4:6. 6절은 앞 구절과 "왜냐하면"(개역개정은 생략, $γάρ$, 가르)으로 연결되며, 어떻게 연결되는지는 다음에 다루려고 한다. "이를 위하여"($εἰς τοῦτο$,

---

461 아마도 이 구절은 베드로전서 3:15-16의 전환일 것이다(Michaels, *1 Peter*, 234).

462 Beare, *First Peter*, 155-56; Best, *1 Peter*, 154; Selwyn, *First Peter*, 213–14; Kelly, *Peter and Jude*, 172.

463 Michaels, *1 Peter*, 235; Goppelt, *I Peter*, 287–88; Achtemeier, *1 Peter*, 286; Richard, *Reading 1 Peter, Jude, and 2 Peter*, 172; Elliott, *1 Peter*, 730.

464 Davids, *First Peter*, 153.

에이스 투토)는 이번 경우에는 5절로 돌아가지 않고(참조. 벧전 2:21; 3:9) 목적절('이는', ἵνα, 히나) 앞에 온다.[465] 복음이 죽은 자들에게 전파된 이유는 이 구절의 마지막 어절에 분명히 나와 있다. 목적을 살펴보기 전에 죽은 자들에게 복음을 전한다는 의미가 무엇인지 살펴보아야 한다. CSB 성경은 "지금 죽은 자들에게도 복음이 전파되었다"라고 번역한다. "지금"은 이 본문의 해석이다. 이 부분에서 주목해야 할 것은 "지금"이 헬라어 본문에 없다는 사실이다. CSB 성경 번역자는 이 본문을 해석하기 위해서 "지금"을 넣는다. NRSV 성경은 더 문자적인 번역을 한다. "이러므로 복음은 죽은 자들에게도 전파되었다." 헬라어를 잘 번역한 NRSV 성경은 다음 질문을 제기한다. 여기에서 "죽은"(νεκροῖς, 네크로이스)은 무엇을 의미하는가? 다양한 대답이 제시되었다.[466] 어떤 학자들은 이 단어가 "영적으로 죽은"을 의미한다고 주장한다(참조. 요 5:25; 엡 2:1, 5; 골 2:13).[467] 이 해석은 육체적으로 죽은 사람들에게 복음이 선포되었다는 문제를 피한다. 이것은 불신자들이 영적으로 죽었다는 바울의 개념과 일치한다. 그러나 베드로는 영적인 죽음을 언급하기 위해서 다른 데서 "죽은"(νεκρός, 네크루스)을 쓰지 않았기 때문에 이 견해는 제외해야 한다.[468] 게다가 앞 절에서 "죽은"(νεκρούς, 네크루스)은 분명히 육체적으로 죽은 사람을 나타낸다.[469] 나는 아래에서 "심판하다"가 5절과 6절 사이에서 의미가 변한다는 개념을 뒷받침하는 문맥의 단서가 있다고 주장하려고 한다. 그러나, 베드로는 이 구절에서 단어의 의미가 바뀌었다는 문맥의 단서를 제공하지 않는다.

---

465 Selwyn, *First Peter*, 214; Michaels, *1 Peter*, 238; Schweizer, "1. Petrus 4,6," 153; Elliott, *1 Peter*, 732. 포브스는 이것이 앞 내용과 뒤 내용을 모두 가리킨다고 생각한다(*1 Peter*, 141).

466 견해의 요약은 다음을 보라. Dalton, *Proclamation to Spirits*, 42–51.

467 참조. McCartney, "The Use of the Old Testament in the First Epistle of Peter," 172. 이 견해는 일부 교부들이 지지했다. 다음을 보라. Augustine, *James, 1-2 Peter, 1-3 John, Jude*, ACCS (Downers Grove: InterVarsity, 2000), 113. 다른 교부들은 예수님이 지옥에 있는 사람들에게 설교했다고 가르쳤다. 다음을 보라. Oecumenius and Theophylact in *James, 1-2 Peter, 1-3 John, Jude*, ACCS (Downers Grove: InterVarsity, 2000), 114.

468 Reicke, *The Disobedient Spirits and Christian Baptism*, 205.

469 맥카트니는 골 2:12-13에서 νεκρός의 의미가 12절과 13절에서 변한다는 점을 지적한다("The Use of the Old Testament in the First Epistle of Peter," 172). 그러나 의미의 변화는 골 2:12-13에서 더 분명하다. 첫 번째는 그리스도의 부활에 관한 언급이고 두 번째는 신자들의 영적인 상태에 관한 것이기 때문이다.

　　다른 학자들은 이 구절이 육체적으로 죽은 사람들에 대한 복음 전파를 말하고 있다고 주장한다. 이 해석은 자주 베드로전서 3장 19절과 연결되는데, 영들은 인간으로 이해되고 그들이 죽은 후에 복음이 선포되었다(3:19 주해를 보라). 이 견해에 따르면 4장 6절은 3장 19절을 자세히 설명한다. 왜냐하면 죽은 모든 사람에게 복음이 선포되었기 때문이다.[470] 어떤 학자들은 이것을 그리스도께서 오시기 전에 죽은 사람들로 제한한다. 다른 학자들은 복음을 듣지 않고 죽은 모든 사람들로, 또 다른 학자들은 예외 없이 모든 죽은 사람들로 제한한다. 이 해석은 5-6절의 "죽은 자"가 육체적으로 죽은 사람을 의미하는 장점을 가진다. 그 결과 5-6절 사이의 "죽은"은 의미 변화가 없다. 그럼에도 불구하고 이 해석은 여러 이유로 제외된다. 첫째, 우리는 앞서 베드로전서 3장 19절이 복음 전파를 말하는 것이 아니라 악한 영들의 권세를 이긴 승리의 선포를 언급한다고 주장했다. 엘리엇은 "3장 19절과 4장 6절의 가능성 있는 일치에 대한 관심은 주해적 관심보다 교리주의적 관심이 동기가 된 것으로 보인다. 즉, 보편 구원에 관한 성경적 표현을 찾고자 하는 열망이다"라고 올바르게 말한다.[471] 둘째 6절에 있는 수동태 동사 어구, "복음이 전파되었으니"(εὐηγγελίσθη, 유엥겔리스데)는 **그리스도에 의한** 전파가 아니라 **그리스도를** 전파하는 것을 가리킨다(참조. κηρύσσω[케뤼쏘]의 수동태 동사, 고전 15:12; 고후 1:19; 딤전 3:16).[472] 그리스도 자신이 아니라 인간에 의한 전파를 가리킨다. 따라서 동사형이 인간이 죽은 후에 그리스도께서 복음을 전파함을 지지하지 않는다.

---

470 참조. Bigg, *Epistles of Peter and Jude*, 170-71; Beare, *First Peter*, 156; Cranfield, *I & II Peter and Jude*, 110; "1 Peter iii.19 and iv.6," 371-72; Goppelt, *I Peter*, 289; Schweizer, "1. Petrus 4,6," 152-54; J. Green, *I Peter*, 122, 127-31; Feldmeier, *First Peter*, 216. 다양한 견해에 대해서는 다음을 보라. Reicke, *The Disobedient Spirits and Christian Baptism*, 205, 209. 베드로전서 4:6에서 죽은 자들에게 복음을 선포하는 것을 지지하기 위해서 두 구절 사이의 연관성을 볼 필요는 없다. 다음을 보라. 예. D. J. Horrell, "Who Are 'the Dead' and When Was the Gospel Preached to Them?: The Interpretation of 1 Pet 4.6," *NTS* 49 (2003): 70–89. 호렐의 견해에 반대하여 신자의 죽음은 기독교 신앙이 의미 없고 무익하다는 것을 암시하기 때문에 불신자들에 의해 박해를 받고 비난을 받는 상황에서 죽은 신자들의 운명에 대해서 베드로전서를 받는 신자들이 걱정했을 가능성이 있다. 다음에서 발전된 호렐의 에세이를 보라. D. G. Horrell, *Becoming Christian: Essays on 1 Peter and the Making of Christian Identity*, LNTS 394 (London: Bloomsbury T&T Clark, 2013), 73–99.

471 Elliott, *1 Peter*, 731.

472 Kelly, *Peter and Jude*, 173–74; Achtemeier, *1 Peter*, 287; Elliott, *1 Peter*, 730.

셋째, 성육신 이전의 사람들, 구약의 성도들, 심지어 복음을 들을 기회가 없었던 사람들로 죽은 자들을 제한하는 주장은 본문의 근거가 없다. 그렇다면 복음이 죽은 자들 모두에게 전파되었다는 개념일 것이다. 그러나 이 견해는 틀렸다. 신약 어디에도 죽음 이후의 회개와 구원의 가능성을 그리고 있지 않다. 오히려 그 반대이다(참조. 눅 16:26; 히 9:27). 더욱이 6절이 모든 죽은 자를 가리킨다면 죽은 자에게 복음이 전파되었으므로 죽은 자는 다 구원을 받아 "영으로는 하나님을 따라 살게"한다. 이 구절에서 정죄를 말하지 않으면서, 모든 사람이 복음에 긍정적으로 반응할 것이라는 개념은 악한 자의 최후 심판을 일관성 있게 가르치는 신약의 가르침을 고려하면 제외된다(예. 마 25:31-46).

넷째, 이 해석은 문맥을 고려할 때 극복할 수 없는 문제가 있다. 전체 편지에서 베드로는 독자들에게 미래에 있을 영생의 상을 알고 박해를 견디라고 권면한다. 이 단락에서도 그는 이 주장을 하면서 하나님께서 죄인을 심판하실 것이기 때문에 인내하라고 촉구한다(5절). 그가 갑자기 내용을 바꾸어 이생에서 복음을 거부한 사람들에게 두 번째 기회를 약속한다면 말이 되지 않을 것이다. 베드로가 두 번째 기회를 약속했다면 베드로의 독자들은 지금 믿음을 부인하고 죽은 후에 그것을 받아들일 수 있다고 결론 지을 수 있다. 어떤 경우에도 배교는 최종적이거나 궁극적이지 않을 것이다. 왜냐하면 죽은 후에 복음을 믿을 수 있는 또 다른 기회가 있기 때문이다. 따라서 이 해석은 전체 서신의 목적에서 벗어난다. 심지어 4장 1-7절의 가르침과도 모순된다.[473] 엘리엇(Elliott)은 그리스도의 보편 구원이나 "그리스도 이전에 죽은 자들에게 주어지는 두 번째 기회는 ... 전체적으로 베드로전서의 신학, 윤리, 목적과 완전히

---

473 베스트는 두 번째 기회가 박해자들에게 약속된 것이 아니라 복음을 듣지 못하고 죽은 자들에게 약속되어 있다고 주장한다. 나는 이미 "죽은 자들"이 이렇게 제한하는 것은 문맥에서 근거가 없다는 것을 지적했다. 그러나 이 해석에는 다른 문제가 있다. 베드로가 갑자기 복음을 듣지 못한 채 죽은 자들의 운명을 언급하고 급히 그 주제를 바꾼 이유를 이해하기 힘들다. 베스트의 읽기는 마른 하늘에서 바로 그 주제에 대해 번개가 치고 갑자기 그 문제는 뒤에 남겨진다. 이 문제를 다루는 그럴듯한 이유를 추론할 수 없다. 베스트에 반대하는 견해는 다음을 보라. Elliott, *1 Peter*, 731. 전체적인 질문에 대해서는 다음을 보라. H. Yoshihara, "A Study of 1 Peter 3:18b-20 and 4:6: A Response to the Notion of Christ's Postmortem Evangelism to the Unevangelized, a View Recently Advocated in Japan: Part 1 and 2," *AJPS* 20 (2017): 183-97, 그리고 199-217.

일치하지 않는다"라고 바르게 결론을 내린다.[474]

가장 합리적인 해석은 CSB 성경(또한 NIV)에 반영되어 있다.[475] 베드로는 육체적으로 죽은 신자의 경우를 고려한다.[476] 이 사람들은 살아 있을 때 복음을 듣고 믿었지만 나중에 사망했다.[477] 어떤 불신자들은 아마도 신자들의 죽음이 그리스도인과 불신자들 모두가 죽기 때문에 그리스도인의 나은 점이 없다고 주장했을 것이다. 그러나 베드로는 불신자들이 전체 그림을 이해하지 못한다고 지적한다. 인간의 관점에서 보면 신자들은 죽기 때문에 믿음으로 아무런 유익을 얻지 못하는 것처럼 보이지만, (규범적인) 하나님의 관점에서 그들은 성령을 따라 생명의 길을 걷는다.[478] 엘리엇은 이 어구를 조금 더 정확히 이해해서 이방인들은 단순히 신자들에 대한 심판을 지켜볼 뿐만 아니라, 문맥에 따르면 비방하면서 "하나님이 반대하는 자기들의 규범을 따라서 적극적으로 그리스도인의 흠을 찾았다"라고 이해한다.[479] 어쨌든 죽음은 신자들에게 최종적이지 않다. 그들은 죽은 자 가운데서 살아날 것이다.[480]

여기에서 "육체"와 "영"의 대조는 그리스도께서 육체로는 죽으셨으나 성령으로 다시 살아나셨기 때문에 베드로전서 3장 18절과 병행을 이룬다. 비슷한 운명이 신자들을 기다린다. 그들은 육체적으로는 죽지만 성령에 의해서 다시 살아날 것이다. 그러므로 베드로는 중간 상태를 고려하고 있지 않고 죽은 자의 부활을 고려하고 있다. 그는 미래가 반드실 올 것이기 때문에 현재 시제를 사용한

---

474 Elliott, *1 Peter*, 731.

475 이 해석에 대해서는 다음을 보라. Fitzmyer, "First Peter," 367; Grudem, *1 Peter*, 170–71; Selwyn, *First Peter*, 354; Dalton, *Proclamation to Spirits*, 270-72; Achtemeier, *1 Peter*, 290-91; Kelly, *Peter and Jude*, 174-75; Davids, *First Peter*, 153-55; France, "Exegesis in Practice," 265; Richard, *Reading 1 Peter, Jude, and 2 Peter*, 173-74; Elliott, *1 Peter*, 733–34; Senior, *1 Peter*, 117; Jobes, *1 Peter*, 272.

476 그러나 그들의 죽음이 순교로 인한 것인지 분명하지 않다(다음과 반대된다. France, "Exegesis in Practice," 265). 이렇게 결론을 내리기에는 언어가 너무 모호하다.

477 마이클스는 해석을 왜곡해서 이것이 역사상 죽은 모든 신자를 언급한다고 주장한다(*1 Peter*, 236-37). 이 해석은 가능하지만 베드로가 소아시아에 있는 신자들의 특정한 관심에 주의를 기울이면서 편지를 보내는 교회에 죽은 자들을 고려했을 가능성이 더 크다. 마이클스는 이 문제를 해결하기 위해서 설득력 없이 히브리서에 호소하지만(4:2, 6), 베드로전서의 증거가 필요하다.

478 두 개의 κατὰ 어구는 인간과 하나님의 입장을 보여 준다. Selwyn, *First Peter*, 215-16; Dalton, *Proclamation to Spirits*, 274-75; Michaels, *1 Peter*, 238; Achtemeier, *1 Peter*, 288.

479 Elliott, *1 Peter*, 737-38.

480 Elliott, *1 Peter*, 738; Dubis, *1 Peter Handbook*, 138.

다. 베드로는 독자들에게 육체적으로는 죽어도 죽음이 궁극적이지 않다고 일깨운다. 부활이 그들을 기다리고 있다.

6절의 "죽은 자"가 모든 죽은 사람을 더 자연스럽게 의도할 때, 죽은 신자에 제한된다는 해석을 반대할 수 있다. 그러나 신자에게만 해당된다는 제한은 문맥에서 나온다. 그것은 성령으로 하나님을 따라 사는 자들을 언급한다. 따라서 죽은 자가 신자만 가리킨다는 제한은 임의적이 아니다. 이 구절이 그 해석을 요구한다. 나의 해석이 정확하다면 6절의 심판이 5절의 심판과 같을 수 없기 때문에 다른 반론도 비슷하다. 5절은 불신자들의 정죄를 가리키지만 6절의 심판은 믿는 자들의 죽음을 가리킨다. 두 심판의 차이는 문맥에 근거한다. 6절에서 심판이 "사람의 기준에 따른 것"(개역개정. "사람으로")이며 그들이 하나님을 따라 "살게 될 것"이라고 말하고 있기 때문이다. 그들이 살아 있다면 마지막 정죄가 고려되고 있지 않다. 6절의 심판은 5절처럼 마지막 정죄를 포함하지 않는다.[481] 또한 "육체"(σαρχί, 사르키)와 "영"(πνεύματι, 프튜마티)을 동일하게 이해할 필요는 없다.[482] 3장 18절에서 주장했듯이, 여격은 다르게 해석될 수 있다. 여기에서 "영"은 믿는 자들을 죽은 자 가운데서 일으키시는 성령을 가리키는 것 같다. 신자들은 육체의 영역에서 죽었지만 성령으로 말미암아 살게 될 것이다.

솔로몬의 지혜서(Wisdom of Solomon) 3:1-6은 흥미롭게도 이 구절과 비슷하다.[483]

> 그러나 의인의 영혼은 하나님의 손에 있다. 어떤 고통도 그들을 만지지 못할 것이다. 어리석은 자들의 눈에는 그들이 죽은 것 같았고 그들이 떠나는 것은 재앙으로 생각되었고 우리를 떠나는 것은 멸망으로 여겨졌다. 그러나 그들은 평화 가운데 있다. 비록 다른 사람들이 보기에는 형벌로 보이지만, 그들의 소망은 불멸로 가득 차 있기 때문이다. 징계를 조금 받아도 큰 복을 받을 것이다. 이는 하나

---

481 Achtemeier, *1 Peter*, 287–88.

482 대부분의 주석가들은 여기에서 이와 반대되는 주장을 하고 그것들을 영역이나 참조의 여격으로 이해한다(Best, *1 Peter*, 158; Goppelt, *1 Peter*, 289; Achtemeier, *1 Peter*, 288).

483 참조. Michaels, *1 Peter*, 239.

님께서 그들을 시험하사 자기에게 합당하게 하려 하심이다. 풀무의
금 같이 시험하시고 번제같이 그들을 받으셨다.

이 병행에 주목해야 한다. (1) 악인은 의인의 죽음이 재앙과 형벌이라고 생각
한다. (2) 현재의 어려움은 일시적이다. (3) 믿는 자는 미래의 생명의 소망이
있다. 부활의 소망은 베드로에게 분명하지만 솔로몬의 지혜서의 저자는 헬레
니즘의 성격에 맞게 불멸에 더 중점을 둔다.

3.3.4 마지막 때를 빛 안에서 살기(4:7-11)

**7 만물의 마지막이 가까이 왔으니 그러므로 너희는 정신을 차리고 근
신하여 기도하라 8 무엇보다도 뜨겁게 서로 사랑할지니 사랑은 허다한 죄
를 덮느니라 9 서로 대접하기를 원망 없이 하고 10 각각 은사를 받은 대로
하나님의 여러 가지 은혜를 맡은 선한 청지기 같이 서로 봉사하라 11 만일
누가 말하려면 하나님의 말씀을 하는 것 같이 하고 누가 봉사하려면 하
나님이 공급하시는 힘으로 하는 것 같이 하라 이는 범사에 예수 그리스도
로 말미암아 하나님이 영광을 받으시게 하려 함이니 그에게 영광과 권능
이 세세에 무궁하도록 있느니라 아멘**

5-6절은 마지막 심판을 언급하며 마무리하고 있으며, 베드로는 마지막이
가까움을 상기시키면서 7a절에서 그 주제를 되풀이한다. 그는 앞 단락의 주
요 주제로 돌아간다. 종말이 가깝기 때문에 신자는 하나님의 뜻대로 살아야
한다. 실제로 이것 신자들이 깨어 기도해야 하며, 희생적인 사랑으로 살아야
하며, 말을 하든지 섬기든지 은사를 사용하여 다른 사람들을 도와야 함을 의
미한다. 이 모든 일의 목표와 동기는 예수 그리스도를 통해 하나님의 영광을
받으시는 것을 보는 것이다.

4:7. 앞 단락은 마지막 심판(5절), 죽음과 부활(6절)에 관한 언급으로 끝
이 난다. 따라서 7절이 역사의 종말을 언급하면서 시작하는 것은 놀라운 일

이 아니다. "만물"(πάντων, 판톤)이라는 말은 "모든 사람"으로 번역할 수 있지만, 문맥을 따라 강조하기 위해 문장의 마지막에 배치되는 "모든 것"이 더 낫다.[484] 마지막이 가까운 이유는 예수 그리스도의 사역과 죽음과 부활이 마지막 날을 시작했기 때문이다(참조. 고전 10:11; 요일 2:18). 신약에서는 역사의 종말이 임박했다는 주제가 자주 나온다(롬 13:11-12, 빌 4:5, 히 10:23-25, 약 5:7-8, 계 1:3, 22:10). 다음 권면은 종말의 도래에서 추론할 수 있다. 7절 가운데 있는 "그러므로"(οὖν, 운)를 보라. 마지막이 가깝기 때문에 신자들은 다음과 같이 살아야 한다.

여기에서 신약 종말론의 전형적인 특징을 볼 수 있다. 신약은 날짜를 정하거나 게으르게 만드는 추측을 던지지 않고, 신자들이 경건하게 살아가도록 격려하기 위해서 종말론을 일관성있게 사용한다(참조. 마 24:36-25:46; 롬 13:11-14; 고전 15:58; 빌 4:4-9; 살전 5:1-11, 벧후 3:11-16). 신약은 마지막이 가깝기 때문에 신자들에게 주님께서 속히 오실 것을 소망하며 세상을 떠나 하늘을 바라보라고 요청하지 않는다. 종말의 임박은 이 세상에서 행동을 자극한다. 이 땅에서 체류 기간이 짧은 나그네와 거류민이라는 지식은 현재의 삶을 소중하게 여길 수 있도록 활력을 불어넣어 줄 것이다.

우리는 종말의 도래에 비추어 특별한 일이 요구될 것이라고 생각하면서 특별하게 행하도록 요청을 받는다고 기대할 수 있다. 그러나 베드로는 독자들에게 신약의 권면에 나타나는 정상적인 측면의 덕을 추구하라고 권면한다. 베드로는 외부인과의 관계(4:1-6)에서 어떻게 신자들이 서로 관계를 맺어야 하는지에 대한 주제로 이동한다.[485] 독자들은 "정신을 차리고 근신하라"라고 부름을 받는다. 두 동사 "정신을 차리다"(σωφρονήσατε, 소프로네사테)와 "근신하라"(νήψατε, 넾사테)는 동의어이며 함께 이해해야 한다. 사실 "기도하다"(προσευχὰς, 프로슈카스)가 붙어 있다.[486] 마지막이 가깝기 때문에 어떤 신자들은 비합리적으로 행동하지만, 신자들은 이 세상의 짧은 삶을 생각할 때 분별력 있게 생각해야 한다.

---

484 D. E. Hiebert, "Living in Light of Christ's Return: An Exposition of 1 Peter 4:7-11," *BSac* 139 (1982): 244; 다음과는 반대된다. T. W. Martin, *Metaphor and Composition in 1 Peter*, 235-36.

485 참조. Michaels, *1 Peter*, 244.

486 여기서 전치사 εἰς는 목적의 의미이다(Elliott, *1 Peter*, 749; Jobes, *1 Peter*, 277).

역사의 윤곽을 이해하는 사람은 현재의 중요성을 알 수 있다. 그들은 분별력 있게 깨어서 기도해야 하며, 남아 있는 시간에 역사하시도록 하나님께 간구해야 한다.

> 기독교 공동체에서 그리스도의 승리를 살아 내기 위한 첫 번째 자원은 신자의 기도 생활이다. 그러나 대부분의 그리스도인이 경험으로 알고 있듯이 이 중요한 기도 생활을 유지하기는 말처럼 쉽지 않다. 자신의 믿음에 대한 다른 사람들의 반응이 사회적인 지위를 위태롭게 하는 적개심을 불러일으키면 기도하기가 특히 어렵다.[487]

하나님께서 역사를 마지막으로 이끌고 계시다는 사실을 깨닫는 것은 신자들로 하여금 그분을 의지하도록 자극하며, 이러한 의존은 기도에서 나타난다. 왜냐하면 신자들은 기도에서 세상에 일어나는 모든 선함이 하나님의 은혜 때문임을 인식하기 때문이다.

4:8. 마지막이 가깝기 때문에 신자들에게 사랑을 불러 일으킨다. "사랑할지니"는 분사 "가지다"($\xi\chi o\nu\tau\epsilon\varsigma$, 에콘테스)를 사용한다. 다른 영어 성경 번역은 "유지하다"(CSB, NRSV, 개역개정), "지키다"(ESV, NASB), "가지다"(RSV)로 번역한다. 많은 학자들은 분사를 명령으로 이해하며 다양한 성경 번역에 반영된다.[488] 악트마이어는 분사가 7절의 명령형에 의존한다고 이해한다.[489] 분사가 명령의 역할을 하지만, 아마도 그의 견해가 정확할 것이다. 베드로는 단순히 종말에 비추어 서로 사랑하라고 권면하는 데 그치지 않는다.[490] 그는 사랑을 "무엇보다도"라고 말하면서 독자들에게 "지속적인 사랑"($\dot{\alpha}\gamma\dot{\alpha}\pi\eta\nu$ $\dot{\epsilon}\kappa\tau\epsilon\nu\tilde{\eta}$,

---

487 Jobes, *1 Peter*, 277.

488 예. Michaels, *1 Peter*, 246; Goppelt, *1 Peter*, 296–97; Daube, "Participle," 484.

489 Achtemeier, *1 Peter*, 295; 또한 Snyder, "Participles and Imperatives in 1 Peter," 196.

490 여기에서 재귀 대명사 $\dot{\epsilon}\alpha\upsilon\tau o\dot{\upsilon}\varsigma$는 "서로"를 의미하며. 이 의미는 일반적으로는 상호 대명사 "$\dot{\alpha}\lambda\lambda\dot{\eta}\lambda o\upsilon\varsigma$"로 전달된다.

아가펜 에크테네)을 권면한다.[491] 지속적인 사랑의 중요성은 베드로전서 1장 22절에 이미 강조되었으며, 사랑이 그리스도인의 삶의 중심이기 때문에 그 주제를 다시 제시한다. 실제로 예수님은 사랑이 식어지기 쉽다고 경고하셨다 (마 24:12). 그러므로 사랑의 불은 계속 타서 다른 사람들에게 보여야 한다. 사랑의 중심성은 고린도전서 13장 1-7절, 예수님의 가르침(마 22:34-40), 요한의 가르침(예. 요 13:34-35; 요일 2:7-11)에서 분명하다. 신자들은 짧은 유배 기간 동안 주님의 재림에 비추어 삶을 어떻게 살아갈지 생각하며 사랑의 우선순위를 떠올려야 한다.

이 구절의 후반부에는 사랑을 추구해야 하는 이유가 "왜냐하면"(개역개정. "사랑할지니", ὅτι)으로 제시된다. 그 이유는 사랑이 "허다한 죄를 덮기" 때문이다.[492] 이 어구는 야고보서 5장 20절에서도 발견된다. 야고보서에서는 미래 시제가 사용된다. 두 가지 해석이 두드러진다. 베드로는 사랑이 자신의 죄를 덮거나 대속한다는 의미로 제시하는가?[493] 이 가르침은 누가복음 7장 47절과 마태복음 6장 14-15절에도 있다고 주장할 수 있다. 그러나 이 해석은 틀렸다. 이 개념은 신약 나머지 부분에서 명확하게 증명되지 않는다. 베드로전서에서 사랑을 죄에 대한 대속으로 볼 근거가 없다. 대신에 대속과 용서는 그리스도의 십자가의 죽음으로 보장받는다(1:18-19; 2:24-25; 3:18). 또한 누가복음 7장 47절과 마태복음 6장 14-15절을 올바르게 해석하면 신자의 자랑이나 용서가 그들의 죄를 대속한다고 가르치지 않는다.[494]

---

491 아마도 지속성과 열정이 모두 고려되지만(Goppelt, *1 Peter*, 297), 지속성이 더 가능성이 높다. 다음을 보라. M. Evang, "Ἐκ καρδίας ἀλλήλους ἀγαπήσατε ἐκτενῶς: Zum Verständnis der Aufforderung und ihrer Begründungen in 1 Petr 1,22f." *ZNW* 80 (1989): 122; Witherington, *1-2 Peter*, 204. 도넬슨은 열정이 더 일반적인 의미라고 말한다(*I and II Peter and Jude*, 127).

492 일부 사본은 현재 καλύπτει(A, B, K, Y, 33, 81, 323, 614, 630, 1241, 1505, 1739)대신 미래 καλύψει(𝔓72, ℵ, P, 049, 그리고 다수 사본)를 지지한다. 미래는 약 5:20으로부터 슬며시 들어왔을 것이며, 여기에서 말하는 진리가 최후 심판과 잘 맞아떨어진다는 생각이 필사자들에게도 일어났을 것이다. 현재 시제가 원본에 더 가까울 것이다.

493 Spicq, *Les Épîtres de Saint Pierre*, 150; Kelly, *Peter and Jude*, 178; Richard, *Reading 1 Peter, Jude, and 2 Peter*, 179–80; Brox, *Der erste Petrusbrief*, 205. 마이클스는 베드로가 "그리스도 안에 있는 공동체로 함께 묶는, 주는 사랑과 용납하는 사랑"이라는 공동체적인 관점에서 생각하고 있다고 주장하면서 질문이 요점을 벗어났다고 생각한다(*1 Peter*, 247).

494 클라인(L. Kline)은 이 의미를 받아들이지만 베드로가 다른 사람에게 자비를 베푸는 사라도 하나님의 자비를 받을 수 있다고 말한 것으로 이해한다("Ethics for the End Time: An Exegesis of I Peter 4:7-11," *ResQ* 7 [1963]: 117).

두 번째 해석이 바람직하다. 신자가 다른 사람들에게 아낌없이 사랑을 베풀 때, 다른 사람의 죄와 허물은 간과된다.[495] 이 해석을 뒷받침하는 네 가지 주장이 있다. 첫째, 이어지는 문맥에서 상호성에 대한 강조와 일치한다. 사랑은 자신이 아니라 다른 사람을 향한 것이다(8절). 참된 사랑은 환대를 통해서 다른 사람들에게 드러나며(9절), 은사는 자신이 아니라 남을 섬기는 데 사용된다(10절). "일정한 기간에 다른 신자들과 적대적인 사회에서 공동체로 살아갈 때, 이러한 '죄'가 발생할 기회가 충분하다. 이 죄들은 공동체의 지체들에게 상처를 주고, 나쁜 감정의 씨를 뿌리고, 악, 속임수, 위선, 시기, 비방의 지속적인 순환을 부추긴다."[496] 둘째, 제안된 해석은 이 구절이 암시하는 잠언 10장 12절과 일치한다. "미움은 다툼을 일으켜도 사랑은 모든 허물을 가리느니라."[497] 사랑은 남의 허물을 덮어 주고 미움이 가득한 사람은 남의 죄를 발판 삼아서 공격한다는 의미이다. 셋째, 야고보서 5장 20절도 논란이 되지만, 죄인을 그릇된 길에서 회복시키는 사람은 그릇된 길을 가는 자의 죄를 덮음과 같을 것이다.[498] 넷째, 신약의 다른 곳에서 우리는 사랑이 다른 사람들의 죄를 간과한다는 사실을 발견한다(마 18:21-22; 고전 13:4-7).

4:9. 사랑의 주제는 9절에서 계속된다. 우리는 마지막이 가깝기 때문에 이렇게 권면한다는 사실을 기억할 필요가 있다(7절). 이 구절은 명령형 동사나 분사가 없지만 명령이 암시되어 있으며 이 명령은 모든 성경 번역에 반영되어 있다.[499] 환대는 그리스도인 공동체의 특징 중 하나였다(참조. 롬 12:13; 딤전

495 예. Luther, *Commentary on Peter & Jude*, 179; Cranfield, *I & II Peter and Jude*, 114; Goppelt, *1 Peter*, 298–99; Wand, *Epistles of Peter and Jude*, 114; Michaels, *1 Peter*, 247; Best, *1 Peter*, 159; Achtemeier, *1 Peter*, 296; van Unnik, "Good Works in 1 Peter," 107-8; Marshall, *1 Peter*, 143.

496 Jobes, *1 Peter*, 279. 또한 다음의 도움이 되는 주해를 보라. D. A. Carson, "1 Peter," in *Commentary on the New Testament Use of the Old Testament*, ed. G. K. Beale and D. A. Carson (Grand Rapids: Baker, 2007), 1039–40.

497 70인역과 의미가 크게 바뀌었기 때문에 베드로는 MT와 일치하는 잠언 10:12의 전통에 의존했음에 틀림이 없다.

498 참조. D. J. Moo, *The Letter of James*, PNTC (Grand Rapids: Eerdmans, 2000), 250-51.

499 분사 ὄντες가 암시될 수 있지만(Achtemeier, *1 Peter*, 296; Snyder, "Participles and Imperatives in 1 Peter," 196), 그러나 명령형 ἔστε가 내포되었을 가능성이 더 높다(Dubis, *1 Peter Handbook*, 142).

3:2; 딛 1:8; 히 13:2). 숙박을 할 수 없는 시대에 기독교 선교에서 환대가 특
히 중요했고 따라서 선교의 진보는 신자들이 방문하는 사람들을 위해 기꺼이
식사와 잠자리를 마련해 주느냐에 달려 있었다(마 10:11, 40; 행 16:15; 요
삼 1:7-11).⁵⁰⁰ 교회는 이러한 환대가 남용될 수 있음을 알고 있었다(참조. 디
다케. 11:3-6). 더욱이 교회가 다양한 가정에 모이기 위해서는 환대가 필요했
다(참조. 롬 16:3-5, 23; 고전 16:19; 골 4:15; 몬 2). 좁스는 "서로"가 여기
에서 환대가 외부 방문객이 아니라 집에서 모이는 식사, 교제와 관련되어 있
음을 보여 준다고 말한다.⁵⁰¹ 아마도 외부인(즉, 방문하는 기독교인)과 내부인
(교회의 지체들)이 모두 포함될 것이다. "원망 없이"는 집을 공개하는 사람들
이 봉사에 지칠 수 있음을 인정한다. 따라서 그들은 다른 사람들에 대한 사랑
을 마지못해 하는 유혹에 굴복하지 말고 기꺼이 후대하라는 권면을 받는다.

4:10. 서로 봉사하라는 주제는 계속되지만 신자들이 하나님의 은혜로 받
은 은사로 강조점이 옮겨진다. "은사"(χάρισμα, 카리스마)는 신자들이 가진
은사가 하나님의 은혜의 결과임을 의미하며, "받은"이라는 단어는 이 내용을
확인한다. 바울은 영적인 은사를 지칭하기 위해서 자주 "은사"(χάρισμα, 카리
스마)를 사용한다(롬 12:6; 고전 1:7; 12:4, 9, 28, 30-31; 딤전 4:14; 딤후
1:6). 신자들은 자신이 가진 은사를 자랑할 수 없다. 자랑은 마치 받을 공로가
있는 것처럼 은혜의 성격과 모순되기 때문이다. 은사는 "하나님의 여러 가지
은혜"가 드러난 것이다. 또한 모든 신자는 "각각"(ἕκαστος, 헤카스토스)이라고
언급되기 때문에 적어도 하나의 영적 은사를 받았음을 암시한다. 하나님께서
각 신자에게 은사를 주신다는 개념도 바울의 특징이다(고전 12:7). 하나님의
은혜는 "여러 가지 형태"로 나타나기 때문에 은사의 다양성은 하나님의 은혜
의 다각적인 측면을 드러낸다.

가장 중요한 것은 선물의 목적이다. 자기 능력을 자축하기 위해서 신자들
에게 은사가 주어지지 않는다. "서로 봉사하기 위해서" 은사를 받는다. 여기에

500 예수님의 사역에서 환대의 중요성에 대해서는 다음을 보라. Kline, "Ethics for the End Times,"
118.
501 Jobes, *1 Peter*, 280.

서 사용된 단어는 "섬기다"(διακονοῦντες, 디아코눈테스)로 번역할 수 있다.[502] "섬기다"는 식사로 섬기는 일(마 8:15, 막 1:31, 눅 4:39, 10:40, 12:37, 17:8, 요 12:2, 행 6:2), 갇힌 자를 방문하는 일(마 25:44; 딤후 1:18), 재정적인 지원을 하는 일(눅 8:3; 롬 15:25; 고후 8:19, 20), 그리고 더 일반적인 의미(마 20:28; 막 10:45; 눅 22:26-27; 요 12:26; 행 19:22; 고후 3:3; 딤전 3:10, 13; 빌 13; 히 6:10)로 사용될 수 있다.[503] 남을 섬기고 도우며 믿음을 굳게 하기 위하여 영적인 은사가 주어진다. 그들은 자기의 자존심을 높이기 위해서가 아니라 사역을 위해서 은사를 받는다. 바울은 같은 주제를 강조하면서 신자들에게 은사는 자신의 덕을 세우는 것이 아니라 다른 사람들을 세우고 그들의 덕을 세우는 것임을 일깨운다(고전 12:7, 25-26; 14:1-19, 26; 엡 4:11-12). 신자가 자신의 은사를 사용하여 다른 사람들을 세울 때, 그들은 하나님의 은혜의 "선한 청지기"(καλοὶ οἰκονόμοι, 칼로이 오이코노모이) 역할을 한다. 하나님의 선물이기 때문에 이 은사들을 신뢰하며 유지한다면, "청지기"로 번역한 단어는 (역자 주. 하나님의 선물을 관리하는) "관리인"으로 번역할 수도 있다(참조. 눅 12:42; 16:1, 3, 8; 고전 4:1-2; 참조. 갈 4:2; 딛 1:7). 영적 은사는 근본적으로 특권이 아니라 책임, 즉 '하나님께서 주신 것에 신실하라'라는 부르심이다.

4:11. 은사는 말하는 은사와 봉사하는 은사, 두 종류로 나뉜다.[504] 10절에서 모든 은사는 사람을 섬기고 덕을 세움과 연관된다. 베드로는 여기에서 그 강조점을 부인하지 않는다. 베드로는 은사를 그 기능에 따라 설명한다. 어떤 은사는 말과, 다른 은사는 다양한 방법으로 동료 신자들을 섬김과 관련이 있다. 은사를 말과 섬김의 두 범주로 나누면, 모든 영적 은사는 이 두 종류에 포함된다. 바울은 은사 목록에서 어떤 은사가 말하는 은사에 해당하고 어떤 은사가 섬김에 해당되는지 알 수 있도록 더 자세한 정보를 제공한다. 사도, 예

502 이 헬라어 분사는 명령형으로 기능한다(Michaels, *1 Peter*, 249; Elliott, *1 Peter*, 755).
503 엘리엇은 콜린스에 반대하여 겸손한 섬김의 개념이 이 용어에서 발견된다고 올바르게 말한다(Elliott, *1 Peter*, 755; J. N. Collins, *Diakonia: Re-interpreting the Ancient Sources* [New York: Oxford University Press, 1990]). 다음도 올바르게 접근한다. A. D. Clarke, *Serve the Community of the Church: Christians as Leaders and Ministers* (Grand Rapids: Eerdmans, 2000), 233-45.
504 Goppelt, *1 Peter*, 302; Best, *1 Peter*, 160; Achtemeier, *1 Peter*, 298.

언, 가르침, 방언, 위로의 은사는 말로 이해되지만(롬 12:6-7, 고전 12:10, 28-30, 엡 4:11), 베풂, 다스림, 긍휼, 도움, 치유, 기적(롬 12:8; 고전 12:9-10, 28-30)은 섬김에 속한다. 베드로가 구체적인 은사들을 모르고 있지 않다. 베드로는 은사들을 구체적으로 논하기보다 그 은사들을 일반적으로 이야기하고자 한다.

말하는 사람은 "하나님의 말씀"을 말하려고 힘써야 한다. 이 표현은 또한 "하나님의 계시, 신탁"(RSV. λόγια θεοῦ, 로기아 데우)으로 번역될 수 있다. "하나님의 말씀"은 하나님께서 자기 백성들에게 주신 말씀을 가리킨다(참조. 행 7:38; 롬 3:2; 히 5:12). 이 어구는 구약에 뿌리를 두고 있는데 "하나님의 말씀"(70인역 민 24:4, 16; 시 106:11), "여호와의 말씀"(λόγια κυρίου, 로기아 퀴리우, 70인역 시 11:7; 17:31), "당신의 말씀"(시 118:11, 103, 148, 158, 162; 참조. Wis. 16:11)이다. 말하는 은사를 사용하여 다른 이를 섬길 때 말하는 이는 하나님의 말씀을 한다.[505] 우리의 지혜로 남을 도울 수 있다고 생각하기 쉽지만 말하는 직분을 맡은 사람은 하나님의 말씀을 하는 데 주의해야 하며 복음에 신실해야 한다(참조. 고전 4:1-2; 딤후 4:1-5). 베드로는 말하는 자들로 복음을 따라 말할 수 있도록 편지를 쓰고 있다.

다른 이들을 섬기고 봉사하는 사람은 자신의 힘을 의지해서는 안 된다. 그들은 자신의 임무를 수행하기 위해 하나님의 능력에 의지하여 "하나님이 공급하시는 힘"으로 사역해야 한다. 아마도 기도를 통해 그분의 능력에 의존했을 것이다. 말하는 자가 자기 말보다 하나님의 말씀을 하고 봉사하는 자가 자기 힘보다 하나님의 힘으로 할 때, 예수 그리스도를 통하여 하나님께서 영광을 받으신다. 하나님 그분께서 사역을 위해 지혜와 능력을 주셨기 때문에 영광을 받으신다. 주시는 분이 항상 찬양을 받으신다. 인간이 지혜의 근원과 사역의 능력을 가진다면 칭찬을 받아 마땅하다. 그러나 이해와 능력이 주님께로부터 온다면, 그분은 자기 백성에게 능력을 주시는 분으로서 영광을 받으신다. 우리는 하나님께서 "예수 그리스도로 말미암아" 영광을 받으신다는 사실에 주목해야 한다. 왜냐하면 하나님께 영광을 돌리는 것은 베드로의 독자들

---

505 여기에서 λόγια θεοῦ가 직접 목적어임을 이해하라(Beare, *First Peter*, 160; Selwyn, *First Peter*, 219; Goppelt, *1 Peter*, 302; Achtemeier, *1 Peter*, 298–99).

이 받은 복음을 통해서 오기 때문이다(1:3, 10-12, 18-19, 2:21-25, 3:18). 이 복음은 십자가에 못 박히시고 부활하신 주님이신 예수 그리스도에 초점을 맞추므로 하나님은 예수 그리스도 안에서 그리고 예수 그리스도를 통해서 그 하신 일로 찬양을 받으신다.

베드로는 이 단락을 송영으로 마무리한다. 어떤 학자들은 편지가 여기에서 끝나는 표시로 본다. 물론 어떤 편지들은 송영으로 끝나기도 하지만(롬 16:25-27; 벧후 3:18; 유 24-25), 많은 편지에서 결론 전에 송영이 나타난다(롬 11:36; 갈 1:5; 엡 3:21; 빌 4:20; 참조. 계 1:6; 5:13; 7:12). 그러므로 이 송영이 베드로전서의 결론이라고 생각할 근거가 없다. 그 대신 송영은 2장 11절-4장 11절의 중요한 부분의 끝을 알린다. 송영을 하나님 아버지께 드리는 것인지 예수 그리스도께 드리는 것인지 결정하기는 어렵다. 예수 그리스도를 지지하는 이유는 예수 그리스도가 "그"와 가장 가까운 선행사이기 때문이다(헬라어는 그와 예수 그리스도가 가장 가까운 위치에 있다).[506] 반면에 대부분의 송영은 아버지께 드리고,[507] 이 구절 앞부분에서 영광을 받으신 분은 하나님이라고 말한다.[508] 더 나아가 영광이 그리스도로 "말미암아" 있고 또한 그를 "위하여" 있다는 표현은 이상하다(참조. 1 Clem. 20:12; 50:7). 그럼에도 불구하고 우리는 그리스도가 가장 가까운 선행사이기 때문에 예수 그리스도를 언급하는 마지막 어구로 이해해야 할 것이다.[509] 더 나아가 앞의 구절이 하나님께 속한 영광을 말하므로 여기에서는 예수 그리스도에 관한 언급으로 보인다. 또한 영광이 예수 그리스도로 "말미암아" 주어지고 또한 그분을 "위하여" 주어진다는 생각도 어렵지 않다. 우리는 여기에서 로마서 11장 36절을 생각한다. "모든 것"은 하나님으로 "말미암아" 있지만, 또한 그분을 "위하여" 있다(참조. 골 1:16). 기독교 신앙의 목표는 영광이 하나님과 그리스도께 속한다는 것이며 여기에서 베드로는 또한 "권능"(κράτος, 크라토스. 참

---

506 Bigg, *Epistles of Peter and Jude*, 176; Michaels, *1 Peter*, 253; Schweizer, "1. Petrus 4,6," 91.

507 눅 2:14; 롬 1:25; 11:36; 16:27; 고후 11:31; 엡 3:21; 빌 4:20; 딤전 1:17; 딤후 4:18; 히 13:21; 유 25.

508 Best, *1 Peter*, 161; Hiebert, "Living," 252; Kelly, *Peter and Jude*, 181-82; Goppelt, *I Peter*, 306n57; Achtemeier, *1 Peter*, 299; Elliott, *1 Peter*, 762.

509 좁스는 모호성 자체가 아버지와 아들의 동등함을 가리킨다고 제안한다(*1 Peter*, 283).

조. 계 1:6)을 덧붙인다. "아멘"은 확증을 의미하는 데, 이는 저자가 표현된 정서에 동의함을 나타낸다(참조. 또한 롬 11:36; 16:27; 갈 1:5; 빌 4:20; 딤전 1:17; 6:16; 딤후 4:8; 히 13:21; 벧전 5:11; 벧후 3:18; 유 25, 계 1:6, 5:14, 7:12, 19:4).

단락 개요

4. 고난 중에 나그네로 인내함(4:12-5:11)
    4.1. 하나님의 뜻에 따라 기쁨으로 고난을 당하라(4:12-19)
    4.2. 장로와 공동체를 위한 권면(5:1-11)
        4.2.1. 장로들과 젊은 이들을 위한 권면(5:1-5)
        4.2.2. 마지막 권면과 확신(5:6-11)

4. 고난 중에 나그네로 인내함(4:12-5:11)

베드로는 독자들에게 의를 위해서 고난을 받고 악을 멀리하고 자신을 하나님의 뜻에 맡기라고 권면한다(4:12-19). 이와 같은 고난의 날에는 장로들은 특별한 역할을 하며, 양 떼의 본보기로서 이기심 없이 섬겨야 한다(5:1-5). 또한 고난을 겪고 있는 교회는 하나님께서 그들을 사랑하시고 돌보시며, 그들의 삶에서 일어나는 모든 일을 돌보신다는 사실을 깨닫고 겸손의 옷을 입어야 한다(5:6-7). 동시에 그들은 (고통을 통해서 오는) 마귀의 공격을 경계하고 대비해야 하며 끝까지 하나님을 신뢰해야 한다(5:8-9). 만물 위에 주권을 행하시는 하나님이 그들을 끝까지 붙드시고 강하게 하실 것이다(5:10-11).

4.1 하나님의 뜻에 따라 기쁨으로 고난을 당하라(4:12-19)

¹² 사랑하는 자들아 너희를 연단하려고 오는 불 시험을 이상한 일 당하는 것 같이 이상히 여기지 말고 ¹³ 오히려 너희가 그리스도의 고난에 참여하는 것으로 즐거워하라 이는 그의 영광을 나타내실 때에 너희로 즐거워하고 기뻐하게 하려 함이라 ¹⁴ 너희가 그리스도의 이름으로 치욕을 당하면 복 있는 자로다 영광의 영 곧 하나님의 영이 너희 위에 계심이라 ¹⁵ 너희 중에 누구든지 살인이나 도둑질이나 악행이나 남의 일을 간섭하는 자로 고난을 받지 말려니와 ¹⁶ 만일 그리스도인으로 고난을 받으면 부끄

러워하지 말고 도리어 그 이름으로 하나님께 영광을 돌리라 ¹⁷ 하나님의
집에서 심판을 시작할 때가 되었나니 만일 우리에게 먼저 하면 하나님의
복음을 순종하지 아니하는 자들의 그 마지막은 어떠하며 ¹⁸ 또 의인이 겨
우 구원을 받으면 경건하지 아니한 자와 죄인은 어디에 서리요 ¹⁹ 그러므
로 하나님의 뜻대로 고난 받는 자들은 또한 선을 행하는 가운데에 그 영
혼을 미쁘신 창조주께 의탁할지어다

편지의 새로운 단락은 베드로가 독자들에게 불 시험에 놀라지 말라고 명
령하면서 "사랑하는 자들아"라고 시작한다. 여기에서 권면은 고난이 예상하
지 못한 것일 수도 있고 신자에게 어려웠을 수 있음을 보여 준다.[1] 소아시아
에서 고난이 증가했다는 새로운 소식이 베드로에게 전해졌다는 증거가 없다.[2]
이 단락에의 언어는 이미 1장 6-7절에서 본 내용과 크게 다르지 않다.[3] 독자
들은 "불 시험"이 믿음을 시험하고 연단하는 목적이므로 자신들이 겪는 고난
을 이상하거나 예상치 못한 일이라고 생각하면 안 된다. 그들은 고난에 놀라
지 말고 즐거워하고 기뻐해야 한다(13절). 이와 같은 고난은 예수 그리스도
께서 모든 영광 중에 나타나실 때 그들이 놀라운 기쁨으로 기뻐할 것을 나타
내기 때문이다. 14절은 13절의 목적절을 설명한다. 그리스도를 위해서 책망
을 받는 일은 성령이 믿는 자들 위에 계시므로 독자들이 복되다는 표시이다.

---

1 참조. L. R. Donelson, *I and II Peter and Jude*, NTL (Louisville: Westminster John Knox, 2010),
134.

2 듀비스는 메시아적인 재앙의 개념이 베드로전서 전체와 특히 4:12-19에서 중요한 역할을 한다
고 주장한다(*Messianic Woes in 1 Peter: Suffering and Eschatology in 1 Peter 4:12-19*, SBL 33
[New York: Peter Lang, 2002]). 때때로 그는 자신의 주장을 과장하기도 하지만, 베드로가 마지
막 때에 앞서 일어나야 하는 고통과 고난을 언급한 것이므로 메시아적인 재앙의 전통에 영향을
받았을 수 있다고 말하는 것이 맞는 것으로 보인다. 그러나 리벤굿은 이러한 논제에 대해서 여
러 가지 주의할 것을 제기한다(*Eschatology in 1 Peter: Considering the Influence of Zechariah
9-14*, SNTSMS 157 [Cambridge: Cambridge University Press, 2012], 116-27).

3 할러웨이(P. A. Holloway)는 베드로전서 4:2와 이어지는 내용이 독자의 삶에서 우연히 일어나
지 않았다는 위로라는 틀에 박힌 표현을 발전시킨다고 주장한다("*Nihil inopinati accidisse–
'Nothing Unexpected Has Happened': A Cyrenaic Consolatory Topos in 1 Pet 4.12ff.*," *NTS* 43
[2002]: 433-48). 베드로는 독자들을 위로했지만 퀴레네 학파의 영향에 관한 증거는 의심스럽
다(다음을 보라. Liebengood, *Eschatology in 1 Peter*, 109-10). 그린 또한 퀴레네 학파가 현재
를 위해 살았지만 베드로는 미래에 초점을 맞춘다는 점을 살피고 있다(*1 Peter*, THNTC [Grand
Rapids: Eerdmans, 2007], 158).

15절에서 베드로는 우리가 이전에 살핀 주제로 돌아간다(2:19-20; 3:17). 신자들의 죄는 고난에 대한 원인이 아니다. 그들은 악을 행한 형벌로 고난을 받지 않는다. 오히려 그들은 그리스도인이라고 불리는, 곧 그리스도를 따르는 자로서 고난을 받아야 한다. 이러한 고난을 부끄러워하지 않고 예수 그리스도와 함께 고난을 받을 때 하나님께 영광을 돌린다. 17-18절은 신자들이 고난을 받는 이유를 설명한다. 고난은 하나님의 집에 대한 심판을 나타낸다. 여기에서 "하나님의 집"이라는 말은 예수 그리스도의 교회를 의미한다. 베드로는 하나님이 신자들의 죄에 대해 벌을 주신다고 말하지 않는다.[4] 오히려 고난은 교회를 정결하게 하고 하나님은 그것을 사용하여(참조. 4:1) 신자들로 하여금 죄와 완전히 단절하게 하신다. 심판은 교회에서 시작하여 교회를 정결하게 하는 것이지만, 하나님이 심판으로 교회를 정결하게 하시면, 복음을 불순종하는 자들에 대한 심판은 무서운 결과를 초래할 것이다. 18절에서 같은 요점이 다시 언급되고 설명된다. 만일 의인이 정결하게 하는 고난으로 구원을 받고 그 연단이 필요하다면, 불경건한 자들과 죄인에 대한 심판은 참으로 끔찍할 것이다. 19절은 전체 단락의 결론이다. 우리는 12절과 17-18절에서 믿는 자들에게 닥치는 고난은 하나님의 뜻에 따른 것이라고 배웠다. 그것은 신자들의 정결함을 위해서 하나님의 사랑의 손을 통과한다. 그러므로 하나님께 속한 사람들은 예수님이 고난 당하실 때 하나님께 자기 생명을 맡기신 것처럼 "미쁘신 창조주"께 자기 삶을 맡겨야 한다(2:23). "미쁘신 창조주"는 하나님께서 주권적이시고 참되심을 의미한다. 그분은 주권자이시므로 그분의 뜻 밖에서는 어떤 고난도 일어나지 않는다. 그분은 신실하시므로 고난이 우리가 감당할 수 있는 정도를 넘어서지 않도록 하실 것이다(참조. 고전 10:13). 그러므로 믿는 자는 선을 행하기를 힘써야 한다. 자신을 하나님께 맡기는 자는 항상 선을 추구하는 변화된 삶으로 그것을 나타내기 때문이다.

4:12. 새로운 단락이 이 구절에서 시작된다.[5] 앞 단락이 송영으로 끝나고

---

4 Liebengood, *Eschatology in 1 Peter*, 146.

5 마이클스는 4:12-5:11이 4:7-11을 장로들이 다스리는 회중들에 자세히 설명하고 적용한다고 말한다(*1 Peter*, xxxix). 그러나 본문에서 4:12-5:11이 이와 같은 구체적인 목적을 가지고 있는지 분명하지 않다.

2장 11절과 같이 "사랑하는 자들아"와 명령법으로 시작되기 때문에 분명하다.[6] 이에 더하여 베드로는 고난이라는 주제를 다시금 새롭고 최종적인 측면으로 다루면서 앞서 논의된 내용에 관한 또 다른 관점을 제시한다. 베드로가 최근에 고난에 관한 소식을 듣고 이 단락을 썼다는 견해는 제외해야 한다.[7] 여기에서 고려되는 고난이 1장 6-8절에서 생각한 것보다 더 강렬하다는 증거는 없다. 베드로는 "불 시험이 올 때 이상히 여기지 말라(ξενίζεσθε, 크세니제스데)"라고 권면한다. 그들이 고난을 보고 놀랐다면 하나님이 사랑하지 않으신다고 결론짓고 믿음을 부인하려는 유혹을 받을 것이다. 고난에 관한 사전 경고는 고난이 닥쳤을 때, 신앙이 위협받지 않도록 독자들이 고난에 대비하는 데 도움이 된다.

어떤 학자들은 "불 시험"을 실제 물리적인 박해로 해석하지만,[8] 베드로는 이미 1장 6-7절에서 전한 내용과 다르지 않다고 말한다.[9] 우리는 은유를 과도하게 읽지 않도록 주의해야 한다.[10] 존슨은 은유가 구약의 배경, 특별히 잠언 27장 21절, 시편 66편 10절, 스가랴 13장 9절, 말라기 3장 1-4절의 배경에 비추어 해석되어야 함을 보여 준다(참조. Wis. 3:5; Sir 2:1-6).[11] 시편 66편 10절(70인역 65:10)의 본문은 교훈적이다. "우리를 단련하시기(ἐδοκίμασας, 에도키마사스)를 은을 단련함(ἐπύρωσας, 에퓌로사스) 같이 하셨습니다." 스가랴는 주님께서 그의 백성을 시험하시고 단련하심을 묘사할 때 동사 "단련하

---

6 2:11에는 형식적으로 명령형이 없지만, 동사 παρακαλέω와 부정사는 명령을 구성한다.

7 L. Goppelt, *A Commentary on 1 Peter* (Grand Rapids: Eerdmans, 1993), 311; J. R. Michaels, *1 Peter*, WBC (Waco: Word, 1998), 258; J. N. D. Kelly, *A Commentary on the Epistles of Peter and Jude*, Thornapple Commentaries (Grand Rapids: Baker, 1981), 185; J. H. Elliott, *1 Peter: A New Translation with Introduction and Commentary*, AB (New York: Doubleday, 2000), 769-70. 다음과 반대된다. F. W. Beare, *The First Epistle of Peter: The Greek Text with Introduction and Notes* (Oxford: Blackwell, 1947), 162–64.

8 Beare, *First Peter*, 162–64.

9 "불 시험"은 아마도 인과의 여격일 것이다. M. Dubis, *1 Peter: A Handbook on the Greek Text*, BHGNT (Waco: Baylor University Press, 2010), 146.

10 D. E. Johnson, "Fire in God's House: Imagery from Malachi 3 in Peter's Theology of Suffering (1 Peter 4:12-19)," *JETS* 29 (1986): 287; 다음의 주해를 참조하라. N. Brox, *Der erste Petrusbrief*, EKKNT, 2nd ed. (Zürich: Benziger/Neukirchen-Vluyn: Neukirchener Verlag, 1986), 213.

11 Johnson, "Fire in God's House," 287-89. 이 용어가 마지막 때의 환난을 가리키는 전문적인 용어인지 분명하지 않다(다음과 반대된다. Dubis, *1 Peter 4:12-19*, 76-85).

다"(πυρόω, 퓌로오) 또는 "시험하다"(δοκιμάζω, 도키마조)를 사용한다.[12] 베드로전서 1장 7절에서 베드로는 불을 통한 연단(δοκιμάζω, 도키마조)과 지금 이 구절에서 동사 πυρόω(퓌로오)와 관련된 명사 "불 시험"(πύρωσις, 퓌로시스)을 사용한다. 말라기 3장 1-4절은 특별히 중요하다. 비록 표현이 베드로전서 4장 12절과 밀접하게 일치하지 않지만 말라기의 여호와는 자기 백성을 정결하게 하기 위해 성전에 오시기 때문이다. 베드로는 계속해서 하나님이 그의 집을 정화하는 수단으로 고난을 사용하신다(즉, 하나님의 교회를 그의 성전으로 삼는다)라고 말했기 때문에 이 반향은 충격적이다.[13] 그러므로 존슨은 그들의 고난이 하나님의 부재 표시가 아니라 그들을 정결하게 하는 임재의 표시라고 올바르게 지적한다. 믿지 않는 동시대 사람들은 그리스도인들이 그들의 악에 참여하지 않는다는 사실을 "이상하게 여긴다"(ξενίζονται, 크세니존타이, 4:4). 그러나 신자들은 고난이 그들에게 닥친다고 놀라거나 이상하게 여기지 말아야 한다(같은 동사). 그들은 "무엇인가 이상한 일이 일어나고 있었다"라고 생각해서는 안 된다. 이와 같은 고난은 "연단을 위해서"(πρὸς πειρασμὸν, 프로스 페이라스몬)이기 때문에 충분히 예상된다.[14] 베드로는 1장 6-7절로 돌아간다. 하나님께서는 고난으로 신자들의 믿음을 연단하도록 허락하신다.[15] 이 개념은 신약의 권면(paraenesis)에서 표준적이다. 하나님은 삶의 시련을 이용하여 신자들의 성품을 강화하고 그들을 그의 임재에 합당하게 만드시기 때문이다(참조. 롬 5:3-5; 약 1:2-4). "연단"(πειρασμὸν, 페이라스몬)은 1장 6절의 "시험"(πειρασμοῖς, 페이라스모이스)으로 번역된 동일한 단어와 다시 연결한다.[16]

---

12 슥 13:7-9에 관한 암시는 특별히 다음을 보라. Liebengood, *Eschatology in 1 Peter*, 153-54. 그러나 그는 단련이 순결하게 하는 것이 아니라 그들의 신실함을 시험한다고 주장한다.

13 리벤굿은 존슨의 해석에 대해서 몇 가지 이의를 제기하는 데 이는 존슨이 자신의 주장을 너무 과하게 강조하고 있음을 보여 준다(*Eschatology in 1 Peter*, 128-30). 그러나 리벤굿과 반대로 베드로는 여기에서 말라기와 스가랴를 모두 암시했을 가능성이 있다.

14 나는 전치사 πρός를 목적으로 이해한다. Michaels, *1 Peter*, 261; P. J. Achtemeier, *1 Peter: A Commentary on First Peter*, Her (Minneapolis: Fortress, 1996), 306; Dubis, *1 Peter Handbook*, 147; G. W. Forbes, *1 Peter*, EGGNT (Nashville: B&H, 2014), 154.

15 사탄은 또한 신자들이 고난 중에 있는 것을 시험하고 있을지 모른다. 그러나 그는 그들을 연단하기 위해서가 아니라 그들을 멸망시키기 위해서 그렇게 한다(벧전 5:8; Achtemeier, *1 Peter*, 306).

16 듀비스는 메시아적 재앙의 일부라고 주장한다(*1 Peter 4:12-19*, 85–95).

4:13. 13절은 12절과 대조되는데, "그러나"(NRSV. 개역개정. '오히려', ἀλλά, 알라)로 시작한다. 그들은 고난을 당하고 있다는 사실에 놀라지 말고 "그리스도의 고난에 참여"하는 만큼 그 특권을 "기뻐"해야 한다.[17] "그리스도의 고난"은 그리스도에 대한 충성 때문에 오는 고난을 의미한다.[18] 베드로는 이어지는 구절들에서 설명될 내용을 기대한다. 그리스도를 위한 고난은 기쁨의 원인이 되지만, 자신의 죄 때문에 받는 학대는 자랑이 아니다. 그리스도를 위한 고난이 기쁨의 원인이라는 개념은 사도행전 5장 41절에 반영되어 있다. 사도들은 "그 이름을 위하여 능욕 받는 일에 합당한 자로 여기심을 기뻐하면서 공회 앞을 떠나니라"라고 사도행전은 말한다.

신자들은 그리스도를 위하여 고난을 받더라도 지금 기뻐해야 한다. 목적절(ἵνα[히나]로 소개되는)은 독자들에게 미래의 기쁨을 알려 준다. 신자들은 미래에 "너희도 기뻐하게" 지금 고난까지도 기뻐해야 한다.[19] 현재의 고난을 즐거워함은 신자들이 심판의 날에 하나님 앞에서 기쁨을 누리게 하기 위함이다. 다시 말해서, 신자들이 고난에 어떻게 반응하는가는 그들이 진정 하나님께 속했는지 나타내는 표시이다. 미래의 기쁨에 대한 약속은 사실 지금 그들의 기쁨에 힘을 불어넣는다. 미래의 기쁨의 강도는 기쁨에 사용되는 두 단어 "즐거워하고 기뻐하다"(RSV. χαρῆτε ἀγαλλιώμενοι, 카레테 아갈리오메노이)에 반영되어 있다. 여기에 사용된 두 단어는 박해를 받을 때(마 5:12) 제자들에게 "기뻐하고 즐거워하라"(χαίρετε καὶ ἀγαλλιᾶσθε, 카이레테 카이 아갈리아스데)라고 말씀하신 예수님의 가르침을 반영한다. 이 미래의 기쁨은 "그의 영광이 나타내실 때"(ἐν τῇ ἀποκαλύψει τῆς δόξης αὐτοῦ, 엔 테 아포칼립세이 테스 독세스 아우투, 문자적으로 '그의 영광의 계시에') 신자들에게 속할 것이

---

17 헬라어 καθό는 인과 관계(Elliott, *1 Peter*, 774)보다는 정도를 나타내는 것 같다(W. Grudem, *The First Epistle of Peter*, TNTC [Grand Rapids: Eerdmans, 1988], 178).

18 이 개념은 신자들이 고난 속에서 그리스도를 본받고 있다는 것이다. P. H. Davids, *The First Epistle of Peter*, NICNT (Grand Rapids: Eerdmans, 1990), 166; Michaels, *1 Peter*, 262; Dubis, *1 Peter Handbook*, 148. 따라서 베드로는 성례적으로나 신비적으로 그리스도의 고난을 참여하는 것을 말하지 않으며 예수님 자신의 고난을 생각하고 있지도 않다. 듀비스는 메시아적 재앙에 관한 언급이 고려되고 있다고 생각한다(*1 Peter 4:12-19*, 97-117).

19 Michaels, *1 Peter*, 262; Achtemeier, *1 Peter*, 306. 현재에 관한 언급이라고 보는 파커에 반대된다("The Eschatology of 1 Peter," *BTB* 24 [1994]: 30). 왓슨(D. F. Watson)은 여기에서 베드로가 하는 말을 결과로 잘못 이해한다(*First Peter*, PCNT [Grand Rapids: Baker, 2012], 110).

다. 그의 영광의 계시는 분명히 그리스도의 재림을 가리킨다. 이것은 1장 7절에서 확인되는 데, 고난과 최종의 상을 논의하는 문맥에서 "예수 그리스도의 계시(ἀποκαλύψει Ἰησοῦ Χριστοῦ, 아포칼륍세이 이에수 크리스투)를 언급한다. 같은 표현을 1장 13절에서 예수 그리스도의 오심을 묘사하는 데 사용한다. 우리는 또한 바울 서신에서도 같은 어구를 발견할 수 있다(고전 1:7; 살전 1:7). 독자들은 그리스도께서 재림하실 때 영원히 즐거워하고 기뻐할 수 있도록 현재의 고난을 기뻐해야 한다.

4:14. 13절에서 신자들은 현재의 고난을 기뻐하라는 명령을 받지만, 14절은 신자들이 예수 그리스도에 대한 충성으로 모욕을 당하면 하나님의 복을 받는다고 강조한다. 신자들의 고난은 여기에서 "그리스도의 이름을 위하여 치욕을 당하는" 것으로 묘사된다.[20] "치욕을 당하다"(ὀνειδίζεσθε, 오네이디제스데)라는 단어는 중요하며 12절에 있는 "불 시험"(πυρώσει, 퓌로세이)을 이해하는 데 도움이 된다. "불 시험"은 신자들이 죽임을 당하거나 신앙으로 육체적인 어려움을 당하고 있음을 의미할 수 있다. 독자들은 이러한 경험에 대해 준비해야 한다. 하지만, 편지의 증거는 고난이 아직 그렇게 극심한 상태에 이르렀다는 개념을 뒷받침하지 않는다. 신자들에 대한 반대는 주로 말로 이루어지고 있다.[21] 그들은 그리스도에 대한 헌신 때문에 다른 사람들에게 "치욕"을 당하고 있었다.[22] 불신자들에게 학대를 당하는 일은 4장 4절에서 그들이 이전에 했던 행동에 참여하지 않기 때문이었다. 네로 치하 로마에서 일어난 박해(64년경)도 제국 전체에 퍼져 있지 않았다. 아마도 네로가 책임을 피하기 위해서 계획되었고 로마 화재로 일시적으로 일어났을 것이다(Tacitus, *Ann.* 15:44; Suetonius, *Vit.* 6.16.2). 플리니우스와 트라야누스 황제(AD 약 112-114년)의 서신은 '기독교 신앙이 분명하게 불법이었고 신자들이 그리스도를 고백하

---

20 "당하면"(εἰ)은 실제 조건을 나타내며, "왜냐하면" 또는 "언제"로 번역되어서는 안 된다. 왜냐하면 베드로는 그것이 현실이 되기를 기대하더라도 조건에 대해서 숙고하기를 원하기 때문이다.

21 Kelly, *Peter and Jude*, 186; J. Moffatt, *The General Epistles: James, Peter, and Jude*, MNTC (New York: Harper & Brothers, 1928), 157; Achtemeier, *1 Peter*, 307; Elliott, *1 Peter*, 779.

22 일부 주석가들이 지적하듯이, 여기에서 전치사 ἐν은 인과의 의미이다(Elliott, *1 Peter*, 778-79; Kelly, *Peter and Jude*, 186; Goppelt, *1 Peter*, 323).

는 죄로 기소되면 사형을 선고 받기도 하였다'고 밝힌다. 그러나 공식적인 정
책으로 철저하게 이루어지지 않았다. 트라야누스의 대답은 신자들을 찾아내
어 처벌하면 안 된다는 사실을 보여 준다(Ep. 10.96). 또한 계시록에서 신자
들이 믿음 때문에 죽임을 당하고 있었음을 본다(참조. 2:13; 6:9-11; 13:7;
16:6; 17:6; 18:24; 19:2; 20:4). 그러나 이 경우에도 박해는 아마도 제국 전
체에 걸친 공식적인 박해는 아니었을 것이다. 우리는 신자들을 위협하는 강렬
한 박해가 산발적이었음을 알 수 있다.[23]

이 구절의 요점은 두 번째 절에 나온다. 그리스도인으로서 치욕을 당하
는 사람들은 실제로 "복이 있다"(μακάριοι, 마카리오이, 참조. 3:14). 그들은
사람들에게 치욕을 당하지만 고난 속에서도 번성한다. 베드로는 여기에서 예
수님의 말씀을 기억한다. 왜냐하면, 마태복음 5:11이 "너희를 욕하고... 너
희에게 복이 있나니"(μακάριοί ἐστε ὅταν ὀνειδίσωσιν ὑμᾶς, 마카리오이 에스
테 호탄 오네이디소신 휘마스)라고 말하기 때문이다. 두 본문 모두 "복이 있
는"(μακάριοί, 마카리오이)과 "욕하다"(ὀνειδίζω, 오네이디조)가 나온다. 그리스
도인은 사람의 비난을 받을 수 있지만, 그 삶에서 하나님의 임재로 번성한다.

14절 마지막 어절은 신자들이 복을 받는 이유를 설명한다. "영광의 영 곧
하나님의 영이 너희 위에 계심이라."[24] 이것은 다르게 해석할 수 있다. "13절
에서 약속된 종말론적인 영광과 하나님의 영이 너희 위에 임하심이라"로 바
꾸어 말할 수 있다.[25] 악트마이어는 이 해석을 지지할 수 있는 이 구절에서 나
타나는 어구(τὸ τῆς δόξης, 토 테스 독세스)의 여러 다른 예를 제시한다(70인
역 레 7:7; 삼상 6:4; 마 21:21; 고전 10:24; 약 4:14; 벧후 2:22)[26] 악트마
이어의 해석은 또한 "영"(πνεῦμα, 프뉴마)이라는 단어가 두 번째 어구 "하나

---

23 "그러나 그 편지는 기독교인들이 이미 사형 선고를 받았다고 가정하지만, 살인으로 기소되든
   지 기독교인이라고 기소되든지 그 가능성은 매우 낮아 보인다. 그렇게 심각한 상황이 편지에
   이보다 더 명확하게 반영되지 않았다는 것은 상상할 수 없다"(S. R. Bechtler, *Following in His
   Steps: Suffering, Community, and Christology in 1 Peter*, SBLDS 162 [Atlanta: Scholars Press,
   1998], 93-94).

24 일부 사본에는 καὶ δυνάμεως가 추가되어 본문을 "영광의 영, 능력의 영, 곧 하나님의 영"으로
   읽는다(א*, A, P, 33, 81, 323, 945, 1241, 1739). 그러나 이 어구가 생략된 짧은 본문이 더 적합하
   다(𝔓72, B, K, L, Y, 049, 330).

25 이 해석에 따르면 τῆς δόξης 앞의 τὸ는 13절에 언급된 영광을 가리킨다.

26 Achtemeier, *1 Peter*, 309n66.

님의 영"에서만 발견되는 이유를 설명한다. 이 해석이 옳다면 베드로의 요점
은 그들은 복되다는 의미이다. 그들은 이제 마지막 때에 영광이 자기들의 것
이 될 것이고 또한 종말론적 성령의 선물이 지금 그들 위에 있기 때문이다.[27]

　　다른 한편, 데이비스는 CSB 성경 번역처럼, 영광의 성령과 하나님의 성
령에 관한 언급이라고 주장한다.[28] 첫째, 그는 "하나님의 성령"이라는 어구
가 "정형화된 표현"이라고 생각하고 나누어지지 않을 것이라고 본다. 둘째,
"영광"은 이 구절의 첫 부분에 나타나는 치욕과 반대되도록 먼저 배치되었
다. 마지막으로, 만약 마태복음 21장 21절, 고린도전서 10장 24절, 야고보
서 4장 14절, 베드로후서 2장 2절과 같이 "정형화된" 어구라면 영광과 관련
된 관사의 사용이 의미가 있을 것이다. 데이비스는 이 "정형화된 표현"이 분
명하지 않다고 주장한다. 결정이 쉽지 않지만 아마도 데이비스의 견해가 더
나을 것 같다.

　　이 구절의 표현은 이사야 11장 1-3절로 거슬러 올라가는데 여기에서 이새
의 줄기, 즉 예수님 그분이시며 그분은 성령을 받을 것이다.[29] 70인역에서 2절
의 표현은 특히 중요하다. "하나님의 영이 그 위에 머물 것이다"($\dot{\alpha}\nu\alpha\pi\alpha\dot{\nu}\sigma\epsilon\tau\alpha\iota$
$\dot{\epsilon}\pi'$ $\alpha\dot{\nu}\tau\dot{o}\nu$ $\pi\nu\epsilon\hat{\nu}\mu\alpha$ $\tau o\hat{\nu}$ $\theta\epsilon o\hat{\nu}$, 아나파우세타이 에피 아우톤 프뉴마 투 데우). 즉,
그는 이새의 줄기이시다.[30] 주된 차이점은 이사야가 미래 시제 동사를 사용하
는 반면, 베드로는 현재 시제를 사용한다는 것이다. 이사야서에서 기록된 예
언이 이제 성취되었고 아마도 예수님 위에 임하셨던 성령이 이제 그리스도인

---

27 고펠트는 καί를 강조로 이해한다. 영광의 영이 하나님의 영이시다(*1 Peter*, 323; Kelly, *Peter and Jude*, 187; Dubis, *1 Peter Handbook*, 150). 그들은 이제 성령으로 영광이 자기들의 것이 되는 종말론적인 경험을 한다(E. J. Richard, "The Functional Christology of First Peter," in *Perspectives on 1 Peter*, ed. C. H. Talbert [Macon: Mercer University Press, 1986], 137). 고펠트는 이 본문이 70명의 장로들에게 성령이 임하시는 민수기 11:25-26를 반향한다고 생각한다 (참조. 출 24:17; 29:43).

28 P. H. Davids, *The First Epistle of Peter*, NICNT (Grand Rapids: Eerdmans, 1990), 167-68n10. 다음도 살펴보라. Elliott, *1 Peter*, 782(참조. Forbes, *1 Peter*, 156-57). 엘리엇은 "영광의 하나님의 영"으로 번역되어야 한다고 생각한다.

29 존슨은 성전이 하나님의 영광과 성령이 거하는 여호와의 안식처라는 암시도 있다고 제안한다 ("Fire in God's House," 289-90).

30 70인역은 "하나님의 영"(강조해서)이라고 말한다. 프라이어는 이사야 11장에 관한 명백한 암시를 일축하고 대신에 시내 산에 하나님의 영광이 강림하는 것과 관련이 있다고 주장하지만 설득력이 없다. ("First Peter and the New Covenant [11]," *RTR* 45 [1986]: 49). 이 지점에서 그는 베드로전서의 출애굽 모티브를 유지하려고 증거를 강요한다.

에게도 임하심을 강조하기 위해서일 것이다. 고난을 받는 그리스도인들은 복이 있다. 그들은 이제 하나님의 은혜를 누리고 있고, 장차 올 영광의 기이한 일을 맞보고, 약속된 성령을 체험하고 있기 때문이다.[31]

4:15. 15절을 시작하는 "왜냐하면"(개역개정은 생략)은 신자들의 기쁨과 복이 그리스도인으로서 참된 고난에 달려 있다고 설명한다.[32] 모든 고난이 복과 기쁨을 위한 자격은 아니다. 악을 행할 때도 고난을 받기 때문이다. 베드로와 초기 기독교 운동의 사실주의가 여기에서 드러난다. 그는 사람들이 마땅히 받아야 할 형벌을 얼마나 쉽게 합리화하고 그것을 "기독교적" 고통으로 설명할 수 있는지 알고 있었다. 이 가르침은 또한 초기 기독교 교회가 불완전했음을 일깨운다. 신자들은 여전히 죄를 짓기 쉬우므로 경건한 길을 걷도록 격려하는 권면이 필요했다. 처음 두 가지 죄는 하나님의 기준에 미치지 못하는 노골적인 예이다. 사실 살인과 도둑질은 죄일 뿐만 아니라 사회적인 범죄이기도 하다. 우리는 베드로의 교회가 실제로 이와 같은 죄를 저질렀다고 이해할 필요는 없다. 그리스도인들이 법정으로 끌려갔다는 사실도 분명하지 않다.[33] 이 노골적인 죄들을 수사적으로 나열해서 신자들이 참된 그리스도인의 고통과 잘못된 행동의 결과로 인한 고난을 구분하게 만든다.[34] 어쨌든 다른 권면들에서 살인에 대한 금지 또는 경고가 나타난다(마 5:21; 19:18; 막 10:19; 눅 18:20; 롬 1:29; 13:9; 약 2:11; 4:2; 계 9:21; 21:8; 22:15).

도둑질도 유죄 선언을 받는다(마 19:18; 막 10:19; 눅 18:20; 롬 2:21; 13:9; 고전 6:10; 엡 4:28). CSB 성경은 세 번째 죄를 "악을 행하는 사람",

---

31 어떤 사본들은 흥미롭게 κατὰ μὲν αὐτοὺς βλασφημεῖται κατὰ δὲ ὑμᾶς δοξάζεται("그들의 눈에는 신성 모독이나 당신의 눈에는 영광입니다"; 다수 사본, K, L, P, Ψ)을 추가한다. 일부 학자들은 (1)-ται어미 때문에 단어가 실수로 삭제되었고, (2) μέν-δέ 구조가 베드로의 스타일에 적합하며, (3)추가가 이 단락에 크게 기여하지 않고, (4) 3:14에서 αὐτοὺς를 αὐτῶν의 병행으로 갑작스러운 사용을 주장하면서 이 추가가 진짜임을 변호한다.

32 포브스(1 Peter, 157)는 이것을 앞 구절과의 대조로 이해한다.

33 다음과 반대된다. Goppelt, 1 Peter, 39; Dubis, 1 Peter 4:12-19, 134. 나는 기독교인들이 법정으로 끌려갔을 수 있다는 점을 부인하지 않는다. 요점은 이 본문에는 그들이 법정으로 끌려갔다는 사실이 명확하게 나타나지 않는다는 점이다. 베드로의 언어는 여기에서 수사적이다(참조. Bechtler, Following in His Steps, 92).

34 불법에 대한 주의가 메시아적 재앙의 시작을 알리는지도 분명하지 않다(다음과 반대된다. Dubis, 1 Peter 4:12-19, 134–35).

NIV는 "범죄"(개역개정. "악행", κακοποιός, 카코포이오스)으로 정의한다. 베드로는 다른 두 경우에도 같은 단어를 사용하는 데, 두 경우 모두 일반적으로 행하는 악을 가리키며 범죄 행위에만 제한될 수 없다(벧전 2:12, 14). 동사 형태도 동일한 의미로 보이며 선을 행함과 항상 대조된다(막 3:4, 눅 6:9, 벧전 3:17, 요삼 1:11). 따라서 이 단어는 아마도 NIV 성경의 번역보다 CSB 번역처럼, 악을 행하는 자로 번역해야 한다.[35] 몇몇 증거는 "마법사" 또는 "마술사"를 의미한다고 제시하지만,[36] 베드로의 사용에서는 뒷받침될 수 없다. 일반적으로 선을 행함과 악을 행함은 대조된다.

네 번째 단어는 신약에서 가장 어려운 해석 중 하나이다. "남의 일을 간섭하는 자"(ἀλλοτριεπίσκοπος, 알로트리에 피스코포스, NIV, ESV)로 번역된 이 단어는 신약의 다른 곳, 70인역, 베드로전서 이전 다른 그리스 문헌 어디에서도 찾을 수 없다. 단어의 구성을 검토하면, "남의 일을 지켜보기"로 정의할 수 있다. 대부분 영어 번역은 이 정의에서 표현되는 해석을 고려한다. "이간질하는 사람"(RSV, NRSV), "참견하기 좋아하는 사람"(KJV, NKJV), "성가시게 간섭하는 사람"(NASB)이 제시된다.[37] 다른 학자들은 이 단어가 "혁명적인" 또는 "횡령하는 사람"을 의미한다고 제안한다.[38] 꽤 많은 학자들이 마지막 의미를 지지한다. 자료가 부족하지만, 문맥을 고려할 때, "횡령하는 사람"이 가장 타당하다고 주장하는 학자들도 있다.[39] 간섭은 성가신 정도의 일이지만, 문맥

---

35 그러므로 Michaels, *1 Peter*, 267; Achtemeier, *1 Peter*, 310; Elliott, *1 Peter*, 784–85. 그러나 에어베스(K. Erbes)는 벧전 2:12; 3:16; 요 18:30의 병행은 범죄 행위를 보여준다고 생각한다 ("Was bedeutet ἀλλοτριεπίσκοπος 1 Pt 4,15?," *ZNW* 19 [1919-20]: 39).

36 BDAG의 제안 중에 하나이다. BDAG, 501.

37 그러므로 E. G. Selwyn, *The First Epistle of St. Peter*, 2nd ed. (Grand Rapids: Baker, 1981), 225; Goppelt, *1 Peter*, 326; E. Schweizer, "1. Petrus 4,6," *TZ* 8 (1952): 94; E. Best, *1 Peter*, NCB (Grand Rapids: Eerdmans, 1971), 165; Michaels, *1 Peter*, 267–68; Kelly, *Peter and Jude*, 188–89; Davids, *First Peter*, 169; J. H. Elliott, *A Home for the Homeless: A Sociological Exegesis of 1 Peter, Its Situation and Strategy* (Philadelphia: Fortress, 1981), 141-42; Elliott, *1 Peter*, 785–88.

38 앞의 뜻은 다음을 보라 Moffatt, *James, Peter, and Jude*, 158; Beare, *First Peter*, 167; 뒤의 뜻은 다음을 보라. Achtemeier, *1 Peter*, 310-13; Erbes, "Was bedeutet?," 40-44; J. Calvin, *Commentaries on the Catholic Epistles* (Grand Rapids: Eerdmans, 1948), 137; Brox, *Der erste Petrusbrief*, 219-20.

39 엘리엇은 ἀλλότριος가 합성어로 사용될 때, "다른 사람"이 단어의 주어가 아니라 목적어를 가리킨다는 점을 보여 준다(*1 Peter*, 786). 따라서 ἀλλοτριοπραγέω는 다른 사람의 일에 간섭하는 것을 의미하며 ἀλλοτριοπραγία도 마찬가지이다. 헬라어 ἀλλοτριοφαγέω는 "다른 사람의 음식을 먹다"를 의미하는 반면, ἀλλοτριοφρονέω는 "다른 사람에게 나쁜 생각을 하다"를 의미한다(이

은 심각하게 잘못된 행동을 말한다. 따라서 간섭은 문맥에 맞지 않는다. 속임에 대한 경고는 다른 신약 본문에서도 발견된다(막 10:19; 고전 6:7-8; 딤전 3:8; 딛 1:7; 벧전 5:2). 그러나 "바로 ~와 같은"(개역개정. '~로', ἢ ὡς)은 베드로가 살인이나 도둑질보다 덜 심각하다고 생각했음을 암시한다.[40] 베드로는 대부분 그리스도인이 살인과 도둑질 같은 죄를 짓지 않을 것을 깨닫는다. 따라서 신자들에게 다른 사람들을 성가시게 하지 말라고 격려하며 결론을 맺는다.[41] 만약 신자들이 참견하기 좋아하는 사람으로 행동한다면 그들은 배척과 학대를 받아 마땅한 해로운 존재로 생각될 것이다. 더욱이 브라운은 고대 세계에서 간섭이 "중대한 사회적 범죄"로 간주되었음을 보여 준다.[42] 간섭은 다른 이들의 삶에서 중요하며, 그리스도인이 사회에 속해 있지 않음을 보여 주는 또 다른 표시이다.

4:16. 16절은 이제 다른 면을 검토하여 신자들이 신자로서 고난을 받고 그렇게 함으로 하나님께 영광을 돌리라고 가르친다. 14절에서와 같이 "만일"은 "왜냐하면" 또는 "언제"로 번역하면 안 된다. 베드로는 그리스도인들이 고난을 피할 수 있다고 제안하지 않는다. 조건은 독자가 고난의 이유, 즉 누군가가 "그리스도인"이기 때문에 고난을 받는다면, 그 고난의 이유에 초점을 맞추어 그 조건을 고려하도록 한다. 초기 신자들은 일반적으로 스스로를 "그리스도인"이라고 부르지 않았다. 이 명칭은 안디옥에서 외부인들이 신자들에게 처음 주었다(행 11:26).[43] 아그립바는 바울이 가이사랴에서 변호할 때 이 단어를 사용했다(행 26:28). 이 구절에서 "그리스도인"이라는 명칭은 외부에

정의들은 다음을 참조. LSJ, 70-71). 이 증거는 ἀλλοτριεπίσκοπος가 다른 사람의 일에 간섭하거나 감독하는 의미를 제안한다.

40 Bechtler, *Following in His Steps*, 92. "간섭하는 사람"을 변호하는 옛 해석은 다음을 참고하라. Theophylact in *James, 1-2 Peter, 1-3 John, Jude*, ACCS (Downers Grove: InterVarsity, 2000), 119.

41 참조. 리처드는 베드로전서 다른 곳에서 베드로가 성가시게 하는 불신자들에 대해서 신자들에게 경고했을 수 있다고 지적한다(*Reading 1 Peter, Jude, and 2 Peter: A Literary and Theological Commentary*, RNT [Macon: Smith & Helwys, 2000], 192-93).

42 Brown, "Just a Busybody," 561. 그녀의 전체 논의는 다음을 보라. J. K. Brown, "Just a Busybody? A Look at the Greco-Roman Topos of Meddling for Defining ἀλλοτριεπίσκοπος in 1 Peter 4:15," *JBL* 125 (2006): 549-68.

43 이 논의는 다음을 보라. Horrell, *Becoming Christian*, 167-69.

서 공동체를 바라보는 사람들이 신자들에게 주었기 때문에 이러한 패러다임
에 적합하다(참조. Tacitus, *Ann.*15.44). "그리스도인"(Χριστιανοί, 크리스티
아노이)은 "헤롯당"(Φαρισαῖοι, 파리사이오이, 막 3:6; 12:13)이 "헤롯 대왕의
분파와 그 가족"을 의미하는 것처럼 "그리스도를 따르는 사람들"을 의미한다.[44]
"그리스도인"은 원래 오명을 씌우는 말이었으나, 신자들은 자랑스럽게 이 이
름을 받아들였고 결국 신자들의 표준 명칭이 되었다.[45]

14절에서 우리는 베드로 시대에 기독교 신앙이 공식적으로 불법이 아니
라는 점을 살폈지만, 그리스도인들이 유대교와 구별되게 등장하면서 박해의
위협이 계속되었다. 다른 한편으로 이 편지를 쓸 당시, "그리스도인"이라는
단어가 그리스도인이 되는 일이 처벌을 받을 수 있는 범죄임을 나타내지 않는
다. 플리니우스가 트라야누스에게 편지를 썼을 때(AD 약 112-14년), 그리스
도인으로 확인된 사람들은 죽임을 당했지만, 베드로전서는 네로의 박해 이전
에 기록되었다. 호렐과 윌리암스는 베드로전서의 내용은 공식적이면서도 비
공식적인 박해라고 주장한다. 시민들은 정치 권력자에게 그리스도인을 신고
할 수 있었으며, 그 결과 어떤 신자들은 죽임을 당할 수 있었다.[46] 이 주장은
베드로전서를 쓴 시기(75년-95년)에 부분적으로 의존한다. 그러나 윌리암스
가 주목한 것처럼 베드로가 편지를 썼을 때도, 이러한 경우는 가능성이 있다.
그 결과 박해는 비공식적이면서도 공식적일 수 있었다. 이것은 공식적인 제국
내의 정책이 있고 박해가 여전히 산발적이었다는 말이 아니다.[47] 그리고 베드
로는 어떤 사람이 죽임을 당한다는 말을 하고 있지 않기 때문에 가능성이 적
다. 어쨌든 그리스도인이라는 정체성은 죄이며 제국을 거절한다는 의미일 수
있으며, 그러므로 불신자들에게 그리스도인이라는 이름을 받아들이는 것은
제국의 권위를 거부하는 의미일 수 있다.[48]

---

44 BDAG, 440, 1090. "그리스도인"에 관한 유익한 논의는 다음을 보라. Elliott, *1 Peter*, 789-91.
45 이러한 읽기는 다음을 보라. Horrell, *Becoming Christian*, 197–209.
46 Horrell, *Becoming Christian*, 183-209; T. B Williams, *Persecution in 1 Peter: Differentiating and Contextualizing Early Christian Suffering*, NovT Supp 145 (Leiden: Brill, 2012), 179–297.
47 낙스가 이 내용을 플리니우스와 트라야누스의 서신과 구체적으로 연결시키려는 시도는 실패했다("Pliny and I Peter: A Note on 1 Pet 4:14-16 and 3:15," *JBL* 72 [1953]: 187–89). 다음의 견해가 옳다. Elliott, *1 Peter*, 792–93.
48 T. B. Williams, *Good Works in 1 Peter: Negotiating Social Conflict and Christian Identity in the*

부끄러워하지 말라는 요청은 부끄러운 행동에 초점을 맞춘다. 특별히 그리스도인들은 불신자들 앞에서 그리스도를 부인하거나 믿음으로 인내하지 않으므로 부끄럽게 행동할 수 있다(참조. 막 8:38; 딤후 1:8, 12, 16; 2:15). 따라서 부끄러워하는 사람은 배교의 죄를 지을 수 있다.[49] 호키(Hockey)는 여기서 명예와 수치의 중요성을 통찰력 있게 탐구한다.[50] 베드로는 "[믿지 않는 세상의] 문화적 틀을 신자들의 행동과 정체성에 대한 기준으로 제공하는 것을 허용하지 않는다."[51] 신자들은 "현실에 관한 새로운 시각과 하나님을 중심으로 한 새로운 규범의 틀을 가져왔다."[52] "결과적으로 적대적인 타인의 의견은 중요하지 않으며," 이는 "주변 사회로부터 정서적인 분리"를 제공한다.[53] 신자들에게 받아들여지는 또 다른 그룹(신자들과 하나님)이 있다.[54] 신자들이 불신자들의 사회에서 명예를 얻지 못하면, 그 사회에서 권력을 잃게 된다.[55] 호키(Hockey)는 수치심이 어떤 행동을 일어나게 하고, 사회에서 수치심을 느끼는 사람들은 신앙을 포기할 수 있다고 지적한다.[56] "사회 규범의 압력에 내면적으로 도전하는 일은 수치심에 대해 정서적으로 거부하는 것이다."[57] "저자는 청중이 수치심을 거부하여 자신의 정체성과 행동에 대해 긍정적이고 경건한 자기 평가를 하도록 권면한다."[58] 대조적으로 신자들은 공개적으로 그분의 이름을 고백하고 찬양함으로 하나님께 영광을 돌린다(참조. 롬 15:6; 고후 9:13). 그들은 이와 같은 고난을 기쁨으로 견디면서 "그리스도인"이라는 이름으로 하나님께 영

Greco-Roman World, WUNT 337 (Tübingen: Mohr Siebeck, 2014), 235-37.

49 Dubis, *1 Peter 4:12-19*, 135-36.

50 K. M. Hockey, "1 Peter 4.16: Shame, Emotion, and Christian Self-Perception," in *Muted Voices of the New Testament: Readings in the Catholic Epistles and Hebrews*, ed. K. M. Hockey, M. N. Pierce, and F. Watson, LNTS 565 (London: Bloomsbury T&T Clark, 2017), 27-40.

51 Hockey, "1 Peter 4.16," 36.

52 Hockey, "1 Peter 4.16," 36.

53 Hockey, "1 Peter 4.16," 37.

54 Hockey, "1 Peter 4.16," 38-39. "부정적인 수치심은 신자들이 적대적인 다른 사람들의 의견에 너무 크게 신경 쓰지 말라고 요구하며 따라서 다른 사람과의 관계가 그리스도에 대한 충성보다 신자의 번영에 덜 중요하다는 것을 나타낸다."

55 Hockey, "1 Peter 4.16," 38. "결국 중요하고 유일한 판단은 하나님의 것이다. 왜냐하면 하나님은 선에 대한 궁극적인 통제권을 가지시고 영원한 명예를 진정으로 부여하실 수 있는 유일한 분이시기 때문이다."

56 Hockey, "1 Peter 4.16," 38-39.

57 Hockey, "1 Peter 4.16," 39.

58 Hockey, "1 Peter 4.16," 39.

광을 돌리며(13절), 예수 그리스도에 대한 충성 때문에 고난을 받는 특권을 누리게
됨을 기쁘게 생각한다. 이 구절의 마지막 어구 "그 이름으로"(NASB, ἐν τῷ ὀνόματι)
는 영역의 여격일 수도 있지만, 그러나 인과의 의미가 아마도 가장 좋을 것이다.
특별히 베드로전서 4장 14절의 병행에서 인과로 사용된다.[59] 이것은 신자들이 "그
리스도인"이라는 이름 때문에 고난을 받는다는 의미이다.[60]

4:17. 이 구절의 "왜냐하면"은 15-16절의 고난에 관한 개념으로 거슬러
올라간다.[61] 신자들의 고난은 "하나님의 집"(τοῦ οἴκου τοῦ θεοῦ, 투 오이쿠 투
데우)에 대한 하나님의 심판의 시작이다. "하나님의 집"은 구약으로 돌아가
면 거의 대부분 성전이지만, 어떤 학자들은 여기에서 가족의 개념이라고 생
각한다.[62] 두 가지 개념 모두 가능하지만, 강조점은 구약의 암시를 고려할 때
하나님의 성전으로써 집이다. 구약의 배경은 특히 스가랴 13장 9절, 에스겔
9장, 말라기 3장이다.[63] 에스겔 9장에서 여호와는 이스라엘의 죄인들을 심판
하시고 그의 성소인 성전에서 시작하신다.[64] 에스겔 9장 6절의 언어, 즉 여호

59 Achtemeier, *1 Peter*, 314-15; Selwyn, *First Peter*, 225. 인과에 대해서는 다음을 보라. Kelly, *Peter and Jude*, 190-91, 그리고 특별히 다음을 보라. T. Williams, *Persecution in 1 Peter*, 286–88. 다른 학자들은 수단으로 이해한다(Davids, *First Peter*, 170n17; Elliott, *1 Peter*, 796; Horrell, *Becoming Christian*, 181-82). 많은 사본들은 ἐν τῷ ὀνόματι τούτῳ (𝔓72, ℵ, A, B, Ψ, 33, 81, 323, 614, 1241, 1505, 1739) 대신에 ἐν τῷ μέρει τούτῳ(P, 049, 다수 사본) 로 읽는다. 확실히 변형이 더 어려운 읽기이지만 외적 증거가 이 읽기를 지지한다. 이 경우 외적 증거는 NA28처럼 변형이 더 결정적이어서 "이름으로"가 더 나은 읽기이다(Forbes, *1 Peter*, 159-60). 이 논의를 위해서는 다음을 보라. Horrell, *Becoming Christian*, 179-81. 변형에 찬성하는 견해는 다음을 보라. Richard, *Reading 1 Peter, Jude, and 2 Peter*, 194–95; Michaels, *1 Peter*, 257, 269-70; T. Williams, *Persecution in 1 Peter*, 282–83.

60 참조. Goppelt, *1 Peter*, 328; Kelly, *Peter and Jude*, 190–91; Elliott, *1 Peter*, 796.

61 Dubis, *1 Peter Handbook*, 153–54.

62 예. 70인역 왕상 5:14, 17, 19; 7:31, 34, 37; 8:1, 17, 18; 12:27; 14:26; 대상 5:36; 6:16; 9:23, 26, 27; 10:10; 22:1, 2, 6, 7, 11; 26:27; 28:21; 29:2, 3; 대하 3:3; 4:11; 5:14; 7:5; 스 1:3, 4; 3:8, 9; 4:3; 6:5; 느 8:16; 10:33, 34, 35; 시 41:5; 54:15; 미 4:2; 욜 1:13, 14, 16; 사 2:2, 3; 38:20). 가족의 개념을 뒷받침하는 주장은 다음을 보라. Bechtler, *Follow in His Steps*, 144-46.

63 좁스(*1 Peter*, BECNT [Grand Rapids: Eerdmans, 2005], 292)는 이 본문이 심판과 관련이 있고 구약 본문의 원래 문맥과 다르지 않기 때문에 이들 중 어느 것도 적합하지 않다고 주장하지만, 베드로는 구약 본문을 독창적인 방법으로 새로운 맥락에 적용했을 가능성이 더 크다.

64 다음을 보라. "Fire in God's House," 291-93; I. H. Marshall, *1 Peter*, The IVP New Testament Commentary Series (Downers Grove: InterVarsity, 1991), 156. 에스겔 9장을 배경으로 제시하는 견해는 다음을 보라. W. L. Schutter, *Hermeneutic and Composition in 1 Peter*, WUNT 2/30 (Tübingen: Mohr Siebeck, 1989), 276-84. 듀비스는 에스겔 9장이 주요 본문이라고 주장하지만,

와께서 "내 성소에서 시작할지니라"(ἀπὸ τῶν ἁγίων μου ἄρξασθε, 아포 톤 하기 온 무 아륵사스데)는 베드로와 유사하지만, 베드로는 "하나님의 집에서 심판을 시작할 때가 되었나니"(ἄρξασθαι τὸ κρίμα ἀπὸ τοῦ οἴκου τοῦ θεοῦ, 아륵사스 다이 토 크리마 아포 투 오이쿠 투 데우. 참조. 사 10:11-12)라고 말한다. 언어는 비슷하지만 에스겔서에서는 반역한 죄인들이 멸망하는 반면, 베드로전서는 다른 신학을 보여 준다. 심판이 경건한 자들의 멸망이 아니라 그들의 연단과 정결함과 관련이 있기 때문이다.[65]

이 점에서 말라기 3장의 배경은 개념적으로 베드로의 메시지에 더 가깝다. 왜냐하면 여호와께서 그의 성전에 오셔서 그의 백성을 연단하고 정결하게 하실 것이며, 그러면 그의 백성의 제물이 열납될 것이기 때문이다(말 3:1-4). 베드로가 심판을 멸망에 포함시키지 않은 것은 경건한 자가 "구원을 받는다"는 18절의 병행에서 분명하게 나타난다. 우리는 이미 1장 6-7절에서 의인의 시련과 어려움이 신자들을 정결하게 하고 연단하여 그들이 마지막 상을 받게 될 것을 살펴보았다(참조. 4:12). 비록 하나님의 집이 구약에서는 성전이지만, 베드로는 다른 저자들과 맞물려(고전 3:16; 고후 6:16; 엡 2:19; 딤전 3:15; 히 3:6), 교회, 곧 하나님의 백성을 그의 성전으로 생각한다.[66] 이와 같은 움직임은 베드로가 이미 교회를 하나님의 백성(벧전 2:4-5), 그의 제사장들, 택하신 백성, 거룩한 나라로 이해하며 교회가 이스라엘을 회복하기 때문에(벧전 2:9), 놀라운 일이 아니다. 에스겔 9장의 심판은 문자 그대로 성전에서 시작되지만 이제 하나님의 심판은 건물이 아니라 그의 백성들에게서 시작한다. 하나님의 백성에게서 시작되는 심판은 참으로 하나님께 속한 자를 정결하게 하며, 그 정결함은 고난을 통해서 오고 신자들을 자기들의 유업에 도덕적으로 합당하게 만든다.

여기서 심판은 최후 심판이지만(참조. 1:17; 2:23; 4:5), 이 심판은 지금

말라기 3장에 관한 언급을 배제할 수 없다(*1 Peter 4:12-19*, 148–54).

65 어떤 학자들은 차이점 때문에 에스겔 9장의 암시에 대해 논란을 벌이지만(Elliott, *1 Peter*, 798–800; Liebengood, *Eschatology in 1 Peter*, 146–47), 그러나 암시가 모든 면에서 일치할 필요는 없다. 구약 본문은 미묘한 방식으로 다루어질 수 있다.

66 성전 언어는 하나님의 백성이 그분의 성전이라는 개념과 관련이 있다. Johnson, "Fire in God's House," 292–93; Michaels, *1 Peter*, 271; Achtemeier, *1 Peter*, 316.

이 악한 시대에 시작된다.[67] 심판은 "우리에게서 시작된다." 이것은 그리스도인들과 함께 시작됨을 의미한다. 이 시대에 신자들은 고난을 받고 죄에서 깨끗해진다. 베드로는 작은 것에서 큰 것으로 논증한다. 구원을 받을 자들까지 정결하게 되고, 고난으로 심판을 받는다면, 복음을 거부하는 자들의 그 "마지막"($\tau \acute{\epsilon} \lambda o \varsigma$, 텔로스), 즉 형벌은 더 클 것이다. 여기에서 불신자들은 "하나님의 복음을 순종하지 않는 자들"로 묘사된다. 베드로는 복음을 믿지 않는 자들에게 떨어지는 심판에 대해서 기록할 수도 있었지만, 모든 불신앙도 불순종이기 때문에 불순종에 초점을 맞추고 있다. 세 번의 경우에 심판을 받을 (또는 심판을 받는) 사람들이 불순종한다고 묘사된다($\dot{\alpha} \pi \epsilon \iota \theta \acute{\epsilon} \omega$, 아페이데오, 벧전 2:8; 3:1, 20). 2장 8절과 3장 1절에서 이와 같은 불순종은 말씀($\lambda \acute{o} \gamma o \varsigma$, 로고스)에 대한 불순종이며, 이 본문에서 "말씀"은 복음에 대한 또 다른 표현이다. 반면에 신자들은 순종이 특징이다(1:2, 14, 3:10-12, 4:3-4). 베드로는 불신자들에게 어떤 심판이 기다리는지 명시하지 않지만, 그는 이미 그들이 최후의 심판을 기다린다고 지적했다. 또한 말라기 3장의 순서가 여기에서 유지된다. 여호와는 자신의 성전에 오실 때 그의 백성을 연단하고 정결하게 하시지만 (3:1-4), 회개하지 않는 죄인들은 멸망할 것이다(3:5).

4:18. 18절은 17절의 진리를 잠언의 형태로 다시 말하면서 어려운 의인의 구원이 불신자들에게 더 무서운 결과를 낳는다는 것을 지적한다. 70인역 잠언 11장 31절이 인용되었다. 히브리어 본문은 70인역과 어떤 면에서 유사하지만 "어려움"($\mu \acute{o} \lambda \iota \varsigma$, 몰리스)대신 "땅에"가 있으므로 본문 형식은 70인역에서 가져왔다.[68] 잠언의 의미는 베드로가 사용한 문맥에서 파악해야 하며, 이

---

67 Best, *1 Peter*, 165; Achtemeier, *1 Peter*, 315.

68 어떻게 70인역의 번역자가 이 번역으로 발전시킬 수 있었는지에 대해서 다음을 참조하라. J. Barr, "באר-$\mu \acute{o} \lambda \iota \varsigma$: Prov. xi.31, 1 Pet. iv.18," *JSS* 20 (1975): 149–64. 이 주장과 일치하는 다음을 참조하라. D. G. McCartney, "The Use of the Old Testament in the First Epistle of Peter" (Ph.D. diss., Westminster Theological Seminary, 1989), 97–98. 반면, 듀비스는 MT와 70인역이 양립할 수 있다고 주장한다(*1 Peter 4:12-19*, 164-67). 듀비스에 따르면 MT는 약속의 땅에 있을 때에도 하나님께서 그의 백성을 벌하시는 것을 의미한다. 그러므로, $\mu \acute{o} \lambda \iota \varsigma$에 관한 그의 견해는 70페이지와 병행된다. 하나님께서 자기 백성이 그 땅에 있을 때에도 벌하시는 것 같이 의인도 정결하게 하는 심판으로 구원하시므로 의인을 어려움 가운데에서 구원하신다. MT와 70인역 사이의 중요한 차이점은 LXX가 종말론적 미래에 초점을 맞추고 있다는 점이다.

것은 분명히 17절의 개념을 다시 언급한다. 이 단어는 "거의 ~없다"(롬 5:7) 또는 "어렵게"(행 14:18; 27:7-8, 16)를 의미할 수 있다. "어렵게"(개역개정. "겨우")가 문맥에 어울린다. 베드로는 의인들이 불에서 꺼낸 것처럼 거의 구원을 받지 못했다고 말하지 않는다. 어려움은 신자들이 구원 받지 못함을 말하지 않는다. 하나님은 고난을 통해 자기 백성을 연단하고 정결하게 하심으로 구원하신다. 여기서 구원은 종말론적이며 신자들이 고난을 인내한 후에 받게 될 선물임을 암시한다(참조. 1:5, 9). 만일 경건한 사람이 고난의 정결하게 함을 통해서 구원을 받는다면 "경건하지 아니한 자와 죄인"의 심판은 참으로 끔찍할 것이다.[69] 동사 "서리요"(φανεῖται, 파네이타이)는 불신자들의 종말론적 심판을 가리킨다.[70] 베드로는 신자들이 고난을 견디도록 동기를 부여하기 위해서 썼고, 4장 3-6절에서 비슷한 주장을 볼 수 있다. 지금은 고난 당하는 것이 어려울 수 있지만, 신자들은 그리스도를 따르는 고난에 참여함으로 악인에게 임하는 정죄를 피할 수 있다.[71]

4:19. 12-18절의 결론이 그려진다.[72] 하나님의 뜻대로 고난을 받은 자, 그리스도의 이름으로 치욕을 당하는 자(14절), 그리스도인이기 때문에 고난 받는 자(15-16절)는 자신을 하나님께 맡겨야 한다. 3:17에서와 같이 하나님의 뜻은 모든 고통이 하나님의 손을 통과한다는 것을 가리키며(참조. 3:17), 하나님의 사랑과 주권적인 통제를 벗어나 신자를 공격할 수 있는 것은 아무것도 없다.[73] 도넬슨이 말했듯이, 하나님을 신뢰하라는 가르침은 "박해가 하나님의 신실하심에 의문을 제기할 수 있는 힘을 가지고 있음을 보

---

69 베드로가 이 문맥에서 악인들이 미래에 회개할 수 있다는 관점을 열어 두지 않았다. 다음과 반대된다. Elliot, *1 Peter*, 804.

70 Dubis, *1 Peter 4:12-19*, 167.

71 C. E. B. Cranfield, *I & II Peter and Jude: Introduction and Commentary*, TBC (London: SCM, 1960), 122; Goppelt, *1 Peter*, 333; Achtemeier, *1 Peter*, 316.

72 다음 견해는 옳다. Dubis, *1 Peter Handbook*, 157. 헬라어 ὥστε는 추론을 의미하는 접속사이며, καί는 οἱ πάσχοντες(Goppelt, *1 Peter*, 334; Kelly, *Peter and Jude*, 194) 또는 παρατίθημιῶ(C. Bigg, *The Epistles of St. Peter and St. Jude*, ICC [Edinburgh: T&T Clark, 1901], 181)를 수식하기보다 ὥστε를 수식한다.

73 듀비스는 이에 동의하지만 이것을 종말에 앞서 존재하는 메시아적 재앙과 연결하기도 한다(*1 Peter 4:12-19*, 176-77)

여 준다."74 고난이 닥칠 때 신자들은 "신실하신 창조주께 자신을 맡겨야 한
다." 그리스도께서 베드로가 명령한 내용의 모델이다. 그분은 고난을 받을
때에 자기를 하나님께 의탁하셨다(벧전 2:23). 예수님이 죽으실 때 하나님
께 자기 영을 맡기셨을 때도 같은 단어(παρατίθημι, 파라티데미)를 발견한다(
눅 23:46). 사도행전에서 바울이 그의 회심자들을 하나님께 맡길 때 사용되
었다(행 14:23; 20:32). 목회 서신에서는 신실한 사람들에게 하나님의 진리
를 맡긴다는 의미이다(딤전 1:18; 딤후 2:2). 마찬가지로 신자들은 자기 삶
을 창조주이신 하나님께 맡겨야 한다.75 창조주(κτίστης, 크리스테스) 하나님
에 관한 언급은 그분의 주권을 의미한다. 세상의 창조주께서 세상에 대한 주
권을 가지고 계시기 때문이다.76 그러므로 신자들은 그분이 자신들이 감당할
수 없는 고난을 허락하지 않으시며, 고난을 견디는 데 필요한 힘을 주심을 확
신할 수 있다. 그분은 "신실하신" 창조주이시며, 약속에 신실하시며, 백성들
에게 신실하시며, 그들이 필요할 때 결코 버리지 않으시며, 항상 의인을 신원
하시고 악인을 정죄하시기 때문에 이와 같은 확신이 그들의 것이 될 수 있다
(참조. 4:17-18). 신자들이 하나님을 신뢰하고 있음을 드러내는 방법은 계속
해서 "선을 행하는 것이다"(ἀγαθοποιΐᾳ, 아가도포이이아).77

---

74 Donelson, *I and II Peter and Jude*, 139.

75 우리가 베드로전서 다른 곳에서 보았듯이, "영혼"(τὰς ψυχὰς)이라는 단어는 신자의 "생
명"을 가리키는 것이지 그 존재의 비물질적인 부분을 말하지 않는다. 다음과 반대된다. B.
Witherington III, *Letters and Homilies for Hellenized Christians*, vol. II: *A Socio-Rhetorical
Commentary on 1-2 Peter* (Downers Grove: InterVarsity, 2007), 139.

76 듀비스는 여기에서 새 창조에 관한 언급이라고 본문을 지나치게 읽는다(*1 Peter 4:12-19*, 174-
75).

77 참조. Michaels, *1 Peter*, 274.

4.2. 장로와 공동체를 위한 권면(5:1-11)

4.2.1. 장로와 젊은 자들을 위한 권면(5:1-5)

¹ 너희 중 장로들에게 권하노니 나는 그들과 함께 장로 된 자요 그리스도의 고난의 증인이요 나타날 영광에 참여할 자니라 ² 너희 중에 있는 하나님의 양 무리를 치되 억지로 하지 말고 하나님의 뜻을 따라 자원함으로 하며 더러운 이득을 위하여 하지 말고 기꺼이 하며 ³ 맡은 자들에게 주장하는 자세를 하지 말고 양 무리의 본이 되라 ⁴ 그리하면 목자장이 나타나실 때에 시들지 아니하는 영광의 관을 얻으리라 ⁵ 젊은 자들아 이와 같이 장로들에게 순종하고 다 서로 겸손으로 허리를 동이라 하나님은 교만한 자를 대적하시되 겸손한 자들에게는 은혜를 주시느니라

베드로는 장로들이 지도자로서 먼저 박해를 받을 수 있기 때문에 그들에게 먼저 말한다. 아마도 성전에서 시작되는 심판이 장로들에게 시작되는 에스겔 9장 6절의 반향일 것이다.[78] 또는 단순히 장로들이 하나님의 양 떼의 지도자이기 때문에 그들에게 말할 수도 있다.[79] 그들과 함께 장로 된 베드로는 독자들에게 그리스도의 고난과 뒤따를 영광을 상기시키면서 그리스도의 고난의 전형적인 기능을 제시한다. 베드로는 장로들에게 세 가지를 권면한다. 그들은 하나님의 양 떼를 돌보고 감독해야 한다. 이렇게 하는 것은 섬겨야 한다고 느끼기 때문이 아니라 하나님의 뜻이기 때문이다. 또한, 그들은 자신의 임무를 완수하는 데 열심이어야 하고 금전적인 이익을 위해서 섬겨서는 안 된다. 마지막으로 그들은 교회를 지배하기 위해서 권력을 사용하지 않고 양 떼의 모범으로 살아야 한다. 장로들의 리더십의 동기는 4절에 나타난다. 교회의 목자이신 예수님이 다시 오실 때, 그들은 시들지 않는 영광스러운 면류관을 받게 될 것이다. 장로들이 교회를 경건하게 목양해야 한다면 젊은 자들은 장로들의 리더십에 복종해야 한다. 그리고 하나님은 교만한 자를 대적하시고 겸손한 자에게 은혜를 베푸시기 때문에 모든 성도들은 겸손하게 살아야 한다.

---

78 참조. Schutter, *Hermeneutic and Composition in 1 Peter*, 156–65.

79 Elliott, *1 Peter*, 812.

5:1. 본문의 내용은 외부인으로부터 오는 고난에서 공동체 내부의 문제로 바뀐다. 본문은 실제로, "그러므로", "따라서"로 번역할 수 있는 접속사(RSV, οὖν, 운)로 시작한다.[80] CSB 성경은 번역을 하지 않는데, 아마도 앞 구절들과 어떻게 연결되는지 이해하기 어렵기 때문일 것이다. 우리는 아마도 다음 논리를 설명해야 할 것이다. 신자들이 직면한 고난과 박해(4:12-19)는 전체 공동체에 부담을 준다. 이러한 상황에서 지도자들과 젊은 자들 모두 교회의 다른 이들에게 적절하게 대답해야 한다. 더 구체적으로 말하면, 하나님의 집에서 심판이 시작되기 때문에(17-18절) 교회 안에 있는 사람들은 하나님을 기쁘시게 하는 삶을 살아서 경건하지 않은 자들에게 내리는 심판을 피하라고 권면한다.[81]

1-4절에서 베드로는 교회 장로들에게 말한다.[82] "장로들"(πρεσβύτεροι, 프레스뷔테로이)은 신약성경에서 교회의 지도적인 위치에 있던 사람들을 지칭하기 위해 자주 사용되었다.[83] 예루살렘에 있던 교회 또는 교회들에는 장로가 있었다(행 11:30; 15:2, 4, 6, 22-23; 16:4; 21:18).[84] 사도행전 14장 23절에 따르면 바울과 바나바는 첫 번째 선교 여행 중에 방문한 모든 교회에 장로를 세웠다. 사도행전 20장에서 몇몇 지도자들이 에베소에서 바울을 방문했을 때 그들을 "장로들"(행 20:17)이라고 불렀다. 야고보서는 병이 들어서 기도가 필요한 사람은 기도와 기름 부음을 받기 위해서 교회의 장로를 청하라고

---

80 이 접속사는 몇몇 사본에서 생략된다(NA[28]에 따르면). 아마도 앞의 문맥과 어떻게 연결되는지 알기 어려워서 삭제되었을 것이다(Forbes, *1 Peter*, 165).

81 나와 비슷한 견해는 다음을 보라. Davids, *First Peter*, 174–75. 반대로 고펠트는 여기에서 οὖν이 추론적이지 않다고 주장하며 "지금"이 가장 적절한 느슨한 전환을 가리킨다고 주장한다(*1 Peter*, 340n4). 켈리는 경건한 리더십과 "지체들 사이의 존중"이 고난 가운데서도 중요하다고 말한다(*Peter and Jude*, 196).

82 도움이 되는 연구는 다음을 보라. C. Lynch, "In 1 Peter 5:1-5, Who Are the Elders and What Is Said about Their Role?," *ExpTim* 123 (2012): 129-40.

83 여기에서 공식적인 사용이라는 지지하는 견해는 다음을 보라. Selwyn, *First Peter*, 228; Bigg, *Epistles of Peter and Jude*, 183; Goppelt, *1 Peter*, 340; Kelly, *Peter and Jude*, 196; Achtemeier, *1 Peter*, 321-22; J. H. Elliott, "Ministry and Church Order in the NT: A Traditio-Historical Analysis (1 Pt 5,1-5 & plls.)," *CBQ* 32 (1970): 371; D. P. Senior, *1 Peter*, SP (Collegeville: Michael Glazier, 2003), 137; Witherington, *A Socio-Rhetorical Commentary on 1-2 Peter*, 225. 리처드는 여기에서 강조점이 장로들의 직위 대신 나이에 있다고 생각한다(*Reading 1 Peter, Jude, and 2 Peter*, 202).

84 칼뱅은 장로가 목사와 장로와 동등하며 노년이 아니라 직분을 가리킨다고 말한다(*Catholic Epistles*, 143, 145).

권면한다(약 5:14). 목회 서신은 장로들이 에베소에서 일했으며(딤전 5:17) 그레데에서 세움을 받아야 함을 보여 준다(딛 1:5). 우리가 가진 모든 증거는 장로들이 초대 교회에 널리 있었음을 보여 준다. 누가, 바울, 베드로, 야고보 등 다른 저자들도 장로들을 언급한다. 그들은 그리스-로마 세계의 넓은 지역, 예루살렘, 팔레스타인, 소아시아 전 지역 그리고 그레데에 퍼져 있었다. 또한 이 단어는 항상 복수형이기 때문에 장로가 교회에서 복수였을 가능성이 있다. 사도행전 14장 23절에서 "각 교회에서 장로들을" 택했다고 말한다. 더욱이 야고보서에서 병든 자를 방문하는 장로들은 복수였지만, 방문한 장로들은 거의 한 지역 교회에서 온 사람들이었다. 대부분의 학자들은 "장로"가 구약과 유대 전통에서 일반적이기 때문에, 이 단어는 유대 관습에서 빌려온 것이라고 생각한다.[85]

장로들에게 권면하면서 베드로는 자신을 세 가지로 언급한다. (1) 함께 장로 된 자, (2) 그리스도의 고난의 증인, (3) 나타날 영광에 참여할 자이다. 순서대로 이 용어들을 다루어 보자. "함께 장로된 자"(συμπρεσβύτερος, 쉼프레스뷔테로스)는 그리스 문헌에서 여기에서만 나타나며 아마도 베드로가 만들었을 것이다. 베드로는 자신의 권위를 강조하기 위해서 "사도"라는 용어를 사용하는 대신 교회의 지도자들과 같은 명칭을 사용함으로 자신을 교회 지도자들과 동일시했다.[86] 우리는 이미 예루살렘 교회의 지도자들을 장로라고 불렀다는 사실에 주목했다. 그럼에도 불구하고 베드로의 권위는 빛을 발한다.[87] 베드로는 함께 장로 된 자로서 가르침을 준 자였고, 그가 사도라는 사실은 이미 언급되었다(1:1).[88] 둘째, 베드로는 자신이 그리스도의 고난의 증인임을 상기시킨다. 그리스도의 고난에 관한 언급은 분명히 의도적이다. 왜냐하면 베드로전서에서 분명히 고난은 영광에 이르는 길이기 때문이다. 예수 그리스도 자

---

85 이 용어의 배경에 대해서는 다음을 보라. B. L. Merkle, *The Elder and Overseer: One Office in the Early Church* (New York: Peter Lang, 2003), 23-65. 그러므로 장로들은 단순히 교회에서 나이 많은 사람들이 아니다(다음과 반대된다. Donelson, *I and II Peter and Jude*, 141).

86 셀르윈은 베드로가 여기에서 그의 겸손을 강조하는 것이 아니라 그들의 직무에 대한 공감을 전한다고 말한다(*First Peter*, 228). 참조. Elliott, *Home for the Homeless*, 137.

87 브룩스는 베드로에 관한 언급을 가상의 장치라고 이해한다(*Der erste Petrusbrief*, 228).

88 좁스(*1 Peter*, 300)는 사도와 장로라는 명칭이 "사도들이 살아 있는 동안에도 반드시 서로 배타적인 것은 아니었다"라고 지적한다.

신도 같은 길을 가셨기 때문에 신자들이 같은 길을 가도록 부르심을 받았다고 해도 놀라지 말라야 한다(4:12). 학자들은 베드로가 여기에서 그리스도의 고난을 목격한 증인이었다고 주장했는지에 대해서 논쟁한다. 어떤 학자들은 베드로가 그리스도의 고난의 초기 전통을 직접 목격하지 않고 전해 받았다는 사실이 강조점이라고 주장한다. 그는 그리스도의 고난의 현장을 도피했기 때문에 실제 증인이 아니기 때문이다.[89] 베드로는 그리스도께서 고난을 당하신 모든 순간을 목격했다고 말하지 않는다.[90] 베드로는 예수님의 사역에서 실제로 그분을 목격했고, 그에 대한 반대가 넘치는 것을 보았고, 그가 체포될 때 함께 있었고, 그를 부인한 후에 십자가에 이르는 길을 찾았을 수도 있다. 그가 십자가에 못 박히실 때 그 자리에 있지 않았더라도 사도 요한과 예수님의 어머니와 다른 증인들로부터 아주 일찍부터 전통을 받았을 것이다.[91]

마지막으로 베드로는 자신을 다른 장로들과 다시 동일시하면서 "나타날 영광에" 참여할 것이라고 말했다. 어떤 학자들은 이 부분을 변화산의 변화를 말한다고 생각하고(참조. 마 17:1-8 단락; 벧후 1:16-18), 다른 학자들은 부활에 관한 암시라고 여긴다.[92] 여기에 언급된 것은 과거에 관찰된 내용이 아니라 미래의 영광이기 때문에 두 설명 모두 제외될 수 있다. 그러므로 나타날 영광은 그리스도의 재림 때 있을 것이다.[93] 베드로전서의 다른 곳에서 "영광"($\delta\delta\xi\alpha$, 독사)은 일반적으로 신자들이 받거나 그리스도께서 고난을 받은 후에 받게 될 미래의 상이다(1:7, 11, 21; 4:13-14; 5:4, 10). "계시"라는 단어 그룹은 베드로전서에서 그리스도의 재림을 가리킨다(1:5, 7, 13). 특별히 두 구절에서 계시와 영광은 그리스도께서 장차 오실 것을 의미한다. 1장 7절에서 믿음의

---

89 예. Michaels, *1 Peter*, 280–81. 켈리는 저자가 그리스도에 대한 충성을 위해 고난을 겪었다는 의미에서 증인이라고 생각한다(*Peter and Jude*, 198–99; Calvin, *Catholic Epistles*, 144). 그러나 그는 가장 자연스러운 의미로 이 표현들을 읽는 데 실패한다.

90 D. Guthrie, *New Testament Introduction*, 4th ed. (Downers Grove: InterVarsity, 1990), 774; Jobes, *1 Peter*, 301; J. Green, *1 Peter*, 164–65. 베드로가 목격자라는 개념을 지지하는 주장은 다음을 보라. Dubis, *1 Peter 4:12-19*, 104-6.

91 다른 학자들은 목적이 모든 지도자들은 십자가에 못 박히시고 부활하신 주님에 대한 충성과 체험 때문에 복음의 증인이라는 점을 강조하는 데 있다고 생각한다.

92 예. 셀르윈은 변화를 고려하고 있다고 생각한다(*First Peter*, 228-29).

93 여기에서 영광이 현재에 부분적으로 경험되었다는 암시는 없다(Parker, "The Eschatology of 1 Peter," 30-31).

시험은 "예수 그리스도께서 나타나실 때에 칭찬과 영광과 존귀를 얻게 할 것이다." 그리고 4장 13절은 "너희가 그리스도의 고난에 참여하는 것으로 즐거워하라 이는 그의 영광을 나타내실 때에 너희로 즐거워하고 기뻐하게 하려 함이라"라고 말한다. 더 나아가 1장 11절에서는 그리스도의 "고난"이 뒤따르는 "영광"보다 앞서 있으며, 이는 5장 2절의 고난과 영광과 일치한다. 여기에 있는 모든 유사점은 5장 1절에 약속된 영광이 그리스도께서 재림하실 때 주어질 종말론적 상이라는 사실을 분명히 한다. 베드로는 장로들이 그리스도의 모범을 따르고 지금 고난을 견디어 미래에 종말론적 상을 받을 것이라고 격려한다.

5:2. 이제 장로들이 해야 할 일이 설명된다. 그들은 하나님의 양 떼의 목자 역할을 해야 한다. 그들은 에스겔 34장에 기록된 목자들처럼 "포악과 잔인함"으로 양 떼를 다루고(34:4), 자기 자신만을 돌보는(34:8) 목자들이 되어서는 안 된다. "하나님의 양 무리"는 회중이 장로들에게 속해 있지 않음을 상기시켜 준다. 그것은 하나님의 교회이며 그들은 그 교회를 목양하는 특권과 책임을 받았다.[94] 동사 "치다"(ποιμαίνω, 포이마이노)는 사도행전 20장 28절에서 교회 장로들의 책임을 설명하는 데 사용된다. 우리는 또한 요한복음 21장 16절에서 베드로에게 "내 양을 치라"라고 가르치신 예수님의 말씀을 기억한다.[95] 루터는 우리가 복음을 전파함으로 하나님의 양 무리를 친다고 바르게 주장한다.[96] 분사 "감독하다"(개역개정. '자원함으로', ἐπισκοποῦντες, 에피스코푼테스)는 장로의 또 다른 기능을 보여 준다. 하나님의 목자와 지도자로서 그들

---

94 M. Luther, *Commentary on Peter & Jude*, trans. and ed. J. N. Lenker (Grand Rapids: Kregel, 1990), 205.

95 증거는 복음 전통에 대한 의존성을 입증하기에는 충분하지 않다(다음과 반대된다. R. H. Gundry, "'*Verba Christi*' in 1 Peter: Their Implications concerning the Authorship of I Peter and the Authenticity of the Gospel Tradition," *NTS* 13 [1967]: 341-42; Gundry, "Further Verba on Verba Christi in First Peter," *Bib* 55 (1974): 216–18; Elliott, "Ministry and Church Order," 383–84; M. C. Tenney, "Some Possible Parallels between 1 Peter and John," in *New Dimensions in New Testament Study* [Grand Rapids: Zondervan, 1974], 375; 다음 견해는 옳다. Best, "Gospel Tradition," 97-98).

96 Luther, *Commentary on Peter & Jude*, 205.

은 교회를 감독하고 관리해야 한다.[97] 여기서 우리는 신약에서 장로와 감독의 직분이 동일했다는 암시를 얻는다. 이 결론은 신약 학계의 논쟁의 일부이며 캠벨은 자신의 연구에서 심각한 의문을 제기했다.[98] 그러나 머클(Merkle)은 감독과 장로가 실제로 한 직분이라는 주장을 확립한다.[99] 이것이 신약의 증거를 읽는 가장 그럴듯한 방법이다. 사도행전 20장 17절에서 바울은 에베소 교회의 장로들(πρεσβύτεροι, 프레스뷔테로이)을 부르지만 28절에서 그들은 "감독들"(ἐπίσκοποι, 에피스코포이)로 확인되어 한 직분에 두 가지 다른 단어를 사용한다.[100] 바울은 디도서 1장 5절에서 "장로들"을 세우라고 디도에게 명령하지만 7절에서는 "감독"을 쓴다. "왜냐하면"(ESV, NRSV, γάρ, 가르)은 6-7절을 연결하며(CSB는 생략) 새로운 직분이 보이지 않으므로 우리는 디도서에서 단수 "감독"을 포괄적으로 이해해야 한다. 디모데전서에서도 같은 결론을 내려야 한다. 디모데전서 3장 2절의 단수 "감독"은 5장 17절에서 장로들을 묘사한다(참조. 딤전 3:1). 빌립보서 1장 1절에서 교회의 직분자들은 "감독들과 집사들"로 열거되어 있다. 이 두 직분은 장로들과 집사들로도 묘사될 수 있다.

2-3절의 나머지 부분에서 장로들이 해야 하는 것과 반대되는 행동 방식을 설명하는 세 가지 대조가 나타난다. 이 가르침은 항상 적실하지만, 박해에 직면한 교회의 상황에서는 긴급하다. 교회는 핍박의 긴장을 직면한 만큼 경건한 지도자가 필요하다.[101] 첫째 장로로 섬기는 사람은 "억지로"가 아니라 그들을 향한 하나님의 뜻을 따라 기꺼(ἑκουσίως, 에쿠시오스) 섬겨야 한다. 디모데전서 3장 1절에서 바울은 감독이 되고자 하는 사모함을 칭찬하지만 우리는 이것을 선생들에게 더 큰 책임이 있고 더 엄격한 심판을 직면한다는 야고보의

---

97 분사 "ἐπισκοποῦντες"는 일부 초기 사본에서 생략된다(א*, B, 323). 그러나 대부분의 사본이 이를 포함하며 사본 B를 많이 신뢰해서는 안 된다. 이 사본은 3절을 생략한다. 시나이 사본(Sinaiticus)의 교정자는 분사를 포함하는 데, 어떤 필사자들은 장로와 감독의 직분을 구별하고 본문이 그것을 연결시키는 오류를 범한다고 생각했기 때문에 생략했을 수 있다. 다음은 생략을 지지한다. *Reading 1 Peter, Jude, and 2 Peter*, 206; R. Feldmeier, *The First Letter of Peter: A Commentary on the Greek Text*, trans. P. H. Davids (Waco: Baylor University Press, 2008), 230. 다음은 포함을 지지한다. Elliott, *1 Peter*, 824n665; Jobes, *1 Peter*, 310; Donelson, *I and II Peter and Jude*, 142; Forbes, *1 Peter*, 167-68.

98 R. A. Campbell, *The Elders: Seniority with Earliest Christianity* (Edinburgh: T&T Clark, 1998). Merkle, *The Elder and Overseer*; Luther, *Commentary on Peter & Jude*, 206.

100 Jobes, *1 Peter*, 303.

101 Jobes, *1 Peter*, 309.

가르침과 균형을 맞출 필요가 있다(약 3:1). 억지로 섬기는 사람들은 기쁨을
잃고 교회는 그 결과로 고난을 당할 것이다. 데이비스는 장로들이 아마도 오
랜 시간 일하고, 박해의 첫 번째 대상이 되었을 것이며, 이 두 가지 사실은 계
속하고자 하는 갈망을 잠재울 수 있었음을 살핀다.[102]

둘째, 장로들은 "더러운 이득을 위해서" 지도자의 자리를 차지해서는 안
된다. 그들은 부정직한 이익을 따르고 어떤 방식으로든 재정을 횡령할 위험이
존재한다. 같은 단어가 디도서 1장 7절(αἰσχροκερδῶς, 아이스크로케르도스)에
서 사용되는데, 여기에서 바울은 디도에게 부정직한 이익을 사랑하는 장로를
임명하지 말라고 가르친다(참조. 딤전 3:3). 신약에서 거짓 선생들은 종종 돈
을 사랑하기 때문에 비난을 받는다(참조. 고후 2:17; 11:7-15; 딤전 6:5-10;
벧후 2:3, 14-15; 유 11). 반대로 참된 지도자들은 일을 하는 데 열심(개역개
정. "기꺼이", προθύμως, 프로뒤모스)을 낸다. "열심히"는 "기꺼이"(ἑκουσίως,
헤쿠시오스)라는 단어를 나타내는 또 다른 방법이다.[103] 하나님의 양 무리를
치는 지도자들은 단순히 다른 일처럼 섬겨야 하기 때문에 섬기지 않고, 돈을
빼내기 위해서 섬기지 않는다.

5:3. 세 번째 대조는 장로들이 권위 있는 위치를 아래에 있는 사람들을 압
제할 기회로 삼으면 안 된다는 것을 나타낸다. 그들은 압제자가 아니라 모범
이 되어야 한다. "주장하다"(κατακυριεύω, 카타퀴리유오)는 예수님께서 제자
들에게 이방인을 본 받지 말라고 가르치신 것을 암시할 수 있다. 그들은 권
위를 이용해서 남을 다스리고 자기 이익을 도모하는 자들이다(마 20:28; 막
10:45).[104] 예수님을 따르는 사람들은 그분을 본받아 권위를 가지고 있지만,
그 권위로 섬겨야 한다(마 20:28; 막 10:45). "맡은 자들"(κλήρων, 클레론)은
다양한 방식으로 해석되었다. 어떤 학자들은 이 의미가 장로들이 사역에서 아

102 Davids, *First Peter*, 177-78.

103 Achtemeier, *1 Peter*, 326.

104 Gundry, "Verba Christi," 344; 참조. G. Maier, "Jesustradition im 1. Petrusbrief," in *Gospel Perspectives: The Jesus Tradition outside the Gospels*, vol. 5, ed. D. Wenham (Sheffield: JSOT Press, 1984), 93-95; 다음과 반대된다. Best, "Gospel Tradition," 100. 엘리엇은 또한 여기에 반영된 복음서 전통을 보고 쿰란 문헌에 관한 문학적 관계에 관한 증거가 불충분하다고 주장한다 ("Ministry and Church Order," 372-74).

래에 있는 사람들에게 독재적으로 직분이나 위치를 이용해서는 안 되며, 권력을 적게 가진 사역자들을 다룰 때 독재적으로 하지 말아야 한다는 의미라고 주장한다.[105] 그러나 CSB 성경이 거의 정확하다. 여기에서 베드로는 사역의 위치에 있는 사람들이 아니라 하나님의 백성을 언급한다.[106] 복수형이 한 장로가 감독하는 공동체의 일부를 가리키는지 베드로전서에 언급된 여러 도시의 여러 공동체를 언급하는지 확실하지 않다. 어쨌든 2절의 "무리"가 그 언급이다. 장로들은 다른 사람들의 우두머리가 되기 위해서 사역하지 않고 아래 사람들에게 그리스도의 성품을 예로 보여 주기 위한 사역을 해야 한다.

5:4. 우리는 이미 1절에서 장로들에게 고난과 영광으로 가르침을 시작한 것을 보았다. 지금 잘 섬기는 사람이 나중에 큰 상을 받을 것을 암시한다. 베드로는 상을 생각하지 않고 지도자들에게 "희생"을 요구하지 않는다. 그는 다른 사람들을 위한 그들의 수고가 큰 상을 받고 놀라운 기쁨을 가져다줄 것을 상기시킨다.

이 주제는 특별히 4절 가장 앞에 나온다. 예수님은 "목자장"(ἀρχιποίμενος, 아르키포이메노스)이라고 불린다. 이 단어는 신약이나 70인역 어디에도 없는 드문 단어이다. 예수님을 목자장이라고 정의하는 것은 지도자들에게 그들이 근본적으로 독재자가 아니라 종이라는 사실을 가리킨다. 예수님을 "너희 영혼의 목자와 감독"이라고 정의한 2장 25절을 생각나게 한다. 지도자는 책임을 지는 위치이며, 자기 지위를 높이는 특권이 아니다. 목자로서 그들은 목자장의 권위 아래 섬기며 자기 뜻보다 그분의 뜻을 행한다. 물론 그리스도의 나타나심은 그의 재림을 가리키며(참조. 1:7, 13; 또한 요일 2:28; 3:2; 골 3:4), 지도자들에게 그들이 가진 리더십의 위치가 일시적임을 상기시킨다. 분명히 베드로는 종말론적인 긴급성을 유지한다. 그는 지도자들이 죽을 때가 아닌 주님의 나타나심에 초점을 맞춘다. 주님이 오실 때 2-3절의 가르침대로 섬기는 장로들은 "시들지 아니하는 영광의 관"을 상으로 얻을 것이

---

105 이 해석에 관한 조사는 다음을 보라. Kelly, *Peter and Jude*, 202-3.

106 Calvin, *Catholic Epistles*, 145-46; Beare, *First Peter*, 174; Goppelt, *1 Peter*, 347; Michaels, *1 Peter*, 285–86; Achtemeier, *1 Peter*, 328; Elliott, *1 Peter*, 831.

다. "얻으리라"(χομιεῖσθε, 코미데이스데)는 다른 곳에서도 마지막 날의 상이나 심판을 가리키는 데 사용된다(고후 5:10, 엡 6:8, 골 3:25, 히 10:36, 벧전 1:9). 따라서 "상"이라는 개념을 가지기 때문에, "얻음"은 충분히 적절하지는 않다.[107] 베드로는 장로들이 받을 영광의 관과 그리스-로마 세계에서 받는 잎으로 된 관을 대조한다. 이와 같은 면류관은 운동 경기에서 승리하거나 군사 정복 후에 주어졌지만(Martial, *Epig. 2.2*; Pliny the Elder, *Nat.* 15.5; Dio Chrysostom, *Virt.* 8.15), 시간이 지남에 따라서 시들어 버리는 반면, 하나님께서 주신 관(참조. 벧전 5:10)은 결코 시들지 않을 것이다. "영광"이라는 단어는 "관"과 동격이다.[108] 관이 영생 자체인지 장로에게 주어지는 특별한 상인지 알기는 어렵다. 다른 "관"이 나오는 본문들에서 상은 생명 자체에 들어가는 것이 상이다(참조. 고전 9:25; 딤후 4:8; 약 1:12; 계 2:10; 3:11). 나머지 신약에서 특별한 상의 개념이 약간 더 우세하다. 장로들은 종말이 올 때를 상상할 수 있는 가장 큰 보상을 받을 것이라고 확신할 수 있다.

5:5. 본문은 "장로들"에서 "젊은 자들"(νεώτεροι, 네오테로이)로 이동하며 아마도 에스겔 9장 6절을 반향하고 있을 것이다.[109] "젊은 자들"은 앞 구절에서 장로가 지도자가 아니라 나이 있는 사람들을 묘사한다고 결론을 내린다.[110] 그러나 이 해석은 불가능하다. 왜냐하면 2-3절에서 그들의 활동에 관한 설명은 그들이 지도자라는 것을 보여 준다. 우리는 이 단어가 신약에서 직분을 가리키는 데 일반적으로 사용되는 것을 보았다. "장로들"이 1-4절에서는 공식적으로 권위 있는 위치에 있는 사람을 가리켰지만, 베드로는 이 구절에서 의미를 바꾸어서 나이가 많은 사람에 초점을 맞춘다는 견해가 있다.[111] 이 해결책은 가능하지만, "장로들"에 관한 정의를 바꿀 필요가 없는 해석이 더 나은 해

---

107 Dubis, *1 Peter Handbook*, 163.

108 Michaels, *1 Peter*, 287; Kelly, *Peter and Jude*, 204; Elliott, *1 Peter*, 835; Donelson, *I and II Peter and Jude*, 142.

109 Campbell, *Honor, Shame, and the Rhetoric of 1 Peter*, 216. 에스겔 9:6은 πρεσβύτερον와 νεανίσκον를 모두 사용한다.

110 Bigg, *Epistles of Peter and Jude*, 190; Selwyn, *First Peter*, 233; Cranfield, *I & II Peter and Jude*, 131-32.

111 Calvin, *Catholic Epistles*, 147.

석이다.[112] 이 구절은 "이와 같이"(ὁμοίως, 호모이오스)라는 단어로 앞 절과 밀접하게 연결된다. 우리는 3장 1절과 3장 7절에서 "이와 같이"가 상호 보완적인 주체들(예. 남편들과 아내들)에 대한 권면 단락을 함께 묶는 것을 보았다.

또 다른 가능성은 "젊은 자들"을 공동체의 일부로 제한하는 것이다. 아마도 젊은 자들은 신앙이 어리고, 최근에 세례를 받은 초심자이거나,[113] 또는 아마도 디도서 2장 6-8절에서와 같이 젊은 사람들일 수도 있다. 특별히 젊은 사람들은 더 독립적인 경향이 있고 권위 있는 사람들에게 덜 굴복하는 경향이 있기 때문이다.[114] 증거가 불충분하여 "젊은 자"가 최근 회심자를 가리킨다는 주장은 지지하기 어렵다. 이 주장은 쿰란 문헌과의 유사성에 의존하지만, 이 유사성은 분명하지 않다. 또한 최근에 장로로 임명된 젊은 사람들로 보이지 않는다.[115] "젊은 자"는 장로들과 대조되는 전체 회중일 가능성이 있다. 이 해석이 옳다면 나머지 신자들이 장로들보다 일반적으로 더 어리기 때문에 이 단어가 사용된다.[116] "젊은 자"는 "장로들"에 대해서 적합한 "형식적인 대응"이다.[117]

이 문제는 결정하기 어렵다. 아마도 나머지 공동체를 나타내겠지만, 나는 문자 그대로 젊은 사람들을 그린다고 생각한다. 더 젊은 사람들이 반항적으로 행동하기 쉽기 때문일 것이다. 이 견해는 "그리고"(NRSV, CSB와 개역개정은 생략. δέ, 데)로 시작되고 젊은 사람들에 이어지는 "모두"에게 말하는 것을 제안한다. "그리고 모두"(NRSV)는 이제 단순히 "장로들"과 "젊은 자들"이 아니라 전체 공동체를 의미할 수 있다. 듀비스는 또한 젊은 사람들로 보

---

112 Brox, *Der erste Petrusbrief*, 233.

113 Elliott, "Ministry and Church Order," 375–86; Elliott, *1 Peter*, 836-40.

114 참조. Best, *1 Peter*, 171; Grudem, *1 Peter*, 192-93; C. Spicq, *Les Épîtres de Saint Pierre*, SB (Paris: Gabalda, 1966), 170–71; Davids, *First Peter*, 183–84; Richard, *Reading 1 Peter, Jude, and 2 Peter*, 209; Schelke, *Der Petrusbriefe—Der Judasbrief*, 130; Marshall, *1 Peter*, 164-65. 마샬은 40세까지는 젊은 자로 생각될 수 있다고 말한다.

115 다음과 반대된다. N. Hillyer, *1 and 2 Peter, Jude*, NIBC (Peabody: Hendrickson, 1992), 141.

116 Michaels, *1 Peter*, 288–89; Goppelt, *1 Peter*, 350-51; Reicke, *The Epistles of James, Peter, and Jude*, 130; Achtemeier, *1 Peter*, 331-32; S. McKnight, *1 Peter*, NIVAC (Grand Rapids: Zondervan, 1996), 263; Senior, *1 Peter*, 141; Jobes, *1 Peter*, 307; J. Green, *1 Peter*, 169; Feldmeier, *First Peter*, 238; Forbes, *1 Peter*, 170.

117 Goppelt, *1 Peter*, 339. 브록스는 베드로가 여기에서 전통적인 어구를 사용했다고 생각한다 (*Der erste Petrusbrief*, 234).

는 것이 젊은 사람들을 언급하는 다른 본문들과 일치한다고 지적한다.[118] 악트마이어는 젊은 자가 모든 공동체를 언급한다는 개념을 지지하기 위해서 클레멘트 1서에 호소한다. 그러나 듀비스가 살핀 것처럼 클레멘트 1서 1:3과 21:6과의 유사점은 베드로전서에서 어린 나이를 고려한다는 주장을 지지한다. 왜냐하면 클레멘트는 젊은 사람들과 여자들을 구분하기 때문이다. 듀비스는 에스겔 9장 6절에서도 같은 점을 지적한다. 거기에서 젊은 사람들은 처녀와 여자들과 구별되어 젊은 사람들이 별개의 그룹이라는 점을 보여 주기 때문이다.

그러므로 특별히 젊은 자들은 장로들의 지도에 복종해야 한다(ὑποτάγητε, 휘포타게테). 베드로는 복종을 권위 있는 위치에 있는 사람들에 대한 신자들의 책임으로 이해했다(참조. 2:13, 18; 3:1, 5). 그 목적은 지도자들이 무슨 말을 하든지 순종하라는 권면이 아니다. 지도자들이 하나님의 도덕적인 기준에 어긋나는 권고를 하거나 복음에 반하는 행동을 하는 경우에는 따르지 말아야 하기 때문이다. 또한 이 구절은 지도자들이 공동체 안에서 책임이 면제된다는 뜻이 아니다. 우리는 이미 장로들이 권위를 독재적인 다스림으로 사용하지 않고 자신의 책임 아래 있는 사람들을 섬기라는 가르침을 받은 것을 살펴보았다. 베드로는 통제되지 않은 권력을 사용하라고 권하지 않는다. 오히려 권위를 올바르고 사랑스럽게 사용하라고 강조한다.[119] 반대로 리더십 아래 있는 사람들은 지도자를 따르고 순종해야 한다. 그들은 지도자들의 지도에 저항하고 교회의 방향에 불평해서는 안 된다.

온 회중이 겸손하다면 교회는 원만한 관계를 유지할 것이다. 신자들은 자신이 피조물이며 죄인임을 인식할 때, 다른 사람들에게 불쾌감을 덜 느낀다. 겸손은 교회에서 관계가 원활하고 사랑스럽게 진행되도록 만드는 기름이다. 교만은 다른 사람이 우리 자신의 제안을 따르지 않을 때 화가 나게 만든다. 베드로는 야고보서 4장 6절에도 잠언 3장 34절을 인용하면서 이 가르침의 근거를 제시한다. 인용은 히브리어 본문보다 70인역에 더 가깝지만 두 경우 의미

118 Dubis, *1 Peter Handbook*, 163–64.
119 Feldmeier, *First Peter*, 231.

는 본질적으로 동일하다.[120] 겸손은 비굴하고 오만하지 않다. 그것은 다른 사람들에게 "감동을 주려고"하거나 위협하려고 하지 않고 자신을 하나님의 권위와 주권 아래 둔다.[121]

하나님은 교만한 자들에게서 얼굴을 돌리시고 겸손한 자들에게 은혜를 베푸시기 때문에 신자들은 겸손하라는 명령에 주의해야 한다. 겸손하게 하나님의 주권에 복종하는 사람을 그분이 높이시고 상을 주실 것임을 알게 될 것이다.

4.2.2. 마지막 권면과 확신(5:6-11)

[6] 그러므로 하나님의 능하신 손 아래에서 겸손하라 때가 되면 너희를 높이시리라 [7] 너희 염려를 다 주께 맡기라 이는 그가 너희를 돌보심이라 [8] 근신하라 깨어라 너희 대적 마귀가 우는 사자 같이 두루 다니며 삼킬 자를 찾나니 [9] 너희는 믿음을 굳건하게 하여 그를 대적하라 이는 세상에 있는 너희 형제들도 동일한 고난을 당하는 줄을 앎이라 [10] 모든 은혜의 하나님 곧 그리스도 안에서 너희를 부르사 자기의 영원한 영광에 들어가게 하신 이가 잠깐 고난을 당한 너희를 친히 온전하게 하시며 굳건하게 하시며 강하게 하시며 터를 견고하게 하시리라 [11] 권능이 세세무궁하도록 그에게 있을지어다 아멘

6절의 권면은 5절의 결론이기 때문에 단락 구분이 다소 인위적이다. 하나님은 교만한 자들을 대적하시고 겸손한 자들에게 은혜를 주시기 때문에(5절), 신자는 고난 가운데 자신을 다스리시는 하나님의 전능하고 주권적인 손 아래 낮추어야 한다. 하나님께서 그들을 높이시며 마지막 날에 영생의 상을 주시도록 스스로를 낮추어야 한다(6절). 겸손은 또한 우리의 걱정을 하나님께 맡길

---

120 야고보와 베드로 모두 잠언 3:34(70인역)처럼 κύριος대신에 θεός를 사용한다.

121 이 점은 다음을 보라. Feldmeier, *First Peter*, 239-42. 그리고 "인상을 주다"는 241페이지에서 찾을 수 있다.

때 나타난다(7a절). 따라서 염려는 교만의 한 형태이다. 염려는 마치 삶의 모든 것이 우리에게 달려있는 것처럼 여겨 하나님의 돌보심을 부인하기 때문에 교만이다. 염려에 대한 해독제는 하나님께서 믿는 자들을 돌보신다는 사실을 믿고 안식하는 것이다(7b절). 고난은 겸손을 요구할 뿐만 아니라 신자들을 근신하고 깨어있게 한다(8절). 마귀가 두루 다니며 고통을 이용하여 신자들에게 으르렁거리며 그들을 겁주어 배교하게 만들고 믿음이 파괴되기를 바라기 때문에 신자들은 깨어 있어야 한다. 마귀는 묶여 있지 않기 때문에 신자들은 마귀를 대적해야 하며 이와 같은 저항은 계속해서 강한 믿음으로 유지된다(9절). 신자들은 전 세계의 동료 신자들이 같은 고난을 겪고 있음을 깨달으며 격려를 받아야 한다. 그들의 문제는 드문 일이 아니다. 그들은 혼자가 아니다. 베드로는 하나님의 은혜와 주권을 묵상하며 10-11절에서 단락을 마친다. 모든 은혜를 주시고 효과적으로 믿는 자들을 부르신 하나님께서 그들에게 이 시대의 고난을 견딜 힘을 주신다(10절). 주권은 영원히 그분에게 속할 것이다.

5:6. 6절의 "그러므로"는 겸손으로의 부르심이 5절까지 거슬러 올라감을 보여 준다. 이 구절의 논리는 다음과 같다. 하나님은 교만한 자를 대적하시고 겸손한 자에게 은혜를 부어 주신다. "그러므로" 신자들은 겸손해야 한다.[122] 하나님이 자기에게 필요하다는 사실을 인정하는 자들에게 은혜를 베푸시기 때문에, 자신을 낮추면 하나님의 은혜를 체험하게 될 것이다. '겸손하라'는 명령은 아마도 그들이 고난을 받는 동안 자신의 상황에 저항하고 염려하는 대신 하나님께서 정하신 고난을 받아들이는 것을 의미할 것이다.[123] 그들의 고통 가운데서 하나님의 집이 정결하게 되기 시작한다(벧전 4:17).

하나님의 "능하신 손"(κραταιὰν χεῖρα, 크라타이안 케이라)이라는 표현은 특히 여호와께서 이스라엘을 애굽에서 구원하신 것과 연관이 있다(예. 출 3:19; 32:11; 신 4:34; 5:15; 6:21; 7:8, 19; 9:26; 11:2; 26:8; 단 9:15). 여호와께서 자기 백성을 애굽에서 구원하신 것처럼 소아시아에서 고난당하

---

122 Dubis, *1 Peter Handbook*, 158, 166는 동사가 중간태로 해석되어야 하고 "스스로를 낮추라"로 번역되어야 한다고 바르게 주장한다.

123 F. V. Filson, "Partakers with Christ: Suffering in First Peter," *Int* 9 (1955): 405.

는 자기 백성을 신원하실 것이다. 강한 손의 이미지는 하나님의 능력을 강조한다. 신자는 전능하신 하나님 앞에서 자신을 낮춘다. 여기에서 겸손을 궁극적인 목표로 이해하면 안 된다. 주님 앞에서 자신을 낮추는 자는 높아질 것이다. 겸손한 자가 높아지리라는 주제는 예수님의 가르침으로 거슬러 올라갈 수 있다(마 23:12, 눅 14:11, 18:14). 베드로가 주님의 가르침을 기억하고 있다는 사실은 의심의 여지가 없다. 이 구절은 "때가 되면"(ἐν καιρῷ) 높아짐을 약속한다. 베드로는 이생에서 신원과 높아짐을 약속하지 않는다. 요점은 그루뎀의 주장과 다르게 이 신원이 이생에서 때때로 일어나지 않는다는 것이다.[124] 그때는 심판과 구원의 날이며 베드로는 1장 5절에서 "말세"(ἐν καιρῷ ἐσχάτῳ, 엔 카이로 에스카토) 또는 2장 12절에서 "오시는 날"(ESV, RSV; ἐν ἡμέρᾳ ἐπισκοπῆς, 엔 헤메라 에피스코페스)로 이해한다.[125] 높아짐이 마지막 날에 일어난다는 점은 베드로전서의 종말론적 요점과 일치하고 우리를 편지의 첫 구절들(1:3-12)의 궤도로 다시 이끌어 간다. 여기에서 그려진 구원은 마지막 때의 구원이다. 겸손의 날은 이 세상에 제한되어 있지만, 독자들은 하나님의 은혜로 영원히 높이 들리게 될 것이다.

여기에서 베드로의 말은 야고보서 4장 10절과 매우 비슷하다. 사실, 이 부분에서 야고보서와 비슷한 점은 두 본문 모두(약 4:6; 벧전 5:5) 잠언 3장 34절를 인용한다는 점이다. 그리고 두 본문 모두 마귀를 대적하라고 요청한다(약 4:7; 벧전 5:9). 이러한 공통점으로 어떤 학자들은 야고보서와 베드로전서가 공통된 전통을 따른다고 생각한다.[126] 공통된 전통을 사용하는 것은 가능하지만 이에 대한 명확한 증거는 없다. 야고보서와 베드로전서는 본문에서 매우 다른 목적을 가진다. 야고보는 안일한 신자들을 경고하고 베드로는 고난 받는 자들을 격려한다. 야고보서 4장 6-10절과 베드로전서 5장 5-9절의 내용도 눈에 띄게 다르기 때문에 본문을 나란히 읽을 때 매우 유사

---

124 Grudem, *1 Peter*, 194-95. 리처드의 견해는 그루뎀의 견해와 비슷하다(*Reading 1 Peter, Jude, and 2 Peter*, 216).

125 Michaels, *1 Peter*, 296; Kelly, *Peter and Jude*, 208; Goppelt, *1 Peter*, 357; Achtemeier, *1 Peter*, 339; Schelke, *Der Petrusbriefe—Der Judasbrief*, 131. 2:12와 병행은 아마도 12절의 일부 사본에 몇몇 사본들이 ἐπισκοπῆς를 추가하는 이유일 것이다(A, P, [Ψ], 33, 623, 그리고 기타 몇몇 사본). 이 추가는 정확한 해석이지만 부차적이다.

126 참조. Best, *1 Peter*, 172; Goppelt, *1 Peter*, 356; Michaels, *1 Peter*, 294-95.

한 점과 매우 다른 차이점이 있다. 겸손과 높아짐의 주제는 기독교 전통의 주요 요소이므로 공통된 전통을 의존하는 것을 분명하게 보여 주지 않는다. "마귀를 대적하라"는 베드로전서와 야고보서 뒤에 같은 자료가 있다는 결론을 보증할 만하지는 않다. 같은 전통을 사용했다고 하더라도 베드로와 야고보는 다른 방식으로 적용한다.

5:7. NIV 성경은 7절을 "모든 염려를 떨쳐 버리라"라는 명령으로 시작한다. 그러나 CSB 성경(참조. NASB, ESV 성경)은 분사 "던지다"(ἐπιρίψαντες, 에피립산테스)를 올바르게 번역한다. "너의 모든 염려를 그에게 던짐으로"(개역개정. "너의 염려를 다 주께 맡기라")라고 제시한다. 이 분사는 수단으로 이해해야 한다.[127] 신자들이 하나님의 강한 손 아래에서 어떻게 겸손할 수 있는지를 설명한다. 주동사('겸손하라', 6절)와 분사('너희 염려를 다 주께 맡기라') 사이의 관계를 이해하는 것은 중요하다. 염려에 굴복하는 것이 교만의 한 예임을 보여 주기 때문이다. 이 두 절 사이의 논리적인 관계는 다음과 같다. 신자는 염려를 하나님께 **맡기는** 겸손한 자들이다. 반대로 신자들이 계속해서 염려한다면 교만에 굴복하는 것이다. 근심과 염려를 어떻게 교만이라고 비판할 수 있는가? 믿음이 부족하다는 것은 알 수 있지만, 염려를 교만으로 여기는 것은 합당한가? 염려는 교만의 한 형태이다. 왜냐하면 신자들이 근심에 가득 차 있을 때 삶의 모든 문제를 자기 힘으로 해결해야 한다고 확신하기 때문이다. 그들이 믿는 유일한 신은 그들 자신이다. 신자들이 염려를 하나님께 맡길 때, 그들은 그분이 모든 삶을 다스리는 주님이시며 주권자이심을 인정하면서 그분의 전능하신 손에 신뢰를 표현한다. 고펠트가 말하듯이, "고통은 사람을 하나님의 품으로 몰아넣거나 하나님으로부터 단절시킨다."[128]

베드로는 고난과 곤경으로 고통을 당하는 교회에 이 편지를 쓰면서 그들이 염려하고 있음을 깨닫는다.[129] 좁스는 다음과 같이 말한다.

---

127 Kelly, *Peter and Jude*, 208; Michaels, *1 Peter*, 296; Achtemeier, *1 Peter*, 339; S. Snyder, "Participles and Imperatives in 1 Peter: A Re-examination in the Light of Recent Scholarly Trends," *FNT* 8 (1995): 196. 다음과 반대된다. Elliott, *1 Peter*, 851. 엘리엇은 독립적인 명령으로 이해한다.

128 Goppelt, *I Peter*, 359.

129 참조. Brox, *Der erste Petrusbrief*, 236.

많은 염려는 복음의 배타적인 주장에 적대적인 다신교 사회에서 그리
스도를 믿는다는 고백에서 비롯된다. 지위와 존경의 상실, 가족관
계의 상실, 친구의 상실, 아마도 생계의 상실, 극단적인 경우 생명
의 상실, 이것들은 소아시아 그리스도인들에게 있을 수 있는 현실
이다.[130]

괴로울 때에 도움을 줄 수 없다면 하나님께 염려를 맡기는 것은 위로가 되지
않는다.[131] 그 누구도 자신의 염려를 잔인하거나 냉담한 사람에게 말하지 않을
것이다. 우리를 미워하거나 무관심한 사람들은 관심 부족으로 우리의 염려를
조롱하기 때문이다. 우리의 염려를 하나님께 맡기는 것은 매우 이치에 맞다. "
왜냐하면 그가 너희를 돌보시기 때문이다"(ESV) 하나님께서는 무관심하지 않
고 잔인하지도 않다. 그분은 자녀들을 긍휼히 여기시므로 모든 고통에서 그들
을 붙들어 주실 것이다. 베드로의 말은 염려를 피하라는 예수님의 권면을 생
각나게 한다(마 6:25-34). 아마도 예수님의 가르침에 관한 암시이며,[132] 또한
아마도 시편 55편 22절의 암시일 것이다. 악인들이 시편 기자를 멸망시키려
고 했고 그의 친한 친구도 그를 배반했기 때문에 그는 하나님께 도움을 간구
한다. 이 때문에 베드로전서의 주제와 잘 맞는다. 4-8절은 이 반대 속에서 그
가 느꼈던 고뇌와 고통을 표현하고 있다. 22절, "네 짐을 여호와께 맡기라. 그
리하면 그가 너를 붙드실 것이다"(NIV, ἐπίρριψον ἐπὶ κύριον τὴν μέριμνάν σου,
καὶ αὐτός σε διαθρέψει, 에피립손 에피 퀴리온 텐 메림난 수, 카이 아우토스 세
디아드렙세이, 시 54:23.)에서 암시를 발견할 수 있다(70인역 시편 54:23).

---

130 Jobes, *1 Peter*, 313.

131 칼뱅은 이렇게 말한다 "하나님의 섭리를 거역하는 모든 사람은 필연적으로 소란 가운데 있어
야 하며 다른 사람들을 난폭하게 공격해야 한다. 우리는 하나님께서 우리를 돌보신다는 생각을
더욱 깊이 해야 한다. 첫째, 내면에 평화를 갖기 위함이다. 둘째, 사람에 대하여 겸손하고 온유
하게 하기 위해서이다"(*Catholic Epistles*, 149).

132 Cranfield, *I & II Peter and Jude*, 134; Maier, "1. Petrusbrief," 102.

5:8. 베드로는 편지를 마치면서 독자들에게 마지막 권면을 한다. 두 개의 부정과거 명령형을 사용해서 '깨어있으라'라고 명령한다. "근신하라"(νήψατε, 넵사테)는 가르침은 1장 13절과 4장 7절에 사용된 같은 동사에서 왔으며 두 문맥 모두 마지막이 임박했기 때문에 경계해야 할 필요성을 언급한다(참조. 살전 5:6, 8; 딤후 4:5). 비슷하게 두 번째 명령은 "깨어라"(γρηγορήσατε, 그레고레사테)로 번역되어 종말론적 맥락에서 사용된다(마 24:42-43; 25:13; 막 13:34-35, 37; 눅 12:37; 살전 5:6; 계 3:2-3; 16:15). '깨어라'라는 요청은 편지의 시작 부분(1:13)으로 돌아가서 인클루지오를 이룬다. 펠트마이어가 말하는 것처럼 "술에 취하거나 자는 사람은 현실을 말하지 않고 현상을 판단하는 능력을 상실한다. 이 사람은 상상을 액면 그대로 받아들이고 속이기 쉬우므로 무력하고 취약하다."[133] 사람이 깨어 있지 않으면 "눈앞의 현실에 사로잡혀 세상에서 하나님을 잃어버리므로 세상에서 더 이상 하나님을 생각하지 않고 마침내 하나님이 점점 희미해진다."[134]

마귀가 두루 다니고 있기 때문에 근신이 필요하다. 많은 사본에는 명령과 이 구절의 나머지 부분과의 관계를 설명하기 위해서 "왜냐하면"(ὅτι, 호티)을 추가한다. "왜냐하면"은 부차적이지만, 이 구절의 초기 해석, 그리고 정확한 해석을 보여 준다. 마귀가 신자들의 믿음을 파괴하려고 하기 때문에 신자들은 끝까지 근신하고 깨어 있어야 한다. 마귀는 신자들을 핍박하여 그리스도를 부인하게 만들고 종말론적인 상을 잃게 만든다. 베드로는 마귀를 "대적"(ἀντίδικος, 안티디코스)과 동일시한다. 이 용어는 다른 곳에서는 마귀에게 사용하지 않았지만, 동일한 개념이 "대적"을 의미하는 "사탄"이라는 단어에서 발견된다. "마귀"는 "중상자" 또는 "고발자"를 의미하며 우리는 구약에서 욥(욥 1:9-11; 2:4-5)과 대제사장 여호수아에 대한 그의 고소를 기억한다(슥 3:1-2; 참조. 계 12:10).

베드로는 마귀를 먹이를 삼키려고 하는 우는 사자로 묘사한다.[135] 마귀는 사자처럼 포효하며 하나님의 백성을 두렵게 한다. 다른 말로 하면, 박해는 고

---

133 Feldmeier, *First Peter*, 244-45.

134 Feldmeier, *First Peter*, 245.

135 사본 전통은 복잡하다. 몇몇 사본들이 τινα를 생략하고 καταπιεῖν을 καταπίη로 대체한다. 전체 논의를 위해서 다음을 보라. *TCGNT*, 626–27. NA²⁸이 원본일 가능성이 높다.

난을 바라보면 신자들이 굴복할 것이라는 희망으로 신자들을 위협하려고 포효한다.[136] 만일 신자들이 자기의 믿음을 부인하면 마귀가 그들을 자기 우리 안으로 다시 끌어들여 삼킨다.[137] 하나님과 마귀를 대조시키는 것이 인상적이다. 하나님은 자녀들을 부드럽게 돌보시며(5:6-7), 그들을 보존할 수 있도록 염려를 그분께 가져오라고 초청하신다. 하나님은 모든 환난 가운데 자신의 양떼를 보호하시겠다고 약속하신다(2절). 울부짖는 사자는 일반적인 대중과 로마 제국의 반대를 포함한다.[138] 마귀의 목적은 신자들을 위로하는 것이 아니라 두렵게 하는 것이다. 그들을 두려움에서 구원하기를 원치 않고 그들의 믿음을 삼키기를 원한다. 베드로는 신자들에게 깨어 있으라고 경고한다. 마귀의 울부짖음은 패배한 적의 광적인 분노이다. 만약 그들이 그의 맹렬히 울부짖는 소리를 두려워하지 않는다면, 그가 물어뜯는다 할지라도 자녀들은 결코 삼켜지지 않을 것이다. 펠트마이어는 마귀가 베드로전서에만 나타나며 모든 악이 마귀 때문은 아니라고 바르게 주장한다. 대신에 베드로는 편지의 다른 곳에서 인간의 정욕과 악에 초점을 맞춘다.[139]

5:9. 9절은 마귀를 대적하라고 계속해서 권면한다. 8절에서 베드로는 신자들이 마비되어 자기 원수에게 자신도 모르는 사이에 사로잡히지 않도록 근신하고 깨어 있으라고 요청한다. 이 구절에서 신자들에게 적극적으로 마귀를 대적하라고 요청한다. "대적하라"(ἀντίστητε, 안티스테테)는 복음에 대한 엘루마의 저항(행 13:10), 안디옥에서 베드로에 대한 바울의 반대(갈 2:11), 모세에 반대한 얀네와 얌브레(딤후 3:8), 그리고 바울에 대한 구리 세공업자 알렉산더의 응답(딤후 4:5)에 사용된다. 그러므로 저항은 수동적이 아니라 대적

---

136 호렐, 아놀드, 윌리암스는 포효하는 사자가 원형 경기장에서 짐승들과 마주하는 개념을 포함한다고 주장하면서 이 광경이 소아시아에서도 일어났다고 주장한다("Visuality, Vivid Description, and the Message of 1 Peter: The Significance of the Roaring Lion [1 Peter 5:8]," *JBL* 132 [2013]: 697-716). 그러나 신자들이 죽임을 당했다면, 베드로가 신자들이 언어적인 학대를 받았다고 말하면서 이 죽음에 대해서 더 명확하게 말하지 않은 것은 이상하다.

137 마귀가 하나님의 백성을 배교로 이끌어 가려고 한다는 개념에 대해서는 다음을 보라. Goppelt, *I Peter*, 361; Kelly, *Peter and Jude*, 210; Donelson, *I and II Peter and Jude*, 150.

138 T. Williams, *Good Works in 1 Peter*, 237-40. 윌리암스는 로마의 역할을 과도하게 강조한다.

139 Feldmeier, *First Peter*, 245. 흥미롭게도 펠트마이어가 살펴본 대로 마귀는 성경에서 개인적인 이름이 주어지지 않는다. 초점은 그의 활동에 있다(247-48 페이지).

에 대한 적극적인 교전을 나타낸다. 신자들이 유순한 태도를 유지한다면 마귀는 이기지 못할 것이다.

"믿음에 굳건한"(CSB, 개역개정. "믿음을 굳건하게 하여"는 헬라어 표현에는 동사가 없고 '굳건한'이라는 형용사를 사용하기 때문에, '믿음이 굳건한 너희는 마귀를 대적해야 한다'라는 첫 어절과 동격으로 이해할 수 있다. 그러나, CSB 성경의 번역처럼 명령이 본문에 암시되어 있을 가능성이 더 높다(또한 NIV, NRSV, ESV).[140] 베드로는 단순히 신자들이 믿음에 굳건하다고 말하지 않는다. 베드로는 마귀에 대한 저항은 다음을 포함한다고 말한다. 신자들에게 하나님을 대신해서 엄청난 행동을 하도록 저항을 요청하지 않는다. 신자들은 하나님을 위해서 위대한 일을 하기 위해 자신의 모든 것을 모으도록 격려를 받지 않는다. 마귀에 저항하는 일은 믿는 일이다. 즉, 하나님을 신뢰하는 것이다.[141] 신자들은 계속해서 하나님을 신뢰하고 하나님이 그들을 진정으로 돌보시며 끝까지 그들을 붙들어 주실 것이라고 믿으면서 마귀를 이기고 승리한다. 마지막 날까지 인내는 처음부터 끝까지 믿음으로 이루어진다.

이 구절의 마지막 절에서 믿음을 굳건히 하고 마귀를 대적하는 동기를 제시한다. NIV 성경은 이 절을 "그것을 알기 때문에"(개역개정. '이는 ... 앎이라')로 소개하는 데, 다른 곳에서도 신자들이 동일한 고난을 겪는다는 것을 상기시켜 독자를 격려한다.[142] 소아시아에 있는 신자들은 특별히 고난을 겪도록 선택 받았음을 두려워하면 안 된다.[143] 그들은 그리스도인들이 전 세계에서 직면하는 동일한 반대를 경험하고 있다.[144] 여기에서 "세상"(κόσμος, 코스모스)은 요한이 주로 사용한 용어처럼 하나님을 적대시하는 세상을 가리키지 않는

---

140 Michaels, *1 Peter*, 300.

141 Goppelt, *1 Peter*, 362; Kelly, *Peter and Jude*, 210; Davids, *First Peter*, 191-92.

142 이 번역은 다음을 보라. Kelly, *Peter and Jude*, 211; J. W. C. Wand, *The General Epistles of St. Peter and St. Jude*, WC (London: Methuen, 1934), 125; Achtemeier, *1 Peter*, 342; Michaels, *1 Peter*, 300-301; Elliott, *1 Peter*, 861-62.

143 악트마이어(1 Peter, 342-43)는 τὰ αὐτὰ τῶν παθημάτων라는 어구의 해석에 관한 조사를 제공하지만, 결국 제안된 다양한 해석이 크게 다르지 않다.

144 나는 부정사 ἐπιτελεῖσθαι가 중간태보다 수동태로 이해한다(참조. Wand, *Epistles of Peter and Jude*, 125; Goppelt, *1 Peter*, 363n22; Achtemeier, *1 Peter*, 343; Elliott, *1 Peter*, 862; Forbes, *1 Peter*, 178). 어떤 사본은 직설법 ἐπιτελεῖσθε로 제시한다(א, A, B, K, 0206, 33, 614, 630, 1505, 2495). 외적 증거가 강력하더라도 문맥상 부정사가 더 가능성이 높아 보인다.

다.¹⁴⁵ 이 개념이 내포되어 있을지 모르지만 베드로의 요점은 이러한 고난이 그리스-로마 세계 전역에서 신자들에게 가해지고 있다는 사실이다.¹⁴⁶ 세상의 모든 사람이 이러한 반대에 직면하지 않는다. 그것은 예수 그리스도를 믿는 자들을 향한 것이다. "너희 형제와 자매"가(NRSV. 개역개정, "너희 형제들도", ἀδελφότητι, 아델포테티) 고난을 겪는다는 사실에 주목한다. 기독교라는 가족 안에 있는 모든 사람들은 동일한 거부와 차별에 직면해 있다. 이것은 실제로 같은 가족의 일부라는 표시이다. 고펠트가 말했듯이 그들의 고난은 "개인의 불행이 아니라 믿음의 본질에 속하며 악을 대적하는 능력의 표시이다. 더욱이 그것들은 믿음이 은혜를 통해 유지된다는 표시이다."¹⁴⁷

여기에서 베드로전서의 박해가 로마에서 공식적으로 시행된 정책이 아니었다는 추가적인 증거가 있다. 네로(또는 도미티아누스)가 조직적이고 공식적으로 그리스도인을 박해했다는 증거는 없다. 베드로는 대신 그리스-로마 세계에서 그리스도인들이 경험한 차별과 학대를 염두에 둔다.¹⁴⁸ 신자들은 이방신을 섬기지 않았고 예전처럼 살기를 거부했기 때문에 사회적으로 소외된 사람들이 되었다(벧전 4:3-4). 영적 나그네 생활은 그들이 제국 전역에서 비공식적이고 자주 학대를 받은 이유를 설명하며, 앞에서 언급한 것과 같이 이는 아마도 통치 권력과의 갈등으로 이어졌을 것이다.

5:10. 10-11절은 편지 본문의 결론으로 편지 전체 메시지를 포함한다.¹⁴⁹ 접속사 δέ(데)는 6-8절과 10-11절을 느슨하게 연결한다. 베드로는 이제 신자들이 영원한 상을 얻는 수단으로써 하나님의 능력에 초점을 맞추고 있을 것이다. 은혜로 신자를 부르신 이는 또한 끝까지 견디게 하실 것이다. 그는 하나님을 "모든 은혜의 하나님"으로 정의하면서 시작한다. "은혜"는 베드로가 좋아하는 단어이며(1:2, 13; 2:19, 20; 3:7; 4:10; 5:5, 12), 여기에서 하

---

145 다음과 반대된다. Calvin, *Catholic Epistles*, 151; Beare, *First Peter*, 180.

146 Goppelt, *1 Peter*, 363; Kelly, *Peter and Jude*, 212; Michaels, *1 Peter*, 301; Achtemeier, *1 Peter*, 343; Elliott, *1 Peter*, 863.

147 Goppelt, *1 Peter*, 364.

148 Goppelt, *1 Peter*, 363n25.

149 고펠트는 이 구절이 "전체 편지의 의도를 요약한다"라고 말한다(*1 Peter*, 364).

나님이 은혜의 소유주이자 주시는 분임을 의미한다. 모든 은혜, 신자들의 고난은 심하지만 하나님의 은혜는 더 강하다. 이 은혜는 특히 신자들을 영원한 영광으로 부르시는 하나님의 부르심에서 표현된다.[150] "부르사"(καλέσας, 칼레사스)는 앞에서 나타나고(1:15; 2:9, 21; 3:9) 여기에서도 동일한 의미로 사용되었다. 편지를 끝내면서 독자들에게 편지의 중심 주제를 일깨우기 위해 앞에 사용한 중요한 단어를 다시 말한다. 여기에서 "부르심"은 신자들을 자신과의 구원의 관계로 인도하시는 하나님의 효과적인 사역을 의미한다(특별히 2:9를 보라). 신자들은 하나님의 "영원한 영광"으로 부르심을 받았기 때문에 부르심이 구원을 위한다는 사실은 분명하다. 영광의 종말론적인 성격은 앞에서(1:7, 11, 21; 4:13; 5:1, 4)에서 분명하다.

"그리스도 안에서"는 전체 어구, "영원한 영광" 또는 "부르심을 받은"을 수식하는 것으로 이해할 수 있다.[151] 각각의 해석이 가능하지만 "부르심을 받은"이 더 균형을 이룬다.[152] 베드로는 하나님의 구원하시는 부르심이 그리스도 안에서, 그리스도를 통하여 효과적임을 강조한다. 영광의 부르심이라는 주제는 독자들에게 그들의 구원을 시작하시고 보증하시는 분이 하나님이시기 때문에 말세의 구원이 확실함을 독자들에게 상기시킨다. 이 구절의 나머지 부분이 보여 주듯이 하나님은 자신이 시작하신 것을 분명히 완성하실 것이다. 영광을 향한 그들의 부르심은 의심의 여지없이 분명하다.

그러나 영광이 오기 전에 신자들은 고난을 받아야 한다. 그러나 고난은 "잠깐"(ὀλίγον, 올리곤)이다. 1:6의 반향을 "잠깐 동안 ... 다양한 시험으로 고통을 당하는"(NRSV. 개역개정, "잠깐 고난을 받은") 신자들에서 찾을 수 있다.[153] 고난이 잠깐이라는 말은 신자들이 이 땅에 머무는 동안만 잠깐 지속되

---

150 다수 사본은 ὑμᾶς를 ἡμᾶς로 대체한다. 외적 증거는 분명히 전자를 선호하고 두 단어는 비슷하게 들리기 때문에 대체가 자연스럽게 발생한다.

151 많은 사본이 ἐν Χριστῷ Ἰησοῦ(𝔓72, A, P, Ψ, 33, 1739)를 지지한다. 그런데 Ἰησοῦ는 ℵ, B, 614, 630, 1505에서 빠져 있다. NA28을 참조하라.

152 여기에서 채택된 해석을 지지하는 학자들은 다음을 보라. Kelly, *Peter and Jude*, 212; Michaels, *1 Peter*, 302; Achtemeier, *1 Peter*, 345; Goppelt, *1 Peter*, 365n29. 데이비스는 둘 다 의도된 것이며 베드로가 그러한 정확성을 의도하지 않았다고 주장한다(*First Peter*, 195).

153 1:6과의 연결은 다음을 보라. Schutter, *Hermeneutic and Composition in 1 Peter*, 29.

는 것은 아니다.[154] 잠깐은 영원한 영광이 시작되기 전의 전체 시기를 말한다. 이생의 고난은 영원히 지속되는 영원한 영광에 비하면 잠시 동안으로 보일 것이다(참조. 고후 4:16-18).

베드로는 신자들에 대한 하나님의 약속을 설명하기 위해서 네 가지 다른 동사를 사용한다.[155] 동사의 의미를 주의 깊게 구별할 필요가 없다. 왜냐하면 같은 점을 함께 강조하면서 지적하기 때문이다.[156] 믿는 자들을 영원한 영광으로 부르신 하나님은 그들을 굳건하게 하고 강하게 하시므로 끝까지 견딜 수 있다.[157] 하나님은 그들을 구원하시겠다는 약속을 성취하실 것이다. 베드로전서에서 경계와 저항에 대한 권면은 신자들이 종말론적 약속을 받을 것인지를 질문하려는 것이 아니다. 대신 베드로는 이 권면들을 신자들이 인내하고 마지막 날에 구원의 약속을 받는 수단으로 생각한다. 이 약속을 하신 하나님도 권면으로 자기 백성을 끝까지 신실하도록 요청하신다. 그러므로 마치 권면이 약속에 대한 불확실성의 요소를 보여주는 것처럼 이해하고 권면과 약속 둘 다 무시하면 안 된다. 권면은 하나님의 약속을 보증하며, 참으로 권면을 행할 힘은 하나님의 은혜로 주어진다. 은혜는 권면에 대한 응답이 필요없게 만들지 않는다.

5:11. 고난 중에도 하나님의 붙드시는 은혜의 능력을 강조한 후에 베드로가 송영으로 결론을 내리는 것은 놀라운 일이 아니다. 일부 사본에는 "영광"(δόξα, 독사)이 추가되지만 부차적이기 때문에 제외되어야 한다.[158] 오히려 베드로는 하나님의 주권과 능력을 강조하여 "권능"(κράτος, 크라토스)을 사용한다. 자녀들의 삶에 고난을 허락하시고 심지어 마귀가 그들에게 날뛰

---

154 다음과 반대된다. Richard, *Reading 1 Peter, Jude, and 2 Peter*, 222. 다음의 견해는 옳다. Jobes, *1 Peter*, 315-16.

155 동사 σθενώσει는 비슷한 어미가 삭제될 수 있기 때문에 𝔓⁷², 𝔓⁸¹에서 아마도 실수로 삭제되었을 것이다. 미래를 위해서 희구법으로 바꾸려는 시도는 초기 필사자들이 약속을 기도로 바꾼 본문에 관한 오해를 반영한다.

156 Calvin, *Catholic Epistles*, 153; Elliott, *1 Peter*, 867.

157 듀비스는 이 동사들의 종말론적 성격을 강조하지만(*1 Peter 4:12-19*, 54) 이 동사들은 또한 현재와 관련되어 있고 종말에 절정에 달할 수 있음을 인정한다. 그러나 그는 하나님의 종말론적 성전 재건에 관한 언급으로 본문을 과도하게 읽는다(55-56페이지).

158 *TCGNT*, 627.

는 일을 허락하시는 하나님(참조. 욥 1-2장)은 주권적인 하나님이시며 돌보시는 하나님이시다(5:7). "주권"은 영원히 그분께 속한다. 그분은 자기 백성을 대신하여 "강한 손"(5:6)을 펼치신다. 그러므로 신자들은 승리할 것을 알고 위로를 받아야 한다. 여기에 내포된 동사는 희구법일 가능성이 있다. 베드로는 "그에게 권능이 있을지어다"라고 기도한다. 그러나 4장 11절과의 병행은 직설법 동사 "이다"($\acute{\epsilon}\sigma\tau\iota\nu$, 에스틴)가 더 가능성이 있다. 따라서 "주권이 그에게 속한다"로 번역해야 한다.[159] "송영"은 전형적으로 "아멘"으로 결론짓는다. 이것은 베드로가 하나님의 통치가 모든 사람에게 명백해질 날을 갈망했고 고난이 지나고 영광과 평화와 기쁨이 영원히 통치하는 날을 고대했음을 의미한다.

---

159 Achtemeier, *1 Peter*, 346; 참조. Selwyn, *1 Peter*, 241; Michaels, *1 Peter*, 304; Elliott, *1 Peter*, 867.

단락 개요

5 결론(5:12-14)

5 결론(5:12-14)

¹² 내가 신실한 형제로 아는 실루아노로 말미암아 너희에게 간단히 써서 권하고 이것이 하나님의 참된 은혜임을 증언하노니 너희는 이 은혜에 굳게 서라 ¹³ 택하심을 함께 받은 바벨론에 있는 교회가 너희에게 문안하고 내 아들 마가도 그리하느니라 ¹⁴ 너희는 사랑의 입맞춤으로 서로 문안하라 그리스도 안에 있는 너희 모든 이에게 평강이 있을지어다

12절은 편지 전체를 요약한다. 베드로는 믿는 자들을 권면하고 하나님께서 그리스도를 믿는 자들을 위해 행하신 일로 이루어진 하나님의 은혜를 증거하기 위해 편지를 썼다. 베드로전서에서 그리스도 안에 있는 하나님의 은혜로운 역사는 1장 1-12절과 2장 4-10절에서 강조된다. 하나님의 근본적인 구원 사역은 1장 18-19절; 2장 21-25절; 3장 18-22절에 나타나는 그리스도의 사역에서도 설명된다. 이 구절들은 베드로전서의 명령과 권면이 그리스도 안에서 하나님께서 행하신 사역을 설명하는 직설법을 기초로 하고 있음을 보여 준다. 하나님의 은혜 안에 서라는 부르심은 전체 편지의 메시지를 요약한다. 고난이 가깝지만 신자들은 하나님의 은혜 안에서 배교에 저항해야 한다. 편지는 실누아노의 추천, 로마에 있는 베드로의 교회의 인사, 마가의 인사, 그리고 사랑의 입맞춤으로 서로를 문안하라는 요청으로 끝을 맺는다. 마지막 말은 모든 믿는 자들을 위한 평화의 축복이다.

5:12. 마무리는 실루아노에 관한 언급으로 시작한다. 실라는 사도행전에서 바울의 파트너로 자주 언급된다(행 15:22, 27, 32, 40; 16:19, 25, 29; 17:4, 10, 14-15; 18:5). 그는 고린도후서 1장 19절, 데살로니가전서 1장 1

절, 데살로니가후서 1장 1절, 그리고 여기 베드로전서에 언급된 실루아노와 같은 사람일 가능성이 크다. 위명 저작설은 이 이론을 받아들이는 사람들이 베드로가 실존 인물이 아니라고 주장하고 실루아노가 실존 인물인지 아니면 허구의 장치인지 질문하기 때문에 문제가 된다. 따라서 악트마이어는 실제 인물일 수 있지만 실루아노가 소아시아로 편지를 가져가는 일을 수행하기에 너무 늙었다는 어색한 해결책으로 결론을 내린다.[1] 본문의 사실이 받아들여지면, 실루아노가 편지의 전달자라는 주장이 더 간결하다.[2]

둘째, 5장 12절에서 CSB 성경은 실루아노가 편지를 쓰는 데 도움을 주었다고 제시한다. "실루아노로 말미암아 … 너희에게 간단히 썼다." 많은 학자들은 실루아노를 베드로전서의 대필자 또는 서기로 이해하면서 이 견해를 지지해왔다.[3] 서론에서 언급했듯이 실루아노가 편지를 썼다는 점은 이 편지에서 발견되는 뛰어난 헬라어 문제를 해결할 수 있을 것이다. 다른 학자들은 이 구절의 표현이 베드로전서에서 실루아노가 서기였다는 이론을 옹호할 수 없다고 주장한다.[4] 리처드는 "누군가를 통해서 쓰기"(γράφειν διὰ τινος, 그라페인 디아 티노스)라는 문구가 서기가 아니라 편지 전달자라고 주장한다. 이 해석에서 베드로는 독자들에게 편지를 전하도록 정해진 사람이 실루

---

1 P. J. Achtemeier, *1 Peter: A Commentary on First Peter*, Her (Minneapolis: Fortress, 1996), 351.

2 베드로가 가상이고 실루아노가 실제 편지 전달자라는 주장은 설득력이 없다(다음과 반대된다. J. H. Elliott, *1 Peter: A New Translation with Introduction and Commentary*, AB (New York: Doubleday, 2000), 873-74). 브록스는 실루아노도 가상이라고 주장한다(*Der erste Petrusbrief*, EKKNT, 2nd ed. [Zürich: Benziger/Neukirchen-Vluyn: Neukirchener Verlag, 1986], 241-42).

3 예. Torrey Seland, *Strangers in the Light: Philonic Perspectives on Christian Identity in 1 Peter*, BIS 76 (Leiden: Brill, 2005), 22-28; L. Goppelt, *A Commentary on I Peter* (Grand Rapids: Eerdmans, 1993), 369-71; E. G. Selwyn, *The First Epistle of St. Peter*, 2nd ed. (Grand Rapids: Baker, 1981), 11, 241; J. N. D. Kelly, *A Commentary on the Epistles of Peter and Jude*, Thornapple Commentaries (Grand Rapids: Baker, 1981), 215. 셀르윈은 실루아노가 서기이며 편지의 전달자였다고 생각한다. 데이비스는 실루아노가 편지의 주요 저자이며 편지의 내용을 그가 썼다고 주장한다(*The First Epistle of Peter*, NICNT [Grand Rapids: Eerdmans, 1990], 198).

4 특별히 더 자세한 토론은 다음을 보라. E. R. Richards, "Silvanus Was Not Peter's Secretary: Theological Bias in Interpreting διὰ Σιλουανοῦ … ἔγραψα," *JETS* 43 (2000): 417–32. 리처드는 또한 파피루스에서 몇 가지 중요한 예를 포함시킨다. 참조. J. R. Michaels, *1 Peter*, WBC (Waco: Word, 1998), 306-7; Achtemeier, *1 Peter*, 349-50; Elliott, *1 Peter*, 124, 872; Brox, *Der erste Petrusbrief*, 242-43; J. A. T. Robinson, *Redating the New Testament* (Philadelphia: Westminster, 1976), 168–69.

아노라고 알려 준다. 로마서의 어떤 사본들은 "뵈뵈를 통해" 편지가 전달되었다는 읽기가 가능하다. 그것은 그녀가 서기였다는 점을 의미하지 않는다. 왜냐하면 로마서 16장 22절에서 더디오가 이 일을 했음을 보여 주기 때문이다(참조. Ign. *Rom.* 10:1; *Phld.* 11:2; *Smyrn.* 12:1; *Pol.* 8:1; Polycarp, *Phil.* 14:1). 반면, 실루아노는 이 해석과 다르게 서기였을 가능성이 있다. 왜냐하면 본문은 그를 통해서 글을 쓴다고 말하고 있기 때문이다. 이와 같이, 실라와 바사바도 예루살렘 사도 회의에서 전하기로 결정한 편지의 서기 역할을 했을 것이다. 그 편지가 실라와 바사바를 "통해서" 쓰였기 때문이다 (γράψαντες διὰ χειρὸς αὐτῶν, 그랍산테스 디아 케이로스 아우톤, 행 15:23). 실루아노가 서기였다면 그에게 얼마의 자유가 주어졌는지 알 수 없으나, 편지의 구성에 중요한 역할을 했을 가능성이 있다. 그러면 실루아노가 전달자와 서기의 역할 모두를 할 수 있지만, 서론에서 언급했듯이 다른 전달자가 존재할 수도 있다.

베드로는 또한 실루아노를 "신실한 형제"로 "안다"라고 말한다. 그가 각 수신지에 개인적으로 편지를 전달하지 않았을지도 모르지만, 이 표현은 편지를 전달하는 사람에 대한 전형적인 추천이다(롬 16:1-2; 엡 6:21-22; 골 4:7-8). 편지를 전달하는 사람은 편지를 쓴 사람의 소식을 전하기도 했으며, 받는 사람이 편지의 의미에 의문을 가질 경우에 편지의 첫 번째 해석자로서 역할을 했을 것이다. "안다"(λογίζομαι, 로기조마이)가 실루아노의 신뢰성에 대한 베드로의 사도적인 판단을 나타내며, 실루아노가 베드로의 승인과 함께 편지를 전달했음을 나타낸다(참조. 롬 3:28; 8:18; 고후 11:5).[5]

베드로는 관습에 따라 자신의 편지를 간단하다고 묘사하면서(예. 히 13:22), 편지의 목적을 밝히고 "하나님의 참된 은혜"를 격려하고 증거하기 위해 썼다고 말한다. "이것"(ταύτην, 타우텐)이라는 단어는 편지 전체를 가리키며 특정한 부분으로 거슬러 올라가면 안 된다.[6] 십자가에서 고난을 받으시고

5 예. Michaels, *1 Peter*, 307.

6 C. Bigg, *The Epistles of St. Peter and St. Jude*, ICC (Edinburgh: T&T Clark, 1901), 196; W. C. Wand, *The General Epistles of St. Peter and St. Jude*, WC (London: Methuen, 1934), 128-29; G. W. Forbes, *1 Peter*, EGGNT (Nashville: B&H, 2014), 184; Michaels, *1 Peter*, 308-10; Achtemeier, *1 Peter*, 352; 다음의 언급을 참조하라. Brox, *Der erste Petrusbrief*, 245-46. 엘리엇은 선행사가 10절의 "은혜"라고 생각한다(*1 Peter*, 878). 웬들랜드(E. R. Wendland)는 전체

영광으로 높여지신 예수 그리스도 안에 하나님의 은혜가 나타났다. 마찬가지로 베드로는 영광에 들어가기 위한 서곡으로 독자들에게 그리스도인으로서 신실하게 고난을 받으라고 요청한다. 만물이 완성되기 전 그 기간에 신자들에게 이 은혜 안에 "굳게 서라"라고 권면한다.[7] 서는 일에 실패하는 것은 배교이며 배교하는 자는 마지막 날에 멸망할 것이다. 그러므로 베드로는 그의 메시지를 은혜 안에 서라는 요청으로 요약한다. 직설법과 명령법 사이의 미묘한 균형이 여기에서 유지된다. 은혜가 예수 그리스도를 믿는 자들을 사로잡고, 그리고 신자들은 하나님의 은혜로 태어났다(1:3). 그러나 그들은 자신들을 확고히 세우는 은혜 안에 서 있어야 한다. 은혜는 명령을 취소하지 않고 확립한다.[8] 신자는 자신에게 주어진 새 생명을 능동적으로 살아 내야 한다.[9]

5:13. 이 편지는 서신의 결론이 특징적으로 보여 주는 인사와 축복으로 끝난다. 13절의 인사는 바벨론에서 택하심을 받은 자(ἡ συνεκλεκτή, 헤 쉰에클레크테)와 마가에게서 온다. 택하심을 이라는 개념은 편지의 인클루지오 역할을 한다(참조. 1:1).[10] 택하심을 받은 동료 그리스도인이 여성 개인일 가능

편지의 목적이 여기에 요약 되어 있다고 주장한다("'Stand Fast in the True Grace of God!' A Study of 1 Peter," *JOTT* 13 (2000): 25-26. 또한 다음을 보라. D. G. Horrell, "The Product of a Petrine Circle? A Reassessment of the Origin and Character of 1 Peter," *JSNT* 86 (2002): 29-60.

7 헬라어 전치사 εἰς는 일반적으로 "~속으로"를 의미하지만, 전치사 εἰς와 ἐν의 구분은 신약 시대 동안 희석되었다(A. T. Robertson, *A Grammar of the Greek New Testament in the Light of Historical Research* [Nashville: Broadman, 1934], 591-93; BDF §205). 이 경우 εἰς는 "안에"로 번역해야 한다(Kelly, *Peter and Jude*, 217; Achtemeier, *1 Peter*, 352-53; M. Dubis, *1 Peter: A Handbook on the Greek Text*, BHGNT [Waco: Baylor University Press, 2010], 175–76; Forbes, *1 Peter*, 185). 마이클스는 전치사의 의미를 유지하면서 "그것을 향하여 서야 한다"라고 번역한다(*1 Peter*, 305, 310). 리처드와 반대로, 문맥상 이 동사는 가정법이 아니라 명령법으로 읽어야 한다(*Reading 1 Peter, Jude, and 2 Peter: A Literary and Theological Commentary*, RNT [Macon: Smith & Helwys, 2000], 228; 다음은 옳게 주장한다. Elliott, *1 Peter*, 879). 우리는 일부 사본이 명령법 대신 직설법(ἑστήκατε)을 제공한다는 점에 유의해야 한다. 그러나 증거는 명령법을 지지한다. 고펠트는 본문을 직설법과 명령법이 포함된 것으로 잘못 해석한다(*1 Peter*, 373).

8 브룩스(*Der erste Petrusbrief*, 244-45)는 여기에서 은혜를 2:19-20의 용법과 동일하다고 잘못 정의한다. 이 주해에서 설명하는 것처럼 은혜는 2:19-20과는 다른 의미이다.

9 J. de Waal Dryden, *Theology and Ethics in 1 Peter: Paraenetic Strategies for Christian Character Formation*, WUNT 2/209 (Tübingen: Mohr Siebeck, 2006), 49.

10 W. L. Schutter, *Hermeneutic and Composition in 1 Peter*, WUNT 2/30 (Tübingen: Mohr Siebeck, 1989), 28.

성은 거의 없다.[11] 소아시아의 독자들이 이 이름 없는 여성을 알 가능성이 거의 없다. 어떤 학자들은 베드로의 아내에 관한 언급이라고 보지만, 가능하지 않다.[12] 초기 사본은 "교회"를 추가하고 있으며, 이 추가는 부차적이지만, 택하심을 받은 여성이 누구인지에 관한 초기의 그리고 정확한 해석을 볼 수 있다(개역개정은 '교회'로 해석).[13] 동료인 택하심을 받은 자는 바벨론에 있는 교회를 대표하며, 소아시아에서 택하심을 을 받은 거류민들에게 그녀의 인사를 보낸다. 이 해석은 요한 2서로 확인된다. 요한 2서에서 교회는 "택하심을 받은 부녀와 그의 자녀들"(1절)로 묘사되고, 요한은 "택하심을 받은 네 자매의 자녀들이 네게 문안하느니라"(13절)라고 말하면서 끝맺는다. 교회에 관한 언급은 또한 그리스도의 신부라는 가르침에서 나타난다(참조. 엡 5:22-33; 계 19:7-9).

위에서 제안한 해석은 베드로가 바벨론 교회에서 썼다는 것을 인식한다면 강화된다. 베드로는 그의 아내가 바벨론에 있다고 밝힐 필요가 없었을 것이다.[14] 구약 시대의 역사적인 바벨론은 폐허가 된 도시였으므로 베드로는 그 도시를 언급할 수 없었을 것이다.[15] 더욱이 베드로가 이 지역에서 사역했다는 증거가 없다. 일부 학자들은 나일 삼각주의 바벨론이라는 장소를 언급하지만(참조. Josephus, *Ant.* 2.315), 이 군사 전초 기지가 고려되는지 의심스럽다. 베드로는 바벨론이 하나님을 대적하는 자들을 나타내는 구약의 전통을 가져

---

11 다음과 반대된다. J. K. Applegate, "The Co-elect Woman of 1 Peter," *NTS* 38 (1992): 587-604. 애플게이트는 이 여성이 소아시아 교회들에게 알려진 지도자라고 주장한다. 그녀가 언급된 이유는 소아시아의 여성 지도자가 믿지 않는 남편에게 복종하라는 가정 규범에 저항했을 것이기 때문이다. 이 여성을 언급함으로써 저자는 해당 교회의 여성 지도자에게 의심스러웠을 가정 규범을 지지한다. 애플게이트의 이론은 추측이기 때문에 거부해야 한다. 여성이 베드로의 편지를 받는 교회에서 지도자로 활동했다는 증거도 없고, 가정 규범에 문제가 있다는 명확한 증거도 없다. 애플게이트의 견해에 대한 거부에 대해서는 다음을 보라. Elliott, *1 Peter*, 881; K. H. Jobes, *1 Peter*, BECNT (Grand Rapids: Baker, 2005), 322.

12 다음의 견해는 올바르다. Brox, *Der erste Petrusbrief*, 247.

13 Michaels, *1 Peter*, 310. 비슷하게 일부 사본은 "바벨론"을 "로마"로 대체하는 동일한 해석 경향을 보여 준다. 해석은 정확하지만 "로마"의 사본 증거는 열등하다. "교회"는 "형제애"보다 더 선호되어야 한다(다음과 반대된다. Elliott, *1 Peter*, 882).

14 E. Best, *1 Peter*, NCB (Grand Rapids: Eerdmans, 1971), 178.

15 그 증거에 대해서는 다음을 보라. Achtemeier, *1 Peter*, 353n73; T. B. Williams, *Good Works in 1 Peter: Negotiating Social Conflict and Christian Identity in the Greco-Roman World*, WUNT 337 (Tübingen: Mohr Siebeck, 2014), 240-41.

온다(참조. 사 13-14; 46-47; 렘 50-51). 이 경우에 계시록과 같이(17-18 장) 바벨론은 하나님의 원수인 로마 자체를 지칭한다.[16] 바벨론에 관한 언급은 신자들이 현재 상황에서 포로 생활을 하고 있음을 상기시키는 또 다른 의미가 있으며, 바벨론의 지배에 있는 유배에 관한 암시는 서신의 시작과 끝 사이에 서 책을 지지하는 역할을 한다.[17]

마가는 바울의 첫 번째 선교 여행에 동행했던 마가 요한이다.[18] 그는 이후에 바울과 바나바를 떠났고, 바나바는 바울이 마가 요한을 거부한 후에 더 많은 선교 사역을 위해 그와 다시 일한다(참조. 행 12:25; 13:4, 13; 15:35-39). 바울은 후에 마가를 높이 평가했다(골 4:10, 딤후 4:11, 몬 24). 물론 베드로는 초대 교회의 가장 초기부터 마가를 알았을 것이다. 교회는 마가의 어머니 집에서 모임을 가졌다(행 12:12). 마가가 베드로의 영향 아래에서 기록한 초기 전통도 역사적으로 신뢰할 수 있다(참조. Eusebius, *Hist. eccl.* 2.15.1-2; 3.39.15; 6.25.5). 마가를 자신의 "아들"이라고 부르는 것은 문자적인 의미가 아니라 마가에 대한 베드로의 아버지 같은 사랑을 나타낸다.[19] 우리는 맺음말이 이미 상징적인 언어로 가득 차 있음을 보았다. 여기서도 이 어구는 상징적으로 읽어야 한다.

---

16 이미 루터가 주장했다. M. Luther, *Commentary on Peter & Jude*, trans, and ed. J. N. Lenker (Grand Rapids: Kregel, 1990), 226. 이에 대한 논의는 다음을 참조하라. Kelly, *Peter and Jude*, 218-20; Elliott, *1 Peter*, 882-87; T. Williams, *Good Works in 1 Peter*, 241-43. 브룩스는 로마에 관한 언급이 편지에 있는 가상 장치의 일부라고 생각하지만(*Der erste Petrusbrief*, 247), 그러나, 마샬이 살핀 것처럼, 로마를 "바벨론"으로 언급한 것은 아마도 네로 시대에서 왔을 것이다(*1 Peter*, The IVP New Testament Commentary Series [Downers Grove: InterVarsity, 1991], 175). 어쨌든 바벨론과 로마의 연결은 자연스럽다.

17 Michaels, *1 Peter*, 311; Achtemeier, *1 Peter*, 354; D. G. McCartney, "The Use of the Old Testament in the First Epistle of Peter" (Ph.D. diss., Westminster Theological Seminary, 1989), 114; Jobes, *1 Peter*, 323.

18 다시 한번, 브룩스는 마가에 관한 언급이 서신의 위명 저작의 성격의 일부 일 수 있다고 제안한다(*Der erste Petrusbrief*, 247).

19 참조. Michaels, *1 Peter*, 312; Elliott, *1 Peter,* 887-89.

5:14. "사랑의 입맞춤으로 서로 문안하라"는 명령은 거룩한 입맞춤을 명령한 바울 서신과 유사하다(롬 16:16; 고전 16:20; 고후 13:12; 살전 5:26).[20] 베드로가 "거룩한 입맞춤"이 아니라 "사랑의 입맞춤"이라고 말하기 때문에 베드로의 언어는 다르다. 지체들 간의 사랑은 건강한 가정의 사랑에 비교될 만한 것이지만, 입맞춤으로 인사하는 것은 순결하고 어떤 성적 욕망에도 물들지 않은 것이어야 한다.

사랑의 입맞춤은 인종, 성별, 사회 계층이 다른 이보다 더 낫지 않다는 점을 보여 준다. 신자들은 그리스도 안에서 서로 연합한다. 편지는 평화의 축복으로 끝을 맺는다. 대조적으로 바울은 편지를 은혜의 축복으로 끝맺는다(예. 롬 16:20; 고전 16:23; 고후 13:14; 갈 6:18 등). 평강는 1장 2절을 일깨우며, 이 의미에서 다른 인클루지오를 구성한다. 여기에서 "그리스도 안에"는 단순하게 "그리스도인"을 가리키며, 그 결과 베드로는 모든 믿는 자들에게 평화가 깃들기를 기도한다.[21] 평화의 기원으로 편지를 마무리하는 것은 의미가 있다. 베드로의 편지를 받는 교회는 시련과 박해를 받았다. 삶의 스트레스가 상당했다. 이 상황에서 믿는 자들에게 필요한 것은 하나님의 평화와 능력, 곧 악한 이 시대의 압력 가운데서 굳게 서게 하는 평화이다(5:12). 이 평화는 신자들을 굳세게 하며 반대를 인내하고 끝까지 견디어 종말론적인 상을 받을 수 있게 한다.

---

20 몇몇 사본은 "거룩한 입맞춤"이라고 되어 있지만, 분명히 이것은 바울의 영향을 받은 것이며 따라서 부차적이다.

21 많은 사본에 "예수"와 "아멘"이 추가되지만, 다른 사본들에는 이 단어들이 빠져 있으며, 필사자들은 결말을 더욱 예전적으로 만드는 경향이 있다. 따라서 추가는 제외해야 한다.

베드로후서

깃드는숲 LOGOS

서론 개요

1. 저자
   1.1. 베드로 저작을 반대하는 주장
   1.2. 베드로 저작을 지지하는 주장
   1.3. 위명 저작 편지
   1.4. 베드로 저작을 지지하는 주장
2. 저작 시기 및 수신자
3. 반대자들
4. 구조

| 서 론 |

베드로의 두 번째 편지는 예수 그리스도 안에 있는 하나님의 은혜가 덕과 경건의 삶에서 분리되면 안 된다고 가르친다. 하나님의 은혜에 사로잡힌 사람은 윤리적으로 변화되면서 생명의 은사를 소유하고 있음과 하나님의 성품에 참여하고 있음을 나타낸다. 교회를 위협하는 거짓 선생들은 그들의 삶을 특징짓는 악으로 그 가르침이 거짓임을 보여 준다. 이 선생들은 미래의 심판이나 그리스도의 재림이 없으며 따라서 윤리적 삶에 대한 책임이 없다고 주장했다. 베드로는 최후의 심판이 있으며 예수 그리스도께서 우리의 주와 구주로 재림하실 것을 상기시킨다. 그리스도의 재림과 최후의 심판은 신화가 아니라 사도들의 예언적 가르침에 기초한다. 소위 그리스도의 오심이 지연되는 것을 오해하면 안 된다. 그리스도의 재림이 늦어진다고 오해하면 안 된다. 재림 전 기간은 회개와 구원의 기회를 준다. 주의 날, 그리스도의 날, 심판과 구

원의 날은 반드시 올 것이다. 그동안 신자는 경건이 자라야 하고, 그들의 삶
은 도덕적으로 아름다워야 하며, 주 예수 그리스도의 은혜와 지식에서 자라
야 한다. 경건한 삶을 사는 사람들은 심판에서 구원을 받고 다가오는 새 세상,
새 창조를 누리게 될 것이다.

베드로후서는 간결하고 학자들이 저작에 대해서 의문을 제기하기 때문에
종종 무시된다.[1] 예를 들어, 케제만은 유명한 에세이에서 베드로후서의 가치
에 의문을 제기한다.[2] 케제만은 베드로후서를 "초기 가톨릭적"이라고 이해하
고, 복음의 중심, 즉 믿음으로 말미암는 칭의에서 벗어났다고 비판한다. 그는
베드로후서의 연대를 2세기로 보고 성경, 아마도 완성된 정경을 가지고 썼다
고 주장한다. 교회는 구원을 베푸는 기관이 되었고 교리는 사도들이 전달한
고정된 실체가 되었다. 교회는 이제 전통을 해석하는 주체이고, 교회의 권위
는 성령을 제한한다. 성령은 이 편지에 종속되어 교리적인 경직성이 성령의
자유를 제한한다. 이 서신의 기독론은 피상적이며 오직 그리스도의 재림에만
고정되어 있다. 그리스도에 관한 완전한 견해는 결여되어 있다. 구원에 관한
견해는 헬레니즘적이기 때문에 물질적인 세계와 감각적인 욕망으로부터의 도
피로 이해된다(1:4). 실제로 구원은 신적 성품의 참여라는 존재론적인 용어로
설명되며, 이것은 베드로가 변화에 대해 언급하는 이유를 설명한다. 초점은
인간론적인 개인의 경건함에 있다. 상과 형벌에 관한 기계적인 관점이 복음에
대한 새로운 순종을 대신한다. 우리에게는 새로운 법이 있으며 생명은 종교의
문제로 파악된다.[3] 케제만은 에세이를 다음과 같이 마무리한다.

---

1 2000년까지 베드로후서에 관한 연구는 다음을 보라. P. Müller, "Der 2. Petrusbrief," *TRU* 66 (2001): 310–37.

2 E. Käsemann, "An Apologia for Primitive Christian Eschatology," in *Essays on New Testament Themes*, trans. W. J. Montague (Philadelphia: Fortress, 1964), 169–95. 다음도 참조하라. G. Aichele, *The Letters of Jude and Second Peter: Paranoia and the Slaves of Christ*, Phoenix Guides to the New Testament 19 (Sheffield: Sheffield Phoenix, 2012). 베드로후서에 관한 몇 가지 일반적인 비판에 관한 요약은 다음을 보라. Müller, "Der 2. Petrusbrief," 310.

3 마틴(R. Martin)은 케제만만큼 부정적이지는 않지만, 이 편지의 "경직성과 혁신, 신학적인 기획에 대한 다소 기계적인 반응"에 대해서 불평한다. 그는 또한 "베드로후서는 전통에 얽매이고 권위주의적이며 내적으로만 향하는 길에 있는 기독교를 나타낸다"라고 말한다("2 Peter," in *The Theology of the Letters of James, Peter, and Jude* [Cambridge: Cambridge University Press, 1994], 163).

이단들로부터 자신을 방어하는 데 너무 열중하여 더 이상 성령과
문자를 구별하지 않는 교회에 대해서 우리는 무엇을 말할 수 있는
가? 교회는 자신의 전통과 더 나아가 특정한 종교적 세계관과 복
음을 동일하게 여기며, 즉 자신이 가르치는 권위의 체계에 따라 주
해를 규제하고 신앙을 정통 교리에 대한 단순한 동의를 하고 있
는가?[4]

클라인의 평가는 더 이상 긍정적이지 않다. "저자는 자신의 예를 제시하
는 비참한 일을 한다. ... 자신의 주장이 아무리 강해도 그는 기본적으로 무
력하다."[5] 그는 이 편지가 정경에 포함된 것조차 불행하다고 말한다. 제임스
던은 루터와 웨슬리의 일부 저작이 베드로후서와 같거나 더 낫다고 말한다.[6]
나는 이 주석에서 이와 같은 평가가 베드로후서를 매우 잘못 읽고 있으며
그들이 전통과 정통에 관한 편견을 가지고 있다고 주장할 것이다. 우리는 포
스트모던 세계에서 우리 모두가 각자의 전제를 가지고 있으며, 우리 가운데
누구도 현실을 하나님의 눈으로 볼 수 없다는 사실을 깨닫는다. 베드로후서에
관한 어떤 학자들의 부정적인 견해는 그들이 베드로후서에 대해 말하는 것보
다 그들 자신에 대해 더 많은 것을 말해 준다. 예를 들어, 베드로후서는 그리
스도 안에 있는 하나님의 은혜를 강력하게 전하는 것으로 시작한다. 이 은혜
는 그리스도 안에 있는 새 생명의 기초가 되고 실제로 새 생명을 보장하는 은
혜이다. 앞에서 말한 학자들의 말은 베드로후서에는 은혜가 전혀 없다고 생
각하게 만든다. 그런데 실제로 편지를 읽어 보면 은혜가 가장 첫 번째 주제임
을 알 수 있다.[7]
우리는 또한 베드로후서에 베드로 신학 전체가 포함되어 있지 않다는 사

4 Käsemann, "Apologia for Primitive Christian Eschatology," 195.

5 클라인의 번역은 다음 책에서 볼 수 있다. J. D. Charles, *Virtue amidst Vice: The Catalog of Virtues in 2 Peter 1*, JSNTSup 150 (Sheffield: Academic Press, 1997), 19-20. 클라인의 인용은 다음에서 볼 수 있다. G. Klein, "Der zweite Petrusbrief und der neutestamenliche Kanon," in *Ärgernisse: Konfrontationen mit dem Neuen Testament* (Munich: Chr. Kaiser, 1970), 111-12.

6 J. D. G. Dunn, *Unity and Diversity in the New Testament: An Inquiry into the Character of Earliest Christianity*, 2nd ed. (Philadelphia: Westminster, 1990), 386.

7 월(R. W. Wall)은 정경적인 관점에서 베드로후서가 베드로전서를 보완한다고 주장한다("The Canonical Function of 2 Peter," *Biblnt* 9 [2001]: 64-81).

실을 인정해야 한다. 이 편지는 짧게 세 장으로 구성되어 있다. 그럼에도 불구하고, 극단적인 루터주의는 그리스도인의 삶이 성령 안에서 변화된 삶, 즉 도덕적으로 아름다운 삶으로 이어짐을 이해하지 못하는 것은 아닐까? 베드로는 그리스도 안에서 주어진 구원이 도덕적인 변화로부터 자유로워야 한다고 믿지 않는다. 그는 이율배반적인 반대자들이 교회를 위협하는 상황에서 글을 썼고, 따라서 그는 삶을 변화시키는 예수 그리스도의 역사를 자연스럽게 강조한다.

초대 교회의 종말론적인 열정이 베드로후서에서도 여전히 뛰고 있다. 베드로는 계속해서 예수 그리스도의 재림을 기대한다. 수천 년 동안 이 땅에 정착하기를 기대하지 않는다. 그리스도께서 재림하시는 날이 구체적으로 계시되지 않았으며 명백한 재림의 지연으로 신자들이 곤란해 하면 안 된다는 사실을 인정한다. 기독론이 부족하다는 견해도 근거가 없다. 주해에서 베드로가 첫 번째 절에서 예수 그리스도를 하나님으로 확인한다고 주장할 것이다.

베드로후서가 전통주의로 무너졌다는 주장도 방향을 잃어버린 것이다. 다시 말하지만, 이 주장은 전통의 흔적이나 "초기 가톨릭주의"가 복음에서 벗어났다고 염려하는 개신교인들에게서 온 것으로 보인다.[8] 성령과 전통이 반드시 충돌하지는 않는다. 성령은 심지어 전통이 되는 것에 영감을 줄 수 있다. 어떤 경우든 베드로는 교회가 영감을 받아 전통을 해석하는 주체라고 주장하지 않고, 오히려 그리스도 안에 있는 하나님의 계시, 특히 변화산 사건의 변화에 관한 계시가 사도들이 구약을 올바르게 해석했음을 입증한다고 강조한다. 주의 날을 예언하는 성경은 그리스도의 재림 때에 시작될 심판과 구원을 언급한다.[9] 마지막으로, 베드로는 자신의 메시지를 동시대인들에게 이야기하기 위해 헬레니즘 관용구로 다시 썼기 때문에 우리는 실제로 베드로후서에서 그의 창의성을 본다. 편지는 굳어진 전통주의가 아니라 새로운 상황에 복음을 선포한다.

---

8 베드로후서는 초기 가톨릭적이라는 개념과 반대된다. 다음을 보라. M. J. Gilmour, *The Significance of Parallels between 2 Peter and Other Early Christian Literature*, SBLAB 10 (Atlanta: Society of Biblical Literature, 2002); T. Callan, *Second Peter*, PCNT (Grand Rapids: Baker, 2012), 36-40.

9 아래의 벧후 1:19-21의 논의를 보라.

1. 저 자

베드로후서에 나오는 뜨거운 역사적 질문은 이 편지가 진짜인지, 즉 예수 그리스도의 사도인 베드로가 실제로 이 편지를 썼는지 여부이다. 많은 학자들은 베드로가 쓰지 않았다고 확신한다. 그들은 다음 세대(또는 여러 세대)에 그의 권위를 전달하기 위해 베드로의 이름으로 써진 위명 저작으로 이해한다. 보컴은 뛰어난 주석으로 베드로후서가 성경의 장르에 속한다고 주장하면서 이 견해를 다시 조정한다.[10] 이 편지는 베드로의 이름으로 쓴 "명백한 허구"로 다음 세대를 위한 작별 담화이다. 보컴의 견해는 저자가 위명으로 글을 써서 의도적으로 독자를 속였다고 생각하는 학자들의 견해와 다르다. 보컴에 따르면, 베드로후서가 사실 베드로가 쓴 것이 아니라는 사실이 모든 사람들에게 명백했다.[11] 이제 베드로 저작에 반대하는 주장을 고려하면서 시작하려고 한다.

1.1. 베드로 저작을 반대하는 주장

베드로 저작에 이의를 제기하는 다양한 주장이 있었다. 그중 일부는 다른 것들보다 더 강하다. 나는 독자들이 논쟁의 본질을 명확하게 이해할 수 있도록

---

10 R. Bauckham, *Jude, 2 Peter* (Waco: Word, 1983). 많은 학자들이 베드로후서가 유언이라고 주장한다. W. G. Kümmel, *Introduction to the New Testament*, rev. ed. (Nashville: Abingdon, 1975), 433; B. Reicke, *The Epistles of James, Peter, and Jude*, AB (Garden City: Doubleday, 1964), 146; T. V. Smith, *Petrine Controversies in Early Christianity: Attitudes toward Peter in Christian Writings of the First Two Centuries*, WUNT 2/15 (Tübingen: Mohr Siebeck, 1985), 67; T. Fornberg, *An Early Church in a Pluralistic Society: A Study of 2 Peter*, ConBNT 9 (Lund: Gleerup, 1977), 10-12; Müller, "Der 2. Petrusbrief," 329–30; E. Fuchs and P. Reymond, *La Deuxième Épître de Saint Pierre, L'Épître de Saint Jude*, CNT (Neuchâtel-Paris: Delachaux & Niestlé, 1980), 25–26. T. S. Caulley, "The Idea of 'Inspiration' in 2 Peter 1:16-21" (Ph.D. diss., Eberhard-Karls Universität zu Tübingen, 1982), 83–105.

11 파카스팔비(D. Farkasfalvy)는 저자가 바울의 이름으로 독자들이 직면한 문제들을 해결할 수 없기 때문에 베드로의 이름으로 글을 썼다고 제안한다. 저자는 바울과 다른 사도들의 가르침을 모두 해석하기 위한 "규범적인 맥락"을 제공하려고 한다 ("The Ecclesial Setting of Pseudepigraphy in Second Peter and Its Role in the Formation of the Canon," *SecCent* 5 [1985-86]: 12–13, 26–27). 이 해결책은 이미 위명 저작 이론을 채택한 경우에만 설득력이 있다. 사실 저자가 베드로의 이름으로 권위 있는 글을 쓰려는 시도에 대한 반대를 상상할 수 있는데 여기에서 저자는 베드로가 아니기 때문에 베드로의 권위를 주장할 권위가 없다고 말한다. 파머(W. R. Farmer)는 다른 사람이 베드로의 이름으로 편지를 썼더라도 "위명 저작"이라는 용어는 피해야 한다고 제안한다. 이 용어는 비윤리적인 관행을 암시하기 때문이다.

대표적인 논쟁을 제시하려고 한다.[12]

첫째, 대부분 학자들은 베드로후서가 유다서를 자료로 의존하고 있다고 믿는다.[13] 많은 경우 유다서는 사도 (시대) 이후로 여겨진다. 그렇다면 베드로는 베드로후서를 기록할 수 없었을 것이다. 유다서가 사도 시대 이후에 기록되었고 베드로후서가 유다서를 사용했다면 베드로후서는 베드로가 죽은 후에 기록되었을 것이다. 다른 주장을 하는 학자들도 있다. 유다서가 사도 시대에 기록되었다고 하더라도 사도 베드로가 유다와 같은 사도가 아닌 저자의 글을 사용했을 것이라는 개념은 거부된다.

둘째, 편지에 사용된 헬레니즘 개념과 언어는 베드로의 저작을 입증하지 못한다. 베드로전서가 베드로후서와 동일한 헬레니즘적인 분위기를 나타내지 않는데, 갈릴리 어부가 이렇게 많은 그리스 문화의 단어와 개념을 사용했다는 생각은 특히 베드로후서를 베드로전서와 비교할 때 가능성이 없어 보인다. 많은 학자들은 베드로후서가 베드로전서와 비교해서 거창하고 과격하다고 생각한다. 베드로전서의 베드로 저작을 확신하는 일부 학자들은 베드로전서와 베드로후서의 차이점을 관찰하고 베드로후서의 저작을 거짓이라고 자신 있게 선언한다. 베드로후서에는 신약에 나오지 않는 단어가 57개가 있으며, 이 중에 32개의 단어는 70인역(LXX)에도 나오지 않는다.[14] 32개의 단어 중 15개의 단어는 다른 유대 문헌에서 사용된다. 13개의 단어는 베드로후서에만 나온다. 베드로후서는 베드로전서보다 동의어나 3중으로 표현한 단어

---

12 베드로 저작을 반대하는 표준적인 논증은 다음을 보라. J. N. D. Kelly, *A Commentary on the Epistles of Peter and Jude*, Thornapple Commentaries (Grand Rapids: Baker, 1981), 235-37; Kümmel, *Introduction to the New Testament*, 430-34; J. Frey, *Der Brief des Judas und der zweite Brief des Petrus*, THKNT (Leipzig: Evangelische Verlagsanstalt, 2015), 180-86; Reicke, *James, Peter, and Jude*, 180–83; C. E. B. Cranfield, *I and II Peter and Jude: Introduction and Commentary*, TBC (London: SCM, 1960), 148-49; J. W. C. Wand, *The General Epistles of Peter and Jude*, WC (London: Methuen, 1934), 143-44; K. H. Schelke, *Der Petrusbrief- Der Judasbrief*, HTKNT (Freiburg: Herder, 1980), 179-81; H. Paulsen, *Der zweite Petrusbrief und der Judasbrief*, KEK (Göttingen; Vandenhoeck & Ruprecht, 1992), 93-95; A. Vögtle, *Der Judasbrief, Der 2 Petrusbrief*, EKKNT (NeukirchenVluyn: Neukirchener Verlag, 1994), 122–27; Fuchs and Reymond, *2 Pierre, Jude*, 30-34. J. B. Mayor, *The Epistle of St. Jude and the Second Epistle of St. Peter* (1907; repr., Grand Rapids: Baker, 1965), cxv-cxxxiv; Callan, *Second Peter*, 37-38.

13 예. Frey, *Der Brief des Judas und der zweite Brief des Petrus*, 154-62.

14 이 문제에 관한 자세한 논의는 보컴을 보라(*Jude, 2 Peter*, 135-36).

가 더 많다. 실제로 베드로전서와 베드로후서를 비교할 때 눈에 띄는 것은 이 차이점들이다. 베드로후서가 선호하는 단어는 베드로전서에 나타나지 않고 그 반대의 경우도 마찬가지이다. 보컴은 베드로후서에 "지식"($\dot{\epsilon}\pi\dot{\iota}\gamma\nu\omega\sigma\iota\varsigma$, 에피그노시스, 1:2-3, 8; 2:20), "경건"($\epsilon\dot{\upsilon}\sigma\dot{\epsilon}\beta\epsilon\iota\alpha$[유세베이아]와 $\epsilon\dot{\upsilon}\sigma\epsilon\beta\dot{\eta}\varsigma$[유세베스], 1:3, 6; 2:9; 3:11), "힘써"($\sigma\pi\sigma\upsilon\delta\dot{\alpha}\zeta\epsilon\iota\nu$[스푸다제인]와 $\sigma\pi\sigma\upsilon\delta\dot{\eta}$[스푸데], 1:5, 10, 15; 3:14)와 "도"($\dot{\delta}\delta\dot{\delta}\varsigma$, 호도스, 2:2, 15, 21)와 "세우다"($\sigma\tau\eta\rho\dot{\iota}\zeta\epsilon\iota\nu$[스테리제인], $\sigma\tau\eta\rho\iota\gamma\mu\dot{\delta}\varsigma$[스테리그모스], 그리고 $\dot{\alpha}\sigma\tau\dot{\eta}\rho\iota\kappa\tau\sigma\varsigma$[아스테리크토스], 1:12; 2:14; 3:16-17), "우리 주"($\kappa\dot{\upsilon}\rho\iota\sigma\varsigma$ $\dot{\eta}\mu\dot{\omega}\nu$, 퀴리오스 헤몬, 1:8, 11, 14, 16; 3:18)와 결합된 그리스도를 위한 단어인 "구주"($\sigma\omega\tau\dot{\eta}\rho$, 소테르), "신성한"($\theta\epsilon\dot{\iota}\sigma\varsigma$, 데이오스, 1:3-4)과 같은 단어들에 주목한다.[15] 베드로전서 5장 10절의 $\sigma\tau\eta\rho\dot{\iota}\zeta\epsilon\iota\nu$(스테리제인)을 제외한 나머지 단어들은 베드로전서에서 찾을 수 없다. 더욱이 베드로전서는 예수님의 재림을 "나타나심"($\dot{\alpha}\pi\sigma\kappa\dot{\alpha}\lambda\upsilon\psi\iota\varsigma$, 아포칼륍시스)으로 묘사하는 반면에, 베드로후서는 "강림하심"($\pi\alpha\rho\sigma\upsilon\sigma\dot{\iota}\alpha$, 파루시아)을 사용한다.

베드로후서가 보여 주는 헬라어의 성격은 "덕"($\dot{\alpha}\rho\epsilon\tau\dot{\eta}$, 아레테, 1:3, 5)으로 나타난다. "신성한 성품"($\theta\epsilon\dot{\iota}\alpha\varsigma$ $\phi\dot{\upsilon}\sigma\epsilon\omega\varsigma$, 데이아스 퓌세오스)은 그리스 철학자에게서 온 것으로 예상되지만, 우리는 베드로가 철학적인 문구를 사용하는 대신 성령을 말하는 것으로 예상할 수 있다.[16] 어떤 학자들은 "친히 본 자"($\dot{\epsilon}\pi\dot{\delta}\pi\tau\eta\varsigma$, 에포프테스, 1:16)가 신비 종교에서 유래했으며 이것은 베드로가 저자가 아니라는 분명한 증거를 제공한다고 주장한다.

케제만은 악의 개념이 초기 기독교 문헌과 일치하지 않는다고 주장한다.[17] 악은 물질적인 존재에서 비롯되며 물질세계에서 해방되면 구원은 우리의 것이 된다(1:4).[18] 그는 또한 예수 그리스도에 관한 관점이 베드로후서에서는 수준이 낮고, 발전된 종말론이 예수 그리스도를 중심으로 이루어지지 않

---

15 Bauckham, *Jude, 2 Peter*, 144.

16 이 구절의 유대적인 이해와 배경에 대한 변호는 다음을 보라. A. Gerdmar, *Rethinking the Judaism-Hellenism Dichotomy: A Historiographical Case Study of Second Peter and Jude*, ConBNT 36 (Stockholm: Almqvist & Wiksell, 2001), 222-43.

17 Käsemann, "Apologia for Primitive Christian Eschatology," 179–80.

18 Käsemann, "Apologia for Primitive Christian Eschatology," 179–80. 또한 다음을 보라. Smith, *Petrine Controversies*, 95.

는다고 주장한다. 실제로 파루시아의 연기는 초기 가톨릭주의의 증거로, 재림에 대한 임박한 소망이 시들고 있다는 증거로 여겨진다.

셋째, 반대자들로 늦은 날짜를 가정하게 만든다. 거짓 선생들은 그리스도의 재림에 의문을 제기하고, 재림을 영적으로 이해하고, 방종한 삶을 살았던 2세기의 영지주의자로 이해된다.[19]

넷째, 베드로후서가 바울 서신에 호소하는 사실은 바울의 편지들이 수집되고 현재 정경으로 간주되고 있음을 보여 준다(3:15-16).[20] 물론 이 수집과 정경화는 베드로가 살아 있는 동안에 가능했다. 베드로후서는 교회 권위자들이 성경의 해석자들이라고 밝히고 있다(1:20-21; 참조. 2:2).[21] 교회 직분자들은 이제 받아들일 수 있는 교리를 회중들에게 나누어주고 해석한다.

다섯째, 보컴은 클레멘트 1, 2서, 헤르마스의 목자(Shepherd of Hermas)와 베드로후서가 공통점이 있다고 이해한다.[22] 이 서신들은 로마 기독교에 뿌리를 둔다. 이 편지들은 대부분 1세기 마지막에서 유래한다. 비슷하게 베드로는 이 시기에 위치해야 한다는 주장이다.

여섯째, 베드로후서는 2세기라는 외적인 증거가 없었고, 4세기에도 서신을 모르는 사람들이 있었으며, 정경성에 의문을 제기하는 사람들도 있었다. 큄멜은 이런 점들로 베드로후서가 125년에서 150년 사이에 썼다는 결론을 내린다.[23]

이제 보컴으로 돌아가 그의 유언 논제를 살펴보려고 한다.[24] 보컴은 베드로 저작에 대해 제기된 많은 반대 의견을 지지하지 않지만 헬레니즘 언어가 베드로 저작에 상당한 의심을 던지게 한다는 데 동의한다. 그러나, 보컴은 그 증거로 연대를 늦게 잡을 필요가 없다고 생각한다. 보컴에 따르면 베드로후서는 유언 또는 고별사이다. 따라서 베드로후서는 모든 곳의 모든 그리스도인에게 쓰는 것이 아니라 특정한 문제로 어려움을 겪고 있는 특정한 공동체를 대

---

19 예. Kümmel, *Introduction to the New Testament*, 432. 혹스와 레이몬드는 원시 영지주의를 주장한다(*2 Pierre, Jude*, 28-29).

20 예. Frey, *Der Brief des Judas und der zweite Brief des Petrus*, 164.

21 Käsemann, "Apologia for Primitive Christian Eschatology," 174-75.

22 Bauckham, *Jude, 2 Peter*, 149-51.

23 Kümmel, *Introduction to the New Testament*, 434.

24 Bauckham, *Jude, 2 Peter*, 131–35.

상으로 한다. 유언에는 두 가지 특징이 있다. (1) 윤리적인 권면과 (2) 미래에 일어날 일에 관한 계시이다.

보컴은 베드로후서가 몇 가지 이유로 유언 장르에 적합하다고 믿는다. 서신의 첫 단락(1:3-11)은 베드로의 윤리적이고 종교적인 가르침을 요약하고 있으며, 그 내용은 저자가 죽은 이후 독자들을 위한 유언의 특징을 가진다. 1장 12-15절의 표현은 베드로가 곧 떠날 것에 비추어 자신의 독자들에게 당부하는 내용으로 작별의 내용이다. 유언의 주제는 2장 1-3절과 3장 1-4절에서 분명하게 나타나며 여기에서 거짓 선생들이 갑자기 들어오는 일이 예언된다. 사실, 이 선생들의 존재는 베드로가 저자가 아니라는 점을 보여 준다. 그러나 그들이 들어오는 것은 유언 장르를 보여 주는 미래의 사건이다. 보컴은 사실상 유언이 실제로 일어난 일이 아니지만, 유언이 위명일 필요는 없다고 지적한다. 그러나 유언 편지가 있는 상황에서, 이 경우 분명히 위명이다(참조. 2 Bar. 78-86). 유대인 독자들은 유언을 가상으로 이해했고, 보컴은 독자들이 베드로후서를 비슷하게 이해했을 것이라고 결론을 내린다. 따라서 보컴의 핵심적인 관점 중 하나가 나타난다. 베드로후서는 "명백한 허구"로 인식되었을 것이다. 베드로가 실제로 편지를 썼다고 생각한 사람은 아무도 없었을 것이다. 분명히 그가 쓰지 않았다. 미래의 예언이 이미 현실이 되었다는 것을 독자들에게 보여 주기 때문에 미래에서 현재 시제로의 전환은 보컴의 가설에 매우 중요하다. 따라서 미래 시제의 사용은 문학적인 장치이다. 사도들의 예언이 지금 성취되고 있음을 보여 주기 위해서 베드로의 입에 예언이 들어 있다.

어떤 학자들은 다른 서기들을 근거로 베드로전서와 베드로후서의 차이점을 설명하려고 한다. 보컴은 두 편지의 차이가 너무 근본적이라고 주장하면서 이 해결을 거부한다. 베드로후서는 베드로전서와 스타일만 다르지 않다. 신학과 용어도 두 편지가 다른 사람이 썼음을 보여 준다.[25] 사실 보컴은 이 차이가 너무 중요해서 베드로 학파나 베드로전서에 대한 상당한 의존성을 가정하는 이론을 배제할 수 있다고 생각한다.[26] 저자는 베드로의 제자도 아니고 멀리 떨어진 2세기의 위명의 작가도 아니다. 대신 저자는 자신의 글과 메시

---

25 Bauckham, *Jude, 2 Peter*, 145-47.

26 베드로 학파에 반대하는 견해는 다음을 보라. Vögtle, *Judasbrief, 2 Petrusbrief*, 125.

지가 베드로의 글과 조화를 이룬다고 생각한 베드로의 동료 중 한 명이었다. 저자는 바울의 편지를 알고 있었지만 자세히 사용하지 않았기 때문에, 우리는 바울의 편지가 교회의 공통적인 재산이 되기 전인 1세기 말이라는 추가적인 증거를 가진다.

보컴은 이 편지를 베드로의 죽음 이후에 기록된 유언으로 생각해야 한다고 결론을 맺는다. 원래 독자들은 베드로가 저자가 아니라는 것을 쉽게 알아차릴 수 있었지만, 베드로후서는 베드로가 썼다고 주장한다. 교회사에서 베드로후서는 베드로의 저작이 분명하다고 받아들여졌다. 이 문학 장르를 파악하지 못했기 때문이다. 때문이다. 초대 교회에서도 같은 현상이 일어났다. 이방인들은 유언의 장르를 인식하지 못하여 베드로의 편지로 돌렸다.[27] 베드로 저작을 보여 주는 편지의 시작에 나타나는 "시몬 베드로"(Συμεών Πέτρος)는 저자가 베드로를 알고 있었고, 그가 베드로의 이름으로 편지를 쓰는 데 자신감을 느꼈음을 보여 준다. 그가 다른 베드로가 쓴 내용을 인용하지 않았기 때문에 분명하다. 우리는 이 작업을 사기라고 치부할 필요는 없지만, 저자가 새로운 세대에 사도적인 가르침을 중재하고자 했다는 점을 이해해야 한다.[28]

1.2. 베드로 저작을 지지하는 주장

어떤 학자가 신약 편지 중에서 저작을 의심한다면 그 편지는 베드로후서일 것이다. 슐라터는 베드로후서를 제외한 모든 신약 서신의 저작을 지지했다.[29] 그럼에도 불구하고 베드로후서의 저작을 지지하는 충분한 이유가 여전히 존재한다. 베드로가 베드로후서를 썼다고 믿은 것은 지성을 희생시키는 일이 아니다. 여전히 베드로 저작은 다음과 같은 이유로 가장 신뢰할 수 있다.[30]

27 Bauckham, *Jude, 2 Peter*, 162.

28 Bauckham, *Jude, 2 Peter*, 161-62.

29 A. Schlatter, *The Theology of the Apostles: The Development of New Testament Theology* (Grand Rapids: Baker, 1999), 356.

30 베드로 저작설을 지지하는 견해는 다음을 보라. M. J. Kruger, "The Authenticity of 2 Peter," *JETS* 42 (1999): 645-71; C. Bigg, *The Epistles of St. Peter and St. Jude*, ICC (Edinburgh: T&T Clark, 1901), 199-247; M. Green, *The Second Epistle General of Peter and the General Epistle of Jude*, 2nd ed., TNTC (Grand Rapids: Eerdmans, 1988), 13-39; D. J. Moo, *2 Peter, Jude*, NIVAC (Grand Rapids: Zondervan, 1997), 21-26; G. L. Green, *Jude and 2 Peter*, BECNT (Grand Rapids: Baker, 2008), 139-50; P. H. R. Houwelingen, "The Authenticity of 2 Peter: Problems and

베드로후서의 베드로 저작에 관한 가장 중요한 증거인 내적 증거부터 시작하려고 한다.[31] 베드로후서는 베드로가 직접 썼다는 주장으로 시작한다. 실제로, 베드로는 그의 이름을 "시몬 베드로"($\Sigma\upsilon\mu\epsilon\grave{\omega}\nu$ $\Pi\acute{\epsilon}\tau\rho\text{o}\varsigma$)라는 히브리어 형식을 사용하는 데, 이것은 저작의 진정성을 나타낸다. 이 표현은 사도행전 15장 14절에서만 나타나기 때문이다.[32] 만약 베드로후서가 위명이라면 우리는 저자가 베드로전서의 형식을 베끼거나 신약에서 베드로를 나타내는 데 사용한 일반적인 표현 중 하나를 사용할 것이라고 예상할 것이다.[33] 저자가 의식적으로 그리고 교묘하게 독자들을 속이려고 했다는 견해를 받아들이지 않는다면 그가 독창적인 형식을 선택했다는 사실은 저작의 표시이다. 그러나 이 형태의 베드로 이름은 교부나 위명 베드로 문헌에서 결코 사용하지 않았기 때문에 가능하지 않은 것 같다. 저자는 베드로라고 주장할 뿐만 아니라 그가 곧 죽을 것이라고 말한다(1:14). 이것은 베드로가 나이가 들어서 죽음이 임박했음을 깨달았다는 것으로 가장 자연스럽게 해석된다. 이런 말들을

---

possible Solutions," *EJT* 19 (2010): 119-29. 또한 아래의 다양한 학자들의 논의를 보라.

31 길모어(M. J. Gilmour)는 그의 고무적인 아티클에서 베드로 저작과 저작이 아닌 점 모두 지지하는 증거가 모호하고 어느 쪽 입장도 분명하게 지지할 수 없다고 주장한다("Reflections on the Authorship of 2 Peter," *EvQ* 73 [2001]: 291-309). 길모어의 많은 주장은 정확하다. 양측의 주장은 변호에 결정적이지 않다. 그럼에도 불구하고 그의 관점은 몇 가지 약점이 있다. 첫째, 역사적인 저작은 절대적인 증거가 아니라 개연성을 가진다는 점을 더 분명히 인정해야 한다. 양쪽에서 제기하는 많은 주장은 설득력이 없다. 그러나 어떤 주장들은 다른 주장들보다 더 가능성이 있으며 이 주장을 밝히는 것은 역사가의 임무이다. 둘째, 길모어는 역사적인 관점에서 어떤 입장이 다른 입장보다 더 가능성이 있을 수 없다고 잘못 결론을 내린다. 그는 이 편지의 내적 증거를 완전히 무시하고 가정으로만 이 점을 본다. 편지가 가지는 스스로의 주장은 단순히 가정이라고 기각될 수 없다. 우리는 편지 자체가 저자에 관한 문서의 주장을 포함하는 역사적인 증거를 나타낸다는 점을 기억해야 한다. 셋째, 길모어는 베드로 저작설을 지지하는 사람들은 자신들이 모든 주장이 결정적이라고 생각하지 않는다는 점을 충분히 명확하게 인식하지 못한다. 그러나 이 주장은 편지 자체의 주장이 변호가 가능하고 그럴듯하다는 점을 보여 준다. 넷째, 길모어는 유언을 주장하는 가설의 역사적 약점을 인식하지 못한다(아래를 보라). 베드로후서가 명백한 허구였다는 생각에는 역사적으로 결함이 있다. 초대 교회의 누구도 이 편지를 명백한 허구로 인식했다는 증거가 없기 때문이다. 마지막으로 길모어는 저자가 누구인지 결정하는 데 가정이 사용된다는 점을 바르게 지적한다. 그러나 그는 가정과 증거 사이의 관계를 명확하게 설명하지 않는다. 따라서 그는 가정이 증거와는 완전히 단절된 밀폐된 구역에 있다고 제안하는 것처럼 보인다.

32 B. B. Warfield, "The Canonicity of Second Peter," in *Selected Shorter Writings*, 2 vols. (PHillipsburg, NJ; Presbyterian & Reformed, 1973), 2:69; Kruger, "The Authenticity of 2 Peter," 662.

33 D. Guthrie, *New Testament Introduction*, 4th ed. (Downers Grove: InterVarsity, 1990), 820-21.

위명 작가가 말한다면 어색하고 거짓이 된다.

아마도 그가 변화산 사건의 목격자라는 주장이 더 강력한 증거일 것이다 (1:16-18). 재림이 참되다는 사실은 변화산 사건으로 기대될 수 있다. 베드로는 자신이 그 산에 있었고, 그가 일어난 일을 조작하지 않았고, 그 일의 목격자이며 하늘에서 전해진 말씀도 들었다고 강조한다. 위명 작가가 어떻게 이런 말들을 신빙성 있게 쓸 수 있었는지 이해하기 어렵다.[34] 다른 저자라면 다음과 같은 각주를 써야 할 것 같다. "사실, 나는 산에서 일어난 일을 보거나 듣지 못했다. 나는 베드로에게 일어난 일을 말하고 있다." 위명을 지지하는 학자들은 이 진술이 근본적으로 속임이 아니라는 사실을 설명하기 어렵다. 더욱이, 위명 저자가 변화산에 호소하는 이유가 무엇인가? 거스리는 그 기록이 계시를 더 확인하기 위해 사용되지 않고, 어떤 공관복음 기록과도 정확하게 일치하지 않는다는 점을 찾는다.[35] 따라서 이것은 변화산 사건에 관한 독립적인 서술이다. 더군다나 위명 저자는 기록을 꾸미려고 했을 것인데, 베드로후서는 이렇게 꾸미지 않는다.[36]

위에서 언급한 베드로후서 자체의 증거는 베드로가 저자라는 역사적 증거가 된다. 바울을 "사랑하는 형제"(3:15)라고 언급하는 점도 베드로에게 적합하다. 다음 세대의 저자들은 사도 바울과 같은 수준이 아니었을 것이다.[37] 베드로는 하나님께서 바울에게 지혜를 주셨음을 안다(3:15-16), 이 서술은 갈라디아서 2장 9절과 일치한다. 베드로가 저자라면 그가 바울을 언급하는 방식은 정당하다. 그의 서술은 존경하지만 열등감은 전달되지 않는다.[38] 저자들이 사도들과 같은 수준이 아님을 분명히 한 이그나티우스와 같은 후기 저자들과 반대이다(참조. Ign. *Trall.* 3:3; *Rom.* 4:3). 마지막으로 이 편지는 베드로가 쓴 두 번

---

34 찰스는 "이것은 독자들에게 너무 많은 점을 제시한다"라고 올바르게 언급한다"(*Virtue amidst Vice*, 97).

35 Guthrie, *New Testament Introduction*, 823.

36 D. B. Wallace, "Second Peter: Introduction, Argument, and Outline," https:// bible.org/ seriespage/second-peter-introduction-argument-and-outline.

37 로빈슨(J. A. T. Robinson)은 이 용어가 아직 살아 있는 동역자를 가리킨다고 말한다(*Redating the New Testament* [Philadelphia: Westminster, 1976], 181).

38 참조. R. Riesner, "Der zweite-Petrus Brief und die Eschatologie," in *Zukunftserwartung in biblischer Sicht: Beiträge zur Eschatologie*, ed. G. Maier (Giessen: Brunnen, 1984), 132–33; Kruger, "The Authenticity of 2 Peter," 664-65.

째 편지라고 주장한다(3:1). 월리스는 두 번째 편지가 베드로전서를 의존하지 않기 때문에, 이 주장이 위명 저자와 맞지 않다고 올바르게 지적한다.[39] 거짓 저자였다면 베드로전서에서 더 광범위하게 빌려 오려고 했을 것이다. 베드로후서의 독립성은 같은 저자가 새로운 상황을 다루고 있음을 드러낸다.

베드로후서의 외적 증거를 살펴보자.[40] 외적증거는 다른 신약의 저자들만큼 강력하지 않다. 무라토리안 정경은 베드로후서를 언급하지 않지만 베드로전서도 언급하지 않는다. 무라토리안 정경이 완전하지 않기 때문에 거기에 빠졌다는 점에서 결론을 찾으면 안 된다. 피키릴리(Picirilli)는 교부들에서 베드로후서의 암시를 조사한다.[41] 그는 클레멘트 1서, 클레멘트 2서, 바나바 서신, 헤르마스의 목자에서 (베드로의 이름은 언급되지 않았지만) 베드로후서가 암시되었을 가능성이 매우 높다고 결론을 내린다. 그는 이 암시가 이그나티우스의 편지와 폴리카르포스의 순교에도 있을 가능성을 생각한다. 피키릴리가 수집한 증거가 설득력이 있다면, 이 편지는 아마도 2세기에 사용되었고 또한 아마도 1세기에도 사용되었을 것이다.[42] 그러나 그린(G. Green)은 이그나티우스, 폴리카르포스, 헤르마스와의 유사점이 명확하지 않다고 말한다.[43] 피키릴리가 언급한 암시가 사실일지라도 이 암시가 저자의 문제에 대해서 직접적으

---

39 Wallace, "Second Peter: Introduction, Argument, and Outline."

40 증거의 인용과 평가에 대해서는 다음을 보라. Bigg, *Peter and Jude*, 199-215. 초기 수용 역사에 대해서는 다음을 보라. W. Grünstäudl and T. Nicklas, "Searching for Evidence: The History of Reception of the Epistles of Jude and 2 Peter," in *Reading 1-2 Peter and Jude: A Resource for Students*, ed. E. F. Mason and T. W. Martin, SBLRBS 77 (Atlanta: Society of Biblical Literature, 2014), 220-27.

41 R. E. Picirilli, "Allusions to 2 Peter in the Apostolic Fathers," *JSNT* 33 (1988): 57–83. 또한 다음을 보라. C. P. Thiede, "A Pagan Reader of 2 Peter: Cosmic Conflagration in 2 Peter 3 and the Octavius of Minucius Felix," *JSNT* 26 (1986): 79–96. 티데는 미누시우스 펠릭스(Minucius Felix)가 베드로후서를 알았고 그의 옥타비우스(Octavius)에서 대화재에 관한 그의 개념을 사용했다고 주장한다. 티데는 또한 순교자 유스티누스와 미누시우스에게서 "베드로후서의 명백한 암시"가 있다고 생각한다(Warfield, "The Canonicity of Second Peter," 55, 88). 그는 미누시우스의 옥타비우스를 140년대로 추정하고 베드로후서가 1세기에 기록되었다는 증거로 결론을 내린다.

42 피키릴리의 결론과 유사한 결론을 이끌어 내는 더 오래된 연구에 대해서는 다음을 보라. Warfield, "The Canonicity of Second Peter," 49–68. 또한 다음을 참조하라. Kruger, "The Authenticity of 2 Peter," 655.

43 G. Green, *Jude and 2 Peter*, 142.

로 말하지 않는다.[44] 다른 한편, 피키릴리는 교부들이 바울 서신을 31번이나 인용하지만 바울의 이름을 결코 언급하지 않는다고 말한다.[45] 따라서 베드로의 이름을 말하지 않았다는 것은 결정적이지 않다.

물론 완전히 다른 해결책이 제시될 수 있다. 이 전통의 유사성은 베드로후서의 저자가 교부 중 일부를 사용했음을 입증한다고 주장할 수 있다. 다른 학자들은 유사한 자료에 관한 설명으로 공통적인 자료를 가정할 수 있다.[46] 이 문제를 확실하게 해결하기는 불가능하지만, 베드로의 저작에 관한 누적된 예를 볼 때, 교부들의 베드로후서 사용도 가능하다. 다음은 베드로후서의 암시일 가능성이다. 바나바 서신에는 베드로후서 3장 8절에 대한 암시가 있는 것으로 보인다(Barn. 15:4).[47] 클레멘트 2서 16:3은 또한 베드로후서 3장 7, 10, 12절을 의존할 수 있다.[48] 순교자 유스티누스가 베드로후서 2장 1절을 암시했다고 생각할 만한 충분한 이유가 있다(Dial. 81:1).[49] 히폴리투스의 인용은 그가 베드로후서를 사용했음을 보여 줄 수도 있다.[50] 베드로의 묵시는 분명히 베드로후서를 인용하고 있다.[51]

오리게네스는 어떤 사람들이 베드로후서의 저작에 대해서 의심한 점에 주목하지만(Eusebius, *Hist. eccl.* 6.25.11), 자기 글에서 6번 인용한다. 이 점에서 다른 사람들의 의심이 그에게 설득력이 없었다고 결론을 내릴 수 있다. 그는 베드로가 2개의 편지를 썼다고 말한다.[52] 이레나이우스는 베드로후서

---

44 길모어는 피키릴리의 주장이 진정성을 입증하지 못한다고 주목한다("Reflections on the Authorship of 2 Peter," 298-99).

45 Picirilli, "Allusions to 2 Peter," 74.

46 K. P. Donfried, *The Setting of Second Clement in Early Christianity* (Leiden: Brill, 1974), 91, 93; Bauckham, *Jude, 2 Peter*, 149-51.

47 Warfield, "The Canonicity of Second Peter," 56; G. Green, *Jude and 2 Peter*, 142.

48 워필드는 헤르마스의 목자가 베드로후서를 사용한 것을 나타내는 충분한 증거가 있다고 생각하지만("The Canonicity of Second Peter," 55), 유사점은 그가 제시한 것만큼 명확하지 않다.

49 Kruger, "The Authenticity of 2 Peter," 654; 다음과 반대된다. Frey, *Der Brief des Judas und der zweite Brief des Petrus*, 143. 2:1의 주해를 보라.

50 다음의 증거를 보라. Bigg, *Peter and Jude*, 203; Kruger, "The Authenticity of 2 Peter," 653–54n52.

51 Bauckham, 162; G. Green, *Jude and 2 Peter*, 142.

52 Guthrie, *New Testament Introduction*, 806; Warfield, "The Canonicity of Second Peter," 49–50; Kruger, "The Authenticity of 2 Peter," 649–50; G. Green, *Jude and 2 Peter*, 143.

를 알고 사용했을 가능성이 있지만, 이 문제는 논쟁의 여지가 있다.[53] "주께
는 하루가 천 년 같고 천 년이 하루 같다"(벧후 3:8)라는 문구는 이레나이우스
(*Haer.* 5.23.2)의 말과 밀접하게 일치한다. 이레나이우스의 표현은 시편 90편
4절(70인역)보다 베드로후서 3장 10절에 훨씬 더 가깝다.[54] 유세비우스 또한
베드로후서가 논쟁의 여지가 있다고 언급하지만, 중요하게, 그는 대부분이 베
드로후서를 받아들였다고 덧붙인다(*Hist. eccl.* 3.3.1, 4; 3.25.3-4). 개인적으
로 정경성에 의문을 던졌지만, 가짜라고 분류하지 않는다. 논쟁의 여지가 있
지만, 알렉산드리아의 클레멘트는 베드로후서 2장 19절을 인용하고 베드로
후서의 주석을 쓴 것으로 보인다(*Hist. eccl.* 6.14.1).[55] 이 주석은 베드로후서
에 관한 높은 평가를 보여주고, 또한 늦은 시기의 위조에 관한 의심을 불러일
으킬 것이다. 만약 2세기에 쓰였다면 클레멘트가 이 위명 저자에 관한 정보를
얻지 못했을 가능성이 없기 때문이다.[56]

　　제롬은 베드로전서와 베드로후서의 다른 두 서기를 제안하는 현대 학자들
의 주장과 같은 주장을 한다(*Epist.* 120.11). 또한 "베드로의 묵시"가 베드로
후서를 의존했을 가능성이 있다.[57] 만약 그렇다면 베드로후서는 2세기 초반에
회람되었다. 베드로후서에 관한 칼뱅의 견해는 흥미롭고 그의 신중한 비판적
인 판단을 보여 준다.[58] 칼뱅은 그 스타일이 베드로전서와 다르다고 생각하고
따라서 베드로가 저자인지 질문한다. 그러나 그는 "다른 사람으로 가장하는
것은 그리스도의 사역자에게 합당하지 않은 거짓"이기 때문에 위명 저자를
거부한다.[59] 따라서 그는 베드로의 제자가 늙고 임종에 가까울 때 베드로후서

---

53 다음의 주장을 보라. Warfield, "The Canonicity of Second Peter," 52-54. 워필드는 또한 안디
　옥의 데오필루스와 사르디스의 멜리토가 베드로후서를 의존하는 것처럼 보인다는 증거를 제
　시한다(54페이지).

54 크뤼거는 이레나이우스가 베드로후서를 접근할 수 있고 더 많은 사람에게 알려졌으며, 그가
　베드로의 저작에 대해서 사실이라고 여겼을 것이라고 추론한다("The Authenticity of 2 Peter,"
　653).

55 G. Green, *Jude and 2 Peter*, 142-43.

56 다음의 논의를 보라. Kruger, "The Authenticity of 2 Peter," 652-53.

57 다음을 보라. Kruger, "The Authenticity of 2 Peter," 654; Bauckham, *Jude, 2 Peter*, 162; J.
　Robinson, *Redating*, 178; Smith, *Petrine Controversies*, 52–53.

58 J. Calvin, *Commentaries on the Catholic Epistles* (Grand Rapids: Eerdmans, 1948), 363-64,
　423.

59 Calvin, *Catholic Epistles*, 363. 월더(T. L. Wilder)는 칼뱅이 위명을 받아들이지 않고 "서신은

를 썼다고 제안한다. 이전 시대의 학자들은 베드로전서와 베드로후서의 차이점을 간과하지 않았음에도 여전히 베드로후서의 베드로 저작설을 인정했다.

다른 증거들도 이 편지의 베드로 저작을 지지한다. "베드로후서는 라오디게아 교회와 4세기의 히포-카르타고 공의회가 완전히 정경으로 인정했다."[60] 크뤼거는 계속된 회의들이 클레멘트 1서와 바나바 서신을 거부하고 권위 있는 문서와 단순히 교회를 세우기 위한 문서를 신중하게 구별했음을 보여 준다. 베드로후서가 3세기 보드머(Bodmer papyrus, 𝔓[72])와 시나이 사본, 바티카누스 사본, 알렉산드리아 사본에 포함되어 있기 때문에 사본 증거는 베드로 저작을 지지한다.[61]

거스리의 흥미로운 통찰력이 이 토론에 포함될 필요가 있다.[62] 초대 교회에서 회람되던 다른 거짓-베드로 문헌들은 진짜 베드로가 쓴 작품과 혼란을 일으켰다. 교회는 거짓 문서와 진짜 문서를 가려내는 과정을 거쳤다. 그 결정에서 베드로후서는 받아들여졌지만, 베드로의 저작이라고 주장하는 다른 글들은 거부되었다. 그러므로 초대 교회는 베드로의 이름이 있다는 이유만으로 포함시키지 않았다. 다른 많은 "베드로" 문서들은 제외되었지만, 교회는 베드로후서를 인정했다. 그러므로 베드로후서를 받아들인 점은 교회의 구별을 증언하고 이 글이 다른 많은 베드로 문서들과 대조적으로 참되다는 확신을 증언한다. 크뤼거는 초대 교회의 결론을 쉽게 배제하면 안 된다고 옳게 주장한다.[63]

학자들은 종종 베드로전후서 사이의 언어학적인 차이를 지적한다. 그 차이는 부인할 수 없다.[64] 그러나 그 차이는 지나치게 강조될 수 있다. 베드로후

베드로의 지시에 따라서 서기가 작성했다"라고 주장했다고 바르게 지적한다("Pseudonymity and the New Testament," in *Interpreting the New Testament: Essays on Methods and Issues*, ed. D. A. Black and D. S. Dockery [Nashville: B&H, 2001], 310).

60 Kruger, "The Authenticity of 2 Peter," 651.

61 Kruger, "The Authenticity of 2 Peter," 651. 스트릭랜드(P. D. Strickland)는 𝔓[72]에서 원시 정통 콥트 공동체가 베드로전후서와 유다서를 높이 평가했음을 보여 준다. 이것은 그 권위를 일찍 받아들였음을 보여 준다("The Curious Case of P72: What an Ancient Manuscript Can Tell Us about the Epistles of Peter and Jude," *JETS* 60 [2017]: 781-91).

62 Guthrie, *New Testament Introduction*, 809.

63 Kruger, "The Authenticity of 2 Peter," 651.

64 프레이는 차이점이 같은 저자를 배제한다고 생각한다(*Der Brief des Judas und der zweite Brief des Petrus*, 162–64).

서는 헬레니즘적이라고 불리는데, 그 이유는 "덕"(ἀρετή, 아레테)과 "친히 본 자"(ἐπόπται, 에포프타이) 같은 단어를 사용하기 때문이다. 그러나 베드로전 서는 복수형으로 "덕"(τὰς ἀρετὰς)을 사용한다(벧전 2:9). "친히 본 자"의 동사 형(ἐποπτεύω, 에포프튜오)이 베드로전서 2장 12절과 3장 2절에서 사용된다.[65] 우리는 베드로후서가 헬레니즘의 옷을 입고 있다는 점에 동의할 수 있지만, 문제는 여기에 사용된 언어가 팔레스타인 어부의 것인지 여부이다. 우리는 베드로를 상업에 종사하는 사업가로 여겨야 한다. 갈릴리가 헬레니즘과 그리스 문화의 영향을 받았다는 사실을 덧붙이면 베드로가 그리스 철학 용어에 익숙하다는 점은 놀라운 일이 아니다.[66] 베드로가 사용하는 단어는 그리스 철학의 철저한 공부를 요구하지 않으며 전문적인 의미로 사용하지 않는다. 베드로는 그 시대 문화를 이야기하기 위해 헬레니즘 용어를 사용했을 수 있다.[67] 사실 스타일의 문제는 간단하지 않다. 예를 들어, 거드마(Gerdmar)는 베드로후서가 "퍼져 있는 셈족 언어의 영향으로 특징지어진다"라고 말하면서 베드로후서에서는 유다서보다 셈족 언어를 더 "말한다"라고 주장한다.[68] 그는 베드로후서의 저자가 유다서와 마찬가지로 구약과 유대교 하가다(haggadah)에 큰 빚을 지고 있음을 보여 준다.[69]

그린은 베드로전서와 베드로후서의 차이점이 각 편지가 다루는 특정한 목회 상황을 반영한다고 본다.[70] 다른 스타일은 편지에 언급한 문제로 설명될 수 있다. 예를 들어, 우리는 베드로후서가 재림을 부인한 거짓 선생들에 대한 응답으로 기록한 반면, 베드로전서는 고난 받는 교회에 대해 편지하고 있음을 안다. 더욱이 다른 서기가 있었을 가능성이 있다.[71] 아마도 실라나 다른 누군

---

65 베드로전서와 다른 연결점은 다음을 보라. Guthrie, *New Testament Introduction*, 850–52; Mayor, *Jude and Second Peter*, lxviii-cv.

66 폰버그(Fornberg)는 베드로후서의 헬레니즘적인 분위기를 지적하지만(*An Early Church in a Pluralistic Society*), 편지의 유대주의와 구약 배경을 최소화한다.

67 참조. Guthrie, *New Testament Introduction*, 837. 그러나 거드마는 유다서가 베드로후서보다 더 헬레니즘 스타일이라는 의견 일치에 반대로 주장한다(*Rethinking the Judaism-Hellenism Dichotomy*, 30-63).

68 Gerdmar, *Rethinking the Judaism-Hellenism Dichotomy*, 64-91.

69 Gerdmar, *Rethinking the Judaism-Hellenism Dichotomy*, 124-60.

70 M. Green, *2 Peter and Jude*, 20-21; 참조. Kruger, "The Authenticity of 2 Peter," 658.

71 서기에 대해서는 다음을 보라. G. Green, *Jude and 2 Peter*, 146–47.

가가 베드로가 베드로전서를 쓰는 것을 도왔을 것이며(벧전 5:12), 또 다른 사람이 베드로후서에서 비슷한 역할을 했을 것이라는 데 의심의 여지가 없다.[72] 우리는 베드로가 편지를 쓸 때 서기에게 얼마나 많은 재량을 부여했는지 모른다.

두 편지의 스타일은 동일하지 않지만, 편지 분량이 너무 적은 경우 스타일은 결정적이지 않다.[73] 거스리는 다음과 같이 현명하게 말한다.

> 스타일의 검토를 위해서 어떤 특정한 기준을 만드는 일은 매우 어렵다. 특별히 두 개의 짧은 서신을 비교할 때 더욱 그렇다. 비교 영역이 너무 제한되어 그 결과가 잘못될 수 있다. 더욱이 주관적인 인상은 확인되는 것보다 더 크게 영향을 받기 쉽다.[74]

단지 몇 페이지만 다룬다면 스타일 분석은 과학적인 기초가 되지 못한다. 두 편지 사이에 약간의 차이점이 관찰될 수 있지만, 자료가 너무 제한적일 때 결론을 내리는데 주의해야 한다. 예를 들어, 두 편지 모두 효과를 위해서 단어 반복을 한다.[75] 베드로후서에서 이 단어들은 논쟁의 여러 부분을 연결하며 이 편지를 사려 깊이 썼음을 보여 준다. 많은 학자들은 또한 베드로후서가 귀를 즐겁게 하기 보다 광범위하고 화려한 동양적인 스타일을 의도적으로 채택했다고 주장해 왔다.[76] 그러나 베드로후서에서는 셈어의 영향도 있으므로 광범위한 언어가 갈릴리 저자를 제외시킨다고 주장할 수 없다(참조. 2:2, 10, 12, 14, 22; 3:3). 윌리스는 화려한 스타일과 수준이 낮은 헬라어가 베드로가 베드로후서를 썼다는 증거이며, 대신에 베드로전서는 서기가 썼다고 주장한

---

72 Bigg, *Peter and Jude*, 247; Guthrie, *New Testament Introduction*, 833; Charles, *Virtue amidst Vice*, 60-63.

73 다음 논의를 보라. Kruger, "The Authenticity of 2 Peter," 656-59; 또한 다음을 참조하라. G. Green, *Jude and 2 Peter*, 145.

74 Guthrie, *New Testament Introduction*, 832.

75 참조. Bigg, *Peter and Jude*, 224-32.

76 예. M. Green, *2 Peter and Jude*, 18-19. 데이비스는 동양적인 스타일이 공허하고 부풀려졌다고 간주하고 이 설명은 서신의 내용을 적절하게 파악하지 못한다고 관찰한다(*2 Peter and Jude*, 131-32). 사실 거드마는 베드로후서의 스타일이 동양적이라고 판단하는 것은 올바르지 않다고 주장한다(*Rethinking the Judaism-Hellenism Dichotomy*, 60-61).

다.[77] 이 문제는 확실하지 않지만, 다른 스타일로 베드로의 저작을 배제하지 않는다.[78] 더 나아가 우리는 베드로후서가 몇 가지 점에서 베드로전서와 놀랍게 유사하다는 점에 주목해야 한다.[79] 유사점은 공동 저자를 가리킬 수 있다. 물론 이러한 점들은 같은 저자가 아니라고 주장하는 학자들이 의심하게 만든다.

서신의 저작을 의심하는 일부 학자들은 베드로의 저작을 변호하는 주장을 특이하다고 본다. 그들은 다른 서기가 썼다는 주장과 두 편지의 내용이 너무 적어서 스타일이 다를 수 있다는 주장에 반대한다. 보수 신학자들은 이런저런 방식으로 기존 이론을 지지하기 위해서 필사적으로 답을 찾고 있는가? 물론 그렇게 보일 수도 있겠지만, 실제로 좋은 학자는 문제에 대해서 하나 이상의 답을 제시하는 경우가 많다. 역사적인 문서를 연구할 때, 문서가 만들어진 상황을 포괄적으로 이해할 수 없다. 그러므로 우리는 가능성을 고려해야 한다. 물론 어떤 경우에는 하나 이상의 시나리오가 있을 수 있다. 더욱이 어떤 경우에는 가능한 시나리오가 내부적으로 모순을 일으키지 않고 제기된 문제에 대해서 그럴듯한 답을 주기도 한다. 한 가지 이상의 해결책은 절망에 대한 호소일 필요는 없지만 겸손을 나타낼 수 있다. 증거는 여기까지만 가능하다는 이해이다. 가장 중요한 것은 편지 자체가 베드로 자신이 썼다고 주장하며 이 판단을 뒤집을 만한 명확한 증거가 없다면 편지 스스로의 주장은 받아들여야 한다는 사실이다.

우리가 살핀 것처럼, 다른 학자들은 베드로가 유다에게서 빌려 왔기 때문에 베드로 저작이 아니라고 생각한다. 나는 유다서와 베드로후서의 문학적인 관계가 논의되는 유다서의 서론에서 이 문제를 언급하려 한다. 어떤 학자들은 적어도 문헌 의존과 관련하여 다른 편지를 의존하지 않는다고 주장한다.[80] 확신하기 쉽지 않지만, 유다서의 서론에서 베드로후서가 유다서를 잘 알고 있었다고 주장하려고 한다. 이 경우에도 베드로 저작을 반대할 수 없다. 첫

---

77 Wallace, "Second Peter: Introduction, Argument, and Outline."

78 리즈너는 베드로후서가 위명 저작이라면 저자가 베드로전서의 스타일을 베낄 것을 기대할 수 있다고 말한다. 따라서 스타일의 주장은 위명 저작 문제도 제기할 수 있다("Der zweite-Petrus Brief," 131).

79 간편한 요약을 위해 다음을 보라. Kruger, "The Authenticity of 2 Peter," 659-61.

80 다음을 보라. 그린은 두 편지가 공통적인 자료에 의존한다고 생각한다(*2 Peter and Jude*, 58-64).

째, 유다서의 베드로 편지 의존이 가능하다.[81] 만약 그렇다면, 반대 의견은 무너진다. 둘째, 베드로의 유다서 의존이 베드로 저작을 반대하는 데 결정적이지 않다.[82] 유다서 서론에서 유다서가 예수님의 형제이므로 늦은 날짜가 필요하지 않다고 생각하는 이유를 제시할 것이다.[83] 베드로는 사도로서 사도가 아닌 사람이 쓴 글을 사용하지 않았을 것이다. 대답은 단순하다. 우리가 어떻게 알 수 있는가? 우리는 사도가 무엇을 해야 한다고 가정하지 않도록 조심해야 한다. 다른 시대의 사람들은 우리와 다르게 생각하고 행동할 수 있다. 우리의 표절 기준은 다른 시간과 장소에 적용될 수 없다. 바울은 이교도 시인을 인용한다(행 17:28; 딛 1:12). 베드로는 내용이 적절하다고 생각했다면 유다서를 인용했을 것이다. 초기 기독교 신조와 찬송을 다른 편지에서 사용했다는 증거가 있다(예. 엡 5:14; 딤전 3:16). 저자는 도움이 된다고 여기는 자료 인용을 거부할 것이라는 데 타당한 이유가 없다. 더욱이 베드로가 유다서를 사용했다면, 그 이유는 단순한 인용이 아니라 자신의 목적에 맞게 재구성하려고 했기 때문일 것이다.

베드로후서의 헬레니즘 특징은 지나친 강조일 수 있다. 왜냐하면 베드로는 단순히 자신의 독자들에게 효과적으로 용어를 사용할 수 있었기 때문이다. 현대의 전도자들과 저자들은 일반적으로 같은 방식만을 따른다. 신약은 끊임없이 지식의 중요성을 강조한다. 우리는 여기에서 그리스도에 대한 지식을 기초로 하는 골로새서를 생각할 수 있다(골 1:9-11, 28-2:8). 하나님의 성품에의 참여는 성령의 내주하심을 말하는 또 다른 방법일 뿐이다. 그린은 베드로가 그의 독자들과 소통하기 위해서 헬라어 용어를 사용한다고 말한다.[84] 요세푸스와 다른 저자들은 하나님의 성품에 참여하는 것에 대해 이야기하며, 그것으로 자신의 글에서 근본적인 유대주의를 희생시키지

---

81 Bigg, *Peter and Jude*, 216-24.

82 그린은 베드로후서가 유다서에서 가져왔다는 개념을 받아들인다(*Jude and 2 Peter*, 159–62). 폰버그도 마찬가지로 이렇게 주장하지만 베드로 저작을 다른 이유로 거부한다(*An Early Church in a Pluralistic Society*, 59).

83 로빈슨은 유다가 베드로후서를 자신의 서기를 통해서 썼다고 가정한다(*Redating*, 193–95). 이것은 고유한 어휘로 인해 불가능하다. 그리고 유다를 베드로후서를 같이 보내는 사람으로 언급하지 않는다(참조. Riesner, "Der zweite-Petrus Brief," 133).

84 M. Green, *2 Peter and Jude*, 26.

않는다.[85] 베드로후서에서 기독론이 열등하다는 케제만의 주장은 충격적인 실수이다. 왜냐하면 1장 2절은 예수 그리스도를 하나님 자신이라는 주장의 설득력 있는 근거이기 때문이다.[86] 베드로후서는 예수 그리스도께 영광을 돌리는 것으로 끝맺는다(3:18). 송영은 보통 예수 그리스도 대신 하나님께 향한다(참조. 딤후 4:18; 계 1:5-6). 베드로가 예수 그리스도에 대해서 좋아하는 호칭 중 하나는 주와 구주였다(참조. 1:1-2, 8, 11, 14, 16; 2:1, 20; 3:2, 18). 더욱이 베드로는 변화산 사건에서 예수님에 관해 하신 말씀을 전한다. 그곳에서 예수님은 택하신 아들로서 존귀와 영광을 받으셨다(1:17-18). 십자가에서 인간을 사신 그리스도의 사역(2:1)과 그리스도의 죽음에 의한 죄의 정결하게 함(1:9)이 주목된다. 베드로는 그의 기독론이나 십자가 신학을 풀어내지 않지만 기독론에 결함이 있다는 주장은 증거가 부족하다.

어떤 학자들은 이 편지가 자기-공로를 추천하므로 초기 가톨릭주의를 거부한다고 생각한다.[87] 베드로가 권면한 모든 덕(1:5-11)은 그리스도 안에 있는 하나님의 은혜로운 역사(1:3-4), 은혜로 신자들에게 주어진 하나님의 의라는 선물(1:1)에 근거한다. 불행하게도 일부 학자들은 도덕규범이나 교회 구조를 강조하는 신약 서신도 초기 가톨릭적이라고 단정한다. 이 견해는 신약성경 자체보다 비판을 더 많이 입증한다. 일반적으로 이 학자들은 바울에 관한 일방적인 견해만을 채택한다. 은혜가 경건한 삶을 살 수 있는 능력을 부여한다는 것을 이해하는 데 실패한다. 바울을 이해하는 편협한 견해가 나머지 신약을 해석하는 방법에 영향을 미친다. 베드로는 그리스도의 재림과 윤리의 연결성을 나누지 않는다. 종말론은 윤리의 기초 중 하나이다. 이것은 바로 바울이 고린도전서 15장에서 주장하는 내용이다(고전 15:58의 종말론에서 이끌

---

85 다음 연구를 보라. J. M. Starr, *Sharers in Divine Nature: 2 Peter 1:4 in Its Hellenistic Context*, ConBNT 33 (Stockholm: Almqvist & Wiksell, 2000).

86 또한 도움이 되는 크뤼거의 관찰에 주목하라. "The Authenticity of 2 Peter," 667.

87 엘리엇은 그의 유익한 에세이에서 일부 저작을 초기 가톨릭적이라고 거부하는 사람들을 비판한다. 그는 케제만의 견해가 환원주의적이며 정경 안에 임의로 정경을 세우고, 그 자신이 복음을 교리로 전환시킨다고 지적한다("A Catholic Gospel: Reflections on 'Early Catholicism' in the New Testament," *CBQ* 36 [1969]: 213-23). 폰버그는 또한 "초기 가톨릭주의"가 "베드로후서와 같은 문서를 정당화할 수 없는 인위적인 범주"라고 주장한다(*An Early Church in a Pluralistic Society*, 4-5). 또한 "초기 가톨릭주의"에 관한 효과적인 비판을 참조하라. Charles, *Virtue amidst Vice*, 11-37.

어 낸 결론을 참조하라). 또는 로마서 13장 11-14절의 권면에서 종말론적 근거를 비교할 수 있다. 베드로의 종말론과 윤리의 관계는 바울의 주요한 서신들에 나타나는 견해와 비슷하다.

재림의 소망이 시들어 간다는 주장은 설득력이 없다.[88] 50년대 초반에 기록된 데살로니가전후서에도 부활과 주님의 재림에 관한 의문이 제기되었다. 더욱이 베드로는 주님이 오시기까지 오랜 시간이 걸린다고 가르치지 않는다. 그는 단순히 주님께는 우리와 같이 시간이 여겨지지 않으며(3:8-10), 주님의 재림이 지연된 것처럼 보인다고 해서 무시하면 안 된다고 주장한다. 신자들이 하나님의 나라에 들어가기를 기다리기 때문에 종말론적 소망은 여전히 생생하다(1:10-11). 그러므로 반대자들의 조롱에도 불구하고 그리스도의 재림에 대한 소망을 포기해서는 안 된다. 더 나아가 찰스는 예수님 자신의 가르침에 그리스도 재림 이전의 시간 간격이 있다는 사실을 바르게 지적한다.[89] 그린은 주후 2세기까지 파루시아의 지연이 논의의 주제가 아니었고, 따라서 베드로의 서신 시기를 늦게 잡을 수 없다고 말한다. 또한 3장 4절에서 "조상들"이라는 언급도 사도 세대가 지나갔음을 의미하지 않는다.[90] 앞으로 주해에서 "조상들"이 그리스도인의 첫 세대를 나타내지 않고, 언제나 구약의 족장들을 가리킨다는 점을 지적할 것이다.[91] 따라서 이 구절은 베드로나 사도 세대가 죽었다는 증거가 되지 않는다. 더욱이 하루가 천 년 같다는 말은 베드로후서에서 천 년 왕국의 의미로 사용되지 않는다는 점이 눈에 띈다.[92] 만약 베드로후서를 2세기에 썼다면 우리는 천 년기의 암시를 기대할 수 있다. 이 암시가 없으면 베드로후서의 초기 날짜를 가리킬 수 있다.

많은 학자들은 베드로가 정말 이 편지를 썼다면 바울의 편지에 관한 높

---

88 탈버트는 저작설을 부인하지만, 그는 파루시아의 지연이 베드로후서 독자들에게 심각한 문제가 되지 않는다는 데 동의한다. 반대자들은 이의를 제기했으며 고린도전서와 클레멘트 1서와 같은 서신에서 우리가 발견한 것과 일치하다("2 Peter and the Delay of the Parousia," *VC* 20 [1966]: 137-45). 또한 Bauckham, *Jude, 2 Peter*, 151.

89 Charles, *Virtue amidst Vice*, 29–30. 이 문제에 관한 논의는 다음 26-32 페이지를 보라.

90 다음의 날카로운 논평을 보라. Kruger, "The Authenticity of 2 Peter," 665.

91 요한일서 2:13-14의 "아버지"(베드로후서와 같은 헬라어 사용)가 2세대 및 3세대 그리스도인들과 대조적으로 1세대를 언급한다고 생각하는 로빈슨과 반대된다(*Redating*, 180). 그러나 요한이 요한일서에서 다른 세대의 신자들을 말하고 있었던 것 같지 않다.

92 Bigg, *Peter and Jude*, 213-14; Riesner, "Der zweite-Petrus Brief," 134.

은 평가가 불가능하다고 생각하고(3:15-16), 저작 시기를 바울의 편지 모음이 완성되거나 정경으로 인정되는 시기로 제안한다. 이것은 베드로가 살아 있을 때 불가능하다. 이 구절의 주해에서 다시 언급하겠지만, 바울 서신의 완전한 정경을 분명하게 보여 주지 않으며 베드로가 바울의 모든 서신을 알고 있었음을 보여 주지 않는다는 사실에 주의해야 한다. 이 구절은 바울의 편지 중 일부가 보존되었으며 베드로가 그것을 잘 알고 있었음을 보여 준다. 베드로가 바울의 편지에 부여한 권위는 바울의 사도적 권위에 관한 바울 자신의 평가와 일치한다(참조. 고전 2:16; 14:37; 골 4:16; 살전 2:13; 5:27; 살후 3:14).[93] 베드로 그룹의 일부 교회가 바울 서신을 받은 경우일 수도 있다. 아니면 교회들에서 회람되고 있던 바울 서신들(골로새서, 에베소서 등)을 읽었을 수도 있다.[94]

신약성경은 바울과 베드로가 근본적으로 서로 적대적이었다는 튀빙겐(학파)의 견해를 뒷받침하지 않는다. 물론 베드로와 바울은 서로의 복사판이 아니었다. 그들은 서로 다른 사역의 범위에서 일했고, 안디옥의 대립은 신약 연대기 연구에서 매우 유명하다(갈 2:11-14). 그러나 너무 많은 학자들이 바울의 분명한 말과 대조됨에도 불구하고, 베드로가 위선적이 아니라 확신을 가지고 행동했다고 주장하면서 자기들의 해석을 강요한다. 학자들은 당연히 그 본문이 실제로 일어난 일과 다르다고 주장할 자유가 있지만, 베드로와 바울 사이의 분열 이론은 가장 초기의 증거가 뒷받침하지 않는다. 바울은 자신과 다른 사도들이 같은 복음을 선포했다고 주장한다(고전 15:11).

마지막으로, 케제만의 견해와 다르게 성경 해석이 교회의 직분자들에게만 제한되어 있다는 점은 베드로후서에서 분명하지 않다. 이 견해는 1장 20-21절을 잘못 표현하고 있다. 왜냐하면 이 구절들은 해석을 교회 직분자들에게만 제한하지 않고, 그 대신 모든 해석이 사도적인 표준과 일치해야 한다고 가르치기 때문이다.[95] 실제로 베드로후서에는 더 발전된 2세기의 교회 구조와 독

---

93 Fornberg, *An Early Church in a Pluralistic Society*, 21-22; J. Robinson, *Redating*, 182.

94 이 점에 대해서는 다음을 보라. Wallace, "Second Peter: Introduction, Argument, and Outline."

95 보컴은 이 구절이 "성경의 주해와는 아무 관련이 없으며, 따라서 성령을 소유한 직분자에 의한 권위 있는 성경 해석을 주장하지 않는다"라고 말하면서 다른 해석을 제안한다(*Jude, 2 Peter*, 152).

재적인 주교의 흔적을 나타내지 않는다.[96] 베드로의 교회에는 지도자들이 있었지만, 편지는 지도자들에 대해 아무 말도 하지 않는다. 대신 그의 명령은 회중 전체를 대상으로 한다.[97]

1.3. 위명 저작 편지

위명 저작 편지들이 권위가 있다는 증거는 강력하지 않다.[98] 바울은 특별히 데살로니가후서 2장 2절에서 자신의 이름으로 된 거짓 편지들을 구체적으로 비판하고 데살로니가후서 3장 17절에서 자신의 저작을 보증한다.[99] "바울과 테클라 행전"(Acts of Paul and Thecla)의 저자는 바울에 대한 사랑으로 글을 썼음에도 불구하고 주교직을 박탈당했다(Tertullian, *Bapt.* 17).[100] 또한 "베드로 복음"(the Gospel of Peter)은 AD 180년 안디옥에서 거부되었다. 베드로 저작을 주장하지만 사실은 위명이었기 때문이다. 세라피온(Serapion) 주교는 "형제들아 우리는 베드로와 다른 사도들을 예수 그리스도와 같이 영접하지만 그들의 이름을 거짓으로 사용하는 글은 우리에게 전해진 것이 아님을 알고, 경험 있는 사람으로서 배척한다"라고 말했다(Eusebius,

---

96 Bigg, *Peter and Jude*, 233.

97 Charles, *Virtue amidst Vice*, 33. 그는 케제만이 베드로후서에서 성령의 중심성을 보지 못한다고 주장한다(34-35 페이지).

98 T. L. Wilder, *Pseudonymity, the New Testament, and Deception: An Inquiry into Intention and Reception* (Lanham, MD: University Press of America, 2004); Guthrie, *New Testament Introduction*, 1012-18; 또한 다음을 참조하라. E. E. Ellis, "Pseudonymity and Canonicity of New Testament Documents," in *Worship, Theology and Ministry in the Early Church: Essays in Honor of Ralph P. Martin*, ed. M. J. Wilkins and T. Paige, JSNTSup 87 (Sheffield: JSOT, 1992), 212-24. 포터는 "불변은 아니지만 일반적인 패턴은 작품이 위명이라는 것이 알려지면 권위 있는 그룹에서 제외된다는 사실이다"("Exegesis of the Pauline Letters, Including the Deutero-Pauline Letters," in *Handbook to Exegesis of the New Testament*, ed. S. E. Porter [Leiden: Brill, 1997], 533). 그의 전체 논의는 빛을 발한다(531-39 페이지를 보라).

99 윌더(Wilder)는 위명 저작이 초기 그리스도인의 진실함이라는 덕과 일치하지 않는다고 주장한다. 더욱이 어떤 학자들은 예를 들어, 피타고라스의 제자들 사이에서 위명이 일반적이었다고 말하면서 그리스-로마 작품과 유사점을 보고 위명을 주장했다. 윌더가 관찰한 것처럼, 유대의 서신 문학에서는 위명이 일반적이지 않기 때문에 유사점은 적절하지 않다("Pseudonymity and the New Testament," 297–303). 일부 학자들은 데살로니가후서 자체가 위명이므로 데살로니가후서에 관한 어떤 언급도 거부할 것이라고 주장한다.

100 윌더는 헤르마스의 목자가 사도 시대 작품이 아니기 때문에 무라토리안 정경에서 제외되었다고 언급한다. 그는 이것으로 사도 이후 시대의 위명 저작은 거부되었다고 결론을 내린다("Pseudonymity and the New Testament," 304).

Hist. Eccl. 6.12.1-6). 초기 그리스도인들이 위명 저작 문서를 권위 있는 성경으로 받아들였다는 증거는 전혀 없다. 어떤 학자들은 "바울과 테클라 행전"(Acts of Paul and Thecla)과 "베드로 복음"(Gospel of Peter)이 위명이 아니라 이상한 가르침 때문에 거부되었다고 주장한다.[101] 그러나 두 본문은 이와 다르다. 저자를 거짓으로 다른 사람에게 돌렸기 때문에 그 저자들은 고발당한다.[102] 보컴은 신학이 바울에게서 왔지만 제자가 쓴 히브리서에서 유사성을 본다. 그러나 히브리서에는 저자의 이름이 없기 때문에 이 유사성은 적절하지 않다.[103] 무라토리안 정경은 라오디게아 교회에 보낸 편지와 알렉산드리아 교회에 보낸 편지를 위조된 것으로 의심해서 거부했다. 오리게네스는 "베드로의 교리"(the Doctrine of Peter)가 "교회의 책들에 포함되어 있지 않고, 성령의 영감을 받은 베드로나 다른 사람의 글이 아니기" 때문에 거부한다고 말한다.[104] 유대 문헌의 많은 위명 저작은 고대의 유명한 인물(에녹, 모세, 솔로몬 등)의 이름을 빌리지만, 이 문서는 그 내용이 가치 있다고 여겨져도 유대 정경에 포함되지 않는다. 더욱이 베드로후서에서는 저자가 위명을 사용하게 된 동기가 무엇인지 알기 어렵다. 이 편지는 새롭거나 난해한 가르

---

101 Bauckham, *Jude, 2 Peter*, 162; Farkasfalvy, "Ecclesial Setting," 28; Fornberg, *An Early Church in a Pluralistic Society*, 15-19. 그리고 또한 Farmer, "Some Critical Reflections on Second Peter," 40-45. 파머는 살비아누스가 그의 주교 살로니우스에게 쓴 위명 편지에 집중한다(AD 약 440년). 이 편지의 내용에서 전자(위명 저작)가 발견된다. 이 편지는 그의 이전 스승의 이름으로 쓰였다(43-45 페이지). 살비아누스는 자신의 이전 제자에게 편지를 써서 왜 위명을 썼는지 설명했다. 살비아누스는 그가 인간의 영광을 피하기 위해서 위명으로 썼다고 주장하며, 디모데가 명예 있는 사람이었고 살비아누스 자신은 무명의 사람이기 때문이고 사람들이 작품의 내용에 주의를 기울이지 않을 수도 있기 때문에 디모데의 이름으로 썼다고 주장한다. 파머의 예는 매우 흥미롭다. 이것은 살비아누스가 그의 편지를 들으려고 하는 사람들을 확보하기 위해서 자신이 아닌 유명인으로 말하면서 독자들을 속이려고 했음을 보여 준다. 주교의 대답은 위명 장치가 인식되었을 때, 편지의 권위에 의문을 제기했음을 보여 준다. 주교는 살비아누스에게 거짓으로 글을 쓰는 것은 정경을 포함하는 유서 깊은 전통이라고 대답하지 않는다. 그는 살비아누스의 윤리에 의문을 제기한다. 내 생각에는 베드로후서가 기록될 당시에도 동일한 문제가 발생했을 것이고, 거짓으로 글을 썼다면 저자의 신뢰성에 심각한 의문을 제기했을 것이다.

102 Wilder, "Pseudonymity and the New Testament," 304-5; M. Green, *2 Peter and Jude*, 33-34; Guthrie, *New Testament Introduction*, 1019-20; Kruger, "The Authenticity of 2 Peter," 647-48. 이 주장에 대한 추가적인 지지에 대해서는 306-9 페이지를 보라.

103 윌더는 또한 제자들이 자기들의 스승에게 속하는 저작을 쓰는 것에 관한 테르툴리아누스의 분명한 지지가 위명 저작의 개념을 지지하지 않는다는 점을 보여 준다("Pseudonymity and the New Testament," 305).

104 이 언급은 다음 책에서 가져왔다. Wilder, "Pseudonymity and the New Testament," 305. 이 문장은 Origen, *On Principles*, preface 8에 나온다.

침을 발전시키지 않는다. 왜냐하면 위명의 경우 종종 존경받는 사람의 이름 으로 새로운 가르침을 지지하기 때문이다.[105]

위명 저작의 관행은 미드(Meade)의 책 "위명 저작과 정경"(Pseudonymity and Canon)에서 변호된다.[106] 미드의 근본적인 문제는 위명이 관습적이고 수용되었다고 가정한다는 점이다. 이런 측면에서 그의 연구에 질문을 던진다.[107] 미드는 위명 저자가 전통을 채택하고 새로운 세대를 위해서 그것을 동시대화 (Vergegenwärtigung) 했다고 주장한다. 그러나 저자의 이름을 붙이는 일은 책을 쓴 사람을 전하지 않고 저자라고 주장되는 사람의 전통만 전한다는 미드의 주장은 설득력이 없다.[108] 이러한 관습에 유사점이 없다는 사실은 놀랍다. 그리고 이 관습이 중단된 이유에 관한 실질적인 설명은 제공되지 않는다.[109]

이 지점에서 우리는 목회 서신에 관한 도넬슨의 고무적인 연구에 대해 논의할 필요가 있다.[110] 도넬슨의 연구는 원칙적으로 베드로후서에도 적용된다. 궁극적으로 도넬슨은 나와 다른 결론을 내렸지만, 그의 관점은 몇 가지 중요한 면에서 나와 일치한다. 그는 위명 편지의 권위가 받아들여졌다는 증거는

---

105 Guthrie, *New Testament Introduction*, 839-40.

106 Meade, *Pseudonymity and Canon: An Investigation into the Relationship of Authorship and Authority in Jewish and Earliest Christian Tradition* (Tübingen: Mohr Siebeck, 1986). 제임스 던(미드의 박사 지도교수)도 같은 사례를 제시한다(다음을 보라. "Pseudepigraphy," *Dictionary of the Later New Testament and Its Developments* [Downers Grove: InterVarsity, 1997], 977-84).

107 즈미예브스키(J. Zmijewski)의 해결책은 다소 비슷하다("Apostolische Paradosis und Pseudepigraphie im Neuen Testament: 'Durch Erinnerung wachhalten' [2 Petr 1,13; 3,1]," *BZ* 33 [1979]: 161-71). 즈미예브스키는 위명 저자의 이름을 붙이는 목적이 진정한 사도적 전통을 전승하여 다음 세대에 기억될 수 있도록 하는 측면에서 위명이 기만이나 거짓을 포함하지 않는다고 주장한다. 즈미예브스키의 주장에 따르면 사도적 전통과 일치하지는 않지만 위명 자체에 반대하지 않는 가르침을 전하는 사람들을 교회가 비판했다. 즈미예브스키는 확실히 위명을 붙이는 일을 가장 잘 표현했지만, 그가 위명 장치가 속이는 일에서 어떻게 보호되는지를 분명하게 설명하지 않는다. 그의 해법은 베드로후서의 위명도 "명백한 허구"라는 보컴의 견해를 받아들일 때에만 효과가 있을 것처럼 보인다.

108 Guthrie, *New Testament Introduction*, 1026-28.

109 미드의 견해에 반대해서 다음을 보라. Wilder, "Pseudonymity and the New Testament," 317-18. 위명과 관련된 학문의 역사에 관한 매우 도움이 되는 요약은 310-22를 보라. 윌더는 위명 저작을 옹호했던 과거 학자들의 작업에 대해서 "지지해 주는 문서가 거의 또는 전혀 없이, 앞의 논의에서 강조된 학자들은 초대 교회가 위명 저작의 관습을 쉽게 받아들였다는 견해를 옹호했다"라고 말한다(313 페이지).

110 L. R. Donelson, *Pseudepigraphy and Ethical Argument in the Pastoral Epistles* (Tübingen: Mohr Siebeck, 1986).

존재하지 않는다고 주장한다. 그러나 위명 저작이기 때문에 위명을 아닌 것처럼 속일 수밖에 없었다. 도넬슨에 따르면 고대의 사람들은 거짓말을 정당화할 만큼 이유가 중요하면 속이는 일이 합법이라고 믿었다.[111] 도넬슨은 다음과 같이 말한다. "위조라고 알려진 문서를 종교적, 철학적인 규범으로 받아들인 사람은 아무도 없는 것 같다. 나는 단 하나의 예도 알지 못한다."[112] 비슷하게, "위명 저작은 기독교계에서 불명예스러운 수단으로 여겼고, 밝혀질 경우 그 문서는 거부되었다. 만약 알려지면 질책을 받았음을 우리는 인정하지 않을 수 없다."[113] 저자는 목적이 수단을 정당화한다고 믿었기 때문에 "고귀한 거짓말"을 사용했다. 어떤 사람들은 사도들이 새로운 세대에 하려고 한 말을 전달한다고 믿고 사도의 이름으로 글을 썼을 수도 있다. 그러나 "발견될 경우 잠재적인 해가 될 수 있음을 알고 거짓말을 의식적으로 사용하고 있었다. 따라서 우리는 위조가 결백하다거나 순진하게 행해졌다고 결론지을 수 없다."[114] 사실 도넬슨은 목회 서신에서 그리고 같은 이유로 베드로후서에서 그 사람이 다루었고 암시했다는 내용이 저작의 진정성을 위해 의도적으로 삽입되었고, 따라서 독자들을 속이려는 시도가 필수적이었다고 주장한다.[115] 도넬슨은 위명이 근본적으로 속이는 것이었지만, 목적이 수단을 정당화한다고 믿었기 때문에 신약 저자들이 위명을 사용했다고 결론을 내린다.

나는 어떤 정경도 위명을 사용하지 않는다고 확신한다.[116] 위명 저자의 문서가 권위 있게 받아들여졌다는 증거가 없다는 도넬슨의 견해는 정확하다. 그는 또한 위명 편지가 속이려는 시도와 연관된다고 올바르게 주장한다. 저자들에게 중요한 문제는 성령의 영향이었기 때문에 위명 저작이 정당화되었다는 알란트(Aland)의 견해는 증거가 없다.[117] 거스리가 언급한 것처럼, 알란트가 옳다면 영감을 받은 문서에 왜 저자의 이름을 붙이는지 그 이유가 궁금

111 Donelson, *Pseudepigraphy and Ethical Argument*, 19-20.
112 Donelson, *Pseudepigraphy and Ethical Argument*, 11.
113 Donelson, *Pseudepigraphy and Ethical Argument*, 16.
114 Donelson, *Pseudepigraphy and Ethical Argument*, 62.
115 Donelson, *Pseudepigraphy and Ethical Argument*, 24-42.
116 따라서 데이비스의 불가지론은 만족스럽지 않다(*2 Peter and Jude*, 149).
117 K. Aland, "The Problem of Anonymity and Pseudonymity in Christian Literature of the First Two Centuries," *JTS* 12 (1961): 39-49.

하다.[118] 모든 문서는 원래 익명이었으며 나중에는 위명 저작이 된 것으로 보인다. 익명이 성령의 일하심을 특징으로 만들기 위해 고안되었기 때문이다. 더 나아가 위명 편지가 원래 익명이었다는 증거는 존재하지 않는다. 마지막으로 알란트의 이론은 모든 중요한 것이 성령의 영감이라면 왜 위명을 사용했는지 설명하지 않는다. 성령의 권위가 결정적이라면 유명한 저자의 이름을 사용하는 것은 불필요하다. 글의 권위를 뒷받침하기 위해서 위명을 사용했다는 결론을 피해 가기는 어렵다. 이것은 알란트의 논제가 타당하지 않다는 점을 보여 준다. 분명히 위명을 사용한 사람들은 단순히 성령의 영감에 호소하지 않았다. 또한 작가의 위상으로 독자들에게 인상을 주기 위해 위명을 도입하기도 한다. 우리는 아직 아무도 위명 저작 문서가 권위 있고 정경으로 받아들여졌다는 사실을 보여 주지 않았다는 점에 다시 주목해야 한다.[119] 위명의 사용은 진실하려는 초기 그리스도인의 바람과 모순된다.[120]

다른 학자들은 3장 2절의 "너희의 사도들"이라는 문구로 이 편지가 베드로가 쓴 편지가 될 수 없음을 가리킨다고 주장한다. 왜냐하면 사도들은 이제 모든 교회에 속해 있기 때문이다. 여기에서 본문을 읽는 두 가지 다른 예가 있다. "너희의 사도들"은 사도들이 이제 모든 교회에 속해 있음을 나타낼 수 있다. 내 생각에는 이 개념이 사도적인 저자를 반드시 배제하지 않는다. 예를 들어, 사도행전은 사도들이 모든 교회의 지도자 역할을 했음을 암시한다(행 1:15-26; 15:6-35). 그러나 베드로는 3장 2절에서 아마도 모든 사도들이 베드로의 교회를 섬겼다는 개념을 염두에 두지 않았을 것이다. 아마도 베드로의 교회를 개척하고 양육하는 역할을 했던 특정한 사도들을 언급했을 것이다. 그러므로 베드로는 사도 전체를 언급한 것이 아니므로 이 구절은 베드로가 죽은 이후에 세워졌다고 주장하는 교회 조직을 가리키는 데 사용될 수 없다.

---

118 Guthrie, *New Testament Introduction*, 1025–26.

119 거스리는 베드로후서가 베드로 저작이거나 "위조"라고 말한다(*New Testament Introduction*, 812).

120 Guthrie, *New Testament Introduction*, 1021-22; Charles, *Virtue amidst Vice*, 64-66. 이 문제에 관한 그의 전체 토론과 특히 보컴의 견해에 관한 그의 비판은 49-75 페이지를 보라.

1.4. 유언 장르

보컴의 유언 이론을 간략하게 검토하려고 한다. 그의 견해는 복음주의자들에게 더 잘 받아들여질 수 있는데, 보컴에 따르면 베드로가 속이기 위해서 쓴 것이 아니기 때문이다. 유언 장르는 잘 정립되어 있었고, 이 편지가 "명백한 허구"라는 것은 모두에게 명백했다.[121] 시작부터 보컴의 견해에 관한 가능성을 말하려고 한다. 유언이 다른 사람의 이름으로 기록되었고(위명 저자), 그 관습이 모든 사람에게 인정되었으며, 그 문서들이 정경으로 확증될 수 있다면, 이의가 없을 것이다. 우리는 오늘날 낯설게 보이는 이 문화적 관습을 단순하게 이해한다.

그러나 불행하게도 보컴의 이론은 틀렸다. 성경의 영감과 모순되기 때문이 아니라 유언이 명백한 허구로 받아들여지는 관습이 가능하지 않기 때문이다. 이 이론을 뒷받침할 확실한 증거가 부족하다. 보컴의 이론에 반대되는 가장 강한 증거는 다음과 같다. 유언 장르와 그에 따르는 위명 저작 장치가 명백했다면, 이 아이디어가 역사적으로 우리에게 전해지지 않았다는 점은 이상한 일이다.[122] 초대 교회가 베드로후서의 위명 저작의 성격을 인식하면서도 받아들였다는 증거는 없다. 어떻게 "명백한 허구"가 역사적인 장면에서 사라져서 아무도 그것을 알았다는 증거가 없을 수 있는가? 스타(Starr)는 보컴의 논제에 대해서 다음과 같이 논한다. "이것이 매력적이기는 하지만, 보컴이 명백하다고 주장한 허구는 사실 그의 (본문의 보존 외에 다른 기록을 남기지 않은) 1세대 독자와 자신을 제외한 모든 독자에게 명백하지 않다."[123]

보컴은 유대인이 그 장치를 인식했지만 이방인은 인식하지 못했을 것이라고 대답한다. 이 편지를 유대인들에게만 썼다는 증거가 없기 때문에 보컴의 주장은 이상하다. 베드로전서처럼 베드로후서는 이방인들을 위해 주로 쓰였을 것이다.[124] 보컴의 이론은 타당하지 않다. 단순히 이방인의 무지 때문에 명

---

121 젬프(C. Gempf)는 다음과 같이 올바르게 말한다. "위명 저자의 작품이 정경에 들어왔다면 교부들이 원래 아무도 속지 않도록 의도된 투명한 문학 장치에 속았다고 결론을 내려야 한다"("Pseudonymity and the New Testament," *Them* 17 [1992]: 9).

122 M. Green, *2 Peter and Jude*, 36–37, 그리고 Müller, "Der 2. Petrusbrief," 335. 뮐러는 베드로 저작을 거부한다.

123 Starr, *Sharers in Divine Nature*, 51.

124 그러나 다음을 참조하라. Mayor, *Jude and Second Peter*, 181. 서신이 유대인과 이방인에게

백한 허구가 흔적도 없이 사라질 가능성은 거의 없다. 그렇지 않으면 근본적으로 속이는 문서가 되고, 이 개념에 반대하는 주장은 여기에서 반복될 수 있다. 더욱이 글이 위명이라는 사실을 모두가 알았다면 위명 저작의 목적은 무엇인가?[125] 이 장치는 불필요해 보인다.[126]

또한 유언이 가상이어야 한다는 점도 분명하지 않다.[127] 수많은 비판적 질문이 있으며, 이 지점에서 모든 비판을 변호하기에는 지면이 부족하다. 사도행전 20장 17-38절에서 바울의 연설은 최후의 유언으로 설명될 수 있지만, 그것을 허구라고 설명할 이유가 없다. 비슷하게 구약에서 야곱(창 49:1-28), 모세, 다윗의 마지막 유언이 허구일 필요도 없다.[128] 또한 요한복음 13-17장의 예수님의 고별 담화와 디모데후서의 바울의 마지막 말은 참되다는 좋은 근거를 가진다. 모든 고별 담화를 허구로 이해하지 않는다. 또한 정경 중 어떤 것도 위명 저작이라는 명확한 증거가 없다. 유대 문헌의 유언은 위명일 수 있지만(예. 열두 족장의 유언), 이들 중 어느 것도 권위 있는 문서로 받아들여지지 않는다. 이 문서들은 교훈적으로 여겨졌을지 모르지만 유대교에서 거룩한 글로 승인되지 않았다.

더욱이 베드로후서가 정말 유언인지도 의심스럽다.[129] 가능성이 있지만, 이 개념은 앞 시대의 학자들에게 분명하지 않았다.[130] 유언을 포함하는 서신은 드물다.[131] 베드로후서 1장 3-15절은 죽음이 임박한 사람의 마지막 권면과 가

쓰였다고 생각한다.

125 Kruger, "The Authenticity of 2 Peter," 646.

126 크뤼거는 또한 대부분의 위명 저작들이 영지주의, 가현설 등을 옹호하는 것과 같이 교회에서 허용되지 않는 독특한 견해를 발전시킨다고 지적한다. 베드로후서에는 이와 같은 뚜렷한 기여가 분명하지 않아서 위명 저작 이론에 관한 더 많은 의문을 던지게 만든다(669-70 페이지).

127 M. Green, *2 Peter and Jude*, 37; Charles, *Virtue amidst Vice*, 57; Ben Witherington III, *Letters and Homilies for Hellenized Christians*, vol. II: *A Socio-Rhetorical Commentary on 1-2 Peter* (Downers Grove: InterVarsity, 2007), 267-69; Wallace, "Second Peter: Introduction, Argument, and Outline."

128 Davids, *2 Peter and Jude*, 148–49.

129 특히 다음이 제기하는 질문을 살펴보라. Charles, *Virtue amidst Vice*, 49-75; 또한 다음을 참조하라. M. Green, *2 Peter and Jude*, 37-38; G. Green, *Jude and 2 Peter*, 149. 찰스는 이 편지가 유언이라는 장르에 속하지 않고 "현지 상황에서 긴급하게 필요한 사도적인 권면"이라고 생각한다(75n123).

130 예. Guthrie, *New Testament Introduction*, 822.

131 J. H. Neyrey, *2 Peter, Jude*, AB (Garden City: Doubleday, 1993), 112.

르침으로 받아들일 수 있지만, 유언이라기보다는 작별 인사에 더 적합하다.[132] 또한 베드로후서가 과거를 검토하고 미래를 예언하는 측면에서 매우 짧은 서신이 유언이라기에는 이상하다. 다시 말해서, 유언을 설득력 있게 만드는 데 있어서 유언 장르의 고유한 요소들이 충분하지 않다.[133] 매튜 (Mathews)는 고별 담화와 유언의 특징을 주의 깊게 분석한 후, 베드로후서는 무엇보다도 임종, 유명한 사람(일반적으로 고대 영웅)의 죽음과 장례, 3인칭 내러티브를 포함하는 유언의 특징이 빠져 있기 때문에, 유언이 아니라고 결론을 내린다.[134] 사실 매튜는 보컴이 주장하는 베드로후서와 에녹 1서, 제2 바룩서 사이의 병행이 분명한지 의문을 제기한다. 후자는 편지가 아니라 고별 담화이기 때문이다.[135]

우리는 미래의 지도자나 상속자에게 지휘권을 넘긴다는 유언이 분명히 있다면 유언 장르를 기대할 수 있겠지만, 베드로후서는 이 내용이 빠져 있다.[136] 그린(Green)은 또한 베드로후서가 "유언 장르의 일반적인 윤곽이 부족하다"라며 동의한다. "임종 장면과 '저자'의 장례에 관한 마지막 언급이 없다."[137] 또한 윤리적인 권면, 저자의 임박한 죽음, 종말론에 관한 초점은 유언이라는 사실을 입증하지 않는다.[138] 위더링턴이 말했듯이, 우리는 빌립보서에서 비슷한 특징을 볼 수 있지만, 유언이라고 할 수 없다.[139]

결론적으로 베드로후서가 유언이며 명백한 허구라는 개념은 설득력이 없다. 위명 저작을 뒷받침하는 증거도 설득력이 없다. 아마도 거스리는 베드로의 편지가 제한된 회람으로 널리 받아들여지지 않았다고 제안하는 점에서 옳을 것이다.[140] 그럼에도 불구하고 우리는 베드로후서의 초기 수용이 학자들 대

---

132 Davids, *2 Peter and Jude*, 148. 참조. G. Green, *Jude and 2 Peter*, 166.

133 Witherington, *1-2 Peter*, 318–19.

134 M. D. Mathews, "The Genre of 2 Peter: A Comparison with Jewish and Early Christian Testaments," *BBR* 21 (2011): 51-64.

135 Mathews, "The Genre of 2 Peter," 60-62.

136 Witherington, *1-2 Peter*, 320-21.

137 G. Green, *Jude and 2 Peter*, 165. 또한 다음을 보라. Davids, *2 Peter and Jude*, 148.

138 G. Green, *Jude and 2 Peter*, 167. 그린은 또한 베드로후서가 유언에서 전형적으로 나타나는 천국 여행이 부족하다고 지적한다(166-67 페이지).

139 Witherington, *1-2 Peter*, 318.

140 Guthrie, *New Testament Introduction*, 840-41.

부분의 생각보다 더 강력하고, 베드로 저작에 관한 주장이 반대 주장보다 더
강력하다는 점을 살펴보았다. 나는 베드로후서의 베드로 저작이 분명하고 다
른 경쟁 이론보다 더 설득력이 있다고 결론을 맺으려고 한다.

2. 저작 시기 및 수신자

  베드로후서의 저작 시기는 베드로가 썼느냐에 따라 달라진다. 내가 주장
한 대로 베드로가 저자라면, 베드로가 죽기 직전, 즉 AD 60년에서 68년 사이
여야 한다. 만일 베드로후서가 유다서를 사용했다면, 유다서를 베드로후서보
다 먼저 썼다고 주장해야 할 것이다(유다서 서론을 보라). 무(Moo)는 베드로
가 AD 65년에 사망했고, 그의 사망 직전으로 저작 시기를 정한다.[141] 거스리
는 베드로가 AD 68년에 죽었고 그 이후에 이 편지를 썼다고 생각한다.[142] 로
빈슨은 좀 더 이른 시기인 AD 60년에서 62년으로 보고 있다.[143] 이 편지를 베
드로의 저작으로 보는 학자들은 대개 베드로가 마지막 시기에 로마에 있었다
는 전통을 따른다(참조. Ign. *Rom.* 4:3; 1 Clem. 5:4).[144] 아마도 네로 시대의
박해는 이 편지가 기록되었을 때 시작되었을 것이다. 이 편지를 위명 저작으
로 보는 학자들은 AD 80년에서 150년 사이로 본다. 예를 들어, 보컴은 저작
시기를 80년에서 90년 사이로 추정한다. 그는 재림의 지연으로 일어나는 조
롱을 설명하는데, 적어도 이 정도 시간이 지났다고 주장한다.[145] 켈리는 100

---

141 베드로가 AD 65년에 사망한 내용은 다음을 보라. J. Robinson, *Redating*, 149; Moo, *2 Peter,
Jude*, 24. 월리스는 64년 또는 65년으로 저작 시기를 정한다("Second Peter: Introduction,
Argument, and Outline"). 그러나 월리스가 반대하는 것처럼 바울이 이미 사망했는지는 가능
하지만 확실하지 않다.

142 Guthrie, *New Testament Introduction*, 843–44. 워필드는 AD 67년으로 본다("The Canonicity
of Second Peter," 78).

143 J. Robinson, *Redating*, 197–98. 그린은 AD 61-68년으로 제안한다(*2 Peter and Jude*, 41).

144 그러나 이 편지가 팔레스타인에서 작성되었다고 생각하는 거드마를 참조하라(*Rethinking the
Judaism-Hellenism Dichotomy*, 303-5).

145 Bauckham, *Jude, 2 Peter*, 158–59. 레이케는 이 편지가 서기 90년경에 쓰였다고 생각한다
(*James, Peter, and Jude*, 144).

년에서 110년 사이로 추정한다.[146] 편지를 어디에 보냈는지가 훨씬 어렵다. 첫 번째 편지(벤후 3:1)를 베드로전서로 이해한다면 소아시아 교회, 즉 주로 이방인 교회에 보냈을 것이다.[147] 만약 첫 번째 편지가 베드로전서가 아니라 지금은 없어져 버린 편지를 가리킨다면 수신지를 정하기가 훨씬 더 어렵다. 다른 학자들은 이집트를 제안하지만 소아시아로 보냈을 가능성이 더 있다. 소아시아로 보냈다면 베드로는 혼합주의에 직면한 교회에 편지를 썼고, 그 교회(또는 교회들)에 편지를 쓰기 위해 그 문화의 언어를 사용했다는 단서가 있다.[148] 나는 이 편지의 저작 시기를 60년대 중반으로 추정하고 베드로후서 3장 1절에 기초하여 첫 편지를 베드로전서(벤전 1:1)에 언급된 동일한 독자들에게 보냈다고 제안한다.

3. 반 대 자 들

베드로후서에서 반대자들을 파악하기는 쉽지 않다.[149] 그들이 그리스도인이라고 주장했고 교회에서 나왔음은 2장 1-3절, 14절, 18절에서 분명하다. 베드로는 그들을 회중 안에 나타난 거짓 선생으로 본다.[150] 그들은 처음에 개

---

146 Kelly, *Peter and Jude*, 237. 크랜필드는 AD 120년과 125년 사이로 추정한다(*Peter and Jude*, 149; 또한 다음을 참조하라. Wand, *Epistles of Peter and Jude*, 144; 메이어와 캘런은 AD 125년을 선택한다(Mayor, *Jude and Second Peter*, cxxvii; Callan, *Second Peter*, 136). 호렐은 90년과 110년 사이로 추정한다(*The Epistles of Peter and Jude*, EC [Peterborough: Epworth, 1998], 138). 훅스와 레이먼드는 AD 100년에서 125년 사이로 본다(*2 Pierre, Jude*, 40). L. R. 도넬슨은 AD 120-150년이라고 말한다(*I and II Peter and Jude*, NTL [Louisville: Westminster John Knox, 2010], 209).

147 거스리는 수신자를 확신할 수 없음을 인정한다(*New Testament Introduction*, 842-43). 베드로전서를 받았지만 널리 회람되지 않은 동일한 교회들(또는 동일한 교회들 일부)에 보내졌을 가능성이 있다(여기에서는 다음의 견해를 참조하라. Wallace, "Second Peter: Introduction, Argument, and Outline"). 그러나 증명의 문제는 편지의 수신자를 확인할 수 없음을 나타낸다.

148 Fornberg, *An Early Church in a Pluralistic Society*, passim; Charles, *Virtue amidst Vice*, 80-83.

149 수사학적 언어가 적대자들을 식별할 가능성을 제거한다고 주장할 수 있다. T. A. Miller, "Dogs, Adulterers, and the Way of Balaam: The Forms and SocioRhetorical Function of the Polemical Rhetoric in 2 Peter (Part I)," *IBS* 22 (2000): 123–44. 분명히 사용된 언어는 감정적이고 명예를 훼손시킨다. 그러나 논리적으로 반대자들은 잘못 표현된 것이 아니다. 이 편지의 보존은 베드로가 적들을 정확하게 묘사했음을 제안한다.

150 또한 다음을 보라. Caulley, "Inspiration in 2 Peter 1:16-21," 33.

종했다는 증거를 주었지만, 이후에 배교하고 방종을 가르치기 시작했다. 중심적인 가르침은 종말론적인 회의주의였다. 그리스도의 장차 오심(1:16-18; 3:4-7)과 미래의 심판(2:3-10)을 부인했기 때문이다. 유다서에서는 반대자들이 외부에서 왔기 때문에 유다서의 반대자들과 같지 않다. 베드로후서는 내부에서 나온다. 반대자들은 베드로후서에서 그리스도의 장차 오심을 부인했지만, 유다서에서 같은 개념을 찾을 수 없다. 유다서에서 문제를 일으키는 자들은 예언적인 영감에 호소했지만 베드로후서의 반대자들은 거짓 선생이었으며 예언적인 권위를 주장하지 않았다.[151] 미래 심판의 거부는 방종한 생활 방식의 문을 열었다(2:1-3, 11-16). 아니면 방탕한 생활을 시작하여 미래의 심판을 부인함으로써 신학적으로 자기들의 생활 방식을 옹호했을 수도 있다. 그들은 아마도 바울의 글(3:15-16)을 자기들의 방탕함을 변호하는 데 사용했으며, 하나님의 은혜가 신자들을 윤리적인 의무로부터 해방시켰다고 주장했을 것이다(참조. 롬 3:8; 5:20-6:1). 어쨌든 그들은 자기들의 의제를 자유로 가는 길로 여겼다(2:19). 그들의 주장은 세상이 방해 받지 않고 정상적이고 규칙적으로 기능한다는 주장으로 합리주의적이었던 것 같다. 그들은 아마도 사도들이 그리스도의 오심을 만들어 냈다고 주장하고(1:16) 또한 재림(파루시아)을 가르친 예언적 본문을 거부했을 것이다(1:20-21).[152]

학자들은 다음과 같은 이유로 반대자들을 영지주의자 또는 원시-영지주의자로 이해했다.[153] (1) 베드로후서에서 지식에 대한 강조는 반대자들의 그노시스에 대한 반응이다. (2) 적들의 생활 방식은 그들이 영지주의적 방종주의자임을 보여 주었다. (3) 이러한 방종주의적인 생활 방식은 아마도 물질세계에 대한 거부에서 비롯된 것일 가능성이 있다. (4) 비슷하게 그들의 마지막 심판에 대한 거부는 육체적 부활을 믿지 않는 것과 연결될 수 있다. (5) 바울의 해석은 영지주의적인 주해를 반영한다. (6) 그들이 주님을 부인하는 것(벧후 2:1)은 그분의 성육신을 부인하는 가현설 신학을 보여 준다. (7) 그들은 지지

151 G. Green, *Jude and 2 Peter*, 153.

152 스미스는 반대자들이 파루시아의 지연에 대해 논쟁하지 않았다고 지적한다. 그들이 주장한 것은 재림이 전혀 일어나지 않을 것이며, 그 지연에 관한 논증은 재림이 없을 것이라는 개념을 변호하는 데 사용되었다는 것이다(*Petrine Controversies*, 85).

153 예. Talbert, "2 Peter and the Delay of the Parousia," 141-43; Smith, *Petrine Controversies*, 93–100.

자들에게 "신화"(개역개정. '이야기')를 가르쳤다(1:16).[154]

오늘날 반대자들이 영지주의자라는 주장에 점점 더 의문을 던진다.[155] 영지주의가 설득력이 없는 이유를 빠르게 설명할 수 있다.[156] 우리는 베드로후서에서 우주론적 이원론의 증거를 볼 수 없으며, 거짓 선생들이 실현된 종말론을 제안했는지, 심지어 그들의 윤리적 방종주의가 이와 같은 이원론에서 유래했는지 분명하지 않다. 베드로는 부활에 대해 아무 말도 하지 않았기 때문에 그들이 "물질" 세계를 거부했는지 분명하지 않다. 사실 그들은 물질세계를 받아들였을 가능성이 있고 그것이 우리가 앞으로 경험할 수 있는 유일한 세상이라고 주장한다. 베드로가 반대자들의 견해를 언급할 때, "신화"(개역개정. "이야기")라는 단어조차 사용하지 않기 때문에, 1장 16절에서 "신화"는 영지주의를 가리키지 않는다. 대신에 적들은 파루시아를 지지하는 사람들 앞에서 "신화"라는 단어를 쓴다. 다시 말해, 베드로는 신화를 주장하는 반대자들을 비난하지 않는다. 오히려 거짓 선생들은 사도들이 신화를 퍼뜨렸다고 비난했다.[157] 우리가 알고 있는 영지주의는 엘리트를 위한 지식을 강조했으며, "지식"이라는 단어가 중요했음을 보여 준다. 그러나 "지식"은 분명

---

154 많은 학자들이 영지주의적인 가설의 어떤 형식을 지지한다. 다음을 보라. Schelke, *Der Petrusbrief-Der Judasbrief*, 232; Kelly, *Peter and Jude*, 231; Käsemann, "Apologia for Primitive Christian Eschatology," 170-72; T. S. Caulley, "The False Teachers in Second Peter," *SBT* 12 (1982): 27–42; Caulley, "Inspiration in 2 Peter 1:16-21," 50-82. 그러나 콜리는 아래에서 볼 수 있듯이 자신의 견해를 수정했다.

155 다음을 보라. Fornberg, *An Early Church in a Pluralistic Society*, 31; Jörg Frey, "Judgment on the Ungodly and the Parousia of Christ: Eschatology in Jude and 2 Peter," in *Eschatology of the New Testament and Some Related Documents*, ed. J. G. van der Watt, WUNT 2/315 (Tübingen: Mohr Siebeck, 2011), 508; J. H. Neyrey, "The Form and Background of the Polemic in 2 Peter," *JBL* 99 (1980): 407-31; Guthrie, *New Testament Introduction*, 815, 828, 848-50; Vögtle, *Judasbrief, 2 Petrusbrief*, 266-72; G. Green, *Jude and 2 Peter*, 153–54. 이전 시대의 학자들이 영지주의적인 논쟁을 거부하는 것에 대해서는 다음을 보라. Bigg, *Peter and Jude*, 239.

156 이 설명의 이유는 다음을 보라. Bauckham, *Jude, 2 Peter*, 156-57; J. Kahmann, "Second Peter and Jude," in *The New Testament in Early Christianity: La réception des écrits néotestamentaires dans le christianisme primitif*, ed. J.-M. Sevrin, BETL 86 (Leuven: Leuven University Press, 1989), 114-15; M. Desjardins, "The Portrayal of the Dissidents in 2 Peter and Jude: Does It Tell Us More about the 'Godly' than the 'Ungodly'?," *JSNT* 30 (1987): 93-95; J. H. Neyrey, "The Apologetic Use of the Transfiguration in 2 Peter 1:16-21," *CBQ* 42 (1980): 506-7. 또한 네이레이의 에세이에서 케제만의 베드로후서 폄하를 평가하면서 케제만이 베드로후서 분석이 요점을 놓쳤다고 결론을 내린다("Polemic in 2 Peter," 407-31).

157 Müller, "Der 2. Petrusbrief," 327; 다음과 반대된다. Guthrie, *New Testament Introduction*, 847; Miller, "Polemical Rhetoric in 2 Peter (Part 1)," 137.

하게 적들을 향하지 않는다. 방탕한 생활 방식은 영지주의에만 있지 않으므로 그 자체로는 상대방의 세계관을 아무것도 설명하지 않는다. 베드로후서 2장 1절에서 적들이 가현설을 받아들였다는 결론은 그들이 기독론에 대해 특별히 언급하지 않기 때문에 틀렸다고 볼 수 있다.[158] 문맥에서(주해 참조) 그들이 거절한 이유는 파악 가능한 기독론적 이단이 아니라 아마도 그들의 생활 방식과 관련이 있을 것이다. 영지주의 가설은 약간의 증거와 베드로후서가 2세기 문헌이라는 견해로 살아남았다.[159] 그러나 이것은 베드로후서가 거짓 선생들에 대해 말한 내용을 제대로 설명하지 못한다. 이것은 다른 곳에서 수집한 자료로 베드로후서를 이해하는 방식이다. 또한 케제만과 다르게 베드로후서의 저자가 영지주의를 받아들였다는 증거는 없다.[160] 저자는 물질 세계로부터의 구원이 아니라 새 하늘과 새 땅을 기대한다. 1장 4절에서 그는 몸 자체를 버리지 않는다. 그러나 이 세상의 정욕은 하나님보다 다른 것들을 더 가치 있게 여기도록 한다.

네이레이는 에피쿠로스 학자의 가르침과 반대자들의 세계관 사이의 유사점을 지적하면서 반대자들이 에피쿠로스학파이거나 "비웃는 자"였다고 제안한다.[161] 에피쿠로스학파는 세상에 대한 하나님의 섭리적인 통치를 부인하면서 세상이 하나님의 개입 없이 움직인다고 주장했다.[162] 그들의 입장에서 하나

---

158 리즈너는 베드로후서의 거짓 가르침과 바울이 고린도에서 직면한 문제 사이에 많은 유사점이 있음을 지적하며 가능한 이른 시기를 제시한다("Der zweite-Petrus Brief," 135).

159 증거가 가지는 여러 조각을 이어붙인 특징은 콜리의 에세이에서 분명히 나타난다. 여기에서 그는 영지주의 가설을 뒷받침하기 위해 몇 가지 단서를 꿰맸다("The False Teachers in Second Peter"). 콜리의 연구를 읽는 것은 영지주의에 관한 결정적인 증거가 부족하다는 것을 분명히 하기 때문에 유익하다.

160 Käsemann, "Apologia for Primitive Christian Eschatology," 179–80.

161 Neyrey, 2 Peter, Jude, 122–28; 참조. Neyrey, "Polemic in 2 Peter," 407-31. 네이레이는 "Polemic in 2 Peter"에서 그의 목적이 반대자들이 에피쿠로스학파임을 입증하는 것이 아니라 단지 유비가 있음을 나타내는 것이라고 지적한다. 그러나 주석에서 다음과 같이 말한다. "이 주해의 가설은 반대자들이 전통적인 신정론을 거부한 에피쿠로스학파이거나 그와 비슷한 이상한 신학을 지지한 '비웃는 자'(Apikoros)였다"(122). 데이비스는 네이레이에 기본적으로 동의한다(2 Peter and Jude, 132-36). 또한 다음의 간략한 주해를 보라. Frey, "Eschatology in Jude and 2 Peter," 509.

162 버거(K. Berger)는 네이레이의 논제에 실질적으로 동의하며 필론의 일부 본문을 연구하여 이 문제를 추가로 탐구한다. 그는 또한 베드로후서의 저자가 천사가 제의적인 정결과 연결되어 있는 바리새인 전통에 의존함으로 반대자들이 천사를 조롱하는 데 대응한다고 주장한다("Streit um Gottes Vorsehung: Zur Position der Gegner im 2. Petrusbrief," in Tradition and Re-

님은 세상에 심판을 선언하지 않을 것이며 파루시아도 없을 것이다. 인간은 자신의 길을 자유롭게 선택할 수 있으며, 죽은 후에 몸은 그것을 구성하는 요소로 돌아간다. 그러므로 에피쿠로스적인 세계관에서 인간은 옳고 그름의 상이 있을 미래의 심판을 기대할 수 없다(벧후 2:1, 3; 3:9). 여기에서는 반대자들이 선포한 자유의 약속이 있을 수 없다(벧후 2:19). 에피쿠로스 자신은 부도덕한 생활 방식을 지지하지 않지만 그의 가르침에서 어떻게 그 결론을 내릴 수 있었는지 쉽게 알 수 있다. 네이레이는 또한 파루시아를 신화로 일축하는 에피쿠로스적인 추론을 본다. 에피쿠로스학파는 종종 미래의 심판을 신화적이라고 조롱했기 때문이다. 더욱이 그들은 미래에 관한 분명한 예언은 인간의 자유를 없애 버리기 때문에 예언을 거절했다.

우리는 반대자들과 에피쿠로스학파 사이에 공통점을 볼 수 있지만, 반대자들이 완전히 발전한 에피쿠로스학파일 가능성은 거의 없다. 거짓 선생들이 에피쿠로스 사상을 받아들였다면 어떻게 그리스도인이 될 수 있었는지 알기 어렵다. 에피쿠로스학파는 예수님을 그리스도로 받아들이는 어떤 개념도 배제할 것이다. 그러나 반대자들이 예수님을 메시아로 거부했는지는 분명하지 않다. 그린이 말했듯이, "그들이 에피쿠로스학파라면, 그들이 결정적으로 유신론적인 성격인 기독교 모임 안에서 무엇을하고 있었는지 궁금하다."[163] 에피쿠로스학파는 하나님이 세상에서 활동하지 않으신다고 믿었지만, 반대자들은 미래에 있을 그리스도의 심판이나 재림이 없을 것이라고 주장하면서 그 극단으로 가지 않았을 것이다.[164] 그들은 에피쿠로스학파가 부인할 만한 하나님이 세상을 창조하셨다는 사실을 확언한 것 같다(벧후 3:4)[165] 그러므로 하나님이 지금 이 세상에서 일하고 계시며, 미래의 대재앙을 부인한다고 주장할 수 있었다. 그들의 주장은 자신들이 그리스도인이라는 사실을 더 잘 보여 준다.

---

interpretation in Jewish and Early Christian Literature: Essays in Honour of Jürgen Lebram, ed. J. W. Wesselius, van Rooden, H. J. de Jonge, and J. W. van Henten, SPB 36 [Leiden: Brill, 1986], 121-35). 그러나 베드로후서에 제의적인 정결을 지지했다는 증거가 없다(Kahmann ["Second Peter and Jude," 121]). 따라서 바리새인 전통에 대한 호소는 입증할 수 없다.

163 G. Green, *Jude and 2 Peter*, 156.
164 케제만은 그들이 미래의 심판을 거부했는지 분명하지 않다고 생각한다("Second Peter and Jude," 119).
165 G. Green, *Jude and 2 Peter*, 156–57.

자유에 대한 약속은 에피쿠로스학파가 아니라도 바울의 반대자들에게서 볼
수 있는 왜곡을 보여 준다.[166] 네이레이는 반대자들의 생각이 에피쿠로스학파
와 겹칠만한 몇 개의 영역을 보여 주지만, 그들을 에피쿠로스학파와 동일시하
거나 연관시킨다면 너무 멀리 간 것이다.

콜리는 반대자들이 스스로를 선지자이면서 선생으로 이해했다고 주장한
다. 발람과 같은 반대자들은 방종주의, 종말론적 회의주의, 결함이 있는 기독
론을 지지하기 위해서 예언에 의존했다. 베드로는 그들의 예언에 관한 해석에
이의를 제기하고(벧후 1:20), 발람과 같은 거짓 선지자로 분류한다.[167] 베드로
가 반대자들을 "거짓 선지자들"(벧후 2:1)로 밝히지 않고 발람을 비난하지만,
콜리의 견해는 아마도 옳을 것이다.[168]

반대자들을 정확하게 파악하는 대신 우리는 거짓 선생들에 대해서 이용
할 수 있는 제한된 정보에 만족해야 한다.[169] 우리는 그들이 파루시아를 부정
했고 반율법주의자였음을 안다. 아마도 그들은 자기들의 방종을 정당화하기
위해서 바울의 편지를 인용했을 것이다. 미래에 오실 그리스도에 관한 부정
은 아마도 미래의 심판을 거부하는 일과 관련이 있었을 것이다. 신약 학자들
은 반대자들을 정확하게 분류할 수 있도록 그들에게 이름을 붙이고 이미 충
분히 발전한 신학으로 정의하는 경향이 있다. 그러나 이 경우 거짓 선생들의
신학에 관한 다소 개략적인 개요로 제한하려고 한다. 이것은 여기에서 일어
났던 원래 사건과 거리가 있다. 베드로는 베드로후서를 거짓 선생들을 잘 아
는 교회에 썼기 때문이다.

166 Kahmann, "Second Peter and Jude," 119.

167 T. S. Caulley, "'They Promise Them Freedom': Once Again the ψευδοδιδάσκαλος in 2 Peter,"
    ZNW 99 (2008): 129–38.

168 L. Nortjé-Meyer, "Vilification in 2 Peter 2: A Comparison with the Letter of Jude," *Scriptura*
    112 (2013): 5; 참조. Bauckham, *Jude, 2 Peter*, 236.

169 다음을 보라. G. Green, *Jude and 2 Peter*, 157–59.

4. 구 조

베드로후서의 구조는 개요에 반영된다. 편지의 통일성을 의심할 만한 설득력 있는 이유가 없다.[170] 왓슨은 베드로후서를 그리스 수사학의 관점에서 분석했는데, 서신의 인사와 도입(1:1-2), 서론(exordium, 1:3-15)과 논증(1:6-3:13), 그리고 결론(peroratio, 3:4-18)으로 이해한다.[171] 나는 유다서에서도 왓슨의 분석이 편지가 신중하게 구성되었음을 보여 준다는 점에 주목한다. 유다와 다른 신약 저자가 그리스 수사학의 기준을 따랐는지 의심스럽지만 말이다. 베드로후서에 관한 왓슨의 예시는 설득력이 없다.[172] 이 분석으로 베드로후서를 썼는지 분명하지 않다. 예를 들어, 왓슨은 2장 10b-22절이 그 틀에서 벗어났다고 생각하고 이와 같은 긴 이탈이 제시된 분석과 일치하는지 의문을 던진다. 이질적인 구조를 강요하지 않기 위해서 편지가 전개하는 구조를 잘 살피는 것이 더 도움이 된다. 신약 서신에 관한 많은 수사학적 분석의 문제점은 본문을 제시하는 개요에 억지로 맞추려는 경향이다. 어떤 점에서는 수사학적 분석이 도움이 된다. 이는 신약 저자들이 효과적으로 전달했으며 따라서 부득이하게 그리스 수사학의 요소를 사용했기 때문이다. 그럼에도 불구하고 편지들이 수사학을 의식하여 구성되었다는 주장은 또 다른 문제이다.[173]

---

170 M. McNamara, "The Unity of Second Peter: A Reconsideration," *Scr* 12 (1960): 13-19. 맥나마라는 베드로후서 1장과 3장이 원래 독립적으로 회람되었다고 주장한다. 그러나 이 결론을 뒷받침할 만한 명확한 증거가 없다고 주장한다.

171 D. F. Watson, *Invention, Arrangement, and Style: Rhetorical Criticism of Jude and 2 Peter*, SBLDS 104 (Atlanta: Scholars Press, 1988), 81-146. 약간의 수정을 해서 왓슨의 주장을 수용하려면 다음을 보라. Starr, *Sharers in Divine Nature*, 53-58. 베드로후서의 구조를 분석하려는 다른 시도는 다음을 보라. G. K. Barr, "The Structure of Hebrews and of 1st and 2nd Peter," *IBS* 19 (1997): 17-31.

172 특히 다음의 비판을 보라. Gerdmar, *Rethinking the Judaism-Hellenism Dichotomy*, 94-106; 다음도 참조하라. Müller, "Der 2. Petrusbrief," 315-16.

173 신약 서신에서 수사학의 역할에 관한 도움이 되는 평가는 다음을 보라. S. E. Porter and T. H. Olbricht, eds., *Rhetoric and the New Testament: Essays from the 1992 Heidelberg Conference* (Sheffield: JSOT Press, 1993); J. A. D. Weima, "What Does Aristotle Have to Do with Paul? An Evaluation of Rhetorical Criticism," *CTJ* 32 (1997): 458-68. 다음도 참조하라. G. Green, *Jude and 2 Peter*, 163-64.

베드로후서 개요

1. 서문(1:1-2)
2. 하나님의 은혜: 경건한 삶의 기초(1:3-11)
    2.1. 하나님의 섭리(1:3-4)
    2.2. 경건한 삶을 힘써 추구하라(1:5-7)
    2.3. 하나님의 나라에 들어가는 데 필요한 경건한 덕(1:8-11)
3. 베드로의 사도로서 일깨움(1:12-21)
    3.1. 일깨움: 행동하도록 촉구(1:12-15)
    3.2. 목격자의 증언에 기초하는 재림의 진리(1:16-18)
    3.3. 예언에 기초하는 재림의 진리(1:19-21)
4. 거짓 선생들의 등장(2:1-22)
    4.1. 거짓 선생들의 영향(2:1-3)
    4.2. 경건하지 않은 자들에 대한 분명한 심판과
        경건한 자들의 보존(2:4-10a)
    4.3. 배교와 음란으로 심판을 받는 거짓 선생들(2:10b-16)
    4.4. 거짓 선생들이 다른 사람들에게 미치는 악영향(2:17-22)
5. 일깨움: 주의 날이 오리라(3:1-18)
    5.1. 조롱하는 자들의 다가올 날에 대한 의심(3:1-7)
    5.2. 주님의 때와 우리의 때가 다름(3:8-10)
    5.3. 미래의 날을 위하여 의롭게 살기(3:11-18)

단락 개요

1. 서문(1:1-2)

1. 서문(1:1-2)

¹ 예수 그리스도의 종이며 사도인 시몬 베드로는 우리 하나님과 구주 예수 그리스도의 의를 힘입어 동일하게 보배로운 믿음을 우리와 함께 받은 자들에게 편지하노니 ² 하나님과 우리 주 예수를 앎으로 은혜와 평강이 너희에게 더욱 많을지어다

대부분의 다른 신약 서신과 마찬가지로 베드로는 보낸 사람과 받는 사람의 이름을 말하고 인사말을 더하면서 시작한다. 보낸 사람 "시몬 베드로"는 편지의 첫 단어에서 알 수 있다. 수신자는 "우리와 같이 보배로운 믿음을 ... 받은 자들에게"(NIV)로 확인된다. 인사말은 2절에 나타난다. 거의 모든 신약 서신은 그리스-로마 문화의 전형적인 인사말보다 더 무거운 인사를 포함한다. 베드로는 자신이 누구인지를 보여 줄 뿐만 아니라 독자들에게 편지를 쓸 자격이 있음을 설명한다. 그는 예수 그리스도의 종이자 사도이다. 받는 사람은 하나님을 믿는 그들의 믿음으로 설명된다. 믿음은 하나님과 구주 예수 그리스도의 의 덕분에 그들의 소유이다. 베드로는 그리스-로마 세계의 일반적인 "인사"(χαίρειν, 카이레인)를 쓰지 않는다. 베드로는 주 예수를 앎으로 하나님의 은혜와 평강이 그들의 삶에 넘치기를 기도한다. 편지의 핵심 주제 중 일부가 인사말에 나타난다. 그리스도인의 삶에서 믿음의 중심성, 하나님의 구원하시는 의, 예수 그리스도의 우월성, 하나님과 주 예수 그리스도를 아는 지식의 중요성이다. 실제로, 은혜와 지식이라는 주제는 서신이 예수 그리스도의 은혜와 지식 안에서 자라가라는 권면으로 끝나기 때문에 인클루지오를 형성한다(3:18).

1:1. 베드로는 자신을 종과 사도라고 말하며 그가 가진 믿음과 같은 믿음을 받은 자들에게 인사한다. 이 믿음은 그들의 하나님이요 구주이신 예수 그리스도의 구원하시는 의로 말미암아 그들의 것이 되었다. 이 구절의 첫 번째 특이점은 편지의 첫 단어에 나타난다. 베드로는 자신을 묘사하기 위해서 일반적인 그리스어 "시몬"(Σίμων, 시몬. 예. 마 4:18; 10:2; 16:16-17; 17:25; 요 1:40, 42; 행 10:5)을 사용하지 않고 "시므온"(Συμεών, 쉬메온)을 사용한다. 시므온은 셈어이며 팔레스타인 환경에서만 사용된다. 베드로를 시므온으로 부르는 유일한 예가 예루살렘 공의회이다(행 15:14). 여기에서 야고보는 고넬료에 대한 베드로의 증언에 호소한다. 그 회의의 팔레스타인적인 성격은 이 단어를 설명할 수 있다. 시므온이라는 이름은 아기 예수를 축복하고 예언한 사람에게도 사용된다(눅 2:25, 34). 누가복음 1-2장의 셈어적인 측면은 거의 모든 학자가 인정한다. 누가는 또한 예수님의 족보에서 시므온이라는 이름을 사용하고(눅 3:30), 선지자 중 한 사람은 시므온이라는 이름을 가지고 있다(행 13:1; 참조. 1 Macc 2:65). 시므온이라는 이름은 2세기에 사용되지 않았기 때문에 초기 저작 시기를 나타낸다.[1] 일부 학자들은 위명 저자가 셈어 이름을 사용하여 "진실성"을 전한다고 제안한다.[2] 이 이론이 사실이라면, 어떻게 "저자"가 거짓이 아닌지 알기 어렵다. 보컴은 이 저자가 "로마에 있는 베드로의 그룹에 속한 그의 동료"였다고 제안한다.[3] 그러나 로마에 있는 누군가가 베드로의 셈어 이름을 사용하는 일은 불가능하다. 사실 이 구절에 나오는 "베드로"와 "사도"는 이 편지를 쓴 사람이 베드로 자신이라고 주장한다. 나는 셈어 시므온이 베드로 자신에게서 왔으며, 사도 베드로의 저작을 나타낸다고 결론을 내린다.

베드로는 자신을 "예수 그리스도의 종이며 사도"라고 말한다. "종"(δοῦλος, 둘로스)이라는 단어는 또한 "노예"로 번역될 수 있는데, 이는 베드로가 예수 그리스도의 권위 아래 있고 그의 주되심 아래 복종했으며 자신에게 고유한 권위가 없음을 나타낸다. 그러나 "종"은 명예를 암시하는 경우도 있다. 베

---

1 C. Bigg, *The Epistles of St. Peter and St. Jude*, ICC (Edinburgh: T&T Clark, 1901), 248.

2 다음을 보라. J. N. D. Kelly, *A Commentary on the Epistles of Peter and Jude*, Thornapple Commentaries (Grand Rapids: Baker, 1981), 296; B. Reicke, *The Epistles of James, Peter, and Jude*, AB (Garden City: Doubleday, 1964), 150.

3 R. Bauckham, *Jude, 2 Peter*, WBC (Waco: Word, 1983), 167.

드로는 주 예수 그리스도의 종으로 영광을 받는다. 구약에서 여호와를 섬기는 위대한 사람들이 "종"이라고 불렸다. 아브라함, 이삭, 야곱(출 32:13; 신 9:27), 모세(신 34:5; 수 1:1-2; 왕상 8:53, 56), 사무엘(삼상 3:9-10), 다윗(삼상 17:32; 삼하 3:18; 7:5, 8, 19-21, 25-29) 등이다.[4] 신약에서는 바울(롬 1:1, 갈 1:10, 빌 1:1, 디도서 1:1), 야고보(약 1:1), 유다(유 1)가 종으로 불린다. 그러므로 이 용어는 겸손뿐만 아니라 예수 그리스도를 섬기는 명예를 암시한다.[5]

베드로는 자신이 종이었을 뿐만 아니라 "예수 그리스도의 사도"라고 밝힌다. 어떤 문맥에서 "사도"는 선교사와 소식을 전하는 자를 언급할 수 있지만(롬 16:7; 고후 8:23; 빌 2:25),이 두 가지 의미 중 어느 것도 여기에 어울리지 않는다. 여기에서는 예수 그리스도께서 사도로 섬기도록 특별히 부르시고 임명하신 사람들에게 전문적으로 사용한다(마 10:1-11:1; 막 3:13-19; 참조. 행 1:21-26). 사도들의 권위는 베드로후서 3장 2절과 바울을 높이 평가한 내용(벧후 3:15-16)에 나타난다. 그러므로 베드로는 편지에서 단순히 자신의 의견을 말하는 자가 아니다. 그는 예수 그리스도의 위임받은 종으로서 거짓 선생들의 위험에 맞서기 위해 임명된 사도이자 대표자로 편지를 쓴다(참조. 2:20). 사도로서 베드로는 권위를 가진 자신이 목격한 가르침을 공유한다(1:16; 3:2).

베드로는 편지를 받는 사람들을 지리적으로 밝히고 있지 않지만, 주로 이방인이었으며,[6] 베드로전서에서 언급된 같은 청중이었을 것이다(벧후 3:1). 베드로는 그들에게 "우리"를 적용시키며 동일한 특권을 가진 믿음을 받았다고 설명한다. "받은"(λαχοῦσιν, 라쿠신)은 제비뽑기로 무엇인가를 받는 것을 의미한다. 스가랴는 제비를 뽑아 성전에서 분향하는 특권을 얻었다(눅 1:9). 로마 군인들은 누가 예수님의 옷을 받을 것인지 제비를 뽑았다(요 19:24). 유다는 사도의 직무를 수행하도록 임명되었다(행 1:17). 제비를 뽑는다는 의미는 하나님의 은혜로 받은 선물을 의미한다. 베드로에 따르면, 그들이 받은 것

---

4 다음을 보라. K. H. Rengstorf, "Joũlos," *TDNT* 2:268, 276-77.

5 특별히 다음을 보라. J. H. Neyrey, *2 Peter, Jude*, AB (Garden City: Doubleday, 1993), 144-45.

6 A. Vögtle, *Der Judasbrief, Der 2 Petrusbrief*, EKKNT (Neukirchen-Vluyn: Neukirchener Verlag, 1994), 127.

은 하나님과 예수 그리스도를 믿는 "믿음"이다. 많은 학자들은 여기에서 믿음
이 일련의 가르침이나 교리라고 주장한다(참조. 유 3, 20).[7] 그러나 베드로
가 교리를 말한다면 믿음을 "받은"이 아니라 "전하다" 또는 "전수하다"로 말
했을 것이다. 따라서 베드로는 하나님과 예수 그리스도에 대한 개인적이고 주
관적인 믿음을 언급한다.[8] 구원에 필요한 믿음은 하나님의 선물이다.[9] 이것
은 사람의 뜻으로만 이루어지지 않고 하나님 그분으로부터 받아야 한다. 제비
뽑기와 같이 베드로의 독자들은 이 믿음을 받았다.

베드로는 "믿음"을 "우리와 동일하게"로 말한다. 누구를 염두에 두고 있
었는지 알기 어렵다. "동일하다"(ἰσότιμον, 이소티몬)라는 단어는 그들이 다른
사람들과 동등한 특권과 명예를 가졌음을 의미한다. RSV 성경의 "동등한 지
위"는 NIV의 "고귀한" 보다 베드로가 의도한 바를 더 정확하게 전달한다. 왜
냐하면 후자는 선물에서 느끼는 가치에 과도하게 초점을 맞추기 때문이다. 요
세푸스는 시민 평등에 이 단어를 사용한다(*Ant.* 12.119). 베드로는 아마도 사
도들의 특권을 편지를 받는 자들의 특권과 비교했을 것이다.[10] 다른 학자들
은 베드로가 역사적으로 있었던 유대인과 이방인의 대조를 언급했다고 주장

---

7 예. Kelly, *Peter and Jude*, 296; K. H. Schelke, *Der Petrusbrief-Der Judasbrief*, HTKNT
(Freiburg: Herder, 1980), 185; H. Paulsen, *Der zweite Petrusbrief und der Judasbrief*, KEK
(Göttingen; Vandenhoeck & Ruprecht, 1992), 104; Davids, *2 Peter and Jude*, 162.

8 M. Green, *The Second Epistle General of Peter and the General Epistle of Jude*, 2nd ed., TNTC
(Grand Rapids: Eerdmans, 1988), 68; Bauckham, *Jude, 2 Peter*, 168; D. J. Moo, *2 Peter, Jude*,
NIVAC (Grand Rapids: Zondervan, 1997), 34-35; J. D. Charles, "The Language and Logic of
Virtue in 2 Peter 1:5-7," *BBR* 8 (1998): 66.

9 "이 문장에서 λαγχάνειν의 요점은 믿음이 자기들의 협력 없이 하나님으로부터 그들에게 왔다는
것이다"(H. Hanse, "λαγχάνω," *TDNT* 4.2). 또한, T. Callan, *Second Peter*, PONT (Grand Rapids:
Baker, 2012), 153; L. R. Donelson, *I and II Peter and Jude*, NTL (Louisville: Westminster John
Knox, 2010), 214; G. L. Green, *Jude and 2 Peter*, BECNT (Grand Rapids: Baker, 2008), 174;
Davids, *2 Peter and Jude*, 162.

10 J. Calvin, *Commentaries on the Catholic Epistles* (Grand Rapids: Eerdmans, 1948), 366; Bigg,
Peter and Jude, 250; Kelly, *Peter and Jude*, 297; Bauckham, *Jude, 2 Peter*, 167; E. Fuchs and
P. Reymond, *La Deuxième Épître de Saint Pierre, L'Épître de Saint Jude*, CNT (Neuchâtel-
Paris: Delachaux & Niestlé, 1980), 44-46; S. J. Kraftchick, *Jude, 2 Peter*, ANTC (Nashville:
Abingdon, 2002), 86; D. J. Harrington, *Jude and 2 Peter*, SP (Collegeville: Michael Glazier,
2003), 239-40; Davids, *2 Peter and Jude*, 161-62; J. Frey, *Der Brief des Judas und der zweite
Brief des Petrus*, THKNT (Leipzig: Evangelische Verlagsanstalt, 2015), 211. 이 해석은 옛
해석이다. 다음을 보라. Andreas and Oecumenius in *James, 1-2 Peter, 1-3 John, Jude*, ACCS
(Downers Grove: InterVarsity, 2000), 130.

한다.[11] 모든 유대인의 마음에는 하나님의 택하심을 받은 백성으로서 그들의 특별한 위치가 새겨져 있다. 유대인과 동등하게 이방인을 포함시키는 일은 초기 유대인 그리스도인들에게 충격적인 일이었다(참조. 행 10:1-11:18; 엡 2:11-3:13). 이 진리는 천천히 스며들었다. 그럼에도 불구하고 유대인-이방인의 긴장이 베드로후서에 영향을 미쳤다는 명확한 징후는 없으며 따라서 힐리어는 모든 장소, 계층, 그리고 민족적인 배경의 모든 신자가 동일한 복을 공유한다는 일반적인 요점을 제시한다.[12] 확신하기 어렵지만 베드로는 사도들과 동일한 복을 언급한 것 같다.

베드로가 신자들 사이의 공평한 특권을 강조하기 때문에 "우리 하나님의 의"(δικαιοσύνη τοῦ θεοῦ, 디카이오쉬네 투 데우)가 공평한 구원을 베푸시는 하나님의 공정함과 공평함을 가리킨다는 많은 학자들의 생각은 놀랍지 않다.[13] 베드로후서 다른 구절에서 "의"는 하나님의 정의와 공정함을 가리킨다(벧후 2:5, 21, 3:13). "우리 하나님과 구주 예수 그리스도의 의를 힘입어"는 분사 "받은"을 수식한다. 문맥에서 하나님의 은혜와 선물에 대한 강조(참조. 1:3-4)는 공정함이 문맥에서 가장 자연스러운 의미가 아님을 보여 준다. 하나님께서 주신 믿음의 선물은 신약에서 "공정함"으로 이해되지 않고 전적으로 은혜로 이해된다. 그러므로 여기에서 하나님의 의는 그의 공정함이 아니라 구원하시는 의를 의미한다.[14] 이것은 하나님의 의가 그의 "구원"과 병행을 이루

---

11 J. B. Mayor, *The Epistle of St. Jude and the Second Epistle of St. Peter* (1907; repr., Grand Rapids: Baker, 1965), 81; Moo, *2 Peter, Jude*, 34. 이에 반대해서 훅스와 레이먼드는 유대인-이방인의 갈등이 끝났다고 반대한다(*2 Pierre, Jude*, 44).

12 N. Hillyer, *1 and 2 Peter, Jude*, NIBC (Peabody: Hendrickson, 1992), 157.

13 Mayor, *Jude and Second Peter*, 81; Bigg, *Peter and Jude*, 250; Kelly, *Peter and Jude*, 297; Bauckham, *Jude, 2 Peter*, 168; G. Schrenk, "δικαιοσύνη," *TDNT* 2.198; Kraftchick, *Jude, 2 Peter*, 87; Callan, *Second Peter*, 153-54; J. M. Starr, *Sharers in Divine Nature: 2 Context*, ConBNT 33 (Stockholm: Almqvist &: Wiksell, 2000), 41-42; Vögtle, *Judasbrief, 2 Petrusbrief*, 133; Davids, *2 Peter and Jude*, 162–63; G. L. Green, *Jude and 2 Peter*, BECNT (Grand Rapids: Baker, 2008), 175; Frey, *Der Brief des Judas und der zweite Brief des Petrus*, 212.

14 M. Luther, *Commentary on Peter & Jude*, trans. and ed. J. N. Lenker (Grand Rapids: Kregel, 1990), 232; Calvin, *Catholic Epistles*, 366; Moo, *2 Peter, Jude*, 35; J. D. Charles, *Virtue amidst Vice: The Catalog of Virtues in 2 Peter 1*, JSNTSup 150 (Sheffield: Academic Press, 1997), 160; R. A. Reese, *2 Peter and Jude*, THNTC (Grand Rapids: Baker, 2007), 131; A. Gerdmar, *Rethinking the Judaism-Hellenism Dichotomy: A Historiographical Case Study of Second Peter and Jude*, ConBNT 36 (Stockholm: Almqvist & Wiksell, 2001), 219. 참조. C. Spicq, *Les Épîtres de Saint Pierre*, SB (Paris: Gabalda, 1966), 208.

는 구약과 일치한다(시 22:31; 31:1; 35:24, 28; 40:10; 사 42:6; 45:8, 13; 51:5-8, 미 6:5, 7:9). 베드로후서 2장 5, 21절, 3장 13절에 나오는 "의"는 반드시 정의에 제한되지 않고 구원의 개념도 포함할 수 있다(아래 해당 구절의 주해 참조). 그러므로 믿음은 하나님의 구원하시는 의, 곧 그의 신실하신 사랑과 자비에 따른 구원의 값없는 선물에 뿌리를 둔다.[15]

하나님의 구원하시는 의의 근거는 예수 그리스도이시다. 여기에서 헬라어 구조는 특별히 흥미롭다. "우리 하나님과 구주 예수 그리스도의 의"(δικαιοσύνη τοῦ θεοῦ ἡμῶν καὶ σωτῆρος Ἰησοῦ Χριστοῦ, 디카이오쉬네 투 데우 헤몬 카이 소테로스 이에수 크리스우)이다. 문법은 이 구절에서 예수 그리스도를 "하나님"이라고 분명히 나타낸다.[16] 이 절의 구조는 샤프(Granville Sharp)의 유명한 규칙과 일치한다. 고유 명사가 아닌 두 개의 단수 명사가 같은 관사를 사용할 때, 그들은 동일한 대상을 언급한다.[17] 여기에 사용된 문구는 이 정의에 잘 맞는다. 베드로가 예수 그리스도를 아버지와 구별하기 원했다면 명사 "구주" 앞에 관사를 넣었을 것이다. 대명사 "우리" 또한 여기에서 한 분을 언급한다. 더욱이 병행을 이루는 네 구절의 경우 모두 같은 예수 그리스도를 가리킨다(벧후 1:11; 2:20; 3:2, 18). 일부 학자들이 이 해석을 의심하는 주된 이유는 신약의 저자들이 예수 그리스도를 언급할 때, 분명하게 "하나님"을 사용하지 않기 때문이다.[18] 그럼에도 불구하고 많은 본문에서 예수 그리스도는 거의 하나님과 동일시되지만(요 1:1, 18; 20:28; 롬 9:5; 딛 2:13; 히 1:8),[19] 양태론

---

15 이 해석은 1996년 판 NLT성경이 지지하며, 마지막 절은 "우리를 하나님 앞에 의롭게 만드시는 분"으로 번역한다.

16 빅의 훌륭한 토론을 참조하라(Bigg, *Peter and Jude*, 250-52). 참조. T. Callan, "The Christology of the Second Letter of Peter," *Bib* 82 (2001): 253; Kelly, *Peter and Jude*, 298; Bauckham, *Jude, 2 Peter*, 168-69; Starr, *Sharers in Divine Nature*, 29; Paulsen, *Petrusbrief und Judasbrief*, 104-5; Harrington, *Jude and 2 Peter*, 241-42(반제국주의 주제로 본다); Reese, *2 Peter and Jude*, 131-32; Davids, *2 Peter and Jude*, 163–64; Frey, *Der Brief des Judas und der zweite Brief des Petrus*, 212-13.

17 Peter H. Davids, *II Peter and Jude: A Handbook on the Greek Text*, BHGNT (Waco: Baylor University Press, 2011), 42. 월리스는 샤프의 규칙을 다음과 같이 다시 설명한다. "TSKS 구조에서 두 번째 명사는 첫 번째 명사와 같은 사람을 나타낸다"(*Greek Grammar beyond the Basics* [Grand Rapids: Zondervan, 1996], 271-72). 월리스는 또한 샤프의 규칙이 "인칭, 단수, 비고유 명사"에만 적용된다는 점에 주의 깊게 주목했다. 이 논의는 276-77 페이지를 보라.

18 이 주저함에 대해서 다음을 보라. Neyrey, *2 Peter, Jude*, 147-48.

19 이 본문에 관한 주의 깊은 분석은 다음을 보라. M. J. Harris, *Jesus as God: The New Testament*

은 아니다. 여기에서 이러한 해석을 거부하면 문법의 명백한 의미를 거스른다. 빅은 "그러나 주석가의 최우선적이고 책임 있는 의무는 문법적인 의미를 확인하고 안내하는 것이다"라고 말한다.[20] 예수 그리스도의 영광은 또한 편지의 마지막 송영에서 강조되고(3:18), 편지가 그리스도의 신성이라는 주제에 묶이도록 한다.

예수 그리스도는 하나님이시며 구주이시다. "구주"는 카이사르 숭배에서 신적인 통치자들에 대해 자주 사용되지만, 베드로가 편지에서 이 견해에 반대한다는 증거는 없다. 같은 명칭으로 하나님을 나타내기 때문에 이 단어는 신성을 의미한다.[21] 마지막으로 캘런은 예수 그리스도와 관련된 "주"가 그의 신성을 암시한다고 효과적으로 주장한다. 왜냐하면 같은 명칭으로 하나님을 가리키기 때문이다.[22] 예수 그리스도는 주로 칭송을 받고(1:2, 8, 11, 14, 16, 2:20, 3:18), 아버지는 "주"로 불린다(2:9, 11, 3:8, 10, 12). 비록 학자들이 이 구절들에서 "주"가 아버지와 그리스도 중에서 누구인지 논쟁하지만(관련 구절의 주해를 보라), 캘런의 요점은 여전히 유효하다. 아버지와 그리스도 모두 "주"라고 부르는 데 의심의 여지가 없기 때문이다. 그는 또한 그리스도에 관한 이 칭호가 예수 그리스도의 신성을 가리킨다고 올바르게 제시한다. 구주로서의 예수님의 역할은 거드마가 지적한 것처럼 베드로의 종말론적이고 묵시적인 세계관을 나타낸다. 예수님은 자기 백성을 구속하시고(벧후 2:1), 죄에서 그들을 깨끗하게 하시고(벧후 1:9), 그들이 자신의 나라에 들어갈 수 있는 은혜를 주신다(벧후 1:11).[23]

Use of Theos in Reference to Jesus (Grand Rapids: Baker, 1992).

20 Bigg, *Peter and Jude*, 251. 또한 다음을 보라. Fornberg, *An Early Church in a Pluralistic Society*, 83, 142-43

21 훅스와 레이먼드는 이 용어가 황제 숭배와 막 시작된 영지주의를 반대하는 용어일 것이라고 제안한다(*2 Pierre, Jude*, 45). 이 용어의 배경은 다음을 보라. W. Foerster, "σωτήρ," in *TDNT* 7:1004-12.

22 Callan, "Christology of Second Peter," 254-55; 또한 다음을 참조하라. Schelke, *Der Petrusbrief-Der Judasbrief*, 185.

23 Gerdmar, *Rethinking the Judaism-Hellenism Dichotomy*, 216-18.

1:2. 베드로는 하나님과 주 예수님을 앎으로 독자들의 삶에 은혜와 평강
이 더하기를 기도한다. 인사말의 첫 단어는 베드로전서 1장 2절과 정확히 일
치한다. 베드로는 "은혜"($\chi\acute{\alpha}\rho\iota\varsigma$, 카리스)를 사용하여 기독교적인 내용을 인사
말에 집어넣는다. 우리는 이미 1절에서 하나님께서 그의 구원하시는 의로 말
미암아 독자들에게 믿음을 주셨음을 보았기 때문에, 이 용어는 형식적이지 않
다. 3-4절은 이와 같은 맥락에서 계속되며, 하나님께서 자기 백성에게 필요한
모든 것을 주시는 것은 그분과 같이 될 수 있도록 하셨다는 사실을 일깨운다.
"평강"이라는 단어는 전형적인 유대인의 인사를 나타내며 순서가 중요할 수
있다. 하나님께서 은혜를 베푸신 사람들은 그분의 평화를 경험한다. 베드로는
하나님께서 독자들의 삶에 은혜와 평화를 풍성하게 하실 것을 알고 있기 때문
에 기도한다. 그리스도인의 삶에서 그들의 성장은 오직 하나님께 달려 있다.

베드로후서의 인사말은 위명 저작이라면 기대할 수 있는 베드로전서와 일
치할 수 있는 내용을 따르지 않는다. 베드로는 "하나님과 우리 주 예수를 앎
으로" 하나님의 은혜와 평강이 풍성하기를 기도하면서 독특한 표현을 덧붙인
다. 베드로가 1절과 같이 예수님을 하나님으로 이해하는지 궁금할 수 있지만,
대답은 아니오이다. "예수"는 고유명사로 그 구조가 다르므로 샤프의 규칙이
적용되지 않는다. 하나님 아버지와 예수 그리스도는 구별된 인격으로 나타나
며 이는 인사에서 전형적인 표현이다(예. 롬 1:7; 고전 1:3; 고후 1:2; 갈 1:3;
요이 1:3). 여기에서 우리는 아버지와 예수 그리스도가 동일한 신적 정체성을
공유하지만 위격의 구분이 있음을 본다.

하나님에 대한 지식은 개인적이며 관계적이지만 지적인 내용도 포함된
다.[24] 성경 저자들은 영적인 성장이라는 측면에서 머리와 마음을 결코 분리하
지 않는다. 신자가 체험의 도가니에서 하나님을 더 깊이 이해할 때 은혜와 평
강이 넘친다. "지식"은 베드로에게 핵심적인 단어이다. 헬라어 $\acute{\epsilon}\pi\acute{\iota}\gamma\nu\omega\sigma\iota\varsigma$(에
피그노시스)는 회심 때 이러한 지식의 시작에 초점을 맞춘 것 같다(1:3, 8;
2:20).[25] 그러나 우리가 지식에 사용된 두 단어를 다르게 정의해야 하는지 의

---

24 찰스는 이 주제에 대해, "현재 윤리학자와 도덕 철학자의 철학적인 반영, 사이비 기독교 신비
주의자의 원시-영지주의적인 사변이 아니라 하나님과 우리 주 예수 그리스도에 대한 지식"이
라고 말한다(*Virtue amidst Vice*, 134).

25 R. E. Picirilli, "The Meaning of 'Epignosis,'" *EvQ* 47 (1975): 85-93; Bauckham, *Jude, 2 Peter*,

심스럽다(ἐπίγνωσις[에피그노시스]와 γνῶσις[그노시스], 1:5, 6; 3:18).[26] 이 두 단어는 분명히 호세아 4장 6절과 밀접하게 연관된다. 물론 하나님과 그리스도에 대한 지식은 회심에서 시작되지만, 베드로가 회심에 ἐπίγνωσις로, 회심 이후 성장에 γνῶσις로 제한한다는 견해는 유지되기 어렵다.[27] 헬라어 단어는 일반적으로 의미가 겹치고, 전치사 접두어 ἐπί는 종종 단어에 특정한 의미를 추가하지 않는다. 이 구절에서 지식은 회심할 때 얻은 하나님에 대한 지식과 그들의 삶에 증가하는 지식 모두를 가리킨다. 그러므로 베드로후서가 예수 그리스도의 은혜와 지식 안에서 자라가라는 권면으로 끝나기 때문에 인클루지오를 이룬다.[28]

169-70; Fornberg, *An Early Church in a Pluralistic Society*, 14; Davids, *2 Peter and Jude*, 164-65.

26 Bigg, *Peter and Jude*, 253; Starr, *Sharers in Divine Nature*, 136–38; Vögtle, *Judasbrief, 2 Petrusbrief*, 134.

27 두 단어를 명확하게 구분할 수 없다는 견해는 다음을 보라. Fuchs and Reymond, *2 Pierre, Jude*, 127-31, 특별히 129-30 페이지를 보라. 그린은 문맥이 이 전체 문제에서 결정적이라고 말한다 (*Jude and 2 Peter*, 176-77).

28 반대자들은 이러한 틀에 분명히 들어맞지 않기 때문에 영지주의에 관한 논쟁으로 읽으면 안 된다. 다음과 반대된다. Kelly, *Peter and Jude*, 299; Reicke, *James, Peter, and Jude*, 151.

단락 개요

2. 하나님의 은혜: 경건한 삶의 기초(1:3-11)
2.1. 하나님의 섭리(1:3-4)
2.2. 경건한 삶을 힘써 추구하라(1:5-7)
2.3. 하나님의 나라에 들어가는 데 필요한 경건한 덕(1:8-11)

2. 하나님의 은혜: 경건한 삶의 기초(1:3-11)

이 단락에서 하나님과 그리스도의 은혜와 능력이 믿는 이들에게 경건한 삶에 필요한 모든 것을 주셨고(3-4절), 독자들에게 명령한 덕은 하나님의 은혜의 결과임을 보여 준다(5-7절). 이러한 덕을 행함은 필수적이며 경건한 삶을 사는 사람은 천국에 들어가는 것이 보장된다(8-11절).

2.1 하나님의 섭리(1:3-4)

³ 그의 신기한 능력으로 생명과 경건에 속한 모든 것을 우리에게 주셨으니 이는 자기의 영광과 덕으로써 우리를 부르신 이를 앎으로 말미암음이라 ⁴ 이로써 그 보배롭고 지극히 큰 약속을 우리에게 주사 이 약속으로 말미암아 너희가 정욕 때문에 세상에서 썩어질 것을 피하여 신성한 성품에 참여하는 자가 되게 하려 하셨느니라

3-4절의 문법은 복잡하고 어렵다. CSB 성경은 3-4절을 부드럽게 번역한다("~으니").[1] 3절은 ὡς(호스, ~처럼, 개역개정, "~으니")으로 시작한다. 3-4절을 이끄는 ὡς절은 5-7절에서 이어지는 권면을 이끈다.[2] 이것은 좋은 의미를 가져온다. 왜냐하면 하나님의 능력과 은혜는 5절에서 경건한 삶으로의 부르심을 위한 기초이기 때문이다. 다른 학자들은 3절의 ὡς가 3-4절과 2절을 느슨하게 연결한다고 주장한다. 만약 그렇다면 ὡς는 "~을 보아서는"으로 번역될 수 있다(NASB 성경).[3] 이 해석을 따른다면 구절들 사이의 논리적 관계는 다음과 같을 것이다. 2절에서 베드로는 하나님과 예수 그리스도를 앎으로 은혜와 평강이 풍성하기를 기도한다. 3절은 신자들이 하나님을 앎으로 가지게 되는 자원들을 설명한다. 하나님을 아는 사람은 생명과 경건에 필요한 모든 것을 가지고 있다. 문법이 다소 어색하기 때문에 결정하기 쉽지 않다. 우리는 아마도 3-4절이 5-7절과 연결된 것으로 보아야 할 것이다. 왜냐하면 3-4절이 1-2절

---

1 댕커(F. W. Danker)는 벧후 1:3-11이 헬레니즘 세계에서 잘 알려진 법령적인 형태의 명예를 모델로 삼았다고 주장한다("2 Peter 1: A Solemn Decree," *CBQ* 40 [1978]: 64-82); T. Callan, *Second Peter*, PCNT (Grand Rapids: Baker, 2012), 149–51. 댕커의 증거는 베드로후서의 언어가 헬레니즘 독자들에게 친숙했을 것임을 나타낸다. 그러나 베드로후서 1장을 헬레니즘 법령을 모델로 한 것이라고 결론을 내리기에는 충분하게 유사하지 않다. A. Gerdmar, *Rethinking the Judaism-Hellenism Dichotomy: A Historiographical Case Study of Second Peter and Jude*, ConBNT 36 (Stockholm: Almqvist & Wiksell, 2001), 107–8; R. Bauckham, *Jude, 2 Peter* (Waco: Word, 1983), 174; S. Hafemann, "Salvation in Jude and the Argument of 2 Peter 1:3-11," in *The Catholic Epistles and Apostolic Tradition*, ed. K.-W. Niebuhr and R. W. Wall (Waco: Baylor University Press, 2009), 480n31. 위더링턴이 지적하듯이 후원자, 피보호자 언어는 여기에서 나타나지 않는다(*Letters and Homilies for Hellenized Christians*, vol. II: *A Socio-Rhetorical Commentary on 1-2 Peter* [Downers Grove: InterVarsity, 2007], 302).

2 자세한 논증은 다음을 보라. T. Callan, "The Syntax of 2 Peter 1:1-7, *CBQ* 67 (2005): 632-40. 또한 다음을 보라. J. M. Starr, *Sharers in Divine Nature: 2 Peter 1:4 in Its Hellenistic Context*, ConBNT 33 (Stockholm: Almqvist & Wiksell, 2000), 24-26; J. H. Neyrey, *2 Peter, Jude*, AB (Garden City: Doubleday, 1993), 150; J. D. Charles, *Virtue amidst Vice: The Catalog of Virtues in 2 Peter 1*, JSNTSup 150 (Sheffield: Academic Press, 1997), 84; Hafemann, "Salvation in Jude and the Argument of 2 Peter 1:3-11," 340. 그러므로 헬라어 ὡς는 인과의 의미이다(L. R. Donelson, *I and II Peter and Jude*, NTL [Louisville: Westminster John Knox, 2010], 217).

3 C. Bigg, *The Epistles of St. Peter and St. Jude*, ICC (Edinburgh: T&T Clark, 1901), 253; J. N. D. Kelly, *A Commentary on the Epistles of Peter and Jude*, Thornapple Commentaries (Grand Rapids: Baker, 1981), 299; Bauckham, *Jude, 2 Peter*, 173; T. Fornberg, *An Early Church in a Pluralistic Society: A Study of 2 Peter*, ConBNT 9 (Lund: Gleerup, 1977), 86; Davids, *2 Peter and Jude*, 167; J. Frey, *Der Brief des Judas und der zweite Brief des Petrus*, THKNT (Leipzig: Evangelische Verlagsanstalt, 2015), 208-9.

과 연결된다면 인사말이 비정상적으로 길기 때문이다.[4] 더 나아가 3-4절을 5-7절의 권면을 위한 전제로 사용된다고 이해하는 것이 가장 합리적일 것이다.[5] 3-4절의 내용은 5-7절로 이어지는 명령을 해석하는 데 중요하다. 베드로는 도덕주의나 신인협력에 빠지지 않는다. 경건으로의 부르심은 하나님의 은혜에 뿌리를 두고 있고 그 은혜에 의해 보증된다. 그의 은혜로운 능력은 그가 요구하시는 것을 공급한다.[6]

3-4절의 내부적인 논리를 풀기 어렵다. 나는 다음과 같은 생각의 흐름으로 이해한다. 하나님을 아는 사람은 생명과 경건에 필요한 모든 것을 가지고 있다. 다시 말하면, 영생에 필요한 모든 것, 즉 그리스도의 죽음과 부활을 통해 이 시대에 시작된 종말론적 생명의 선물이다.[7] 그들이 영생에 필요한 모든 것을 가지고 있는 이유는 3절의 마지막 부분에 설명되어 있다. 즉, 그리스도께서 자신의 도덕적 탁월함과 영광으로 신자들을 부르셨다. 베드로가 이해하는 것처럼 그리스도의 부르심은 신자들이 구원의 부르심을 받았을 때, 그리스도의 영광을 볼 수 있는 효력이 있다. 하나님께서 부르시거나 말씀하실 때 그것은 창조에서 "빛이 있으라"(창 1:3)는 말씀과 같다. 그러므로 그리스도의 부르심은 효과적이고 실제로 이루어진다.

3절과 4절 사이의 연결을 이해하기는 더 어렵다. 관계 대명사 "이로써"(δι' ὧν[디 혼]의 ὧν[혼])의 선행사는 논쟁의 대상이다. 아마도 "그의 영광과 덕"(3절)을 가리킬 것이다. 우리는 그리스도께서 그의 영광과 도덕적 아름다움을 깨닫는 백성에게 존귀하고 위대한 약속을 주셨다고 말할 수 있다. 그리스도의 영광은 그의 도덕적 탁월함에 제한되지 않는다. 그의 도덕적 탁월함과 선하심을 베드로는 강조한다. 그리고 이 약속(τούτων, 투톤)으로 말미암아 믿는

---

4 Starr, *Sharers in Divine Nature*, 24; Hafemann, "Salvation in Jude and the Argument of 2 Peter 1:3–11," 340.

5 이 해석의 문제점 중 하나는 5절에 나오는 단어들 καὶ αὐτὸ τοῦτο가 본문에서 앞에 나온 내용이 아니라 뒤에 나올 내용을 가리키는 경우가 많다는 점이다. 그러나 여기에서 앞으로 돌아가는 것이 불가능한 것은 아니다(Starr, *Sharers in Divine Nature*, 25). 그러나 헤프만은 3절의 속격독립구문이 전형적으로 수식하는 절 앞에 나온다고 (3-4절을 5-7절과 연결하는 것으로) 지적한다 ("Salvation in Jude and the Argument of 2 Peter 1:3-11").

6 Hafemann, "Salvation in Jude and the Argument of 2 Peter 1:3–11," 340.

7 폰버그는 "생명"이 "경건함"과 밀접하게 연결되어 있으므로 여기에서 "생명"은 윤리적인 의미가 있다고 주장한다(*An Early Church in a Pluralistic Society*, 90).

자들은 세상에서 썩어질 것, 곧 악한 정욕에 뿌리를 둔 썩어질 것에서 벗어났으므로 지금도 하나님의 성품에 참여한다. 물론 베드로는 신자들이 지금 죄가 없다고 말하지 않는다. 그러나 어떤 의미에서 신자들은 이미 세상의 썩어질 것에서 벗어났고 지금도 하나님을 닮아 있다. 그러나 주의 날까지 그 과정이 완성되지 않는다. 오직 마지막 날에만 신자들은 죄에서 벗어나 하나님을 온전하게 닮게 될 것이다.

1:3. 믿는 자들은 그들을 불러 자기의 영광과 덕에 이르게 하시는 자를 앎으로 말미암아 회심할 때 생명과 경건에 필요한 모든 것을 받았다. 베드로가 "그의 신성한 능력"에 대해서 말할 때, 그가 하나님을 가리키는지 그리스도를 말하는지 알기 어렵다. 어떤 주석가들은 그리스도가 1절에서 실제로 하나님으로 불리기 때문에 그리스도를 고려한다고 생각한다.[8] 다른 학자들은 베드로가 "신성한 능력"(개역개정. "신기한 능력")을 소유한 자로 아버지를 언급했을 가능성이 더 높다고 생각한다.[9] 2절에 바로 앞 선행사는 하나님이 아니라 그리스도이며 따라서 그리스도에 관한 언급이 자연스럽다. 또한 "능력"이라는 단어가 16절에서도 사용되는데, 여기에서 분명히 그리스도를 가리키므로 같은 결론을 내려야 한다. 베드로가 그리스도를 말했을 수 있지만, 언어가 모호하기 때문에 분명하지 않다.[10] 본문의 모호성은 베드로가 하나님과 그리스도를 명확하게 구분하지 않았음을 나타내며 이는 하나님과 그리스도가 동등하게 경배 받으심을 나타낸다.[11]

"부르신"도 같은 질문이 제기된다. 그리스도께서 부르신 것인가? 아니면

---

8 Bigg, *Peter and Jude*, 253; Bauckham, *Jude, 2 Peter*, 177; D. J. Moo, *2 Peter, Jude*, NIVAC (Grand Rapids: Zondervan, 1997), 41; A. Vögtle, *Der Judasbrief, Der 2 Petrusbrief*, EKKNT (Neukirchen-Vluyn: Neukirchener Verlag, 1994), 138; Frey, *Der Brief des Judas und der zweite Brief des Petrus*, 218.

9 Kelly, *Peter and Jude*, 300; D. G. Horrell, *The Epistles of Peter and Jude*, EC (Peterborough: Epworth, 1998), 149.

10 스타(Starr)는 "베드로후서가 1:3-4에서 그리스도가 실행자라는 것을 쉽게 명시할 수 있다. 따라서 그는 이것을 암시하는 데 만족하고 하나님을 실행자로 이해할 가능성을 열어둔다. 이것은 놀라운 일이 아니다. 베드로후서는 그리스도 뒤에 서 있는 하나님께서 그리스도 사건을 촉발하시는 분이 하나님이시라고 가정했을 것이기 때문이다"라고 말한다(*Sharers in Divine Nature*, 34).

11 탐(Tam)은 베드로가 일종의 양태론자라고 제안하지 않는다.

하나님께서 부르신 것인가? 신약은 일반적으로 부르심을 하나님께 돌린다(참조. 롬 1:6). 따라서 아버지에 관한 언급이다. "그의 신기한 능력"이 그리스도를 언급한다고 이해한다면, 그리스도가 바로 앞에 있다.[12] 이것은 결정하기 매우 어렵다. 아마도 선행을 고려한다면 그리스도를 부르시는 분으로 이해하는 것이 나을 것이다.[13] 모호성은 아버지와 예수 그리스도 모두 신성한 본성을 가졌음을 가리키고, 삼위일체 교리를 공식화 할 수 있는 근거의 일부가 된다.

첫 번째 어절의 요점은 그리스도께서 신자들이 "생명과 경건"에 필요한 모든 것을 공급하셨다는 사실이다.[14] "우리"는 사도나 유대인 그리스도인만 아니라 모든 신자를 가리킨다. 베드로가 신자들의 특정한 그룹으로 제한했을 것 같지 않다.[15] 베드로는 "생명"(ζωὴν, 조엔)을 언급할 때 영생을 의도한다.[16] 신자들은 지금도 영생을 소유하고 있지만, 그 생명이 종말에 완성되는 날을 기다린다. 경건(εὐσέβειαν, 유세베이안)은 생명과 연결된다. 왜냐하면 생명은 경건 없이 얻을 수 없기 때문이다.[17] 영생은 단순한 복의 경험이 아니라 신자가 도덕적으로 온전하게 되어 하나님을 닮도록 변화하는 것을 포함한다.[18] 그러므로 신자들은 그리스도께서 재림하실 때까지 온전한 경건이 그들의 것이 아

---

12 Fornberg, *An Early Church in a pluralistic Society*, 81, 144; T. Callan, "The Christology of the Second Letter of Peter," *Bib* 82 (2001): 253; Starr, *Sharers in Divine Nature*, 32; Kelly, *Peter and Jude*, 300-301.

13 또 다른 견해는 다음을 보라. Vögtle, *Judasbrief, 2 Petrusbrief*, 138. 혹스와 레이먼드는 하나님과 예수님이 각각 언급되어 있기 때문에 그 관점에서 하나님의 능력과 그리스도의 부르심을 말한다고 주장한다(*La Deuxième Épître de Saint Pierre, L'Épître de Saint Jude*, CNT [Neuchâtel-Paris: Delachaux & Niestlé, 1980], 50n2). 주석가들 사이의 다양성은 모호함을 보여 주며, 본문이 독자들을 위해서 문제를 명확하게 해결하지 못한다는 것을 다시 나타낸다.

14 생명과 경건은 중언법(hendiadys)을 나타낸다. Frey, *Der Brief des Judas und a des Petrus*, 208n422.

15 Bauckham, *Jude, 2 Peter*, 177; Vögtle, *Judasbrief, 2 Petrusbrief*, 138-39; T. Callan, *Second Peter*, PCNT (Grand Rapids: Baker, 2012), 155. 푀그틀레(Vögtle)는 1:10에서 모든 그리스도인이 부름받은 것을 살핀다.

16 이 땅의 삶이 포함된다고 생각하는 리즈(R. A. Reese)에 반대된다(*2 Peter and Jude*, THNTC [Grand Rapids: Baker, 2007], 134). 그린(Green)은 비슷하게 영생 보다 "인간의 실존"을 고려하고 있다고 주장한다(*Jude and 2 Peter*, BECNT [Grand Rapids: Baker, 2008], 182).

17 경건은 하나님의 관계와 다른 이들과의 관계가 모두 포함된다. G. *Green, Jude and 2 Peter*, 182.

18 보컴은 여기에서 영생과 경건이 연결된다는 것을 깨닫지 못해서 그 관계를 잘못 해석한다(*Jude, 2 Peter*, 178).

닐지라도 지금 경건하게 살아야 한다. "경건"은 3장 11절을 기대하는 데, 여기에서 주의 오심은 경건에 대한 동기가 되어야 한다(참조. 1:6). 반대자들의 가르침은 교활하다. 주님의 재림을 부인하면 경건을 추구하지 않아도 되기 때문이다. 경건한 자만이 영생을 경험하므로 그리스도의 "신성한 능력"이 경건의 근원이 되는 것이 합당하다. 오직 하나님만이 사람을 경건하게 만드실 수 있다.

신자들에게 주신 은혜는 그리스도를 아는 지식에 뿌리를 두고 있기 때문에, 교회는 경건이 그들 자신의 타고난 능력에서 나온다고 결론지으면 안 된다.[19] 영생에 필요한 모든 것은 신자들을 자신에게 부르시는 그리스도를 아는 지식을 통해서 중개된다. "지식"에 해당하는 단어는 ἐπίγνωσις(에피그노시스, 참조. 1:2)로 회심으로 시작되어 그 후에도 계속되는 예수 그리스도와의 만남을 가리킨다. 베드로가 그리스도의 부르심(καλέσαντος, 칼레산토스)을 언급하기 때문에 초점은 회심에 있다. 가끔 부르심을 수락하거나 거절할 수 있는 초대로 이해하는 경향이 있다. 베드로에게는 더 깊은 생각이 있다. 그리스도의 부르심은 효과적이고 믿음을 깨우고 창조한다. 바울에게 부르심은 자주 이것을 의미한다(예. 롬 4:17; 8:30; 9:12, 24-26; 고전 1:9; 7:15; 갈 1:6, 15; 5:8, 13; 살전 2:12, 4:7, 5:24, 살후 2:14, 딤전 6:12, 딤후 1:9). 베드로전서(벧전 1:15, 2:9, 21; 3:9; 5:10)도 마찬가지이다. 베드로전서 2장 9절은 하나님께서 믿는 자들을 어둠에서 불러내어 그의 기이한 빛에 들어가게 하셨기 때문에 회심을 고려하고 있음을 가리킨다.

그리스도는 신자들을 "자기의 영광과 덕으로써" 부르신다.[20] 여기에서 "영광"(δόξα, 독사)은 그리스도의 "명성이나 명예"가 아니라 신적인 존재인 그

---

19 참조. Charles, *Virtue amidst Vice*, 161.

20 Bauckham, *Jude, 2 Peter*, 178; Moo, *2 Peter, Jude*, 42; Starr, *Sharers in Divine Nature*, 40n59; Davids, *2 Peter and Jude*, 169-70; Peter H. Davids, *II Peter and Jude: A Handbook on the Greek Text*, BHGNT (Waco: Baylor University Press, 2011), 45. 보컴은 만약 번역이 "~을 통하여 불렀다" 보다 "~으로 불렀다"가 의도되었다면 καλέω εἰς가 더 가능성이 있다고 주장한다(참조. 골 3:15; 살전 2:12; 딤전 6:12). 디모데후서 1:9는 여격이 "~으로 부르심을 받은"으로 번역될 수 있음을 나타낼 가능성이 있다. 그러나 이 해석은 가능성이 적다. 사본의 이형 διά은 분명히 부차적이지만, 어떤 필사자들이 여기에서 제시된 해석을 지지하는 것을 보여 준다. Bigg은 ἰδίᾳ δόξῃ καὶ ἀρετῇ가 δεδωρημένης와 연결된다고 생각한다(*Peter and Jude*, 254). 그러나 어순에 따르면 καλέσαντος에 연결되어야 한다.

리스도의 찬란함과 위엄을 나타낸다.[21] "덕"(ἀρετή, 아레테)은 1장 5절에서 신자들의 도덕적인 삶을 가리킨다. 베드로는 그리스 문헌에서 도덕적인 덕을 일반적으로 말하는 단어를 사용한다(RSV, "탁월함").[22] "영광"과 결합될 때, "덕"은 그리스도의 덕의 아름다움에 초점을 맞춘 그분의 신성한 도덕적 탁월함을 의미한다.[23] 일부 학자들은 베드로가 이 단어를 신약에서 흔히 볼 수 없는 또 다른 단어인 "신성한"(개역개정. '신기한'. θείας, 데이아스)과 함께 사용한 것이 위명 저작을 의미한다고 생각한다. 어떻게 팔레스타인 어부가 이런 글을 쓸 수 있을까? 그러나 베드로는 또한 베드로전서 2장 9절에서 덕(ἀρετή, 아레테)이라는 용어를 사용했다. 그는 헬레니즘 용어를 사용해서 독자들이 관용적으로 쓰는 말로 의사소통을 하기 원했다. 이것은 베드로가 세상에서 격리되지 않았으며 헬레니즘 문화에 익숙했음을 나타낼 수 있다.

"영광"은 "덕"과 함께 같은 실재를 가리킨다.[24] 하나님께서 구원하신 자들은 그리스도에 의해 부르심을 받았고 이 부르심은 하나님으로서 그리스도의 도덕적 탁월성에 대한 지식을 통해 이루어진다. 다른 말로 하면 그리스도께서 사람들을 부르실 때, 사람들은 그분의 아름다움과 사랑스러움을 깨닫게 된다. 그의 성품은 그들에게 매우 매력적이며, 그들은 구원에 대해서 하나님을 신뢰한다. 즉, "우리의 부르심은 모두 예수님께서 하신 일이다."[25] 베드로 서신의 중심 주제 중 하나가 이 구절에서 나온다. 신자들은 도덕적으로 변화될 것이나, 그 변화의 기초는 하나님의 은혜이다. 베드로는 2장의 거짓 선생들이 도덕적으로 무질서한 삶을 살았지만, 그리스도께서 부르신 자들은 그리스도의 덕과 영광을 보았고 경건한 삶을 살 것이라고 간접적으로 비판한다. 해링크가 말했듯이, "한때 그리스도의 압도적인 영광, 탁월함, 아름다움에 사로잡혀 참여하게 된 사람이 나중에 그 지식(ἐπίγνωσις), 즉 우리 자기 삶을 변

---

21 비슷하게 Starr, *Sharers in Divine Nature*, 42. 참조. Frey, *Der Brief des Judas und der zweite Brief des Petrus*, 219.

22 찰스는 베드로가 이 구절에서 스토아학파의 어휘를 사용하지만 그 용어를 기독교 세계관에 통합했다고 강조한다(*Virtue amidst Vice*, 134-38).

23 참조. Starr, *Sharers in Divine Nature*, 43-44. 아마도 이 단어들은 중언법(hendiadys)일 것이다. Frey, *Der Brief des Judas und der zweite Brief des Petrus*, 208n423.

24 Bauckham, *Jude, 2 Peter*, 178-79.

25 Davids, *2 Peter and Jude*, 171.

화시키는 창조적이고 삶을 변화시키는 지식을 포기하고 다른 어떤 것으로 바꾸는 일은 상상할 수 없다. 그 지식으로 우리 자신의 삶은 그리스도인의 삶과 일치하게 된다."[26]

1:4. 3절과 4절의 연결은 이해하기 쉽지 않다. 전치사구 "이로써"(δι' ὧν, 디 혼)가 두 절을 연결한다. 관계대명사 ὧν(혼)의 선행사는 무엇인가? 대부분의 학자들은 그리스도의 "영광과 덕"이라고 이해한다.[27] 신자들은 그리스도를 알게 될 때, 하나님의 약속을 상속받으며, 회심에서 그분의 도덕적 탁월함과 영광스러운 광채를 체험한다. 믿는 자에게 필요한 모든 것을 공급하는 복음을 통하여 크고 보배로운 약속이 믿는 자들에게 주어졌다. 베드로는 어떤 "약속"을 고려하고 있는가? 아마도 그는 "신성한 성품"(1:4)에 참여함을 특별히 고려하고 있을 것이다. 하나님과 같이 되는 것은 주님이 재림하실 때 온전히 믿는 자들의 몫이 될 것이다. 그리고 "약속"(ἐπαγγέλματα, 에팡겔마타)이라는 단어는 베드로후서 3장의 언어로 연결되어 있기 때문에, 주님의 재림에 주의를 기울이게 한다. 3장에서 거짓 선생들은 그리스도의 미래에 오심을 부인한다.[28] 그들은 "그가 오신다는 약속"(ESV. 개역개정, "주께서 강림하신다는 약속", ἡ ἐπαγγελία τῆς παρουσίας αὐτοῦ, 헤 에팡겔리아 테스 파루시아스 아우투)을 거부한다. 비록 주님의 "약속"이 더디게 보일지라도(3:9), 반드시 성취될 것이다. 결국 주님이 오실 때, 신자들은 그리스도의 형상에 온전히 일치하게 될 것이다(참조. 요일 3:2). 베드로는 아마도 주님의 재림을 부인함으로 재림 때 도덕적 온전함을 약속하는 복음을 약화시키기 때문에, 거짓 선생들에 관한 이후의 비판을 미리 생각했을 것이다. 미래에 그리스도의 재림이 없다면, 그들의 구원에는 하나님을 닮는다는 약속은 포함되지 않으며, 복음은

---

26 D. Harink, *1 & 2 Peter*, BTCB (Grand Rapids: Baker, 2009), 139.

27 J. B. Mayor, *The Epistle of St. Jude and the Second Epistle of St. Peter* (1907; repr., Grand Rapids: Baker, 1965), 87; Bigg, *Peter and Jude*, 255; Kelly, *Peter and Jude*, 301; M. Green, *The Second Epistle General of Peter and the General Epistle of Jude*, 2nd ed., INTC (Grand Rapids: Eerdmans, 1988), 72; Bauckham, *Jude, 2 Peter*, 179; Moo, *2 Peter, Jude*, 43; Starr, *Sharers in Divine Nature*, 26; N. Hillyer, *1 and 2 Peter, Jude*, NIBC (Peabody: Hendrickson, 1992), 161. 이 전치사 구는 수단을 나타낸다. Davids, *II Peter and Jude*, 45.

28 또한 Harink, *1 & 2 Peter*, 139.

거짓이 된다.

하나님의 약속이 우리에게 주어진 이유는 "그것으로 말미암아 너희가 신성한 성품에 참여하는 자가 되게 하려 하셨음"이다. "그것으로 말미암아"(διὰ τούτων, 디아 투톤)는 거의 확실하게 하나님의 약속과 이러한 약속이 보장하는 실재를 나타낸다.[29] 다시 우리는 베드로가 "신성한 본성"(θείας φύσεως, 데시아스 퓌세오스)에 대해 이야기 할 때, 헬레니즘 용어를 선호하는 것을 볼 수 있는데, 아마도 그의 독자들의 문화적인 위치를 고려하며 말하려고 했을 것이다.[30] 신약에서 "신성한"(θεῖος, 데이오스)은 사도행전 17장 29절에서 볼 수 있는데, 여기에서 바울은 그리스 문화의 영향을 받은 아테네 사람들에게 말한다.[31] 베드로는 신자들이 하나님과 같이 될 것을 의미한다.[32] 신적 본성에 참여한다는 개념은 하나님화(θέωσις, 데오시스) 교리가 강조되는 동방 교회에 엄청난 영향을 미쳤다.[33] 베드로는 인간이 실제로 하나님이 되거나 모든 면에서 하나님의 본성에 참여할 것이라고 말하지 않는다.[34] 프레이가 말하듯이 신자는 신성한 본성에 참여하지 않으며, 하나님의 본성과 능력을 취하지도 않는다. 하나님과 인간 사이의 분리는 여전히 남아 있다.[35] 신자들은 도덕적으로 온전해진다는 점에서 신성한 본성에 참여한다. 그들은 하나님께 속한 도덕적 탁월함에 참여할 것이다(1:3).[36] 신자들은 신성한 본성에 "참여"(χοινωνοί, 코

---

29 Bigg, *Peter and Jude*, 255; Kelly, *Peter and Jude*, 301; Bauckham, *Jude, 2 Peter*, 179; Fuchs and Reymond, *2 Pierre, Jude*, 52.

30 그리스-로마 세계의 신의 성품 개념은 다음을 보라. Neyrey, *2 Peter, Jude*, 157–58.

31 Charles, *Virtue amidst Vice*, 137.

32 다음을 보라. S. Hafemann, "'Divine Nature' in 2 Pet 1,4 within its Eschatological context," *Bib* 94 (2013): 80–99. 해프먼은 그리스-로마와 제2성전 유대 문헌에서 φύσις 단어를 주의 깊게 연구한다. 그는 이 단어가 추상적인 본질이나 본성이 아니라 행위로 표현된 하나님의 본성, 특히 새 하늘과 새 땅을 창조하는 종말론적 행위를 가리킨다고 강조한다. 그러나 프레이가 말했듯이 신성한 본성에 참여하는 개념이 더 자연스럽다(*Der Brief des Judas und der zweite Brief des Petrus*, 223). 배경에 관한 프레이의 논의는 223-24 페이지를 보라.

33 다음을 보라. K. H. Rengstorf, "Becoming like God: An Evangelical Doctrine of Theosis," *JETS* 40 (1997): 257-69; D. B. Clendenin, *Eastern Orthodox Christianity: A Western Perspective* (Grand Rapids: Baker, 1994), 117-37, 157-59.

34 비록 동방 교회 신학자들의 어떤 진술들은 너무 과도하게 하나님과 인간 사이를 구별을 없앤다. 훌륭한 논의에 대해서는 다음을 보라. Harink, *1 and 2 Peter*, 140–45.

35 Frey, *Der Brief des Judas und der zweite Brief des Petrus*, 225.

36 따라서 Vögtle, *Judasbrief, 2 Petrusbrief*, 141; Frey, *Der Brief des Judas und der zweite Brief des Petrus*, 225. 폰버그는 인간에 내재된 신적 존재에 관한 스토아학파의 개념을 베드로가 여

이노노이)할 것이지만 신이 되지는 않을 것이다.[37] 베드로의 사회적인 세상과 관련해서 사용한 단어를 조사한 스타(Starr)의 주의 깊은 연구는 이 결론을 뒷받침한다.[38] 그는 구약, 요세푸스, 필론, 플루타르크, 스토아학파, 바울 기독교, 비바울 기독교의 유사한 개념과 비교하여 분석한다. 비교 연구에서 신성한 본성에 참여함은 "신성화"를 의미하지 않는다는 결론을 내린다. 대신 베드로는 신자들이 그리스도의 도덕적인 성품에 참여할 것이라고 주장한다.[39]

신자들은 지금 신성한 본성에 참여하고 있는가? 아니면 이 참여는 전적으로 미래의 것인가? 분명히 그 과정은 미래에 완성될 것이다. 그때에 하나님의 모든 약속이 성취될 것이기 때문이다. 신자들은 그리스도께서 재림하실 때까지 도덕적으로 완전하지 않을 것이다. 그럼에도 불구하고 베드로가 미래**만을** 말한다는 점은 의심스럽다.[40] 지금도 성령이 신자들에게 내주하시고 그들은 어느 정도 하나님을 닮아있다.[41] 신자들은 회심할 때 하나님을 알아가기 시작하고 하나님에 의해 변화되기 시작한다. 4절의 마지막 어절도 이 해석을 뒷받침한다. 4절의 마지막은 "피하여"(ἀποφυγόντες, 아포퓌곤테스)로 시작한다. 이 구절의 논리적 관계는 다음과 같이 설명해야 한다. 하나님은 자기 백성이

기에서 의도한 것이 아니라고 올바르게 주장한다(*An Early Church in a Pluralistic Society*, 86). 그는 신자들이 불멸을 얻을 것이라는 개념이라고 생각하지만(88 페이지), 폰버그와 대조적으로 그 편지가 신비 종교의 영향을 받은 사람들에게 말하는 것인지 분명하지 않다.

37 월터스(A. Wolters)는 이 문구를 "신성한 성품에 참여하는 자"가 아니라 "신성의 파트너"로 번역해야 한다고 주장한다("'Partners of the Deity': A Covenantal Reading of 2 Peter 1:4," *CTJ* 25 [1990]: 28-44; A. Wolters, "Postcript to 'Partners of the Deity," *CTJ* 26 [1991]: 418-20). 월터스는 그의 해석의 개연성이 아니라 가능성을 보여 주었다. 헬라어 φύσις는 가장 자연스럽게 하나님의 본성을 나타낸다. 월터스의 언약적인 개념에 반대하는 견해는 다음을 보라. Davids, *2 Peter and Jude*, 174; Frey, *Der Brief des Judas und der zweite Brief des Petrus*, 223.

38 Starr, *Sharers in Divine Nature*. 또한 다음의 훌륭한 연구를 보라. W. C. Reuschling, "The Means and the End in 2 Peter 1:3-11: The Theological and Moral Significance of Theōsis," *JTI* 8 (2014): 275–86.

39 Davids, 2 Peter and Jude, 172-76. 데이비스는 또한 베드로가 죽음에서 얻는 불멸이 아니라 윤리적 변화에 초점을 맞추고 있음을 보여 준다. 아마도 나의 편집자 클렌데넌(R. Clendenen)가 제안하는 것처럼, 하나님과 같이 되는 것을 말하는 창 3:5, 22에 관한 암시가 있다.

40 Starr, *Sharers in Divine Nature*, 47-48; Davids, *2 Peter and Jude*, 176; 다음과 반대된다. Bauckham, *Jude, 2 Peter*, 181-82; H. Paulsen, *Der zweite Petrusbrief und der Judasbrief*, KEK (Göttingen; Vandenhoeck & Ruprecht, 1992), 108; Frey, *Der Brief des Judas und der zweite Brief des Petrus*, 220.

41 신적 본성에 참여하는 자들이 성령을 가리킨다는 개념은 다음을 보라. Bigg, *Peter and Jude*, 256.

자신과 같이 되도록 구원의 약속을 주셨다. 그들은 "너희가 정욕 때문에 세상에서 썩어질 것"에서 피했기 때문에 하나님처럼 되고 있고 하나님처럼 될 것이다. 어떤 학자들은 신자들이 죽거나 주님의 재림 때에 세상의 썩어질 것을 피할 것이라고 주장한다.[42] 그러나 베드로가 이미-아직의 도식을 사용할 가능성이 더 크다. 신자들은 이미 하나님께 속하였기 때문에 세상의 썩어질 것에서 벗어났지만,[43] 부활의 날에는 완전한 해방이 그들에게 실현될 것이다.[44] 베드로후서 2장 20절과의 병행은 이 해석을 뒷받침한다. 베드로는 거짓 선생들의 잘못을 말하면서 "만일 그들이 우리 주 되신 구주 예수 그리스도를 앎으로 세상의 더러움을 피한 후에"라고 말한다. "피한"은 분사로 1장 4절의 단어와 같은 단어(ἀποφυγόντες, 아포퓌곤테스)와 같은 형태(부정과거 시제)이다. 1장 4절에서 썩어질 것에 관한 다른 단어 "더러움"(μίασμα, 미아스마)이 2장 20절에 사용되었다. 그러나 같은 개념이다. 그들이 2장 20절에서 예수 그리스도를 앎으로 이전에 세상의 더러움을 피했다는 사실이 가장 중요하다. 1장 4절도 비슷하게 해석해야 한다. 신자들은 이미 세상의 썩어질 것에서 벗어났지만 그 과정은 주의 날에 완성될 것이다.

"썩어질 것"(φθορά, 프도라)은 현재 세계 질서의 일부이기 때문에 멸망을 의미한다. 인간의 죄로 말미암아 자연 세계가 타락하였다(롬 8:21). 음식은 썩기 쉬우며, 먹은 후에 몸을 통과한다(골 2:22). 인간의 몸은 죽고 불멸이 아니라는 점에서 썩을 수 있다(고전 15:42, 50). 육체를 위하여 심는 자는 영원히 썩음을 경험할 것이고, "성령을 위하여 심는 자는 영생을 거둘 것이다"(갈 6:8). 거짓 선생들은 "멸망의 종들"(벧후 2:19)이며, 멸망을 당할 짐승에 비유된다(벧후 2:12). 베드로후서 1장 4절의 "썩어질 것"은 죽음과 다가오는 심판을 가리킬 수 있다. 예수 그리스도를 믿는 사람들은 미래의 심판을 이미 현재에서 피한다.[45] 위더링턴은 썩어질 것이 도덕적이며 미래의 죽음으로부터

---

42 특별히 다음을 보라. Bauckham, *Jude, 2 Peter*, 182–83; Vögtle, *Judasbrief, 2 Petrusbrief*, 141-42.

43 Kelly, *Peter and Jude*, 302; M. J. Kruger, "The Authenticity of 2 Peter," *JETS* 42 (1999): 668–69.

44 찰스는 현재의 성취만을 본다(*Virtue amidst Vice*, 161).

45 Mayor, *Jude and Second Peter*, 88; Moo, *2 Peter, Jude*, 44.

자유가 아니라 과거(회심)를 말한다고 강조한다.[46] 베드로후서 2장 20절과의 병행은 도덕적인 부패가 초점이며, 이 부패는 악한 욕망에 뿌리를 둔다. 부패의 뿌리는 악한 것에 대한 정욕에 놓여있다. 다시 말해서, 물질세계 그 자체는 악하지 않다. 부패하는 것은 인간을 지배하는 이기적인 정욕이다.[47] 그러므로 금욕주의를 요청하지 않는다. 예수 그리스도를 알게 된 사람의 소망이 변화되었다. 이제 그들은 선과 거룩함을 사랑하지만 세상에 갇힌 사람들은 악을 사랑한다.

2.2 경건한 삶을 힘써 추구하라(1:5-7)

⁵ 그러므로 너희가 더욱 힘써 너희 믿음에 덕을, 덕에 지식을, ⁶ 지식에 절제를, 절제에 인내를, 인내에 경건을, ⁷ 경건에 형제 우애를, 형제 우애에 사랑을 더하라

3-4절과 5-7절 사이의 논리적 관계는 중요하다. 5-7절은 독자들에게 삶의 덕을 요청하지만, 3-4절은 경건한 삶이 하나님의 은혜에 뿌리를 두고 또한 의존한다는 사실을 상기시킨다. 신자들은 그리스도께서 생명과 경건에 필요한 모든 것을 주셨기 때문에, 하나님을 기쁘시게 하는 삶을 살아야 한다. 하나님의 선물은 인간의 노력을 요구하는 명령보다 앞서고 또한 그 명령을 뒷받침한다. 그러므로 베드로는 하나님의 자비로운 은혜에 근거를 두고 권면하기 때문에 도덕주의에 빠지지 않는다.

> 자신의 믿음 안에서 성장하는 것은 신자들의 의무와 책임이 아니다. 오히려 덕이 그들의 믿음의 표시이며, 덕이 자라는 것은 예수님의 약속에 의지한 결과이다. 이와 같은 의존은 주이시며 구주이신 예수 그리스도의 의에 합당하게 자리 잡은 믿음이다.[48]

---

46 Witherington, *1-2 Peter*, 303-4; 참조. G. Green, *Jude and 2 Peter*, 186–87.

47 Fornberg, *An Early Church in a Pluralistic Society*, 89; Vögtle, *Judasbrief, 2 Petrusbrief*, 142; Davids, *2 Peter and Jude*, 174-75.

48 Reese, *2 Peter and Jude*, 136–37.

이 구절의 두드러진 특징은 여덟 가지 덕의 사슬이다. 8이 완전한 숫자이기 때문에 8을 선택한다는 주장은 의심스럽다.[49] 또한 우리가 추구해야 할 덕이 여덟 가지뿐이라고 결론지어서도 안 된다. 나열된 덕의 개수에서 의미를 찾는 것은 잘못이다. 베드로는 연쇄 논법이라는 문학 형식을 사용한다. 이 형식에서는 절정에 이르는 단계별 사슬이 있다. 지혜서 6:17-20(RSV)에서 예를 찾을 수 있다.

지혜의 시작은 가르침에 대한 가장 진실한 갈망이며 가르침에 관한 관심은 지혜를 사랑하는 것이요. 지혜를 사랑하는 것은 지혜의 법을 지키는 것이요. 지혜의 법에 주의를 기울이는 것은 불멸의 보증이 되고 불멸은 하나님께 가까이 가게 한다. 그러므로 지혜에 대한 갈망은 하나님의 나라로 인도한다.

훨씬 더 가까운 예가 미쉬나에 나타난다.

주의하는 것은 청결을 낳고, 청결은 정결함을 낳고, 정결함은 절제를 낳고, 절제는 거룩함을 낳고, 거룩함은 겸손을 낳고, 겸손은 죄를 떠나게 하며 죄를 떠나면 거룩한 자가 되고, 거룩한 자가 되는 것은 성령의 선물을 낳고, 성령은 죽은 자의 부활을 낳는다(m. Sotah 9:15).[50]

그러나 베드로후서의 덕을 조사할 때, 각각의 덕을 바로 앞의 덕에 기초해서 이해해야 하는지 의심스럽다.[51] 찰스는 논리적인 진행이 있다고 주장한다.[52] 그

---

49 다음과 반대된다. Kelly, *Peter and Jude*, 305; Neyrey, *2 Peter, Jude*, 155.

50 *The Mishnah*, trans. H. Danby (New York: Oxford University Press, 1933), 306-7. 다른 병행은 다음을 보라. Bauckham, *Jude, 2 Peter*, 174-76.

51 Bauckham, *Jude, 2 Peter*, 184-85; Vögtle, *Judasbrief, 2 Petrusbrief*, 150; Donelson, *I and II Peter and Jude*, 220; Frey, *Der Brief des Judas und der zweite Brief des Petrus*, 227. 메이어는 각각의 덕 사이의 관계가 불분명하다고 본다(*Jude and Second Peter*, 91).

52 Charles, *Virtue amidst Vice*, 145-46, 156-57; J. D. Charles, "The Language and Logic of Virtue in 2 Peter 1:5-7," *BBR* 8 (1998): 70–71.

는 그 순서를 다음과 같이 설명한다. 믿음은 모든 도덕적인 덕의 뿌리이며, 이 덕들은 우리가 하나님을 아는 지식과 관련이 있다.[53] 우리가 이 지식을 잘 사용하면 절제할 것이다. 이 절제는 우리에게 어려움을 인내하는 능력을 줄 것이다. 그다음 인내는 우리의 관계에서 경건함으로 이어질 것이며, 이러한 관계는 형제 사랑과 그리스도인의 사랑으로 다스려질 것이다.

찰스의 분석에서도 덕이 지식에 의존하고 덕과 지식이 얽혀 있는 것처럼 보인다.[54] 덕이 문자 그대로 지식에 선행하는지 알기 어렵다. 덕을 추구하기 위해서는 지식이 필요하다고 쉽게 주장할 수 있다. 또는 최소한 이 두 가지가 어떻게 서로 연관되는지 생각할 수 있다. 지식이 있을 때만 절제가 가능하다는 것도 분명하지 않다. 그리고 절제가 인내보다 앞서야 한다는 점은 분명한가? 그러므로 덕의 윤리적인 사슬은 문학적인 장치일 가능성이 더 높으며, 덕을 나열된 순서대로 읽는 것은 실수일 수 있다. 한 가지 덕이 다른 덕을 낳지 않는다.[55] 실제로 이 문제는 중요하다. 왜냐하면 다른 해석은 한번에 한 가지 덕을 행한다고 해석할 수 있기 때문이다. 다른 덕으로 넘어가기 전에 한 덕을 "숙달"해야 한다고 생각한다. 그리스도인의 삶에 관한 이와 같은 관점은 도덕주의와 벤자민 프랭클린의 덕에 대한 접근과 비슷하며 이 관점에서 특정한 덕에 일정 시간 동안 집중한다. 이와 같은 견해는 하나님을 의지하는 것이 아니라 자기 노력에 대한 초청이다. 방금 말한 내용에서 두 가지 예외가 가능하다. 사슬이 믿음으로 시작해서 사랑으로 끝난다는 사실이 의미심장해 보인다. 믿음은 모든 덕의 뿌리이고 사랑은 그리스도인의 삶의 목표이자 절정이다.[56] 이외에는 나열된 덕의 순서를 강요해서는 안 되며, 베드로가 독자들에게 다음 덕으로 넘어가기 전에 앞의 덕을 먼저 행하도록 한다고 생

53 "먼저 믿음이 온다. 그것은 모든 선한 일의 근본이요 근원이다." Theophylact in *James, 1-2 Peter, 1-3 John, Jude*, ACCS (Downers Grove: InterVarsity, 2000), 133.

54 찰스는 1:5-7과 소아시아 1세기의 비문 사이의 공통적인 언어에 주목한다("The Language and Logic of Virtue in 2 Peter 1:5-7," 71-72). 그러나 어떤 문학적인 의존도 있을 것 같지 않다.

55 B. Witherington III, *Letters and Homilies for Hellenized Christians*, vol. II: *A Socio-Rhetorical Commentary on 1-2 Peter* (Downers Grove: InterVarsity, 2007), 308-9.

56 Fuchs and Reymond, *2 Pierre, Jude*, 56; Witherington, *1-2 Peter*, 309. 믿음의 우선순위에 대해서는 다음을 보라. Charles, *Virtue amidst Vice*, 162.

각할 필요는 없다.[57]

1:5. "그러므로"는 5-7절과 3-4절을 연결한다. 베드로는 독자들에게 경건한 삶을 권면한다(5-7절). 왜냐하면 그리스도께서 그들에게 필요한 모든 것을 주셨기 때문이다. 그들은 미래의 영광에 대한 장엄한 약속을 가지고 있다. 그러므로 덕에 대한 요구를 율법주의나 도덕주의로 일축하는 것은 심각한 실수가 될 것이다. 거룩함에 대한 권면은 예수 그리스도 안에서 성취된 하나님의 구속 사역에 근거를 둔다.[58] 신약에서는 전형적으로 은혜가 요구에 앞선다. 그러나 은혜가 우선순위에 앞선다고 해서 수고해야 하는 도덕적 노력을 없애 버리지 않는다. 신자는 베드로의 명령을 수행하는 데 "힘써야 한다" 또는 "성실하게"(NASB) 적용해야 한다. 경건한 성품은 수동적인 태도나 게으름에서 나오지 않는다. 루터가 말했듯이 "그들은 선한 행실로 믿음을 증명해야 한다."[59]

덕의 사슬은 "믿음"(πίστις, 피스티스)으로 시작된다.[60] 일부 주석가들은 베드로가 "믿음"을 언급하므로[61] 믿음은 기독교 교리 또는 충성과 신실함을 의미한다고 주장한다.[62] 1장 1절에서 "믿음"은 개인적인 믿음이나 신뢰를 의미한다고 이미 주장했다.[63] 이 구절에서도 마찬가지 일 것이다. 하나님을 신뢰하는 것은 다른 모든 덕이 솟아 나오는 뿌리이다. 하나님과 그분의 약속을 의지하는 사람들은 새로운 삶을 시작한다. 여기에서 베드로의 신학은 '믿음이 사랑

57 나는 찰스가 이러한 오류에 빠져 있다고 제안하는 것이 아니라 단지 일부 사람들이 주어진 해석에서 이 오류를 추론할 수 있도록 하려는 것이다.

58 폰버그는 3-5절과 5-7절 사이의 관계에 관한 설명에서 이 중요한 점을 명확하게 하지 못했다 (*An Early Church in a pluralistic Society*, 97).

59 M. Luther, *Commentary on Peter & Jude*, trans. and ed. J. N. Lenker (Grand Rapids: Kregel, 1990), 237.

60 찰스는 동일한 덕을 많이 나열한 1세기 소아시아의 비문에 대해서 논의한다(*Virtue amidst Vice*, 139). 참조 또한 비문에 관한 논의는 146-17 페이지를 보라.

61 예. Bigg, *Peter and Jude*, 257.

62 Frey, *Der Brief des Judas und der zweite Brief des Petrus*, 228–29.

63 댕커는 여기에서 선행에 관한 연결성을 잘못 이해하고 이 용어를 "신실함"으로 번역한다("2 Peter 1," 460; 또한 Neyrey, *2 Peter, Jude*, 158–59; G. Green, *Jude and 2 Peter*, 192). 믿음을 신뢰로 설득력 있는 이유는 다음을 보라. Charles, *Virtue amidst Vice*, 140; 또한 다음을 참조하라 Witherington, *1-2 Peter* (Downers Grove: InterVarsity, 2007), 310.

에서 나타난다'(갈 5:6)고 말한 바울의 신학과 일치한다. 그리스도인의 삶의 모든 경건한 덕은 모든 것에 대해서 하나님을 신뢰하는 믿음에서 그 근원을 찾으며, 그러한 믿음의 극치와 절정은 사랑이다. 여기에서 등장하는 덕의 일부는 그리스-로마 문화에서 흔히 볼 수 있으며, 이는 베드로가 독자의 사회와 어느 정도 관련이 있다는 것을 또 다르게 알려 준다는 점에 유의해야 한다.[64]

신자는 자신의 믿음에 "덕"(ἀρετή, 아레테)을 "더해야"(ἐπιχορηγήσατε, 에피코레게사테) 한다. 그리스 문화에서 후원자(χορηγός, 코레고스)는 합창에 필요한 것을 제공했다. 이 사람들은 관대하고 아낌없는 후원자로 알려져 있었다.[65] "덕"(ἀρετή, 아레테)은 "도덕적 탁월함"[66]으로 번역할 수 있으며, 1장 3절에서 하나님이 신자들에게 요구하는 것이다. 우리는 그리스도의 부르심이 효과적이라고 주장했다. 그분은 자신이 요구하시는 도덕적인 탁월함을 창조하신다. 그러므로 신자들의 도덕적 탁월함은 하나님의 은혜에 기인한다. 그러나 신약의 저자들은 결코 하나님의 주권과 인간의 책임을 양극화하지 않는다. 하나님께 덕으로 효과적인 부르심을 받은 사람들은 또한 힘차게 그리고 열심히 덕을 행해야 한다.

덕(ἀρετή, 아레테)은 그리스 문헌에서 도덕적으로 고결한 사람을 묘사하기 위해서 자주 사용된다. 다시 한번 베드로는 독자들의 문화를 말하는 단어를 사용한다(참조. 빌 4:8). 신자들은 도덕적 탁월함뿐만 아니라 "지식"(γνῶσις, 그노시스)도 추구해야 한다. 아마도 모든 그리스도인에게 필요한 하나님의 뜻과 길에 대한 지식일 것이다. 사실 이 편지는 "예수 그리스도의 은혜와 그를 아는 지식에서 자라 가라"(벧후 3:18)는 권면으로 마무리한다. "덕"(ἀρετή, 아레테)과 "지식"은 스토아 사상에서 밀접하게 연관되지만, 여기에서 지식의 개념은 스토아학파 개념과 구별된다.[67] 참된 지식은 하나님의 은혜에 뿌리를 둔다.

---

64 다음 논의를 보라. Fornberg, *An Early Church in a Pluralistic Society*, 97–101; Charles, *Virtue amidst Vice*, 139–40. 폰버그는 사랑이 그리스 문헌에서 일반적으로 나타나지 않는다는 점을 살핀다.

65 다음 논의를 보라. Charles, *Virtue amidst Vice*, 148. 그러나 아마도 너무 지나치게 유사점을 설명할 것이다.

66 Davids, *2 Peter and Jude*, 179.

67 Davids, *2 Peter and Jude*, 141. 거드마는 스토아주의와의 연결이 피상적이고 결함이 있다고 주장한다(*Rethinking the Judaism-Hellenism Dichotomy*, 212–16).

1:6. 삶에 지식을 더하는 자들은 또한 "절제"(ἐγκράτεια, 엥크라테이아)를 열렬히 추구해야 한다. 바울은 절제를 성령의 열매로 규정한다(갈 5:23; 참조. 고전 7:9; 9:25; 딛 1:8). 참된 지식은 절제 없이 결코 존재할 수 없다(참조. 벧전 1:14). 절제는 헬레니즘 문화에서 가장 가치 있는 덕목 중 하나였다.[68] 거짓 선생들의 삶은 분열과 방탕이 특징이기 때문에 여기에서는 곁눈질로 그들을 쳐다본다.[69] 음란이 그들의 특징이다(2:2). 죄의 정욕으로 불타올랐고(2:10), 부드럽고 안락한 쾌락을 위해서 산다(2:13). 간음에 사로잡혔고(2:14), 멸망의 종이 되었다(2:19). 경건한 삶을 사는 사람들은 절제한다. 그들은 스스로 절제해서 죄악된 정욕에 굴복하지 않는다.

신자들은 또한 절제에 "인내"(ὑπομονή, 휘포모네)를 더해야 한다. "인내"는 종종 믿는 자들에게 기대되는 성품을 묘사한다(롬 5:3-4, 8:25, 골 1:11; 살전 1:3-4; 딤전 6:11; 딤후 3:10; 딛 2:2; 히 12:1; 약 1:3-4, 5:11; 계 2:2-3, 19). 인내의 필요성은 베드로가 말하는 상황에서 특히 중요하다. 반대자들이 교회를 위협하고 다른 사람들이 그들을 따르게 하여(2:2) 복음의 길을 시작한 사람들이 교회를 떠났기 때문이다(2:20-22). 도덕적으로 삼가는 일은 종말론적 상을 받기 희망하는 사람들을 위해서 인내와 확고함으로 결합되어야 한다.

독자들은 또한 "경건"(εὐσέβεια, 유세베이아)으로 부르심을 받았다. 경건은 하나님과 다른 권위들에 대한 존경과 관련이 있다.[70] 3-4절에서 또 다른 연결이 만들어진다. 신자들은 하나님의 은혜로 "생명과 경건"(1:3)에 필요한 모든 것을 이미 받았기 때문이다. 여기에서 우리는 명령법이 직설법 위에 세워져 있음을 알 수 있다. 그리스도께서 신자들에게 경건을 위한 모든 것을 주셨다. 신자들은 경건을 추구해야 한다. "경건"은 더 간단히 말하면, 하나님을 닮은 삶을 사는 것을 의미한다.[71] 신자들은 예수님이 재림하실 것이기 때문에 거룩하고 경건하게 살아야 한다(벧후 3:11). "경건"은 특별히 하나님을 기쁘시게 하는 삶에 대해서 목회 서신에 흔히 사용된다(딤전 2:2; 3:16; 4:7-8;

---

68 W. Grundmann, "ἐγκράτεια," *TDNT* 2.340-41.

69 특별히 다음을 보라. Neyrey, *2 Peter, Jude*, 159-60.

70 Frey, *Der Brief des Judas und der zweite Brief des Petrus*, 231.

71 참조. W. Foerster, "εὐσέβεια," *TDNT* 7.175–85.

6:3, 5-6, 11; 딤후 3:5; 디도서 1:1). 다시 한번 경건은 헬레니즘 사회에서 가치 있는 덕목이었으며, 이는 베드로가 기독교적 틀에서 문화적인 이상을 사용하고 재구성했음을 나타낸다. 경건은 하나님과 다른 사람과의 관계를 포함한다.[72]

1:7. 마지막 두 가지 덕은 사랑에 초점을 맞춘다. 이미 언급했듯이 사랑은 최고의 기독교 덕목이기 때문에 덕의 사슬의 정점이다. 베드로는 독자들에게 먼저 "형제 사랑"(개역개정. "형제 우애". φιλαδελφία, 필라델피아)를 추구하라고 권면한다. 이 단어는 다른 성경에서 권면으로 사용되었다(롬 12:10; 살전 4:9; 히 13:1; 벧전 1:22; 참조. 벧전 3:8). 초점은 신자들 사이의 사랑과 기독교 공동체를 특징짓는 가족 같은 헌신에 있다. 여기에서 베드로는 모든 신자가 형제자매라는 의미에서 기독교 공동체의 독특한 단어를 사용한다.[73] 반대자들은 이러한 사랑을 보이지 않는다(2:13-14, 17). 이 사슬은 그리스도인의 사랑으로 절정에 이르며, 사랑은 그가 신자라는 최고의 증거이다.[74] 바울은 사랑이 기독교적 가르침의 목표라고 단언한다(딤전 1:5). 그것은 가장 훌륭한 길(고전 12:31-13:13)이며 다른 모든 덕을 요약하는 덕이다(골 3:14). 사랑하는 사람은 베드로가 언급한 다른 특성들을 소유하게 될 것이다. 거짓 선생들은 믿음과 사랑이 부족하므로 참된 신자가 아니다.

---

72 Davids, *2 Peter and Jude*, 181.

73 참조. Neyrey, *2 Peter, Jude*, 161; Fornberg, *An Early Church in a Pluralistic Society*, 100. 찰스는 이것이 이교도의 φιλανθρωπία와 동등하다고 생각하지만(*Virtue amidst Vice*, 144), 베드로가 사용한 단어의 가족적인 차원을 무시한다.

74 사랑을 최고의 덕으로 보는 것은 베드로를 스토아학파와 구별한다(*Charles, Virtue amidst Vice*, 145).

2.3. 하나님의 나라에 들어가는 데 필요한 경건한 덕(1:8-11)

⁸ 이런 것이 너희에게 있어 흡족한즉 너희로 우리 주 예수 그리스도를 알기에 게으르지 않고 열매 없는 자가 되지 않게 하려니와 ⁹ 이런 것이 없는 자는 맹인이라 멀리 보지 못하고 그의 옛 죄가 깨끗하게 된 것을 잊었느니라 ¹⁰ 그러므로 형제들아 더욱 힘써 너희 부르심과 택하심을 굳게 하라 너희가 이것을 행한즉 언제든지 실족하지 아니하리라 ¹¹ 이같이 하면 우리 주 곧 구주 예수 그리스도의 영원한 나라에 들어감을 넉넉히 너희에게 주시리라

"왜냐하면"(γάρ, 가르, 개역개정은 생략)은 5-7절과 8-11절을 연결한다. 5-7절에서 제시된 덕이 신자들의 삶에 가득하면, 예수 그리스도의 지식은 열매를 맺고 효력이 있다(8절). 데이비스는 "많은 그리스도인이 그리스도 안에서 그들의 성장과 관련하여 거룩함과 다른 덕들이 갑자기 그들 속에 주입되는 일련의 위기가 되기를 바란다. 그것은 베드로후서의 관점이 아니다."[75] 경건한 성품이 부족하면 눈이 멀고 죄 사함을 잊어버린다(9절). 베드로는 정확히 무엇을 말하고 있는가? 10-11절은 의미를 분명히 하는 데 도움이 된다. 신자들은 5-7절에서 설명한 **덕을 실행함으로써** 자신의 부르심과 택하심을 확증해야 한다. 독자들은 이러한 덕을 실천해야만 걸려 넘어지지 않을 것이다. 즉, 독자들이 이러한 경건한 성품을 실천한다면 배교에서 벗어날 것이다. 이와 같이 경건한 삶을 살면 주의 날에 영원한 나라에 들어간다. 바울에 친숙한 사람들은 이 신학을 행위-의의 한 형태로 치부하고 싶을 것이다. 바울 자신은 육체의 일을 행하는 사람은 하나님의 나라를 유업으로 받지 못한다고 주장한다(갈 5:21). 그는 불의한 사람들은 하나님의 나라에서 제외될 것이라고 가르쳤다(고전 6:9-11). 베드로는 하나님의 은혜의 본질을 버리지 않았다. 우리는 이미 1장 3-4절에서 생명과 경건에 필요한 모든 것을 우리에게 주셨음을 보았다. 그리스도의 부르심은 너무 강력하여 우리가 영광과 도덕적인 덕을 얻을 것이라는 약속을 받았다. 오늘날에도 신자들은 소망이 바뀌었다는 의미에서 세상의 멸망에서 벗어났지만 그 완성은 주의 날에만 이루어진다.

---

75 Davids, *2 Peter and Jude*, 184

1:8. 이런 것(ταῦτα, 타우타)은 CSB 성경이 "이런 성품들"로 바르게 번역하며 덕의 사슬을 가리킨다. 베드로는 이 성품들을 두 가지로 말한다. 첫째, 이것들은 독자들의 삶에 존재해야 한다(ὑπάρχοντα, 휘파르콘타). CSB 성경은 "너희가 이러한 성품을 점점 더 많이 소유하고 있다면"이라고 번역함으로 이 점을 모호하게 한다. NIV 성경은 "존재하다"와 "증가시키다"(πλεονάζοντα, 플래오나존타) 두 분사를 합친다. NRSV 성경은 "이것이 너희 것이요 너희 가운데 더 많으면"이라고 분명히 말한다(개역개정은 "너희에게 있어 흡족한즉"으로 번역한다).[76] 두 번째 요구는 방금 말한 데서 이미 분명하다. 성품은 신자들에게 "풍성"(KJV, πλεονάζοντα)해야 한다. 대부분 번역에서는 "증가"를 사용하며 이 표현은 분명히 지지받을 수 있다. 그것은 우리가 매년 5% 더 사랑하게 되는 것처럼 해가 지날수록 경건의 향상을 계산할 수 있다고 전제할 수 있다. 그러나 베드로는 이러한 명확함을 강조하고 싶어하지 않는다. 그의 요점은 경건한 성품이 독자의 삶에 존재하고 풍부해야 한다는 것이었다. 위더링턴이 말했듯이 이러한 덕은 "정적인 성품이거나 영구적인 소유물"이 아니다.[77] 놀랍게도 빅(Bigg)은 ὑπάρχοντα(휘파르콘타)와 πλεονάζοντα(플레오나존타)의 차이를 억누른다는 이유로 제시된 해석을 거부한다.[78] 그러나 πλεονάζοντα(플레오나존타)가 "풍부한"을 의미한다면 특정한 성품이 한 사람의 삶에 "존재"한다는 의미와 다르다. "존재하다"는 사람의 삶에서 덕을 파악할 수 있다는 의미이며, "풍부하다"는 덕이 넘친다는 의미이다. 두 개념은 동일하지 않다.

5-7절의 경건한 성품은 신자들의 삶에 존재하고 풍부하며, 그들은 그리스도를 앎에 "게으르거나"(ἀργούς, 아르구스) "열매 없는"(ἀκάρπους, 아카르푸스) 자가 아니다.[79] 베드로는 이것을 부정적으로 지적한다. 다음과 같이 다시 말할 수 있다. 덕이 신자 안에 존재하고 풍성할 때, 신자는 그리스도에 대한 구원의 지식과 관련하여 효과적이며 열매를 맺는다. "게으르다"는 일을 하지

---

76 분사는 조건의 의미이다(Fuchs and Reymond, *2 Pierre, Jude*, 57).

77 Witherington, *1-2 Peter*, 312.

78 Bigg, *Peter and Jude*, 258.

79 헬라어 εἰς는 "안에"의 의미이다. 헬라어 εἰς가 ἐν을 대신해서 사용하는 것은 헬레니즘 헬라어에서 전형적이다.

않고 장터에서 하루를 허비하는 게으름뱅이 일꾼에게 사용된다(마 20:3, 6).
야고보는 이 단어를 사용해 행함이 없는 믿음이 "헛되다"(약 2:20)라고 말했
다. 열매가 없음은 씨 뿌리는 자의 비유에서 흙을 생각나게 한다. 가시떨기에
떨어진 씨는 세상의 염려와 돈의 유혹에 막혀 열매를 맺지 못한다(마 13:22;
참조. 유 12과 대조적으로 골 1:10). 신자가 영생의 종말론적 복을 받기 위해
서는 경건한 덕을 행해야 하며, 덕이 부족하고 풍족하지 않은 사람은 신자임
을 보여 주지 못한다. 또는 훅스와 레이먼드가 말했듯이 지식 없이는 덕도 없
고 윤리 없이는 지식도 없다.[80] 열매 맺지 못함은 주 예수 그리스도에 대한 그
들의 "지식"(ἐπίγνωσις, 에피그노시스)과 관련이 있다. 아마도 반대자들의 방
탕한 생활 방식이 신앙 고백과 모순되기 때문에 특별히 고려되고 있을 것이
다. 그들의 개종이 진짜라는 증거가 제시되지 않는다는 의미일 것이다.[81] 동
시에 덕이 자라는 사람은 거짓 선생의 길을 가지 않는다.[82]

1:9. 9절은 "왜냐하면"(γάρ, 가르. 개역개정 생략)으로 8절을 자세히 설
명한다. 덕('이런 것', ταῦτα, 타우타)이 부족하면, 이 사람들은 "보지 못한다"
(개역개정, "맹인", τυφλός, 튀플로스). NIV 성경은 헬라어 순서를 바꾸어 "시
야가 좁고 보지 못한다"로 번역한다. 그러나 헬라어는 "보지 못한다" 그리고
"시야가 좁다"(개역개정. "멀리 보지 못하고". μυωπάζων, 뮈오파존)라고 말한
다. "시야가 좁다"는 드문 단어이며 논쟁을 일으킨다. 어떤 학자들은 실제로
눈을 감아 아무것도 볼 수 없는 개념이라고 생각한다.[83] 그렇다면 이 단어는 눈
을 감겠다는 결정을 강조한다. 보컴은 멀리 보지 못하는 근시를 가진 사람들
이 더 명확하게 보기 위해 눈을 거의 감을 때가 있으므로 맹인은 아니라고 반
대한다.[84] 다른 학자들은 분사가 "멀리 보지 못하는," 즉 사람들이 보이지 않게

---

80 Fuchs and Reymond, *2 Pierre, Jude*, 57.

81 Kelly, *Peter and Jude*, 307; Bauckham, *Jude, 2 Peter*, 188-89. 이 문맥에서 베드로는 그리스도
를 아는 지식이 더 많이 자라는 것을 말하는 것이 아니라 그리스도를 성장의 기초로 알고 있다
고 생각한다(다음과 반대된다. B. Reicke, *The Epistles of James, Peter, and Jude*, AB [Garden
City: Doubleday, 1964], 154; M. Green, *2 Peter and Jude*, 81).

82 G. Green, *Jude and 2 Peter*, 196.

83 Kelly, *Peter and Jude, 308; Charles, Virtue amidst Vice*, 149-50.

84 Bauckham, *Jude, 2 Peter*, 189.

된 것을 의미한다고 제안한다.[85] 그들은 보아야 할 것을 보지 못한다는 점에서 맹인이다. 그들은 너무 근시안적이어서 가장 중요한 현실을 잊어버렸다. 그들이 눈을 가늘게 뜨고 보아도 볼 수 있는 사람이 아니라는 그린의 말은 아마도 맞을 것이다. 대신에 그 사람은 "맹인이 된" 사람을 가리킨다.[86] 즉, 두 단어는 동의어이므로 차이점을 강조할 필요는 없다.[87]

이 해석은 "그의 옛 죄가 깨끗하게 된 것을 잊었느니라"라는 다음 절에 일치한다. 과거의 죄로부터 깨끗하게 된 것(καθαρισμοῦ, 카다리스무)은 세례를 의미하는 데, 세례의 물은 죄의 씻음과 따라서 죄의 용서를 상징한다.[88] 무(Moo)는 세례에 관한 명확한 언급 없이 죄의 용서가 의도되었다고 생각한다.[89] 그러나 죄와 세례를 분리할 필요는 없다. 초대 교회에서 거의 모든 회심한 신자들이 즉시 세례를 받았기 때문이다.[90] 그들은 죄로부터 "깨끗하게 된" 것을 생각할 때, 자연스럽게 자신의 세례를 기억할 것이며, 세례의 물은 예수 그리스도의 죽음과 부활을 통해 자신이 죄에서 깨끗하게 된 것을 일깨울 것이다(참조. 행 22:16; 고전 22:16; 6:11; 엡 5:26; 딛 3:5). 이 견해를 세례의 중생이나 이후의 세례에 관한 성례적인 개념과 혼동하면 안 된다. 여기에 사용된 단어는 구약의 제의 언어에 뿌리를 둔다(레 16:30; 욥 7:21; 시 51:2; 참조. Sir 23:10; 38:10). 베드로는 이러한 덕을 행하지 않는 사람들은 세례와 죄 사함을 잊어버렸다는 사실을 관찰한다. 다시 말해, 그들은 용서받은 죄인으로 살고 있지 않다. 그들은 회심하지 않은 사람처럼 행하고 있다. 베드로 신학에서 죄의 용서가 먼저이기 때문에 은혜의 우선순위가 유지된다. 경건한 삶은 그들이 진정으로 용서받았다는 증거이다. 교회의 지체들이 부도덕한 삶을 산다면, 죄의 용서가 그들에게 큰 의미가 없음을 방증한다. 용서를 소중히 여

---

85 참조. Horrell, *The Epistles of Peter and Jude*, 152.

86 G. Green, *Jude and 2 Peter*, 198.

87 Frey, *Der Brief des Judas und der zweite Brief des Petrus*, 233.

88 Mayor, *Jude and Second Peter*, 97; Frey, *Der Brief des Judas und der zweite Brief des Petrus*, 234.

89 Moo, *2 Peter, Jude*, 48.

90 참조. G. Green, *Jude and 2 Peter*, 199. 그러나 여기에서 사용된 표현이 2세기 기독교를 가리킨다고 결론지으면 안 된다(다음과 반대된다. Paulsen, *Petrusbrief und Judasbrief*, 112).

기는 사람들은 하나님을 기쁘시게 하는 방식으로 살아간다.[91]

1:10. "그러므로"(διό, 디오)는 10절과 9절을 연결한다.[92] 경건하지 않은 삶을 사는 사람들은 그들이 참으로 하나님께 속해 있고 용서 받았다는 증거를 보여 주지 않는다. 그러므로 베드로는 독자들에게 그들의 부르심과 택하심을 확증하기 위해 힘쓰라고(σπουδάσατε, 스푸다사테) 권면한다. 빅(Bigg)은 부정 과거 시제에서 단일하고 명확한 행동이 의도된 것이라고 잘못 결론을 내린다.[93] 시제에 관한 최근 연구는 이 결론에 의문을 제기한다. 부정과거 시제는 반드시 한번의 행동을 의미하지 않는다. 결정적인 행동을 취해야 함을 강조하는 데 사용될 수 있지만, 이 행동은 그리스도인의 삶에서 거듭거듭 반복되어야 하는 결정적인 행동이다. "힘써"(σπουδάσατε, 스푸다사테)는 5절의 "힘써"(σπουδὴν, 스푸덴)를 상기시킨다. 하나님의 은혜는 도덕적인 느슨함이 아니라 열렬한 노력으로 이어져야 한다.[94] "굳게 하라"(βεβαίαν, 베바이안)는 그리스 문헌에서 유효한, 비준된, 확인된 것을 나타내는 법적 용어이다. 이 경우 신자들은 그들의 "부르심과 택하심"(κλῆσιν καὶ ἐκλογὴν, 클레신 카이 에클로겐)을 증명해야 한다. 이 두 단어는 의미는 가깝다. 아마도 우리는 이 단어들을 하나의 "택하시는 부르심"으로 번역해야 할 것이다. 3절에서 그리스도의 부르심이 효과적임을 보았다. 그것은 믿음을 창조한다. 효과적인 부르심은 복음이 전파될 때 일어난다. 베드로가 부르심과 택하심을 구별한다면, "택하심"은 구원하시는 하나님의 시간 이전의 결정을 의미한다. "부르심과 택하심"은 구원하시는 하나님의 은혜를 강조한다.

그러나 여기에서 강조점은 하나님이 하신 일이 아니라 인간의 책임에 있다.[95] 신자들은 "너희 부르심과 택하심을 굳게" 한다. 칼뱅은 이 구절을 주관

---

91 루터는 "믿음의 열매"가 없는 사람들은 진정한 믿음이 부족하다고 말한다(*Commentary on Peter & Jude*, 239).

92 무(Moo)는 3-9절의 내용으로 돌아간다고 생각한다(*2 Peter, Jude*, 48).

93 Bigg, *Peter and Jude*, 258.

94 어떤 학자들은 베드로가 인간의 노력을 지나치게 강조하는 것은 아닌지 의문을 제기하지만, 여기에서 베드로의 언급은 바울이 빌 2:12-13에서 말한 것과 비슷하다고 폰버그는 바르게 말한다(*An Early Church in a Pluralistic Society*, 27).

95 훅스와 레이먼드는 주제가 부르심과 택하심일 때, 인간의 책임에 관한 강조가 놀랍다고 말한

적으로 이해하며, 신자는 부르심과 택하심을 정신적으로 만족해야 한다고 말한다.[96] 이 해석에서 베드로는 신자들이 하나님 앞에서 올바르게 서기 위한 주관적인 양심을 말한다. 그러나 **객관적인** 현실도 말하기 있기 때문에 이 해석은 완전히 만족스럽지 않다.[97] 신자들은 5-7절에서 자세히 설명한 덕을 구체적으로 실천함으로 자신의 부르심과 택하심을 확증한다. 그러나 칼뱅이 완전히 틀린 것은 아니다. 이러한 덕을 행하는 사람은 주관적인 확신을 경험하게 되지만 주관적 확신의 근거는 객관적인 순종임을 알아야 한다.[98] 그리스도인이라고 주장하는 사람들은 행동이 이 주장과 모순될 수 있으며, 이것은 2장에서 논의할 거짓 선생들의 삶에서 분명하다.[99]

10절 하반절의 "왜냐하면"(γάρ, 가르. 개역개정 생략)은 상반절의 개념을 더 설명한다. 베드로가 "너희가 이것을 행한즉 언제든지 실족하지 아니하리라"라고 말할 때, "이것"(ταῦτα, 타우타)은 5-7절의 경건한 성품을 나타낸다.[100] "실족하다" 또는 "넘어지다"(ESV. πταίσητέ, 프타이세테)는 아마도 "죄"를 의미할 수 있다.[101] 이 동사는 야고보서에서 분명히 그 의미이지만(약 2:10; 3:2), 이러한 개념은 신학과 문맥을 고려할 때 베드로후서와 어울리지 않는다. 베드로가 그리스도인들이 죄 없이 살 수 있다고 믿었다는 주장은 불가능하다. 만일 그렇다면, 그는 그리스도인들에게 용서를 구하라고 명령하는 주기도문(마 6:12)과 모순될 것이다. 다른 뜻이 문맥상 훨씬 더 이해가 잘 된다. 경건한 삶을 통해서 자신의 부르심과 택하심을 확증하는 신자는 "실족하지" 않을 것이다. 즉, 그들은 하나님을 버리지 않고, 배교하지 않을

다(*2 Pierre, Jude*, 60).

96 J. Calvin, *Commentaries on the Catholic Epistles* (Grand Rapids: Eerdmans, 1948), 376–77.

97 Reicke, *James, Peter, and Jude*, 153; Bauckham, *Jude, 2 Peter*, 190.

98 찰스가 칼뱅과 일치하는 것에 주목하라. Charles, *Virtue amidst Vice*, 151.

99 "부르심을 받은 후에 죄로 돌아가서 죄 가운데 죽는 자들은 그들이 정죄 받았음을 모든 사람에게 분명히 보여 준다"(Bede in *James, 1-2 Peter, 1-3 John, Jude*, ACCS [Downers Grove: InterVarsity, 2000], 135).

100 분사 ποιοῦντες(포이운테스)는 조건의 용법이다(Fuchs and Reymond, *2 Pierre, Jude*, 60).

101 Fornberg, *An Early Church in a Pluralistic Society*, 95. 그럼에도 불구하고 그는 "저자는 선행을 구원에 필수적인 것으로 여겼다"라고 말한다(96 페이지). 그는 이러한 관점이 선행이 구원의 결과라는 바울의 주장과 반드시 모순이 되는 것은 아니라고 주장한다.

것이다(참조. 롬 11:11; 유 24).[102] 5-7절에 서술한 성품이 풍성한 자는 결코 하나님에게서 떨어지지 않을 것이다. 그들은 매일 하나님과의 관계를 발전시킨다. 거짓 선생들에게 미혹된 사람들은 문제가 도덕적임을 드러낸다. 그들은 선을 버리고 의지가 악에 사로잡히도록 내버려 두었고, 이제 속임수의 쉬운 먹이가 되었다.

1:11. "이같이 하면"은 11절을 소개한다. 물론 "이같이"는 10절에서 다시 말한 5-7절의 성품을 지키는 덕의 방법이다. 이러한 덕이 있고 그 덕이 풍부한 사람들은 나라에 "넉넉히" 들어감을 알게 될 것이다. 일부 학자들은 영생 외의 상을 생각한다고 제안하지만, 이 견해는 베드로가 왕국으로 "들어감"(ESV. εἴσοδος, 에이소도스)을 말했기 때문에 틀렸다. 이것은 앞의 10절과 일치한다. 이 구절에서 덕을 행하는 사람들은 결코 배교하지 않을 것이라고 확신한다. 반대로 11절은 이와 같은 경건한 성품에 거하는 자들이 천국에 들어갈 것이라고 말한다.[103] 게다가 이 해석은 편지 전체와 의미가 통한다. 베드로는 독자들에게 거짓 선생들의 영향력에 굴복하여 교회를 버리지 않도록 경고한다. 2장 20-22절에서 진리의 도를 알고 돌아서는 자는 토한 것으로 돌아가는 개와 더러운 구덩이에 돌아가는 돼지와 같다. 여기에서 베드로는 상에 관심이 있는 것이 아니라 사람들이 나라에 **들어갈지**에 관심을 가진다. 경건하게 살지 않으면 그 나라에 들어갈 수 없다고 주장한다. 행위**를 통해서** 구원을 얻는 것이 아니라 구원이 행위**를 수반한다**고 표현해야 한다.[104] 이것이 하나님께서 자기 백성 안에서 이루시는 역사이다. "영원한 나라"를 주 예수 그리스도의 왕국으로 묘사하는 것은 이례적이다.[105] 신약에서 일반적으로 그 왕국은 하나님의 것이다(참조. 눅 22:30; 요 18:36; 엡 5:5; 골 1:13; 딤후 4:1; 히 1:8;

---

102 대부분 주석가들의 견해이다. 다음을 보라. Frey, *Der Brief des Judas und der zweite Brief des Petrus*, 235; Bigg, *Peter and Jude*, 261; Kelly, *Peter and Jude*, 309; Bauckham, *Jude, 2 Peter*, 191; Moo, *2 Peter, Jude*, 49; Fuchs and Reymond, *2 Pierre, Jude*, 60; Callan, *2 Peter*, 159; G. Green, *Jude and 2 Peter*, 201-2; Davids, *2 Peter and Jude*, 188–89.

103 G. Green, *Jude and 2 Peter*, 202.

104 다음의 유익한 설명을 참조하라. Charles, *Virtue amidst Vice*, 152.

105 "주 곧 구주"는 샤프(the Granville Sharp)의 규칙을 예로 두 명사가 동일한 대상을 가진다. P. H. Davids, *II Peter and Jude: A Handbook on the Greek Text*, BHGNT (Waco: Baylor University Press, 2011), 52.

계 11:15). 여기에서 나라는 분명히 종말론적이며 신자들이 주의 날에 들어갈 것을 의미한다. 그 왕국은 그리스도의 것이기 때문에, 그를 믿는 이들에게 왕국에 들어갈 수 있도록 하실 것이다.[106] 더 나아가 신자들은 "넉넉히" 누릴 것이다. "넉넉히"(πλουσίως, 플루시오스)는 종말론적 상이 은혜로우며 신자들이 마땅히 받아야 할 것보다 훨씬 더 많이 받는다는 의미이다.[107]

---

106 Starr, *Sharers in Divine Nature*, 32.

107 Starr, *Sharers in Divine Nature*, 49.

단락 개요

3. 베드로의 사도로서 일깨움(1:12-21)
3.1. 일깨움의 기능: 행동하도록 촉구(1:12-15)(조언이 이상함)
3.2. 목격자의 증언에 기초하는 재림의 진리(1:16-18)
3.3. 예언에 기초하는 재림의 진리(1:19-21)

3. 베드로의 사도로서 일깨움(1:12-21)

이 구절들은 베드로가 사도로서 권면하는 내용이다. 베드로는 죽기 전에 독자들에게 나라에 들어감이 임박했기 때문에, 그의 가르침을 기억하고 행할 것을 촉구한다(1:12-15). 그다음 베드로는 자신의 경고를 믿어야 하는 이유를 설명한다(1:16-21). 예수님의 재림을 미신으로 치부하면 안 된다. 재림은 베드로가 목격한 예수님의 변화에서 예언적으로 기대된다. 예언의 말씀은 예수님의 변화로 확증되며, 독자들은 어둠 속에서 빛나는 이 말씀에 온 관심을 기울여야 한다. 결국 예언과 예언의 해석은 하나님 그분에게서 나온 것이다. 하나님께서는 옛 선지자들을 통해서 참되고 분명하게 말씀하셨으며, 예수님의 변화는 우리가 예언의 의미를 분별하는 데 도움이 된다. 이것은 주님의 날이 올 것이며, 예수님이 다시 오실 것을 보여 준다.

3.1. 일깨움의 기능: 행동하도록 촉구(1:12-15)

¹²그러므로 너희가 이것을 알고 이미 있는 진리에 서 있으나 내가 항상 너희에게 생각나게 하려 하노라 ¹³내가 이 장막에 있을 동안에 너희를 일깨워 생각나게 함이 옳은 줄로 여기노니 ¹⁴이는 우리 주 예수 그리스도께서 내게 지시하신 것 같이 나도 나의 장막을 벗어날 것이 임박한 줄을 앎이라 ¹⁵내가 힘써 너희로 하여금 내가 떠난 후에라도 어느 때나 이런 것을 생각나게 하려 하노라

어떤 학자들은 이 부분이 고별사 또는 유언이라고 주장한다(서론 참조).[1] 학자들은 고별사의 다양한 요소를 파악했다. 네이레이(Neyrey)는 다섯 가지 형식을 찾는다. (1) 죽음을 예측, (2) 미래 위기에 관한 예언, (3) 덕을 권면, (4) 위임, (5) 저자의 유산이다.[2] 일반적으로 위임을 제외하고 거의 모든 요소가 베드로후서에 있다고 말할 수 있다. 도넬슨은 유언의 일부 요소가 존재하지만 베드로후서는 일반적인 유언에 적합하지 않다고 말한다. 유언에는 (1) 유명한 사람의 임종에 모임, (2) 그의 죽음에 관한 이야기, (3) 마지막 축복, (4) 유명인의 일대기가 있다.[3] 서론에서 보았듯이 베드로후서는 유언의 특징이 분명하지 않다.

유언의 한 요소는 연설을 하는 사람이 죽어가고 있고 남아 있는 사람들에게 가르침을 전하기 원한다는 것이다. 이와 같은 고별사는 성경에서 흔히 볼 수 있다. 야곱(창 49:1-33), 모세(신 32:1-29), 여호수아(수 24:1-28), 예수님(요 13:1-17:26), 밀레도의 바울(행 20:17-35) 등이다. 유언 장르는 제2성전 유대교에서도 흔히 볼 수 있는 것으로 "열두 족장의 유언," "욥의 유언," "모세의 유언" 등이 있다. 이 책들은 위명이며, 어떤 학자들은 베드로후서도 같은 위명이라고 결론을 내린다. 그러나 나는 정경적인 서술이 **참된 저작으로서** 유언을 나타낸다고 주장한다. 베드로후서는 베드로가 떠나서 더 이상 그들과 함께 있을 수 없는 앞으로의 독자들이 베드로의 가르침을 기억하고 적용할

---

1 참조. E. Fuchs and P. Reymond, *La Deuxième Épître de Saint Pierre, L'Épître de Saint Jude*, CNT (Neuchâtel-Paris: Delachaux & Niestlé, 1980), 62.

2 J. H. Neyrey, *2 Peter, Jude*, AB (Garden City: Doubleday, 1993), 164.

3 L. R. Donelson, *I and II Peter and Jude*, NTL (Louisville: Westminster John Knox, 2010), 224.

수 있도록 썼다는 점에서 유언과 비슷하다. 그러므로 여기에서 우리는 사도로서 떠올리게 하는 말을 찾을 수 있다. 이 의미에서 베드로는 모세, 여호수아, 심지어 예수님과 같은 역할을 한다. 예수 그리스도의 사도로서 그는 교회가 계속 헌신해야 할 진리를 상기시킨다. 베드로는 자신의 죽음과 예수님의 말씀에 호소함으로 자신의 권위를 주장한다.

12절의 "그러므로"(διό, 디오)는 3-11절 전체를 가리킨다.[4] 그리스도는 신자들에게 생명과 경건에 필요한 모든 것을 주셨고, 그의 능력 있는 은혜로 부르셨다(3-4절). 이와 같은 은혜는 덕을 가진 경건한 삶을 위한 동기가 되고(5-7절), 그리고 경건한 삶은 영원한 나라에 들어가기 위해 필요하다(8-11절). 이와 같은 경건한 삶은 구원을 얻게 하지 않지만 구원에 필요하다. 따라서 영생이 임박하기 때문에 베드로는 독자들에게 자신의 가르침을 일깨워야 한다고 느낀다(12-15절). 거짓 선생들은 공동체에 몰래 들어왔고(2:1), 베드로는 그들이 처음 믿을 때 들었던 신실한 가르침을 잊지 않도록 교회를 가르친다. 이 단락에는 한 가지 기본적인 요점이 있다. 신자들에게 계속해서 고결한 삶을 추구하도록 일깨우는 것이다.

1:12. 베드로는 신자들에게 "이것"(τούτων, 투톤)을 생각나게 하려 한다고 말하면서 시작한다. 아마도 "이것"은 3-11절 전체를 가리킬 것이다.[5] 그렇다면 베드로는 왜 미래 시제를 사용하는가("생각나게 하려 하노라")? 일부 학자들은 "이것"이 앞으로 상기시키려고 하는 내용이며 베드로후서의 내용은 제외된다고 추론한다. 구성이 쉽지 않지만, 베드로가 썼거나 말한 편지의 내용이라고 생각해야 한다. 베드로의 생각에는 이미 쓰여 있었고, 편지에서 말하는 일어날 내용도 의도한 것이었다.[6] 베드로는 살아 있는 동안 신자들을 일깨우기로 결심했으며, 앞으로 일깨울 내용이 반드시 배제되지 않지만, 주된 수단은 이미 쓴 편지이다.

4 Fuchs and Reymond, *2 Pierre, Jude*, 62.

5 Fuchs and Reymond, *2 Pierre, Jude*, 63; R. Bauckham, *Jude, 2 Peter* (Waco: Word, 1983), 195.

6 보컴은 베드로가 1:3-11에 이어지는 내용을 독자들에게 떠오르게 하지 않았기 때문에 편지의 나머지 부분을 언급할 수 있는지 질문을 던진다(*Jude, 2 Peter*, 195). 그러나 베드로는 1:3-11이 장차 올 일에 관한 기초가 되는 편지 전체를 생각했을 수 있다.

어떤 의미에서 독자들은 이미 "알고," "진리 안에 서 있기" 때문에, 일깨우는 것은 필요하지 않다. 이 개념은 믿음이 성도들에게 단번에 전해졌다고 설명하는 유다서 3절과 유사하다. 독자들은 이미 진리를 알고 진리로 말미암아 강건하기 때문에 거짓 선생들에게 흔들리지 말아야 한다. "서 있다"는 독자들에게 복음의 능력을 상기시킨다.[7] 그들이 아는 진리는 정신적인 이해에 제한될 수 없다. 진리가 그들을 사로잡고 힘을 주기 때문이다. 진리는 그들에게 하나님을 기쁘시게 하는 방식으로 살아갈 수 있도록 능력을 준다. 진리는 그들에게 "이미 있고"(παρούσῃ, 파루세) 그들에게 속한다(참조. 골 1:5-6). 거짓 선생들의 혁신적인 제안은 불필요하고 위험하다. 교회는 복음으로 가르침을 받고 이미 강해졌다.

1:13. 이제 베드로는 독자들에게 생각나게 하는 책임이 자신에게 있는 이유를 생각한다. 권위 있는 사도로서 그는 살아 있는 동안 복음의 진리로 교회를 일깨우도록 부르심을 받았다. 이 책임은 "내가 이 장막에 있을 동안에"[8] 그에게 지워져 있다. 바울도 우리의 죽을 몸을 장막에 비유한다(고후 5:1, 4). 어떤 학자들은 베드로가 세 개의 장막을 지을 것을 제안한 변화산 사건과 관련이 있다고 생각하지만(마 17:4), 이 연결 고리는 현재 문맥에 맞지 않으며 그럴듯하지 않다.[9] 여기에서 "장막"의 의미는 고린도후서 5장 1-10절에서와 같이 몸의 연약함과 부족함이다. 베드로는 자신의 몸이 죽어가고 있고 곧 죽을 것이기 때문에 독자들을 생각나게 하는 일은 시급하다. 그러므로 생각나게 하는 역할에 초점이 맞춰져 있다는 사실은 놀랍지 않다. 믿는 자들은 이미 진리 안에 굳게 서 있다고 할지라도 다시 생각나게 하는 일로 자극을 받거나 깨우쳐야 한다(διεγείρειν, 디에게이레인). "새롭게 하다"(NRSV, NIV)는 번역은

7 G. L. Green, *Jude and 2 Peter*, BECNT (Grand Rapids: Baker, 2008), 209-10; Davids, *2 Peter and Jude*, 193. 이미 있는 진리가 70인역 다니엘서 7:13의 인자를 언급한다고 생각하는 것은 너무 멀리 떨어진 것이다(다음과 반대된다. A. Gerdmar, *Rethinking the Judaism-Hellenism Dichotomy: A Historiographical Case Study of Second Peter and Jude*, ConBNT 36 [Stockholm: Almqvist & Wiksell, 2001], 194).

8 폰버그와는 반대로 영혼이 몸에 갇혔다는 암시는 가능성이 전혀 없다(*An Early Church in a Pluralistic Society: A Study of 2 Peter*, ConBNT 9 [Lund: Gleerup, 1977], 124).

9 Bauckham, *Jude, 2 Peter*, 198. 다음과 반대된다. M. Green, *The Second Epistle General of Peter and the General Epistle of Jude*, 2nd ed., TNTC (Grand Rapids: Eerdmans, 1988).

너무 부드럽다. 일깨우는 일은 신자들을 일깨우고 자극하여 복음을 새롭게 소중히 여기도록 촉구한다. 베드로는 자신의 말이 신자들을 찔리게 하여 반대자들이 가르친 내용을 거부하기를 바란다. 신자들은 복음을 알고 있지만, 어떤 의미에서 매일 복음을 다시 배워야 한다.

1:14. 신자들을 다시 생각나게 하려는 베드로의 절박함은 삶이 짧다는 사실에서 그 근거를 찾는다. 그는 자신의 몸을 "장막"이라고 부르며 약함과 덧없음을 다시 강조한다. 주석가들은 베드로가 "갑자기" 죽을 것인지 아니면 "곧"(ταχινή, 타키네) 죽을 것인지에 대해서 논쟁한다. 문맥상 "곧"(개역개정. '임박한')으로 번역될 가능성이 더 높다.[10] 불행하게도 우리는 베드로가 편지를 쓸 때 어떤 삶의 상황인지 알지 못하기 때문에 어떤 사건이 이 말을 하게 만들었는지 판단할 수 없다.

베드로는 자신의 주장을 입증하기 위해서 주 예수님의 말씀을 인용한다. 학자들은 그 출처를 철저하게 조사했다.[11] 어떤 학자들은 요한복음 13장 36절로 이해했지만, 여기에서 예언은 다소 모호하다. 다른 학자들은 예수님께서 베드로에게 나타나 로마에서 죽으라고 명령하신 "베드로의 묵시"(the Apocalypse of Peter)를 가리킨다. 또 다른 학자들은 "베드로 행전"(Acts of Peter, AD 약 180년)의 유명한 "쿼바디스"를 가리킨다. 이 기록에서 베드로는 로마를 떠날 때 예수님을 만난다. 베드로가 어디로 가느냐고 주님께 묻자 십자가에 못 박히기 위해서 다시 로마로 간다고 대답한다. 베드로는 십자가에 못 박히기 위해 로마로 돌아오는 것으로 응답한다. 다른 학자들은 야고보에게 보낸 "클레멘트 서신"(the Epistle of Clement) 2장에서 이 전통을 찾는다. 세 가지 자료 모두 베드로후서 이후의 것이므로 베드로후서의 저작이 사실이라면 출처가 될 수 없다. "쿼바디스"는 아마도 전설일 것이다. 이 이야기는 글로 쓰지 않은 예수님의 구전일 가능성이 있다. 그러나 요한복음 21장 18-19절에 나오는 구전을 언급할 가능성이 가장 높다. 예수님은 베드로에게

---

10 Bauckham, *Jude, 2 Peter*, 199; Fuchs and Reymond, *2 Pierre, Jude*, 65n11. 거스리는 "빠른"이 가능하다고 생각한다(*New Testament Introduction*, 4th ed. [Downers Grove: InterVarsity, 1990), 821).

11 다음의 훌륭한 논의를 참조하라. Bauckham, *Jude, 2 Peter*, 200-201.

그가 선택하지 않은 방식으로 손이 펼쳐질 것이라고 알려주신다.[12] 물론 요한복음 21장 18-19절의 암시가 베드로후서가 요한복음 이후에 기록되었음을 말해주지 않는다. 왜냐하면 베드로가 편지의 저자라면 요한이 나중에 기록한 주 예수님의 예언을 기억할 것이기 때문이다.[13] 그 예언 자체는 베드로가 "곧" 죽을 것이라고 말하지 않지만, 베드로가 이제 늙었다면 그 예언이 곧 이루어질 것을 알고 있었다.[14] 아마도 그가 편지를 썼을 때 로마에 있었다면, 자신의 죽음으로 이어질 사건이 지금 이루어지고 있음을 이해할 수 있었을 것이다. 네로의 박해가 시작되었다면 베드로는 심한 박해가 도래하면서 자신이 죽음에 가깝다고 생각했을 것이다.

1:15. 15절은 기본적으로 12절을 다시 설명하지만, 지금 베드로는 떠나기 전에 신자들에게 다시 생각나도록 힘쓸 것이라고 강조한다("내가 힘써", σπουδάσω, 스푸다소). 미래 시제는 혼란스럽게 만들지만, 아마도 베드로는 자신이 쓴 내용이 앞으로 유익할 것으로 생각했다고 말한 보컴이 맞을 것이다.[15] 또는 12절의 암시와 같이, 편지의 나머지 부분과 베드로가 이 땅에서 보낼 짧은 시간을 모두 염두에 두었을 수도 있다. 우리는 베드로후서 2장 1절에서 거짓 선생들의 들어옴이 미래 시제로 묘사되고 있음을 주목해야 한다. 그러나 그들은 이미 거기에 있었을 것이다. 또 다른 대안은 미래 시제가 확실성을 나타낸다는 점이다. 베드로가 특히 자신의 편지를 언급할 가능성이 가장 높다. 이것은 베드로가 죽은 후에도 신자들에게 계속 생각나게 할 것이다. 다른 학자들은 여기에서 마가복음에 관한 언급이 있다고 주장하는 데 전통에 따르

12 캘런(T. Callan)은 여기에서 우리가 요 21:18에 기록된 내용에 의존하고 있다고 주장한다("The Gospels of Matthew and John in the Second Letter of Peter," A. J. Batten and J. S. Kloppenborg, eds., *James, 1 & 2 Peter, and Early Jesus Traditions*, LNTS 478 [London: Bloomsbury T&T Clark, 2014], 173-74). 그러나 이러한 결정은 베드로후서의 저작이 늦은 날짜에 기록되었다는 점에 의존한다.

13 또한 D. B. Wallace, "Second Peter: Introduction, Argument, and Outline," https:// bible.org/ seriespage/second-peter-introduction-argument-and-outline.

14 이것은 요한복음 21장의 저작 시기가 주어지지 않는다고 주장한 다음 반대에 관한 답변이 될 것이다. J. B. Mayor, *The Epistle of St. Jude and the Second Epistle of St. Peter* (1907; repr., Grand Rapids: Baker, 1965), cxliv; A. Vögtle, *Der Judasbrief, Der 2 Petrusbrief*, EKKNT (Neukirchen-Vluyn: Neukirchener Verlag, 1994), 160.

15 Bauckham, *Jude, 2 Peter*, 201.

면 마가가 베드로의 제자로 복음서를 기록했다.[16] 맥나마라(McNamara)는
여기에서 1장과 3장이 같은 서신의 일부가 아니었으며 독립적으로 회람되다
가 나중에 같은 서신으로 결합되었다는 증거가 있다고 주장한다.[17] 이러한 이
론들은 설득력이 없다. 베드로후서에서 마가복음의 언급이 있는지 분명하지
않다. 마가복음은 결국 베드로가 아니라 마가가 기록했다. 또한 1장과 3장이
독립적으로 회람되었다고 주장할 수 있는 설득력 있는 근거도 없다. 서로 다
른 문서를 함께 묶었다는 명확한 증거가 없다.[18] 학자들은 이 편지들이 하나
로 기록되었고 이 부분의 내용이 3장 1-2절에서 베드로가 전하는 내용을 기
대한다고 바르게 강조한다. "떠난"(ἔξοδος, 엑소도스)이라는 단어는 죽음을 언
급하기 위해서 사용된다(Wis 3:2; T. Naph. 1:1). 단순하게 예수님께서 자
신의 죽음(ἔξοδος, 엑소도스)을 언급하셨다는 이유(눅 9:31)로 변화산 사건에
관한 암시로 보는 것은 터무니없다. 이 해석은 베드로후서의 다음 단락을 여
기에 겹쳐 놓는다.

3.2. 목격자의 증언에 기초하는 재림의 진리(1:16-18)

**[16] 우리 주 예수 그리스도의 능력과 강림하심을 너희에게 알게 한 것
이 교묘히 만든 이야기를 따른 것이 아니요 우리는 그의 크신 위엄을 친
히 본 자라 [17] 지극히 큰 영광 중에서 이러한 소리가 그에게 나기를 이는
내 사랑하는 아들이요 내 기뻐하는 자라 하실 때에 그가 하나님 아버지
께 존귀와 영광을 받으셨느니라 [18] 이 소리는 우리가 그와 함께 거룩한 산
에 있을 때에 하늘로부터 난 것을 들은 것이라**

앞 단락(12-15절)에서 베드로는 죽기 전에 독자들에게 복음의 진리를 생
각나게 하겠다고 결심하고, 특히 그들이 하늘 나라에 들어가기 위해서 덕으로

---

16 참조. Mayor, *Jude and Second Peter*, 102-3.

17 M. McNamara, "The Unity of Second Peter: A Reconsideration," *Scr* 12 (1960): 13-19.

18 Guthrie, *New Testament Introduction*, 846.

고결하게 살아야 할 필요성에 초점을 맞춘다(5-11절). 덕으로의 부르심은 하나님의 구원의 역사와 은혜와 능력에 근거를 둔다. 16-21절에서 그는 독자들을 영원한 상에서 벗어나게 하는 자들에게 응답하기 시작한다.[19] 거짓 선생들은 예수 그리스도의 장차 오심을 의심했으며, 분명히 생명이 지금과 같이 계속될 것이라고 주장했다(3:3-7). 재림 또는 심판이 없으면 영원한 상을 받기 위해 부지런히 경건을 추구하라는 강조가 무너진다. 경건한 삶이 하늘 나라의 운명과 연관되어 있지 않다면, 말하자면, 선택사항일 뿐이다. 우리는 16절에서 거짓 선생들이 예수 그리스도의 장차 오심에 관한 이야기를 그냥 우화로 거부했다는 사실을 알 수 있다.[20] 그리스도의 오심이라는 진리는 놀라운 방식으로 변호된다. 베드로는 변화산에서 일어난 사건을 직접 눈으로 본 사실에 호소한다. 분명히 변화산 사건에서 예수님의 변화는 장차 오실 때 나타날 그리스도의 영광과 능력을 기대하며, 즉 그 기대를 예언적으로 알리고 있다. 캘런(Callan)은 어떤 사람들이 "예수님의 이 땅에서의 삶은 재림과 양립할 수 없었고," 따라서 변화산 사건의 변화가 "효과적인 반론이 될 수 있다고" 주장했을 가능성을 제안한다.[21] 변화산의 역사적인 사건은 이후 역사적인 사건, 예수 그리스도의 오심을 예고하는 것이다. 다시 말해서, 변화산 사건은 사도들에게 계시되고 역사 속에서 다가올 시대의 그리스도의 영광을 드러낸다.[22]

1:16. 16절의 주동사는 "알게 하다"(ἐγνωρίσαμεν, 에그노리사멘)이다. 그리고 "우리"는 일반적으로 사도들을 의미한다.[23] 베드로는 편지를 받는 교회를 직접 세웠다고 주장하지 않는다. 그의 요점은 교회들이 사도적 전통과 가르침 위에 세워졌다는 것이다. 초기 그리스도인들은 "우리 주 예수 그리스도의 능력과 강림하심"에 대해서 가르침을 받았다. "능력"(δύναμις, 듀나미스)과

---

19 네이레이는 생각나게 함이 이 부분과 뒤에 오는 내용을 포함한다고 올바르게 말한다(*2 Peter, Jude*, 169).

20 1:16-21의 해석의 역사는 다음을 보라. T. S. Caulley, "The Idea of 'Inspiration' in 2 Peter 1:16-21" (Ph.D. diss., Eberhard-Karls Universität zu Tübingen, 1982), 3-16.

21 T. Callan, *Second Peter*, PCNT (Grand Rapids: Baker, 2012), 174.

22 D. Harink, *1 & 2 Peter*, BTCB (Grand Rapids: Baker, 2009), 156–57.

23 사도적인 "우리"를 변호하는 내용은 다음을 보라. Fuchs and Reymond, *2 Pierre, Jude*, 67. 사도들과 선지자들 모두를 고려할 수도 있다. 다음을 보라. G. Green, *Jude and 2 Peter*, 219.

"강림하심"(παρουσία, 파루시아)은 함께 해석해야 한다.[24] 서로 다른 두 가지를 가리키지 않고 예수 그리스도의 "강력한 강림"을 말한다. 예수님의 "신성한 능력"(1:3)과 위엄에 있어서, 미래의 오심에 대해서 회의적인 사람들은 또한 예수님의 능력과 위엄을 의심하고, 구원하시는 그분의 능력에 의문을 제기한다.[25] 예수님이 다시 오실 때 그는 능력으로 오실 것이다(참조. 마 25:31; 살후 1:7-10). 파루시아(παρουσία)는 "임재"를 의미하며(고후 10:10; 빌 2:12), 몇몇 학자들은 여기에서 예수님의 성육신으로 본다.[26] 그러나 신약에서 파루시아는 사실상 예수님의 오심 또는 장차 오심을 가리키는 전문적인 용어이다(마 24:3, 27, 37, 39; 고전 15:23; 살전 2:19; 3:13; 4:15; 5:23; 살후 2:1, 8; 약 5:7-8; 벧후 3:4, 12; 요일 2:28).[27] 헬레니즘 세계에서 이 단어는 통치자 또는 신이 오는 것에 사용된다.[28] 베드로후서 3장 4, 12절에서 이 단어는 주님의 재림에 사용되고, 따라서 여기에서 3장의 반대자들의 논박에 관한 전조이다.

그러므로 사도들이 전파한 것은 장차 일어날 주님의 강력한 강림이다. 마지막 날에 누가 그리스도의 영원한 나라에 들어갈지 결정될 것이다(1:11). 그 나라는 경건한 삶을 살았던 자들에게만 예비되어 있다(1:5-10). 베드로는 그들에게 전해진 사도적인 지식의 본질에 대해서 대조되는 두 분사로 알린다. 그는 어떤 것이 사실이 아니었는지 그리고 어떤 일이 사실이었는지 말했다. 첫째, 사도들은 "교묘히 만든 이야기를 따른 것이 아니다." 우리는 무엇보다도 베드로가 반대자들의 가르침을 "이야기"로 묘사하지 않았음에 주목해야 한다. 오히려 거짓 선생들이 사도들의 가르침을 이야기, 특히 예수 그리스도께서 다시 오실 것을 이야기라고 주장했다.[29] 그들은 자연 질서의 불

---

24 Bauckham, *Jude, 2 Peter*, 215; P. H. Davids, *II Peter and Jude: A Handbook on the Greek Text*, BHGNT (Waco: Baylor University Press, 2011), 58; G. Green, *Jude and 2 Peter*, 219; J. Frey, *Der Brief des Judas und der zweite Brief des Petrus*, THKNT (Leipzig: Evangelische Verlagsanstalt, 2015), 253.

25 Frey, *Der Brief des Judas und der zweite Brief des Petrus*, 253.

26 예. C. Spicq, *Les Épîtres de Saint Pierre*, SB (Paris: Gabalda, 1966), 219-20.

27 Fornberg, *An Early Church in a Pluralistic Society*, 79-80; Vögtle, *Judasbrief, 2 Petrusbrief*, 165. 처음 오심과 장차 오심 모두에 관한 언급은 그럴듯하지 않다(다음과 반대된다. Fuchs and Reymond, *2 Pierre, Jude*, 68).

28 A. Oepke, "παρουσία," *TDNT* 5.859-61.

29 다음과 반대된다. Guthrie, *New Testament Introduction*, 847; K. H. Schelke, *Der Petrusbrief-*

변성을 지지하고 갑작스러운 개입을 반대하여 논쟁하면서 세계의 안정성에 호소했을 것이다. "이야기"는 그리스 문화에서 그리스 신들에 관한 이야기를 전달하는 데 자주 사용되었다. 그러한 이야기는 문자 그대로 사실이 아니었지만 동시대 사람들에게 교훈적인 메시지를 전달했다.[30]

그러나 "이야기"는 "우화"를 나타낼 수도 있다. 그리스 문헌에서 이 의미로 사용되기도 한다. 예를 들어, 스트라본(Strabo)은 다음과 같이 말한다.

> 다른 사람들에게 설명하기 위해서 신화적 요소와 역사적 요소를 구별하라. 고대의, 거짓된, 기괴한 것을 신화라고 부르지만, 역사는 고대이든 오늘날이든 진실을 원하며 기괴한 요소를 포함하지 않거나 그 요소가 극히 드물기 때문이다(Strabo 11.5.3).[31]

후자의 경우 신화는 현실에 근거를 두지 않고 환상에 불과한 가르침이나 이야기를 의미한다. 이런 이야기는 아무 가치가 없다. 바울은 목회 서신에서 거짓 선생들을 묘사할 때 이 의미로 사용했을 가능성이 높다(딤전 1:4,

---

Der Judasbrief, HTKNT (Freiburg: Herder, 1980), 197. 켈리(J. N. D. Kelly)는 올바르게 이해하지만 다소 일관성 없이 양쪽 모두를 선택한다(*A Commentary on the Epistles of Peter and Jude*, *Thornapple Commentaries* [Grand Rapids: Baker, 1981], 316). 다음은 바르게 주장한다. Mayor, *Jude and Second Peter*, 103; Bauckham, *Jude, 2 Peter*, 213. 콜리는 "신화"가 주로 반대자들을 지칭한다고 주장하며, 저자는 자신의 가르침에 대한 비난을 뒤집고 반대자들에게 적용한다고 지적한다. 콜리에 따르면, 거짓 선생들의 영지주의적인 창조 신화는 저자에 의해 비판을 받는다("Inspiration in 2 Peter 1:16-21," 61, 109-12). 콜리와 반대로 "신화"는 사도적인 가르침에 적용되었음을 분명히 보여 주기 때문에 이 용어는 반대자들을 지칭하지 않는다. 베드로가 반대자들의 가르침을 신화적이라고 밝히지 않았기 때문에 베드로가 반대자들의 가르침을 신화적이라고 규정하여 그들을 비난했다는 명확한 증거도 없다. 콜리는 반대자를 분류하기 위해서 목회 서신과 이레나이우스의 증거에 의존한다. 그러나 이와 같은 절차는 목회 서신에서의 적들을 영지주의로 확인해야 하는지 목회 서신의 자료를 베드로후서의 거짓 가르침을 묘사하는 데 사용해야 하는지 의심스럽기 때문에 방법론적으로 설득력이 없다. 더 나아가 이레나이우스의 증거는 베드로후서에 있는 이단의 성격을 확립하는 데 도움이 되기에는 너무 늦다.

30 신화에 대해서는 네이레이가 도움이 되는 설명을 참조하라(*2 Peter, Jude,* 175-76). 스트라우스(D. F. Strauss)와 불트만은 복음에 관한 그들의 이해를 전달하기 위해 비슷한 방식으로 이 용어를 사용했다. 다음을 보라. J. D. G. Dunn, "Demythologizing—the Problem of Myth in the New Testament," in *New Testament Interpretation: Essays on Principles and Methods* (Grand Rapids: Eerdmans, 1977), 289-90, 294-96.

31 이 인용은 G. Green, *Jude and 2 Peter*, 218에서 가져왔다. 218 페이지에서 다른 언급들도 살펴보라.

4:7, 딤후 4:4, 딛 1:14). 베드로후서의 거짓 선생들은 이러한 경멸적인 의
미에서 사도의 가르침을 신화적이라고 묘사한다. 형용사 분사 "교묘히 만
든"(σεσοφισμένοις, 세소피스메노이스)은 이 해석을 뒷받침한다. 그들은 그리
스도의 재림에 관한 설교에서 한 가지 진리도 보지 못하고 우화로 비웃는다.
어떤 학자들은 반대자들이 하나님의 섭리나 형벌의 개념을 거부한 에피쿠로
스적인 가르침에 영향을 받았다고 제안한다.[32] 다른 학자들은 목회 서신(딤후
2:18)의 반대자들처럼 이미 실현된 종말론을 고수하며 미래의 부활이 없다
는, 즉 부활은 영적이라는 결론을 내렸다고 믿는다.[33] 서론에서 내가 주장했듯
이, 에피쿠로스적 가설은 반대자를 이해하는 데, 너무 구체적이다. 또한 거짓
선생들이 실현된 종말론을 주장했는지도 분명하지 않다.[34] 어쨌든, 그들은 예
수님이 다시 오실 것이라는 개념을 조롱했다.

　　그러나 베드로는 사도들이 신화를 전달하지 않았다고 주장한다. 오히려
그들은 "그의 위엄을 친히 본 자"들이었다. 사도적 가르침은 역사에 뿌리를
둔다. 아마도 베드로는 예수님께서 육체적으로 재림하시는지는 무관하다고
대답했을 수 있다. 하나님이 미래를 주관하신다는 영적 진리가 중요하다. 그
러나 베드로는 역사적 사실성에 관심을 기울였다. 기독교 신앙은 주님의 재림
이 이 세상의 시공간적 질서에서 일어날 것이며 역사에서 분리된 "영적" 진리
로 축소될 수 없다고 가르친다. "친히 본 자"(ἐπόπται, 에포프타이)는 헬레니
즘 종교, 특히 신비 종교에서 나왔을지 모른다. 그렇다면 베드로는 듣는 자들
에게 친숙한 단어를 사용하지만, 이 단어는 독자들에게 이와 같은 특정한 연
관성을 나타내지 않았을 가능성이 높다.[35] 베드로전서 2장 12절과 3장 2절의
동사는 전문적인 의미를 부여하면 안 된다는 사실을 가리킨다. 그린은 베드
로가 "신비 입문"이 아니라 역사적이고 관찰 가능한 사건을 언급하기 때문에

32 다음을 보라. J. H. Neyrey, "The Form and Background of the Polemic in 2 Peter," *JBL* 99 (1980): 94-195, 특별히 185 페이지를 보라. 에피쿠로스가 섭리를 거부한 것과 관련하여 다음을 보라. G. Stahlin, "μῦθος," *TDNT* 4:779n102.

33 반대자들이 원시 영지주의적 견해는 다음을 보라. Fuchs and Reymond, *2 Pierre, Jude*, 28, 67.

34 Bauckham, *Jude, 2 Peter*, 332.

35 Contra Fornberg, *An Early Church in a Pluralistic Society*, 114; J. D. Charles, *Virtue amidst Vice: The Catalog of Virtues in 2 Peter 1*, JSNTSup 150 (Sheffield: Academic Press, 1997), 84. 참조. W. Michaelis, "ἐπόπτης" *TDNT* 5.373–75.

신비 종교에서 사용하는 방식과 반대되는 용어를 사용한다고 올바르게 말한다.³⁶ "위엄"은 반드시 하나님을 의미하지 않지만(1 Esd 1:4)이 문맥에서 "위엄"(μεγαλειότης, 메갈레이오테스)은 예수 그리스도의 신성을 가리킨다(참조. 1:1; 하나님의 "위엄", 눅 9:43; 70인역 렘 40:9; 1 Esd 4:40).³⁷ 우리는 다음 구절에서 그리스도의 위엄이 변화산에서 관찰되었음을 배운다.

1:17. 이 구절의 구문은 비문법적인 구조를 가지고 있기 때문에 쉽지 않다. 이 구절의 강조점은 그의 아들에 대한 승인이 하나님의 공식적인 허가라는 사실이다. 아들은 아버지로부터 존귀와 영광을 받았다. 캘런은 이와 같은 존귀와 영광이 그리스도의 하나님 되심의 표시라고 말한다.³⁸ 아버지는 하늘에서 내려오는 하늘의 음성으로 자신의 승인을 나타냈다(참조. 단 4:31; 계 11:12; 16:1).³⁹ 하나님의 그 말씀은 자신의 아들 예수님을 기뻐하심을 보여주었다. 베드로는 하나님이 예수님을 자신의 "아들"이라고 선언하셨기 때문에, 하나님을 "아버지"라고 언급했을 것이다. "여기에서 하나님을 아버지라고 칭하는 이유는 그 문장이 계속해서 하늘에서 울린 소리, 그 말씀으로 예수님의 아들 신분을 강조하기 때문이다."⁴⁰ 베드로는 하나님을 "지극히 큰 영광"(τῆς μεγαλοπρεποῦς δόξης, 테스 메갈로프레푸스 독세스)으로 묘사하며 세상의 창조주이자 통치자로서 그의 독특한 아름다움과 주권을 다음과 같이 지적한다. 시락서는 "그 음성의 영광"(Sir 17:3)에 대해서 말한다. 17절에서 "위대한"에 해당하는 헬라어 단어는 17절에서 그리스도에 사용한 단어와 다르지만 개념은 동일하다. 베드로는 유일하신 하나님의 위엄이 그의 아들과 공유되었음을 암시한다. 더욱이, 영광 중에 위엄 있는 자인 그 아들이 아버지로부터 영광을 받으셨기 때문에 하나님께 속한 영광은 또한 예수님께 속한다.⁴¹
베드로는 변화산 사건을 분명히 언급한다. 그것은 시내산이나 호렙산에

36 G. Green, *Jude and 2 Peter*, 220-21.

37 G. Green, *Jude and 2 Peter*, 221; Davids, *2 Peter and Jude*, 203.

38 T. Callan, "The Christology of the Second Letter of Peter," *Bib* 82 (2001): 255; 또한, Caulley, "Inspiration in 2 Peter 1:16-21," 116.

39 하나님의 음성에 대한 유대교 전통은 다음을 보라. O. Betz, "φωνή," *TDNT* 9:288–90.

40 Bauckham, *Jude, 2 Peter*, 217.

41 그러므로 여기에서 그리스도의 신성에 관한 언급이다(Fuchs and Reymond, *2 Pierre, Jude*, 69).

서 일어난 신현처럼, 산에서 일어난 신현이었다(출 19-20; 34; 왕상 19:8-18). 네이레이는 변화산의 변화가 공관복음과는 다르다고 생각한다. 여기에서 그것은 "예루살렘으로 가는 길과 예수 그리스도의 십자가가 신원을 승인한다."[42] 공관복음과 베드로후서 모두 변화산 사건이 예수님을 하나님의 아들로 인정하지만, 전통의 다른 용도를 인정할 수 있다. 어쨌든 베드로는 재림 때의 예수님의 "신원", 곧 모든 사람에게 나타날 영광에 초점을 맞춘다. 어떤 학자들은 "존귀와 영광"이 16절의 "능력과 강림하심"과 같이 하나의 개념을 나타낸다고 생각한다.[43] 이와 같은 해석은 가능하지만, 변화산 사건에 관한 언급은 구별을 의미한다.[44] 영광은 그의 얼굴과 옷의 변화를 의미하고 (참조. 눅 9:29, 32), 하늘에서 온 승인의 말을 의미한다. 그 말들은 또한 마태복음 17장 5절, 마가복음 9장 7절, 누가복음 9장 35절에서도 찾을 수 있다.[45] 베드로의 말은 어느 구절과도 정확하게 일치하지 않는다. 예를 들어, "이는"(οὗτός ἐστιν, 후토스 에스틴)은 마태복음에서 제일 먼저 위치하고, 베드로후서는 마태복음의 ἐν ᾧ(엔 호) 대신 εἰς ὅν(에이스 혼)을 사용하며, 베드로후서만 ἐγώ(에고)가 나온다. 마가복음과 누가복음에서는 하나님이 기뻐하신다는 표현이 없어서 베드로후서와 많이 차이가 난다.[46] 일부 학자들은 여기에서 베드로의 전통이 독립적이라고 주장한다.[47] 이러한 견해는 베드로가 정말 저자였다면 놀라운 일이 아니다. 그는 다른 출처를 사용하지 않고도 그 사건을 기억할 수 있었다. 반면에 베드로와 마태의 서술의 차이는 상대적으로 미미하다. 밀러(Miller)는 베드로가 마태에 의존하는 좋은 사례를 제시한다.[48]

---

42 Neyrey, *2 Peter, Jude*, 173.

43 예. Bauckham, *Jude, 2 Peter*, 217.

44 Kelly, *Peter and Jude*, 319; D. J. Moo, *2 Peter, Jude*, NIVAC (Grand Rapids: Zondervan, 1997), 72.

45 전통에 관한 주의 깊은 구별은 다음을 보라. Bauckham, *Jude, 2 Peter*, 204-10.

46 슐락그(P. Dschulnigg)은 세 공관복음 중 마태복음과 가장 가깝고, 마태복음을 가장 의존하고 있다고 주장한다("Der theologische Ort des zweiten Petrusbriefes," *BZ* 33 [1989]: 168-76). 슐락그는 베드로와 마태복음의 가까운 점을 어느 정도 과장하고 있다. 그러나 어떤 본문에서 베드로는 마태의 전통에 의존하고 있음을 보여 준다.

47 예. Bauckham, *Jude, 2 Peter*, 205-10. 파울센(H. Paulsen)은 베드로가 일반적인 전통 자료에 의존한다고 주장한다(*Der zweite Petrusbrief und der Judasbrief*, KEK [Göttingen: Vandenhoeck & Ruprecht, 1992], 119).

48 R. J. Miller, "Is There Independent Attestation for the Transfiguration in 2 Peter?," *NTS* 42

그럼에도 불구하고, 베드로가 이 사건을 기억했을 가능성이 있다.[49] 저자가 사건의 어떤 부분이 자신의 목적에 중요한지 선택하기 때문에, 사소한 차이는 모든 서술의 역사적 진정성에 의심을 제기하지 않는다. 따라서 베드로는 율법과 선지자들보다 예수님의 우월함을 강조하지 않기 때문에, 마태복음의 "그의 말을 들으라"를 생략한다. 베드로후서의 특징은 변화산의 변화가 예수님께 드린 존귀와 영광이다. 왜냐하면 이 존귀와 영광은 재림을 기다리고 재림 때에 반복될 것이기 때문이다.

변화산에서의 말씀은 예수님께서 사역을 위해 기름 부음을 받고 하나님의 아들로 임명되는 예수님의 세례를 상기시킨다(마 3:17 단락). 아들이라는 환호의 부르짖음은 시편 2편 7절('너는 내 아들이라 오늘 내가 너를 낳았도다')을 상기시키며, 여기에서 다윗 왕이 여호와의 기름 부음 받은 자로 환호를 받고 임명된다. 비슷하게 이사야 42장 1절의 암시도 있다('내가 붙드는 나의 종, 내 마음에 기뻐하는 자 곧 내가 택한 사람을 보라'). 베드로는 변화산에서 하신 말씀을 기억한다. 이 말씀은 신학적인 의미 때문에 기억된다. 예수님은 다윗에게 한 약속과 주의 종에 관한 예언을 성취하시는 탁월한 그 종-아들이시다. 그는 다윗과 다르게 그 아들이시다. 그는 하나님의 위엄에 참여하기 때문이다(벧후 1:16). 하나님의 예수님을 "기뻐하신다"(εὐδόκησα, 유도케사)는 말씀은 하나님의 택하신 기쁨을 의미한다(참조. 눅 12:32; 고전 1:21; 갈 1:15; 다음 구절에서 εὐδοκία[유도키아]를 참조하라. 마 11:26; 눅 10:21; 엡 1:5, 9).[50]

변화산 사건은 언뜻 보기에 그리스도의 장차 오심의 진리를 확증하는 사건으로 보인다. 그러나 우리는 공관복음의 세 복음서 모두에서 변화산 사건의 변화가 하나님의 나라가 권능과 함께 임할 것이라는 선언 직후에 일어난다는 점에 주목해야 한다. 변화는 그리스도의 강력한 재림을 나타내고 예상한다(

(1996): 620-25. 참조. M. G. Gilmour, *The Significance of Parallels between 2 Peter and Other Early Christian Literature*, Academia Biblical 10 (Atlanta: Society of Biblical Literature, 2002), 95-97, 120; T. Callan, "The Gospels of Matthew and John in the Second Letter of Peter," in *James, 1 & 2 Peter, and Early Jesus Traditions*, ed. A. J. Batten and J. S. Kloppenborg, LNTS 478 (London: Bloomsbury T&T Clark, 2014), 168–72; Callan, *2 Peter*, 168-69.

49 M. J. Kruger, "The Authenticity of 2 Peter," *JETS* 42 (1999): 663.

50 G. Schrenk, "εὐδοκέω," *TDNT* 2.739-41.

마 16:28-17:13; 막 9:1-13; 눅 9:27-36). 그러므로 그의 변화는 왕국의 도 래를 나타낸다. 베드로는 그 사건이 그리스도께서 재림하실 때의 영광을 기대 하기 때문에 기억한다.[51] 게다가 사건의 목격자 베드로가 꿈을 꾸거나 신화가 아님을 보여 준다. 그는 예수님의 변화를 보았고 하나님의 말씀을 들었다.[52]

1:18. 베드로는 자신이 거룩한 산에 있을 때 하나님의 음성을 들었다고 다 시 확증한다. 저자가 유언으로 베드로의 이름으로 명백한 허구를 썼다는 보 컴의 견해는 이 구절과 일치되기 어렵다.[53] 저자는 자신이 목격자였으며 실제 로 산에서 하는 말을 들었다고 강조한다. 보컴이 옳다면 베드로 자신이 이 편 지를 쓰지 않았다는 점은 독자들에게 분명했다. 초기 독자들이 보컴이 생각하 는 문학적 장치를 파악하지 못했기 때문에, 명백한 허구라는 증거는 교회사에 서 부족하다.[54] 본문을 있는 그대로 보는 것이 더 자연스러운 읽기이다. 베드 로 자신은 이 일들을 보고 들었다고 주장했다. 이것 외에 다른 선택지는 저자 가 독자들을 속이기 위해서 글을 썼다는 것이다. 서문에서 주장한 것처럼 베 드로 자신이 우리가 여기에서 읽는 내용을 기록했거나 자신의 경험을 말하면 서 서기를 통해 기록을 전했을 것이다.

어떤 학자들은 "거룩한 산"을 늦은 시기로 생각하는 데, 변화가 일어난 장 소가 여전히 숭배되고 있음을 보여 준다고 주장한다. 흥미롭게도 시내산은

51 Fornberg, *An Early Church in a Pluralistic Society*, 80.

52 스미스는 이 사건이 베드로의 권위를 입증하지만 파루시아를 가리키지 않는다고 주장한다 (*Petrine Controversies in Early Christianity: Attitudes toward Peter in Christian Writings of the First Two Centuries*, WUNT 2/15 [Tübingen: Mohr Siebeck, 1985], 79). 역사 속에서의 변화에 대한 베드로의 증언이 그의 권위를 입증하고 파루시아의 서곡 역할을 하는 역사적인 사건으로 기능하기 때문에, 스미스는 여기에서 잘못 구분하고 있다.

53 보컴은 저자가 목격자의 증언을 이야기할 때, 유언의 문학적 형식을 고수한다고 생각한다 (*Jude, 2 Peter*, 216).

54 "이 편지가 베드로가 쓴 것이 아니라고 생각하는 사람들이 많았다. 그러나 이 구절을 읽는 것으 로 충분하다. 그러면 예수님과 함께 변화산에 섰던 사람이 베드로라는 것을 곧 알게 될 것이다. 그러므로 이 편지를 쓴 사람은 주님을 증거하는 음성을 들은 바로 그 베드로이다"(Gregory the Great in *James, 1-2 Peter, 1-3 John, Jude*, ACCS [Downers Grove: InterVarsity, 2000], 139-40). 다음을 참조하라. 성 베다는 "베드로가 이 편지를 썼는지 의심하는 사람은 이 구절과 다음 구절 에 주의를 기울일 필요가 있다. 왜냐하면 목격자의 증언이 다른 누구도 이 편지를 쓸 수 없었음 을 분명히 하기 때문이다"라고 말한다(140 페이지). 보컴은 명백한 허구의 역사적 증거는 대 그 레고리오(Gregory)와 성 베다(Bede)시대에 없어졌다고 주장하지만, 우리는 보컴의 이론을 지지 하는 초기 역사적 증거가 없다는 점을 살펴야 한다.

"거룩한 산"이라고 불린 적이 없다. 그리고 목적이 변화의 산을 숭배하는 것
이라면 그 위치가 발견되지 않는 것이 이상하다. 특정한 장소의 숭배는 후대
교회 역사의 결과였다. 대신 보컴은 "나의 거룩한 산, 시온"에서 왕이 임명되
는 시편 2편 6절의 암시로 보는 점에서 옳다.[55] 이것은 17절에서 시편 2편 7
절의 암시로 지지받는다. 그러나 주요 목적은 그 사건을 역사에 위치시키는
것이다. 베드로는 천상의 형언할 수 없는 사건을 말하지 않는다. 예수님께서
영광을 받으시고 하나님이 말씀하시던 산이 실제로 존재하고 하나님께서 그
곳에서 자신을 나타내셨기 때문에 그 산은 거룩하다.[56]

　어떤 학자들은 변화가 실제로 복음서 내러티브의 다른 위치에 삽입된 부
활에 관한 서술이라고 제안했다. 스타인은 이 이론을 완전히 반박했다.[57] 우리
는 또한 세 공관복음서 모두 변화가 권세 있는 왕국의 도래와 관련되어 있음
을 앞에서 언급했다. 공관복음에서도 변화산의 목적을 일시적인 예수님의 영
광만으로 제한할 수 없다. 예수님이 십자가에 달리시는 동안 하나님은 예수님
께 있을 미래의 영광, 장차 올 일을 말씀하셨다. 이 영광은 장차 오실 때 공개
적으로 나타날 것이기 때문에 베드로는 주 예수님의 권세 있는 오심을 변호하
기 위해서 호소하고 있다고 보는 것이 옳다.

3.3. 예언에 기초하는 재림의 진리(1:19-21)

[19] 또 우리에게는 더 확실한 예언이 있어 어두운 데를 비추는 등불과
같으니 날이 새어 샛별이 너희 마음에 떠오르기까지 너희가 이것을 주의
하는 것이 옳으니라 [20] 먼저 알 것은 성경의 모든 예언은 사사로이 풀 것
이 아니니 [21] 예언은 언제든지 사람의 뜻으로 낸 것이 아니요 오직 성령의
감동하심을 받은 사람들이 하나님께 받아 말한 것임이라

---

55 Bauckham, *Jude, 2 Peter*, 221; 다음도 참조하라. G. Green, *Jude and 2 Peter*, 225.

56 Vögtle, *Judasbrief, 2 Petrusbrief*, 169. 베드로가 말한 내용의 진정성에 대해서는 다음을 참조
하라. Guthrie, *New Testament Introduction*, 824.

57 R. H. Stein, "Is the Transfiguration (Mark 9:2-8) a Misplaced Resurrection-Account?" *JBL* 95
(1976): 79–96; 또한 다음을 보라. Bauckham, *Jude, 2 Peter*, 210–11; Fuchs and Reymond, *2
Pierre, Jude*, 69–70.

베드로는 16-18절에서 독자들을 상기시킨다(참조. 1:12-15). 예수 그리스도의 강력한 재림은 신화가 아니라 증인의 증거에 뿌리를 두고 있기 때문에 확실한 사실이다. 그는 예수님께서 자기 앞에서 변화되셨을 때, 주의 영광을 보았고, 예수님을 하나님의 기뻐하시는 아들로 선포하시는 하나님의 말씀을 들었다. 변화는 재림하실 때 예수님께 속할 영광을 드러내기 때문에 재림을 기대하게 만든다. 19-21절에서 베드로는 주님의 장차 오심을 지지하는 두 번째 논증을 한다. 변화산 사건의 예수님의 변화에서 확인된 예언의 말씀(예. 구약성경)에 대한 해석은 주님께서 구원과 심판으로 오실 것을 증명한다. 19a절에서 "우리"는 이전 구절에서와 같이 베드로와 사도들에게 초점을 맞춘다. 19b절은 논증의 요지를 담고 있다. 변화는 예언의 말씀에 관한 올바른 해석과 증명을 나타내기 때문에 신자들은 이 말씀에 주의를 기울여야 한다. 그 말씀은 어두움을 밝히는 등불 같기 때문이다. 신자들은 주님의 날이 올 때까지 방향을 찾기 위해서 그 말씀이 필요할 것이다. 예수님께서 재림하시면 그의 빛으로 우리 마음을 밝혀 주실 것이기 때문에 예언의 말씀이 성취될 것이며 예언의 말씀은 살아 있는 말씀으로 영원히 가려질 것이다. 19절과 20절 사이의 논리적 관계는 예언의 말씀과 그 해석이 모두 하나님께로부터 나오므로 예언의 말씀에 주목하고 그것을 우리 생각의 기준으로 삼아야 한다는 것이다. 그 이유는 21절에 나와 있다. 예언은 사람의 뜻에 있지 않고 오직 성령의 감동으로 하나님께 받아 말한 것이다.

1:19. 본문에서 "우리"는 16-18절의 경우처럼 사도들을 중심으로 한다. 이것은 사도들이 교회가 주목해야 할 확실한 예언의 말씀을 가지고 있었기 때문에 이 구절에서 "우리"와 "당신"의 대조로 확인된다.[58] 베드로가 말한 "예언"(τὸν προφητικὸν λόγον, 톤 프로페티콘 로곤)은 무엇을 의미하는가? 네이레이는 예언의 말씀이 변화산 사건의 변화 그 자체라고 주장한다.[59] 이것은

---

58 "우리"가 사도를 가리킨다는 개념을 뒷받침하는 내용은 다음을 보라. Caulley, "Inspiration in 2 Peter 1:16-21," 126; B. P. Wolfe, "The Prophets' Understanding or Understanding the Prophets?: 2 Peter 1:20 Reconsidered," *BRT/RBT* 8 (1998): 96–97; Bauckham, *Jude, 2 Peter*, 224–25; Fuchs and Reymond, *2 Pierre, Jude*, 72. 모든 신자를 말한다는 개념은 다음을 보라. Kelly, *Peter and Jude*, 320; Frey, *Der Brief des Judas und der zweite Brief des Petrus*, 256.

59 Neyrey, "2 Peter 1:16-21," 514-16; Neyrey, *2 Peter, Jude*, 178-79.

16-18절과 19-21절을 밀접하게 연결하기 때문에 매력적이다. 그러나 이 해석을 불가능하게 만드는 극복하기 어려운 문제가 생긴다. 예언은 분명히 구약을 언급한다. 예수님의 생애에서 일어난 사건이나 현재 신약에 있는 다른 본문을 언급하지 않는다.[60] 20-21절이 "성경의 예언"을 언급한다는 점이 이 견해를 지지한다. "성경"(γραφή, 그라페)은 변화산과 같은 사건이 아니라 **글**을 고려한다는 사실을 보여 준다.

어떤 학자들은 구약성경 전체가 고려된다고 결론을 내린다. 다음 절의 예언에 관한 언급을 고려하면 적절할 수 있다.[61] 그러나 이 해석은 본문에서 예언의 강조를 설명하지 못하기 때문에, 심판과 구원의 날, 곧 주의 날과 관련된 구약의 예언을 말한다고 이해하는 것이 바람직하다.[62] 콜리의 연구는 여기에서 예언의 말씀을 이사야 42장과 시편 2편과 동일시하고 하나님의 음성에서 이 두 본문의 암시가 있다는 점에서 유익하다('너는 내 아들이라 오늘 내가 너를 낳았도다', 시 2:7; 사 42:1).[63] 그는 이 두 본문 모두 심판의 주제를 포함하고 있기 때문에 반대자들의 종말론적인 회의론을 반박한다고 말한다.[64] 콜리는 예언의 말씀을 이 두 본문으로 과하게 제한한다. 이 언급은 아마도 구약의 예언 본문 전체일 것이다.[65] 그러나 콜리의 해석은 성경의 예언적 말씀이 베드로가 변화산에서 본 것을 확증하고 있음을 우리가 이해하도록 도와준다. 그것은 심판과 구원을 목적으로 하는 그리스도의 장차 오심을 가르친다. 변화산 사건과 구약의 예언은 그리스도의 장차 오심에 관한 이중

---

60 Bauckham, *Jude, 2 Peter*, 224; Vögtle, *Judasbrief, 2 Petrusbrief*, 170; D. Farkasfalvy, "The Ecclesial Setting of Pseudepigraphy in Second Peter and Its Role in the Formation of the Canon," *SecCent* 5 (1985-86): 8n12.

61 Kelly, *Peter and Jude*, 321; Schelke, *Die Petrusbrief-Die Judasbrief*, 200; Paulsen, *Petrusbrief und Judasbrief*, 120; Fuchs and Reymond, *2 Pierre, Jude*, 72; Frey, *Der Brief des Judas und der zweite Brief des Petrus*, 256-57.

62 Wolfe, "2 Peter 1:20 Reconsidered," 96. 무(Moo)는 이 언급이 메시아 왕국의 설립에 관한 구약의 예언이라고 생각한다(*2 Peter, Jude*, 75).

63 Caulley, "Inspiration in 2 Peter 1:16-21," 128-30. 콜리(Caulley)는 이 언급이 변화산 사건 동안에 언급된 메시아적 본문에 관한 것이라고 주장한다(129-30 페이지).

64 베드로는 구약을 인용할 때 인용된 단어들에만 제한되지 않고 전체 문맥을 인용했다. 신약 저자들의 인용은 더 넓은 맥락에서 가져왔다는 개념은 다음 고전적인 저작에서 볼 수 있다. C. H. Dodd, *According to the Scriptures* (New York: Scribners, 1952).

65 Wolfe, "2 Peter 1:20 Reconsidered," 96n23.

적인 확증이다.

또 다른 어려운 질문은 βεβαιότερον(베바이오테론, "강하게 확증된" 또는
"더 충분히 확인된"[ESV, NRSV], 개역개정. "더 확실한")과 관련이 있다. 어
떤 학자들은 변화산 사건이 주관적으로 경험되었기 때문에, 변화산 사건보다
구약의 기록된 예언이 더 확실하다고 주장한다.[66] 그러나 베드로가 이렇게
말했다고 믿기 어렵다. 이 해석에 따르면 베드로는 성경이 변화산 사건보다
확실하다고 주장하면서 성경과 변화산 사건을 잠재적으로 대립하게 만든다.
이것은 16-18절의 주장을 뒤집는다. 베드로의 변화산 사건에 대한 호소는 설
득력이 없고, 더 나은 것, 즉 구약성경이 필요하다는 제안이기 때문이다. 그
러나 16-18절은 변화산 사건이 자신의 견해에 관한 결정적인 증거이며 조금
도 의심의 여지가 없다고 믿었음을 보여 준다. 그는 구약성경과 대조하여 변
화산 사건의 결점을 제시하지 않고 단순히 자신의 견해의 타당성을 또 다른
논증으로 제시한다.

또 다른 가능성은 "더 확실한"(βεβαιότερον, 베바이오테론)을 "가장 신뢰
할 수 있는"[67], "매우 확실한"[68], "완전히 신뢰할 수 있는"(NIV)으로 번역
해야 한다는 것이다. 비교를 나타내지 않는다. 그는 신자들이 전적으로 신뢰
할 수 있는 하나님의 말씀을 가지고 있다고 선언한다. 그러므로 베드로는 예
언의 말씀이 변화산 사건보다 더 믿을 만하다고 제안하지 않고, 오히려 우리
가 구약의 예언적 말씀이 그리스도의 오심을 가리킨다고 분명히 말할 수 있
다고 선언한다.

두 번째 해석과 매우 비슷한 세 번째 해석이 가장 설득력 있다. 변화산 사
건은 예언의 말씀에 관한 해석을 더욱 확실하게 만든다.[69] 해링크가 말하듯

---

66 참조. C. Bigg, *The Epistles of St. Peter and St. Jude*, ICC (Edinburgh: T&T Clark, 1901), 268; M. Green, *2 Peter and Jude*, 97-98.

67 B. Reicke, *The Epistles of James, Peter, and Jude*, AB (Garden City: Doubleday, 1964), 158.

68 Bauckham, *Jude, 2 Peter*, 223; N. Hillyer, *1 and 2 Peter, Jude*, NIBC (Peabody: Hendrickson, 1992), 179; G. Green, *Jude and 2 Peter*, 226.

69 Kelly, *Peter and Jude*, 320-21; Moo, *2 Peter, Jude*, 75-76; Fornberg, *An Early Church in a Pluralistic Society*, 82n1; Horrell, *The Epistles of Peter and Jude*, 158; Caulley, "Inspiration in 2 Peter 1:16-21," 130-34; Wolfe, "2 Peter 1:20 Reconsidered," 96-97; Davids, *2 Peter and Jude*, 207.

이, **"변화산 사건은 예언의 말씀에 대한 하나님 자신의 주해이다."**[70] "더 확실한"(βεβαιότερον, 베바이오테론)은 변화산 사건이 예언의 말씀에 관한 해석을 확증하기 위한 비교의 의미로 문맥에서 받아들여야 한다.[71] 그러므로 변화산 사건이 예언의 말씀보다 더 믿을 만하다거나 덜 믿을 만하다고 생각되지 않는다. 그것은 이 단어에 관한 **확증적인 해석**을 제공하고 이 해석은 베드로와 다른 사도들에게 주어졌다. 변화산 사건은 주의 재림에 대한 약속이 미래의 역사적 사건을 언급하는 것으로 받아들여야 하며 "영적"인 측면의 진리라고 무시할 수 없음을 보여 준다.[72]

그러므로 16-19a절은 19b절의 근거 또는 이유로 기능한다. 신자들은 변화산 사건으로 확증된 예언의 말씀이 구약성경에 있기 때문에 말씀에 주의하고 그 말씀에 귀를 기울여야 한다. 독자들은 사도적으로 해석된 예언의 말씀에 주의를 기울여야 한다. 콜리는 다음과 같이 말한다. "변화산 사건, 특별히 하나님의 음성에 대한 그들의 증언으로 사도들은 예수님을 심판 때에 다시 오실 하나님의 높아지신 하나님의 아들로 확증하는 예언의 말씀을 확인한다."[73] 예언의 말씀은 빛, 공동의 이미지로 기능한다. "주의 말씀은 내 발에 등이요 내 길에 빛이니이다"(시 119:105. 참조. 잠 6:23; Wis 18:4). 이 경우 예언의 말씀은 역사의 종말에 대한 진리로 사람들을 조명한다. 거짓 선생들은 진리에서 벗어났다.

19절의 마지막 부분은 독자들에게 얼마나 오랫동안 예언적인 성경 내용에 주의를 기울여야 하는지 알려 준다. 예언의 말씀은 주의 날을 가리키며 분명히 "날이 샐" 때에는 필요하지 않을 것이다. 여기에서 날은 분명히 주의 날이다. 구약에서 여호와의 날은 심판과 구원의 날이며 하나님을 대적하는 자들은 형벌을 받고 하나님을 사랑하는 자들은 구원을 받을 것이다(사 13:6, 9; 겔 13:5; 30:3; 욜 1:15; 2:1, 11, 31; 3:14; 암 5:18, 20; 옵 1:15; 습 1:7, 14;

---

70 Harink, *1 & 2 Peter*, 159.

71 참조. Frey, *Der Brief des Judas und der zweite Brief des Petrus*, 256.

72 그린은 예언에 관한 논의가 그리스-로마 세계에서 예언의 유효성에 관한 회의주의의 배경에 맞서야 한다고 주장한다("'As for Prophecies, They Will Come to an End': 2 Peter, Paul and Plutarch on 'the Obsolescence of Oracles,'" *JSNT* 82 [2001]: 107-22).

73 Caulley, "Inspiration in 2 Peter 1:16-21," 133.

말 4:5). 구약은 '역사 가운데 여호와의 날에 그분이 원수를 물리치시고 자기 백성을 신원하신다'라고 말한다. 여호와의 **날**은 자신의 목적을 완성하실 주의 **마지막 날**을 예표한다(참조. 행 2:20; 고후 1:14; 살전 5:2; 살후 2:2). 신약에서 주의 날은 또한 그리스도의 날이다(고후 1:14; 빌 1:6, 10; 2:16). 베드로후서에서 이날은 현재 세계 질서가 끝나는 종말론적인 날이다(벧후 3:10, 12). 반대자들은 주의 날이 없을 것이라고 부인했지만 변화산 사건으로 확인된 예언의 말씀은 그날이 올 것을 약속한다.

주의 날은 또한 "샛별이 너희 마음에 떠오르기까지"라고 묘사된다. "샛별"(φωσφόρος, 포스포로스)은 고대 세계에서 금성의 이름이었다.[74] 이 표현은 분명하게 예수 그리스도의 오심을 나타낸다. 베드로는 민수기 24장 17절, "한 별이 야곱에게서 나오며 한 규가 이스라엘에게서 일어나서"를 암시한다.[75] 발람은 계속해서 하나님의 원수들이 무너질 것이라고 예언한다. 이것은 베드로후서의 문맥이 보여 주는 종말론적 차원과 베드로의 반대자들을 기다리고 있는 심판에 적합하다. 이 구절은 샛별이 "떠오른다"로 읽지만, 70인역 민수기 24장 17절은 야곱에게서 "한 별이 나올 것"(ἄστρον ἀνατελεῖ, 아스트론 아나텔레이)으로 읽는다(참조. 계 22:16; T. Levi 18:3; T. Jud. 24:1-5; 1QM 11:6-7; CD 7:18-20). 이사야 60장 1절의 암시도 포함한다. 이는 네 "빛이 이르렀고" 여호와의 "영광이 임하였기"(ἀνατέταλκεν, 아나테탈켄) 때문에 "일어나라"라고 이스라엘에게 요청한다. 이사야는 베드로가 예수 그리스도 안에서 성취된 것으로 보는 이스라엘의 날을 고대하고 있다.

금성은 동이 트기 전에 샛별로 나타나기 때문에 모순을 발견하는 사람들도 있지만,[76] 이 언어를 그렇게 확고한 틀에 밀어 넣으면 안 된다. 베드로는 주의 날과 주의 재림을 하나의 사건으로 본다. 또한 "너희 마음에 떠오르는" 샛별도 이상해 보인다. 어떻게 예수 그리스도가 마음에 떠오를 수 있는가?[77]

---

74 캘런(*2 Peter*, 177)은 여기에서 언급된 것이 태양이라고 제안한다.

75 참조. Callan, *2 Peter*, 136.

76 Kelly, *Peter and Jude*, 322.

77 캘런은 "너희 마음에"가 20절의 "알 것"을 수식한다고 주장하지만 가능성이 낮다. 벧후 3:3에서 동일한 기본 구조가 새로운 생각을 시작하며, 여기에서도 거의 확실하다("A Note on 2 Peter 1:19-20," *JBL* 125 [2006]: 143-50). 특별히 다음을 보라. S. E. Porter and A. W. Pitts, "τοῦτο πρῶτον γινώσκοντες ὅτι in 2 Peter 1:20 and Hellenistic Epistolary Convention," *JBL* 127 (2008):

객관적인 사건과 주관적인 경험이 혼동되는 것 같다. 빅(Bigg)은 그것이 주님이 재림하실 때 우리의 기쁨일 것이라고 말한다.[78] 이 구절에서 "빛"은 다른 해석을 제시한다. 예수님이 오실 때 우리는 이 죄 많은 세상의 어두운 곳에서 빛을 발하기 위한 예언의 말씀이 필요하지 않을 것이다. 우리 마음은 예언의 핵심이 도달하는 샛별에 의해 밝혀질 것이다.[79] 종말론적 사건과 그 내적 영향은 양립할 수 없다.[80] 콜리는 회심에서 우리에게 빛을 비추는 하나님을 아는 지식(고후 4:6)이 재림 때에 그 완성에 이를 것이라고 올바르게 강조한다.[81]

1:20. 이 구절은 두 가지로 해석할 수 있으므로 어느 것이 가장 가능성이 있는지 분별해야 한다.[82] 어떤 경우든지 20절은 19절의 말씀에 주의를 기울이라는 권면의 이유를 제공한다. 두 가지 다른 견해를 소개하기 전에, "풀 것"(ἐπίλυσις, 에필뤼시스)을 설명해야 한다. 일부 학자들의 제안에도 불구하고 이 단어는 분명히 "해석"(참조. 막 4:34)을 말한다. 아퀼라역 LXX에서 명사와 동사 모두 요셉이 꿈을 해석하는 데 사용된다(창 40:8; 41:8, 12; 참조. Josephus, *Ant.* 8.167; *Herm. Sim.* 5:3:1-2). 이 구절에 관한 두 가지 중요한 접근 방식을 검토해 보자.

첫 번째 견해는 보컴이 제시하는 가장 정교하게 변호하는 견해이다.[83] 이 경우에 베드로는 선지자들이 하나님으로부터 온 계시를 잘못 해석했다고 주장하는 반대자들에게 **대답한다**. 베드로는 계시와 해석이 하나라고 주장한다. 계시와 계시된 내용의 해석은 둘 다 하나님으로부터 나온 것이다. 선지자가 주님의 이상/꿈을 받은 후에 쓴 내용은 자신의 해석이 아니라 하나님의 해석

165-71.

78 Bigg, *Peter and Jude*, 269.

79 참조. Bauckham, *Jude, 2 Peter*, 226; Fornberg, *An Early Church in a Pluralistic Society*, 85; G. Green, *Jude and 2 Peter*, 229.

80 Fuchs and Reymond, *2 Pierre, Jude*, 73.

81 Caulley, "Inspiration in 2 Peter 1:16-21," 140-41.

82 이 구절에 관한 자세한 논의는 다음을 참조하라. Bauckham, *Jude, 2 Peter*, 229–33.

83 Bauckham, *Jude, 2 Peter*, 229-33. 또한 다음을 보라. L. R. Donelson, *I and II Peter and Jude*, NTL (Louisville: Westminster John Knox, 2010), 234; Callan, *2 Peter*, 177; G. Green, *Jude and 2 Peter*, 231-32; Davids, *2 Peter and Jude*, 210–12.

이다.[84] 참된 예언의 말씀은 단순히 꿈의 내용이 아니라 꿈이 말하는 바에 관한 정확한 해석으로 이루어진다. 필론은 이 견해를 옹호한다. "왜냐하면 선지자는 자기의 것을 말하지 않고, 그는 단지 해석자일 뿐이기 때문이다. 그러나 다른 사람들은 영감을 받아 말하는 동안 그분이 말하는 모든 것을 제시한다"(*Spec. Laws* 4:49). 그리고 "선지자는 자의로 말하지 않고 그의 말은 다 자신의 것이 아니고 다른 이가 한 말이다"(*Heir* 1:259). 묵시에 관해서도 같이 말할 수 있다(참조. 렘 1:11-14; 단 7:2; 8:1; 암 7:1; 슥 1:8-11). 주님은 계시와 계시의 해석을 모두 허락하신다. 이것으로 3장의 내용과 예수님의 재림에 관한 예언을 기대할 수 있다. 이 해석에 따르면 베드로는 여기에서 반대자들을 비판하지 않고 그들의 고소 중 일부에 대해서 변호한다.[85] 반대자들에 대한 비판은 베드로후서 2장에서 시작된다.

두 번째 견해는 베드로가 자신의 견해를 뒷받침하기 위해 예언을 해석한 반대자들을 비판한다고 이해한다.[86] 그들은 예언을 해석하면서 사도들의 합당한 해석을 거부했다. 반대자들은 성경을 그리스도의 재림을 부인하는 방식으로 해석했고, 역사는 언제나 그랬듯이 계속될 것이라고 주장했다(참조. 벧후 3:4-7).[87] 두 해석은 몇 가지 공통점이 있지만, 첫 번째 해석이 더 가능성이 높다. 반대자들에 대한 비판은 베드로후서 2장에서 시작된다. 1장 16-21절에서 베드로는 자신의 견해를 **변호한다**. 그러므로 베드로는 구약의 예언과 그 예언의 해석이 하나님으로부터 나온 것이기 때문에 독자들은 예언의 말씀

---

84 "그들은 메시지가 자신들에게 주어졌다는 것을 충분히 알고 그들 자신의 해석을 적용하려고 하지 않았다" (Oecumenius in *James, 1-2 Peter, 1-3 John, Jude*, ACCS [Downers Grove: InterVarsity, 2000], 141).

85 Bauckham, *Jude, 2 Peter*, 232.

86 Bigg, *Peter and Jude*, 269-70; Kelly, *Peter and Jude*, 323-24; Reicke, *James, Peter, and Jude*, 158–59; Guthrie, *New Testament Introduction*, 847; B. Witherington III, *Letters and Homilies for Hellenized Christians*, vol. II: *A Socio-Rhetorical Commentary on 1-2 Peter* (Downers Grove: InterVarsity, 2007), 336–37; S. J. Kraftchick, *Jude, 2 Peter*, ANTC (Nashville: Abingdon, 2002), 118. 푀그틀레는 이 구절에서 영지주의에 관한 어떤 논쟁도 읽을 수 없다고 바르게 말한다 (*Judasbrief, 2 Petrusbrief*, 173-74; 다음과 반대된다. Fuchs and Reymond, *2 Pierre, Jude*, 74-75).

87 Caulley, "Inspiration in 2 Peter 1:16-21," 142-48. 네이레이는 반대자들이 저자의 자의적인 해석을 비난하며, 따라서 저자는 자신의 해석의 정당성을 옹호한다고 주장한다("2 Peter 1:16-21," 516-19).

에 주의를 기울여야 한다고 주장한다. 변화산의 기록은 예언적인 말씀이라는
의미를 확증한다.

1:21. 21절은 20절 진술의 근거를 제공한다. 20절은 예언이 그들에게서
난 것이 아니라 궁극적으로 하나님으로부터 왔다고 주장한다. 그러므로 이 구
절에서 베드로는 두 가지 주제를 함께 제시한다. 예언의 기원과 예언의 해석
은 모두 하나님 그분으로부터 온다. 베드로는 21절에서 중요한 점을 부정적
으로 그리고 긍정적으로 언급한다. 부정적인 측면에서, 예언은 인간의 의지
에서 나온 것이 아니다(참조. 렘 14:14; 23:16; 겔 13:3). 예언은 하나님의 일
하심이며 인간의 독창성이나 타고난 은사에 기인할 수 없다. 긍정적인 측면
에서, 예언은 하나님 그분에게서 나온 것이다. 베드로는 "하나님께 받아 말한
것"이라고 말한다. 인간은 자신의 개성과 문학적인 스타일로 말했다. 영감은
영감의 받아쓰기 이론을 말하지 않는다. 선지자들의 말은 궁극적으로 하나님
으로부터 온다. 그들은 영감을 받았거나 "성령의 감동하심"을 받았다. 따라서
베드로는 성경에 있는 예언의 정확성을 변호한다. 20절은 "성경의 예언"에 대
해서 말하고 있으므로 베드로의 말은 기록된 것을 가리킨다.

여기에서 워필드(B. B. Warfield)가 **동시작용**(concursus)이라고 부른
것을 성경적으로 지지한다. 인간과 하나님 모두 영감의 과정에서 완전히 참
여했다.[88] 인간 저자의 개성과 재능은 억압되지 않았다. 우리는 오늘날에도
다른 문학적인 스타일을 발견할 수 있다. 그러나 그들이 한 말은 하나님의 말
씀을 전했다는 진리를 무효화하지 않는다. **동시작용**(concursus)은 하나님과
인간 모두가 예언의 말씀에 기여했음을 의미한다. 그러나 궁극적으로 그리고
가장 중요한 점은 인간의 말이 하나님의 말씀이라는 사실이다. 선지자들은
"성령의 인도를 받았다"(개역개정. "성령의 감동하심을 받은"). "인도하다"는

---

88 B. B. Warfield, *The Inspiration and Authority of the Bible* (Philadelphia: Presbyterian &
Reformed, 1948), 83–96. 불윈드(S. Voorwinde)는 "따라서 그는 우리를 심오한 신비에 주목
하게 만든다. 성경의 말씀은 하나님의 말씀인 동시에 저자의 말이기도 하다. 우리는 이 이율
배반을 설명할 수 없다. 우리가 할 수 있는 일은 그것에 관한 증거를 관찰하는 일뿐이다"("Old
Testament Quotations in Peter's Epistles," *VR* 49 [1987]: 3–16). 그는 또한 받아쓰기 이론에 관
한 증거가 없다고 말한다(6 페이지). 그리고 베드로는 인용에서 구약의 문맥을 존중했고(두 편
지 모두에서), 그의 해석은 기독론 중심적이며(예수님 자신의 모범을 따름), 그가 구속 역사와
통합된 문법적-역사적 접근을 한다고 주장한다.

이 구절에서 두 번 사용된다(부정과거 수동태 'ἠνέχθη' 에넥크데, 현재 수동태 분사 'φερόμενοι', 페로메노이). 이 동사는 17-18절에서 분사 형태로 두 번 사용된다(ESV는 "왔다"로 번역한다). 이 구절에서는 변화산 사건에서 하나님으로부터 온 신적 음성을 나타낸다. 사도행전 27장 15, 17절에서 이 단어는 바람에 끌려가는 배를 가리킨다(참조. 행 2:2; 요 3:8). 우리는 배의 돛이 바람에 사로잡히면서 항해를 하는 것처럼 선지자들이 끌려간다는 비유를 강조할 수 없지만, 이 단어는 선지자들이 그들이 말과 글에서 성령의 영감을 받았다는 개념을 확실히 전달한다. 물론 베드로는 여기에서 선지자들만 언급하지만, 우리는 확장해서 베드로가 선지자에 대해 말한 내용이 신약의 정경에도 해당된다고 정당하게 결론을 내릴 수 있다. 신약의 저자들도 하나님의 말씀을 듣고 성령의 감동을 받았다. 복음주의 신학은 하나님의 말씀이 참이기 때문에 성경이 권위 있고 무오하며 틀림이 없다고 올바르게 추론한다.

단락 개요

4. 거짓 선생들의 등장(2:1-22)

   4.1. 거짓 선생들의 영향(2:1-3)

   4.2. 경건하지 않은 자들에 대한 분명한 심판과

      경건한 자들의 보존(2:4-10a)

   4.3. 배교와 음란으로 심판을 받는 거짓 선생들(2:10b-16)

   4.4. 거짓 선생들이 다른 사람들에게 미치는 악영향(2:17-2

4. 거짓 선생들의 등장(2:1-22)

베드로는 참된 선지자를 말했다(1:20-21). 이제 그는 교회의 문제, 즉 진리를 훼손한 거짓 선생들(2:1-3)로 돌아간다. 이 선생들은 궁극적으로 승리하지 못할 것이다. 왜냐하면 하나님께서 그들을 심판하실 것이며 동시에 의인을 끝까지 지키고 보호하실 것이기 때문이다(2:4-10). 선생들을 심판하는 이유가 2장 10-16절에 나타난다. 그들은 반역하고 탐욕스럽고 방탕하다. 불행하게도 다른 사람들은 그들의 가르침과 방탕한 생활 방식에 사로잡혔지만 죄에 빠진 사람들은 자유인이 아니라 종이다(2:17-22). 그들의 되돌아감은 자기들의 진정한 성격을 드러낸다. 그들은 실제로 더러운 개와 돼지이다.

4.1 거짓 선생들의 영향(2:1-3)

   ¹ 그러나 백성 가운데 또한 거짓 선지자들이 일어났었나니 이와 같이 너희 중에도 거짓 선생들이 있으리라 그들은 멸망하게 할 이단을 가만히 끌어들여 자기들을 사신 주를 부인하고 임박한 멸망을 스스로 취하는 자들이라 ² 여럿이 그들의 호색하는 것을 따르리니 이로 말미암아 진리의 도가 비방을 받을 것이요 ³ 그들이 탐심으로써 지어낸 말을 가지고 너희로 이득을 삼으니 그들의 심판은 옛적부터 지체하지 아니하며 그들의 멸망은 잠들지 아니하느니라

이제 독자들이 왜 경건한 삶의 중요성을 떠올려야 하는지 그리고 장차 예수님이 오신다는 진리를 유지해야 하는지 분명해졌다. 예수님의 장차 오심을 부인하고 경건한 삶을 배척하는 거짓 선생들이 교회 안에 일어났다. 미래에 주님의 재림이 없다면 윤리의 기초가 사라지고 방탕한 삶의 길이 열린다. 1장의 단어들은 기독교 성장에 관한 추상적인 논제를 나타내지 않는다. 베드로는 필연적으로 악한 생활 방식이 수반되는 거짓 가르침에 대한 위협에 긴급하게 대응한다.

1장의 마지막과 2장의 시작은 예언으로 연결된다. 베드로는 독자들이 빛과 가르침의 근원인 예언의 말씀에 주의를 기울여야 한다고 강조함으로써 첫 장을 끝맺는다. 성령께서 선지자들에게 영감을 주셨고 계시와 그 해석이 모두 하나님께로부터 왔기 때문에 예언적인 성경은 신뢰받아야 한다. 이제 2장에서 그는 모든 선지자가 하나님께 속하지 않았다고 말한다. 구약이 충분히 보여 주듯이 거짓 선지자들도 하나님의 백성들 사이에 존재했다. 교회 안에도 거짓 선생들이 일어날 것이라는 예언이 있었다. 베드로에 따르면 거짓 선생들의 도래에 관한 예언은 이제 성취되었다. 그릇된 선생들이 하나님의 백성들 가운데 있었고 사람들을 영원한 멸망으로 인도할 가르침을 소개했다. 행동과 가르침으로 주 예수 그리스도를 부인하는 자들은 주께서 그들을 사셔서 자신의 종이 되게 하셨음에도 불구하고 심판을 받게 될 것이다. 주님을 부인하는 것은 형벌, 즉 신속한 멸망을 가지고 온다. 위더링턴이 거짓 선생들에 대해 말하듯이, "여기에서 아이러니는 그들이 심판이 임하는 것을 부인해서 곧 심판에 이르게 하는 바로 그 행위이다."[1] 2-3절은 거짓 선생들의 영향력에 대해서 설명한다. 많은 사람들은 그들의 이율배반적이며 본능적인 가르침과 방탕한 생활 방식에 매료되었다. 거짓 선생들은 탐욕이 원인이 되어 수사학적 기교로 다른 사람들을 착취했다. 심판이 멀게 느껴졌지만 반드시 올 것이다. 그들은 영원히 심판을 피하지 못할 것이다.

---

1 B. Witherington III, *Letters and Homilies for Hellenized Christians*, vol. II: *A Socio-Rhetorical Commentary on 1-2 Peter* (Downers Grove: InterVarsity, 2007), 348.

2:1. 베드로는 1장 19-21절에서 독자들이 예언의 말씀을 자신에게 적용해야 한다고 강조한다. 왜냐하면 예언적인 성경은 다양한 예언과 예언의 해석에 있어서 전적으로 하나님으로부터 왔기 때문이다. 베드로의 독자들은 자신이 선지자라고 주장하는 모든 사람이 하나님의 말씀을 말한다고 결론을 내리면 안 된다. 거짓 선지자들이 이스라엘에도 있었다. 많은 구약 본문은 거짓 선지자들의 위험에 대해서 이스라엘에 경고한다(신 13:1-5; 왕상 22:5-28; 사 9:15; 28:7-8; 29:9-12; 렘 2:8, 26; 5:31, 14:13-15, 23:9-40, 27:9-18, 28:1-29:8; 겔 13:1-23; 미 3:5-12; 습 3:4). 이 패턴은 변하지 않았지만 놀랍게도 반대자들은 "거짓 선지자"가 아니라 "거짓 선생"로 묘사된다. 순교자 유스티누스는 아마도 베드로에 의존해서 비슷한 말을 사용했을 것이다. "당신의 거룩한 선지자들과 동시대에 거짓 선지자들이 있었던 것 같이 지금 우리 중에도 많은 거짓 선생들이 있습니다"(*Dial.* 82:1).[2] "선생"이라는 호칭은 선지자적 영감의 개념을 거부한 데서 유래했을 가능성이 있다.[3] 그들은 하나님의 진리에 반대되는 소식을 전파한다는 점에서 옛 거짓 선지자들과 같았다. 보컴은 거짓 선지자의 세 가지 특징을 훌륭하게 요약한다. (1) 그들은 하나님의 권위가 부족하고, (2) 하나님이 심판을 실행하려고 할 때 백성들에게 평화를 약속하고, (3) 반드시 하나님의 심판을 받을 것이다.[4] 이 각각은 베드로후서의 거짓 선생들에게 적용된다. 특별히 예수 그리스도의 재림으로 역사가 완성됨을 예견하지 못했기 때문에 하나님의 심판을 부인했다. 해링크는 "믿음의 파괴는 일반적으로 성경의 예언적이고 사도적인 말씀에 반대하여 자신이 가정하는 스스로 깨우친 그리고 자유로운 의견의 권위를 주장하는 (이후) 기독교 선생들에 의한 내부적인 작업이다"라고 말한다.[5]

---

2 보컴의 주의 깊은 논의에 주목하라. 여기에서 비슷한 결론을 이끌어 낸다(*Jude, 2 Peter*, WBC [Waco: Word, 1983], 237).

3 카발린(Cavallin)은 아마도 가르침에 관한 언급이 예언의 은사를 소유하기보다는 예언을 가르치고 해석하는 능력을 주장했음을 나타내는 것이라고 추정한다("The False Teachers of 2 Pt as Pseudo-Prophets," *Nov* 21 [1979]: 269–70; 참조. A. Vögtle, *Der Judasbrief, Der 2 Petrusbrief*, EKKNT [Neukirchen-Vluyn: Neukirchener Verlag, 1994], 184). 훅스와 레이먼드 또한 반대자들이 선지자가 아니라 선생이었음을 관찰한다(*La Deuxième Épître de Saint Pierre, L'Épître de Saint Jude*, CNT [Neuchâtel-Paris: Delachaux & Niestlé, 1980], 77).

4 Bauckham, *Jude, 2 Peter*, 238.

5 D. Harink, *1 & 2 Peter*, BTCB (Grand Rapids: Baker, 2009), 163.

왜 베드로는 1-3절에서 거짓 선생들과 관련하여 미래 시제를 사용하는가? 어떤 학자들은 거짓 선생들이 아직 교회에 들어오지 않았다고 해석한다.[6] 그들은 다른 곳에서 혼란을 일으키고 있었고 베드로는 그들이 곧 도착할 것이라고 경고한다. 그러나 편지의 나머지 부분은 반대자들이 이미 교회에 영향을 미치고 있었음을 분명히 보여 주기 때문에 설득력이 없다. 2장 13절에서 그들은 교회에서 열리는 애찬을 먹는 것으로 묘사된다. 현재 시제는 2장 17절과 3장 5절에서 사용하면서 반대자들이 이미 존재했음을 나타낸다.[7] 반대자들은 또한 2장 15절에서 부정과거 시제로 묘사되어 있다. "그들은 미혹되었다"(ἐπλανήθησαν, 에플라네데산). 이것은 반대자들이 떠났다고 해석할 수 없다. 반대자들은 이미 그곳에 있었고 계속해서 교회를 위협했다.

다른 학자들은 미래 시제를 위명 서신의 장치로 설명한다. 베드로와 다른 사도들의 예언은 사도들이 죽은 후에 성취되었다.[8] 이 이론은 그 편지가 위명이라고 생각하는 학자들에게만 설득력이 있으며, 베드로 저작을 받아들여야 하는 충분한 이유가 있다고 주장한 서론에서 이미 다루었다. 베드로는 거짓 선지자들의 도래를 예언하면서 초대 교회의 예언들을 암시하고 있는 것처럼 보인다(참조. 마 24:11, 24; 막 13:22; 또한, 신 13:2-6).[9] 그는 거짓 선생들이 올 것을 미리 알았기 때문에 이와 같은 위험한 시대에 하나님의 다스리심을 청중들에게 상기시킨다. 디모데전서 4장 1절과 디모데후서 3장 1절에서 미래 시제는 반대자들이 올 것을 예언하는 데 사용되지만, 그들의 거짓 가르침이 이미 교회들을 전복시키고 있었음은 분명하다.

NIV 성경은 동사 παρεισάγω(파레이사고)를 부정적인 의미로 해석한다. "그들은 비밀스럽게 파괴적인 이단을 소개할 것이다." 그러나 이 동사는 반드시 부정적 의미가 아니다. CSB 성경은 "그들은 파괴적인 이단을 가져올 것

---

6 J. D. Charles, *Virtue amidst Vice: The Catalog of Virtues in 2 Peter 1*, JSNTSup 150 (Sheffield: Academic Press, 1997), 86; C. Bigg, *The Epistles of St. Peter and St. Jude*, ICC (Edinburgh: T&T Clark, 1901), 271. 또는 빅(Bigg)은 그들이 여러 시기에 나타날 수 있다고 말한다.

7 G. L. Green, *Jude and 2 Peter*, BECNT (Grand Rapids: Baker, 2008), 238.

8 Bauckham, *Jude, 2 Peter*, 239. 따라서 이것은 유언 가설과 일치한다(또한, H. Paulsen, *Der zweite Petrusbrief und der Judasbrief*, KEK [Göttingen; Vandenhoeck & Ruprecht, 1992], 127).

9 D. J. Moo, *2 Peter, Jude*, NIVAC (Grand Rapids: Zondervan, 1997), 92; M. Green, *The Second Epistle General of Peter and the General Epistle of Jude*, 2nd ed., TNTC (Grand Rapids: Eerdmans, 1988), 104.

이다"라고 번역한다. 문맥이 악한 목적을 제시하므로 NIV 성경이 더 적합하다.[10] 갈라디아서 2장 4절의 병행 단어는 비슷한 의미이다. 2장 4절은 "이는 가만히 들어온(παρείσακτος, 파레이사크토스) 거짓 형제들 때문이라 그들이 가만히 들어온 것은 그리스도 예수 안에서 우리가 가진 자유를 엿보고 우리를 종으로 삼고자 함이로되"라고 언급한다. 비슷하게 유다서(4절)는 "가만히 들어온"(παρεισέδυσαν, 파레이세듀산) 반대자를 가리킨다. 베드로후서와 유다서의 차이는 중요하다. 유다서는 반대자들은 외부에서 들어온 침입자이다. 베드로후서의 경우는 교회 내부에서 일어나 은밀하게 거짓 가르침을 도입한 것처럼 보인다.[11]

"이단"(αἱρέσεις, 하이레사이스)도 논란의 여지가 있다. 명사의 단수형은 잘못된 가르침의 뜻 없이 분파를 가리킬 수 있다. 예를 들어, 사도행전은 사두개인(5:17)과 바리새인(15:5, 26:5)의 분파를 언급한다. 요세푸스 또한 에세네파, 바리새파, 사두개파, 열심당과 같은 다양한 유대 분파에 이 단어를 사용한다(*Life* 12; *J.W.* 2.118; *Ant.* 13.171, 293). 사도행전에서 이 단어는 기독교 "분파"를 설명하는 데 사용되었으며, 이 본문들에서는 "이단"을 의미하지는 않지만 사도행전의 서술은 메시아적 분파에 대해서 심각한 질문이 일어났음을 나타낸다(24:5, 14; 28:22). 이 단어는 교회 안의 분파나 분열을 가리킬 수도 있다(갈 5:20; 고전 11:18). 따라서 이 단어는 교리적인 이단이 아니라 교회 분파를 소개할 수 있다. 다른 한편, αἵρεσις(하이레시스)는 2세기 초에 이그나티우스의 편지에서 분명히 거짓 가르침을 가리킨다(*Eph.* 6:2; *Trall.* 6:1). CSB 성경과 일치하는 베드로의 문맥은 잘못된 가르침을 제시한다. 반대자들은 "거짓 선생"이라고 불리며, 따라서 그들은 "거짓 가르침" 즉 이단을 교회에 도입했다는 말은 일리가 있다.[12] 그들은 자신을 속이고 교회의 복 아래서 잘못된 교리를 소개하고 있었다. 이러한 교리는 "멸망하게 할 이단"이다. "멸망"이라는 단어는 사람들에게 부도덕한 삶을 살도록 부추겼기 때문에 멸망

---

10 특별히 다음을 보라. J. H. Neyrey, *2 Peter, Jude*, AB (Garden City: Doubleday, 1993), 190; 다음과 반대된다. Charles, *Virtue amidst Vice*, 86.

11 Bauckham, *Jude, 2 Peter*, 239.

12 Bauckham, *Jude, 2 Peter*, 239; D. G. Horrell, *The Epistles of Peter and Jude*, EC (Peterborough: Epworth, 1998), 161; Fuchs and Reymond, *2 Pierre, Jude*, 78-79.

이나 종말론적 형벌을 초래했음을 나타낸다.[13]

이 거짓 선생들의 근본 문제는 "자기들을 사신 주를 부인하고"라는 구절에서 전달된다. 헬라어 δεσπότης(데스포테스, '주인')는 "주"에 관한 일반적인 단어가 아니고 여러 본문에서 이 땅에서 종들의 주인을 의미한다(딤전 6:1-2, 딛 2:9, 벧전 2:18). 그리고 다른 본문에서 하나님의 주되심을 강조한다(눅 2:29; 행 4:24; 딤후 2:21; 유 4; 계 6:10; 참조. 창 15:2, 8; 사 1:24; 3:1; 10:33). 유다서 1장 4절은 다른 경우일 수 있지만, 그 구절은 신약에서 이 단어가 예수 그리스도를 가리키는 유일한 본문일 수 있다. 예수 그리스도에 대한 언급은 그가 "자기들을 사신"(참조. 계 5:9)에서 나온다. "샀다"(ἀγοράζω, 아고라조) 동사는 신약에서 구속을 의미하는 단어 그룹의 일부이다.[14] 주님이신 예수님은 십자가에서 대속의 죽음을 통해 그들을 당신의 종으로 사셨다. 베드로는 만일 그들이 외부의 이교도라면 주님의 죽음으로 사신 거짓 선생들에 대해 말하지 않을 것이다. 이 표현은 거짓 선생들이 베드로가 편지하는 교회의 일부였으며 그들이 예수 그리스도에 대한 믿음을 고백했음을 나타낸다. 한때 그들은 예수 그리스도의 충성스러운 종들이었으나 지금은 자신들을 위해 피 흘리신 주님을 부인한다.

부인의 언어는 "누구든지 사람 앞에서 나를 부인하면 나도 하늘에 계신 내 아버지 앞에서 그를 부인하리라"(마 10:33)라는 예수님의 말씀을 암시한다. 예수님을 부인하는 자들은 그가 아버지 앞에서 영원히 부인하실 때 종말론적 심판을 경험할 것이다. 베드로후서의 나머지 부분은 예수님의 주되심을 부인하는 일이 사실이었음을 분명하게 한다. 그들은 자기들의 삶에 대한 주님의 도덕적인 권위를 거부했기 때문이다. 특정한 기독론적 오류가 부인의 일부인지 파악하기 더 어렵다.[15] 아마도 그리스도의 재림에 대한 부인이 여기에 포

---

13 찰스는 비록 교리적으로 벗어난 것을 과하게 가볍게 여기지만 베드로후서에서 거짓 교리보다 방종주의가 초점이라고 올바르게 이해한다(*Virtue amidst Vice*, 48-49, 86-87).

14 다음을 보라. I. H. Marshall, "The Development of the Concept of Redemption in the New Testament," in *Reconciliation and Hope: New Testament Essays on Atonement and Eschatology Presented to L. L. Morris on His Sixtieth Birthday*, ed. R. Banks (Grand Rapids: Eerdmans, 1974), 153-69.

15 보컴은 부인이 도덕적일 뿐이라고 생각한다(*Jude, 2 Peter*, 241; 참조. Davids, *2 Peter and Jude*, 221). 거스리는 그들이 그리스도의 구속 사역을 부인했다고 생각한다(*New Testament Introduction*, 4th ed. [Downers Grove: InterVarsity, 1990], 847). 레이케는 저자가 정치적인 반

함되어야 할 것이다. 그렇게 함으로 그들은 사실상 그분의 주권을 거절했기 때문이다(참조. 벧후 3:4-7).[16] 거짓 가르침을 가져오고 주 예수 그리스도를 부인하는 자들은 "임박한 멸망을 스스로" 취할 것이다.[17] 베드로는 이 구절에서 "이단"이라는 단어에 추가된 "멸망"(ἀπώλεια, 아폴레이아)을 사용한다. 이 단어는 신약에서 장차 올 종말론적인 형벌에 관한 일반적인 단어이다. 우리는 이미 예수님을 부인하는 자들은 아버지 앞에서 부인 당할 것에 주목했다. 베드로는 여기에서 거짓 선생들이 사소한 배교에 대해서는 죄가 없지만 그들이 회개하지 않으면 심판이 기다리고 있음을 분명히 한다. "임박한"(ταχινὴν, 타키넨)은 "갑자기"로 번역될 수도 있다.[18] 아마도 이 단어는 갑자기보다 "곧"의 의미일 것이다. 보컴은 베드로가 비록 마지막 때가 언제 올 것인지 계산하기를 거부했지만, 임박한 종말론을 부인하지 않았다고 바르게 지적한다.[19] 그들은 자신들이 부인되는 사건이 일어날 때, 즉 그리스도의 재림이 일어날 때 심판을 받을 것이다.

신학 역사에서 이 구절의 해석과 관련하여 두 가지 문제가 발생했다. 베드로는 신자들이 배교하여 구원을 잃을 수 있다고 가르치는가? 더 나아가 그는 "보편적인 대속", 즉 그리스도께서 모든 사람을 위해 죽으셨으나 그리스도를 믿는 자만이 모든 사람에게 주어진 속죄의 유익을 받는다는 개념을 가르치는가? 우리는 그리스도께서 행하신 "사심"(buying)이 구원론적 의미가 없기 때문에 베드로는 영적 구원을 염두에 두지 않았다고 주장하는 유명한 청교도

란을 일으키고자 하는 주인들에게 편지했다고 타당하지 않게 생각한다(*The Epistles of James, Peter, and Jude*, AB [Garden City: Doubleday, 1964], 145, 161). 스미스는 그들이 "예수님의 십자가의 구속적인 의미와 중요성"을 부인했다고 주장한다(*Petrine Controversies in Early Christianity: Attitudes toward Peter in Christian Writings of the First Two Centuries*, WUNT 2/15 [Tübingen: Mohr Siebeck, 1985], 87). 후자의 해석은 정당한 해석보다 본문에 더 많은 해석을 한다.

16 따라서, J. N. D. Kelly, *A Commentary on the Epistles of Peter and Jude*, Thornapple Commentaries (Grand Rapids: Baker, 1981), 328.

17 분사 ἐπάγοντες는 이전 문장의 결과로 읽는다. 그러나 다음 문장에 속한다면 양보적인 용법이다. Davids, *II Peter and Jude Handbook*, 66. 만약 ἐπάγοντες가 1절과 연결되면 καὶ는 등위 접속사이다. 그러나 2절과 연결되면 부사적이다(참조. Davids, *II Peter and Jude Handbook*, 66)

18 푀그틀레는 갑작스러운 심판에 관한 개념을 거부한다(*Judasbrief, 2 Petrusbrief*, 185).

19 Bauckham, *Jude, 2 Peter*, 241.

인 존 오웬의 해석을 거부해야 한다.[20] 이 견해의 문제는 신약 어디에서도 이 단어를 그리스도와 관련된 구속을 표현하기 위해서 사용할 때 구원론적 의미 없이 사용하지 않는다는 사실이다(참조. 고전 6:20; 7:23; 벧전 1:18-19; 계 5:9; 14:3-4).[21] 구속은 언제나 구원론적이기 때문에 이 특별한 주장은 해석을 힘들게 만든다.

우리는 "보편적인 대속"을 옹호하는 많은 학자들도 신자들이 구원을 잃을 수 없다고 생각한다는 점에 주의해야 한다. 그러나 그들의 해석에도 문제가 발생한다. 종말론적 심판이 주님이 사신 자들, 예수 그리스도를 주와 구주로 고백한 교회 구성원들의 운명이 될 것이라고 말하는 것처럼 보인다. 이 구절은 그리스도의 죽음의 잠재적인 수혜자가 될지도 모르는 일반 사람들을 언급하지 않는다. 그것은 처음 받아들인 복음을 이제 거부한 거짓 선생들을 교회의 구성원으로 말한다. 이 구절에서 제한적인 대속에 관한 전체 논의는 신자들이 진정으로 배도할 수 있는지의 문제와 분리될 수 없다. 이것은 베드로가 "바른 길을 떠난" 자들(2:15), 즉 그리스도를 앎으로 세상의 손아귀에서 벗어났으나, 이후에 그 세상에 얽매이고 정복당한 자들(2:20), 또한 의의 도를 안 후에 그것에서 돌이킨 자들(2:21)을 언급하기 때문에 2장에서 다시 다루어야 할 문제이다. 이 구절에서 제기된 문제는 2장 17-22절에서 논의할 것이다. 그러나, 우리는 2장 1절이 근본적으로 동일한 질문을 제기한다는 것을 알아야 한다.

가장 쉬운 해결책은 그 구절을 직설적으로 받아들이는 것이다. 그리스도의 주권에 복종하는 어떤 사람들이 이후에 그를 부인하고 영원한 저주를 받는

---

20 J. Owen, *The Death of Death in the Death of Christ* (1852; repr., Carlisle, PA: Banner of Truth, 1995), 250-52. 참조. G. D. Long, *Definite Atonement* (Rochester: Backus, 1988), 67-84. 장(A. D. Chang)은 ἀγοράζω를 비구원론적으로 이해하려는 시도가 특별한 탄원을 구성한다고 바르게 주장한다("Second Peter 2:1 and the Extent of the Atonement," *BSac* 142 [1985]: 54-56).

21 켄나드(D. W. Kennard)는 구속이 구원론적이라는 데 동의한다. 그의 견해는 참으로 구원을 받았지만 마지막 날에 종말론적 구원을 얻지 못할 수 있다고 주장한다는 점에서 독특하다. 켄나드는 구속받은 자 중 일부는 택하심을 을 받지 않은 자이며, 구속받은 자와 택하심을 받은 자가 반드시 같은 끝을 맞이하는 것이 아니라고 주장한다("Petrine Redemption: Its Meaning and Extent," *JETS* 39[1987]: 399-405). 오늘날 이 견해는 구원을 잃을 수 있다는 개념에 관한 보다 미묘한 설명이지만 "구원 상실"이라는 견해로 더 정확하게 분류될 수 있다. 구속, 구원, 선택을 분리하려는 켄나드의 시도는 다른 신약성경과 일치하지 않는다. 또한 베드로가 취소할 수 없는 선택과 구속을 구별하고 있다는 것도 분명하지 않다.

다.²² 이것은 현재 대부분 주석가들의 견해이며, 본문에 관한 명료하고 복잡하지 않은 이해를 제공하는 장점이 있다. 이 제안된 해석은 정확하다. 기독교 공동체의 일부 구성원은 기독교 신앙에서 떠났다. 문제는 그리스도인이 정말 배교를 할 수 있느냐 하는 것이다. 베드로는 다른 구절에서 신자들이 그리스도 자신의 영광과 탁월함으로 효과적인 부르심을 받았다고 가르쳤고(벧후 1:3), 베드로후서 1장 5절에서 하나님께 속한 자들은 믿음으로 말미암아 그의 능력으로 보호를 받아 종말론적인 구원을 소유하게 될 것이라고 분명하게 말한다.²³ 하나님께서 부르신 자들은 결코 멸망하지 않을 것이라고 가르치는 다른 구절들을 고려한다면(예. 롬 8:28-39; 고전 1:8-9; 빌 1:6; 살전 5:23-24), 우리가 다른 해석을 선택해야 함을 시사한다. 나는 베드로가 현상학적 언어를 사용한다고 제안한다. 다시 말해서, 그는 거짓 선생들을 신자로 묘사한다. 왜냐하면 그들이 믿음을 고백하고 처음에는 진정한 신자**인 것처럼** 보이기 때문이다. 베드로는 믿음의 공동체 밖에 있었던 사람이 아니라 교회에 속한 사람들, 그리고 아마도 하나님의 백성들 가운데 지도자를 언급했을 것이다. 그들이 나중에 예수 그리스도를 부인한 것은 믿음을 고백했음에도 불구하고 진정으로 하나님께 속하지 않았음을 드러낸다. 그들이 처음에 참된 믿음의 모든 표시를 보여줬다는 의미에서 예수 그리스도께서 사신 자들이다. 모든 교회에는 신자로 보이는 교인들이 있으며 사랑의 판단에 따라 신자로 받아들여져야 한다. 시간이 흐르고 어려움이 닥치면 양 떼에 이리가 있다는 사실은 분명해지며(행 20:29-20), 예수님을 주로 시인하는 어떤 사람들은 불순종으로 예수님이 그들을 결코 알지 못하셨다는 것을 드러낸다(마 7:21-23; 참조. 요일 2:19). 돌밭이나 가시떨기에 뿌려진 씨는 처음에는 열매를 맺으나 어려운 때

---

22 "따라서 베드로후서는 거짓 선생들이 그리스도인임을 부인하지 않고 그들을 그들의 주(the Mater, 2:1)를 부인한 배교한 그리스도인으로 본다"(Bauckham, *Jude, 2 Peter*, 240). 장(Chang)은 그가 무제한적인 속죄를 수용하는 "영적 구속" 관점을 채택하고 그다음 거짓 선생들의 문제는 그들이 그들을 사신 구속을 받아들이지 않았다고 주장한다("Extent of the Atonement," 52-63). 그러나 장(Chang)이 설명하지 않는 것은 그의 해석이 베드로후서의 나머지 문맥과 어떻게 일치하느냐에 관한 것인데 여기서 거짓 선생들은 예수를 주로 고백했으며 기독교 공동체의 일부였고 (적어도 처음에는) 교회의 다른 사람들에게 그리스도인으로 인정되었다는 사실은 분명하다. 그러므로 그는 처음에는 그리스도의 주권에 복종하는 사람들이 실제로 배교할 수 있다고 일관되게 주장해야 한다.

23 이 구절에서 나의 설명을 보라.

가 오면 말라 죽는 것과 같다(마 13:20-22).

2:2. 베드로는 거짓 선생들이 다른 사람들에게 미치는 영향과 그 영향의 결과에 대해 설명한다. 그들의 영향력은 상당했고 다른 사람들은 그들이 참되지 않다는 사실을 즉시 인식하지 못했다. 대신에 "많은" 사람들이 그들의 비윤리적인 예를 따를 것이다.[24] "호색하는 것"(ἀσελγείαις, 아셀게이아이스)으로 번역된 단어는 종종 신약에서 성적인 죄를 가리킨다(롬 13:13, 고후 12:21, 갈 5:19; 엡 4:19; 아마도 벧전 4:3; 유 4; 참조. Wis. 14:26).[25] 이 구절에서도 마찬가지일 것이다. 사람들은 이 거짓 선생들에게 매료되어서 그들의 방탕한 생활 방식을 옹호하고, 따라서 많은 사람들이 자기들의 예를 따르는 것을 너무 기뻐한다.[26]

거짓 선생들은 다른 사람들을 감염시켰지만 거기에서 그치지 않는다. 믿지 않는 세상은 교회에 미치는 영향을 보고 진리의 도를 비방하고 비웃는다. "진리의 도"는 복음을 가리킨다. "도"(ὁδός, 호도스)는 초대 교회에서 유행하던 단어이다. 사도행전에 따르면 초기 기독교 운동은 "그 도"로 정의되었다. 복음은 또한 "구원의 길"(행 16:17), "주의 도"(행 18:25), "하나님의 도"(행 18:26)로 설명된다. 베드로는 거짓 선생들이 "바른 길을 떠나 ... 발람의 길을 따르는도다"라고 말한다(벧후 2:15). 2장 21절은 "의의 도를 알지 못하는 것이 도리어 그들에게 나으니라"라고 말한다. 두 길에 관한 언어는 신약을 계승한 기록에서도 두드러졌다(예. Barn.18:1-21:9; Did. 1:1-6:3). 여기에서 우리는 진리의 도라고 정의하는 복음이 거짓 선생들의 영향으로 비방을 받는 것을 본다. 불신자들이 반대자들을 추종하는 사람들의 삶에서 그들의 영향력을 볼 때, 그들은 진리의 도가 오류의 길이라고 결론짓고 방탕한 행동으로 이끄는 소식은 하나님에게서 온 것이 아니라고 결

---

24 여격 ασελγείαις은 동사 εξακολουθήσουσιν의 직접목적어이며, 참조의 여격이 아니다(다음과 반대된다. Davids, *II Peter and Jude Handbook*, 67).

25 Paulsen, *Petrusbrief und Judasbrief*, 129; Fuchs and Reymond, *2 Pierre, Jude*, 80.

26 폰버그는 문맥상 성적인 부도덕보다 교리적인 일탈을 의미할 수 있다고 제안한다(*An Early Church in a pluralistic Society: A Study of 2 Peter*, ConBNT 9 [Lund: Gleerup, 1977], 37). 저자가 성적 부도덕을 문자적으로 말하지 않는다는 밀러(T. A. Miller)의 견해도 가능성이 거의 없다("Dogs, Adulterers, and the Way of Balaam: The Forms and SocioRhetorical Function of the Polemical Rhetoric in 2 Peter [Part 1]," *IBS* 22 [2000]: 133).

론을 내릴 것이다. 바울은 이사야 52장 5절을 인용하여 로마서 2장 24절에서 비슷하게 유대인들을 고발한다. 이방인은 유대인의 불순종 때문에 하나님의 이름을 욕되게 했다. 그리스도인 종들은 주인을 공경하여 하나님의 이름과 가르침이 비난을 받지 않도록 해야 했다(딤전 6:1). 믿음이 있는 젊은 아내는 사람들이 하나님의 말씀을 비방하지 않도록 경건한 삶을 살아야 했다(딛 2:5; 참조. 살전 4:12; 벧전 2:12, 15; 3:16).

2:3. 우리는 2절에서 거짓 선생들이 많은 사람을 사로잡아 복음을 비방하는 것을 보았다. 베드로는 3절에서 그들의 핵심적인 동기를 강조한다. 그들은 무관심했으며, 다른 사람들을 희생적으로 도우려 하는 개인적인 욕심이 없는 진리의 선생이 아니었다. 그들은 탐심, 즉 이생의 안락함에 대한 열망을 품고 있었다. "착취하다"(개역개정. '이득을 삼다', ἐμπορεύομαι, 엠포류오마이)는 종종 그리스 문헌에서 사업에 종사한다는 의미이다(참조. 약 4:13). "그들이 탐욕으로"와 함께 연결되기 때문에, CSB 성경은 "착취하다"라고 올바르게 번역한다. 이 선생들은 청중을 돕기 위해서 제품을 파는 것이 아니라 자신의 금전적인 이익을 위해서 (도덕적으로 말해서) 불량품을 팔고 있었다. 2장 14절처럼 그들은 "탐욕에 전문가이다"(NIV. 개역개정. "탐욕에 연단된 마음을 가진 자들").

우리는 2-3절에서 거짓 선생들의 두 가지 특성을 볼 수 있다. 그들은 성적으로 음란했고 탐욕에 사로잡혔다. 이 두 가지 악은 거짓 선생들의 삶에 자주 나타난다. 베드로는 그들이 "지어낸 말"로 다른 사람들을 착취할 것이라고 말한다. 이 문구는 만들어진 말(πλαστοῖς λόγοις, 플라스토이스 로고이스)로 번역될 수 있다. 아마도 미래에 관한 그들의 가르침을 말하는 것으로 보이는데, 그들은 주님의 오심과 미래의 심판을 부인했다(3:3-7). 거짓 선생들은 사도들이 주님의 재림을 지지하려고 신화를 만들어 냈다고 비난했지만(1:16), 반대자들은 진리를 왜곡했다.[27] 거짓 선생들의 이러한 가르침은 아무런 결과도 없을 것이라는 주장으로 부도덕한 삶의 방식을 위한 길을 열어 준다.

---

27 Bauckham, *Jude, 2 Peter*, 243; J. Frey, *Der Brief des Judas und der zweite Brief des Petrus*, THKNT (Leipzig: Evangelische Verlagsanstalt, 2015), 273.

물론 사람들의 심판에 관한 생각은 반드시 현실과 일치하지 않는다. 베드로는 독자들에게 심판이 올 것이라고 확신시킨다. 주님은 오래전에 그들이 심판 받을 것을 계획하셨고(참조. 유 4), "정죄"는 "잠들지 않는다"(οὐκ ἀργεῖ, 우크 아르게이)라고 경고했다. 거짓 선생들은 긴 시간이 지나도 심판은 결코 오지 않을 것으로 결론을 내려서는 안 된다(3:3-4). 다음 절은 동일한 진리를 보완한다. 그들의 멸망이 잠들지 않았다는 표현은 반드시 멸망이 온다는 의미이다.[28] 주님이 그들을 깨우시고 심판하실 것이다. 멸망(ἀπώλεια, 아폴레이아)은 악인에 대한 주님의 심판을 나타내는 일반적인 단어이다. "지어낸 말"은 심판의 날에 그들의 공허함으로 드러날 것이다.

4.2. 경건하지 않은 자들에 대한 분명한 심판과 경건한 자들의 보존(2:4-10a)

⁴ 하나님이 범죄한 천사들을 용서하지 아니하시고 지옥에 던져 어두운 구덩이에 두어 심판 때까지 지키게 하셨으며 ⁵ 옛 세상을 용서하지 아니하시고 오직 의를 전파하는 노아와 그 일곱 식구를 보존하시고 경건하지 아니한 자들의 세상에 홍수를 내리셨으며 ⁶ 소돔과 고모라 성을 멸망하기로 정하여 재가 되게 하사 후세에 경건하지 아니할 자들에게 본을 삼으셨으며 ⁷ 무법한 자들의 음란한 행실로 말미암아 고통 당하는 의로운 롯을 건지셨으니 ⁸ (이는 이 의인이 그들 중에 거하여 날마다 저 불법한 행실을 보고 들음으로 그 의로운 심령이 상함이라) ⁹ 주께서 경건한 자는 시험에서 건지실 줄 아시고 불의한 자는 형벌 아래에 두어 심판 날까지 지키시며 ¹⁰ 특별히 육체를 따라 더러운 정욕 가운데서 행하며 주관하는 이를 멸시하는 자들에게는 형벌할 줄 아시느니라

3b절은 전환이므로 일부 주석가들은 이 단락과 연결하지만, 어느 단락과도 잘 어울린다.[29] 1-3절의 논리는 다음 역할을 한다. 거짓 선생들은 악하게 살았고 다른 사람들에게 그 악함을 퍼뜨렸다(1-3a절). **그러므로** 하나님은 반

---

28 시편 121:3-4은 하나님은 주무시지 않는다고 알려 준다.

29 Moo, *2 Peter, Jude*, 100.

드시 그들을 심판하실 것이다(3b절). 3b절에 있는 하나님의 심판의 주제는
또한 4-10절의 내용을 알려 준다. 악인에 대한 하나님의 미래의 심판은 확실
하다(3b절). 왜냐하면 하나님은 역사 가운데 일관되게 악인을 심판하셨기 때
문이다. 심판의 세 가지 예가 제시된다. (1) 창세기 6장 1-4절의 천사들의 심
판, (2) 홍수 때 세상의 멸망, (3) 소돔과 고모라의 멸망이다. 우리는 베드로후
서에 나오는 거짓 선생들이 주님의 오심과 미래의 심판에 대해 회의적이었음
을 안다(3:3-7). 하나님의 심판에 관한 세 가지 대표적이고 모형론적인 예는
하나님의 성품이 변하지 않았음을 보여 준다. 역사에서 이전 심판은 다른 모
든 심판의 절정인 최후 심판을 가리키고 예표한다. 유다서 5-7절의 요약에는
유다서와 베드로후서가 그리는 유대 전통이 설명되어 있으며, 독자들은 베드
로가 생각하는 이전의 중요한 예들에 관한 논의를 참조해야 한다.

유다서와의 유사점(5-7절)은 중요하다. 베드로는 유다서와 같은 표현으
로 시작한다. 둘 다 천사와 소돔과 고모라에 대한 심판을 포함한다. 그러나 베
드로는 홍수를 포함하고 있으며, 유다서는 이스라엘이 애굽에서 해방된 후에
일어난 심판에 주의를 기울인다. 유다서는 사건들을 정경적인 순서가 아닌 이
스라엘을 가장 앞에 놓는다. 반면에 베드로는 천사들의 심판, 노아 시대의 홍
수, 소돔과 고모라의 멸망을 서술할 때, 정경의 순서를 따른다. 차이가 보여
주는 이유를 찾을 수 있을까? 우리는 베드로후서 3장 6절에서 홍수가 하나님
의 미래 심판에 관한 특별히 생생한 예이자 모형임을 안다. 노아 시대의 사람
들은 이 재난을 대비할 수 없었다. 그것은 예상 밖이었으며, 베드로는 노아의
임박한 심판의 선언이 동시대 사람들에게 조롱을 받았다고 말한다. 완전한 멸
망은 또한 최후 심판을 예표한다. 노아와 그의 가족만 남았으며, 나머지 세계
는 모두 휩쓸려 갔다. 거짓 선생들은 미래의 심판을 부인하고 그리스도의 장
차 오심을 계속 믿는 신자들을 비웃었기 때문에, 베드로후서의 상황에서 홍수
를 상기시키는 일은 참으로 적절하다.

베드로는 유다서에 없는 또 다른 주제, 의인의 보존을 말한다. 노아와 롯
이 핵심적인 예이다. 미래의 심판은 악인의 정죄뿐만 아니라 의인에 대한 신
원이 일어난다. 즉, 하나님께서 의인을 환난 중에서도 보존하시고 붙드신다.
아마도 베드로는 신자들이 교회에서 소수였고, 거짓 선생들의 격렬한 공격으

로 격려가 필요했기 때문에 이 주제를 포함했을 것이다. 반대자가 외부에서 침입한 유다서와는 대조적으로(유 4), 거짓 선생들은 교회 안에서 나타났다 (2:1). 신자들은 하나님의 은혜로 격려를 받는다. 악이 지배하는 상황에서 하나님이 노아와 롯을 강하게 하셨으면, 거짓 선생들의 속임수에 맞서는 성도들도 보존해 주실 것이기 때문이다.

우리는 본문의 구조에 주목해야 한다. 베드로는 4절에서 조건절을 "~하면"으로 시작하고 귀결절은 9절까지 연기한다. 그는 하나님의 심판에 관한 연속적인 세 가지 예와 하나님의 보존에 관한 두 가지 예를 4-8절에서 제시한다. 9절에서 결론이 이어진다.[30] 본문의 구조는 우리가 베드로후서의 주요 주제인 악인의 심판과 경건한 자의 보존을 명확하게 이해하는 데 도움이 된다. 다음과 같이 본문의 구조를 정할 수 있다.

만약 하나님이 천사들을 심판하시고(4절)	
만약 하나님이 홍수 세대를 심판하시며(5절)	동시에 노아를 보존하시며(5절)
그리고 만약 하나님이 소돔과 고모라를 심판하신다면	동시에 롯(7-8절)을 보존하시며(6절)
주님께서 그들의 시련 가운데서도 경건한 자를 보존하실 것입니다 (노아와 롯의 예에서 이 결론을 이끌어냄)	

그리고 그것은 또한 주님께서 심판의 날에 경건하지 않은 자들을 벌하실 것이라는 결론을 내린다(천사, 홍수, 소돔과 고모라의 세 가지 예에서 이 결론을 이끌어냄, 9절).

---

30 여기에서는 천사와 인간이 동시에 심판을 받았기 때문에 두 번째 예가 없다고 주장할 수 있으며, 두 가지 예로 이해하는 것은 노아와 롯의 보존과 잘 들어맞는다. 그러나 유다서와의 병행 (1:5-7)은 심판의 세 가지 예를 제시한다.

2:4. "왜냐하면"(γάρ, 가르)은 4절과 3b절을 연결하고 과거에 있었던 하나님의 심판을 설명하고 미래의 심판을 보증하는 세 가지 예시 중 첫 번째 예를 소개한다. 따라서 심판은 모형론적으로 기능한다. 첫 번째 심판은 죄를 지었을 때 하나님께서 아끼지 않으신 천사들에 대한 것이다. 베드로는 천사의 죄를 구체적으로 밝히지 않고 심판을 강조한다는 점에서 유다서와 다르다.[31] 해석사에서 일부 학자들은 이것을 역사 이전에 나타난 천사의 타락으로 확인했다. 그러나 역사 이전 천사의 타락이라는 주제가 성경의 다른 곳에서 발견된다고 할지라도 베드로가 그 주제를 다룬다는 것은 의심스럽다. 그 대신 베드로는 창세기 6장 1-4절에서 여자와 범죄한 천사를 언급하며 유대 전통을 따른다(1 En. 6-19, 21, 86-88; 106:13-17; Jub. 4:15, 22; 5:1; CD 2:17-19; 1 QapGen 2:1; T. Reu. 5:6-7; T. Naph. 3:5; 2 Bar. 56:10-14; 참조. Josephus, *Ant.* 1.73).[32]

유다서 5절에서 나는 창세기 6장 1-4절에 나오는 하나님의 아들들을 천사와 동일시하는 유대 전통에 대해서 더 자세히 논의하고, 왜 그 견해가 창세기 6장의 그럴듯한 해석인지 간략하게 설명할 것이다. 천사들은 사람의 딸들과 성관계를 맺는 죄를 지었다. 베드로후서가 창세기 6장 1-4절의 성범죄를 범한 천사를 고려했다는 견해를 뒷받침하는 네 가지 이유가 있다. 첫째, 이 해석은 위의 본문에서 알 수 있듯이 유대 전통에 널리 퍼져 있었다. 베드로가 당시의 공통적인 이해에서 벗어났다는 분명한 근거가 없다면, 베드로의 독자들은 이 전통을 기초로 하는 설명을 자연스럽게 이해했을 것이다. 베드로는 자신이 그 전통과 다르다는 암시를 보여 주지 않는다. 둘째, 베드로의 독자들에게 이러한 이해는 어렵지 않았을 것이다. 그리스인들도 거인족에 관한 이야기를 가지고 있었는데 어떤 면에서 창세기 6장 1-4절(Hesiod, *Theogony* [713-35])과 유사하다. 요세푸스(*Ant.* 1.73; 참조. Jdt 16:6)는 그리스 세계의 거인족을 창세기 6장의 천사들과 동일시하지만, 나는 베드로가 그것을 따

---

31 J. Kahmann, "Second Peter and Jude," in *The New Testament in Early Christianity: La réception des écrits néotestamentaires dans le christianisme primitif*, ed. J.-M. Sevrin, BETL 86 (Leuven: Leuven University Press, 1989), 108; 참조. Fornberg, *An Early Church in a Pluralistic Society*, 48(베드로후서에서 성적인 죄의 사실을 과소평가 할 수 있다).

32 또 다른 가능성은 창세기 6:1-4 자체가 천사들의 의에서부터 타락을 나타낸다는 것이다. 그렇다면 천사들은 사탄과 동시에 타락한 것이 아니라 아담을 따라 의에서 타락한 것이다.

랐다고 주장하지 않는다. 셋째, 유다서는 창세기 6장 1-4절의 이야기를 에녹 1서의 영향을 받아 죄를 지은 천사들을 가리킨다고 이해하며, 그 기록은 다른 어떤 글보다 에녹 1서에서 두드러진다. 문학적인 의존과 상관없이 유다서와 베드로후서는 어떤 형태로든 공통의 전통에서 나왔기 때문에 베드로가 유다와 다른 방향으로 이해할 가능성은 없다. 넷째, 베드로전서 3장 19-20절도 이 전통을 따른다.

이 구절의 후반부는 천사들이 경험한 심판을 전한다. 천사들이 "지옥"으로 보내졌다. 그러나 베드로는 여기에서 "지옥"에 관한 일반적인 단어인 γέεννα(게엔나)를 사용하지 않고 헬라어 동사의 분사인 "ταρταρώσας"(타르타로사스)를 사용한다. 이 단어에서 "타르타로스"(Tartarus)가 나온다. 그리스 문학에서 "타르타로스"는 지하 세계를 의미하며 베드로는 독자들의 관용적 표현으로 독자들과 의사소통을 하고 있다.[33] 필론(Philo)은 "타르타로스와 깊은 어두움으로 내던져지는" 사람들에 대해 말한다(*Rewards* 152). "시빌의 신탁"(Sibylline Oracles)은 "넓은 타르타로스와 게엔나의 혐오스럽고 깊숙한 곳"(Sib. Or. 4:186)을 말한다. "지옥"이라는 단어가 최후의 형벌을 의미한다면 오해의 소지가 있다. 이 구절은 최후의 절정에서 심판이 천사들을 기다리고 있음을 분명히 하기 때문이다.[34] 베드로는 단순히 당시 언어를 사용했다. 따라서 베드로가 그리스 문헌에 익숙했던 것을 보여 주지 않는다. 우리는 베드로가 이 단어를 사용했기 때문에 그리스 고전에 익숙하다고 결론을 내릴 필요는 없다. 사실 이 단어는 다른 유대인 저자가 사용했으며 70인역에서도 볼 수 있다(욥 40:20; 41:24; 잠 3:16; 참조. 1 En. 20:2; Sib. Or. 2:303; 4:186; Josephus, *Ag. Ap.* 2.240; Philo, *Rewards*, 152; *Embassy*, 103).[35]

타르타로스에 갇힌 천사들은 "완전한 어둠의 사슬"에 갇혔다. 헬라어 σιροῖς(시로이스)와 σειραῖς(세이라이스) 사이에 중요한 이문이 있다. NA[28]은 "사슬"과 "밧줄"로 번역할 수 있는 후자를 선택한다. 이 해석은 NRSV 성경에 반영되어 하나님께서 "그들을 가장 깊은 흑암의 사슬에 맡기셨다"(참조.

---

33 여기에는 다음의 논의를 참조하라. G. Green, *Jude and 2 Peter*, 250-51.

34 Moo, *2 Peter, Jude*, 103.

35 Paulsen, *Petrusbrief und Judasbrief*, 133; N. R. Werse, "Second Temple Literary Traditions in 2 Peter," *CBQ* 78 (2016): 118.

KJV, NKJV, HCSB)라고 번역한다.[36] 1984년 판 NIV 성경은 (2011년 판과
대조적으로) "지하의 옥"으로 번역한다. 사본 증거는 고르게 나누어져 있기
때문에 내적 증거가 더 중요할 것이다. 일부 학자들은 베드로가 유다서의 "결
박"(δεσμοῖς, 데스모이스)을 더 우아한 단어로 대체했다고 생각한다.[37] 그러나
본문이 비슷하기 때문에 필사자들이 베드로의 표현을 유다의 표현에 맞추어
"구덩이"(σιροῖς, 시로이스)를 "사슬"(σειραῖς, 세이라이스)로 변경했을 가능성
이 더 크다.[38] 어쨌든 타르타로스는 천사들이 그들의 죄로 감금되고 구속되었
음을 말해 준다. 감금된다는 언어는 마치 천사들이 물리적 지역에 제한된 것
처럼 문자 그대로 해석할 수 있다. 이 언어는 상징적일 가능성이 높고, 죄를
지은 천사들이 이제 그들의 죄로 어떤 방식으로든지 감금당했고, 하나님께서
그들의 활동 영역을 제한하셨다는 생각을 전달한다.[39] 이 구절의 마지막 문구
"심판 때까지 지키게 하신다"도 비슷한 개념을 전달한다. 이 천사들의 미래
심판은 확실하며 현재 그들은 종말론적인 날에 형벌을 받기 위해 감금당하고
있다. 그러므로 천사들의 경우 형벌은 두 가지 차원, 즉 그들의 죄의 결과로
부과되는 감금과 주의 재림의 날에 그들이 받게 될 형벌이다.

2:5. 심판의 두 번째 예는 노아 시대에 세상을 덮은 홍수이다(창 6:5-
7:24).[40] 4절의 "용서하지 아니하시고"가 반복되어, 심판이 실재였음을 강조
하고 동시에 하나님께서 세상을 심판하지 않고 긍휼로 돌이키실 것이라는 희

---

36 그러나 나의 판단으로는 여격이 ταρταρώσας를 수식한다는 점에 주목해야 한다. 의미의 차이는
어느 쪽이든 중요하지 않다.

37 참조. *TCGNT* 632; G. Green, *Jude and 2 Peter*, 268.

38 Mayor, *Jude and Second Peter*, 121; Fornberg, *An Early Church in a Pluralistic Society*, 52;
Moo, *2 Peter, Jude*, 102; Fuchs and Reymond, *2 Pierre, Jude*, 83. 폰버그는 σιροῖς가 씨앗 저장
실에 사용되었다고 말한다. 이 단어는 "엘레우시스의 지하 저장고, 그곳에서 코레가 하데스로
내려가 머물렀다는 상징으로 첫 열매를 저장한 곳"을 나타내기 때문에, 지하 세계에서도 사용
되었다(52-53페이지).

39 Moo, *2 Peter, Jude*, 116.

40 루터는 이 구절에 대해서 다음과 같이 말한다. "이것은 또한 성경에서 두려운 예, 즉 가장 무서
운 것이다. 믿음이 강하다고 할지라도 이것을 보면 거의 절망할 수도 있다. 하나님의 이러한 말
씀과 심판이 사람의 마음에 새겨지고 그것을 생각한다면 그는 거의 죽을 것이다. 그는 무장하
지 않으면 떨고 두려워해야 한다. 왜냐하면 전 세계의 수많은 사람 중에서 이 8명 외에는 아무도
구원받지 못했기 때문이다"(*Commentary on Peter & Jude, trans*, and ed. J. N. Lenker [Grand
Rapids: Kregel, 1990], 261).

망을 없애 버린다. 베드로는 또한 재림을 부인한 거짓 선생들을 반대하면서 3장 6절에서 홍수의 심판을 언급한다. 그러므로 홍수가 반대자들에 반대하는 베드로의 논증에 결정적인 역할을 한다. 이것은 하나님의 죄에 대한 심판을 구체적으로 증거하며 홍수가 미래 심판의 모형이 된다는 점에서 분명하다.[41] 홍수가 모형으로 잘 기능할 수 있는 이유 중 하나는 홍수가 온 세상을 포함하기 때문인데, 베드로는 본문에서 "세상"(κόσμος, 코스모스)이라는 단어를 두 번 사용한다. 노아 시대에 일어난 심판의 보편성은 세상에 일어날 마지막 심판을 예고하는 역할을 한다. 아무도 구원받지 못할 것이며, 더 정확히 말하면, "경건하지 아니한"(ἀσεβῶν, 아세본) 사람은 누구도 구원받지 못할 것이다. 불경건한 사람들에 관한 언급은 멸망한 **사람들**에게 초점이 있다는 것을 보여 준다.

베드로는 악인의 심판만이 아니라 의인의 보존도 주제로 한다. 하나님께서는 심판으로부터 노아를 보호하고 "보존하셨다"(ἐφύλαξεν, 에퓔락센). 독자들을 위한 베드로의 교훈은 분명하다. 하나님은 거짓 선생들의 미혹에 저항하는 자를 보호하시며 신실한 자를 신원해주실 것이다. 노아는 그의 의로움으로 혼자가 아니라 다른 일곱 사람, 즉 그의 아내와 세 아들과 그들의 아내들과 함께 보존되었다. 헬라어 본문은 실제로 "여덟 번째"(ὄγδοον, 오그도온)라는 단어를 사용한다. 이것은 KJV 번역에서 그는 "여덟 번째 사람 노아를 구했다"라고 번역된다.[42] 베드로가 "여덟 번째"를 사용하는 이유는 무엇인가?[43]

초기 교회 문헌에서 8이라는 숫자는 예수님께서 여덟째 날인 일요일에 부활하신 이후로 완전한 숫자로 여겨졌다.[44] 그러므로 여기에서 노아의 사건은 홍수 후 새로운 창조의 시작으로 묘사되었을 수 있으며, 비슷하게 신자들도

---

41 홍수 당시의 심판(ἐπάξας, 5절)과 미래의 심판(ἐπάγοντες, V. 1)사이의 연관성에 주목하라. 나는 Fornberg, *An Early Church in a Pluralistic Society*, 42에 이 통찰력을 빚지고 있다.

42 우리가 노아에서 에노스까지 8대를 세어 노아가 의를 선포하는 자들의 8세대가 되도록 해야 한다는 젠센(M. D. Jensen)의 창조적인 제안은 가능하지 않다("Noah, the Eighth Proclaimer of Righteousness: Understanding 2 Peter 2.5 in Light of Genesis 4.26," *JSNT* 37 [2015]: 458-69). 연결성이 모호하다는 사실 외에도, 주의 이름을 부르는 것(창 4:26)은 의를 전파하는 것과 동일시할 수 없다.

43 빅(Bigg)은 노아가 연대순으로 아담의 8번째라는 견해를 취하지만(*Peter and Jude*, 276), 벧전 3:20과의 병행은 그렇지 않음을 보여 주며, 베드로가 아담으로 시작했다는 어떤 암시도 없다.

44 참조. Reicke, *James, Peter, Jude*, 165; Bauckham, *Jude, 2 Peter*, 250.

그리스도 안에 있는 새로운 창조물이다. 그러나 신약의 저자가 8이라는 숫자를 상징적으로 사용했다는 사실은 분명하지 않으며, 문맥은 이러한 의미를 나타내지 않는다.[45] 베드로전서 3장 20절에서 우리는 8이라는 숫자가 하나님의 백성이라는 개념을 전달하기 위해 사용되었음을 알 수 있다. 숫자가 적지만 홍수 중에 하나님께 구원을 받았다. 저자도 같고 주제도 같기 때문에 여기에서도 비슷한 결론을 내려야 한다. 의인이 수적으로 열세에 있다 할지라도 하나님께서 자기 백성에게 신실하기 때문에 그들은 승리할 것이다.

　　노아는 또한 "의를 전파하는" 자였다. 구약에서는 노아가 같은 시대 사람들에게 설교했다는 사실을 결코 알려주지 않기 때문에 이곳의 설명은 관심을 불러 일으킨다. 그러나 노아가 그의 세대에 회개하도록 요청했다는 개념은 유대 전통에서 일반적이다(Josephus, *Ant.* 1.74; Jub. 7:20-39; Sib. Or. 1:128-29, 150-98; 참조. 1 Clem. 7:6; 9:4). 요세푸스는 "그러나 노아는 그들의 행동에 분개하여 그들의 권면을 불쾌하게 여기고 그들에게 더 나은 정신으로 자기 길을 고치라고 촉구했다"(*Ant.* 1.74)라고 기록한다. 노아가 하나님의 의를 선포했다는 구약 자체의 추론은 그가 방주를 짓고 있었던 이유를 당시 사람들과 공유했을 가능성이 높기 때문에 타당하다. 이 구절은 이중적으로 표현된다. 하나님은 옛 세상을 아끼지 않으시고 노아를 보호하셨다. 하나님은 많은 사람을 멸망시켰지만 소수를 구하셨다. 노아는 **"의를 전파하는"** 자로 보존되었지만 **경건하지 아니한** 자들의 세상"은 황폐해졌다. 대부분의 주석가들은 "의"가 불경건한 자를 심판하시는 하나님의 공의를 가리키는 것으로 이해하며,[46] 분명히 노아는 그 기준을 선포했다. 그러나 우리는 이미 유대 전통이 노아가 회개를 전파했다고 가르쳤다는 점에 주목했다. 노아도 죄인에 대한 하나님의 공의로운 심판을 강조하면서 그 시대의 사람들에게 회개하고 하나님의 용서를 받으라고 요청했다.[47] 이것은 베드로가 1장 1절에서 하나님의 의에 대해 말한 것과 잘 어울린다. 이것은 믿는 자들이 받은 선물이다. 하

---

45 Paulsen, *Petrusbrief-Judasbrief*, 133.

46 예. Fuchs and Reymond, *2 Pierre, Jude*, 85.

47 해프먼은 "의의 전파자"라는 문구는 이중적인 의도이며 동시에 하나님의 의와 노아의 의를 모두 지칭한다고 주장한다. ("Noah, the Preacher of [God's] Righteousness: The Argument from Scripture in 2 Peter 2:5 and 9," *CBQ* 76 [2014]: 306-20). 해프먼의 해석은 흥미롭지만 문구 자체에서 이중적인 의미를 보는 것은 부자연스럽고 과도하게 읽은 것처럼 보인다.

나님의 구원하시는 의를 누리는 사람은 자신의 죄를 회개하고 하나님께로 돌아가 하나님의 공의로운 심판을 인정한다. 불경건한 사람들은 하나님의 심판의 말씀을 듣기를 거부하고, 노아와 같은 시대의 사람들이 그랬던 것처럼 미래의 정죄에 관한 개념은 비웃을 만하다고 주장한다. 이와 유사하게, 베드로의 편지를 받는 교회의 거짓 선생들은 세상이 계속해서 같은 길을 갈 것이라고 주장하면서 미래의 심판을 거부했다(3:4). 그렇게 함으로 그들은 하나님의 의로운 기준을 버리고 그분의 구원을 받아들이기 거부했다.

2:6. 하나님의 심판의 세 번째 예는 소돔과 고모라에 초점을 맞춘다. 유다서(7절)와 다르게 베드로후서는 이 도시들의 죄를 밝히지 않고 그들에 대한 심판에 주의를 기울인다.[48] 성경과 성경 이후 전통에서 그 죄는 잘 알려져 있었기 때문에 죄를 굳이 강조할 필요는 없었을 것이다.[49] 베드로는 도시들이 "... 재가 되었다"(τεφρώσας, 테프로사스)는 하나님이 심판하신 결과를 강조한다. 구약 자체는 그 도시들이 불타서 잿더미가 되었다고 말하지 않지만, 그 도시들을 불사른 불에서 적절하게 추론된다(창 19:23-29). 이 도시들이 재로 변했다는 생각은 일반적이었을 것이다. 필론(Philo)이 이 개념을 증언했다(Drunkenness 223; Moses 2.56). 아마도 베드로는 그 당시 도시들이 실제로 파괴되었다는 확실한 증거가 있기 때문에 이 현상에 주의를 기울였을 것이다. 우리는 성경 이후의 전통에도 같은 주제를 본다. "그들의 악함의 증거가 여전히 남아 있다. 끊임없이 연기 나는 황무지, 익지 않는 열매를 맺는 식물이다"(Wis 10:7). 요세푸스는 다음과 같이 선언한다.

사실 하나님의 불의 흔적과 다섯 도시의 희미한 흔적이 여전히 보인다. 그러나 또한 겉보기에는 먹을 수 있을 것으로 생각되지

---

48 소돔에서 일어난 사건이 성적인 것이 아니라는 매력적인 해석의 시도는 다음을 참조하라. S. Morschauser, "Hospitality, Hostiles, and Hostages: On the Legal Background to Genesis 19.1-19," *JSOT* 27 (2003): 461-85. 이 견해는 제2 성전기 유대교의 해석과 맞지 않으며, 사사기 19장의 이야기는 기브아가 소돔처럼 악하고 그 죄가 명백하게 성적인 것을 보여 준다. 여기에서 다음 카슨의 주해를 참조하라. D. A. Carson, "2 Peter," in *Commentary on the New Testament Use of the Old Testament*, ed. G. K. Beale and D. A Carson (Grand Rapids: Baker, 2007), 1053-54.
49 유다서 7절의 광범위한 논의를 참조하라.

만, 손으로 뜯으면 연기와 재로 흩어져 버리는 열매가 다시 재로 변해버리는 것을 볼 수 있다. 지금까지 보이는 증거로 입증된 소돔 땅에 관한 전설이 있다(*J. W.* 4.484-85).[50]

필론(Philo)도 비슷한 말을 했다. "오늘까지 시리아에는 그들에게 임한 전에 없었던 멸망의 기념비가 재와 유황과 연기, 그리고 아래에서 불타오르는 불처럼 여전히 땅에서 솟아오르는 어슴푸레한 불꽃 속에 있는 것을 볼 수 있다"(*Moses* 2.56).

베드로는 홍수의 물 심판과 소돔과 고모라의 불 심판을 강조하면서 3장을 기대한다(참조. 3:6-7).[51] 멸망(καταστροφή, 카타스트로페)이라는 단어가 원문의 일부인지 알기 어렵다. NIV 성경에서 생략되었지만, CSB 성경에서 "멸망으로 정죄하다"(개역개정. 멸망하기로 정하여)로 번역된다(참조. 또한 KJV, RSV, ESV, NRSV).[52] 다시 한번 사본 증거는 균형을 잘 이루고 있다.[53] 나는 일부 필사자들이 다음 단어 καταστροφή(카타스트로페)를 간과했다는 메쯔거의 제안을 의심한다. 왜냐하면 같은 글자(κατ)로 시작하는 다음 단어 "정죄하다"(κατέκρινεν, 카테크리넨)가 정확하기 때문이다.[54] 이 단어의 사용은 심판의 결과에 대한 베드로의 강조와 일치한다. 아마도 베드로는 창세기 19장 29절에서 하나님이 롯을 멸망의 한가운데로 내보내셨다고 말하기 때문에 여기에서 70인역 성경을 암시할 것이다.

유다서는 도시들의 심판이 미래의 불 심판을 예고한다고 강조하지만, 베드로는 하나님께서 장차 올 경건하지 않은 사람들을 위한 심판의 예로 이 도시들을 정하셨다고 강조한다. 신약에서 동사 τίθημι(티데미)가 정한다는 의미가 있기 때문에, "삼으셨으며"는 아마도 하나님의 임명을 가리키는 것 같다 (마 22:14 단락; 행 1:7; 13:47; 20:28; 롬 4:17; 고전 12:18, 28, 살전 5:9, 딤전 2:7, 딤후 1:11, 히 1:2, 벧전 2:8). 그리고 하나님께서 불경건한 사람들

---

50 요세푸스(Josephus)는 롯의 아내가 변한 소금 기둥을 보았다고 주장한다(*Ant.* 1.203).

51 Frey, *Der Brief des Judas und der zweite Brief des Petrus*, 280.

52 헬라어 καταστροφή를 수단의 여격으로 읽는 메이어에 반대된다(*Jude and Second Peter*, 124).

53 포함에 반대하는 견해에 대해서는 다음을 참조하라. Fuchs and Reymond, *2 Pierre, Jude*, 83.

54 *TCGNT*, 632.

에게 닥칠 일에 관한 그림을 제공하기 위해서 이 도시들의 심판을 정하셨음을 강조하기 때문에 의미가 통한다. 소돔과 고모라의 심판은 단순한 역사적 호기심이 아니라 하나님께서 장차 행하실 일에 관한 모형으로 기능한다. 베드로가 예고한 심판은 물리적일 뿐만 아니라 영원하기 때문에 모형론적인 확장의 예가 된다.[55] 이것은 베드로 시대의 거짓 선생들과 그들의 영향에 굴복한 자들에 대한 정죄를 예고한다. "본"(ὑπόδειγμα, 휘포데이그마, 참조. 유다서 1:7의 δεῖγμα, 데이그마)이라는 단어는 여기에서 "패턴"이나 "모본" 대신 "예시"의 의미이다(참조. 히 8:5; 9:23).[56] 이 단어는 많은 본문에서 "예시"를 의미하며(요 13:15; 히 4:11; 약 5:10), 베드로후서 문맥에서 더 잘 맞는다.

이 구절은 또 다른 어려운 사본 문제가 있다. CSB 성경은 "경건하지 않은 자들에게 임할 예"(ὑπόδειγμα μελλόντων ἀσεβεῖν, 휘포데이그마 멜론톤 아세베인, 개역개정. '후세에 경건하지 아니할 자들에게 본을')로 번역한다.[57] 또는 "경건하지 않게 살 자들을 위한 예"로 번역할 수 있다.[58] 사본 증거가 고르게 나누어져 있기 때문에 외적 증거로 판단하기 쉽지 않다. CSB 성경의 번역이 내적 증거로 더 낫다. 왜냐하면 베드로가 **장차 올 경건하지 않은** 자들보다 **장차 올 미래의 심판**을 강조할 가능성이 조금 더 높기 때문이다. 이 주제는 재림의 확실성과 그 결과인 미래의 심판을 가르치는 전체 편지와 어울린다.

2:7. 소돔과 고모라에서 모든 사람이 멸망한 것은 아니다. 노아와 그의 가족이 홍수 가운데서 구원을 받은 것처럼 하나님은 소돔과 고모라에 내려진 심판에서 롯을 구원하셨다. 창세기를 읽은 사람들은 소돔에 살기로 동의하고 그 도시를 떠나기 주저하고 술에 취해 딸들과 성관계를 가진 롯을 베드로가 왜 의롭다고 묘사하는지 이상하게 여길 것이다(창 19장 참조). 반면에 후기 성경 전통에서 작가들은 롯을 의로운 사람으로 생각했다(예. Wis. 10:6). 클레멘트 1서 11:1은 이 해석을 확증한다. "롯은 그의 환대와 경건함으로 온 지역이 불과 유황으로 심판을 받을 때 소돔에서 구원을 받았다."

---

55 참조. Fornberg, *An Early Church in a Pluralistic Society*, 43.

56 E. K. Lee, "Words Denoting 'Pattern' in the New Testament," *NTS* 8 (1961): 167–69.

57 G. Green, *Jude and 2 Peter*, 268.

58 NA[28] 참조. Fuchs and Reymond, *2 Pierre, Jude*, 85.

베드로는 구약의 의미를 침해하지 않는다.[59] 아브라함은 창세기 18장에서 소돔에 의인 10명만 있으면 여호와께서 소돔을 보존해 주시기를 기도했다. 여호와께서는 한 사람의 의인을 그 도시에서 구원하심으로 아브라함의 기도에 그 이상으로 응답하셨다.[60] "세상을 심판하시는 이"는 "의인을 악인과 같이" 멸망시키지 않으셨다(창 18:25). 창세기의 화자는 롯의 구원을 기록함으로 그의 의로움을 암시한다.[61] 그리고 내러티브에 다른 힌트도 있다. 천사들이 도시에 도착했을 때 롯만 천사들을 환대했다(창 19:1-3). 롯은 천사들을 무리에게 넘겨줌으로 곤경에서 피할 수 있었지만, 손님들과 성관계를 갖기 원하는 사람들을 꾸짖었다(창 19:5-6). 물론 현대 독자들은 그가 딸들을 바치려고 했다는 사실에 충격을 받는다. 물론 롯도 흠이 없는 것이 아니었으며 오늘날 모든 신자와 마찬가지로 그의 삶은 어떤 면에서 부끄럽고 비참하며 하나님의 기준에 미치지 못했다. 그럼에도 불구하고 고대의 독자들은 그의 집에 있는 사람들을 보호하려는 그의 용기에 경의를 표했을 것이다. 도시 전체가 롯의 문 앞에 있을 때 커다란 위험이 되었다. 실제로 롯의 경건함은 그가 살았던 상황을 생각할 때 더욱 두드러졌다. 적어도 안전하고 안락하게 살아가는 우리들은 롯을 비판하는 경향이 있지만, 우리 대부분은 다른 사람과의 갈등으로 죽음 가까이 가본 적이 없다. 우리 중에 믿음을 굳건하게 해 줄 친구가 없는 소돔 같은 도시에 살아 본 사람은 아무도 없다. 롯은 흔들리고 의심하고 죄를 지었지만 베드로는 거짓 선생들이 나타남으로 흔들리는 독자들에게 말한다. 그린(Green)은 롯의 비난받을 만한 행동과 그가 완전히 의롭지 않았음을 상기시킨다.[62] 분

---

59 이 주장을 뒷받침하는 내용은 T. D. Alexander, "Lot's Hospitality: A Clue to His Righteousness," *JBL* 104 (1995): 289-91 이다. 알렉산더는 다음과 같은 말로 그의 소논문의 결론을 내린다(191 페이지) "'의로운' 롯의 묘사는 창세기 18-19장에 나오는 저자의 의도에 관한 정확한 해석을 나타낸다."

60 무(Moo)는 "의로운"이 하나님 앞에서의 자신의 지위를 나타낼 수 있다는 점을 올바르게 지적했지만(*2 Peter, Jude*, 105), 베드로가 여기에서 이 개념을 제안한 것 같지 않다. 그의 요점은 롯이 소돔과 고모라 사람들에 비해 의로운 삶을 살았다는 것이다. 따라서 롯이 노아와 대조되고 구약에서 의로운 사람으로 제시되지 않는다고 주장하는 찰스는 틀렸다(*Virtue amidst Vice*, 88–89).

61 힐리어는 "롯이 마음은 이러한 환경에도 영구한 집을 갖게 된 후에도 여전히 하나님에 대해 어느 정도 반응하고 있었다"라고 말한다(*1 and 2 Peter, Jude*, NIBC [Peabody: Hendrickson, 1992], 190).

62 G. Green, *Jude and 2 Peter*, 258–59.

명히 롯은 중요한 결점이 있는 사람이었고 베드로가 그것을 부정하는 것처럼 읽어서는 안 된다. 즉, 베드로가 롯이 **완전히 의롭고 흠이 없었다**고 말하는 것처럼 해석하면 안 된다. 하지만 베드로가 신자들이 반대자들을 대적할 것이라고 확신한 것처럼 롯도 소돔의 **다른** 사람들과 달랐다. 그 이유로 주님은 그를 구원하셨다. 베드로는 롯이 소돔에 살면서 고통 받았고 그들의 불경건한 행실이 심리적으로 큰 타격을 주었음을 알려 준다. "타락한"(CSB. ἀσέλγεια, 아셀게이아. 개역개정, "음란한")은 종종 성적인 죄를 나타낸다(NASB 성경의 "성적인 행위"에 주목하라).[63]

2:8. 롯이 경험한 고통은 8절에서 확장되는데, 7절과 "왜냐하면"(γάρ, 가르)으로 연결된다. 8절은 7절의 롯의 고난에 대해서 자세히 설명하면서 롯이 소돔과 고모라 사람들과 분명하게 대조되는 "의인"(δίκαιος, 디카이오스)이었다고 반복한다. 의에 대한 강조는 "그의 의로운 심령"이라는 표현으로 전달된다. 의는 불의한 삶을 사는 자들에 대한 고통과 괴로움으로 표시된다. 이 구절의 요점은 롯이 같은 도시에 살아가는 사람들에 대해 괴로워했다는 사실이다. 롯은 그들 가운데 살았기 때문에 그들의 "불법한 행실"로 날마다 고통을 경험했다. 그는 어떻게 이 죄인들의 불법한 생활 방식을 알고 있었는가? 베드로는 보고 들은 그들의 악에 맞닥뜨렸다고 우리에게 알려 준다. 베드로가 사용하는 단어들은 악을 좇는 자들 가운데 살아가는 독자들의 상황을 반영한다.[64]

2:9. 2장 4절에서 "만약"으로 시작했던 긴 조건절은 마침내 결론에 도달한다. 하나님의 심판에 관한 세 가지 예(천사, 홍수, 소돔과 고모라)와 하나님의 보존에 관한 두 가지 예(노아와 롯)를 제시한 후에, 베드로는 이제 함께 묶

---

63 성적인 죄는 다음을 참조하라. Fuchs and Reymond, *2 Pierre, Jude*, 86. 마쿠히나(J. Makujina)는 유대 전통과 창 19:16 70인역에서 대표되는 사본 변형("그는 지체했다" 대신 "그들이 고통당했다"로 읽음)에 호소한다. 여기에서 롯에 관한 긍정적인 언급을 설명한다("The 'Trouble' with Lot in 2 Peter: Locating Peter's Source for Lot's Torment," *WTJ* 60 [1998]: 255-69). 의심의 여지 없이 베드로는 롯을 말할 때 성경 외의 전통을 언급했을지 모르지만 롯에 관한 긍정적인 언급을 설명하기 위해 성경 자체에 호소할 수 있는 것 같다. 더욱이 베드로가 베드로후서에서 창세기 19:16 70인역을 사용했다는 개념을 유지하기 어렵다. 이 결론을 보장하는 증거가 불충분하다.

64 Frey, *Der Brief des Judas und der zweite Brief des Petrus*, 281.

은 예시로 결론을 제시한다. 결론은 두 부분으로 나누어진다. 첫째, 주님은 어떻게 경건한 자들을 시련 속에서 보존하실지 아신다. 둘째, 그는 어떻게 미래에 있을 심판의 날을 위해 불의한 자들을 지키실지 아신다. 우리는 이 두 가지 내용을 순서대로 살펴보려고 한다. "건지다"(ῥύεσθαι, 뤼에스다이)는 7절에서 롯에게 사용한 동사로 5절에서 노아와 관련해 "보존하시고"(ἐφύλαξεν, 에필락센)와 의미가 겹친다. 외적 증거는 단수 명사 "시험"(πειρασμοῦ, 페이라스무)을 지지한다. 단수 명사는 일반적이며 많은 시험의 개념을 포함한다. CSB 성경은 "시험들"로 번역한다. 그러나 외적 증거는 단수 "시험"을 지지한다. "시험"(πειρασμοῦ, 페이라스무)은 "유혹"으로 번역될 수 있지만(참조. 약 1:13-14), 이 문맥에서 초점은 죄에 대한 내적 경향(야고보서처럼)이 아니라 죄로 이끌 수 있는 어려운 외적 상황에 있다.

이 경우 어려움은 거짓 선생들에게서 왔다. 영어의 "유혹"과 "시험" 사이의 구분은 크지 않다. 외부 상황("시험")은 신자들이 내부적으로 "유혹"을 받는 경우가 될 수 있기 때문에 구분할 필요는 없다.[65] 아마도 주기도문에 관한 암시로 볼 수 있을 것이다. 주기도문에서 신자들은 주님께서 그들을 유혹에서 구해 주시기를 기도해야 한다(마 6:13; 참조. 눅 11:4; 마 26:41). 시련의 때에 배도의 위험이 있다(눅 8:13; 22:28). 하나님은 신실하시며 이러한 상황에서 자기 백성을 지키시겠다고 약속하신다(전 10:13; 계 3:10; 참조. Sir 33:1). 따라서 일부 학자들은 역사를 마무리하는 믿음의 시험을 말한다고 이해한다.[66] 그러나 우리는 마지막 시험을 편지가 기록된 당시 베드로의 독자들을 억압했던 시험과 분리해서는 안 된다. 모든 시련은 주님에 관한 신실함을 시험받는 기회가 되기 때문이다. 따라서 무(Moo)는 "시험"이 "그리스도인들이 이 세상에서 경험하는 믿음에 대한 모든 도전"을 말한다고 바르게 말한다.[67] 그러나 여기에서 구원은 궁극적으로 심판의 날을 의미한다(참조. 마 6:13).[68]

베드로는 신자들이 시험의 때를 겪지 않아도 될 것이라고 말한다고 해석

---

65 켈리는 초점이 "유혹"에 있다고 생각한다(Peter and Jude, 334).
66 M. Green, 2 Peter and Jude, 113; Bauckham, Jude, 2 Peter, 253.
67 Moo, 2 Peter, Jude, 106.
68 Frey, Der Brief des Judas und der zweite Brief des Petrus, 282.

할지 모르겠다. 즉 하나님께서 그들에게 어떤 시험도 면제해 주실 것이라는 의미이다. 그러나 이 해석은 분명히 잘못되었다. 노아와 롯은 모두 악한 사람들 가운데 살았고 대다수 악한 사람들과 직접 만났다. 비슷하게 베드로의 독자들은 이 시대의 거짓 선생들에게 (롯과 같이) 억압과 고통을 받았다. 베드로는 이러한 선생들이 즉시 없어질 것이라고 약속하지 않는다. 또한 그는 참된 신자들이 결코 죄를 짓지 않는다고 말하지 않는다. 경건하고 의로운 사람들이 배교를 저지르지 않도록 보존된다고 하는 점이 그의 요점이다. 하나님께서 그들을 지키셔서 결국 그들이 하나님을 버리지 않도록 할 것이다. 주님께서 경건한 사람들을 시험에서 어떻게 구원하실지 아시지만 어떤 사람들은 실제로 넘어진다고 해석하면 안 된다. 그 대신 모든 경건한 자는 주님이 **보존하실 것**이다. 노아와 롯이 주님을 떠나지 않도록 지키신 것처럼, 그들을 배교하지 않게 지키실 것이다.

두 번째 요점은 역사에서 있었던 세 가지 심판의 예에서 찾는다. 주님께서 범죄한 천사들과 홍수 세대와 소돔과 고모라를 심판하셨다면, "불의한 자는 ... 심판 날까지 지키실" 것이다. 천사들과 홍수 세대와 소돔과 고모라는 바로 심판을 받지 않았다. 그들은 운명적인 심판의 날이 오기 전에 얼마동안 자기들의 죄를 추구했다. 그러므로 베드로의 독자들은 단순히 거짓 선생들이 번영한다고 해서 낙심하거나 하나님의 신실하심을 의심하면 안 된다. 하나님은 종말이 오기 전에 회개할 시간을 주셨고(3:9), 회개하지 않는 자들은 분명히 종말론적 심판을 받을 것이다.

현재 분사 κολαζομένους(콜라조메누스, 개역개정. "형벌 아래에 두며")는 이해하기 어렵다. 현재 분사는 악인들이 지금도 형벌을 받고 있음을 의미할 수 있다.[69] 미래의 형벌을 받기 전에 갇혀있는 천사들의 예와 일치할 것이다(2:4). 누가복음 16장 23-24절은 중간 상태의 형벌을 가리키는 것처럼 보인다(참조. 1 En. 22:10-11; 4 Ezra 7:79-87). 1984년 판 NIV 성경은 분사를 지금의 현실로 번역하고 이 해석을 채택한다. 주님은 "불의한 자의 **형벌을 계속하시며** 심판 날까지" 유지시키신다(강조는 추가됨). 이 관점에서 악인들

69 Kelly, *Peter and Jude*, 335; Moo, *2 Peter, Jude*, 107; Fornberg, *An Early Church in a Pluralistic Society*, 45; Hillyer, *1 and 2 Peter, Jude*, 191.

은 마지막 날의 심판을 기다리면서 지금도 형벌을 받고 있다. 이 해석은 가능하지만 현재 분사가 반드시 현재 시간을 나타내지 않는다(참조. 벤후 3:11).[70] 문맥이 결정적인 기준이다. 베드로가 악인의 현재 심판을 묘사한 것 같지 않다. 편지는 거짓 선생들이 현재 번영하고 있는 모습을 보여 주었다.[71] 그들은 이러한 이유로 사람들에게 영향을 미치고 어떤 나쁜 결과를 겪지 않으면서도 주님의 재림을 조롱했을 것이다. 따라서 베드로는 반대자들이 정죄를 받을 날인 최후 심판을 독자들에게 상기시켰을 가능성이 더 높아 보인다.[72]

2:10a. 이 단락은 미래의 심판이 합당한 두 가지 이유로 끝난다. "육체를 따라 더러운 정욕"은 아마도 성적인 죄를 가리킬 것이다.[73] 우리는 이미 2장 2절에서 그들의 성적인 죄를 보았다. 천사의 죄(2:4)와 소돔과 고모라의 죄(2:6)도 성적인 일탈을 포함하며, 2장 7절에서 롯은 그들의 성적인 완악함으로 어느 정도 압박을 받았다. 반대자들은 미래의 심판을 부인했으므로 마지막 날의 징벌을 생각하지 않고 성적으로 방탕한 생활을 했다.[74] 선생들의 두 번째 죄는 "주관하는 이를 멸시하는" 것인데, 이들은 "그들이 권위를 업신여기며"라는 유다서의 말에 가깝다(유 8). "주관하는 이"(κυριότης, 퀴리오테스)를 천사에 관한 언급으로 보지만(엡 1:21; 골 1:16), 단수는 천사에 어울리지 않는다. 교회의 지도자 또는 정부 관리를 의미하는 인간의 권위는 가능성이 낮다.[75] 아마도 이 단어는 하나님의 주권을 언급할 수 있다. 9절에서 주님은 그

---

70 참조. N. Turner, in J. H. Moulton, *A Grammar of New Testament Greek*, 4 vols. (Edinburgh: T&T Clark), 1908-76, vol. 3 (1963): *Syntax*, by N. Turner, 87; D. B. Wallace, *Greek Grammar beyond the Basics: An Exegetical Syntax of the New Testament* (Grand Rapids: Zondervan, 1996), 626; A. T. Robertson, *A Grammar of the Greek New Testament in the Light of Historical Research* (Nashville: Broadman, 1934), 891, 1115.

71 Bauckham, *Jude, 2 Peter*, 254.

72 J. Calvin, *Commentaries on the Catholic Epistles* (Grand Rapids: Eerdmans, 1948), 400; 참조. Fuchs and Reymond, *2 Pierre, Jude*, 88; G. Green, *Jude and 2 Peter*, 264–65; Frey, *Der Brief des Judas und der zweite Brief des Petrus*, 283.

73 다음을 참조하라. Neyrey, *2 Peter, Jude*, 201.

74 아마도 베드로는 동성애를 특별히 염두에 두고 있을 것이다(Green, *2 Peter and Jude*, 114; Moo, *2 Peter, Jude*, 107).

75 교회의 직분자를 지지하는 견해는 다음과 같다. Luther, *Commentary on Peter & Jude*, 265–66; Calvin, *Catholic Epistles*, 401; Smith, *Petrine Controversies*, 89–91.

리스도이시고 주님께서 그들을 사셨기 때문에(2:1), 그리스도의 주권이 아마도 더 가능성이 높을 것이다.[76] 초점은 반대자들에게 거부된 그리스도의 주권과 권위일 것이다. 그러나 그들은 그리스도께 복종하기를 거부함으로 자기들의 불복종과 반역을 드러낸다.[77] 이 사람들은 자기들의 신념과 지적 능력을 가장 확신하여 누구에게도 복종하지 않을 것이다.

4.3. 배교와 음란으로 심판을 받는 거짓 선생들(2:10b-16)

[10b] 이들은 당돌하고 자긍하며 떨지 않고 영광 있는 자들을 비방하거니와 [11] 더 큰 힘과 능력을 가진 천사들도 주 앞에서 그들을 거슬러 비방하는 고발을 하지 아니하느니라 [12] 그러나 이 사람들은 본래 잡혀 죽기 위하여 난 이성 없는 짐승 같아서 그 알지 못하는 것을 비방하고 그들의 멸망 가운데서 멸망을 당하며 [13] 불의의 값으로 불의를 당하며 낮에 즐기고 노는 것을 기쁘게 여기는 자들이니 점과 흠이라 너희와 함께 연회할 때에 그들의 속임수로 즐기고 놀며 [14] 음심이 가득한 눈을 가지고 범죄하기를 그치지 아니하고 굳세지 못한 영혼들을 유혹하며 탐욕에 연단된 마음을 가진 자들이니 저주의 자식이라 [15] 그들이 바른 길을 떠나 미혹되어 브올의 아들 발람의 길을 따르는도다 그는 불의의 삯을 사랑하다가 [16] 자기의 불법으로 말미암아 책망을 받되 말하지 못하는 나귀가 사람의 소리로 말하여 이 선지자의 미친 행동을 저지하였느니라

10a절은 이 단락으로 전환하는 역할을 하며, 4-9절에서 선언된 심판에 관한 두 가지 이유를 밝힌다. 그것들은 거짓 선생들의 성적인 죄와 반역이다. 무(Moo)는 10b-16절은 이 두 주제를 역순으로 풀고 있다. 10b-13a절은 선생들의 오만함을 13b-16절은 그들의 성적인 잘못을 보여 준다.[78] 사실 우리

---

76 Frey, *Der Brief des Judas und der zweite Brief des Petrus*, 284. 데이비스(Davids)는 하나님의 주권에 기대고 있다 (*2 Peter and Jude*, 233).

77 대부분 학자들은 그리스도의 권위에 관한 언급으로 본다(Bigg, *Peter and Jude*, 279; Kelly, *Peter and Jude*, 336; Bauckham, *Jude, 2 Peter*, 255; J. M. Starr, *Sharers in Divine Nature:2 Peter 1:4 in Its Hellenistic Context*, ConBNT 33 [Stockholm: Almqvist & Wiksell, 2000], 28).

78 Moo, *2 Peter, Jude,* 120.

는 심판의 세 번째 이유, 즉 돈에 대한 탐욕을 설명해야 한다. 이 세 가지 주
제는 1-3절에 모두 언급되었다. 선생들은 자신들을 사신 주님을 부인했고(1
절), 성적인 가르침으로 다른 사람들을 미혹하고(2절), 그리고 탐심으로 다른
사람들을 착취했다(3절). 2장 10-16절에서 동일한 세 가지 죄는 2장 1-16절
의 논증이 A B A′ 패턴임을 보여 준다.

> A 거짓 선생들의 죄가 설명됨 (2:1-3)
>   B 그러므로 선생들이 심판을 받을 것이다 (2:4-10)
> A′ 거짓 선생들의 죄가 자세하게 설명됨 (2:10-16)

거짓 선생들의 죄에 관한 자세한 설명은 2장 10-14절의 심판이 정당한
이유를 제공한다. 2장 1-3절과 2장 10b-16절의 구조를 무너뜨리면 안 된다.
이 두 부분은 모든 면에서 같은 논증을 보여 준다. 베드로후서 2장 1-3절은
거짓 선생들이 다른 사람들에게 미치는 나쁜 영향에 초점을 맞추는 반면에, 2
장 10b-16절은 다른 사람에게 미치는 영향은 말하지 않고 선생들의 죄악에
초점을 맞춘다. 10b-16절은 독자들이 거짓 선생들의 죄악을 의심하지 않도
록 보다 생생하게 설명한다.

이 구절들은 수사학적으로도 효과적이며, 영어(한글)로는 효과를 발견
하기가 더 어렵다. 10-12절은 βλασφημοῦντες(블라스페문테스, "비방하거
니와", 10절), βλάσφημον(블라스페몬, "비방하는", 11절), βλασφημοῦντες
(블라스페문테스, 비방하는, 12절)을 사용한다. 12절에서 멸망의 표현은
φθοράν(프도란, "죽기 위하여"), "φθορᾷ"(프도라, "멸망"), φθαρήσονται(프다
레손타이, "멸망을 당하며")로 나타난다. 13절에는 또 하나의 언어유희가 나
타난다. CSB 성경이 이 의미를 잘 파악한다. "그들이 끼친 해로 해를 입을
것이다"(개역개정. "불의의 값으로 불의를 당하는 자들", ἀδικούμενοι μισθὸν
ἀδικίας, 아디쿠메노이 미스돈 아디키아스). 그 다음에는 두운이 포함되어 있
다. "ἡδονὴν ἡγούμενοι τὴν ἐν ἡμέρᾳ τρυφήν"(낮에 즐기고 노는 것을 기쁘게 여
기는, 헤도넨 헤구메노이 텐 엔 헤메라 트뤼펜)이다. "즐기고"(τρυφήν, 트뤼
펜)의 동족어 ἐντρυφῶντες(NIV, "흥청거리고"; 개역개정, "즐기고", 엔트뤼

폰테스)가 같은 구절에 나타난다. "불의의 값"(μισθὸν ἀδικίας, 미스돈 아디키아스)이 동일하게 13, 15절에 사용된다. 그러나 CSB 성경은 15절의 중복을 놓친다. 왜냐하면 CSB 성경은 13절의 표현을 영어 단어로 적절하게 번역하기 때문이다. 어떤 영어 번역도 본문의 모든 뉘앙스를 전달하는 것은 불가능하다는 사실을 보여 준다. 마지막으로 16절에서 "παραφρονίαν"(파라프로니안, 미친)은 아마도 "παρανομίας"(파라노미아스, 불법)의 언어유희로 사용했을 것이다.

2:10b. 거짓 선생들의 반역은 "당돌하며"(τολμηταί, 톨메타이)와 "자긍하다"(αὐθάδεις, 아우다데이스)로 표현된다.[79] 두 단어는 의미가 겹친다. 앞 단어는 필론와 요세푸스에서 뒤 단어는 다른 문헌에서 좀 더 일반적으로 나타난다(창 49:3, 7; 잠 21:24; 딛 1:7; 참조. Josephus, *Ant.* 1.189; 4.263; 1 Clem. 1: 1). 이 단어들은 함께 "담대하게 자긍한다"로 번역될 수 있다.[80] 거짓 선생들은 놀라운 확신으로 복을 받았지만 불행히도 이 확신에는 지혜와 겸손이 묻어나지 않았다.

거짓 선생들의 오만함은 그들이 "떨지 않고 영광 있는 자들을 비방하거니와"에서 잘 나타나있다. 영광 있는 자들(δόξας, 독사스)을 모욕함에 있어서 "떨지 않았다"(ESV, τρέμουσιν, 트레무신). "영광 있는"은 인간, 즉 교회 지도자들이나 정부 권력자를 가리킬 수 있다(참조. 시 149:8; 사 3:5; 23:8; 나 3:10; 1QpHab 4:2; 4QpNah 2:9; 3:9, 4:4, 1QM 14:11).[81] NIV 성경처럼 ("천상의 존재들"), 천사들이 영광스러운 존재로 정의되었을 가능성이 더 높아 보인다(출 15:11 LXX; T. Jud. 25:2; T. Levi 18:5; QHa 10:8). 또한 악한 천사에 대한 "영광"이라는 묘사는 부적절해 보이기 때문에 선한 천사로 생

---

79 훅스와 레이먼드는 αὐθάδεις가 τολμηταί를 수식하는 형용사로 이해한다(*2 Pierre, Jude*, 90).

80 나는 αὐθάδεις가 형용사라고 제안하지 않는다(이전 주석을 참조). 단지 이러한 번역은 헬라어를 역동적인 방식으로 번역한다.

81 교회 지도자들을 말한다는 것은 다음을 참조하라. Bigg, *Peter and Jude*, 279-80; M. Green, *2 Peter and Jude*, 116-17; Smith, *Petrine Controversies*, 89-91; 정치적인 지도자들은 다음을 참조하라. Reicke, *James, Peter,* and *Jude*, 167. 그러나 캘런은 그 언급이 하나님과 예수님을 가리킨다고 생각한다(*Second Peter*, PCNT [Grand Rapids: Baker, 2012], 190).

각할 수 있다.[82] 그럼에도 불구하고 문맥은 다음 논의처럼 악한 천사들을 실제로 고려하고 있음을 암시한다.[83]

2:11. 11절은 10절과 대조되는 내용이다. 앞에서 제시한 것처럼 거짓 선생들은 악한 천사들에 대한 비방을 두려워하지 않았다. 반면에 선한 천사들은 악한 천사들보다 "더 큰 힘과 능력을 가진" 존재라고 할지라도 주님 앞에서 악한 천사들에 거슬러 비방하는 심판을 감히 하지 않았다. 이 구절은 다르게 해석할 수 있다. 우리는 거짓 선생들보다 "더 큰 힘과 능력을 가진" 천사들이 주님 앞에서 이 거짓 선생들에 대한 비방하는 심판을 선언하려고 하지 않는다고 읽을 수 있다. 그러나 이 해석은 여러 가지 이유로 불가능하다.[84] 천사들이 거짓 선생들보다 분명히 강하기 때문에 언급할 필요가 없다. 그러나 우리는 악한 천사가 선한 천사와 같은 지위이기 때문에 악한 천사보다 선한 천사가 힘에서 더 우월하다고 말하려고 하는 이유를 이해할 수 있다. 둘째, 천사들은 거짓 선생들에 대한 심판을 선언한다는 개념은 문맥에 잘 맞지 않는 것처럼 보인다. 거짓 선생들에 대한 심판에서 왜 천사들이 역할을 맡는 것인가? 문맥은 이 개념을 말하지 않는다. 실제로 성경은 인간이 천사를 심판할 것이라고 가르친다(고전 6:3). 셋째, 10절에서 가장 자연스러운 선행사는 "영광"이다. 영광을 비웃는 거짓 선생들이 선행사가 아니다. 10절 마지막에서 언급한 영광보다 천사들이 더 강하다는 말이 가장 의미가 통한다. 넷째, 유다서의 병행은 우리를 같은 방향으로 인도한다. 유다서에서 미가엘은 자신의 권위로 마귀에 대한 심판을 감히 선언하지 않았다. 비슷하게 베드로는 더 넓게 강조하지만, 동일한 방향으로 주장한다. 선한 천사들은 악한 천사들에 대한 심판을 감히 선언하지 않는다. 그들은 이러한 심판을 주님께 맡긴다. 마지막으로, 정확히 같지 않지만, 흥미로운 병행이 에녹 1서 9장에 등장한다. 인간은 타락한 천사가 그들에게 가져온 악을 한탄한다. 이에 대해서 선한 천사들은 인간

---

82 R. A. Reese, *2 Peter and Jude*, THNTC (Grand Rapids: Baker, 2007), 154; G. Green, *Jude and 2 Peter*, 271.

83 Kelly, *Peter and Jude*, 337; Bauckham, Jude, *2 Peter*, 261-62; Moo, *2 Peter, Jude*, 121; K. H. Schelke, *Der Petrusbrief-Der Judasbrief*, HTKNT (Freiburg: Herder, 1980), 210.

84 Mayor, Jude and Second Peter, 129. 여기에서 논의는 다음을 참조하라. Vögtle, *Judasbrief, 2 Petrusbrief*, 199-200; Fuchs and Reymond, *2 Pierre, Jude*, 90.

을 돕기 위해 직접 행하지 않고 이 문제를 주님께 맡긴다.[85]

결론적으로 거짓 선생들은 악한 영들의 권세를 두려워하지 않았다. 베드로는 악한 영들을 "영광"이라고 불렀다. 영들이 선하기 때문이 아니라 그들이 나중에 죄에 빠졌음에도 불구하고 하나님이 친히 창조하셨기 때문이다. 아마도 선생들은 그들의 존재를 믿지 않았기 때문에 그들 앞에서 떨지 않았을 것이다. 이것은 주님의 재림에 관한 회의주의적 세계관과 잘 맞아떨어질 것이다(3:3-7). 아니면 인간이 영적 존재의 힘을 두려워해야 한다는 생각을 비웃었을 수도 있다. 보컴과 무(Moo)는 선생들이 자기들의 죄가 악한 천사의 먹이가 될 것이라는 개념을 조롱했다고 제안한다.[86] 반면에 선한 천사들은 악한 천사들에 대한 하나님의 심판을 선포하지 않았다. 그들은 주님께 맡긴다. 헬라어 전치사구는 "주 앞에서"를 의미할 수 있다(CSB, ESV 성경).[87] 그러나 더 적절한 번역은 "주로부터"(NIV, NRSV 성경)이다. 이것은 천사들이 감히 주님의 심판을 선언하지 않고 영들의 운명을 주님의 심판에 맡긴다는 해석이다.

2:12. 거짓 선생들은 자기들의 명철과 지혜를 자랑하며 악한 천사들 앞에서 떨지 않는 것이 명철의 표시라고 생각하였다(10b절). 자신들에 관한 높은 평가와 대조적으로(δέ, 데, "그러나") 베드로는 그들을 "이성 없는 짐승"(ἄλογα ζῷα, 알로가 조아)에 비교한다.[88] 선생들의 이성적이지 않음을 "본래 ... 짐

---

85 파카스팔비는 베드로가 유다와 대조적으로 에녹 1서나 모세의 승천기(Assumption of Moses)에 관한 직접적인 언급을 생략하여 이 글들이 구약이나 바울의 글과 같은 수준에서 권위 있는 성경으로 간주되어야 한다는 제안을 제외할 수 있다고 말한다(1:19-21; 3:15-16) ("The Ecclesial Setting of Pseudepigraphy in Second Peter and Its Role in the Formation of the Canon," *SecCent* 5 [1985-86]: 15). 폰버그는 위경과 같은 유대 전통이 이방인들에게 의미가 없을 것이기 때문에 생략되었을 것이라고 생각한다(*An Early Church in a Pluralistic Society*, 58). 비슷한 견해는 다음을 참조하라. G. Green, *Jude and 2 Peter*, 272–73.

86 Bauckham, *Jude, 2 Peter*, 262; Moo, *2 Peter, Jude*, 123.

87 헬라어 어구 παρὰ κυρίῳ와 παρὰ κυρίου는 모두 사본 전통에 나타난다. 다른 사본들은 모두 생략하기도 한다. 이 단어들의 생략은 비슷한 문맥에서 생략되는 유다서 9절의 영향 때문일 것이다. 여격과 속격을 결정하기는 훨씬 더 어렵지만, παρὰ κυρίῳ가 더 어려운 읽기이고 알렉산드리아 사본이 지지한다. 아마도 이것이 원문일 것이다. 다음을 참조하라. T. J. Kraus, "Παρὰ κυρίου, παρὰ κυρίῳ oder omit in 2Petr 2,11: Textkritik und Interpretation vor dem Hintergrund juristischer Diktion und der Verwendung von napá," *ZNW* 91 (2000): 265-73; Fuchs and Reymond, *2 Pierre, Jude*, 88–89; *TCGNT* 633.

88 다음을 참조하라. T. Callan, "Comparison of Humans to Animals in 2 Pet 2,10b-22," *Bib* 90 (2009): 101-5.

승"(ζῷα φυσικὰ, 조아 퓌시카)으로 강조한다.[89] 동물과 마찬가지로 반대자들
도 이성보다는 욕망과 감정에 따라 움직였다. 베드로는 사냥당하는 짐승의 운
명을 고려한다. 그들은 인간에게 붙잡혀 멸망하기 위해서 태어났다. 거짓 선
생들은 짐승에 비교 되는데, 동물은 이성적이지 않기 때문이다. 선생들은 자
신들이 이성적이라고 믿었지만 이해하지 못한 것을 도리어 비판하는 어리석
음을 드러냈다. 헬라어 "ἐν οἷς"(엔 호이스, ~하는 것)는 반대자들이 이해하지
못한 것을 가리킨다. 보컴은 이 문구가 10절의 "영광"을 언급한다고 제안한
다. 따라서 베드로는 계속해서 그들이 악한 영들을 이해하지 못하는 것을 강
조한다.[90] 이 해석은 1996년 판 NLT 성경에 반영된다. "그들은 그들이 거의
알지 못하는 무서운 힘을 비웃는다." 그러나 이것은 너무 제한적인 해석이다.
11절의 "그들"(αὐτῶν, 아우톤)이 "영광"에 관한 마지막 언급이며 ἐν οἷς(엔 호
이스)와는 멀리 떨어져 있다. 더 나아가 천사를 언급한다면 대격이 기대된다.
다른 곳에서는 ἐν οἷς(엔 호이스)가 일반적인 의미로 사용된다(예. 빌 4:11; 딤
후 3:14). 반대자들이 이해하지 못하는 것을 비방했다는 말은 물론 악한 영들
도 포함되지만, 일반적인 진술이며 다른 내용들에도 적용될 수 있다.

　이 구절은 반대자들의 운명을 짐승의 운명과 동일시하며 끝맺는다. CSB
성경은 "그들의 멸망 가운데서 멸망을 당할 것이다"라고 번역한다. NRSV 성
경은 "그 피조물들이 멸망되면 그들도 멸망될 것이다"라고 비슷한 의미를 전
달하지만,[91] 강조점은 짐승과 거짓 선생이 동시에 멸망한다는 점이 아니기 때
문에 CSB 성경이 더 나은 번역이다. 보컴은 악한 영들이 멸망할 때 거짓 선생
들이 멸망을 당하고 심판을 받을 것이라고 주장하면서 이 구절을 다르게 이해
한다.[92] 보컴은 대명사 "그들의"(αὐτῶν, 아우톤)가 οἷς를 다시 언급하는 것으로
이해하며 명사 "영광 있는 자들"(δόξας, 독사스)라고 말한다. 하지만 앞서 우리
는 여기에서 지칭하는 것이 악한 영들에만 제한될 수 없음을 살펴보았다. 더욱

---

89 대부분 영어번역은 φυσικὰ를 ζῷα에 연결한다.

90 Bauckham, *Jude, 2 Peter*, 263.

91 헬라어 φθορᾷ(멸망)는 도덕적 부패를 의미할 수 있지만, 병행되는 φθαρήσονται는 종말에 멸망
이 의도되었음을 보여 준다. Davids, *II Peter and Jude Handbook*, 79. 데이비스는 명사가 시간
적, 인과적, 문맥/상황이 될 수 있다고 말한다.

92 Bauckham, *Jude, 2 Peter*, 264; Horrell, *The Epistles of Peter and Jude*, 168.

이 "그들의"(αὐτῶν, 아우톤)의 가장 자연스러운 선행사는 천사의 영광이 아니라 "짐승"(KJV 성경. ζῷα, 조아)이다. 따라서 CSB와 NRSV가 바르게 번역한다. 거짓 선생들은 마치 짐승들이 결국 사로잡히고 멸망을 당하는 것처럼, 멸망을 경험하게 될 것이다.[93]

시편 49편에 두 가지 믿을 만한 암시가 있다. 시편 49편 12절은 이렇게 말한다. "사람은 존귀하나 장구하지 못함이여 멸망하는 짐승 같도다." 그리고 시편 49편 20절은 동일한 진리를 주장한다. "존귀하나 깨닫지 못하는 사람은 멸망하는 짐승 같도다." 사냥된 동물의 운명은 악한 자의 운명을 보여 주는 그림이다. 우리가 짐승과 거짓 선생의 운명을 더 자세히 분석하면, CSB 성경(개역개정)이 NRSV 성경보다 더 나음을 알 수 있다. 이 구절은 짐승이 멸망할 "때"(NRSV), 반대자들이 멸망할 것이라는 의미일 가능성이 있지만, 베드로가 아직 일어나지 않았고 재림 때까지 일어나지 않을 최후 심판을 생각하기 때문에 기능성이 희박하다. CSB 성경(개역개정)은 선생과 짐승의 운명을 비교하면서 구절의 의미를 포착한다. 그들의 운명은 멸망으로 비슷하지만, 짐승의 운명은 죽을 때 오고 악을 행하는 자의 심판은 마지막 날에 일어난다.[94] 신자들은 "신성한 성품에 참여"(1:4)하지만, 반대자들은 행위로 짐승의 본성을 공유한다. 믿는 자는 영원히 구원을 얻지만, 반대자는 짐승과 같은 운명에 직면하게 될 것이다.[95]

2:13. 12절은 반대자들이 심판과 멸망에 직면할 것이라는 주장으로 끝맺는다. 계속되는 분사와 형용사는 왜 그들이 심판을 받아야 하는지 설명한다 (CSB 성경은 분사와 형용사를 문법을 바꾸어 문장으로 만들어서 부드럽게 만든다). 베드로는 "그들이 끼친 해로 해를 입을 것이다"(ἀδικούμενοι μισθὸν

---

93 다음을 참조하라. G. Green, *Jude and 2 Peter*, 276. 캘런은 시편 49:12, 20을 병행으로 보고 짐승과 거짓 선생들이 "죽음과 썩음"을 겪게 될 것이라는 점이 핵심이라고 생각한다("Comparison of Humans to Animals in 2 Pet 2, 10b-22," 103-5). 레이케는 여기에서 멸망이 정치적인 권력이 가한 것이라고 생각하지만 이 권력을 동사의 주어로 볼 근거는 없다(*James, Peter, and Jude*, 167). 신적 수동태(φθαρήσονται)는 멸망을 가져오는 분을 하나님으로 가리킨다.

94 Kelly, *Peter and Jude*, 339; Moo, *2 Peter, Jude*, 124; Davids, *2 Peter and Jude*, 237-38. 그러므로 베드로는 짐승이 심판을 받을 것이라고 가르치지 않는다(Vögtle, *Judasbrief, 2 Petrusbrief*, 203).

95 Frey, *Der Brief des Judas und der zweite Brief des Petrus*, 290.

ἀδικίας, 아디쿠메노이 미스돈 아디키아스, 개역개정. "불의의 값으로 불의를 당하며")라는 언어유희로 시작한다. 이 어구는 "불의의 값으로 해를 입음"으로 번역될 수 있다. 이 구절은 이해하기 어렵고, 많은 사본이 "해를 받다"(ἀδικούμενοι, 아디쿠메노이)가 아니라 "받는"(κομιούμενοι, 코미우메노이)으로 읽는 것은 놀랍지 않다.[96] 다르게 읽는 사본은 구문의 의미를 정확하게 하기 때문에 매력적이다. 그럼에도 불구하고 "받다" 보다는 "해를 받다"가 어려운 읽기로 선호되고, 필사자들은 본문의 언어유희를 이해하지 못했을 것이다.[97] 우리는 선생들이 악행으로 얻은 이익을 누리지 못할 것이라는 베드로의 말을 이해할 수 있다.[98] 그러나 언어유희는 다른 해석을 제시한다. 베드로는 선생들이 뿌린 대로 거둘 것을 다채롭게 말하고 있다.[99] 캘런이 말하듯이 "악을 행하는 자들은 그들 자신에게 악을 행할 것이다."[100] 불의하게 사는 사람들은 마지막 심판에서 하나님께 해를 입게 될 것이다. 우리는 여기에서 심판은 행위를 따라 일어나며 사람들은 마땅히 받아야 할 심판을 받는다는 표준적인 유대인의 가르침을 볼 수 있다.

이어서 쾌락의 주제가 나온다. 반대자들은 악에 사로잡히고 매료되어 악이 일반적으로 행하는 때인 밤까지 기다릴 수조차 없었다(참조. 롬 13:12-13). 전도서 10장 16절은 "왕은 어리고 대신들은 아침부터 잔치하는 나라여 네게 화가 있도다"라고 말한다. 비슷하게 이사야 5장 11절은 "아침에 일찍이 일어나 독주를 마시며 밤이 깊도록 포도주에 취하는 자들은 화 있을진저"라고 말한다. 그들은 하루 종일 악을 행하고 평범한 사람들이 일하는 낮을 이용하여 쾌락에 탐닉하기까지 한다(참조. T. Mos. 7:4).

교회 지체로서 반대자들은 "점과 흠"(σπίλοι καὶ μῶμοι, 스필로이 카이 모모이)이었다. 유다서는 침입자들이 회중의 "암초"(σπιλάδες, 스필라데스, 유

---

96 빅(Bigg)은 본문의 단어가 의미가 있지 않으며 본문이 손상되었다고 믿는다(*Peter and Jude*, 281).

97 스케한(P. W. Skehan)는 ἀδικούμενοι 뒤에 콜론을 넣어야 하고 ἀδικούμενοι는 12절의 φθαρήσονται 에 연결해야 한다고 제안한다("A Note on 2 Peter 2,13," *Bib* 41 [1960]: 69-71). 그러나 학자들은 이 주장을 확신하지 않는다.

98 M. Green, *2 Peter and Jude*, 120; Reicke, *James, Peter, and Jude*, 167–68.

99 Bauckham, *Jude, 2 Peter*, 265.

100 Callan, *2 Peter*, 192.

다서 1:12)라고 말하지만, 베드로는 그들이 교회에 흠을 내고 더럽힌다고 강조한다. 베드로는 편지의 결론에서 독자들에게 거짓 선생들과 반대로 "점도 없고 흠도 없이" 되라고 권면한다. 반면에 거짓 선생들은 쾌락에 대한 열정을 가지고 있다. 베드로는 "점과 흠"(2:13)을 "즐기고"(τρυφήν, 트뤼펜)와 "놀며"(ἐντρυφῶντες, 엔트뤼폰테스)로 표시한다. NIV 성경은 "그들이 너희와 함께 연회할 때에 그들의 쾌락을 즐기고"로 번역하고, CSB 성경은 "그들이 너희와 함께 연회할 때 그들의 속임수를 즐기고"로 번역한다. CSB 성경은 "속임수"(ἀπάταις, 아파타이스)에 초점을 맞춘다. "속임수"는 베드로의 편지에서 다소 놀랍다. 특히 우리가 베드로를 유다서와 비교할 때, 유다서는 "너희의 애찬에 암초요"(ἀγάπαις, 아가파이스, 유다서 1:12)라고 말하기 때문에 더욱 그러하다. 베드로와 유다서는 둘 다 다른 신자들과 함께하는 식사를 이야기하면서(συνευωχούμενοι, 쉰유오쿠메노이), 식사에서 일어난 일을 언급한다.[101] 실제로 베드로의 많은 사본에는 "속임수" 대신 "애찬"이라는 단어가 있다. 일부 사본에 들어있는 "애찬"은 분명히 유다서와의 동화이다. 베드로는 선생들의 행동이 "애찬"에 합당하지 않다는 언어유희를 하고 있다. 따라서 베드로는 그들이 공동체에 참여하는 것을 죄의 핑계로 이용하고 있기 때문에, 식사 참여를 속임수라고 규정한다. 그들은 다른 신자들과 함께 식사를 하면서 아마도 주의 만찬에서 절정에 이르렀을 때, 다른 사람의 유익을 구하기보다 교묘하게 자신의 쾌락을 추구하고 있었다.

2:14. 14절에 도달하면 선생들이 심판을 받아야 하는 더 많은 이유를 제시한다. 이는 2장 12절의 "이 사람들은 … 멸망을 당하며"의 주절을 뒷받침한다. 고발장은 음란으로 바뀌었고 연회에서 만연한 음란은 그리스-로마 세계에 잘 알려져 있었다.[102] "음심이 가득한 눈을 가지고"(μοιχαλίδος, 모이칼리도스)는 특이하기 때문에, 다른 사본은 "간음"(μοιχείας, 모이케이아스)으로 대체한다. 어떤 사본들은 의미를 알 수 없고 다른 곳에서 나타나지 않는 단

101 같은 동사가 홍수 후에 노아의 집이 벌였던 잔치와 또한 매년 3번의 유대 절기 동안 음식을 먹는데 사용되었다(Josephus, *Ant.* 1.92와 4.203).
102 G. Green, *Jude and 2 Peter*, 281.

어(μοιχαλείας, 모이칼레이아스)를 소개한다. 베드로의 언어는 생생하고 매력적이다. 이 사람들은 모든 여자를 간음할 수 있는 대상이라고 생각했다. 처녀를 음욕으로 보지 않겠다고 약속한 욥과 얼마나 다른가(욥 31:1; 참조. 마 5:28)?[103] 그리스 문헌에는 부끄러움 없는 사람의 눈에는 "처녀"(κόρας, 코라스)가 없고 "창녀"(πόρνας, 포르나스)가 있다는 말장난이 있다(Plutarch, Mor. 528E). 다음 내용은 그들이 결코 "범죄하기를 그치지 아니하고"라고 말하며, 아마도 물질적인 것에 대한 탐욕을 포함하지만, 다른 여자들에 대한 탐욕을 함께 의미할 것이다.

선생들이 다른 사람들에게 미친 부정적인 영향은 "굳세지 못한 영혼들을 유혹하며"라는 말로 표현된다. "유혹하다"(δελεάζω, 델레아조)는 낚시와 사냥의 세계에서 유래했으며, 미끼로 순진한 먹이를 올가미로 잡는 데 사용된다(참조. 약 1:14). 18절에서 거짓 선생들이 다른 사람들에게 미치는 영향을 나타내기 위해 이 단어가 다시 나온다. 여기에서 "굳세지 못한"(ἀστηρίκτους, 아스테리크투스) 자들이 유혹을 받았다고 말한다. 관련된 동사가 1장 12절에 나오는데 "진리에 서 있는"(ἐστηριγμένους, 에스테리그메누스) 자들을 말한다. 3장 16절에서 "굳세지 못한"(ἀστήρικτοι, 아스테리크토이) 자들이 바울의 글과 성경의 나머지 부분을 왜곡했다고 경고한다. 이 구절은 성적인 죄와 탐욕에 집중하기 때문에, 아마도 선생들은 심판을 생각하지 않고 성적 쾌락을 즐기며 물질적으로 안락하게 살 수 있다고 약속함으로 사람들을 죄로 유혹했을 것이다. 이러한 신학은 불안정한 사람들을 그냥 지나쳐 가지 않았고, 그들은 게걸스럽게 미끼를 삼키고 있었다.

베드로는 성적인 죄에서 탐심으로 옮겨가지만, 거짓 선생들의 죄가 다음 문구에서 중심 주제가 된다. 그들은 "탐욕으로 연단"되었다. "연단된"(γεγυμνασμένην, 게귐나스메넨)에서 "김나지움"이 파생되었다(참조. 딤전 4:7; 히 5:12; 12:11; 참조. Josephus, Ant. 3.15). 김나지움은 "젊은 시민의 육체적 훈련을 위해 설립된 센터였으며, 이후에 지역 사회에서 2차 교육기관의

---

103 슐락그(P. Dschulnigg)은 여기에서 마태복음의 전통을 발견한다("Der theologische Ort des zweiten Petrusbriefes," *BZ* 33 [1989]: 169).

역할을 하는 심신 교육의 장소가 되었다."¹⁰⁴ 거짓 선생들은 탐욕에 힘을 쏟고
실행했으며, 그것은 완전한 습관이 되었다. 이러한 죄를 나열한 베드로는 그
행동의 결과로 돌아간다. 그들은 "저주의 자식"이었다.¹⁰⁵ 즉, 그들은 하나님
의 저주 아래 있었다.¹⁰⁶ 이것이 선생들이 부인했던 현실이기 때문에 심판의
주제가 다시 나타난다. 베드로는 독자들이 심각하게 받아들이고 그 선생들을
거부하도록 독자들을 깨우려고 한다.

2:15. 저주의 자식은 적어도 형식적으로는 하나님의 백성의 일부라는 점
에서 옛 이스라엘과 같았다.¹⁰⁷ 그들은 "바른 길"을 떠나 길을 잃었다. 길을
떠났다는 의미는 그들이 한때 하나님의 백성의 일부였음을 보여 준다(참조.
2:1, 20-21).¹⁰⁸ 그들은 옛 이스라엘처럼 잘못된 길을 갔다. 우리는 이미 2절
에서 "길"의 중요성에 대해서 언급했다. "길"은 이 구절에서 두 번 사용되었
다. 우리는 2절에서 두 길, 즉 의의 길과 악의 길의 전통에 주목했다(참조. 잠
2:15). 다른 길은 없고 "바른 길"에서 떠난 자들은 이제 새로운 길, 곧 "발람
의 길"을 가고 있다.¹⁰⁹

발람은 구약에 나오는 특이한 인물이다. 민수기 22-24장의 해석은 너무
어렵다. 이 부분에서 발람이 긍정적으로 묘사되었다고 생각하는 학자도 있
다. 그러나 이 해석은 예리한 눈으로 민수기 22-24장을 충분히 읽지 못하고
나머지 정경적인 근거도 무시한다. 사실, 베드로는 16절에서 이야기의 주요
특징 중 하나를 발견한다. 발람의 나귀는 발람을 죽음에서 보호하고 꾸짖었
다(민 22:21-35). 나귀가 발람에게 말하는 것은 하나님이 하시는 일에 관한
통찰력이 자신의 동물보다 부족했음을 나타낸다.¹¹⁰ 민수기의 화자는 발람이

104 G. Green, *Jude and 2 Peter*, 283.

105 헬라어 χατάρας τέχνα에서 속격 χατάρας는 셈어이다.

106 따라서, Frey, *Der Brief des Judas und der zweite Brief des Petrus*, 295.

107 폰버그는 신명기 11:26-28를 이스라엘 앞에 축복과 저주가 있는 배경으로 주목한다. 모세는
이스라엘이 바른 길을 버리고 그릇된 길을 가고 있다고 말했다(*An Early Church in a Pluralistic Society*, 102–3).

108 Fornberg, *An Early Church in a Pluralistic Society*, 102.

109 몇 가지 수정으로 내 논의는 유다서 1:11의 논의와 일치한다.

110 Fuchs and Reymond, *2 Pierre, Jude*, 98. 메이어는 발람이 나귀에게서가 아니라 양심으로 그
소리를 들었다고 주장하면서 합리화한다(*Jude and Second Peter*, 203). 이 언급은 메이어의 세

이스라엘을 저주하기 위해 여행할 때, 그 의도가 불순했고, 금전적인 보상을 원했음을 보여 준다(민 21:15-20). 이 이야기의 요점은 비록 선지자가 하나님의 백성을 저주하기를 원했음에도 불구하고 여호와께서 발람을 통해 이스라엘을 축복하기 위해 주권적으로 말씀하셨다는 것이다(참조. 신 23:4-5; 수 24:9-10; 느 13:2; 참조. Josephus, *Ant.* 4.118-22; Philo, *Moses* 1.277, 281, 283, 286; *Migration* 114).[111] 민수기는 발람이 이스라엘과 싸우다가 죽임을 당한 이후의 그에 대한 진정한 성격을 증언한다(민 31:8). 미디안 사람들이 이스라엘에 덫을 놓은 바알브올의 성범죄는 발람의 조언에 기인한 것으로 여겨진다(민 31:16; 참조. 계 2:14; Josephus, *Ant.* 4.129-30; Philo, *Moses* 1.295-300).[112]

놀랍게도 어떤 역본들은 발람을 "베셀의 아들"(NIV) 또는 "브올의 아들"(ESV, NASB, RSV, NKJV, 개역개정)이라 칭한다. 브올은 실제로 발람의 아버지였다(민 22:5; 24:3, 15). 헬라어 성경은 "보소르의 아들"(CSB, KJV, NRSV, HCSB가 올바르게 반영함)이라고 기록한다. 이 이름은 다른 곳에 나오지 않기 때문에 혼란스럽다. 일부 주석가들은 베드로가 실수했다고 생각한다.[113] 그러나 이미 우리는 베드로가 언어유희를 좋아한다는 점에 주목했다. 그는 여기에서도 언어유희를 계속하고 있다. "보소르"라는 단어는 히브리어 "육신"(בשר, 바사르)의 말장난에서 왔을 가능성이 높고,[114] 그가 온 지역을 가리킬 가능성은 적다.[115] 발람은 성령의 사람이 아니라 육신의 사람이었다. 폰버그는 발람의 "성적 음란함"이 민수기 25장과 31장과 일치하며 여기에서 고려된다고 제시한다.[116] 발람과 같이 거짓 선생들은 하나님의 백성을 의로운 길

계관을 드러내지만, 베드로가 의도한 바를 타당하게 해석하지 않는다.

111 발람에 관한 전통은 다음을 참조하라. C. H. Savell, "Canonical and Extracanonical Portraits of Balaam," *BSac* 166 (2009): 387-404.

112 모딤의 엘리에제르(AD 약 135년)는 하나님께서 또 다른 홍수를 내리지 않을 것이라고 약속한 발람에게 어떤 통치자들이 어떻게 반응했는지 보고한다. "아마도 그는 홍수는 내리지 않고 불의 홍수를 일으킬 수 있다"(Mek. Exod 18:1). 나는 이 언급을 다음에 빚지고 있다. Fornberg, *An Early Church in a Pluralistic Society*, 40n3.

113 참조. Bigg, *Peter and Jude*, 283; Kelly, *Peter and Jude*, 342-43.

114 Bauckham, *Jude, 2 Peter*, 267-68; Moo, *2 Peter, Jude*, 128.

115 G. Green, *Jude and 2 Peter*, 289-90.

116 Todd Fornberg, "Balaam and 2 Peter 2:15: 'They Have Followed in the Steps of Balaam' (Jude

로 인도하지 않고 육신의 길로 인도하고 있었다.[117] 나는 이미 발람이 탐욕으로 동기를 얻었음에 주목했고, 이 구절은 "불의의 삯을 사랑했다"라는 비난으로 마무리한다. "불의의 삯"(μισθὸν ἀδικίας, 미스돈 아디키아스)은 13절에서 사용되었다. 발람은 돈을 사랑했고 물질적 이익에 대한 욕망이 그의 예언을 지배했으며 동기를 부여했다. 이와 비슷하게, 거짓 선생들은 탐욕에 이끌렸다(2:3, 14). 부드러운 삶은 충분히 필요한 재정이 있어야 추구할 수 있다. 발람과 같은 거짓 선생들은 그들 자신의 위로와 안전을 보장해 줄 원칙이 없는 가르침을 전파하는 사람들이었다.[118]

2:16. 베드로는 발람의 이야기에서 가장 유머가 넘치는 부분을 보여 준다. "베드로는 이성적으로 말하는 벙어리 나귀와 미쳤거나 비이성적인 선지자 발람 사이의 심오하게 아이러니한 대조를 설정하는 것처럼 보인다."[119] 발람이 거짓 경건의 겉옷을 입고 탐욕을 부리며 발락을 만나러 길을 가는 동안 자신을 대신하여 나귀가 하나님의 천사의 위협을 깨달았다(민 22:21-25). 일부 주석가들은 나귀가 실제로 발람을 꾸짖은 것이 아니라 발람이 때리는 것을 불평했을 뿐이라고 말한다. 이 관찰은 이야기를 깊이 있게 충분히 읽지 못한다. 선지자 발람은 그 위협을 알지 못했지만, 나귀의 불평은 (나귀를 위협하는) 영적인 실재를 보았기 때문이다. 예언을 위해 동물의 내장을 읽었을 선지자가 자신보다 하나님의 일을 더 잘 분별하는 자신의 동물 중 하나에게 뒤처졌다. "불법"(παρανομίας, 파라노미아스)과 "미친 행동"(παραφρονίαν, 파라프로니안)에는 또 다른 언어유희가 있다. 물론 발람은 말 그대로 제정신이 아니었다. 선생들에게 반응하는 유일한 바른 방법은 그들의 불법적인 행로를 거부하는 것이다. 왜냐하면 성경적인 전통에 익숙한 모든 독자는 마침내 발람에게 무슨 일이 일어났는지 알고 있기 때문이다. 그는 이스라엘과 싸우다가 치욕스럽게

11))," in *The Prestige of the Pagan Prophet Balaam in Judaism, Early Christianity and Islam*, ed. G. H. van Kooten and J. van Ruiten, TBN 11 (Leiden: Brill, 2008), 267-68.

117 레이케는 다시 선생을 외국인 고용주에게 고용된 대리인으로 보고 본문을 과장해서 읽는다 (*James, Peter, and Jude*, 169).

118 그러나 찰스는 발람을 배교의 예로 보는 점에서 너무 멀리 나간 견해를 피력한다(*Virtue amidst Vice*, 90). 발람이 여호와를 믿었다는 증거는 없다.

119 G. Green, *Jude and 2 Peter*, 287.

죽임을 당했다(민 31:8). 비슷한 운명, 즉 심판이 선생들을 기다리고 있었으므로 베드로의 독자들은 거짓 선생들의 가르침을 거부해야 한다.

4.4. 거짓 선생들이 다른 사람들에게 미치는 악영향(2:17-22)

[17] 이 사람들은 물 없는 샘이요 광풍에 밀려 가는 안개니 그들을 위하여 캄캄한 어둠이 예비되어 있나니 [18] 그들이 허탄한 자랑의 말을 토하며 그릇되게 행하는 사람들에게서 겨우 피한 자들을 음란으로써 육체의 정욕 중에서 유혹하는도다 [19] 그들에게 자유를 준다 하여도 자신들은 멸망의 종들이니 누구든지 진 자는 이긴 자의 종이 됨이라 [20] 만일 그들이 우리 주 되신 구주 예수 그리스도를 앎으로 세상의 더러움을 피한 후에 다시 그 중에 얽매이고 지면 그 나중 형편이 처음보다 더 심하리니 [21] 의의 도를 안 후에 받은 거룩한 명령을 저버리는 것보다 알지 못하는 것이 도리어 그들에게 나으니라 [22] 참된 속담에 이르기를 개가 그 토하였던 것에 돌아가고 돼지가 씻었다가 더러운 구덩이에 도로 누웠다 하는 말이 그들에게 응하였도다

강조점은 거짓 선생들이 다른 사람들에게 미치는 영향으로 이동한다. 베드로는 그들의 속임수를 강조하면서 시작한다. 거짓 선생들은 목마른 자들에게 물을 주겠다고 약속했지만, 목마른 자들을 매우 목마르고 건조한 채로 내버려 두었다. 그러므로 그들의 심판(17c절)은 의롭다. 18-19절은 최근에 회심한 사람들을 어떻게 유혹했는지 더욱 구체적으로 설명한다. 우리는 세 가지를 들을 수 있다. (1) 그들은 약한 자들이 말하는 내용을 선생들이 알았다고 생각하도록 독단적이며 자신감 있게 말했다. (2) 그들은 성욕을 마음껏 탐닉해도 아무 상관이 없다고 주장하면서 인간의 죄악 된 욕망에 호소했다. (3) 그들은 자기들의 가르침이 자유에 이르는 길이라고 주장했다. 베드로(19절)는 선생들이 죄에 사로잡혀 있었기 때문에, 자유에 대한 약속이 매우 아이러니하다고 본다. 20-22절에서 선생들을 말하는지 아니면 그들에게 미혹된 자들을 말하는지 알기 어렵다. 어느 경우이든 그는 배도가 위험하다고 설명한다. 복음을 받아들이고 돌아서면

믿음을 되찾기 어렵기 때문이다. 마지막 상태는 처음 상태보다 더 나빠졌다. 의의 도를 아는 사람은 다시 진리를 고려하지 않기 때문에 의의 도를 부인하는 것보다 알지 못했던 것이 차라리 더 낫다. 넘어진 자는 자신을 개나 돼지와 같이 드러낸다. 그들의 진정한 본성은 토한 것이나 더러운 구덩이로 돌아간다는 점에서 나타난다. 그러므로 베드로는 그의 독자들에게 그 길은 가파르고 빠르게 내려가는 길이기 때문에 유혹을 받은 자들의 길을 가지 말아야 하며, 내려간 사람들은 더 이상 돌아오기를 원하지 않기 때문에 다시 위로 올라오는 것은 사실상 불가능하다고 경고한다.

2:17. 이제 베드로는 거짓 선생들이 다른 사람들, 특히 최근에 복음으로 회심한 사람들에게 미친 영향을 살핀다. 그 언어는 계속해서 유다서의 언어에 가깝다. 베드로는 "물 없는 샘"을 썼고 유다서는 "물 없는 구름"을 말했다(유 12, NIV). 둘 다 개념은 비슷하다. 중동 아시아의 무더위 속에서, 봄은 목마른 여행자들의 안식처가 될 것이다. 약속한 샘물이 말라 버린 것을 보고 좌절과 실망을 겪을 것이다. 베드로는 거짓 선생들의 가르침을 곰곰이 생각한다. 목마른 영혼들에게 만족을 주겠다고 약속했지만, 결국 갈증과 목마름으로 남아 있었다. 우리는 여기에서 예레미야 2장 13절의 병행을 본다. "내 백성이 두 가지 악을 행하였나니 곧 그들이 생수의 근원되는 나를 버린 것과 스스로 웅덩이를 판 것인데 그것은 그 물을 가두지 못할 터진 웅덩이들이니라." 물은 사람의 영적인 생명을 유지하는 가르침을 의미한다(참조. 잠 10:11; 13:14; 14:27; Sir 24:23-31).[120] 그린(Green)은 다음과 같이 올바르게 말한다. "이단은 교실에서 매우 새롭다. 그러나 교회 전체에는 매우 불만족스럽다."[121]

유다서는 비가 내리지 않는 구름이 바람을 따라 밀려갔음을 고려하고 베드로는 "광풍에 밀려 가는 안개"를 생각한다. "안개"(ὀμίχλαι, 오미클라이)는 시야가 가려지는 폭풍을 의미할 수 있다.[122] 이 글에서 거짓 선생들은 자기들

---

120 Vögtle, *Judasbrief, 2 Petrusbrief*, 205; Fuchs and Reymond, *2 Pierre, Jude*, 98.

121 M. Green, *2 Peter and Jude*, 126.

122 Bigg, *Peter and Jude*, 284.

의 가르침으로 혼란을 일으켰다.[123] 그러나 대부분의 주석가들은 이 표현을 이 구절의 첫 표현과 병행으로 본다. 안개는 건조한 기후에서 절실하게 필요한 물을 약속하지만 바람은 흐릿한 안개를 몰아내고 땅은 메마른 상태로 남는다.[124] 두 경우 모두 선생들은 약속을 지키지 않았다. 그들은 화합을 약속했지만 불협화음을 일으켰다. 그다음 베드로는 심판의 주제로 돌아간다. 거짓 가르침은 가벼운 문제가 아니었다. 잘못된 것을 퍼뜨리는 자들에게는 "캄캄한 어두움이 예비되어 있다."[125] 베드로는 선생들이 맞이할 미래의 심판을 계속해서 강조한다. 주석가들은 종종 어둠의 이미지가 물이 없는 샘과 흐릿한 안개의 이미지와 어울리지 않는다고 말한다. 그러나 짙은 안개는 시야를 흐리게 할 수 있기 때문에 안개의 언어는 어둠과 잘 어울릴 수 있다.[126] 이미지에 일관성이 없더라도 저자는 종종 은유를 혼합하므로 베드로가 보여 주는 것에 놀랄 필요가 없다.[127]

2:18. 18절의 주절은 다음과 같다. "그릇되게 행하는 사람들에게서 겨우 피한 자들을 음란으로써 육체의 정욕 중에서 유혹하는도다." 거짓 선생들은 최근에 믿은 자들에게 복음에 대한 헌신을 포기하도록 유혹하고 있었다. "왜냐하면"(γάρ, 가르. 개역개정은 생략)은 선생들이 캄캄한 어두움에 처하게 된 또 다른 이유를 제시한다(17b절). 즉, 그들이 다른 사람들을 자기들의 악한 길로 감싸서 그들의 악을 극대화했기 때문이다. 사람들을 진리로 인도하지 않고 오류에 빠지게 했기 때문에 물 없는 샘이었다.[128] 사람들에게 생명수를 공급하는 대신에, 그들은 "물을 가두지 못할 웅덩이들"(렘 2:13)을 주었다. 그들은 진리를 향하도록 하는 대신에, 최근 회심한 사람들에게 오류에 대

---

123 Hillyer, *1 and 2 Peter, Jude*, 207.

124 Kelly, *Peter and Jude*, 345; Bauckham, *Jude, 2 Peter*, 274.

125 해프먼은 심판이 2:17a에서 그들의 악한 행동의 결과라고 올바르게 이해한다("Identity, Ethics, and Eschatology in 2 Peter 2.17-22," in *Muted Voices of the New Testament: Readings in the Catholic Epistles and Hebrews*, ed. K. M. Hockey, M. N. Pierce, and F. Watson, LNTS 565 [London: Bloomsbury T&T Clark, 2017], 59).

126 Calvin, *Catholic Epistles*, 407; M. Green, *2 Peter and Jude*, 126.

127 Moo, *2 Peter, Jude*, 141.

128 다음의 논의 구조를 참조하라. S. Hafemann, "Identity, Ethics, and Eschatology in 2 Peter 2.17-22," 60.

한 기쁨을 주었다. "유혹하다"(δελεάζουσιν, 델레아주신)는 2:14에서 사용된 동일한 단어를 반복한다. 우리는 14절에서 사냥과 낚시를 위한 미끼에 대해서 살펴보았다. 거짓 선생들은 먹이를 잡으려는 사냥꾼처럼 잘못된 길로 인도하고 유혹했다.

"겨우"(ὀλίγως, 올리고스)의 경우, 사본 문제가 있다. 이 용어는 "최근에" 또는 "겨우"(ESV, NAB, CEV; NJB 성경은 "거의") 오류에서 벗어난 사람들을 나타낸다. 다수 사본은 "겨우"(ὀλίγως, 올리고스) 대신에 "사실"(ὄντως, 온토스, NKJV)을 제시하는 데, 초기 사본들에서 이 단어들이 대문자였다면 구분하기 어려웠을 것이다. 그러나 우리는 "겨우"(ὀλίγως, 올리고스)가 원문임을 확신할 수 있다.[129] 알렉산드리아 사본(Alexandrian)과 서방 사본은 "최근에"를 지지한다. 더 나아가 "겨우"(ὀλίγως, 올리고스)는 그리스 문헌에서 거의 사용되지 않으므로 필사자의 실수로 더 일반적인 단어를 넣었을 가능성이 있다. 문맥상 "최근에" 또는 "간신히"가 더 적합하지만, "최근에"가 더 낫다. 거짓 선생들은 여전히 신앙이 불안정한 최근 회심자들에게 영향을 미쳤다. 반대로 베드로가 "그릇되게 행하는 사람들에게서 실제로 피한" 자들을 유혹했다고 말하는 것은 가능하지 않다.[130] 다른 사본 문제가 이 구절에 끼어든다. 이 구절은 현재 시제로 "피하는 사람들"(NIV, ἀποφεύγοντας, 아포퓨곤타스)인가 또는 부정과거 "피했던"(ἀποφυγόντας, 아포퓌곤타스)인가? 외적 증거는 현재 시제를 지지하고, 다른 두 구절에서 베드로가 부정과거(ἀποφυγόντες, 아포퓌곤테스)를 사용하기 때문에(1:4; 2:20), 필사자들이 현재 대신 부정과거를 삽입했을 가능성이 높다. "겨우"(ὀλίγως, 올리고스)와 결합된 현재 시제는 서술된 사건이 최근이라는 점에 초점을 맞춘다. NIV 성경은 다음과 같이 뉘앙스를 잘 파악한다. 그들은 "그릇되게 행하는 사람들에게서 이제 방금 피하고 있었다." 그러므로 베드로는 그들이 세상의 손아귀에서 "겨우" 벗어났다고 말하는 것이 아니라 최근에 세상에서 벗어났다고 말하는 것 같다. "그릇되게"(πλάνη, 플라네) 행하는 사람들은 불신자들이다(참조. 롬 1:27; 엡 4:14; 살전 2:3; 살

129 해프먼도 일시적인 것이 아니라 그들의 벗어남의 범위를 말한다고 여긴다("Identity, Ethics, and Eschatology in 2 Peter 2.17-22," 61n13).
130 *TCGNT*, 635의 도움이 되는 설명을 참조하라.

후 2:11; 약 5:20; 벧후 3:17; 요일 4:6; 유 11). 거짓 선생들은 교활했다. 그
들은 불안정하고 그들의 계획에 휘둘리기 쉬운 사람들을 목표로 삼았다.

주동사를 수식하는 두 어절은 모두 수단을 의미하며, **어떻게** 선생들이 최
근 회심한 자들을 유혹했는지 설명한다. 첫째, 그들은 "허탄한 자랑의 말"로
다른 사람들을 유혹한다. 둘째, "음란으로써 육체의 정욕 중에서 유혹"해서
사람들을 그릇 인도한다. 따라서 거짓 선생들은 두 가지 방법으로 최근 회심
한 사람들을 유혹했다. (1) 자랑의 말과 (2) 육체에 방종하라는 초청이다. 빅
(Bigg)은 다음 두 어절의 의미를 적절하게 표현한다. "거대한 궤변은 갈고리
이며 더러운 정욕은 미끼이다. 이 사람들은 주께서 건져 주셨거나 건지시는
사람들을 이 미끼로 잡는다."[131] 각 문구에 대해서 자세히 살펴보자. 그들의
말은 확고한 자신감($\acute{\upsilon}\pi\acute{\epsilon}\rho o\gamma\kappa a$, 휘페롱카)으로 가득 차 있었고 베드로는 이것
을 오만한 허영심으로 여겼다. 확고한 자신감이 오만과 죄에서 비롯된 것이라
고 할지라도 종종 약한 사람들은 다른 사람의 확고한 자신감에 취약한 경우가
많다. 궁극적으로 그들의 오만한 말은 허탄하다($\mu a\tau a\iota\acute{o}\tau\eta\varsigma$, 마타이오테스). 왜
냐하면 진리에서 벗어난다면 무엇이든 실패하기 마련이기 때문이다. 선생들
의 말은 자신감을 불어넣지만 결국 그 처방을 후회하게 된다.

NIV 성경의 번역, "육체의 탐욕스러운 욕망에 호소함으로써"는 이 어구
의 어려운 점을 감춘다. 문자적은 번역은 "그들은 육체의 정욕, 음란으로 유혹
한다"이다(개역개정, "음란으로써 육체의 정욕 중에서 유혹하는도다")이다.
"음란"($\acute{a}\sigma\epsilon\lambda\gamma\epsilon\acute{\iota}a\iota\varsigma$, 아셀게이아이스)은 헬라어에서는 어색하다. 여격 대신에 속
격이 기대되므로 몇몇 필사자들은 속격으로 기록했다. 그러나 베드로가 여격
을 사용한 것은 의심의 여지가 없다. 우리는 명사를 형용사로 번역할 수 있다.
"음란한 정욕," 또는 더 가능성 있는 동격 "육체의 정욕, 즉 음란한 정욕"으로
보아야 한다. "음란"($\acute{a}\sigma\epsilon\lambda\gamma\epsilon\acute{\iota}a\iota\varsigma$, 아셀게이아이스)은 베드로가 마음에 품고 있
는 육체의 정욕이 무엇인지 나타내며, 일반적으로 이 단어는 성적인 죄를 의
미한다.[132] 베드로는 이미 2장에서 이 단어를 두 번 사용했다(2절과 7절). 우리
는 두 경우 모두 성적인 죄를 고려하고 있음에 주목했다. 선생들은 심판이 오

131 Bigg, *Peter and Jude*, 284.

132 Fuchs and Reymond, *2 Pierre, Jude*, 99.

지 않을 것이라고 가르쳐서 최근에 회심한 자들을 유인했다(3:3-7). 심판이 없다면 도덕은 무의미하다는 결론이 나온다. 심판은 환상이기 때문에 사람들은 원했던 대로 살 수 있었을 것이다. 그 결과 모든 측면에서 성적인 죄에 대한 문이 열렸을 것이다.

2:19. 이 구절의 분사 구문은 선생들이 최근에 교회에 들어온 사람들을 유혹한 세 번째 수단을 제시한다. 헬라어 분사는 "그들에게 자유를 약속하는"이라는 의미이다. CSB 성경은 동사를 사용해서 "그들에게 자유를 약속한다"라는 어절로 번역한다. 주절로 분명하게 이 분사 구문은 앞의 절과 관련이 있다. 그들은 특별히 성생활의 영역에서 도덕적인 구속을 제거함으로 자유를 약속했다. 이 가르침은 바울의 자유의 복음을 왜곡함으로 일어났을 수 있다. 어떤 사람들이 그의 가르침을 왜곡하고 있었다(3:15-16).[133] 도덕적인 제약으로부터 자유는 미래의 심판이 없을 것이라는 개념과도 잘 맞아떨어진다.[134] 선생들은 "멸망의 종들"이었기 때문에 자유에 관한 그들의 약속은 매우 아이러니하다. 대조적으로 베드로는 "예수 그리스도의 종"(1:1)이었다. 어떤 학자들은 우리가 2장 12절에서 보았듯이 "멸망"이라는 단어가 도덕적 타락으로 제한되어서는 안 된다고 생각한다.[135] 물론 도덕적 타락과 종말론적 멸망은 논리적으로 연결된다. 그러나 여기에서 종말론적인 멸망이 포함되었는지 의심스럽다. "종들"(δοῦλοι, 둘로이)과 "멸망"이라는 단어의 조합은 베드로가 여기에서 선생들의 도덕적인 타락을 고발했음을 의미한다.[136] 멸망이라는 단어는 예

---

133 Kelly, *Peter and Jude*, 346; Fornberg, *An Early Church in a Pluralistic Society*, 106-7. 따라서 자유에 대한 호소는 영지주의적 위협의 증거가 되지 않는다(Vögtle, *Judasbrief, 2 Petrusbrief*, 218-19). 그린은 거짓 선생들이 자유를 선포함에 있어 바울과 다른 출처를 이용했다고 주장한다(*Jude and 2 Peter*, 297–99). 프레이는 반대자들이 자유에 관한 자기들의 개념을 위해서 바울에 의지했을지 모르지만, 바울과 대조적으로 자유에 관한 그들의 개념이 최종 심판이 없을 것이라는 개념과 병합했다고 말한다(*Der Brief des Judas und der zweite Brief des Petrus*, 302).

134 Davids, *2 Peter and Jude*, 246. 지식으로 이루어진 자유로 이해하는 스미스에 반대된다 (*Petrine Controversies*, 92). 프레이는 반대자들에 의해 촉진된 자유를 설명하기 위해서 다른 여섯 가지 시나리오를 제시한다(*Der Brief des Judas und der zweite Brief des Petrus*, 301-2).

135 예. Kelly, *Peter and Jude*, 346; Bauckham, *Jude, 2 Peter*, 276; Davids, *2 Peter and Jude*, 247.

136 또한 다음을 참조하라. Bigg, *Peter and Jude*, 287; Moo, *2 Peter, Jude*, 144. 해프먼은 "멸망을 위한 종들"(이탤릭체는 그의 것)에서 멸망이 심판을 나타내는 것으로 이해한다(참조. 2:3; 3:7, 16, "Identity, Ethics, and Eschatology in 2 Peter 2.17-22," 63).

상보다 더 복잡한 구문이다. 선생들이 죄로부터 해방될 수 없었다면 자유롭기 힘들다. 간음을 생각하면서 여자를 바라보는 사람들, 마음이 탐욕으로 연단되고 훈련된 사람들은 참으로 종들이다. 그들이 다른 사람들에게 약속한 자유는 환상이었다.

이 구절은 그들이 왜 종들이었는가를 설명하면서 끝난다. "사람들은 자신을 패배시키는 모든 것의 종이다"(개역개정. "누구든지 진 자는 이긴 자의 종이 됨이라"). 어떤 주석가들은 "사람은 자기를 이기는 자의 종이 된다"라는 속담의 번역이라고 생각한다(사람이 강조점. 역자 주).[137] 이 속담은 원래 노예무역에서 나왔지만, 그 성격은 중성인 단어 "무엇이든"이 적합하다.[138] 습관과 죄를 극복하지 못하면 이런 것들의 노예가 된다. 선생들이 죄에서 벗어날 수 없다면 어떻게 자유의 메시지를 선포할 수 있는가? 그들의 생활 방식은 자기들의 메시지와 모순된다.

2:20. 우리가 20-22절에서 물어야 할 첫 번째 질문은 베드로가 거짓 선생들을 언급하는지 아니면 그들이 유혹했던 최근에 회심한 사람들을 언급하는지에 대한 것이다. 최근 회심한 사람들이 유혹을 받았다는 이유는 다음과 같다.[139] (1) 20절을 시작하는 "왜냐하면"(γάρ, 가르, 개역개정은 생략)은 18절을 가리킬 수 있으며, 이는 반대자들의 올무에 걸린 결과를 설명한다. (2) 18절과 20절에서 "피한"(18절 'ἀποφεύγοντας', 아포퓨곤타스, 20절 'ἀποφυγόντες', 아포퓌곤테스)이라는 같은 단어가 반복되며, 최근 회심한 사람들이 주어이다. 18절에서 그들은 그릇되게 행하는 사람들에게서 벗어났고, 20절에서는 "세상의 더러움"에서 벗어났다. (2) 켈리(Kelly)는 20-21절은 굴복하려는 자들을 향한 경고인 반면, 베드로는 거짓 선생들이 결코 믿음으로 돌아오지 않을 것이라고 결론을 내리며 그들은 아무런 소망이 없다고

---

137 Bauckham, *Jude, 2 Peter*, 277; Schelke, *Der Petrusbrief-Der Judasbrief*, 217.

138 Moo, *2 Peter, Jude*, 144-45.

139 특별히 다음을 참조하라. Kelly, *Peter and Jude*, 347-48; Fuchs and Reymond, *2 Pierre, Jude*, 100-101; 또한 다음을 참조하라. D. A. Dunham, "An Exegetical Study of 2 Peter 2:18-22," *BSac* 140 (1983): 41-42; Reese, *2 Peter and Jude*, 161-62.

주장한다.[140]

그러나 대부분은 거짓 선생들로 이해한다.[141] (1) 이 장은 전체적으로 반대자들에 관한 내용으로 이 구절들도 그들을 반대하고 있다. (2) "멸망"은 19, 20절에서 반복된다. 19절에서 악에 의해 "진"(ἥττηται, 헤테타이) 것은 분명히 거짓 선생들이며, 따라서 20절에서 같은 단어 "지면"(ἥττῶνται, 헤톤타이)은 자연스럽게 그들에게 적용된다. (3) 선생들은 분명히 이 구절들이 묘사하는 배교를 저질렀지만, 베드로는 최근에 유혹을 받은 사람들이 여전히 구원받을 수 있기를 소망한다.[142]

본문이 모호하기 때문에 결정은 쉽지 않다. 베드로가 말한 내용은 거짓 선생들과 그들에게 미혹되어 기독교 신앙을 포기하는 모든 사람들에게 적용되기 때문이다.[143] 본문이 경고라는 켈리(Kelly)의 주장은 틀렸다. 베드로는 교회를 버린 어떤 사람에게 "응한"(συμβέβηκεν, 쉼베베켄, 22절) 일을 설명한다. 그러나 우리는 다른 의미에서 본문을 경고로 해석해야 한다. 배교한 자들의 운명은 거짓 선생들의 영향 아래 흔들리는 사람들에게 경고가 된다. 베드로는 배교를 저지르는 사람들이 진리로 돌아갈 가능성이 낮음을 독자들이 알기 원한다. 독자에게 이 판단의 결정은 중대한 결과를 낳는다. 흔

---

140 Kelly, *Peter and Jude*, 347-48.

141 참조. Vögtle, *Judasbrief, 2 Petrusbrief*, 207; Bigg, *Peter and Jude*, 285; Reicke, *James, Peter, and Jude*, 172; M. Green, *2 Peter and Jude*, 129; Moo, *2 Peter, Jude*, 145; R. A. Peterson, "Apostasy," *Presbyterion* 19 (1993): 18; Fornberg, *An Early Church in a Pluralistic Society*, 106; Mayor, *Jude and Second Peter*, 142; S. J. Kraftchick, *Jude, 2 Peter*, ANTC (Nashville: Abingdon, 2002), 147; L. R. Donelson, *I and II Peter and Jude*, NTL (Louisville: Westminster John Knox, 2010), 260; D. J. Harrington, *Jude and 2 Peter*, SP (Collegeville: Michael Glazier, 2003), 277, 280; G. Green, *Jude and 2 Peter*, 300; Davids, *2 Peter and Jude*, 249; Bauckham, *Jude, 2 Peter*, 277. 보컴은 켈리가 자신과 다른 견해를 가지고 있는 것이 분명하고 그 견해를 발전시킨다고 잘못 주장한다.

142 던햄(Dunham)은 이 구절이 새로운 회심자들과 관련이 있으며, 언급한 죄는 배교가 아니라고 주장한다("2 Peter 2:18-22," 40-54). 반대로 편지 전체는 그 위험이 배교라는 사실을 보여 준다. "개"와 "돼지"라는 별명은 부정한 동물, 즉 거룩한 영역에 있지 않은 동물을 가리킨다. 개와 돼지의 세심함과 깨끗함에 관한 던햄의 설명(50페이지)은 이 동물이 부정한 것으로 여겨졌던 유대적인 잠언의 배경을 놓치고 있다. 또한 2:21의 미완료 시제가 희구법 미완료라는 그의 견해는 개연성이 없다(49페이지).

143 Frey, *Der Brief des Judas und der zweite Brief des Petrus*, 304. 프레이는 두 번째 회개가 배제된다고 주장한다. 여기에서 다음의 견해를 주목하라. Fornberg, *An Early Church in a Pluralistic Society*, 106.

들리는 사람들은 최후의 심판이 위태로움을 알아야 한다. 그럼에도 불구하고 이 구절들은 세상의 더러움을 피한 후에도 세상의 길에 얽매인 자들, 거룩한 계명에서 돌아선 자들, 옛길로 돌아간 자들을 가리킨다. 마치 개와 돼지가 토한 것과 구덩이로 돌아가는 것과 같다. 결론에서 나는 이 구절들이 신자들이 구원을 잃을 수 있다고 가르치는지에 대해서 논의할 것이다.

20절은 회심에 대해서 언급하며, "만일 그들이 우리 주 되신 구주 예수 그리스도를 앎으로 세상의 더러움을 **피한**" 사람들에 주목한다.[144] 우리는 18절에서 "그릇되게 행하는 사람들에게서 겨우 **피한** 자들"은 최근에 죄에서 돌이킨 자들을 가리킨다는 것을 살펴보았다. 비슷하게 베드로후서 1:4에서 "너희가 정욕 때문에 세상에서 썩어질 것을 **피한**" 회심한 사람들에게 같은 단어를 사용한다. 20절에서 회심은 "세상의 부정함" 또는 "세상의 더러움"(NRSV)에서 돌이키는 것을 의미한다. 이 경험은 18절에서 나오는 불신앙의 그릇된 것에서 벗어나고, 1장 4절에서 세상의 정욕에서 벗어나는 것과 병행한다. 따라서 여기에서 더러움은 "도덕적 타락"을 의미한다.[145] 본문은 "앎"(ἐπίγνωσις, 에피그노시스)에 대해서 말할 때도 회심을 보여 준다. 이 단어는 베드로가 가장 좋아하는 단어이다. 은혜와 평강은 하나님과 예수 그리스도를 앎으로 말미암는다(1:2). 하나님을 아는 사람은 경건한 삶에 필요한 모든 것을 가지고 있다(1:3; 참조. 1:8). 여기에서 베드로는 예수 그리스도를 주님과 구주로 아는 지식에 초점을 맞춘다. 우리는 하나의 관사(τοῦ, 투)로 연결된 두 개의 헬라어 명사를 다시 볼 수 있는데, 이는 예수님이 주님이시며 구주이시며 교회로 들어오는 사람들이 예수님을 이와 같은 분으로 고백함을 나타낸다(참조. 1:2).

이 "신자들"은 세상의 더러움에서 벗어났지만, 다시 그 올무로 돌아왔다. 그들은 그 힘에 "지고"(ἥττῶνται, 헤톤타이) 그 즐거움에 다시 "얽매이고" 있었다. 처음 고백한 복음을 이제 부인했다. 그들이 받아들인 주님과 구주를 이제 거절한다. 탈출한 세계가 다시 그들을 사로잡았다. 베드로는 이것으로부터 그들의 마지막 형편이 이전보다 더 나쁘다고 결론짓는다. 물론 이전 형편

---

144 볼드체가 추가되었다.

145 A. Gerdmar, *Rethinking the Judaism-Hellenism Dichotomy: A Historiographical Case Study of Second Peter and Jude*, ConBNT 36 (Stockholm: Almqvist & Wiksell, 2001), 231-32.

은 회심하기 전, 세상의 정욕에 사로잡혀 있던 삶을 말한다. 마지막 형편은 베드로가 구원받을 것이라는 희망을 포기했다고 생각하면, 최근에 기독교 신앙을 거부하거나 최종적인 멸망을 나타낼 수 있다.[146] 마지막 형편이 처음보다 더 나빴던 이유는 무엇인가? 마지막 형편이 신앙에서 돌아섬을 말한다면, 그것은 기독교 신앙을 경험하고 그것을 거부한 사람들이 다시 그 신앙으로 돌아올 가능성이 낮기 때문이다. 그들은 이미 그 단계를 거쳤다고 결론짓고 복음에 대해 새롭게 듣지 않았을 것이다. 베드로는 이 부분에서 많은 비유를 사용하는 데, 여기에서 그는 예수님이 말씀하신 비유를 인용하는 것 같다.[147] 예수님은 사람에게서 나와서 거처를 찾아 헤매는 악한 영의 비유를 말씀하셨다, 아무것도 찾지 못해서 원래 있던 곳으로 돌아가지만 다른 일곱 영과 함께 잃어버린 소유를 되찾는다(마 12:43-45). 그는 "그 사람의 나중 형편이 전보다 더욱 심하게 되느니라"라고 결론을 내리신다. 이 문장은 예수님을 주님과 구주로 인식했지만, 그 이후 그를 거절한 사람들에게 잘 적용된다.

2:21. 21절은 나중 형편이 처음보다 더 나쁜 이유('왜냐하면', γάρ. 가르. 개역개정은 생략)를 설명한다. 베드로는 "나으니라"라는 문구로 잠언적인 말을 사용한다(참조. 마 5:29-30; 18:6, 8-9; 고전 7:9; 벧전 3:17). "알지"(ἐπιγινώσκω, 에피기노스코)는 앞 절의 명사 "앎"(ἐπιγνώσει, 에피그노세이)과 연결되어 교회에 들어가는 것을 가리킨다. 이 들어감은 의의 길을 아는 것이다(τὴν ὁδὸν τῆς δικαιοσύνης, 텐 호돈 테스 디카이오쉐네). 의의 길은 하나님께 속한 자들에게 요구되는 도덕적인 삶이다(참조. 잠 8:20; 12:28; 16:31; 마 21:32).[148] 우리는 이 서신의 첫 구절에서 의가 하나님의 구원하시는 능력을 나타내며 베드로는 이 구원하는 능력이 변화된 삶으로 인도한다고 제시한다. 여기에서 믿는 자들의 의로운 삶을 강조한다. 노아는 이 의를 전파한 사

---

146 후자의 견해는 다음을 참조하라. Frey, *Der Brief des Judas und der zweite Brief des Petrus*, 304-5.

147 여기에서 예수님의 전승이 사용되었다는 개념을 뒷받침하는 내용은 다음을 참조하라. Farkasfalvy, "Ecclesial Setting," 7.

148 여기에서 마태복음 전승에 대한 의존이 있을 수 있다(참조. Dschulnigg, "Der theologische Ort des zweiten Petrusbriefes,"169). 그러나 슐락그(Dschulnigg)는 아마도 베드로후서(174-75)에서 마태가 율법을 강조한다고 이해함으로 증거를 넘어서고 있을 것이다(174-75 페이지).

람이었고(2:5), 의는 새 하늘과 새 땅을 특징 짓는다(3:13). "거룩한 명령"은 "의의 길"을 설명하는 또 다른 방법이다. 그리스도인의 삶은 단수 명사로 새롭고 훌륭한 삶을 살아가라는 명령이 고려되는 삶이라고 볼 수 있다.[149] 이 계명은 "받은"(παραδοθείσης, 파라도데이세스) 것이며, 유다서는 같은 단어를 성도들에게 단번에 주신 믿음에 사용한다(유 3). 베드로는 "거룩한"과 같이 이 단어로 전통이 신뢰할 수 있으며 믿을 만하다는 사실을 강조한다. 여기에서 명령은 하나님 자신으로부터 온 것임을 알 수 있다.[150] 그럼에도 불구하고 이 사람들은 한때 받은 것을 외면하고 거절했다. 그들이 의를 알지 못하는 것이 더 나았다고 할 수 있다. 왜냐하면 배교한 사람들을 되찾는 일은 너무 어렵거나 심지어 불가능하기 때문이다.

2:22. 22절은 배교한 자들을 고려하는 마지막 속담이다. 단수 "속담"(헬라어로 단수형태)은 두 속담이 **하나의** 요점을 가리키는 것 같이 해석해야 한다. 우리는 이것을 읽을 때 개(출 22:31; 왕상 14:11; 16:4; 마 7:6; 15:26, 31; 눅 16:21; 빌 3:2; 계 22: 15)와 돼지(레 11:7, 신 14:8)가 유대인들에게 부정한 동물이었음을 생각해야 한다.[151] 개들은 무리를 지어 돌아다니며 쓰레기를 뒤졌다. 확실히 사랑스러운 애완동물로 여겨지지 않았다. 개에 관한 속담은 잠언 26장 11절에 나타난다. "개가 그 토한 것을 도로 먹는 것 같이 미련한 자는 그 미련한 것을 거듭 행하느니라." 속담의 요점은 쉽게 알 수 있다. 개는 자신이 토한 것에도 코를 킁킁거리며 역겹고 더러운 것으로 되돌아간다. 비슷하게 기독교 신앙을 버린 사람들은 혐오스러운 것으로 돌아가서 그것이 "의의 길"과 "거룩한 명령"보다 더 매력적이라는 사실을 찾는다.

두 번째 속담의 기원은 알려져 있지 않다. 일반적인 견해는 헤라클레이토스(Heraclitus)에서 유래했다고 하지만,[152] 다른 학자들은 이것이 "랍비 아키

---

149 G. Green, *Jude and 2 Peter*, 305.

150 훅스(Fuchs)와 레이먼드(Reymond)는 "명령"이 율법주의로 볼 근거가 없다고 바르게 관찰한다(*2 Pierre, Jude*, 102).

151 참조. T. Callan, Comparison of Humans to Animals in 2 Pet 2,10b-22," *Bib* 90 (2009): 106-12.

152 참조. G. S. Kirk, *Heraclitus: The Cosmic Fragments* (Cambridge: Cambridge University Press, 1954), 76-80.

바의 이야기"(The Story of Abikar)에서 왔다고 제안한다.[153] 시리아어로 기록된 "랍비 아키바 이야기"는 다음과 같이 말한다. "내 아들아 너는 나에게 목욕을 한 돼지와 같다. 미끈거리는 구덩이를 보고 내려가 거기에서 목욕을 했다."[154] 두 번째 잠언의 기원을 확실하지 않다. 어떤 학자들은 헤라클레이토스와의 연관성을 본다. 분사 "돌아가고"(ἐπιστρέψας, 에피스트렙사스)가 두 번째 줄(CSB 성경은 동사 "돌아가다"를 제시한다)은 에서는 반복되지 않는다는 점에 주목한다. 속담의 요점은 돼지가 진흙탕에 몸을 씻는 것을 좋아한다는 점이다.[155] 그러나 문맥이 해석의 가장 중요한 문제이다. 두 번째 동사가 생략되지만 분명히 암시된다. 따라서 대부분의 주석가들은 두 번째 행이 첫 번째 행과 병행한다고 올바르게 이해한다. 돼지는 몸을 깨끗이 씻은 후 진흙탕을 염탐하고 그 속에 뒹굴었다. 마찬가지로 예수 그리스도를 주님과 구주로 믿는 믿음을 고백하고 그를 부인하는 사람들은 깨끗이 씻었다가 다시 원래의 더러움으로 돌아가는 돼지와 같다. 우리는 속담을 과도하게 읽지 말아야 한다. 원래의 씻음에서 세례에 관한 암시를 보아서는 안 된다. 왜냐하면 그것은 돼지가 씻는 것을 의미하기 때문이다.[156] 개와 돼지는 반대자들을 "이성 없는 짐승"이라고 부르는 12절과 다시 연결된다.[157]

이 구절은 배교에 대해서 무엇을 말하는가? 참된 신자가 자신의 구원을 버릴 수 있는가? 대부분의 주석가들은 이 구절에서 이러한 결론을 분명히 알 수 있다. 왜냐하면 단순히 배교에 대한 경고가 아니라 이전에 교회의 구성원이었지만 교회를 버린 사람들을 반영하기 때문이다.[158] 그들이 좁은 길을 걷는 것, 신앙을 고백하는 것, 그리스도를 위한 결정을 내리는 것, 또는 기독교 세례가 영원한 왕국에서 미래의 운명을 보장하지 않는다는 사실을 상기시켜 준

---

153 Kelly, *Peter and Jude*, 350; Bauckham, *Jude, 2 Peter*, 279–80.

154 번역은 다음에서 인용했다. Kelly, *Peter and Jude*, 350.

155 Bigg, *Peter and Jude*, 287.

156 이 가능성에 대해서는 다음을 참조하라. Fuchs and Reymond, *2 Pierre, Jude*, 103; Fornberg, *An Early Church in a Pluralistic Society*, 107.

157 Frey, *Der Brief des Judas und der zweite Brief des Petrus*, 307.

158 예, I. H. Marshall, *Kept by the Power of God: A Study of Perseverance and Falling Away* (Minneapolis: Bethany, 1969), 169–70; M. Green, *2 Peter and Jude*, 131; G. Green, *Jude and 2 Peter*, 307.

다. 베드로가 편지 전체에 걸쳐 가르치는 것처럼 인내는 참됨의 표지이다. 계속해서 경건한 삶을 사는 사람만이 영생의 상을 받는다(1:5-11). 참된 그리스도인이 배교할 수 있고 또 그렇게 한다고 가르치는 사람들은 이 구절들을 심각하게 받아들인다. 그 가능성을 부인하는 신자들은 심각하게 생각하지 않고 이 구절들을 무시한다.[159]

그럼에도 불구하고 참된 신자가 배교할 수 있다는 결론은 잘못이다. 신자들을 부르시는 하나님은 그들이 목적지에 도달하도록 돌보아 주실 것이다.[160] 더욱이 우리는 같은 저자가 쓴 베드로전서 1장 5절에서 하나님께서 신자들을 보호하셔서 그들이 종말론적 구원을 **확실히** 얻게 될 것을 보았다(주해를 참조하라). 베드로는 신자들이 어느 곳에서는 실패할 수 있고 다른 곳에서는 실패하지 않는다고 가르치면서 스스로 모순에 빠지지 않는다. 어떤 학자들은 베드로가 실제로 이 사람들이 영원한 멸망으로 향하고 있다고 말하지 않고 상을 잃는 것만 말한다고 주장하면서 이 긴장을 설명한다. 이 견해는 베드로후서 2장 전체 주장과 정면으로 부딪힌다. 우리는 타락한 사람들에게 종말론적 심판이 약속되어 있음을 많은 구절에서 살펴보았다. 예를 들어, 베드로는 2장 1-3절에서 멸망(ἀπώλεια, 아폴레이아)을 세 번 사용하는 데, 이 단어는 신약에서 종말론적 정죄를 의미한다. 홍수와 소돔과 고모라의 심판은 단순히 상을 잃어버리는 것이 아니라 영원한 심판의 모형이다. 노아와 롯은 역경 속에서 보존된 자들의 모형이다(2:5-9). 2장 12절의 "멸망을 당하며" 또한 마지막 심판과 종말론적인 멸망을 의미한다. 마찬가지로 그릇되게 행하는 사람들은 진리를 떠나 방황한 발람, 즉 단순히 상을 잃을 뿐만 아니라 영원한 심판에 직면한 사람에 비유된다(2:15-16). 마지막으로 나중 형편이 처음보다 나쁘다는 의미가 어울리지 않는다(2:20). 만일 여기에서 설명하고 있는 사람들이 마지막에 구원을 받는다면, 하나님의 의로운 길을 모르는 것이 더 낫다. 앞으로 구원을 경험한다면, 마지막 형편이 **처음보다 낫다**.

---

159 찰스는 타락한 천사들과 발람의 예가 배교가 일어날 수 있고 실제로 일어남을 보여 준다고 주장한다(*Virtue amidst Vice*, 166-67, 169-73). 또한 다음의 언급을 참조하라. Hillyer, *1 and 2 Peter*, Jude, 208; Callan, *2 Peter*, 199.

160 예를 들어, 찰스는 "사람은 인내하고 믿음에 거한다. 왜냐하면 바로 주권자이신 주님이 모든 인간을 스스로 책임지도록 예정하셨기 때문이다"라고 말하면서 예정을 하나님의 미래의 심판으로 축소한다"(*Virtue amidst Vice*, 168).

이전에는 지옥에 매여 있었고 이제 천국에 갈 운명이기 때문이다. 더 나아가 앞으로 상을 잃어버리겠지만 종말론적인 삶을 경험할 것이라면, **의로운 길을 아는 것이 더 좋다.** 이 말들은 단순히 상을 잃는 것을 말하지 않는다. 이 경우 천국과 지옥 앞에서 위태로움을 의미한다.

베드로후서는 현상을 그리는 언어를 사용한다. 다시 말해서, 베드로는 "그리스도인"이라는 언어를 사용하여 그들을 타락한 사람으로 묘사한다. 이전에 그들은 그리스도인의 모습을 보였기 때문이다. 거짓 선생들과 그들이 유혹한 사람들이 여전히 교회에 물리적으로 존재하지만 베드로는 더 이상 신자로 간주하지 않았다. 그럼에도 불구하고 교회에 참여하기 때문에 베드로는 "그리스도인"이라는 단어를 사용하여 그들을 묘사한다. 왜냐하면 그들이 처음에 진정한 믿음에 관한 약간의 증거를 보여주었기 때문이다. 배교한 사람들은 결코 참된 하나님의 백성이 아니었음이 밝혀진다. 참되게 믿음으로 남아 있는 것이 진정으로 하나님께 속한 사람임을 보여 주기 때문이다. 요한일서의 언어가 베드로후서에서 일어난 일에 잘 적용된다. "그들이 우리에게서 나갔으나 우리에게 속하지 아니하였나니 만일 우리에게 속하였더라면 우리와 함께 거하였으려니와 그들이 나간 것은 다 우리에게 속하지 아니함을 나타내려 함이니라"(요일 2:19). 베드로는 개와 돼지의 비유에서 같은 방향을 가리키고 있다. 마지막으로 배교한 자들은 그들의 본성을 전혀 바꾸지 않았다.[161] 그들은 내면적으로 개와 돼지로 남아있었다.[162] 해프먼이 주장하듯이 그들의 본성이 어느 정도 자기 행동의 원인이 된다.[163] 그들은 겉으로 씻었고 다르게 보일 수 있지만, 근본적으로 개와 돼지였다. 다시 말해서, 그들은 항상 더럽다. 단지 변한 것처럼 보였다. 그러므로 인내는 진정성의 시금석이다. 일부 학자들은 여기에서 배교를 가르친다고 주장하지만,[164] 그 질문에 관한 어떤 신학적 성찰도 제공하지 않는다. 한 가지 문제에 대해서 한 본문만을 말하는 것은 적절하지 않다. 성경이 통일되고 일관된 말씀을 제시하기 때문이다. 우리는 다

161 E. A. Blum, *2 Peter*, EBC 12 (Grand Rapids: Zondervan, 1981), 283; Peterson, "Apostasy," 19-20.

162 참조. Carson, "2 Peter," 1057–58.

163 S. Hafemann, "Identity, Ethics, and Eschatology in 2 Peter 2.17-22," 154–69.

164 예. G. Green, *Jude and 2 Peter*, 307.

른 본문들을 고려해야 한다. 다른 방향을 제시하는 것처럼 보이는 본문들과 어떻게 조화를 이루는지 설명해야 한다. 어쨌든 학자들은 신자들이 배교할 수 있는지에 대해 계속해서 의견이 일치하지 않겠지만, 신자들이 구원을 받기 위해서 끝까지 인내해야 하는 사실을 모두가 동의하기 바란다.[165] 이런 측면에서 아르미니우스주의와 칼뱅주의 사이에 놀라운 일치가 있다.

---

165 인내와 확신의 문제에 관한 충분한 조사는 다음을 참조하라. T. R. Schreiner and A. B. Caneday, *The Race Set before Us: A Biblical Theology of Perseverance and Assurance* (Downers Grove: InterVarsity, 2001). 또한 다음을 참조하라. T. R. Schreiner, *Run to Win the Prize: Perseverance in the New Testament* (Nottingham/Wheaton: InterVarsity/Crossway, 2009/2010).

단락 개요

5 일깨움: 주의 날이 오리라(3:1-18)
  5.1 조롱하는 자들의 다가올 날에 대한 의심(3:1-7)
  5.2. 주님의 때와 우리의 때가 다름(3:8-10)
  5.3. 미래의 날을 위하여 의롭게 살기(3:11-18)

5. 일깨움: 주의 날이 오리라(3:1-18)

거짓 선지자들의 가르침은 지금 도전을 받고 있다. 그들은 창조가 갑작스러운 방해 없이 일정하게 규칙을 따라가는 특징을 보이기 때문에 주님의 재림이 없을 것이라고 주장하지만, 베드로의 독자들은 선지자들과 사도들이 이러한 조롱하는 자들이 올 것을 예언했음을 기억해야 한다(3:1-4). 모든 사람은 세상에서 행하신 하나님의 일하심을 기억해야 한다(3:5-7). (1) 그분은 세상을 창조하셨다. (2) 홍수로 그것을 파괴하셨다. (3) 심판의 날에 불로 세상을 심판하실 것이다. 소위 주님의 재림이 늦어진다고 해서 주님의 재림에 대한 약속이 무효화되는 것은 아니다. 주님께서는 우리처럼 시간을 계산하지 않으시고, 그분께는 하루가 천 년 같으며, 사람들이 회개할 수 있는 더 많은 시간을 주신다는 사실을 기억해야 한다(3:8-9). 그러나 심판의 날, 곧 현재 창조가 없어지는 날이 오고 있다(3:10). 신자들은 주님의 인내가 그릇된 자들에게 구원의 가능성을 열어준다는 것을 (바울의 글을 따라) 기억하고 다가오는 새 창조를 기다리면서 거룩하고 흠 없는 삶을 살아야 한다(3:11-16). 끝으로 독자들은 거짓 선생들에게 미혹되지 말고 은혜와 예수님을 아는 지식에서 끝까지 자라가야 한다(3:17-18).

5.1. 조롱하는 자들의 다가올 날에 대한 의심(3:1-7)

³ 사랑하는 자들아 내가 이제 이 둘째 편지를 너희에게 쓰노니 이 두 편지로 너희의 진실한 마음을 일깨워 생각나게 하여 ² 곧 거룩한 선지자들이 예언한 말씀과 주 되신 구주께서 너희의 사도들로 말미암아 명하신 것을 기억하게 하려 하노라 ³ 먼저 이것을 알지니 말세에 조롱하는 자들이 와서 자기의 정욕을 따라 행하며 조롱하여 ⁴ 이르되 주께서 강림하신다는 약속이 어디 있느냐 조상들이 잔 후로부터 만물이 처음 창조될 때와 같이 그냥 있다 하니 ⁵ 이는 하늘이 옛적부터 있는 것과 땅이 물에서 나와 물로 성립된 것도 하나님의 말씀으로 된 것을 그들이 일부러 잊으려 함이로다 ⁶ 이로 말미암아 그때에 세상은 물이 넘침으로 멸망하였으되 ⁷ 이제 하늘과 땅은 그 동일한 말씀으로 불사르기 위하여 보호하신 바 되어 경건하지 아니한 사람들의 심판과 멸망의 날까지 보존하여 두신 것이니라

새로운 단락은 내용과 구조 측면에서 분명하게 드러난다. 거짓 선생들에 관한 베드로의 긴 토론(2장)이 끝나고 그는 이제 독자들에게 눈을 돌린다. 해프먼은 3장1-7절이 심판이 오고 있음을 분명히 하는 2장 17-22절에서 가져온 추론이라고 주장한다.[1] 새로운 단락은 "사랑하는 자들아"(ἀγαπητοί, 아가페토이)라는 애정 어린 표현으로 시작한다. 베드로후서의 목적은 독자들의 무기력한 생각을 일깨우고 구약 선지자들의 말씀과 명령, 즉 예수 그리스도의 도덕적 요구를 일깨우는 것이다. 독자들이 이러한 가르침을 기억해야 하는 특별한 이유는 3-4절에 설명되어 있다. 베드로는 이 마지막 날에 조롱하는 자들의 도래가 예언되었음을 상기시킨다. 따라서 그들의 부도덕한 생활 방식과 주님의 오심을 거부하는 일은 놀랍지 않다. 거짓 선생들의 도래는 주님이 재림하시기 전에 반드시 이루어져야 할 예언을 성취한다.

반대자들은 시간의 시작(즉, 족장 시대)부터 역사가 하나님의 우주적인 개입 없이 계속된다고 주장하면서 재림을 거부했다. 베드로는 5-7절에서 이 견해에 반대하는 세 갈래의 논증을 한다. 첫째, 천지 창조는 하나님의 개입으로

---

1 S. Hafemann, "Identity, Ethics, and Eschatology in 2 Peter 2.17-22," in *Muted Voices of the New Testament: Readings in the Catholic Epistles and Hebrews*, ed. K. M. Hockey, M. N. Pierce, and F. Watson, LNTS 565 (London: Bloomsbury T&T Clark, 2017), 56.

역사에 절대적인 연속성과 규칙성이 없음을 보여 준다. 반대자들은 자기들의 견해가 의미하는 바를 알지 못했다. 그들 자신이 창조에 호소함으로써 하나님이 세상을 창조하신 시작이 있다는 데 동의했기 때문이다. 둘째, 반대자들은 하나님이 세상을 움직이게 하셨지만, 그 이후에 우주론적으로 개입하지 않았다고 반대할 수 있다. 그러나, 이 견해는 전 세계에 대격변을 수반한 홍수를 설명하지 못한다. 셋째, 역사는 현재의 하늘과 땅이 불타고 불경건한 자들이 심판을 받을 때 큰불로 끝날 것이다.[2]

3:1. "사랑하는 자들아"(ἀγαπητοί, 아가페토이, ESV, NRSV, 참조. 3:14, 17, CSB의 "친구들아"는 너무 약한 번역이다)는 편지에서 전환하는 표시이다. 독자들이 하나님의 구원하시는 사랑의 수혜자임을 의미한다. 독자들에 관한 베드로의 따뜻한 관심을 전달한다. 본문은 독자들에게 보내는 베드로의 두 번째 편지라고 말한다('이 둘째 편지를 너희에게 쓰노니.'). 학자들은 첫 번째 편지와 관련해서 네 가지 다른 가능성을 제시한다. (1) 베드로후서가 하나가 아니며, 한 편지 이상 엮여 있다고 생각한다. 예를 들어, 맥나마라는 1장이 첫 편지이고 3장은 이 편지에 이어진 편지라고 주장한다.[3] 그러나 베드로후서가 여러 편지라는 이론에 관한 본문의 증거는 없다. 이 편지는 우리에게 하나로 전해졌다. 3장의 새로운 주제는 놀라운 일이 아니다. 사실 3장은 계속해서 2장에서 비판받은 반대자들을 가리킨다. (2) 다른 학자들은 첫 번째 편지가 유다서이고 두 번째 편지는 베드로후서라고 주장 한다.[4] 베드로는 자신의 이름으로 썼고 유다서도 자신의 이름으로 썼기 때문에, 이러한 견해는 독자들에게 분명하지 않을 것이다.[5] 서로 다른 이름을 가지고 있는데 어떻게 독자들이 두 편지 모두 베드로가 썼다고 생각할 수 있겠는가? 더군다나 이 이론은 베드로가 유다서의 내용을 바꾼 이유를 설명하기 어렵다. (3) 베드로가 지금은 잃어

---

2 보컴은 베드로후서 3장과 1 Clem. 23:3-4; 27:4, 2 Clem. 11:2-4; 16:3의 병행이 공통 자료에 의존을 가리킨다고 주장한다(*Jude, 2 Peter*, WBC [Waco: Word, 1983], 284, 296–97). 논의는 복잡하다. 이 결론을 내리기에는 증거가 불충분한 것 같다.

3 M. McNamara, "The Unity of Second Peter: A Reconsideration," *Scr* 12 (1960): 13-19.

4 J. A. T. Robinson, *Redating the New Testament* (Philadelphia: Westminster, 1976), 193–95.

5 Bauckham, *Jude, 2 Peter*, 285.

버린 또 다른 편지를 썼다는 생각이 더 그럴듯하다.[6] 우리는 바울이 지금 우리에게 없는 편지를 썼다는 것을 알고(참조. 고전 5:9), 대부분의 학자들은 '그 편지가 심각한 편지였다'고 믿는다(고후 7:8). 더욱이 지금은 존재하지 않는 바울이 라오디게아 교회에 쓴 편지가 있다(골 4:16). 베드로는 지금은 남아 있지 않은 다른 편지를 썼을 가능성이 있다.[7] 이 이론은 가능성이 있으며 최선의 답이 될 수 있다. 그러나 서신이 발견되지 않았고 다른 곳에서 언급되지 않는 서신에 호소하는 방법이다. 따라서 네 번째 선택이 바람직하다. (4) 베드로전서를 가리킨다. 이것은 여전히 대다수 주석가들 사이에 통용되는 견해이다.[8]

이 견해에 관한 주된 반대는 베드로전서의 내용이다. 베드로는 베드로후서에서 그의 독자들을 잘 알고 있었던 것 같지만, 베드로전서에서는 그런 표현이 없다. 베드로전서의 독자들을 잘 알고 있었던 것 같지 않다.그러나 이 주장은 특별히 설득력이 없다. 사실 베드로가 독자들을 얼마나 잘 알고있었는

---

6 M. Green, *The Second Epistle General of Peter and the General Epistle of Jude*, 2nd ed., TNTC (Grand Rapids: Eerdmans, 1988), 134; Davids, *2 Peter and Jude*, 257–59.

7 무(Moo)는 이 선택지에 대해 특히 매력을 느끼지만, 여전히 결정하지 못한 채 남아 있다(*2 Peter, Jude*, NIVAC [Grand Rapids: Zondervan, 1997], 162-63).

8 참조. G. Green, *Jude and 2 Peter*, 310; C. Bigg, *The Epistles of St. Peter and St. Jude*, ICC (Edinburgh: T&T Clark, 1901), 288–89; B. Reicke, *The Epistles of James, Peter, and Jude*, AB (Garden City: Doubleday, 1964), 173; J. N. D. Kelly, *A Commentary on the Epistles of Peter and Jude*, Thornapple Commentaries (Grand Rapids: Baker, 1981), 352-53; J. H. Neyrey, *2 Peter, Jude*, AB (Garden City: Doubleday, 1993), 229; T. V. Smith, *Petrine Controversies in Early Christianity: Attitudes toward Peter in Christian Writings of the First Two Centuries*, WUNT 2/15 (Tübingen: Mohr Siebeck, 1985), 70-74; T. Fornberg, *An Early Church in a Pluralistic Society: A Study of 2 Peter*, ConBNT 9 (Lund: Gleerup, 1977), 12; H. Paulsen, *Der zweite Petrusbrief und der Judasbrief*, KEK (Göttingen: Vandenhoeck & Ruprecht, 1992), 150. 부비어(Boobyer)는 베드로후서의 저자가 첫 번째 편지를 언급했다는 증거를 제시한다("The Indebtedness of 2 Peter to 1 Peter," in *New Testament Essays: Studies in Memory of Thomas Walter Manson* [Manchester: Manchester University Press, 1959], 34-53). 부비어의 주장이 모두 설득력이 있지 않지만, 저자가 여기에서 베드로전서를 언급하고 있음을 보여 준다. 베드로후서가 베드로전서를 알고 사용했다는 증거는 다음을 참조하라. W. J. Dalton, "The Interpretation of 1 Peter 3:19 and 4:6: Light from 2 Peter," *Bib* 60 (1979): 547–55; D. Farkasfalvy, "The Ecclesial Setting of Pseudepigraphy in Second Peter and Its Role in the Formation of the Canon," *SecCent* 5 (1985-86): 16-20. 위더링턴은 베드로후서의 저자가 1:12–2:3a와 3:1-3에 대해 베드로 자료를 사용했다고 주장한다("A Petrine Source in Second Peter," SBLSP [Atlanta: Scholars, 1985], 187–92). 그 주장은 베드로후서가 베드로전서를 그 자체로 사용했다는 것이 아니라 "베드로전서에 책임이 있는 동일한 사람이 다른 자료에 접근했다"(188페이지)는 것이다. 위더링턴이 제시한 증거는 베드로후서가 베드로전서를 알고 있었음을 보여 주지만, 베드로후서는 베드로전서 전체를 언급했을 가능성이 더 크다.

지 편지에서 쉽게 드러나지 않는다. 더 중요한 반대는 베드로전서는 "진실한 마음"을 요구하지 않는다는 점이다. 그러나 우리는 베드로전서와의 유사점을 보지 못하고 있다. 그는 베드로전서의 첫 권면에서 이렇게 말한다. "그러므로 너희 마음의 허리를 동이고 근신하여 예수 그리스도께서 나타나실 때에 너희에게 가져다 주실 은혜를 온전히 바랄지어다"(벧전 1:13). 베드로는 베드로후서 3장 1절에서 볼 수 있는 "마음"(διάνοια, 디아노이아)을 사용한다. 또한 베드로전서는 종말론이 중심이고 베드로후서의 적들은 종말론적 심판과 주의 재림을 부인했음이 분명하다. 베드로전서는 독자들에게 그리스도의 종말론적 재림을 소망하라고 권면한다. 실제로 베드로전서의 모든 권면은 종말론이 중심이 되는 1장 3-12절에서 나온다. 따라서 우리는 베드로가 독자들에게 **종말**에 비추어 올바른 생각을 격려한다고 베드로전서를 요약할 수 있다. 베드로전서와 베드로후서의 유사점은 많은 학자들이 인정하는 것보다 더 가깝다. 나는 베드로전서가 여기에서 언급된 편지라고 결론짓는다.[9]

베드로는 1장 12-15절의 주제, 즉 생각나게 하여 "진실한 마음"을 불러 일으키기 위해 썼다는 주제로 돌아간다. 형용사 "진실한"(εἰλικρινῆ, 에일리크리네)으로 베드로는 "그들의 이해가 진실함"을 보여 준다. 그는 "이단의 설득과 그릇됨으로 그것이 어떤 식으로든 더럽혀짐"을 원하지 않는다.[10] 신자들은 자신이 이미 알고 받아들이는 진리를 상기할 필요가 있다. 이것은 마음을 포함하여 전인격을 말한다. 이렇게 일깨우는 일은 우리의 전인격이 복음과 그 진리에 다시 사로잡혀 하나님의 영광을 위해 살 수 있도록 붙잡히기 위함이다.

3:2. 2절에서 베드로는 그들이 기억하기 원하는 것을 구체적으로 말한다. (CSB 번역도 마찬가지로) 1절과 2절은 "일깨워 ... 기억하게 하려 하노라"로 잘 연결된다. 베드로는 그들의 생각을 자극하여 그들이 이전에 배운 것을 기억하고 거짓 선생들의 최신 유행하는 개념에 넘어가지 않기를 원한다. 유다서

---

9 J. Green ("Narrating the Gospel in 1 and 2 Peter," *Int* 60 [2006] 262–77)은 우리가 내러티브적인 신학 접근을 받아들일 때 베드로전후서가 신학적으로 일치한다고 주장한다.

10 G. Green, *Jude and 2 Peter*, 311.

(17절)도 비슷한 방식으로 쓰지만, 선지자를 말하지 않는다. 베드로는 1장의 결론으로 돌아가서 주님의 장차 오심을 확인하기 위해 사도적(1:16-18), 예언적(1:19-21) 간증에 호소한다. 그는 선지자들과 사도들에게 돌아가서 순서를 바꾸어 1장의 마지막에 자신의 주장을 한다. 우리는 2장에서 반대자들이 전파하는 거짓된 길과 가르침을 보았다. 이것은 독자들이 피해야 할 가르침이다. 독자들이 특히 역사의 마지막에 관한 선지자와 사도들의 가르침을 잊지 않도록 베드로는 그들의 권위 있는 가르침을 떠오르게 한다. 1장 16-21절과의 병행과 선지자와 사도가 나타나는 순서는 여기에서 신약의 선지자가 아니라 구약의 선지자를 고려하고 있음을 나타낸다.[11] 베드로는 구약 선지자들의 어떤 말씀을 염두에 두고 있는가? 베드로후서 전체에 비추어 볼 때 그는 역사의 종말, 심판과 구원의 날에 관한 예언을 말하는 것 같다.[12] 구약의 선지자들은 종종 주의 날에 대해 말했고, 그 날이 도래했기 때문에, 독자들에게 경건한 삶을 살라고 권면했다. 구약은 신약에서 성취되었고 구약과 신약 사이에 유기적인 일치가 있음을 암시한다(참조. 벧전 1:10-12).

사도와 관련된 이 구문의 경우, 헬라어로는 쉽지 않다. 속격이 쌓여 있지만, 헬라어가 다소 거칠기 때문에 해석이 쉽지 않다. "사도들을 통하여 받은 우리 주와 구주의 명령"이라고 CSB는 그의 미를 잘 파악하여 본문을 부드럽게 번역한다(개역개정. "주 되신 구주께서 너희의 사도들로 말미암아 명하신 것").[13] 그러므로 사도들에게서 나온 계명은 주와 구주이신 예수 그리스도의 말씀을 나타낸다.[14] 예수 그리스도의 말씀이 사도들을 통해 전해진 것이 요점이다. "명하신 것"(ἐντολῆς, 엔톨레스; 참조. 2:21)은 아마도 집합적으로 신자들에게 부과된 도덕적 규범들을 나타내기 위해 단수를 사용했을 것이다.[15] 베

---

11 Bauckham, *Jude, 2 Peter*, 287; Davids, *2 Peter and Jude*, 260.

12 구약 전체에 대한 언급이라는 주장은 다음을 참조하라. E. Fuchs and P. Reymond, *La Deuxième Épître de Saint Pierre, L'Épître de Saint Jude*, CNT (Neuchâtel-Paris: Delachaux & Niestlé, 1980), 106.

13 F. Blass and A. Debrunner, *A Greek Grammar of the New Testament and Other Early Christian Literature* (Chicago: University of Chicago Press, 1961), 168.

14 사도와 선지자에 관한 언급이 반드시 사도 이후의 상황을 나타내는 것은 아니다(다음과 반대된다. A. Vögtle, *Der Judasbrief, Der 2 Petrusbrief*, EKKNT [Neukirchen-Vluyn: Neukirchener Verlag, 1994], 215).

15 Moo, *2 Peter, Jude*, 164.

드로에 따르면 신자의 도덕 기준은 예수 그리스도 자신의 가르침으로 요약
된다. 반면에 거짓 선생들은 방탕한 생활 방식으로 악명이 높았다. "주와 구
주"(개역개정. '주 되신 구주', τοῦ κυρίου καὶ σωτῆρος, 투 퀴리우 카이 소테로
스)는 하나의 헬라어 관사를 가지는데, 이는 동일하신 예수 그리스도가 계심
을 가리킨다(참조. 1:1).

　　"너희의 사도들"은 논쟁거리다. 일부 학자들은 이것이 베드로의 편지가
아니라는 명백한 증거라고 주장한다.[16] 이 견해에 따르면 저자는 모든 사도
들이 편지를 받은 교회에 속한다고 보았다. 그러나 이 문구를 이렇게 읽어야
할 것 같지 않다. 베드로후서는 구체적인 수신자가 없는 일반적인 편지가 아
니다. 베드로는 독자들의 특정한 상황을 언급한다. 그러므로 "너희의 사도들"
은 이 편지를 받은 교회들을 복음화하고 가르쳤던 특정한 사도들을 나타낸
다.[17] 베드로가 그 사도들에게서 자신을 배제시키지 않는다. 그는 복수 "사도
들"에 포함되었을 수 있다.

　　3:3. 3-4절은 독자들이 선지자의 말씀과 사도들의 명령을 기억해야 하는
이유를 설명한다. 주격 분사 "알지니"(γινώσκοντες, 기노스콘테스)는 대격이
기대되기 때문에 어색한 헬라어이다.[18] 독자들이 배운 것을 기억해야 하는
이유를 가르친다. 결국 그들은 조롱하는 자들의 도래가 예언되었다는 사실을
알아야 했다. 그리스도의 재림을 의심하는 자들의 존재는 그분의 오심이 가
까움을 알려 준다.[19]

　　"말세"(ἐσχάτων τῶν ἡμερῶν, 에스카톤 톤 헤메론)는 성경에서 다소 일반적
이다(70인역 창 49:1; 사 2:2; 렘 23:20; 25:19; 37:24; 겔 38:16; 단 2:28;
호 3:5; 미 4:1; 행 2:17; 딤후 3:1; 히 1:2; 약 5:3; 참조. 유 18). 신약의 저
자들은 예수 그리스도의 사역, 죽음, 부활에서 마지막 날이 이르렀다고 가르

---

16 예. Kelly, *Peter and Jude*, 354.

17 참조. Bauckham, *Jude, 2 Peter*, 287; Moo, *2 Peter, Jude*, 164–65; G. Green, *Jude and 2 Peter*,
　　313.

18 헬라어 τοῦτο πρῶτον γινώσκοντες는 정확히 1:20로부터 반복된다.

19 폰버그는 거짓 선생들에 관한 회의주의가 종말이 임박했다는 표지이기 때문에 여기에서 아이
　　러니한 예가 있음을 올바르게 지적한다(*An Early Church in a Pluralistic Society*, 61).

친다(참조. 특히 행 2:17; 히 1:2). 따라서 기록된 예언이 아직 성취되지 않았다는 내용은 없다. 베드로는 그 예언이 편지하는 교회에 들어온 거짓 선생들에게서 성취되었다고 믿는다. 우리는 같은 상황을 디모데전서 4장 1-5절, 디모데후서 3장 1-9절, 유다서 18절에서 본다. 바울은 양 떼 가운데 거짓 목자들이 일어날 것이라고 예언했고(행 20:29-30), 예수님께서도 거짓 선지자들이 나타날 것이라고 말씀하셨다(마 24:3-4, 11).[20] 미래 시제는 베드로가 이 편지의 저자라는 사실을 거부하지 않는다. 베드로가 이 편지를 쓰지 않았다는 내용이 아니다. "조롱하는 자들 ... 조롱하여"(ἐν ἐμπαιγμονῇ ἐμπαῖκται, 엔 엠파이그모네 엠파이크타이)는 구조가 셈어적이다(참조. 눅 22:15). 그들의 조롱은 베드로후서 2장의 선생들에 대한 비판을 생각나게 한다. 그들의 정욕은 베드로후서 2장의 거짓 선생들에 대한 비판을 생각나게 한다. 거짓 선생들은 도덕에 얽매이지 않고 자기 욕심을 채우며 살았다. 그러므로 우리는 4절에서 거짓 선생들의 가르침을 듣기 전에 이미 그들의 조롱과 방탕으로 그들의 관점을 버릴 준비가 되어 있다.[21]

3:4. 이제 조롱하는 자들의 가르침을 기록한다. "주께서 강림하신다는 약속이 어디 있느냐?"이다. "강림"(παρουσία, 파루시아)은 예수 그리스도의 장차 오심을 의미한다(1:16 주해 참조). "어디 있느냐?"라는 표현은 질문하는 내용에 포함된 내용에 관한 회의주의가 반영된다. 예레미야를 조롱하는 사람들은 "여호와의 말씀이 어디 있느냐 이제 임하게 할지어다"라고 말했다(렘 17:15). 말라기 시대에 이스라엘 백성들은 "정의의 하나님이 어디 계시냐?"라고 말하며 주님을 지치게 했다(말 2:17; 또한 다음을 참조하라. 사 79:10; 115:2; 엘 2:17; 미 7:10). 그들의 회의론은 에스겔 시대의 하나님의 백성이 약속된 심판이 임할 것을 의심하며 "날이 더디고 모든 묵시가 사라지리라"(겔 12:22)라고 말했던 것과 유사하다.

---

20 뢰베스탐(E. Lövestam)는 벧후 3장과 마 24:34-51의 놀라운 유사점을 지적한다("Eschatologie und Tradition im 2. Petrusbrief," in *The New Testament Age: Essays in Honor of Bo Reicke* [Macon: Mercer University Press, 1984], 2:297-99).

21 폰버그는 "욕망"에 관한 언급이 그들의 방탕이 아니라 그들의 잘못된 가르침을 언급할 수 있다고 생각하지만(*An Early Church in a Pluralistic Society*, 39), 아마도 후자가 고려 대상일 것이다.

4b절은 그들이 그리스도의 장차 오심을 의심한 이유("왜냐하면", CSB. γάρ. 가르. 개역개정은 생략)를 기록하고 있다. 그들은 조상들의 죽음 이후로 하나님께서 세상에 개입하지 않으셨다고 주장했다. 실제로 창조의 시작부터 세상은 우리가 미래에 오실 그리스도와 같은 극적인 사건을 찾는 것을 금하는 질서와 규칙성으로 발전해 왔다.

우리는 이 구절의 기본적인 의미를 요약했지만, 세부적인 내용은 논란거리이다. CSB 성경은 헬라어 어구 ἀφ' ἧς(아포 헤스)를 시간적으로 올바르게 번역한다("~후로부터", 참조. 눅 7:45; 행 20:18; 24:11). CSB 성경은 조상들이 "잤다"(ἐκοιμήθησαν, 에코이메데산)"라고 번역한다. "자다"는 죽음에 관한 은유이며 무(Moo)는 이 단어가 죽은 신자에게만 사용된다고 바르게 주장한다(마 27:52; 요 11:11-12; 행 7:60; 13:36; 고전 7:39; 11:30; 15:6, 18, 20, 51; 살전 4:13-15). 이 비유는 단순히 죽은 자를 나타내지 않고 독자들에게 영혼의 잠이 아니라 죽음이 일시적이라는 개념을 알려 준다.[22]

이 구절에서 가장 중요한 단어는 "조상들"(πατέρες, 파테레스)이다. 많은 주석가들은 그리스도인 첫 세대를 가리킨다고 주장한다. 만약 그렇다면 베드로도 첫 세대였기 때문에 저자가 될 수 없다.[23] 그러나 결정적인 반론이 있다.[24] 복수형인 "조상들"은 신약에서 그리스도인 첫 세대를 의미하지 않고 항상 구약의 족장을 지칭한다(예. 마 23:30, 32; 눅 1:55, 72; 6:23, 26; 11:47, 요 4:20, 6:31, 49, 58, 7:22, 행 3:13, 25, 5:30, 7:2, 11-12, 15, 19, 32, 38-39, 44-45, 51-52, 13:17, 32, 36, 15:10, 22:1, 14, 26:6, 28:25, 롬 11:28, 15:8, 고전 10:1, 히 1:1, 3:9, 8:9).[25] 더 나아가 구약에는 "조상들"이

---

22 특별히 다음을 참조하라. Moo, *2 Peter, Jude*, 173-74.

23 Reicke, *James, Peter, and Jude*, 174; Kelly, *Peter and Jude*, 355-56; Bauckham, *Jude, 2 Peter*, 291-92; Smith, *Petrine Controversies*, 86; D. G. Horrell, *The Epistles of Peter and Jude*, EC (Peterborough: Epworth, 1998), 176; Vögtle, *Judasbrief, 2 Petrusbrief*, 216; J. Frey, *Der Brief des Judas und der zweite Brief des Petrus*, THKNT (Leipzig: Evangelische Verlagsanstalt, 2015), 323.

24 또한 다음을 참조하라. M. Green, *2 Peter and Jude*, 139–40; R. A. Reese, *2 Peter and Jude*, THNTC (Grand Rapids: Baker, 2007), 164.

25 D. Guthrie, *New Testament Introduction*, 4th ed. (Downers Grove: InterVarsity, 1990), 829; Davids, *2 Peter and Jude*, 265–66; E. Adams, "'Where is the Promise of His Coming?': The Complaint of the Scoffers in 2 Peter 3.4," *NTS* 51 (2005): 112. 물론 나는 육체적인 아버지가 언급된 본문을 제외시켰다 (예. 엡 6:4; 골 3:21). 여기에 제안된 해석에 대해 폰버그는 반대한다. 그는 "조상들"이 기독교

족장을 가리키는 구절이 너무나 많다. 다른 증거들도 구약의 족장들에 주목한다. "족장들"은 "만물이 처음 창조될 때"와 겹친다.[26] 물론 이 두 어구는 동의어가 아니지만, 두 어구 모두 하나님이 세상을 창조하신 때부터 또는 족장들이 땅을 걸을 때부터 있어 왔던 오랜 기간 동안의 삶의 규칙성을 나타낸다.

보컴은 베드로가 첫 기독교 세대를 말하지만, "조상들"을 첫 기독교 세대로 정의하는 것은 "다른 곳에서 증명되지 않았다"라고 인정한다. "베드로후서가 첫 기독교 세대를 '조상들'이라고 언급한다면 처음 두 세기 기독교 문헌에서 독특한 것으로 보인다."[27] 나는 '조상들'이 첫 기독교 세대를 가리킨다는 주장이 어휘적으로 틀렸고, 베드로가 이 단어로 구약의 족장들을 말한다고 대답할 것이다.[28]

보컴은 예수 그리스도의 오심으로 구약의 많은 예언이 성취되었기 때문에 반대자들이 모든 것이 족장 시대로부터 그냥 있다고 말할 수 없었다는 내용에 반대한다.[29] 따라서 그들은 그리스도께서 오신 이후에 모든 것이 동일하게 유지되었다고 말했어야 했다. 그러나 이 반대는 설득력이 없다.[30] 첫째, 우리는 거짓 선생들의 말을 묘사하는 데 너무 확신하지 말아야 한다. 불행히도 베드로후서의 내용에도 불구하고 그들에 대한 우리의 지식은 부족하다. 둘째, 반대자들은 예언의 성취를 받아들였지만 이 세상의 연속성을 주장했을 수 있다. 그들은 우주론적으로 어떤 변화도 없었다고 주장하면서도 예언이 구원론적으로 성취되었다고 이해했다. 셋째, "창조부터"(개역개정. 창조될 때와 같이)는 그들의 주장이 기독교 첫 세대를 거슬러 올라가 세상의 시작까지 거슬러 올라간다는 사실을 보여 준다. 이것은 그들이 우주론적인 변화에 반대했다는 주장을 확인시켜 준다.

첫 세대를 가리키는 신약의 단 하나의 예에 주목하면 안 된다고 주장한다(*An Early Church in a Pluralistic Society*, 62-63). 데이비스 또한 "조상들"이 기독교 첫 세대라고 말하지만, 흥미로운 점을 지적한다. 그는 반드시 이 편지의 저작 시기가 늦어야 하는 것은 아니다라고 지적한다(*2 Peter and Jude*, 266-67).

26 또한 다음을 참조하라. T. Callan, *Second Peter*, PCNT (Grand Rapids: Baker, 2012), 205.

27 Bauckham, *Jude, 2 Peter*, 291-92.

28 Bigg, *Peter and Jude*, 291.

29 Bauckham, *Jude, 2 Peter*, 290.

30 거스리의 답변을 참조하라. Guthrie, *New Testament Introduction*, 829n2

베드로는 "만물이 처음 창조될 때와 같이 그냥 있다"라고 말하면서 선생들의 우주론적 세계관을 바꾸어 표현했다.[31] 구원론적인 예언은 예수 그리스도 안에서 성취되었을지 모르지만, 물리적인 세계는 세상이 창조될 때부터 안정적으로 있었다. 학자들은 세상이 영원하다는 아리스토텔레스적 개념을 조롱하는 자들의 관점으로 보았다.[32] 이것은 확실히 가능한 견해이다.[33] 애덤스는 문제가 세계에 하나님의 개입이나 관여가 아니며 홍수는 세계가 멸망할 것인지 여부를 보여 준다고 주장한다.[34] 애덤스는 빅(Bigg)을 따라 아리스토텔레스와 플라톤을 따라 조롱하는 사람들이 우주는 불변하고 파괴될 수 없다고 믿었으며 따라서 "우주적인 재앙"이 있을 수 없기 때문에 파루시아가 있을 수 없다고 생각했다고 주장한다.[35] 애덤스는 옳을 수 있으며, 그 견해의 수용이 전반적인 주장을 크게 바꾸지 않겠지만, 3장 4절의 창조에 관한 언급은 그들이 세상에 대한 하나님의 개입도 반대해서 논쟁했거나 적어도 무시했음을 보여 준다.

3:5. 이 구절의 기본 의미는 분명하지만 구문이 복잡하고 불분명해서 세부적인 내용은 모호하다. 그러므로 우리는 이 구절이 논증에 어떻게 기여하는지 요약하면서 시작하려고 한다. 베드로는 조롱하는 자들에 관한 세 가지 논증을 제시하면서 하나님이 세상에 개입하지 않으신다는 생각을 반박한다. 베드로는 첫 번째로 조롱하는 자들의 세계관에 내적 결함이 있음을 보여 준다. 그들

---

31 마이어는 저자가 반대자들과 동일한 세계관을 공유하고 있다고 주장하며, 역사의 동일성은 모든 것이 평소대로 진행 하고 있는 대신 하나님의 심판을 요구한다고 주장한다("2 Peter 3:3-7-an Early Jewish and Christian Response to Eschatological Skepticism," *BZ* 32 [1988]: 255-57). 마이어에게 반대하여, 반대자들의 세계관에 관한 간략한 설명은 공유된 개념을 나타내지 않는다. 그들이 대격변과 같은 개입이 없는 세계를 상상했기 때문이다. 베드로는 단순히 역사의 일반적인 과정에서 우리가 하나님의 심판과 개입을 발견한다는 점만을 상기시키지 않는다.

32 Bigg, *Peter and Jude*, 292.

33 폰버그는 저자가 반대자들의 가르침을 잘못 해석했을 가능성이 있다고 생각하지만, 그 편지가 독자들의 관심사를 정확하게 다루지 않았다면 아마도 그 편지가 보존되지 않았을 것이라고 바르게 관찰했다(*An Early Church in a Pluralistic Society*, 65).

34 Adams, "Where Is the Promise of His Coming?," 115. 애덤스는 또한 반대자들의 견해가 에피쿠로스학파와 대조적으로 창조를 믿었기 때문에, 그들과 맞지 않는다는 것을 보여 준다(115-16페이지).

35 Adams, "Where Is the Promise of His Coming?," 116.

은 창조 이후 연속성을 주장했지만, 창조 자체는 하나님의 개입을 나타낸다. 창세기 1장을 읽으면 하나님께서는 사람이 살 수 있는 곳으로 만들기 이전에 세상은 혼돈이었음이 분명하다(창 1:2). 현재 세계의 안정은 하나님의 개입하신 결과이므로 다시 개입하실 것을 의심할 이유는 없다.

이제 이 구절의 세부적인 내용 중 일부를 살펴보려고 한다. 첫 번째 어구, "그들은 의도적으로 이것을 간과한다"(CSB, λανθάνει γὰρ αὐτοὺς τοῦτο θέλοντας, 란다네이 가르 아우투스 투토 델론타스, 개역개정, "그들이 일부러 잊으려 함이로다")는 조롱하는 자의 고집을 강조한다. CSB 성경의 번역은 적절하지 않다(참조. 또한 ESV, KJV, NKJV, RSV, NRSV). 구문론적으로 헬라어 "τοῦτο"(투토, 이것)가 "잊다"(θέλοντας, 델론타스)의 목적어이면 더 잘 어울린다. 헬라어 "θέλω"(델로)는 "유지하다"로 번역될 수 있다.[36] NASB 성경은 이 해석을 반영하여 "왜냐하면 그들이 이것을 유지했을 때, 그것은 그들의 주의를 떠나버린다"라고 번역한다. "잊다"(θέλοντας, 델론타스)는 거짓 선생들이 진리를 "무시했거나 고의로 간과했다"라는 의미이다.[37] "이것"(τοῦτο, 투토)은 4절의 내용을 가리키며, 그들은 하나님이 우주론적으로 개입하지 않으신다고 주장하면서 중요한 사실을 잊었거나 무시했음을 보여 준다. 베드로는 1-2절에서 선지자들과 사도들이 전한 하나님의 말씀을 기억해야 한다고 강조한다. 조롱하는 자들의 중요한 문제 중 하나가 자신의 견해를 변호하면서 중요한 진리를 잊었다는 것이다.

베드로는 이 구절에서 하늘이 오래전에 있었고 땅은 하나님의 말씀으로 성립한다고 가르친다. 이 해석은 헬라어를 읽을 때 "하늘"을 "존재하게 되었다"(개역개정. '있는', ἦσαν, 에산)와 함께 놓고 "땅"을 분사 "성립된"(συνεστῶσα, 쉬네스토사)과 같이 놓을 수 있기 때문에 구문론적으로 매력적이다. CSB 성경은 "하나님의 말씀으로 하늘이 오래전에 존재하게 되었고, 땅은 물에서부터 나왔다"라고 이 견해를 대표한다.[38] 우주의 창조는 하나님께서 이 세계에

---

36 BDAG, 448; Bauckham, *Jude, 2 Peter*, 297.

37 G. Green, *Jude and 2 Peter*, 319.

38 Fuchs and Reymond, *2 Pierre, Jude*, 112–13. 하늘과 땅이 모두 동사 ἦσαν에 연결된다는 개념은 HCSB 성경을 참조하라. "오래전에 하늘과 땅은 하나님의 말씀으로 물에서 물을 통해서 생겨났다. 다음도 같은 주장을 한다. Frey, *Der Brief des Judas und der zweite Brief des Petrus*, 327–28.

개입하셨음을 보여 준다. 조롱하는 사람들은 분명히 창조에 동의했지만(참조. 4절), 그들은 창조로부터 올바른 결론을 이끌어 내지 못했다. 하나님이 창조하신 세상은 처음에 물과 같은 혼돈이었고 형성되지 않고 발전되지 않은 곳이었다(창 1:2). 세상이 혼돈 상태에 방치된다면 인간의 삶은 존재할 수 없었을 것이다. 그러나 세상은 "성립되었다"(συνεστῶσα, 쉬네스토사). 골로새서 1장 17절은 그리스도 안에서 "만물이 함께 섰다"(συνέστηκεν, 쉬네스테켄)고 말하기 때문에 어떤 면에서 병행 본문이다. 물리적인 우주는 그리스도께서 친히 보존하고 유지하신다(참조. 히 1:3). 베드로는 여기에서 최초의 창조가 하나님의 말씀으로 성립되고 형성되었음을 강조한다. 창조된 실재가 "하나님께 이르신" 대로(창 1:3, 6, 9, 11, 14, 20, 24, 26, 29) 존재하기 때문에 창세기의 의존은 분명하다. 이 주제는 다른 구약성경에서도 공통적이다. "여호와의 말씀으로 하늘이 지음이 되었으며 그 만상을 그의 입 기운으로 이루었도다"(시 33:6; 참조. 잠 8:27-29; 히 11:3; 성경 이후의 전통에서 Sir 39:17, Wis 9:1, 4 Ezra 6:38, 43).

이 구절에서 세상이 "물에서 나와 물로 성립되었다"라는 표현이 가장 이해하기 쉽지 않다. 우리는 베드로가 세상을 구성하는 기본 재료에 대해 숙고하고 있는 것처럼, 마치 탈레스처럼 물이 세상의 기본 요소라고 말하는 것처럼 해석할 수 있다.[39] 그러나 우리는 베드로가 창세기 1장을 인용하고 우주의 "물질"에 대해 철학적인 대답을 하고 있지 않다는 사실을 기억해야 한다.[40] 우리는 창세기 1장에서 물의 혼돈이 땅을 덮고 인간의 삶을 불가능하게 만든다는 점에 주목했다. 하나님은 세상을 창조하실 때 하늘의 궁창을 만들어 물이 나뉘게 하여 궁창 위와 아래의 물이 있게 하셨다(창 1:6-8). 또한 땅의 물을 모아 마른 땅도 있게 하셨다(창 1:9-10). 따라서 베드로가 세상이 "물에서"(ἐξ ὕδατος, 에크스 휘다토스) 창조되었다고 말할 때 아마도 이 물에서 땅과 하늘이 출현한 것을 염두에 두고 있을 것이다. "물로"(δι' ὕδατος, 디 휘다토스) 성

---

39 이 논의는 다음을 참조하라. Bigg, Peter and Jude, 293.

40 그러나 이 견해에 반대하는 애덤스(Edward Adams)는 베드로가 물이 세상을 창조한 재료 또는 실체이며 이 세상은 결국 불로 멸망될 것이라고 주장함으로 스토아학파 사상을 끌어들인다고 주장한다("Creation 'out of' and 'through' Water in 2 Peter 3:5," in *The Creation of Heaven and Earth: Re-interpretations of Genesis 1 in the context of Judaism, Ancient Philosophy, Christianity, and Modern Physics*, ed. G. H. van Kooten, TBN 8 [Leiden: Brill, 2005], 195–210).

립되는 세상이 무엇을 의미하는지 파악하기는 더 어렵다. 어떤 사람들은 땅을 지탱하는 비를 말한다고 생각한다.[41]

그러나 이 주제는 '세상이 어떻게 유지되는가'가 아니라 '어떻게 창조되었는가' 하는 문제이다. 다른 사람들은 "~로"(διά, 디아)를 장소로 이해해서 세계가 물 가운데 형성되었다고 이해한다.[42] 가능한 해석이지만 전치사 διά(디아)의 정의로는 일반적이지 않다. 따라서 세 번째 해석을 선택해야 한다. 하나님이 세상을 성립하고 형성하는 도구로 물을 사용하셨다는 해석이다.[43]

3:6. 베드로는 세상에 대한 하나님의 개입과 심판을 지지하는 두 번째 논증으로 넘어간다. 창조 때 하나님께서 물을 분리하여 세상에 안정을 가져오셨다면 홍수로 혼돈이 다시 돌아왔다. 물이 분출되고 세상이 멸망했기 때문이다. 홍수가 인간을 멸망시켰기 때문에 거짓 선생들은 세상은 심판이 없는 규칙성이 특징이라고 주장할 수 없다. 헬라어 구문은 쉽지 않다. "이로 말미암아"(CSB, 개역개정. δι' ὧν, 디 혼)부터 시작해 보자. "이"(ὧν, 혼)가 가리키는 6절의 두 개의 단수 명사 "물"은 NIV 성경에 따르면 복수 관계 대명사의 선행사의 역할을 한다.[44] 카슨은 물의 두 근원(땅 깊은 곳과 하늘)이 홍수를 설명한다고 주장하며(창 7:11), 복수 관계 대명사를 설명한다고 주장한다.[45] 레이케는 선행사가 "하늘과 땅"이라고 주장한다.[46] 이에 반해, 하늘과 땅이 물의 저장소가 아니라면, 어떻게 하늘과 땅이 이 세상을 멸망시킬 수 있었는지 분명하지 않다. 그러나 암시가 너무 간접적이기 때문에 독자들이 연결을 이해할 수 있을지 의심스럽다.

가장 일반적인 해결책은 "이로 말미암아"가 물과 하나님의 말씀 둘 다를

---

41 Bigg, *Peter and Jude*, 293; M. Green, *2 Peter and Jude*, 141.

42 J. W. C. Wand, *The General Epistles of Peter and Jude*, WC (London: Methuen, 1934), 178.

43 Bauckham, *Jude, 2 Peter*, 297-98; Moo, *2 Peter, Jude*, 170.

44 NA[28]은 ὧν 대신 ὅν을 원문으로 본다. 그러나 외적 증거는 ὧν을 선호하기 때문에 이것을 원문으로 받아들여야 한다.

45 D. A. Carson, "2 Peter," in *Commentary on the New Testament Use of the Old Testament*, ed. G. K. Beale and D. A Carson (Grand Rapids: Baker, 2007), 1058. Cf. Bauckham, Jude, 2 Peter, 299.

46 Reicke, *James, Peter, and Jude*, 174.

의미한다는 것이다.[47] 세상에 질서를 가져온 동일한 실행자(물과 하나님의 말씀)가 세상을 멸망시켰다. 베드로에 따르면 홍수는 단순한 자연재해가 아니다. 홍수는 하나님의 말씀으로 정하시고 물로 말미암아 이루어진 세상에 대한 하나님의 심판이었다. 어떤 학자들은 "세상"(κόσμος, 코스모스)을 하늘과 땅으로 보고 하늘과 땅에 대한 미래 심판이 병행되고 있다고 이해한다.[48] 그러나 몇 가지 이유로 의심스럽다. 첫째, "하늘이 ... 땅이"(5절)에서 "세상"(6절)으로 전환이 중요하다. 세상은 하늘과 땅보다 덜 포괄적이다. 둘째, 논증이 비슷하지만 정확하지 않다. 홍수로 이루어진 멸망이 불로 이루어질 미래의 심판과 같은 범위라는 주장이 아니다. 베드로는 홍수 심판이 온 세상을 아우를 만큼 포괄적이었고 더 큰 심판이 임할 것이라고 주장한다. 셋째, 2장 5절에서 "옛 세상"(ἀρχαίου κόσμου, 아르카이우 코스무)과 "경건하지 아니한 자들의 세상"(κόσμῳ ἀσεβῶν, 코스모 아세본)이 홍수로 멸망한 인간을 가리킨다. 여기에서 "세상"이 사람보다 더 많은 영향을 미치는 심판을 의미한다는 보컴의 주장이 옳다.[49] 그러나 심판이 하늘을 포함한다는 내용이 따라오지 않는다. 땅의 심판은 충분히 "우주적"이다.

3:7. 7절은 세상의 규칙성에 관한 베드로의 세 번째 논증을 담고 있다. 그의 논증은 독자들에게 하나님의 심판을 상기시킨다. 하나님은 창조에 개입하셨고(5절), 세상을 홍수로 심판하셨고(6절), 앞으로 개입하여 세상을 멸망시키실 것이다. 미래의 재앙은 하늘과 땅을 포함한다는 점에서 최초의 창조와 같을 것이다. 더 나아가 그것은 하나님의 말씀으로 이루어질 것이기 때문에 창조와 홍수라는 하나님의 사역과 비슷할 것이다. 파괴의 도구가 다르다. 하나님은 물 대신 불을 사용하실 것이다. 하나님께서 다시는 물로 세상을 멸망시키지 않겠다고 약속하셨기 때문에 물은 도구가 될 수 없다(창 9:11-17). 불은 놀랍다. 세상이 불로 멸망할 것이라는 표현은 다른 곳에서 나타나지 않는

47 Bigg, *Peter and Jude*, 293–94; Kelly, *Peter and Jude*, 359-60; Bauckham, *Jude, 2 Peter*, 298; Moo, *2 Peter, Jude*, 170–71; Vögtle, *Judasbrief, 2 Petrusbrief*, 226; Fuchs and Reymond, *2 Pierre, Jude*, 113; Davids, *2 Peter and Jude*, 270; Frey, *Der Brief des Judas und der zweite Brief des Petrus*, 330-31.

48 Kelly, *Peter and Jude*, 359; Bauckham, *Jude, 2 Peter*, 298–99.

49 Bauckham, *Jude, 2 Peter*, 299.

다. 어떤 학자들은 스토아 사상 또는 페르시아의 영향을 찾지만 만약 의존하더라도 간접적이다. 스토아 사상은 대화재가 세상에서 계속 반복될 것이라고 예상했지만, 베드로는 종말이 한번만 올 것이라고 기대한다.[50] 더욱이 구약은 불을 심판과 연결하며, 때때로 역사의 마지막에 있다고 제시한다(신 32:22; 시 97:3; 사 30:30; 66:15-16; 겔 38: 22; 암 7:4; 습 1:18; 말 4:1).[51]

우리는 구약의 불 심판이 우주가 아니라 사람들의 심판을 가리킨다는 점에 유의해야 한다. 세상이 불로 멸망될 것이라는 내용은 성경 이후 전통에서 발견된다(1QH 3:29-36; Sib. Or. 3:54-90, 4:173-92; 5:211-13, 531; Apoc. Adam 49:3; Josephus, *Ant.* 1.70). 장차 세상의 멸망은 베드로의 생각에 심판과 불가분의 관계였다. 그날은 구약의 여호와의 날을 기억하는 날이 될 것이다. 또한 "경건하지 아니한 사람들의 심판"의 날도 포함될 것이다. 거짓 선생들은 회개하지 않는다면, 심판이 신화가 아니며 하나님의 개입이라는 사실을 너무 늦게 깨닫게 될 것이다.

5.2 주님의 때와 우리의 때가 다름(3:8-10)

8 사랑하는 자들아 주께는 하루가 천 년 같고 천 년이 하루 같다는 이 한 가지를 잊지 말라 **9** 주의 약속은 어떤 이들이 더디다고 생각하는 것 같이 더딘 것이 아니라 오직 주께서는 너희를 대하여 오래 참으사 아무도 멸망하지 아니하고 다 회개하기에 이르기를 원하시느니라 **10** 그러나 주의 날이 도둑 같이 오리니 그 날에는 하늘이 큰 소리로 떠나가고 물질이 뜨거운 불에 풀어지고 땅과 그 중에 있는 모든 일이 드러나리로다

---

50 M. Green, *2 Peter and Jude*, 29; Vögtle, *Judasbrief, 2 Petrusbrief*, 228; 참조. R. Riesner, "Der zweite-Petrus Brief und die Eschatologie," in *Zukunftserwartung in biblischer Sicht: Beiträge zur Eschatologie*, ed. G. Maier (Giessen: Brunnen, 1984), 140.

51 여기에서 주자(R. P. Juza)의 흥미로운 아티클을 참조하라. 그는 벧후 3:7-13에서 소돔과 고모라의 심판의 반향을 찾는다("Echoes of Sodom and Gomorrah on the Day of the Lord: Intertextuality and Tradition in 2 Peter 3:7-13," *BBR* 24 [2014]: 227-45).

기억의 중요성을 계속 강조한다. 1-2절은 독자들에게 선지자들의 말씀과 사도들의 명령을 기억하라고 권면했다. 예수 그리스도의 장차 오심을 의심하는 조롱하는 자들이 나타났기 때문에 이 기억은 중요했다. 사실 조롱하는 자들은 하나님께서 역사에서 행하신 일의 중요성을 잊어버렸고 그것을 깨닫지 못했다(5절). 그들은 하나님을 떠나 진리를 저버렸기 때문에 잊어버렸다. 베드로는 독자들에게 미칠 영향을 두려워한다. 그는 또한 신실한 사람들이 중요한 진리를 잊어버릴까 염려했는데(8절), 배교 때문이 아니라 거짓 선생들이 마음을 혼란스럽게 만들 수 있기 때문이다. 그래서 주님의 재림에 관한 두 가지 논증을 더 제시한다. 첫째, 주님께서 정해진 시간에 나타나시지 않으셨다고 해서 믿음이 약해져서는 안 된다. 주님은 우리처럼 시간을 계산하지 않으신다(8절). 그분께 천 년은 하루와 같다. 우리에게 긴 시간이 그분께는 길지 않다. 그러므로 아직 오지 않았다는 사실은 미래에 오실지에 대해 아무 말도 하지 않는다. 둘째, 주님은 재림에 관한 약속을 더디 성취하지 않으신다(9절). 그분은 모든 인생이 회개할 기회를 주시기 위해 다시 오심을 늦추신다. 마지막으로 10절에서 베드로는 주의 날이 도래할 확신을 가지고 반복한다. 그 날은 갑자기 올 것이고, 우리가 알고 있는 세상은 풀어질 것이다.

3:8. 이 단락은 3장 1, 14, 17절과 같이 "사랑하는 자들아"(ἀγαπητοί, 아가페토이)로 특징지어진다. 이 표현의 중요성은 3장 1절의 주해를 참조하라. "잊지 말라"(λανθανέτω, 란다네토)가 반복된다(5절). 5절에서 우리는 반대자들이 하나님의 창조 사역의 의미를 보지 못했음을 살펴보았다. 세상은 항상 규칙과 질서로 특징지어지지 않는다. 하나님은 창조 사역을 통해 인간이 혼돈이었던 세계를 살아갈 수 있도록 조성하셨다(창 1:2). 거짓 선생들은 그리스도의 재림에 대한 약속을 믿기에는 너무 많은 시간이 걸렸다고 주장했을 것이며, 독자들은 그들에게 압력을 받았을 것이다. 그러므로 독자들은 잊기 쉬운 진리, 즉 하나님에 대한 중요한 진리를 소홀히 하면 안 된다.

베드로는 "주께는 하루가 천 년 같고 천 년이 하루 같다"라는 진리를 일깨워 준다.[52] 베드로는 시편 90편 4절을 암시하는 데, 시편 기자는 "주의 목전에

---

52 여기에서 "주"는 그리스도가 아니라 하나님을 가리킨다(Fuchs and Reymond, *2 Pierre, Jude,*

는 천 년이 지나간 어제 같으며 밤의 한 순간 같을 뿐임이니이다"라고 선언한
다. 시편 90편에서 하나님의 영원하심과 인간의 일시적인 측면이 대조를 이
룬다(참조. Sir 18:9-11; 2 Bar. 48:12-13). 인간은 수명이 짧고 연약하지
만, 하나님께서는 시간이 지나도 약해지거나 쇠하지 않으신다. 어떤 의미에
서 하나님이 시간을 초월하시기 때문에 시간의 특성은 하나님께 중요하지 않
다. 베드로는 이 통찰력을 주님의 오심에 적용한다. 시간의 흐름이 어떤 식으
로든 하나님을 축소시키지 않고, 그분이 시간을 초월하여 그 흐름이 하나님
의 존재에 영향을 미치지 않는다면, 신자들은 그리스도의 재림이 지연되는 것
을 염려하지 말아야 한다. 그에게 천 년이 지나감은 결국 하루의 지나감과 같
다. 빅(Bigg)은 다음과 같이 훌륭하게 주장한다. "시편 기자는 하나님의 영원
하심을 짧은 인간의 생애와 대조하려고 하며, 베드로는 하나님의 영원하심과
인간의 조급함을 대조하려고 한다."[53] 베드로는 그리스도께서 이곳에 오실 임
박함을 부인하지 않는다.[54] 그는 그리스도의 재림이 오랜 기간 동안 지연될 것
이라고 주장하지 않는다. 3장 12절에서 베드로는 그리스도께서 곧 오실 것
을 기대한다. 그러나 베드로는 다른 모든 신약 저자들과 마찬가지로 그리스도
께서 언제 재림하실지 또는 특정한 날짜를 규정하지 않는다. 그는 그리스도
의 재림이 임박함과 언제 오실지에 대한 불확실성 사이의 긴장을 유지한다.[55]

이 어구는 문자 그대로 주님과 함께하는 하루가 천 년이라는 의미로 해석
될 수 있다. 이 해석은 가끔 창세기 해석에 사용되어 인류 역사가 6일(즉, 6천
년)로 지속되며 천년 왕국(마지막 천 년. 참조. Barn. 15:4; Irenaeus, *Haer.*
5.28.3)에서 절정에 이를 것이라고 말한다. 이 해석은 두 가지 이유로 틀렸
다. 첫째, 본문은 주님과 함께하는 하루가 천 년이라고 말하지 않는다. 주님과
함께하는 하루가 천 년 **같다**고 말한다.[56] 이것은 비유이며 유사점이다. 둘째

---

115).

53 Bigg, *Peter and Jude*, 295.

54 Bauckham, *Jude, 2 Peter*, 310.

55 이 구절에서 유대 사상의 전통 역사에 대해서는 다음을 참조하라. W. Schrage, "Ein Tag ist
beim Herrn wie tausend Jahre, und tausend Jahre sind wie ein Tag," in *Glaube und Eschatologie:
Festschrift für Werner Georg Kümmel zum 80*. Geburtstag, ed. E. Gräßer and O. Merk (Tübingen:
Mohr Siebeck, 1985), 267–75.

56 Moo, *2 Peter, Jude*, 186; 또한 다음을 참조하라. Fornberg, *An Early Church in a Pluralistic*

로, 이 해석은 문맥상 맞지 않는다. 그렇다면 베드로는 심판의 날이 천 년 동안 지속된다고 말했을 것이다. 이것은 다소 이상한 개념이다. 마지막으로 이 해석은 거짓 선생들에 대한 베드로의 반응과 잘 맞지 않는다.[57] 비록 주님은 아직 오시지 않으셨지만 이것으로 그분이 결코 오지 않으실 것이라고 단정해서는 안 된다.[58] 주님은 시간을 인간처럼 보지 않으신다.[59] 우리에게 고통스러울 정도로 길게 보이는 시간은 그분께는 얼마 되지 않는다.

3:9. 9절의 첫 부분은 8절에서 가져온다. 하나님이 우리처럼 시간을 보시거나 경험하지 않으신다면, 그분은 약속을 지키시는 데 더디지 않으실 것이다(참조. 합 2:3). 약속(ἐπαγγελία, 에팡겔리아)은 4절로 돌아가 주님의 오심에 대한 약속을 가리킨다. 하나님, 즉 아버지는 아들의 오심을 말씀하신 약속을 지체하지 않으신다. 아들은 약속된 대로 오실 것이지만 겉보기에 느리다는 사실을 오해하지 말아야 한다. "어떤 이들이 더디다고 생각하는 것 같이"는 거짓 선생들의 영향으로 흔들리는 교회 안에 있는 사람들을 가리킬 수 있다.[60] 아마도 거짓 선생들일 가능성이 높으며 하나님의 방식에 관한 이해가 부족한 "어떤 이들"이라고 부정적으로 언급한다.[61] 이 구절은 매우 모순일 수 있다. 거짓 선생들은 하나님의 인내를 회개로 이끌어야 하지만, 하나님에 관한 논쟁으로 사용했다.[62]

베드로는 재림이 지연되는 이유를 설명한다. 하나님은 그의 백성을 오래 참으신다. "너희를 대하여 참으사"(μακροθυμεῖ εἰς ὑμᾶς, 마크로뒤메이 에이스 휘마스)라는 말에 주목하라. 그는 인내의 이유를 다음과 같이 설명한다. 그분은 "아무도 멸망하지 아니하고 다 회개하기에 이르기를 원하시느니라." 하나

Society, 69–70.

57 Bauckham, *Jude, 2 Peter*, 307.

58 폰버그는 복음서의 많은 구절들이 그리스도께서 재림하시기 전 일시적인 기간이 생길 것이라고 지적하고 있음을 주목하면서 동시대의 저자들이 파루시아의 지연 문제를 지나치게 강조했다고 주장한다(*An Early Church in a Pluralistic Society*, 69).

59 G. Green, *Jude and 2 Peter*, 326; Davids, *2 Peter and Jude*, 276–77.

60 Kelly, *Peter and Jude*, 362.

61 Bigg, *Peter and Jude*, 296; Moo, *2 Peter, Jude*, 187.

62 나는 이 통찰력을 미니애폴리스에 있는 베들레헴 침례교회의 설교목사인 메이어(Jason Meyer)에게 빚지고 있다.

님께서 오래 참으심으로 사람들이 회개할 것이라는 개념은 성경에서 일반적이다(욜 2:12-13, 롬 2:4). "노하기를 더디하신다"는 자주 반복되는 후렴구이다(출 34:6; 민 14:18; 느 9:17; 시 86:15; 103:8; 145:8; 욜 2:13; 욘 3:10; 4:2; 나 1:3). 그러나 그분은 영원히 지체하지는 않으실 것이다(참조. Sir 35:18). "멸망하지"(ἀπολέσθαι, 아폴레스다이)가 의미하는 영원한 심판에 주목해야 한다. 따라서 회개(μετάνοια, 메타노이아)는 영생에 필요한 회개이다. 베드로는 사람들이 신실하게 살면 받게 될 상을 논하는 데 그치지 않는다. 그는 사람들이 하나님의 진노에서 구원받을 것인지 생각한다.

주님께서 멸망하기를 원하지 않으시는 "아무도"(τινας, 티나스)는 어떤 사람인가? "다"(πάντας, 판타스) 회개하도록 초대되었다. 아마도 모든 사람을 고려할 것이다. 어떤 학자들은 디모데전서 2장 4절과 비슷하게 하나님은 "모든 사람이 구원을 받으며 진리를 아는 데에 이르기를 원하신다"라고 이해한다.[63] 디모데전서 본문을 다룰 지면이 없지만, "모든 사람"(πάντας ἀνθρώπους, 판타스 안드로푸스)은 논쟁의 대상이다. 에스겔 18장 32절을 고려할 수도 있다. "주 여호와의 말씀이니라 죽을 자가 죽는 것도 내가 기뻐하지 아니하노니 너희는 스스로 돌이키고 살지니라"(참조. 18:23). 에스겔의 경우 누군가의 멸망에 대한 하나님의 안타까움이 분명히 나타난다. 그럼에도 불구하고 우리는 베드로후서가 에스겔과 같은 의미인지 질문해야 한다. 만일 같다면, 어떤 사람은 하나님께서 일부의 구원만 정하셨다는 성경의 가르침을 의심하겠지만, 성경은 분명히 이러한 개념을 가르친다(참조. 요 6:37, 44-45, 65; 10:16, 26; 행 13:48; 롬 8:29-30; 9:1-23; 엡 1:4-5, 11 등).[64] 이 질문의 완벽한 답은 교회 역사에서 오랜 계통이 있어 왔다는 대답으로 충분할 것이다. 우리는 하나님의 뜻에서 두 가지 다른 의미를 구별해야 한다.[65] 하나님이 작정하신 뜻과 하나님의 원하시는 뜻이 있다. 하나님은 어떤 의미에서 모든 사람의 구원을 원하시지만 궁극적으로는 모든 사람의 구원을 정하지 않으

---

63 뢰그틀레는 이 구절이 칼빈주의 신학을 배제한다고 지적한다(*Judasbrief, 2 Petrusbrief*, 231-32). 또한 다음을 참조하라. Fuchs and Reymond, *2 Pierre, Jude*, 116.

64 이 견해에 관한 변호에 대해서는 다음을 참조하라. T. R. Schreiner and B. A. Ware, eds., *Still Sovereign* (Grand Rapids: Baker, 2000).

65 이 견해는 이미 다음에 의해 제시되었다. Calvin, *Commentaries on the Catholic Epistles* (Grand Rapids: Eerdmans, 1948), 419-20.

신다. 어떤 사람들은 이러한 접근 방식이 이중적이며 노골적인 넌센스라고 생각한다. 다시 말하지만, 이 질문을 자세히 대답하기에 지면이 부족하지만, 파이퍼가 이 견해를 설득력 있게 주장한다.[66] 그는 하나님의 뜻의 두 가지 측면이 철학적인 교묘한 속임수의 결과가 아니라 주의 깊은 성경 주해의 결과임을 보여 준다.

베드로후서 3장 9절은 이 문제와 직접적인 관련이 없을지도 모른다. "아무도"와 "다"는 이 구절 앞부분의 "너희들"(ὑμᾶς)의 확장일 수 있다.[67] 이 견해에 따르면 베드로는 세상 모든 사람의 운명을 고려하지 않는다. 그는 거짓 선생들의 영향으로 흔들리는 교회 안에 있는 사람들을 고려한다. 하나님은 그들이 회개하기 원하신다. 이 해결이 옳다 하더라도 베드로는 작정의 뜻이 아니라 명령의 뜻을 고려하기 때문에 신학적으로 문제를 해결할 수 없다. 즉, 그는 하나님께서 회개하기를 원하시는 교회의 모든 사람이 실제로 회개할 것이라고 가르치지 않는다. 비록 그 구절이 거짓 선생들의 영향을 받은 자들에게 제한되어 있다고 할지라도 베드로는 하나님이 정하신 뜻이 아니라 하나님이 원하시는 뜻을 언급한다.

결국 "아무도"를 교회 구성원으로 제한하는 방식은 이 본문에서 가장 만족스러운 해결책이 아니다. 확장해서 우리는 에스겔 18장 32절과 같은 방식으로 베드로후서 3장 9절을 이해해야 한다. 이 구절은 모든 사람이 예외 없이 구원받기 원하시는 하나님의 뜻을 말한다. 따라서 이것은 하나님의 정하신 뜻 대신 하나님의 원하시는 뜻에 관한 언급이다. 많은 사람이 멸망할 것이기 때문에 하나님은 모든 사람의 구원을 정하지 않으셨다.[68]

그럼에도 불구하고 궁극적으로 하나님께서 모든 사람의 구원을 선언하지

---

66 J. Piper, "Are There Two Wills in God?," in *Still Sovereign*, ed. T. R. Schreiner and B. A. Ware (Grand Rapids: Baker, 2000), 107–31.

67 Bauckham, *Jude, 2 Peter*, 313; Moo, *2 Peter, Jude*, 188; L. R. Donelson, *I and II Peter and Jude*, NTL (Louisville: Westminster John Knox, 2010), 275; Horrell, *The Epistles of Peter and Jude*, 180 (호렐은 모든 사람이 확장에 포함될 수 있다고 생각한다. 폰버그는 모든 사람이 회개하기를 원하는 하나님의 원함에 대적들도 포함된다고 주장한다(*An Early Church in a Pluralistic Society*, 71).

68 우리는 여기에서 증거를 제시할 수 없지만, 많은 성경본문에서 보편주의가 배제된다. 다음의 역사적이고 신학적인 작품을 참조하라. M. J. McClymond, *The Devil's Redemption: A New History and Interpretation of Christian Universalism*, 2 vols. (Grand Rapids: Baker, 2018).

않으셨지만, 진정으로 모든 사람이 구원을 받기를 원하신다. 어떤 학자들은 이 해결책이 주해에서 벗어났다고 생각하지만, 조화로운 전체로서의 성경을 받아들인다면, 이 견해는 이렇게 구별하는 성경적인 주해에 뿌리를 둔다. 하나님은 우리의 이해를 초월하는 무한하고 복잡한 존재이기 때문에 이 복잡함은 놀라운 일이 아니다. 다시 말해 이 주해는 이성주의적인 수단이 아니라 하나님의 계시의 신비와 깊이에 대한 인정이다.[69] 성경 본문의 어떤 차원도 부정하면 안 된다. 하나님은 모든 사람이 회개하고 하나님께로 돌아오기를 진정으로 원하신다. 우리는 본문이 말하는 내용을 없애고 부정하면서 하나님의 작정하신 뜻으로 물러서면 안 된다. 또는 이 구절을 사용하여 하나님의 예정하시는 뜻을 취소하면 안 된다. 하나님을 완전히 이해하는 척하는 철학적 체계로 본문을 삼키기보다 긴장과 신비를 안고 사는 것이 더 낫다. 하나님의 참으심과 사랑은 환상이 아니다. 그분의 주권은 없어지지 않는다.

3:10. 베드로는 주님의 오심이 지체되었다는 인상을 주고 싶지 않았다.[70] 그래서 그는 "주의 날이 오리라"라고 선언한다. "오리라"(ἥξει, 헥세이)는 헬라어 본문에서 첫 번째로 나타나는 단어이며 그 날이 반드시 올 것을 강조한다. 주의 날은 구약에서 잘 알려져 있었으며, 종종 하나님의 심판과 구원을 언급한다. 구약에서는 역사에서 일어나지만, 궁극적으로 주의 날은 하나님이 그의 원수를 결정적으로 심판하시고 의인을 신원하실 마지막 날을 가리킨다.[71] 신약에서 주의 날은 또한 그리스도의 날이다(고전 1:8, 고후 1 14; 빌 1:6, 10; 2:16). 베드로는 주의 날이 "도둑 같이" 올 것이라고 강조한다. 베드로는 전통을 따르며, 3장 15-16절에서 그가 바울 서신에 익숙했음을 알 수 있다. 데살로니가전서 5장 2절에서 바울은 독자들에게 이렇게 말한다. "주의 날이 밤에 도둑 같이 이를 줄을 너희 자신이 자세히 알기 때문이라." 실제

---

69 여기에서 논의되는 것은 거룩한 단순성과 모순되지 않지만, 그것은 다른 장소와 다른 시간에 관한 논의이다.

70 Frey, *Der Brief des Judas und der zweite Brief des Petrus*, 345. 훅스(Fuchs)와 레이먼드 (Reymond)는 저자가 여기에서 그리스도가 아니라 하나님을 언급한다고 주장한다(*2 Pierre, Jude*, 117).

71 사 13:6, 9; 겔 13:5; 30:3; 요엘 1:15; 2:1, 11, 31; 3:14; 암 5:18, 20; 욥 15; 습 1:7, 14; 말 4:5; 참조. 행 2:20; 고전 5:5; 고후 1:14; 살전 5:2; 살후 2:2.

로 데살로니가전서 5장 3절에 따르면 사람들이 가장 기대하지 않을 때, 모든 위험으로부터 안전하다고 생각할 때, 주님은 오실 것이다. 예수님은 밤에 도둑이 침입하는 것처럼 그분의 오심을 기대하지 않을 때 오실 것을 주의하라고 말씀하셨다(마 24:42-44; 참조. 계 3:3; 16:15). 바울은 예수님의 말씀에서 이미지를 이끌어 냈을 가능성이 가장 크다. 따라서 베드로의 개념은 바울이 아니라 예수님에게서 나온 것일 수도 있고, 아니면 예수님과 바울 모두에게서 나온 것일 수도 있다. 베드로는 도적같이 오는 날의 이미지를 중요하게 여긴다. 왜냐하면 독자들이 거짓 선생들에게 확신을 가지면 주님의 재림을 준비하지 못할 것이기 때문이다. 상황에 따라서 그리고 시간이 지남에 따라 그날이 오지 않을 것으로 생각할 수 있다. 거짓 선생들은 역사의 갑작스러운 단절과 심판의 날이라는 개념을 경멸했다. 그러나 주의 날은 갑자기 도래할 것이며, 그날이 올 것이라는 확실한 징조가 없다. 징조는 충분히 다른 결론을 이끌어 낼 만큼 모호하다.

그 날이 오면 세 가지 일이 일어날 것이며, 이 모든 것은 우리가 알고 있는 세계가 파괴될 것을 나타낸다. 그러나 세부 사항을 이해하기 훨씬 더 어렵다. 차례대로 살펴보자. 첫째, 하늘이 "큰 소리로 떠나갈 것"이다. "하늘"은 5-7절로 돌아간다. "하늘"은 땅과 함께 하나님이 우주에서 창조하신 모든 것을 의미한다. "큰 소리"($\rho o\iota\zeta\eta\delta\acute{o}\nu$, 로이제돈)는 화살의 윙윙거림, 날개 소리, 뱀의 쉿 소리와 같은 돌진하는 소리를 나타낸다.[72] 이 맥락에서 우리는 불의 딱딱거리는 소리, 하늘을 파괴하는 소리를 생각해야 한다. 보컴은 아마도 "신성한 소리로서 천둥"을 가리킬 수 있다고 생각한다.[73] 그러나 이 단어는 물리적 현상과 관련이 있는 것으로 보인다. 예수님은 동일한 단어($\pi\alpha\rho\acute{e}\rho\chi o\mu\alpha\iota$, 파레르코마이, "떠나가다")를 사용해서 하늘과 땅이 "없어질 것"이라고 말씀하신다(마 5:18, 24:35, 막 13:31, 눅 16:17, 21:33). 이사야 34장 4절은 하늘이 두루마리처럼 말려 있는 것처럼 묘사한다. 요한계시록은 이 그림을 가져온다(계 6:14; 참조. 히 1:10-12).

그림의 두 번째는 "물질이 뜨거운 불에 풀어진다." "물질"($\sigma\tauo\iota\chi\epsilon\tilde{\iota}\alpha$, 스토

---

72 Bigg, *Peter and Jude*, 296.

73 Bauckham, *Jude, 2 Peter*, 315.

이케이아)은 사물을 이루는 구성 요소 또는 기본 재료를 나타낸다. 이 단어는
알파벳 ABC 또는 음계의 음표를 말하거나 종종 세계-땅, 공기, 불, 물(로 추
정되는) 기본 요소를 언급할 수 있다. 신약 시대 이후 이 단어는 영적인 존재
를 가리키기 시작했고, 학자들은 갈라디아서 4장 3, 9절, 골로새서 2장 8, 20
절에서 바울이 이 의미로 사용했는지 논의한다. 히브리서 5장 12절에서는 기
독교 신앙의 기본 요소나 가르침을 의미한다. 세 가지 다른 해석을 제안한다.
첫째, "물질"은 자연계를 지배하는 천사나 영일 수 있다.[74] 이 견해는 문맥과
어울리지 않기 때문에 많은 주석가들이 받아들이지 않는다. 베드로는 영적인
능력들이 별이나 행성에 거주하는지에 관해 관심을 가지지 않는다. 그는 물
리적 우주의 해체를 말한다. 둘째, 천체, 즉 해, 달, 별들일 수 있다.[75] 이 의
미는 2세기에 입증되었다.[76] 보컴은 70인역 본문 "하늘의 모든 권세가 녹을
것이다"의 의존 가능성을 생각한다.[77] 이 해석은 가능하고 문맥에 잘 맞는다.

셋째, "물질"은 세상의 자연적인 물체를 이루는 재료를 말한다. 나는 이
견해가 "물질"의 공통 의미를 나타내기 때문에 가장 가능성이 높다고 생각
한다.[78] 이러한 의미는 "시빌의 신탁"(Sibylline Oracles 3:80-81; 참조.
2:206-7; 8:337-39)에서 입증된 것처럼 보인다. 어떤 학자들은 베드로가 계
속해서 땅과 그 가운데 행해진 모든 일이 "드러나리로다"로 말했기 때문에 이
해석이 적합한지 의문을 던진다. 이 논쟁적이고 어려운 단어의 의미는 앞으로
논의할 것이다. 초점은 하늘과 땅의 물질의 파괴이다. 물질이 불타버릴 때 땅
과 그 중에 있는 모든 일이 "드러날" 것이다. 12절은 하늘과 물질이 모든 존
재를 함축한다는 개념을 지지한다.[79] 그것은 함께 불로 파괴될 것이다. 베드로
가 이 세상을 불로 정화하고 새롭게 하는 것을 생각했는지, 아니면 현재 세상

74 예. Paulsen, *Petrusbrief und Judasbrief*, 167; A. Gerdmar, *Rethinking the Judaism-Hellenism Dichotomy: A Historiographical Case Study of Second Peter and Jude*, ConBNT 36 (Stockholm: Almqvist & Wiksell, 2001), 167-68.

75 Bigg, *Peter and Jude*, 297; Kelly, *Peter and Jude*, 364; Vögtle, *Judasbrief, 2 Petrusbrief*, 234. 폰버그는 별을 고려하고 있다고 생각한다(*An Early Church in a Pluralistic Society*, 74).

76 G. Delling, "στοιχέω," *TDNT* 7:681-82; Davids, *2 Peter and Jude*, 284-86.

77 Bauckham, *Jude, 2 Peter*, 315. 참조. Vaticanus, Lucian; 참조. 2 Clem. 16:3.

78 G. Delling, "στοιχέω," *TDNT* 7:672–79; Neyrey, *2 Peter, Jude*, 243; Moo, *2 Peter, Jude*, 190.

79 이 견해에 대해서는 다음을 참조하라. C. P. Thiede, "A Pagan Reader of 2 Peter: Cosmic Conflagration in 2 Peter 3 and the Octavius of Minucius Felix," *JSNT* 26 (1986): 82–83.

의 완전한 파괴와 새 세상의 창조를 염두에 두고 있었는지 여부는 알 수 없다. 우리는 다음 구절에서 이 문제를 논의할 것이다.

이 구절의 마지막 어구, "땅과 그 중에 있는 모든 일이 드러나리로다" 는 가장 어렵다. 문자적으로 해석하면 "땅과 그 중에 있는 일이 발견될 것이다"(εὑρεθήσεται, 휴레데세타이)이다. 이 의미는 무엇인가? 학자들은 의미를 찾는 데 절망한다.[80] 다양한 사본과 추측으로 수정한 사실이 발견된다. 우리는 외적 증거가 "발견될 것이다"를 결정적으로 지지한다고 말할 수 있지만, 메쯔거가 지적한 것 같이 이렇게 읽으면 본문이 "의미가 없는 것 같기" 때문에 다른 대안을 찾는다.[81] 우리는 이 어려움을 주목하며 다른 선택들을 검토하려고 한다.

1. 한 종류의 번역(Sahidic, 콥트어 신약성경)은 부정어를 넣어서 본문이 땅과 그 일들이 "발견되지 않을 것이다"라고 읽는다. 이것은 더 나은 의미이지만 사본들이 지지하지 않는다.[82]
2. 초기 파피루스(𝔓72)는 "파괴된"(λυόμενα, 루메나)을 추가해서 이 구절이 땅과 그 일들이 멸망될 것을 말한다고 제시한다.[83] 그 의미는 분명하다. 그런데 왜 제대로 지지받지 못하는지 의문을 던질 수 있다. 필사자는 본문을 더 명확하게 하기 위해서 동사 λύω (뤼오, "파괴하다")의 형태를 삽입했을 가능성이 크다.
3. 대부분의 사본은 "불탈 것이다"(κατακαήσεται, 카타카에세타이)로 되어 있으며, 이 해석은 많은 영어 번역에서 볼 수 있다. "땅과 그 안에 있는 모든 일이 불탈 것이다"(KJV; 또한 다음을 참조. NKJV, RSV, NASB)로 제시한다. 이것이 원문이라면 "발견될 것이다"가 어떻게 대체되었는지 알기 어렵다.

---

80 판 덴 히버(G. van den Heever)는 이 사본이 부패했으며 그 의미를 설명하기 위해 적절하게 진전된 해결책이 없다고 결론짓는다("In Purifying Fire: World View and 2 Peter 3:10," *Neot* 27 [1993]: 107-18).
81 *TCGNT* 636.
82 이 견해는 다음을 참조하라. Fornberg, *An Early Church in a Pluralistic Society*, 74-76.
83 Fornberg는 이 읽기가 그의 해석에 적합하다고 관찰한다(*An Early Church in a Pluralistic Society*, 76-77).

4. 또 다른 사본(C)은 "사라질 것이다"(ἀφανισθήσονται, 아파니스 데손타이)라고 읽는다. 빈약한 외적 증거는 필사자의 추측을 보 여 준다.
5. 학자들은또한다른많은가능성을추측했다. 동사 "갈 것이다"(웨스 트코트/호트[Westcott/Hort]), "함께 갈 것이다"(나베[Naber]), "불타버릴 것이다"(올리비에[Olivier]), "없어져 버릴 것이다"(메 이어[Mayor]),[84] "심판 받을 것이다"(네슬[Nestle]) 등이다. 다 른 제안들도 있지만, 광범위한 지지를 받지 못했다.

"발견될 것이다"가 가장 가능성 있는 개념이다. 이 의미를 살펴보려고 한 다. 켈리는 다음과 같이 질문으로 이해해야 한다고 생각한다. "땅과 그 안에 들어 있는 일이 발견될 것인가?"[85] 그러나 질문인지 분명하지 않으므로 이 해 결책은 거절된다. 폰버그는 하늘과 땅에 있는 모든 것을 포함하여 하나님이 창조한 것을 말한다고 이해한다.[86] 그러나 발견된다는 것이 무엇을 의미하는 지 분명하지 않으므로 폰버그의 본문 수정은 놀랍지 않다. 인간이 심판 때 에 하나님 앞에 발견될 것이라는 개념이 더 가능성이 있다.[87] 이것은 "드러나 리라"를 반영한다. 히브리어 "발견하다"(מצא)는 사법적인 의미가 있으며(출 22:8, 신 22:28, 스 10:18), 헬라어 "발견하다"(εὑρίσκω, 휴리스코)는 법적인 배경에서 하나님과의 관계를 설명하는 데 사용된다(Sir 44:17, 20; 단 5:27, Theodotion역; 참조. 행 5:39; 24:5; 고전 4:2; 15:15; 갈 2:17; 빌 3:9; 벧 전 1:7; 계 5:4). 우리는 또한 어떤 사람이 하나님 앞에서 죄인인지 의인이 지가 밝혀지는 것을 본다(삼상 25:28; 26:18; 왕상 1:52; 시 17:3; 렘 2:34; 50:20; 겔 28:15; 습 3:13; 말 2:6). 보컴은 이 동사가 "드러나게 될 것"과 대 략적인 동의어로 해석될 수 있다고 바르게 말한다(φανερωθήσεται[파네로데세

84 J. B. Mayor, *The Epistle of St. Jude and the Second Epistle of St. Peter* (1907; repr., Grand Rapids: Baker, 1965), 160.
85 Kelly, *Peter and Jude*, 364-66; 또한, R. L. Overstreet, "A Study of 2 Peter 3:10-13," *BSac* 137 (1980): 358.
86 Fornberg, *An Early Church in a Pluralistic Society*, 74–76.
87 Bauckham, *Jude, 2 Peter*, 319-20; Moo, *2 Peter, Jude*, 191; 또한 다음을 참조하라. Fuchs and Reymond, *2 Pierre, Jude*, 118-19; G. Green, *Jude and 2 Peter*, 330-31.

타이] 와 φανερὰ γενήσεται[파네라 게네세타이], 막 4:22; 요 3:21; 고전 3:13; 14:25; 엡 5:13).[88]

아마도 클레멘트 2서 16:3은 베드로후서의 초기 해석을 나타낼 것이다. "그러나 너희가 알거니와 심판의 날은 풀무불 같으리니 하늘들이 풀리고 온 땅이 불에 녹는 것 같겠고, 그때에는 사람의 일, 즉 비밀한 일과 공공의 일이 나타날 것이다." 클레멘트가 베드로후서를 암시했다면, 하나님의 심판으로 이해한다.[89] 그러므로 이 어구는 10절의 첫 부분에서 하늘과 땅이 불타버린 결과를 가리킨다. 땅과 그중에 모든 일이 하나님 앞에 드러날 것이다. 신적 수동태에서 하나님의 심판의 개념은 "발견될 것이다"(CSB)로 잘 전달된다. 7절에 같은 패턴이 존재한다. 하늘과 땅이 불타고 불경건한 자들에게 심판이 임할 것이다. 해석의 문제는 문맥에서 "땅"(γῆ, 게)이 물리적이며 인간을 의미하지 않는다는 사실이다. 그러나 보컴은 "인류 역사의 현장으로서 물리적인 지구, 인류의 거주지로서 지구를 의미할 수 있다"라고 바르게 해석한다.[90] 이 엄청나게 어려운 구절을 설명하는 가장 만족스러운 방법으로 보인다.

월터스는 "세계가 정화된 상태로 나오는 제련 과정"으로 묘사된 "심판의 날"에 비추어 이 단어를 이해한다.[91] 불의 심판에서 나오는 세상은 불로 정화된 세상이 될 것이다.[92] 그 배경으로 말라기 3장 2-4절은 레위인이 여호와의 날에 깨끗하게 되고 연단될 것이라고 제시한다(참조. 말 4:1-2). 따라서 그는 "발견될 것이다"를 제련 과정에서 살아남은 종말론적 세상을 가리킨다고 이

---

88 Bauckham, *Jude, 2 Peter*, 319; 또한, 다음을 참조하라. Neyrey, *2 Peter, Jude*, 243-44.

89 R. E. Picirilli, "Allusions to 2 Peter in the Apostolic Fathers," *JSNT* 33 (1988): 64; A. Wolters, "Worldview and Textual Criticism in 2 Peter 3:10," *WTJ* 49 (1987): 411.

90 Bauckham, *Jude, 2 Peter*, 320. 비슷한 해석으로 다음을 참조하라. W. E. Wilson, "εὑρεθήσεται. in 2 Pet. iii.10," *ExpTim* 32 (1920-21): 44-45; J. W. Roberts, "A Note on the Meaning of II Peter 3:10d," *ResQ* 6 (1962): 32–33; Thiede, "A Pagan Reader of 2 Peter," 82; D. Wenham, "Being 'Found' on the Last Day: New Light on 2 Peter 3:10 and 2 Corinthians 5:3," *NTS* 33 (1987): 477-79. 웬함은 예수님의 종말론적 비유에 관한 암시를 발견한다. 주님은 당신의 종들이 신실하거나 신실하지 않음을 "발견한다"(마 24:46 단락). 웬함은 또한 고후 5:3에서 어떤 사람들은 "벗은 자들로 발견되다"를 악한 일들로 이해하는 병행으로 본다(참조 눅 12:36-38; 막 13:34-36; 계 16:15). 댕커(F. W. Danker)는 비슷한 해석을 제안하지만, 그는 κατὰ τὰ ἔργα가 원문이라고 추측하며 Pss. Sol. 17:10과의 병행이라고 이해한다("II Peter 3:10 and Psalm of Solomon 17:10," *ZNW* 53 [1962]: 82-86). 그러나 원문이라면 이 문구가 삭제되었을 가능성은 없다.

91 Wolters, "2 Peter 3:10," 408.

92 Wolters, "2 Peter 3:10," 408-12.

해한다. 이 해석의 장점은 "땅"의 의미를 설명한다. 그러나 이 해석이 "모든 일"과 어떻게 잘 통합되는지 명확하지 않다. 또한 말라기의 배경은 우주를 정결하게 함이 아니라 인간의 제련을 말하기 때문에 이 해석에 관한 증거를 제공하지 않는다. 더 나아가 월터스는 베드로후서 3장 14절의 병행을 적절하게 설명하지 못한다. 그러므로 보컴이 더 나은 해석을 제시한다. 즉, 인간이 땅에서 행한 일이 밝혀지고 드러날 것이다.

5.3. 미래의 날을 위하여 의롭게 살기(3:11-18)

[11] 이 모든 것이 이렇게 풀어지리니 너희가 어떠한 사람이 되어야 마땅하냐 거룩한 행실과 경건함으로 [12] 하나님의 날이 임하기를 바라보고 간절히 사모하라 그 날에 하늘이 불에 타서 풀어지고 물질이 뜨거운 불에 녹아지려니와 [13] 우리는 그의 약속대로 의가 있는 곳인 새 하늘과 새 땅을 바라보도다 [14] 그러므로 사랑하는 자들아 너희가 이것을 바라보나니 주 앞에서 점도 없고 흠도 없이 평강 가운데서 나타나기를 힘쓰라 [15] 또 우리 주의 오래 참으심이 구원이 될 줄로 여기라 우리가 사랑하는 형제 바울도 그 받은 지혜대로 너희에게 이같이 썼고 [16] 또 그 모든 편지에도 이런 일에 관하여 말하였으되 그 중에 알기 어려운 것이 더러 있으니 무식한 자들과 굳세지 못한 자들이 다른 성경과 같이 그것도 억지로 풀다가 스스로 멸망에 이르느니라 [17] 그러므로 사랑하는 자들아 너희가 이것을 미리 알았은즉 무법한 자들의 미혹에 이끌려 너희가 굳센 데서 떨어질까 삼가라 [18] 오직 우리 주 곧 구주 예수 그리스도의 은혜와 그를 아는 지식에서 자라 가라 영광이 이제와 영원한 날까지 그에게 있을지어다

이 단락은 주제를 따라 세 부분으로 나눌 수 있다(3:11-13, 14-16, 17-18). 마지막이 오고 있고, 현재의 하늘과 땅은 멸망할 것이다(3:7, 10, 11a). 이 세상은 일시적이기 때문에, 독자들에게 경건한 삶을 살라고 권면한다(11절). 그들은 그 날을 기다릴 뿐만 아니라 그 날을 간절하게 사모해야 한다(12절). 베드로는 그들에게 이 세상이 불같이 녹을 것을 상기시킨다(12b절). 새 하늘과 땅이 오고 그 세상에 의가 거할 것이기 때문에 현재 세상의 정화가 암시된다(13절). 거짓 선생들은 새 창조에서 제외되고 베드로의 메시지에 주의를 기울이는 사람들만 포함될 것이다. 새 세상이 오고 있다는 인식은 자연스럽게 근면을 호소하고(참조. 1:5-7), 심판 날에 흠 없고 점 없이 하나님과 화평하라는 권면으로 이어진다(14절). 여기에서 권면은 11절의 권면과 병행하며, 둘 다 종말론적 약속에 근거한다.

종말론과 윤리는 베드로후서에서 단단히 결합되어 있다. 재림의 분명한 지연은 회개해야 하는 자들에게 그분의 참으심과 인내를 나타낸다. 여기에서 베드로의 가르침은 바울이 편지에서 가르친 것과 일치한다. 바울은 역사의 종말에 비추어 거룩함과 구원을 사람들에게 권면했다(참조. 롬 13:11-14). 분명히 어떤 사람들은 바울의 글을 오용하고 왜곡했는데, 아마도 도덕을 폐기하는 자들이며 그들은 음란한 계획을 추진했을 것이다. 그들의 오해는 순진한 실수가 아니며, 중요한 문제이다. 자신들에게 면죄부를 주기 위해 바울의 글(과 다른 성경)을 왜곡하는 사람들은 멸망, 즉 영원한 심판을 받게 되어 있다. 바울의 글과 다른 성경을 왜곡하는 사람들을 생각하면서, 베드로는 전체 편지를 적절하게 요약하는 권면을 한다. 17절의 "그러므로"(οὖν, 운)는 1장 1절-3장 16절 전체의 추론을 이끈다. 베드로가 기록한 모든 내용을 고려할 때, 독자들은 삼가고 경계해야 한다. 거룩한 자만이 하나님의 구원과 평화를 경험하고(3:14), 그의 가르침을 무시하는 자들은 멸망할 것이기 때문에(3:16), 독자들은 거짓 선생들을 물리칠 준비를 하고 깨어 있어야 한다(3:17), 그렇지 않으면 거짓 선생들 때문에 그리스도 안에 있는 확실한 위치에서 멀어져 배교할 수 있다. 처음과 마찬가지로 편지의 끝부분에서도 베드로는 독자들이 진리에서 떠나지 않도록 편지를 쓰고 있다. 배교에 대한 해독제, 즉 거짓 선생들의 영향력에 저항하는 것은 단지 부정적일 뿐 아니라 긍정적이기도 하다. 베드로가

1장 2절에서 그들에게 은혜가 더하기를 기도한 것처럼 독자들은 은혜 안에서 자라가야 한다. 그리고 그들은 또한 예수 그리스도를 아는 지식이 자라야 한다. 우리는 이 편지를 통해서 지식이 얼마나 중요한지 살펴보았고(1:3), 신자들은 그리스도를 아는 지식이 계속 자랄 때에만 복음에 진실할 것이다. 베드로는 영광이 그분에게 영원히 있기를 기도하면서 예수 그리스도께 드리는 송영으로 마무리 짓는다.

3:11. 11절의 "이 모든 것이 이렇게 풀어지리니"는 분사구문으로 이유를 제시한다(NIV 성경도 올바르게 분사를 이해한다). 헬라어 분사 *λυομένων*(뤼오메논)는 미래 시제("풀어질") 대신 현재 시제("풀어진")이다. 어떤 주석가들은 세상이 지금도 소멸되는 과정에 있으며 최종적인 멸망에 이를 것이라고 결론을 내린다.[93] 그러나 CSB 성경(개역개정)처럼 현재 분사가 미래를 나타낼 가능성이 더 높다(참조. 마 26:25; 눅 1:35; 요 17:20; 행 21:2-3).[94] 이 구절에서 묘사되는 멸망은 지금 세상의 모든 물질을 태우기 때문에 전체적이며 완전한 멸망이다. 지금 세상이 닳아 없어짐은 그에 비하면 시시하고 눈에 띄지 않는 일이며 따라서 미래에 세상의 풀어짐을 의도한다. 베드로가 말하는 멸망은 7-10절의 멸망을 의미한다. 앞부분(7절)에서 하늘과 땅은 "불사르기 위하여 보호하신" 것이며, 뒷부분(10절)에서 "하늘이 ... 떠나가고" 세상의 물질이 불로 멸망할 것이다.

세상의 멸망은 호기심을 충족시키기 위해서 지연되지 않는다. 이 세상의 결과를 아는 것은 신자들이 새로운 가치의 삶을 살도록 동기를 부여한다. 헬라어는 문자 그대로 "거룩한 행실과 경건함으로"(*ἐν ἁγίαις ἀναστροφαῖς καὶ εὐσεβείαις*, 엔 하기아이스 아나스트로파이스 카이 유세베이아이스)이다. 거룩한 "행실"(*ἀναστροφή*, 아나스트로페)로 비슷한 부르심이 베드로전서 1장 15절에 나와 있다. 베드로후서에서 경건의 중요성은 서두인 1장 3절, 6-7절에서도 나타난다. 베드로는 하나님께서 "생명과 경건에 속한 모든 것을 우리에게 주셨으니"라고 강조한다. "행실"과 "경건함"의 복수형은 특이하며 많은 선

---

93 Kelly, *Peter and Jude,* 366; Moo, *2 Peter, Jude*, 196-97.

94 Bigg, *Peter and Jude,* 298; Bauckham, *Jude, 2 Peter*, 323.

한 행동을 강조할 수 있다. 또는 아마도 복수형이 추상적으로 사용되었을 것이고 복수형의 의미는 강요되지 않는다. 두 경우 모두 이 구절의 의미에 크게 영향을 주지 않는다.

3:12. 미래에 관한 초점이 계속된다. 경건한 삶은 종말론과 관련이 있으며 종말론을 근거로 한다. 미래의 세상을 무시하는 자는 현재를 잘 알지 못한다. 그러므로 신자들은 하나님의 날이 오기를 "바라보고"(προσδοκῶντας, 프로스도콘타스), "간절히 사모한다"(σπεύδοντας, 스퓨돈타스). 이런 방식으로 하나님을 기쁘시게 하며 살아간다. "바라보다"(προσδοκάω, 프로스도카오)는 3장 12-14절, 세 구절에 세 번 나온다. 이는 신자들이 그리스도의 오심과 하나님의 미래 약속의 성취에 대해 가져야 할 간절한 기대를 나타낸다. 다른 곳에서 이 단어는 종말론적 소망을 의미한다(마 11:3; 눅 7:29-30; 참조. 2 Macc 7:14; 12:44). 베드로가 "하나님의 날"의 임함을 말하는 것은 놀랍다. 이 표현은 신약에서 드물기 때문이다(계 16:14; 참조. 렘 46:10). 1장 16절과 3장 4절에 나오는 "강림"(παρουσία, 파루시아)은 그리스도의 오심을 의미하지만, 이 구절에서 하나님의 날은 아들이 아니라 아버지의 날을 가리킨다. 그럼에도 불구하고 하나님의 날이 임함은 장차 그리스도의 오심과 나눌 수 없다. 그리스도께서 오실 때, 하나님의 날이 시작되고 이 세상은 멸망하며 새로운 세상이 세워질 것이다. 그러므로 베드로는 계속해서 그의 독자들에게 그리스도의 오심을 가르친다.

우리는 하나님의 날을 앞당긴다("간절히 사모하다"의 문자적이 의미. 역자 주)라는 개념에 놀랄 수 있다. "주의 날"과 "하나님의 날"을 그리스도의 오심과 함께 사용하는 것은 그리스도의 신성을 의미한다.[95] 어떤 학자들은 우리가 부지런하게 그날을 준비해야 한다는 의미로 이해하지만,[96] 이 동사의 자연스러운 의미가 아니다(참조. 눅 2:16; 19:5-6; 행 20:16; 22: 18). 베드로는 신자들이 경건하게 삶으로 하나님의 날이 오는 것을 앞당길 수 있다고 분명히

95 J. M. Starr, *Sharers in Divine Nature: 2 Peter 1:4 in Its Hellenistic Context*, ConBNT 33 (Stockholm: Almqvist &: Wiksell, 2000), 30.

96 예. Overstreet, "2 Peter 3:10-13," 366-67.

가르친다.[97] 여기에서 우리는 주님이 가르치신 "나라가 임하시오며"(마 6:10)라는 기도를 생각한다. 분명히 우리의 기도가 하나님의 나라가 오는 때에 어느 정도 영향을 미친다는 개념이다. 일부 랍비들은 이스라엘이 회개하면 하나님이 그의 약속을 성취하실 것이라고 가르쳤기 때문에, 이런 개념은 유대교에서도 유행했다고 생각할 수 있다(참조. b. Sanh. 98a).[98] 사도행전 3장 19-21절도 비슷한 개념을 가르친다.[99] 이스라엘이 완전히 회개했다면 하나님께서 그리스도를 보내셔서 만물을 회복시키셨을 것이다. 그러나 이 개념은 역사에 대한 하나님의 주권과 통제를 위협하지 않을까? 베드로가 하나님께서도 자기 백성이 경건하게 살지 모르기 때문에 마지막이 언제일지 모른다고 말한 것인가? 미래가 하나님께 가려져 있다는 개념을 버릴 수 있다. 그것이 사실이라면 역사가 끝날 것을 어떻게 알 수 있는가? 2000년의 역사가 지났는데도 우리는 그리스도인들이 하나님의 날이 올만큼 충분히 의롭게 살 것이라고 확신할 수 있는가? 하나님 자신은 백성이 할 일을 미리 알고 계시기 때문에 그분의 주권은 위협받지 않는다.[100] 실제로 그분은 우리가 무엇을 할 것인지 미리 정하셨다(예. 잠 16:33; 사 46:9-11; 애 3:37-38; 엡 1:11). 그럼에도 불구하고 역사에 대한 하나님의 주권은 경건한 삶을 살라는 부르심과 우리의 기도와 경건이 그분의 오심을 앞당길 수 있다는 가르침을 결코 취소시키지 않는다. 하나님의 주권을 억지로 더 짜내거나 인간의 책임을 무시하는 합리주의에 넘어가면 안 된다. 이 두 가지 긴장을 모두 유지해야 한다. 여기에서 인간이 하나님의 날을 앞당기기 위해 무엇을 해야 하는지에 강조점이 있다. 하나님은 자신의 목적을 이루기 위해 수단을 사용하신다.

베드로는 하나님의 날이 임할 때 일어날 일로 돌아가서 "하늘이 불에 타서 풀어지고"라고 말한다.[101] 7절에서 하늘은 불사르기 위하여 보호하신다. 10절에서 하늘은 부서지는 소리와 함께 떠나갈 것이다. 나는 으르렁거리는 소

---

97 Kelly, *Peter and Jude*, 367; Moo, *2 Peter, Jude*, 198.

98 이 주제에 관한 추가 논의는 다음을 참조하라. Bauckham, *Jude, 2 Peter*, 325.

99 또한 다음을 참조하라. 2 Clem. 12:6.

100 참조. Bauckham, *Jude, 2 Peter*, 313, 325.

101 Moo, *2 Peter, Jude*, 199와 반대로 하늘이 보이지 않는 "우주의 영적 차원"을 가리키는지 분명하지 않다.

리가 소리를 내며 타는 불을 가리킨다고 주장했다. 따라서 12절이 말하는 것은 10절과 일치한다. 하늘은 큰불로 멸망할 것이다. 세상의 물질들(흙, 공기, 물, 불-10절에서 논의한 것처럼)은 "뜨거운 불에 녹아질 것이다." 이 설명은 물질들이 불에 타서 멸망할 것이라고 예언하는 10절과 비슷하다. 동사 "녹다"(τήκεται, 테케타이)는 현재 시제이지만 여기에서는 미래의 사건이 고려된다. 이사야 63장 19절-64장 1절(70인역)은 주님께서 자신을 나타내실 때 산이 녹는 것을 묘사한다(참조. 미 1:4). 흥미로운 병행이 이사야 34장 4절에 나타난다. "하늘의 모든 권세들이 녹으리라"(개역개정. "하늘의 만상이 사라지고").[102] 거룩한 삶을 살라는 명령은 지금 세상이 불로 멸망할 것이라는 주장을 기초로 한다. 거짓 선생들은 잘못 계산하고 있었다. 불행하게, 그들은 너무 늦게 자신들이 길을 잃고 있었다는 사실을 알았을 것이다.

3:13. 물론 신자들은 지금 세상의 멸망만 기다리지 않는다. 그러나 이와 같은 멸망은 경건하지 않는 자들의 심판과 엮여 있기 때문에 베드로의 주장은 매우 중요하다(3:7). 그럼에도 불구하고 미래가 멸망뿐이라면 신자들은 정말 비참할 것이다. 하나님의 날, 곧 주의 날(즉, 그리스도의 오심)은 심판과 구원을 모두 포함한다. 이 구원은 단순히 영적인 것, 몸 밖에서 이루어지는 천상의 경험이 아니다. 하나님은 신자들에게 새로운 세상, 변화된 세상, 새 하늘과 새 땅을 약속하신다. 따라서 베드로의 견해는 새로운 세계를 기대하지 않는 스토아주의와 구별되어야 한다.[103]

"약속"이라는 단어는 베드로에게 중요하며, 특별히 그리스도의 오심에 초점을 맞춘다(3:4, 9; 또한 다음을 참조하라.1:4). 그리스도의 오심은 하나님의 날과 새 하늘과 새 땅의 임함과 나눌 수 없다. 새 하늘과 새 땅에 대한 약속은 이사야서까지 거슬러 올라가며(65:17; 66:22), 성경 이후의 문헌들도 하나님께서 세우실 새 창조에 대해 숙고한다(Jub. 1:29; 1 En. 45:4-5; 72:1; 91:16; Sib. Or. 5:211-213; 2 Bar. 32:6; 44:12; 57:2; 4 Ezra 7:25). 그러므로 베드로후서에서 우리는 나란히 놓인 두 가지 주제를 본다. 한편으로

---

102 나의 번역이다. 다음을 참조하라. 70인역—Vaticanus, Lucian.

103 Thiede, "A Pagan Reader of 2 Peter," 79, 81.

는 옛 세계가 파괴되고, 다른 한편으로는 새 하늘과 새 땅, 즉 하나님이 창조하신 새 우주가 있을 것이다.[104] 요한계시록은 우리에게 새 하늘과 새 땅이 새 예루살렘의 도래와 함께 현실이 될 것이라고 가르친다(계 21:1-22:5). 동시에 우리는 "각 섬도 없어지고 산악도 간 데 없더라"는 말씀을 듣는다 (계 16:20). 그리고 "땅과 하늘이 그 앞에서 피하여 간 데 없을 것이다"(계 20:11). 요한계시록 21장의 첫 구절은 두 주제를 하나로 묶는다. "또 내가 새 하늘과 새 땅을 보니 처음 하늘과 처음 땅이 없어졌고 바다도 다시 있지 않더라"(계 21:1; 참조. 마 19:28). 베드로는 옛 하늘과 땅이 완전히 사라지고 하나님께서 완전히 새로운 무엇인가를 창조하신다고 가르치는가?[105] 아니면 하나님이 옛 세상을 깨끗하게 만들고 같은 물질로 새 세상을 창조하실 것이라는 개념인가?[106] 둘 중에 어느 것인지 확신하기 쉽지 않다. 하나님께서 자신의 약속을 어떻게 성취하실지 가정할 때 조심하는 것이 좋다. 티데(Thiede)는 순교자 유스티누스와 미누쿠이우스 펠릭스가 완전히 없어지는 것을 지지한 반면, 이레나이우스와 오리게네스는 정화와 갱신을 주장했다는 것을 보여 주며, 이 논쟁이 오래되었다고 지적한다.[107] 어떤 경우이든 미래 세계는 물리적이고 새로운 우주가 태어날 것이라고 말할 수 있을 것이다. 우리가 살고 있는 세상과는 질적으로 다르기 때문에 새로운 세상에 관한 미스터리가 있다는 것을 해링크는 바르게 일깨워준다.[108] 그럼에도 불구하고 나는 세상이 완전히 소멸되고 다시 시작하는 것으로 생각하기보다 정화될 것으로 생각한다. 이 점에서 신세계는 연속성과 불연속성이 공존하는 우리 몸의 부활과 같다. 신자들은 이 세상, 하나님의 날(3:12), 하나님의 약속의 성취를 "기다린다"(NIV. 개역개정,

---

104 아마도 베드로는 여기에서 마태 전통을 의지하는 것 같다(참조. P. Dschulnigg, "Der theologische Ort des zweiten Petrusbriefes," *BZ* 33(1989]: 170).

105 예. Overstreet, "2 Peter 3:10–13," 362; Donelson, *I and II Peter and Jude*, 278; Callan, *2 Peter*, 205, 210-11.

106 예. Wolters, "2 Peter 3:10," 405-13; Thiede, "A Pagan Reader of 2 Peter," 79-91.

107 Thiede, "A Pagan Reader of 2 Peter," 83-91. 다음은 갱신을 지지한다. G. Z. Heide, "What Is New about the New Heaven and the New Earth? A Theology of Creation from Revelation 21 and 2 Peter 3," *JETS* 40 (1997): 37-56; B. Witherington III, *Letters and Homilies for Hellenized Christians*, vol. II: *A Socio-Rhetorical Commentary on 1-2 Peter* (Downers Grove: InterVarsity, 2007), 381-82.

108 D. Harink, *1 & 2 Peter*, BTCB (Grand Rapids: Baker, 2009), 183.

"바라본다", προσδοκῶμεν, 프로스도코멘).

장차 올 세상에는 의가 거할 것이다(참조. 70인역 사 32:16).[109] 여기에서 의는 하나님의 의이며(참조. 1:1), 앞으로 올 세상은 그의 영광과 아름다움으로 채워진다. 베드로는 서신 전체에 걸쳐 의인만이 그 세상에 참여할 것이라고 분명히 밝힌다. 반율법주의적인 선생들은 제외될 것이며, 그들의 모든 제자들도 제외될 것이다. 베드로의 메시지에 귀를 기울이는 사람만이 약속을 상속받고 새로운 세상을 누릴 것이다. 하나님께서 의롭게 사는 사람들을 친히 변화시키셨기 때문에 여기에서 행위의 의라는 개념이 포함되지 않는다(1:3-4). 그들은 자기들의 삶에서 하나님의 은혜로운 사역의 결과로 의로운 일을 한다.

3:14. 새 하늘과 새 땅의 도래는 믿는 자들의 소망이며 하나님을 참으로 아는 모든 사람이 간절히 바라는 것이다. 무엇보다도 하나님의 의가 있을 것이다(참조. 고전 15:28). 14절은 동사 "바라보다"(προσδοκάω, 프로스도카오)를 반복하면서 13절과 연결된다. 성도들이 간절히 바라는 것은 하나님의 의의 실현인 새 하늘과 새 땅이다. 물론 거짓 선생들은 장차 올 세상에 관한 개념을 부인했다. 다시 한번, 11-13절에서 종말론적 미래는 윤리적인 권면의 기초가 된다. 실제로, 14절의 권면은 11절의 경건한 삶에 대한 권면을 다른 언어로 다시 말한다. 그리고 두 경우 모두 지금 세상은 멸망하고 새로운 세상이 도래할 것이라는 하나님의 약속에서 비롯된 권면이다. 선생들의 방탕한 생활 방식과 윤리는 그들의 종말론과 불가분의 관계이다. 그들은 미래에 오실 그리스도를 거부했고, 따라서 자신들이 원하는 대로 살았다. 베드로는 독자들이 하나님을 기쁘시게 하는 삶을 살기 위해서 그리스도께서 다시 오실 것이라는 확신이 필요하다는 사실을 깨달았다. 그의 주장은 실용적이지 않다. 즉, 그는 지금 윤리적인 삶을 육성하기 위해 미래의 심판에 관한 개념을 만들어 내지 않는다. 오히려 베드로에게 심판과 구원이 있는 주님의 날은 근본적인 현실이었다. 이 현실을 근거로 신자들에게 경건을 권면한다.

---

109 폰버그는 본문이 개인적인 구원만을 말하고 우주적, 종말론적 사건과 관계가 없다는 푀그틀레의 견해를 바르게 거부한다(*An Early Church in a Pluralistic Society*, 78).

편지의 마지막 부분에 이르면 처음부터 많은 주제가 다시 나타난다. 여기에서 베드로는 그의 독자들에게 부지런히, 즉 하늘과 땅의 멸망과 갱신에 비추어 "힘쓰라"(σπουδάσατε, 스푸다사테)라고 촉구한다. 신자들이 1장 5-7절에 자세히 설명한 덕을 추구하는 데 "더욱 힘써"(σπουδὴν πᾶσαν παρεισενέγκαντες, 스푸덴 파산 파레이세넹칸테스)야 하는 1장 5절이 떠오른다. 1장 10절에서 베드로는 "그러므로 형제들아 더욱 힘써 너희 부르심과 택하심을 굳게 하라"라고 쓴다. 3장 14절에서 "힘쓰라"(σπουδάσατε, 스푸다사테)는 1장 10절의 동사와 정확히 같은 형태이다. 주어도 동일하다. 경건한 덕을 부지런히 추구하는 것은 최종적인 상, 즉 영생을 위해 필요하다(참조. 1:5-11). 마찬가지로 3장 14절에서 경건에 대한 부지런함은 새 하늘과 새 땅을 누리기 위해서 필수적이다. 이 구절에서 부지런함은 하나님 앞에서 "점도 없고 흠도 없이" 살아가기 위해 훈련되어야 한다. "점도 없고"(ἄσπιλοι, 아스필로이)와 "흠도 없이"(ἀμώμητοι, 아모네토이)는 교회에서 "점"(σπίλοι, 스필로이)과 "흠"(μῶμοι, 모모이)이었던 반대자들과 대조된다(2:13).[110] 비슷한 개념이 발견되는 본문들을 살피면(엡 1:4; 5:27; 빌 2:15; 골 1:22; 유 24; 계 14:5), "점도 없고 흠도 없는" 것이 영생을 위해 필요하다는 것은 명백하다. 우리는 적어도 이생에서 이러한 부르심을 도덕적인 완전함과 혼동해서는 안 된다. 그러나 신약은 하나님의 백성인 자들이 경건하게 살 것이며 마지막에 온전하게 될 것이라고 가르친다. 다시 말해 거짓 선생들은 흠 있는 삶이 그들을 정죄할 것이기 때문에 마지막 날에 구원을 받지 못할 것이다. 실제로, "나타내다"(εὑρεθῆναι, 휴레데나이)는 하나님 앞에서 심판을 예상하는 법정적인 표현이다(특히 벧후 3:10; 참조. 고전 4:2; 15:15; 갈 2:17; 빌 3:9; 벧전 1:7; 계 5:4). 따라서 신자들이 구원을 받기 위해서는 "점도 없고 흠도 없어야" 한다는 데 의심의 여지가 없다.

복음주의자들은 이 지점에서 그리스도의 전가된 의를 우리의 의의 기초로 강조하고, 물론 그리스도의 의가 우리의 모든 의의 기초임을 강조하는 경향이 있다. 그러나 이것은 베드로의 강조점이 아니다. 문맥에서 영원한 상을 상속받기 위해서는 성도의 점도 없고 흠도 없는 **행위**를 요구한다. 그렇게 함으로

---

110 참조. 벧전 1:19은 흠 없고 점 없는 그리스도를 말한다.

써 우리는 그분의 임재 안에서 "평강 가운데서" "나타날" 것이다. 평강(εἰρήνη, 에이레네)은 하나님과의 의로운 관계, 그의 진노를 경험하기보다는 기쁨으로 하나님의 임재에 들어가는 것을 의미한다.[111]

3:15. 한편으로 신자들은 심판이 없고 자기 마음대로 살 수 있다고 생각하고 나태해져서는 안 된다. 점도 없고 흠도 없는 삶을 살아야 영생의 상을 받을 수 있다. 그들은 부지런히 경건을 추구하고 거짓 선생들의 방탕에 저항해야 한다. 반면에 하나님에게서 멀어지는 사람들은 영생에서 자동적으로 제외되지 않는다. 하나님은 선행을 있는 그대로 계산하지 않으신다. 회개하고 그에게로 돌아가는 사람들은 너무 늦더라도 그의 자비와 상을 받을 것이다. 그래서 베드로는 "우리 주의 오래 참으심이 구원이 될 줄로 여기라"라고 말한다. 우리는 주님의 오래 참으심, 곧 그의 오심이 늦어짐이 회개할 그리고 구원받을 기회로 여겨야 한다.[112] CSB 성경은 동사 ἡγοῦνται(헤군타이)를 "간주하다"(NRSV, NASB) 또는 "여기다"(RSV) 대신 "이해하다"(개역개정. '생각하는')로 번역해서 3장 9절과 연결하지 않는다. RSV 성경은 두 구절에서 이 동사(ἡγέομαι, 헤게오마이)를 "여기다"로 번역해서 3장 9절의 반향을 보존한다. 더 나아가 각 구절의 중심 개념은 비슷하다. 3장 9절에서 대적들은 주님께서 오시지 않는 것을 더디다고 여겼다. 너무 더뎌서 주님께서 결코 오시지 않을 것이라고 생각했다. 그러나 그들이 더디다고 부르는 것은 사람들에게 회개할 기회를 준다. 이 개념은 3장 15절에서 반복된다. 주님의 "더딤"이라고 주장되는 것은 실제로 죄인들이 회개하고 그분의 은혜를 경험할 시간을 주시는 그분의 오래 참으심이다. 필요한 숫자(그 수는 하나님만이 아신다)의 죄인이 회개할 때 마지막이 올 것이다(참조. 3:12).

권면 가운데 베드로는 갑자기 바울을 이 그림으로 끌어들인다. 여기에서 바울에 관한 언급은 많은 논란의 대상이 되어 왔지만, 주요 개념에 주목해보

---

111 Bauckham, *Jude, 2 Peter*, 327; Moo, *2 Peter, Jude*, 208; Fuchs and Reymond, *2 Pierre, Jude*, 122.

112 여기서 "주"는 그리스도일 수 있지만(Bigg, *Peter and Jude*, 299), 다른 학자들은 성부가 의도되었다고 생각한다(Kelly, *Peter and Jude*, 370; Moo, *2 Peter, Jude*, 208; Paulsen, *Petrusbrief und Judasbrief*, 172–73).

자. 14-15절의 논리를 요약하면 다음과 같다. 하나님께서 지금 세상을 멸하시고 새로운 세상을 만드시는 것을 기다리기 때문에 두 가지를 해야 한다. 첫째, 영원한 상을 받기 위해 경건한 삶을 살도록 힘써야 한다. 둘째, 주님의 오래 참으심, 곧 재림의 늦어짐을 구원의 기회로 삼아야 한다. 바울도 또한 이 두 가지 개념을 모두 가르친다. 베드로는 바울이 이 두 가지 진리를 가르쳤다고 강조하는 이유는 무엇인가? 아마도 반대자들이 자신의 의제를 진전시키기 위해서 바울의 글을 붙잡았기 때문일 것이다. 일부 학자들은 그들이 이미 실현된 종말론을 뒷받침하기 위해서 영적 부활에 관한 서술에 호소함으로 바울의 글(16절)을 왜곡했다고 생각한다(엡 2:5-6, 골 2:12, 3:1, 딤후 2:17-18).[113] 이 시나리오는 가능성이 있지만, 반대자들이 이미 실현된 종말론을 전했다는 증거는 부족하다.[114] 반대자들은 방탕을 조장하기 위해서 율법으로부터 자유에 관한 바울의 서술에 집착했을 가능성이 더 크다(참조. 롬 3:20, 28; 4:15; 5:20; 7:5, 7; 고전 15:56; 갈 5:1).[115] 이것은 베드로후서에서 충분히 입증된 거짓 선생들의 방탕과 일치한다. 또한 베드로는 신자들이 하나님의 약속을 경험하기 위해서는 경건하게 살아야 하고, 그리스도께서 오시기 전에 하나님께서 사람들에게 회개할 기회를 주신다는 바울의 가르침을 주장하기 때문에 문맥과도 일치한다. 우리는 또한 죄인들에 대한 하나님의 인내를 특징으로 하는 로마서 2장 4절(참조. 롬 3:25-26; 9:22)에 관한 암시를 찾을 수 있다.[116]

그러므로 베드로는 바울을 언급하여 그의 뜻을 다시 찾고 바울이 반대자들의 편에 있지 않다고 설명한다. 그는 베드로의 "사랑하는 형제", 즉 복음의 동역자이자 함께 한 신자였다. 그러므로 "우리"는 바울을 다른 모든 그리스도인처럼 한 명의 신자가 아니라 다른 사도들과 동료 일꾼으로 나타낸다.[117] 베

---

113 참조. Bigg, *Peter and Jude*, 301.

114 Bauckham, *Jude, 2 Peter*, 332. 이미 실현된 종말론은 내세에 우리의 것이 될 완전함과 완전한 영광이 지금 우리에게 속한다고 강조한다. 따라서 미래의 육체적 부활이나 그리스도의 재림이 필요하지 않다고 본다.

115 많은 학자들이 이것이 반대자들의 가르침의 일부였다는 데 동의한다(예. Bigg, *Peter and Jude*, 301; Reicke, *James, Peter, and Jude*, 183).

116 따라서, Mayor, *Jude and Second Peter*, cxxxvii; Frey, *Der Brief des Judas und der zweite Brief des Petrus*, 357.

117 Bauckham, *Jude, 2 Peter*, 327-28.

드로는 바울을 적으로 규정하지 않고 동역자이자 친구로 정의한다.[118] 베드로는 바울의 편지에 하나님의 지혜가 나타났다고 말한다. 바울 자신은 종종 하나님께서 자신에게 사도의 부르심을 주셨다고 강조한다(12:3; 15:15; 고전 3:10; 갈 2:9; 엡 3:2, 7; 골 1:25). "받은"(δοθεῖσαν, 도데이산)은 신적인 수동 태로, 바울의 능력이 타고난 은사가 아니라 하나님의 은혜라고 강조한다.[119]

또 바울이 "너희에게" 썼다고 말하는 내용은 어떤 의미인가? 많은 학자들은 이것을 베드로와 바울이 둘 다 죽었고 바울의 편지가 이제 모든 교회의 함께 누리는 자산이 되었다는 증거로 이해한다. 그러나 서론에서 주장한 것처럼 베드로후서를 베드로가 썼다면 베드로는 바울이 실제로 소아시아의 교회들에 쓴 편지를 언급한다는 것이다.[120] 또는 아마도 바울의 편지 중 일부가 회람되어 독자들이 읽을 수 있었을 것이다. 바울 전체 서신이 모아졌다는 결론을 내리기에는 충분한 증거가 없다.[121] 14-15절의 내용을 고려할 때, 학자들은 독자들이 어떤 편지에 접근할 수 있었는지 파악하려고 노력했다. 소아시아에 쓴 편지라면 에베소서와 골로새서일 가능성이 있지만, 확신할 수 없다. 바울은 골로새서 4장 16절에서 자신의 편지를 더 널리 전하도록 권했으며, 따라서 그들이 바울의 다른 편지 중 일부를 받았을 가능성이 있다. 더욱이 경건한 삶의 필요성과 하나님의 인내가 바울의 여러 서신을 포함할 정도로 널리 퍼져 있었다.

3:16. 16절은 바울이 "이런 일에 관하여", 즉 거룩함(14절)과 주의 오래 참으심의 중요성에 대해 말했다는 말과 함께 바울의 편지에 관한 논의를 계속한다. "그 모든 편지"에 관한 언급은 베드로가 알고 있었던 바울의 모든 편지에서 이 두 가지 주제를 모두 보았다는 의미이다. 우리는 "그 모든 편지"에서 바울의 편지 모음이 공식적이었다거나 베드로가 개인적으로 바울의 모든 편지를 잘 알고 있었다는 것을 이끌어 내기 위해서 본문을 과도하게 읽을지

118 G. Green, *Jude and 2 Peter*, 338.

119 Fornberg는 베드로가 여기에서 고린도전서 3:10을 인용했을 것이라고 생각한다(*An Early Church in a Pluralistic Society*, 26).

120 Bauckham, *Jude, 2 Peter*, 329–30.

121 Guthrie, *New Testament Introduction*, 824.

도 모른다.[122] 얼마나 많은 편지인지는 말할 수 없지만 베드로가 바울의 많은 편지를 알았다는 사실은 분명하다. 이것은 초기 단계에서 바울 서신이 상당히 넓은 범위에 읽힐 만큼 충분히 가치가 있었음을 나타낸다. 그러나 이 단계에서 서신의 정경에 관한 개념은 시대에 맞지 않다.

바울의 편지가 주제로 등장한 것은 거짓 선생들과 아마도 그들의 회심자들이 바울의 편지들을 왜곡했기 때문이다. 이것은 베드로가 그 가운데 어떤 것은 "알기 어렵다"라고 말한 이유를 설명한다. "알기 어려운"(δυσνόητος, 뒤스노에토스)은 해석하기 어려운 문제에 사용된다.[123] 이러한 잘못된 이해는 변명의 여지가 없다. "무식한 자들"과 "굳세지 못한 자들"은 성경을 왜곡하지만, 이 무지와 굳세지 못함이 단순히 가르침의 부족 때문이 아님은 분명하다. 다른 곳에서 베드로는 믿는 자들을 진리 안에 "서 있는"(ἐστηριγμένους, 에스테리그메누스) 사람들이라고 말한다(1:12). 더욱이 선생들은 "굳세지 못한"(ἀστηρίκτους, 아스테리크투스, 2:14) 사람들을 유혹한다. "굳세지 못한 자들"(ἀστήρικτοι, 아스테리크토이)이 바울의 글을 왜곡한다.[124] 베드로는 계속 그들이 성경을 왜곡하여 "스스로 멸망에 이르느니라"라고 말했기 때문에 그들의 잘못은 분명하다. "멸망"(ἀπώλεια, 아폴레이아)은 종말론적 형벌에 관한 전형적인 용어이다. 이 단어의 동사형과 명사형은 베드로후서에서 악인에 대한 하나님의 심판을 나타내기 위해 자주 사용된다(2:1, 3; 3:6-7, 9). 바울의 글을 잘못 사용하면 지옥에 떨어질 것이다. 그것은 해롭지 않은 가벼운 죄가 결코 아니다. 보컴은 다음과 같이 말한다. "따라서 그것은 사소한 교리적 오류의 문제가 아니라 잘못된 해석을 사용하여 부도덕을 정당화하는 문제였다. 왜냐하면 불경건한 삶 때문에 거짓 선생들에게 종말론

---

122 예를 들어, 켈리는 바울의 편지가 수집되기 시작했고 정경화가 진행 중이라고 생각한다 (*Peter and Jude*, 370–71). 참조. D. Trobisch, *Paul's Letter Collection: Tracing the Origins* (Minneapolis: Fortress, 1994). 나와 비슷한 견해는 다음을 참조하라. Moo, *2 Peter, Jude*, 210-11.

123 참조. Bauckham, *Jude, 2 Peter*, 331.

124 아마도 동사 "왜곡하다"는 미래일 것이다. "그들은 왜곡할 것이다"(J. D. Charles, *Virtue amidst Vice: The Catalog of Virtues in 2 Peter 1*, JSNTSup 150 [Sheffield: Academic Press, 1997], 36; J. Crehan, "New Light on 2 Peter from the Bodmer Papyrus," *SE* (Berlin: Akademie, 1982), VII, 145-49.

적 심판이 임한다는 것이 베드로후서의 일관된 가르침이기 때문이다."[125] 바울의 글을 비틀고 왜곡하는 사람들에게는 다른 사람들에게서 배울 겸손이 없었다. 그들은 자기들의 방탕한 생활 방식을 정당화하기 위해 바울이 쓴 글을 왜곡하고 있었다.[126] 루터는 그들이 이신칭의와 율법으로부터의 자유에 관한 바울의 가르침을 남용하여 도덕적으로 방탕한 삶을 누렸다고 타당하게 주장한다.[127] 야고보서 2장 14-26절은 이신칭의에 관한 바울의 가르침을 왜곡하는, 유사한 문제에 대해 대답했다고 생각하는 것이 합리적이다. 우리는 바울의 편지에서 자신이 쓴 내용이 때때로 잘못 해석되었다는 사실을 알고 있다. 고린도전서 5장 9-11절에 기록된 지금은 없는 유명한 편지를 고린도 교인이 잘못 해석해서 바울이 믿지 않는 사람들과 모든 접촉을 반대한다고 생각했다. 아마도 고린도 교인들도 율법에 관한 바울의 가르침을 잘못 이해하고 바울이 의도하지 않은 방식으로 그의 유명한 문구("모든 것이 가하다") 중 하나를 인용했을 것이다(고전 6:12; 10:23).

거짓 선생들이 바울의 글을 잘못 사용했을 때, 그들은 혁신적이지 않았다. 그들은 "다른 성경"($\tau\dot{\alpha}\varsigma$ $\lambda o\iota\pi\dot{\alpha}\varsigma$ $\gamma\rho\alpha\phi\dot{\alpha}\varsigma$, 타스 로이파스 그라파스)도 왜곡했다. 특별히 흥미로운 점은 바울의 글을 성경으로 여긴 것으로 보인다는 사실이다. 어떤 학자들은 "다른"($\lambda o\iota\pi\dot{\alpha}\varsigma$, 로이파스)이 바울의 편지와 다른 범주에 있는 글을 가리킨다고 주장한다. 그러나 "다른"이 같은 종류의 다른 것들을 가리키기 때문에 이 견해는 지지할 수 없다. 이것은 "나머지"($\lambda o\iota\pi\acute{o}\varsigma$, 로이포스)가 형용사일 때 분명하다. 이 단어는 같은 종류의 다른 사람들을 가리킨다. "남은 처녀들"(마 25:11), "다른 사도들"(행 2:37), "다른 교회"(고후 12:13, NIV), "남은 유대인들"(갈 2:13, 참조. 롬 1:13; 고전 9:5; 빌 4:3). 베드로는 바울의 글이 성경임을 분명히 밝히고 있다.[128] "성경"이라고 불리는 글들이

---

125 Bauckham, *Jude, 2 Peter*, 334.

126 아마도 보컴(Bauckham)은 거짓 선생들과 그들의 제자 모두에 관한 언급으로 바르게 이해한다(*Jude, 2 Peter*, 331). 훅스(Fuchs)와 레이먼드(Reymond)는 여기에서 영지주의로 잘못 이해한다(*2 Pierre, Jude*, 124).

127 M. Luther, *Commentary on Peter & Jude*, trans, and ed. J. N. Lenker (Grand Rapids: Kregel, 1990), 286. 참조. Frey, *Der Brief des Judas und der zweite Brief des Petrus*, 361.

128 G. Green, *Jude and 2 Peter*, 340-41. 베드로가 바울이 쓴 것 중 일부에 사실 동의하지 않는다는 빅(Bigg)의 견해는 근거가 없다(*Peter and Jude*, 234).

반드시 구약성경과 같은 권위를 가지지 않는다는 주장을 반대할 수 있다.[129] "성경"(γραφή, 그라페)은 신약에서 50번 나오며, 야고보서 4장 5절에서도 변함없이 구약성경을 가리킨다.[130] 따라서 우리는 베드로가 바울의 글을 구약성경과 같은 수준에서 성경으로 여겼다는 결론을 내릴 수 있는 좋은 근거를 볼 수 있다.[131] 다른 곳에서 베드로는 구약의 선지자들과 신약의 사도들이 동등한 권위를 행사한다고 본다(1:16-21; 3:2). 많은 학자들은 바울의 글에 관한 설명이 베드로후서가 베드로 이후의 문서임을 드러낸다고 주장한다. 그들은 바울에게 책망을 받은 베드로(갈 2:11-14)가 바울의 글을 성경으로 이해하지 않았을 것이라고 생각한다. 더 나아가 바울의 글이 이미 수집되었음을 나타낼 수 있으며 시간상 베드로의 생애에서는 불가능하다고 주장한다.

이에 대해 본질적으로 답할 수 있다. 첫째, 신약 학자들은 갈라디아서 2장 11-14절을 과도하게 해석한다. 많은 학자들은 안디옥에서 일어난 사건 이후에 베드로와 바울이 서로 다른 길을 갔으며 이후로는 바울이 예루살렘 사도들과 갈라졌다는 견해에 동의한다. 나는 베드로와 바울이 복사판이라고 말하는 것이 아니라 그 차이점이 과대평가되었다고 주장한다.[132] 갈라디아서 2장 11-14절은 바울과 베드로가 다른 신학을 채택했다고 말하지 않는다.[133] 본문은 베드로가 위선적으로 행동했다고 말한다. 즉, 그는 바울의 의견에 동의했지만, 자신의 신념과 반대되는 행동을 했다. 그는 다른 유대인들이 어떻게 생각하고 행동할지가 두려웠다. 물론 많은 신약 학자들은 이 평가에 동의하지 않지만, 우리는 그들이 본문에서 벗어나 베드로의 생각에 추측을 불어넣었다는 사실에 주목해야 한다.

둘째, (아마도 많은) 학자들이 역사적 정확성을 의심하는 사도행전은 바울과 예루살렘과의 단절을 묘사하지 않는다. 사도행전 21장에서 예루살렘으로 돌아왔을 때, 누가에 따르면 바울은 환영을 받았다. 다시 말하지만, 많은 학

129 Bauckham, *Jude, 2 Peter*, 333.

130 베드로가 성경을 말할 때 권위 있는 글을 염두에 두었다는 것은 다음 글이 지지한다. Bigg, *Peter and Jude*, 302.

131 Moo, *2 Peter, Jude*, 212.

132 Bauckham, *Jude, 2 Peter*, 328.

133 참조. T. R. Schreiner, *Galatians*, ZECNT (Grand Rapids: Zondervan, 2010), 139–48.

자들은 누가의 설명이 신빙성이 떨어진다고 생각하지만, 그들의 이론은 본문의 증거가 부족하다.[134] 셋째, 베드로와 바울 사이의 한 가지 불일치가 전체적인 그들의 관계를 해석하는 렌즈가 되면 안 된다. 바울 서신과 (여기 포함하는) 베드로 편지 모음에는 서로 칭찬하고 존경하는 관계라는 증거가 있다(갈 1:18, 2:1-10, 고전 15:1-11).

넷째, 바울의 편지가 언급될 때, 전체 편지가 수집되었거나 후대에 정경의 일부가 되었다는 의미가 아니다.[135] 바울은 자신의 말이 권위가 있다고 선언한다(참조. 고전 14:37). 이 점은 그의 편지가 교회에서 공식적으로 읽혔기 때문에 분명하다(골 4:16; 살전 5:27). 아마도 베드로후서의 강한 어조는 베드로가 바울의 편지(들)가 권위 있다고 이해했음을 알려줄 것이다. 나는 베드로가 바울의 글을 권위 있다는 사실을 확인하고 구약성경과 같은 수준에 두었다고 결론을 내린다. 후대에 신약 정경에 속한다는 의미와 바울의 글이 권위 있다는 의미는 물론 오늘날 엄청나지만, 바울의 편지들이 수집되기 전에도 권위 있는 내용으로 인식될 수 있었다. 마지막으로, 베드로가 바울을 "형제"라고 부른 사실은, 이후 교회 저자들에게는 명확하지 않지만, 그들이 동반자 관계이며 동등함을 의미한다. 거스리는 초대 교부들이 바울을 좀 더 높이는 언어로 말한다고 지적한다(예. "복된 바울").[136] "형제"라는 호칭은 베드로 자신의 글이다. 게다가 베드로는 자신도 바울을 이해하기 쉽지 않았다고 말한다. 이러한 인정은 후대 저자에게서 나올 것 같지 않다.[137]

3:17. 17-18절은 앞의 구절들과 분리될 수 있다. "그러므로"(οὖν, 운)는 전체 편지의 결론 역할을 하기 때문이다. 이 구절의 두 가지 명령은 전체 편지를 잘 요약한다. 한편으로 독자들은 거짓 선생들의 희생양이 되어 종말론적

---

134 사도행전의 역사적 정확성에 관한 변호는 다음을 참조하라. C. J. Hemer, *The Book of Acts in the Setting of Hellenistic History*, WUNT 49 (Tübingen: Mohr Siebeck, 1989).

135 참조. Bigg, *Peter and Jude*, 302-3. Note, 예를 들어, 쉘케(K. H. Schelke)는 정경에 대해서 이야기한다(*Der Petrusbrief-Der Judasbrief*, HTKNT [Freiburg: Herder, 1980], 236-37). 메이어는 저자가 바울의 모든 편지를 알 필요는 없다는 데 동의하지만, 이 구절은 바울이 죽은 후 편지 모음을 말한다고 주장한다(*Jude and Second Peter*, 165).

136 Guthrie, *New Testament Introduction*, 826–27.

137 Guthrie, *New Testament Introduction*, 827.

상을 잃지 않도록 "삼가야"(φυλάσσεσθε, 퓔라세스데) 한다. 반면에 그들은 "오직 우리 주 곧 구주 예수 그리스도의 은혜와 그를 아는 지식에서 자라" 가는 일에 깨어 있어야 한다. 17절에서 "너희"(ὑμεῖς, 휘메이스)는 강조이며 "사랑하는 자들아"(ἀγαπητοί, 아가페토이)는 새로운 단락을 나타낸다.

거짓 선생들이 예언되었고(2:1), 닥친 위험을 미리 알고(προγινώσκοντες, 프로기노스콘테스) 있기 때문에 그들은 삼가야 한다.[138] 빅(Bigg)은 분사 "이것을 미리 아는"(ESV)이 "무엇보다도 이것을 아는"(ESV. τοῦτο πρῶτον γινώσκοντες, 투토 프로톤 기노스콘테스, 1:20; 3:3)과 동의어라고 주장한다.[139] 그러나 의미가 다르다.[140] 후자는 무엇인가가 가장 중요하다는 개념인데, 전자는 다가올 일을 미리 알고 있다는 생각을 전한다. 독자들을 위해서 미리 하는 경고는 구약, 사도들의 가르침(3:2), 그리고 베드로가 편지에 쓴 내용에서 나온다.[141] 독자들은 "떨어짐"에 대한 변명의 여지가 없다. 무지에 관한 어떠한 변명도 거부될 것이다. 베드로가 쓴 모든 내용, 그의 모든 경고는 그들이 삼가도록 하기 위한 것이다. 신약은 주님께서 자신에게 속한 사람들을 보호하고 지킬 것이며 (φυλάσσω, 퓔라소) 그들이 돌이킬 수 없이 타락하지 않도록 하실 것이라는 약속을 준다(살후 3:3, 유 24). 그러나 이 약속은 우리가 배교하지 않도록 삼가라는 명령을 없애지 않는다. 여기에서 베드로는 후자를 말한다. 그는 자신의 독자들이 "굳센 데서 떨어지지" 않도록, 그리고 "무법한 자들의 미혹에 이끌리지" 않도록 "삼가기"를 바란다.

"떨어지다"(ἐκπέσητε, 에크페세테)는 배교(참조. 롬 11:11, 22; 14:4; 고전 10:12; 히 4:11; 계 2:5), 즉 기독교 신앙에서 떠남을 가리킨다. 서신 전체에서 배교하는 자들은 선생들과 같이 영원한 멸망을 받게 되어 있다. 신자는 경고를 무시하지 않고 귀를 기울임으로 안전한 위치를 유지한다. 숙련된 등반가는 등반을 연구하고 필요한 예방 조치를 취하고 등반 파트너를 파악하여 안전을 보장한다. 경고에 주의를 기울이는 것은 자신감을 없애지 않는다. 이것은 자신감을 위한 수단이다. 따라서 베드로도 독자들의 확신을 방해하지 않

---

138 참조. Frey, *Der Brief des Judas und der zweite Brief des Petrus*, 475.

139 Bigg, *Peter and Jude*, 303.

140 Bauckham, *Jude, 2 Peter*, 337.

141 참조. Moo, *2 Peter, Jude*, 213.

는다. 그는 경고에 주의를 기울임으로 확신이 현실이 됨을 알고 있다. 삼가는 사람들은 굳센 데서 떨어지지 않는다. 부주의한 사람들은 경고 신호를 무시하기 때문에 미끄러지기 쉽다. 우리는 여기에서 마지막에 돌이켜 배교하는 자는 결코 하나님의 백성이 아니었음을 드러낸다고 덧붙여야 한다(고전 11:19; 요일 2:19). 그러나 경고에서 베드로의 목적은 이 질문을 다루지 않는다. 경고는 예방과 다가오는 일을 위한 것이다. 떠나 버린 사람들을 되돌아보는 분석이 아니다. CSB 성경은 분사 "이끌려"를 동사로 바꾸어 동사 "떨어질까"와 병행을 만든다. 두 동사 사이의 관계는 헬라어를 다음과 같이 번역하면 더 잘 나타난다. "너희는 무법한 자들의 미혹에 이끌려 떨어지지 않게 삼가라." "이끌려"(συναπαχθέντες, 쉬나파크텐테스)는 독자들이 어떻게 배교할 수 있는지 나타낸다. 그들은 거짓 선생들의 영향력에 휩쓸려 갈 수 있다. 갈라디아서 2장 13절에서 "유혹되었다"로 번역된 이 동사는 어떻게 바나바가 베드로와 야고보에게 온 사람들에게 흔들려 안디옥에서 이방인들과 함께하는 식사를 멈췄는지 묘사한다. 베드로는 무법한 거짓 선생들의 "미혹"(πλάνη, 플라네)이 독자들에게 영향을 미칠 수 있다고 경고한다(참조. 2:18). 여기에서 "미혹"이 능동적인지 수동적인지 파악하기 쉽지 않다. 아마도 둘 다 일 것이다. 수동적이라면 그들의 거짓 교리를 가리킨다. 능동적이라면 거짓 가르침의 전파를 가리킨다. 2장 7절에서 소돔과 병행으로 이미 대적들이 "무법"했음(ἄθεσμος, 아데스모스)을 제시했다.

3:18. 베드로는 이제 부정적인 것에서 긍정적인 것으로 옮겨간다. 반대자들의 거짓 가르침을 피하는 것만으로는 충분하지 않다. 신자들은 "오직 우리 주 곧 구주 예수 그리스도의 은혜와 그를 아는 지식에서 자라는" 경우에만 끝까지 견디고 영원한 상을 받게 된다. 명사 "은혜"와 "지식"은 병행으로 둘 다 그리스도와 연결된다. 그리스도는 은혜와 지식의 근원으로 이해될 수 있다.[142] 또는 예수 그리스도가 은혜의 근원이시면서 지식의 대상이 될 수 있다. 다른 의미가 더 가능성이 있다. 은혜는 예수 그리스도와 연결되지 않는

---

142 Vögtle, *Judasbrief, 2 Petrusbrief*, 265; Fuchs and Reymond, *2 Pierre, Jude*, 127.

다.[143] 첫 번째 가르침은 "은혜에서 자라 가라"이다. 베드로후서의 첫 부분에서 예수 그리스도 안에 있는 하나님의 은혜가 우선적이었다. 그의 은혜는 믿는 자들에게 믿음을 주시고 구원하시는 이에서 나타나며(1:1), 베드로는 성도의 삶에 은혜가 더하기를 기도한다(1:2). 더욱이 그의 은혜는 신자들이 하나님의 구원의 약속을 온전히 경험할 수 있도록 경건한 삶을 살아가는 데 필요한 모든 것을 주셨다(1:3-4). 은혜는 신자의 삶의 기초이며 전적으로 하나님의 선물이지만, 신자는 그 안에서 성장하고 자라고 강해져야 한다. 은혜는 정적이지 않다. 신자는 죽는 날까지 그 안에서 자라야 한다. 그렇지 않으면 그들은 거짓 선생들의 불법에 끌려갈 것이다.

둘째, 믿는 자는 예수 그리스도를 아는 지식에서 자라가야 한다. 예수 그리스도는 분명히 여기에서 목적격적 속격이다. 그는 신자들이 아는 그분이시다. 다시 한번 전체 편지에서 두드러진 주제가 마지막에 메아리친다. 1장 2절은 예수 그리스도를 하나님과 구주로 알 때 은혜와 평강이 더하여질 것이라고 말한다. 생명과 경건에 필요한 모든 것은 하나님을 앎으로 얻을 수 있다(1:3). 그리스도인의 삶을 살기 위해서는 지식에서 자라야 한다(1:5-6). 경건한 덕으로 진보하는 사람들만이 예수 그리스도를 아는 지식이 열매를 맺는다는 것을 나타낸다(1:8). 반대로, 그리스도를 알게 된 후에 그리스도를 버리는 사람들은 결코 그리스도에 대한 믿음을 고백하지 않은 사람들보다 더 좋지 않다(2:20-21). 그러므로 예수 그리스도를 아는 지식에서 자라는 것은 선택 사항이 아니다. 그것은 영생을 위해 필수적이며 베드로는 이 주제를 편지의 결론에 적절하게 배치한다.

분명히 예수 그리스도께 드리는 송영은 신약에서 거의 나타나지 않지만, 디모데후서 4장 18절과 요한계시록 1장 5-6절에 그리스도에 대한 송영이 나타난다. 그리스도께 드리는 송영은 이 편지의 틀을 이루는 또 다른 방식이다. 왜냐하면 우리는 이미 1장 2절에서 베드로가 예수 그리스도를 하나님과 구주로 이해했음을 보았기 때문이다. 송영은 오직 하나님 그분만을 향하며 따라서 송영은 예수 그리스도의 신성을 전한다.[144] 영광은 그리스도께 돌려져야 한

143 Kelly, *Peter and Jude*, 375; Bauckham, *Jude, 2 Peter*, 337; Moo, *2 Peter, Jude*, 214.

144 Calvin, *Catholic Epistles*, 426; G. Green, *Jude and 2 Peter*, 344; T. Callan, "The Christology

다. 왜냐하면 신자들의 구원과 보존이 궁극적으로 그분의 일이고 그 일을 하시는 분이 영광을 받기에 합당하기 때문이다. 우리는 영광과 존귀가 예수 그리스도께 주어지는 변화산 사건을 기억한다(1:17). 베드로는 신자들에게 자기 노력으로 행하고 구원을 받기를 요청하지 않는다. 하나님은 신자들이 그분을 아는 지식이 자랄 수 있도록 은혜를 베푸신다. 영광은 지금 세상에서 그리고 영원토록 예수 그리스도께 있다. "영원한 날까지"는 특이하지만(참조. Sir 19:10), 그것은 장차 올 시대를 가리킨다. 거짓 선생들은 이런 시대가 올 것을 부인하지만, 베드로는 독자들에게 반드시 올 것이며 장차 올 시대에는 예수 그리스도께 영광이 영원무궁토록 있을 것을 상기시킨다. 이 구절의 끝에 나오는 "아멘"은 원문인지 알기 어렵다. 외적 증거가 분명하게 지지하지만 일부 사본(예. Vaticanus 사본)은 이를 생략한다. 필사자들은 송영 뒤에 "아멘"을 넣는 경향이 있지만, 원문에 있었다면 "아멘"을 생략하는 경향은 없었을 것이다.[145] 그러므로 나는 "아멘"이 부차적이며 나중에 삽입되었다는 견해에 동의한다.

---

of the Second Letter of Peter," *Bib* 82 (2001): 255. 캘런은 계속해서 베드로후서의 저자가 일신론자였지만, 또한 예수와 하나님을 구분했다고 주장한다(256-63 페이지).

145 참조. *TCGNT* 637–38.

유다서

깃드는숲 ⊙ LOGOS

서론 개요

1. 저자
2. 수신자와 저작 시기
3. 반대자들
4. 베드로후서와의 관계
5. 구조

| 서 론 |

러스턴(Douglas J. Rowston)은 "신약에서 가장 소홀히 여겨지는 책은 아마도 유다서일 것이다"라고 아티클을 시작한다.[1] 요한 2서와 요한 3서와 경쟁하겠지만, 아마도 그의 평가는 정확할 것이다. 유다서는 25절의 짧은 서신으로 자주 간과되는 편지이다. 이 책은 또한 에녹 1서(1 Enoch)를 인용하고 모세의 유언(The Testament of Moses)을 암시하기 때문에 무시당한다. 학자들은 정경이 아닌 글을 인용할 수 있는지에 의문을 던진다. 더 나아가 유다서는 교회를 부패시키려는 악한 침입자들을 주님께서 분명히 심판하실 것이라는 내용을 강조하기 때문에 오늘날 많은 사람들에게 낯선 메시지이다.[2] 우리 시대에 심판의 메시지는 많은 사람들에게 편협하게 여겨지며 사랑받지 못한다. 그리고 다른 신약이 선포하는 사랑의 메시지에 반대된다.[3] 그럼에도 불구

---

1 D. J. Rowston, "The Most Neglected Book in the New Testament," *NTS* 21 (1974-75): 554-63.

2 유다가 여러 교회에 편지를 썼을지라도 나는 주석에서 단수 "교회"를 사용할 것이다.

3 예를 들어, 에이첼(George Aichele)는 유다서에서 편집증을 본다. Jude. G. Aichele, *The Letters of Jude and Second Peter: Paranoia and the Slaves of Christ*, Phoenix Guides to the New

하고 이 짧은 편지를 무시하면 안 된다. 하나님의 지키시는 은혜에 관한 가장 아름다운 진술 중 일부가 유다서에서 발견된다(1, 24-25절). 이 내용은 기독교 신앙에서 떠난 거짓 선생들과 반대되면서 더욱 빛을 발한다.

우리는 또한 심판의 메시지가 오늘날에도 특별하게 연결된다고 말할 수 있다. 왜냐하면 우리의 교회들은 감정적이며, 도덕적인 붕괴로 고통을 당하고, 사랑에 관한 적절하지 않은 정의로 심판을 선포하는 데 너무 자주 실패하기 때문이다. 유다서는 이단적인 가르침과 방탕한 삶이 끔찍한 결과를 초래함을 일깨운다. 그러므로 우리는 유다의 말을 자기가 싫어하는 사람들을 심판으로 위협하는 엉터리 기질로 격하시키지 말고, 사랑하는 신자들을 위한 경고로 보아야 한다(3, 17절). 그 결과 유다는 치명적인 위험을 피할 수 있도록 한다. 유다서는 신자들이 그들에게 주신 믿음을 위해 힘써 싸우고(3절), 교회 생활에서 결정적인 시기에 하나님의 사랑을 버리지 않도록 하기 위해 기록되었다. 도덕적 타락이 파멸의 길이기 때문에 이와 같은 메시지는 오늘날에도 여전히 선포되어야 한다.

1. 저 자

이 편지의 저자는 첫 구절 "예수 그리스도의 종이요 야고보의 형제인 유다"에서 나타난다.[4] 여기에 언급된 야고보는 분명하게 예수님의 형제 야고보이다.[5] 따라서 유다는 이 야고보의 형제이자 예수님의 형제 유다이다.[6] 이것은 이 사

Testament 19 (Sheffield: Sheffield Phoenix Press, 2012). 483.

4 유다서에 관한 학자들의 도움이 되는 연구 조사는 다음을 참조하라. R. Heiligenthal, "Der Judasbrief: Aspekte der Forschung in den letzen Jahrzehnten," *TRu* 51 (1986): 117-29; P. Müller, "Der Judasbrief," *TRu* 63 (1998):

5 1절의 주해를 보라.

6 리즈(R. A. Reese)는 유다서에 관한 문학적인 접근을 채택한다. 그녀는 저자의 의도를 추구하지 않고 편지의 문학적 모호성과 창의성을 탐구한다(*Writing Jude: The Reader, the Text, and the Author in Constructs of Power and Desire*, Biblical Interpretation Series 51 [Leiden: Brill, 2000]). 사실 리즈는 작가가 인정하는 것 이상으로 작가의 의도를 찾는다. 저자의 의도에 관한 정교한 방어는 다음을 보라. K. J. Vanhoozer, *Is There a Meaning in This Text?* (Grand Rapids: Zondervan, 1998). 참조. 그린(*Jude and 2 Peter*, BECNT [Grand Rapids: Eerdmans, 2008], 10. H. W. Bateman IV, *Jude*, EEC [Bellingham: Lexham, 2017], 2)은 리즈의 접근이 "결국 역사적

람들이 잘 알려진 유다와 야고보라는 것을 가리킨다. 공동체에서 좋은 평판을 받고 있는 저자는 더 이상 자신이 누구인지 알릴 필요가 없다고 느꼈을 것이다. 초기 기독교에서 "유다"라는 이름을 가진 사람들을 살펴보면 이 편지의 저자에 다른 적합한 후보가 없다. "야고보의 유다"('Ιούδας 'Ιακώβου, 이우다스 이아코부)는 열두 사도 중 한 사람으로 나타난다(눅 6:16; 행 1:13). 베다(Bede)와 칼뱅은 그가 이 편지의 저자라고 믿었다.[7] 그러나 "야고보의 유다"는 "야고보의 형제 유다"가 아니라 "야고보의 아들 유다"로 읽어야 한다(CSB, NIV, ESV, NRSV). 따라서 사도 유다는 적절한 후보가 아니다.[8] 더욱이 이와 같은 경우라면 저자는 자신을 사도라고 말했을 것이다.

또 다른 가능성은 유다가 "바사바라 하는 유다"(행 15:22, 27, 32)이다. 그러나 "바사바라 하는 유다"가 사도행전에서 유명한 야고보의 형제라는 암시는 없다. 그럼에도 불구하고 엘리스(Ellis)는 "형제"(ἀδελφός, 아델포스)라는 단어가 친척이 아니라 복음의 동역자를 가리킨다고 주장하면서 그가 이 편지의 저자라고 주장한다.[9] 엘리스의 흥미로운 제안에도 "형제"가 복음의 동역자를 가리키는지 의문이다. 엘리스의 견해와 반대로 이 용어는 사역의 위치를 나타나지 않고 족보상의 관계를 언급하거나 하나님의 가족에 포함되는 것을 말한다. 신약 서신서에서, "형제"는 일반적으로 사역의 동역자가 아니라 분명히 동료 신자를 언급한다(예. 롬 14:10, 13, 15, 21; 16:23; 고전 5:4; 6:5-6; 7:12, 14-15; 8:11; 약 1:9; 2:5; 4:11; 요한1서 2:9-11; 3:10).

빌레몬은 흥미로운 경우이다. 사역에서의 동역을 "형제"(ἀδελφός, 아델포

허무주의, 그리고 궁극적으로 소통의 단절과, 앎의 가능성으로 인도한다"라고 평가한다. 이러한 판단은 과장되었으며 리즈의 연구에 대한 기여도를 적절하게 나타내지 않는다.

7 Bede in P. R. Jones, *The Epistle of Jude as Expounded by the Fathers-Clement of Alexandria, Didymus of Alexandria, the Scholia of Cramer's Catena, Psuedo-Oecumenius, and Bede*, Texts and Studies in Religion 89 (Lewiston: Edwin Mellen, 2001), 113; J. Calvin, *Commentaries on the Catholic Epistles* (Grand Rapids: Eerdmans, 1948), 428-29. 이것은 19세기 이전의 전통적인 견해였지만, 보쿰은 이 견해를 옹호한 대부분의 학자들은 또한 사도 야고보가 마가복음 6:3에 열거된 예수님의 친척과 같은 사람으로 믿었다고 지적한다. 참조. Bauckham, *Jude and the Relatives of Jesus in the Early Church* (Edinburgh: T&T Clark, 1990), 172.

8 C. Bigg, *The Epistles of St. Peter and St. Jude*, ICC (Edinburgh: T&T Clark, 1901), 319.

9 E. E. Ellis, "Prophecy and Hermeneutic in Jude," in *Prophecy and Hermeneutic in Early Christianity: New Testament Essays* (Grand Rapids: Eerdmans, 1978), 226-30; 또한 같은 책에서 그의 다음 에세이를 보라. "Paul and His Co-Workers," 13-22.

스)가 아니라 "동역자"(συνεργός, 쉬네르고스)로 기록한다(몬 1). 유다서에서도 마찬가지로 "야고보의 형제"라는 명칭이 유다가 공식적인 사역을 했음을 증명하지 않고 육신으로 야고보의 형제였음을 보여 준다. 따라서 바사바 유다는 편지의 저자가 아니다.

다른 이론들은 훨씬 더 추측하고 있을 뿐이며, 가능성이 낮다. 어떤 학자들은 도마가 이름이 아니라 그의 성이었을 가능성이 있기 때문에 유다가 이 편지에서 사도 도마를 언급했을 가능성을 발견한다.[10] 이 견해는 "유다 도마" 또는 "쌍둥이" 유다라는 이름이 나타나는 시리아 전통에 근거한다. 이 견해가 가능하지 않은 몇 가지 증거가 있다.[11] 만약 "유다 도마"가 저자라면 "도마" 또는 "쌍둥이"가 시리아 전통에서의 도마이기 때문에 저자는 자신을 "도마" 또는 "쌍둥이"라고 밝힐 것이다. 이렇게 밝히지 않고 있기 때문에 도마는 분명하지 않다. 따라서 초대 교회에서 아무도 도마를 이 편지의 저자로 여기지 않았다는 것은 놀랍지 않다. 이 견해는 또한 만약 저자가 사도라면 자신을 사도라고 밝힐 것을 기대할 수 있기 때문에 실패한다. 마지막으로, 저자가 자신을 도마라고 밝히기를 원했다면, 도마가 자신을 야고보의 형제라고 밝힌 경우가 없기 때문에 저자 자신을 야고보의 형제라고 말하는 점은 혼란스럽다.

스트리터(B. H. Streeter)는 다른 이론을 제안한다. 그는 저작 시기를 더 늦게 정하고 저자를 예루살렘의 세 번째 감독인 "야고보의 유다"(Apos. Con. 7:46)로 이해한다.[12] 그는 "형제"가 나중에 들어갔다고 주장하면서 이 이론을 지지한다. 이것은 자신의 이론을 지지하기 위한 필사적인 방법이다. 모팻(J. Moffatt)은 유다와 야고보 모두 알려지지 않은 사람이라고 생각한다. 그러나 이 주장은 자신을 누군가의 아들이라고 부르는 것이 관례인 시대에 유다가 자신을 야고보의 형제라고 부르는 이유를 설명하는 데 어려움을 겪는다.[13] 유다는 야고보가 예수님의 형제로 잘 알려져 있기 때문에 자신을 야고보의 형제라고 불렀다는 것이 더 합리적이다.

---

10 H. Koester, "GNOMAI DIAPHOROI," *HTR* 58 [1965]: 296-97.

11 이 증거에 관한 유익한 평가는 다음을 보라. Bauckham, *Relatives of Jesus*, 32-37.

12 B. H. Streeter, *The Primitive Church* (London: Macmillan, 1930), 178-80.

13 J. Moffatt, *The General Epistles: James, Peter, and Jude* (New York: Harper & Brothers, 1928), 224-26. R. Bauckham, *Jude, 2 Peter*, WBC (Waco: Word, 1983), 23.

유다서가 의도적으로 위명을 쓰고 있고 저자는 자신을 야고보의 형제인 유다로 가장하려고 했다는 것이 모팻의 제안보다 더 믿을만하다.[14] 위명 이론은 유다가 초대 교회에서 잘 알려지지 않았기 때문에 그의 이름을 빌렸다는 이론인데, 설득력이 없다.[15] 위명으로 저자가 글을 썼다면 그는 유다가 아니라 다른 사람을 저자로 선택해서 글을 더 가치 있게 만들었을 것이다. 그럼에도 불구하고 어떤 학자들은 유다가 팔레스타인 기독교에서 존경받고 잘 알려져 있었다고 생각한다.[16] 그러나 팔레스타인에서 유명한 사람을 선택하려고 했다면 야고보가 더 나은 후보였을 것이다. 더 나아가 위명의 저자가 자신을 신뢰할 수 있게 독자들에게 깊은 인상을 주고자 했다면 자신을 "예수님의 형제 유다"라고 소개했을 것이다.[17] 저자는 예수님과 유다의 관계로 독자들에게 깊은 인상을 주려고 하지 않고 단순히 야고보와의 관계를 말한다. 따라서 저자는 예수 그리스도의 형제였던 야고보의 형제인 유다였을 가능성이 가장 크다.[18]

불행하게도 유다에 관한 우리의 지식은 부족하다. 이것은 앞에서 말했듯이 유다서의 저자에 대해서 논란을 불러 일으킨다. 그는 예수님의 네 형제 중

---

14 J. N. D. Kelly. *A Commentary on the Epistles of Peter and Jude*, Thornapple Commentaries (Grand Rapids: Baker, 1981), 234; B. Reicke, *The Epistles of James, Peter, and Jude*, AB (Garden City: Doubleday, 1964), 9; D. J. Rowston, "The Most Neglected Book in the New Testament," *NTS* 21 (1974-75): 559-61; Müller, "Der Judasbrief," 286; H. Paulsen, *Der zweite Petrusbrief und der Judasbrief*, KEK (Göttingen: Vandenhoeck & Ruprecht, 1992), 44-45; E. Fuchs and P. Reymond, *La Deuxième Épître de Saint Pierre, L'Épître de Saint Jude*, CNT (Neuchâtel-Paris: Delachaux & Niestlé, 1980), 148; S. J. Kraftchick, *Jude, 2 Peter*, ANTC (Nashville: Abingdon, 2002), 20-21; D. J. Harrington, *Jude and 2 Peter*, SP (Collegeville: Michael Glazier, 2003), 183. 예수의 형제나 위명 저자로 보는 다른 학자들의 목록은 다음을 참조하라. Bauckham, *Relatives of Jesus*, 174.

15 J. W. C. Wand, *The General Epistles of Peter and Jude*, WC (London: Methuen, 1934), 188. 푀그틀레(A. Vögtle)는 저자가 주님의 형제들에게 호소함으로 반대자들의 반율법주의에 맞서기를 원했다고 제안했다. 야고보는 이미 죽은 것으로 알려져 있었기 때문에 그는 1세기 말에 여전히 알려진 유다를 선택했다(*Der Judasbrief, der 2 Petrusbrief*, EKKNT [Neukirchen-Vluyn: Neukirchener Verlag, 1994], 11). 이러한 견해는 저자가 의도적으로 독자를 속이려는 의도를 나타낸다.

16 Rowston, "Most Neglected Book," 560.

17 Bauckham, *Jude, 2 Peter*, 14; Bauckham, *Relatives of Jesus*, 176.

18 또한, C. E. B. Cranfield, *I and II Peter and Jude: Introduction and Commentary*, TBC (London: SCM, 1960), 146-48 (AD 70-80년); D. Guthrie, *New Testament Introduction*. 4th ed. (Downers Grove: InterVarsity, 1990), 902-5; M. Green, *The Second Epistle General of Peter and the General Epistle of Jude*, 2nd ed., TNTC (Grand Rapids: Eerdmans, 1987), 48-52; D. A. deSilva, *Jude*, PCNT (Grand Rapids: Baker, 2012), 179-83; Bateman, *Jude*, 11-19.

한 명이다(마 13:55; 막 6:3).[19] 이름들의 순서가 다르지만 두 본문 모두 야고보가 제일 먼저나온다. 그의 명성 때문에 가장 먼저 나왔을 수도 있지만, 아마도 야고보가 나이가 많다고 결론을 내리는 것이 타당할 것이다. 유다는 예수님의 사역 동안 그를 메시아로 믿지 않았다(막 3:21, 31; 요 7:5). 사도행전 1장 14절은 주님의 형제들이 오순절 이전 기도의 모임에 있었다고 말하기 때문에 그는 부활 이후에 신자가 되었을 것이다. 고린도전서 9장 5절에서 주님의 형제들은 순회하는 선교사였으며 유다도 여기에 포함되었을 것이다. 유다의 선교 사역은 그의 글이 교회에 권위가 있었다는 설명을 할 수 있다.

헤게시푸스(Hegesippus)는 유다의 두 손자가 다윗 왕가 출신이었기 때문에 도미티아누스 황제(AD 81-96년) 앞으로 끌려와 충성에 대해서 질문을 받았다는 매력적인 이야기를 한다(유세비우스의 *Hist. eccl.* 3.19.1-20.8). 그들은 자신들이 내세에 올 왕국을 기다리는 농부라고 설명하면서 풀려났다. 이 기록의 정확성은 논란의 여지가 있으므로 더 이상 언급하지 않을 것이다. 그러나 도미티아누스 시대에 유다에게 손자가 있었다는 것은 그럴듯해 보인다. 이것은 이 사건이 일어났을 때에 유다가 죽었을 가능성을 보여 준다. 이러한 관찰은 도미티아누스 통치 기간에 유다가 이 편지를 썼음을 배제하지 않는다. 도미티아누스 통치 초기에 이 편지를 썼을 가능성이 있고 유다의 손자들이 그의 생애 마지막 몇 년에 황제 앞에 불려왔을 가능성이 있기 때문이다.

유다는 세련된 헬라어를 사용한다. 많은 학자들이 유다가 시골 유대인이기 때문에 그의 저작에 의문을 제기한다.[20] 그러나 많은 연구에 따르면 헬라어는 팔레스타인, 특히 갈릴리에서 일반적이었다. 신약 시대 팔레스타인에서 헬레니즘 문화의 영향은 중요했다. 더욱이 유다가 선교사로 여행했다면 자신

---

19 마이어(J. P. Meier)는 복음서에서 예수의 형제들에 관한 언급이 요셉과 마리아의 생물학적 아들들을 가리킨다는 것을 보여 준다("The Brothers and Sisters of Jesus in Ecumenical Perspective," *CBQ* 54 [1992]: 1-28). 따라서 우리가 유다를 파악하는 것이 옳다면 그는 요셉과 마리아의 생물학적 아들이었다. 보컴은 형제들이 요셉의 이전 결혼에서 낳은 아들이라고 생각하지만(*Relatives of Jesus*, 19-32), 마이어의 평가가 더 설득력 있다.

20 예. Kelly, *Peter and Jude*, 233; W. G. Kümmel, *Introduction to the New Testament*, rev. ed. (Nashville: Abingdon, 1975), 428; Vögtle, *Judasbrief, 2 Petrusbrief*, 4-11; L. R. Donelson, *I and II Peter and Jude*, NTL (Louisville: Westminster John Knox, 2010), 161-63; J. Frey, *Der Brief des Judas und der zweite Brief des Petrus*, THENT (Leipzig: Evangelische Verlagsanstalt, 2015), 21-22.

의 사역을 더 풍성하게 하기 위해서 헬라어 실력을 더 습득했을 수 있다.[21] 팔레스타인 사람들은 아마도 많은 신약 학자들이 인정한 것보다 헬라어 실력이 더 뛰어났을 것이며, 따라서 이 편지의 유다 저작은 가능하다. 보컴은 유다서에 대해 다음과 같이 말한다. "그것은 가장 초기 신약 문서 중 하나일 뿐만 아니라 그리스도인의 헌신에 대한 희귀하고 귀중한 직접적인 증거이며 예수님의 가족이 지도자였던 원래 팔레스타인 그룹의 신학의 발전이다."[22]

사도 시대를 과거로 간주하고(17절), 이 편지에는 교리의 체계가 세워지기 때문에(3절) 유다서가 위명이라는 주장이 있다.[23] 17절 주해에서 주장하는 것처럼, 사도시대의 글들이 수집되었고 유다가 편지를 썼을 때 모든 사도가 죽었다고 결론을 내리는 것은 불필요하다.[24] 사실 18절은 사도들이 유다가 편지하는 사람들에게 실제로 개인적인 편지를 썼다는 것을 의미할 수 있다.[25] 더욱이 미래의 배교에 관한 예언은 기독교 설교의 초기 구전 단계에도 나타난다(행 20:29-30). 또한 성도들에게 단번에 주신 믿음에 관한 언급도 반드시 늦은 시기를 가리키지 않는다. 전통의 전승은 바울이 썼다고 인정받은 편지들에서 중요하다(롬 6:17; 고전 11:23-26; 15:1-4).[26] 히브리서는 또한 말세에 그리스도를 통해서 주신 계시가 결정적이고 최종적이라고 가르친다(히 1:2).

유다서에 관한 외적 증거는 편지가 짧고 목적이 제한되어 있다는 점에서 강력하다.[27] 학자들은 일부 교부들에게서 유다서에 관한 언급을 발견했지만

---

21 Bauckham, *Jude, 2 Peter*, 15; 또한 다음을 참조하라. D. A. deSilva, *The Jewish Teachers of Jesus, James, and Jude: What Earliest Christianity Learned from the Apocrypha and Pseudepigrapha* (Oxford: Oxford University Press, 2012), 46-48.

22 Bauckham, *Relatives of Jesus*, 178. 또한 다음을 참조하라. Bateman, *Jude*, 32-34.

23 예. Kümmel, *Introduction to the New Testament*, 428; Frey, *Der Brief des Judas und der zweite Brief des Petrus*, 22-23.

24 Guthrie, *New Testament Introduction*, 906-7.

25 D. B. Wallace, "Jude: Introduction, Argument, and Outline," at https://bible.org/ seriespage/26-jude-introduction-argument-and-outline.

26 참조. Guthrie, *New Testament Introduction*, 906.

27 다음의 주요 자료를 참조하라. Bigg, *Peter and Jude*, 305-8. 유다서의 초기 수용 역사는 다음을 참조하라. W. Grünstäudl and T. Nicklas, "Searching for Evidence: The History of Reception of the Epistles of Jude and 2 Peter," in *Reading 1-2 Peter and Jude: A Resource for Students*, ed. E. F. Mason and T. W. Martin, SBLRBS 77 (Atlanta: Society of Biblical Literature, 2014), 216-20. 유다서의 수용과 에녹 1서가 그 수용에 미친 영향에 관한 유익한 조사는 다음을 참조하라. N.

대부분의 학자들은 그 암시가 결정적일 만큼 분명하다고 생각하지 않는다. 유다서는 무라토리안 정경(The Muratorian Canon, AD 200년)이 성경으로 입증한다. 테르툴리아누스(Tertullian, *Cult. fem.* i. 3)는 유다서를 언급하고, 알렉산드리아의 클레멘트(Clement of Alexandria)는 유다서에 관한 주해를 썼다(Eusebius의 *Hist. eccl.* vi.14.1을 보라). 분명히 유다서가 에녹 1서를 인용하기 때문에 질문을 받는다(Jerome, *Vir. ill.* iv). 가장 초기의 외적 증거는 이 편지의 유다 저작성을 증언한다.[28] 위경의 사용 때문에 아마도 이후에 의심을 받았을 것이다.[29] 위명 사용과 관련해서 저작성을 우려하였다면 위경을 인용하지 않았을 것이기 때문에 이 편지의 저작성을 간접적으로 뒷받침한다. 유다 저작은 인정되어야 하며, 아마도 서기가 이 편지를 썼을 것이다.[30]

2. 수신자와 저작 시기

수신자와 저작 시기를 정하기는 쉽지 않다. 불행하게도 결정할 수 있는 증거가 거의 없다. 수신자와 저작 시기는 일반적으로 편지의 유다 저작, 베드로후서와의 관계, 초기 가톨릭적인 성격, 반대자들이 누구인가와 같은 결론에 따라 결정된다. 저작 시기는 주후 50년에서 160년 사이로 제안된다.[31] 나는 유

J. Moore, "Is Enoch also among the Prophets? The Impact of Jude's Citation of I Enoch on the Reception of Both Texts in the Early Church," *JTS* 64 (2013): 498-515.

28 유다 저작에 관한 오래된 변호에 대해서는 다음을 참조하라. Bigg, *Peter and Jude*, 305-22; J. B. Mayor, *The Epistle of St. Jude and the Second Epistle of St. Peter* (1907; repr., Grand Rapids: Baker, 1965), cxlvi-clii.

29 Kümmel, *Introduction to the New Testament*, 428; Kelly, *Epistles of Peter and Jude*, 223-24.

30 G. Green, *Jude and 2 Peter*, 1-9.

31 전체 목록은 다음을 참조하라. Bauckham, *Relatives of Jesus*, 168-69. 프레이(J. Frey, *Der Brief des Judas und der zweite Brief des Petrus*, 26)와 사이드보텀(E. M. Sidebottom, *James, Jude and 2 Peter*, NCB [London: Thomas Nelson, 1967], 78)은 AD 100년. AD 약 100년은 다음을 참조하라. Kümmel, *Introduction to the New Testament*, 429. 레이케는 AD 90년을 제안한다(*James, Peter, and Jude*. 192). 호렐은 AD 75-90년을 제안한다(*The Epistles of Peter and Jude*, EC [Peterborough: Epworth, 1998], 107). 훅스(E. Fuchs)와 레이먼드(P. Reymond)는 AD 80-100년을 제안한다(*2 Pierre, Jude*, 152). 파울센(H. Paulsen)은 AD 80-120년을 가정한다(*Petrusbrief und Judasbrief*, 45). 크랜필드는 AD 70-80년을 제안한다(*I and II Peter and Jude*, 146-48). 푀그틀레는 90년대나 세기의 전환기를 제안한다(*Judasbrief, 2 Petrusbrief*, 12). 도넬슨은 90년대를 제안한다(*I and II Peter and Jude*, 165). 브로센드(W. F. Brosend)는 AD 70년을

다가 저자라고 주장했으므로 2세기는 제외된다. 어떤 학자들은 반대자들을 영지주의자로 규정하고 늦은 시기로 정한다. 그러나 유다서에서는 영지주의의 증거가 부족하고 본격적인 영지주의는 2세기로 제한되기 때문에 반대자들은 영지주의자가 아니었을 것이다.[32] (저작 시기와 관련해서) 유다서와 베드로후서의 관계가 더 큰 가능성을 던진다. 나는 유다서가 베드로후서보다 앞선다고 주장할 것이다. 이 경우에 베드로후서는 저작 시기를 결정하는 데 거의 도움이 되지 않는다. 그러나 만약 유다서가 베드로후서에 의존한다면 60년대 중반까지 기록될 수 없다.[33] 의존성을 살피는 대부분 학자들은 베드로후서가 유다서를 이용했다고 주장한다. 어쨌든 유다서의 해석은 저작 시기가 60년대이든지 80년대이든지 많은 영향을 받지 않는다. 60년대 초반이 저작 시기에 가장 가까울 것 같다.

유다서를 초기 가톨릭주의를 담고 있는 한 형태로 분류하는 것은 설득력이 없다.[34] 신약의 몇몇 서신이 초기 가톨릭주의를 반영한다는 개념은 시대를

선택한다(*James & Jude*, NCBC [Cambridge: Cambridge University Press, 2004], 6-7). 그린(G. L. Green)은 늦은 50년대나 이른 60년대 초반을 제안한다(*Jude and 2 Peter*, BECNT [Grand Rapids: Baker, 2008], 17-18). 데이비스(*2 Peter and Jude*, 14-17, 23)는 AD 70년 이전에 기울고 있다. AD 50년 또는 55년 이후 언제라도 기록되었을 수 있다고 말한다. 베이트먼는 AD 62와 66년 사이로 정한다(*Jude*, 44).

32 영지주의적 배경에 관한 반대는 다음을 참조하라. J. Kahmann, "Second Peter and Jude," in *The New Testament in Early Christianity: La réception des écrits néotestamentaires dans le christianisme primitif*, ed. J.-M. Sevrin, BETL 86 (Leuven: University Press, 1989), 114-15; 1. H. Eybers, "Aspects of the Back-ground of the Letter of Jude," *Neot* 9 (1975): 117-19; Bauckham, *Relatives of Jesus*, 162-65; Guthrie, *New Testament Introduction*, 911. 베이트먼은 마치 반율법주의나 방종주의의 주장이 영지주의적인 색채를 입은 것처럼, 반대자들이 영지주의자들이라는 견해에 동의하지 않지만, 반대자들이 거짓 선생이 아니라는 잘못된 결론을 내린다(*Jude*, 45-49).

33 엘리스(E. E. Ellis)는 AD 55-65년을 제안한다("Prophecy and Hermeneutic in Jude," 235-36); 로빈슨(John. A. T. Robinson)은 AD 60-62년(*Redating the New Testament* [Philadelphia: Westminster, 1976], 197-98); 빅(C. Bigg)은 AD 약 61-62년(*Peter and Jude*, 318); 윌리스는 AD 66-67년("Jude: Introduction, Argument, and Outline"); 거스리는 AD 65-80년(*New Testament Introduction*, 908); 그린은 AD 65-80년(*2 Peter and Jude*, 55-56); 켈리는 AD 70년(*Peter and Jude*, 233); 아이버스(Eybers)는 AD 80년("Aspects of the Background of the Letter of Jude," 113-23)을 제안한다. 보컴은 AD 60년에서 90년 사이 어떤 때든지 열려 있는 것으로 보인다(*Jude, 2 Peter*, 13-14). 메이어(J. B. Mayor)는 80년 가까이를 선택한다(*Jude and Second Peter*, cxlv). 리즈는 AD 70-90년을 제안한다(*2 Peter and Jude*, THNTC [Grand Rapids: Baker, 2007]), 19-20).

34 Bauckham, *Relatives of Jesus*, 158-62; Kümmel, *Introduction to the New Testament*, 426-27.

착오하고 있고 그 논제에 적당한 증거를 찾을 수 없기 때문에 어려움을 겪는다. 학자들은 여전히 이후에 나타난 교회사의 논쟁으로 신약을 읽는 경향이 있다. 초기 가톨릭주의가 신약 시대에 싹을 틔웠다는 데 동의하더라도 유다서에는 그 싹이 분명하지 않다. 주님의 재림에 대한 강한 소망이 유다서에 생기를 불어넣는데(1, 14, 21, 24절), 이것은 교회가 세상에서 오래 머물기 위해 정착해버린, 이른바 초기 가톨릭주의에 반대되는 내용이다. 또한 초기 가톨릭주의의 표시로 일컬어지는 직분의 제도화에 관한 증거가 유다서에 나타나지 않는다. 유다서 어디에도 교회 지도자나 제왕적인 주교에게 반대자들을 억압하라고 호소하지 않는다. 어떤 사람들은 단번에 주신 믿음의 도를 보존하라는 유다의 권면을 강조하면서 초기 가톨릭주의의 증거를 발견한다(3, 20절). 종종 신약 학자들은 규정화된 신앙을 언급하는 측면에서 초기 가톨릭주의의 냄새가 난다고 생각한다. 이와는 반대로 정통의 중요성은 가장 오래된 서신서에서도 알려져 있다(참조. 롬 6:17; 고전 15:1-11; 갈 1:23; 살전 4:1-2). 어쨌든 유다서는 명확하고 상세한 고백이나 충분히 발전된 교리 교육의 도구를 염두에 두지 않는다. 여기서 그는 복음, 즉 교리적 내용과 정의가 포함된 복음을 말한다. 물론 복음은 경건한 삶을 살아가라는 요구가 포함되어 있다. 바로 여기에서 반대자들이 동의하지 않는다.

대부분 학자들은 유다서가 유대주의 묵시적인 전통(에녹 1서와 모세의 유언)을 선호하는 것을 고려할 때 수신자가 유대적인 배경을 가지고 있다고 생각한다.[35] 실제로 묵시적인 문헌의 사용은 유다가 이 편지를 썼다는 것을 나타낸다.[36] 반율법주의는 흔한 현상이 아니었고 침입자들의 생활 방식은 분명하게도 방탕했기 때문에 유대교에 매료된 이방인들이 고려될 수 있다.[37] 그럼에도 불구하고 유대교 전통에 관한 강조는 이방인 독자들보다는 유대인을 가리

---

35 예. Eybers, "Background of the Letter of Jude." 114; 베이트먼(Bateman)은 유대 지역에 있는 유대인들에게 썼다고 생각한다(*Jude*, 27-34). 유다서에 퍼져 있는 유대인 전통에 대해서는 다음을 참조하라. T. Wolthuis, "Jude and Jewish Traditions." *CTJ* 22 (1987): 21-41; J. D. Charles, "Jude's Use of Pseudepigraphical Source-Material as part of a Literary Strategy," *NTS* 37 (1991): 130-45. 또한 다음을 참조하라. J. D. Charles, *Literary Strategy in the Epistle of Jude* (London and Toronto: Associated University Presses, 1993).

36 Wand, *Epistles of Peter and Jude*, 189.

37 Kelly, *Peter and Jude*, 233-34; Wallace, "Jude: Introduction, Argument, and Outline". 또한 다음을 참조하라. Bigg, *Peter and Jude*, 321; Vögtle, *Judasbrief, 2 Petrusbrief*, 10.

킨다. 또한 수신자가 유대인과 이방인으로 구성되었을 가능성이 있다.[38] 수신지는 팔레스타인, 시리아, 소아시아, 이집트를 제안한다.[39] 물론 유다서의 수신지를 알 수 없으며, 이 편지의 해석은 수신지를 기초로 하지 않는다. 또한 유다가 한 교회에 편지를 썼는지 여러 교회에 편지를 썼는지 알 수 없다. 아마도 팔레스타인의 도시가 가장 가능한 선택일 것이다.[40] 나는 주석에서 유다서의 "교회"를 언급하지만 한 교회에만 쓰였다는 의미는 아니다. 주석에서 "교회"와 "교회들"을 오가는 어색함을 피하기 위해서 이 용어를 사용했다.

3. 반 대 자 들

역사적으로 유다서는 공동 서신 중 하나로 분류되었다. 유다가 교회에 파괴적인 가르침을 소개하는 반대자들에 대항하기 위한 특정한 상황에서 썼기 때문에 이 명칭은 오해의 소지가 있다. 유다는 자신의 신학을 요약하거나 그리스도인의 삶에 관한 자신의 관점을 간략하게 기술한 편지를 쓰지 않았다. 그는 교회를 침범한 침입자들에 대해 대응하여 교회를 돕기 위한 특정한 상황을 언급한다.[41] 반대자들은 "가만히 들어왔기"(4절) 때문에 외부에서 왔을 가

---

38 Fuchs and Reymond, *2 Pierre, Jude*, 144.

39 다음 논의를 참조하라. Bauckham, *Jude, 2 Peter*, 16. 건더(J. J. Gunther)는 유다서가 알렉산드리아 신자들을 위해 기록되었다고 주장한다("The Alexandrian Epistle of Jude," *NTS* 30 [1984]: 549-62). 건더(Gunther)의 주장은 특히 유다서가 영지주의적 이단에 반대하여 기록되었다는 개념을 지지한다. 따라서 이집트의 목적지(또는 기원)에 관한 주요 논증은 실패한다. 윌리스는 에베소를 제안한다("Jude: Introduction, Argument, and Outline"). 푀그틀레는 소아시아를 제안한다(*Judasbrief, 2 Petrusbrief*, 12).

40 deSilva, *Jude*, 86. 그린(G. Green)은 이방인을 받아들이기 시작한 팔레스타인 기독교를 제안한다(*Jude and 2 Peter*, 9-16). 참조. 데이비스는 팔레스타인의 해안 도시가 가능하다고 말한다(*2 Peter and Jude*, 14, 22). 심지어 "예루살렘 지도자들이 존경받는 동지중해 전역"까지 볼 수 있다고 말한다(22 페이지).

41 비세(F. Wisse)는 반대 견해를 주장한다. 그는 "반대자들에 관한 논쟁이 특정한 상황에 관한 것이 아니며, 유다서가 이단을 악마화하기 위해서 유대 묵시록을 빌려 왔기 때문에 우리는 반대자들에 대해서 유다서에서 아무것도 배우지 못한다"라고 주장한다("The Epistle of Jude in the History of Heresiology," in *Essays on the Nag Hammadi Texts in Honour of Alexander Böhlig*, ed. M. Krause, NHS 3 [Leiden: Brill, 1972], 133-43). 또한 다음을 참조하라. M. J. Gilmour, *The Significance of Parallels between 2 Peter and Other Early Christian Literature*, SBLAB 10 (Atlanta: Society of Biblical Literature, 2002), 7-8. 반대로 이 편지의 구체적인 성격은 유다가

능성이 있다.[42] 이것으로 우리는 그들을 "침입자" 또는 "잠입자" 등으로 부를 수 있다.[43] 유다는 우리에게 반대자들에 대해서 상세하게 묘사하지 않는다. 대신에 그는 그들을 구약의 악명 높은 죄인들과 비교하면서 특별히 악하다고 주장한다.[44]

역사적으로 학자들은 반대자들이 일반적으로 영지주의자들,[45] 또는 초기 영지주의의 한 형태를 대표한다고 이해했다.[46] 일부 학자들은 반대자들을 영지주의의 방종주의적인 측면으로 이해하고 2세기 영지주의 체계를 배경으로 한다고 주장한다. 이 견해에 따르면 반대자들은 창조의 도덕적인 질서를 거부했고, 영적인 것과 육적인 것을 구분했으며(19절), 개인주의적이었으며(12절), 천사의 권위를 업신여겼다(8절). 켈리(Kelly)는 이 이단들이 "교회와 영지주의 사이의 운명론적인 갈등의 시작 부분에 연결된다"라고 이해한다.[47] 켈리는 그들의 방종주의에서 "영지주의적 색채"를 보고 기독교적 이단을 수용했다고 의심한다.[48] 그들의 영지주의적인 경향은 꿈으로 계시를 받아들이는 것(8절)과 자신들을 영적인 인간이라고 여기는 것(19절)에서 나타난다. 반면에 켈리에 따르면 이 세상을 만든 열등한 하나님에 관한 논쟁의 증거가 없다.

실제 반대자들을 묘사하고 있음을 시사한다. 젤린(G. Sellin)은 비세(Wisse)가 극단적인 입장이라고 지적했다("Die Häretiker des Judasbriefes," *ZNW* 77 [1986]: 207). 보컴은 반대자들을 지나치게 비난한다는 개념에 의문을 가지게 하는 구체적인 특징이 비방하는 천사라고 관찰한다 (*Relatives of Jesus*, 167; 또한 다음을 참조하라. C. D. Osburn, "Discourse Analysis and Jewish Apocalyptic in the Epistle of Jude," in *Linguistics and New Testament Interpretation: Essays on Discourse Analysis*, ed. D. A. Black, K. Barnwell, and S. Levinsohn [Nashville: Broadman, 1992], 312).

42 다음과 반대된다. Guthrie, *New Testament Introduction*, 910.

43 유다서에 관한 사회학적 연구에 대해서는 다음을 참조하라. S. J. Joubert, "Language, Ideology and the Social Context of the Letter of Jude," *Neot* 24 (1990): 335-49.

44 S. J. Joubert, "Facing the Past: Transtextual Relationships and Historical Understanding in the Letter of Jude," *BZ* 42 (1998): 67.

45 다양한 정체성에 관한 도움이 되는 목록은 다음을 참조하라. Osburn, "Discourse Analysis and Jewish Apocalyptic in the Epistle of Jude," 310

46 예. Kümmel, *Introduction to the New Testament*, 426. 초기 형태의 영지주의를 지지하는 견해는 다음을 참조하라. Kelly, *Peter and Jude*, 231; Fuchs and Reymond, *2 Pierre, Jude*, 143.

47 Kelly, *Peter and Jude*, 231.

48 Kelly, *Peter and Jude*, 230-31.

그러므로 여기에서 발견되는 영지주의는 2세기의 영지주의의 발전된 체계와 동일시될 수 없다.

제탈러(Seethaler)와 같은 일부 학자들은 영지주의 이론을 여전히 지지한다.[49] 그는 전통적인 믿음과 영지주의적 개념이 혼합되었다고 본다. 유다서의 반대자들은 방종한 자들이었다(개역개정. "방탕한 것", "정욕대로 행하며". 4, 18절). 19절에서 반대자들은 "육에 속한 자"(ψυχικοί, 프쉬키코이)이며 성령이 없는 자라고 비난을 받는다. '여기에서 영지주의의 전문적인 용어를 사용한다'고 생각한다. 꿈꾸는 것(8절)은 반대자들이 영지주의적인 계시의 꿈과 환상을 받았음을 보여 준다. 천사와 같은 능력에 관한 비방은(8절) 하나님이 창조하신 물질세계의 거부를 나타낸다. 이와 같은 능력들은 물질세계를 만드는 데 도움이 되었기 때문이다. 유다서의 가인에 관한 언급(11절)은 그들이 방종하는 방식으로 살았던 영지주의적인 가인 분파의 일부였음을 보여 준다. 그들의 반역은 어떠한 교회의 권위도 거부함을 알려 준다(11절).

젤린(G. Sellin)은 반대자들을 영지주의로 이해하는 것을 거부한다. 대신 그는 그들을 영적인 인간으로 생각한다.[50] 그들은 도덕적인 자율성을 주장했으며 부도덕한 생활 방식을 부추기지 않았다. 젤린은 그들이 데미우르고스(최고신의 뜻에 따라 천지를 창조한 신)의 교리를 지지하지 않았다고 말한다. 오히려 그 이단은 우리가 골로새서 2장에서 보는 것에 가깝다. 황홀경에 빠져 환상을 보는 자들로서(8절) 반대자들은 하늘의 환상을 받았고 따라서 그들은 스스로를 영적 엘리트라고 생각하며 천사들을 멸시했다. 젤린에 따르면 유다서는 6-7절에서 일반적으로 주장되는 성적인 죄에 대해서 그들을 비판하지 않는다. 대신 반대자들은 정당한 영역을 벗어났다. 7절의 천사들은 성적인 죄가 아니라 천국을 떠나 땅에 왔다는 이유로 비난을 받는다. 반대자들은 황홀경의 환상으로 이 세상을 초월하여 하늘나라에 참여하려고 했다. 반대자들은 영적이라고 주장했지만 영적인 지식이 없는 짐승(10절)과 같았다. 육체로 더럽힌 "옷"(23절, NIV)은 성적인 죄를 가리키지 않고 방랑하는 은사주의자를

49 P. A. Seethaler, "Kleine Bemerkungen zum Judasbriefes," *BZ* 31 (1987): 261-64.

50 Sellin, "Die Häretiker des Judasbriefes," 206-25. 다음의 전체 질문에 관한 주의 깊은 토론을 참조하라. G. L. Green, *Jude and 2 Peter*, 18-26.

가리킨다. 따라서 젤린은 반대자들이 영지주의도 아니고 방종주의도 아니라고 생각했지만, 과도한 바울적인 도덕률 폐기론자들의 영향으로 자신들을 천사들보다 높은 영적인 인간으로 여기면서 은혜와 성령을 강조했다.[51]

영지주의적 그리고 영적인 논증은 정확하지 않다. 영지주의의 초기 형태라고 이해하는 학자들은 완전히 발달한 영지주의를 옹호하는 사람들보다 더 주의 깊지만, 이 경우에도 유다의 가르침과 이후의 영지주의 체계 사이에 일종의 발전 관계를 보도록 이끌기 때문에 영지주의는 적절하지 못하다. 유다서의 반대자들과 후기 영지주의 가르침 사이에 어떤 연결성이 있는지 분명하지 않다. 그러므로 유다서의 반대자들과 이후의 영지주의적인 가르침 사이에 연속성이 있다고 볼 수 없다. 반대자들이 영적인 추구를 하는 사람들이라는 주장은 매력적이지만 유다서의 증거는 반대자들이 방종주의자라는 사실을 뒷받침한다. 우리는 꼬리표를 붙이고 그들이 누구인가를 이해한다는 결론을 내리는 위험성에 주의해야 한다.[52] 불행하게도 반대자들에 관한 이해는 유다서가 말하는 것으로 제한되기 때문에 부분적이다. 투렌은 유다서의 주된 언어가 반대자들을 비난하고 따라서 설명이 객관적이지 않기 때문에 실제 그들이 누구인지 알 수 없다고 주장한다.[53] 유다가 적들을 비난하기 위해 감정적이고

---

51 다른 많은 이론이 발표되었다. 엘리스(Ellis)는 반대자들을 유대주의자라고 밝히고, 바울이 그의 모든 편지에서 적들을 동일하게 직면했다고 주장하는 것처럼 보인다("Prophecy and Hermeneutic in Jude," 230-35). 반대자들을 유대주의자로 보는 것은 그들의 방종주의와 어울리지 않는다. 더 나아가 엘리스(Ellis)가 사용하는 방법은 여러 서신에서 바울의 반대자들을 특정하지 않는다는 점에서 설득력이 없다. 따라서 그는 바울 서신에 있는 모든 반대자들을 한 범주로 묶은 다음 유다서에서 동일한 적들을 본다. 유다서에 있는 반대자들이 바울 서신들에 나오는 반대자들과 연결될 수 있는지는 의문이다. 한 가지 렌즈로 모든 바울의 적들을 보는 것은 불가능하다. 유다서와 바울의 반대자들 사이의 연결 고리가 확립되기 전에, 바울 서신과 유다서에서 반대자들의 정체를 정하기 위해 철저한 귀납적 연구가 필요하다. 대니얼(C. Daniel)은 그들을 에세네파로 파악하지만, 적들의 방종주의는 그들을 에세네파로 이해하려는 시도와 모순된다("La mention des Esséniens dans le texte grec de l'épître de S. Jude," *Mus* 81 [1968]: 503-21).

52 러스턴은 "반대자들에 관한 정확한 정체를 확인하기를 거부하는 것은 정당하다. 그들의 특성을 나열하고 대립이 발생했을 가능성이 있는 상황을 시각화하는 데까지 갈 수 있다. 그러나 이 단에 명확한 꼬리표를 붙이는 것은 문제 바깥에 있는 것으로 보인다"("Most Neglected Book," 555)라고 말한다. 그러나, 러스턴은 즉시 자신의 기준을 넘어서서 반대자들을 "초기 영지주의자"라고 자신있게 파악한다(555-56 페이지). 방법론적으로 그는 유다서에서 반대자들을 묘사하기 위해 이레나이우스를 사용하는 실수를 범한다. 보다 신중하고 절제된 분석은 다음을 참조하라. Frey, *Der Brief des Judas und der zweite Brief des Petrus*, 27-37. 프레이(J. Frey)는 재구성을 위해 바울 자료를 너무 많이 의존하지만, 특히 천사들에 대해 매료된 것을 지적한다.

53 L. Thurén, "Hey Jude! Asking for the Original Situation and Message of a Catholic Epistle,"

강한 언어를 사용한다는 주장은 옳다.[54] 또한 학자들이 발표한 다양한 이론들은 반대자들이 누구인지 알기 어렵다는 것을 보여 준다. 그럼에도 불구하고 유다의 비난이 침입자를 드러내지 않는다는 주장은 의문의 여지가 있다. 만일 그렇다면 유다의 편지가 수신자들을 설득할 수 있을지 의심스럽다.[55] 유다서가 남아 있는 것은 편지를 받는 사람들이 이 편지가 설득력이 있고 유익하다고 보았기 때문이다. 유다서는 반대자의 성격을 참되게 밝히고 있기 때문에 유익하다. 포스트모던 세계에서 우리는 아무도 "중립 공간"에 있지 않음을 알고 있다. 우리는 특정한 관점에서 현실을 본다. 성경의 영감과 권위에 동의하는 사람들은 적들에 대한 유다의 자세를 그들의 믿음과 행동에 관한 하나님의 관점으로 이해한다. 그러므로 본문 자체에서 반대자들을 알 수 있다는 사실에 주목하고 영지주의적인 그리고 영적인 가설의 약점을 논증하면서 진행할 것이다.

베이트먼(H. W. Bateman)은 반대자들이 60년대에 로마에 반대하는 기독교인들을 포함하는 유대교인들을 부추기는 열심당이었다고 주장한다.[56] 그의 재구성은 여러 가지 이유로 설득력이 없다. 첫째, 그의 주장이 옳았다면, 로마와의 관계를 여러 가지로 서술했을 것이다(참조. 롬 13:1-7; 딛 3:1; 벧전 2:13-17; 계 13:1-18). 그러나, 정치 혹은 체제를 반대하는 혁명적인 문제는 아무 말도 하지 않는다. 둘째, 베이트먼은 열심당 가운데에 부도덕한 사람들이 있었다고 주장하지만, 유다서의 상황과는 다르다. 반대자들이 방종주의를 **옹호했고**, 열심당들이 율법으로부터 방종주의를 **조장했다는** 증거가 없기 때문이다. 셋째, 반대자들은 교회 안에 있었고(4절), 애찬을 베풀기까지 했다(12절). 열심당이 기독교 공동체에 속했다는 증거는 없다. 사실 열심당 지지자들은 이와 같은 (율법을 준수하지 않는 이방인을 허용하는) 새로운 분파에 참여할 것 같지 않기 때문에 역사적으로 타당하지 않다. 유대인 그리스도

NTS 43 (1997): 451-65.

54 다음을 참조하라. 웹(R. L. Webb)은 유다서의 수사학에는 사회적 기능이 있으며, 독자에게 영향을 주어 그들이 침입자로부터 자신을 분리하도록 하려는 의도라고 주장한다("The Eschatology of the Epistle of Jude and Its Rhetorical and Social Functions," *BBR* 6 [1996]: 139-51).

55 여기에서 다음을 참조하라. J. F. Hultin, "Bourdieu Reads Jude: Reconsidering the Letter of Jude through Pierre Bourdieu's Sociology," in *Reading Jude with New Eyes: Methodological Reassessments of the Letter of Jude*, ed. R. L. Webb and P. R. Davids, LNTS 383 (London: T&T Clark, 2008), 49.

56 Bateman, *Jude*, 51-80.

인들이 열심당 운동에 참여했다는 증거도 부족하다. 넷째, 베이트먼이 재구
성한 세부 사항을 다루기에는 지면이 부족하다. 그의 견해는 역사적인 기초가
없이 유사성에 집착하는 문제점이 있다.[57] 베이트먼은 상황을 재구성하기 위
해서 다양한 시대와 저자의 진술을 제시하지만, 그가 주장하는 유사성은 유
다서의 상황에 관한 그의 해석에 충분한 증거가 되지 못한다. 결국 그는 바클
레이(Barclay)가 자신의 유명한 아티클에서 비판한 일종의 거울 읽기에 빠
지게 된다.[58]

가장 두드러진 특징은 반대자들의 방종주의이다.[59] 유다는 그들을 "경건
하지 않음"(ἀσέβ 단어 그룹, 4, 15, 18절)으로 정의한다. 예를 들어, 그들은
그리스도의 주되심을 거부하고 방탕하게 살았다(ἀσέλγεια, 아셀게이아, 4절).
이 단어는 성적인 죄를 말한다. 젤린(Sellin)과는 반대로 6-7절은 반대자들이
성적인 죄에 빠졌음을 분명하게 보여 준다(아래 주해 참조). 그들이 방랑하는
예언자라는 나이트(J. Knight)의 견해가 옳을 수 있지만, 23절의 더럽힌 옷은
방랑하는 카리스마적 지도자들을 의미하지는 않는다.[60] 오히려 방종주의를 의
미할 가능성이 훨씬 높다. 부도덕한 생활 방식을 강조하는 것은 오히려 예수
그리스도에 관한 특정한 교리를 부인하지는 않았음을 알려 준다. 예를 들어,
그들이 영지주의적인 기독론을 전했다는 증거는 없다. 그들은 율법에 반대하
는 삶을 살면서 그리스도의 주되심을 부인했다.

그들은 주님으로부터 온 계시나 꿈에 호소함으로 자기들의 "윤리"를 변
호했을 것이다(8절).[61] 12절에서 자기 몸만 기르는 목자는 그들이 선생이었음
을 보여 준다.[62] 그들이 이해하고 마음대로 허락한 그리스도인의 삶은 은사주

---

57 참조. S. Sandmel, "Parallelomania," *JBL* 81 (1962): 1-13.

58 J. M. G. Barclay, "Mirror-Reading a Polemical Letter: Galatians as a Test-Case," *JSNT* 31 (1987): 73-93.

59 참조. deSilva, *Jude*, 183-84.

60 J. Knight, *2 Peter and Jude*, New Testament Guides (Sheffield: Sheffield Academic Press, 1995), 28-31, 78-81.

61 스타센(G. Stassen)의 기독교 사회 윤리 평가 모델을 사용하는 유다서의 윤리적 훈계의 분석은 다음을 참조하라. K. R. Lyle Jr., *Ethical Admonition in the Epistle of Jude* (New York: Peter Lang, 1998).

62 Bauckham, Relatives of Jesus, 166. Cf. A. Robinson, *Jude on the Attack: A Comparative Analysis of the Epistle of Jude, Jewish Judgement Oracles, and Greco-Roman Invective*, LNTS

의를 기초로 하는 것으로 보인다.[63] 천사들을 업신여기고(8, 10절) 높은 자존
감으로 복이 있는 것처럼 여기지만, 환상을 보고 자신들이 천사들보다 높다
고 주장했는지는 불분명하다. 그들은 아마도 율법의 중보자인 천사들이 도덕
규범, 즉 반대자들이 피하는 바로 그 규범을 지지했기 때문에 천사들을 비방
했을 것이다.[64] 또한 우리는 젤린(Sellin)이 유다서의 반대자들을 골로새서에
서 반대하는 "철학"의 틀에 집어넣는 것을 따를 필요는 없다.[65] 그들의 중요한
특징 중 하나는 어떠한 징계에도 고집스럽게 자기-의와 완고함으로 보인다.
그러므로 그들은 자신의 삶에서 그리스도의 주되심을 거부한다(8절. 참조. 4
절). 그들의 반역은 고라의 반역에 비유된다(11절).[66] 그들은 자기들의 약속을
이루지 못한다는 점에서 속이는 자들이며(12절), 이익을 얻기 위해서만 선을
베푼다. 이것은 그들이 재정적인 지원을 원했다는 의미이다(16절). 그들의 삶
은 "자기 정욕대로 행하는" 훌륭한 본보기이다(12, 16, 18절). 자신을 위해
서 사는 대부분의 사람들처럼 그들은 매우 불행하다. 자신을 실망시키는 상황

---

581 (London: Bloomsbury T&T Clark, 2018), 110.

63 보컴은 그들이 순회하는 은사주의자들이었다고 생각한다(*Relatives of Jesus*, 167).

64 Bauckham, *Relatives of Jesus*, 167.

65 하일리겐탈(R. Heiligenthal)는 반대자들이 골로새서에서 옹호하는 신학을 장려했다고 생각한
다. 하일리겐탈은 디아스포라 출신의 바리새주의에서 반대자들의 가르침을 찾는다(*Zwischen
Henoch und Paulus: Studien zum theologiegeschichtlichen Ort des Judasbriefes*, Texte und
Arbeiten zum neutestamentlichen Zeitalter 6 [Tübingen: Francke, 1992]). 하일리겐탈은 유다
서의 유대인의 성격을 올바르게 보고 있지만, 바리새인과 관련이 있다는 증거는 그의 책에 있
는 증거로 뒷받침되지 않는다(J. Frey, "The Epistle of Jude between Judaism and Hellenism," in
The Catholic Epistles and Apostolic Tradition, ed. K.-W. Niebuhr and R. W. Wall [Waco: Baylor
University Press, 2009], 314-15). 또한 유다서가 골로새서에서 볼 수 있는 종류의 신학을 반대
한다는 점도 분명하지 않다(Vögtle, *Judasbrief, 2 Petrusbrief*, 51). 하일리겐탈은 유다서의 반
대자들에게 골로새서의 신학을 부과하지만 우리가 골로새서에서 발견하는 구체적인 특징(예.
금욕주의를 고수. 골 2:16-23)은 유다서에 있는 반대자들의 방종주의적인 성격과 맞지 않는다
("The Epistle of Jude between Judaism and Hellenism," 309-29). 그는 또한 유다서가 골로새서
의 저자(그가 주장하는 사람은 바울이 아님)가 조장한 천사들의 견해에 반대하여 그 편지는 위
명이라고 주장한다. 프레이와 완전히 상호 작용하기에는 지면이 부족하다. 프레이와 반대로 나
는 그 편지가 바울의 저작이라고 판단한다. 편지의 헬레니즘적인 특징은 행엘이 보여 주듯이
팔레스타인 유대교가 헬레니즘의 영향을 받았기 때문에 인정될 수 있다. M. Hengel, *Judaism
and Hellenism: Studies in Their Encounter in Palestine during the Early Hellenistic Period*
(London: SCM Press, 1974). 그러나 프레이는 유다서의 유대적인 특징을 과소평가했고, 유대
그리스도인들을 보는 그의 기준(유대교의 준수와 회당과의 관계)은 너무 제한적이고 더 엄격
하게 변호할 필요가 있다.

66 그러나 그들이 유다의 저작을 거부했다는 증거는 없다. deSilva, *Jude*, 184; 다음과 반대된다.
Brosend, *James and Jude*, 185-86.

을 원망하고 불만을 토하기 때문이다(16절). 그들의 삶의 열매는 해변에 밀려오는 끈적끈적한 거품 또는 항로를 벗어나 유리하는 별들에 비유되며 역겹다(13절). 이와 같은 언어로 반대자들을 묘사한 후에 내리는 유다서의 결론은 놀랍지 않다. 이러한 공동체의 침입자들은 분열이 특징이다. 분열이 특징일 뿐 아니라 여전히 믿음이 없는 자들이며 성령이 없는 사람들이다.[67]

종종 유다는 반대자들을 비난할 뿐 반박하지 않는다고 말해진다. 이러한 견해는 유다서의 목적을 이해하지 못한다. 유다서는 침입자들이 도덕적으로 뿌리가 없고 경건하지 않다고 말한다. 그들이 어떤 성격인지 드러냄으로 회중에게서 권위를 박탈하고자 한다. 이성적으로 사고하는 그리스도인은 근본적으로 이기적인 사람들을 따르지 않을 것이다. 유다서는 그들을 단순하게 욕하지 않는다. 교회에서 영향력을 행사할 근거를 없애고 그들이 정말 누구인지 드러낸다. 학자들은 너무 자주 반대자들의 잘못된 "신학"에 초점을 맞추지만, 반대자들의 도덕성이 그들을 쫓아낼 중요한 근거라는 사실을 인식하지 못한다.

유다서의 내용에서 사실 침입자들이 영지주의자라는 확실한 증거가 없다. 그들의 방탕한 삶의 방식은 언뜻 보기에는 영지주의 이론을 뒷받침할 수 있지만, 반율법주의를 영지주의로만 보아야 하는 증거로 충분하지 않다. 유다서는 영지주의적인 우주론과 기독론이 나타나지 않고, 반대자들은 물질세계를 폄하하지 않는다. 따라서 2세기의 영지주의적인 성격의 반대자라고 보기에는 귀납적인 근거가 없다. 편지는 영지주의의 교리가 나타나기 이전의 1세기 환경에 잘 어울린다. 사실 영지주의적인 영향에 관한 증거가 없기 때문에 이 이단을 "초기 영지주의"라고 부르기 쉽지 않다.

---

67 프레이는 유다서가 그리스도의 오심이 지연되는 것에 관한 우려가 없기 때문에 베드로후서와 다르다는 것을 올바르게 지적한다("Judgment on the Ungodly and the Parousia of Christ: Eschatology in Jude and 2 Peter," in *Eschatology of the New Testament and Some Related Documents*, ed. J. G. van der Watt, WUNT 2/315 [Tübingen: Mohr Siebeck, 2011], 495).

4. 베드로후서와의 관계

유다서와 베드로후서의 유사점들

유 다 서	베드로후서
4 이는 가만히 들어온 사람 몇이 있음이라 그들은 … 경건하지 아니하여 우리 하나님의 은혜를 도리어 방탕한 것으로 바꾸고 홀로 하나이신 주재 곧 우리 주 예수 그리스도를 부인하는 자니라	2:1 그러나 백성 가운데 또한 거짓 선지자들이 일어났었나니 이와 같이 너희 중에도 거짓 선생들이 있으리라 자기들을 사신 주를 부인하고
4 그들은 옛적부터 이 판결을 받기로 미리 기록된 자니	2:3 그들이 탐심으로써 지어낸 말을 가지고 너희로 이득을 삼으니 그들의 심판은 옛적부터 지체하지 아니하며 그들의 멸망은 잠들지 아니하느니라
6 또 자기 지위를 지키지 아니하고 자기 처소를 떠난 천사들을 큰 날의 심판까지 영원한 결박으로 흑암에 가두셨으며	2:4 하나님이 범죄한 천사들을 용서하지 아니하시고 지옥에 던져 어두운 구덩이에 두어 심판 때까지 지키게 하셨으며
7 소돔과 고모라와 그 이웃 도시들도 그들과 같은 행동으로 음란하며 다른 육체를 따라 가다가 영원한 불의 형벌을 받음으로 거울이 되었느니라	2:6 소돔과 고모라 성을 멸망하기로 정하여 재가 되게 하사 후세에 경건하지 아니할 자들에게 본을 삼으셨으며

8 그러한데 꿈꾸는 이 사람들도 그와 같이 육체를 더럽히며 권위를 업신여기며 영광을 비방하는도다	2:10 특별히 육체를 따라 더러운 정욕 가운데서 행하며 주관하는 이를 멸시하는 자들 이들은 당돌하고 자긍하며 떨지 않고 영광 있는 자들을 비방하거니와
9 천사장 미가엘이 모세의 시체에 관하여 마귀와 다투어 변론할 때에 감히 비방하는 판결을 내리지 못하고 다만 말하되 주께서 너를 꾸짖으시기를 원하노라 하였거늘	2:11 더 큰 힘과 능력을 가진 천사들도 주 앞에서 그들을 거슬러 비방하는 고발을 하지 아니하느니라
10 이 사람들은 무엇이든지 그 알지 못하는 것을 비방하는도다 또 그들은 이성 없는 짐승 같이 본능으로 아는 그것으로 멸망하느니라	2:12 그러나 이 사람들은 본래 잡혀 죽기 위하여 난 이성 없는 짐승 같아서 그 알지 못하는 것을 비방하고 그들의 멸망 가운데서 멸망을 당하며
11 발람의 어그러진 길로 몰려 갔으며	2:15 그들이 바른 길을 떠나 미혹되어 브올의 아들 발람의 길을 따르는도다 그는 불의의 삯을 사랑하다가
12 그들은 기탄 없이 너희와 함께 먹으니 너희의 애찬에 암초요 자기 몸만 기르는 목자요	2:13 점과 흠이라 너희와 함께 연회할 때에 그들의 속임수로 즐기고 놀며
12 물 없는 구름이요	2:17 이 사람들은 물 없는 샘이요
13 영원히 예비된 캄캄한 흑암으로 돌아갈	2:17 그들을 위하여 캄캄한 어둠이 예비되어 있나니
16 그 입으로 자랑하는 말을 하며	2:18 그들이 허탄한 자랑의 말을 토하며

| 17-18 사랑하는 자들아 너희는 우리 주 예수 그리스도의 사도들이 미리 한 말을 기억하라 그들이 너희에게 말하기를 마지막 때에 자기의 경건하지 않은 정욕대로 행하며 조롱하는 자들이 있으리라 하였나니 | 3:2 곧 거룩한 선지자들이 예언한 말씀과 주 되신 구주께서 너희의 사도들로 말미암아 명하신 것을 기억하게 하려 하노라

3 먼저 이것을 알지니 말세에 조롱하는 자들이 와서 자기의 정욕을 따라 행하며 조롱하여 |
|---|---|

유다서와 베드로후서를 해석할 때 가장 성가신 문제 중 하나는 두 편지의 관계이다. 두 편지는 놀랄 정도로 많은 구절이 비슷하다. 헬라어를 보면 훨씬 더 명확해진다. 위의 표에서 비슷한 점을 살펴볼 수 있다. 학자들은 두 편지의 비슷한 점을 어떻게 설명해야 하는지 논쟁해왔다.[68] 세 가지 가능성 있는 설명을 할 수 있다. (1) 베드로후서가 유다서를 의존한다. (2) 유다서가 베드로후서를 의존한다.[69] (3) 두 편지가 문서 자료나 구전 자료를 의존하고 있거나 두 자료가 결합된 자료를 의존한다. 현재 대부분 학자들은 유다서가 베드로후서의 많은 부분을 다시 서술하기 때문에 유다가 편지를 썼는지 질문하면서 베드로후서가 유다서를 의존한다고 믿는다.[70] 반면에 상당수 학자들이 여전히 유다서가 베드로후서를 의존한다고 주장한다. 월리스는 이 주장을 흥미

---

68 유익하고 간단한 토론은 다음을 참조하라. J. F. Hultin, "The Literary Relationships between 1 Peter, 2 Peter, and Jude," in *Reading 1-2 Peter and Jude: A Resource for Students*, ed. E. F. Mason and T. W. Martin, SBLRBS 77 (Atlanta: Society of Biblical Literature, 2014), 27-42.

69 따라서 Mayor, *Jude and Second Peter*, i-xxv; Bigg. *Peter and Jude*, 216-24; A. Gerdmar, *Rethinking the Judaism-Hellenism Dichotomy: A Historiographical Case Study of Second Peter and Jude*, ConBNT 36 (Stockholm: Almqvist & Wiksell, 2001), 116-23; M. D. Mathews, "The Literary Relationship of 2 Peter and Jude: Does the Synoptic Tradition Solve This Synoptic Problem?," *Neot* 44 (2010): 47-66. 거스리(Guthrie)는 증거에 대해서 훌륭하게 요약하지만 결정을 내리지는 않는다. 그는 베드로후서의 우선순위를 약간 더 선호하는 듯하다(*New Testament Introduction*, 916-25).

70 예. T. Fornberg, *An Early Church in a Pluralistic Society: A Study of 2 Peter*, ConBNT 9 (Lund: Gleerup, 1977), 33-59; Cranfield, *Peter and Jude*, 145-46; Kelly, *Peter and Jude*, 225-27; Paulsen, *Petrusbrief und Judasbrief*, 97-100: Davids, *2 Peter and Jude*, 136-43; T. Callan, "Use of the Letter of Jude by the Second Letter of Peter," *Bib* 85 (2004): 42-64. 이 문제에 관한 신중한 결론은 T. Wasserman, *The Epistle of Jude: Its Text and Transmission*, ConBNT 43 (Stockholm: Almqvist & Wiksell, 2006), 73-98을 보라.

롭게 변호한다.[71] 그는 대부분 학자들이 베드로의 저작을 인정하지 않기 때문에 나중에 썼다는 선택을 한다고 주장한다. 그 대신 베드로후서의 거친 문법과 스타일은 유다서가 베드로의 글을 매끄럽게 하고 개선했음을 보여 준다. 월리스는 유다서가 베드로후서와 근본적인 목적이 다르고 가장 중요한 구절(20-23절)이 베드로후서에 없기 때문에 유다서가 나중에 쓰였다고 주장한다.[72] 매튜(M. D. Mathews)는 같은 맥락에서 유다가 베드로의 거친 언어를 개선하고 베드로의 문법을 매끄럽게 하는 것은 공관복음서들의 전통에서 볼 수 있다고 주장한다.[73]

이 이론들은 모두 그럴듯하다. 예를 들어, 우리는 두 저자가 공통적인 자료를 가져왔다는 개념을 배제해서는 안 된다.[74] 이 편지들이 완전히 독립적이라는 것은 불가능하다. 공유된 문서 자료는 두 편지의 유사한 문구와 주제에 관해서 설명해 준다. 다루고 있는 주제들 중 일부는 다소 이례적인 것(천사들에 대한 비방)으로 기독교가 선포한 공통적인 내용을 사용하지 않았음을 보여 준다. 우리는 두 편지가 사용한 정확한 단어가 일치하지 않으며 종종 동일한 주제가 다른 방식으로 전개된다는 점에 주의해야 한다.[75] 더 단순한 가설이 선호되어야 한다. 공통 자료는 더 단순한 가설이 아니므로 제외된다. 두 저자 중 하나가 다른 저자의 글을 사용했다는 주장이 더 단순한 가설이다. 그러나 학자들은 지나친 자신감으로 **문학적인** 의존성을 주장한다.[76] 둘 다 공

---

71 Wallace, "Jude: Introduction, Argument, and Outline."

72 유다서에 따르면 사도 시대가 끝났다는 월리스의 주장은 더 설득력이 없다. 반대자들은 유다서에서 이미 존재했지만, 베드로후서에서는 예언되기만 했다고 말하는 것도 설득력이 없다. 월리스의 이론이 가지는 또 다른 문제는 유다서 어디에도 재림을 부인하는 내용이 언급되어 있지 않다는 것이다. 월리스가 말한 것처럼 베드로의 예언이 유다서가 기록되었을 때 "부분적으로만 성취되었다"라고 말하는 것은 특별히 변명하는 것처럼 보인다.

73 Mathews, "The Literary Relationship of 2 Peter and Jude." 47-66.

74 예. M. Green, *2 Peter and Jude*, 58-64; C. Spicq, *Les Épîtres de Saint Pierre*, SB (Paris: Gabalda, 1966), 197n1. 둘 다 "설교 패턴"에서 나온 것으로 보는 레이케도 마찬가지이다(*James, Peter, and Jude*, 190).

75 스미스는 "사실, 두 문서 사이에 구전적인 일치는 미미하다. … 예를 들어, 공관복음 간에서 발견할 수 있는 가까운 유사점들에 비교할 수 없다"라고 올바르게 말한다(*Petrine Controversies in Early Christianity: Attitudes toward Peter in Christian Writings of the First Two Centuries*, WUNT 2/15 [Tübingen: Mohr Siebeck, 1985], 76). 그럼에도 불구하고 그는 유다서가 베드로후서의 자료라고 결론을 내린다(77 페이지).

76 "두 문서 사이의 문학적인 관계를 가정하는 전통적인 경향은 유다가 베드로후서와 공통으로

통된 구전 전통에서 가져왔을 가능성이 있지만, 가장 가능성 있는 해결 방법
은 베드로가 유다서를 사용했다고 보는 것이다. 월리스는 베드로후서의 우선
순위에 대해서 좋은 예를 제시하지만, 몇 가지 이유로 확신할 수 없다. 첫째,
베드로후서 서론에서 다루었던 주장처럼 유다서의 우선순위가 반드시 베드
로가 베드로후서의 저자가 아니라는 결론으로 이어질 필요는 없다. 둘째, 매
끄러운 문법이 나중에 쓴 것을 분명하게 그리고 필수적으로 나타내지 않는다.
셋째, 베드로후서와 유다서에서 공관복음들처럼 똑같은 단어를 거의 사용하
지 않기 때문에 공관복음의 유사점이 두 편지에서 나타난다고 보는 것은 설
득력이 없다. 마지막으로, 유다서와 베드로후서는 동일하지 않지만, 만일 유
다가 베드로후서를 가지고 있었다면 그것이 충분한 자료로 보이지 않는다. 복
음주의자들은 다른 문헌의 의존이 영감과 권위를 질문하게 만들 것이라고 걱
정했다. 그러나 영감은 마치 하나님의 직접적인 메시지만 영감인 것처럼 다른
자료를 사용하지 않는 것을 말하지 않는다. 그 증거가 어떤 견해를 가장 그럴
듯 하고 가장 잘 뒷받침하는지 질문함으로 문헌의 의존성에 대해서 접근할 수
있다. 나는 베드로후서가 유다서를 사용했다는 데 기울지만, 이 문제는 분명
한 답을 내릴 수 없기 때문에 다른 이론을 근거로 해석하지는 않겠다. 마지막
으로 우리는 유다서가 소드(Soards)와 워드(Ward)가 옹호하는 베드로 학파
에 포함되어야 한다는 개념을 거부해야 한다.[77] 유다서는 독립적으로 다루어
야 할 만큼 두드러지는 서신이다.[78]

사용하는 자료가 다른 맥락에서 나타나고 공관복음서에서 만날 수 있는 언어의 정확성이 두
문서 사이에는 부족하다는 사실을 설명하지 못한다. 따라서 어떤 유사성을 인정하면서도 베드
로후서에서 무분별하게 빌려온 돌을 사용하여 유다서의 옛 벽을 재건할 수 있다는 가정의 타
당성을 처음부터 의심해야 한다"(Osburn, "Discourse Analysis and Jewish Apocalyptic," 311).

77 M. L. Soards, "1 Peter, 2 Peter, and Jude as Evidence for a Petrine School," *Aufstieg und Niedergang der Romischen Welt 11.25*, ed. W. Haase (New York: de Gruyter, 1988), 3827-49. 워드(V. O. Ward)의 "Addenda"(3844-49)도 베드로 학파를 지지한다. 베드로 학파에 반대하는 견해는 다음을 보라. D. G. Horrell, "The Product of a Petrine Circle? A Reassessment of the Origin and Character of 1 Peter," *JSNT* 86 (2002): 29-60.

78 참조. Fornberg, *An Early Church in a Pluralistic Society*, 33-59; Bauckham, *Relatives of Jesus*, 146-47.

5. 구 조

유다서는 강하고 날카로운 글이다.[79] 데이비스는 유다서가 가지는 서신서의
특징을 다음과 같이 지적한다. 수신자의 지역을 언급하지 않고, 감사의 내용
이 없고, 편지의 마무리에 나타나는 공통적인 요소(인사말, 요약, 건강을 위
한 소원, 목적에 관한 설명)들이 없으며, 축복만 찾을 수 있다.[80] 로빈슨(A.
Robinson)은 유다서가 유대인에 대한 비난이 특징이라는 좋은 예를 보여 준
다. 비난은 그리스-로마의 "형식"이지만, "내용"은 유대인에 대한 비난이다.[81]
학자들은 헬라어가 이미지를 효과적으로 사용하는 데 좋다고 말해 왔다.[82] 이
편지는 교회 생활의 특정한 상황을 다루지만 주의 깊고 잘 다듬어진 구조를
지닌다.[83] 왓슨(D. F. Watson)은 획기적인 연구로 유다가 이 편지의 구조에,
그리스 수사학을 사용했다고 주장한다.[84] 신약성경의 많은 서신서들이 그리
스 수사학을 기초로 분석되고 설명되고 있다.[85] 왓슨은 유다서의 개요를 다음

---

79 다음을 보라. J. D. Charles, "Literary Artifice in the Epistle of Jude," *ZNW* 82 (1991): 106-24.

80 Davids, *2 Peter and Jude*, 24.

81 A. Robinson, *Jude on the Attack*. 또한 다음을 참조하라. A. J. Batten, "The Letter of Jude and GraecoRoman Invective," *HTS Theologiese Studies/Theological Studies* at http://www.scielo.org.za/pdf/hts/v70n1/88.pdf. 바우만-마틴(B. Bauman-Martin)은 탈식민주의 비판을 사용하여 유다서가 제국적이고 전체적인 관점을 채택했다고 주장한다. ("Postcolonial Pollution in the Letter of Jude," in *Reading Jude with New Eyes: Methodological Reassessments of the Letter of Jude*, ed. R. L. Webb and P. H. Davids, LNTS 383 (London: T&T Clark, 2008], 54-80).

82 본문의 구조는 그 본문이 무엇인가에 따라서 다르다. 철저한 절충주의적인 관점에서 유다서의 본문비평은 다음을 보라. C. Landon, *A Text-Critical Study of the Epistle of Jude*, JSNTSup 135 (Sheffield: Academic Press, 1996). 랜던의 연구는 유익하지만 합리적 절충주의가 본문 비평에 더 나은 것으로 보인다. 랜던에 대한 중요한 비평에 대해서는 다음을 보라. Wasserman, *Jude: Text and Transmission*, 20-22.

83 유다서의 구조에 대해서는 다음을 참조하라. H. Harm, "Logic Line in Jude: The Search for Syllogisms in a Hortatory Text," *JOTT* 1 (1987): 147-72.

84 D. F. *Watson, Invention, Arrangement, and Style: Rhetorical Criticism of Jude and 2 Peter*, SBLDS 104 (Atlanta: Scholars Press, 1988), 29-79.

85 다음의 연구를 보라. S. J. Joubert, "Persuasion in the Letter of Jude," *JSNT* 58 (1995): 75-87. 주버트(Joubert)는 제의적인(epideictic) 수사학으로 유다서를 이해한다.

과 같이 제시한다.[86]

> I. 서신의 서문(Epistolary Prescript, 1-2절)
> II. 서론(**Exordium**, 3절)
> III. 진술(**Narratio**, 4절)
> IV. 논증 및 증거(**Probatio**, 5-16절)
>   A. 첫 번째 증거(5-10절)
>   B. 두 번째 증거(11-13절)
>   C. 세 번째 증거(14-16절)
> V. 요약과 결론(**Peroratio**, 17-23절)
> VI. 송영(Doxology, 24-25절)

왓슨의 견해와는 다르게 유다가 편지를 쓸 때, 수사학 핸드북을 의식적으로 모방했는지는 의심스럽다.[87] 그의 분석은 모든 점에서 설득력이 없다. 가능성이 있는 수사학 패턴을 넘어서서 너무 자세한 수사학 패턴으로 이해하기 때문이다. 월투이스(T. R. Wolthuis)는 유다와 키케로의 대화를 가상으로 만들어서 저자가 의식적으로 의도하지 않고도 수사법의 일부를 따를 수 있다고 바르게 제시한다.[88] 그린(G. Green)은 세네카, 키케로, 데메트리우스와 아리스토텔레스의 편지를 인용하면서 "그들은 수사학적 담화와 편지를 구분

---

86 Joubert, "Persuasion in the Letter of Jude," 77-78; Vögtle, *Judasbrief, 2 Petrusbrief*, 4.

87 특히 E. R. Wendland, "A Comparative Study of 'Rhetorical Criticism,' Ancient and Modern—with Special Reference to the Larger Structure and Function of the Epistle of Jude," *Neot* 28 (1994): 193-228에서 유다서에 관한 비판과 분석을 보라. 그는 왓슨이 편지의 미드라쉬적이고 유대적인 성격을 충분히 고려하지 않았기 때문에 보컴의 구조가 왓슨의 구조보다 선호되어야 한다고 지적한다. 왓슨의 견해에 대한 비판은 또한 다음을 보라. Müller, "Der Judasbrief," 272; 참조. Gerdmar, *Rethinking the Judaism-Hellenism Dichotomy*, 94-106. 찰스(J. D. Charles)는 유다가 어떠한 수사학적인 분석도 무시한다고 주장한다("Polemic and Persuasion: Typological and Rhetorical Perspectives on the Letter of Jude," in *Reading Jude with New Eyes: Methodological Reassessments of the Letter of Jude*, ed. R. L. Webb and P. H. Davids, LNTS 383 [London: T&T Clark, 2008], 90-99).

88 T. R. Wolthuis, "Jude and the Rhetorician: A Dialogue on the Rhetorical Nature of the Epistle of Jude," *CTJ* 24 (1989): 126-34.

했다"라고 지적한다.[89] 편지는 수사학 양식을 따르기보다는 대화에 더 가깝다.[90] 그럼에도 불구하고 왓슨의 분석은 그리스 수사학인지 의심할 수 있지만, 유다서의 구조를 이해하는 데 도움이 된다.[91]

역사상 많은 저자들이 그리스 수사학의 특징을 전혀 알지 못하고도 그들의 글에 사용했다. 수사학은 많은 숙련된 저자들이 따랐던 상식적인 규칙을 포함하기 때문이다. 수사학은 **편지**가 아닌 **연설**을 위한 것이므로 연설 양식을 편지에 적용하는 데 주의해야 한다.[92] 더욱이 그리스 수사학에 익숙한 초대 교부들이 신약 서신을 수사학으로 이해하지 않았다는 점은 흥미롭다.[93] 따라서 서신서의 수사학적인 성격은 분명히 드러나는 서신서의 특징으로 보완되어야 한다. 그럼에도 불구하고, 왓슨이 제시한 내용은 구조를 이해하는 데 도움이 된다. 유다서가 수사학을 신중히 고려하여 쓴 편지라면, 적대자들을 거부하고 수신자들에게 전해진 전통에 충실하도록 그들을 설득하려는 의도를 알 수 있다. 유다는 감정에 치우치지 않고 글을 쓴 게 아니었다. 그는 교회가 자신의 관점을 취하도록 설득하려는 목적이 있었다.

"서신의 서문"(1-2절) 또한 수사학적인 편지 분석에 어울리지 않는다. 서문(1-2절)은 보낸 사람, 받는 사람, 인사의 세 가지 요소인 서신 분석으로 더 잘 이해된다. 편지의 나머지 부분에 표현된 주제 중 일부가 여기에 언급되어 있는데, 이것은 유다가 편지를 신중하고 통일된 목적으로 썼음을 나타낸다.[94]

---

89 G. L. Green, *Jude and 2 Peter*, 37.

90 G. L. Green, *Jude and 2 Peter*, 37.

91 오즈번은 왓슨의 개요가 3절과 4절을 잘못 분리한다고 지적한다. 따라서 20-23절의 연결도 놓치고 있다(다음을 보라. "Discourse Analysis and Jewish Apocalyptic in the Epistle of Jude," 289).

92 그러나 로빈슨(*Jude on the Attack*, 37–38)은 '편지가 회중 가운데 큰소리로 읽혔기 때문에 쓰인 것과 구두로 된 것 사이의 경계가 강요되지 않아야 하며, 저자들은 읽을 때의 효과를 고려했다'고 주장한다.

93 신약 서신서에서 수사학의 역할에 관한 유익한 평가는 다음을 보라. S. E. Porter and T. H. Olbricht, eds., *Rhetoric and the New Testament: Essays from the 1992 Heidelberg Conference* (Sheffield: JSOT Press, 1993); J. A. D. Weima, "What Does Aristotle Have to Do with Paul? An Evaluation of Rhetorical Criticism," *CTJ* 32 (1997): 458–68.

94 윌리스는 유다서를 바울과 베드로가 죽은 이후에 독자들이 그들이 배운 복음을 버리지 않도록 격려하기 위해서 기록했다고 주장한다("Jude: Introduction, Argument, and Outline"). 그러나 베드로와 바울이 바로 전에 죽었다는 명확한 증거가 없다. 윌리스의 시나리오는 유다서에 언급

유다는 독자들에게 그들이 공통적인 구원(개역개정. '일반적인 구원')을
공유하고 있음을 상기시키고, 믿음을 위해 싸우는 데 깨어 있어야 할 필요
를 주의시키며, 이어지는 내용을 수용하도록 하게 한다. 왓슨은 4절을 진술
(narratio)로 이해하는 데, 3절의 도입부를 보다 구체적으로 설명한다. 교회
가 믿음을 위해 싸워야 하는 이유는 침입자들이 교회를 괴롭히고 있기 때문이
다. 적대자들의 위험이 여기에서 중앙 무대로 옮겨진다. 왓슨은 "간결함, 명
료성, 개연성이라는 세 가지 특징이 특별히 진술(narratio)의 성격을 보여 준
다"라고 말한다.[95] 4절의 내용은 이 설명에 적합하다. 여기에서 유다는 독자들
에게 적대자들을 소개하고 그들에 대한 심판을 선언한다. 유다는 그들의 악을
대략적으로 묘사한다. 그러나 불행하게도 왓슨의 분석은 3-4절이 실제로 매
우 밀접하게 연결되어 있는데 이를 분리한다(아래를 보라). 서신서의 용어로
3-4절은 편지 "본문을 여는" 역할을 한다.

5-16절은 4절에서 말한 것처럼 증거를 제공한다(왓슨의 논증 및 증거). 4
절에서 유다는 침입자들이 교회에 잠입했으며 그들이 경건하지 않았기 때문
에 침입이 무의미하지 않았다고 지적한다. 5-16절에서 유다는 4절의 논지가
사실임을 보여 준다. 새로운 단락의 시작은 5절의 "알림 양식", 즉 "내가 너
희로 생각나게 하고자 하노라"로 특징지어진다. 왓슨은 증명 단락을 5-10절,
11-13절, 14-16절 세 부분으로 나눈다. 그가 제시하는 하위분류는 도움이
되지만, 이 구절들의 특별한 구조는 유다의 글에서 미드라쉬 성격을 언급한
보컴이 더 잘 설명한다. 과거 하나님의 심판에 관한 세 가지 예가 5-7절에 나
타난다. 8-10절에서 유다는 적대자들이 그들의 생활 방식으로 심판을 받아야
한다고 분명히 한다. 11절에서 적대자들은 과거에 그릇 행한 세 사람인 가인,
발람, 고라에 비유된다. 12-13절은 적대자들의 성격이 이 악명 높은 인물들
과 같은 범주라고 분명히 밝힌다. 유다는 경건하지 않은 자들에 대한 심판을
약속하는 에녹의 예언으로 이 단락을 마무리한다(14-15절). 다시 한번 유다
는 적들의 삶을 심판을 경험하게 될 자들과 연관시킨다(16절). 우리는 예언의

되지 않는다. 또한 "우리가 받은 구원"이라는 언급이 유다가 독자들과 최소한의 접촉을 가졌다
는 것을 나타낸다는 점도 분명하지 않다.

95 Watson, *Invention, Arrangement, and Style*, 46.

예들이 유다 시대의 거짓 선생들과 "이 사람들"이라는 단어에 연결되어 있음을 주목해야 한다(οὗτοί, 후토이, 1:8, 10, 12, 16. 참조. 갈 4:24; 딤후 3:8).[96]

소돔과 고모라	5-7절	"이 사람들도 그와 같이"	8절
미가엘이 마귀를 비방하지 않음	9절	"그러나 이 사람들"	10절
가인, 발람, 고라	11절	"이 사람들" (개역개정. '그들')	12절
에녹의 심판 선포	14-15절	"이 사람들"	16절
사도들의 예언	17-18절	"이 사람들"	19절

유다서는 교회에 들어온 침입자들에게 구약의 모형과 본문을 적용한다(8, 12, 16절). 어떤 학자들은 이 기법을 미드라쉬라고 부른다.[97] 만약 미드라쉬를 이렇게 느슨한 의미로 사용한다면 유다서의 접근을 미드라쉬로 보는 것은 적절하다.[98] 그러나 유다가 구약과 유대 전통에 깊이가 있었지만,[99] 구약을 사용하는 방법은 유대 미드라쉬와 정확하게 같지 않다.[100]

17-23절은 왓슨에 따르면 요약과 결론(peroratio)이다. 편지의 주요 주제를 요약하고 감정적인 호소를 한다. 왓슨은 17-19절이 사도들의 말을 일깨우는 요약 역할을 하고, 이어서 20절은 본문의 마무리를 도입하는 것으로 이해한다. 세 단락으로 개요를 정리할 수 있다 (1) 17-19절은 사도들이 예언한 거짓 선생들의 외부적인 위협에 초점을 맞춘다. (2) 20-21절은 독자들에게 영적인 삶에 집중하도록 요청하고 그들이 하나님에게서 멀어지면 안 된다고 상기시킨

---

96 우리는 이 패턴을 17-19절에서도 볼 수 있다. 사도들의 말은 17-18절에 인용된다. 이어서 유다는 분열을 일으키는 "이 사람들"로 향한다(19절).

97 Ellis, "Prophecy and Hermeneutic in Jude," 221-26.

98 Ellis, "Prophecy and Hermeneutic in Jude," 225.

99 다음을 보라. Bauckham, *Relatives of Jesus*, 201-6.

100 유다가 페셔 주해와 관련이 있는지에 관한 주의 깊은 논의는 다음을 보라. B. A. Jurgens, "Is It Pesher? Readdressing the Relationship between the Epistle of Jude and the Qumran Pesharim," *JBL* 136 (2017): 491-510.

다. (3) 22-23절은 독자들에게 거짓 선생의 영향을 받는 사람들에게 손을 내밀도록 격려하고 그 과정에서 올무에 빠지지 않도록 경고한다. 17-18절은 사도들의 예언을 포함하며 유다서는 사도들이 조롱하는 자들의 출현을 예언했다고 말한다. 19절에서는 "이 사람들"(οὗτοί, 후토이)로 사도들의 예언을 거짓 선생들과 연결하기 위해서 다시 사용한다. 유다서는 "이 사람들", 즉 거짓 선생들이 사도들이 일어날 것이라고 예언한 사람들임을 분명히 한다.

편지는 서신의 특징인 송영으로 끝난다(24-25절). 개인에 대한 축복이나 인사가 생략되어 있다. 하나님과 예수 그리스도를 강조하고 신자들을 끝까지 지키시는 능력을 서술하는 부분은 편지의 처음 두 구절을 생각나게 한다. 이어서 송영은 인클루지오를 형성한다.

나의 개요는 어떤 면에서 왓슨과 다소 유사하다. 보컴의 구조를 왓슨의 분석과 비교하면 유익하다. 보컴은 3-4절에서 편지의 주제를 찾는다. 3절은 독자들에 대한 호소이고 4절은 호소의 배경 또는 이유이다. 5-19절에는 배경이 설명되고 20-23절은 주제를 풀어낸다. 이 두 단락은 표제어로 연결된다고 이해한다.[101] 보컴은 20-23절이 "추신"이 아니라 "나머지 모든 부분이 이어지는 편지의 클라이맥스, 절정"이라고 결론을 내린다.[102] 보컴과 왓슨의 가장 중요한 차이점은 보컴이 20절에서 본문을 나누는 반면, 왓슨은 17절에서 나눈다. "사랑하는 자들아"가 새로운 단락을 표시하기 때문에 왓슨이 더 설득력 있어 보인다.

보컴은 또한 5-19절은 상대방을 비난하는 내용이 아니라고 주장한다. 우리는 여기에서 적대자들의 그릇된 교리가 아니라 방종주의를 비판하는 성경적인 주장을 찾을 수 있다.[103] 보컴은 유다가 적대자들에 대해서 말하고 그 반대자들에 직접적으로 부딪히지 않는다는 점을 기억해야 한다고 경고한다.[104] 아마도 유다가 직접적으로 반대자들을 언급했다면 다르게 말했을 것이다. 더

---

101 Bauckham, *Relatives of Jesus*, 153–54, 179-80.

102 Bauckham, *Relatives of Jesus*, 154; 또한 Müller, "Der Judasbrief," 275; Osburn, "Discourse Analysis and Jewish Apocalyptic in the Epistle of Jude," 289.

103 Bauckham, *Relatives of Jesus*, 157. 보컴은 5-19절은 "4절의 진술을 주장하는 매우 신중하게 구성된 성경적인 주해"라고 말한다(181페이지).

104 Bauckham, *Relatives of Jesus*, 157.

나아가 우리는 비판이 서양 문화에서 흔히 볼 수 있는 것보다 고대 세계에서 훨씬 더 직접적이었다는 것을 기억해야 한다.

　왓슨이 그리스 수사학에 초점을 맞추는 단점 중의 하나는 유다서의 유대적인 성격이 무시된다는 점이다. 엘리스와 보컴은 유대적인 관습이 유다서의 해석학을 형성하고 있다는 사실을 올바르게 인식한다. 비록 엘리스는 랍비적인 미드라쉬에서 발견되는 기술적인 의미를 사용하지는 않지만 5-19절을 미드라쉬라고 본다. 보컴은 엘리스의 연구가 여러 면에서 설득력이 있다고 생각한다.[105] 그의 분석에 따르면 인용(5-7, 9, 11, 14-15, 18절)과 본문에 관한 주해(8, 10, 12-13, 16, 19)가 나타난다. 엘리스와 보컴은 18절이 사도들의 예언이지만 유다서가 자주 구약 본문을 실제로 인용하지 않고 요약하거나 참조한다고 파악한다(5-7, 9, 14-15). 두 학자 모두 쿰란의 페샤림(pesharim)과 관련이 있다고 생각하면서도 차이점을 인정한다. 유다가 자신이 말한 본문을 "이 사람들은"(οὗτοι, 후토이)을 사용하여 언급하는 부분은 놀랍다. 언급된 본문에서 동사 시제 변화는 과거 시제 또는 미래 시제일 수 있지만, 해석은 현재 시제를 보여 준다.[106] 보컴의 개요는 다음과 같다.[107]

1-2절	소개와 인사
3-4절	편지의 상황과 주제
	A 호소 (요약, 3절)
	B 호소의 배경 (요약, 4절)
5-19절	B´호소의 배경:
	A 불경건한 자들의 운명에 대한 예언
5-7절	(a) 세 가지 구약의 예

---

105 Bauckham, *Relatives of Jesus*, 150-54, 182.

106 R. Bauckham, "James, 1 Peter and 2 Peter, Jude," in *It Is Written: Scripture Citing Scripture: Essays in Honour of Barnabas Lindars* (Cambridge: Cambridge University Press, 1988), 304. 리드(J. T. Reed)와 리즈(R. A. Reese)는 유다서가 부정과거와 현재를 오가는 것에 주목한다. 자주 유다서는 부정과거 시제로 시작하여 현재 시제로 이어진다. 시제에 관한 분석은 보컴의 견해를 보완하는 것으로 보인다("Verbal Aspect, Discourse Prominence, and the Letter of Jude," *FNT* 9 [1996]: 191).

107 Bauckham, Jude, 2 Peter, 5-6. 나는 웬들랜드가 제시한 보컴의 개요를 수정한 것을 채택했다 ("Structure of Jude," 207).

8-10절	해석
9절	(a′) 미가엘과 마귀
11절	(b) 세 가지 구약의 예
12-13절	해석
14-15절	(c) 에녹의 예언
16절	해석
17-18절	(d) 사도들의 예언
19절	해석
20-23절	**A′** 호소 (반복)
24-25절	결론적인 송영

우리는 유다서의 두 가지 인클루지오 개요와 로빈슨의 개요를 고려하여 이 부분을 정리하려고 한다. 웬들랜드(E. R. Wendland)는 가장 인상적인 연구를 했다. 웬들랜드는 왓슨의 구조보다 보컴의 구조를 선택해야 한다고 주장한다.[108] 왓슨의 견해는 대칭성에서 부족하다는 지적이다. 더 나아가, 3-4절은 왓슨의 구조에서 분리되어 있는 반면, 보컴는 밀접하게 결합시킨다. 3-4절은 함께 편지의 주제를 구성하지만, 왓슨의 분석에서 분명하지 않다. 마지막으로 보컴은 구약의 예와 그 예를 유다서의 반대자들에 대해 적용하는 측면에서 왓슨보다 더 자세한 설명을 제공한다.

우리는 오즈번의 인클루지오의 구조로 시작하려고 한다.[109]

A   인사 (1-2절)

　B   서문 (3-4절)

　　C   문학적인 경고: 배교 = 운명 (5-7절)

　　C′ 반역 = 종말론적인 하나님께 반역하는 적들의 운명
　　　　　　= 침입자들의 운명 (8-16절)

---

108 Wendland, "Structure of Jude," 207-9.

109 Osburn, "Discourse Analysis and Jewish Apocalyptic in the Epistle of Jude," 287-319, 특별히 309페이지를 보라.

　　D　사도적인 경고 (17-19절).
　B′ 결론적인 호소. 4절에서 "다투는 내용"의 특징 (20-23절)
송영 (24-25절)

오즈번의 분석은 단순하다는 장점이 있지만, 두 가지 결함을 보인다. 첫째, 개요가 다소 일반적이며 본문의 구체적인 특징을 명확하게 설명하지 않는다. 둘째, D부분의 삽입이 다소 어색해 보인다.

　도움이 될 만한 또 다른 개요는 로빈슨이 편지의 비판을 연구한 데서 가져왔다.[110]

　　1. 서문 1-2절
　　2. 목적 3-4절
　　(인클루지오 4절과 15절)
　　3. 비유와 과거의 예 5-10절
　　4. 책망 11-13절
　　5. 에녹의 예언 14-16절
　　6. 예언을 일깨움 17-19절
　　7. 사랑하는 자들에 대한 가르침 20-23절
　　8. 송영 24-25절

　이 개요는 유익하지만, 편지가 전체적으로 어떻게 조화를 이루는지 명확하지 않다. 웬들랜드는 편지의 교차 대구 구조를 제시한다. 그의 개요는 편지의 내용과 잘 맞는 것 같다. 나는 그의 구조를 간략하게 아래와 같이 제시한다.[111]

---

110 A. Robinson, *Jude on the Attack*, 62.

111 Wendland, "Structure of Jude," 211–12. 찰스("Polemic and Persuasion, 102–3)는 웬들랜드와 일치하는 것 같다.

A 서신의 서문: 참여자와 수신자의 세 가지 특징 (1절)

　B 인사 – 세 종류의 축복 (2절)

　　C 소개된 목적 – 호소 (3절)

　　　D 동기, 첫 번째 언급 – 거짓선생들 (4절)

　　　　E 상기 – 구약의 경고 (5-7절)

　　　　　F 설명 – 이단: 세 가지 특징들 (8절)

　　　　　　G 정경 밖에서의 예(옛 문헌) – 미가엘(9절)

　　　　　　　H 설명 – 이단들: 세 가지 특징들 (10절)

　　　　　　　　I 화 있을진저: 구약의 세 가지 전형 (11절)

　　　　　　　H′ 설명 – 이단들: 여섯 가지 특징들 (12-13절)

　　　　　　G′ 정경 밖에서의 예언(옛 문헌) – 에녹 (14-15절)

　　　　　F′ 설명 – 이단들: 세 가지 특징들 (16절)

　　　　E′ 상기 – 신약의 경고 때 (17-18절)

　　　D′ 동기, 마지막 언급 = 거짓 선생들 (19)

　　C′ 설명된 목적 – 호소 (20-21절)

　B′ 위임 – 세 종류의 과제 (22-23절)

A′ 서신의 결론 (24-25절)

　　학자들은 교차 대구법을 자주 과장해서 말한다. 나는 교차 대구 구조가 긴 문헌에 존재하고, 특별히 상세한 경우에는 적절하지 않다는 점을 인정한다. 아마도 유다 자신은 의식적으로 교차 대구 구조로 글을 쓰지 않았으며 따라서 해석에서 교차 대구가 있다는 점을 너무 많이 강조할 필요는 없다. 그럼에도 불구하고 웬들랜드의 분석은 인상적이며, 증거를 억지로 만드는 것처럼 보이지 않는다. 그는 베드로후서가 교차 대구에 잘 어울린다는 점을 보여 준다. 더 나아가 그의 분석은 유다서가 긍정적으로 시작하고 끝맺는다는 점을 보여 주므로 이 편지는 부정적인 소논문이 아니라 독자들을 위한 긍정적인 격려로 평가되어야 한다.

유다서 개요

1. 서문(1:1-2)
2. 기록 목적(3-4절)
3. 침입자에 대한 심판(5-16절)
   3.1. 하나님의 심판(5-10절)
   3.2 화 있을진저(11-13절)
   3.3 에녹의 예언(14-16절)
4 신자들에 대한 권면(17-25절)
   4.1 사도들의 예언을 기억하라(17-19절)
   4.2 하나님의 사랑 안에 자신을 지키라(20-21절)
   4.3 반대자들의 영향을 받는 자들을 긍휼히 여기라(22-23절)
   4.4 송영(24-25절)

단락 개요

1. 서문(1-2)

1. 서문(1-2)

¹예수 그리스도의 종이요 야고보의 형제인 유다는 부르심을 받은 자 곧 하나님 아버지 안에서 사랑을 얻고 예수 그리스도를 위하여 지키심을 받은 자들에게 편지하노라 ² 긍휼과 평강과 사랑이 너희에게 더욱 많을지어다

대부분 고대 편지는 보낸 사람, 받는 사람, 인사말로 시작한다. 유다서에서 보낸 사람과 받는 사람은 1절에, 인사는 2절에 나온다. 대부분의 그리스-로마 편지는 보낸 사람, 받는 사람, 인사말이 간결하게 나온다. 사도행전 23장 26절은 "글라우디오 루시아는 총독 벨릭스 각하께 문안하나이다"라는 전형적인 인사의 간결함을 보여 주는 좋은 예이다. 특별히 인사말의 신학적인 핵심은 유다서와 신약 서신, 그리고 그리스-로마 편지 사이 구별 되는 점에서 나타난다. 유다서에는 형식적이거나 관습적인 인사가 없다. 편지의 처음부터 중심 주제를 기대하면서 복음의 내용으로 인사한다. 침입자들이 교회에 침입하여 신자들의 신앙을 위협했다는 보다 구체적인 내용은 나머지 편지에서 알 수 있다. 유다는 독자들에게 사랑을 베푸신 하나님께서 그들을 부르셨고 예수 그리스도께서 끝까지 그들을 믿음 안에서 지키실 것을 상기시킨다.

1절. 우리는 (1) 보낸 사람, (2) 받는 사람, (3) 인사말을 생각해 보려고 한다. 보내는 사람은 "유다"(Ἰούδας)이다. 서론에서 유다라는 이름을 가진 많은 사람들을 저자로 제안하는 것을 보았고, 나는 유다를 예수 그리스도의 형제로

이해하는 견해가 가장 설득력이 있다고 주장했다(참조. 마 13:55 단락).[1] 유다
는 자신을 "예수 그리스도의 종이요 야고보의 형제"로 확인시킨다. 유다가 사
용하는 용어는 διάκονος(디아코노스, "일꾼")가 아니라 δοῦλος(둘로스, "노예")
이다. 그는 예수 그리스도와의 형제로서의 특권을 강조하지 않고 그리스도의
주권에 대한 자신의 복종을 강조하면서 편지를 시작한다. 이러한 의미에서 유
다는 다른 모든 그리스도인과 같다. 그러나 둘로스(δοῦλος)는 예수 그리스도
의 종으로 섬기는 명예를 나타낸다. 구약에서 특별한 섬김으로 부르심을 받
은 사람들은 주의 (δοῦλος)으로 이해된다. 그들은 아브라함, 모세, 여호수아,
다윗, 선지자들이다(수 14:7; 24:29; 왕하 17:23; 시편 89:4, 20).[2] 신약에서
바울, 베드로, 야고보는 스스로를 하나님과 예수 그리스도의 종이라고 불렀
다(롬 1:1; 갈 1:10; 빌 1:1; 딛 1:1; 약 1:1; 벧후 1:1). 같은 단어로 유다는
(예수 그리스도의 종이었기 때문에) 자신의 겸손과 (구약 시대와 마찬가지로
주님의 존귀한 종이었기 때문에) 권위를 표현한다.

유다는 예수 그리스도의 종이었을 뿐만 아니라 야고보의 형제이기도 했
다.[3] 서론의 주장처럼 이 어구는 독자들에게 유다를 확인시킨다. 야고보를
더 이상 소개하지 않는 것을 볼 때, 아마도 그는 주의 형제 야고보였을 것이
다. 야고보는 다른 형제들처럼 예수님의 사역 동안 믿지 않았다(참조. 막 3:21,
31-35; 요 7:2-5). 야고보는 예수 그리스도께서 부활하시고 나타나셨을 때,
믿음을 가졌고(고전 15:7), 예루살렘 교회의 지도자로 두각을 나타내기 시작
했다(행 12:17, 15:13, 21:18). 바울은 그를 교회의 기둥 중 하나로 이해한다
(갈 2:9; 참조. 갈 1:19; 2:12). 야고보서는 주님의 형제인 야고보가 썼을 것
이다.[4] 유다는 왜 자신을 주님의 형제가 아니라 야고보의 형제라고 표현하

---

1 푀그틀레(A. Vögtle)는 주님의 형제가 의도되었다는 것에 동의하지만 위명을 주장한다(*Der
  Judasbrief, Der 2 Petrusbrief*, EKKNT [Neukirchen-Vluyn: Neukirchener Verlag, 1994], 16).

2 K. H. Rengstorf, "δοῦλος" *TDNT* 2:268, 276-77; E. Fuchs and P. Reymond, *La Deuxième Épître
  de Saint Pierre, L'Épître de Saint Jude*, CNT (Neuchâtel-Paris: Delachaux & Niestlé, 1980), 154.

3 보컴은 유다가 예수 그리스도라는 "'이중 이름'을 두드러지게 선호한다"라고 말한다(*Jude and
  the Relatives of Jesus in the Early Church* [Edinburgh: T&T Clark, 1990], 285). 그는 계속해서
  유대인 그리스도인들이 나사렛 예수를 예수라는 이름을 가진 다른 사람들과 구별하기 위해서
  처음부터 "그리스도"라는 칭호를 예수님께 적용했을 것이라고 관찰한다. 또한 유다의 편지에
  서 "그리스도"가 메시아적인 의미를 유지하고 있다는 것을 의심할 이유가 없다.

4 야고보서의 저자에 관한 이 견해는 다음을 참조하라. D. J. Moo, *The Letter of James*, PNTC

는가? 켈리(Kelly)는 편지에서 유다를 주님의 형제라고 말하지 않기 때문에 위명 저자가 편지를 썼다고 생각한다.⁵ 이것은 유다의 의도를 잘못 읽은 것이다. 야고보와 유다는 자신을 주님의 형제라고 밝히지 않는다(약 1:1). 주님과 형제 관계가 아니라 종과 주인의 관계이기 때문이다. 유다는 겸손 때문에 자신이 주님의 형제라는 말을 피했지만, 이것이 겸손을 알리기 위한 목적이라고 결론을 내릴 필요는 없다. 야고보를 형제라고 부르는 것은 명예의 표현이며 유다의 권위를 의미한다.⁶ 네이레이(J. H. Neyrey)는 야고보와 같이 중요한 사람과의 혈연관계가 보여 줄 수 있는 유다의 명예와 지위를 올바르게 강조한다.⁷ 이 편지는 단순히 유다 자신의 의견이 아니다. 그는 예수 그리스도의 종이자 야고보의 형제로서 권위 있는 글을 쓰고 있다.

유다는 자신을 정의하면서 그의 권위를 전달하지만, 자신을 사도로 밝히지 않는다. 베드로가 자신을 예수 그리스도의 종(δοῦλος, 둘로스)과 사도(ἀπόστολος, 아포스톨로스)라고 부르는 베드로후서 1장 1절과 비교할 수 있다. 유다는 17절에서 사도라는 단어를 말한다. "너희는 우리 주 예수 그리스도의 사도들이 미리 한 말을 기억하라." 어떤 학자들은 유다가 이 구절에서 사도들로부터 자신을 제외시킨다고 믿지만, 유다서 17절은 유다가 사도가 아님을 증명하지 않는다. 베드로후서와의 비교가 도움이 된다. 베드로는 베드로후서 1장 1절에서 자신을 사도라 칭하지만, 베드로후서 3장 2절에서 그는 "거룩한 선지자들이 예언한 말씀과 주 되신 구주께서 너희의 사도들로 말미암아 명하신 것을 기억하게 하려 하노라"라고 말한다. 이 표현은 유다서와 매우 비

(Grand Rapids: Eerdmans, 2000), 9-22; L. T. Johnson, *The Letter of James*, AB (New York: Doubleday, 1995), 92-108.

5 J. N. D. Kelly, *A Commentary on the Epistles of Peter and Jude*, Thornapple Commentaries (Grand Rapids: Baker, 1981), 242.

6 G. L. Green, *Jude and 2 Peter*, BECNT (Grand Rapids: Baker, 2008), 46.

7 J. Neyrey, *2 Peter, Jude*, AB (Garden City: Doubleday, 1993), 45, 47-48. 그러나 그는 반대자들이 유다가 친족으로 얻은 지위를 주장하는 데 반대하면서 "성취된 권위"를 주장하고 있다고 말함으로써, 추측에 몰두한다. 우리는 반대자들이 유다를 비판하거나 특별히 그와 반대를 이루고 있다는 증거를 가지고 있지 않다. 여기에서 겸손뿐만 아니라 권위가 정의되고 있다는 개념을 지지하는 것은 다음을 보라. J. F. Hultin, "Bourdieu Reads Jude: Reconsidering the Letter of Jude through Pierre Bourdieu's Sociology," in *Reading Jude with New Eyes: Methodological Reassessments of the Letter of Jude*, ed. R. L. Webb and P. H. Davids, LNTS 383 (London: T&T Clark, 2008), 41-43.

숫하지만, 베드로의 말은 사도들의 그룹에서 자신을 제외시키지 않는다. 유다서 17절만으로는 유다가 사도가 아니라는 결론을 내릴 수 없지만, 그가 사도가 아닌 것을 의심할 만한 다른 이유가 있다. 주목할 점은 유다는 유다서에서 베드로전후서와 다르게 자신을 사도로 밝히지 않는다는 것이다. 유다의 권위는 예수 그리스도의 종이며 야고보의 형제라는 사실에서 비롯된다.

유다는 자신을 저자로 밝히고, 수신자들에게 말한다. 아마도 유다가 말하지 않는 내용을 먼저 주목해야 할 것이다. 신약의 많은 편지들은 수신지를 지리적으로 알 수 있도록 교회 또는 교회들을 구체적으로 언급하지만(예. 롬 1:7; 고전 1:1-2; 갈 1:2; 벧전 1:1), 유다는 수신자를 밝히지 않는다. 따라서 유다서는 공동 서신으로 불렸다. 그러나 유다는 교회를 괴롭히는 침입자에 반대하기 때문에 특정 교회나 교회들에 편지했을 가능성이 크다.[8] 비록 편지의 수신지를 명확히 알 수 없지만 유다는 특정 상황에서 유다서를 쓴 것이 분명하다.

유다는 그의 독자들을 "부르심을 받은 자"(κλητοῖς, 클레토이스)라고 말한다. 두 개의 한정적 분사는 "부르심을 받은 자"를 수식한다. 이 분사들은 "사랑을 얻고"와 "지키심을 받은"으로 번역된다. "부르심을 받은"을 "초대되다"로 정의할 수 있지만, 이것은 유다의 의도가 아니다. "부르심을 받은"은 하나님께서 단순하게 신자들을 자신의 소유로 초대한다는 의미가 아니다.[9] 하나님께서 부르신 사람들은 복음 선포를 통해서 강력하고 확실하게 예수 그리스도를 믿게 된다. 하나님의 부르심은 어떤 사람들에게만 전해지고 효과적이므로 부르심을 받은 모든 사람은 신자가 된다. "부르심을 받은"은 바울의 편지에서 분명히 이렇게 이해된다(롬 1:1, 6-7, 8:28, 30, 고전 1:1-2, 9, 24, 갈 1:15, 살전 2:12; 5:24; 살후 2:14; 딤후 1:9; 참조. 벧전 2:9; 5:10; 벧후 1:3; 계 17:14). 왜 유다는 이 개념을 강조하는가? 침입자들은 교회의 신앙을 위협했다. 유다는 편지를 쓰는 과정에서 날카롭게 경고하지만, 이 경고는 인간의 노력과 인내를 강조한다는 인상을 줄 수 있다. 유다는 하나님의 초자

---

8 이 주해에서 "교회"는 수신자들에게 사용되지만, 이 용어로 유다가 하나 이상의 교회에 편지를 쓰지 않았다고 주장하지 않는다. 그는 여러 교회에 편지를 보냈을 가능성이 있다.

9 D. J. Moo, *2 Peter, Jude*, NIVAC (Grand Rapids: Zondervan, 1997), 222.

연적인 부르심을 강조하여 독자들에게 하나님의 은혜의 효력을 상기시킨다.

부르심을 받은 사람들은 "하나님 아버지 안에서 사랑을 얻고 예수 그리스도를 위하여 지키심을 받은 자들"이다.[10] KJV 과 NKJV 성경은 다른 본문 전통을 반영하여 "하나님 아버지의 사랑을 받은" 보다 "하나님 아버지로 거룩하게 된"으로 읽는다. KJV 성경의 전통은 다수 사본에 의존하지만, 가장 좋은 사본 전통은 "거룩하게 된" 보다 "사랑을 얻은"을 지지한다. KJV의 사본 읽기는 유다서 표현의 어려움을 보여 준다. 일부 학자와 번역본은 첫 분사구(ἐν θεῷ πατρὶ ἠγαπημένοις, 엔 데오 파트리 에가페메노이스)를 "하나님 아버지 안에서 사랑을 얻고"라고 말한다(RSV, NASB, NRSV).[11] 이 번역은 동사 "사랑하다"(ἀγαπάω, 아가파오)가 전치사 "~으로"(ὑπό, 휘포)와 연결되는 경우가 많기 때문에 매력적이다. 이 해석은 전치사 ἐν(엔)이 하나님의 사랑이 실행되는 범위를 보여 준다. 가능한 해석이지만 분사 "사랑을 얻다"가 수동태이고 하나님께서 수동 동사의 실행자이기 때문에 가능성이 없다.[12] 따라서 CSB 성경이 제대로 의미를 파악한 것으로 보인다. 신자들은 하나님의 사랑을 받아 왔고, 하나님의 효력 있는 사랑은 그들이 하나님의 백성이 된 이유이다.

"예수 그리스도를 위하여 지키심을 받은"도 번역이 어렵다. 주석가들과 대부분의 번역가들은 이 문구를 "예수 그리스도를 위하여 지키심을 받았다"로 이해한다. 즉, 예수 그리스도를 위하여 구속의 날까지 지키심을 받는다(참조. RSV, NASB, NRSV). 구문이 어려워서 분명하지 않다. 이 번역을 지지하는 학자들은 만약 실행자를 예수 그리스도로 생각했다면 ὑπό(휘포)와 ἐν(엔)과 함께 전치사 "~으로"의 의미가 기대된다고 주장한다. 더 나아가 유다가 하나님 아버지께서 사랑하시고 지키시는 분이라고 강조한다는 내용이 의미에 더

---

10 보컴은 유다서의 기독론은 "예수님은 하나님의 구원과 심판의 종말론적인 실행자"이며, 그분은 하나님의 메시야이며, 그것으로서 심판과 구원 모두에 대한 하나님의 권위를 가진다고 요약할 수 있다고 주장한다(*Relatives of Jesus*, 312-13). 참조. H. W. Bateman IV, *Jude*, EEC (Bellingham: Lexham, 2017), 104-6.

11 N. Turner in J. H. Moulton, *A Grammar of New Testament Greek*, 4 vols. (Edinburgh: T&T Clark), 1908–76, vol. 3 (1963): *Syntax*, by N. Turner, 264. 참조. C. Bigg, *The Epistles of St. Peter and St. Jude*, ICC (Edinburgh: T&T Clark, 1901), 324; R. Bauckham, *Jude, 2 Peter*, WBC (Waco: Word, 1983), 25; Davids, *2 Peter and Jude*, 37.

12 Moo, *2 Peter, Jude*, 223; 참조. Bateman, *Jude*, 111-12. BDAG 또한 전치사 ἐν이 수행자를 나타낼 수 있음을 보여 준다(329 페이지).

잘 맞다. 마지막으로 이 해석은 최종 심판 때까지 "예수 그리스도를 위하여" 보존됨을 강조하는 본문의 종말론적 성격에 잘 맞는다.[13] "예수 그리스도를 위하여 지키심을 받은"을 지지하는 주장에도 불구하고 1984년 판 NIV 성경 ("예수 그리스도에 의해 지키심을 받은")이 제안한 해석이 더 나은 번역이다. 이 견해에 따르면 "예수 그리스도"는 실행자를 나타난다.[14] 예수 그리스도가 실행자이면 두 어절은 대칭적이다. "하나님 아버지에 의해 사랑을 받고 예수 그리스도에 의해 지키심을 받은"이다. 여격을 실행자로 보는 것이 합리적이며 수행자를 나타내는 여격이라는 월리스의 설명과 일치한다.[15] (1) 여격은 사람이어야 한다. (2) 여격으로 구체화된 사람의 행하는 의지를 묘사해야 한다. (3) 완료 수동태 동사가 있다. (4) 수단의 여격이 아니며 수동태 동사의 실행자는 능동 동사의 주어로 기능할 수 있다.[16] 이 구조는 이 모든 요구를 충족시킨다. 여격은 사람이며(예수 그리스도), 그는 의지를 실행하고, 완료형 수동태(분사)를 사용하고, 수행자가 주어(예수 그리스도)로 기능할 수 있다. 여기에서 우리는 예수 그리스도가 하나님 아버지와 동일한 신분과 지위를 공유하고 있음을 본다. 아버지는 사랑하시고 예수 그리스도는 지키신다. 두 분 다 신적 역할에 참여한다.

---

13 Fuchs and Reymond, *2 Pierre, Jude*, 155; N. Hillyer, *1 and 2 Peter, Jude*, NIBC (Peabody: Hendrickson, 1992), 233; D. J. Harrington, *Jude and 2 Peter*, SP (Collegeville: Michael Glazier, 2003), 186; L. R. Donelson, *I and II Peter and Jude*, NTL (Louisville: Westminster John Knox, 2010), 169; G. L. Green, *Jude and 2 Peter*, BECNT (Grand Rapids: Baker, 2008), 48; Bateman, *Jude*, 112-13. 월리스는 여격이 "예수 그리스도를 위하여 지켜진다"라고 번역되어야 하고 실행자를 나타내는 것 같지 않다고 생각한다. (*Greek Grammar beyond the Basics: An Exegetical Syntax of the New Testament* [Grand Rapids: Zondervan, 1996], 144, 165); 참조. P. H. Davids, *II Peter and Jude: A Handbook on the Greek Text*, BHGNT (Waco: Baylor University Press, 2011), 2; Davids, *2 Peter and Jude*, 38.

14 참조. J. B. Mayor, *The Epistle of St. Jude and the Second Epistle of St. Peter* (1907; repr., Grand Rapids: Baker, 1965), 18; R. A. Reese, *2 Peter and Jude*, THNTC (Grand Rapids: Baker, 2007), 33. 프레이는 결정이 쉽지 않다고 옳게 말한다. 그리고 예수님께서 부르셨다고 생각할 만한 충분한 근거도 있다(*Der Brief des Judas und der zweite Brief des Petrus*, THKNT [Leipzig: Evangelische Verlagsanstalt, 2015], 51-52). 레이케는 이 견해를 채택했지만 그것을 변호하기 위한 논증은 하지 않는다(*The Epistles of James, Peter, and Jude*, AB [Garden City: Doubleday, 1964], 194).

15 월리스의 견해는 각주 13과 16을 참조하라. 나의 주장과 표현은 제이슨 메이어에게 빚을 지고 있다.

16 Wallace, *Greek Grammar*, 75-76.

어떤 해석이든지 두 분사절의 중요한 강조점은 분명하다. 하나님께서 부르신 자들은 그의 사랑을 받아 구원의 날까지 지키심을 받는 자들이다. 믿는 자들은 믿음으로 부르신 하나님의 은혜가 그들을 끝까지 붙들어 주실 것이다. 하나님의 은혜를 강조한다고 해서 인간의 책임이 없어지지 않는다. 21절에서 독자들은 "하나님의 사랑 안에서 자신을 지키라"라고 권면을 받는다. 하나님의 은혜는 인간의 수동성과 나태함을 조장하지 않는다. 이것은 독자들의 일치된 행동을 자극한다. 그럼에도 불구하고 신자들이 침입자들의 침입에 맞서 끝까지 버틸 수 있는 궁극적인 이유는 신자들을 사랑하시고, 자기 백성을 부르시며 끝까지 지키겠다고 맹세하신 하나님의 은혜 때문이다.[17]

유다서가 "사랑을 받은"(ἠγαπημένοις, 에가페메노이스) 자들을 말할 때, 그는 하나님께서 택하신 자들에게 베푸신 사랑을 말한다. 종종 성경에서 하나님의 사랑과 부르심은 밀접하게 연관된다(참조. 사 41:8-9; 호 11:1). 수신자들은 사랑을 받은 자이며, 하나님의 백성으로서 이스라엘의 특권은 이제 예수 그리스도를 믿는 자들에게 속한다(신 32:15; 시 28:6; 사 44:2). 사실 이스라엘은 하나님의 백성으로 "부르심을 받았다"(사 41:9; 42:6; 48:12, 15; 49:1; 54:6; 호 11:1). 이제 하나님의 택하신 백성은 그리스도를 믿는 자들이다.[18] 데이비스는 이것을 통해서 우리가 예수 그리스도에게 속한 사람들이 "새롭게 된 이스라엘", 회복된 이스라엘, 하나님의 참된 백성임을 알 수 있다고 올바르게 말한다.[19] 네이레이는 이러한 명칭은 명예와 수치 사이에 대조를 이루며 이루며 "하나님께서 그들을 자신의 은혜를 받기에 합당하게 여기셨다"라고 주장한다.[20] 유다서가 독자의 합당함이나 명예가 아니라 **하나님의 은혜**를 강조하기 때문에 사회 과학적 접근이 지나친 강조임을 여기에서 알 수 있다.

---

17 푀그틀레는 인간 실행자의 필요성을 제대로 보고 있다. 그러나 하나님의 은혜가 끈기 있는 응답을 보장한다는 것을 이해하는 데 실패한다(*Judasbrief, 2 Petrusbrief*, 18).

18 참조. Fuchs and Reymond, *2 Pierre, Jude*, 155.

19 Davids, *2 Peter and Jude*, 38–39.

20 Neyrey, *2 Peter, Jude*, 48.

2절. 앞에서 언급한 것처럼 인사말은 그리스-로마 편지에서 일반적이다. 긍휼과 평강을 포함하는 인사는 바룩 2서 78:3에서 찾을 수 있다. 유다서의 인사는 독자들에게 긍휼과 평강과 사랑이 더욱 많아지기를 기도한다는 점에서 독특하다. 이 3중적인 언어, 긍휼, 평강, 사랑을 유다가 좋아한다는 것은 이 구절에서 나타난다.[21] 놀랍게도 기도의 소원에서 은혜가 빠져 있다. 인사말이 포함된 거의 모든 신약 서신은 은혜를 언급한다(약 1:1은 제외). 긍휼에는 은혜의 개념이 포함되어 있기 때문에 이것에 큰 의미를 둘 필요는 없다. 바울의 편지는 일반적으로 은혜와 평강이라는 두 가지 기도의 소원을 전한다(롬 1:7; 고전 1:3; 고후 1:2; 갈 1:3; 엡 1:2; 몬 2; 골 1:2; 살전 1:2; 살후 1:2; 디도서 1:4). 디모데에게 보낸 두 편지 모두에서 그는 은혜와 긍휼과 평강을 기도한다(딤전 1:2; 딤후 1:2). 베드로의 두 편지는 독자들에게 은혜와 평강이 **더욱 많아지기를** 기도한다(벧전 1:2; 벧후 1:2). 훅스(E. Fuchs)와 레이먼드(P. Reymond)는 유다서에서 이 순서가 더 중요하다고 바르게 주장한다.[22] 긍휼과 용서는 하나님의 평강으로 이어지며, 그 평강은 사랑으로 나타난다.

자비와 긍휼과 사랑의 근원은 구체적으로 나타나 있지 않지만 하나님을 분명히 염두에 둔다(참조. 벧전 1:2; 벧후 1:2).[23] 소원의 기도 나머지 부분에서 전개될 주제를 예상할 수 있다. 유다는 긍휼을 위해서 기도한다. 독자들이 오직 하나님의 긍휼로만 반대자들에게 저항할 수 있기 때문이며, 다른 사람에게도 긍휼을 동일하게 베풀기 위해 하나님의 긍휼을 경험해야 하기 때문이다(22-23절). 침입자들은 분열을 일으키고(19절), 가는 곳마다 분쟁과 원망을 일으키기 때문에, 독자들에게 평강이 필요했다(10, 16절). 침입자들이 자기만을 돌보고 애찬의 목적을 남용했기 때문에 그들에게 사랑이 필요했다(12절). 유다는 교회가 이렇게 힘든 시기에 긍휼, 평강, 사랑이 많이 필요했기 때문에, 이 성품들이 많아지도록 기도한다. 그는 또한 하나님만이 자기 백성의 삶에서 이 은혜를 일으키실 수 있음을 알기 때문에 기도한다.

---

21 유다서에 나타난 이 세 단어의 논의를 위해서는 다음을 보라. J. D. Charles, "Literary Artifice in the Epistle of Jude," *ZNW* 82 (1991): 122–23. 유다가 이 세 가지를 사랑한다는 점은 오랫동안 인식되어 왔다(Mayor, *Jude and Second Peter*, lvi).

22 Fuchs and Reymond, *2 Pierre, Jude*, 155.

23 살전 1:1에서도 근원이 누구인지 부족하다.

단락 개요

2. 기록 목적(1:3-4)

2. 기록 목적(1:3-4)

³ 사랑하는 자들아 우리가 일반으로 받은 구원에 관하여 내가 너희에게 편지하려는 생각이 간절하던 차에 성도에게 단번에 주신 믿음의 도를 위하여 힘써 싸우라는 편지로 너희를 권하여야 할 필요를 느꼈노니 ⁴ 이는 가만히 들어온 사람 몇이 있음이라 그들은 옛적부터 이 판결을 받기로 미리 기록된 자니 경건하지 아니하여 우리 하나님의 은혜를 도리어 방탕한 것으로 바꾸고 홀로 하나이신 주재 곧 우리 주 예수 그리스도를 부인하는 자니라

편지는 공개 형식(disclosure formula)과 함께 3절에서 서신의 목적으로 전환하고 "본문이 시작"된다.[1] 본문을 시작하는 표시, "사랑하는 자들아"로 하나님의 사랑을 받은 독자들을 강조한다. 17, 20절의 내용, '신자들은 특별히 하나님의 사랑을 받는다'를 다시 강조한다. 1절에서 독자들은 아버지 하나님의 사랑을 받았다고 말하고, 2절은 사랑이 더욱 많기를 바라는 기도로 마무리한다. 그리고 우리는 편지의 나머지 부분에서 적들이 사랑이 부족해서 비난을 받고 있음을 주목한다. 편지의 목적은 3절에 나와 있다. 독자들은 그들에게 전해진 믿음을 위해 싸워야 한다. 4절은 3절의 권면이 필요한 이유를 제시하는 데, 침입자들은 교회에 침입하여 공동체로서의 신앙과 삶의 순수성을 위협했다.

---

1 참조. J. L. White, *The Form and Function of the Body of the Greek Letter*, SBLDS 2 (Missoula: Scholars Press, 1972), 18; G. L. Green, *Jude and 2 Peter*, BECNT (Grand Rapids: Baker, 2008), 52-53.

3절. 유다는 편지를 쓰게 된 상황을 설명한다. 그는 성도들이 자신들이 받은 믿음을 위해 힘써 싸우게 하기 위해 편지를 쓴다. 학자들은 문장의 첫 어절의 의미에 대해 토론한다. 해석의 차이는 CSB 성경과 NRSV 성경을 대조하면 찾을 수 있다. CSB는 "우리가 나누는 구원에 관하여 내가 너희에게 간절히 쓰고 싶었지만"으로 번역한다. NRSV 성경은 "우리가 나누는 구원에 관하여 내가 너희에게 쓰려고 간절히 준비할 때"(참조. KJV, NKJV, NASB)로 번역한다. 해석상 문제는 분사 ποιούμενος(포이우메노스, 개역개정. "간절하던 차에", 시간적인 번역)에 대한 우리의 이해에 달려 있다. 이 분사는 양보의 분사(비록 ~하지만, CSB)로 이해해야 하는가 아니면 시간적("~동안", NRSV)으로 이해해야 하는가? 두 해석의 차이점은 무엇인가? 만약 CSB 성경을 따라 양보의 의미이면, 유다가 신자들이 받은 구원에 대해 **또 다른 편지**를 쓰고 싶어 했다는 의미이다. 그러나 그는 반대자들의 갑작스러운 침입으로 그렇게 하지 못했으며 따라서 교회에 들어온 대적들의 문제를 다루는 다른 편지를 써야 했다. 만약 NRSV 성경을 따라 시간적인 의미이면 유다서의 반대자들에 대한 공격은 그가 쓰고자했던 구원이다. 유다서는 그가 쓰려고 했던 구원의 편지이기 때문에, 반대자들의 침입으로 구원에 대한 편지를 쓰는 데 방해받지 않았다고 생각할 수 있다.

결정은 매우 쉽지 않다. 나는 양보적인 의미(CSB 성경, 비록 ~하지만)로 약간 그리고 잠정적으로 기울어있다. 두 해석 모두 많은 주장이 있기 때문에, 결론이 나지 않는다.[2] 양보적인 의미(비록 ~하지만)에 기우는 이유는 "편지로 ... 필요를 느꼈노니"(ἀνάγκην ἔσχον γράψαι, 아낭켄 에스콘 그랍사이) 문구 때문이다. 이 말은 계획의 변경, 즉 유다의 의도적인 행동이 갑작스럽게 중단되었음을 나타내는 것 같다. 분사가 NRSV 성경이 제시하는 시간적인 의미이면 "쓰려고 간절히 준비할 때"는 불필요해 보인다. 이 어구를 빼고 단순히 "우리가 일반으로 받은 구원에 관하여 내가 너희에게 성도에게 단번에 주신 믿음의 도를 위하여 힘써 싸우라는 편지로 너희를 권하여야 할 필요를 느꼈노니"

---

2 다음을 참조하라. A. Vögtle, *Der Judasbrief, der 2 Petrusbrief*, EKKNT (NeukirchenVluyn: Neukirchener Verlag, 1994), 21-23. 예를 들어, 어떤 학자들은 부정사 γράφειν에서 부정과거 부정사 γράψαι로 바뀐 것으로 내가 지지하는 견해를 옹호한다. 그러나 시제의 변화가 어떻게 견해를 확립하는지 이해하기는 어렵다.

라고 썼을 것이다. 그러므로 양보적인 의미(CSB, 비록 ~하지만)는 "편지하다" 동사의 시제를 바꾸지 않는다. "편지하다"라는 단어의 반복이다. 이 해석을 4절 내용으로 확인할 수 있는데, 대적들의 침입이 편지 쓰는 일을 촉진시켰다고 설명하기 때문이다.

유다서는 "우리가 받은 구원"에 대해 쓰고 싶어 했다. 켈리(Kelly)는 구원이 종말론적 실재가 아니라 현재 소유로 이해되었기 때문에, 유다서가 바울서신과 베드로전서 모두와 다르다고 주장한다.[3] 이 결정은 유다서를 잘못 해석한다.[4] 이스라엘이 애굽에서 "구원받는"(σώσας, 소사스) 예는 구원이 끝까지 인내함을 포함한다는 것을 보여 준다(5절).[5] 주어진 하나님의 사랑 안에서 자신을 지키라는 권면은 그렇게 하는 자만이 마지막 날에 "영생"을 경험할 것이기 때문이다(21절). 우리는 이미 이 편지가 보호의 약속으로 시작하고 끝나는 것을 보았다(1, 24-25절). 기독교적 경험의 "아직"이 유다서의 세계관을 알려 준다. 마지막으로 바울도 종말이 이미 현재에 침투했기 때문에 구원을 현재의 선물이라고 말한다(엡 2:5, 8). 구원이 현재의 소유라는 언급은 그 종말론적 성격을 무효화하거나 그 성격과 모순되지 않는다. 바울의 편지와 같이 종말론적 선물이 이 악한 현시대에 침투해 있기 때문에 유다서의 구원은 종말론적 선물이자 현재의 실재였다.

이 편지의 목적은 "성도에게 단번에 주신 믿음의 도를 위하여 힘써 싸우라"는 권면에 담겨 있다.[6] "싸우라"(ἐπαγωνίζεσθαι, 에파고니제스다이)가 나오는 단어군은 전쟁(요 18:36; 엡 6:12; 2 Macc 8:16)이나 운동(고전 9:25; 딤

---

3 J. N. D. Kelly, *A Commentary on the Epistles of Peter and Jude*, Thornapple Commentaries (Grand Rapids: Baker, 1981), 246. 훅스와 레이먼드가 주장하는 일부 사람들에게만 구원을 제한하는 신비주의 분파에 대한 논쟁은 없다(*La Deuxième Épître de Saint Pierre, L'Épître de Saint Jude*, CNT [Neuchâtel-Paris: Delachaux & Niestlé, 1980], 157). 다음은 올바르게 주장한다. Vögtle, *Judasbrief, 2 Petrusbrief*, 23n12.

4 R. Bauckham, *Jude, 2 Peter*, WBC (Waco: Word, 1983), 31.

5 다음과 반대된다. 베이트먼(Jude, EEC [Bellingham: Lexham, 2017], 127-31)은 주로 교회의 위험이 열심당으로부터 왔다는 그의 개념 때문에 육체적인 구원에 관한 언급으로 이해한다. 1절과 24-25절의 종말론적 초점, 그리고 서신에 만연한 최후 심판의 위협(5-7절의 예를 보라)은 영적 구원을 고려하고 있음을 보여 준다.

6 다음과 반대된다. A. Robinson, S. Llewelyn, and B. Wassell, "Showing Mercy to the Ungodly and the Inversion of Invective in Jude," *NTS* 64 (2018): 208-9. 이 견해는 독자들이 "믿음을 수단으로" 주장하도록 요청을 받는다고 말한다.

후 4:7; 히 12:1)을 가리킬 수 있다. 이 비유는 분투하는 그리고 극심한 노력을 나타낸다(롬 15:30, 빌 1:30; 골 1:29; 2:1; 4:12; 딤전 6:12).[7] 유다서는 독자들에게 성도들에게 전해진 믿음을 지키기 위해 힘써 노력하라고 권면한다.[8] 시락서(Sirach)에는 다음과 같이 흥미로운 비유가 있다. "진리를 위하여 죽도록 힘쓰라(ἀγώνισαι, 아고니사이) 그리하면 주 하나님이 너희를 위하여 싸우시리라"(Sir 4:28, RSV).[9]

"주신"(παραδοθείσῃ[파라도데이세]와 παράδοσις[파라도시스])은 일반적으로 전통을 전한다는 의미로 사용된다(예. 막 7:13; 고전 11:2, 23; 15:3; 갈 1:14; 골 2:8; 살후 2:15; 3:6). 전통이 칭찬할 만한지 유감스러운지는 문맥에서 읽어야 한다. 유다서는 분명히 이 용어를 긍정적인 의미로 사용한다. 또한 그 전통이 사도들로부터 "성도들", 즉 기독교 신자들에게 주어졌음에는 의심의 여지가 없다.[10] 17절은 사도들이 그 전통의 근원이었음을 의미한다. "우리 주 예수 그리스도의 사도들이 미리 한 말"이다. 물론 17-18절에서 사도들의 구체적인 예언이 전해진다. 이 예언은 반드시 지켜야 할 사도적 전통의 일부이다.

신자들이 지키려고 애써야 하는 전통은 "믿음"(τῇ πίστει, 테 피스테이)이다. 이 문맥에서 믿음은 바울의 일반적인 사용과 다르게 하나님을 신뢰하는 것을 의미하지 않는다. "믿음"은 지켜져야 하는 전통적인 가르침을 의미한다.[11] 바울 서신에서도 "믿음"은 복음의 메시지일 수 있다(갈 1:23; 엡 4:5; 골

---

7 이 주제는 다음을 참조하라. V. C. Pfitzner, *Paul and the Agon Motif: Traditional Athletic Imagery in the Pauline Literature*, NovTSup 16 (Leiden: Brill, 1967).

8 보컴은 거짓 선생들을 대적하는 대신 복음의 긍정적인 성장으로서의 믿음을 위한 투쟁을 잘못 강조한다(*Jude, 2 Peter*, 32). 두 개념 모두가 존재하며 어느 하나만을 선택하면 안 된다.

9 다음과 반대된다. Bateman, *Jude*, 133-36. 열심당 운동에 반대한다는 개념은 없다. 베이트먼은 우리가 거짓 선생들을 정의하는 데 "거짓" 또는 "거짓말쟁이"와 같은 단어가 필요하다고 생각하는 점에서 너무 제한적이다.

10 월리스는 전하는 자가 사도가 아니라 하나님일 가능성을 생각한다. *Greek Grammar beyond the Basics: An Exegetical Syntax of the New Testament* (Grand Rapids: Zondervan, 1996), 436.

11 다음 견해에 반대된다. A. Robinson, *Jude on the Attack: A Comparative Analysis of the Epistle of Jude, Jewish Judgement Oracles, and Greco-Roman Invective*, LNTS 581 (London: Bloomsbury T&T Clark, 2018), 97-104. 믿음은 여기에서 서약이나 언약 관계를 언급하지 않는다. 믿음(πίστις)과 전통을 전하는 단어 παραδίδωμι의 조합(예. 롬 6:17; 고전 11:2, 23; 15:3; 벧후 2:21)은 신자들이 고백한 진리를 가리킨다.

1:23; 딤전 3:9; 4:1; 6:10, 12?, 21; 딤후3:8; 4:7; 참조. 행 6:7; 13:8).[12] 유다서는 결론 부분에서 가까운 주제로 돌아간다. 이 편지는 신자들이 "지극히 거룩한 믿음 위에 자기를 세우"(20절)도록 해야 한다고 말한다.

일부 학자들은 유다서의 저작 시기를 늦게 생각하여, "초기 가톨릭"이라고 불렀다. 왜냐하면 교리 보존에 관한 강조가 이후 교회사의 내용일 것이라고 확신하기 때문이다. 그들은 공동 서신 저작 문제에 의문을 제기하면서 동일하게 반대한다. 보컴은 예수님의 형제인 유다가 서술했다는 것을 바르게 변호한다.[13] 또한 그는 이후 교회사의 상세한 교리적 공식보다는 복음에 초점이 맞춰져 있다고 올바르게 말한다. 그러나 우리는 또한 복음 자체가 고백해야 하는 교리를 포함하고 있음을 인정해야 한다. 우리는 여기에서 기독교 신앙의 시금석이 사도들의 가르침에 있으며 그들의 가르침에서 벗어나는 것이 정통이 아님을 알고 있다(참조. 행 2:42; 유 17, 20).[14] 유다서는 단순하게 믿음이 전수되었다고 말하지 않는다. 그 믿음은 "단번"에 주신 믿음이다(CSB 성경은 올바르게 번역한다). 믿음에는 어떠한 보충이나 수정이 허락되지 않는다. 예수 그리스도의 복음은 사도들을 통해서 온전히 설명되었다. 히브리서 저자는 하나님께서 마지막 날에 그의 아들을 통해서 결론적이고 결정적으로 말씀하셨다고 선언하면서 비슷한 결론을 내린다(히 1:2). 초기 그리스도인들의 이러한 서술은 정경이 예수 그리스도의 사역, 죽음, 부활을 설명하는 초기 저작으로 제한되어야 한다고 올바르게 결론지었다.[15]

4절. 이제 유다는 그의 독자들이 전승된 믿음을 지키기 위해 노력해야 하

---

12 J. Neyrey, *2 Peter, Jude*, AB (Garden City: Doubleday, 1993), 55; 참조. R. Bauckham, *Jude and the Relatives of Jesus in the Early Church* (Edinburgh: T&T Clark, 1990), 159. 프레이는 유다서에서 "믿음"의 사용이 바울의 복음 이해에 가깝다고 언급한다(*Der Brief des Judas und der zweite Brief des Petrus*, THKNT [Leipzig: Evangelische Verlagsanstalt, 2015], 58).

13 Bauckham, *Jude, 2 Peter*, 33.

14 불행하게도 보컴(Bauckham)은 교리적인 충실함이 아닌 도덕적 성실함에 관한 관심만 있었다고 제안한다(*Jude, 2 Peter*, 34). 한 사람을 다른 이에게서 분리하는 일은 유다가 선포한 복음의 진정한 성격을 왜곡하여 일종의 도덕주의로 전락시킨다. 리즈는 여기에서 믿음이 사도신경만큼 공식화되지 않았으며 행동의 의미를 포함한다고 바르게 말한다(*2 Peter and Jude*, THNTC [Grand Rapids: Baker, 2007], 37).

15 물론 우리가 정경을 생각할 때 다른 많은 요소들을 고려해야 한다는 사실을 부정하지 않는다.

는 이유를 설명한다(γάρ, 가르, CSB 성경의 "왜냐하면"에 주목하라. 개역개정. "이는"). 침입자들은 교회에 몰래 들어왔고 유다가 응답하지 않을 수 없을 만큼 회중을 혼란에 빠뜨렸다(3절). 이 침입자들은 그리스도 안에 있는 하나님의 은혜를 왜곡시키는 자기들의 불경건함 때문에 심판받아야 마땅하다. 유다서는 그들을 "어떤 사람들"(개역개정. '사람 몇')이라고 묘사하는 데, 많은 주석가들은 침입자들을 약간 비하한다고 생각한다.[16] 반대자들에 사용된 동사("가만히 들어온")는 확실히 경멸적인 의미이다.[17] 이 동사는 적들이 자기들의 진정한 성격과 동기를 숨겼음을 의미한다. 그것은 또한 그들이 외부인, 아마도 방랑하는 선지자나 선생이었음을 나타낸다.[18] 그들은 은밀하고 교활하여 교회의 경건한 구성원인 것처럼 가장 했다. 마찬가지로 바울은 복음에 헌신한 자들의 자유를 정탐하고 파괴하기 위해 교회의 대열에 침투한 유대주의자들을 비판한다(갈 2:3-5). 베드로도 비슷하게 파괴적인 이단적 가르침을 비밀스럽게 소개한 반대자들을 기소한다(벧후 2:1).[19]

유다서는 계속해서 이 침입자들에 대해서 네 가지를 말한다. (1) 그들의 심판은 옛적부터 미리 예고 되었고, (2) 그들은 경건하지 않았고, (3) 은혜를 기회로 삼고, (4) 우리 주 예수 그리스도를 부인한다. 우리는 첫 번째 서술에서 반대자들이 하나님의 심판을 받을 것이고, 두 번째부터 네 번째 서술에서 그들이 왜 하나님의 심판을 받을 것인지, 즉 그들의 불경건한 행동에 대해서 알려 준다는 점을 주목해야 한다.

유다는 "그들은 옛적부터 이 판결을 받기로 미리 기록되었다"라고 말하면서 시작한다. 구체적인 의미는 상당한 논쟁을 불러일으켰지만, 우리는 이 서술의 일반적인 의미에서 시작하려고 한다. 이 침입자들이 직면하게 될 심판은 오래전에 미리 기록된 것이다(προγεγραμμένοι, 프로게그람메노이). 유다서는 독자들에게 이 적들이 처음부터 하나님께 놀라운 존재가 아니었음을 상기

---

16 예. Fuchs and Reymond, *2 Pierre, Jude*, 158. 네이레이가 주요 문제는 그들이 하나님과 유다의 명예에 도전했다는 점이라고 말할 때 본문에 관한 사회 과학적 분석을 부과한 것 같다(*2 Peter, Jude*, 52). 사회 과학적 접근 방식은 본문에 현대 이론이 적용될 수 있다는 경향을 보여 준다.

17 W. Michaelis, "παρεισάγω," *TDNT* 5.824-25; G. Green, *Jude and 2 Peter*, 57.

18 Bauckham, *Jude, 2 Peter*, 35; Davids, *2 Peter and Jude*, 43.

19 유다서는 παρεισέδυσαν 동사를 사용하고, 바울은 갈 2:4에서 παρεισάκτους와 παρεισῆλθον를 사용한다. 베드로는 벧후 2:1에서 παρεισάξουσιν를 사용한다.

시킨다. 그들의 심판은 처음부터 정해져 있었다. 따라서 하나님은 그들이 나타날 것을 아셨다(참조. 14, 17절).[20] 여기에서 잠언 16장 4절을 고려할 수 있다. "여호와께서 온갖 것을 그 쓰임에 적당하게 지으셨나니 악인도 악한 날에 적당하게 하셨느니라"[21] 심판에 관한 언급은 적들이 승리하지 못할 것을 의미한다. 하나님은 심판의 날에 엄숙하게 그리고 마지막으로 그들을 처분하실 것이다. 유다는 독자들에게 침입자들이 궁극적으로 실패할 것이고, 하나님의 심판을 받을 것임을 확신시켜 믿음을 굳건히 하도록 격려한다.

여기에서 우리는 이 어구의 세부적인 부분을 검토할 필요가 있다. 유다가 심판이 옛적에 미리 기록된 것이라고 말했을 때, 어떤 생각이었을까? 어떤 사람들은 이 언급이 베드로후서 2장 1절에서 3장 4절에 예언된 거짓 선생들의 심판을 가리킨다고 생각한다. 유다서가 베드로후서에 의존하지 않는다면 이 해석은 틀렸다. 더 나아가 유다서의 늦은 저작 시기를 채택하지 않으면, "미리" 기록된 것은 베드로후서가 아닐 것이다. 일부 학자들은 πάλαι(팔라이)가 항상 옛 역사를 언급하지 않으므로 긴 간격이 필요하지 않다고 주장한다.[22] 그러나 πάλαι(팔라이)와 동사 προγεγραμμένοι(프로게그람메노이)의 연관성은 오래전 예언이 유다서의 당시에 성취되었음을 암시한다(참조. 사 37:26; 48:5, 7; 마 11:21; 히 1:1). 이것은 5-7절에 이어지는 내용을 포함한다.[23]

다른 학자들은 여기에서 하늘의 책에 기록된 반대자들에 대한 미래 심판

20 다음 견해에 반대된다. C. D. Osburn, "Discourse Analysis and Jewish Apocalyptic in the Epistle of Jude," in *Linguistics and New Testament Interpretation: Essays on Discourse Analysis*, ed. D. A. Black, K. Barnwell, and S. Levinsohn (Nashville: Broadman, 1992), 289. 이 분은 다음을 참조하라. Didymus of Alexandria in P. R. Jones, *The Epistle of Jude as Expounded by the Fathers-Clement of Alexandria, Didymus of Alexandria, the Scholia of Cramer's Catena, Psuedo-Oecumenius, and Bede*, Texts and Studies in Religion 89 (Lewiston: Edwin Mellen, 2001), 65, 67, 71.

21 주버트(S. J. Joubert)는 다음과 같이 말한다. "사람들의 행동은 그것이 하나님의 뜻에 어긋나는 것처럼 보일지라도 결코 하나님의 통제 밖에 있지 않다. 역사는 다양한 형태의 악과 재앙에도 불구하고 미리 정해진 길을 계속해서 달려왔다. 그러므로 유다서의 공동체 안에 있는 거짓 선생들도 신성한 계획을 방해하지 못할 것이다"("Facing the Past: Transtextual Relationships and Historical Understanding of the Letter of Jude," *BZ* 42 [1998]: 68).

22 참조. N. Hillyer, *1 and 2 Peter, Jude*, NIBC (Peabody: Hendrickson, 1992), 239.

23 D. A. Carson, "Jude," in *Commentary on the New Testament Use of the Old Testament*, ed. G. K. Beale and D. A Carson (Grand Rapids: Baker, 2007), 1069–70.

을 발견한다.[24] 보컴은 이 견해의 증거가 설득력이 없으며 이 개념을 뒷받침하는 데 사용된 대부분 본문이 잘못 해석되었다고 지적했다.[25] 아마도 14-15절의 내용은 에녹이 예언한 반대자들이 들어옴과 심판일 것이다. 오즈번은 에녹 1서 67:10을 고려한다.[26] "그러므로 심판이 그들에게 이르리니, 이는 그들이 자기 몸의 방탕함을 믿고 주의 영을 부인한다."[27] 그러나 에녹 1서의 이 구절을 고려하고 있는지는 분명하지 않다. 적어도 모형론적으로 5-7절, 11절의 예가 심판으로 기대되기 때문에 구약을 생각했을 것이다. 그럼에도 불구하고 우리는 에녹 1서를 배제할 필요는 없다. 왜냐하면 14-16절에 기록된 경건하지 않은 자의 심판을 구약과 에녹 1서 모두가 예언했기 때문이다.[28] 경건하지 않은 자들의 심판은 확실하다. 왜냐하면 그것이 하나님께서 5-7절, 11절의 예와 같이 항상 역사에서 일하신 방식이기 때문이다. 그린(G. Green)은 여기에서 요점이 "이단에 대한 공식적이고 공개적인 정죄"라고 생각한다.[29] 우리가 5-16절을 한 단락으로 이해한다면, 5-7절과 14-16절은 인클루지오를 구성하며, 그 내용은 반대자들이 정죄 받을 것을 강조한다. 다시 말해서, 서신의 중간 부분은 4절에 언급된 미리 기록된 판결을 구체화한다.

그러므로 유다서의 심판은 하나님께서 미리 보시는 심판을 가리킨다. "이 판결"(τοῦτο τὸ κρίμα, 투토 토 크리마)은 앞의 문맥에서 심판에 대해 명확하게 언급하지 않았기 때문에 놀랍다. 어떤 학자들은 심판이 베드로후서 2장 20절을 암시한다고 주장하지만,[30] 이 해결책은 유다서가 베드로후서를 사용한 경

24 Kelly, *Peter and Jude*, 250-51.

25 Bauckham, *Jude, 2 Peter*, 35–36.

26 Osburn, "Discourse Analysis and Jewish Apocalyptic in the Epistle of Jude," 290; C. D. Osburn, "1 Enoch 80:2-8 (67:5-7) and Jude 12–13," *CBQ* 47 (1985): 300. 또한 다음을 참조하라. J. B. Mayor, *The Epistle of St. Jude and the Second Epistle of St. Peter* (1907; repr., Grand Rapids: Baker, 1965), 24.

27 J. H. Charlesworth, *OTP* (Garden City: Doubleday, 1983-85), 1:46.

28 F. Maier, "Zur Erklärung des Judasbriefes (Jud 5)," *BZ* 2 (1904): 386; Vögtle, *Judasbrief, 2 Petrusbrief*, 26-27; Frey, *Der Brief des Judas und der zweite Brief des Petrus*, 61. 마이어(F. Maier) 또한 보컴처럼 14, 17절에 연결성을 본다(*Jude, 2 Peter*, 36). 또한, D. J. Moo, *2 Peter, Jude*, NIVAC (Grand Rapids: Zondervan, 1997), 230. 그러나 사도들(17-18절)이 "미리" 기록한 사람들에 포함되는지는 의심스럽다.

29 G. Green, *Jude and 2 Peter*, 58.

30 C. Bigg, *The Epistles of St. Peter and St. Jude*, ICC (Edinburgh: T&T Clark, 1901), 326.

우에만 만족스럽다. 다른 학자들은 심판이 반대자들이 경건하지 않고, 음란하며, 그리스도의 주되심을 부인하는 것을 가리킨다고 제안했다. 그러나 이 죄들은 심판이 아니며, 심판의 **이유**이기 때문에 그들의 제안은 거부할 수 있다. "이"(τοῦτο, 투토)는 어떤 단어나 개념을 다시 언급할 수 있지만, 앞 구절들에서 심판에 관한 언급은 없다.[31] 그러므로 "이 판결"(τοῦτο τὸ κρίμα, 투토 토 크리마)은 5-16절에 설명할 심판을 미리 말한다.[32] 5-16절은 악인에 대한 심판을 약속하는 구약과 에녹 1서의 본문을 말한다.

4절의 나머지 부분은 심판의 세 가지 이유를 제시한다. (1) 경건하지 않음, (2) 방탕함, (3) 예수님의 주되심을 부인, 세 가지이다. 유다서는 종종 '경건하지 않은'의 단어 그룹(헬라어 ἀσεβ-)을 이용한다. 우리는 15절과 18절의 에녹 1서 인용에서 이 단어 그룹을 세 번이나 찾을 수 있다. 물론 이 개념은 5-16절에 나타나는 침입자를 묘사한다. 그러므로 우리는 4절이 장차 일어날 일에 관한 미리 보기 역할을 한다는 것을 알 수 있다. "경건하지 않음"은 한 분이신 참 하나님과 단절되어 사는 근본적인 죄를 범하는 것이다(예. 시 1:1; 37:38; 51:13; 잠 1:32; 롬 1:18; 벧후 2:5-6, 3:7). 경건하지 않은 사람들은 마치 신이 존재하지 않는 것처럼 살아서 자신의 주재와 주님으로서 그분께 영광을 돌리지 않는다.[33]

심판의 두 번째 이유는 침입자들이 하나님의 은혜를 바꾸어 버리고 방탕하게 살았기 때문이다. "방탕"(ἀσέλγεια, 아셀게이아)은 종종 성적인 죄(Wis 14:26; 롬 13:13; 고후 12:21; 갈 5:19; 엡 4:19) 또는 보다 일반적인 의미에서 심한 방탕을 나타낸다(2 Macc 2:26; 막 7:22; 벧전 4:3; 벧후 2:2, 7, 18).[34] 전체 서신의 문맥은 성적인 죄가 의도되었음을 보여 준다.[35] 4절의

---

31 롬 3:8에 관한 언급이라는 견해는 가능하지 않고 제외되어야 한다(다음과 반대된다. G. Sellin, "Die Häretiker des Judasbriefes," *ZNW* 77 [1986]: 209–11). 대신, 선행사 또는 후행사는 유다서 자체에서 나와야 한다.

32 다음은 앞으로의 내용을 가리키는 "τοῦτο" 개념을 지지한다. Robinson, *Jude on the Attack*, 68; P. H. Davids, *II Peter and Jude: A Handbook on the Greek Text*, BHGNT (Waco: Baylor University Press, 2011), 6.

33 W. Foerster, "εὐσέβεια," *TDNT* 7:185–91.

34 See H. Paulsen, *Der zweite Petrusbrief und der Judasbrief*, KEK (Göttingen: Vandenhoeck & Ruprecht, 1992), 55; O. Bauernfeind, "ἀσέλγεια," *TDNT* 1:490.

35 다음과 반대된다. Bateman, *Jude*, 150–52.

근본적인 성격은 성적인 죄가 천사들과 소돔과 고모라의 심판의 원인이기 때문에 다시 두드러진다(6-7절). 유다서는 또한 8절에서 육체를 더럽히는 일에 대해 말할 때, 성적인 일탈도 염두에 둔다(참조. 13, 16절도 가능).

이 구절은 심판의 세 번째 이유로 결론을 내린다. 침입자들은 예수 그리스도가 그들의 주재이시자 주님이심을 부인했다. 어떤 학자들은 아버지를 "주재"(δεσπότην, 데스포텐)로 예수 그리스도를 "주"(χύριον, 퀴리온)로 지칭한다고 생각한다. 같은 헬라어 관사(τὸν, 톤)의 지배를 받으므로 둘 다 같은 분을 가리키며, 예수 그리스도일 가능성이 가장 높다.[36] 베드로후서와 유다서가 같은 언급을 한다고 고려하면, 유다서와 베드로후서 모두 예수 그리스도를 "주재"(δεσπότης, 데스포테스)로 말한다. 이 견해에 반대하여 아버지만 "주재"(δεσπότης)라고 부른다고 주장하기도 한다(눅 2:29; 행 4:24; 계 6:10; 또한, 다음을 참조하라. 1 Clem. 59:4; 61:1-2; Did. 10:3).[37] 분명하지 않지만, 베드로후서 2장 1절과의 병행은 예수 그리스도를 암시한다.[38] 보컴은 주재(δεσπότης)가 유다서의 기독론이 팔레스타인 집단에서 유래했다는 것을 보여 준다고 주장한다.[39] 더욱이 "주재"와 "주"(Lord)는 예수 그리스도의 두 가지 다른 기능을 가리키지 않는다. 이 둘은 함께 예수 그리스도의 주권에 초점을 맞춘다.[40]

실제로 보컴이 주장하는 것처럼 이 구절은 예수 그리스도의 신성을 암시하는 것으로 보인다(참조. Josephus, Ant. 18.23의 비슷한 문구). 반대자들이 어떤 방식으로 예수 그리스도를 자기들의 주재와 주되심을 부인했을까? 과거 학자들은 유다가 어떤 영지주의에 반대한다고 보고 침입자들의 기독론이 교리적으로 어긋난 점을 확인하려고 했다.[41] 나중에 영지주의라고 불리는

---

36 참조. Wallace, *Greek Grammar*, 270–90; 특별히 276 페이지와 그가 말하는 주의할 점을 참조하라.

37 Kelly, *Peter and Jude*, 252; Fuchs and Reymond, *2 Pierre, Jude*, 160. 후자는 25절의 "홀로"가 이 견해를 뒷받침한다고 생각한다.

38 Osburn, "Jude 12-13," 301; Bauckham, *Relatives of Jesus*, 302-3.

39 Bauckham, *Relatives of Jesus*, 283–84. 보컴은 여기에서 사용된 단어가 초기 기독교의 이중 언어 사용 맥락에서 초기 팔레스타인 교회에서 발전했다고 주장한다.

40 Bauckham, *Relatives of Jesus*, 306-7.

41 이것은 매우 일반적이다. 이러한 실수의 예는 다음을 보라. D. J. Rowston, "The Most Neglected Book in the New Testament," *NTS* 21 (1974–75): 556; K. H. Schelke, *Der Petrusbrief-Der*

내용이 분명히 있지만, AD 2세기 영지주의는 신약이 기록될 당시에 존재하지 않았다. 어쨌든 유다서에서 반대자들의 기독론을 비판하는 일은 의미가 없다. 그에 비해 요한은 여러 번 반대자들의 기독론을 공격한다(요일 2:22-23; 4:2-3; 5:1, 6-8; 요이 1:7). 유다는 반대자들의 삶의 방식에서 예수 그리스도의 주권과 주되심을 부인하는 사실을 보았을 것이다.[42] 그들의 악한 삶의 방식은 그리스도의 주권을 부인했다. 비슷한 정서가 신약의 다른 곳에 반영되어 있다(마 7:21-23; 딛 1:16). 5-16절은 또한 독자들이 자기들의 삶을 악에게 내주어 그리스도의 주권을 부인했음을 보여 준다. 주되심을 부인하는 더 구체적인 예도 있다. 우리는 어떻게 천사들이 정해진 처소를 어겼고, 반역했고, 죄를 범했는지 볼 수 있다(6절). 비슷하게 침입자들은 주되심을 거부하고 영광을 비방했다(8절). 반대자들은 반역죄를 지었다는 점에서 고라와 같았다(11절).

Judasbrief, HTKNT (Freiburg: Herder, 1980), 152. 또한 다음을 참조하라. Mayor, Jude and Second Peter, 27.

42 M. Luther, *Commentary on Peter & Jude*, trans. and ed. J. N. Lenker (Grand Rapids: Kregel, 1990), 232; 또한 다음을 참조하라. Bauckham, *Relatives of Jesus*, 303; Osburn, "Discourse Analysis and Jewish Apocalyptic in the Epistle of Jude," 291; Vögtle, *Judasbrief, 2 Petrusbrief*, 29–32; Reese, *2 Peter and Jude*, 40–41.

단락 개요

3. 침입자에 대한 심판(5-16절)

  3.1. 하나님의 심판(5-10절)

    3.1.1. 하나님의 심판의 세 가지 역사적인 예(5-7절)

    3.1.2. 적들에 대한 적용: 심판이 확실한 세 가지 죄(8-10절)3

  3.2. 화 있을진저(11-13절)

  3.2.1. 세 가지 유형(11절)

  3.2.2. 적들에 대한 적용(12-13절)

  3.3. 에녹의 예언(14-16절)

  3.3.1. 예언: 경건하지 않은 자들에 대한 심판(14-15절)

  3.3.2. 적들에 대한 적용(16절)

3. 침입자에 대한 심판(5-16절)

5-16절은 4절의 내용을 풀고 그 주장이 현실과 일치함을 보여 준다. 이 단락은 심판의 주제로 논증을 시작하고(5-7절) 끝맺음으로(14-16절) 인클루지오를 이룬다. 심판의 확실성은 구약의 세 가지 예(5-7절)로 설명된다. 이스라엘의 형벌, 천사, 소돔과 고모라이다. 이 단락은 여호와께서 경건하지 않은 자들을 심판하실 것이라는 에녹의 예언(14-15절)으로 마무리한다. 유다는 이를 반대자들에게 적용한다. 8-13절은 단락의 중간이다. 8-10절은 5-7절과 연결된다. 침입자들은 자기들의 죄로 심판을 받아야 한다. 11절의 화는 8-10절에 언급된 내용을 추론한다. 그러나 11b-13절은 적들이 가인과 발람과 고라의 길을 따랐기 때문에 정죄를 받을 것이라는 점에서 화의 선언을 지지한다. 12-13절은 11절에서 선언된 화의 예언이 반대자들에게 적용됨을 보여 주며, 심판에 관한 추가적인 이유를 제공한다. 매우 다채로운 언어를 사용하여 그들의 불경건한 삶의 방식을 꾸짖는다.

3.1. 하나님의 심판(5-10절)

3.1.1. 하나님의 심판의 세 가지 역사적인 예(5-7절)

[5] 너희가 본래 모든 사실을 알고 있으나 내가 너희로 다시 생각나게 하고자 하노라 주께서 백성을 애굽에서 구원하여 내시고 후에 믿지 아니하는 자들을 멸하셨으며 [6] 또 자기 지위를 지키지 아니하고 자기 처소를 떠난 천사들을 큰 날의 심판까지 영원한 결박으로 흑암에 가두셨으며 [7] 소돔과 고모라와 그 이웃 도시들도 그들과 같은 행동으로 음란하며 다른 육체를 따라 가다가 영원한 불의 형벌을 받음으로 거울이 되었느니라

4절은 침입자들의 심판이 오래전에 미리 기록되었다고 말한다. 5-7절은 이스라엘, 천사, 소돔과 고모라의 역사에서 심판의 예를 제시하면서 모형론적으로 경고한다.[1] 세 가지 모두 "본질적으로 반역"이다.[2] 3중 구조를 좋아하는 유다서의 특징이 다시 나타난다. 이 순서는 연대순이 아니다. 그러면 이스라엘이 마지막일 것이다. 아마도 유다서는 이스라엘이 하나님의 백성이고, 그의 은혜와 구원의 대상이었기 때문에 이스라엘로 시작했을 것이다. 그러나 그들은 죄를 지었을 때 그분의 심판을 경험했다. 그들은 하나님의 은혜를 경험했지만 하나님을 떠났을 때 그분의 심판에 놓였기 때문에 기독교 공동체와 유사하다.[3] 아마도 소돔과 고모라가 마지막에 들어간 이유는 유다가 편지한 교회 또는 교회들에게 심판의 가혹함을 경고하기 때문일 것이다. 그들의 생각에는 계속되는 죄가 가져올 결과가 새겨져 있다.

여기에서 인용된 예들은 유대 전통에서 흔히 볼 수 있다(참조. Sir 16:7-10; 3 Macc 2:4-7; T. Naph. 3:4-5; Jub. 20:2-7; CD 2:17-3:12; m. Sanh. 10:3; 참조. 눅 17:26-29). 이 병행은 유익하다. 시락서는 창세기 6장

---

1 유다서의 모형론의 중요성에 대해서는 다음을 참조하라. J. D. Charles, "'Those' and 'These': The Use of the Old Testament in the Epistle of Jude," *JSNT* 38 (1990): 109–24. 보컴은 세 가지 모두가 "종말론적 예표"로 기능한다는 점을 바르게 지적한다(*Jude and the Relatives of Jesus in the Early Church* [Edinburgh: T&T Clark, 1990], 187, 217–18).

2 Charles, "The Use of the Old Testament in Jude," 116.

3 R. Bauckham, *Jude, 2 Peter*, WBC (Waco: Word, 1983), 50.

1-4절에서 천사들의 후손인 거인들에 대한 심판(7절), 롯의 이웃들의 무지에 대한 심판(8절), 광야에서 이스라엘이 받은 심판(10절)에 주목한다. 마카비 3서(3 Macc) 2장은 광야에서 이스라엘의 심판을 언급하지 않고 홍수로 거인의 심판(4절)과 소돔과 고모라의 오만과 악행으로 인한 유황과 불의 심판을 묘사한다. "납달리의 유언"(Testament of Napthali)은 또한 이스라엘에 관한 언급을 생략하지만 자연의 질서를 거부한 소돔과 같은 죄를 범한 창세기 6장의 파수꾼(the Watchers)에 대한 심판을 선언한다(T. Naph. 3:4-5). 희년서는 이스라엘의 심판을 생략하지만 거인과 소돔 사람의 음행과 더러움으로 말미암은 하나님의 심판을 선포한다(Jub. 20:5-6). 다마스커스 문서(CD)는 파수꾼 및 광야 세대의 완고함과 하나님의 명령을 지키지 않은 것에 대해 고발한다. 그 대신 소돔과 고모라에 관한 언급은 생략한다(CD 2:17-3:12). 미쉬나(Mishnah)는 비록 광야 세대가 구원을 받을 것인지에 관한 랍비적인 논쟁을 언급하지만, 홍수 세대, 소돔, 광야 세대에게 장차 올 세상에서 몫이 없다고 말한다(m. Sanh. 10:3).

앞에 인용된 증거로부터 우리는 세 가지 심판의 예에 호소하는 전통이 유대인 그룹에서 일반적임을 알 수 있다. 베드로후서도 마찬가지로 범죄한 천사들과 소돔과 고모라에 대한 심판을 선포하고 이스라엘의 심판을 생략한다. 문헌들이 보여 주는 다양한 주제와 주제의 유연성(예. 이스라엘은 종종 생략됨)은 이 세 가지 예를 통해 심판의 주제가 청중에게 깊은 인상을 준 구전 전통을 가리킨다. 물론 전통이 기록되어 있지만, 전통을 사용하는 데 있어서 문헌을 의존하는 증거는 부족하다. 나는 유다서가 하나의 출처에 의존하지 않고 유대교에 잘 알려진 전통에 의존한다고 결론을 내린다.

5절. 새로운 단락은 "내가 너희로 다시 생각나게 하노라"라는 공개 형식(disclosure formula)으로 시작하여 광야 세대의 심판을 서술하는 새로운 단락의 시작을 의미한다. 공개 형식은 다른 편지에서도 흔히 볼 수 있다(롬 1:13; 11:25; 고전 8:1; 10:1; 12:1; 고후 1:8; 갈 1:11; 빌 1:12, 살전 4:13). 여기에서 이 형식은 편지의 다음 부분으로 넘어가는 역할을 한다.[4] 유다서는

4 공개 형식(disclosure formula)에 대해서는 다음을 참조하라. J. L. White, *The Form and Function*

독자들에게 이스라엘의 심판을 일깨우며 시작한다. "단번에"(ἅπαξ, 하파스, 개역개정. '본래')의 위치는 본문에서 불확실하다. 어떤 분문 증거는 "주" 또는 "예수" 뒤에(헬라어 성경 NA[28]은 '예수'를 제시) 위치하는 데, 주님께서 이스라엘을 "처음" 애굽에서 구원하신 후 "후에" 그들을 멸망시킨 것 사이의 병행이 있다.[5] 사본의 증거는 "단번에"(ἅπαξ, 하파스)를 첫 번째 어절과 함께 배치하는 것을 약간 더 선호한다("단번에 모든 사실을 알고 있으나"). 이것이 더 어려운 읽기이기 때문에, CSB 성경처럼 "너희가 단번에(개역개정. "본래") 이 모든 것을 알고 있지만, 이제 일깨우려고 한다"로 읽을 수 있다.[6] 이 읽기에서 유다서의 독자들이 "단번에 모든 사실을" 알고 있음과 "성도들에게 단번에 주신 믿음의 도"(3절)가 연결된다. 유다는 그들이 복음을 들었을 때, 그 소식이 그들에게 전파되었기 때문에, 그들이 이미 알고 있던 복음의 소식을 일깨운다. 따라서 유다서는 독자들이 모든 것에 관한 포괄적인 지식을 가지고 있다

---

of the Body of the Greek Letter, SBLDS 2 (Missoula: Scholars Press, 1972), 11-15.

5 다음의 철저한 논의에서 이 견해에 대한 지지를 참조하라. S. Hafemann, "Salvation in Jude 5 and the Argument of 2 Peter 1:3-11," in *The Catholic Epistles and Apostolic Tradition: A New Perspective on James to Jude*, ed. K.-W. Niebuhr and R. W. Wall (Waco: Baylor University Press, 2009), 331-39. 또한 다음을 참조하라. S. J. Kraftchick, *Jude, 2 Peter*, ANTC (Nashville: Abingdon, 2002), 36-37; R. A. Reese, "Remember 'Jesus Saved a People out of Egypt,'" in *Muted Voices of the New Testament: Readings in the Catholic Epistles and Hebrews*, ed. K. M. Hockey, M. N. Pierce, and F. Watson, LNTS 565 [London: Bloomsbury T&T Clark, 2017], 94-95). 그러나 헤프먼(S. Hafemann)의 본문 결정(다음 각주에 인용된 언급) 또는 구원의 행위가 광야 세대의 금송아지에 대한 용서였다는 것을 확신하지 못한다. 애굽으로부터의 구원이 더 가능성이 높다.

6 다음은 이 견해를 지지한다. Metzger, *TCGNT*, 657-58; A. Wikgren, "Some Problems in Jude 5," in *Studies in the History and Text of the New Testament in Honor of Kenneth Willis Clark, Ph.D.*, ed. B. L. Daniels and M. J. Suggs (Salt Lake City: University of Utah Press, 1967), 147-48; C. D. Osburn, "The Text of Jude 5," *Bib* 62 (1981): 109-11; E. Fuchs and P. Reymond, *La Deuxième Épître de Saint Pierre, L'Épître de Saint Jude*, CNT (Neuchâtel-Paris: Delachaux & Niestlé, 1980), 162; T. Wasserman, *The Epistle of Jude: Its Text and Transmission*, ConBNT 43 (Stockholm: Almqvist & Wiksell, 2006), 258-60; T. Flink, "Reconsidering the Text of Jude 5, 13, 15, and 18," *Filología Neotestamentaria* 20 (2007): 103-4; J. Frey, *Der Brief des Judas und der zweite Brief des Petrus*, THKNT (Leipzig: Evangelische Verlagsanstalt, 2015), 68. 다음은 앞의 견해를 지지한다. M. Black, "Critical and Exegetical Notes on Three New Testament Texts: Hebrews xi. 11, Jude 5, James i. 27," in *Apophoreta: Festschrift für Ernst Haenchen zu seinem siebzigsten Geburtstag*, ed. W. Eltester (Berlin: Töpelmann, 1964), 44-45; C. Landon, *A Text-Critical Study of the Epistle of Jude*, JSNTSup 135 (Sheffield: Academic Press, 1996), 77; G. L. Green, *Jude and 2 Peter*, BECNT (Grand Rapids: Baker, 2008), 77-78; S. Hafemann, "Salvation in Jude and the Argument of 2 Peter 1:3-11," 332; Davids, *2 Peter and Jude*, 47; Bateman, *Jude*, 162-65.

고 주장하지 않고 반대자들과 대조적으로 복음을 안다고 주장한다. 물론 복음의 진리를 안다고 해서 다시 상기하는 것이 불필요하다는 의미가 아니다. 신자들이 복음의 능력을 새롭게 경험할 수 있도록 일깨우는 일은 필요하다. 유다서는 이미 받아들인 진리를 잊어버리기 쉽기 때문에 그들을 일깨운다.

유다서는 이스라엘의 심판으로 시작하여 과거에 주님께서 행하셨던 세 가지 심판을 상기시킨다.[7] 여기에서 또 다른 사본 문제가 있다. 많은 사본이 "주" 대신 "예수"로 읽기 때문이다. 외적 증거에 따르면 "주"가 아니라 "예수"가 바른 읽기이다.[8] 대부분 학자들은 하나님께서 이스라엘을 애굽에서 인도하고 악

---

7 위-오에쿠메니우스는 신약의 하나님이 구약의 하나님과 동일하다는 것을 보여 주기 위해 여기에서 심판에 호소한다. 이것은 마치 "구약에는 복수하는 야만적인 하나님이 있고 신약에는 인류를 사랑하는 친절한 통치자인 다른 하나님이 있는 것처럼은 아니다. 그리고 동시에 그는 논의하는 이 사람들이 형벌을 받지 않고 남아 있지 않을 것을 보여 준다"(P. R. Jones, *The Epistle of Jude as Expounded by the Fathers-Clement of Alexandria, Didymus of Alexandria, the Scholia of Cramer's Catena, Psuedo-Oecumenius, and Bede*, Texts and Studies in Religion 89 [Lewiston: Edwin Mellen, 2001], 101).

8 Ἰησοῦς(이에수스)는 A, B, 33, 81, 1241, 1739, 1881, 2344에 의해 뒷받침된다. 또한 다음을 참조하라. Bede in P. E. Jones, *The Epistle of Jude as Expounded by the Fathers—Clement of Alexandria, Didymus of Alexandria, the Scholia of Cramer's Catena, Psuedo-Oecumenius, and Bede*, Texts and Studies in Religion 89 (Lewiston: Edwin Mellen, 2001), 114. 𝔓72는 θεός Χριστός로 읽는 데, 변형일 것이다. 특별히 내적 증거(א, Ψ, C*, 630, 1505 등)로 일부 학자들은 κύριος를 지지한다. 예. Bauckham, *Relatives of Jesus*, 308-9; Landon, *A Text-Critical Study of the Epistle of Jude*, 75-76; H. W. Bateman IV, *Jude*, EEC (Bellingham: Lexham, 2017), 161-62; D. J. Harrington, *Jude and 2 Peter*, SP (Collegeville: Michael Glazier, 2003). 195. T. Wasserman, *The Epistle of Jude: Its Text and Transmission*, ConBNT 43 (Stockholm: Almqvist & Wiksell, 2006), 26은 Ἰησοῦς가 사본들의 지지를 받는다고 동의하지만, 스타일이 어렵고 5-7절의 문맥에 어울리지 않는다고 생각한다. 다음은 Ἰησοῦς를 지지한다. Wikgren, 148–49; Osburn, "The Text of Jude 5," 111-15; P. F. Bartholomä, "Did Jesus Save the People out of Egypt? A Re-examination of a Textual Problem in Jude 5," *Novt* 50 (2008): 143-58; Flink, "Reconsidering the Text of Jude 5, 13, 15, and 18," 106-12; C. Bigg, *The Epistles of St. Peter and St. Jude*, ICC (Edinburgh: T&T Clark, 1901), 328; Bauckham, *Jude, 2 Peter*, 49; G. L. Green, *Jude and 2 Peter*, BECNT (Grand Rapids: Baker, 2008), 65; Kraftchick, *Jude, 2 Peter*, 37. 바돌로매(P. F. Bartholomä)는 필사자들이 예수님이 애굽에서 백성을 구원하는 것이 "시대착오적"으로 여기고, 따라서 그들은 "주"로 바꾸는 경향이 있을 것이기 때문에, 내적 증거로도 적절하다고 주장한다("Did Jesus Save the People out of Egypt," 150). 포숨(J. Fossum)은 외적 증거가 "예수"를 지지하며 유다서는 구약에서 예수를 주의 천사로 이해한다고 생각한다("Kyrios Jesus as the Angel of Lord, Jude 5-7," *NTS* 33 [1987]: 226-43; 또한 R. Martin, "Jude," *The Theology of the Letters of James, Peter, and Jude* [Cambridge: Cambridge University Press, 1994], 77-78). 예를 들어, 구약의 기록에서 소돔과 고모라의 멸망, 그 도시들의 멸망은 여호와의 천사에게 돌린다(참조. 창 18:1, 13-14, 17-33; 19:13-14, 25, 29). 로고스나 지혜와 같은 중재자들은 필론과 솔로몬의 지혜(Wisdom of Solomon)에서 도시들의 파괴된 수단으로 이해되기도 한다. 예수님을 주님의 천사로 이해하는 단계는 순교자 유스티누스가 분명히 주장했다. 따라서 유다서가 순교자 유스티누스보다 먼저 이 결론을 내리는 것은 가능하다.

한 천사들을 멸하셨다고 주장하면서 내적 증거를 이유로 예수님에 대한 가능성을 의심한다.[9] 그러나 "예수"는 일부 학자들이 주장하는 것처럼 이상하지 않다.[10] 바울은 그리스도께서 광야에서 이스라엘과 함께 계시는 것으로 이해했고(고전 10:4, 9), 따라서 유다는 예수님께서 이스라엘을 애굽에서 구원하셨다고 믿었을 가능성이 있다. 에녹 1서 69:26-29는 사람의 아들이 결박된 천사들을 심판하는 자리에 앉아 있다고 묘사하지만, 오즈번(Osburn)이 지적한 것처럼 예수 그리스도께 동일하게 적용할 수 있을 것 같지 않다.[11]

포숨의 예수님이 주의 천사라는 주장이 틀렸다고 하더라도 신약의 저자들은 예수님을 구약의 여호와와 동일시한다. 요한은 이사야서 6장의 보좌 환상을 언급하면서 이사야가 예수 그리스도의 영광을 보았다고 말한다(요 12:41). 이사야는 모든 무릎이 여호와께 꿇을 것이고, 그에게 충성을 고백할 것이라고 선언한다(사 45:23). 바울은 이 본문을 예수 그리스도께 적용한다(빌 2:10-11). 그러므로 유다가 이스라엘, 천사들, 소돔과 고모라의 멸망을 예수님의

포숨에 반대하는 주장은 다음을 참조하라. Bauckham, *Relatives of Jesus*, 310-11; Landon, *A TextCritical Study of Jude of Jude*, 71-74. 그들은 포숨의 견해에 대해 다음과 같이 반대한다. 포숨은 에녹 1서가 10:4-6, 10:11-12에 의존한다. 그러나 에녹 1서에서는 두 천사가 심판에 포함되어 있어, 이제 한 분 예수를 말한다면 이 주장은 이해하기 어렵다. 더욱이 9절에서 미가엘에 관한 언급은 예수님이 아니라 미가엘이 주의 천사로 확인되었음을 보여 준다. 예수님을 선재하신 그리스도로 언급하는 것은 신약에서 나오지 않는다. 스타일을 고려하면, 유다서는 항상 "예수 그리스도"를 언급하고 결코 "예수"만을 언급하지 않는다. 나는 예수님이 주님의 천사로 동일시되지 않지만 예수에 대한 언급과 관련한 논증이 여전히 가장 설득력이 있다고 대답하고 싶다.

9 참조. J. N. D. Kelly, *A Commentary on the Epistles of Peter and Jude*, Thornapple Commentaries (Grand Rapids: Baker, 1981), 255; D. J. Moo, *2 Peter, Jude*, NIVAC (Grand Rapids: Zondervan, 1997), 239-40; A. Vögtle, *Der Judasbrief, Der 2 Petrusbrief*, EKKNT (Neukirchen-Vluyn: Neukirchener Verlag, 1994), 37-40; Fuchs and Reymond, *2 Pierre, Jude*, 162; Davids, *2 Peter and Jude*, 48; Frey, *Der Brief des Judas und der zweite Brief des Petrus*, 69–70.

10 켈렛(E. E. Kellett)은 Ἰησοῦς(이에수스)가 더 나은 해석이라는 데 동의하지만, 이 언급은 여호수아라고 주장한다("Note on Jude 5," *ExpTim* 15 [1903–1904]: 381). 켈렛이 예수를 여호수아와 동일시하는 것은 제외되어야 한다. 여호수아는 광야에서 믿지 않는 자들을 멸망시키지 않았으며 창세기 6장에서 범죄한 천사들을 심판했다는 것도 그럴듯하지 않다. Osburn, "The Text of Jude 5," 111-12; Fossum, "Angel of the Lord," *NTS* 33 (1987): 226; Bartholomä, "Did Jesus Save the People out of Egypt?," 153; 또한 다음을 참조하라. H. Paulsen, *Der zweite Petrusbrief und der Judasbrief*, KEK (Göttingen: Vandenhoeck & Ruprecht, 1992), 62-63; R. A. Reese, *2 Peter and Jude*, THNTC (Grand Rapids: Baker, 2007), 43-44.

11 Osburn, "The Text of Jude 5," 112-13; cf. E. E. Ellis, "Prophecy and Hermeneutic in Jude," in *Prophecy and Hermeneutic in Early Christianity: New Testament Essays* (Grand Rapids: Eerdmans, 1978), 232, n. 49.

권위에 돌린 것은 이상하지 않다. 신약의 저자들은 예수님이 하나님과 동일한 신분과 역할을 공유한다고 가르친다. 반면에 아버지께서 이스라엘을 애굽에서 구원하셨고, 창세기 6장에서 범죄한 천사들을 심판하셨다는 생각이 더 자연스럽다. 어떤 학자들은 유다가 항상 "예수 그리스도"라고 말하기 때문에 "예수"라는 읽기가 불가능하다고 생각한다(1[2회], 4, 17, 21, 25). 그러나 편지가 짧기 때문에 유다서가 예수님을 어떻게 언급하는지 설명할 수 있는 증거가 충분하지 않다. "예수"는 탁월한 외적 증거를 가진다. 그러나 일부 사본에 "예수"가 포함된 것은 "노미나 사크라"(nomina sacra, 하나님의 이름을 기록할 때 사용되는 전형적인 기록 방식. 역자 주)에 관한 필사자들의 혼동일 수 있다. "노미나 사크라"(nomina sacra)의 실수라면, 편지 전체에서 예수님이 주로 동일시되기 때문에 여전히 예수님을 "주"로 말할 수 있다(4, 8, 9, 14, 17, 21, 25절).[12] 이 문제는 쉽지 않지만, 예수가 더 균형을 이룬다.

이스라엘은 출애굽으로 애굽에서 "구원"(σώσας, 소사스)을 받았다(출 6-14장). 그러나 예수님께서는 그들을 속박에서 해방시킨 "후에(δεύτερον, 듀테론) 믿지 아니하는 자들을 멸하셨다." "두 번째"(δεύτερον, 듀테론)는 이스라엘의 해방 이후 일어난 일을 강조하기 때문에 "후에"는 바르게 번역한 것이다.[13] 유다서는 정탐꾼들이 믿음이 없는 보고를 가지고 돌아와(갈렙과 여호수아 제외), 백성들이 하나님의 약속을 믿지 않고 심판을 받아 40년 동안 그 땅에 들어가지 못하는 민수기 14장 사건을 염두에 둔다. 특히 두 단어가 민수기 14장과 연결한다. 유다서는 이스라엘이 "믿지 아니했다"(πιστεύω, 피스튜오)라고 말한다. 같은 단어가 민수기 14장 11절에서 이스라엘의 불신(οὐ πιστεύουσίν, 우 피스튜우신)을 묘사하는 데 사용된다. 유다서는 또한 예수님

---

12 리즈는 예수가 가장 좋은 읽기라고 주장하며, "주"가 맞다고 하더라도 4절에서 예수님을 주로 정의하기 때문에 가리키는 대상은 여전히 예수님이라고 주장한다("Remember Jesus Saved a People out of Egypt," 93–94). 또한 다음을 참조하라. G. Aichele, *The Letters of Jude and Second Peter: Paranoia and the Slaves of Christ*, Phoenix Guides to the New Testament 19 (Sheffield: Sheffield Phoenix Press, 2012), 10.

13 J. P. Louw and E. A. Nida, *Greek-English Lexicon of the New Testament Based on Semantic Domains* (New York: United Bible Societies, 1988), 67.50; Fuchs and Reymond, *2 Pierre, Jude*, 163. 일부 학자들은 δεύτερον에 근거하여 몇 가지 이상한 해석을 한다. 예. B. Reicke, *The Epistles of James, Peter, and Jude*, AB (Garden City: Doubleday, 1964), 199; M. Green, *The Second Epistle General of Peter and the General Epistle of Jude*, 2nd ed., TNTC (Grand Rapids: Eerdmans, 1987), 164. 여기에서 그리스도의 재림에 대해 제안하지만, 문맥에 적절하지 않다.

께서 믿지 아니하는 자들을 "멸하셨다"(ἀπώλεσεν, 아폴레센)라고 말하고, 민수기 14장 12절에서 주님은 멸망(ἀπολῶ, 아폴로)을 경고하신다고 말한다.[14]

유다서는 요점을 분명히 한다. 거짓 선생들에게 어떻게 반응하든지 상관없이 그리스도를 따르겠다는 결정, 또는 세례의 처음 결정이 미래의 구원을 보장한다고 생각한다면, 믿음의 공동체 그 누구도 하나님의 은혜를 장담할 수 없다. 이스라엘의 배교는 처음 헌신이 지속적인 순종 없이도 미래의 운명을 보장한다고 생각하는 모든 사람들에게 경고가 된다. 하나님의 백성은 끝까지 견디어 구원의 참됨을 나타낸다. 경고는 하나님께서 자기 백성을 끝까지 보존하시는 수단 중 하나이다. 이 경고를 무시하는 사람들은 종말론적 구원을 얻기 위해 하나님께서 정하신 수단을 소홀히 한다. 또한 이 관점은 행위로 얻는 의의 한 형태로 생각해서는 안 된다. 유다서는 이스라엘이 심판을 받은 이유를 정확하게 지적한다. 그들은 하나님을 "믿는 데" 실패했다. 인내에 대한 부르심은 믿음을 초월하고 넘어서는 부르심이 아니다. 하나님은 자기 백성이 죽을 때까지 당신의 약속을 믿도록 부르신다. 그리스도인에게 믿음과 신뢰를 넘어서는 어떤 것이 존재하지 않는다. 모든 배교는 그리스도 안에 있는 하나님의 구원 약속을 신뢰하지 않는 데서 비롯된다. 마치 광야 세대가 하나님께서 그들이 광야에서 악의적으로 죽도록 정했다고 생각하며, 진정으로 그들을 가나안 땅으로 인도하실 것을 믿지 않은 것과 같다.

유다가 이스라엘에 대해 말한 내용에서 또 다른 신학적인 질문이 생긴다. 본문은 예수님께서 애굽에서 구원하신 자들을 멸하셨다고 말한다. 이것은 참되게 구원을 받은 사람 중 어떤 사람들이 실제로 배교를 해서 구원을 저버릴 수 있음을 제안하는 듯 보인다. 어떤 사람들은 심판이 영원하지 않고 일시적이라고 이의를 제기할 수 있다. 그러나 고린도전서 10장 1-12절과 히브리서 3장 7절에서 4장 13절까지 같은 전통을 사용한 것은 신약 저자들이 최종 구원의 문제를 다루기 위해 그 전통을 사용했음을 보여 준다.[15] 히브리서가 말하

---

14 어떤 학자들은 모세의 중보 기도로 인해 여호와께서 온 백성을 멸하시겠다는 그의 말씀을 실행하지 않으셨기 때문에 이 연결점을 반대할 수 있다. 이 반대는 설득력이 없다. 여호와는 온 나라를 멸하지 않으셨고(따라서 모세의 기도에 응답하셨다), 그는 범죄한 어른 세대를 멸하셨다.

15 랍비 그룹(m. Sanh. 10:3)은 광야 세대가 장차 올 세상에서 분깃을 가질지에 대해서 논쟁을 벌였다. 랍비들의 눈에 보이는 이스라엘의 행동은 단지 현세적인 심판이 아니라 그들의 미래 운명에 영향을 미쳤음을 보여 주기 때문에 논쟁의 의미가 크다. 이 논쟁에 관한 신약의 관점은 고

듯이 죄를 짓는 사람들은 하나님의 천국 "안식"에 들어가지 못할 것이다. 유다서는 다음 두 가지 예가 보여 주는 것처럼 비슷하게 경고한다. 천사들과 소돔과 고모라에 있는 자들은 모두 영원한 저주를 받았다(6-7절). 물론 광야에서 이스라엘의 심판은 단지 일시적이고 육체적인 심판일 수도 있다.[16] 비록 이스라엘의 심판이 전적으로 육체적이고 일시적이었지만, 유다서는 우리가 고린도전서 10장과 히브리서 3-4장 모두에서 볼 수 있듯이 이 이야기를 최종 심판에 대한 경고로 모형론적으로 사용한다.

따라서 어떤 학자들은 광야 세대를 보여 주며 신자들이 자기들의 구원을 버릴 수 있다고 결론을 내릴 수 있다. 이 결론은 처음에는 설득력이 있어 보여도 잘못되었다. 여기서 우리는 모형과 그 성취의 차이를 분별해야 한다. 이스라엘과 예수 그리스도의 교회 사이에 그려진 비유가 모든 측면에서 같지 않다. 우리는 이스라엘이 정치적인 단위이자 하나님의 백성이었음을 기억할 필요가 있다. 주님은 자신을 위해 한 백성을 부르셨을 뿐만 아니라 한 민족을 존재하게 하셨다. 그러므로 할례를 받은 이스라엘의 모든 구성원이 마음의 할례를 받은 것은 아니었다(신 10:16; 30:6; 렘 4:4). 유다서는 애굽에서 이스라엘을 구원하는 것(육체적인 행위)과 그리스도 안에서 행하신 하나님의 구원 사이에 유비를 만들고 있지만, 애굽에서 해방된 이스라엘 사람들이 마음에 할례를 받고 거듭났다고 반드시 이 병행을 결론 내릴 필요는 없다. 실제로 광야에서 죄를 짓고 징계를 받은 사람들은 여호와께 속하지 않았으며, 처음부터 마음에 할례를 받지 않았음을 보여 주었다(참조. 신 29:4). 그러므로 우리는 이스라엘을 애굽에서 구원하는 것과 영적 구원 사이에 엄밀한 대응을 만들면 안 된다. 나는 나의 신학으로 유다서를 읽고 있는 것일까? 어떤 학자들은 그렇게 생각할 수 있다. 그러나 나는 유다 자신이 하나님께서 부르신 사람들이 끝까지 보존될 것이라고 약속했다고 주장하고자 한다(1, 24-25절). 유다서는 끝까지 견디는 데 필요한 경고와 자기에게 속한 사람들이 종말론적 구원을 체험하게 하시는 하나님의 은혜 사이의 긴장을 유지한다.

이스라엘과 유다서의 독자들이 처한 상황이 같을 수도 있다. 광야에서 멸

린도전서와 히브리서에서 분명하다.

16 예. 베이트먼(*Jude*, 173)은 광야에서 죽음이 육체적이라고 말한다.

망한 이스라엘 사람들은 아마도 진정으로 자신들이 그 백성의 일부라고 믿었을 것이다. 그들의 불순종은 그렇지 않은 것으로 나타났다. 비슷하게, 유다서의 공동체 일부 사람들은 자신들이 참으로 그 백성의 일부라고 생각했을지 모르지만, 유다서는 계속적인 신실함이 이것을 증명할 수 있는 유일한 방법이라고 주장한다. "배교하는" 자들은 그들이 하나님의 백성이 아니었음을 드러낸다(참조. 요일 2:19). 경고에 관한 응답은 다시 돌아가 누가 하나님의 백성에게 속해 있는지 드러낸다.

6절. 심판의 두 번째 예는 범죄한 천사들이다. 유대 전통은 창세기 6장 1-4절의 천사들의 죄, 소돔과 고모라의 심판 그리고 광야 세대의 형벌을 연결한다. 우리는 여기에서 유다서가 창세기 6장 1-4절에 기록된 천사들의 죄를 언급하고 있음을 확신할 수 있다.[17] 유대 전통에 따르면 천사들이 지은 죄는 사람의 딸들과의 성관계였다. 분명히 유다서는 창세기 6장 1-4절을 같은 방식으로 이해한다. 이에 대한 세 가지 근거가 있다. 첫째, 유대 전통은 일관성 있게 창세기 6장 1-4절을 이 방식으로 이해한다(1 En. 6-19; 21; 86-88; 106:13-17; Jub. 4:15, 22; 5:1; CD 2:17-19; 1 QapGen 2:1; T. Reu. 5:6-7; T. Naph. 3:5; 2 Bar. 56:10-14; 참조. Josephus, *Ant.* 1.73). 둘째, 14-15절에서 유다서가 에녹 1서의 영향을 받았고 에녹 1서는 천사들의 죄와 형벌에 대해 자세히 설명한다. 유다가 유대 전통에 동의하지 않는다면, 유다는 창세기 6장 1-4절의 유대인의 관습적인 견해에서 벗어나 있음을 독자들에게 설명해야 했을 것이다. 특별히 유다와 독자 모두가 천사들과 성적인 죄를 자세히 기록하고 있는 에녹 1서에 익숙했기 때문이다. 간결한 구절은 그가 유대 전통에 동의함을 지지한다. 셋째, 본문은 소돔과 고모라의 죄와 천사들 사이의 유사점을 만들어 낸다("같은 행동으로", 7절. ὡς[호스]와 τὸν ὅμοιον τρόπον τούτοις[톤 호모이온 트로폰 투토이스]). 두 경우 모두 성적인 죄가 두드러진다.[18]

---

17 창세기 6장이 아니라 에녹 1서만 유다서의 논의 자료라고 믿는 오즈번에 반대된다("Discourse Analysis and Jewish Apocalyptic in the Epistle of Jude," 296).

18 클라인(A. F. J. Klijn)은 성적인 죄를 과소평가한다("Jude 5 to 7," in *The New Testament Age: Essays in Honor of Bo Reicke*, ed. W. C. Weinrich [Macon: Mercer University Press, 1984],

유대 전통을 더 자세히 설명하기 전에 6절의 주장을 설명하는 것이 도움이 될 것이다. 유다서는 천사들이 "자기 위치"를 지키지 않는다고 책망한다. 여기에서 헬라어 지위(ἀρχὴν, 아르켄)는 천사들에게 주어진 영역이나 통치 또는 영향력을 의미한다. 천사들은 "자기 처소"(τὸ ἴδιον οἰκητήριον, 토 이디온 오이케테리온)를 버리고 자기들의 적절한 경계를 넘었다. 여기에서 언어는 다소 모호하다. 그러나 유다는 그들이 본래 영역을 떠나 땅으로 와서 남자의 몸을 입고 여자와 성관계를 가졌음을 의미한다. 유다서는 여기에서 그대로 갚는다는 표현을 사용한다. 천사들이 자기들의 고유한 영역을 "지키지 않았기"(μὴ τηρήσαντας, 메 테레산타스) 때문에, 예수님은 그들을 "흑암에 가두셨다"(τετήρηκεν, 테테레켄, '지키다'와 같은 동사).[19] 옳은 것을 거절한 결과는 형벌이다. 정의는 잊히지 않기 때문이다. 이 천사들을 "영원한 결박"에 가두었기 때문에 그들은 지금도 형벌을 받고 있다. 우리는 문자 그대로 결박하는 사슬이라고 생각할 수 있지만, 힐리어는 다음과 같이 올바르게 말한다. "우리는 타락한 천사들이 결박되어 있는 문자 그대로의 지하 감옥을 상상할 의도도 없다. 오히려 유다는 그들의 비참한 상황을 생생하게 묘사하고 있었다. 한때 자유로운 영혼과 천상의 권세들은 이제 사슬에 묶여 무력하다. 한때 하나님의 영광스러운 임재의 놀라운 빛을 누리고 빛나던 자들이 이제 깊은 흑암에 빠지게 되었다"[20] 그러나 지금 그들의 결박은 최종 형벌이 아니다. 그

1:237-44). 젤린은 소돔과 고모라에 관한 언급이라도 죄를 은유적으로 이해해서 참 하나님을 부인하고 우상으로 향한다고 주장하면서 성적인 죄에 관한 어떠한 언급도 설득력이 없다고 부인한다("Die Häretiker des Judasbriefes," *ZNW* 77 [1986]: 216-17). 그의 해석은 구약과 유대 전통 모두 천사와 소돔과 고모라의 죄가 성적 일탈을 포함하고 있음을 보여 주기 때문에 설득력이 없다. 성적인 죄에 대한 지지는 다음을 참조하라. F. Hand, "Randbemerkungen zum Judasbrief," *TZ* 37 (1981): 212. 다른 한편, 젤린은 강조점이 천사들이 정해진 역할을 거부하는 것에 있음을 바르게 지적한다(또한, Charles, "The Use of the Old Testament in Jude," 114). 소돔의 사건을 성적인 것이 아니라고 해석하려는 매력적인 시도는 다음을 참조하라. S. Morschauser, "'Hospitality,' Hostiles, and Hostages: On the Legal Background to Genesis 19.1-19," *JSOT* 27 (2003): 461-85. 그러나 이 견해는 제2성전기 유대교의 해석과 맞지 않고, 사사기 19장의 이야기는 기브아가 소돔과 같이 악하고 명백히 성적인 죄를 보여 주기 위한 것이다. 다음의 주해를 참조하라. D. A. Carson, "Jude," in *Commentary on the New Testament Use of the Old Testament*, ed. G. K. Beale and D. A Carson (Grand Rapids: Baker, 2007), 1072-74.

19 Frey, *Der Brief des Judas und der zweite Brief des Petrus*, 76.

20 N. Hillyer, *1 and 2 Peter, Jude*, NIBC (Peabody: Hendrickson, 1992), 242. 또한 다음을 참조하라. Bateman, *Jude*, 180-81.

들은 주님의 날에 심판을 위해 지금도 보존되고 있다. 지금 감옥에 갇혔지만 여전히 마지막 날의 최종적이고 결정적인 심판을 기다린다.[21] 범죄하고 죄를 짓는 사람들은 심판을 받는다. 천사들이라도 합당한 일을 어겼을 때 안전하게 도피할 수 없다. 반대자들의 죄도 벌을 받을 것이므로 유다는 교회가 그들의 가르침에 저항하도록 격려한다.[22]

이 시점에서 나는 유대 전통이 얼마나 유행했는지 간략하게 설명하려고 한다. "납달리의 유언"(T. Naph.) 3:4-5에서 창세기 6장 1-4절의 천사들을 "파수꾼(Watchers)"으로 정의하며 "자연의 질서를 떠나" 홍수로 저주 받았다고 말한다. "르우벤의 유언"(T. Reu.) 5:6-7에 따르면 여자들은 자기들의 아름다움으로 파수꾼들을 매료시켰고 파수꾼들은 그들에 대해 욕망을 느꼈다. 파수꾼은 남자로 변해 거인을 낳았다(참조. 1QapGen 2:1). 희년서는 또한 파수꾼들이 사람의 딸들과 성적인 관계를 맺음으로 죄를 지었다고 가르친다(Jub. 4:22). 주의 천사들은 딸들의 아름다움을 보고 그들을 아내로 삼았으며, 그 후손은 거인이었고 이러한 악으로 여호와께서 홍수를 내리셨다(Jub. 5:1-11). 다마스커스 문서(CD)는 이 이야기를 간략하게 표현한다. 파수꾼(Watches)은 하나님의 명령을 지키지 않았기 때문에 타락했다. 그들의 자손들이 백향목 같고 몸이 산과 비슷하다고 말했기 때문에 거인의 자손 전통이 유지된다(CD 2:17-19). 하나님은 이 죄의 결과로 홍수를 보내신다.

우리가 말했듯이 이 전통은 에녹 1서에서 가장 광범위하게 퍼져 있다. 천사들은 사람의 딸들을 원했고(6:1-2), 아내로 삼았으며 거인을 낳았다(7:1-2; 9:7-9; 106:14-15, 17). 그 죄의 결과로 하나님은 홍수를 보내겠다고 경고하셨다(10:2). 저자가 그들이 여자들과 "음행했다"라고 말할 때 천사들의 악은 분명해진다(10:11). 일부 언어는 유다서와 놀랍도록 유사하다. 천사 라파엘은

"아자젤(Azaz'el)의 손과 발을 결박하여 흑암에 던지라!"는 명령을

---

21 메이어는 결박이 영원하다고 말하지만, 심판의 날까지만 지속된다고 발견한다(*The Epistle of St. Jude and the Second Epistle of St. Peter* [1907; repr., Grand Rapids: Baker, 1965], 31).

22 창세기 6:1-4이 천사들의 최초 타락을 기록하기 있기 때문에 사탄과의 동조가 아담과 타락 이후에 이루어졌을 가능성이 있다.

받는다. 그는 듀다엘(Duda'el)에 있는 광야에 구멍을 뚫어 거기에
그를 던지고 그 위에 울퉁불퉁하고 날카로운 바위를 던져 그가 빛
을 보지 못하게 하며 큰 심판의 날에 불 속에 들어가게 하려고 그
얼굴을 가렸다(10:4-6).[23]

유다서도 범죄한 천사들이 흑암에 결박되어 심판의 날을 기다린다고 가르친
다. 죄를 지은 자들이 최후의 심판 전에 일시적인 심판을 받게 될 것이라는 사
실이 에녹 1서 10:12-13에 분명히 나타난다.

> 심판의 날과 완성의 날까지, 영원한 심판이 끝날 때까지, 칠십 세
> 대 동안 땅의 바위 밑에 결박하라. 그날에 그들을 지옥 불 속으로
> 인도할 것이며, 그들은 영원히 갇힌 감옥, 고통 속에 있을 것이다
> (참조. 13:2).[24]

비슷하게, 파수꾼(Watchers)은 "영원히 하늘에 올라갈 수 없을 것이지만, 너
는 땅속에 남아 영원토록 감옥에 갇히게 될 것이다"(14:5; 참조 21:1-4, 10;
88:1, 3)라는 말을 듣는다. 파수꾼이 유다서가 강조한 자기들의 적절한 처소
를 버렸다는 생각은 에녹 1서에서도 (사건의 간결한 요약과 함께) 전해진다.
"너희가 어찌하여 높고 거룩하고 영원한 하늘을 버리고, 또 여자들과 동침하
여 그 백성의 딸들과 더불어 스스로 더럽히며 아내를 취하여 땅의 자식들과
같이 행하여 거인 자손들을 낳았는가?"(15:3). 유다서는 전통을 따라 자기들
의 적절한 처소를 어긴 천사들에게 심판을 선언한다.

그러나 우리는 유다서가 에녹 1서 또는 유대 전통에서 발견되는 모든 내
용에 동의했다고 말하면 안 된다. 전통에 관한 유다의 언급은 간결하고 우리
가 에녹 1서 6-8장에서 찾을 수 있는 추측을 피한다.[25] 또한 유다서는 천사들
의 특정한 이름에 관심을 보이지 않는다. 전통의 일반적인 사용은 모든 세부

---

23 J. H. Charlesworth, *OTP* (Garden City: Doubleday, 1983-85), 1.17.

24 Charlesworth, *OTP*, 1.18. 모든 다음의 인용은 찰스워드(Charlesworth)에서 가져왔다.

25 G. Green, *Jude and 2 Peter*, 68; J. D. Charles, "The Angels under Reserve in 2 Peter and Jude,"
   BBR 15 (2005): 47.

사항을 받아들이는 것과는 다르다. 에녹 1서가 가장 상세하며, 다른 유대 전통에서는 그 이야기는 간결하게 전달된다. 우리는 보증할 수 있는 내용보다 유다서에서 더 많이 읽어내지 않도록 주의해야 하지만, 나는 유다가 천사들이 여자들과 성관계를 가졌다고 믿었고, 하나님께서 천사들이 정해진 처소를 어긴 것을 심판하셨음을 분명히 한다고 생각한다.

이 이야기는 확실히 오늘날의 독자들에게 기이하다. 불행하게 창세기 6장 1-4절은 상당한 논쟁이 되고, 합의가 이루어지지 않는다. 많은 해석가들은 "하나님의 아들들"이 천사가 아니라 신적 존재 또는 인간이라고 확신한다.[26] 이 주석은 논쟁의 여지가 있는 본문을 주해하지 않으려고 한다. 나는 단지 유다서가 창세기 6장 1-4절을 올바르게 해석했다는 나의 의견을 쓰고 싶다. 나는 따르면 창세기 6장 1-4절의 "하나님의 아들들"은 천사가 가장 그럴듯 하다고 판단한다. "하나님의 아들들"은 욥기에서 분명히 천사들이다(1:6, 2:1, 38:7). 70인역을 따르는 신명기 32장 8절의 쿰란 사본 중 하나는 또한 "하나님의 아들"(בני האלהים)이라고 읽는다. 물론 유다서가 유대 전통에 나타나는 내러티브를 역사적으로 믿지 않을 가능성이 있지만, 광야에서의 이스라엘의 심판과 소돔과 고모라를 역사적인 사건으로 고려하기 때문에 역사적으로 믿는다고 이해해야 한다. 우리는 이러한 기이한 일이 가능하지 않다고 치부하는 합리주의적 세계관을 경계해야 한다.

천사들이 성이 없다는 반대가 가장 많이 제기된다(마 22:30). 사실 마태복음은 천사들이 성행위를 하지 않는다고 말하지 않는다. 대신 그들이 장가도 가지 않고 시집도 가지 않는다고 말한다. 천사들이 성행위를 하거나 자식을 낳는다는 증거는 없지만, 그들은 이 땅에 올 때 종종 인간으로 온다. 그리고 아마도 인간의 모습은 거짓이 아니라 진짜이기 때문에 천사들이 이 땅에 나타날 때 그들의 성행위는 진짜일 것이다. 창세기 18장에서 세 천사가 아브라함을 방문했을 때, 그들이 사람의 모습으로 나타나 아브라함이 식사를 준

---

26 신적 존재를 가리킨다는 주장은 다음을 참조하라. C. Westermann, *Genesis 1-11: A Commentary* (Minneapolis: Augsburg, 1984), 371-72. 인간을 가리킨다는 주장은 다음을 참조하라. C. F. Keil and F. Delitzsch, *Biblical Commentary on the Old Testament*: Vol. 1. *The Pentateuch* (Grand Rapids: Eerdmans), 127-34; K. Mathews, *Genesis 1-11:26*, NAC (Nashville: B&H, 1996), 323-32. 천사를 가리킨다는 주장은 다음을 참조하라. G. Wenham, *Genesis 1-15*, WBC (Waco: Word, 1987), 139-40.

비하고 인간처럼 먹음으로써 그들의 몸은 진짜였음을 보여 준다. 유다서가 헤시오드(Hesiod)의 신들의 계보(Theogony) 중 타이탄의 서술(713-35)에서 설명을 이끌어 냈다는 것도 그럴듯하지 않다. 유다가 에녹 1서와 유대 전통에 익숙했음이 분명하기 때문이다. 많은 문화권에서 천사와 인간의 성적인 연합에 관한 이야기가 있다. 나는 이러한 설명들이 발생했던 사건, 즉 창세기 6장 1-4절에 정확하게 기록된 사건의 왜곡이라고 제안하고 싶다. 많은 문화권에서 이러한 이야기가 존재한다는 사실은 역사적 사건의 증거로 기능한다. 천사와 인간의 성적인 결합이 오늘날에도 여전히 일어나고 있는가? 나는 천사들의 결박과 홍수 이야기의 요점은 하나님이 지금 이 결합이 일어나지 않도록 막으신다는 것으로 생각한다.

7절. 세 번째 심판의 예는 소돔과 고모라의 형벌이다. 유다서는 우리가 보았듯이 유대 전통에 익숙했지만, 창세기 19장의 성경 이야기도 잘 알고 있었다.[27] 비록 소알은 재앙을 피했지만, "이웃 도시들"은 아드마, 스보임, 소알이었다(참조. 신 29:23; 호 11:8, 창 19:19-22). "그들과 같은 행동으로"(τὸν ὅμοιον τρόπον τούτοις, 톤 호모이온 트로폰 투토이스)[28]는 천사들의 성적 부도덕과 소돔의 성적 부도덕 사이의 병행을 이룬다.[29] 소돔과 고모라가 형벌을 받은 죄는 성적인 죄만이 아니다. 에스겔은 그들이 교만과 가난한 자에 대한 관심의 부족으로 형벌을 받았다고 말한다(겔 16:49). 시락서와 마카비 3서는 그들의 오만함을 언급하고 또한 "불의"를 언급한다(Sir 16:8; 3 Macc 2:5). 요

---

27 유대 전통에 관한 유다서의 암시를 잘못 찾아 창세기 19장을 배제한 오즈번에 반대된다 ("Discourse Analysis and Jewish Apocalyptic in the Epistle of Jude," 297).

28 클뤼거(M. A. Kruger)는 여기에서 6절의 천사나 소돔과 고모라의 도시가 아니라 4절의 τινες ἄνθρωποι(티네스 안드로포이)을 다시 언급한다고 주장한다("TOYTOIΣ in Jude 7," Neot 27 [1993]: 119-32). 그러나 4절의 선행사는 너무 멀다. 클뤼거는 또한 8절의 οὗτοι가 4절을 언급한다고 주장한다. 그러나 οὗτοι는 반대자들을 의미하는 기본적인 언어이다. 따라서 5-7절을 언급하는 것이 더 설득력 있다. 천사라는 주장은 다음을 참조하라. Paulsen, *Petrusbrief und Judasbrief*, 64; Fuchs and Reymond, *2 Pierre, Jude*, 165.

29 이 단어들은 분명하게 성적 부도덕을 가리킨다. T. Fornberg, *An Early Church in a Pluralistic Society: A Study of 2 Peter*, ConBNT 9 (Lund: Gleerup, 1977), 47; W. J. Dalton, "The Interpretation of 1 Peter 3,19 and 4,6: Light from 2 Peter," *Bib* 60 (1979): 551n11. 다음과 반대된다. Paulsen, *Petrusbrief und Judasbrief*, 64. 놀랍게도 레이케는 우상 숭배와 자기를 높이는 죄로 이해한다(*James, Peter, and Jude*, 199).

세푸스는 이방인들의 교만과 증오로 소돔을 비판한다(*Ant.* 1.194).

　일부 학자들은 동성애가 소돔에 대한 정죄에 포함되어 있음을 과소평가한다.[30] 동성애의 죄는 창세기의 기록에서 두드러지게 나타나며, 소돔 사람들은 롯을 방문한 천사들(창 19:5-8)과 성관계(히브리어로 "알다")를 갖기 원했다.[31] 보컴은 소돔이 동성애의 죄로 형벌을 받았다는 요세푸스의 증거를 무시한다(*Ant.* 1.200-201). 그는 일반적인 도적적 방탕함을 이 도시에 적용하지만(*T. Ab.* 134-36; *T. Mos.* 2.58), 필론(Philo)은 구체적으로 그들의 죄를 동성애로 지적한다. 동성애의 죄는 분명히 "납달리의 유언"에서 볼 수 있는데, 여기에서 이스라엘은 "자연의 질서에서 벗어난"(3:4) 소돔의 죄를 피하라고 권면한다.[32] "레위의 유언"(Testament of Levi)은 이스라엘의 성적인 죄를 더 나쁜 상황으로 발전해 가는 방식으로 나열하고 "너희의 성관계가 소돔과 고모라 같이 되리라"(14:6)고 결론을 지으며 동성애의 타락을 제시한다. 그 이야기는 매우 잘 알려져 있기 때문에 그 죄를 분명하게 명시하지 않지만, 에스겔서에서 "가증한 일"(תועבה, 토예바)은 분명히 성적인 일탈을 언급한다(겔 16:50). 비슷하게 희년서의 저자는 소돔과 고모라가 음행과 정결하지 않으므로 심판을 받았다고 주장한다(Jub. 16:5; 20:5-6). 베냐민은 소돔과 같은 성적인 문란을 예언했다(T. Benj. 9:1). 유다도 소돔과 고모라의 성적인 죄에 초점을 맞추고 있다. 그들은 "성적 부도덕과 성도착을 저질렀다." CSB 성경은 유다서 7절에서 "성도착"으로 번역했지만, 헬라어는 문자적으로 그들이 "다른 육체를 따라갔다"(ἀπελθοῦσαι ὀπίσω σαρκὸς ἑτέρας, 아펠두사이 오피소 사르코스 헤테라스, 개역개정, "음란하며 다른 육체를 따라 가다가")는 의미이다.[33]

　6절과 어떻게 비교되는가? 유다서는 소돔이 창세기 6장 1-4절에 나오는 천사들처럼, 그들이 천사들과 성관계를 원했다는 점에서 같다고 말하는

---

30 예. Vögtle, *Judasbrief, 2 Petrusbrief,* 43-45; Harrington, *Jude and 2 Peter,* 196–97.

32 헬라어 ἐνήλλαξε τάξις φύσεως αὐτῆς에 주목하라("그녀는 자신의 본성의 질서를 바꾸었다").

33 여기에서 καί는 설명적이다. 그들은 다른 육체를 좇아 성범죄를 저질렀다. Frey, *Der Brief des Judas und der zweite Brief des Petrus,* 77n412.

가?[34] 그렇다면 비난 받는 죄는 반드시 동성애가 아니라 인간과 천사의 분리를 어긴 것이다. 그러나 유다서가 이런 구체적인 내용을 지적한 것 같지는 않다. 이 해석에 반대하는 가장 중요한 증거는 소돔에 있는 남자들은 **그들이 성 관계를 갖기 원했던 손님이 천사라는 것을 몰랐다**는 사실이다.[35] 그들의 죄는 동성애를 원하고 손님의 권리를 잔인하게 무시하는 데 있었다.[36] 더욱이 천사에 대한 욕망을 "다른 육체"(σαρκὸς ἑτέρας, 사르코스 헤테라스)에 대한 욕망으로 규정하는 것은 이상할 것이다. 이 단어는 자연스럽게 동성에 대한 성적 욕망을 나타낸다. 여러 가지 이유로 오늘날 일부 학자들은 동성애를 무조건 부정적으로 판단하는 것에 의문을 제기하려고 한다. 이러한 시도는 분명히 실패한다. 성경 저자들과 유대 전통은 이의 없이 동성애를 악이라고 정죄한다.[37]

유다서가 소돔과 고모라의 예를 소개하는 이유는 그들의 형벌이 하나님께서 장래 반대자들에게 행하실 일에 대한 "거울"(δεῖγμα, 데이그마) 기능을 하기 때문이다. 소돔과 고모라에 대한 역사적인 형벌은 역사의 심판이 아니라 영원한 심판인 마지막 심판의 모형으로 기능한다. 마카비 3서는 같은 요점을 보여 준다. 불과 유황으로 성읍들을 불사름은 장차 올 사람들을 위한 "예표"(παράδειγμα, 파라데이그마)이다(3 Macc 2:5). 유다서는 같은 형벌을 "영원한 불"(πυρὸς αἰωνίου, 퓌로스 아이오니우)로 묘사한다. 이 불은 하나님을 거부하는 모든 사람들에게 닥칠 일을 기대하기 때문에 예표가 된다. 소돔과 고모라의 멸망은 단순한 역사적 호기심이 아니다. 이것은 반역자에게 예비된 예언으로 모형론적으로 기능한다. 내러티브는 여호와의 비로 내리는 불과 유황의 황폐함을 강조한다(창 19:24-28). 유황, 소

---

34 이 견해는 다음을 참조하라. Kelly, *Peter and Jude*, 258–59; Bauckham, *Jude, 2 Peter*, 54; L. R. Donelson, *I and II Peter and Jude*, NTL (Louisville: Westminster John Knox, 2010), 180.

35 Moo, *2 Peter, Jude*, 242; Frey, *Der Brief des Judas und der zweite Brief des Petrus*, 77.

36 다음과 반대된다. D. G. Horrell, *The Epistles of Peter and Jude*, EC (Peterborough: Epworth, 1998), 121.

37 이 점에 관한 추가적인 논의는 다음을 참조하라. T. R. Schreiner, *Romans*, 2nd ed., BECNT (Grand Rapids: Baker, 2018), 102–6. 또한 다음을 참조하라. Oecumenius in *James, 1-2 Peter, 1-3 John, Jude*, ACCS (Downers Grove: InterVarsity, 2000), 251. 동성애 문제에 관한 완전하고 설득력 있는 주장은 다음을 참조하라. R. A. J. Gagnon, *The Bible and Homosexual Practice: Texts and Hermeneutics* (Nashville: Abingdon, 2001).

금, 황폐함은 성경의 다른 곳에서 이스라엘과 교회에 대한 경고로 기능한다 (신 29:23; 렘 49:17-18; 참조. 사 34:9-10; 겔 38:22; 계 14:10-11; 19:3; 20:10). 유대 전통은 사해 남쪽 지역에서 일어난 끔찍한 결과를 볼 수 있다고 특별히 강조한다. "그들의 사악함의 증거가 여전히 남아 있다. 끊임없이 연기 나는 황무지, 익지 않는 열매를 가진 식물"(Wis 10:7, RSV)이 그 증거이다. 요세푸스는 이렇게 말한다. "사실, 신성한 불의 흔적과 다섯 도시의 희미한 흔적이 여전히 보인다. 그러나 또한 겉보기에는 먹을 수 있다고 생각되지만, 손으로 뜯으면 연기와 재로 녹아버리는 열매에서 가루만 나오는 것을 볼 수 있다. 지금까지 소돔 땅의 전설이 눈으로 증명된 것이다"(J.W. 4.484-85).[38] 필론(Philo)도 비슷하게 말한다(*Abraham* 141). "오늘날까지 수리아에는 재, 유황, 연기, 그리고 희미한 불꽃 가운데서 이전에 없었던 멸망의 기념비인 폐허가 있다. 이것은 여전히 아래에서 타오르는 불처럼 땅에서 위로 올라온 다"(*Moses* 2.56).[39]

우리는 또한 유다서가 과거 심판을 제시한 예를 과도하게 해석하지 않도록 주의해야 한다. 유다서는 반대자들이 천사들과 성관계를 가졌다고 말하지 않는다(6절). 또한 유다서는 반대자들이 동성애 행위를 했음을 가리키지 않는다. 유다는 반대자들이 이전에 죄를 지은 자들과 같은 죄를 지었다는 것이 아니라 죄를 지은 사람들이 심판을 받는다는 사실을 강조한다. 그러나 침입자들은 성적인 죄를 지었을 가능성이 있다. 다음 구절에서 보게 될 것이다.

---

38 요세푸스는 롯의 아내가 변한 소금 기둥을 보았다고 주장한다(*Ant.* 1.203).

39 Philo, *The Works of Philo* (Peabody: Hendrickson, 1993), 495-96.

3.1.2. 적들에 대한 적용: 심판이 확실한 세 가지 죄(8-10절)

⁸ 그러한데 꿈꾸는 이 사람들도 그와 같이 육체를 더럽히며 권위를 업신여기며 영광을 비방하는도다 ⁹ 천사장 미가엘이 모세의 시체에 관하여 마귀와 다투어 변론할 때에 감히 비방하는 판결을 내리지 못하고 다만 말하되 주께서 너를 꾸짖으시기를 원하노라 하였거늘 ¹⁰ 이 사람들은 무엇이든지 그 알지 못하는 것을 비방하는도다 또 그들은 이성 없는 짐승 같이 본능으로 아는 그것으로 멸망하느니라

하나님의 심판에 대한 역사의 세 가지 예를 제시한 이후에 반대자들도 심판을 받을 것이라고 기대할 수 있다. 그러나, 심판을 선포하는 대신, 그들의 죄를 선언하여 미래의 심판을 위한 근거를 제공한다. "그와 같이"(8절)는 앞 단락과 연결되어 있음을 보여 준다. 그러나 "그와 같이"(ὁμοίως, 호모이오스)를 "같은 방식으로"라고 번역하면 침입자들이 5-7절에서 심판을 받은 자들과 정확히 같은 죄를 지었음을 의미할 수 있다는 점에서 약간 오해의 소지가 있다. 나는 유다서가 5-7절에서 반대자들이 반드시 동성애를 했다거나 천사들과 성관계의 죄를 지었음을 의도하지 않았다고 이미 주장했다. 두 단락 사이의 연결은 더 느슨하다. 5-7절에서 심판을 받은 자들과 반대자들의 죄 사이에는 일반적인 비유가 존재한다. 3중 구조를 좋아하는 유다서의 특징은 8절에서 반대자들이 심판을 받게 될 세 가지 죄가 성적인 죄, 하나님 또는 그리스도의 주권을 거부하는 일, 천사를 욕하는 일에서 다시 나타난다.[40]

8절에 나열된 죄와 앞 단락의 연결을 추적하는 것은 흥미롭다.[41] 소돔(7절) 사람들이 성적인 규범을 어기고 (천사인 줄 몰랐지만) 천사들을 학대하고

---

40 보컴(*Jude, 2 Peter*, 45와 *Relatives of Jesus*, 201-6)과 엘리스("Prophecy and Hermeneutic in Jude," 225)는 우리가 쿰란이나 묵시문학에서 볼 수 있는 것처럼, οὗτοι(후토이)라는 단어의 반복에서 해석적인 공식을 발견한다. 이것이 사실이라면 우리는 페쉐르(pesher) 주해와 비슷하다. 그러나 보컴은 그 병행이 정확하지 않으며 유다가 각 경우 성경을 해석했는지 분명하지 않다는 사실을 인정한다(*Jude, 2 Peter*, 45). 네이레이는 οὗτοι(후토이)의 반복이 수사학적이라고 주장한다(*2 Peter, Jude*, AB [Garden City: Doubleday, 1993], 72). 헬라어 οὗτοι(후토이)와 비슷한 수사적인 양식은 사도행전 7:35-38을 참조하라.

41 Bauckham, *Relatives of Jesus*, 188.

하나님의 주권을 부인했기 때문에 분명히 세 가지 죄를 모두 지었다. 6절에 나오는 천사들도 자기 자신에 대한 하나님의 주권을 거부하고 성에 관한 기준을 어겼지만 다른 천사들을 비방했다는 증거는 없다. 광야에서 이스라엘(5절)은 약속의 땅에 들어가라는 하나님의 명령에 순종하기를 거부함으로써(민 14장) 그들에 대한 하나님의 통치에 반역했고, 그들은 미디안 사람들과 성적인 죄를 저질렀다(민 25:1-9). 그러나 그들이 율법을 범하는 데서 천사들을 거절했다고 이해하지 않는다면 천사들을 모독했다는 증거는 부족하다. 이 경우 연관성은 거의 분명하지 않다. 우리는 5-7절과 8-10절의 정확한 연결이라기보다 일반적인 연결이라고 결론을 내릴 수 있다.

8-10절을 5-7절과 연결하려면 8-10절의 주장을 요약해야 한다. 반대자들이 심판을 받아 마땅한 세 가지 죄가 8절에 나열된다. 모세의 시체에 대한 미가엘과 마귀의 논쟁은 9절의 대조를 소개한다. 침입자들은 천사의 권세를 비판했지만 반대로 미가엘은 마귀를 비방하지 않고 하나님께 마귀의 심판을 맡겼다. 따라서 적들에 대한 숨 막히는 가정이 등장한다. 반대자들은 그들이 비판하는 것을 전혀 이해하지 못했음에도 거만하게 조롱했다. 그들이 이해한 것은 육체적인 욕망과 성적인 죄의 힘이었다. 그들은 바로 이 욕망에 굴복해버렸다. 이에 대한 심판으로 그들은 멸망할 것이다.

8절. 유다는 이제 8-10절에서 왜 침입자들이 5-7절에 묘사된 심판을 받아야 하는지 설명한다. 이 사람들도 "그와 같이"라는 말로 고발을 소개한다. 우리는 이미 8절에 세 가지 죄가 등장한다는 사실에 주목했다. 성적인 죄, 하나님의 주되심에 대한 부인, 영광스러운 천사에 대한 모독이다. "꿈꾸는"(ἐνυπνιαζόμενοι, 에뉘프니아조메노이)은 헬라어 분사이며, 반대자들의 꿈은 도덕적인 둔감함의 기초이다.[42] 그들은 자기 삶의 방식을 정당화하기 위해 계시의 원천으로 이해하는 자기들의 꿈에 호소했다. 다른 학자들은 유다가 침입자들을 무지하고, 최면에 걸리고, 꿈꾸는 자들로 비난했다고 이해하지만,[43]

---

42 켈리는 분사를 비슷하게 이해한다. 죄는 "그들의 꿈의 결과"이다(*Peter and Jude*, 260-61). 도넬슨은 분사가 인과 관계라고 말한다(*I and II Peter and Jude*, 182). 베이트먼은 한정적인 용법으로 이해한다(*Jude*, 197–98).

43 오즈번(Osburn)은 유다서가 거짓 선생들이 속았다고 가르칠 뿐이라고 생각한다("Discourse

그러나 반대자들은 자기들의 행동에 대한 하나님의 승인과 계시로 기능한다고 믿었던 꿈에 호소함으로써 도덕적인 해이함을 정당화했을 가능성이 더크다.[44] 물론 성경은 모든 꿈을 배제하지 않는다(참조. 욜 2:28; 마 1:20; 행 2:17). 그러나 거짓 선지자들도 꿈에 호소했고 그들의 미혹으로 비난을 많이 받았다(신 13:1, 3, 5; 사 56:9-12; 렘 23:25-32).[45]

그런 다음 침입자들은 성적 방탕을 정당화하기 위해서 꿈에 호소했다. 그들은 "육체를 더럽혔다"(σάρχα ... μιαίνουσιν, 사르카 미아이누신, CSB). "더럽혔다"(μιαίνω, 미아이노)는 종종 구약에서 성적인 죄를 가리킨다(예. 창 34:4, 13, 27; 레 18:24, 27-28; 욥 31:11; 렘 3:2; 호 5:3; 6:10; 참조. Pss. Sol. 2:13; 1 En. 9:8; 10:11; 12:4; 15:3-4). 이것은 또한 6-7절에서 유다서가 천사들과 소돔과 고모라에 대해 말한 내용과 일치한다.[46] 성적인 죄를 묘사하기 위한 "육체를 더럽혔다"는 다른 문헌에도 있다(Sib. Or. 2:279; Herm. Mand. 29:9; Sim. 60:2). 당연히 반대자들은 그들이 육체를 더럽힌다고 생각하지 않았다. 아마도 그들은 자기들의 성적인 방종이 하나님으로부터 온 것이며 자신들은 도덕적인 규범을 초월했다고 말하기 위해 꿈에 호소한 것 같다.[47] 유다서는 이러한 더러움과 정결하지 않음이 전염병처럼 퍼질 수 있기 때문에 염려한다.[48]

Analysis and Jewish Apocalyptic in the Epistle of Jude." 298). 또한 다음을 참조하라. Bateman, *Jude*, 199–200.

44 Horrell, *The Epistles of Peter and Jude*, 121-22; G. Green, *Jude and 2 Peter*, 74; Davids, *2 Peter and Jude*, 54-55. 힐리어는 그들이 "묵시적인 계시를 가지고 있다고 주장한다"라고 말한다(*1 and 2 Peter, Jude*, 247). 그는 "그 마음의 어리석음으로 말미암아 불경건함에 빠지고 마음의 두려움과 자기들의 꿈의 묵시로 말미암아 마음이 어두워질" 사람들에 대해 말하는 에녹 1서 99:8을 인용한다.

45 거짓 선지자들과 연결은 다음을 참조하라. R. Heiligenthal, *Zwischen Henoch und Paulus: Studien zum theologiegeschichtlichen Ort des Judasbriefes*, Texte und Arbeiten zum neutestamenlichen Zeitalter 6 (Tübingen: Francke, 1992), 50; K. H. Schelke, *Der Petrusbrief-Der Judasbrief*, HTKNT (Freiburg: Herder, 1980), 156; D. A. deSilva, *Jude*, PCNT (Grand Rapids: Baker, 2012), 204.

46 참조. Fornberg, *An Early Church in a Pluralistic Society*, 47; Fuchs and Reymond, *2 Pierre, Jude*, 166-67; Frey, *Der Brief des Judas und der zweite Brief des Petrus*, 81.

47 그들의 죄가 성적이었다는 사실은 다음이 변호한다. Bauckham, *Relatives of Jesus*, 187n13. 5-7절은 반드시 그 죄가 동성애였다는 것을 나타내지 않는다(Osburn, "Discourse Analysis and Jewish Apocalyptic in the Epistle of Jude," 299; Vögtle, *Judasbrief, 2 Petrusbrief*, 48). 베이트먼은 이 언급이 일반적이고 종교적인 타락 일반을 의미한다고 생각한다(*Jude*, 201-3). 이것은 분명히 가능하지만, 6-7절에서 성적인 죄에 초점을 맞추면 그의 가능성은 줄어든다.

48 참조. Darian Lockett, "Purity and Polemic: A Reassessment of Jude's Theological World," in

둘째, 반대자들도 "권위를 업신여긴다." 여기에서 교회나 정부 지도자와 같은 인간의 권위에 관한 언급으로 이해할 수 있다. 그러나 권위(퀴리오테스, *κυριότης*)는 70인역이나 신약에서 결코 이러한 의미가 아니며 인간의 권위라면 복수형일 것이다. 이 단어는 천사의 능력을 언급할 수 있지만(1:21; 골 1:16; 참조. 2 En. 20:1),[49] 복수형일 가능성이 더 높다. 다음 구절은 천사를 언급할 가능성이 높기 때문에 유다서는 아마도 하나님과/또는 그리스도의 주권을 염두에 두고 있을 것이다(참조. Herm. Sim. 56:1; 59:1; Did. 4:1).[50] 죄는 반대자들이 예수 그리스도를 자기들의 주재와 주님이라는 사실을 부인한 4절에 비유된다. 다시 말하지만, 구체적인 교리적 일탈을 의도하지 않았을 것이다. 그들의 생활 방식이 하나님 또는 그리스도의 주되심을 부인했다.[51]

셋째, 침입자들은 "영광을 비방한다." 이 언급은 인간에 관한 것일 수 있으며, 그 결과 존귀한 사람들을 뜻한다(참조. 시 149:8; 23:8; 나 3:10; 1QpHab 4:2; 4QpNah 2:9; 3:9; 4:4; 1QM 14:11).[52] 그러나 히브리어 복수형 נכבדים (니크바딤)은 구약에서 *δόξαι*(독사이)로 번역되지 않는다. 천사들이 영광스러운 존재라는 개념이 적절하며(70인역 출 15:11; T. Jud. 25:2; T. Levi 18:5; 1QHa 10:8),[53] 이 해석은 9절에 가장 잘 맞는다. 이 구절에서 미가엘이 마귀와 싸웠다는 내용이 나와 있고 미가엘은 마귀를 비방하는 것을 그만둔다.[54] 여기에서 "영광스러운 자들"(개역개정. "영광")의 정체는 단정하기 힘들다.

어떤 학자들은 유다가 악한 천사들에게 가해지는 경멸을 걱정하지 않을

Reading Jude with New Eyes: Methodological Reassessments of the Letter of Jude, ed. R. L. Webb and P. R. Davids, LNTS 383 (London: T&T Clark, 2008), 17-19.

49 Paulsen, *Petrusbrief und Judasbrief*, 65.

50 프레이는 천사와 주님의 주권 모두가 고려된다고 생각한다(*Der Brief des Judas und der zweite Brief des Petrus*, 81).

51 훅스와 레이먼드는 하나님의 주권에 대한 거부로 이해한다(*2 Pierre, Jude*, 167). 힐리어는 4절을 말한다고 보고, 그리스도의 주되심을 부인하는 것을 고려한다고 생각한다(*1 and 2 Peter, Jude*, 248; 또한, G. Green, *Jude and 2 Peter*, 76).

52 어떤 학자들은 그것을 시민의 주권을 말한다고 이해한다. 예. M. Luther, *Commentary on Peter & Jude*, trans. and ed. J. N. Lenker (Grand Rapids: Kregel, 1990), 293; J. Calvin, *Commentaries on the Catholic Epistles* (Grand Rapids: Eerdmans, 1948), 438.

53 참조. Mayor, *Jude and Second Peter*, 35; G. Green, *Jude and 2 Peter*, 77; Bateman, *Jude*, 207-8. 유다서의 천사들에 관한 관심을 발견할 때, 천사들에 관한 언급은 더 지지받는다(I. H. Eybers, "Aspects of the Background of the Letter of Jude," *Neot* 9 [1975]: 116).

54 Davids, *2 Peter and Jude*, 57–58.

것 같기 때문에, 선한 천사에 관한 언급이 더 합리적이라고 주장한다.[55] 더욱이, "영광"은 마귀에 관한 언급이 아니다. 그렇다면 왜 천사들은 이 구절에서 반대자들에게 조롱을 받는가? 어떤 학자들은 반대자들이 물질세계를 창조하는 데 천사들이 맡은 역할을 비판한 영지주의자라고 제안했다. 그러나 이 해석은 반영지주의적 논쟁일 때만 유효하다. 이 이론의 증거는 부족하다. 아마도 반대자들은 신자들이 자신들을 심판할 것을 알고 있었기 때문에, 이미 실현된 종말론을 주장하고 천사들을 비난했을 것이다(고전 6:3). 천사들이 심판 날에 중요한 역할을 할 것이기 때문에 비방을 받았을 가능성도 있다.[56] 천사들은 모세 율법의 중개자로서 비난을 받았다(갈 3:19; 행 7:38, 53; 히 2:2; 참조 Jub. 1:27-29; Josephus, *Ant.* 15.136).[57] 이것은 반대자들의 반율법적인 성격에 맞을 것이다. 천사들은 율법을 전달하고 세상의 질서와 구조를 보존했으며 반대자들은 이 구속에 벗어나 살기 원했다.[58]

선한 천사를 지지하는 좋은 논증이 앞의 내용과 같지만, 미가엘이 마귀에 대한 심판을 선언하기를 거부한 9절과의 병행으로 8절에서는 악한 천사로 보인다.[59] 베드로후서 2장 10절에서 "영광스러운 자들"은 악한 천사를 가리킨다. 따라서 악한 천사가 절대 아니라고 주장할 수 없다. 유다는 아마도 이 문제에 대해서 베드로와 다른 해석을 하지 않았을 것이다. 베드로후서와 유다서 두 장의 내용은 매우 비슷하기 때문이다. 물론 확신하기는 쉽지 않고 다른 해석이 맞을 가능성도 있다. 만일 유다가 악한 천사들을 언급한다면 논쟁은 다음과 같다. 침입자들은 마귀들을 비방하지만, 천사장 미가엘은 마귀를 모독할 생각을 하지 않고 하나님께 심판을 맡겼다. 높은 권세를 가진 천사 미가엘이 사탄의 심판을 생각조차 하지 않았다면, 그들이 죄를 지었다고 하더라도, 어떻게 반대자들이 교만하게 영광을 가진 마귀를 비방할 수 있겠는가?

---

55 예. Bauckham, *Jude, 2 Peter*, 57; Carson, "Jude," 1074-75; Frey, *Der Brief des Judas und der zweite Brief des Petrus*, 82.

56 Neyrey, *2 Peter, Jude*, 69.

57 Bauckham, *Relatives of Jesus*, 272. 푀그틀레는 "계명" 또는 "율법"이 부족하다고 주목하면서 반율법주의적 논제에 대해 의문을 제기한다(*Judasbrief, 2 Petrusbrief*, 55-56).

58 Frey, *Der Brief des Judas und der zweite Brief des Petrus*, 83.

59 M. Green, *2 Peter and Jude*, 168-69; Moo, *2 Peter, Jude*, 245-46. 그러나 우리는 이 영지주의적인 이원론을 읽을 수 없다(다음과 반대된다. Fuchs and Reymond, 2 Pierre, Jude, 167).

9절. 9절도 매우 어렵기 때문에 처음부터 요점을 밝히려고 한다. 반대자들은 영광스러운 천사들을 모욕했지만, 미가엘은 너무 겸손해서 마귀를 정죄할 생각조차 하지 않고 주님께 꾸짖어 달라고 간구했다. "천사장"은 미가엘의 권위와 탁월함을 나타낸다. 다니엘 10장 13, 21절에서 그는 "군주"(ἄρχων, 아르콘)로, 다니엘 12장 1절에서는 "큰 군주"(ὁ ἄρχων ὁ μέγας, 호 아르콘 호 메가스, Theodotion)로 정의된다.[60] 계시록에서 그는 용과 악한 천사들에 대항하는 전쟁을 이끈다(계 12:7). 그의 탁월성은 다른 유대 문헌에서도 계속된다 (1QM 9:16; 1 En. 9:1; 10:11; 20:5; 24:6).[61]

구약에서 모세가 장사되었다고 말하지만(신 34:6), 묻힌 곳을 본 사람이 없었기 때문에 그의 묻힌 곳에 관한 추측이 일어났다. 필론이 다음과 같이 말한다.

> 그[모세]는 그의 무덤을 아는 사람 없이 장사되었다. 사실 그가 장사된 것은 죽을 사람의 손이 아니라 썩지 않는 능력으로 되었기 때문이다. 그는 자기 조상의 묘에 장사되지 않았다. 그는 아무도 경험한 적이 없는 특별한 은혜를 경험했다(*Moses* 2.291).

유다서에서 수수께끼 같은 요소는 미가엘과 마귀 사이에 벌어진 모세의 시체에 대한 논쟁이다. 여기에서 사용된 표현은 모세의 시체에 관한 법적인 분쟁을 암시한다. 모세의 죄를 입증함으로 마귀는 그에게서 명예로운 매장의 권위를 박탈하고 아마도 모세의 시체에 관한 소유권을 주장할 것이다. 미가엘은 마귀가 사악하고 그 동기가 악하기 때문에 마귀를 비난할 모든 권리를 가지고 있는 것처럼 보이지만, 미가엘은 마귀를 비난하지 않고 그에 대해서 "비방하는 판결"(χρίσιν βλασφημίας, 크리신 블라스페미아스)을 내리지 않았다.[62]

---

60 B 사본에서는 "큰 천사"(ὁ ἄγγελος ὁ μέγας)로 제시된다.

61 도움이 되는 요약은 다음을 살펴보라. Bateman, *Jude*, 210–13; 참조. G. Green, *Jude and 2 Peter*, 81-82.

62 속격 βλασφημίας은 셈어 관용구를 반영하는 형용사적 속격이다. Mayor, *Jude and Second Peter*, 36; Fuchs and Reymond, *2 Pierre, Jude*, 168; Hillyer, *1 and 2 Peter, Jude*, 249; C. F. D. Moule, *An Idiom Book of New Testament Greek*, 2nd ed. (Cambridge: University Press, 1959), 175.

미가엘이 말한 "주께서 너를 꾸짖으시기를 원하노라"라는 스가랴 3장 2절을 암시한다.[63] 스가랴의 구약 문맥은 그 이야기가 사탄이 여호와의 종 가운데 한 사람의 죄를 입증하려고 시작한 사건을 나타내기 때문에 중요하다. 대제사장 여호수아는 여호와 앞에 있었지만 사탄은 그를 여호와 앞에서 고발했다(슥 3:1). 사탄은 여호수아의 "더러운 옷"이 그의 죄를 상징했기 때문에 여호와 앞에서 여호수아를 고발했다(슥 3:3-4). 그러나 "여호와께서 너를 책망하노라"(슥 3:2)라고 말씀하심으로 사탄에 대한 심판을 선언하셨다. 하나님의 말씀은 용서를 선언하며 여호수아가 입었던 깨끗한 옷으로 설명된다. 키(H. C. Kee)가 보여 주듯이 여호와께서는 마치 말로만 책망함으로 이야기가 끝나는 것처럼 단순한 책망이 아니었다.[64] 오히려 여호와의 판결은 효력이 있었다. 법정에서 사탄의 패배를 확정 짓고 여호수아의 신원을 선언했다. 여호와께서 택하신 자는 그의 목전에서 의롭다 하심을 얻는다(슥 3:2, 4-5).

마치 사탄이 "벗기라"라고 말로만 고발을 듣는 것처럼, 마찬가지로 유다서에 있는 미가엘의 말은 모세에 대한 사탄의 고발에 주님께서 말로만 꾸짖으시기를 바라는 내용이 아니다. 모세를 신원하고, 그 신원이 모세의 정당한 매장을 보장함은 사탄의 참소에 효과적인 하나님의 응답이다. 마귀는 모세가 애굽인을 죽인 죄 때문에 모세의 시체에 관한 권리를 주장했을 것이다. 미가엘은 모세가 죄를 지었다는 것을 부인하거나 그의 행동을 변호하지 않는다. 그는 모세가 하나님의 말씀으로 용서를 받고 그 결과 하나님께서 그의 더러움을 제거하실 것이라는 확신을 가지고 주님께서 꾸짖으시기를 호소했다(참조. 슥 3:3-5).

유다는 이 이야기를 어디에서 얻었을까? 불행하게도 이 기록은 보존된 어떤 문헌에도 나타나지 않는다. 이 서술의 전통이 우리에게 전해진다. 이 전통은 보컴이 조심스럽게 부록으로 다룬다.[65] 그 이야기는 "모세의 승천기"(Assumption of Moses)라는 책에 나온 것으로 알려져 있다.

---

63 Bede, in Johnson, *Epistle of Jude*, 116.

64 H. C. Kee, "The Terminology of Mark's Exorcism Stories," *NTS* 14 (1968): 238-39.

65 Bauckham, *Jude, 2 Peter*, 65-76; 또한 다음 각주에 반영된 그의 주의 깊은 연구를 참조하라.

"모세의 승천기"와 "모세의 유언"(Testament of Moses)의 관계는 논쟁거리이다. 보컴은 철저한 연구로 두 개의 서로 다른 저작이 서로 다른 전통 위에 있다고 생각한다.[66] 우리는 더 이상 원문을 가지고 있지 않기 때문에, 이 문제를 주해로 해결할 필요가 없다.[67] 보컴은 다양한 후대 자료들을 종합해서 마귀가 모세를 애굽인을 살해한 혐의로 기소하며, 모세의 "명예로운 매장에 대한 권리"에 이의를 제기한다고 결론 내린다.[68] 미가엘은 주께서 꾸짖으시도록 요청했고, 마귀의 도망으로 미가엘이 장사를 마칠 수 있었다.[69]

머디먼(J. Muddiman)은 특별히 보컴이 후기 증거를 의존하기 때문에 그의 이야기 재구성에 의문을 제기한다.[70] 그는 보컴이 인용한 본문에서 "모세의 승천기"의 인용이 없다고 반대한다. 또한 우리는 논쟁이 모세의 애굽인 살인과 그의 명예로운 매장에 관한 것이었다는 유대 문헌의 증거를 찾을 수 없다. 스토크스(R. E. Stokes)는 자료들을 자세히 살피면서 논쟁이 모세의 매장이 아니라 그가 하늘로 올라간 문제라고 생각한다.[71] 문제 전체가 확실하지 않다. 보컴의 재구성 일부는 가능성이 희박하지만, 마귀가 모세가 애굽인을 죽였기 때문에 명예로운 매장에 관한 권리에 이의를 제기한 것은 그럴듯해 보인다.

미가엘과 마귀의 만남을 부분적으로 재구성한 것에 기초하여 보컴은 또한 미가엘이 마귀를 비방하기 거부했다는 일반적인 견해를 거절한다.[72] 그는 유다서가 그린 이야기에서 모세가 애굽인을 죽였기 때문에 **마귀가 모세를 비방**

---

66 Bauckham, *Relatives of Jesus*, 238–70. 관련 전통에 관한 추가 논의는 다음을 참조하라. Frey, *Der Brief des Judas und der zweite Brief des Petrus*, 84-85.

67 프레이는 "우리는 유다서의 저자가 어떤 형태의 전통과 관련이 있는지 추측할 수 있을 뿐이다"라고 말한다("The Epistle of Jude between Judaism, and Hellenism," 321).

68 보컴의 요약을 참조하라. Bauckham, *Jude, 2 Peter*, 72–73.

69 "모세의 유언"(Testament of Moses)의 연대가 논란의 여지가 있기 때문에 유다서의 이야기는 기록이 아닌 구전에서 유래했을 가능성이 있다(참조. J. D. Charles, "Jude's Use of Pseudepigraphical Source-Material as part of a Literary Strategy," *NTS* 37 [1991]: 137n31; 또한 다음을 참조하라. Eybers, "Background of the Letter of Jude," 121n15).

70 J. Muddiman, "The Assumption of Moses and the Epistle of Jude," in *Moses in Biblical and Extra-Biblical Traditions*, ed. A. Graupner and M. Wolter, BZAW 372 (Berlin: Walter de Gruyter, 2007), 174-77.

71 R. E. Stokes, "Not over Moses' Dead Body: Jude 9, 22-24 and the Assumption of Moses in Their Early Jewish Context," *JSNT* 40 (2017): 192-213.

72 Bauckham, *Jude, 2 Peter*, 60-62; Bauckham, *Relatives of Jesus*, 271-75.

했다고 주장한다. 유다서가 의도하는 바를 파악하는 열쇠는 (유대) 전통에 관한 지식에서 나온다고 보컴은 제안한다. 따라서 보컴에 따르면 이야기의 요점은 미가엘이 마귀를 비난하기를 거부했다는 것이 아니다.[73] 보컴에 따르면 미가엘은 사탄을 대적하기 위해 천사의 리더로서 자신의 권위가 아니라 주님의 심판에 호소하며, 모세에 대한 마귀의 비난에는 응답하려고 하지 않았다.

보컴의 제안은 흥미롭지만, 이 구절을 이해하는 가장 자연스러운 방법은 아니다.[74] 마귀를 대적해서 말할 수 있는 권리를 가진 것처럼 보이지만 미가엘이 "비방하는 판결"을 하지 않았다고 말하기 때문에, 미가엘은 그렇게 하지 않으려 했다는 의미에서 마귀**를 대적하는** 심판일 가능성이 가장 높아 보인다. 보컴의 해석은 독창적이고 가능성이 있지만, 본문을 자연스럽게 읽지 못한다. 이 구절은 단순한 대조이다. 미가엘은 감히 마귀에게 정죄하는 판결을 내리지 않았다. 그는 사탄의 심판을 하나님의 손에 맡기고 하나님께서 마침내 그를 심판해 달라고 간구했다. 이러한 해석은 베드로후서 2장 10-11절에 관한 우리의 이해와 잘 맞는다.[75] 그리고 보컴의 견해는 후기 자료를 근거로 한 사건의 재구성에 의존하며 이 재구성은 논란의 여지가 있다.[76]

정경이 아닌 책에 관한 유다서의 언급은 오늘날 많은 그리스도인을 어리둥절하게 한다. 그는 이 기록이 역사적으로 정확하다고 믿었는가? 아니면 요점을 밝히기 위해서 인용했는가?[77] 분명하지 않지만, 유다서는 이 이야기가 역사에 뿌리를 둔다고 믿었던 것 같다. 유다는 인용한 전통이 역사적이지 않다는 다른 언급을 하지 않는다. 이것은 정경이 확장되어야 한다는 결론에 이르게 만드는가? 아니면 유다는 "모세의 승천기"가 영감을 받았다고 생각했는

---

73 Bauckham, *Relatives of Jesus*, 273. 그는 또한 벤후 2:11은 선한 천사들이 마귀를 존경을 가지고 대한다고 말하는 목적이 아니라고 주장한다. 이 견해는 다음이 지지한다. T. Wasserman, *The Epistle of Jude: Its Text and Transmission*, ConBNT 43 (Stockholm: Almqvist & Wiksell, 2006), 91.

74 Vögtle, *Judasbrief, 2 Petrusbrief*, 61.

75 이 구절에 관한 논의는 주해를 참조하라.

76 유다서 9절에 관한 보컴의 해석에 관한 설득력 있는 비판은 다음을 참조하라. Muddiman, "The Assumption of Moses and the Epistle of Jude," 177-79. 여기에서 제공되는 해석은 유다서의 초기 주석가들에게서 나타난다. 참조. Bede and Psuedo-Oecumenius in Johnson, *The Epistle of Jude*, 116-18, 103.

77 다음에 있는 논의를 참조하라. Moo, *2 Peter, Jude*, 249–50.

가? 성가신 질문들이지만, 우리는 책에서 인용했다고 해서 그 책 전체가 영감을 받았다는 의미라고 결론을 내리면 안 된다. 바울은 전체 작품이 권위 있는 성경이라고 의미하지 않으면서 그리스 시인들과 그리스 문헌을 인용한다(행 17:28; 고전 15:33; 딛 1:12). 유다는 단순히 "모세의 승천기"를 인용했다고 이 글을 정경이라고 하지 않는다. 그는 이야기를 사실, 도움이 되는 내용, 또는 가르치고자 하는 진리의 예라고 믿었다.

10절. 미가엘은 마귀의 사악함을 충분히 이해하면서도 감히 그를 심판할 생각을 하지 않고 주께 그를 심판해 달라고 요청했다. 하지만 반대자들은 "무엇이든지 그 알지 못하는 것을" 비방한다. βλασφημοῦσιν(블라스페무신, 10절, "비방하다"[ESV, blaspheme]는 8절[ESV, slander]과 9절[ESV, slanderous condemnation]에서도 사용)는 세 구절을 함께 연결한다.[78] 유다가 이 사람들이 그들이 알지 못하는 것을 비방했다고 말할 때, 그는 8절의 천사들을 다시 염두에 둔다.[79] 그러나 "무엇이든지"(ὅσα, 호사)는 그들이 비방하는 언어가 천사들에게만 제한되어서는 안 되며 일반적인 영적 문제를 가리켜야 함을 보여 준다.[80] 침입자들은 자신들이 하늘의 일을 이해한다고 믿었지만, 그 깊이에서 멀리 떨어져 있었다. 그들이 이해한 한 가지는 육체적인 탐심의 힘이었다. 그들의 육체적 욕망은 자신들을 부추겼고, 이성 없는 짐승같이 이성보다 본능에 이끌렸다.[81] 유다서의 언어는 매우 아이러니하다. 침입자들은 천상의 지식을 주장했지만, 진리에 대한 이해는 동물 이상을 넘지 못했다. 우리는 그들에게 성령이 내주하지 않았다는 주장(19절)을 미리 본다.[82] 사실 본능에 따라 그들은 "멸망"할 것이다(φθείρονται, 프데이론타이). 여기에서 그려지는 멸망은 일시적이지 않다(참조. 고전 3:13; 벧후 2:12). 그들의 영

---

78 8절의 동사 βλασφημοῦσιν와 9절의 명사 βλασφημίας이다.

79 그러나 그들이 "악의를 품은 구약의 창조주 하나님과 그의 피조물에 대한 경멸" 때문에 천사들을 멸시했다고 말하는 것은 증거를 넘어선다(다음과 반대된다. "Jude's Use of Pseudepigraphical Source-Material." 139).

80 Bateman, *Jude*, 227-28.

81 참조. Frey, *Der Brief des Judas und der zweite Brief des Petrus*, 87. 여기에서는 열심당이라는 근거가 없다(다음과 반대된다. Bateman, *Jude*, 230).

82 Frey, *Der Brief des Judas und der zweite Brief des Petrus*, 86–87.

원한 심판은 그들이 죄악된 욕망의 노예가 된 대가를 치르게 될 때, 이 사람들이 잘 이해한 유일한 것이다.[83]

3.2. 화 있을진저(11-13절)

본문은 가인, 발람, 고라의 길을 본받는 자들을 위협하는 심판, 화로 시작한다. 그러나 화의 선언은 앞으로 나올 내용만 가리키지 않는다. 8-10절로 돌아가 결론 역할을 한다. 그러므로 우리는 8-13절의 주요 명제를 본다. 8-13절은 거짓 선생들에 대한 화의 선언이다. 8-10절과 11-13절은 화를 선언한 이유를 기록한다.

12-13절에서 유다서는 다시 3중 구조를 사용하는 데, 이 세 사람을 교회에 침입한 반대자들의 모형으로 보았다. 유다서는 "이 사람들은"(οὗτοί, 후토이, 개역개정. "그들은")을 사용하여 적들에게 화의 선언을 적용한다. 이런 방식으로 그는 적들의 세 가지 위험을 주의하도록 한다. 그들은 애찬에 숨겨진 암초였다. 즉, 그들의 위험은 즉시 보이지 않았으므로, 배가 항구를 찾을 때 난파를 일으키는 바위처럼 위험했다. 그들은 심판을 두려워하지 않고, 부끄러움을 모르고, 다른 교인들과 식사했다. 마지막으로 그들은 양 떼를 치지 않고 자기 몸만 보살피는 지도자들로서 거짓 목자임을 드러냈다. 유다서는 반대자들의 성격을 자연으로 묘사하며 네 가지 그림으로 이 단락을 마무리한다. 자연 세계의 네 가지 다른 영역 하늘의 구름, 땅의 열매, 폭풍우 치는 바다, 별의 행성들은 유다서의 요점을 보여 준다. 처음 두 영역에서 유다는 선생들이 약속한 것을 열매 맺지 못한다고 비난한다. 그들의 말은 길지만 내용은 부족했다. 마지막 두 그림은 반대자들이 수치스러울 정도로 악했으며 그들이 심판을 받아야 함을 보여 준다.

---

[83] 다른 학자들은 여기에서 도덕적 부패를 언급한다고 주장한다. 예. G. Green, *Jude and 2 Peter*, 85-86; Bateman, *Jude*, 211–12.

3.2.1. 세 가지 유형(11절)

¹¹ 화 있을진저 이 사람들이여, 가인의 길에 행하였으며 삯을 위하여 발람의 어그러진 길로 몰려 갔으며 고라의 패역을 따라 멸망을 받았도다

11절. 화의 예언은 구약 선지서에서 흔히 나타나며(사 5:8, 11; 암 5:18; 미 2:1; 나 3:1; 합 2:9, 15 등), 예수님의 가르침, 특히 마태복음 23장에서 두드러진다(13, 15, 16, 23, 25, 27, 29절).[84] 유다서는 다른 예를 따라 화의 선언에 관한 이유를 제시한다("왜냐하면 그들이 갔으므로," 개역개정 '행하였으며', 마 23:13, 15, 16, 23, 25, 27, 29 단락). 반대자들은 구약에서 나오는 악한 자들, 가인, 발람, 고라의 모형에 적합하기 때문에 심판이 임박했다.[85] 그들은 다른 사람들에게 미치는 악한 영향으로 함께 언급되며, 이것이 거짓 선생들이 위험한 이유이기도 하다.[86] 베다는 가인의 죄를 시기로, 발람의 죄를 탐욕으로 고라의 죄를 반역으로 파악한다.[87] 이 구절의 세 동사 모두 부정과거 시제이지만 문맥에서 동사는 과거를 나타내지 않는다. 아마도 부정과거는 시대를 초월한 행동을 나타내며, 이는 각 예가 하나의 모형으로 기능한다는 것을 의미한다. 마지막 예에서 부정과거는 "멸망을 받았도다"(ἀπώλοντο, 아폴론토)로 예언적 부정과거의 기능을 하는 것으로 보이며 반대자들의 미래 멸망에 관한 확실성을 전달한다.

유다서는 그 죄가 성경의 가장 초기 부분(창 4장)에서 나타나기 때문에 침입자들이 "어그러진 길로 몰려 갔다"라고 말하면서 가인을 먼저 언급한다.[88] 가인의 죄는 물론 살인이었다(창 4:8; 요일 3:12). 반대자들이 실제로 다른 사

---

84 D. E. Garland, *The Intention of Matthew 23* (Leiden: Brill, 1979).

85 가인, 발람, 고라에 관한 유대 전통은 다음을 참조하라. G. Green, *Jude and 2 Peter*, 90–93.

86 Lockett, "Purity and Polemic," 19-20. 또한 다음을 보라. R. L. Webb, "The Rhetorical Function of Visual Imagery in Jude: A Socio-Rhetorical Experiment in Rhetography," in *Reading Jude with New Eyes: Methodological Reassessments of the Letter of Jude*, ed. R. L. Webb and P. R. Davids, LNTS 383 (London: T&T Clark, 2008), 131-32.

87 Bede in Johnson, *Epistle of Jude*, 117. 그는 계속해서 다음과 같이 말한다. "그들은 가인과 같이 거짓 교리의 칼로 그 형제를 죽이고 발람과 같이 악한 꾀로 저희를 꾀며, 고라와 같이 분투하여 공교회의 선생들을 대적하여 스스로 멸망에 이른다."

88 푀그틀레는 ἐπορεύθησαν가 죽음의 길을 의미한다고 말한다(*Judasbrief, 2 Petrusbrief*, 66). 여기에서는 영역으로서 장소를 의미할 수 있다. 참조. Moule, *Idiom Book*, 47.

람들을 살해했다는 의미는 아니다. 또한 대적들이 다른 사람의 영혼을 죽였다는 점에서 가인과 같다고 결론을 내리는 것도 설득력이 없다.[89] 반대자들의 반율법주의적인 행동이 박해를 촉발하여 신자들의 순교를 일으켰다는 레이케의 제안은 추측일 뿐이다.[90] 오히려 가인은 선보다 악을 택하고 미움에 굴복한 자의 본보기이기 때문에 포함되었다.[91] 하나님께서 그의 악한 제사로 그를 대면하셨을 때(창 4:6-8), 가인은 분노하여 회개하지 않고 동생을 죽였다. 따라서 가인은 이후 문헌에서 죄와 시기의 본보기가 되었다(요일 3:12; 1 Clem. 4:7; T. Benj. 7:5). 필론은 그를 자기애의 노예로 묘사한다(*Worse* 32, 78). 탈굼 위-요나단(Targums Pseudo-Jonathan)과 탈굼 네오피티(Neofiti)에서 가인은 "그곳에는 심판도 없고, 재판관도 없으며, 다른 세계도 없고, 의인에게 좋은 보상이 주어지지 않고 악인에게는 형벌이 없다"라고 말한다.[92] 리즈(R. A. Reese)는 가인이 "분노의 충동과 교만한 복수심을 다스리지" 않았다고 말한다.[93] 보컴은 이 전통에서 유다가 가인을 이단이며 거짓 선생으로 표현한다고 추론한다.[94] 아마도 거짓 가르침을 염두에 두고 있을 것이다. 반대자들은 가인의 길, 악의 길, 증오의 길을 따랐다.[95]

세 가지 나쁜 예 가운데 두 번째는 발람이다. 그들은 "삯을 위하여 발람의 어그러진 길로 몰려" 갔다. 구약을 발람을 해석하기는 어렵다. 어떤 학자들은 그가 구약의 다른 곳에서 비판을 받지만, 민수기 22-24장에서 좋은 인물로 묘사되었다고 믿는다. 이 해석은 거절되어야 한다. 민수기 22-24장에 발람의 탐욕을 가리키는 단서가 있기 때문이다. 더욱이 이 해석은 민수기와 구약의

---

89 Bigg, *Peter and Jude*, 332; Harrington, *Jude and 2 Peter*, 199.

90 Reicke, *James, Peter, and Jude*, 205-6.

91 참조. Frey, *Der Brief des Judas und der zweite Brief des Petrus*, 88.

92 다음의 번역을 따른다. G. Vermes, "The Targumic Versions of Genesis 4:3-16," in *Post-Biblical Jewish Studies*, SJLA 8 (Leiden: Brill, 1975), 97-99. 가인에 관한 제2성전기와 구약의 관점에 관한 좋은 요약은 다음을 참조하라. Bateman, *Jude*, 242-46.

93 R. A. Reese, *2 Peter and Jude*, THNTC (Grand Rapids: Baker, 2007), 54.

94 Bauckham, *Jude, 2 Peter*, 79-80; 참조. Charles, "The Use of the Old Testament in Jude," 116.

95 참조. Bateman, *Jude*, 247-48. 부비어(G. H. Boobyer)는 세 가지 부정과거 동사가 모두 죽음을 가리킨다고 이해하기 때문에, 유다서는 반대자들이 가인의 방식으로 죽음을 맞이했다고 말했다("The Verbs in Jude 11," *NTS* 5 [1958-59]: 45-47). 그 표현은 가인의 죄를 모방하는 침입자들을 더 자연스럽게 나타내기 때문에, 이 해석은 설득력이 없다(Kelly, *Peter and Jude*, 269; Bauckham, *Jude, 2 Peter*, 80-81).

나머지 부분을 정경적으로 읽는 데 실패한다. 주의 깊은 해석가는 발람의 나
귀가 발람을 죽음에서 보호하고 꾸짖은 이유를 설명해야 한다(민 22:21-35).
화자는 발람이 가려는 의도가 순수하지 않았으며 금전적인 보상을 원했다고
제시한다(민 21:15-20). 민수기 이야기의 요점은 비록 발람이 하나님의 백성
을 저주하기 원했지만, 여호와께서 발람을 통해 이스라엘을 축복하기 위해 주
권적으로 말씀하셨다는 것이다(참조. 신 23:4-5; 수 24:9-10; 느 13:2; 참조.
Josephus, *Ant.* 4.118-22; Philo, *Moses* 1.277, 281, 283, 286; *Migration*
114). 민수기의 기록은 발람이 이스라엘과 싸우다가 죽임을 당한 그가 보여
주는 실제 성격을 증언한다(민 31:8). 그리고 미디안 사람들이 이스라엘을 올
가미에 걸리게 한 바알브올에서의 성적인 죄는 발람의 충고에서 비롯되었다
(민 31:16; 참조. 계 2:14; Josephus, *Ant.* 4.129-30; Philo, *Moses* 1.295-
300). 위-필론(Pseudo-Philo)은 발람의 충고를 다음과 같이 묘사한다. "우
리가 미디안 가운데 아름다운 여인들을 택하여 벌거벗기고 금과 보석으로 단
장시켜 그들 앞에 세우라. 그리고 그들이 여인들을 보고 동침할 때, 그들은
자기들의 주님께 범죄하여 당신의 손에 넘어갈 것이다"(*Bib. Ant.* 18.13).[96]

유다서는 발람과 반대자들 사이의 유사점을 본다. 그들은 발람처럼 돈을
위해서 "오류에 ... 빠졌기"(개역개정. '어그러진 길로 몰려갔으며') 때문이다.
발람과 유사한 점은 반대자들이 거짓 선생들, 아마도 돈을 벌기 위해 말하는
방랑하는 예언자였다는 것을 암시한다.[97] 발람의 오류는 그의 가르침과 관련
이 있다.[98] 로우(Louw)와 나이다(Nida)는 "그들은 돈을 위해 발람이 행한 일
종의 속임수에 자신을 완전히 바쳤다"라고 능동적인 의미를 잘 파악했다.[99]
반대자들은 자기들의 가르침으로 돈을 벌기 위해 잘못된 길을 퍼뜨렸지만, 동
시에 그들은 자기들의 오류를 믿을 만큼 충분히 속고 있었다. 어떤 사람들은

---

96 *OTP*, 2:326.

97 거짓 선지자로서 발람에 대해서는 다음을 참조하라. Heiligenthal, *Zwischen Henoch und Paulus*, 51, 61.

98 베이트먼은 편지가 열심당의 영향력에 반대하여 쓰였다고 생각하기 때문에 유다가 수신자들에게 로마에 반항하지 말라고 지시한다고 생각한다(*Jude*, 260-62)

99 Louw and Nida, *Greek-English Lexicon of the New Testament*, 41.13. 속격 μισθοῦ는 가치의 속격이다(N. Turner in J. H. Moulton, *A Grammar of New Testament Greek*, 4 vols. [Edinburgh: T&T Clark], 1908-76, vol. 3 [1963]: *Syntax*, by N. Turner, 238; Moule, *Idiom Book*, 47). 힐리어는 질적 속격으로 생각한다(*1 and 2 Peter, Jude*, 253).

선생들이 "몰려 갔던" 어그러진 길이 성적인 죄라고 말했지만, 그들이 돈을
위해 성적인 죄를 지었다는 개념은 이치에 맞지 않다.[100] 그들의 가르침에 성
적인 자유에 관한 개념이 포함되었을 가능성이 있다.

마지막 모형은 고라와 그의 반역으로 돌아간다(민 16장; 참조. 시 106:16-
18; Sir 45:18-19; 참조. 1 Clem. 51:1-4).[101] 다시 한번 우리는 고라가 제사
장 직분을 가지고 있었지만, 모세와 아론의 권위를 분하게 여겼기 때문에 반
대자들이 지도자들이었다는 힌트를 얻는다. 보컴은 침입자들이 반율법주의
자들이며 모세 율법에 반대한다고 생각한다.[102] 다른 학자들은 "반역"(개역개
정. '패역'. ἀντιλογία, 안티로기아)이 교회의 지도자들에 대한 반대를 의미한
다고 생각한다.[103] 권위에 대한 선생들의 반역은 편지의 다른 곳에도 언급되
어 있다(4, 8, 12절).[104] 그러나 선생들의 "반항적이고 반율법적인 태도"에 관
한 일반적인 언급을 지나치게 구체적으로 읽으면 안 된다는 무(Moo)의 결론
은 아마도 올바를 것이다.[105] 고라는 정경 순서와 다르게 마지막에 나열되는
데, 아마도 반대자들을 위한 심판을 강조하기 위함일 것이다. 고라와 그의 추
종자들이 갑자기 땅에 삼켜진 것과 같이 거짓 선생들도 엄한 심판으로 멸망할
것이다.[106] 이것은 이 구절의 세 동사가 진행의 의미이며('행하였으며', '몰려
갔으며', '멸망을 받았도다'), 동사 "멸망을 받았다"(ἀπόλλυμι, 아폴뤼미)로
절정에 이른다는 것과 일치한다.[107] 우리는 광야에서 이스라엘이 믿지 않았

---

100 다음과 반대된다. Bigg, *Peter and Jude*, 332.

101 고라에 관한 제2성전기 문헌의 요약은 다음을 참조하라. Bateman, *Jude*, 264-67.

102 Bauckham, *Jude, 2 Peter*, 83-84.

103 Bigg, *Peter and Jude*, 332-33; Kelly, *Peter and Jude*, 268; M. Green, *2 Peter and Jude*, 173;
Reicke, *James, Peter, and Jude*, 206. 그러나 레이케와 달리 법적 권위에 관한 반란의 증거는
언급되지 않는다.

104 반대자들의 은밀한 침투가 그들이 선생이 되는 것을 방해하지 않는다. 다음과 반대된다.
Bateman, *Jude*, 270. 우리는 갈 2:3-5에서 예루살렘에 있는 교회(또는 교회들)에 기어 들어온
할례를 장려하는 자들에 대한 비슷한 비난을 본다. 60년대 유대에서 로마의 권위에 대항하여
반란을 일으킨 유대 제사장들을 가리킨다는 베이트먼의 개념은 서론에서 지적한 것같이 가능
하지 않다(*Jude*, 271-72).

105 Moo, *2 Peter, Jude*, 258.

106 아마도 여기에서 여격 ἀντιλογίᾳ은 인과적일 것이다. 참조. Moule, *Idiom Book*, 47.

107 Charles, "The Use of the Old Testament in Jude," 110; 다음과 반대된다. Boobyer, "The Verbs
in Jude 11," 45-47.

기 때문에 "멸망했던"(ἀπόλλυμι, 아폴뤼미) 5절과의 연관성에 주목해야 한다.

3.2.2. 적들에 대한 적용(12-13절)

¹² 그들은 기탄 없이 너희와 함께 먹으니 너희의 애찬에 암초요 자기 몸만 기르는 목자요 바람에 불려가는 물 없는 구름이요 죽고 또 죽어 뿌리까지 뽑힌 열매 없는 가을 나무요 ¹³ 자기 수치의 거품을 뿜는 바다의 거친 물결이요 영원히 예비된 캄캄한 흑암으로 돌아갈 유리하는 별들이라

12절. 유다는 계속해서 전형적인 "이 사람들"(οὗτοί, 후토이, 개역개정. "그들")을 사용하여 대적들에게 화의 선언을 적용한다. 침입자들의 타락을 묘사하기 위해서 다양한 예를 사용함으로 수신자들에게 경고한다.¹⁰⁸ 첫째, 이 사람들은 애찬에서 "숨겨진 암초"(ESV, NASB)였다.¹⁰⁹ NIV 성경(NRSV 성경도 마찬가지로)은 이 단어를 "숨겨진 암초" 대신 "흠"으로 번역한다. "흠"은 가능한 번역이다. 이 경우 헬라어 σπιλάδες(스필라데스)는 "얼룩" 또는 "점"을 의미하는 단어 σπίλος(스필로스)와 관련 있으며 일부 주석가들은 이 해석이 옳다고 생각한다.¹¹⁰ 베드로후서 2장 13절의 병행 본문은 분명히 반대자들을 점이나 흠으로 언급한다. 그럼에도 불구하고 유다서에서는 σπίλος(스필로스) 대신 σπιλάς(스필라스)가 사용되었으며, 이 단어는 헬라어 문헌에서 일반적으로 바위를 의미하며, 후기 문헌에서만 "얼룩"을 의미한다.¹¹¹ 이 단어는 여기에서 "바위"를 의미하기 때문에 거짓 선생들은 안전한 항구로 가려는 배에 숨겨져 있는 암초와 같았다.¹¹² 유다서는 그들이 "애찬"(ἀγάπαις, 아

---

108 오즈번(Osburn)은 12-13절에 나타나는 유다의 은유는 에녹 1서 80:2-8과 67:5-7에서 틀을 찾는다고 주장한다("Jude 12-13," 296-303). 그러나 오즈번과 반대로 이 비유가 에녹 1서에서 이끌어 낸 것인지 분명하지 않다. 또한 문구가 눈에 띄게 유사하지 않다.

109 Frey, *Der Brief des Judas und der zweite Brief des Petrus*, 95.

110 Bigg, *Peter and Jude*, 333-34; Neyrey, *2 Peter, Jude*, 74–75; Paulsen, *Petrusbrief und Judasbrief*, 71; Harrington, *Jude and 2 Peter*, 199; G. Green, *Jude and 2 Peter*, 94–95.

111 참조. Mayor, *Jude and Second Peter*, 40-41; Kelly, *Peter and Jude*, 270; Bauckham, *Jude, 2 Peter*, 85–86; Kraftchick, *Jude, 2 Peter*, 48-49; Lockett, "Purity and Polemic," 20; Bateman, Jude, *275–76*.

112 참조. Bede and Pseudo-Oecumenius in Johnson, *Epistle of Jude*, 117–18, 104-5. 헬라어

가파이스)에서 "숨겨진 암초"라고 말한다.[113] 애찬에서 초기 기독교인들은 함께 식사를 나누었고, 아마도 주의 만찬을 거행함으로 완성되었을 것이다(고전 11:17-34; 행 2:42, 46; 참조. Ign. *Smyrn.* 8:2).[114] 이 축제는 신자들 사이에 흐르는 사랑을 강력하게 상징했다. 유다서는 수신자들에게 모든 것이 보이는 것과 같지 않다고 경고한다. 애찬에 참석한 사람 중 일부는 사랑이 가득한 척하면서도 교회를 위협하는 위험한 가르침과 생활 방식을 숨기는 위험한 위선자들이었다.

둘째, 그러한 잔치에서 "그들은 기탄 없이(NIV, "아주 조금도 거리낌 없이") 너희와 함께 먹고" 있었다.[115] 그들의 삶은 사랑이 특징이 아니었고 이러한 식사에 참여하는 데 양심의 가책을 느끼지 않았다. 빅(Bigg)은 그들이 식탁에서 다른 사람들을 배제하거나 심지어 분리해서 애찬을 가졌다고 생각한다.[116] "함께 먹으니"(συνευωχούμενοι, 쉰유오쿠메노이)는 별도의 장소에서 먹는 것이 아니라 "함께 먹음"을 의미하기 때문에, 그의 견해는 헬라어를 읽는 가장 자연스러운 방법이 아니다. 그 대신 반대자들은 분명히 교회의 일부였지만, 유다는 참된 신자들과 반대자들을 분리시켰다.[117]

셋째, 반대자들은 "자기 몸만 기르는 목자"였다. 이것은 에스겔 34장 2절을 반영한다. "자기만 먹는 이스라엘 목자들은 화 있을진저 목자들이 양 떼를 먹이는 것이 마땅하지 아니하냐." 에스겔 34장 8절은 "내 목자들이 내 양을 찾지 아니하고 자기만 먹이고 내 양 떼를 먹이지 아니하였도다"라고 말한다.

σπιλάδες는 여성 명사이며 분사 οἱ ... συνευωχούμενοι와 일치한다(Bauckham, *Jude, 2 Peter*, 77, 86). 낙스(A. D. Knox)는 여기에서 이 단어가 더럽거나 악취가 나는 바람을 의미한다고 주장하지만 문맥상 의미가 거의 통하지 않는다("Σπιλάδες," *JTS* 14 [1913]: 547–49).

113 사본에 나타나는 흥미로운 변형은 ἀπάταις이지만, 이 변형은 베드로후서 2:13과 동화를 나타내며 우세하지 않다. 월론(W. Whallon)은 οὗτοί εἰσιν αἵ ἐν ταῖς ἀχάταις ὑμῶν σπιλάδες('이것은 당신의 마노에 있는 반점입니다')를 수정안으로 제안한다. 월론에 반대하여, 본문은 그대로 의미가 있으므로 수정을 받아들일 이유가 없다. 참조. Landon, *A Text Critical Study of the Epistle of Jude*, 103-7.

114 Davids, *2 Peter and Jude*, 68–69.

115 빅(Bigg)과 켈리는 ἀφόβως를 συνευωχούμενοι 대신 ποιμαίνοντες와 연결한다(Bigg, *Peter and Jude*, 335; Kelly, *Peter and Jude*, 271; Davids, *2 Peter and Jude*, 70). 헬라어 ἀφόβως는 ποιμαίνοντες 보다 συνευωχούμενοι에 더 가깝다. 결정은 어렵지만 NIV와 CSB 성경(개역개정도 포함)에 더 기울이고 있다. 마찬가지로 다음을 보라. Bauckham, *Jude, 2 Peter*, 86.

116 Bigg, *Peter and Jude*, 334.

117 Frey, *Der Brief des Judas und der zweite Brief des Petrus*, 93.

목자들에 관한 언급은 반대자들이 지도자들이었으며, 그들이 하나님의 백성을 이끌고 인도할 능력이 있다고 주장한다.[118] 그러나 그들은 자신 외에는 아무도 돌보지 않았다. 양 떼를 위해 애쓰거나 돌보지 않았고 지도자의 지위를 이용해 안락한 삶을 영위했다.

이 구절은 네 가지 자연의 예로 마무리한다.[119] 그 예는 하늘의 구름, 땅의 나무, 바다의 파도, 높은 하늘의 별과 같이 자연의 모든 영역이다.[120] 유다서는 하늘을 예로 시작한다. 침입자는 "바람에 불려가는 물 없는 구름"이다. 팔레스타인은 건조한 기후로 생명을 유지하기 위해 중요한 시기에 비에 크게 의존한다. 비가 절실히 필요하고 두꺼운 구름이 나타나면 비에 대한 기대와 희망이 절정에 달한다. 그러나 비가 내리지 않으면 쓰라린 실망이 온다. 침입자는 구름과 같았다. 그들은 많은 것을 약속했지만, 비를 적게 전했다. 유다서는 잠언의 "선물한다고 거짓 자랑하는 자는 비 없는 구름과 바람 같으니라"를 암시했을 것이다(잠 25:14).[121] 마치 바람이 반대자들에게 영향을 미치는 마귀나 다른 것들을 상징하고, 대적들이 바람에 의해 쫓겨났다는 개념으로 해석하면 안 된다. 이 개념은 반대자들이 비를 내릴 것 같지만, 머리 위로 떠 있다가 물을 주지 않고 날아가 버리는 구름과 같다는 의미이다. 거짓 선생들도 듣는 자들의 목마름을 해소시켜 주겠다고 약속했지만, 그들을 메마른 채로 남겨 두었다.

두 번째 그림은 농사에서 유래한다.[122] 침입자들은 또한 열매를 맺지 않는

---

118 Bauckham, *Relatives of Jesus*, 190. 다음과 반대된다. *Bateman*, Jude, 280-81.

119 하늘과 땅과 물에 관한 우주의 질서는 에녹 1서 2:1-5:4와 80:2-7에도 반영되어 있다(참조. Bauckham, *Relatives of Jesus*, 196–97; Frey, *Der Brief des Judas und der zweite Brief des Petrus*, 96).

120 Bauckham, *Relatives of Jesus*, 191.

121 유다서는 마소라 텍스트(MT) 잠언 25:14에 뿌리를 둔 전통에 의존한다. 70인역은 MT를 따르지 않는다. 보컴은 유다서가 겔 34:2 (유 12)와 사 57:20 (유 13)의 암시에서도 70인역 보다 MT에 더 가깝다고 지적한다. 더욱이 보컴은 유다서가 70인역의 언어를 반영한 곳이 어디에도 없으며, 아마도 유다가 70인역보다 MT에 더 익숙했음을 보여 준다고 주장한다(*Relatives of Jesus*, 136-37). 70인역 겔 34:2가 MT에 가까우므로 이 경우 명확하게 결론을 내릴 수 없다. 데이비스(*2 Peter and Jude*, 71n33)는 잠언 25:14와 겔 34:2에서 MT의 암시 대신 잠언적인 언어를 사용할 수 있다고 제시한다.

122 이 구절의 마지막 6개 단어 중 5개는 헬라어 α로 끝나며 시적인 효과를 만든다. 참조. A. Robinson, *Jude on the Attack: A Comparative Analysis of the Epistle of Jude, Jewish Judgement Oracles, and Greco-Roman Invective*, LNTS 581 (London: Bloomsbury T&T Clark, 2018),

"가을 나무"이다. "가을"(φθινοπωρινὰ, 프디노포리나)은 늦가을이다. 너무 늦은 가을에 원래 열매를 가지고 있었지만 그 열매들을 따버린 나무를 의미하지 않는다. 늦은 가을인데도 아직 열매를 맺지 못한 나무이다.[123] 어떤 나무는 열매를 늦게 맺기도 하지만, 기다릴 시간은 지나갔고 이제 열매에 대한 희망이 사라져 버렸다. "죽고 또 죽어"는 반대자들이 소위 회심하기 전에 죽었고 배교로 인해 다시 죽었다는 의미일수 있다.[124] 또는 영원히 죽을 두 번째 사망을 말할 수도 있다.[125] 그러나 나는 "완전히 죽었다"라는 의미를 강조한다고 제안한다. 그들은 또한 "뿌리까지 뽑힌" 나무이다. 열매를 맺지 못하여 죽은 것이고, 그 후에 땅에서 뽑혔기 때문에 죽었다.[126] 물론 아무도 뿌리 뽑힌 나무에서 열매를 기대하지 않는다. 반대자들에게서 열매에 대한 소망을 기대할 수 없다. 유다서는 침입자의 영적 빈곤을 전달하기 위해서 비유를 섞는다.[127]

13절. 여기에서 적들을 "바다의 거친 물결"과 "유리하는 별들"로 비유하면서 그들의 부끄러운 삶과 불안정을 드러낸다. 앞 구절에서 우리는 적들이 생명이 없고 열매가 없음을 보았다. 여기에서 바다의 예는 반대자들을 묘사하는 데 사용한다. 반대자들이 "자기 수치의 거품을 뿜는 바다의 거친 물결"이라는 말은 그들의 악한 행동에 초점을 맞춘다. 그들은 선행이 부족할 뿐만 아니라 악한 일에 전문적이다. 이 표현은 그들이 "이성 없는 짐승"(10절)과 "육에 속한 자"(19절)와 같다고 일깨운다.[128] "거친"은 자제력이 부족함을 의미한다.[129] 그들의 행동은 바닷가를 뒤덮은 더러운 거품에 비유되며, 끈적거리는 수치심의 찌꺼기를 남긴다. 어려운 사본 문제가 있다. 외

188–89.

123 참조. Kelly, *Peter and Jude*, 272.

124 Bigg, *Peter and Jude*, 335; Reicke, James, *Peter, and Jude*, 208. 힐리어는 농부가 열매를 맺지 못하여 파괴했기 때문에 그들이 두 번 죽었다고 생각한다(*1 and 2 Peter, Jude*, 255).

125 Kelly, *Peter and Jude*, 273; Bauckham, *Jude, 2 Peter*, 88; Moo, *2 Peter, Jude*, 260. 푀그틀레는 첫째 사망은 도덕적이고 영적인 것이며, 두 번째 사망으로 이어진다고 말한다(*Judasbrief, 2 Petrusbrief*, 68).

126 Davids, *2 Peter and Jude*, 72.

127 Bateman, *Jude*, 283–84.

128 Bateman, *Jude*, 286.

129 Bateman, *Jude*, 286.

적 증거가 헬라어 "ἐπαφρίζοντα"(에파프리존타, 거품을 내다)와 "ἀπαφρίζοντα" (아파프리존타, 거품과 같이 사라지다)를 고르게 지지하기 때문이다. 외적 증거가 비교적 비슷하게 나누어져 있고, 내적 증거가 ἀπαφρίζοντα를 지지하기 때문에, 내적 증거로 문제를 해결해야 한다는 플링크(T. Flink)의 말이 맞을 것이다.[130] 두 단어의 차이는 다음과 같다. 유다서는 침입자가 자신의 수치를 거품으로 만든다고 말하지만 수신자는 면제된다(ἐπαφρίζοντα). 또는 그들이 거품을 내는 수치가 수신자들의 삶에 흘러 들어갈(ἀπαφρίζοντα) 가능성이 더 크다. 플링크는 마지막 개념이 문맥에 맞는 것 같다고 바르게 말한다.[131] 베이트먼은 "이 경건하지 않은 지도자는 무질서, 혼란, 무례한 행동을 낳는다" 라고 말한다.[132] 아마도 그들의 말과 행동이 모두 고려되었을 것이다.[133] 유다는 아마도 구약을 염두에 두고 있었을 것이다. "악인은 평온함을 얻지 못하고 그 물이 진흙과 더러운 것을 늘 솟구쳐 내는 요동하는 바다와 같으니라" (사 57:20).[134]

마지막 예는 행성이 존재하는 우주의 영역에서 나온다. "유다 시대에는 천문학자들이 행성의 움직임이 규칙적이라는 것을 깨달은 후에도 이름이 붙여진, 항로를 떠돌아다니는 별로 생각되었다."[135] "유리하는 별"(CSB, "방황하는 별")은 분명히 가능한 번역이지만, 방황하는 행성이 의도되었을 가능성이 훨씬 더 높다. 그 행성은 길을 이탈한다는 것이 무엇을 의미하는지 보여주므로 그들의 안내는 신뢰할 수 없다.[136] 반대자들은 그들이 바른길에서 악의 길로 유리(πλανῆται, 플라네타이)했다는 점에서 이와 같은 행성에 비유된

---

130 Flink, "Reconsidering the Text of Jude 5, 13, 15, and 18," 113–15. 참조. T. Wasserman, *The Epistle of Jude: Its Text and Transmission*, ConBNT 43 (Stockholm: Almqvist & Wiksell, 2006), 291-93.

131 Flink, "Reconsidering the Text of Jude 5, 13, 15, and 18," 115.

132 Bateman, *Jude*, 286.

133 Bateman, *Jude*, 287. 그러나 나는 그들이 열심당이었다는 견해에 반대한다.

134 바다 거품에서 나온 아프로디테의 탄생에 관한 암시가 있다는 올레슨(J. P. Oleson)의 제안은 가능성이 없다("An Echo of Hesiod's *Theogony* vv. 190–92 in Jude 13," *NTS* 25 [1979]: 492-503). 유다서와 유일한 연결은 제안한 이론에 확신을 가질 수 없는 "거품"(ἀφρός)의 사용이다. 더욱이 유다서는 다른 종교의 신화가 아닌 유대 묵시 문헌을 사용한다(Osburn, "Jude 12-13," 298-99, 301).

135 Davids, *2 Peter and Jude*, 73.

136 Bauckham, *Relatives of Jesus*, 191.

다. 데이비스는 하나님의 길에서 벗어나는 별들로 묘사된 에녹 1서의 파수꾼에 관한 언급이 있다고 생각한다.[137] 그는 에녹 1서에서 두 가지 예를 제시한다. "그 별들은 불 위에 굴러다닌다. 그들은 시작부터 하나님의 계명을 어긴 자들이니 이는 그들이 규례를 따르지 않았기 때문이다"(1 Enoch 18:15). "이들은 하늘의 별들이며 주의 계명을 어기고 그 많은 죄로 천만 년이 차도록 이곳에 매여 있다"(1 Enoch 21:6). 이것은 비슷하지만 명확하지는 않다. 유다서는 방황에 관한 일반적인 은유에 매달리는 것처럼 보인다. 로빈슨은 적들이 "주변 사람들의 삶에 강력한 (종종 부정적인) 영향을 미치는 불규칙하고 예측할 수 없는 존재에 비유된다"라고 말한다.[138] 발람의 "어그러진 길"(πλάνη, 플라네)에 관한 어원 연결도 제안된다.

유다서는 12-13절에서 심판의 약속과 함께 결론을 내린다. 하나님은 악하게 사는 자들을 위해서 흑암을 예비하셨다(참조. 벧후 2:17). 그들은 낮의 빛이 아니라 하나님의 진노라는 어두움을 경험하게 될 것이다. 우리는 깊은 어두움이 악한 천사들의 운명을 나타낸 6절과의 병행을 주목해야 한다(6절의 "ζόφον τετήρηκεν"[조폰 테테레켄]과 13절의 "ζόφος ... τετήρηται"[조포스 테테레타이]).[139] 어둠의 주제도 공통적이지만 종종 미래의 심판은 불순종하는 자들을 위해 예비된 불에 초점을 맞춘다(마 8:12; 22:13; 25:30; 참조. Tob 14:10; 1 En. 46:6; 63:6; Pss. Sol. 14:9; 15:10). 두 주제는 불과 어두움이 공존할 수 없기 때문에 불과 어두움이 미래 심판에 관한 은유임을 나타낸다. 악인에 관한 미래의 형벌은 문자 그대로 묘사되어 있지 않지만 그 이미지는 끔찍할 것을 나타낸다.

137 Davids, *2 Peter and Jude*, 74; 또한 다음을 참조하라. Bateman, *Jude*, 290.

138 A. Robinson, *Jude on the Attack*, 177.

139 또한, Bauckham, *Relatives of Jesus*, 208.

3.3. 에녹의 예언(14-16절)

유다서는 4절에 소개된 주제, 즉 거짓 선생들의 심판은 하나님이 미리 정하셨다는 주제로 돌아간다. 에녹의 예언은 반대자들이 처음부터 심판을 받게 되어 있음을 보여 준다. 그들은 궁극적으로 승리할 희망이 없었다. 예언의 내용은 14-15절에 나타난다. 에녹은 오래전에 여호와께서 오셔서 경건하지 않은 삶을 사는 모든 자를 심판하실 것이라고 예언했다. 그들의 경건하지 않음은 행위와 말에서 나타난다. 유다서는 16절에서 자신의 특징인 "이 사람들"(οὗτοί, 후토이)을 사용하여 당시의 반대자들이 에녹의 예언에 대상이었다고 설명한다. 16절에 언급된 죄들은 그들이 에녹이 예상한 불경건한 사람들임을 드러낸다.

3.3.1. 예언: 경건하지 않은 자들에 관한 심판(14-15절)

¹⁴ 아담의 칠대 손 에녹이 이 사람들에 대하여도 예언하여 이르되 보라 주께서 그 수만의 거룩한 자와 함께 임하셨나니 ¹⁵ 이는 뭇 사람을 심판하사 모든 경건하지 않은 자가 경건하지 않게 행한 모든 경건하지 않은 일과 또 경건하지 않은 죄인들이 주를 거슬러 한 모든 완악한 말로 말미암아 그들을 정죄하려 하심이라 하였느니라

14절. 에녹은 주님께서 수천의 천사들과 함께 오셔서 경건하지 않은 사람들을 심판하실 것이라고 예언했다. 예언의 내용을 더 자세히 논의하기 전에 이제 그 자료를 논의할 것이다. 예언이 말하는 내용이 아니라 유다서가 참조한 자료가 놀랍게 만든다. 에녹 1서는 유대교, 로마 가톨릭, 그리스 정교회, 러시아 정교회, 개신교 등, 어떤 주류 종교 그룹에서도 정경으로 간주되지 않는다.[140] 에티오피아 정교회만 정경으로 간주한다.

유다서의 에녹 1서 인용은 어떤 사람들이 유다서가 에녹 1서를 영감을

---

140 베다는 에녹 1서가 위경이며 사도적인 교리에 반대되는 가르침을 포함하고 있기 때문에 정경으로 거부한다(*James, 1-2 Peter, 1-3 John, Jude*, ACCS [Downers Grove: InterVarsity, 2000], 255).

받은 성경과 영감을 받은 책의 일부라고 믿게 만든다.[141] 일부 교부들은 이 것으로부터 에녹 1서 자체가 영감을 받았다고 결론을 내렸다(Clement of Alexandria, *Ecl.* 3; Tertullian, *Cult. fem.* 1:3).[142] 이 결정은 대체로 교회를 설득하지 못했다.[143] 오리게네스(Origen of Alexandria)는 에녹 1서를 높게 평가했지만 시간이 지남에 따라 이 책을 점점 더 많이 유보하고 정경에 포함 된 것이 "소수 기독교인의 입장이었다"라고 지적했다.[144] 어떤 교부들은 에녹 1서의 인용으로 유다서를 정경으로 거부하기도 했지만, 제롬은 유다서를 정 경으로 옹호한다(참조. Jerome, *Vir. ill.* 4). 제롬은 에녹 1서의 인용을 그리스 시인의 인용과 비교한다. 아타나시우스와 아우구스티누스는 에녹 1서를 정경 으로 받아들이지 않았다. 교회사에서 소수의 사람이 에녹 1서를 정경으로 인 정했다.[145] 유대인들이 자기들의 권위 있는 책들에서 에녹 1서를 거부했다는 것을 알고 교회의 에녹 1서에 관한 의심은 더 커졌다.[146] 어떤 학자들은 유다 서가 에녹 1서의 구전 전통을 인용했으며, 이 전통이 위경에 들어왔다고 말함 으로 유다서의 인용을 변호했다.[147] 다른 학자들은 유다서가 에녹 1서가 정경 이며 아마도 공개적으로 이용 가능한 성경보다 더 우수하다고 믿었다고 제안 했다.[148] 레이케는 유다서가 에녹 1서가 영감을 받았고 구약의 선지자들보다 훨씬 더 중요하다고 믿었다고 주장한다.[149]

---

141 Reicke, *James, Peter, and Jude*, 209; Müller, "Der Judasbrief," 280. 켈리는 에녹에게 주어진 계시를 유다서는 영감을 받은 것으로 생각했다고 말한다(*Peter and Jude*, 278).

142 다음의 논의를 참조하라. J. Hultin, "Jude's Citation of 1 Enoch," in *Jewish and Christian Scriptures: The Function of 'Canonical' and 'Non-Canonical' Religious Texts* (London: T&T Clark, 2010), 115-16.

143 어떤 학자들은 바나바의 서신의 저자가 에녹 1서를 성경으로 인용했다고 주장한다(참조. Barn. 16:5; 1 En. 89:56–66). 그러나 여기에서 에녹 1서를 정말 인용하는지 명확하지 않다.

144 Hultin, "Jude's Citation of 1 Enoch," 117.

145 Hultin, "Jude's Citation of 1 Enoch," 117-19.

146 Hultin, "Jude's Citation of 1 Enoch," 119.

147 예. G. Archer, *Encyclopedia of Bible Difficulties* (Grand Rapids: Zondervan, 1982), 430. 테르 툴리아누스는 에녹의 가르침이 전해졌다는 개념을 지지한다(참조. Hultin, "Jude's Citation of 1 Enoch," 116). 대부분의 학자는 이 견해를 거부한다(예. Vögtle, *Judasbrief, 2 Petrusbrief*, 85; Schelke, *Der Petrusbriefe—Der Judasbrief*, 164).

148 Hultin, "Bourdieu Reads Jude," 46. 프레이는 유다서가 에녹 1서를 권위 있는 성경이라고 믿 었다고 말한다(*Der Brief des Judas und der zweite Brief des Petrus*, 104).

149 Reicke, *James, Peter, and Jude*, 209. 조셉(S. G. Joseph)은 에녹 1서의 권위가 반드시 유다서

이 문제는 해결하기 쉽지 않지만 다음 관찰은 도움이 될 수 있다. 유다서 당시 에녹 1서는 회람되었고 유대인 그룹에 잘 알려졌기 때문에, 유다서가 에녹의 구전 전통을 인용하는 것이 가능했을 것이다. 그러나 유다서가 어떻게 인용할 수 있었는지 이해하기는 어렵다. 에녹 1서의 **구체적인 인용**이 역사적 에녹에서 왔음을 유다가 알고 있었을 것이라고 말해야 할 것이다.[150] 유다서가 위경인 에녹 1서를 인용했으며 그가 인용한 부분이 하나님의 진리를 나타낸다고 믿었다고 결론짓는 것이 더 낫다. 유다서의 표현에서 유다가 에녹을 참된 계시라고 생각했다고 볼 필요는 없다.

우리는 또한 전체 책을 정경으로 결론을 내리면 안 된다(Augustine, *City of God* 15.23).[151] 유다는 참된 예언이라고 생각한 에녹 1서의 일부만 인용했을 것이다.[152] 아마도 그는 대적들이 그 일을 소중히 여겼기 때문에 에녹을 언급했을 것이다. 따라서 그는 대적들을 반대해서 그들 자신의 무기를 사용했다.[153] 푀그틀레는 대적들이 그리스도의 오심에 관한 기독교 전통을 거부했다고 제안한다. 따라서 유다는 에녹의 예언을 인용한다.[154] 사실, 그 예언의 내용은 놀라운 것이 아니며, 수신자들에게 주님께서 불경건한 자들을 정말 심판하실 것임을 확신시켜 준다.[155]

를 "정경"으로 생각하게 만드는 결론으로 이어지지 않는다고 말한다("'Seventh from Adam' [Jude 14-15]: Re-examining Enochic Traditions and the Christology of Jude," *JTS* 64 [2013]: 473).

150 Guthrie, *New Testament Introduction*, 915; G. Green, *Jude and 2 Peter*, 28, 31.

151 베다는 유다서를 정경으로 변호하지만, 에녹 1서가 위경이고 믿을 수 없는 이야기가 많이 포함되어 있기 때문에 에녹 1서를 정경으로 거부한다. 유다서의 인용이 역사적 에녹에서 나온 것임을 암시할 수 있다. Bede in Johnson, *Epistle of Jude*, 51, 120–21.

152 나와 일치하는 견해는 다음을 참조하라. Moo, *2 Peter, Jude*, 271-74; Guthrie, *New Testament Introduction*, 914-16. 던넷(W. M. Dunnett)는 "에녹서의 전체 내용을 반드시 승인할 필요가 없지만, 유다서가 그것(에녹 1서 1:9)은 영감을 받았고, 분명히 역사적이며, 분명히 참된 말로 받아들였다"라고 말한다("The Hermeneutics of Jude and 2 Peter: The Use of Ancient Jewish Traditions," *JETS* 31 [1988]: 289).

153 Charles, "The Use of the Old Testament in Jude," 112. 또한 119-20n4에서 그의 통찰력 있는 언급을 참조하라. 같은 맥락에서 다음을 참조하라. P. J. Gentry and A. M. Fountain, "Reassessing Jude's Use of Enochic Traditions (with Notes on Their Later Reception History)," *TynBul* 68 (2017): 261-86.

154 Vögtle, *Judasbrief, 2 Petrusbrief*, 84.

155 그린이 지적한 것 같이 많은 정경 본문에 동일한 진리가 표현되어 있다(*Jude and 2 Peter*, 32). 계속해서 다음과 같이 말한다. "유다서는 외경 문헌에 관한 언급을 신중하고 제한적으로 사용

인용된 말이 사실이지만 전체 작품이 영감을 받았다는 의미는 아니다. 예를 들어, 바울은 사도행전 17장 28절에서 아라투스(Aratus. *Phaenomena* 5)를 인용한다. 그러나 바울은 그 전체 내용이 영감된 성경이라고 가르치지 않는다. 마찬가지로 바울이 디도서 1장 12절에서 에피메니데스(Epimenides)를 인용할 때, 전체 작품을 진리로 받아들였다고 생각하지 않는다. 그린(G. Green)은 유다가 에녹 1서의 본문을 권위 있게 보았다고 주장한다. 바울은 "바로 그들 자신의 선지자들"(개역개정. '그레데인 중의 어떤 선지자')을 말하지만, 유다는 에녹이 "예언하여"(προεφήτευσεν, 프로에페튜센)라고 말한다.[156] "예언하다"(προφητεύω, 프로페튜오)는 다른 곳에서 정경을 가리키는 데 사용되었다(마 15:7; 벧전 1:10). 그러나 이 동사는 어떤 말이 하나님으로부터 왔다고 할 때도 사용된다. 예를 들어, 가야바는 불신자임에도 불구하고 예수님의 운명에 대해 예언했다(요 11:51). 스가랴는 세례 요한이 태어날 때 성령이 충만하여 예언했다(눅 1:67). 여자들도 믿음의 교회가 모였을 때 예언했다(고전 11:4-5; 참조. 행 19:6; 계 11:3). 예언은 하나님으로부터 전체 책이 정경에 속한다는 결론을 내리지 않고도 올 수 있다. "에녹이 예언하였다"라는 말에서 그의 글이 성경으로 간주되었다는 결론을 반드시 내려야 하는 것은 아니다. 만일 유다서가 에녹 1서를 말하면서 "이르되"라는 어구를 사용했다면, 더 분명했을 것이다. 유다는 자신이 참되다고 여겼던 글의 일부를 인용한다. 보컴은 "그가 이 책을 정경으로 간주했다는 의미일 필요가 없다. 예를 들어, 쿰란에서는 에녹 문헌과 다른 외경이 성경 정경에 포함되지 않았지만 가치를 인정받았다."[157]

헬라어 접속사 καί(카이 "또는", CSB, 개역개정은 생략)는 "예언하여"와 "이 사람들"과 연결될 수 있다. "이 사람들"과 연결된다면, 유다서는 에녹이 자기 세대와 유다 당시 세대에게도 예언했다고 말한다. 그러나 접속사는 동사에 붙는 경우가 더 많다. CSB와 개역개정의 생략은 주해적으로 중요하지 않

하고 그것을 둘러싼 정경과 그 해석 전통과 관련된 자료만 가져온다. 유다서의 외경 사용은 때때로 이해되는 것보다 더 정경적인 기반에 가깝다"(32 페이지).

156 G. Green, *Jude and 2 Peter*, 103.

157 Bauckham, *Jude, 2 Peter*, 96. 더 자세하고 미묘한 논의는 다음을 참조하라. Bauckham, *Relatives of Jesus*, 225-33.

다. 헬라어 τούτοις(투토이스, "이 사람들에 대하여도")는 아마도 참조의 여격일 것이다. 따라서 "이 사람들과 관련하여"를 의미하거나, CSB 성경이 번역하는 것처럼 "이 사람들에 관해"로 번역한다.[158]

유다가 에녹을 "아담의 칠대 손"이라고 말할 때, 그는 아담부터 시작해서, 아담, 셋, 에노스, 게난, 마할랄렐, 야렛, 에녹을 포함하여 계산한다. 아마도 숫자 "일곱"은 완성과 완전함을 나타내는 상징적 의미일 것이다. 유다는 이 인용이 역사적인 에녹에서 나왔다고 믿었는가?[159] 이 결론은 가능성이 낮아 보인다. 에녹이 아담의 칠대 손이라는 내용은 에녹 1서(60:8; 93:3; 참조. Jub. 7:39)에서만 분명하게 언급되며, 아마도 유다는 이 본문을 인용했을 것이다.[160] 그 책 자체가 역사적 에녹이 기록한 것이 아니라는 사실은 널리 알려져야 했다. 아마도 유다는 에녹을 칠대 손이라고 부르면서 그가 인용한 책을 가리켰을 것이다. 또는 유다는 에녹을 아담의 칠대 손으로 포함시켰을 것이다. 수신자들에게 자신의 시대에 되풀이되고 있던 홍수 이전의 경건하지 않은 사회에서 살았던 에녹을 상기시키기 위해서이다.[161] 역사적인 에녹은 죽지 않고 하나님의 임재 앞으로 옮겨졌기 때문에 제2성전기 유대인들을 매료시켰다(창 5:23-24). 히브리서는 창세기 5장 23-24절이 에녹이 죽지 않았음을 말한다는 해석을 확인시킨다(히 11:5; 참조. Sir 44:16; 49:14). 유대인 저자들은 이것에서 하늘의 비밀이 에녹에게 전해졌다는 결론을 내렸다. 그가 유대 문헌에서 계시의 대리인으로 등장하는 사실은 놀랍지 않다.

학자들은 유다가 에녹 1서를 인용할 때 사용한 본문을 밝히려고 했다. 에녹 1서 1:9의 인용은 분명하다.[162] 원래 아람어와 헬라어, 에티오피아어, 라

---

158 전자의 해석에 대해서는 다음을 참조하라. Mayor, *Jude and Second Peter*, 44; Bigg, *Peter and Jude*, 336. 후자는 다음을 참조하라. Turner, *Syntax*, 238; Moule, *Idiom Book*, 47; Reicke, *James, Peter, and Jude*, 208; Kelly, *Peter and Jude*, 275; Bauckham, *Jude, 2 Peter*, 93; Neyrey, *2 Peter, Jude*, 77.

159 보컴은 유다서가 역사의 시작 7세대에 관한 에녹의 예언과 역사가 끝날 무렵 사도들의 예언을 연결했다고 주장하며 긍정적으로 대답한다(*Relatives of Jesus*, 225).

160 Frey, *Der Brief des Judas und der zweite Brief des Petrus*, 101. 참조. Charles, "Jude's Use of Pseudepigraphical Source-Material," 143; C. D. Osburn, "The Christological Use of I Enoch i.9 in Jude 14, 15," *NTS* 23 (1976-77): 335; Guthrie, *New Testament Introduction*, 915.

161 Hultin, "Bourdieu Reads Jude," 44.

162 파수꾼의 책(에녹 1서 1-36장)과 이 책이 유다서에 미친 영향에 관한 논의는 다음을 참조하라. D. A. deSilva, *The Jewish Teachers of Jesus, James, and Jude: What Earliest Christianity*

틴어 번역본이 있다. 보컴은 유다서의 인용을 이 본문들과 주의 깊게 비교한다.[163] 어떤 학자들은 유다가 기억으로 헬라어 번역본을 인용했다고 믿는다.[164] 드한트슈터(B. Dehandschutter)는 유다가 "에녹의 헬라어 본문의 세 번째 형식"을 사용했다고 제안한다.[165] 다른 학자들은 유다서가 헬라어 번역본을 알고 있었지만 자신의 아람어 번역을 제공했다고 생각한다.[166] 이 결론은 논의 여지가 있으며 확실하지 않다.[167] 영어 독자들은 아이작(E. Issac)이 번역한 에녹 1서 1:9에 주목하여 유다서와의 차이점을 비교하고 대조할 수 있다. "보라. 그가 모든 사람에게 심판을 집행하기 위해 천만 명의 거룩한 자와 함께 올 것이다. 악한 자들을 멸하고 모든 육체를 책망하리니 이는 그들이 행한 모든 일, 곧 죄인과 악인이 자기에게 행한 일 때문이다."[168] 유다의 인용에서 가장 흥미로운 차이는 "주"($\kappa\acute{\upsilon}\rho\iota\upsilon\varsigma$, 퀴리오스)가 더해진 것이다. "주"는 심판에 관한 유다의 기독론적 해석을 나타내며, 다른 번역본에는 없다.[169] 하나님의 심판을 언급한 본문은 그리스도에게 적용하면서, 유다서는 다른 신약 저자들을 따른다(참조. 살전 3:13; 살후 1:7; 계 19:13, 15; 22:12).

"임하셨나니"($\mathring{\eta}\lambda\theta\epsilon\nu$, 엘텐, NIV 성경은 "오는"으로 번역한다)는 "예언적

Learned from the Apocrypha and Pseudepigrapha (Oxford: Oxford University Press, 2012), 104-10.

163 Bauckham, *Jude, 2 Peter*, 96-97.

164 Kelly, *Peter and Jude*, 275. 베이트먼(*Jude*, 311)은 이것이 "헬라어 번역본에 가장 가깝다" 라고 말한다.

165 B. Dehandschutter, "Pseudo-Cyprian, Jude and Enoch: Some Notes on 1 Enoch 1:9," in *Tradition and Re-interpretation in Jewish and Early Christian Literature: Essays in Honour of Jürgen H. Lebram*, ed. J. W. Wesselius, van Rooden, H. J. de Jonge, and J. W. van Henten, SPB 36 (Leiden: Brill, 1986), 114-20. 논의는 다음을 참조하라. Vögtle, *Judasbrief, 2 Petrusbrief*, 72–76.

166 Osburn, "Christological Use of Enoch in Jude," 334-41; R. J. Bauckham, "A Note on a Problem in the Greek Version of I Enoch i.9," *JTS* 32 (1981): 136-38; Bauckham, *Jude, 2 Peter*, 97.

167 보컴과 오즈번 의 견해와 반대된다. 참조. Frey, *Der Brief des Judas und der zweite Brief des Petrus*, 106-7; Dehandschutter, "Pseudo-Cyprian, Jude and Enoch," 117-19.

168 *OTP* 1.13-14.

169 Osburn, "Christological Use of Enoch in Jude," 337; M. Black, "The Maranatha Invocation and Jude 14, 15 (1 Enoch 1:9)," in *Christ and Spirit in the New Testament: Studies in Honour of Charles Francis Digby Moule*, ed. B. Lindars and S. S. Smalley (Cambridge: Cambridge University Press, 1973), 194; Davids, *2 Peter and Jude*, 79; Bateman, *Jude*, 313–14.

완료"와 같다.[170] 유다서는 그리스도의 재림을 말한다.[171] 그와 함께 올 "거룩한 자"들은 그의 천사들이다.[172] 그리스도의 오심은 시내산에서 하나님의 신현을 따른다. 여기에서 그분은 "일만 성도 가운데에"(신 33:2) 오셨다.[173] 스가라는 "나의 하나님 여호와께서 임하실 것이요 모든 거룩한 자들이 주와 함께" 할 날을 고대했다(슥 14:5). 예수님께서 오실 때 천사들이 함께할 것이라는 사실은 신약의 다른 곳에서 분명히 가르친다(마 16:27; 25:31; 막 8:38; 눅 9:26; 살전 3:13; 살후 1:7). 그가 오실 때, 천사들이 함께함은 이 사건이 놀랍고 장엄할 것임을 나타낸다.

15절. 이제 주께서 오시는 목적이 설명된다.[174] 그분은 자신을 반대하는 자들을 심판하고 경건하지 않게 살아가고 말하는 자들을 정죄하기 위해 오신다. 심판을 받을 "뭇 사람"(πάντων, 판톤)은 불신자들만을 가리킨다.[175] 유다는 믿지 않는 사람은 심판을 피할 수 없다고 강조한다. 그는 "모든 경건하지 않은 자들을 정죄할"(πάντας τούς ἀσεβεῖς, 판타스 투스 아세베이스) 것이다.

---

170 S. E. Porter, *Idioms of the Greek New Testament*, 2nd ed. (Sheffield: JSOT Press, 1994), 37; Bauckham, *Jude, 2 Peter*, 93-94; Black, "Maranatha," 194; Osburn, "Christological Use of Enoch in Jude," 336; G. Green, *Jude and 2 Peter*, 105; Davids, *2 Peter and Jude*, 79-80; E. Mazich, "'The Lord Will Come with His Holy Myriads': An Investigation of the Linguistic Source of Enoch 1,9 in Jude 14b-15," *ZNW* 94 (2003): 278-80. 리드와 리즈는 부정과거가 예언적 완료와 유사하지 않다고 주장한다. 부정과거는 "배경의 일부이다. 주제에 관한 직접적인 진술이 아니라 실례를 제공한다"("Verbal Aspect, Discourse Prominence, and the Letter of Jude," *ENT* 9 [1996]: 195). 유다서는 드 실바의 제안과 다르게, 여기에서 파숫꾼에 대한 과거 심판을 말하지 않는다(*Jude*, PCNT [Grand Rapids: Baker, 2012], 215).

171 Frey, *Der Brief des Judas und der zweite Brief des Petrus*, 108. 이 언급은 하나님에 관한 것이 아니다(다음과 반대된다. 훅스와 레이먼드는 하나님 또는 그리스도를 가리킬 수 있다고 말한다. *2 Pierre, Jude*, 176).

172 헬라어 ἐν은 여기에서 "함께"를 의미한다(Fuchs and Reymond, *2 Pierre, Jude*, 176; Mayor, *Jude and Second Peter*, xxxviii).

173 Charles, "The Use of the Old Testament in Jude," 111-12; 참조. Bauckham, *Relatives of Jesus*, 288. 에녹의 예언에 관한 구약의 예에 대해서는 다음을 참조하라. J. VanderKam, "The Theophany of Enoch 1:3b-7, 9," *VT* 33 (1973): 129–50. 보컴은 여호와의 현현을 예언한 주의 날 본문이 이제 그리스도의 오심과 관련이 있으며, 그것을 예수 그리스도에 적용하는 것은 초기 팔레스타인 기독교에 뿌리를 둔다고 지적한다(*Relatives of Jesus*, 288-302).

174 부정사 ποιῆσαι는 목적을 나타낸다. P. H. Davids, *II Peter and Jude: A Handbook on the Greek Text*, BHGNT (Waco: Baylor University Press, 2011), 25.

175 Vögtle, *Judasbrief, 2 Petrusbrief*, 78.

NA²⁸은 "모든 영혼"(πᾶσαν ψυχὴν, 파산 프쉬켄)을 제시한다. 결정하기 쉽지 않다. 양쪽 다 좋은 논거를 제시할 수 있지만, 에티오피아 전통과 다수 사본은 CSB 성경 번역("모든 영혼")으로 기운다.[176] 4절과의 연관성은 심판이 반대자들의 "경건하지 않음" 때문이라고 말하는 점이다. 실제로 유다서는 이 구절에서 "불경건함"의 단어 그룹에서 세 가지 다른 단어를 사용한다. 거짓 선생들은 하나님을 찬양과 존귀와 순종을 받으시기에 합당하신 주권자요 전능하신 하나님으로 여기지 않고 그분을 무시하며 살았다.

심판은 특별히 두 가지 문제, 즉 악한 일과 거짓 선생들의 말에 기인한다. 심판에는 그들이 "행한 모든 경건하지 않은 일"이 포함된다는 점에 주의해야 한다. 어떤 악한 행동도 면제되지 않는다. 악함은 하나님의 기억에서 지워지지 않는다. 하나님을 거절한 사람들은 자기들의 삶의 방식으로 이것을 나타낸다. 둘째, "경건하지 않은 죄인들이 주를 거슬러 한 모든 완악한 말로 말미암아" 심판이 집행된다. 그들은 "주를 거슬러 말"을 했다. 그들의 거친 말은 하나님을 거스른 반역에서 비롯된 것이다. 에녹 1서와 몇 가지 유사점은 도움이 된다. 에녹은 악인들에게 말했다. "네가 여호와의 명령을 행하지 아니하고 범죄하여 그의 위대하심에 대하여 더러운 입으로 중상하고 거치는 말을 했다"(1 Enoch 5:4).[177] 유다서와의 병행은 에녹 1서 5:4의 헬라어와 가깝다. 여기에서 "거친 말"(σκληρούς αὐτούς, 스켈루스 하우투스)이라는 표현이 사용된다. 비슷한 개념이 에녹 1서 101:3에서 나타난다. "너희가 그의 의를 반대하여 담대하고 거친 말(μεγάλα καὶ σκληρά, 메갈라 카이 스클레라)을 낸다."[178] 비슷하게, 심판은 "입으로 여호와를 거슬러 무례한 말을 하고 그의 영광에 대하여 거친 말을 하는 자"(1 En 27:2)에 대해서도 내려진다.[179]

---

176 Flink, "Reconsidering the Text of Jude 5, 13, 15, and 18," 116-18; Wasserman, *The Epistle of Jude: Its Text and Transmission*, 301-4; Landon, *A Text Critical Study of the Epistle of Jude*, 117-18.

177 *OTP*, 1.15

178 *OTP*, 82.

179 *OTP*, 27.

3.3.2. 적들에 관한 적용(16절)

16 이 사람들은 원망하는 자며 불만을 토하는 자며 그 정욕대로 행하는 자라 그 입으로 자랑하는 말을 하며 이익을 위하여 아첨하느니라

16절. "이 사람들"(οὗτοί, 후토이)은 16절을 연다. 에녹의 인용을 유다의 반대자들에게 적용하는데, 이는 대적들이 에녹에 의해 예언되었음을 나타낸다. 이제 유다서는 그들의 심판이 합당한 이유를 설명한다. 15절은 그들의 경건하지 않은 행동과 말에 관한 판단을 근거로 하고, 16절은 그들의 경건하지 않은 말과 오만함을 강조한다. 반대자들은 여호와를 원망하는 "투덜거리는 자"(개역개정. '원망하는 자', γογγυσταί, 공귀스타이)라는 점에서 광야의 이스라엘과 같았다(참조. 출 16:7-9, 12; 17:3; 민 11:1; 14:23; 16:41; 17:5, 10; 시 105:25; Sir. 46:7).[180] 따라서 유다는 광야 세대의 심판에 대해 이야기하는 5절로 되돌아간다.[181] 뒤이어 나오는 "흠 잡는 사람들"(NIV. 개역개정, "불만을 토하는 자들")은 동일한 진리를 전달한다.[182] 거짓 선생들은 기뻐하지 않고, 사랑하지 않으며, 비판적이고, 남의 약점을 재빨리 알아차린다. 주석가들은 원망하는 대상에 대해 토론한다. 어떤 학자들은 율법의 제한에 관한 불만으로 이해한다.[183] 다른 학자들은 침입자들이 영지주의적이라고 생각하고,[184] 육체에 갇히는 것을 불평한다고 본다. 그러나 하나님 그분에 관한 불평이라고 말하는 켈리가 옳을 것이다.[185] 그러나 본문을 더 자세히 해석할 수 있는 증거는 없다.

그들은 다른 사람들을 세우는 방법을 생각하기보다 자신의 욕망을 충족시키기 위해 쾌락을 추구했다. 여기에서 "정욕"이 성적인지 분명하지 않다. 유다서는 아마도 성적인 죄와 탐욕에 관한 생각을 포함하여 죄의 정욕을 묘

---

180 Fuchs and Reymond, *2 Pierre, Jude*, 177. 181

181 Frey, *Der Brief des Judas und der zweite Brief des Petrus*, 110.

182 헬라어 μεμψίμοιροι는 γογγυσταί를 수식하는 형용사가 아니라 두 번째 명사이다(따라서 Bateman, *Jude*, 323).

183 Bauckham, *Jude, 2 Peter*, 98.

184 참조. Fuchs and Reymond, *2 Pierre, Jude*, 177.

185 Kelly, *Peter and Jude*, 278. 참조. G. Green, *Jude and 2 Peter*, 108.

사하기 위해 일반적인 의미로 사용했을 것이다.[186] "그들은 스스로 자랑하며"(NIV. 개역개정, "그 입으로 자랑하는 말을 하며")는 "그 입은 오만한 말을 하며"(CSB)로 번역하는 것이 더 좋다. 두 번역 모두 거짓 선생들이 오만했음을 보여 준다. 그러나 그들의 오만함은 자신에 관한 자랑이 아니라 하나님에 관한 반역이었다(참조. 9-10절). 헬라어 표현(λαλεῖ ὑπέρογκα, 랄레이 휘페롱카, "그는 오만한 말을 한다")는 데오도션(Theodotion) 70인역(단 11:36)에서도 발견되는데, 이는 안티오쿠스 에피파네스가 하나님을 모독한 것을 반영한다(λαλήσει ὑπέρογκα, 랄레세이 휘페론카, "그는 오만한 말을 할 것이다", 참조. 단 7:8, 20).[187] 마지막으로 반대자들은 자신의 이익을 위해 아첨에 빠졌다. 이 점은 분명히 재정적인 이익이다(참조. 1:11). 그들은 사람들이 자신의 정욕을 추구할 목적으로 이생의 안락함을 보상으로 주도록 아첨했다.[188] "행하는"(πορευόμενοι, 포류오메노이)은 11절과 연결되며 18절을 예상한다.[189] "아첨하느니라"(θαυμάζοντες πρόσωπα, 다우마존테스 프로소파)는 구약에서 나오는 "얼굴을 들어올리다"는 히브리어 관용어에서 왔다(창 19:21; 레 19:15; 신 10:17; 28:50; 대하 19:7; 욥 13:10; 잠 18:5; 24:23; 참조. 헬라어로 약 2:1). 이 표현은 구약에서 일관되게 금지되는 편파적인 불공평을 나타낸다.

186 Kelly, *Peter and Jude*, 278; Moo, *2 Peter, Jude*, 271.

187 따라서 Sellin, "Die Häretiker des Judasbriefes," 222-23의 제안과는 반대로 방언에 관한 언급은 없다.

188 레이케는 그들이 이익을 얻기 위해서 부유한 공화주의자 로마인들과 협상했을 가능성을 말하면서 잘못 추측하고 있다(*James, Peter, and Jude*, 211).

189 Bauckham, *Relatives of Jesus*, 208.

단락 개요

4. 신자들에 관한 권면(17-25절)
   4.1. 사도들의 예언을 기억하라(17-19절)
      4.1.1. 사도들의 예언(17–18절) 4.1.2. 적들에 대한 적용 (19절)
   4.2. 하나님의 사랑 안에 자신을 지키라(20-21절)
   4.3. 반대자들의 영향을 받는 자들을 긍휼히 여기라(22-23절)
   4.4. 송영(24-25절)

4. 신자들에 관한 권면(17–25절)

새로운 단락이 17절에서 "사랑하는 자들아"(ἀγαπητοί, 아가페토이)로 시작된다. 3절에서 같은 단어로 본론을 시작한다. 보컴은 유다서가 수신자들에게 계속 거짓 선생들에 대해서 경고하고 있기 때문에, 새로운 단락이 여기에서 시작되지 않는다고 주장한다.[1] 새로운 단락이 시작하는 위치를 파악하는 것은 어려울지 모른다. 보컴은 유다서가 반대자들에 대해 교회에 경고한다고 바르게 이해한다. 그럼에도 불구하고 우리는 여기에서 새로운 단락이 시작된다고 이해할 수 있다.[2] 강조점은 "이 사람들"(οὗτοί, 후토이)에서 "너희"(ὑμεῖς, 휘메이스)로 이동한다.[3] 유다는 반대자들에 관한 심판(5-16절 주제)에서 돌아서서 침입이 예측되는 수신자들에게 상기시킨다. 왓슨은 이 부분을 "요약과 결론"(peroratio)로 파악한다. 여기에서 유다서는 편지의 주요 주장을 요약하

1 R. Bauckham, *Jude, 2 Peter*, WBC (Waco: Word, 1983), 102–3.

2 J. N. D. Kelly, *A Commentary on the Epistles of Peter and Jude, Thornapple Commentaries* (Grand Rapids: Baker, 1981), 281; J. Neyrey, *2 Peter, Jude*, AB (Garden City: Doubleday, 1993), 84–85; D. J. Moo, *2 Peter, Jude*, NIVAC (Grand Rapids: Zondervan, 1997), 280.

3 19절의 οὗτοί는 유다서의 권면이 여전히 반대자들과 관련이 있음을 보여 주며, 따라서 우리는 보컴이 본문을 나누는 이유를 알 수 있다.

고 편지가 반대자들의 비판에서 독자들을 격려하고 권면하는 것으로 바뀌도록 결론을 이끌어 낸다.

17-23절은 세 부분으로 나누어야 한다. 첫째, 유다서는 독자들에게 사도들의 예언을 기억하라고 촉구한다(17-19절). 사도들은 조롱하는 자들이 와서 자기 자신의 이기적인 정욕에 몰두할 것이라고 예언했다. 그러므로 교회는 그들의 침입에 놀라지 말고 침입자들의 교활함을 막을 준비가 되어 있어야 한다. 둘째, 신자들은 하나님의 사랑 안에 거해야 한다(20-21절). 신자들이 거짓 선생들을 공격하는 것만으로 충분하지 않다. 그들은 하나님에 대한 사랑을 계속하기 위해 적극적이어야 한다. 그렇지 않으면 하나님의 사랑이 서서히 시들게 될 것이다. 신자들이 다른 사람들의 결점에 집중할 때, 하나님에 대한 사랑은 풍성할 수 없다. 그들은 계속해서 자기들의 영적 생활을 자라게 해야 한다. 믿는 자는 믿음 안에서 자신을 세우며 성령으로 기도하며 주 예수 그리스도의 긍휼을 간절히 기다려야 한다. 유다는 어떻게 하나님의 사랑 안에서 자신을 지킬 수 있는지에 대해서 공동체를 불안하게 두지 않는다. 그 방법을 알 수 있도록 구체적으로 가르친다.

셋째, 유다서는 신자들이 거짓 선생들의 영향을 받는 사람들을 어떻게 대해야 하는지 고려한다(22-23절). 믿는 자들은 반대자들의 영향력 아래 흔들리는 자들에게 긍휼을 베풀고 의심으로 씨름하는 자들을 인내해야 한다. 침입자들에게서 구원을 받는 사람들은 불에서 끌어내어 임박한 위험에서 구출된다. 그러나 건강한 사람은 자신을 잘 살피고 두려움으로 긍휼히 여겨야 한다. 불을 가까이하는 하는 사람은 화상을 입을 수 있으므로, 독자들에게 두려워하고 주의하면서 긍휼에 균형을 맞추어, 침입자들이 자행한 악에 빠져들게 하는 소용돌이에 빠지지 않도록 경고한다. 이 단락의 세 가지 주요 부분은 청중에게 초점을 맞춘다. 첫째, 수신자들은 사도들이 거짓 선생들에 대해 한 예언에 주의를 기울여야 한다(17-19절). 둘째, 수신자들은 자신의 영적 성장을 소홀히 하지 말고 하나님을 향한 자신의 사랑을 지키는 방법에 집중해야 한다(20-21절). 셋째, 수신자들은 거짓 선생들에게 **영향을 받은** 사람들에게 긍휼을 베풀어 가능한 많은 사람들이 임박한 위험에서 벗어날 수 있도록 도와야 한다.

4.1. 사도들의 예언을 기억하라(17-19절)

4.1.1. 사도들의 예언(17-18절)

¹⁷ 사랑하는 자들아 너희는 우리 주 예수 그리스도의 사도들이 미리 한 말을 기억하라 18 그들이 너희에게 말하기를 마지막 때에 자기의 경건 하지 않은 정욕대로 행하며 조롱하는 자들이 있으리라 하였나니

앞에서 언급했듯이 새로운 단락은 17절의 "사랑하는 자들아"(ἀγαπητοί, 아가페토이)와 강조하는 대명사 "너희"(ὑμεῖς, 휘메이스)로 시작한다. 유다서 는 수신자들에게 사도들의 예언을 기억할 것을 촉구한다. 그들은 마지막 때에 조롱하는 자들이 오고, 이 조롱하는 자들이 경건하지 않은 정욕을 좇을 것이 라고 예상했기 때문이다. 유다가 "이 사람들"(οὗτοι, 후토이)이라는 단어를 좋 아하는 것이 19절에 나타난다. 유다서는 16절에서 에녹의 예언처럼, 사도들 의 예언이 지금 있는 반대자들에 관한 것임을 보여 준다. 즉, 유다가 편지하는 상황에서 마지막 때의 예언이 성취된 것이다. 따라서 우리는 유다 자신의 상 황과 동떨어진 먼 미래 시대와 관련된 사도들의 예언으로 이해하면 안 된다.

17절. "사랑하는 자들아"(ἀγαπητοί, 아가페토이)는 신자들이 특별히 하나 님의 사랑의 대상임을 보여 준다. 수신자들은 사도들이 이전에 그들에게 했던 말을 "기억"해야 한다. 성경에서 '기억하라'는 사람들의 이름을 기억할 때 일 시적으로 잊어버리는, 단순한 기억이 아니다. 기억한다는 것은 자신의 삶에 각인되도록 들은 말씀을 마음에 새기는 것을 의미한다(참조. 5절). 유다가 언 급한 예언은 사도들의 예언이다. "사도"는 단순히 선교사나 복음을 전하는 자 가 아니지만 그 의미를 포함할 수 있다(롬 16:7; 고후 8:23; 빌 2:25). 오히려 유다는 교회의 기초이며(엡 2:20), 복음의 권위 있는 해석자와 증인을 염두에 둔다(참조. 고전 15:1-11).⁴ 열두 제자, 사도 바울, 아마도 바나바(행 14:4)와 예수의 형제 야고보(행 12:17; 15:13; 21:18; 갈 1:19; 2:9; 고전 15:7)가 포 함된다. 여기에서 유다의 말은 베드로후서 3장 2절과 밀접하게 일치한다. 베 드로는 예수 그리스도의 재림을 부인한 자들에게 주의를 돌리지만 유다는 더

---

4 참조. H. W. Bateman IV, *Jude*, EEC (Bellingham: Lexham, 2017), 343-44.

일반적으로 경고한다. 사도들은 자신의 정욕을 실행하기 위해 살아갈 조롱하는 자들을 예상했다.

어떤 학자들은 예수님의 형제인 유다가 유다서를 기록하지 않았을 것이라고 주장한다. 그 이유들을 "사도들"이라는 단어에서 찾는 데, 사도들을 하나의 집합적인 그룹으로 여겼기 때문에 사도 시대가 끝났음을 의미한다.[5] 유다서가 사도들에 대해 말한 것은 모든 사도들의 예언이 수집되었음을 의미하지 않고 사도들이 죽었다는 의미도 아니다.[6] 단지 사도들이 앞으로 일어날 거짓 선생들에 대해서 예언을 말했다는 의미이다. 이 사도들의 경고는 아마도 구두로 이루어졌으므로 글로 쓴 기록이 필요하지 않다.[7] 몇몇 본문은 (글로 쓴 형식에 접근할 수 없었을지라도) 이 경고가 초기 기독교 선포의 일반적인 부분이었음을 나타낸다. 사도행전 20장 29-30절에서 바울은 이렇게 말한다. "내가 떠난 후에 사나운 이리가 여러분에게 들어와서 그 양 떼를 아끼지 아니하며 또한 여러분 중에서도 제자들을 끌어 자기를 따르게 하려고 어그러진 말을 하는 사람들이 일어날 줄을 내가 아노라." 마태복음에서 사도들이 거짓 선지자들에 관한 예수님의 경고를 전한 사실을 알 수 있다(마 7:15-20). 바울은 디모데전서 4장 1-5절과 디모데후서 3장 1-5절에서 비슷한 경고를 한다. 그러므로 유다가 이와 같은 말을 전하는 시기가 사도들이 죽은 이후일 필요는 없다. 이 경고가 아마도 사도들의 사역 시작부터 공통적인 사도 전통의 일부분이었기 때문이다.

또한 "말하기를"(미완료 동사 ἔλεγον, 엘레곤, 18절)은 이 가르침이 오래 전이 아니었음을 보여 준다. 보컴은 우리가 미완료와 부정과거를 너무 강하

---

5 예. J. B. Mayor, *The Epistle of St. Jude and the Second Epistle of St. Peter* (1907; repr., Grand Rapids: Baker, 1965), cxlv; Kelly, *Peter and Jude*, 281-82; H. Paulsen, *Der zweite Petrusbrief und der Judasbrief*, KEK (Göttingen: Vandenhoeck & Ruprecht, 1992), 79; J. Frey, *Der Brief des Judas und der zweite Brief des Petrus*, THKNT (Leipzig: Evangelische Verlagsanstalt, 2015), 113.

6 다음과 반대된다. Jörg Frey, "Judgment on the Ungodly and the Parousia of Christ: Eschatology in Jude and 2 Peter," in *Eschatology of the New Testament and Some Related Documents*, ed. J. G. van der Watt, WUNT 2/315 (Tübingen: Mohr Siebeck, 2011), 496. 아이버스(Eybers)는 다음과 같이 바르게 이해한다. "예수님의 제자들이 한 예언에 대한 언급은 ... 유다서가 늦은 시기에 쓰였다고 볼 필요가 없다. 왜냐하면 저자의 눈에는 예언의 사실이 ... 경고를 말한 후 시간의 경과보다 훨씬 더 중요했기 때문이다."

7 Eybers, "Background of the Letter of Jude." 115.

게 구별하는 점에 대해 조심할 필요가 있다는 것을 올바르게 관찰한다.[8] 게다가 바울은 최근에 데살로니가 교인들에게 복음을 전했지만(참조. 살전 3:4; 살후 2:5; 3:10), 이전에 그들에게 가르쳤던 내용을 설명하기 위해 미완료 동사를 사용한다. 또한 비록 유다가 사도라고 주장하지는 않지만 사도들로부터 분리시킬 필요는 없다(1절). 베드로는 비록 자신이 사도였지만, 사도들의 예언을 나타내기 위해 비슷한 표현을 사용했다(벧후 3:2). 그러므로 사도들의 예언을 기억하라는 권면은 반드시 유다를 사도에서 제외시키는 것은 아니다. 물론 유다가 사도라고 주장했다는 증거는 없다.

18절. 유다는 사도들의 말이 먼 세대를 위한 말이 아니라 청중들에게 하는 말이라고 생각한다. 그들의 가르침이 "너희"(ὑμῖν, 휘민)를 위한 것이라고 말한다. "마지막 때"는 그 예언이 유다서의 수신자들을 위한 것이라는 사실과 모순되지 않는다. 신약 시대 그리스도인들은 예수 그리스도의 오심과 그의 죽음과 부활과 함께 마지막 날이 도래했다고 믿었다. 히브리서 기자는 "이 모든 날 마지막에" 하나님이 "아들을 통하여 우리에게 말씀하셨으니"(히 1:2; 참조. 행 2:17; 벧전 1:20)라고 선언하여 마지막 날이 도래했음을 나타낸다.[9] 비슷하게 디모데전서 4장 1절과 디모데후서 3장 1절에서 거짓 선생들의 등장은 각각 "후일에"와 "말세에" 일어난다. 두 경우 모두 바울은 이 예언이 에베소 교회를 괴롭히는 거짓 가르침에서 성취되는 것으로 이해한다. 우리는 침입자들이 들어옴과 심판이 미리 기록되었음을 발견할 수 있는 유다서 4절과 연관성을 이해해야 한다. 우리는 구약이 이러한 거짓 선생들을 예언한 것을 보았고 이제 유다는 사도들도 그들이 오는 것을 예상했다고 말한다.

유다서에 따르면 예언의 내용은 다소 모호하다. 사도들은 조롱하는 자들이 와서 그들 자신의 정욕을 따를 것이라고 예언했다.[10] 유다는 분명히 침입자들을 염두에 둔다. 왜냐하면 그들의 조롱이 그리스도/하나님의 주되심을 분명히 거부했기 때문이다(8절). 그들이 자신의 정욕을 추구했다는 말은 16

8 Bauckham, *Jude, 2 Peter*, 103.

9 구약과 제2성전기 유대 문헌 및 신약의 마지막 날에 관한 조사는 다음을 참조하라. Bateman, *Jude*, 347–51.

10 열심당의 반대는 여기에서 임의적이다(다음과 반대된다. Bateman, *Jude*, 354-57).

절의 침입자들에 관한 고발을 거의 정확하게 반복하지만, 유다는 여기에 뉘
앙스를 더한다. 그들의 정욕은 경건하지 않은 일을 하는 것이었다. "경건하지
않은 정욕"(τῶν ἀσεβειῶν, 톤 아세베이온, CSB)은 설명하는 속격일 가능성이
있다. 그러나 이 단어는 목적격적인 속격 "경건하지 않은 행위를 욕망하는 정
욕"으로 해석해야 할 가능성이 더 크다.[11] 유다서가 반대자들에 대해 사용하
는 가장 좋아하는 단어 중 하나인 "경건하지 않은"은 다른 구절에서도 나타
난다(4, 15, 16절).

4.1.2. 적들에 관한 적용 (19절)
**[19] 이 사람들은 분열을 일으키는 자며 육에 속한 자며 성령이 없는 자
니라**

19절. 유다는 이제 사도들의 예언을 "이 사람들"(οὗτοί, 후토이)로 수신자
들에게 연결하고 적용한다. 사도들은 수신자들의 교회에 있는 반대자들을 예
언했다. 유다서는 사도들이 단지 특정한 한 교회만을 생각했다고 암시하지 않
는다. 사도들은 교회가 일반적으로 거짓 선생들이 들어올 것을 경험할 것이
라고 예언했다. 우리는 반대자들에 관한 유다의 설명에서 또 다른 세 가지를
본다. 첫째, 반대자들은 "분열을 일으키는" 사람들이었다. "분열을 일으키는
자"(οἱ ἀποδιορίζοντες, 호이 아포디오리존테스)은 침입자가 사람들을 구분했다
는 의미일 수 있다. 어떤 사람들은 영적으로 어떤 사람들은 영적이지 않다고
나누었다. 켈리는 유다가 침입자를 "육에 속한 자"(ψυχικοί, 프쉬키코이)라고
부르며 이 개념을 뒷받침하는 것으로 이해한다.[12] 그는 유다가 적들이 사용
했던 용어로 다시 그들에게 돌려준다고 생각한다. 영지주의자들은 어떤 사람

---

11 C. Bigg, *The Epistles of St. Peter and St. Jude*, ICC (Edinburgh: T&T Clark, 1901), 337; B.
Reicke, *The Epistles of James, Peter, and Jude*, AB (Garden City; Doubleday, 1964), 218-19;
Bateman, *Jude*, 356. 혹스와 레이먼드는 속격이 주격적 속격으로 해석될 수 있지만, 목적격적
속격을 선택한다(*La Deuxième Épître de Saint Pierre, L'Épître de Saint Jude*, CNT [Neuchâtel-
Paris: Delachaux & Niestlé, 1980], 181). 메이어는 주격적 속격을 지지한다(*Jude and Second
Peter*, 47).

12 Kelly, *Peter and Jude*, 284–85; 또한 Fuchs and Reymond, *2 Pierre, Jude*, 181-82.

들을 영적으로 어떤 사람들을 "혼에 속한 사람"으로 분류하는 것으로 유명했기 때문에, 이 해석은 반대자들을 영지주의로 이해하는 견해와 일치한다. 이 해석은 가능하지만, 유다가 분열을 일으키는 거짓 선생들을 고발했을 가능성이 더 크다.[13] NRSV 성경은 이 해석을 반영한다. "성령이 없는 세상적인 사람들이 분열을 일으킨다."[14] 회중 중에 어떤 사람들은 선생들의 영향을 받았고 유다는 그들의 의견에 반대하기 위해 편지를 쓴다(3절). 발람이 이스라엘을 대적하고 고라가 모세와 아론을 대적한 것처럼(11절), 그들은 애찬에 끼어들어(12절) 공동체에 온갖 문제를 일으키고 있었다.

반대자들도 "육에 속한 자"였다. 육에 속한 자(ψυχικοί, 프쉬키코이)는 "자연에 속한 사람"들로 번역할 수 있다. 유다가 가리키는 의미는 이어지는 내용으로 잘 설명된다. 그들은 "성령이 없는"(NIV, "성령을 가지지 않은")자이다.[15] "자연에 속하다"는 성령이 없다는 것을 의미한다. 우리는 로마서 8장 9절에서 성령의 임재가 그리스도인의 표시임을 안다. 성령이 없는 자는 하나님께 속한 자가 아니다. 그러므로 유다서는 기독교 공동체에서 반대자들을 배제한다. 그들은 영적이지 않은 세상적인 사람들이었다. 따라서 그들은 성령이 없기 때문에 참된 그리스도인이 아니었다. 반면에 신자들은 "성령으로"(20절) 기도한다. 유다의 말은 바울이 말한 "육에 속한 사람"(ESV, "자연적인 사람")이 성령이 없기 때문에 성령의 일을 받지 않는다고 말한 것을 생각나게 한다(고전 2:14). 야고보는 또한 세상의 지혜가 "땅 위의 것이요 정욕의 것이요(ψυχική, 프쉬키케) 귀신의 것"(약 3:15)이라고 말한다. 유다의 반대자들도 같은 범주에 속한다. 그들은 하나님께 속하지 않았기 때문에 분열을 일으켰다. 성령이 없었기 때문이다.

---

13 베이트먼(*Jude*, 358-61)은 열심당에 관한 언급으로 이해했지만 4절의 언어는 그들이 교회의 구성원임을 나타내며 교회에 있는 사람들과 식사 교제(12절)를 하고 있었다. 열심당원이 예수님을 메시아로 선포하는 회중에 속했다는 증거는 없다.

14 Bauckham, *Jude, 2 Peter*, 105; C. D. Osburn, "Discourse Analysis and Jewish Apocalyptic in the Epistle of Jude," in *Linguistics and New Testament Interpretation: Essays on Discourse Analysis*, ed. D. A. Black, K. Barnwell, and S. Levinsohn (Nashville: Broadman, 1992), 308–9. 또한 다음의 논의를 참조하라. A. Vögtle, *Der Judasbrief, der 2 Petrusbrief*, EKKNT (Neukirchen-Vluyn: Neukirchener Verlag, 1994), 90-92.

15 Bauckham, *Jude, 2 Peter*, 106; Neyrey, *2 Peter, Jude*, 89. 베이트먼은 조롱하는 사람들이 분열적이고 세속적인 이유를 설명하면서 분사 ἔχοντες가 인과적이라고 흥미롭게 말한다(*Jude*, 364).

수신자들은 반대자들의 침입에 놀라지 말아야 한다. 사도들이 일어날 일을 예견했기 때문이다. 그들이 들어올 것에 대한 예언은 교회의 믿음을 굳게 세울 것이다. 이것은 그들에게 단번에 주신 믿음의 참됨을 확증하기 때문이다(3절). 거짓 가르침이나 외부로부터 온 위협은 모두 예견되고 예언되었기 때문에 진리에 관한 진정한 위협으로 여겨질 수 없다. 하나님은 교회가 세상에서 안팎의 원수가 없이 자라갈 것이라고 약속하지 않으셨다. 사람들은 하나님의 축복이란 하나님의 백성이 다툼이 없는 행복한 상태로 존재하는 것이라고 생각하기 쉽다. 오히려 사도들은 반대자들이 올 것이라고 예언했고, 그들은 이미 도착했다. 그들은 자기들의 말과 행동을 통해 분명히 드러났다. 그러므로 그들이 하나님의 백성의 일부가 아니었음이 모든 사람에게 분명해져야 한다. 교회는 그들을 인정하고 그들의 가르침을 거부하고 그들의 영향력 아래 흔들리는 자들에게 손을 내밀어야 한다.

4.2. 하나님의 사랑 안에 자신을 지키라(20-21절)

20 사랑하는 자들아 너희는 너희의 지극히 거룩한 믿음 위에 자신을 세우며 성령으로 기도하며 21 하나님의 사랑 안에서 자신을 지키며 영생에 이르도록 우리 주 예수 그리스도의 긍휼을 기다리라

신자들에 관한 권면이 계속되며, 강조점이 약간 바뀐다. 이것은 17절과 같은 "사랑하는 자들아"로 시작하는 것으로 알 수 있다. 이 경우 유다서는 새로운 주요 부분을 소개하는 것이 아니라 반대자들의 침입을 강조(17-19절)하면서 신자들에 관한 긍정적인 권면으로 바꾼다. 그는 반대자들에게 맞서는 일에만 집중한다면 수신자들이 계속해서 믿음에 헌신하지 않을 것임을 알고 있었다. 수신자들도 스스로 기독교 신앙에서 자라가야 하고 하나님의 사랑이라는 영역에서 자신들을 지켜야 한다. NRSV 성경은 네 가지 다른 명령으로 본문을 제시한다. "자신을 세우며", "기도하며", "지키며", "기다리라." CSB 성경은 첫 번째 분사를 시간으로 이해하는 것으로 보인다. "너희는 너희의 지극히 거룩한 믿음 위에 자신을 세울 때"로 번역한다. NIV 성경은 여기에서 가장 도움이 된다. 20절의 분사를 수단적인 의미로 "자신을 세우며 … 기도함으로"(20절)라고 번역한다. NIV 성경은 21절의 분사를 "기다릴 때"라고 시간적인 의미로 이해한다. 20-21절에는 단 하나의 명령형만 있다. 21절의 "지키라"(τηρήσατε, 테레사테)이다. 다른 세 동사는 분사 형태이다. 자신을 세우다(ἐποικοδομοῦντες, 에포이코도문테스). 기도하다(προσευχόμενοι, 프로슈코메노이). 기다리다(προσδεχόμενοι, 프로스데코메노이)는 분사이다. 처음 두 분사는 수단적인 의미로 이해해야 하며, 우리가 하나님의 사랑 안에 자신을 지키는 방법을 설명한다. 마지막 분사는 시간적인 의미로 가장 잘 이해된다.[16] 이 견해가 옳다면 유다서가 즐겨 사용하는 3중 방식의 또 다른 예이다. 그는 수신자들이 하나님의 사랑 안에서 자신을 지킬 수 있는 두 가지 방식을 제시한다. (1) 믿음 안에서 자신을 세우는 것과 (2) 성령 안에서 기도하는 것이다. 마지막으로 그들은 또한 예수 그리스도의 재림을 간절히 기다리면서 하나님의 사랑 안에서 자신을 지켜야 한다. 이 구절의 다른 두 가지 특징에 주목해야 한다. 유다서의 세 가지 방식을 생각할 때, 본문에 내포된 삼위일체론을 발견할 수 있다. 유다서는 **성령** 안에서, **하나님**의 사랑 안에서, **우리 주 예수 그리스도**의 긍휼 안에서 기도하는 것을 가리킨다(참조. 1절). 이후에 교회는 이와 같은 본문에서 삼위일체 교리를 단련시켰다. 유다서가 믿음, 사랑, 주님의 재림에 관한 소망의 개념을 언급하기 때문에 또 다른 세 가지 방식이 개념적으로 나타난다.

20절. 앞에서 언급한 것처럼 이 구절의 두 개의 분사 "자신을 세우며"와 "기도하다"는 21절의 "지키다"(τηρήσατε, 테레사테)를 수식하는 수단적인 의미로 이해된다. 유다는 두 가지 방법을 제시한다. 신자는 하나님의 사랑 안에서 자신을 보존한다. 수단의 부사적 분사는 명령형 동사 "지키다"와 관련해서 명령적인 힘이 있다. 신자들은 "너희의 지극히 거룩한 믿음으로" 스스로를 세워 하나님의 사랑 안에 계속 거해야 한다. "너희의 지극히 거룩한 믿음으

---

16 Bateman, *Jude*, 375-78, 387, 390, 394-95. 다른 학자들은 세 개의 분사를 수단으로 이해한다. R. Martin, "Jude," in *The Theology of the Letters of James, Peter, and Jude* (Cambridge: Cambridge University Press, 1994), 79-80; Osburn, "Discourse Analysis and Jewish Apocalyptic in the Epistle of Jude," 292; A. J. Bandstra, "Onward Christian SoldiersPraying in Love, with Mercy: Preaching on the Epistle of Jude," *CTJ* 32 (1997): 138; R. L. Webb, "The Use of 'Story' in the Letter of Jude: Rhetorical Strategies of Jude's Narrative Episodes," *JSNT* 31 (2088): 77n40.

로”는 “가장 거룩한 믿음이라는 수단으로” 자신을 세운다는 의미로 해석할 수 있다.[17] 또는 반대로, “너희의 지극히 거룩한 믿음 위에”(KJV, NASB, RSV, NRSV, 개역개정) 자신을 세우라는 의미일 수 있다.[18] 후자의 해석이 더 가능성이 높다. 유다는 기초 위에 무엇인가를 짓는다는 은유를 사용한다. 이 경우 기초는 “지극히 거룩한 믿음”이다. 신자들은 하나님의 사랑 안에서 자신을 보존하기 위해 믿음의 기초 위에 세워야 한다.[19] 리즈는 건축이 지도자들에게만 제한되지 않고 전체 공동체의 일임을 바르게 지적한다.[20]

　기초 위에 건축한다는 은유는 신약의 다른 곳에서도 사용된다. 바울은 교회의 유일한 터는 예수 그리스도시며 그 터 위에 바르게 세워야 상을 받는다고 말한다(고전 3:10-15). 교회가 세워지는 기초는 “사도들과 선지자들의 터”이며 “그리스도 예수님께서 친히 모퉁잇돌”이시다(엡 2:20). 베드로는 신자들을 “산 돌”과 “신령한 집”으로 묘사한다(벧전 2:5).[21] 유다서는 바울과 모순되지 않고 새로운 은유를 사용한다. 교회가 세워지는 “지극히 거룩한 믿음”은 예수 그리스도의 복음이며, 이 믿음은 예수 그리스도를 중심으로 한다.[22] 여기에서 “믿음”은 가르침의 집합, 교리, 즉 예수 그리스도의 복음을 의미한다.[23] 이것은 신자들이 “성도에게 단번에 주신 믿음의 도를 위하여 힘써 싸우라”는 3절과 일치한다. 신자들이 하나님의 사랑 안에 머무는 첫 번째 방법은 복음, 즉 회심할 때 그들에게 전해진 가르침에 관한 이해를 계속해서 성장시키는 것이다. 이 믿음은 거룩하신 하나님으로부터 오기 때문에 “가장 거룩하다.” 우리는 신자들이 하나님의 말씀과 기독교 진리에 관한 이해가 성장

---

17 Bigg, *Peter and Jude*, 340.

18 Kelly, *Peter and Jude*, 286; Moo, *2 Peter, Jude*, 284.

19 베이트먼(*Jude*, 383)은 여격이 영역이나 수단이 아니라고 말한다.

20 R. A. Reese, *2 Peter and Jude*, THNTC (Grand Rapids: Baker, 2007), 67-68.

21 교회가 여기에서 성전으로 이해되었다는 개념을 뒷받침하는 주장은 다음을 참조하라. Bateman, *Jude*, 378–82.

22 헬라어 πίστει가 “신실함”으로 번역되어야 한다는 네이레이의 제안은 문맥에도 적합하지 않다 (*2 Peter, Jude*, 90). 다음 주장이 옳다. Kelly, *Peter and Jude*, 285.

23 Paulsen, *Petrusbrief und Judasbrief*, 83; Fuchs and Reymond, *2 Pierre, Jude*, 183. 믿음과 성령은 유다서에서 함께 속한다. 참조. R. Heiligenthal, *Zwischen Henoch und Paulus: Studien zum theologiegeschichtlichen Ort des Judasbriefes*, Texte und Arbeiten zum neutestamenlichen Zeitalter 6 (Tübingen: Francke, 1992), 69.

함에 따라 성장하는 것을 본다. 유다서는 성장이 신비하거나 비밀스럽게 일어난다고 생각하지 않는다. 오히려 신자들은 믿음에 관한 이해가 깊어질수록 하나님의 사랑을 경험한다. 하나님에 관한 애정은 마음을 우회하지 않고 마음을 통해서 증가한다.

신자들이 하나님의 사랑 안에 거하는 두 번째 방법은 "성령으로 기도"하는 것이다. 어떤 주석가들은 이것이 방언을 묘사한다고 생각하지만 그 견해는 의심스럽다.[24] 성령 안에서의 기도는 그리스도인의 삶의 날실과 씨실이 되어야 하는 일반적인 기도일 가능성이 더 높다.[25] 에베소서 6장 18절과 놀랍게 비슷하다. "모든 기도와 간구를 하되 항상 성령 안에서 기도"하라. 에베소서의 문맥은 방언이 우선이 아님을 분명히 한다. 마찬가지로 유다서에서 기도하라는 명령은 넓게 이해해야 하며, 신자는 기도로 간구하여 의지하지 않고는 하나님의 사랑 안에서 자신을 지킬 수 없으며, 하나님과의 관계 없이 하나님에 관한 사랑을 유지할 수 없다. 이러한 관계는 기도로 자라난다.

21절. 이제 두 구절의 중심 명령이 나타난다. "하나님의 사랑에서 자신을 지키라"(21절). 유다는 신자들에게 목적격적인 속격인 하나님에 대한 사랑을 유지하라고 권면하는가? 아니면 주격적인 속격으로 하나님의 사랑을 경험하는 자리에 있어야 한다는 말인가? 결정은 쉽지 않다. 아마도 우리는 잘못된 대안에 직면할 수 있다. 하나님에 대한 우리의 사랑은 우리에 대한 그분의 사랑에 달려 있다. 따라서 이 둘은 엄격하게 분리될 수 없고 분리되어서도 안 된다.[26] 1절에서 신자들은 하나님의 사랑을 받고 그리스도께서 지키

---

24 은사주의적 기도를 지지하는 견해는 다음과 같다. Bauckham, *Jude, 2 Peter*, 113; J. D. G. Dunn, *Jesus and the Spirit: A Study of the Religious and Charismatic Experience of Jesus and the First Christians as Reflected in the NT* (1975; repr., Grand Rapids: Eerdmans, 1997), 239-42; Davids, *2 Peter and Jude*, 94-95. 다음 견해와 반대된다. Vögtle, *Judasbrief, 2 Petrusbrief*, 100; G. L. Green, *Jude and 2 Peter*, BECNT (Grand Rapids: Baker, 2008), 121; Frey, *Der Brief des Judas und der zweite Brief des Petrus*, 123. 물론 방언은 성령 안에서 기도하는 더 넓은 개념에 포함될 수 있다(N. Hillyer, *1 and 2 Peter, Jude*, NIBC [Peabody: Hendrickson, 1992], 264).

25 참조. Moo, *2 Peter, Jude*, 285.

26 켈리는 두 개념 모두가 의도되었다고 제안하고 이를 "포괄적인 속격"이라고 부른다(*Peter and Jude*, 286–87). 푀그틀레는 하나님의 사랑이 우선이라고 바르게 강조한다(*Judasbrief, 2 Petrusbrief*, 100). 프레이는 주격적인 속격만 의미한다고 말한다(*Der Brief des Judas und der zweite Brief des Petrus*, 125).

신다고 말하는 것은 흥미롭다. 신자들을 향한 하나님의 사랑이 강조된다. 그 사랑으로 우리를 당신의 백성으로 부르셨다. 그러나 여기에서 유다는 신자들에게 인간의 책임에 초점을 맞추면서, 하나님의 사랑 안에서 자신을 지키라고 권면한다. 그들은 배교를 피하기 위해 하나님의 사랑 안에서 자신을 지켜야 하며, 그래야 반대자들로 부패하지 않는다. 우리는 신자들이 기독교 신앙에 관한 이해가 계속 성장하고 규칙적으로 기도할 때에만 하나님의 사랑 안에서 보존된다는 사실을 이미 살펴보았다. 내가 1절에서 주장한 것처럼, 궁극적으로 신자들은 예수 그리스도에 의해 지켜진다(Ἰησοῦ Χριστῷ τετηρημένοις, 이에수 크리스토 테테레메노이스). 또는 24절에서 말하는 것처럼 하나님은 "너희를 넘어짐으로부터 지킬(φυλάξαι) 수 있게"(NRSV, 개역개정. "능히 너희를 보호하사 거침이 없게")하실 분이시다. 그리스도를 믿는 자는 하나님 아버지의 보존하시는 사역으로 말미암아 믿음 안에 거한다. 그럼에도 불구하고 하나님께서 자기 백성을 지키시리라는 약속이 믿음 안에서 인내해야 하는 신자들의 책임을 없애 버리지 않는다. 하나님은 자기 백성을 지키시지만 신자는 하나님의 사랑 안에서 자신을 지켜야 한다. 유다서는 하나님의 주권과 인간의 책임 사이의 성경적 긴장을 잘 나타낸다. 한편으로 신자들은 오직 하나님의 은혜 때문에 배교를 피한다. 다른 한편으로 하나님의 은혜는 신자들이 하나님의 사랑 안에 머물기 위해 온 힘을 다해야 할 필요성을 없애버리지 않는다. 우리는 또한 명령을 개인주의적으로만 해석해서는 안 된다는 사실을 알아야 한다. 물론 여기에서 개인은 명령에 주의를 기울여야 한다. 그럼에도 불구하고 하나님의 사랑 안에서 우리 자신을 지키는 것은 공동체적인 과제이다. 신자들이 서로 돌볼 때 그것은 현실이 된다.[27]

하나님의 사랑 안에서 자신을 지키라는 명령과 관련된 세 번째 분사는 "우리 주 예수 그리스도의 긍휼을 기다림"(προσευχόμενοι, 프로슈코메노이)이다. 앞에서 언급한 것처럼 "기다리다"는 주님의 재림에 초점을 맞추며, 시간적이면서 종말론적이다. 예를 들어, 우리는 하나님의 왕국을 기다리는 아리마대 요셉에게서(막 15:43), 하나님의 구속 목적이 성취되기를 기다리는 시므온과 안나(눅 2:25, 38)에게서 같은 동사를 찾을 수 있다. 디도서 2장 13절에서 신

---

27 R. A. Reese, *2 Peter and Jude*, THNTC (Grand Rapids: Baker, 2007), 69.

자들은 주님께서 재림하실 소망을 기다려야 한다. 신자들은 그리스도의 긍휼을 기다리기 때문에, 주님이 오실 때 긍휼을 받을 것이다. 우리는 유다가 2절에서 독자들을 위해 긍휼이 배가 되기를 기도한다는 것을 기억한다. 전치사 εἰς(에이스, "이르도록")는 목적일 수 있지만, 결과로 해석해야 한다.[28] CSB 성경의 "영생을 위하여" 보다 "영생에 이르도록"이 더 정확하다. 어떤 주석가들은 "영생을 위하여"라는 어구가 "하나님의 사랑 안에서 자신을 지키라"를 수식하는 것으로 이해한다.[29] 그러나 전치사 구가 분사에 더 가깝다는 CSB 성경의 이해가 옳다(헬라어 εἰς는 "지키라"에 더 가까운 위치에 있다. 역자 주). 그러므로 유다서는 여기에서 영생을 마지막 날에 받을 것, 곧 신자들이 주님께서 강림하실 때 누릴 어떤 것으로 생각한다.

그리스도의 긍휼에 관한 언급은 신약에서 드물다. 왜 유다서는 여기에서 긍휼을 말하는가? 아마도 신자들은 예수 그리스도를 만나는 마지막 날에 (공의가 아니라) 긍휼이 필요하기 때문일 것이다(참조. 마 5:7; 딤후 1:18).[30] 여기에서 우리는 신자들이 영생을 받는 기초가 은혜라는 것을 알 수 있다. 유다서는 신자들이 끝까지 하나님의 사랑 안에 머물러 있어야 하고 배교를 피해야 한다고 분명히 가르친다. 그러나 그는 신자들이 이 세상에서 완전할 것이라고 믿지 않는다. 따라서 마지막 날에 그리스도의 긍휼이 필요할 것이다. 그러므로 우리는 신자들이 그리스도의 재림을 기다리면서 하나님의 사랑 안에 머물러 있음을 본다. 분명히 그리스도인들은 이 세상에 몰두하고 미래의 하나님 앞에서 완전함을 사모하기를 그친다면 하나님의 사랑 안에 머물 수 없다(24-25절). 우리가 하나님에 관한 사랑을 계속 유지하는 방법 중 하나는 예수 그리스도께서 우리에게 긍휼을 베푸실 날, 그분이 우리에게 영생의 선물을 주실 날, 그리고 우리가 영원히 온전해질 날을 계속 갈망하는 것이다. 장래의 소망에서 눈을 떼는 사람은 하나님에 관한 사랑이 서서히 식어가는 것을 발견하게 될 것이며, 그들의 참된 사랑은 이 악한 시대를 향한 것임이 분명할 것이다.

---

28 레이케는 εἰς가 목적이라고 이해하며, 이것은 결과의 개념과 가깝다(*James, Peter, and Jude*, 214). 결과를 지지하는 견해는 다음을 참조하라. Kelly, *Peter and Jude*, 287; Bateman, *Jude*, 399-400.

29 예. Bigg, *Peter and Jude*, 340.

30 Fuchs and Reymond, *2 Pierre, Jude*, 185.

4.3. 반대자들의 영향을 받는 자들을 긍휼히 여기라(22-23절)

²² 어떤 의심하는 자들을 긍휼히 여기라 23 또 어떤 자를 불에서 끌어내어 구원하라 또 어떤 자를 그 육체로 더럽힌 옷까지도 미워하되 두려움으로 긍휼히 여기라

22-23절을 해석하기 전에 본문을 정립해야 한다. 불행하게도 사본 전통은 매우 다양한 해석을 하기 때문에 원문을 결정하기 어렵다. 사본 전통의 가장 두드러진 특징은 어떤 사본 증거는 본문을 두 개의 절로 나누는 반면, 다른 사본은 세 부분으로 나눈다.[31] 가장 초기 사본인 𝔓⁷²는 본문을 두 개의 절로 나누며, 다음과 같이 번역할 수 있다. "어떤 자를 불에서 끌어내라. 그리고 논쟁하는 (또는 '의심하는') 자들을 긍휼히 여기라."[32] 바티카누스 사본(Vaticanus, B) 역시 본문을 두 그룹으로 나눈다. "그들이 논쟁(또는 의심)할 때, 너희가 긍휼히 여기는 사람들, 그들을 불에서 끌어내어 구원하라. 어떤 자를 두려움으로 긍휼히 여기라"(참조. NEB 성경). 대문자 사본 C는 "긍휼히 여기라"(ἐλεᾶτε, 엘레아테) 대신에 "책망하다" 또는 "꾸짖다"(ἐλέγχετε, 엘렝케테) 동사를 넣고 다음과 같이 읽는다. "논쟁하는 자를 책망하고 그들을 불에서 끌어내어 구원하라." 다수 사본(K, L, P, S)은 또한 본문을 둘로 나눈다.[33] NKJV는 "어떤 사람들은 구별하여 긍휼히 여기라. 그러나 어떤 사람들은 불에서 끌어내어 구원하라"라고 번역한다(참조. KJV).

여기에서 눈에 띄는 또 다른 특징은 헬라어 διακρίνω(디아크리노, "의

---

31 두 개의 절을 뒷받침하는 주장은 다음과 같다. Bigg, *Peter and Jude*, 340-42; Kelly, *Peter and Jude*, 288; G. Green, *Jude and 2 Peter*, 124-25, 128-29; Frey, *Der Brief des Judas und der zweite Brief des Petrus*, 119-21.

32 이 해석은 또한 syrᵖʰ와 Clementˡᵃᵗ의 약간의 변형으로 증명된다. 이 견해를 옹호하는 학자들은 다음과 같다. J. N. Birdsall, "The Text of Jude in P72," *JTS* 14 (1963): 394-99; C. D. Osburn, "The Text of Jude 22-23," *ZNW* 63 (1972): 139-44; Bauckham, *Jude, 2 Peter*, 109–10; Neyrey, *2 Peter, Jude*, 85-86; S. C. Winter, "Notes and Observations Jude 22-23: A Note on the Text and Translation," *HTR* 87 (1994): 215-22; D. G. Horrell, *The Epistles of Peter and Jude*, EC (Peterborough: Epworth, 1998), 130-31; S. J. Kraftchick, *Jude, 2 Peter*, ANTC (Nashville: Abingdon, 2002), 65; C. Landon, *A Text-Critical Study of the Epistle of Jude*, JSNTSup 135 (Sheffield: Academic Press, 1996), 131-34. 오즈번(Osburn)은 3개의 절이 원문이 확실하다고 생각한다는 점에 주목해야 한다("Discourse Analysis and Jewish Apocalyptic in the Epistle of Jude," 292).

33 레이케는 다수 사본이 올바른 읽기를 유지한다고 생각한다(*James, Peter, and Jude*, 215).

심하다", "분쟁하다", "구별하다")가 다른 모든 증거들(διακρινομένους, 디아크리노메누스)과 같이 대격 복수형이 아니라 다수 사본에서는 주격 복수형(διακρινομενοι, 디아크리노메노이)이라는 사실이다. 다수 사본 전통에서는 주격이기 때문에 긍휼을 베푸는 자의 행동을 나타내야 한다. 아마도 긍휼이 필요한 사람과 불에서 끌어내야 하는 더 위험한 상태에 있는 사람을 구별해야 한다는 의미일 것이다. 세 개의 절로 구성된 본문은 특히 A과 ℵ이 지지한다. 알렉산드리아 사본(Alexandrinus, A)은 "논쟁하는 자들을 책망하라. 어떤 자를 불에서 끌어내어 구원하라. 어떤 자를 두려움으로 긍휼히 여기라"라고 번역할 수 있다. 시나이 사본(Sinaiticus, ℵ)과 주요 차이점은 첫 동사가 "긍휼히 여기라"(ἐλεᾶτε, 엘레아테)가 아니라 "책망하라"(ἐλέγχετε, 엘렝케테)이다. 시나이 사본(Sinaiticus) 본문은 CSB 성경이 대표적이다. "어떤 의심하는 자들을 긍휼히 여기라. 어떤 자들을 불에서 끌어내어 구원하라. 어떤 자를 그 육체로 더럽힌 옷까지 미워하되 두려움으로 긍휼히 여기라"(개역개정도 비슷하게 번역한다).

작은 문제부터 시작하면 명령형 "긍휼히 여기라"(ἐλεᾶτε, 엘레아테)가 "책망하라"(ἐλέγχετε, 엘렝케테)보다 선호되어야 한다. "긍휼히 여기라"는 더 넓은 사본 전통이 지지하고, "책망하라"는 책망에서 긍휼로 진행을 촉진시키기 위해 필사자가 도입했을 것이다. 다수 사본은 대격(διακρινομένους, 디아크리노메누스, "의심하는 자들을" 또는 "논쟁하는 자들을") 대신 주격(διακρινομενοι, 디아크리노메노이, "구별하는")을 사용한다. 대격이 거의 확실하고 주격은 아마도 본문의 다른 두 주격 분사인 "끌어내어"(ἁρπάζοντες, 하르파조테스)와 "미워하되"(μισοῦντες, 미순테스)와 일치시키기 위해서 삽입되었을 것이다.

본문을 두 개 또는 세 개의 절로 나누어야 하는지는 확신할 수 없다. 나는 CSB 성경이 아마도 원본일 것이라고 믿는다.[34] 만약 본문이 세 개로 이루어

---

34 특별히 다음을 참조하라. T. Wasserman, *The Epistle of Jude: Its Text and Transmission*, ConBNT 43 (Stockholm: Almqvist & Wiksell, 2006), 320-29; S. Kubo, "Jude 22-23: Two-Division Form or Three?," in *New Testament Textual Criticism: Its Significance for Exegesis: Essays in Honour of Bruce M. Metzger* (Oxford: Clarendon, 1981), 239-53; Vögtle, *Judasbrief, 2 Petrusbrief*, 102-5; Davids, *2 Peter and Jude*, 98–99; D. Lockett, "Objects of Mercy in Jude: The Prophetic Background of Jude 22-23," *CBQ* 77 (2015): 325; Bateman, *Jude*, 370–73; J. M. Ross, "Church Discipline in Jude 22-23," *ExpTim* 8 (1989): 297–98. 그러나 그는 세 번째 절에서 ἐλεᾶτε 또는 ἐλεεῖτε 보다 명령형 ἐλέγχετε를 원문으로 본다는 점에서 다르다. 이 견해는 사본 증거가 "긍휼

졌다면, 두 개 어구 형식은 더 쉽게 설명될 수 있다. 로즈(J. M. Ross)는 위에서 보여 준 CSB 성경의 세 번째 읽기가 "짧은 것을 확장"한 것으로 거기에 "세 번째 절을 추가하여 이미 모호한 구절을 복잡하게 만드는 동기가 없었을 것이다"라고 말한다.[35] 그러나 이 판단은 유다서가 선호하는 3중 구조에 일치한다.[36] 외적 증거, 특히 알렉산드리아 사본 그룹이 본문을 세 부분으로 배열하는 것을 뒷받침한다. 메쯔거(Metzger)는 본문에 실수로 오류를 도입했지만, 바티카누스 사본(Vaticanus, B)이 시나이 사본(Sinaiticus, ℵ)을 지지한다고 결론을 내리는데, 그의 견해는 옳을 것이다.[37]

두 구절을 더 주의 깊게 살펴보기 전에, 이 구절 전체와 논증에서 이 구절의 위치를 요약하려고 한다. 17-19절에서 유다는 수신자들에게 반대자들이 들어올 것이라고 사도들이 예언했음을 상기시킨다. 그들의 존재는 놀라운 것이 아니며 궁극적으로 성도들에게 단번에 전해진 믿음에 관한 위협이 되지 않았다. 그런 다음에 20-21절에서 그는 신자들에게 긍정적인 권면을 한다. 그들은 단순히 거짓 선생들을 공격하고 그들의 잘못을 드러내는 것으로 믿음이 보존될 것이라고 생각하면 안 된다. 수신자들은 자신과 하나님의 관계에 주의를 기울여야 한다. 그들은 예수님의 재림을 간절히 기다리면서 성령 안에서 간절히 기도하며 믿음의 이해가 자람으로써 하나님의 사랑 안에 머물러야 한다. 우리는 22-23절에서 논증의 세 번째 단계에 이른다. 17-19절은 반대자들에, 20-21절은 수신자들에게 초점을 맞춘다. 이제 유다는 거짓 선생들에게 영향을 받는 사람들에게 어떻게 반응해야 하고 거짓 선생들을 어떻게 대해야 하는지 설명한다. 권면은 3중 구조이다.[38] 첫째, 거짓 선생들의 영향으로 흔들리는 사람들이 의심한다고 그들을 거절하거나 무시해서는 안 된다.[39] 의심과 씨름

히 여기다"를 압도적으로 지지하기 때문에 이 견해는 가능하지 않다. 그리고 유다는 두려움과 함께 긍휼의 필요성으로 결론을 내리기 때문에, 본문은 유다서가 선호하는 세 가지 방식으로 적절한 절정에 도달한다. 비더(W. Bieder)는 여기에서 수정한 ἐᾶτε를 주장한다("Judas 22f.: οὓς δὲ ἐᾶτε ἐν φόβῳ" TZ 6 [1950]: 75-77). 이 추측은 최후의 수단으로만 받아들여져야 한다.

35 Ross, "Jude 22-23," 297.
36 로스는 𝔓⁷²에 반대하여 "유다가 οὓς μὲν으로 첫 번째 범주를 도입했다면, διακρινομένους δὲ가 아니라 οὓς δὲ로 두 번째 범주를 도입했을 것이다"라고 지적했다("Jude 22–23," 297).
37 TCGNT, 660-61.
38 참조. Reese, 2 Peter and Jude, 72-73.
39 베이트먼(Jude, 405)는 세 그룹으로 구분한다. (1) 의심과 씨름하는 신자들에 관한 긍휼, (2) 아

하는 그들에게 긍휼을 보임으로 되찾을 수 있다. 둘째, 반대자들의 가르침과 행동에 사로잡힐 뻔한 사람들도 있었다. 신자들은 그들을 포기하면 안 된다. 그들의 생명은 여전히 인양될 수 있으며, 그들을 파괴하겠다고 위협하는 불에서 끌어낼 수도 있다. 셋째, 다른 사람들은 이미 거짓 선생들에게 더러워졌다. 아마도 가능성이 없지만, 유다는 여기에서 거짓 선생들 자신을 가리킬 수 있다. 유다는 거짓 선생들의 방종주의에 빠진 자들에 대해 말하는 것 같다.[40] 이 경우에도 긍휼은 여전히 확장되어야 한다. 그러나 수신자들은 이러한 반대자들의 죄에 물들 위험을 피하면서 극도로 주의해야 한다.

대안적 해석이 가능하며, 두 해석 사이에 결정하기 매우 어렵다. 알렌(J. S. Allen)은 세 개의 절 모두 동일한 그룹의 사람을 가리키며 세 개의 다른 그룹을 가리키지 않는다고 주장한다.[41] 이 글에서 유다서는 수신자들에게 논쟁하는 사람들에게 긍휼히 여기라고 조언했을 가능성이 있다. 유다는 거짓 선생들 중 일부를 불에서 끌어낼 수 있는 상황을 그린다. 반면에 수신자들은 논쟁하는 자들을 긍휼히 여기다가 그들 자신도 거짓 선생들과 같은 죄에 빠질 수 있으므로 주의할 필요가 있다. 그들은 긍휼을 나타내되 자신을 더럽히지 않도록 조심하라고 용기를 준다.

같은 그룹에 관한 훈계로 이해하고 거짓 선생들에 관한 희망으로 이해하는 것은 매력적일 수 있다. 그럼에도 불구하고, CSB 성경이 번역하는 것처럼, 세 개의 별개 그룹으로 보는 것이 더 좋다. 알렌의 목록 중 어느 것도 유다서 1장 22-23절에 있는 3중 구조와 일치하지 않는다. 그가 유다서 1장 10절에서 제시하는 병행은 자신이 유다서 1장 22-23절에 제안한 해석을 보증할 만큼 충분히 가깝지 않다. 알렌의 해석이 보이는 결정적인 문제를 바써맨(Wasserman)이 다음과 같이 표현한다. "고전과 헬레니즘의 사용에서 οὓς

직 신자가 아니지만 여전히 믿을 가능성이 있는 사람들에 관한 긍휼, (3) 예수님을 결코 신뢰하지 않는 사람들에 관한 긍휼이다.

40 Osburn, "Discourse Analysis and Jewish Apocalyptic in the Epistle of Jude," 292.

41 J. S. Allen, "A New Possibility for the Three-Clause Format of Jude 22–3," *NTS* 44 (1998): 133-43. 또한 P. H. Davids, *II Peter and Jude: A Handbook on the Greek Text*, BHGNT (Waco: Baylor University Press, 2011), 35; Lockett, "Objects of Mercy in Jude," 327-28. 라켓(Lockett)은 동일한 그룹에 관한 언급이 유다가 일부 거짓 선생들이 회복될 수 있다는 희망을 가지고 있음을 나타내며 유다가 포기하지 않았다고 주장한다. 그들은 여전히 긍휼을 받을 수 있다("Objects of Mercy in Jude," 322-36).

μὲν(후스 멘) … οὓς δὲ(후스 데) … οὓς δὲ(후스 데) 구조는 그룹의 일종의 하위 구분을 분명히 나타낸다."[42] 문법을 뒤집기 위해서는 결정적인 이유가 필요 하다. 특히 두 해석 모두 의미가 통하기 때문이다. 또한 유다가 거짓 선생들 의 회개에 관한 희망을 품고 있는지도 의문이다. 오히려 그들에게 영향을 받 은 사람들에게 희망을 주는 것 같다. 편지의 다른 부분들은 반대자들이 심판 을 받을 운명이라고 분명히 나타낸다.

22절. 유다서가 좋아하는 3중 구조는 독자들에게 하는 세 가지 권면으로 다시 나타난다. 그는 "의심하는 자들을 긍휼히 여기라"로 시작한다. "의심하 다"(διακρίνω, 디아크리노)는 "흔들리다"(CSB, NRSV), 즉 "의심하다"(NIV, ESV), 아니면 "분쟁하다" 또는 "차별하다"(NKJV)로 번역해야 하는가? "분 쟁하다"는 신약 시대까지 헬레니즘 헬라어 동사의 일반적인 의미이다.[43] 유다 서 9절에서 "분쟁하다"의 사용, 그리고 논쟁자들과 대립하는 서신의 문맥으 로 뒷받침된다.[44] 버드셸(J. N. Birdsall)은 긍휼이 "심판을 받고 있는 자들" 에게 확장되어야 한다는 의미라고 주장한다.[45] 반면에, 슈피탈러(P. Spitaler) 의 견해에 반대로 헬라어 διακρίνω(디아크리노)가 일부 본문에서 "의심하다" 라는 의미가 있기 때문에 이 구절에서 의심을 가리킬 수 있다. 동사 διακρίνω (디아크리노)가 신뢰 또는 믿음에 관한 반의어로 사용되는 본문에서 분명하 게 "의심하다"를 의미한다(마 21:21; 막 11:23; 롬 4:20; 14:23; 약 1:6). 학 자들은 중간태일 때 "의심하다"와 "흔들리다"가 가장 적합한 의미라고 주장

---

42 Wasserman, *Jude: Text and Transmission*, 327.

43 P. Spitaler, "Doubt or Dispute (Jude 9 and 22-23): Rereading a Special New Testament Meaning through the Lens of Internal Evidence," *Bib* 87 (2006); 201-22; 또한 다음을 참조하라. P. Spitaler, "Διακρίνεσθαι in Mt. 21:21, Mk. 11:23, Acts 10:20, Rom. 4:20, 14:23, Jas. 1:6 and Jude 22—the 'Semantic Shift' That Went Unnoticed by Patristic Authors," *NovT* 49 (2007): 1-39; Lockett, "Objects of Mercy in Jude," 325-26; Wasserman, *Jude: Text and Transmission*, 327; Frey, *Der Brief des Judas und der zweite Brief des Petrus*, 128-29.

44 이 주장들에 대해서는 다음을 참조하라. Lockett, "Purity and Polemic," 22-23. 또한, L. R. Donelson, *I and II Peter and Jude*, NTL (Louisville: Westminster John Knox, 2010), 197, 199-200; Bigg, *Peter and Jude*, 341; G. Green, *Jude and 2 Peter*, 126; A. Robinson, S. Llewelyn, and B. Wassell, "Showing Mercy to the Ungodly and the Inversion of Invective in Jude," *NTS* 64 (2018): 203-4.

45 Birdsall, "The Text of Jude," 398.

한다.[46] 더욱이 침입자들의 영향으로 "어떤 사람들이 들리고 의심한다"라는 의미는 적절하다. 유다서는 믿는 자들이 의심하는 자들에게 긍휼을 베풀어야 한다고 조언한다.[47]

슈피탈러와 같이 본문을 읽으면 교차 대칭 구조를 발견할 수 있다.[48]

> A 이 논쟁하는 자들을 긍휼히 여기라
>> B 어떤 자를 불에서 끌어내어 구원하라
> A´ 그러나 어떤 자를 그 육체로 더럽힌 옷까지도 미워하되
> 두려움으로 긍휼히 여기라.[49]

이 해석은 앞에서 논의한 것처럼, 세 가지 다른 그룹을 다루지 않는다. 한 가지 그룹, 즉 반대자들이 수신자이다. 이 책의 강력한 논증에도 불구하고 거짓 선생들은 돌이킬 수 없다. 그들의 잘못에 영향을 받은 어떤 사람들은 구원을 받을 수 있다는 소망으로 긍휼히 여겨야 한다. 동시에 신자들은 (거짓) 선생들에게 오염되어 그릇된 길에 빠지지 않도록 두려워해야 한다.[50]

'흔들리다' 또는 '의심하다'는 앞에서 지적한 대로 헬라어 본문의 구조에 맞다. 유다는 침입자들의 영향을 가장 적게 받은 사람들로 시작한다. 그들은 반대자들이 옳은지, 아니면 그리스도인으로서의 삶을 시작할 때 받은 믿음이 규범인지 의심하기 시작할 정도의 영향을 받았다(3절). 의심으로 고군분투하는 사람들을 무시하고 인내심을 잃고 다른 가르침으로 넘어가고 싶은 유혹이 있다. 유다서는 강한 자들에게 의심으로 흔들리는 자들을 긍휼히 여기고 선을 베풀고 온유함으로 회복하도록 격려한다(참조. 딤후 2:25).

---

46 Kelly, *Peter and Jude*, 288; Moo, *2 Peter, Jude*, 287; Ross, "Jude 22-23," 297.

47 Davids, *2 Peter and Jude*, 100; 베이트먼(*Jude*, 406)은 그들이 로마에 대한 반란에 참여할지에 대해서 흔들리고 있다고 제안하고(407 페이지), 그들이 그 저항에 참여로 육체적인 심판에서의 구원을 제안하면서(413 페이지), 잘못 주장하고 있다.

48 슈피탈러는 다음을 따른다. Lockett, "Purity and Polemic," 21-26.

49 이 번역은 다음을 따른다. Spitaler, "Doubt or Dispute (Jude 9 and 22-23)," 220.

50 또한 세 개의 절은 다양한 그룹을 내적으로 구분하려는 것이 아니라 그들이 나타내는 행동과 관련하여 외적으로 구분하려는 의도일 수 있다. A. Robinson, S. Llewelyn, and B. Wassell, "Showing Mercy to the Ungodly," 199.

23절. 교회의 다른 사람들은 더 큰 위험에 처해 있었다. 그들은 침입자들의 매력에 깊이 빠졌다. 아마도 그들은 침입자들의 신학을 받아들이기 시작했고 반율법주의적으로 살기 시작했을 것이다. 여기에서 "불"은 지옥의 미래 심판을 가리킨다(참조. 7절; 마 3:10, 12; 5:22; 살후 1:7; 히 10:27; 계 20:14-15).[51] 유다서는 반대자들이 이미 불 속에 있다고 말하지 않는다. 회개하지 않으면 그들을 태워버릴 불에서 끌어내야 했다. 유다서는 9절과 같이 스가랴 3장 2절을 암시한다. 대제사장 여호수아는 "불에서 꺼낸 그슬린 나무"로 묘사된다(슥 3:2; 참조. 암 4:11). 스가랴서 3장의 문맥은 여호수아가 불결한 옷으로 묘사된 죄 때문에 불길에 처하게 될 운명을 분명히 한다(슥 3:3-5).[52] 따라서 유다서는 거짓 선생들의 간계에 넘어가려는 자들에게 긍휼에 대한 소망을 제시한다.[53]

더러운 옷을 벗고 깨끗한 옷을 입는 것은 죄의 용서를 상징한다(슥 3:3-5). 하나님의 은혜는 여호수아의 죄를 깨끗하게 하심으로 임박한 불에서 여호수아를 끌어내셨다. 유다는 수신자들에게 반대자들의 영향을 받은 사람들의 삶에 대해 비슷한 역할을 하라고 권면한다. 수신자들은 "다른 사람들을 불에서 **끌어내어** 구원"해야 한다(볼드체는 추가함). 주동사는 "구원하다"이다. 분사 "끌어내다"는 반대자들에게 도취된 자들을 구원하는 방법을 보여 준다. 이 이미지는 어떤 사람들이 거짓 선생들에게 유혹을 받았음을 암시한다. 그러나 그들은 회복될 수 있고, 장차 올 심판에서 구원을 받고, 하나님과의 올바른 관계로 회복될 수 있다는 희망이 여전히 있다.

또 다른 종류의 사람들은 거짓 선생들의 영향을 더 많이 받는다. 신자들은 죄에 깊이 빠져 있는 사람들도 "긍휼히 여겨야" 한다. 그들은 자신들을 멸시하거나 죄로 얼룩진 자들을 미워해서는 안 된다. 그러나 죄가 놀라운 방법

51 G. Green, *Jude and 2 Peter*, 125.

52 스가랴의 배경에 대해서는 다음을 참조하라. Lockett, "Objects of Mercy in Jude," 334-35. 구약 배경은 유다서의 옷이 방황하는 은사주의자와 아무런 상관이 없음을 보여 준다(다음과 반대된다. G. Sellin, "Die Häretiker des Judasbriefes," *ZNW* 77 [1986]: 223-24).

53 또는 그는 반대자들에 관한 소망을 유지한다. Lockett, "Objects of Mercy in Jude," 322-36; A. Robinson, S. Llewelyn, and B. Wassell, "Showing Mercy to the Ungodly," 207; A. Robinson, *Jude on the Attack: A Comparative Analysis of the Epistle of Jude, Jewish Judgement Oracles, and Greco-Roman Invective*, LNTS 581 (London: Bloomsbury T&T Clark, 2018), 14-16.

으로 이 사람들을 더럽히고 얼룩지게 만들었다는 것을 알기에 그들의 긍휼에
는 두려움과 미워함이 함께 해야 한다. 어떤 주석가들은 여기에서 말하는 두
려움이 더러워짐에 대한 두려움이 아니라 하나님에 대한 두려움을 의미한다
고 생각한다.[54] 그러나 유다서가 "그 육체로 더럽힌 옷"까지 미워한다고 말했
기 때문에 오염이 더 적절해 보인다.[55] 너무 가까이 가면 옷이 긍휼히 여기려
는 자들을 더럽힐 것이다.[56] 베다(Bede)는 우리가 "정의가 요구하는 것보다
더 친절하거나 엄한" 사람이 되지 않도록 주의해야 한다고 말한다.[57] 유다서
는 더러운 옷 이미지를 사용한다. 여호수아의 "더러운 옷"을 말하는 스가랴
서 3장 3-4절을 인용한다.[58] 여호수아의 더러운 옷은 그의 죄를 나타내고(참
조. 슥 3:5),[59] 마찬가지로 육체로 더럽힌 옷은 유다서의 공동체에 속한 사람
들의 죄를 나타낸다.[60]

켈리는 여기에서 육신이 죄의 원리를 나타내는 바울의 관점에 가깝다고
생각한다.[61] "더러운"에 해당하는 히브리어(슥 3:4)는 배설물을 의미하는 단
어이다(신 23:14, 왕하 18:27; 잠 30:12; 사 36:12; 겔 4:12). 그리고 유다는
이러한 배설물과 속에 입었던 튜닉(χιτών, 키톤)을 연결했을지도 모른다. 이
그림은 죄가 얼마나 오염시키고 부패시키는지 보여주어 수신자들에게 충격을

---

54 Kelly, *Peter and Jude*, 289; Bauckham, *Jude, 2 Peter*, 116.

55 M. Green, *The Second Epistle General of Peter and the General Epistle of Jude*, 2nd ed., INTC (Grand Rapids: Eerdmans, 1987), 188; Moo, *2 Peter, Jude*, 289; Davids, *2 Peter and Jude*, 103-4.

56 유다서는 여기에서 옷이 더렵혀지는 것을 문자 그대로 생각하지 않는다(다음과 반대된다. Fuchs and Reymond, *2 Pierre, Jude*, 186).

57 Bede, P. R. Jones, *The Epistle of Jude as Expounded by the Fathers-Clement of Alexandria, Didymus of Alexandria, the Scholia of Cramer's Catena, Psuedo-Oecumenius, and Bede*, Texts and Studies in Religion 89 (Lewiston: Edwin Mellen, 2001), 122.

58 다음과 반대된다. Winter, "Jude 22-23," 219-22. 유다서는 성적인 방종을 고발하고 금욕주의를 옹호하지 않는다. 따라서 유다서는 몸 자체가 미워해야 할 더러운 옷이라고 제안하지 않는다. 수동태 분사 ἐσπιλωμένον와 전치사 ἀπό는 더러운 옷이 육신을 나타내기 보다는 실행자를 나타낸다.

59 슥 3:4는 육신에 대해서 말하지 않으며(Vögtle, *Judasbrief, 2 Petrusbrief*, 106), 유다서와 모든 면에서 병행되지 않는다.

60 레이케는 "육신"이 죄 많은 세상의 환경을 의미한다고 말한다(*James, Peter, and Jude*, 216). 뵈그틀레는 여기에서 영지주의를 반대하는 논쟁은 없다고 바르게 지적한다(*Judasbrief, 2 Petrusbrief*, 106).

61 Kelly, *Peter and Jude*, 289.

준다. 신자들은 긍휼이 수용으로 변해서, 그들이 도우려는 사람들의 죄에 자신들이 더럽혀지지 않도록 주의해야 한다. 유다서는 부정한 것과 접촉함으로 부정하게 되는 유대인의 정결법을 생각했을 것이다. 반대로 신자들은 마지막 날에 모든 얼룩이 제거된 "흠 없이"(24절) 하나님 앞에 드러날 것이다. 아마도 이 경우에 특별히 기도를 통해 긍휼이 나타날 것이다. 본문은 사랑과 긍휼을 나타내는 것과 순결과 의로움의 기준을 유지하는 것 사이에 훌륭한 균형을 이루고 있다. 죄인에 대한 사랑을 보여 주더라도 죄로 인한 부패를 향한 강한 미움을 배제하지 않는다. 더욱이 신자들은 죄인이 그들에게 영향을 미치지 않도록 죄를 짓는 사람들과 너무 얽매이지 않도록 주의해야 한다.

4.4. 송영(24-25절)

²⁴ 능히 너희를 보호하사 거침이 없게 하시고 너희로 그 영광 앞에 흠이 없이 기쁨으로 서게 하실 이 ²⁵ 곧 우리 구주 홀로 하나이신 하나님께 우리 주 예수 그리스도로 말미암아 영광과 위엄과 권력과 권세가 영원 전부터 이제와 영원토록 있을지어다 아멘

많은 편지가 축복으로 마무리하지만(예. 고전 16:23-24; 고후 13:13; 갈 6:18; 히 13:25; 벧전 5:14), 유다서는 설교와 예전에 적합한 송영으로 끝난다. 송영은 독자들에게 그리스도인의 삶과 마음과 영혼을 일깨워 준다. 모든 영광과 권력과 권세가 하나님께 있다. 그분은 예수 그리스도를 믿는 신자들에게 영원히 찬양을 받으실 것이다. 특히 유다서는 수신자들에게 하나님께서 그들이 배교에 굴복하지 않도록 보호하실 수 있고 또 그렇게 하실 것을 일깨운다. 거짓 선생들은 위협이 되었지만, 참되게 주님께 속한 사람들은 굴복하지 않을 것이다. 그들이 끝까지 신실할 수 있는 이유는 자신의 고귀함이나 내면의 힘 때문이 아니다. 하나님 자신은 자기 백성이 타락하지 않도록 보호하신다. 마지막 날 하나님 앞에 흠 없고 기쁨으로 설 수 있는 능력을 주셨다.

24절. 유다서의 송영은 다른 신약의 송영에서 흔히 볼 수 있는 형식을 따른다. (1) 찬양 받으시기 합당하신 하나님은 수동태로 표현된다(롬 16:25, 엡 3:20, 벧후 3:18). (2) 영광과 위엄을 하나님께 돌린다(롬 16:27; 엡 3:21; 벧후 3:18). (3) 하나님에 대한 영원한 찬양이 특징이다(롬 16:27; 엡 3:21; 벧후 3:18). (4) 결론으로 "아멘"이 포함되어 있다(롬 16:27; 엡 3:21; 벧후 3:18). 유다서는 이 네 가지 요소를 모두 가지고 있다. 여기에서 공통된 예전을 가지고 있음을 보여 준다. 다른 형태의 송영도 존재한다(롬 11:36; 갈 1:5; 빌 4:20; 딤전 1:17; 6:16; 딤후 4:18). 유다서는 앞에서 설명한 네 가지 형식을 따른다. (1) 로마서 16장 25절과 에베소서 3장 20절과 같이 송영은 하나님을 "능히 하실 이에게"(δὲ δυναμένῳ, 데 뒤나메노)로 부르면서 시작한다. (2) 하나님께 돌리는 영광은 유다서 25절에서 확장되는데, 여기에서 "영광과 위엄과 권력과 권세"를 그분에게 돌린다. (3) 하나님의 존귀와 위엄과 권력은 영원하다. 왜냐하면 이것들은 "영원 전부터 이제와 영원토록" 있을 것이다. 우리는 여기에서 과거, 현재, 미래의 3중 구조에 주목해야 한다.[62] (4) 마지막으로 유다서는 관례적인 "아멘"으로 결론을 맺는다.

유다서는 신자들이 넘어지지 않도록 보호하시는 하나님의 능력에 대해 말할 때, 그것은 단지 신자들이 넘어지지 않도록 보호**하실 수 있다**는 의미가 아니다. 이 개념은 하나님께서 자신의 은혜로 그들이 넘어지지 않도록 지켜 **주실** 것이라는 의미이다.[63] "보호하사"(φυλάξαι, 퓔락사이)는 유다서 앞부분에서 사용한 것과 같은 단어는 아니지만(참조. τηρέω, 테레오, 1, 6, 13, 21절), 개념은 동일하다. 하나님께서 믿는 자들을 배교에서 지키시리라는 약속은 21절 "하나님의 사랑 안에서 자신을 지키라"라는 권면을 없애 버리지 않는다. 그러나 궁극적으로 신자는 이 권면을 지킨다. 하나님께서 그렇게 할 수 있도록 힘을 주실 것이기 때문이다. 그분은 우리가 하나님의 사랑 안에서 우리 자신을 지키기를 원하게 하는 은혜를 주신다.

"거침"(ἀπταίστους, 아프타이스투스)으로부터 보호는 이 문맥에서 죄 없음을 의미하지 않는다.[64] "걸려 넘어지다"(πταιω, 프타이오)는 죄를 가리키기도

---

62 해밀턴이 나에게 3중 구조를 알려주었다.

63 Augustine in *James, 1-2 Peter, 1-3 John, Jude*, ACCS (Downers Grove: InterVarsity, 2000), 259.

64 이것은 열심당 운동에 참여하고 발생할 수 있는 육체적 피해와도 관련이 없다. 다음과 반대된다. Bateman, *Jude*, 430-32.

한다(약 2:10, 3:10. 그러나 로마서 11장 11절에서 "실족하다"는 유대인들이
돌이킬 수 없이 걸려 넘어져서 영원히 멸망했는지를 말한다. 바울은 그 질문
에 단호하게 "아니다"라고 대답한다. 베드로후서 1장 10절은 배교와 관련해
서 이 단어의 동사 형태를 사용한다. 유다서도 동일하게 사용한다. 하나님은
참된 신자가 결코 죄를 짓지 않을 것이라고 약속하지 않는다. 그분은 우리가
배교하지 않고 믿음을 단번에 버리지 않도록 보호해 주실 것이라고 약속하신
다.[65] 유다서의 의미는 다음 절 "너희로 그 영광 앞에 흠이 없이 기쁨으로 서
게 하실"에서 확증된다. 신약의 다른 곳에서 "서다"는 마지막 날에 하나님의
보좌에서의 종말론적 신원을 가리킨다(롬 14:4; 고전 10:12; 참조. 엡 6:11,
13, 14). 하나님은 신자들이 주님의 날에 "큰 기쁨으로" 하나님 앞에 설 수 있
도록 배교를 저지르지 않게 할 분이시다. 신자들은 기쁨을 맛보고 그들의 기
쁨은 마지막 날에 그들의 후원자이며 보호자이신 하나님께 영광을 돌린다.[66]

주의 날에 신자들은 "흠이 없이"(ἀμώμους, 아모무스) 될 것이다. "흠이 없
는"은 구약의 희생 제사(출 29:1, 38; 레 1:3, 10; 3:1, 6; 4:3; 민 6:14; 겔
43:22-23, 25)와 온전한 제물이신 예수님(히 9:14; 벧전 1:19), 심판의 날에
신자들(엡 1:4; 5:27; 골 1:22)에게 사용된다. 유다서는 이 단어를 마지막 의
미로 사용한다. 그는 신자들이 이생에서 완전할 것이라고 제시하지 않는다.
주께서 자신을 버리지 않은 자들을 마지막 날에 흠이 없게 하실 것이다. 하나
님은 그날에 구원 사역을 완성하실 것이다.

25절. 믿는 자들을 넘어지지 않게 능히 보호하실 수 있는 분은 "우리 구
주 홀로 하나이신 하나님"이시다. 일부 사본은 "지혜의"가 추가되지만 증거
는 강력하지 않으며 아마도 필사자들은 로마서 16장 27절의 영향을 받아 추
가했을 것이다. 유다서는 하나님이 "홀로 하나이신 하나님"이라고 말하면서
어떤 형태의 영지주의에도 반대하지 않는다.[67] 그는 이방 세계의 다신론에 반

65 또한, Kelly, *Peter and Jude*, 291; Bauckham, *Jude, 2 Peter*, 122; Moo, *2 Peter, Jude*, 300; Fuchs
and Reymond, *2 Pierre, Jude*, 189. 데이비스는 하나님께서 배교로부터 자기 백성을 지킨다는
것을 분명하게 밝히지 않는다(*2 Peter and Jude*, 109-10).

66 Neyrey, *2 Peter, Jude*, 100.

67 다음과 반대된다. Kelly, *Peter and Jude*, 292.

대하여 하나님은 한 분뿐이라는 유대교 세계관을 공유한다. 신약에서는 일반적으로 예수 그리스도를 구주로 정의한다.[68] 그러나 어떤 본문들은 하나님을 구주로 말한다(눅 1:47; 딤전 1:1; 2:3; 4:10; 딛 1:3; 2:10; 3:4). 구약에서도 마찬가지이다(예. 신 32:15; 시 24:5; 25:5; 27:9; 65:5). 하나님이 구주라는 개념은 거짓 선생들이 교회를 위협하고 신자들이 그들의 손아귀에서 구원을 받아야 하는 상황에 잘 맞는다. 이 구절은 "우리 구주 하나님께 … 예수 그리스도로 말미암아"로 해석될 수 있다.[69] 그린(M. Green)은 영광이 "영원 전부터" 예수 그리스도로 말미암아 있을 가능성이 없다고 주장하며, 따라서 유다서는 예수 그리스도로 "말미암아" 하나님께 영광을 돌린 것이 틀림없다고 주장한다. 그러나 본문들을 비교해 볼 때, 유다가 영광과 위엄과 권력과 권세가 "예수 그리스도로 말미암아"(롬 7:25; 16:27; 고후 1:20; 골 3:17; 벧전 4:11) 있다고 가르쳤음을 보여 준다. CSB 성경의 희구를 나타내는 "있을지어다"는 기도의 소원을 표현하는 데 적절하게 보일 수 있다. 그러나 기도의 소원은 "영원 전부터"(NIV)와 맞지 않는다. 신자들은 시간이 시작하기 이전에 하나님이 영광과 존귀를 받으시기를 기도할 수 없었고, 과거 많은 시간 동안 인간은 존재하지 않았다. "있다"와 같은 직설법 동사가 적절하다. 영광과 위엄과 권력과 권세는 모든 역사에서 항상 하나님께 속한다. "영광"은 그의 구원 사역을 위해 하나님께 돌리는 존귀, 찬란함, 아름다움을 의미한다.

네이레이는 영광을 "누군가의 공적인 명성을 언급한다"라고 말한다.[70] 그리고 그는 이 영광이 "공개적으로 표현되고 찬사를 받아야 한다"라고 강조한다. 하나님께서 보호하시고 구원하시며 보존하시기 때문에 모든 영광과 찬사와 찬양을 받으신다. "위엄"은 그의 위대함을 나타내며, 그분의 높은 지위를 감안할 때 그분은 존귀하신 분이시다. 켈리는 "그의 경외심을 일으키는 초월성"이라는 문구로 이 의미를 훌륭하게 포착한다.[71] 하나님께서 위대하시다

68 눅 2:11; 요 4:42; 행 5:31; 13:32; 엡 5:23; 빌 3:20; 딤후 1:10; 디도서 1:4; 2:13; 3:6; 벧후 1:1, 11; 2:20; 3:2, 18; 요일 4:14.

69 M. Green, *2 Peter and Jude*, 207.

70 Neyrey, *2 Peter, Jude*, 97.

71 Kelly, *Peter and Jude*, 293.

는 개념은 구약에서 유래한다(신 32:3; 대상 29:11; 시 144:3, 6; 150:2; 단 2:20; 참조. Tob. 13:4). "권력"과 "권세"는 가까운 의미를 가지는 단어이다. 이 단어들은 하나님께서 주권자이며 그분의 다스리심을 나타낸다.[72] 만물의 방향은 그분의 손안에 있다(딤전 6:16, 계 4:11, 5:13, 19:1). 영광과 위엄과 권력과 권세는 세상이 시작되기 전부터 항상 하나님께 속하였고 영원무궁토록 하나님께 속할 것이다. '하나님이 누구신가 그리고 그분이 무슨 일을 행하셨는가'로 찬송과 권능이 영원히 그분께 있을 것이다. 수신자들은 이 진리 안에서 안식을 취하며 유다서도 "아멘"으로 그것을 의미한다.

---

[72] 그러나 영지주의를 반대하는 논쟁이 아니다. 다음과 반대된다. Fuchs and Reymond, *2 Pierre, Jude*, 190.

┃ 참 고 문 헌 ┃

베드로전서

Achtemeier, P. J. *1 Peter: A Commentary on First Peter*. Her. Minneapolis: Fortress, 1996.

Balch, D. L. *Let Wives Be Submissive: The Domestic Code in I Peter*. SBLMS 26. Chico: Scholars Press, 1981.

Balch, A. J., and J. S. Kloppenborg, eds. James, *1 & 2 Peter, and Early Jesus Traditions*. LNTS 478. London: Bloomsbury T&T Clark, 2014.

Bauckham, R. J. "James, 1 Peter and 2 Peter, Jude." Pages 303-17 in *It Is Written: Scripture Citing Scripture: Essays in Honour of Barnabas Lindars*. Ed. D. A. Carson and H. G. M. Williamson. Cambridge: Cambridge University Press, 1988.

Balch, F. W. *The First Epistle of Peter: The Greek Text with Introduction and Notes*. Oxford: Blackwell, 1947.

Balch, S. R. *Following in His Steps: Suffering, Community, and Christology in 1 Peter*. SBLDS 162. Atlanta: Scholars Press, 1998.

Best, E. 1 Peter. NCB. Grand Rapids: Eerdmans, 1971.

———. "1 Peter and the Gospel Tradition." *NTS* 16 (1970): 95-113.

———. "I Peter Ⅱ.4-10-a Reconsideration." *NovT* 11 (1969): 270-93.

Bigg, C. *The Epistles of St. Peter and St. Jude*. ICC. Edinburgh: T&T Clark, 1901.

Bird, J. G. Abuse, *Power and Fearful Obedience: Reconsidering 1 Peter's Commands to Wives*. LNTS 442. London: T&T Clark, 2011.

Bockmuehl, M. *The Remembered Peter in Ancient Reception and Modern Debate*. WUNT 262. Tübingen: Mohr Siebeck, 2010.

Boismard, M.-E. *Quatre hymnes baptismales dans la premiére Épître de Pierre*. LD 30. Paris: Les Editions du Cerf, 1961.

Brox, N. *Der erste Petrusbrief*. EKKNT. 2nd ed. Zürich: Benziger/Neukirchen-Vluyn: Verlag, 1986.

Callan, T. *Second Peter*. PCNT. Grand Rapids: Baker, 2012.

Calvin, J. *Commentaries on the Catholic Epistles*. Grand Rapids: Eerdmans, 1948.

Campbell, B. L. *Honor, Shame, and the Rhetoric of 1 Peter*. SBLDS 160. Atlanta:

Scholars Press, 1998.

Campbell, R. A. *The Elders: Seniority with Earliest Christianity*. Edinburgh: T&T Clark, 1998.

Carson, D. A. "1 Peter." Pages 1015-45 in *Commentary on the New Testament Use of the Old Testament*. Ed. G. K. Beale and D. A Carson. Grand Rapids: Baker, 2007.

Chester, A., and R. P. Martin. *The Theology of the Letters of James, Peter, and Jude*. Cambridge: Cambridge University Press, 1994.

Chin, M. "A Heavenly Home for the Homeless: Aliens and Strangers in 1 Peter." *Tyn-Bul* 42 (1991): 96-112.

Cranfield, C. E. B. *I & II Peter and Jude: Introduction and Commentary*. TBC. London: SCM, 1960.

Dalton, W. J. Christ's Proclamation to the Spirits: A Study of 1 Peter 3:18-4:6. AnBib 23. Rome: Pontifical Biblical Institute, 1965.

Daube, D. "Participle and Imperative in I Peter." Pages 467-88 in E. G. Selwyn, *The First Epistle of St. Peter*. 2nd ed. Grand Rapids: Baker, 1981.

Davids, P. H. *The First Epistle of Peter*. NICNT. Grand Rapids: Eerdmans, 1990.

——. *Living in the Light of the Coming King: A Theology of James, Peter, and Jude. Biblical Theology of the New Testament*. Grand Rapids: Zondervan, 2014.

Donelson, L.R. *I and II Peter and Jude*. NTL. Louisville: Westminster John Knox, 2010.

Dryden, J. de Waal. *Theology and Ethics in 1 Peter: Paraenetic Strategies for Christian Formation*. WUNT 2/209. Tübingen: Mohr Siebeck, 2006.

Dubis, M. *1 Peter: A Handbook on the Greek Text*. BHGNT Waco: Baylor University Press, 2010.

——. *Messianic Woes in 1 Peter: Suffering and Eschatology in 1 Peter 4:12-19*. SBL 33. New York: Peter Lang, 2002.

Egan, P. T. *Ecclesiology and the Scriptural Narrative of 1 Peter*. Eugene, OR: Pickwick, 2016

Elliott, J. H. *The Elect and the Holy: An Exegetical Examination of 1 Peter 2:4-10 and Phrase* Βασίλειον Ἱεράτευμα. NovTSup 12. Leiden: Brill, 1966.

——. *1 Peter: A New Translation with Introduction and Commentary*. AB. Garden City: Doubleday, 2000.

——. *A Home for the Homeless: A Sociological Exegesis of 1 Peter, Its Situation and Strategy*. Philadelphia: Fortress, 1981.

——. "The Rehabilitation of an Exegetical Step-Child: 1 Peter in Recent Research." *JBL* 95 (1976): 243-54.

Erbes, K. "Was bedeutet ἀλλοτριεπίσκοπος 1 Pt 4, 15?" *ZNW* 19 (1919-20): 39-44.

Feinberg, J. S. "1 Peter 3:18-20, Ancient Mythology, and the Intermediate State." *WTJ* 48 (1986): 303-36.

Feldmeier, R. *Die Christen als Fremde: Die Metapher der Fremde in der antiken Welt, im Urchristentum und im 1. Petrusbrief*. WUNT 64. Tübingen: Mohr Siebeck, 1992.

———. *The First Letter of Peter: A Commentary on the Greek Text*. Trans. P. H. Davids. Waco: Baylor University Press, 2008.

Forbes, G. W. *1 Peter*. EGGNT. Nashville: B&H Publishing, 2014.

Francis, J. "'Like Newborn Babes'—The Image of the Child in 1 Peter 2:2-3." Pages 111-17 in *Studia Biblica 1978: Sixth International Congress on Biblical Studies, Oxford, 3-7 April 1978*, vol. 3: *Papers on Paul and Other New Testament Authors*. Ed. E. A. Livingstone. JSNTSup 3. Sheffield: JSOT Press.

France, R. T. "Exegesis in Practice: Two Examples." Pages 252-81 in *New Testament Interpretation: Essays on Principles and Methods*. Ed. 1. H. Marshall. Grand Rapids: Eerdmans, 1977.

Goppelt, L. *A Commentary on I Peter*. Grand Rapids: Eerdmans, 1993.

Gross, D. "Are the Wives of 1 Peter 3.7 Christians?" *JSNT* 35 (1989): 89-96.

Green, J. B. *1 Peter*. THNTC. Grand Rapids: Eerdmans, 2007.

Grudem, W. *The First Epistle of Peter*. TNTC. Grand Rapids: Eerdmans, 1988.

Gundry, R. H. "Further Verba on Verba Christi in First Peter." *Bib* 55 (1974): 211-32.

———. "'Verba Christi' in I Peter: Their Implications concerning the Authorship of I Peter and the Authenticity of the Gospel Tradition." *NTS* 13 (1967): 336-50.

Hemer, C. "The Address of 1 Peter." *ExpTim* 89 (1978): 239-43.

Hill, D. "On Suffering and Baptism in I Peter." *NovT* 18 (1976): 181-89.

———. "'To Offer Spiritual Sacrifices ...' (1 Peter 2:5) Liturgical Formulations and Christian Paraenesis in 1 Peter." *JSNT* 16 (1982): 45-63.

Hillyer, N. *1 and 2 Peter, Jude*. NIBC. Peabody: Hendrickson, 1992.

———. "First Peter and the Feast of Tabernacles." *TynBul* 21 (1970): 39-70.

Holloway, P. A. *Coping with Prejudice: 1 Peter in Social-Psychological Perspective*. WUNT 244. Tübingen: Mohr Siebeck, 2009.

Horrell, D. G. *Becoming Christian: Essays on 1 Peter and the Making of Christian Identity*. LNTS 394. London: Bloomsbury T&T Clark, 2013.

———. *The Epistles of Peter and Jude*. EC. Peterborough: Epworth, 1998.

———. *1 Peter*. New Testament Guides. London: T&T Clark, 2008.

Howe, B. *Because You Bear This Name: Conceptual Metaphor and the Moral Meaning of 1 Peter*. BIS 81. Leiden: Brill, 2006.

Jobes, K. H. *1 Peter*. BNTC. Grand Rapids: Baker, 2005.

Joseph, A. P. *A Narratological Reading of 1 Peter*. LNTS 440. London: T&T Clark, 2012

Kelly, J. N. D. *A Commentary on the Epistles of Peter and Jude*. Thornapple Commentaries Grand Rapids: Baker, 1981.

Levine, A.-J., ed., with M. M. Robbins. *A Feminist Companion to the Catholic Epistles and Hebrews*. Feminist Companion to the New Testament and Early Christian Writings 8. London: T&T Clark, 2004.

Liebengood, K. D. *Eschatology in 1 Peter: Considering the Influence of Zechariah 9-14*. SNTSMS 157. Cambridge: Cambridge University Press, 2012.

Lockett, D. R. *Letters from the Pillar Apostles: The Formation of the Catholic Epistles as a Canonical Collection*. Eugene, OR: Pickwick, 2016.

Luther, M. *Commentary on Peter & Jude*. Trans. and ed. J. N. Lenker. Grand Rapids: Kregel 1990.

Maier, G. "Jesustradition im 1. Petrusbrief." Pages 85-128 in *Gospel Perspectives: The Jesus Tradition outside the Gospels*. Ed. D. Wenham. Vol. 5. Sheffield: JSOT Press, 1984.

Martin, T. W. *Metaphor and Composition in 1 Peter*. SBLDS 131. Atlanta: Scholars Press, 1992.

Mason, E. F., and T. W. Martin. *Reading 1-2 Peter and Jude: A Resource for Students*. SBLRBS 77. Atlanta: Society of Biblical Literature, 2014.

Mbuvi, A. M. Temple, *Exile and Identity in 1 Peter*. LNTS 345. London: T&T Clark, 2007.

McCartney, D. G. "The Use of the Old Testament in the First Epistle of Peter." Ph.D. diss., Westminster Theological Seminary, 1989.

McKnight, S. *1 Peter*. NIVAC. Grand Rapids: Zondervan, 1996.

Merkle, B. L. *The Elder and Overseer: One Office in the Early Church*. SBL 57. New York: Peter Lang, 2003.

Michaels, J. R. "Eschatology in I Peter iii.17." *NTS* 13 (1967): 394-401.

——. *1 Peter*. WBC. Waco: Word, 1998.

Moule, C.E.D. "The Nature and Purpose of I Peter." *NTS* 3 (1956-57): 1-11.

Nienhuis, D. R., and R. W. Wall. *Reading the Epistles of James, Peter, John & Jude as Scripture: The Shaping and Shape of a Canonical Collection*. Grand Rapids: Eerdmans, 2013.

Oss, D. A. "The Interpretation of the 'Stone' Passages by Peter and Paul: A Comparative Study." *JETS* 32 (1989): 181-200.

Page, S. H. T. "Obedience and Blood-Sprinkling in 1 Peter 1:2." *WTJ* 72 (2010): 291-98.

Pierce, C. T. Spirits and the Proclamation of Christ: 1 Peter 3:18-22 in *Light of Sin and Punishment Traditions in Early Jewish and Christian Literature*. WUNT 2/305. Tübingen: Mohr Siebeck, 2011.

Piper, J. "Hope as the Motivation of Love: I Peter 3:9-12." *NTS* 26 (1980): 212-31.

Reeder, C. "1 Peter 3:1-6: Biblical Authority and Battered Wives." *BBR* 25 (2015): 519-39

Reicke, B. *The Disobedient Spirits and Christian Baptism: A Study of 1 Pet. III.19 and Its Context*. ASNU 13. Copenhagen: Munksgaard, 1946.

——. *The Epistles of James, Peter, and Jude*. AB. Garden City: Doubleday, 1964.

Richard, E. J. Reading *1 Peter, Jude, and 2 Peter: A Literary and Theological Commentary*. RNT. Macon: Smith & Helwys, 2000.

Richards, E. R. "Silvanus Was Not Peter's Secretary: Theological Bias in Interpreting διὰ Σιλουανοῦ ... ἔγραψα" *JETS* 43 (2000): 417-32.

Sargent, B. *Written to Serve: The Use of Scripture in 1 Peter*. LNTS 547. London: Bloomsbury T&T Clark, 2015.

Schelke, K. H. *Der Petrusbriefe-Der Judasbrief*. HTKNT. Freiburg: Herder, 1980.

Schutter, W. L. *Hermeneutic and Composition in 1 Peter*. WUNT 2/30. Tübingen: Mohr Siebeck, 1989.

Seland, T. "Resident Aliens in Mission: Missonal Practices in the Emerging Church of 1 Peter." *BBR* 19 (2009): 565-89.

Selwyn, E. G. *The First Epistle of St. Peter*. 2nd ed. Grand Rapids: Baker, 1981.

Senior, D. P. *1 Peter*. SP. Collegeville: Michael Glazier, 2003.

Sevenster, J. N. *Do You Know Greek? How Much Greek Could the First Jewish Christians Have Known?* NovTSup 19. Leiden: Brill, 1968.

Smith, S. T. J. *Strangers to Family: Diaspora and 1 Peter's Invention of God's Household*. Waco: Baylor University Press, 2016.

Snyder, S. "1 Peter 2:17: A Reconsideration." *FNT* 4 (1991): 211-15.

——. "Participles and Imperatives in 1 Peter: A Re-examination in the Light of Recent Scholarly Trends." *FNT* 8 (1995): 187-98.

Spicq, C. *Les Épîtres de Saint Pierre*. SB. Paris: Gabalda, 1966.

Talbert, C. H., ed. *Perspectives on 1 Peter*. Macon: Mercer University Press, 1986.

Thurén, L. *Argument and Theology in 1 Peter: The Origins of Christian Paraenesis*. JSNTSup 114. Sheffield: Academic Press, 1995.

——. *The Rhetorical Strategy of 1 Peter with Special Regard to Ambiguous Expressions*. Åbo: Academy Press, 1990.

Tite, P. L. *Compositional Transitions in 1 Peter: An Analysis of the Letter-Opening*. San Francisco: International Scholars Publications, 1997.

van Unnik, W. C. "The Critique of Paganism in I Peter 1:18." Pages 129-42 in *Neotestamentica et Semitica: Studies in Honour of Matthew Black*. Ed. E. E. Ellis and M. Wilcox. Edinburgh: T&T Clark, 1969.

——. *Sparsa Collecta: The Collected Essays of W. C. van Unnik. Part Two: 1 Peter, Canon, Corpus Hellenisticum, Generalia*. NovTSup 30. Leiden: Brill, 1980.

Wand, J. W. C. *The General Epistles of St. Peter and St. Jude*. WC. London: Methuen, 1934.

Webb, R. L., and B. Bauman-Martin, eds. *Reading First Peter with New Eyes: Methodological Reassessments of the Letter of First Peter*. LNTS 364. London: T&T Clark, 2007.

Williams, M. *The Doctrine of Salvation in 1 Peter*. SNTSMS 149. Cambridge: Cambridge University Press, 2011.

Williams, T. B. *Good Works in 1 Peter: Negotiating Social Conflict and Christian Identity in the Greco-Roman World*. WUNT 337. Tübingen: Mohr Siebeck, 2014.

——. *Persecution in 1 Peter: Differentiating and Contextualizing Early Christian Suffering*. NovTSup 145. Leiden: Brill, 2012.

——. "Reciprocity and Suffering in 1 Peter 2, 19-20: Reading χάρις in Its Ancient Social Context." *Bib* 97 (2016): 421-39.

——. "Suffering from a Critical Oversight: The Persecutions of 1 Peter within Modern Scholarship." *CurBR* 10 (2012): 275-92.

Witherington, B., III. *Letters and Homilies for Hellenized Christians.* Volume Ⅱ: *A Socio-Rhetorical Commentary on 1-2 Peter.* Downers Grove: InterVarsity, 2007.

베드로후서 / 유다서

Adams, E. "'Where Is the Promise of His Coming?': The Complaint of the Scoffers in 2 Peter 3.4." *NTS* 51 (2005): 106-22.

Aichele, G. *The Letters of Jude and Second Peter: Paranoia and the Slaves of Christ.* Phoenix Guides to the New Testament 19. Sheffield: Sheffield Phoenix Press, 2012.

Alexander, T. D. "Lot's Hospitality: A Clue to His Righteousness." *JBL* 104 (1995): 289-91

Allen, J. S. "A New Possibility for the Three-Clause Format of Jude 22-3." *NTS* (44): 133-43.

Bandstra, A. J. "Onward Christian Soldiers-Praying in Love, with Mercy: Preaching on the Epistle of Jude." *CTJ* 32 (1997): 136-39.

Bateman, H. W., IV. *Jude.* EEC. Bellingham: Lexham, 2017.

Batten, A. J., and J.S. Kloppenborg, eds. James, *1 & 2 Peter, and Early Jesus Traditions.* LNTS 478. London: Bloomsbury T&T Clark, 2014.

Bauckham, R. J. *Jude and the Relatives of Jesus in the Early Church.* Edinburgh: T&T Clark, 1990.

——. *Jude, 2 Peter.* WBC. Waco: Word, 1983.

——. "A Note on a Problem in the Greek Version of I Enoch i.9." *JTS* 32 (1981): 136-38.

Birdsall, J. N. "The Text of Jude in 𝔓⁷²." *JTS* 14 (1963): 394-99.

Black, M. "The Maranatha Invocation and Jude 14, 15 (I Enoch 1:9)." Pages 189-96 in *Christ and Spirit in the New Testament: Studies in Honour of Charles Francis Digby Moule.* Ed. B. Lindars and S. S. Smalley. Cambridge: Cambridge University Press, 1973.

Boobyer, G. H. "The Indebtedness of 2 Peter to 1 Peter." Pages 34-53 in *New Testament Essays: Studies in Memory of Thomas Walter Manson.* Manchester: University Press, 1959.

Brosend, W. F., II. *James & Jude.* NCBC. Cambridge: Cambridge University Press, 2004.

Callan, T. "The Christology of the Second Letter of Peter." *Bib* 82 (2001): 253-63.

Carson, D. A. "Jude." Pages 1069-79 in *Commentary on the New Testament Use of the Old Testament.* Ed. G. K. Beale and D. A Carson. Grand Rapids: Baker, 2007.

———. "2 Peter." Pages 1047-61 in *Commentary on the New Testament Use of the Testament*. Ed. G. K. Beale and D. A Carson. Grand Rapids: Baker, 2007.

Caulley, T. S. "The False Teachers in Second Peter." *SBT* 12 (1982): 27-42.

Cavallin, H. C. C. "The False Teachers of 2 Pt as Pseudo-Prophets." *NovT* 21 (1979): 263-70.

Chang, A. D. "Second Peter 2:1 and the Extent of the Atonement." *BSac* 142 (1985): 52-63

Charles, J. D. "Jude's Use of Pseudepigraphical Source-Material as Part of a Literary" *NTS* 37 (1991): 130-45.

———. "The Language and Logic of Virtue in 2 Peter 1:5-7." *BBR* 8 (1998): 55-73.

———. "Literary Artifice in the Epistle of Jude." *ZNW* 82 (1991):106-24.

———. *Literary Strategy in the Epistle of Jude*. London and Toronto: Associated University Presses, 1993.

———. "'Those' and 'These': The Use of the Old Testament in the Epistle of Jude." *JSNT* 38 (1990): 109-24.

———. Virtue amidst Vice: *The Catalog of Virtues in 2 Peter 1*. JSNTSup 150. Sheffield: Academic Press, 1997.

Danker, F.W. "2 Peter 1: A Solemn Decree." *CBO* 40 (1978): 64-82.

———. "II Peter 3:10 and Psalm of Solomon 17:10." *ZNW* 53 (1962): 82-86.

Davids, P. H. *The Letters of 2 Peter and Jude*. PNTC. Grand Rapids: Eerdmans, 2006.

———. *II Peter and Jude: A Handbook on the Greek Text*. BHGNT. Waco: Baylor University Press, 2011.

Dehandschutter, B. "Pseudo-Cyprian, Jude and Enoch: Some Notes on 1 Enoch 1:9." 114-20 in *Tradition and Re-interpretation in Jewish and Early Christian Literature: Essays in Honour of Jürgen H. Lebram*. Ed. J. W. Wesselius, van Rooden, H. J. de Jonge, and J. W. van Henten. SPB 36. Leiden: Brill, 1986.

deSilva, D. A. *The Jewish Teachers of Jesus, James, and Jude: What Earliest Christianity Learned from the Apocrypha and Pseudepigrapha*. Oxford: Oxford University Press, 2012.

———. *Jude*. PCNT. Grand Rapids: Baker, 2012.

Desjardins, M. "The Portrayal of the Dissidents in 2 Peter and Jude: Does It Tell Us More about the 'Godly' than the 'Ungodly'?" *JSNT* 30 (1987): 89-102.

Donfried, K. P. *The Setting of Second Clement in Early Christianity*. Leiden: Brill, 1974.

Dunham, D. A. "An Exegetical Study of 2 Peter 2:18-22." *BSac* 140 (1983): 40-54.

Dunnett, W. M. "The Hermeneutics of Jude and 2 Peter: The Use of Ancient Jewish" *JETS* 31 (1988): 287-92.

Ellis, E. E. "Prophecy and Hermeneutic in Jude." Pages 221-43 in *Prophecy and Hermeneutic in Early Christianity: New Testament Essays*. Grand Rapids: Eerdmans, 1978.

———. "Pseudonymity and Canonicity of New Testament Documents." Pages 212-24 in

Worship, Theology and Ministry in the Early Church: Essays in Honor of Ralph P. Martin. Ed. M. J. Wilkins and T. Paige. JSNTSup 87. Sheffield: JSOT Press, 1992.

Fornberg, T. *An Early Church in a Pluralistic Society: A Study of 2 Peter.* ConBNT 9. Lund: Gleerup, 1977.

Fossum, J. "Kyrios Jesus as the Angel of the Lord in Jude 5-7." *NTS* 33 (1987): 226-43.

Frey, J. *Der Brief des Judas und der zweite Brief des Petrus.* THKNT. Leipzig: Evangelische Verlagsanstalt, 2015.

Fuchs, E., and P. Reymond. *La Deuxième Épître de Saint Pierre, L'Épître de Saint Jude.* CNT. Neuchâtel-Paris: Delachaux & Niestlé, 1980.

Gerdmar, A. *Rethinking the Judaism-Hellenism Dichotomy: A Historiographical Case Study of Second Peter and Jude.* ConBNT 36. Stockholm: Almqvist & Wiksell, 2001.

Gilmour, M. J. "Reflections on the Authorship of 2 Peter." *EvQ* 73 (2001): 291-309.

——. *The Significance of Parallels between 2 Peter and Other Early Christian Literature.* SBLAB 10. Atlanta: Society of Biblical Literature, 2002.

Green, G. L. "'As for Prophecies, They Will Come to an End': 2 Peter, Paul and Plutarch on 'the Obsolescence of Oracles.'" *JSNT* 82 (2001): 107-22.

——. *Jude and 2 Peter.* BECNT. Grand Rapids: Baker, 2008.

Green, M. *The Second General Epistle of Peter and the General Epistle of Jude.* 2nd ed. TNTC. Grand Rapids: Eerdmans, 1987.

Harink, D. *1 & 2 Peter.* BTCB. Grand Rapids: Baker, 2009.

Harrington, D. J. *Jude and 2 Peter.* SP. Collegeville: Michael Glazier, 2003.

Heide, G. Z. "What Is New about the New Heaven and the New Earth? A Theology of Creation from Revelation 21 and 2 Peter 3." *JETS* 40 (1997): 37-56.

Heiligenthal, R. "Der Judasbrief: Aspekte der Forschung in den letzten Jahrzehten." *TRu* 51 (1986): 117-29.

——. *Zwischen Henoch und Paulus. Studien zum theologiegeschichtlichen Ort des Judasbriefes.* Texte und Arbeiten zum neutestamenlichen Zeitalter 6. Tubingen: Francke, 1992.

Jones, P. R. *The Epistle of Jude as Expounded by the Fathers-Clement of Alexandria, Didymus of Alexandria, the Scholia of Cramer's Catena, Psuedo-Oecumenius, and Bede.* Texts and Studies in Religion. Volume 89. Lewiston: Edwin Mellen, 2001.

Joubert, S. J. "Persuasion in the Letter of Jude." *JSNT* 58 (1995): 75-87.

Käsemann, E. "An Apologia for Primitive Christian Eschatology." Pages 169-95 in *Essays on New Testament Themes.* Trans. W. J. Montague. Philadelphia: Fortress, 1967.

Kennard, D. W. "Petrine Redemption: Its Meaning and Extent." *JETS* 39 (1987): 399-405.

Knight, J. *2 Peter and Jude.* New Testament Guides. Sheffield: Sheffield Academic Press, 1995.

Kraftchick, S. J. Jude, 2 Peter. ANTC. Nashville: Abingdon, 2002.

Kraus, T. J. "Παρὰ κυρίου, παρὰ κυρίῳ oder omit in 2Petr 2, 11: Textkritik und Interpretation vor dem Hintergrund juristischer Diktion und der Verwendung von παρά." *ZNW* 91 (2000): 265-73.

Kruger, M. J. "The Authenticity of 2 Peter." *JETS* 42 (1999): 645-71.

Kubo, S. "Jude 22-23: Two-Division Form or Three?" Pages 239-53 in *New Testament Textual Criticism: Its Significance for Exegesis: Essays in Honour of Bruce M. Metzger*. Oxford: Clarendon, 1981.

Landon, C. *A Text-Critical Study of the Epistle of Jude*. JSNTSup 135. Sheffield: Academic Press, 1996.

Lockett, D. "Objects of Mercy in Jude: The Prophetic Background of Jude 22-23," *CBQ* 77 (2015): 322-36.

Lövestam, E. "Eschatologie und Tradition im 2. Petrusbrief." Pages 287-300 in *The New Testament Age: Essays in Honor of Bo Reicke*. Ed. W. C. Weinrich. Vol. 2. Macon: Mercer University Press, 1984.

Makujina, J. "The 'Trouble' with Lot in 2 Peter: Locating Peter's Source for Lot's Torment." *WTJ* 60 (1998): 255-69.

Mason, E. F., and T. W. Martin. *Reading 1-2 Peter and Jude: A Resource for Students.* SBLRBS 77. Atlanta: Society of Biblical Literature, 2014.

Mayor, J. B. *The Epistle of St. Jude and the Second Epistle of St. Peter*. London: Macmillan, 1907. Reprint, Grand Rapids: Baker, 1965.

Meier, J. P. "The Brothers and Sisters of Jesus in Ecumenical Perspective." *CBQ* 54 (1992): 1-28.

Miller, R. J. "Is There Independent Attestation for the Transfiguration in 2 Peter?" *NTS* 42 (1996): 620-25.

Moo, D. J. *2 Peter, Jude*. NIVAC. Grand Rapids: Zondervan, 1996.

Muddiman, J. "The Assumption of Moses and the Epistle of Jude." Pages 169-80 in *Moses in Biblical and Extra-Biblical Traditions*. Ed. Alex Graupner and Michael Wolter. BZAW 372. Berlin: Walter de Gruyter, 2007.

Müller, P. "Der Judasbrief." *TRu* 63 (1998): 267-89.

——. "Der 2. Petrusbrief." *TRu* 66 (2001): 310-37.

Neyrey, J. "The Apologetic Use of the Transfiguration in 2 Peter 1:16-21." *CBQ* 42 (1980): 504-19.

——. "The Form and Background of the Polemic in 2 Peter." *JBL* 99 (1980): 407-31.

——. *2 Peter, Jude*. AB. Garden City: Doubleday, 1993.

Novum Testamentum Graecum: Editio Critica Maior. Volume 4: *Catholic Letters*, Ed. B. Aland, Aland, G. Mink, and K. Wachtel. Parts 1 and 2. Stuttgart: Deutsche Bibelgesellschaft, 1997.

Osburn, C. D. "The Christological Use ofI Enoch i.9 in Jude 14, 15." *NTS* 23 (1976- 7): 334-41.

——. "Discourse Analysis and Jewish Apocalyptic in the Epistle of Jude." Pages 287- 319 in *Linguistics and New Testament Interpretation: Essays on Discourse Analysis.* Ed. D. A. Black, K. Barnwell, and S. Levisohn. Nashville: Broadman, 1992.

——. "The Text of Jude 5." *Bib* 62 (1981): 107-15.

——. "The Text of Jude 22-23." *ZNW* 63 (1972): 139-44.

Paulsen, H. *Der zweite Petrusbrief und der Judasbrief.* KEK. Göttingen: Vandenhoeck & Ruprecht, 1992.

Picirilli, R. E. "Allusions to 2 Peter in the Apostolic Fathers." *JSNT* 33 (1988): 57-83.

——. "The Meaning of 'Epignosis.'" *EvQ* 47 (1975): 85-93.

Prasad, J. *Foundations of the Christian Way of Life according to 1 Peter 1,13-25: An Exegetico-Theological Study.* AnBib 146. Rome: Pontifical Institute, 2000.

Reese, R. A. *2 Peter and Jude.* THNTC. Grand Rapids: Baker, 2007.

Riesner, R. "Der zweite-Petrus Brief und die Eschatologie." Pages 124-43 in *Zukunfts-erwartung in biblischer Sicht: Beiträge zur Eschatologie.* Ed. G. Maier. Giessen: Brunnen, 1984.

Roberts, J. W. "A Note on the Meaning of I Peter 3:10d." *ResQ* 6 (1962): 32-33.

Robinson, A. *Jude on the Attack: A Comparative Analysis of the Epistle of Jude, Jewish Oracles, and Greco-Roman Invective.* LNTS 581. London: Blooms- bury T&T Clark, 2018

——., S. Llewelyn, and B. Wassell. "Showing Mercy to the Ungodly and the Inversion of Invective in Jude." *NTS* 64 (2018): 194-212.

Ross, J. M. "Church Discipline in Jude 22-23." *ExpTim* 8 (1989): 297-98.

Rowston, D. J. "The Most Neglected Book in the New Testament." *NTS* 21 (1974-75): 554-63.

Savelle, C. H. "Canonical and Extracanonical Portraits of Balaam." *BSac* 166 (2009): 387-404.

Schrage, W. "'Ein Tag ist beim Herrn wie tausend Jahre, und tausend Jahre sind wie ein Tag'" Pages 267-745 in *Glaube und Eschatologie: Festschrift für Werner Georg Kümmel zum 80. Geburtstag.* Ed. E. Gräßer and O. Merk. Tübingen: Mohr Siebeck, 1985.

Schreiner, T. R., and A. B. Caneday. *The Race Set before Us: A Biblical Theology of Perseverance and Assurance.* Downers Grove: InterVarsity, 2001.

Sellin, G. "Die Häretiker des Judasbriefes." *ZNW* 77 (1986): 206-25.

Sidebottom, E. M. *James, Jude and 2 Peter.* NCB. London: Thomas Nelson, 1967.

Smith, T. V. *Petrine Controversies in Early Christianity: Attitudes toward Peter in Christian Writings of the First Two Centuries.* WUNT 2/15. Tübingen: Mohr Sie-beck, 1985.

Starr, J. M. *Sharers in Divine Nature: 2 Peter 1:4 in Its Hellenistic Context.* ConBNT 3. Stockholm: Almqvist &: Wiksell, 2000.

Talbert, C. H. "2 Peter and the Delay of the Parousia." *VC* 20 (1966): 137-45.

Thiede, P. "A Pagan Reader of 2 Peter: Cosmic Conflagration in 2 Peter 3 and the Octavius of Minucius Felix." *JSNT* 26 (1986): 79-96.

Thurén, L. "Hey Jude! Asking for the Original Situation and Message of a Catholic" *NTS* 43 (1997): 451-65.

Vander Kam, J. "The Theophany of Enoch 1:3b-7, 9." *VT* 33 (1973): 129-50.

Vögtle, A. *Der Judasbrief, der 2 Petrusbrief.* EKKNT. Neukirchen-Vluyn: Neukirchener Verlag 1994.

Voorwinde, S. "Old Testament Quotations in Peter's Epistles." *VR* 49 (1987): 3-16.

Wall, R. W. "The Canonical Function of 2 Peter." *Biblical Interpretation* 9 (2001): 64-81.

Wasserman, T. *The Epistle of Jude: Its Text and Transmission.* ConBNT 43. Stockholm: & Wiksell, 2006.

Watson, D. F. *First Peter.* PCNT. Grand Rapids: Baker, 2012.

——. *Invention, Arrangement, and Style: Rhetorical Criticism of Jude and 2 Peter.* SBLDS 104. Atlanta: Scholars Press, 1988.

Webb, R. L. "The Eschatology of the Epistle of Jude and Its Rhetorical and Social Functions." *BBR* 6 (1996): 139-51.

——, and P. R. Davids, eds. *Reading Jude with New Eyes: Methodological Reassessments of the Letter of Jude.* LNTS 383. London: T&T Clark, 2008.

Wendland, E. R. "A Comparative Study of 'Rhetorical Criticism, Ancient and Modern-with Special Reference to the Larger Structure and Function of the Epistle of Jude." *Neot* 28 (1994): 193-228.

Wenham, D. "Being 'Found' on the Last Day: New Light on 2 Peter 3:10 and 2 Corinthians 5:3." *NTS* 33 (1987): 477-79.

Wikgren, A. "Some Problems in Jude 5." Pages 147-52 in *Studies in the History and Text of the New Testament in Honor of Kenneth Willis Clark.* Ed. B. L. Daniels and M. J. Suggs. Salt Lake City: University of Utah Press, 1967.

Wilder, T. L. "Psuedonymity and the New Testament." Pages 296-334 in *Interpreting the New Testament: Essays on Methods and Issues.* Nashville: B&H, 2001.

——. Psuedonymity, *the New Testament and Deception: An Inquiry into Intention and Reception.* University Press of America, 2004.

Wilson, W. E. "Εὑρεθήσεται in 2 Pet. iii.10." *ExpTim* 32 (1920-21): 44-45.

Witherington, B., III. *Letters and Homilies for Hellenized Christians.* Volume II: *A Socio-Rhetorical Commentary on 1-2 Peter.* Downers Grove: InterVarsity, 2007.

Wolters, A. "'Partners of the Deity': A Covenantal Reading of 2 Peter 1:4." *CTJ* 25 (1990): 28-44.

——. "Postscript to 'Partners of the Deity.'" *CTJ* 26 (1991): 418-20.

——. "Worldview and Textual Criticism in 2 Peter 3:10." *WTJ* 49 (1987): 405-13.

Wolthuis, T. R. "Jude and the Rhetorician: A Dialogue on the Rhetorical Nature of the Epistle of Jude." *CTJ* 24 (1989): 126-34.

CSC 베드로전후서•유다서

2022년 4월 25일 초판 1쇄

지은이   토마스 R. 슈라이너
옮긴이   김명일
펴낸이   김명일
디자인   황서진
교 정   최필승 최한림 황환승 김지환 윤대진

펴낸곳   깃드는 숲
주 소   부산시 북구 낙동대로 1762번길 60 1204호
이메일   hoop1225@gmail.com

ISBN   979-11-970918-8-9

값 45,000원